涞水县志

1979—2009

LAISHUI XIAN ZHI

涞水县地方志编纂委员会 编

方志出版社
Publishing House of Local Records

图书在版编目（CIP）数据

涞水县志：1979—2009 / 涞水县地方志编纂委员会编. —北京：方志出版社，2018.11
ISBN 975-7-5144-3416-3

Ⅰ.①涞… Ⅱ.①涞… Ⅲ.①涞水县—地方志—1979—2009 Ⅳ.①K292.24

中国版本图书馆CIP数据核字（2018）第261241号

涞水县志（1979—2009）

编　　者：涞水县地方志编纂委员会
责任编辑：董　琳
出 版 人：冀祥德
出 版 者：方志出版社
　　地址　北京市朝阳区潘家园东9号（国家方志馆4层）
　　邮编　100021
　　网址　http：//www.fzph.prg
发　　行：方志出版社图书经销中心
　　电话：（010）67110500
经　　销：各地新华书店
印　　刷：山东黄氏印务有限公司
开　　本：889×1194　　1/16
印　　张：56.5
字　　数：1497千字
版　　次：2018年11月第1版　2018年11月第1次印刷
印　　数：0001～1800册
ISBN 978-7-5144-3416-3　　定价：498.00元

圆周率的故乡

作词：白明惠

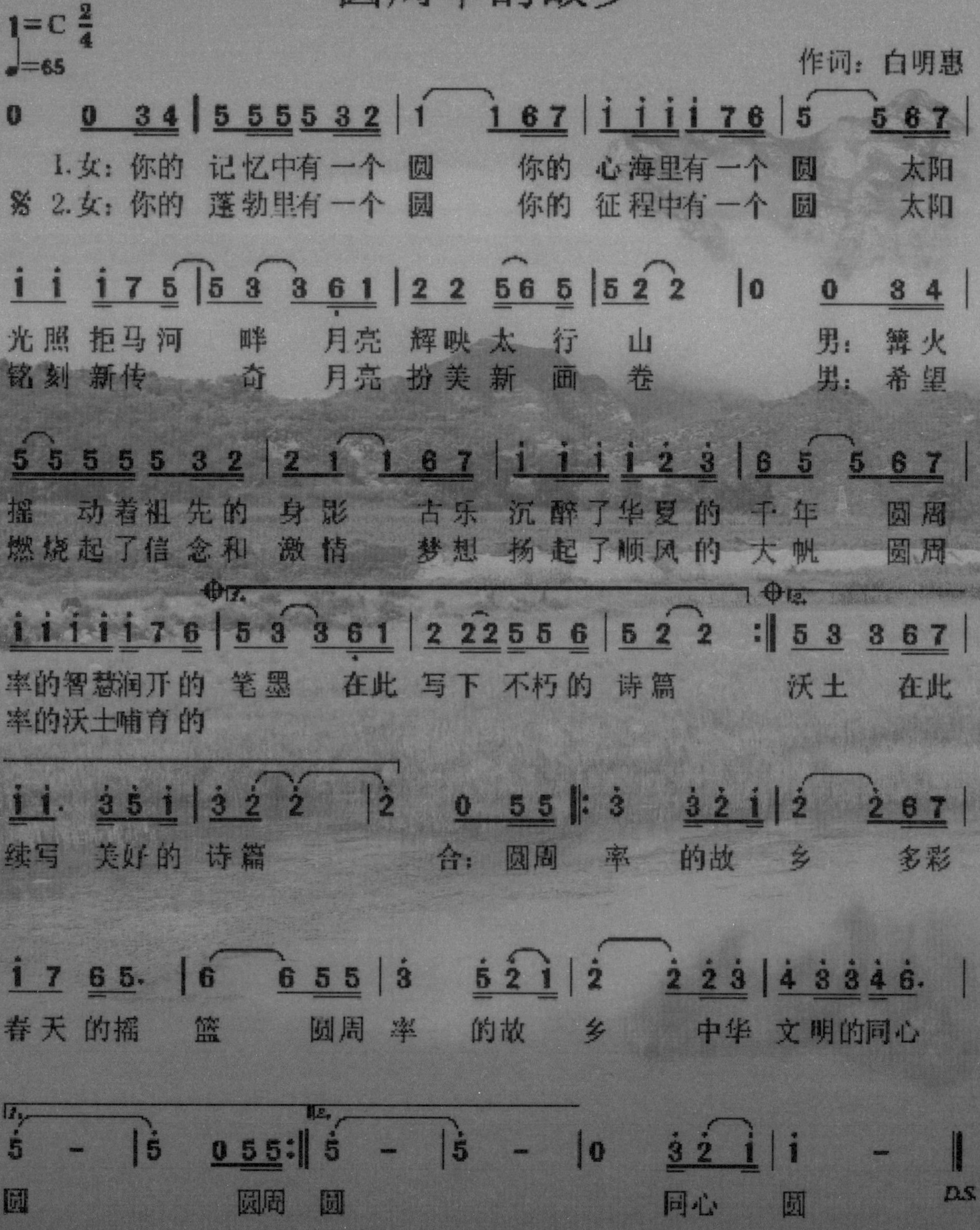

圆周率的故乡

作词：白明惠

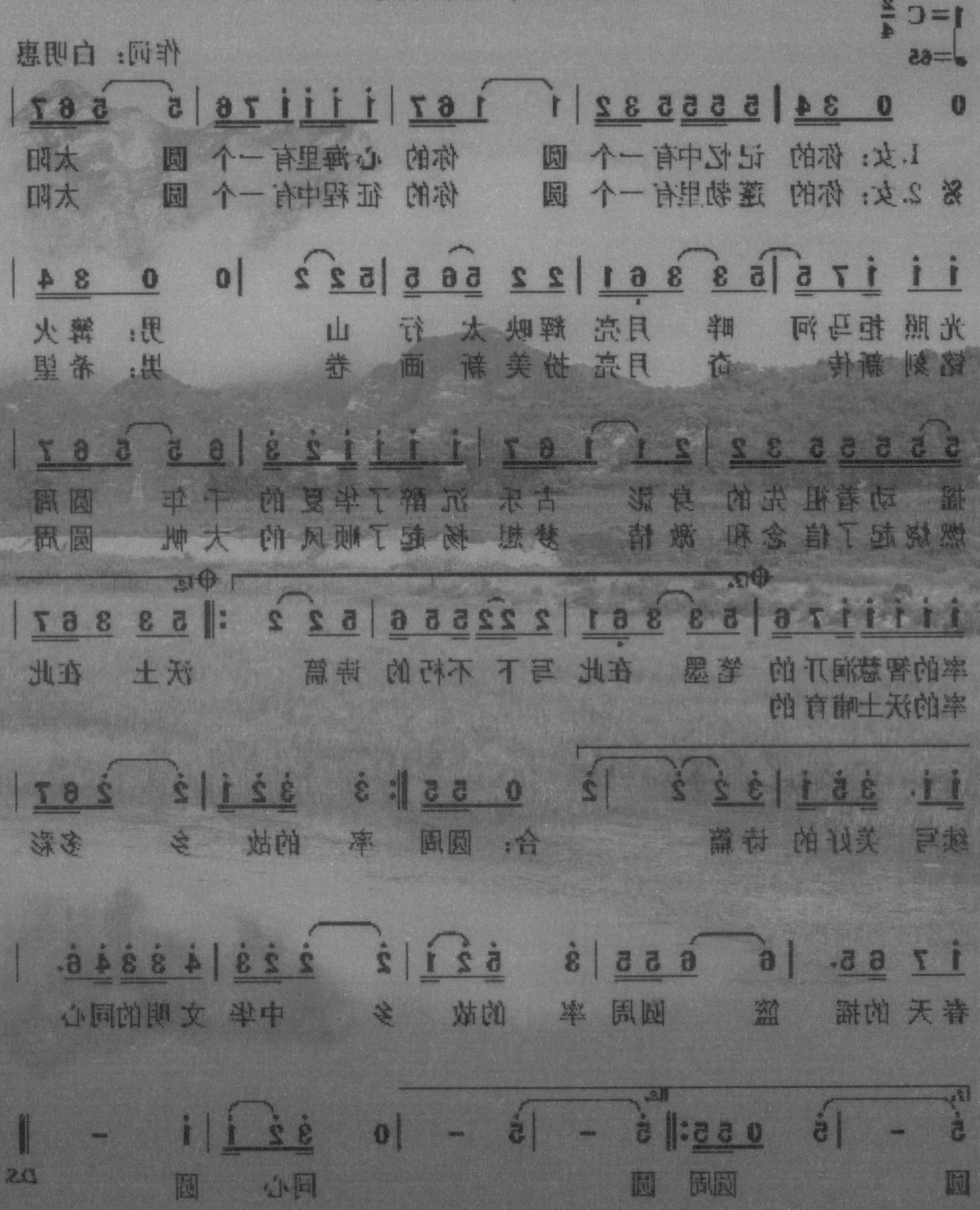

暮色涞水

春色三坡

绿色天鹅湖

1992年11月20日，河北省委书记邢崇智（左二）视察南壕沟市场

2009年2月，河北省省长胡春华（前排左三）到涞水视察

2001年4月5日，保定市市长付志芳（前排左三）到涞水磁材厂调研

京昆高速京冀界涞水收费站

京赞路风光

重建后的野三坡大道

张涿京昆高速水北互交

1995年1月，改造扩建后的涞阳路南段街景

2002年，改造扩建后的涞水县城东大街街景

① 串枝红杏
② 柿子
③ 苹果
④ 黑花生
⑤ 小米
⑥ 杏仁

养鸡场

蔬菜大棚

蘑菇大棚

涞水县医院

涞水县第二人民医院

涞水县中医院

涞水县民政事业服务中心

涞水影剧院

街心公园

滨河公园

涞水县文化广场

建设中的祖冲之中学

河北祖冲之中学全貌

2008年5月，涞水县举行第一小学迁建奠基仪式

涞水县第一小学

涞水第二中学

涞水县求成中学

涞水县教师发展中心

土坷垃版画《窑前》 创作：王杰斌

清官图 创作：刘泳

在祖冲之研究会成立大会上中科院院士林群致辞

2000年10月10日，在纪念祖冲之逝世1500周年国际研讨会上中国社会科学院院士吴文俊作主题报告

纪念祖冲之逝世1500周年国际研讨会开幕式

钟思弟先生1995年从意大利维罗纳 城资料馆墙上拍摄到的照片。反映南高洛音乐会在该村教堂（建于1931年9月6日，1965年拆除）竣工贺堂仪式上的情景

2007年2月28日，蔡玉润被确定为国家级非物质文化遗产高洛古乐传承人

高洛音乐会参加第十届中国艺术节

1993年2月，涞水县春节花会调演，宋各庄高跷会演出

1987年4月，定兴县文化局与涞水县文化局在涞水县老礼堂举行联欢晚会，涞水县文化馆在联欢会上演出《东方彩虹》

1987年，涞水县文化馆宣传队到桑园涧演出

踢石球

文化馆戏曲下乡

民间乐队

扭秧歌

四柱三孔七楼牌楼

火焰牌楼

五孔桥

神道碑

华表

庆化寺花塔

皇甫寺塔

水东塔

金山院千佛舍利塔

西岗塔

三义庙

灵泉寺

清真寺

广华寺

清禅寺

灵佑观

城隍庙

大龙门城堡

蔡树庵长城

明·韩世琦墓碑、牌楼

老人倌旧址

金水口城堡

大龙门长城

1988年野三坡百里峡景区大门

百里峡大门

一线天入口海棠女

百草畔

杜鹃傲雪百草畔

百里峡大峡谷

三坡春色

秋日三坡

高山草甸

回首观音

拒马河畔

龙门天关

天关风光

大龙门长城

渡假村休闲娱乐区

山水一方酒店

蜀风苑酒楼

盛世国际酒店

天星源酒店

玻璃器皿

北雄玻璃厂

红木家具

雕刻

红木桌椅

中国·涞水
景泰蓝技艺

文玩核桃

核桃雕刻

第一排　右五：方志出版社总编辑、编审于伟平　左四：河北省地方志办公室原调研员、副编审王广才　左二：河北省地方志办公室编辑魏铁军　右三：河北省地方志办公室市、县指导室主任赵俊丽　左三：河北省邢台市地方志办公室主任、编审孟朋文　右一：保定市地方志办公室主任、编审孙进柱　左五：涞水县委书记王义民　右四：涞水县委副书记、县长朱明新　右二：涞水县常务副县长张晓峰　左一：涞水县志主编孙志余

第二排　右六：保定市地方志办公室县志处处长赵光　左七：保定市地方志办公室县志处副处长宫卫红　右四：保定市地方志办公室编辑李研　左四：涞水县政府办公室主任牛润生　左三：涞水县方志办主任赵丽丽　右五：副主编张义　左六：副主编周占才　左五：副主编王旭营　左二：编辑韩国霞　右三：编辑刘淑芹　右二：编辑张朝霞　右一：编辑张博　左一：编辑刘茁

评审会会场

《涞水县志》（1979–2009）各级评审专家成员

一、市级评审会专家成员

孙进柱　赵　光　宫卫红　张积涛　李　妍

二、省级评审会专家成员

于伟平　王广才　赵俊丽　魏铁军　孟朋文　孙进柱

三、省级终审专家成员

杨洪进　王广才　阴记东　王　蕾　杨胜旗　任丽英　赵俊丽

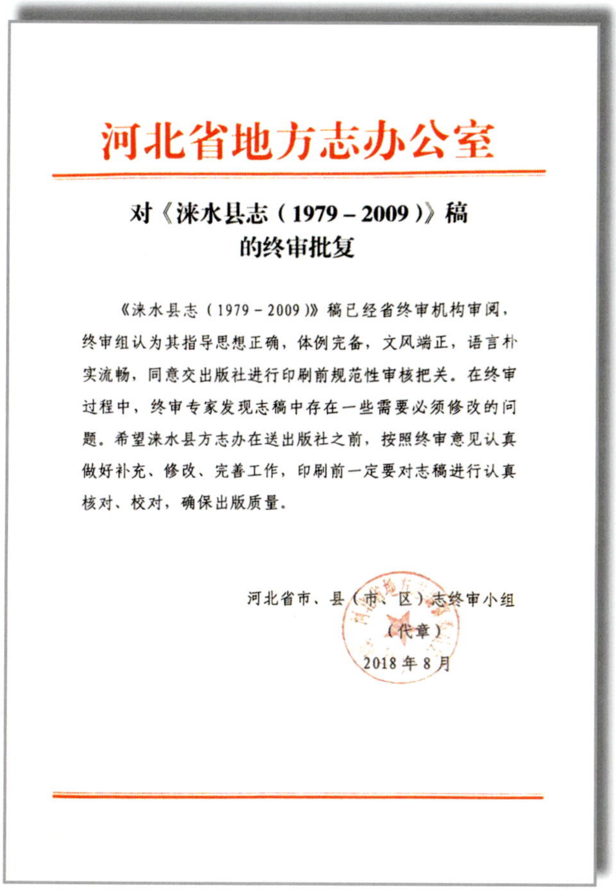

河北省地方志办公室

对《涞水县志（1979－2009）》稿
的终审批复

《涞水县志（1979－2009）》稿已经省终审机构审阅，终审组认为其指导思想正确，体例完备，文风端正，语言朴实流畅，同意交出版社进行印刷前规范性审核把关。在终审过程中，终审专家发现志稿中存在一些需要必须修改的问题。希望涞水县方志办在送出版社之前，按照终审意见认真做好补充、修改、完善工作，印刷前一定要对志稿进行认真核对、校对，确保出版质量。

河北省市、县（市、区）志终审小组
（代章）
2018年8月

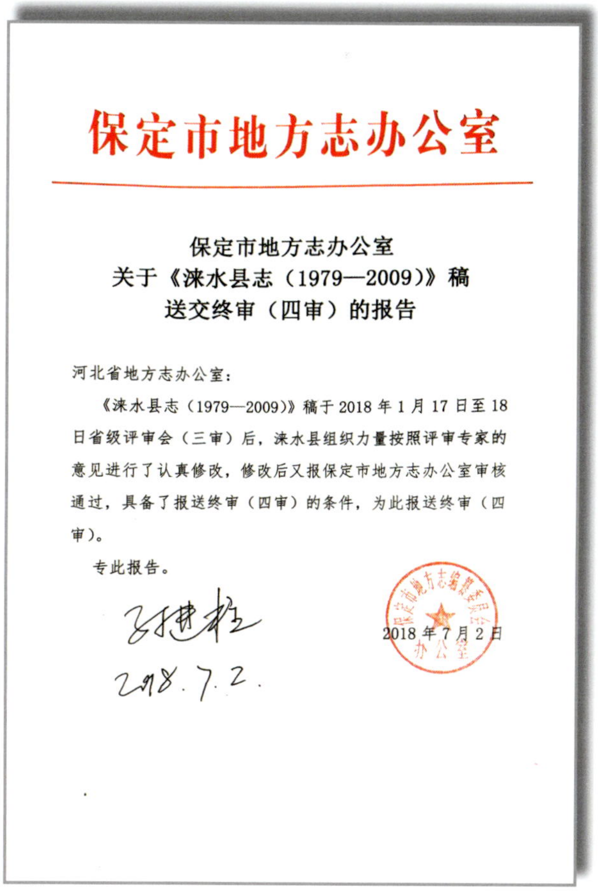

保定市地方志办公室

保定市地方志办公室
关于《涞水县志（1979—2009）》稿
送交终审（四审）的报告

河北省地方志办公室：

《涞水县志（1979—2009）》稿于2018年1月17日至18日省级评审会（三审）后，涞水县组织力量按照评审专家的意见进行了认真修改，修改后又报保定市地方志办公室审核通过，具备了报送终审（四审）的条件，为此报送终审（四审）。

专此报告。

孙进柱
2018.7.2.

2018年7月2日

涞水县地方志编纂委员会成员

名 誉 主 任：王义民　县委书记
主　　　任：朱明新　县委副书记、县人民政府县长
常务副主任：张晓峰　县委常委、县人民政府常务副县长
副　主　任：王力强　县委常委、县委办公室主任
刘清源　县人大常委会副主任
张海利　县政协副主席
委　　　员：万永田　县委办公室常务副主任
于凤书　县委组织部副部长
马宇兵　县委宣传部常务副部长
杨志杰　县政府办公室主任
赵丽丽　县政府办公室主任科员、档案局局长
王金龙　县人力资源和社会保障局局长
牛润生　县教育局局长
张　成　县民政局局长
谷建军　县统计局局长
夏长江　县文广新局局长
王　磊　县发改局副局长（主持工作）
张金山　县财政局主任科员
刘　越　涞水镇党委书记
马秀辉　义安镇党委书记
许术雷　永阳镇党委书记
刘建武　王村镇党委书记
王　雷　明义镇党委书记
董海宝　胡家庄乡党委书记
张国义　东文山乡党委书记
刘　松　娄村镇党委书记
张　平　石亭镇党委书记
张丽莉　一渡镇党委书记
杨海潮　九龙镇党委书记
王建军　三坡镇党委书记
刘英明　赵各庄镇党委书记
刘　威　龙门乡党委书记
夏雪峰　其中口乡党委书记
李增浩　社区办党委书记

《涞水县志》（1979–2009）编辑部

名誉主编：杨志杰
主　　编：孙志余
副 主 编：赵丽丽　张　义　周占才　王旭营
编　　辑：韩国霞　刘淑琴　张朝霞　张　博　刘　茁　吴丽华
特约撰稿人：雷连成　刘　阜　祖世勋　刘志宏　夏长江　张　颖　张　江
主　　审：陈　河
副 主 审：夏景源　高树春

供稿单位

涞水镇　义安镇　永阳镇　王村镇　明义镇　胡家庄乡　东文山乡　娄村镇　石亭镇
一渡镇　九龙镇　三坡镇　赵各庄镇　龙门乡　其中口乡　社区办

县委办　信访局　纪检委　监察局　组织部　机关工委　编办　政法委　宣传部　人武部
农工委　统战部　老干部局　党校　总工会　团县委　妇联　科协　残联　检察院　法院
人大办　政协办

政府办　档案局　人社局　财政局　发改局　科技局　统计局　审计局　工信局　国土局
住建局　民政局　交通局　司法局　公安局　教育局　农业局　林业局　水利局　畜牧局
粮食局　安监局　环保局　卫计局　三坡管委会　旅游委　电视台　供电公司　文广新局
体育局　国税局　地税局　县供销社　移动公司　电信公司　烟草专卖局　人行　银监办
农行　农发行　邮政储蓄　人保公司

外贸公司　垒子煤矿　涞水历史文化研究学会　涞水楹联协会

序 一

中共涞水县委书记　王义民

2010年，县委、县政府作出修志决定，调有志之士，集全县之智，在全县各部门通力合作下数易其稿，积数年之功，使《涞水县志（1979—2009）》终成卷帙，这是涞水县史志工作的一次重大收获。

涞水县地处河北省西北部，毗邻北京，拱卫首都。境内诸峰列峙，拒马萦回，人杰地灵，历史悠久。中华鼻祖轩辕黄帝在此留下多处遗迹。“涞水智人”继“北京人”后，延续人类发展脉络，传承人类文明薪火，自西汉初置县，绵延上千年。南北朝时期的世界级科学巨匠祖冲之，以“圆周率”为杠杆，撬动人类文明发展之轮；东晋爱国名将祖逖，闻鸡起舞，奋发图强，于历史长河里“中流击楫”，为煌煌中华史书增添了浓墨重彩的一笔。近代，在抗击外来侵略的血与火中，中国共产党依托野三坡为中心的平西抗日根据地，开辟冀东，挺进平北，涞水成为包围京津、挺进东北的前沿阵地，在艰苦卓绝的斗争中淬炼出一支中华民族的精英团队……在改革开放进程中，涞水人民以闻鸡起舞、只争朝夕的紧迫感、责任感和使命感，在更为广阔的天地发挥聪明才智，创造了有目共睹的不朽业绩。

古人云：“欲知大道，必先知史。”“以铜为鉴，可以正衣冠；以史为鉴，可以知兴替；以人为鉴，可以明得失。”《涞水县志（1979—2009）》跨越30年，以洋洋近百万言，全面翔实地记述了党的十一届三中全会以来全县在政治、经济、社会、文化等各领域的发展足迹，忠实地记录了改革开放给这个千年古县带来的巨大变化，再现了三十年来全县人民团结一心、艰苦创业、奋斗不息、开拓进取的精神风貌，体现了时代和地方特色，门类齐全，重点突出，是一部承上启下、彰往昭来、资治当今、垂范后世的史志力作。

承先旨在启后，继往为了开来。2018年恰逢纪念改革开放40周年，《涞水县志（1979—2009）》的出版，不仅给后人留下了一笔珍贵的历史资料，更会让人牢记这段历史，并从中得到更多启迪和动力。站在新时代的历史起点上，涞水人民必将在前人的基础上，不忘初心，与时俱进，接续奋斗，在新时代建设经济强县、美丽涞水的道路上奋力拼搏、勇往直前，为实现中华民族伟大复兴中国梦谱写出无愧前人、更加壮美的涞水篇章。

编纂县志是一项巨大的文化综合工程，志书的出版是各方通力合作的结果，也是集体智慧的结晶。借此出版之机，对各部门、各单位和积极配合、提供资料的全体编纂人员的辛勤劳动、精心撰述，对各级领导、专家、学者的鼎力支持、热心帮助致以衷心的感谢！

是为序。

中共涞水县委书记　王义民

2018年10月

序 二

涞水县人民政府县长　朱明新

“治天下者以史为鉴，治郡国者以志为鉴”。一方历史沿革、山川地理、政治风云、经济文化，常以志记之，以求观兴废、知得失、通古今、察未来。《涞水县志（1979—2009）》付梓问世，堪称涞水一大盛事，可喜可贺！

纵观涞水全境，东南接华北大平原千里沃野，西北衔太行山脉群山竞秀。自“涞水智人”始薪火传承，上溯华夏始祖黄帝开疆拓土，历代风流人物闪耀古今，在中华民族五千年文明史上占有重要的一席之地。可谓物华天宝，钟灵毓秀。

溯源以导流，鉴往而知今。《涞水县志（1979—2009）》既为昔日创业者树立丰碑，又为当今建设者提供借鉴，也为后来者留下珍藏。志书录载35万涞水人民，在中国共产党的领导下，解放思想，锐意改革，励精图治，奋力拼搏所创造的光辉业绩：百业俱兴，经济社会快速发展；政通人和，各行各业取得丰硕成果；社会稳定，人民群众安居乐业。志书既有宏观鸟瞰，又有微观透视，脉络清晰，特色突出，体例完备，详略得当，述、记、志、传、图、表、录齐全，全面客观地记录了改革开放30年间全县经济建设和社会发展的辉煌成就，真实记述与之相联系的生产关系的重大变革，以及政治、文化、社会等上层建筑的变化，涵盖涞水县政治、经济、人文、地理、民俗等各个方面。既是一部了解涞水、认识涞水、研究涞水的权威资料，又是一部认识县情、探求规律、正确决策的辅治之书，也是一部对广大群众尤其是青少年进行思想教育、传统教育的乡土教材。

《涞水县志（1979—2009）》的编撰完成，凝结着涞水县修志工作者的辛勤劳动和心血。五年来，他们慎思谨行，坚持用辩证唯物主义和历史唯物主义观点，梳理全县经济、人文、历史渊薮，去粗取精，去伪存真，在资料散失严重、编写经验不足的情况下，殚精竭虑，笔耕不辍，实事求是地记述自然地理、历史沿革、政治经济、古今名人、文化教育、科技卫生、风俗民情等方面的情况，突出地方特色，体现时代特点，努力寻求涞水县改革开放成败得失之因果，探索荣辱兴衰之规律，革故鼎新，激浊扬清，为涞水县进一步发展提供翔实可靠的历史借鉴和决策依据。在此，谨向关心、支持、从事县志编修的各位同志，致以敬意与感谢！

鉴古才知今，继往为开来。修志之意，旨在铭记历史，激励当代，启迪后世。过去的辉煌已成历史，全新的形势催人奋进。站在新时代、新起点的涞水，绿色崛起前程似锦，跨越发展重任在肩。全县人民宜当自勉自强，按照党中共中央的总体部署，团结一心，奋力拼搏，为早日建成实力文明幸福美丽新涞水，为实现“中国梦”续写新的篇章。

涞水县人民政府县长 

2018年10月

凡　例

一、本志以马克思列宁主义、毛泽东思想、邓小平理论、“三个代表”重要思想、科学发展观、习近平新时代中国特色社会主义思想为指导，全面、系统、翔实地记载涞水县1979—2009年自然、社会历史与现状，重点记述改革开放的成就和带来的变化，力求达到思想性、科学性和资料性的统一，体现时代特色。

二、本志为断代志。2000年出版的《涞水县志》，下限为1989年，本志为全面反映涞水县改革开放的历史，与第一轮《涞水县志》在时间上有重叠。对于1979年到1989年期间的内容，本志依据志书的整体要求，重新组织资料撰写，对前志内容有所补充。本志始于1979年1月，下限至2009年12月，以涞水县2007年行政区划为记述范围。上届志书缺漏的事件和人物的记述，适当上溯或下延。

三、全志设总述、大事记、各部类分志、志补、附录，辅以图表和照片。各分志，从科学分类和社会分工实际出发，适当照顾行政隶属关系设置，按自然、政治、经济、文化顺序排列，横排纵写，纵横结合，共设19编，编下设章、节、目等层次。

四、本志采用语体文记述体。除总述和编、章引言外，其余述而不论，据事直书。

五、本志为突出地方特色，增设旅游、地域文化研究两编。

六、清代及其以前使用历史纪年，括注公元纪年；民国时期纪年，用阿拉伯数字书写，自然段首次出现时括注公元纪年。中华人民共和国建立后，用公元纪年。计量单位除个别沿用历史上的计量单位如“亩”外，其余均采用法定计量单位；数字使用、表格制作、标点符号使用等，按国家有关规定执行，并以中国出版工作者协会校对研究委员会制定的《图书编校质量差错认定细则》为文字质量标准。

七、本志涉及河北省、保定市、涞水县等名称时，在不引起歧义的情况下，简称“省”“市”“县”；使用行政、事业、企业单位名称时，书以当时历史条件下的全称或简称。能特指的基层单位用该乡、该校等代语。

八、人物一编除对断限内去世人物立传外，还收录了4位断限外先进的人物，同时对有重大贡献或有影响，有一定职务、职称的在世人物作简介或名录。

九、志书引用的数据，一般以县统计局公布的为准。若采用部门核实的数据，则注明出处，由于各部门统计口径、统计方法不同，部门之间数据可能不一致；或由于四舍五入等原因，相乘、相加后的数据可能有一定误差。

十、志书中所引用的文章、碑文等均忠实于原作，文字如有不规范之处，除括注外，不作改动。

十一、各部类入志资料由相关部门搜集提供，经编辑整理后，由部门主要领导审阅后采用。

十二、为增加人们对涞水历史、人口来源、古墓葬和特定时期人文地理方面的了解，本志特设志补部分，把涿州管辖时期的三坡、曹宅茔地与曹雪芹、流落涞水的杨家将后裔、中华民国38年涞水县地图释文等鲜为人知的材料，收入其中。

十三、本志图片由征集所得，部分照片的拍摄时间作者无法查核。

目 录

第三编　基础设施与环境保护

第四编　中国共产党地方组织

第五编 人民代表大会

第六编 人民政府

第七编　人民政协

第八编　人民团体

第九编 法治·军事

第十编　经济总情

第十一编　农　业

第十二编 工业及建筑业

第十三编 商贸服务业与金融业

第十四编　旅游业

第十五编　教育科技

第十六编　医药卫生

第十七编 文化体育

第十八编 地域文化研究

第十九编　人　物

志　补

附　录

总 述

涞水县位于河北省中部偏西，保定市西北部，具体位置为北纬39°17′~39°57′，东经114°59′~115°48′，隶属保定市。东北邻北京市门头沟区、房山区；东与涿州市、高碑店市相接；南界定兴县；西连易县、涞源县；北与张家口市涿鹿县、蔚县为邻。全县总面积1650.5平方千米，其中山区占74%，丘陵占10%，平原占16%。有耕地362725亩，其中可灌溉面积268800亩。辖涞水、义安、石亭、永阳、三坡、赵各庄、九龙7镇，明义、胡家庄、王村、宋各庄、东文山、其中口、龙门、娄村（满族）8乡，284个行政村，528个自然村。全县总人口352618人，其中非农业人口40450人，回族、满族等12个少数民族人口28416人。

涞水县地貌特点为：西北山地，东南平原。涞水县81.23%是山地，面积2011133.2亩。山坡一般在15~40度，根据其形态特殊分为中山、低山和丘陵。东南部平原面积389830亩，占全县总面积的15.75%。

涞水县属东部季风性暖温带半干旱地区，大陆性强。在冬季，因地处蒙古高压的东南部，盛行由大陆吹向海洋干冷的冬季风。夏季由于副热带高压的北上，盛行由海洋吹向大陆温热的夏季风。春秋两季，分别由冷到热和由热到冷的过渡季节，所以四季分明，形成春季干旱多风，夏季炎热多雨，秋季天高气爽，冬季严寒少雪的季风气候特点。

涞水县河流属大清河水系，发源于太行山区，从北向南主要河流有：拒马河、南拒马河、遒澜河、清水河等。拒马河发源涞源县境内，由西北山区向东南平原贯穿涞水县全境，流域面积占全县总面积的80%。除拒马河外，其他河流发源于境内，均为间歇性河流。

涞水县的土壤划分为5个土类、11个亚类、12个土属、69个土种，主要有棕壤、褐土、潮土、沼泽土、草甸土。

涞水县水资源丰富，多年平均地表水资源量为1.17亿立方米，丰水年地表水资源量为1.76亿立方米，平水年地表水资源量为0.63亿立方米，偏干旱年地表水资源量为0.31亿立方米，特干旱年地表水资源量为0.24亿立方米。涞水县平原区地下水可采量为0.85亿立方米，山区地下水可采量为0.04亿立方米。

涞水县历史悠久。1988年8月在罗古台乡北边桥村出土的一具旧石器时代的智人化石表明，距今10万年前，涞水就有人类繁衍生息。1982年，县文管所对全县文物进行全面普查，发现古文化遗址65处，其中旧石器时期1处，新石器时期5处，龙山文化时期3处，先商至汉时期8处，西周至春秋战国时期48处，为涞水古老历史提供有力佐证。5000年前，中华人类始祖轩辕黄帝及其部落，在这片大地上留下不少足迹，“釜山合符”“伶伦制乐”在当地广为传说；伶伦训练乐工的乐坪（现洛平），铸钟的钟模坑，洛平山腰上的音乐花塔（传说为伶伦墓）听风台，以及位于易县马头村的黄帝祖庙等遗迹，对始祖轩辕黄帝在涞水一带的活动，给予客观印证。黄帝祭祀用的古乐，仍在涞水县高洛村流传，2006年被国务院列入国家级非物质文化遗产名录，吸引国内外专家、学者，竞相到高洛观摩、考察。

“涞”字最早见于《周礼》，有“并州其浸涞易”之说。据光绪年《涞水县志》记载，涞水古时为幽州，唐尧时属冀州，禹舜时属幽州，夏时复属冀州，商时复属幽州。公元前11世纪周灭商后，涞水属幽州燕地。战国时，涞水属燕国上谷郡。秦分36郡，涞水仍属上谷郡。汉高祖六年（201）置遒县，隶涿郡。北魏时改“逎”为“遒”。隋开皇元年（581）于遒置范阳县；开皇六年（586），改名固安县；开皇十年（590）更名为永阳县；开皇十八年（598）始称涞水县。隋以后至清均属易州。民国2年（1913）属直隶省范阳观察使（后称范阳道）。民国3年（1914）改属保定道。民国17年（1928），直隶改称河北省，涞水即属河北省。1938年春，晋察冀边区抗日民主政府建立，不久，依据涞水地形，将辖区划开，山区称涞涿县。民国29年1940年9月，原涿县所辖三坡区划归涞水县，涞涿县改名涞水县。1945年，涞水县城关及东文山、永阳、洛平、水北、娄村等乡划给龙华县。8月，涞水县城解放后恢复原辖区。1958年建制撤销。辖区分别划给涿县和易县。1962年1月恢复涞水县建制。

涞水县人杰地灵。历史上出现许多杰出人物，最有影响的有东晋时期的祖逖、南北朝时期的祖冲之，以及当代的郭琨等。祖逖是“闻鸡起舞”“中流击楫”“竟著先鞭”3个成语的主人公，为历代人民所敬仰。祖冲之是南北朝时期伟大的数学家、天文学家和物理学家。他精确推算出圆周率是在3.1415926和3.1415927之间。在世界上，他第一次把圆周率的数值准确到小数点后7位数字，比欧洲早1100年。此外他写的数学专著《缀术》，唐朝时期被列为学校课本。其子祖暅之、其孙祖皓同为科学家，科研成就世所瞩目。郭琨是当代科学家，曾3次率中国南极考察队到南极进行考察，南极建立长城站后，他被任命为考察站站长。他撰写大量的论文和专稿，并著有《海洋手册》一书，为发展中国海洋事业做出卓越贡献。现代名人王宝义，20世纪50年代末60年代初培养出在全国有影响的“三姐妹”放映先进集体；80年代中期至90年代中期，把昔日三坡的荒山野岭，打造成为一个国家级名胜风景区，为山区人民脱贫致富奔小康创出一条新路。著名国医大师贺普仁、人民币雕版专家苏席华、百战将军董占林等，在国内外享有盛誉。

在涞水历史的长河中，人民历经磨难。涞水地处中原与北方游牧民族接壤的地方，历史上民族冲突不断，反复争夺。晋代石敬瑭割燕云十六州，涞水拒马河以东土地割让给契丹；北宋与辽之间著名的岐沟关之战（时岐沟关属涞水）；金贞祐三年（1215），蒙古军与金军战于涞水，涞水县衙毁于战火，荡然一空。是年，晚禾十损七八，加溃兵剽掠，民不聊生，困苦不堪，斗米银十两，至河北人相食；清顺治二年（1645）清廷在京城周围300里内州县实行圈地，涞水民地被圈80%以上，被圈之民沦为佃农，不少人流离失所；雍正八年（1730）清廷在涞水县城北30里士庄（今西营房）村南龙岗修建怡贤亲王园寝（当地俗称十三王爷坟），方圆41.5华里，占地面积600余亩；抗日战争时期，日军对平西抗日根据地中心涞水山区，实行“三光”政策，制造无人区，仅在1941年就被抓走6036人，送往东北和日本当劳工。

涞水人民具有光荣的革命传统。隋大业十一年（615），涞水人民积极参加王须拔农民起义军；宋政和七年（1117），涞水县民董才起义，率众反辽，聚众万余人；清光绪二十六年（1900）农历四月十四，高洛义和团邀集易州、涿州、新城、定兴等地义和团众，将暗置枪炮、勾结地方官吏、密谋镇压义和团的南高洛教堂放火烧毁，办多名反动教士和教徒。农历四月二十四，涞水义和团在石亭村南老狼沟与清军激战，杀死直隶练军分统领杨福同；民国14年（1925），西营房等满族村聚集村，反对和抵制军阀马瑞云砍伐怡贤亲王陵松柏林；民国20年（1931），西营房、水东、燕翎村等五村群众组织“民众会”进行抗税斗争；民国21年（1932）行宫村满族群众抵制县长刘云亭拆毁行宫古建筑的斗争，以及山区农民砸毁设在岭东的花果税税卡和打伤进山查赋的官吏等，在一定程度上打击反动统治者；八年抗战，涞水先后有609名抗日民族志士以身殉国，涌现出鸡蛋坨五勇士等可歌可泣的英雄人物；解放战争中，全县有472名优秀儿女献出宝贵的生命。

中华人民共和国成立后，中共涞水县委为适应人民民主政权建设、进行社会主义改造和社会主义建设的需要，从1950年1月至1954年8月，分别召开三次党员代表大会，统一思想，整顿作风。1956年，涞水县党组织领导镇反肃反运动，领导涞水人民完成社会主义改造，恢复和发展经济。1949—1976年，涞水县社会主义建设的成就巨大，积累一些成功经验，经历无数次风风雨雨，有着沉痛的历史教训。

1978年12月，涞水县各级党组织拨乱反正，落实政策，平反冤假错案，将工作重心转移到以经济建设为中心的轨道上来，认真贯彻中共中央关于农村工作政策，推行家庭联产责任制，激发农民的生产积极性，粮油增产，收入增加，温饱问题得到解决，生活水平逐年提高。

1979—2009年，正是中国改革开放风起云涌之时，涞水县人民坚持以经济建设为中心，解放思想，实事求是，深化改革，扩大开放；在建设"和谐涞水"过程中走过不平凡的30年，取得巨大成就。2009年全县财政总收入19530万元，是1949年（10万元）的1953倍，是1979年（387万元）的50.5倍，年均递增14.0%。城乡居民收入基本实现小康。科学、教育、文化、卫生事业登上新台阶，精神文明建设成就显著，社会秩序安定，人民生活水平不断提高。

农业产业结构渐趋合理　通过进一步落实党的农村政策，顺利实现由人民公社到联产承包的转变。大力调整农业产业结构，推行农、科、教相结合，全县农业进入大发展时期。在改革开放进程中，农业的市场化、产业化得到长足进步，设施农业、林果基地、规模化养殖等特色农业基本形成。由第一批农村专业户始，逐年滚动发展，涌现出富旺达养殖、兴旺食用菌、海华腾蔬菜加工等一批有着巨大带动作用的龙头企业。农业基础设施建设、农业机械化水平不断完善，抵御自然灾害能力进一步提高，全县立项开发中低产田面积11.7万亩，新打机井422眼，旧机井配套88眼，修防渗渠210千米，财政投资1129.9万元。2009年，实现农业总产值12.61亿元。

林业建设取得显著成效　1979年涞水林地面积仅有20万亩左右，通过承包造林、工程造林、飞播造林、封山育林，涞水林地面积成倍提高，尤其是1986年国家规划实施京津周围绿化工程、1996—2000年中德合作造林工程、1987年实施三北防护林工程、2002年实施生态环境治理工程、京津周围风沙源治理工程、退耕还林工程等国家级造林项目的实施，不仅推动涞水林业的长足发展，并取得显著的生态效益、经济效益和社会效益，不但为京津地区的生态环境改善做出贡献，而且促进涞水经济的发展。据河北省森林资源规划设计调查显示：2009年涞水有林地面积50.4万亩，比1979年增长2.5倍，森林覆盖率达到20.38%。

畜牧业生产全面增长　1979年后，畜牧业从集体养殖为主向小规模大群体的个体养殖转变，而后又从小规模大群体的个体养殖向规模化、良种化、产业化转变，畜牧业在农村产业结构调整中，从传统的副业向产业发展，成为农村经济重要支柱。畜牧业坚持走资源节约型、科技密集型、质量安全型的发展道路，大力实施科技兴牧战略，大力推行标准化、规模化生产，通过抓龙头、建基地，抓保护、强服务，实现持续、快速、健康的发展。2009年，全县畜牧业总产值达到5.09亿元，占大农业总产值的40.3%。

工业经济改革稳步推进　经过改革工业经济，在停滞、躁动、筛选、适应、发展过程中不断前进，逐步成为县域经济的支柱产业。涞水坚持实施"工业立县"战略，基本完成国有工业企业体制改革，非国有工业企业发展迅速。在市场经济催生下，培育出电极、玻璃器皿、古典家具、矿产等支柱产业，2009年实现工业增加值5.27亿元，工业经济总量在三次产业中的比重达31.9%。32个规模企业实现工业增加值3.95亿元，主营业务收入9.18亿元，利税7408万元。

交通更加便利　2002年保野公路的建成，使旅游产业如虎添翼；2008年张石高速公路及密涿支线（一期）的竣工通车，结束了涞水县没有高速公路的历史；2004年开始的"村村通公路"工程，使全县农村交通状况得到根本改善。至2009年，全县基本形成以张石、密涿（支线）张涿、京昆4条高速公路为主架，112、108国道、京赞线、宝平线为依托，保野路、涿娄路、拦紫路、高速公路连接线，以及遍布城乡的农村公路为支脉的交通网络格局，路网结构趋于完善、合理，通达能力更强。

邮电迅猛发展　2009年，涞水邮政服务实现全覆盖，全程邮路长达1000余千米，邮政网点遍布全县15个乡镇，邮政总资产达到600余万元。电信业发展迅速，2000年，全县城乡实现固定电话程控化，用户达44179户。2009年，移动电话基站发展到120个，网络覆盖全县，实现全国漫游，并与286个国家（地区）的352个运营商实现国际漫游。

商业、服务业蓬勃发展　商业是率先实行体制改革并取得成效的产业。国有商业和集体性质的供销社，先后根据党和政府的政策、规定，在所属企业逐步推进各项适应市场经济的改革，增添活力，提高效益；非公有制商业蓬勃发展，所占市场份额的比重越来越大，出现购销两旺、物价稳定、商业秩序平稳运行的良好局面。服务业实现由单一的商业经营向多渠道流通、多形式经营、城乡市场繁荣发展的转变。1989年后，对外开放、对内搞活的经济政策为服务业发展注入新的活力，尤其是旅游业的快速发展带动内外贸易、信息业、房地产业快速发展。2009年，第三产业实现增加值9.95亿元，占全县生产总值的40.1%，年均增长15.07%，高于全县生产总值年均增长率2.75个百分点。

财政增收，金融活跃　1979—2009年，全县经济快速、持续发展。国内生产总值从1979年的5038万元上升到2009年的24.83亿元，年均增长13.9%；财政收入从1979年的387万元，增加到1.95亿元，年均增长13.96%；各项存款余款从1989年的745万元，上升到45.42亿元，年均增长37.8%；各项贷款余额从1989年的1225万元，上升到17.41亿元，年均增长28.13%；社会消费品零售总额从1989年的1.19亿元，上升到12.74亿元，年均增长12.59%。

城乡面貌显著改观　随着经济发展和人们生产生活需要，城市建设发展的步伐逐年加快，县城的规模不断扩大，基础设施逐步完善、城市功能逐渐显现。至2009年年底，县城面积达到9.2平方千米，比1979年扩大了4倍；“四横、五纵、一环”的县城路网结构基本形成，街道总面积20519平方米；安居一、二区，雅特家园、雅特新居、靖园居、聚泽园、天园小区、阳光鑫园、富民小区、豪景嘉园等居民小区的建立，改善城市居民居住条件；供水、排水、供电、街道绿化、亮化、垃圾集中清运处理等基础设施改造升级和不断加强，城市面貌得到根本改观；迎宾公园、街心公园、滨河公园、文化广场、影剧院等休闲娱乐文化设施相继建立，为城市人民高品质的生活创造条件；城市出租车、公交车给居民出行带来便利；新市场、批发市场、东大街等市场的建立，扩大就业，繁荣市场。

教育成果显著　县委、县政府始终把教育置于优先发展的战略地位。不断加大教育经费投入，教育事业经费占财政支出的比重逐年扩大。教育主管部门狠抓教学管理和教师队伍建设，积极推进教学体制改革，连续6年被保定市教委命名为“贯彻党的教育方针，提高教育教学质量先进单位”；1996年省政府授予“普及九年义务教育先进集体”；1997年市政府授予“农村成人教育先进单位”；1999年市教委授予“教育工作先进单位”。1997年和2000年基础教育分别顺利通过“普及九年义务教育”省级验收和第一轮复查。1995年实现“普初”、1997年实现“普九”，通过省政府验收。1999年获教育部“两基先进县”称号。1999年通过“普及实验教学”省级验收。2000年通过省政府“普九”第一轮复查。

文化事业不断繁荣　深厚的文化积淀在改革开放中得到升华，哺育一批优秀作家。多部文学作品、音乐、戏剧作品，获得国家和省级奖项；美术、书法、音乐等作品，在国内外小有盛名。涞水版画创作群体“土坷垃版画会”的大量作品，多次在国内外展出，并荣获省和国家级奖励。民间传承艺术遍布各乡镇村，为广大群众喜闻乐见，如老调梆子、大秧歌、狮子舞、小车会、高跷、旱船等，每逢佳节，群众都自发组织排练，载歌载舞，相互交流，极大丰富人民群众的文化生活。1995年，涞水县被河北省人民政府命名为“省级文化先进县”。2003年，涞水县被文化部授予“中国特色艺术之乡”称号。2003年4月3日，来自亚欧21个国家的30多名传统音乐保护与研究专家学者及文化部、中国艺术研究所等的有关领导和专家学者齐聚南高洛，对该村民间器乐组织“音乐会”进行现场考察和观摩研讨，给予了广泛赞誉和高度评价。7月10日，香港中文大学文艺系24名学生在中国艺术研究院音乐研究所专家的带领下，到南高洛考察“音乐会”，决定将南高洛音乐会作为该校文艺系的“第二课堂”。2003年10月30日，河北省群众艺术馆、河北省社会音乐研究会在涞水县建立“河北省群众文艺创作基地”。

科技创新能力不断提升　1990—2009年，全县实施省、市科研项目50多项，获得省、市级科技进步奖13项；拥有民营科技型企业12个；建立林果产业科技专家工作站1个；农作物良种覆盖率稳定在98%以上。

电力事业得到突飞猛进的发展，供电量、供电质量显著提高。1979年全县有35千伏安变电站6座，总计容量10160千伏安，年供电总量2647万千瓦时。到2009年，全县有17座变电站，总容量达到271700千伏安，比1979年增长26.75倍。通过1998—2001年两次电网改造，对农村生活用电实施“四到户”管理（销售到户、抄表到户、收费到户、服务到户），实现了户户通电，同网同价，供电质量和可靠性全面提高，为涞水县经济发展和人民生活水平的提高奠定基础。

医疗卫生事业发展迅速　1979年，涞水县卫生系统房屋面积不足1万平方米，从事预防保健和医疗服务的县、乡卫生技术人员不到500人。不断增加资金投入，改善医疗卫生设施，全县县、乡两级医疗卫生机构业务用房面积达到5万多平方米。至2009年年底，全县有各级各类医疗卫生机构510个，其中县直医疗卫生机构5个（县医院、县中医院、县妇幼保健院、县疾控中心、卫生监督所），乡镇卫生院15个，社区卫生服务中心4个，村卫生所430个，个体诊所54个，民营医院2个。各级各类专业技术人员1557人。全县有20辆救护车在中心卫生院以上的医院发挥急救作用。2002—2009年，全县添置10万元以上大型医疗设备20余台，100万元以上的医疗设备5台。全县住院病人治愈率达90.5%；住院危重病人抢救成功率达89.6%。1994年县医院被省卫生厅评为二级甲等医院。1996年，白涧地段医院（现赵各庄镇中心卫生院）石亭地段医院（现石亭镇中心卫生院）被省卫生厅评为一级甲等医院。2001年，县中医院被省卫生厅评为二级甲等中医医院。

旅游业从无到有　改革开放的春风，催生涞水县的旅游业，并迅速发展成为涞水经济发展的拉动和支柱产业。位于涞水县西北部的野三坡，1984年开始考察并逐步开发，1986年开始接待游客，1988年被国务院批准为国家重点风景名胜区。2001年、2009年先后被评定为AAAA级、AAAAA级国家旅游景区，使野三坡景区成为众多游客外出休闲度假的首选目的地之一，成为环京津休闲旅游产业带上一颗璀璨的明珠。

人民生活水平在改革开放中得到显著提高。农民人均收入从1979年的71元增长到2009年的3477元，年均增长13.85%；城镇居民人均可支配收入由1991年的1525元增加到2009年的9784元，年均增长10.88%；2009年全县居民储蓄存款达到348209万元，是1979年（262.2万元）的1328倍，年均增长27.09%。全县人民基本进入小康行列。

1979—2009年是改革开放不断深入的30年，是不断探索、不断前进的30年，是社会和经济发展较快的30年，也是涞水人民在困境中艰苦奋斗，为未来快速发展奠定基础的30年。纵观30年的发展历程，彰显时代特征和地区特点的主要启示是：

坚持党的领导，是推动发展的根本保障。加快发展，关键在党。涞水县委围绕中心，服务大局，发挥领导核心作用，协调各方积极投身改革和经济建设；重视基层组织建设，坚持固本培元，充分发挥基层党组织的战斗堡垒作用；加强党员队伍建设，充分发挥广大党员的先锋模范作用。为全县的发展提供坚强有力的组织保障。

坚持解放思想和改革开放，解放思想是推动发展的本质要求，只有解放思想，转变观念，改革创新，不断探索，才能推动经济和社会的大发展。县委牢牢把握“抓住机遇，深化改革，扩大开放，促进发展，保持稳定”的基本方针，较好地处理改革、发展、稳定的三者关系，把解放思想做前提，把改革做动力，通过改革增活力，从而赢得了如今的发展局面。

坚持科学发展，是推动发展的必然选择。涞水是全国和省级贫困县，牢固树立发展才是硬道理的战略思想，尽快甩掉贫困的帽子，是涞水县多年来工作的出发点和落脚点。全县人民始终坚持走自己的路，咬住经济发展不动摇，抓住科学发展不松手，加快全面发展不停步，敢于迎难而上，善于破解发展中难题，因而取得前所未有的发展成绩。

改革开放30年，涞水人民不但取得令人瞩目的成绩，而且积累丰富的经验和知识，为未来社会和经济的发展奠定坚实的基础。凭借涞水毗邻京津的区位优势，凭借四通八达的交通优势，凭借涞水丰富的资源优势，凭借不断改革开放的政策优势，涞水人民一定会承前启后，继往开来，励精图治，奋发图强，不断探索，奋力拼搏，在全面建设小康社会进程中迈出更加坚实的步伐。涞水正朝着文明、富裕的目标奋勇前进。

大 事 记

1979年

1月15日，成立县工农教育委员会。

2月6日，建立县环境保护办公室。

2月20日，河北省委慰问山区革命老根据地慰问总团保定分团，到涞水县白涧和镇厂2个区，3个公社，5个大队进行慰问。为生活贫困的荣复转退残废军人、老干部，发放救济粮。

3月6日，开始为过去确定的地主、富农等四类人员“摘帽”工作。

4月21日，建设中的宋各庄水库改为“涞水县军民团结水库”。

6月4日—5日，镇厂区3个公社遭受洪水、冰雹灾害。

7月26日，涞水县山区建设办公室建立。

10月1日，全县党政机关、团体、厂矿、学校举行各种活动，庆祝中华人民共和国成立30周年。

11月28日，县委决定：为1966年10月17日科局干部会议上，被错误揪斗的干部彻底平反；为1972年9月期间被隔离审查的干部彻底平反。

1980年

1月4日，县委召开有869人参加的三级干部会议。县委书记李永月作报告，动员全体干部着重解决如何把工作重点转移到生产建设上来的问题。

3月24日，全县被错划“右派”的208人全部摘掉右派帽子。

4月1日，县委发出《关于制止农村乱批乱占耕地盖房问题的指示》。

7月6日，山区罗古台、北庄、偏道子3个公社14个大队遭受严重风雹灾害，受灾面积3430亩。

7月22日，全县抽调200名干部深入灾区抗旱救灾。

9月8日，石亭服装厂发生重大火灾。

10月24日，县召开三级干部会议，传达中共中央《关于进一步加强和完善农业生产责任制的几个问题》，并总结本县实行生产责任制的经验。同时部署农田基本建设、生产救灾、征购入库等项工作。

12月3日，涞水县农业区划委员会成立。

12月16日，涞水县司法局建立。

12月24日，涞水县工业学大庆办公室改为涞水县经济委员会。

1981年

3月9日至12日，地委书记邢崇智到涞水县检查工作，考察了部分科局、企事业单位及公社、大队，并与农、林、牧、水、电、商业、山区建设等部门有关人员进行座谈。

5月15日12时，地区七二六厂厂区遭受龙卷风灾害，八四车间石砌砖围墙刮倒40多米，12间库房被摧毁，车间内水泥铁架底座被刮倒，两个铁架灰墩被拔出，钢管折断，风势至13时10分消失，造成严重损失。

6月1—4日，县召开三级干部会议，传达贯彻保定地委、行署农村工作会议精神，重点讨论农业生产责任制和多种经营问题。

7月7日，涞水县干部职工教育委员会成立。

7月20日，县委决定为在“文化大革命”中被错误揪斗的副县长赵文元、陈鹤卿等彻底平反。

7月22—25日，全县26个公社连续遭受风灾，农作物受灾面积80550亩。

7月25日，涞水县对台对外宣传领导小组建立。

是月，涞水县地名普查领导小组建立，下设地名办公室。全县地名普查工作开始。

8月13日，县委为在“文化大革命”中被错误批判的县委常委，正、副书记，正、副县长及受株连的数百名领导干部彻底平反。

8月17日，涞水县编制委员会、涞水县民族事务委员会、涞水县科学技术协会、涞水县供销合作社、涞水县房产管理局建立，原水电局改建为水利局和电力局。同时撤销知识青年上山下乡办公室。

10月2—3日，县委发出《关于撤销涞发〔1978〕27号文件，并为被诬陷的同志平反决定的通知》，指出该文件是在“左”倾思想路线影响下产生的，对一些干部枉加种种罪名。同时为在1972年9月被隔离审查的原县委领导人员彻底平反、恢复名誉。

11月9日，白涧、镇厂区革命委员会改为区公所。

11月16日，涞水县南关清真寺恢复宗教活动。

11月20日，县委决定为在“文化大革命”和“反击右倾翻案风”运动中受迫害的各行政部门干部职工及各区、公社、厂矿被错误批判或受株连的干部职工彻底平反。

12月26—30日，保定地委在涞水县召开涞水县工作会议，解决涞水县委领导存在的软散弱现象。县委书记袁硕儒代表县委检讨发言。

12月29日，涞水县第七届人民代表大会第一次会议在县城召开，出席代表249名，会议历时6天，1982年1月4日闭幕。

1982年

1月11—14日，中共涞水县第五次代表大会在县城召开，出席代表321名，代表12067名党员。

1月11日，涞水县开始启用“涞水县人民政府”印章，原“涞水县革命委员会”印章停止使用。

5月28日，河北省、保定地区文物部门批准涞水县怡贤亲王园寝、镇江塔、西岗古塔、皇甫寺塔、大龙门城堡、蔡树庵长城、清禅寺等文物为省文物保护单位。

6月21—30日，涞水县山区、丘陵地带，连续3次遭受风雹灾害，受灾面积65000亩。

7月1日，根据全国统一部署，涞水县进行第三次人口普查。普查数据显示，涞水县总户数为65812户，总人口为281839人，其中男144520人，女137319人。

7月15日，涞水县对国家干部、职工、农村村民，按计划生育和计划外生育情况，做出7项具体奖惩规定。

7月20日，涞水县清退临时工工作告一段落，应清退873人，实清退612人，缓清261人（外语人才、代课教师、炊事员等技术人员缓限到年底）。

8月10日，因修建宋各庄水库，经保定地区行署批准原宋各庄公社东水峪大队迁至石亭公社；色树大队迁至水北公社。色树大队搬迁后留下3个生产队，组成为北色树大队，仍属宋各庄公社。

8月14日，中共涞水县委政法委员会成立。

10月，国务委员、中国人民解放军总政治部主任余秋里，到涞水县东义和庄考察军民共建文明村情况。

11月12日，涞水县党政干部十二大文件学习班开学。有475名县、公区、社脱产干部参加为期10天的学习和整顿。

11月22日，召开全县打击经济犯罪活动“宽严”大会。

12月，宋各庄水库竣工。

1983年

1月24日，县委、县政府召开三级干部会议，传达贯彻中共中央一号文件。

1月26—28日，县委、县政府召开先进集体、先进个人双文明建设表彰大会，总结交流十一届三中全会以来两个文明建设的经验，部署1983年工作任务。

2月20—23日，政协涞水县第一届委员会第一次会议召开。会议选举产生政协涞水县第一届委员会，王建良任主席。

3月6日，涞水县科学技术协会首次代表大会在县城召开。

3月6—7日，县政府召开工交工作会议，着重讨论工交企业推行经营承包责任制问题。

3月9日，涞水县绿化委员会建立。

3月11日，中共涞水县委、县人大常委会、县政府、县政协与驻军举行军民共建文明村座谈会。是日，涞水县军民共建文明村领导小组成立。

4月28日，中央军委常务副主席杨尚昆和北京军区司令员秦基伟，到涞水县东义和庄村考察军民共建文明村情况。涞水县电影公司王宝义率第三代“三姐妹电影队”，到高碑店驻军51033部队，为中央军委常务副主席杨尚昆、北京军区司令员秦基伟等，汇报放映多镜头幻灯片《军民共建文明村》，受到各位首长的高度赞扬。

6月24日，刘俊生任中共涞水县委书记。

6月27—7月2日，全县连续遭受风雹袭击，涉及其中口、庄里、紫石口、东文山、娄村、石亭、洛平、胡家庄、王村等9个乡镇，受灾面积6300亩，粮食减产35万余千克。

8月，撤销县地名普查领导小组，建立涞水县地名委员会，设地名办公室，为常设机构。《涞水县地名资料汇编》一书出版。

9月23日，中共中央委员、河北省委副书记解峰到涞水考察政法工作，并到抗日战争时期曾工作过的富位、永乐、南汝河、北汝河等村看望老党员、老干部、老房东。

9月27日，涞水县医院门诊、病房楼扩建工程竣工，并投入使用。

10月12日，根据中共中央、国务院《关于实行政社分开建立乡政府的通知》（中发〔1983〕35号）规定，将人民公社改为乡政府、大队改为村民委员会。

10月14日，涞水县教育改革领导小组成立。

是月，涞水县成立第一家跨省联合企业，北京龙华公司河北省涞水县高村联营食品厂。

11月10日，涞水县县级机构改革开始。

12月27日，县委、县人大常委会、县政府、县政协、县纪检委领导班子组成。

12月29日，县委召开会议，进行县直机关机构改革。宣布县委、县政府所属工作部门机构设置及职能划分和部门正、副职的任命。

是月，涞水县恢复初、高中学制三年，部分小学实行六年制。

1984年

1月6—8日，县委召开全委扩大会议，县直及区、社支部书记以上党员干部共450人参加会议。

1月10日，薛善斌任涞水县人民政府县长。

是月，撤销了财贸办公室；文化教育局分建为教育局、文化局；信访办公室改为信访科。同时建立粮食公司（原粮食局）农机公司（原农机局）物资公司（原物资局）农村副业服务公司（原社队企业管理局）四个经济实体。

是月，全县26个公社管理委员会改为乡人民政府，公社党委改建为乡党委，大队党支部改为村党支部。

3月4日至7日，县召开1983年度两个文明建设先进集体、先进个人表彰大会。有34个文明村、32个文明建设先进村、51个文明单位代表和327名先进个人参加大会。

4月25日，县委、县人大常委会、县政府负责人在天津召开涞水籍工作人员座谈会。应邀出席代表25人，特邀代表9人。代表中有曾在涞水县工作过的老干部，有行政、企事业单位负责人和工程技术人员。代表们就涞水经济发展问题进行了座谈。

5月27—31日，涞水县第八届人民代表大会第一次会议在县城召开。

6月6日，涞水县地方志编纂委员会建立，下设地方志办公室，为常设机构。

6月30日，东文山乡上车亭村发生蝗灾，吃掉青苗500亩，蝗虫密度为每平方丈300多只。县有关部门及时发动1000余名群众，喷洒农药5000千克，将蝗虫迅速扑灭。

7月8日，涞水县丘陵、平原遭受11级大风灾害，果树折断6万余棵，成树折断2万余棵。玉米受损面积4万余亩。刮倒水泥电杆37根，高压线断13处，12条主干线刮断11条。损失（折款）400多万元。

是月，飞机在庄里、罗古台两个乡播种油松50374亩。

8月3日夜，一名持械盗贼窜入龙门供销社河口分社行窃。职工高瑞江、高祥霞、高祥叶3人与窃贼展开拼死搏斗，保护了国家财产，高瑞江负重伤。事后，地委、行署授予高瑞江“斗敌英雄”“模范共产党员”光荣称号，并作出《关于在全区开展向高瑞江等三位同志学习活动的决定》。

8月份，白涧区遭受严重旱灾，群众生产生活非常困难。9月2日，县政府成立生产救灾办公室，向灾区发放救济粮50万千克，救灾款5万元。

9月17日中午，偏道子乡遭受冰雹袭击，半小时降雹30厘米左右，造成180亩农作物绝收。

9月24日，县委书记刘俊生到中共中央书记处农村改革研室汇报工作。

9月28日，县被服厂试制“铸塑底便鞋”成功，并正式投入生产。

10月，涞水县书法作品参加地区文联和中国书法协会共同主办的书法联展。

10月4日，长春电影制片厂摄制组到三坡“一线天”，为影片《长城从这里开始》取景。

11月5日，省文物局考古专家李小东、地区文管所所长徐浩生和县文化局负责人对涞水县西义安村出土文物作了鉴定，并考察现场。结论是西义安村为早期青铜文化遗址，是夏家店下层文化墓群，距今已有4000余年。这一重要发现，对研究古代燕国文化有重要价值。

11月9日，国家经委、省民政厅负责人到涞水县考察抗旱救灾情况。

11月20日，县委、县政府作出《关于兴建涞水县农贸市场的决定》，地点确定在南城壕，命名为“南壕沟集贸市场”。

11月27日，保定地区供销公司经理会议在涞水县城召开，全地区21个县与会人员参观大理石、水泥构件、挂毯等产品，与县乡镇企业总公司建立业务关系。

11月25—28日，县委书记刘俊生、常务副县长马权等一行7人，南下广州、海南、深圳进行考察。

11月28—12月2日，中国地质科学院、天津地质研究所技术人员，到涞水县山区对吕家铺、上港、下港、上安北、南款等地铅、锌、银、金、铜、铁等矿进行实地考察。

12月，涞水县挂毯厂生产的“孔雀牌东方毯”获省优质产品“百花奖”。

12月1日，南壕沟集贸市场工程破土动工。

12月27—28日，县召开各界人士为涞水振兴发展做贡献经验交流会，出席会议301人。县委书记刘俊生作了关于落实知识分子政策的报告，大会向全县知识分子和各界人士发出倡议书。

1985年

1月1日，县工商部门市场管理改革，由分配管理改为承包制。市场管理员全部实行合同制，由136人精减到94人。

1月11日，县改革公费医疗制度。凡享受公费医疗的干部职工，按参加工作年限和级别分别制订药费报销标准。

1月13日，涞水县其中口乡西角村与保定市酒厂联营合作的分厂，试制成功特制滋补酒——“唐僧酒”，送广州交易会参展。

1月15日，涞水县城关镇与中国人民解放军总参通信部汽车修理厂联办“总参通信部汽修厂涞水分厂”。双方各投资20万元，利润四六分成（部队得六），合同期5年。

1月18日，涞水县旅游事业开发公司与北京市五洲实业有限公司，签订联合开发涞水野三坡旅游区的协议书。是日，涞水县商业部门清仓查库，组织货源，把80.5万米棉布和26.1万千克絮棉，赊销给全县8万多贫困农民。

1月31日，白涧区赵各庄村支部书记赵广才，带头承包荒山1200亩，带动300多人承包荒山5000多亩，办起涞水县第一家民办山林果管理合作社。

2月27日，南义安村降落陨石雨。

3月11日，涞水县和法国巴黎远洋贸易发展公司签订引进红果酱生产项目意向书，由法方提供资金、设备和技术，县提供厂址、劳动力和生产原料。

3月31日至4月2日，县举行中小学体育运动会，有41个代表队，345名运动员参赛。

5月8日，娄村乡建立农民技术学校。

5月24日，中国南极考察队队长郭琨（涞水县姜各庄人）应邀在县直机关干部大会上作南极考察报告。报告中透露，在南极高山湖至长城海湾的一条小河被命名为“拒马河”。

6月6日，副省长李锋、地委书记臧振国考察涞水县镇厂区。

6月10日，涞水县文学艺术界联合会成立。

6月25日，行署教育局、保定师范、地区教育学院、地区实验中学等单位代表到涞水县遭受严重旱灾的蓬头乡小丰口村慰问。

6月30日，驻军51033部队首长到罗古台乡山南村慰问，捐赠了粮食和饮水。

7月2日，地区公安处携救灾款和物资，到涞水县其中口乡进行慰问。

是日，副县长张喜奎率县民政部门人员，到杭州83013部队，慰问对越自卫反击战中立二等功的涞水藉战士李延河、方兴、安士华等。

7月2日下午4时至7月4日，白涧区连续遭受暴风雨和冰雹袭击，李各庄、蓬头、偏道子3个乡最严重。暴风雨摧毁青苗3969亩、毁民房30间、牲畜20头，上安北村1人被砸伤，5户无家可归。100多株成树连根拔掉。果品减产8.5万千克，经统计各项损失780.63万元。

7月3日，驻军88612部队首长慰问偏道子乡，赠给10名孤寡老人每人棉被1条、现金100元；赠给缺水村和乡政府各1台小型拖拉机。

7月4日下午2时8分，永阳乡9个村遭受7~8级大风和冰雹灾害，毁坏永阳至南庞村的高压线，13484亩农作物被冰雹砸毁。

7月11日，保定地区外事办、侨办和侨联组成的扶贫救灾小组，到涞水山区北庄乡重灾区联合村帮助抗旱救灾，同时带来1吨小麦和一些衣服、鞋袜、粮票和学生文具等捐献给受灾村民。是月，紫石口乡中学刘兴旺、李占贤夫妇捐款1100元为学校修缮校舍。

是月，飞机在龙门乡播种油松50610亩。

7月15日，涞水县电讯器材厂采用电子新技术生产的交直流两用应急日光灯，经中国科学院、华北电管局测定，其性能指标在国内同类产品中处于领先地位。是日，涞水县挂毯公司生产的“东方挂毯”，在第五届中国工艺美术品百花奖中获优秀创作设计一等奖。

7月23日，白涧区李各庄乡遭受暴风雨袭击，该乡核桃被刮掉，大核桃树刮断17株。仅有1118.6亩耕地的李各庄村，800亩玉米受灾70%，成材树刮折170多株，直径40厘米的杨树被连根拔起。大树砸伤1人，砸死大驴1头，砸伤小驴1头。

是月，县委、县政府号召县直机关、企事业单位党员、干部和职工捐献钱物支援灾区。3835人参加捐献活动，共捐款5404元，粮票21237斤，衣物1540件，布104尺，粮食830斤。

8月18日，野三坡旅游区如意岭度假村正式对外开放。

8月28日，县委、县政府为本藉34名国民党投诚起义人员颁发证书，并举行座谈会。

9月10日，涞水县召开大会，庆祝第一个教师节，并给45名教师、33个单位颁奖。

9月15日至16日，地委书记臧振国到涞水县考察大理石厂、挂毯公司、唐三彩工艺品厂、珐琅厂和仿古木雕厂，并深入山区了解人民生活和生产情况。

9月23日，涞水县西武泉村35千伏变电站竣工，经验收合格正式投入使用。

10月，政府招待所竣工并投入使用。

11月6—7日，新疆维吾尔自治区民政厅考察团到涞水县交流扶贫工作经验。

11月7—8日，中纪委三室副主任潘子甫、中纪委华北处处长杜殿良，在省、地纪委有关人员陪同下，到涞水县部分企业和农村同党组织负责人座谈党风问题。

11月7日，涞水籍战士徐仲国被北京军区树为理想教育和致富不忘保卫祖国的先进标兵，军区政治部到涞水县拍摄徐仲国先进事迹和家乡情况的电视纪录片。

11月25日至28日，中共涞水县第六次代表大会在县城召开，出席代表295名，代表14437名党员。

12月4日，省委书记邢崇智、地委书记臧振国、行署专员丁文斌，到涞水县17个重点企业调查研究。

是月，县科委承担的稻麦复种、柿树管理、养兔等6项太行山开发研究课题通过省级鉴定，并有4项获奖。其中稻麦复种项目、家兔饲养项目获省科技推广一等奖，柿树丰产管理、核桃增产研究项目获省科技推广二等奖。

是月，县油毡厂生产的太行牌油毡打入国际市场。有30万卷产品销往新加坡和伊拉克等国。

1986年

2月16日，国防科工委建设局局长陈平和四机部、五机部设计院院长等一行6人，到涞水县几个重点企业考察。

3月5日，国家外贸局进出口总公司、国家商检局领导，到涞水县对县铸造厂生产的“海鸥牌”缝纫机架进行检验。并将其列为出口产品。

4月5日，县政府组建岗位责任制考评委员会。

4月19日，中共中央总书记胡耀邦在易县招待所为涞水县题词“立足本地资源，着眼普遍致富”。

4月29日，中国人民解放军涞水县人民武装部移交给涞水县人民政府。

5月20日，涞水县平峪电站破土动工。

5月26日，全国人大常委会委员长彭真在白涧火车站接见涞水县委书记刘俊生和县人大常委会主任杨俊权。

5月28日，县123名干部分别到52个贫困村任职，为期1年，帮助贫困村脱贫致富。

是月，涞水县新兴机械厂试制成功130J双管路制动总泵和分泵总成。经中国汽车工业公司长春汽车研究所和保定地区标准化小组检测，该技术已达到国际先进水平。

6月8日，省国防工办组织石家庄电视机厂和保定无线电十四厂，在涞水县龙门村建成涞水县第一个电视村，中央、省、地新闻单位采访现场会。

7月5日，县玛钢厂与抚顺市铝厂和吉林浑江中学联合改建的石油化工厂举行点火仪式。该厂产品“阳极糊”填补了河北省一项空白。

7月10日，县政府对县城市场国营、集体、个体等52个商户进行全面检查，查出伪劣汽酒、香槟酒9165瓶、变质罐头5538瓶、腐烂食品137千克，假冒伪劣商品当众销毁，并对商家处以罚款。

7月23日下午6时，白涧区李各庄、赵各庄两个乡遭受风灾，刮倒各种果树1500余株；倒伏玉米2000余亩；砸伤1人，砸死驴1头。

7月24日下午3时，全县有12个乡遭受不同程度的风雹灾害。受灾面积15900亩，刮倒树木5000余株。

8月31日，全县213个村遭受8级以上大风袭击，受灾面积77844亩，刮倒成树417株，19100株果树受灾，减产218.5万千克。

9月26日，常务副省长叶连松率省财政厅、省交通厅相前人员，到涞水县野三坡旅游区现场办公。叶连松当场决定，由省财政厅拨款15万元加强景区危险路段的安全措施，省交通厅拨款10万元修建旅游度假村周围的公路。

10月4日，国家工商总局局长任仲林和省、地区工商局长应邀参加南壕沟集贸市场开市剪彩仪式。

10月7日，驻军51041部队和涞水县人民政府共同建立军民共建文明市场领导小组。

10月14日，涞水县经济体制改革领导小组成立，县长李瑞昌任组长。

10月20日，北义安乡下庄村退休老干部陈国富投资2万元，办起首家民营农民创新致富技术服务中心。

11月2日，涞水县建立高易铁路扩轨工程指挥部，副县长梁焕庆任指挥部主任。

11月6日，驻保定51034部队政治部领导和保定地委领导，到涞水县考察军民共建文明市场情况。

12月21日，涞水县“土坷垃版画展”在保定地区群艺馆开展，行署专员丁文斌为展览剪彩。

11月23日，涞水县棉织厂“空气变形纱”通过省级鉴定，该产品各项技术指标均达到国内先进水平，填补河北省一项空白。

是月，涞水县民间故事、歌谣、谚语三套集成，被地区评为一等奖。

1987年

3月，涞水县被列入首都周围绿化工程地区。

4月13日，涞水县土坷垃版画会12名会员的95幅作品在石家庄展出，省委副书记李文珊为展览剪彩。

5月5—8日，涞水县第九届人民代表大会第一次会议在县城召开，出席代表152名。

5月30日下午2时30分，镇厂区遭受罕见的冰雹袭击，受灾面积50平方千米，涉及3个乡22个村，毁坏粮食作物1万余亩，毁坏林果3.16万株，死山羊337只、鸡930只，毁坏民房1间，经济损失约63.5万元。

5月30—31日，中顾委委员张苏到抗日战争时期曾经战斗、工作过的涞水县老区看望老区人民，并对山区建设提出指导意见。

是月，常务副县长杨铁军同省进出口贸易公司和地区经委负责人一起到瑞士许佩公司实地考察。

6月13日，县委副书记高树春及徐仲国父母，应邀参加解放军某部党委为徐仲国记一等功举行的庆祝大会。

7月7—8日，涞水县旅游局在野三坡度假村召开新闻发布会。国家旅游局、北京市旅游局和中央、省、地各新闻单位应邀参加了发布会。

7月13日，县委抽调第三批“双下”干部94名，分赴15个乡29个村开展工作。

是日，其中口乡降冰雹10分钟，雹径5~8厘米，砸毁民房2176间，伤5人，死羊11只、鸡310只，毁变压器1台，农作物、林果损失严重，是该地区近百年来最严重的一次雹灾。

7月14日，县委召开“完善双层经营，搞好生产服务，稳定家庭联产承包”研讨会调度会。各区、乡党委书记，分管农业的副乡长和县直有关部门负责人参加了会议。

7月15—25日，县委、县政府从31个单位抽调干部，组成5个调查组，分别深入机关、厂矿、车间班组、门店进行调查研究，探寻深化改革的科学措施。

是月，飞机在赵各庄、蓬头两个乡播种油松45756亩。

8月23日，涞水县人大常委会、县政府邀请华北电力设计院、地质矿产部水文地质研究队在涞水县城召开“京西南涞水电厂水文地质初可定稿会”。

8月31日，涞水县召开参加对越自卫反击战立功人员庆功表彰大会。县委、县政府领导向立功人员家属颁发立功喜报和奖品、奖金。

9月9日，保定地区7个山区县在涞水县召开扶贫经济实体经验交流会。

9月12日，县幼儿家长学校成立，副县长夏景源担任名誉校长，出席开学典礼，并为第一期40多位幼儿家长讲授第一课。

9月15日，县委、县政府决定实行中学校长公开招标聘任制。

10月16日，北京市房山区、昌平县与河北省涿州市、易县、涞水县共同组建“经济协作区”，并在房山宾馆举行成立大会。

10月17日，台湾同胞王鹏飞、梁克宫及夫人，分别回涞水探亲，受到县委领导和统战部门的热情接待。

10月26日，县政协、县委统战部召开全县34名台属和3名国民党投诚起义人员座谈会。

10月31日，国务院办公厅、外交部、国家旅游局有关领导，到涞水野三坡旅游区实地考察。

12月5日，台湾同胞武健生回涞水探亲，受到县有关部门热情接待。

12月18日，涞水县娄村公路竣工通车，行署专员丁文斌参加通车剪彩仪式。

12月29日，涞水县110变电站主体工程竣工投入使用，举行剪彩仪式。

1988年

1月1日，涞水县开始实行乡镇集体企业职工养老保险制度。

3月28日至4月3日，县领导和各区、乡（镇）长、书记、县直部门负责人58人，到山东省掖县、黄县和蓬莱县参观大农业、乡镇企业及横向经济联合发展情况。

4月5—6日，中共保定地委在涞水县召开全区农村党的建设经验交流会。中央党校教授周逸、中央组织部处长李景田等出席会议。

5月18日，白涧区平峪水电站竣工，并投入使用。该站年发电量405万千瓦。

6月1日，涞水县与山西黎城县为促进横向经济联系缔结友好姊妹县，并举行签字仪式。

是月，飞机在赵各庄、李各庄、其中口3个乡播种油松、沙棘49452亩。

7月14日，国防部副部长、抗战时期曾任八路军冀热察挺进军司令员肖克，全国政协委员、原平西地委书记李德仲一行20余人，到涞水县山区看望当年老区的老党员、老干部和群众。

7月20日，东文山乡政府筹集资金1.3万元，按照优抚、奖励相结合的原则，向本乡每名现役军人家属发放优抚款230元；立一等功者奖励300元；立二等功者奖励200元；立三等功者奖励100元。

7月26—8月1日，中央党校校长、河北省委第一书记高扬参观野三坡重点风景区，对涞水县旅游事业的发展给予高度评价。

7月29日，县水利局和驻军施工部队，在王各庄岭工地举行宋各庄渠道隧洞开工典礼。

8月3日，镇厂村与河西村因水利纠纷发生械斗，有200多人参加，其中7人受伤住院。

8月4日凌晨，涞水县山区降特大暴雨，仅1小时就造成山洪暴发。其中口、蓬头、赵各庄3个乡损失严重。

是月，涞水县建立违纪违法案件举报中心。县城南壕沟市场、白涧区、镇厂区各设举报箱。

是月，县防疫部门在一些甲状腺肿区查封无碘食盐5900千克，有6个批发零售门店因销售无碘盐受查处。

是月，县文物保护所在罗古台乡北边桥村任正清家院内，挖掘出一具完整的人骨化石，据专家鉴定属距今2万至10万年前旧石器晚期智人化石。这具人骨化石被考古界命名为“涞水智人”化石。

9月3日9时许，沈家庵村李得祥在本村西北山坡放牧时，羊群遭雷击，死羊58只，经济损失达6000多元。

9月7—8日，县委首次召开社会协商对话研讨会，县直20个部门与部分乡镇党委负责人参加会议。

是月，县政府决定对本籍老红军、人民功臣、特等、一等残废军人及其配偶、子女，一律予以农转非。

9月25日，县土地管理局承担的全国城镇地籍调查试点工作完成，并获河北省土地详查地籍调查成果特等奖。

10月19日，县召开纪念十一届三中全会召开10周年形势报告会，回顾和总结涞水县10年改革历程。

11月7日，因连续发生狂犬伤人事故，县政府召开专题会议，决定在全县开展灭犬工作，同时取缔犬交易市场。

11月14日，涞水县土坷垃版画研究会近百幅具有浓郁乡土特色的版画作品，在中国美术馆展出。

12月，县政府组织行政事业单位超编人员兴办经济实体，实行工资脱钩。
闭幕式

1989年

1月31日，县政府发放3.5万元救灾款和20.5万千克救灾粮，保证全县五保户、特困户和灾民过好春节。

2月18—19日，英国剑桥大学唐乐研究学者、伦敦巴洛克乐乐团演奏家钟思弟，在中国社会科学院、中国音乐研究所副所长薛艺兵陪同下，到涞水县南高洛村进行民间音乐考察。

3月9日，保定地区乡级科普工作现场会在涞水县召开。与会人员参观涞水城关、王村、东文山3个乡镇科协技术服务组。

3月11日，国务委员陈俊生、国务院开发办公室副主任高鸿宾、农业部农业司司长郭书田，在副省长张润身陪同下，到涞水县农村进行调查研究。

3月20日，涞水县成立小麦、棉花两个承包集团，签订8个乡10万亩小麦和全县2.5万亩棉花的承包合同。

4月22—23日，澳大利亚能源部农业资源局局长戴维。怀特代表澳方，就在涞水独资兴办综合养猪场的有关土地、劳力和税收问题进行磋商。

4月24日，县政府召开关于集资建立电视转播台问题座谈会。参加座谈会的12名农民企业家当场捐款12.9万元。

5月1日，北庄乡太平村张庆菊自制椅凳、黑板，并购置玩具，办起山区第一个家庭幼儿园。

5月2日，团县委召开纪念五四运动70周年大会，有2000余名青年和学生参加大会。

5月20日，保定行署副专员何兰亭率地区气象局技术人员，到涞水县就驱云防雹设置炮点位置问题进行研究部署，确定原种场和林业局果木场两个炮点。

6月2日，经省民政厅批准，本县满族人口聚居的娄村乡，改为娄村满族乡。是日，在娄村乡举行庆祝会。

7月13日15日，在徐水县召开的保定地区少年自行车对抗赛中，涞水县夺得全部14个项目中的9项第一名、三项第二名，获团体总分第一名。

7月14日，县政府与石家庄日报社在石家庄联合举行野三坡风景名胜区新闻发布会。全国政协常委、河北省原省长解峰及省地领导出席会议。

9月1日至30日，涞水县土坷垃版画研究会14名作者的30幅作品，在日本新潟县佐渡岛版画村美术馆展出。

9月12日，行署专员姜殿武考察野三坡旅游区，当场决定由行署拨款2万元支持景区建设。

9月18日，曾在涞水县工作战斗过的82岁老党员老干部李林，专程到白涧中学看望师生，并拿出1万元积蓄捐给该校作为教育奖励基金使用。

9月20日，省委书记邢崇智、北京军区副政委陈培民、51034部队首长张美远、保定地委书记李炳良及全区驻军团以上干部和部分县市委书记100余人，考察涞水县军民共建活动情况。

是月，涞水县庆祝中华人民共和国成立40周年活动进入高潮，近两万名群众参加各种形式的庆祝活动。

10月2—9日，涞水县庆祝首届九九重阳老人节，开展敬老周活动。

11月4日，县政府在垒子水库召开万亩造林工程现场会，县领导和有关部门负责人出席现场会。

11月6—8日，中共涞水县第七次代表大会召开。出席代表166名，列席代表67名，特邀代表11名，代表14901名党员出席会议。

11月14—16日，能源部华北电业管理局在涞水县召开涞水电厂初步可行性研究报告审查会议。

11月23日，县委、县政府领导同部分干部职工、驻军官兵、居士中学师生250多人，到垒子水库参加围山转造林工程。

12月2日，县民政局、县妇联、县总工会成立涞水县婚姻家庭服务所。

12月23日，涞水县机关、企业、农村15对青年举办集体婚礼，县各有关部门领导出席婚礼仪式并致贺词。

12月24日，涞水县残疾人联合会举行第一次代表大会。出席代表60名，代表全县12136名残疾人，选举产生第一届残联主席、副主席和理事长。

1990年

1月1日，涞水县廉政工作指导小组发出通知，要求在元旦、春节期间开展反腐倡廉活动。

1月16—19日，涞水县第十届人民代表大会第一次会议在县人民礼堂举行。

2月20日，县委召开党政机关干部下基层动员大会。

2月22—23日，县委、县政府召开了全县三级干部会议，县委副书记、县长杨铁军作了《坚定信心、团结奋进，努力把涞水的建设事业继续推向前进》的重要讲话。县委书记李瑞昌作了大会总结，会议表彰了1989年工作中的先进集体和个人。

3月4日，县政府发出《关于切实减轻农民负担的通知》，要求各级政府采取措施，切实减轻农民负担。

3月12日，地委书记李炳良、省林业厅厅长李兴源在垒子水库工地参加义务植树劳动。

4月5日，副省长宋叔华在行署专员姜殿武陪同下，到涞水县检查指导工作。

4月11日，省政府正式把涞水县列为太行山种子基地县，要求当年制种面积达到3000亩，到1992年实现“万亩制种”的目标。

4月15日，涞水县委、县政府印发《关于批转县编委、组织部、劳人局、财政局关于行政事业单位机构设置、人员调动的暂行规定的通知》，要求全县认真贯彻执行。

5月8日，县人大常委会举行第三次会议，会议讨论通过《涞水县人民代表大会常务委员会议事规则》《涞水县人民代表大会常务委员会联系县人民代表的暂行办法》《涞水县人民代表大会常务委员会关于代表持证视察的暂行办法》《涞水县乡镇人民代表大会工作规范》，听取审议《关于乡镇企业生产情况的汇报》《关于工业生产情况的汇报》，原则通过《涞水县人民代表大会常务委员会和县人民政府、县人民法院、县人民检察院加强工作联系的暂行方法》，批准任命县人民法院的组成人员。

5月21日，县委、县政府召开清查小金库和归还私借公款动员大会。至6月21日，县委、县政府组织力量清理小金库，共清理31个单位，查出金额41.1万元，入库1.8万元。

5月23日，省委副书记吕传赞在地委副书记马继明、地委组织部部长马化民、地委政法委书记李毅、县委书记李瑞昌等陪同下，到涞水考察。

截至6月底，涞水县财政收入完成734.9万元，比上年同期增长10.6%，工业产值完成4411万元，比上年同期增长1.64%。税收完成691.9万元，比上年同期增长11.5%。

7月4日，一场持续50分钟的暴风雨袭击了紫石口乡义合庄村，洪峰把210亩耕地冲毁，7.5千米乡间公路被冲成河床，420棵花椒树和20多只山羊被洪水冲走。

7月19—23日，省政协赴野三坡旅游区联合考察团一行14人在团长张伯藩的带领下，对野三坡的风景、名胜、水文、地质进行了考察。

8月20日，其中口乡遭受严重风雹袭击，持续时间20分钟，最大冰雹有鸡蛋大。全乡受灾总面积2785亩，刮折树木145株。乡党委组织全乡全力生产自救。

8月25日，县委、县政府决定：成立涞水县经济体制改革办公室和涞水县人民政府经济研究室，为一套机构两个牌子。

9月14日，涞水县时装厂和香港万捷实业有限公司合资兴办的河北大正时装有限公司在涞水成立。

10月19日至20日，保定地区农田水利基本建设现场会在涞水县召开。

11月1日，县委、县政府发出《关于建立“民主日”制度的通知》，决定从1991年起，每季的首月5日为民主日。

11月15日，县委、县政府在宋各庄水库召开宋各庄渠道第一段通水典礼大会，地区水利局、驻军部队及县领导出席典礼仪式。

12月31日，县委转发《中共保定地委、保定地区行署关于做好今冬明春几项农村工作的意见》，决定成立涞水县农村工作领导小组，组长由县委副书记高树春担任。领导小组下设办公室。

是年，全县粮食总产96107吨，比1989年增长8.03%，被列为1990年全国粮食生产424个先进市、县之一，受到国务院的表彰。

1991年

1月18日，县委召开中共涞水县委七届三次全会，会议认真学习《中共中央关于制定国民经济和社会发展的十年规划和八五计划的建议》，讨论通过了《中共涞水县委1991年工作指导纲要》。

3月6日，县委召开常委会，县委书记李瑞昌主持会议。会议决定成立经济工作领导小组，李瑞昌任组长，杨铁军等任副组长。

3月24日，位于境内的地区七二六厂八四车间发生爆炸事故。

3月25—26日，省委书记邢崇智、地委书记肖建章、行署专员姜殿武到涞水县考察。

4月1—3日，为筹建野三坡苗寨，行署副专员王加林带领涞水县委副书记赵书奇、政府副县长夏景源、县旅游局局长王宝义以及马树起一行4人到贵州省施秉县进行实地考察，并与施秉县缔结为友好兄弟县。

4月2日晚8时，洪崖山、龙王坡突发山火，至3日凌晨将山火扑灭。

5月6日上午，保定地委、行署在涞水县电影院为（省文联副主席、涞水县委挂职副书记）铁凝召开庆功会，祝贺她根据自己的同名小说改编的电影《哦，香雪》获第41届国际电影节最佳儿童片奖。

6月4日，国家旅游局局长刘毅带领湖南、四川、湖北、山西、山东、河南、苏州、青岛、福建等11省市旅游局长，在省、地、县旅游局领导、行署副专员何兰亭、县委书记李瑞昌、副县长夏景源陪同下，到野三坡考察。刘毅为野三坡旅游区题词：“山野胜域”“发扬野三坡精神，搞好旅游资源开发”。

6月10日，涞水县第十届人大常委会第八次会议在人大会议室召开，会议听取审议县政府《关于开展纪念〈河北省计划生育条例〉颁布两周年宣传活动情况的报告》，听取审议县政府关于办理十届人大二次会议代表议案情况的报告，传达河北省七届人大四次会议精神。

7月1日，中国社会科学院副院长曲维镇、省委副秘书长张建新、办公厅副主任张英、地委秘书长刘俊生和人民日报社行政管理局局长曾延林到涞水指导工作。

7月9—11日，偏道子、蓬头、李各庄、赵各庄等乡有31个村连遭冰雹袭击，直接经济损失287.18万元。

7月22日，一场七至八级的大风席卷平原44个村，刮倒电线杆180根，刮倒成材树26万棵，毁坏房屋100多间。

7月23—24日，副省长顾二熊到涞水县检查指导工作。

8月17—18日，省农业开发办公室主任仉玉林等6人到涞水县调研。

10月26—27日，县委、县政府在大礼堂召开三级干部大会。

11月4—14日，河北省农业厅原厅长张铄、河北师范学院院长孙玉章、贵州省宗教事务局原局长曹汉章到涞水县考察。

11月11日，县委副书记高树春、常务副县长张喜奎，到北京人民大会堂，出席涞水籍中医贺普仁，从医50年纪念大会，并代表涞水县赠送纪念品。

11月16日，联合国儿童基金会亚太地区办事处主任布鲁克斯和高级项目官员帕克博士及夫人，在卫生部妇幼司项目办公室主任曾冬鹿和经贸部国际司高峻巍的陪同下，代表世界卫生组织到涞水县检查妇幼合作项目落实情况。涞水县于1990年5月被列为“加强中国基层妇幼卫生、计划生育服务合作项目县”，得到联合国儿童基金会5万美元的援助。

1992年

1月23日，地委秘书长刘俊生代表地委、行署到涞水县蓬头乡小峰口村慰问老红军贾松林。

2月7日，县委、县政府转发东文山乡“村财乡管制”试点情况的报告，要求各区、乡镇结合本地实际抓紧部署落实。

3月20日，省委书记邢崇智在省文联副主席（涞水县委挂职副书记）铁凝、地委书记肖建章、副书记刘兆亮及县委书记李瑞昌等陪同下，到永阳乡、石亭乡、西义安乡植树并深入调查研究。

4月28日，县委、县政府召开涉农部门改革动员大会，印发《涞水县涉农部门改革方案》。

5月26日，县委召开第一批社教工作总结表彰会，县委社教领导小组对32个先进社教工作队，113名优秀工作队员进行表彰。

6月10日，县委召开常委会，会议主要研究西义安工业小区等5个开发区的机构、资金、项目问题。

6月19日，地委书记肖建章到涞水考察工作。

6月22日，县委、县政府决定建立各开发区管理委员会，下设开发总公司，并决定相应的人员配备。

7月9—10日，省委副书记吕传赞、省文联副主席铁凝、地委副书记刘兆亮在县委书记李瑞昌、县长陈胜英等陪同下，考察工业开发区、土地开发区、旅游开发区、并为苗寨落成剪彩。

7月12日，县委、县政府转发农业部《农村合作经济内部审计暂行规定》，要求各级党委、政府认真贯彻执行。

7月26日，商业部部长胡平到涞水县考察商业、供销改革和经营情况。

8月21日，县委召开六套班子联席会（县委、人大、政府、政协、纪检委、政法委），传达地区劳人局工作会议精神，把招工权、调配权、工资总额权下放到企业。

9月28日，县委、县政府决定成立涞水县学习宣传贯彻《全民所有制工业企业转换经营机制条例》领导小组，组长由县长陈胜英担任。

11月14日，河北省祖冲之中学举行落成典礼。中央、省、地区有关部门领导及涞水县党政负责人出席了剪彩仪式，与会3000多人。全国人大常委会副委员长卢嘉锡为学校题写校名并发来贺信；教育部原副部长臧伯平为学校题写了“严谨治学、刻苦读书”的题词；副省长顾二熊发来贺信。

12月31日，县委召开第二期社教总结表彰暨第三期社教部署大会，县领导李瑞昌、陈胜英等参加会议并讲话。

1993年

2月11日，县委、县政府印发《关于鼓励党政机关、事业单位工作人员到企业工作的若干规定》。

3月4—6日，涞水县第十一届人民代表大会第一次会议在县电影院召开，出席会议的代表234名，第四届政协全体委员和县委、县人大、县政府部分负责人列席会议。会议听取和审议县长陈胜英所作的《政府工作报告》，听取和审议县人大常委会主任杨俊权所作的《涞水县人大常委会工作报告》以及县计委、财政局、法院、检察院作的报告，并通过以上6个报告的决议。大会以无记名投票和差额选举方法，选举产生第十一届人大常委会、涞水县人民政府组成人员，选举产生了法院院长和检察院检察长。涞水县第十一届人大常委会委员17名，主任1名，副主任4名。涞水县人民政府县长1名，副县长8名。法院院长，检察院检察长。

3月11—13日，中共涞水县委在县城召开第八次代表大会，出席代表175名，列席代表71名，老干部和部队代表9名，其中乡、镇级以上领导干部96名，占代表总数的55%，妇女代表9名、占5%，少数民族代表9名、占5%。大会审议和通过韩雅生代表中共涞水县第七届委员会作的工作报告。报告总结过去的成绩和经验，提出今后的奋斗目标和主要任务。听取、审议唐福春代表县纪委作的工作报告。并对上述报告做出的相应决议，大会选举产生第八届县委委员31人，候补委员4人，县纪委委员17人。第八届委员会第一次会议选举产生县委常委11人，书记韩雅生，副书记陈胜英、许金海、张清田。

3月13日，县委、县政府召开全县工业企业重奖大会，全县工业企业负责人参加会议。会议对在1992年做出突出贡献的13家工业企业的厂长给予重奖。

是日，县委召开常委会，县委书记韩雅生主持会议。会议研究决定县委常委的分工，研究领导包片包乡包厂问题，研究全县的税收、信访工作，研究经济开发区的有关事宜，议定成立全县经济工作领导小组，县委书记韩雅生任组长。会议讨论通过县委《关于加强常委班子自身建设的决定》，通过县委《关于选拔使用干部的若干规定》，决定召开全县财政税收计划、农村工作及组织宣传工作会议。

3月24日，县委、县政府决定成立旅游开发区、矿产开发区，各开发区均设领导小组组长、副组长、管委会主任、副主任、开发公司总经理，并对各开发区人员进行调整。

4月8日，县委、县政府决定成立清理农民负担工作领导小组，县委副书记许金海任组长。

7月1日，中国以色列合作果树滴灌节水工程在东垒子北山竣工，县长陈胜英、县委副书记许金海出席典礼仪式。

7月2日，县委、县政府印发《关于撤区并乡建镇的实施方案》。7月7—17日，完成全县撤区并乡建镇工作。

7月3日，野三坡智人展厅落成，国家文物局局长张柏、省文化厅厅长赵德润，北大分校考古系主任孔繁敏、县委副书记张清田出席典礼仪式。

7月5日，省民政厅下发《关于涞水县行政区划变更的批复》，同意涞水县县委、政府撤区并乡建镇实施方案。

7月6日，县政府发布《关于撤区并乡建镇的公告》。撤销镇厂区和白涧区建制，由26个乡改为7镇8乡。

9月3日，涞水县与日本崛田组株式会社签订土地开发起步区2260亩土地出让协议，县委书记韩雅生、县长陈胜英出席签字仪式，陈胜英代表县委、县政府在协议上签字。

1994年

1月21日，县委召开八届三次全委扩大会议，会议修改和通过《县委、政府1994年工作指导纲要》《县委、县政府关于小康建设规划和实施意见》，通报1993年县直各部门开展的引进一个项目、一笔资金、一项技术、一个人才活动的情况。全县共引进项目73个，资金7624万元，人才35名，技术21项。

4月16日，由地区旅游局、团地委、地区教委和涞水县旅游局联合主办的野三坡革命老区夏令营开营典礼仪式在保定师范学校举行，全国政协原副主席、抗战时期八路军、北热辽挺进军司令员萧克，电力工业部原副部长蹇先佛，全国政协常委、原平西地委书记李德仲，地委副书记赵文鹤，地委委员、政法委书记刘俊生及县委书记韩雅生等参加典礼并讲话。

5月25日，国务院南极考察办公室主任郭琨、地质矿产部副研究员陈廷愚到涞水县考察矿产资源，县委书记韩雅生介绍情况，并代表县委、县政府聘请他们为涞水县政府经济顾问。

5月27日，县委决定成立乡镇企业骨干行业领导小组，县领导韩雅生、陈胜英、许金海、张清田、张喜奎分别任矿产开发、建筑业、建材业、化工业、旅游业领导小组的组长。

6月4日，县委书记韩雅生陪同地委书记姜殿武及中央电视台《神州风采》节目组三位编导到野三坡考察风景资源，并决定拍摄野三坡风光片在《神州风采》节目播出。

8月5日，县旅游局和广源旅游开发公司联合邀请《人民日报》《光明日报》《经济日报》等10余个新闻单位的记者在野三坡举办夏日联谊会，县委书记韩雅生看望与会记者。

8月16日，唐山豪门集团总经理陈世增一行4人到野三坡观光考察，豪门集团计划投资3亿元在野三坡兴建静夜山庄。

8月19日，县委书记韩雅生在北京市丰台区马家堡与丰台区建委主任座谈，就利用涞水建材资源开发北京建筑市场达成意向。

8月25日，美国SOR国际贸易有限公司董事长兼总经理冯华伟一行4人到涞水洽谈投资兴建热电厂等事宜，县委书记韩雅生等与外商进行谈判。

9月上旬，县委副书记、县长陈胜英调离，石海林任县委副书记、代县长。

9月23日，县委、县政府印发《涞张路扩建开发工程实施方案》，决定成立涞张路扩建工程总指挥部，县委书记韩雅生任政委、代县长石海林任总指挥。

9月24日，县委县政府召开加速城镇建设暨涞张路开发动员大会，县委书记韩雅生、代县长石海林、县委副书记许金海等参加大会。

9月29日，县委副书记、代县长石海林，县委副书记许金海参加涞水县与天津大港区结为友好区县的签字仪式。

10月19日，地委委员、政法委书记刘俊生，行署副专员周立柱，县委书记韩雅生参加“河北华田工业团地”奠基仪式。

11月23日，北京市政公司向野三坡下庄小学捐款，县委副书记张清田参加捐款仪式。

11月26日，县委、县政府印发《关于对乡镇和县直行政事业单位正职实行离任经济审计的规定》。

12月31日，县委、县政府决定成立九集庄金选厂筹建处，副县长白志明任主任。

1995年

1月8日，县委、县政府印发《关于县办工厂“2345”工程的实施方案》。（“2345”即从1995到1997年县办工业增加投入2亿元，实现产值3亿元，4个企业实现利润超1000万元，县办工业利税总额达到500万元）。

1月10日，县委、县政府印发《开放开发“3311”工程实施方案》。“3311”即从1995年开始，用3年时间，实现30个大型企业挂钩联姻，发展30个投资800万元以上规模较大的外商外埠投资企业，引进资金10亿元，引进人才1000名。

1月13日，县委、县政府通报1994年全县“四引进”工作情况。1994年全县引进项目354个，引进资金3.1亿元，引进人才344名，引进技术195项。

1月13—14日，县委、县政府召开八届五次全会暨十一届政府四次会议，县委书记韩雅生在会上作了题为《开拓创新、拼搏进取，推动全县经济建设和各项事业再上新台阶》的报告。

3月，涞水县人民代表大会十一届三次会议，选举石海林为县长。

4月9日，县委书记韩雅生等，陪同中共中央政策研究室副主任肖万钧和中国残联常委、中国发展杂志社社长石坚到野三坡考察。

4月10日，县委、县政府下达1995年度“三荒”拍卖任务。

4月11日，县委书记韩雅生出席三皇山旅游综合开发区第一期土地出让签约仪式。

4月28日，县委、县政府举办庆祝涞阳路通车暨西厢一期工程开工剪彩活动。全国政协常委、河北省原省长解峰，全国老促会常务副会长、兰州军区原副司令员董占林，省政协副主席赵燕，副市长周立柱及京津客人参加剪彩仪式，县委书记韩雅生致贺辞。

5月18—19日，1995年河北省对外经济贸易洽谈会在石家庄召开，县委书记韩雅生、县长石海林率县有关部门参加，并在石家庄举办《野三坡之夏》联谊晚会，涞水县引资数额列全市第二位。

7月29日，蓬头村遭受特大暴雨泥石流灾害，蓬头村受灾430户，1505人，占全村总人口的56.3%；耕地成灾面积940亩。

8月1日，省委常委、市委书记张士儒、省民政厅副厅长王大印等赴赵各庄镇蓬头村考察灾情、慰问群众、指导救灾工作，县委书记韩雅生陪同。

9月25日，县委、县政府发出通知：对县办重点工业企业实行挂牌保护。

10月10—11日，市长么金铎到涞水县参加县装饰布厂和凯伦公司、德国斯维法公司达成合资意向的签字仪式。县长石海林参加签字仪式。

10月23日，电力“南北联网”主体工程完工。

10月31日，县委、县政府为装饰布厂、磁材厂、水泥厂、电极厂四个县办企业举行县重点支持保护企业“挂牌仪式”。

11月9日，中央电视台《中华文明之光》摄制组到涞水县拍摄电视片《祖冲之》一集的部分内容。

12月29日，县委、县政府对广播电视局千方百计筹集资金、保证1000瓦电视塔工程于12月29日正式竣工投入使用进行通报表扬，涞水县有了县办电视节目。

1996年

1月16日，中国中医研究院向涞水县“希望工程”捐款4.5万元。

3月1日，雄县县委、县政府向龙门希望小学捐款，县委书记韩雅生参加捐款仪式。

3月8—10日，涞水县十一届人大暨政协四届四次会议在电影院召开，县六套班子领导参加了开幕式，县长石海林作了关于《涞水县国民经济和社会发展“九五”计划和2010年远景目标纲要》的报告。

3月26日，中国税务报社、保定国税三分局、县国税局向涞水杨家台小学捐赠教学用具折款1万元。

3月30日，涞水三皇山开发区七星山庄内鲲鹏轩宾馆举行奠基仪式。

5月16日，在县第二中学旧址上新建的涞水第一小学奠基。

6月8日，天津市石海燃料总公司总经理到涞水县落实建煤气厂投资有关事宜。县委书记韩雅生及有关部门与之座谈并草签协议。

6月13日，涞水县工贸总厂正式开业。该厂是涞水县利用破产企业的存量资产重组的一家集工业与贸易于一体的经济实体。

6月16日，野三坡百里峡旅游商品市场建成开业。该市场占地2000平方米，可容纳200个摊点，总投资近6万元。

6月22日，北京市政工程局为涞水希望小学捐赠价值近4万元的图书。

6月29日，全县重点工程之一的电力“南北联网”工程验收送电成功。

1996年8月1日至6日，涞水连续降雨造成洪涝灾害详见320页。

9月27日，北京军区后勤部副政委李平少将率北京军区机关干部赴涞水慰问团捐赠救灾款25万元，粮食1.5万千克，衣被15711件。

10月上旬，在卫生部召开的全国妇幼卫生工作项目总结表彰启动大会上，涞水县获“加强中国基层妇幼卫生计划生育服务项目先进县”称号。

10月23日，涞水县在北京新华通讯社新闻发布大厅举办京西河北涞水县招商项目发布签约仪式。全国人大华侨委员会委员董占林、北京市人大常委会原主任赵鹏飞、华北民航局局长王献彬等中央国家机关和北京市领导、清华大学紫光集团、亚太经济发展公司、北京波峰工贸集团等30多个较有规模的公司、财团及新华社、中央电视台、北京日报社、保定日报社等13个新闻单位近200人参加，市委常委、农工部长肖贺田及县委书记韩雅生、县长石海林主等参加签约仪式。签约总资金7600万元。

10月29日，全国妇联少儿部到涞水县实施智力扶贫，并将作为思想教育基地，建立长期合作关系。

12月28日，涞水县城东环路通车。

1997年

1月7—9日，涞水县产业发展暨项目研讨会在北京市旅游局涞水培训基地召开，此次研讨会推荐项目46个，提供经济信息及合理化建议50余条。

1月16日，县委书记韩雅生、县人大常委会主任高树春会见沧州招商局副局长马吉源、美国兰桥公司驻中国首席代表助理王庆海、香港金利豪企业（集团）公司驻天津办事处主任马福录等8人，就开发九龙、三坡的矿产建材资源进行座谈，与有关部门签定合作开发“三点一线”工程议定书。

1月24—25日，县委八届九次全会和政府十一届八次会议在县委六楼会议室召开。县委书记韩雅生作了题为《把握大局，加快发展，努力开创涞水县两个文明建设新局面》的讲话，县长石海林作了题为《务实求效，真抓实干，为经济和社会的全面发展而努力奋斗》的报告。

3月9日，娄村满族乡政府同保定市对外开放办主任梁中秋就合作开发娄村乡滑石资源达成协议。

4月5日，高碑店市委、市政府委托市委副书记马俊德等人向涞水灾区捐赠粮食10万千克，保定市民政局有关负责人、县委副书记张清田出席捐赠仪式。

4月24日，保定市北市区副区长李倩代表北市区政府向涞水灾区捐赠粮食0.65万千克，市民政局领导及县长石海林参加捐赠仪式。

5月18日，中国农业银行行长史纪良到涞水县三皇山旅游开发区考察。

5月24—25日，中共中央政治局委员、国务院副总理吴邦国到涞水县考察工作，为涞水县题词：“发扬老区精神，振兴涞水经济”。

6月7日，雄县县委书记王旭波、副书记边佳林等到龙门乡野孤、万泉庄两村进行对口支援，并带来10万元现金和5万千克粮食。

是日，涞水县与天津大学科研处缔结为友好单位。

6月10日，县委研究决定：实行“鱼水工程”联席会制度。

6月12日，县委书记韩雅生在北京昆仑饭店同美国国际商联总公司总裁鲁波就投资2000万美元共同开发农业和高科技项目达成协议。

7月21—22日，县委、县政府召开县委八届十次全会暨十一届政府九次会议。县委书记韩雅生作了题为《坚定信心、真抓实干、努力推动涞水县各项工作再上新台阶》的讲话和《发挥潜在优势，抓住关键环节，加快脱贫出列步伐》的报告。

8月19日，县委书记韩雅生、副县长孙长春及有关部门负责人，与波峰工贸集团总经理李春波、美国国际商联公司总裁鲁波，就投资1200万美元的波峰农庄建设项目及一次性买断糖酒公司、食品一、二厂建农科中心等项目签订协议。

9月12—18日，板城小学教师、中国共产党第十五次全国代表大会代表刘俊平，作为中共河北省代表团成员，参加中共第十五次全国代表大会。刘俊平同志是涞水县教育系统的优秀教师，1995年9月被评为全国教育系统劳动模范。在1996年3月5日涞水县召开的党员代表大会上，被推荐出席十五大代表候选人，经省委、市委组织部门考察其政治思想和工作表现，认为符合代表资格条件，于1997年6月18—20日省委召开的党代会上，经各代表团反复酝酿讨论，经过差额选举，当选为出席中国共产党第十五次全国代表大会代表。在十五大召开后的五年中，她严格要求自己，认真履行代表职责，倾听党员呼声，为涞水县党的建设做出了成绩。

10月10—12日，中共中央政治局委员、中央书记处书记温家宝到涞水县考察农业和农村工作。在省委副书记李炳良，省委常委、市委书记张士儒，市长么金铎及省市有关部门负责人陪同下，温家宝对涞水县5乡镇7村10户进行了走访，并分别召开了乡村干部座谈会和涞水农业及农村工作汇报会，听取县委书记韩雅生代表县委作的工作汇报后，温家宝就涞水县农业和农村工作讲了意见。

10月18日，日本国际协力事业团西腾一行到涞水县考察农村资源。

1998年

2月17—19日，涞水县第十二届人民代表大会第一次会议在县电影院召开，县委书记韩雅生致开幕词，石海林作政府工作报告。大会第一次会议选举出了第十二届人大常委、主任、副主任，政府县长、副县长。

3月10—12日，中国共产党涞水县第九次代表大会在县电影院召开，202名代表出席了会议，63名列席代表列席会议。

3月19—20日，省统计局副局长刘刚海带领由省、市统计局、市委农工部有关同志组成的省第三批小康县督导检查组来本县检查指导工作。

5月9—11日，县委书记韩雅生带领县委办、农工部有关赴张家口怀来县华田地热培训中心参加省第三批小康县调度会。

5月27日，县委书记韩雅生与欧洲伍兹公司经理伍兹及助理托尼在北方古典家具城就合作项目下一阶段运作情况进行协商。

7月1日，中央电视台《农村书架》栏目组组织中国农科院文献中心等11个单位到涞水县捐赠图书。

7月6日，省纺织总会向九龙镇高铺村捐款暨新学校落成典礼仪式在高铺小学举行。县委副书记王立加参加仪式并代表县委、县政府讲了话。

7月21日，县委、县政府在六楼会议大厅召开了中共涞水县委九届二次全会暨十二届政府二次会议，县委书记韩雅生在会上作了题为《振奋精神、真抓实干、确保今年涞水县各项工作再上新台阶》的讲话，县长石海林作了《抢抓机遇、突出重点，为实现经济持续增长和社会全面发展而努力奋斗》的讲话。

8月19日，河北省科协系统“金桥工程”暨科技咨询工作会议在野三坡科协招待所召开，省科协主席段怀慈、副主席李宗民参加了会议。

8月21日，县政府制定《关于解困和再就业工作实施意见》。

8月29日，涞水县首届农村支部书记大专班开学典礼仪式在县委六楼会议大厅举行。

10月19—20日，涞水县组团参加省政府在廊坊举办的冀京农副产品产销衔接洽谈会，涞水县当场签约意向项目12个，合作金额1500万元，受到省市政府通报表彰。

11月10日，县政府印发《关于中德合作造林项目的实施方案》。

11月18日，副市长田少龙、县长石海林参加河北涞磁电子有限责任公司成立大会。

12月14日，县委在财政局会议室召开第20次常委会，会议传达省市关于稳定完善土地承包关系的实施意见，研究全县土地承包问题，传达省扶贫工作会议精神，介绍保定涞水扶贫集团座谈会情况，研究下一步扶贫工作计划。

12月31日，涞水县财政收入完成5608万元，比上年增长16.4%，地方财政收入完成4375万元，比上年增长18.4%，基本保证公教人员工资的发放和机关工作的正常运转，达到省市规定的财政自立标准。

1999年

1月26日，县委召开九届三次全会暨十二届政府三次会议，县委书记韩雅生作《团结拼搏，开拓创新，努力推进涞水各项事业再上新台阶》的讲话，全会总结了1998年的各项工作，部署了1999年的工作重点和奋斗目标。全会明确全年工作总的指导思想是：高举邓小平理论伟大旗帜，全面落实十五大、十五届三中全会及中央经济工作会议精神，以改革开放为动力，以依法治县和加强党的建设为保障，紧紧扭住经济建设这个中心，全力实施“双向开放”和“科技强县”两大战略，进一步稳定和加强农业基础地位，加快国有企业改革和发展步伐，加大经济结构调查力度，努力提高经济运行质量，构筑农业产业化、工业规模化、县城经济特色化的经济格局，开创两个文明建设新局面。

4月22日，县委、县政府邀请中共中央党校教授张伯里，为全县副科级以上干部和城关片农村“两委”干部讲解WTO相关知识。

5月7日，召开野三坡旅游区创建15周年纪念大会。旅游区于1984年开始草创，1986年开始接待旅客，13年接待游客400万人次，创社会经济效益3亿多元。旅游受益村达21个，直接从事旅游服务业的农民2000多人，拥有家庭旅馆200多家，床位8000张，家庭饭店100个，商店200多个，马匹260多匹，客运机动车200多辆，景区各村人均纯收入，由1979年人均收入70多元增长到3000多元。

5月15日，县人民政府发布《关于推行火葬、改革土葬，促进两个文明建设的公告》。

6月21日，县委下发《关于选派脱产干部，到农村任职的工作意见》，对选派干部的职责、政治、生活待遇做了明确规定。

7月14日，县委、县政府下发《关于端正信访导向，有序上访决定》。

7月17日，县委召开九届四次全会暨政府十二届四次会议，县委书记韩雅生讲话，系统总结上半年全县旅游工作，部署下半年工作任务。

9月22日，县人民政府发出《关于严禁焚烧农作物秸秆的通告》。

12月31日，县委通报1999年基层党建工作情况。

2000年

2000年3月，县委县政府主要领导调整，李老铁任县委书记，王惠欣任副书记、代县长。

3月7日，市委书记王埏玖到涞水县检查指导工作。

3月15日，县政府发出《关于加强野三坡风景名胜区环境保护的通告》。

3月30日，康龙环保产业保定有限公司可降解纸餐盒项目在涞水县三皇山开工建设。

3月31日，保定市对口帮扶涞水集团座谈会在保定古城宾馆召开。

4月7日，2000年野三坡“游七”列车新闻发布会在野三坡召开。

4月14—15日，涞水县第十二届人民代表大会第三次会议在县电影院召开，选举王惠欣为涞水县人民政府县长。

4月23日，省政协副主席郭洪岐、市政协副主席王旭波等领导、专家一行23人到涞水县野三坡旅游区考察。

5月20—21日，省建委主任邓泽洪一行到涞水县野三坡和县城进行考察。

6月10日，全国第五次人口普查领导小组副组长、人普办主任、国家统计局副局长卢春恒在省统计局副局长刘春海、市政府副秘书长张寿山、市统计局局长曹志刚的陪同下到涞水县检查指导人口普查工作。

8月18日，府前街建设工程竣工。

9月1日，涞水县召开第五次人口普查工作会议。

9月9日，涞水籍在京同乡中秋座谈会在北京京瑞大厦举行。

9月10日，保野路一期改建工程招投标工作结束，7个标段的施工任务分别由交通部第一工程公司第五工程处、河北公路工程建设集团有限公司三公司等6个单位承建。

9月16日，保野路建设工程举行开工典礼。

是日，全国人大常委会老干部局后勤处处长张克勤及中科院、国家计委等领导专家到涞水县考察调研。

9月26日至28日，副县长王瑞坡带领县供销社、林业、农业等相关部门的负责人，到廊坊参加河北省第四届农副产品产销洽谈会。涞水县的杏扁、薄皮核桃、车亭贡米、生态蛋、芦荟系列产品受到关注。

10月10日，纪念祖冲之逝世1500周年学术讨论会暨祖冲之纪念馆落成典礼在涞水县祖冲之中学举行。中科院资深院士吴文俊、杨乐、席宗泽及来自日本、蒙古的学术界专家参加会议。

10月21日，德国经济合作部中国项目主管塞发在省、市林业部门负责人的陪同下，到涞水县三坡镇北禅房村造林区检查中德合作造林项目进展情况。

10月28日，涞水县金红钛业发展有限公司同新加坡、澳大利亚两国客商合资开发金红石合同签字仪式在政府招待所举行。

是日，位于石亭镇东营房村的怡贤亲王陵神道碑修复工程竣工。该工程是由怡贤亲王嫡孙美籍华人任启出资5万元，文体局组织修复的。副县长王士芳及文体局负责人陪同任启到怡贤亲王陵祭拜，并为新修复的神道碑揭幕。

10月30—31日，保定市农田水利基本建设工作会议在涞水县召开。

12月10日，德国经济和发展部部长维克措雷克女士一行到涞水县三坡镇北禅房造林区考察。省长钮茂生、副省长郭庚茂，市委书记王珽玖、副市长杨廷顺以及国家、省、市林业、财政部门的负责人涞水县委书记李老铁陪同考察。同意我县实事求是完成财政收入，做实了财政家底。

11月，社会主义时期编纂的第一部《涞水县志》于2000年11月由北京燕山出版社出版。涞水县地方志编纂委员会编。主编王同敬、副主编范进宝、于秀梅、王凤鸣、边鸿志、马良田。16开本，1580千字，印2000册。上限溯至事物发端，下限1989年。卷首为概述、大事记。中为专志，采中编结构，设26编109章。

2001年

1月28日，省委常委、省军区司令员陈玉田在市委常委、军分区司令员李德兴、政委陈运火陪同下到涞水县人民武装部检查指导工作。

2月8日，第3次县委常委（扩大）会议在县政府招待所三楼会议室召开。会议讨论通过县政府《关于涞水县国民经济和社会发展第十个五年计划纲要的报告》。

2月14日，全县三级干部大会在县电影院召开。

3月6日，县领导李老铁、王惠欣、孙贵杰、许金海、李增泉、张国兰、张德勇、张佃林、赵福礼到涞水镇南关清真寺同回族群众一起欢度古尔邦节。

3月21日，县委书记李老铁在县政府宾馆二楼会议室接待联合国UNDP组织信息扶贫能力项目考察团。

4月5日，市长付志方、市委副书记王庆明就如何加快县域经济发展，带领市财政局、计委、经贸委、旅游局等部门负责人到涞水县调研，决定从财政、专项资金等方面给予涞水支持。

4月18日，在野三坡举行百里峡升级晋档工程和民族园度假村改造工程竣工剪彩仪式。

4月24日，全国政协经济委员会办公室一行到涞水县野三坡考察旅游工作，市政协主席李瑞昌、县委书记李老铁陪同考察。

4月27日，在县城文化广场召开全县公捕公判大会。

4月29日，举行保野路通车剪彩仪式。

5月2—5日，全国政协副主席张思卿到野三坡考察旅游工作，县委书记李老铁陪同考察。

6月22日，副市长贾体新，省市侨办、市教委负责人、香港应善良基金会代表及县领导李老铁、王惠欣、张德勇参加赵各庄镇汤家庄村“庆恩”小学落成典礼。

9月9日，全市旅游工作会议在野三坡召开。

9月28日，保野路全线通车剪彩仪式在野三坡景区虎浴滩大桥举行。

是日，国家旅游局AAAA级景区评定验收组到涞水县野三坡考察验收。

10月2日，省长钮茂生、市长付志方考察涞水县野三坡景区开发建设情况，并就野三坡景区设施建设和生态建设讲了指导性意见。

10月12日，河北省少儿出版社等全国14家少儿出版社“红孩子书屋”挂牌暨赠书仪式在义安镇栗村小学举办。

是日，河北祖冲之中学建校50周年庆祝大会在祖冲之中学召开。

12月12日，涞水县第一个社区委员会——塔岗社区居委会正式成立，县委副书记王立加，县委常委、组织部长杨建军，县政协副主席胡玉祥参加仪式并揭牌。

2002年

1月8日，县委九届九次全会及政府十二届九次会议在县委六楼会议厅召开，县委书记李老铁、县长王惠欣分别作了《解放思想，抢抓机遇，求真务实，开拓进取，努力实现全县经济和社会发展的新跨越》和《抢抓机遇，乘势而上，为实现经济稳定增长和社会全面进步而努力奋斗》的讲话。

1月18日，省“三下乡”服务团到涞水县开展文化、科技、卫生“三下乡”活动。省委常委、宣传部部长张群生，市委副书记武国堂，市委常委、宣传部长李谦，副市长张广琦随团参加活动，并到石亭镇板城村慰问老党员。

2月1日，市委决定孙金博任涞水县委书记，李老铁另有任用，市委副书记武国堂、市委组织部常务副部长王万族，出席全县中层以上领导干部大会，并宣布市委决定。

2月5日，爱华德加拿大国际有限公司北京代表处总经理黄金明一行6人在县委常委、副县长李增泉陪同下，到野三坡就藏药浴国际疗养院项目进行考察选址。

4月5日，国家民政部民间管理局局长李本公，省民政厅救灾处处长赵丽，市民政局局长姚国珍，市委副秘书长、社区办主任王荷丽，在县长王慧欣、县委副书记王立加、常务副县长赵大明陪同下，到塔岗社区走访低保户。

5月22日，中国“绿化长城”系统工程工作委员会秘书长贾国彰一行到涞水县考察苗木基地项目建设。

6月20日，苟（各庄）蓬（头）公路正式动工。

7月9日，保定市对口扶贫涞水对接会议在保定古城宾馆召开，市政协副主席王旭波、秘书长周长富，市扶贫办副主任杨晓光及市直帮扶单位领导出席会议。

7月10日，中央政法委组织15个国家驻中国大使到野三坡考察，副省长何少存，省政法委、公安厅有关负责人，市委副书记李定元，市政法委、公安局有关负责人及县领导孙金博、王惠欣等陪同。

7月26—28日，中共中央政治局委员、中央军委副主席、国务委员兼国防部长迟浩田到野三坡考察。

7月28日，国道112线县城段改造工程正式动工。

8月9日，野三坡龙门天关景区旅游索道项目正式签约。

8月12—16日，德国复兴银行专家本纳特到涞水县考察、评估中德合作造林工程。

8月17日，明义乡食用菌协会成立。

9月14日，北京八方达长途巴士有限责任公司天桥分公司开通917路野三坡旅游专线车。

10月1日，中国民族管弦乐学会春来儿童团献爱心义演，在野三坡风情苑表演厅举行。

11月19日，京赞路涞水段改建工程动员会及开工仪式在宋各庄乡政府举行。

2003年

1月15日，塔岗社区在县检察院会议室召开第一届一次社区成员代表大会，18个驻区单位和43位居民代表参加会议，选出塔岗社区首届居民委员会。

3月1日，市人大常委会副主任蔡向阳及美国亚洲联合国际商会官员就金矿、矿泉水开发到涞水县考察，县领导孙金博、王士芳陪同考察。

3月4日，在福建省福州市召开的“中国民间艺术之乡”命名授匾暨经验交流会上，涞水县被文化部命名为“中国民间特色艺术之乡”称号。

3月6日，百里峡旅游观光索道签约仪式在宾馆二楼会议室举行。

4月7—9日，涞水县第十三届人民代表大会第一次会议在县电影院召开，选举田庆柱为县长。

4月7—9日，政协涞水县六届一次会议在县委六楼会议厅召开。

4月22日，涞水县成立防治非典型肺炎工作领导小组。

4月26日，县委书记孙金博向全县干部群众发出题为《积极行动、众志成城，夺取非典型肺炎防治斗争的全面胜利》的公开信。

是日，在县委机关大院举行县级领导和县直部门主要负责人“非典”防治捐助仪式。

5月4日，在石亭交警中队举行县防治“非典”一线新党员入党宣誓仪式，共有来自全县医疗、交警、广播电视等战线的18名新党员火线入党。

是日，县委书记孙金博、县长田庆柱到县医院发烧门诊、隔离病房看望一线医护人员，并就后备医院准备情况进行调研。

5月6日，县委书记孙金博到涞水镇北南租村督导检查“非典”防控工作，并到北雄三分厂检查指导企业“非典”防控工作。

5月8日，在县委常委会议室召开县委第3次常委会议，会议研究涞水镇魏村“非典”疫情有关责任者的处理意见，并研究了人事调整问题。

是日，在县委六楼会议厅集中收看全市“非典”防控工作暨防治一线先进单位、个人表彰广播电视大会。

6月6日，县领导孙金博、于舒心、许金海、张桂才、石登云、张德勇、刘晓梅、王士芳、韩志勇及市督导组成员参加县医院发烧门诊落成剪彩仪式。

6月30日，在县电影院召开全县庆“七一”暨防治非典工作总结表彰大会。

7月29日，九龙镇桑园涧村饮水工程揭牌，省老干部局局长周金生、副局长李志学，县领导孙金博、于舒心及有关部门负责人参加仪式。

12月22日，县城环城路改造暨文化广场、街心公园竣工剪彩。

2004年

1月13日，涞水县仿古家具加工销售园区建设奠基仪式在县城北环路举行。

2月20日，河北省群众文艺创作基地在涞水县文化楼挂牌，副县长王士芳出席仪式并讲话。

2月25日，涞水县成功举行首届春季大型劳务洽谈会。县领导于舒心、连书君、陈水、张克民出席开幕式。

3月23日，南水北调工程占地拆迁动员大会召开，副县长李增泉主持。

4月2日，中国地质大学领导一行4人就拟在野三坡建立地质实习基地进行考察。

4月6日，波峰中学被命名为“省民办教育明星学校”和“保定市规范化学校”并举行揭牌仪式。

4月12日，驻军93567部队荣获市级双拥工作模范单位，县领导于舒心、石登云、李东海出席授牌仪式。

4月20日，娄村庆恩小学落成剪彩。香港应善良福利基金会代表胡修康、李衍庚出席剪彩仪式。

5月9日，胡家庄乡永乐村在全县第一次开始对种粮农民兑付直接补贴资金。

5月14日，赵各庄镇下明峪村希望小学举行竣工剪彩仪式，该校由中国人民银行捐资兴建。

5月18日，涞水县医药药材有限责任公司开业，市卫生局、市药监局负责人到场祝贺。

5月19—20日，省委副书记刘德旺到涞水县检查指导工作，在市委书记王珽玖、市长王昆山及县委书记孙金博、县长田庆柱等陪同下考察北雄首建钢结构加工基地、北雄精工玻璃制品有限公司、野三坡景区。

5月29日，祖冲之中学举行南极考察纪念展览，首任南极考察站站长郭琨等特邀出席开展仪式。

6月10日，野三坡金三角水面开发项目奠基。

6月15日，涞水县疾病预防控制中心、卫生监督所揭牌仪式暨疾控中心实验楼落成典礼在县防疫站举行。省市卫生部门负责人及县领导出席仪式。

6月22日，涞水县高洛古乐被省文化厅评定为“河北省民族民间文化抢救工程”试点项目。

8月4日，省政协副主席丛斌带领省太行山旅游资源整合调研组到涞水县调研，市政协副主席王旭波及县领导孙金博、田庆柱等陪同。

8月6日，涞定路、涞涿路改扩建工程开工。

9月27日，西关综合批发市场竣工。该市场于2003年兴建，占地82亩，建筑面积2500平方米，总投资2600万元。

12月24日，祖冲之中学更名为河北祖冲之中学。江泽民为该校题写校名。

2005年

1月31日，召开退耕还林粮款补助兑现工作会议。

2月2日，县委召开“保持共产党员先进性教育”动员大会，县领导、各乡（镇）县直机关、各科局、企事业单位的党组织书记参加，市委派驻涞水的督导组领导，离退休老干部代表、县先进性教育领导小组办公室成员参加动员大会。县先进性教育领导小组组长、县委书记孙金博作了动员报告，保定市督导组组长赵建民讲话，组织部长杨建军就先进性教育活动开展的方法、步骤、批次、注意事项讲了具体意见。

2月28日，中共涞水县委员会、涞水县人民政府制订《高洛古乐保护发展工作方案》，建立涞水县高洛古乐保护发展中心，成立了领导小组，县委副书记、县纪委书记薛兆丰任主任、常务副县长连书君，县委常委宣传部部长刘晓梅、副县长王士芳任副主任，县委办、政府办、财政局、教育局、广播局等部门负责人为成员。领导小组下设办公室。办公地点设在文化大楼二楼，县委、政府为保护发展高洛古乐配套专项资金560万元。

3月30日，召开第一批先进性教育分析评议阶段动员会，县委书记孙金博就常委会成员的自我评议，进行动员，要求常委会成员，为全县各单位做好分析评议阶段的工作带好头，做出榜样。

7月18日，县委召开第一批先进性教育活动总结、暨第二批先进性教育动员大会，县领导小组组长、县委书记孙金博做总结讲话，认真分析总结全县第一批先进性教育活动取得的成绩、存在的问题，对第二批先进性教育活动进行安排布置。

7月20日，在全县启动“农民健康保健工程”项目。

9月23日，涞水县城区天然气开发利用项目签约。

11月4日，涞水县第一条混凝土砌块生产线在石亭镇渐村建成投产。

11月23日，九龙镇爱心小学奠基仪式在峨峪村举行。

12月2日，涞水县天鹅湖开发项目签约。

12月13日，县委召开第二批先进性教育总结，暨第三批先进性教育动员大会，县领导小组副组长、县委副书记于舒心作总结讲话。

2006年

1月1日，根据国家规定涞水县取消农业税。

1月9日，涞水县召开退耕还林工程政策兑现工作会议。

2月15日，商务部外事司巡视员隋翠、省商务厅副厅长高文杰、副市长高天民及市商务局领导，就涞水县贫困状况及提供国际援助事宜到涞水县进行考察。

4月3日，三坡镇苟各庄东芝希望小学举行竣工剪彩仪式。日本东芝公司本部社会贡献室室长日比野、共青团中央青少年发展基金会主任李亚东、副县长王士芳及县文教局负责人出席。

4月8日，由北京电视台、北京市交管局联合举办的北京电视台公共频道“红绿灯”节目组与野三坡管委会联合举办的“红绿灯”大型公益植树活动在百里峡举行。

4月24日，召开全县南水北调征迁安置工作会议，会议由县长田庆柱主持。

是日，涞水县森林防火专业扑火队组建完成。

5月8日，涞水县公安局破获4月18日怡贤亲王陵墓文物盗窃案，追回被盗文物望天吼。

5月11日，涞水野三坡举办迎接联合国教科文组织检查暨国家地质公园揭碑开园活动。联合国教科文组织专家Patrick Mckeever博士、国土资源部地质环境司司长姜建军，世界地质公园评委赵逊，中国地质学会研究员陈安泽，省政府副秘书长曹振国、市长于群，北京市房山区区长祁红，保定市副市长石小琢、涞源县县长赵志栋等出席仪式。

5月19日，全球最大的炭电极生产企业河北长城长电极有限公司与全球炭素行业技术最先进的美国尤卡公司正式签订炭电极技术合作项目协议书。UCAR公司亚洲区销售经理冼浩钊、北京办事处代表于衡、长城长电极有限公司董事长王金铎及有关部门负责人出席签字仪式。

5月21日，省南水北调工程建设委员会监理部门、县调水办有关负责人到石亭镇沿庄、渐村、东水峪，永阳镇北七山、东垒子，东文山乡西武山、淮河、南七山自然庄等部分南水北调工程占压村，督导检查南水北调中线工程涞水段征迁安置补偿分户台账张榜公开情况。

5月29—31日，中共涞水县第十一次代表大会在县城召开了，出席会议代表235名，列席代表61名，其中党员领导干部144名、占61.2%，各类专业人员47名、占19.5%，各条战绩先进模范人物40名、占17%，女党员53名、占22.5%，少数民族20名、占8.5%，解放军4名、占1.4%。大会听取审议了孙金博代表中共涞水县第十届委员会所作的工作报告，听取审议了齐瑞飞代表涞水县第七届纪律检查委员会所作的工作报告，并通过相关决议。大会选举第十一届委员会委员35名，候补委员7名，纪委委员15名。第十一届委员会第一次会议选举产生了县委常委12名（其中挂职1名），书记孙金博，副书记田庆柱、齐瑞飞、于舒心。

6月8日，县文教局文管所组织施工人员，对3月15日被不法分子拉倒的千佛舍利塔进行复原。施工中在第一层塔身顶面石穴发现骨灰、舍利子若干粒、佛牙2颗、银器1件，丝织物碎片1块。

7月9日晚10时40分，涞源县突降暴雨致使杨家庄镇高家庄村西丽源矿业选厂尾矿库泄漏，约4000立方米尾矿渣流入拒马河致使河水污染。7月10日下午5点35分，接常务副市长李谦、副市长石小琢紧急作出的指示：要千方百计将污水截流在涞水县境内。涞水县立即行动，迅速成立由县长田庆柱为组长，主管副县长胡玉祥为副组长，水利、环保部门为成员的紧急防污领导小组，并议定了阻截方案，决定采取截流、分流、沉淀、贮存等多种方法阻击污水。经五昼夜连续奋战，多措并举，截至15日晚6时，污水被成功阻截在平峪电站水泥坝上游5千米处。经过多次拦截沉淀，河水各项污染物指标全部达标，保障了野三坡景区以及北京十渡至张坊段拒马河水免遭污染。

7月13日，河北省器械监管工作会议在涞水县野三坡召开。河北省食品药品监督管理局副局长刘玉琢参加了会议。

7月21日，北京房山区十大（十渡至大沙地）公路开通。

8月上旬，省、市食用菌专家组到涞水县，就食用菌生产情况进行考察，对明义乡的高温菇生产、义安镇的毛木耳生产进行实地考察。

2007年

1月1日，全县开始实行农村新型合作医疗制度。

2月3日，中国儿童活动中心在涞水县胡家庄小学启动全国第一所“共享阳光，让爱飞翔——留守儿童乐园”活动。

5月21—23日，涞水县第十四届人民代表大会第一次会议在电影院召开，本届大会应出席代表197名，实际出席会议代表187名。列席会议的第七届政协委员182名，县直机关各部门负责人101名，会议听取审议了县长田庆柱所作的《政府工作报告》，县人大常委会主任许金海所作的《涞水县人大常委会工作报告》以及县发改局局长崔志刚、财政局局长宋伯泉、法院代理院长刘文群、检察院代理检察长王宇所作的报告，并通过6个报告的决议。大会按照《地方组织法》和《选举法》的规定，经代表提名酝酿，以无记名投票和差额选举的方法，选举涞水县第十四届人大常委会委员23名，其中主任1名，副主任4名，选举产生涞水县人民政府县长1名，副县长6名。第七届政协委员会主席1名宋冀中，副主席4名，法院院长尚文方，检察长李玉龙。

8月24日，涞水县召开南水北调临时占地取土区复垦工作会议。

10月14日，涞水县庆水香菇农民专业合作社、峰昆肉牛农民专业合作社和文武核桃农民专业合作社成立，并举行颁证揭牌仪式。

10月16日，涞水县在娄村乡组织召开人口与计划生育“生育关怀行动”启动现场会。

10月17日，保定市政府系统督查工作会议在涞水县野三坡召开，涞水县政府督查室作为4个典型单位之一在会上介绍经验。

10月31日，科技部高新司主题党日活动暨“党建活动基地”揭牌仪式，在涞水县永阳镇西洛平小学举行。科技部党组成员、副部长曹建林，高新司党支部书记、司长冯记春，河北省科技厅厅长贾红星、副厅长连小勇，保定市副市长贾体新、市科技局局长李山森，县领导孙金博、田庆柱、于舒心、胡玉祥参加此次活动。

12月14日，涞水县计划生育“少生快富”工程启动。

2008年

4月8日，副省长宋恩华到涞水县就112国道及相关路线奥运保障项目建设情况进行调研。

5月23日，涞水县召开为四川汶川地震灾区捐款紧急调度会。

5月28日，县公安局在保野路东水北村附近开展反恐实战演练。

5月29日，涞水中加工业园暨中冶迈克液压项目奠基，仪式由县长田庆柱主持。市人大常委会副主任袁振江、副市长孟祥伟、市政协副主席赵桂良，参加仪式。

6月17日，由国防科工委专家咨询委员会副主任张维民带领国防科工委督察组到河北开源化工有限公司进行安全检查。

6月22日，明义乡慈心医院举行竣工剪彩仪式，慈心慈善事业基金会董事长谢政达、县委副书记于舒心共同为“磐基永固”碑揭碑。

7月7日，北京市太阳能研究所、北京桑普太阳能公司负责人及西班牙客商一行5人，就太阳能产品开发项目到涞水县考察。

7月16—17日，由中共中央办公厅督查室副局级督查专员刘新生带队的中央信访工作督导组到涞水县督查指导工作。

7月17—19日，由交通部研究院、中国交通设计院、保定市交通局等20余名交通设计专家就张涿高速公路线路设计优化，对涞水及涿州境内预过线境进行实地踏察，并就有关实际问题和公路技术性问题进行研究。

8月上旬，野三坡纪念2008北京奥运碑林竣工落成。作家、书法家、北京奥运纪念碑林组委会主任寒北星，县长田庆柱，县人大常委会副主任、三坡管委会主任刘清源，副县长穆启文出席碑林落成仪式并为仪式剪彩。

8月13—8月14日，省市食安办奥运食品安全检查组一行6人，对涞水县野三坡景区奥运期间的食品安全工作，特别是食品流通、餐饮等环节进行督导检查。

9月5日，大型舞蹈史画《印象野三坡》演出剧场落成剪彩仪式在野三坡百里峡景区举行。省旅游局副局长赵云锋，市委常委、宣传部长王洪斌，市旅游局局长赵静，及北京陈爱莲率领的艺术团成员，新华社新闻信息中心主任罗绮，县领导孙金博、田庆柱等出席剪彩仪式。

9月18日，副县长刘彦坤在卫生局相关人员的陪同下，到县医院就食用含三聚氰胺配方奶粉致婴幼儿泌尿系统结石的诊疗和救治工作进行督导，并召集各乡镇乡镇长、卫生院长、直属医院相关人员召开调度会，安排部署涞水县“三鹿婴幼儿配方奶粉”重大安全事故有关问题处置工作。

9月20日，保定市文化体制改革试点单位和文化产业示范基地揭牌仪式在野三坡百里峡景区举行。省委宣传部副部长王景武，市委常委、宣传部部长王洪斌，县领导孙金博等出席揭牌仪式。

9月21日，涞水县举办首届麻核桃精品展示会。

是日17时，南水北调京石段应急供水途经易县，抵达涞水县，县交通、公安及全县30名安保人员及时到岗展开各项工作。

9月下旬，涞水县被省扶贫办评为“河北省2007年度扶贫开发先进县”，奖励扶贫资金100万元。

12月22日，省特殊教育验收组在市教育局相关人员的陪同下到涞水县对特殊教育工作进行评估验收。

2009年

1月16日，三皇山新新小镇项目启动。

3月，田庆柱任中共涞水县委书记。

3月16—18日，涞水县第十四届人大第三次会议召开，应到代表196名，实到192名，列席人员285名。会议听取并审议县政府、县人大、县法院、县检察院工作报告，国民经济和社会发展计划，财政预算及执行情况报告，并作出相应决议。选举于舒心为涞水县人民政府县长。

3月22日，中央电大向涞水电大捐赠教学资源暨“全国基层电大发展援助项目”启动仪式在涞水电大举行。中央电大党委书记阮志勇，省电大党委书记、校长张俊芳，市政府常务副秘书长张英俊，县委副书记杨宝昌，副县长刘彦坤出席捐赠仪式。

3月28日，“我的家乡在河北”2009魅力河北游启动仪式暨野三坡第二届开山节活动在野三坡百里峡景区举行。省旅游局领导王新勇、吕力，市旅游局局长赵静，北京市旅游局散客中心、房山区、门头沟区旅游局、十渡镇，京原铁路等部门领导，京津冀蒙四地旅行社的代表出席启动仪式。

4月19日，野三坡百草畔景区举行蚂蚁岭索道落成运营剪彩仪式，县长于舒心出席仪式并剪彩。

是日，市人大常委会副主任高天民，就野三坡景区龙门天关景点深度开发到涞水县进行调研。

4月29日，总投资4500万元的河北世纪旭昊生态农业产业园项目在涞水镇北涧头村奠基开工。

5月21日，省水利厅副厅长刘凯军一行3人，就病险水库除险加固及安全度汛工作到涞水县进行督导检查。

是日，涞水县召开张涿高速控制性工程（虎过庄段）征迁动员大会。

5月22日，保定市“法律进乡村”暨“法律八进”工作经验交流会在涞水县召开。

5月25日，保定英利集团公司、66336部队到义安镇寺皇甫小学进行捐赠活动，此次活动共为寺皇甫小学捐助校服302套、电脑30台。县领导刘清源、穆启文及义安镇主要负责人出席捐赠仪式。

5月26日，保定市洪涝灾害救助应急预案演练现场观摩会在涞水县召开。

5月31日，涞水县庆“六一”暨新建第一小学捐赠活动大会在县影剧院举行。

9月1日，涞水第一小学一期工程竣工剪彩，副市长闫立英、保定市高新技术开发区党工委书记兼管委会主任孙金博、市教育局局长王绍联应邀出席仪式。涞水第一小学迁建项目按省级标准设计施工，占地108亩，一期行政楼、教学楼建设面积17008平方米，设12轨72个教学班，可容纳学生3600余名，2009年5月29日开工建设。

9月8日，涞水冀东水泥有限责任公司日产4000吨新型干法水泥生产线暨冀东大厦项目正式奠基开工。中国建材联合会副理事长孙铁石，河北省建筑材料工业协会会长葛旭东，保定市委书记宋太平，唐山冀东水泥股份有限公司董事长兼党委书记张增光、总经理于九洲，涞水县领导出席奠基仪式。

9月上旬，副县长刘嵘带领县发改局负责人参加第十三届中国（厦门）国际投资贸易洽谈会，并与厦门东方言今文化传播有限公司达成初步共识。

9月16日，涞水县召开幼儿教育收费调整座谈会，就幼儿教育收费调价公开征求社会各界意见。

10月29日，天津金桥焊材集团有限公司助学捐赠仪式，在涞水县祖冲之中学举行，天津金桥焊材集团有限公司人力资源处主任张利华、专员王保龙，省慈善协会副秘书长李忠署，市慈善协会会长刘勇、副会长马卫国，涞水县有关单位负责人出席捐赠仪式。

11月4日，涞水县民政事业服务中心竣工剪彩，省民政厅副厅长王云，市委常委、市委秘书长刘颖，市民政局局长张子冬，县领导出席仪式并剪彩。涞水县老年福利中心建设项目，2008年12月9日奠基并开工建设。是涞水县三院合一的养老机构，集优抚对象、五保对象供养和社会化托老于一体。占地面积30亩，建筑面积13250平方米，绿化面积7000平方米，设有床位500张，总投资2000万元。

第一编　政区·自然环境

涞水县位于河北省中部偏西，太行山东麓，冀中平原西北部，地处北纬39°17′~39°57′，东经114°59′~115°48′。纵距137.9千米，横距74千米。东界涿州市、高碑店市，西邻易县、涞源县，南接定兴县，北靠涿鹿县、蔚县，东北与北京市房山区、门头沟区接壤。西北部为太行山脉东北段，东南部为拒马河冲积平原。地形由西北向东南倾斜且狭长。全县总面积1650.512平方千米，其中西北部山区面积1226.3平方千米，占全县总面积的74.3%；东南部平原面积为325.2平方千米，占全县总面积19.7%；中部丘陵面积99.012平方千米，占全县总面积6%。地貌差异悬殊，呈山区、丘陵、平原3种类型阶梯状分布。山区最高海拔1983米，丘陵海拔100米左右，平原海拔30米左右。2009年全县有7个镇、8个乡，284个行政村；1个社区下辖6个居民委员会，总人口352618人。

第一章　建置区划

涞水县在隋开皇十八年（598）前，曾称遒县〔汉高祖六年（201）〕、"遒"县（北魏时改"遒"为"遒"）范阳固安永阳，开皇十八年（598）始称涞水县。民国27年1938年春，晋察冀边区抗日民主政府建立，依据涞水地形，将辖区划开，山区称涞涿县。民国29年1940年9月，原涿县所辖三坡区划归涞水县，涞涿县恢复涞水县称谓。民国34年1945年，涞水县城关及东文山、永阳、洛平、水北、娄村等乡划给龙华县，是年8月，涞水县城解放后，恢复原辖区。民国38年1949年8月正式恢复涞水县建制，设9个区，下辖302个村。1958年建制撤销，辖区分别划给涿县和易县。1962年1月恢复涞水县建制，区划进行了调整，撤销了城关、石亭、永阳、大河南区，保留白涧、镇厂2个区，原来的管理区调划为26个公社。1984年社改乡，全县设2区、1镇、25个乡，284个行政村，生产大队改为村民委员会。

第一节　位置与建置

一、位置

涞水县与北京接壤110千米，距北京市中心90千米，距天津市中心170千米，距石家庄市中心219.2千米，距保定市中心75千米。位于京津保三角区西部边缘，处在京津保经济文化辐射区域之内。张石、张涿、京昆高速公路；112国道、京赞公路、108国道、京源铁路、高易地方铁路从境内穿过，交通极为便利。

二、建置

1979—1994年，涞水县隶属保定地区行政公署。

根据中央1983年1月下达的关于人民公社体制改革的通知，1984年开展“社改乡”，实行政社分开，建立乡政府，全县26个人民公社改为26个乡。同时，撤销生产大队建制，设立村民委员会。

涞水县城远眺

1993年7月2日，县委、县政府印发《关于撤区并乡建镇的实施方案》。7月5日，省民政厅下发了《关于涞水县行政区划变更的批复》，同意涞水县县委、政府撤区并乡建镇实施方案，7月6日，县政府发布《关于撤区并乡建镇的公告》。

此次撤区并乡建镇，撤销了镇厂区和白涧区建制，由26个乡改建为7镇8乡：原紫石口乡、都衙乡，蓬头乡的邢各庄村、勾各庄村合并，建立三坡镇。

原赵各庄乡、李各庄乡，蓬头乡的蓬头村、汤家庄村、小峰口村、福山口村合并，建立赵各庄镇。

原庄里乡、罗古台乡、北庄乡合并，建立九龙镇。

原石亭乡、北义合庄乡，水北乡的八岔沟村、墩台村、八里庄村、色树村合并，建立石亭镇。

原永阳乡、洛平乡合并，建立永阳镇。

原北义安乡、西义安乡合并，建立义安镇。

原城关镇，水北乡的西水北村、东水北村、薛家庄村、魏村合并，建立涞水镇。

原龙门口乡、偏道子乡合并，建立龙门乡。

原虎过庄乡、娄村乡，水北乡的石圭村、宫家坟村、安阳村合并，建立娄村满族乡。

其中口乡、宋各庄乡、东文山乡、明义乡、王村乡、胡家庄乡建置区划未变。

1994年底，保定地、市合并，涞水县属保定市管辖。

第二节　行政区划

一、1984年公社改乡前，全县设2区、26个乡。1984年公社改乡后至1993年7月合乡并镇之前，涞水县下设2区、1镇、25个乡，下辖284个行政村。白涧区管辖6个乡：赵各庄、李各庄、其中口、蓬头乡、偏道子乡、龙门口乡；镇厂区管辖5个乡：北庄乡、罗古台乡、庄里乡、紫石口乡、都衙乡。

1984—1993年涞水县行政区划一览表

表1-1-2-1

区 划	行政村个数	行 政 村 名 称
涞水镇	20	城内、东关、南关、北关、西关、北涧头、南涧头、西租、东租、三里铺（含窑上自然村）、后城西、北瓦宅、南瓦宅、北郭下、南郭下、南王庄、蔺家庄、西南租、北南租、东南租
庄里乡	8	庄里（含田家港、下西铺、上西铺3个自然村）、岭南台、高铺、庄头（含双角自然村）、三道港、柏林城、南庄村、道沟（含芦花铺自然村）
罗古台乡	11	罗古台（含胡子台、柏城峪、北山背后3个自然村）、南湖、清泉寺、铁角（含铁角岭、下坨、大东山、上坨、北台子5个自然村）、山南（含西边沟、水峪沟、刘家峪3个自然村）、盘坡（含狼儿、黑渠2个自然村）、桑园涧、大泽、北边桥（含大片上自然村）、南边桥、北峪塔（含下塌、上塌、榆树峪、大北港4个自然村）
北庄乡	11	北庄、蔡树庵（含高家沟、庄户涧2个自然村）、大龙门、北龙门、太平村（含五里铺、林里2个自然村）、杏黄（含下杏黄、岭南2个自然村）、河西、黑水寺（含大庙、泊沟2个自然村）、镇厂、峨峪、联合村
蓬头乡	6	蓬头（含小港、大港、东山、沙峪4个自然村）、汤家庄（含西塌、王窑、红旗山、西坡根、高马台、西港、下滩7个自然村）、小峰口（含吐口、中铺、山神庙、柴棚、沙窝、北港、黑石、上庄8个自然村）、福山口（含一间房、奔山2个自然村）、邢各庄、勾各庄（含北港、西峪2个自然村）
紫石口乡	10	紫石口（含曹坝岗、大峪港、南台、东坡根4个自然村）、北禅房、南禅房、马各庄（含西马各庄自然村）、交界口（含庄子湾、东港2个自然村）、义和村、上庄（含上庄子自然村）、松口、刘家河、下庄（含鱼东片自然村）
李各庄乡	9	李各庄（含郑家庄、刘家庄、北港、马家庄、直里港、破崖、南港7个自然村）、上安北（含刘家庄自然村）、下安北（含庄子自然村）、下明峪、淮北（含大港自然村）、郭家峪、玉斗（含二道河自然村）、菩萨峪、南峪港
赵各庄乡	7	赵各庄、计鹿、河东、六顺、白涧（含小坨、青湖、大石槽、排风安4个自然村）、平峪（含小白岩自然村）、山后板城（含王家坨、学校庄、蔡树底下、竹子、冠子石塘5个自然村）
其中口乡	11	其中口（含北涧、南涧、车头港、张家庄、杏园、白龙潭、窝落7个自然村）、其中（含南涧河、烟口子2个自然村）、泡儿上（含杨树沟自然村）、西角（含罐上、枣树台、河北、木橡沟、大坝5个自然村）、西交界口（含张家庄自然村）、吕家铺（含马家庄自然村）、安子沟（含东庄窝、西河山、牌楼沟、大猪港沟门4个自然村）、东河山（含核桃树湾、南台、黄土站、小南沟4个自然村）、金水口（含东坡湾、孤山、大北港3个自然村）、南款（含杨树沟门、小港沟、小港沟门、青岩片、刘家庄、南庄子、印花台、板答台、杨家台、大树台、小树台、西岭子沟、黄花滩13个自然村）、安妥岭（含榆林、南埝峪、北岩峪、东岩峪、雁翅膀沟、南岩岭6个自然村）

续表

区 划	行政村个数	行 政 村 名 称
都衙乡	4	都衙（含四背峪、北流子、北大河、罗府窖、狼儿河、大麦港口、七里铺、七米塔8个自然村）、沙岭西（含十八盘、凉水泉、岭根、东华水、东长洼5个自然村）、南峪（含北峪、南大坑、北大坑3个自然村）、黄峪铺（含五道沟、四道沟、二道沟、大铺4个自然村）
龙门口乡	11	龙门（含寺上、寺儿港、瓦窑、龙门岗、马脖子口上、西庄、大西洼、白蛇港口、西道沟、东道沟口、大台11个自然村）、苇家峪（含大公窑、大槽2个自然村）、上港（含石盘沟门、上桃园、下桃园、沙滩铺、一间房、马家峪6个自然村）、九集庄（含花椒窑、桃树湾、牛家坟、高家庄、上宽滩5个自然村）、黑儿口、庄儿上（含张家庄、商家庄、杨家庄、傅家庄4个自然村）、下港（含龙道、牛道岭、骆驼鞍3个自然村）、岭西（含大菜梁、旮旯2个自然村）、岭东（含河北口自然村）、店上、黄各庄（含河东、神水、刘家庄、白草房4个自然村）
宋各庄乡	8	东庄、沈家庵、宋各庄（含黄安自然村）、龙安、悟空寺、郭各庄、北王各庄、北色树（原名色树南沟。该乡原辖色树、东水峪2村，1975年因为修建宋各庄水库，分别搬迁至水北、石亭2乡）
偏道子乡	9	偏道子（含碾子峪、南庄子2个自然村）、野孤（含杨家台、光园2个自然村）、庄窠、大台（含饮马槽、芦沟口、木沟3个自然村）、赵家地（含北梁弓、黄土梁2个自然村）、万全庄（含黑牛水自然村）、蛟龙口（含石岭湾、壳楼湖、南长峪3个自然村）、四家井（含杏树台、岭道沟、曲里峪、花树峪、岭头5个自然村）、牌角
虎过庄乡	5	虎过庄（含官沟、官沟口、四十亩地、黄土顶、东坡5个自然村）、太平庄（含大孤石、三料国、十亩地3个自然村）、西安庄（含邓家庄自然村）、南安庄（含双窑儿、苹果园、南翻峪3个自然村）、长安庄（含阎家、夹子石、双窑、东龙峪、官铺、菩萨庙、西龙峪7个自然村）
石亭乡	16	石亭、满金峪（含落宝滩自然村）、北庄、板城、西龙泉、北龙泉、东龙泉、士庄、山后、高庄（含东埔、秦家岗2个自然村）、东营房、沿庄、渐村、大赤土、东赤土、东水峪（1975年因修宋各庄水库，搬迁至本乡）
北义和庄乡	8	义和庄（含蘧家园自然村）、王家碾、蘧家磨、许家磨、陈家庄、高村、宋家碾、上庄儿
娄村满族乡	14	娄村、车厂（含北山庄、西山庄、车厂南沟3个自然村）、木井、三合庄（含马林寺自然村）、西营房、包家坟、南庄、燕翎村、庞家河、三义村、福山营、北水东、中水东、南水东
洛平乡	6	西洛平、北洛平（含北宫自然村）、东洛平（含怪草沟自然村）、南洛平、孙家坟、幸福庄
水北乡	11	西水北、石圭、安阳（含高家铺自然村）、八岔沟、宫家坟、东水北、墩台、八里庄、魏村、薛家庄、色树（1975年，因修宋各庄水库搬迁至本乡）
王村乡	15	王村、下庄儿、北辛庄、祖各庄、吴各庄、张翠台、东赵各庄（含赵家庄自然村）、沈家台、杨家台、东十里铺、东王庄、戴家庄、辛庄头、孔村、同心街
东文山乡	17	东文山、西武山、上车亭、西车亭、东车亭、下车亭、杜家庄、北西租、淮河（含果园、南七山2个自然村）、西长堤、东长堤、牛各庄、安家洼、十里铺、南兵上、北兵上、徐家庄
永阳乡	15	东永阳、西永阳、北七山、西垒子（含北河自然村）、东垒子、周家庄、檀山、从溪、居士、南庞、行宫、北秋兰、二十里铺、铺头、南桥头
西义安乡	9	西义安、庄疃、北郑各庄、南郑各庄、史姑庄、北白堡、南白堡、北高洛、南高洛
北义安乡	15	北义安、李皇甫、曹皇甫、王皇甫、寺皇甫、刘皇甫、东皇甫、南义安、温辛庄、下庄村、辛街、栗村、东义和庄、聂村、南庄子

续表

区 划	行政村个数	行 政 村 名 称
明义乡	18	东明义、西明义、杨家庄、曹家庄、南秋兰、台头、三沟子（含刘家沟、张家沟、勾家沟3个自然村）、樊家台、冀家沟、北封村、南封村、张家洼、司徒、丁家洼、南北庄、西官庄、东官庄、董家庄
胡家庄乡	10	胡家庄、王各庄、东文泉、西武泉、姜各庄、北汝河、南汝河、南辛庄、永乐、富位

二、1993年7月至2009年12月，涞水县下设7个镇、8个乡，1个社区，下辖284个行政村。

1993—2009年涞水县行政区划一览表

表1-1-2-2

区 划（镇、乡、社区）	行政村个数	行 政 村（居 委 会）名 称
涞水镇	24	南关村、西关村、东关村、北关村、后城西、城内村、蔺家庄村、魏村、北郭下村、南郭下村、南王庄村、东租村、东南租村、西南租村、北南租村、薛家庄村、西租村、西水北村、东水北村、三里铺村、北瓦宅村、南瓦宅村、北涧头村、南涧头村、
永阳镇	21	东永阳村、西永阳村、北七山村、北秋兰村、从溹村、东垒子村、西垒子村、二十里铺村、居士村、南庞村、南桥头村、铺头村、檀山村、行宫村、周家庄村、南洛平村、东洛平村、北洛平村、西洛平村、孙家坟村、幸福庄村
义安镇	24	北义安村、南义安村、下庄村、聂村、栗村、辛街村、南庄子村、东义和庄村、温辛庄村、刘皇甫村、寺皇甫村、曹皇甫村、李皇甫村、王皇甫村、东皇甫村、庄疃村、西义安村、史姑庄村、北白堡村、南白堡村、北高洛村、南高洛村、北郑各庄村、南郑各庄村
石亭镇	28	石亭村、陈家庄村、北庄村、八里庄村、东龙泉村、西龙泉村、北龙泉村、上庄村、高村、大赤土村、东赤土村、东营房村、满金峪村、高庄村、八岔沟村、墩台村、士庄村、宋家碾村、王家碾村、山后村、沿庄村、许家磨村、曲家磨村、渐村、东水峪村、板城村、义和庄村、色树村
三坡镇	16	下庄村、南禅房村、北禅房村、都衙村、苟各庄村、黄峪铺村、交界口村、刘家河村、马各庄村、南峪村、沙岭西村、上庄村、松口村、邢各庄村、义和庄村村、紫石口村
九龙镇	30	北庄村、岭南台村、高铺村、庄头村、三道港村、道沟村、庄里村、柏林城村、南庄村、铁角村、南湖村、清泉寺村、罗古台村、桑园涧村、大泽村、北峪塔村、北边桥村、南边桥村、山南村、盘坡村、峨峪村、联合村、镇厂村、黑水寺村、河西村、太平村、北龙门村、大龙门村、杏黄村、蔡树庵村
赵各庄镇	20	赵各庄村、福山口村、小峰口村、玉斗村、计鹿村、白涧村、汤家庄村、蓬头村、平峪村、河东村、板城村、六顺村、上安北村、下安北村、李各庄村、淮北村、下明峪村、郭家峪村、菩萨峪村、南峪港村
明义乡	18	东明义村、西明义村、丁家洼村、董家庄村、樊家台村、司徒村、北封村、南封村、东官庄村、西官庄村、南秋兰村、台头村、张家洼村、冀家沟村、三沟子村、曹家庄村、南北庄村、杨家庄村
东文山乡	17	东文山村、西武山村、东长堤村、西长堤村、上车亭村、下车亭村、东车亭村、西车亭村、杜家庄村、安家洼村、北西租村、徐家庄村、北兵上村、南兵上村、牛各庄村、十里铺村、淮河村
胡家庄乡	10	胡家庄村、富位村、永乐村、南辛庄村、南汝河村、北汝河村、姜各庄村、东文泉村、西武泉村、王各庄村

续表

区划 （镇、乡、社区）	行政村个数	行政村（居委会）名称
王村乡	15	王村、下庄村、北辛庄村、祖各庄村、吴各庄村、张翠台村、赵各庄村、沈家台村、杨家台村、东十里铺村、东王庄村、戴家庄村、辛庄头村、孔村、同心街村
娄村满族乡	22	娄村、三义村、福山营村、庞家河村、燕翎村、安阳村、石圭村、宫家坟村、西营房村、北水东村、中水东村、南水东村、木井村、南庄村、车厂村、三合庄村、包家坟村、虎过庄村、南安庄村、西安庄村、长安庄村、太平庄村
宋各庄乡	8	东庄村、北色树村、郭各庄村、龙安村、沈家庵村、悟空寺村、王各庄村、宋各庄村
龙门乡	20	龙门村、河口村、庄儿上村、九集庄村、岭西村、岭东村、店上村、黄各庄村、野孤村、上港村、下港村、苇家峪村、庄窠村、大台村、赵家地村、偏道子村、万全庄村、蛟龙口村、牌角村、四家井村
其中口乡	11	其中口村、南款村、安妥岭村、金水口村、安子沟村、东河山村、其中村、泡尔上村、西角村、西交界口村、吕家铺村
社区	6	塔岗社区居委会、涞阳路社区居委会、泰安路社区居委会、府前街社区居委会、东大街社区居委会、永安大街社区居委会

第三节　镇乡、社区概况

一、涞水镇

（一）综情

涞水镇位于涞水县东南部平原，东接义安镇，南邻胡家庄乡，西交东文山乡，北依石亭镇，地势平坦。拒马河由薛家庄村进入，流经南、北涧头、东租，由东关流出。镇政府驻地南关村，位于县城南部。1958年建人民公社为城关公社，1984年由城关公社改为城关镇。1993年撤区并乡建镇，将原水北乡的西水北村、东水北村、薛家庄村、魏村与城关镇合并建涞水镇，辖24个行政村，总面积35.24平方千米。2009年，耕地27645亩，人均耕地0.97亩，总人口33540人，其中农业人口28509人，人口密度952人每平方千米。

涞水镇位于县城周边，交通便利。2004年完成公路村村通工程。2009年完成农村低压电网改造，通电村24个，农村用电量8153.76万千瓦时。

全镇有机井270眼，配套270眼。有效灌溉面积24120亩。种植业以小麦、玉米为主，2009年，粮食种植面积34005亩，总产量12723吨，其中小麦面积15925亩，产量5526吨；玉米面积16815亩，产量6743吨；油料种植面积6830亩，总产量1563吨；蔬菜种植面积10490亩，总产量27483吨。养殖业以猪、羊养殖为主，2009年猪存栏6700头，出栏31000头，羊存栏4500只，出栏33000只，肉类总产量3732吨，禽蛋产量191吨。

2009年全镇有企业1142个，从业人员5874人，营业收入33610万元，年上缴税金1100万元，规模较大企业4个，分别是河北省涞水县索仑达尼龙制件厂、保定民兴玻璃制品有限公司、河北泰利玻璃制品有限公司、河北益康制香有限公司。

2009年有中学1所，小学7所，在校学生3860人，教师372人，全镇有幼儿园7所，教师69人，入园少儿807人。2009年，镇有卫生院1所，村卫生所24个，医护人员22人，病床35张，万元以上医疗设备1台。改革开放以来，农村传统花会得到恢复，花会队伍21个，新建秧歌队15个。

2009年，全镇农民人均纯收入2801元，固定电话装机4224部，移动电话拥有29515部，家庭轿车717辆，居民储蓄存款余额26300万元。

（二）所辖行政村简介

南关村　地处县城中心，交通便利，地理位置优越。全村980户，3945人，其中回族1300人，满族195人。耕地面积850亩，以种植小麦、玉米为主，村民以经商或打工为主要收入来源。2009年人均纯收入3128元。

西关村　位于县城中心，地理位置优越，交通便利。全村247户，1173人，耕地面积200亩，退耕还林面积119亩，主要以种植小麦、玉米为主。村民以经商为主要收入来源，2009年人均纯收入3182元。

东关村　位于县城东部，地理位置优越。全村458户，1582人，耕地面积575亩，退耕还林面积450亩，以种植小麦、玉米为主。村民以经商或外出打工为主要收入来源。2009年人均纯收入2700元。

北关村　位于县城北部。全村479户，1839人，耕地面积880亩，其中水浇地700亩。以种植小麦、玉米为主，食用菌发展较为迅速。村民主要以经商、建筑、外出务工为主要收入来源。2009年人均纯收入3050元。

后城西　位于县城中心。全村138户，463人，耕地面积9亩，全村主要以经商和外出务工为主。2009年人均纯收入2960元。据查，清同治以前该村和西关是一个村，后因村民不和，分设为独立村。因位处县城西侧，故名后城西。

城内村　位于县城中心。全村304户，1257人，耕地面积300亩，以种植小麦、玉米为主，村民以经商或外出打工为主要收入来源。2009年人均纯收入3033元。

以上6个村名称来历皆来源于涞水县城。据今北关，东关、南关出土的文物考证，西周或战国时期，该地已有村落。据《保定郡志》《涞水县志》载，涞水最早有城在今北关村北拒马河西岸周城湾（俗称周城口），相传建于西周或战国，后被河水冲毁。汉高帝六年（公元前201）置遒县时，县城建于旧城南一里许之北庄，属北关管辖地，说明今北关当时称北庄。后该城也被冲毁，现地下仍有汉代城砖。又据《辽史》载，北魏时，遒城迁建于故城南，即今址。明弘治《保定郡志》载，涞水县治三徙今地。后遭金贞祐兵毁。元至元十三年（1276）重新建造。明弘治、永乐、景泰间增修。成化间，南城外东西大街居民凑集成市。据以上文献记载，城内和四关的名称形成当始于元末至辽金。明、清时，城内称在城社，南关称永安社。民国时社废，将城内和四关名称后面加一“村”字。中华人民共和国成立后去掉“村”字，称今名。

蔺家庄村　位于镇政府南偏东1.5千米，交通闭塞。全村212户，765人，耕地面积1560亩，主要种植小麦、玉米、花生和各类蔬菜等作物。2009年人均纯收入2728元。该村建立年代不详，村东原有一古坟，为蔺家坟（现村内已无蔺姓，坟亦无存），村名当是以姓氏命名。

魏村　位于镇政府西北7千米，全村600户，2349人，耕地面积2415亩，以种植小麦玉米为主，兼有部分林果。大部分村民以种植及外出务工为收入来源，2009年人均纯收入2500元。该村建立年代无确考。据传，村中最早户姓魏，并在村东北角立魏家坟，故名魏村。

北郭下村　位于镇政府西南2千米，高速公路引线西侧，交通便利。全村511户，1928人。耕地面积2182亩，以种植小麦、玉米为主，兼有草莓、地膜花生、薄皮核桃等经济作物。2009年人均纯收入2960元。

南郭下村　位于镇政府南偏西3千米，涞定路西侧。张石高速密涿支线从村南穿过，县城通往密涿高速引线从村西穿过，形成便利的交通网。全村360户，1331人，耕地面积1900亩，主要种植小麦、玉米、草莓等作物。该村是一个草莓种植专业村。村民以种植草莓、棚菜和外出务工为主要收入来源。2009年人均纯收入2680元。据传，以上两村始建于汉代。原在两村之间有座城池（无存），城外为郭。后在城外建村时，以村址所在城廓的方位定名，分别称南、北郭下。1958年南郭下大队在村附近打井时，曾发现地下有古代砖井一口，按砖的造型，为汉代所制，说明该村历史已久。

南王庄村　位于镇政府南2千米，紧邻县城，涞定路穿村而过，交通便利。全村530户，1689人，耕地面积2464亩，村民主要以种植业和外出务工为主要收入来源。薄皮核桃、草莓种植已经初具规模。2009年人均纯收入2686元。据考，辽金时这里已成村落（原村名无考）。清康熙年间，该村划为李庆王的庄子，因位于城南，故称南王家庄。

东租村　位于镇政府北3千米，保野路东侧，拒马河西岸。全村468户，1908人，耕地面积1800亩，村民以种植、养殖、运输、经商、外出务工为主要收入来源。大棚菜和陆地蔬菜种植业逐渐成为主导产业。2009年人均纯收入2752元。该村在辽金时已成村落。清康熙年间，这里划为清庆王之俸地，分片收租，这里位于西租之东，名为东租。

东南租村　位于镇政府西南4千米处。全村200户，858人，耕地面积961亩，以种植小麦、玉米为主，草莓、地膜花生的种植面积不断增加。2009年人均纯收入2200元。

西南租村　位于镇政府西南5千米，交通便利。全村185户，676人。耕地面积780亩，以传统农业为主，部分劳动力外出打工。2009年人均纯收入2330元。

北南租村　位于镇政府西南4.5千米。全村143户，567人，耕地面积586亩，其中林业用地86亩。以种植小麦、玉米、草莓、花生为主。2009年人均纯收入2465元。据查，以上3个村始建于辽金，原村名不详。清康熙年间，村民租种清庆王土地，由城内满族方姓到这里收租，因位处城南，原名南租。清末，按居住情况，分为西、北、东三个南租。

薛家庄村　位于镇政府北7千米，保野路以东。全村200户，685人，耕地面积650亩，以种植小麦、玉米、草莓、蔬菜为主。村民以种植业和外出务工为主要经济来源。2009年人均纯收入2340元。该村建立年代已久。村中有一古槐直径两米有余，树龄千年左右，建村时代约在辽金。据传，过去该村有一首户“薛百万”，有地96顷，水磨72盘，村即以姓氏名为薛家庄。

西租村　位于镇政府西北3千米，涞阳路西侧。全村254户，999人，耕地面积800亩，其中有600余亩种植了薄皮核桃，135亩种植了串枝红杏。村民主要以农业和外出务工为主要收入来源，2009年人均纯收入2744元。该地在辽金时已成村落，原有吕姓几家在此居住。清康熙年间，杨、陈两家（正红旗）由沈阳府迁来此地。清庆王将该地划为其俸地，分片收租。该村位于东租之西，取名西租。

西水北村　位于镇政府北偏西8千米，全村480户，1722人，耕地面积1000亩，主要种植大棚蔬菜、食用菌等作物，2009年人均纯收入2755元。该村始建于辽金，据石龟庙中元代碑文记载，该村原建于泉水河之南岸，名“河南村”。后因水患，村迁于河北岸，分东、西两村，该村位于西，故名西水北。

东水北村　位于镇政府西北8千米，全村203户，808人，耕地面积490亩，以种植小麦、玉米为主，兼有少量蔬菜等经济作物。2009年人均纯收入2546元。该村建于明末，大部为西水北人迁入，今已十五代。因村坐落在泉水河之古河道东，故称东水北。

三里铺村　位于镇政府西2千米，紧邻县城，有较好的区位地理优势。全村323户，1241人，耕地面积850亩，以传统的种植业为主。村民以经商、外出打工为主要收入来源。2009年人均纯收入2924元。该村始建于元代。据清乾隆年间重修庙宇的石碑记载（现已拆除），因村距涞水县城内文庙（今县委大院）三里而得名。

北瓦宅村　位于镇政府西南3千米，毗邻县城，地处国道112线的南侧，地理位置优越。全村190户，891人，耕地面积1075亩，以种植玉米、小麦、草莓为主。村民以农业、外出务工为主要收入来源。2009年人均纯收入2895元。

南瓦宅村　位于镇政府西南3.5千米。全村492户，1762人，耕地面积2799亩，以种植草莓和小麦玉米为主。村民以种植业及外出务工为主要收入来源，2009年人均纯收入2774元。南、北瓦宅两村，原为一村，称瓦宅。据传，村内原有明朝重修的高明禅寺，当时碑文记载称瓦寨。经考，该村古时以烧瓦出名，且民间瓦房甚多，故以此得名。后又演化为瓦宅。民国初即分两村，按所处相对方位，分别称南、北瓦宅。

北涧头村　位于镇政府北5千米，保野公路穿村而过。全村365户，1662人，耕地面积1230亩，以传统种植业为主，村民以经商、外出务工为主要收入来源。2009年人均纯收入2840元。

南涧头村　位于镇政府北4.5千米。全村375户，1440人，耕地面积1205亩，其中旱地300亩。村民以农业生产为主，兼营屠宰、木材交易、劳务输出、商业经营等，2009年人均纯收入2750元。以上两村，据万姓家族世传。明初，万姓家族从文安县万村迁此定居为村，今已26代。村西磨盘山与红寺山之间有一涧沟，两村分别居于南北两岸，原称南、北涧沟。清代，始改为涧头，并加“南”、“北”方位词，称南、北涧头。

二、永阳镇

（一）综情

永阳镇位于涞水县西南部平原、丘陵地区，东接东文山乡，南邻明义乡，西交易县桥头乡、流井乡，北依娄村满族乡。东南部为平原，西北部为丘陵。镇政府驻地东永阳村，在县城西偏北10千米处。1958年建人民公社，1984年公社改乡，1993年撤区并乡建镇，将永阳乡与洛平乡合并，建立永阳镇，辖21个行政村，总面积65.37平方千米。2009年，耕地22545亩，人均耕地0.77亩，总人口29632人，其中农业人口29330人，人口密度454人/平方千米。

2001年国道备战路拓宽，改名京赞公路，横穿北部丘陵区，国道112线横穿南部平原区；1996年建成县级公路永阳路（又称同心路），由铺头至西洛平村，连接京赞公路和112线，纵贯永阳全境；2003年建成建材路，由东垒子，经檀山、从溪、北秋兰、行宫，南达112线；1995年，第一条通村公路硬化，至2009年完成公路村村通工程，修水泥路35千米。2004年完成农村低压电网改造，建110千伏变电站1座，2009年农村用电量883万千瓦时。

2009年全镇有机井142眼，配套128眼，防渗渠6000余米。镇内有垒子、西洛平2座水库，有效灌溉面积达到7300亩。全镇拥有旋耕机21台、收割机17台，秸秆还田机械18台。农作物主要有小麦、玉米、杂粮等，2009年小麦种植面积14950亩，总产量5172吨；玉米种植面积20280亩，总产量7909吨；谷子种植面积1860亩，总产量391吨；高粱种植面积320亩，总产量52吨；豆类种植面积930亩，总产量154吨；薯类种植面积2230亩，总产量803吨；花生种植面积3960亩，总产量919吨。粮食种植面积总计40650亩，总产量14496吨；油料种植面积4015亩，总产量924吨；蔬菜种植面积3045亩，总产量

10206吨。实有林地面积13200亩，其中果林面积7890亩，主要果树有串枝红杏、柿子树。1988年，南洛平、北洛平、东洛平建立串枝红杏基地，种植面积达到2300亩，到2009年全镇串枝红杏种植面积达到6420亩，年产量3780吨，2009年全镇果品总产量5500吨。养殖业以猪、羊养殖为主，2009年猪存栏23800头，出栏34700头，羊存栏24500只，出栏24500只，全镇肉类总产量2979吨，禽蛋产量120吨。重点养殖企业宏达养殖场，位于铺头村，1999年建厂，投资120万元，当年生猪存栏500头，出栏1000头，年效益15万元，2008年，养殖场投资200万元进行扩建。2009年，生猪存栏1000头，出栏3000头，年效益达到60万元。

永阳镇工业较发达，建材业和工艺品加工业是两大特色产业，工艺品加工主要以珐琅制品、火锅、木雕为主，火锅销量占全国30%以上的市场份额，20世纪80年代，永阳公社建有一社办珐琅厂，生产火锅和珐琅制品，社办珐琅厂下马后，厂里工人回家个人建起珐琅厂和火锅厂。最多时全镇有20多家，规模较大的是檀山工艺美术厂和星豪铜艺有限公司。星豪铜艺有限公司，位于南桥头村，公司前身是铜火锅厂，建厂初期，招纳清末皇宫御用厨具的老艺人8名，生产铜火锅、工艺品等，已形成铜火锅系列、景泰蓝系列、錾刻工艺系列等三大主导产品；公司占地20亩，年产值500万元，利税50万元。职工108名，有国家级工艺美术大师2名。中央美术学院的学生每年均来厂培训实习。

建材业主要依托檀山周围优质石灰石资源，生产建筑用石灰、灰粉、水泥。在周围有大大小小建材企业近百家，较大型企业有：冀东水泥厂、南山矿业有限公司、金源水泥厂。

其他重点工业企业还有：古艺坊硬木家具工作室和保定胜达永强有限公司、涞水煤矿、二十里铺构件厂。

中科三院涞水试验区项目于2007年1月落户永阳镇，总投资30亿元，占地4000亩。

2009年全镇企业个数714个，全年营业收入13990万元。

1979年，全镇有中学4所，小学15所。1991年，全镇中学并校为1所。2006年，全镇小学合并成6所。到2009年全镇有中学1所，小学6所，在校学生1538人，教师167人，全镇中小学普及率100%，入学率100%，巩固率100%。全镇设有幼儿园4所，教师52人，入院少儿822人，学龄前儿童入园率100%。1979—2009年投资380万元，新建校舍15200平方米，改建2000平方米。2009年有乡镇卫生院1所，村卫生室21个，医护人员35人，病床14张，万元以上医疗设备2台。改革开放以来，农村传统花会得到恢复，共有武术会、高跷会、小车会、狮子会、戏曲会等花会队伍8个，新建秧歌队6个。

2009年，全镇农民人均纯收入2958元，固定电话装机5110部，移动电话拥有19320部，彩电9220台，冰箱7050台，洗衣机6980台，家庭轿车290辆，居民储蓄存款余额21290万元，人均住房面积20平方米，房屋质量也由原来的砖木结构过渡到砖混结构。

（二）所辖行政村简介

东永阳村　为镇政府所在地，位于县城西偏北10千米处，地势平坦。全村460户，1782人，耕地面积2195亩，主要种植玉米和小麦。该村建有集贸市场，有工商企业摊点34家。2009年人均纯收入1780元。

西永阳村　位于镇政府西南1千米，地势平坦。全村115户，435人，耕地面积757亩，以种植小麦、玉米等农作物为主。2009年人均纯收入1500元。东、西永阳村建立年代及村名来历无确考。据传，早年该地有一座古寺，称“清云寺”，建于金或元。明永乐以后，从山西迁来部分移民，定居在寺庙附近，形成村落，起名永阳。后因洪水将村冲成两半，即分为东、西永阳。

北七山村　位于镇政府东北5千米处，丘陵地貌，水源缺乏，多旱地。全村492户，2113人，耕地面积838亩，以种植小麦、玉米为主。建有千亩薄皮核桃基地。村内有工商企业摊点30余家，主要产品为生石灰。2009年人均纯收入2880元。据考，该村建于汉代。因村西南有七座并列的山头而得名七山。相传，东汉光武帝刘秀走国时，路过此地，人马渴急，欲饮而无水。叹曰“干七山也”。后该村分为南北两村。此村位于北，即名北七山。

北秋兰村　位于镇政府东4千米处，地势平坦。全村512户，1978人，耕地面积2456亩，以种植小麦、玉米和花生为主。2009年人均纯收入2200元，村内建有小学和幼儿园各一所。据考，该村始建于战国，原名北遒澜，以绕村而过的遒澜河得名，其南1.5千米处为南遒澜。唐代曾改名为“北牛栏”。明、清复改为北遒澜。清末民初按同音改为北秋兰。

从溪村　位于镇政府东3千米处，地势平坦。全村436户，1671人，耕地面积1195亩，主要种植玉米和小麦。村内有工商企业摊点30个。2009年人均纯收入1820元。据出土文物考证，该村始建于西汉时期，因遒澜河流经村边，即以溪水命名为从溪。

东垒子村　位于镇政府北偏东3千米，丘陵地貌。全村370户，1548人。耕地面积341亩，主要种植小麦、玉米。村内有工商企业摊点32个，其中集体企业1个，产品主要是珐琅工艺品、石渣和生石灰。2009年人均纯收入2730元。

西垒子村　位于镇政府北2.5千米处，丘陵地貌，由西垒子、北河2个自然庄组成。村西是保定市垒子煤矿驻地，西北是垒子水库。全村820户，3269人，其中男1658人，女1611人。耕地面积2233亩，农业以小麦、玉米为主。村内有工商企业摊点47个，其中集体企业1个，主要生产编织袋、珐琅制品和建材产品。2009年人均收入2450元。据查，东、西垒子始建于唐代。因处在古遒澜河（今称十里铺河）龙水湾畔，初名龙水湾。明万历年间，龙水湾泛滥，村民在河岸垒起一道石坝，将村隔为东、西两段，即以所处相对位置，分别称东、西垒子。

二十里铺村　位于镇政府南偏东3.5千米，地势平坦。全村160户，705人。耕地面积309亩，以种植小麦、玉米为主。村内有工商企业摊点40个。2009年人均纯收入2060元。据传，该村始建于战国，位于易县、涞水两县交界处交通要道，古时曾设驿站。旧称为官道。因距两县城各为20里，后即改名为二十里铺。

居士村　位于镇政府南1千米，地势平坦。全村251户，983人。耕地2227亩。以种植小麦、玉米等农作物为主。村内有工商企业摊点25家。2009年人均纯收入1750元。据文物考，村约建于汉。传说，因处地靠一条无名河的石滩，初名为集石。后演化为居士至今。据《易州志》和《涞水县志》记载，金代易州刺史卢应（后归元）曾祖徙居涞水，为居士村人。元中统二年（1261），卢应孙卢珪世袭易州知州。按卢氏辈推，该村称居士应在金代。

南庞村　位于镇政府东偏南1.5千米，地势平坦。全村295户，1013人。耕地面积831亩，以种植小麦、玉米、大棚蔬菜为主，蔬菜品种有豆角、黄瓜和西红柿。2009年人均纯收入1720元。据查，该村建于辽金，此地原有两村。金家在南，建有“三官庙”，称为南坊，袁家在北，建有“长君庙”，称为北坊。明末清初，北坊因天灾而衰败，只剩南坊一村。后逐演称为南庞。

南桥头村　位于镇政府南偏东4千米，地势平坦。有革命烈士陵园一座。全村365户，1491人。耕地面积1255亩，以种植小麦、玉米为主。村内有工商企业摊点35家，其中有县内规模最大的工艺铜器珐琅厂。2009年人均纯收入2100元。村内有幼儿园1所。据传，该村始建于战国，原与二十里铺为一村（何时分开无考），因位处易县、涞水两县交界处“官桥”的南头，故得名为南桥头。

铺头村　位于镇政府东南3千米，地势平坦，村南有高易地方铁路铺头车站。全村300户，1157人。耕地面积1382亩，以种植小麦、玉米等粮食作物为主。村内有工商企业摊点27个。2009年人均纯收入2100元。据传，该村始建于战国，原名官铺。因村址在二十里铺村头，即改名铺头。

檀山村　位于镇政府东北2千米的檀山南侧，地势平坦。全村638户，2582人。耕地面积1767亩，以种植小麦、玉米为主，兼营林果。村内工商企业摊点100余个，主要是水泥、石灰、灰粉等建材产品和珐琅工艺品。2009年经济总收入760万元，人均纯收入2900元。村内建有小学和幼儿园各一所。据该地古窑址考证，该村始建于汉代。村北有一山，据说过去山上多檀木，故名檀山。

行宫村　位于镇政府东南3千米，地势平坦。全村120户，495人。耕地面积558亩，主要种植小麦、玉米、花生等农作物。村内有工商企业摊点12个。2009年人均纯收入1730元。清乾隆年间，为皇帝去易州泰陵（雍正陵）祭祀，在此建行宫一处，并有步马兵守护。清末民初，由于军阀混战，行宫逐被平毁，其守护人员就地定居下来，逐成村落，仍以行宫为村名。

周家庄村　位于镇政府东北1千米，地势平坦。全村395户，1544人，耕地面积1510亩，以种植小麦、玉米等粮食作物为主。村内有工商企业摊点30个，其中集体企业1个。2009年人均纯收入1700元。据附近出土文物考证，该村建于汉代，原名杜家庄。明永乐年间，周姓从山西迁来，始在永阳村居住，后又迁来杜家庄定居。此后杜姓衰落，直至户绝，周姓族繁人增，成为该村主户，因以姓氏更替，改为周家庄。

南洛平村　位于镇政府北偏西6千米，丘陵地貌。全村242户，990人。耕地面积763亩，以种植小麦、玉米为主，兼营林果。村内有工商企业摊点11家。2009年人均纯收入1800元。

东洛平村　位于镇政府北偏西6千米。丘陵地貌。全村325户，1348人。耕地面积893亩，主要粮食作物是玉米和小麦，林果产量较大，年产达120吨。2009年人均纯收入1950元。村内设有中学、小学和幼儿园。

北洛平村　位于镇政府北偏西6.5千米，丘陵地貌。全村436户，1868人。耕地面积648亩，农作物主要有小麦、玉米。万亩串枝红杏基地建于此，年产350吨。2009年人均纯收入1920元。

西洛平村　位于镇政府北偏西6.5千米，丘陵地貌。全村455户，1937人。耕地面积2353亩，以种植小麦、玉米和林果为主，盛产白杏，草莓等林果产品。村内有工商企业摊点35个。2009年人均纯收入1700元。据查，以上四个村建于金代以前，原是一个村，分四道街，统称“乐平”，系因乐平山得名。乐平山在北洛平村北二千米处，高400多米。山顶柏树苍翠，有一石洞，洞中有泉，汇而不流，传为神龙所居，故建有龙宫寺。俗称此山为龙宫山，今尚存有寺庙遗址。龙宫山下，西洛平村东建有庆化寺。据碑文记载，为金大定年间重修，并刻有“道亭乡乐平村”字样。明万历年间称“乐平社”。后即以四个街所处相对位置，分东、西、南、北4个乐平。成为独立村。因“乐”、“洛”同音，新中国成立后，逐演化为洛平。

孙家坟村　位于镇政府北偏西8千米，丘陵地貌。全村107户，416人。耕地面积569亩，以种植小麦、玉米、林果为主。2009年人均纯收入1450元。村内建有小学和幼儿园各1所。据查，该村建于明万历年间。该地有明万历右佥都御史保定巡抚孙丕杨墓（已毁）。据王姓家族世传，其祖先为守坟定居在此，故名孙家坟。“文化大革命”中改称红卫村。1981年通过地名普查，恢复原名。

幸福庄村　位于镇政府北偏西7千米，丘陵地貌。全村101户，380人。耕地面积271亩，主要种植小麦、玉米，兼营林果。村内有工商企业摊点3个。2009年人均纯收入1150元。清雍正年间，在此建慎郡王园寝（今已毁），设营守卫，取名西福地（俗称西宫）。民国后，变为村庄，原属西洛平管辖。

1962年成为独立村，命名为幸福庄。

三、义安镇

（一）综情

义安镇位于涞水县东南部平原，北与王村乡交界，南与定兴县接壤、东与高碑店、涿州毗邻，西与涞水镇相连。拒马河自北向南流经该镇11个村，北起庄疃，南至南高洛入定兴县界，境内河段长13千米。镇政府驻地北义安村北，位于县城东5千米。1993年撤区并乡建镇，由原北义安乡、西义安乡合并建义安镇，辖24个行政村，总面积54.17平方千米。2009年，耕地37665亩，人均耕地1.2亩，总人口31464人，其中农业人口30508人，人口密度563人/平方千米。

112国道、高易地方铁路横穿东西，交通便利。2007年完成农村低压电网改造，通电村24个，2009年农村用电量967万千瓦时。

全镇有机井398眼，配套388眼，有效灌溉面积30000亩。农作物主要有小麦、玉米、花生、萝卜、白菜，其中小麦面积25720亩，产量9026吨；玉米面积27900亩，产量10602吨；花生面积7380亩，产量1668吨；萝卜面积900亩，产量3140吨；白菜面积900亩，产量2790吨。

2009年粮食种植面积55203亩，总产量20153吨；油料种植面积7380亩，总产量1668吨；蔬菜种植面积3678亩，总产量8580吨。实有林地面积6500亩，果林面积410亩，主要果树有：苹果树70亩，薄皮核桃300亩，果品总产量150吨。养殖业以猪、牛、羊、鸡为主，2009年猪存栏13300头，出栏15500头，牛存栏2700头，出栏2400头，羊存栏8900只，出栏5800只，鸡存栏53000只，出栏41800只，全镇肉类总产量1708吨，禽蛋产量470吨，牛奶产量2350吨。2000年以来，培育发展肉、奶牛养殖和食用菌栽培产业。2005年引资建成寺皇甫富旺达托牛所，成为全县最大的标准化奶牛养殖小区，在其辐射带动下，逐渐形成皇甫肉、奶牛养殖基地。2009年，全镇肉牛存栏达到8000头，奶牛存栏逾千头。食用菌生产主要集中在西义安村，有食用菌大棚60个，生产规模达260万棒。生猪养殖、地膜花生、露天蔬菜种植已形成一定规模。南郑各庄生猪散养户达到260余户，年出栏1000余头；镇西南部的南郑各庄、北郑各庄露天蔬菜种植，面积达到700亩以上。

改革开放以来，义安镇民营经济发展迅速，2009年达到14个。其中全国最大的炭电极生产基地-河北顺天电极有限公司，年利税达到2000万元，成立于1987年，位于北义安村北，厂区面积38.6万平方米，员工600余人，总资产4.16亿元，固定资产2.85亿元。公司以生产矿热炉用电极为主业，是国家高新技术企业、河北省技术开发先进企业。自2004年，公司硅专用电极产销量连续6年位居世界第一，成为世界最大硅专用电极生产基地。庄疃民营经济园区的3家汽车零部件企业发展态势良好，为实现涞水县与保定汽车产业对接奠定基础。涞水超新铜艺加工厂始建于1993年（2002年扩大公司规模，成为涞

水火锅制造商中的佼佼者），有熟练的技工80余人，专业技术设计人员3名，有厂房1000平米，2009年产值达到350万元。涞水县工业搪瓷厂于1987年建厂，是生产各种搪瓷设备的专业生产单位，拥有先进的生产设施，雄厚的技术力量，完整的质量保证体系和科学的检测手段，2009年产值达到500余万元。位于北义安村的涞水县诚信工艺品厂始建于1986年，是北京市工艺美术厂的定点加工单位，是生产奖品、礼品的专业厂家。该厂占地17000余平方米，下设木制品、包装、标牌3个车间。生产车间6000平方米，现代化厂房，花园式厂区，现有技工200余人，2009年产值达千万元。

位于刘皇甫村南的皇甫商贸中心，2002年建成并投入使用，占地20亩。

2009年镇有中学2所，小学6所，在校学生2300人，教师231人，全镇中小学普及率100%、入学率100%、巩固率99.2%，全镇设有幼儿园7所，教师52人，入园少儿1350人，学龄前儿童入园率98%。1979-2009年投资3500万元，新建校舍2.5万平方米，改建1.2万平方米。涞水县波峰中学于1998年兴建，是涞水县第一所全日制、全寄宿、全封闭的民办中学，校园占地180亩，建筑面积60000平方米，设有初一到高三36个教学班，在校生4550人，教职工330人。镇内有卫生院1所，村卫生所24个，医护人员40人，病床60张，万元以上医疗设备2台。

改革开放以来，农村传统花会得到恢复，有花会队伍30个，新建秧歌队15个。特殊的地理位置，造就义安镇深厚的文化底蕴。高洛古乐已被列为全国第一批非物质文化遗产，受到国内外音乐界的广泛关注。2003年12月义安镇被省文联、省民协、省音协命名为“民俗古乐之乡”，涞水县被授予“华夏古乐研究基地”。2008年初，会长蔡玉润被国家文化部评为第二批国家级非物质文化遗产项目代表性传承人，省市县各级政府先后投入大量的资金和人力物力，用于抢救这一濒临灭绝的传统技艺，河北省已把高洛古乐的抢救和保护列入重要议事日程，属于“紧急抢救”的项目。2008年8月，在经过近一年的磨合排练后，涞水县成功地把高洛古乐引入到《印象野三坡》大型音乐舞蹈史画中，正式向八方游客推介。高洛古乐成为野三坡文化发展的地域性代表，提升野三坡的文化品位，另一方面使这一国家级非物质文化遗产得到更好的保护和发展。义安镇依托太行山革命老区宣传文化工程，积极繁荣农村文化，成效显著。全镇花会有秧歌、狮子会、高跷、旱船、小车会、少林会、音乐会、剧团等30余个，其中最有代表性的是成立于2004年的寺皇甫村文化传承总会，是村党支部领导下的群众性民间花会组织。寺皇甫的旱船锣鼓、西义安的剧团、北高洛的河北吹歌、南高洛的古乐在当地最有影响。欣欣向荣的群众业余文化生活，推动农村精神文明建设和社会和谐。

2009年，全镇农民人均纯收入2645元，固定电话装机7000部，移动电话14500部，彩电7890台，冰箱6100台，洗衣机6000台，家庭轿车560辆，居民储蓄存款余额23490万元，人均住房面积35平方米，房屋质量也由原来的砖木结构过渡到砖混结构。2008年，省级新民居示范村在东义和庄村启动，计划建设回迁楼9栋，截至2009年底建成3栋，成为全县第一个新民居示范村。

（二）所辖行政村简介

北义安村　位于拒马河东岸，在县城东5千米，是镇政府所在地，112国道穿村而过，交通便利，位置优越。全村501户，1772人，土地总面积1380亩，耕地面积1230亩。村民以种植业和务工为收入来源。2009年人均纯收入2710元。顺天电极有限公司位于村北，是县级重点企业。波峰中学位于该村村东，是涞水县较早开办的1所民办中学。据考，该地在汉代已有村落。明初屡由山西向此移民，取名义安。因居拒马河之东，河对岸有西义安，该村即称东义安。清末改称北义安。

南义安村　位于镇政府南1.5千米。全村526户，1937人，其中少数民族256户，875人；耕地面积2800亩，人均耕地1.45亩，主要粮食作物是小麦、玉米；经济作物主要是花生、大豆。2009年人均纯收入2650元。据考，该地在汉代已有村落。明初，屡从山西移民至此。俗称小义安（村北有东义安俗称大义安）。清末改为南义安。

下庄村　位于拒马河东岸，镇政府南4千米。全村654户，2446人，耕地面积3438.3亩。2009年人均纯收入2630元。据该地出土的古陶器等文物考证，商周时，这里已有人居住。又据本村唐代崇兴寺匾记，该村始建于汉。原村北有一上庄村（现无存），本村处于其下，故名下庄。因该村与紫石口公社下庄重名，1981年12月，县地名办改下庄为下庄村。

聂村　位于拒马河东岸，距镇政府南6千米。全村503户，1747人。耕地面积2326亩，以种植粮食作物为主。2007年发展草莓50亩，给村民带来可观经济效益。2009年人均纯收入2610元。据出土陶器考证，商周时，该地即已有人居住，建村年代约在战国时期。据该村明代药王庙碑记载（已毁），明代以前该村即称聂村（含义无考）。

栗村　位于镇政府南偏东3.5千米。全村691户，2712人，耕地面积4808亩，以种植小麦、玉米为主。2009年人均纯收入2620元。该村始建年代无确考。据明成化四年（1468）重修的福严寺碑记，村建于唐以前，称“力村”。明弘治时设“力村社”。清光绪《涞水县志》中，“力村”与“栗村”并用，新中国成立后，即以“栗村”为准。

辛街村　位于镇政府南偏东4千米处。全村96户，338人，耕地面积667亩，以种植粮食作物为主。进入21世纪后，产业结构调整步伐加快，村民开始从事多种经营，现有皮包、服装加工厂5户，方便就业，增加村民收入。2009年人均纯收入2605元。该村原是栗村的一条街，原名南庄户。1949年后成为独立村，村名为辛街。

南庄子村　位于镇政府南偏东4.5千米处。全村135户，475人。耕地面积890亩，以种植粮食作物为主，另有果园一个（苹果、桃占地20亩）。个体服装加工、生猪养殖户5个。2009年人均纯收入2600元。该村原是栗村的一个附属庄，中华人民共和国成立后成为独立村。因位于栗村村南，起名为南庄。因村名与娄村满族乡南庄同名，1981年县地名办定名为南庄子村。

东义合庄村　位于镇政府东南4千米，112线南侧，与高碑店接壤，毗邻涿州，张石高速密涿支线涞水东出口距该村1千米，交通便利。全村215户，819人，耕地面积1100亩，以种植粮食作物为主。2009年人均纯收入2750元。清康熙年间，有孙、吴两家从山东迁来定居，发展成村。两家义让和睦相处，以此得名义和庄。因该村与本县义和庄公社义和庄重名，1981年12月，更名为东义和庄。

温辛庄村　位于镇政府东南3.5千米，112国道南侧，北与涿州接壤，东与高碑店毗邻。全村210户，843人。耕地面积1000亩，主要以种植粮食作物为主。部分村民从事劳务输出、运输、手工加工。张石高速密涿支线东出口，位于该村村北，交通便利，区位优势明显。2009年人均纯收入2611元。据村中明成化年间善因寺碑记载，该村建于辽金，原名为新庄。后因温姓为大户，清代改称温家新庄。后来温姓衰落，居户他徙，逐演称为温辛庄。

刘皇甫村　位于镇政府东偏北2千米，112国道北侧，东与涿州接壤，交通便利。全村190户，687人。耕地面积1052亩。以种植粮食作物为主，种植蔬菜20亩。2009年人均纯收入2680元。该村是2007年市级文明生态村，村容村貌整洁。

寺皇甫村　位于镇政府东北2千米、112国道北侧。全村127户，460人，耕地面积621亩。农业以种植和养殖业为主。村民养牛、开办的福旺达托牛所、发展蔬菜种植，成为村民增收新的途径。2009年人均纯收入2630元。

曹皇甫村　位于镇政府东北3千米处，112国道北侧。全村186户，667人，耕地面积1268亩。以种植粮食作物为主。肉牛养殖为特色产业，年出栏300余头。村中建有养牛协会、农民专业合作组织各1个。2009年人均纯收入2625元。

李皇甫村　位于镇政府东北2.5千米处。全村225户，人口799人，耕地1370亩。村民主要从事种植业和肉牛养殖业。2009年人均纯收入2640元。

王皇甫村　位于镇政府东北1.5千米处，全村183户，660人。耕地1190亩，村民主要从事种植、养殖业，农闲外出打工。2009年人均纯收入2608元。

东皇甫村　位于镇政府东北2.5千米。全村108户，400人。耕地589亩。以种植粮食作物为主，兼种蔬菜等经济作物。2009年人均纯收入2610元。

以上六个皇甫村，早年统称皇甫村，建村年代及村名来历均无确考。据现在王皇甫王姓世传，其祖先王泰于明初奉诏从山西小兴州迁来。王泰下四代王大朝死后，坟上立碑，为万历二十六年（1598）。据传，王泰迁来以前，该地已有皇甫村，并有王姓和萧姓，但村户不多。李皇甫村东有皇甫寺塔，为金大定所建。据以上现有资料考证，该村建立年代当在辽金时期。据《涞水县志》记载，清代，皇甫村已各自成为独立村，姓后有一“家”字。东皇甫原称张家皇甫，因位处各皇甫之东，新中国成立后改称东皇甫。其他皇甫也去掉“家”字，成为现名。

庄疃村　位于镇政府西南2千米，112国道南侧，全村580户。2207人。耕地面积1385亩。村民以种植业和服装零售为主要收入来源。该村有4个较大工业企业。2009年人均纯收入2760元。据查，该村建于辽金。原为几个散落小庄，名为庄攒。明洪武年间，该村出一举人李德成（孝廉），擢升陕西布政使司，后为其立碑，村名改为庄潭，清代沿用。民国后改为庄疃。

西义安村　位于镇政府西南3千米，112线国道南侧1.5千米。全村687户，2648人。耕地面积2992亩。该村原以农业为主，近年来，食用菌种植、肉、奶牛养殖已逐渐成为主导产业。2009年人均纯收入2750元。据出土文物考，该地在汉代已有村落（村名无考）。明初有多户山西移民至此，因村中人好争斗，为改村风，取名义安。因村位于拒马河西，故称西义安。

史姑庄村　位于镇政府西南4千米，112国道南侧，拒马河西畔。全村292户，1200人；耕地面积1199.5亩，主要种植小麦、玉米，特色种植有地膜花生、西瓜等经济作物。2009年人均纯收入2615元。据传，北宋时，在今村东北，有一尼庵，庵内主持尼僧姓史，有众望。为纪念史姓尼姑，村即名为史姑庄。

北白堡村　位于镇政府西南4.5千米，拒马河西岸。全村409户，1581人。耕地面积2540亩，以种植小麦、玉米为主。20世纪90年代，开始种植西瓜、花生、小辣椒等高效经济作物。2009年人均纯收入2632元。

南白堡村　位于镇政府西南5.5千米，距112国道4千米。全村239户，905人，耕地面积1367亩。村民以种植业和外出务工为主。2009年人均纯收入2602元。据传，以上二村始建于辽金时代。当时，该地是战争沙场，建有多处白色战堡，后来发展成村，起名白堡村。明弘治年间，设“白堡社”。清康熙年间，分为二村，按所居位置，分别称北白堡、南白堡。

北高洛村　位于镇政府西南6.5千米，拒马河西岸。全村451户，1606人，耕地面积2155亩。村民以种植业和外出打工为主。2009年人均纯收入2620元。

南高洛村　位于镇政府西南7千米，地处义安镇最南端，南与定兴交界。全村682户，2576人，耕地面积2636亩。村民以种植业和外出务工为主要收入来源。该村历史文化悠久，高洛古乐源自于此。2009年人均纯收入2645元。据查，以上二村始建于明永乐年间，燕王（朱棣）扫北之后，由山西迁来移民在此落户，发展成村。村民为求日后吉利，命名“高乐”。明末清初分为南北两村。民国后演化为“高洛”。

北郑各庄村　位于镇政府西南4.5千米。全村92户，378人。耕地面积450亩，以种植小麦、玉米为主，经济作物主要为地膜花生和秋季大白菜。2009年人均纯收入2610元。

南郑各庄村　位于镇政府西南5.5千米。全村303户，1120人。耕地面积1669亩，以种植粮食和经济作物为主，露天蔬菜种植也有一定规模，是农民致富增收主要途径。2009年人均纯收入2660元。

以上二村建于元末明初，原村中以郑姓居多，故名郑各庄。后分为南、北两片。1962年成为独立行政村，分别称南、北郑各庄。

四、娄村满族乡

（一）综情

娄村满族乡位于涞水县中部丘陵区，是保定市3个少数民族乡之一，少数民族主体为满族。东接石亭镇，东南靠涞水镇，南邻东文山乡、永阳镇，西交易县，西北依三坡镇，北临宋各庄乡、北京市房山区十渡镇。地形复杂，山区、丘陵、平原地貌兼有。境内最高峰砂锅顶，海拔959米。清水河由木井、车厂西沟发源，流经燕翎村、北水东、中水东、南水东、石圭、宫家坟，由宫家坟出境。

娄村山川秀丽，涞水古代八景“釜峰晴云”“石龟洞天”“紫凉秋月”“水峪瀑布”的四景，分别位于娄村、石圭、木井三个村中。文物古迹有清怡贤亲王陵寝、玉泉寺、唐代镇江塔。

乡政府驻地娄村，位于县城西北12千米处。1962年建娄村公社，1984年社改乡，1990年改称娄村满族乡。1993年撤区并乡建镇，虎过庄乡全乡并入，原水北乡的安阳、石圭、宫家坟划归该乡。全乡辖22个行政村，其中山区5个村，丘陵13个村，平原4个村；总面积168平方千米，其中丘陵、山区占全乡总面积的85%，平原15%。2009年，全乡总人口29439人，其中农业人口28987人；耕地面积25350亩，其中旱地占70%，多为碎石坡地，水浇地30%，人均耕地0.9亩。人口密度每平方千米163人。

国道京赞线从东南部穿过，总长20千米。2009年完成公路村村通工程，共修水泥路80千米。2006年完成农村低压电网改造，通电村22个，2009年农村用电量450万千瓦时。

全乡有机井88眼，配套79眼，防渗渠0.4万米，小型水库两座，有效灌溉面积6585亩。农作物主要有玉米、红薯、小麦。2009年，2009年粮食种植面积33930亩，总产量10958吨，其中；玉米面积21617亩，产量7274吨；小麦面积11255亩，产量3376吨；蔬菜种植面积482亩，总产量1037吨，实有林地面积12000亩，其中经济林面积5300亩，品种主要有苹果、杏、桃、柿子，总产量4200吨。养殖业主要以猪、羊、鸡为主，2009年猪存栏16700头，出栏7200头；羊存栏11200只，出栏9200只；家禽存栏10万只，出栏166800只，全乡肉类总产量923吨，禽蛋产量229吨。以石圭为中心的蔬菜大棚基地，2009年底有蔬菜大棚400个；以南安庄为中心的麻核桃基地，2009年底完成投资2000万元，种植户达2000多户，种植总数70000余株，接穗250000余个。

2009年，该乡有中学1所，小学6所，在校学生1456人，教师197人；有幼儿园5所，教师26人，入园少儿650人，入园率100%；有乡卫生院1所，村卫生所10个，医护人员15人，病床10张，万元以上医疗设备1台。

改革开放以来，农村传统花会得到恢复，有花会队伍3个，新建秧歌队2个。

2009年，全乡农民人均纯收入2086元，固定电话装机5075部，拥有移动电话8096部；拥有彩电5875台，冰箱4521台，洗衣机4411台，家庭轿车502辆，人均住房面积21平方米，房屋质量由砖木结

构过渡到砖混结构。

（二）所辖行政村简介

娄村　乡政府驻地。由主村和沙子渠、西坡两个自然庄组成，全村1150户，4500人。耕地4500亩，以种植玉米、红薯、谷子等粮食作物为主。2009年人均纯收入1900元。航天部“321”工程基地坐落于该村村西。据出土文物考，该村始建于西周。据传，村中一贵族姓傅，在此盖一楼，村即以此楼得名楼村。唐代在村西釜山建灵泉寺，该村已称楼村。清代中期演化为娄村，并在此设水门乡、娄村社，辟为集市，为山区与平原地区物资交流的重要集市。

三义村　位于乡政府西南3千米处的浅山区，三面环山，交通不便，该村由狐狸峪、百家槐、南山坡3个自然庄组成。全村170户，680人，耕地面积828亩，山场面积达2万亩，其中宜林山场6000亩。村民以林果业为主要经济来源。2000年以来，该村以农业结构调整为契机，大力实施“退耕还林”工程，在原有基础上成方连片上规模，所有坡角、旱地全部植树，林业基地初具规模，初见成效。该村原是3个自然村庄（狐狸峪、百家槐、南山坡），分属娄村、上车亭所辖。民国31年（1942），3个自然庄合为一个行政村，定名为三义村。

福山营村　位于乡政府东1千米，全村102户，412人，其中满族354人；耕地面积397.5亩，以种植小麦、玉米等粮食作物为主。2009年人均纯收入1900元。该村原名东福地，为娄村一附属村，因位于釜山之东故名。清乾隆四十五年（1780），怡亲王墓建于此地，迁来八户满族旗人看坟，将村名改为福山营，当地俗称“宫上”。新中国成立后，正式定名为福山营村。福山营八户满姓是：冯、罗、顾、吴、张、邢、俞，均属正蓝旗，祖籍东北小兴州。

庞家河村　位于乡政府以南1千米，全村270户，人口1154人。耕地面积1297.5亩，以种植玉米、小麦等粮食作物为主。2009年人均纯收入1800元。该村建于明初，因以庞姓居多，故称庞家庄。因村东临清水河，清乾隆年间改称庞家河。

燕翎村　位于乡政府东北1千米，全村500户，1745人。耕地面积1500亩，以种植小麦、玉米等粮食作物为主。2009年人均纯收入1800元。据出土文物考，该村约建于西汉，村名含义无确考，据村人传说，古时有一个叫燕子灵的人到此察看地形，认为村处地形象燕子，即起名为燕子村。据当地庙碑记载，清代中期该村已称燕翎村。（按：也有传说“燕子灵”为“严子陵”。而严子陵是东汉时会稽余姚人，即今浙江省余姚县。《后汉书》人物志记载其事迹，未说他到过北方。但涞水县上车亭村山上过去曾有严子陵祠，今又发现燕翎村名称来历也与严有关，须待进一步考证。）

安阳村　位于乡政府东偏南4千米，全村750户，2829人。耕地面积2029.5亩，以种植小麦、玉米等粮食作物为主。2009年人均纯收入1800元。该村包括安阳、高家铺二个自然村，建立年代及村名含义无确考。村中有一老酸枣树，据传，树令已有600多年。按此，建村年代约在金元时代。

石圭村　位于乡政府东南3千米，全村230户，453人。耕地面积649.5亩，以种植粮食作物和大棚蔬菜为主。2009年人均纯收入1900元。据村南石龟庙前“大金中都路易州石龟里校尉寿塔记”碑考，该村建于辽金时代。因村南山顶有一巨石似龟，故名石龟。后演化为石圭。

宫家坟村　位于乡政府东南4千米，全村146户，583人。耕地面积430.5亩，以种植小麦、玉米等粮食作物为主。2009年人均纯收入1900元。该村村北原有一座龚家古坟。清康熙年间，石圭村胡姓迁居此地，以龚家坟定为村名，后演化为宫家坟，文化大革命中改称红卫庄。1981年通过地名普查，恢复原名宫家坟。

西营房村　位于乡政府东北4千米，京赞线东侧。全村460户，1903人，全部为满族。耕地面积1740亩，宜林山场769亩，村民以种植业、出外打工为主要经济来源。2009年人均纯收入1700元。该村原为士庄村旧址，清雍正八年（1730）因在此建怡贤亲王墓，士庄村搬迁，在此设东、西二营房，以护陵。该营房主要为满族旗人所驻。清灭后，驻此地旗人即成村民，营房成为村庄，村名仍沿用西营房至今。1953年该村曾划为满族自治乡，1958年撤销自治乡，复为村建制。

北水东村　位于乡政府东北2.5千米，紧临京赞路，交通比较便利。全村以平原为主，全村273户，936人，耕地面积980亩。村民以种植业和外出打工、经商为主。2009年人均纯收入1700元。

中水东村　位于乡政府东北2千米，全村1384人。耕地面积1290亩，以种植小麦、玉米等经济作物为主，2009年人均纯收入1700元。

南水东村　位于乡政府东2千米，全村125户，661人。耕地面积490.5亩，以种植大棚蔬菜等经济作物和小麦，玉米等粮食作物为主，2009年人均纯收入1800元。据出土文物考，以上3个行政村约建于西汉，因村址位于清水河之东，故名水东。按所居位置，原分北中南三道街。1962年调整公社、大队区划时，各自成为独立村至今。北水东满族共四姓：俞、李、张、刘，系正黄旗；中水东共三姓：尹、刘、李，系正黄旗；南水东两姓：张、杨，系正黄旗。3个村满族均是1645—1647年间陆续迁来的。

木井村　位于乡政府北偏西2千米，全村771户，2829人。耕地面积2749.5亩，以种植小麦、玉米等粮食作物为主。宜林山场面积很大，磨盘柿基地建于此。2009年人均纯收入1900元。1939—1945年，挺进军七团团部曾驻该村。该村历史已久。清《涞水县志》载，隋开皇年间，即在此建华严寺一处。据传，村中有一口水井，井内长出一树，树与井长为一体。后来树空，民则从树孔中打水，由此得名木井。

南庄村　位于乡政府北1千米，全村182户，716人。耕地面积745.5亩，以种植玉米、红薯等粮食作物为主。该村生产的红薯粉条，在县内外享有盛名。2009年人均纯收入1800元。该村在明洪武年间称于家庄，是木井村于家的坟地，后发展成村。因地处木井村南，故称南庄。

车厂村　位于乡政府西北5千米，全村610户，2425人。耕地面积1849.5亩，以种植粮食作物为主。宜林山场面积很大，磨盘柿基地建于此，干鲜果品产量较高，为村民带来可观的经济收入。2009年人均纯收入1700元。据考，该村建于汉代。原称崔于庄。清乾隆年间，村中庞老伟常来往于北京经商运货，与芦沟桥守桥官员结为好友，因而庞的大车过桥得免车税，邻村车辆亦多冒庞姓过桥。后被发觉，护桥官即到村追查。庞得悉，急将各村大车集中于此，假称此地为车厂，过桥车辆皆属庞所有，以此保护邻里车辆。车厂则由此得名。

三合庄村　位于乡政府东北3千米，全村107户，397人。耕地面积303亩，以种植粮食作物为主。该村宜林山场广阔，所产特色石榴在北京市场享有盛名。2009年人均纯收入1900元。清乾隆年间，杨、成，邱三姓从东营房、安阳村迁来，分别住在锅伙（搭伙种地的庄子）和马林寺，以开垦怡贤亲王墓桩界外的坡地为生。民国30年（1941）建政时，将各居民点合为一村，取名三合庄。该村西北有紫凉山，高约300米，过去山上树木阴郁，凉爽宜人，夏末秋初，常有些文人逸士在山上乘凉赏月，传为“紫凉秋月”，为县八景之一。

包家坟村　位于乡政府西北2千米，全村135户，512人。耕地340.5亩，以种植粮食作物为主，间有林果，品种主要有磨盘柿、苹果、杏、桃、核桃等。2009年人均纯收入1900元。该村原为元朝官宦包家的坟地。住有姜姓为其看坟，始称包家坟。明末清初，外地人陆续迁至此地，逐发展成村，村名仍沿用包家坟。

虎过庄村　位于乡政府西北9千米，四面环山，由虎过庄、官沟、官沟口、四十亩地、黄土顶、东坡6个自然庄组成，居住分散。全村524户，2040人。耕地面积1750亩，全部是坡脚旱地。宜林山场3300亩。村民主要以种植业、外出务工为经济来源。2009年人均纯收入1790元。民国33年（1944），涞涿县、县委政府曾驻该村。该村地处涞水县山前与山后连接之腰腹，地势险要。据村西大寨顶山上出土文物（古兵器：铜箭头、马具）初考，战国时期，该地已有人定居。相传，汉光武帝刘秀走国时至此曾见一猛虎过山，惊叹道：“此乃虎过庄也。”从此而得名虎过庄。又传，这里的官沟，古代曾有重兵把守，筑有狼烟台（已无存），所以后来人们把这个地方叫官沟。抗战时期，房涞涿县政府曾驻该村。

南安庄村　位于乡政府西北9千米，四面环山，交通不便，由南安庄、双窑儿、苹果园、南翻峪4个自然庄组成。全村173户，600人。耕地面积401亩，全部是坡脚旱地，以种植粮食作物为主。宜林山场3000亩，已种植核桃、麻核桃、杏扁等经济林木，逐渐成为村民的主要经济来源。2009年人均纯收入2000元。该村大力实施退耕还林工程，以串枝红杏为重点的林业基地建设初具规模，部分已开始受益；全村近半数农户种植麻核桃，给村民带来一定经济效益。该村建立年代不详，原为虎过庄一附属村。1939年建政时，成为独立村，命名为南安庄。

西安庄村　位于乡政府西北11千米，四面环山，由西安庄、邓家庄2个自然庄组成。全村127户，391人。耕地面积331.5亩，全部是坡脚旱地。宜林山场2300亩。村民主要以种植、养殖业为主要经济来源，2009年人均纯收入1800元。该村大力实施退耕还林工程，以磨盘柿、串枝红杏、板栗为重点的林业基地建设初具规模，部分已开始受益。据传，明代在这里居住的一户王姓从地里挖出一块狗头金（地址在今村小学校处），取名金家洼。原是虎过庄的一附属村。民国28年（1939）建政时，成为独立村，命名为西安庄。

长安庄村　位于乡政府西北12千米，四面环山，由闫家、夹子石、双窑、东龙峪、西龙峪、官铺、菩萨庙7个自然庄组成，主村在闫家。全村170户，700人。耕地面积550亩，全部是坡脚旱地。宜林山场2300亩。村民以种植、养殖业、外出务工为主要经济来源，2009年人均纯收入1780元。该村原为虎过庄的附属庄。民国25年（1939）时，把7个自然庄合并为一个独立行政村。因7个自然庄分布在一条长达20华里的山沟内，故定名为长安庄。

太平庄村　位于乡政府西北15千米的深山区。由太平庄、大孤石、三料国、十亩地4个自然庄组成。全村86户，356人。耕地面积472.5亩，以种植粮食作物为主。2009年人均纯收入1700元。该村原名七亩地，为虎过庄一附属村。民国28年（1939）建政时，成为独立村，命名为太平庄。

五、石亭镇

（一）综情

石亭镇位于涞水县中部偏东，东接涿州市，南邻涞水镇，西交娄村满族乡，北连北京市房山区张坊镇。镇政府驻地石亭村，位于县城北15千米处。1958年建人民公社，1984年公社改乡，1993年撤区并乡建镇，将石亭乡、义和庄乡和原水北乡的八岔沟、墩台、八里庄、色树4个村合并，建立石亭镇，辖28个行政村，总面积45平方千米。2009年，耕地27810万亩，人均耕地0.8亩，全镇10536户，36900人，其中农业人口36184人，人口密度624人/平方千米。2009年，全镇农民人均纯收入2790元。

2003年修通的省道保野路纵贯全境，有直通北京市的三级公路2条，石亭至涿州的道路全部硬化。2009年完成公路村村通工程，修水泥路60千米。2004年完成农村低压电网改造，建35千伏变电站1座，2009年农村用电量946万千瓦时。

2009年全镇有机井84眼，配套76眼。种植业以小麦、玉米为主，2009年，粮食种植面积50283亩，总产量17351吨，其中：小麦种植面积22460亩，产量7279吨。玉米种植面积22846亩，产量8727吨；花生种植面积1531亩，产量378吨；蔬菜种植面积3488亩，总产量9408吨。实有林地面积13000余亩，果林面积10000余亩，主要果树有串枝红杏、柿子、桃、李子、红果树等，总产量6000吨。

2009年，石亭镇有工商企业500个，其中规模较大企业29个。以果品加工和玻璃制品为主，20世纪80年代，高村食品厂和罐头厂是涞水县内知名果品加工企业，生产的果铺、罐头、核桃乳饮料深受京津市场欢迎。当时该镇有果品加工企业几十个，后来因市场波动企业有所减少。2009年，有食品加工企业4家，年产量1万吨。玻璃制品龙头企业是保北玻璃制品有限公司，2009年有职工800余人，固定资产3000万元，年创产值1亿元，产品销往美国、英国、德国等十几个国家。

该镇有公办高中1所，初中1所，标准住宿小学3所。2009年高中在校生400人，初中在校生700

人，小学在校生1450人。卫生院1所，占地面积1123平方米，有职工32人，其中医护人员29名，床位30张，万元以上的医疗设备2台。各村建有卫生所。

该镇传统花会有石亭张家音乐会、高村茂家音乐会；八里庄少林会、大赤土高脚会、上庄狮子会、旱船会、山后村秧歌会，新建秧歌队5个，这些文化活动组织，带动全镇文化活动的开展。

石亭镇历史悠久，有古寺金山院、千佛舍利塔、怡贤亲王园寝遗址等多处文化遗迹，是建设涞水旅游大格局的重要资源。

一、金山院古寺：位于石亭镇东龙泉村北金山上。1996年重修，现有大殿两座，千佛舍利塔一座；龙潭一处，常年有水，大旱之年从未干涸。2005年缅甸王子赠缅甸玉石卧佛一尊，重16吨。据碑文记载该寺建于唐代，时有尼泊尔及本国僧人600余位。古有“打开金山院，富贵九州十八县”之传说。该寺东侧有奶奶庙一处。

二、孙膑山：位于满金峪村南部，山口有孙膑、庞涓塔的塔基两处。传说孙膑和庞涓二人在此下棋，斗智斗勇，二人打赌，在十日之内各建一塔，结果孙膑以智获胜。

三、怡贤亲王园寝遗址：清怡贤亲王园寝遗址位于东营房村南，现有石牌楼两座，华表两座，石碑一座，石桥两座。

四、革命烈士纪念碑（亭）：此碑位于板城村北，黄土岗上。抗日战争时期，独立团一个营，在板城村北山坡上与日本军队交战，全部壮烈牺牲。1951年5月涞水第三区区长付长庚、区委书记张玲修建烈士纪念碑。1983年，县民政局建立碑亭。

五、亭山：位于石亭村东，涞水古代八景之一，“亭山晚照”，即指此。

（二）所辖行政村简介

石亭村　镇政府所在地，位于县城北15千米处，地理位置优越，保野路从村西穿过。全村3786人；耕地面积2804亩，以种植小麦、玉米、红薯等粮食作物为主。村内有工商企业200个。每逢阴历“五、十”为集日，交易活跃，市场繁荣。2009年人均纯收入3000元。据出土文物考，该地在战国时期已成村落。明代在此设驿、建仓，辟为集市。民国时期称石亭镇，为涞水县第五区驻地。新中国成立后称石亭。1958年前曾为涞水县第三区驻地。该村名称来历，系因亭山而名。《涞水县志》载“亭山，县北三十里以山形亭亭特立而名”。石亭村正置亭山西侧，村中曾有石柱（今无存），故取村名为石亭。（亭山高125.2米，面积约300亩，呈金字形，孤立无群。山顶原有寺庙。当夕阳西下，余辉映于山顶，霞光四射，景色盎然，谓之“亭山晚照”，为县古八景之一）。

陈家庄村　位于镇政府东南2.5千米。全村396户，1374人；耕地面积860亩，以种植小麦、玉米、花生等作物为主。2009年人均纯收入2000元。该村建立年代及名称含义无考。村内原有老槐树数棵，估计树龄约千年左右。据该村常、刘、许三姓老住户世传，当初其祖辈从外地迁来租种佃田时，该村已称陈家庄。但村中无陈姓。

北庄村　位于镇政府北部3千米，保野公路穿村而过。全村305户，1014人；耕地面积831亩以种植小麦、玉米、花生等作物为主。2009年人均收入1700元。1947年1月至1948年，涞涿县委、县政府曾驻该村。

据查，该村建于明成化年间，原为板城村的附属庄，因位于板城之北，故名北庄。因该村与本县北庄公社北庄重名，1981年12月，县地名办将该村定名为北庄村。

八里庄村　位于镇政府东南部6千米，由3个自然村组成。全村346户，1317人；耕地面积1400亩。以种植小麦、玉米、花生等作物为主，兼有部分蔬菜。2009年人均纯收入1500元。该村建于清嘉庆年间，原名刘家庄。后因村中姓氏增多，且各居一处，村庄很分散。咸丰年间改为八里庄。

东龙泉村　位于镇政府西偏北2千米，属丘陵村。全村364户，1162人；耕地面积1305亩，以种植小麦、玉米、花生为主，兼有部分温室蔬菜和露天蔬菜，有山场面积4000余亩，全部栽植果树和生态林木。2009年人均纯收入2000元。金山寺、奶奶庙坐落于村北金山上。

西龙泉村　位于镇政府西3千米，属丘陵村。全村204户，812人；耕地面积800亩，以种植小麦、玉米、杂粮为主。山场面积8000亩，栽果树和生态林木。形成以种植业和林果业为支柱产业的格局。2009年人均纯收入2000元。

北龙泉村　位于镇政府西偏北3千米，属丘陵村。全村309户，1107人；耕地面积1300亩，以种植粮食作物为主。有山场面积12000亩，种植果树和生态林木，2009年人均纯收入3000元。

据出土文物考，以上3个村始建于战国。相传，该地有一泉，民众受益很大，起名龙泉，村即由此得名。后分为3个村，按所处相对位置，各加一方位词，分别称西、北、东龙泉。

上庄村　位于镇政府东南4千米。全村360户，1180人；耕地面积800亩，以种植小麦、玉米、花生为主。2009年人均纯收入1800元。据查，清康熙时，此处建起一个为王爷收钱粮的庄子，分为南北两处，相距1.5千米，中间隔一座庙宇。庙北称上庄，庙南称下庄（即今王村乡下庄儿）。清末，各自独立成村。此村在庙北，即为上庄（俗称上庄儿），原属涿县管辖。1962年划归涞水县。

高村　位于镇政府东南3千米。该村为三县交界之地，位置优越，东至涿州、北至北京市交通便利，通往四周的公路全部硬化。全村674户，2387人；耕地面积2450亩，以种植小麦、玉米、花生为主，间有红果树等。村内有食品加工企业四个，年产量万吨左右。2009年人均纯收入3000元。据查，该村建于元末明初，因处拒马河沿岸，蒿草丛生，原名蒿子铺。到明正统年间，开垦滩地，广种梨树，改名叫蒿梨村。后有洪水泛滥，位于该村上游地势较高的上滩村被水冲光，而居下游地势较低的蒿梨村却幸免于难。为留此纪念，即改名为高村。

大赤土村　位于镇政府南3千米。该村是石亭镇第一大村，全村1104户，4327人；耕地面积3650亩，以种植小麦、玉米、花生、红薯等作物为主，兼有部分果园、苗圃等。村内有砖厂一处。2009年人均纯收入2000元。据考，该村始建于战国。因位处平原，周围皆系红土高岗，得名为赤土村。明弘治年间，在此设“赤土社”。1937年与东部小赤土（今东赤土）分为两村，该村即改称大赤土。

东赤土村　位于镇政府南偏东3千米，拒马河西岸。全村134户，546人；耕地面积395亩，以种植粮食作物为主。2009年人均纯收入3000元。该村原为大赤土的一附属村（俗称小赤土）。1937年自立为村，位居主村之东，故名东赤土。

东营房村　位于镇政府西南3千米，村民大部分为满族，清怡贤亲王允祥园寝坐落于村西南部。全村472户，1626人；耕地面积2300亩，以种植小麦、玉米、花生为主。2009年人均纯收入2000元。清雍正八年（1730），在该村村西建怡贤亲王园寝，并设东、西营房于园寝左右。该营房位于东，称东营房，为护陵步马兵的驻所。清灭后，始成村庄，村名仍沿用东营房。

满金峪村　位于镇政府北4千米，与北京市张坊镇接壤，属丘陵村。全村192户，601人；耕地面积410亩，以种植粮食作物为主。山场面积6000亩，已全部栽植果树和经济林木。据查，该村始建于辽金。当初以蔓菁为该村特产，原名蔓菁峪。据传，明成化年间，有一名僧到此，很有威望，把蔓菁峪改为满金峪。

高庄村 位于镇政府西南2千米，由秦家岗、高庄、东铺3个自然庄组成。全村161户，629人；耕地面积559亩，以种植粮食作物为主，兼有部分露天蔬菜，2009年人均纯收入2000元。该村始建于清顺治年间，因村中以高姓居多，原称高家庄，后演称为高庄。

八岔沟村 位于镇政府南5千米。全村132户，437人；耕地面积600亩以种植粮食作物为主。2009年人均纯收入2000元。该村建于清初，位于清怡贤亲王园寝（俗称十三王爷坟）之东。墓旁原有八条“玉带沟”，该村正位于沟岔之中，故名八岔沟。

墩台村 位于镇政府南6千米，保野公路从村中穿过。全村210户，690人；耕地面积600亩，以种植粮食作物为主，兼有部分蔬菜。2009年人均纯收入2200元。该村建于清雍正年间，通往清西陵的御路由村中经过，曾筑有墩台，故名。

士庄村 位于镇政府西1.5千米，地势平坦，全村331户，1237人；耕地面积2434亩，以种植粮食作物和大棚蔬菜为主。2009年人均纯收入2100元。该村原址在现西营房村，始建于明永乐年间。燕王扫北后，由山西移民到此地定居，命名士庄（含义不详）。清雍正八年，因建怡贤亲王园寝，将该村移至现址，赐名“龙胜庄”，而村民不受，仍称士庄。

宋家碾村 位于镇政府东南3千米，拒马河东岸。全村74户，267人；耕地面积388亩，以种植粮食作物为主，兼产红果。2009年人均纯收入5000元。清乾隆年间，有宋氏夫妇在此开水碾坊为生，繁衍发展成村，故名宋家碾。全村仍少异姓。

王家碾村 位于镇政府北偏东4千米，拒马河东岸，与北京市下滩村交界。全村175户，566人；耕地面积450亩，以种植粮食作物为主。2009年人均纯收入3000元。清乾隆年间，有士庄村王姓一家来此开水碾为生，兼开滩造田种地，发展成村，取名王家碾。

山后村 位于镇政府东北1千米。全村234户，904人；耕地面积430亩以种植粮食作物为主。2009年人均纯收入2000元。据查，该村始建于明正德年间，初有外地人在此地谋生定居，逐发展成村。因居于亭山北部山脚下，故称山后。

沿庄村 位于镇政府西南部3千米。全村276户，941人；耕地面积1100亩，以种植粮食作物为主。2009年人均纯收入2800元。此地有一常年泉水河。清康熙年间，外地人来此定居，沿河两岸建立房舍，起村名为沿庄。

许家磨村 位于镇政府东偏北1千米，由两个自然庄组成，拒马河东、西两岸各有一个自然庄。全村96户，336人；耕地面积192亩，以种植粮食作物为主。2009年人均纯收入2000元。明末，有许玉明一家因贫困流落到此地。初以开滩种地为生，后在此开设一水磨坊，逐发展成庄，名为许家磨。

曲家磨村 位于镇政府东北部2千米，拒马河东岸，与北京市下滩、郑家碾交界。全村182户，645人；耕地面积540亩，以种植粮食作物为主。2009年人均纯收入2100元。清康熙年间，石亭蘧姓在此利用拒马河水开一磨坊，逐发展成村，名为蘧家磨，因“蘧”字较为生僻，后村民改“蘧”为“曲”。

渐村 位于镇政府南3.5千米，保野公路西侧。全村369户，1207人；耕地面积968亩，以种植粮食作物为主，兼有部分露天蔬菜。2009年人均纯收入3000元。据考，该村建于西汉。相传，古时这一带是一片低洼地，常有水浸。“渐”是水浸的意思，因而起名为渐泞村。宋代后，即简称为渐村。

东水峪村 位于镇政府南4千米，保野公路西侧。1975年由于修宋各庄水库搬迁至此。全村152户，621人；耕地面积489亩，以种植粮食作物为主。2009年人均纯收入5000元。保北玻璃制品有限公司坐落于此。东水峪原处宋各庄西部，为山区。据考，该村建于北宋，村东有水峪瀑布（清涞水古八景之一）。故名水峪。民国后称为东水峪。1975年因建宋各庄水库，村址划为库区，全村居民迁至今址，重新建村，原村已废，但村名仍沿用。

板城村　位于镇政府北1.5千米，保野公路穿村而过。全村561户，2037人；耕地面积1600亩，以种植粮食作物为主。2009年人均纯收入2200元。村北有革命烈士纪念碑（亭）一座。据出土文物初考，该村约建于战国时期。据传，板城为汉高帝所建，城址在今板城村北拒马河西岸，后来城被水冲毁（现仍有城墙遗址），村迁建于今址。村名仍沿用板城。（按：《保定郡志》和《涞水县志》记载，唐开元年间于此置板城县。但据《中国历史地图集》所示，唐开元置板城、娄亭二县，均属易州。板城县址为今涞水山后板城）。

义和庄村　位于镇政府东1.5千米，拒马河东岸，与北京市土堤村交界。由义和庄、蘧家园2个自然庄组成，全村294户，1054人；耕地面积812亩，以种植粮食作物为主。2009年人均纯收入2100元。该村始建于清雍正年间。雍正八年（1730），在今西营房修建怡贤亲王园寝时，这里即成为从北京至亲王陵的官府大道。初有刘、崔、高三家在此以开旅店为生。三家相处和睦，生意兴隆。咸丰年后，三家置田立庄，转营农业，人户逐增，发展成村，取名为义和庄。

色树村　位于镇政府南5千米处。1975年因修宋各庄水库搬迁至此。全村763人；耕地面积613亩，以种植粮食作物为主。2009年人均收入6000元。该村原处宋各庄以西，为山区。据考，该村建于北宋。因当地有多种树木，秋叶呈各种颜色，故以景取村名为色树。1975年因建宋各庄水库，主村色树划为库区，遂迁至现址重新建村，但村名仍沿用色树。

六、王村乡

（一）综情

王村乡位于涞水县东南部平原，南部与义安镇毗邻，西部与涞水镇隔河相望，北部与石亭镇相依，东部与涿州市孙庄乡接壤。地处拒马河冲积平原，地势平坦，总体趋势是西高东低，辖区东西最大距离6千米，南北最大距离11千米，总面积33平方千米。南拒马河自下庄村入境，由北向南流经下庄、北辛庄、祖各庄、张翠台、杨家台、沈家台、同心街、孔村8个村，境内总长8千米。

镇政府驻地王村，距县城东北7.5千米。1953年建王村乡，1958年成立人民公社时为城关公社王村管理区，后划归涿县孙庄公社。1962年恢复涞水县建制，改为王村公社。1984年公社改乡，为王村乡至今。辖王村、下庄、北辛庄、祖各庄、吴各庄、张翠台、赵各庄、沈家台、杨家台、东十里铺、东王庄、戴家庄、辛庄头、孔村、同心街等15个行政村。2009年，总人口21048人，其中农业人口20048人；耕地面积22935亩，人均耕地1.14亩。

涞涿公路纵贯南北。2004年“村村通”工程开始实施，至2009年末，全乡各村主干道硬化总长度为20千米，基本实现村村通，交通十分便利。

种植业以玉米、小麦、花生为主，2009年，粮食种植面积31095亩，总产量11764吨，其中：小麦面积12670亩，产量4346吨；玉米面积17810亩，产量7219吨；花生面积5410亩，产量1278吨；蔬菜4530亩，产量8947吨。随着农业种植结构的不断调整，以同心街等村为中心的大棚蔬菜种植初具规模，主要有韭菜、西红柿、甘蓝、黄瓜、豆角等。2009年，全乡大棚蔬菜种植3840亩，总产量7029吨。养殖业主要以猪、羊、鸡、兔为主，2009年，猪存栏9500头，出栏13100头；羊存栏11000只，出栏9300只；鸡存栏44000只，出栏16800只；肉类总产量1461吨，禽蛋产量369吨。

工业以手工制作、工艺品半成品加工等劳动密集型产业为主。规模型企业有：吴各庄信德玻璃制品有限公司、吴各庄新兴纸箱厂、东王庄东华木业有限公司、张翠台工艺品厂、王村双峰钢结构公司。

2009年，该乡有初级中学1所，小学4所，在校学生820人，教师115人。成人教育学校1所，幼儿园5所，在校幼儿330人，教师45人。乡卫生院1所，占地面积660平方米，有职工10人，医务人员10人，床位25张，万元以上的医疗设备2台，各村建有卫生室。

王村乡政区图

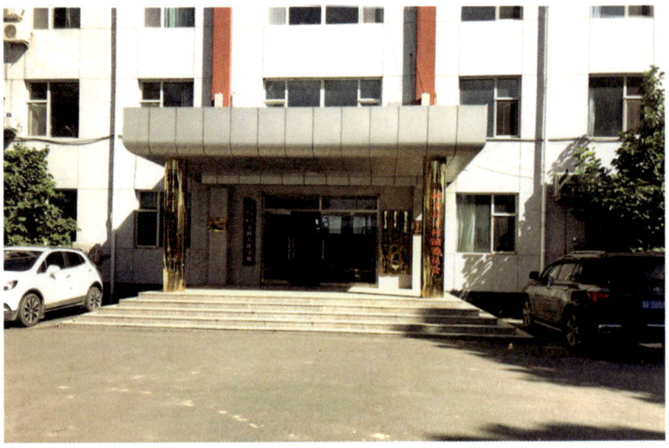

2009年全乡农民人均纯收入2920元。

（二）所辖行政村简介

王村乡政府所在地，该村地势平坦，多沙壤土。全村518户，1931人；耕地面积2190亩，主要种植小麦、玉米，花生等。2009年人均纯收入2170元。村中有集贸市场，年交易额430万元。主要工业企业是英利玻璃制品有限公司，从事玻璃器皿生产与加工。据传，该村始建于宋，但无确考。明代为隗庄社九甲。满清入关圈地后，有王姓正白旗人在此定居，始称王村。

下庄村　位于乡政府北5千米，拒马河东岸，地势平坦。全村84户，304人，耕地面积234亩，主要农作物有小麦、玉米，花生。2009年人均纯收入2183元。村内重点企业是：润鑫建材有限公司，从事砂石料开采与加工。据查，清康熙时，此处建起一个为王爷收钱粮的庄子，分为南北两处，相距1.5千米，中间隔一座庙宇。庙北为上庄；庙南为下庄。清末，两庄各自独立成为村庄。此村在庙南，即为下庄（俗称下庄儿）。该村因与本县紫石口乡下庄重名，1981年经县地名办研究，按群众习称，更名为下庄儿村。

北辛庄村　位于乡政府西北偏北3千米，拒马河东岸，多为沙地，地势平坦。全村377户，1401人，耕地面积1598亩，主要农作物有小麦、玉米，经济作物有花生，温室大棚蔬菜。2009年人均纯收入2059元。该村群众文化组织"音乐会"，起源于清末，较有特色。据碑考，该村原属隗庄，后因天灾战乱，村遂湮没。元代在现址建村，名为新庄，后演变为辛庄，中华人民共和国成立后称北辛庄。

祖各庄村　位于乡政府北3.5千米，地势平坦。全村467户，1780人，耕地面积1248亩，主要农作物有小麦、玉米，花生。2009年人均纯收入2169元。村内重点企业是；祖各庄布制玩具加工厂。该村有群众文化组织少林会，组建历史约百年以上，在周围村镇较有名气。该村始建于汉代，据《涞水县志》载，晋代北伐大将军祖逖系该村人，逖父祖武，为三国魏晋王，曾任上谷郡太守。该村即以姓氏名为祖家庄（村原有祖逖陵墓，被毁）。清代中期改名祖各庄。

吴各庄村　位于乡政府北偏东2.5千米，地势平坦，村东与涿州市税门村交界。全村372户，1445人，耕地面积1198亩，主要农作物有小麦、玉米，花生。2009年人均纯收入2172元。村内重点企业是：信德玻璃厂、新兴纸箱厂，主要生产玻璃制品、包装箱等。据出土文物考，该村建于隋唐时期，当时因村中吴姓较多，故名吴各庄。

张翠台村　位于乡政府西北1.5千米，地势平坦。全村769户，2752人，耕地面积2997亩，主要农作物有小麦、玉米，花生。2009年人均纯收入2154元。村内主要有珐琅加工、砂石料开采企业。1999年组建秧歌队，活跃了村民文化生活。据考，该村建于辽金时期。过去村中张姓居多，村南原有一座墩台，传为战国时所筑，以此得名张翠台。

赵各庄村　位于乡政府东北偏南1.5千米，地势平坦。该村包括东赵各庄、赵家庄二个自然村。全村548户，1963人，耕地面积2341亩，主要农作物有小麦、玉米，花生。2009年人均纯收入2129元。村内重点企业是：玉堂木刻厂、华联木刻厂等，主要生产木雕工艺品。村有群众文化组织3个：金铃会、音乐会、秧歌队，其中音乐会创建于16世纪。据查，该村始建于北宋。相传，过去村中赵姓居多，以姓氏命名为赵各庄。因与本县赵各庄乡同名，1981年11月，县地名办为该村更名为东赵各庄村。

沈家台村　位于乡政府西南2千米，地势平坦。全村363户，1375人。耕地1598亩，主要种植小麦、玉米、花生。2009年人均纯收入2181元。村内主要企业是优种獭兔饲养有限公司、双卫养殖场，年存栏达10万只，出栏9万只，年产值达450万元。据查，该村始建于元代，因村中沈姓居多，村北原有一座墩台，传为战国时期所筑，以此得名沈家台。

杨家台村　位于乡政府西偏南1.5千米，地势平坦。村西50米处有战国至汉时代文化遗址，占地52000平方米。全村188户，560人。耕地799亩，主要种植小麦，玉米，花生。2009年人均纯收入2141元。该村杨姓于明万历年间由沈家台村迁入，定居成村，因村西有墩台一座，以此得名杨家台。

东十里铺村（原名隗家庄）　位于乡政府东南2千米，地势平坦。全村131户，418人；耕地面积659亩，以种植小麦、玉米和花生为主。2009年人均纯收入2115元。据查，该村原名隗家庄，始建于战国。隗即郭隗，为燕昭王之相，因招贤有谋，深得王宠，据传死后陵墓建于此（墓已淹没）。后人以隗字为姓以示纪念，即名隗家庄。清雍正年间在此设铺，因距县城东十里，故改名为东十里铺。

东王庄村　位于乡政府东偏南2千米，地势平坦。全村268户，1021人。耕地面积1368亩，以种植小麦、玉米、花生为主。2009年人均纯收入2196元。村内重点企业是：东华木业责任有限公司，该企业以仿古家具木雕为主，总投资200万元。村中有河北梆子剧团，始建于1949年。据查，该村始建于宋代，王姓从隗家庄迁来定居（原为隗家庄一附属庄），后户繁人增，自立为村。因王姓居多，名为王家庄。该村因位于县城之东，为与城南王家庄相区别，后称东王家庄，遂后又演化为东王庄。

戴家庄村　位于乡政府东南2千米，地势平坦。全村189户，641人。耕地面积1063亩，以种植小麦、玉米、花生为主。2009年人均收入2148元。该村始建于明崇祯年间，原名郑家庄。后郑姓户绝，戴姓发旺，清嘉庆年间，改为戴家庄。

辛庄头村　位于乡政府南2.5千米，地处平原，有少部分洼地和沙岗。全村881户，3184人。耕地面积3850亩，以种植小麦、玉米、花生为主。2009年人均纯收入2192元。该村劳动力主要从事装饰装潢业，从业人员达300人。村内有少林会、叉花会群众文化组织，从明朝流传下来，很有特色。据查，该村始建于元代，初以许姓定名为许村。清咸丰年间，有朝中官宦冯阁老占有许村周围土地，把许村变为他的庄园，改名为新庄头。遂后演变成辛庄头。村西200米处有商至汉时期文化遗址。村中有一座古戏楼，建于明朝。

孔村　位于乡政府东南偏南3.5千米，地势较平坦。村南为拒马河东岸，有春秋中晚期文化遗址。村中有古戏楼，年代不详。全村514户，1820人；耕地面积2802亩，以种植小麦、玉米花生为主。2009年人均纯收入2097元。1999年成立群众文化组织秧歌队、旱船会。据出土文物与古墓考，该村建于战国时代。但村名含义无确考。据传，村中原来孔姓居多，当以姓氏而名。

同心街村　位于乡政府南偏西4千米，拒马河东北岸，拒马河在村西南折而向东，地势较低且平坦。全村134户，453人。耕地面积388亩，主要种植小麦、玉米、花生，大棚蔬菜。2009年人均纯收入2093元。该村建于民国初，原为北关的附属庄，名为南庄子。因村居河套旷野，居户不多，为防外人偷盗，各户轮流值更，同心保护村舍，遂改名为同心庄，后改为同心街。中华人民共和国成立初，仍隶属北关。因与北关隔河，不便行政管理，于1953年成为独立村。

七、东文山乡

（一）综情

东文山乡位于涞水县南部丘陵平原区，东、东南与涞水镇相连，南与明义乡接壤，西与永阳镇毗邻，北与娄村满族乡相接。乡政府驻地东文山村，距县城西北4.5千米。1958年为永阳公社东文山管理区。1962年，改为东文山公社。1984年社改乡为东文山乡至今，辖17个行政村，总面积35.17平方千米，西北部为丘陵，占总面积的60%，东南部为平原，占总面积的40%。2009年，耕地面积21230亩，人均耕地0.9亩，总人口16485人，其中农业人口15820人，人口密度每平方千米468人。南北朝时期著名的数学家、科学家、天文学家祖冲之原籍是该乡下车亭村。

112国道从乡南部十里铺村通过，省道保野路从乡东部北西租村通过，县道涞垒路横贯全乡，经过徐家庄、东文山、西武山、淮河4村。

全乡有机井72眼，配套72眼，有效灌溉面积7772亩。农作物以小麦、玉米、谷子为主，2009年，粮食种植面积23766亩，总产量8665吨。其中：小麦面积6006亩，产量2051吨；玉米14337亩，产量5399吨；蔬菜种植面积706亩，产量2327吨；花生种植面积2187亩，产量495吨；上车亭、杜家庄的小米在京津、保定一带很有名气，称“车亭贡米”，常年种植面积2000亩，产量200吨。该乡淮河村是涞水最早发展的薄皮核桃基地，现已进入盛果期，果品品质好，供不应求。养殖业以大牲畜、猪、羊、鸡为主。2009年，大牲畜存栏448头；猪存栏5000头，出栏5600头；羊存栏2600只，出栏2100只；鸡存栏44800只，出栏55700只。肉类总产量517吨，禽蛋产量300吨，奶产量506吨。

工业以建材和红木家具制造业为主，建材业主要在淮河村附近，以石灰、灰粉生产为主。红木家具制造主要在上车亭村。1972年，上车亭村建起第一家红木家具雕刻厂，生产仿明清红木家具，后逐渐繁衍扩大，截至2009年，该村约有200户进行家庭仿古家具生产，从业人员1000多人，形成了红木雕刻特色产业。

2009年，东文山乡有中学1所，小学5所，在校学生485人，教师78人。有乡镇卫生院1所，村卫生所17个，医护人员40人，病床12张。改革开放以来，新建秧歌队3支。

2009年，全乡农民人均纯收入2700元。

（二）所辖行政村简介

东文山村　乡政府驻地，为半丘陵、半平原地貌。2009年全村246户，899人；耕地面积814亩，以种植业为主要经济来源，人均纯收入3800元。

西武山村　位于乡政府驻地西偏北1.5千米处，为半丘陵、半平原地貌。2009年全村313户，1154人。耕地面积861亩，以种植业为主要经济来源，人均纯收入3400元。以上二村原为一村，名武山村。据出土文物考证，该村建于辽金时代。《涞水县志》载：因此山周围如列剑戟，故名武山。据说，清雍

正年间，有皇差路过该村，观察村庄居住地形时示意：“东为文、西为武”。从此即划分为东文山、西武山两个村。

东长堤村 位于乡政府西南1.5千米。2009年全村198户，725人；耕地面积912亩，主要经济来源为种植业和外出务工，人均纯收入3500元。

西长堤村 位于乡政府西偏南2千米，村西北有长堤山，东南为平原。2009年全村有340户，937人；耕地面积1018亩，以种植业为主要经济来源，人均纯收入3000元。据考，东、西长堤始建于西汉。该村西为古遒澜河道（今称十里铺河），为防河水泛滥，在此筑长堤一道，村即由此得名长堤。明弘治年间，设“长堤社”。清代中，分为两村，按所处相对位置分别称西长堤、东长堤。

上车亭村 位于乡政府北偏西4千米，丘陵地貌。2009年全村578户，2016人；耕地面积2252亩。主要经济来源为仿古红木家具加工和种植业，人均纯收入5400元。

下车亭村 位于乡政府北偏东2.5千米，丘陵地貌。2009年全村410户，1520人；耕地面积1486亩，以种植业为主要经济来源，人均纯收入4200元。

东车亭村 位于乡政府北偏东3千米，丘陵地貌。2009年全村180户，675人；主要经济来源为种植业。

西车亭村 位于乡政府正北3千米，丘陵地貌。2009年全村150户，603人；耕地面积278亩，主要经济来源为种植业，人均纯收入4800元。据考，以上4村约建于汉代。过去皆称古亭村。下车亭村为我国南北朝时著名数学家、天文学家祖冲之的故里。据县志载和当地传说，在上车亭村南山上曾建有严子陵祠，其山称严子陵山。祠庙上下建有亭子数座（已毁），古亭村即因此得名（按：严子陵为东汉人，曾与汉光武帝刘秀游学，后隐居浙江富春山。他是否到过北方，无确考）。据传，当年祖冲之为试求圆周率密值，曾造轮车行走于各亭之间。因此，后人又把古亭叫成车亭（车读音为ju）。并分上、中、下三个车亭。因中车亭又分河东，河西，新中国成立后，即独立成村，改称东、西车亭。

杜家庄村 位于乡政府北偏西3.5千米，丘陵地貌。2009年全村265户，953人。耕地面积594亩，以种植业为主要经济来源，人均纯收入4600元。据查，该村建于明永乐年间，初有山西迁来杜氏家族在此居住，以姓氏命名为杜家庄。

安家洼村 位于乡政府东北1.5千米，地势平坦。2009年全村110户，559人；耕地面积650亩，以种植业为主要经济来源，人均纯收入3200元。该村多为安姓，原从山西迁来，已二十代，建村年代约在明永乐以后。因处地较洼，故名安家洼。

北西租村 位于乡政府东北2千米，地势较平坦，有小部分丘陵。2009年全村175户，580人；耕地面积167亩，以种植业为主要经济来源，人均纯收入2800元。清初，该地被划为李庆王俸地。袁姓由西租迁居至此，为庆王交租。该村因位于西租之北，故称北西租。

徐家庄村 位于乡政府东南2千米，地势平坦。2009年全村170户，732人；耕地面积312亩，以种植业为主要经济来源，人均纯收入4100元。据出土汉墓考，该村约建于西汉。据《涞水县志》记载，明代兵部尚书张鹏墓在徐家庄（已淹没）。明弘治四年（1491），该村因姓氏称朱家村。后朱氏家衰，徐姓户增，清初即改名为徐家庄。

北兵上村 位于乡政府南偏东1千米，地势平坦。2009年全村261户，961人；耕地面积1138亩，以种植业为主要经济来源，人均纯收入2900元。

南兵上村 位于乡政府南1.5千米，地势平坦。2009年全村336户，1212人；耕地面积1576亩，以种植业为主要经济来源，人均纯收入2400元。据出土古墓和陶窑考证，以上两村约建于东汉初，因村址处于遒澜河故道，地势较低洼，冬季常围村结冰，故名“冰上”。据传，清初，清兵与李自成在此交战时，把村子毁掉，后来就叫“兵伤”。从此，这里就不敢驻兵。人们又认为“兵伤”二字不吉利，又改名为“兵上”。清末，分为两村，即按所处相对位置，分别称南兵上、北兵上。

牛各庄村　位于乡政府南偏西0.5千米，地势平坦。2009年全村120户，464人；耕地面积472亩，以种植业为主要经济来源，人均纯收入2700元。据碑文记载，该村建于元初。因村西有金牛山（又名长堤山），即以山命名为牛各庄。

十里铺村　位于乡政府西南3千米，地势平坦。2009年全村258户，1028人；耕地面积1321亩，以种植业为主要经济来源，人均纯收入2800元。据出土文物考证，该村约建于东汉。据明弘治《易州志》载，该村原为遒澜铺（古时传递公文的驿站），因位于遒澜河畔而得名。清雍正十三年（1735），这里已成为通往清西陵的御路通道，该村距县城西十里，即改名为十里铺。

淮河村　位于乡政府西偏北2.5千米，丘陵地貌；包括淮河、南七山、果园3个自然庄。2009年全村360户，788人；耕地面积802亩，以种植业和建材业为主要经济来源。人均纯收入3100元。清初，该地为涞水城内方姓的坟地。有几户人家为之看坟，并耕种坟地。后形成村庄，因靠淮河（时令小河），故而得名。

八、明义乡

（一）综情

明义乡位于涞水西南部平原，东与胡家庄乡、涞水镇为邻、南与定兴县高里乡隔河相望，西与易县桥头乡接壤，北与永阳镇、东文山乡毗连。乡政府驻地东明义村。1949年10月，属涞水县第二区。1958年8月，属永阳公社。1962年1月，由永阳析出，设明义公社。1984年1月，社改乡，辖18个行政村，东西最大距离12.5千米，南北最大距离15千米，总面积37平方千米。2009年耕地面积31380亩，人均耕地1.5亩，总人口21777人，其中农业人口21316人，人口密度为每平方千米564人。

境内全部为平原，地势略为西高东低、北高南低。易水河由丁家洼村入境，经丁家洼、南北庄，进入定兴境内，境内长4.5千米；秋兰河（又称垒子河）自南秋兰入境，流经南秋兰、曹家庄、北封村、南封村、张家洼、东明义、东官庄、司徒等村，进入胡家庄乡姜各庄村，汇入易水河，境内长12千米；小西河自永阳镇南桥头村进入三沟子村，流经樊家台、东明义、西明义、东官庄、西官庄村，在西官庄村汇入易水河，境内长7.5千米。

境内有张石高速、京昆高速和国道112线等3条公路交汇。县级公路从东明义向北直达国道112线，向东直达省道涞定路，交通便利。境内有35千伏变电站1座，2009年用电量529万千瓦时。

2009年机井保有量361眼，其中新打机井40眼，耕地全部可浇。种植业以小麦、玉米、蔬菜、花生、草莓和大棚香菇为主。2009年粮食种植面积42434亩，总产量16117吨。其中：小麦面积20484亩，产量7333吨；玉米面积20539亩，产量8299吨；花生面积4653亩，产量1119吨；蔬菜面积3150亩，产量8129吨。大棚香菇是该乡主导产业，2009年全乡共有香菇大棚787个，菌棒2700万棒，年产值1.62亿元。

明义乡政区图

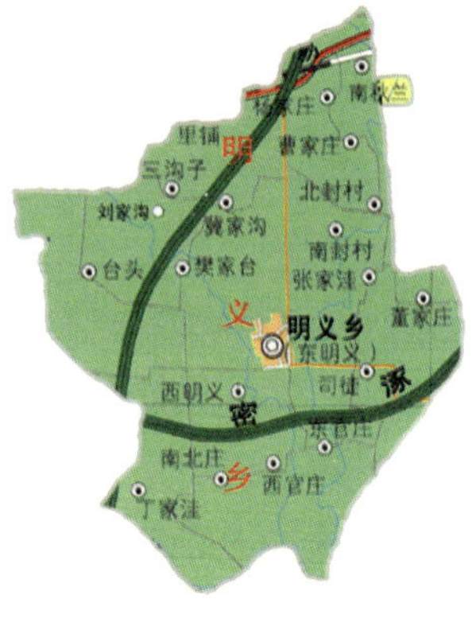

畜牧业以饲养猪、羊、家禽为主。2009年生猪存栏10000头，出栏29100头；羊存栏5000只，出栏15000只；家禽61400只，出栏28200只。肉类总产量2275吨，禽蛋产量183吨。

工业以机械加工、食品加工、建筑材料为主。2009年工业总产值1.81亿元。拥有工业企业66个，职工875人；实现工业增加值3210万元。较大企业是保定信丰瑞通建材有限公司，以生产加气混凝土砖为主，属绿色环保建筑材料，年产值560万元。

2009年末，全乡有商业网点125个，城乡集贸市场8个，年成交额100万元。

2009年全乡有小学4所，在校学生834人，教师98人；初级中学1所，在校学生248人，教师42人；幼儿园4所，在园幼儿305人，教师38人；有乡级卫生院1家，村卫生室18个；有床位20张，专业卫生人员34名。2009年门诊量1.8万人次。新型农村合作医疗的参保率达到91%。

2009年全乡财政收入2200万元，农民人均纯收入2714元。居民储蓄存款余额100002894元，固定电话装机3000户，移动电话拥有量5800部，互联网用户2000户。

（二）所辖行政村简介

东明义村　乡政府所在地。全村275户，1030人；耕地面积900亩，主要种植小麦、玉米、花生、大棚蔬菜。2009年人均纯收入1800元。

西明义村　位于乡政府西南1千米。全村360户，1443人；耕地面积2400亩，主要种植小麦、玉米、花生、大棚蔬菜。2009年人均纯收入2200元。以上二村地处古燕下都近辅，据出土文物考，战国时已有村落，原称合河。因二十里铺河与北易水在此合流而得名。明嘉靖二十八年（1549），本村冀仁声（省祭官）重修该村“关帝庙”时，改名为明义村。清代，因村当中隔一条河，遂分为东、西两村。

丁家洼村　位于乡政府西南3千米。全村280户，1124人；耕地面积1377亩，主要种植小麦、玉米、花生、薄皮核桃。2009年人均纯收入1800元。据查，该村始建于辽金，名为凹立村。明洪武十六年，该村丁庆任浙江道监察御史，回村重修白莲寺，并立碑，改名为丁家洼。

董家庄村　位于乡政府东偏北2千米。全村369户，1438人；耕地面积1684亩。主要种植小麦、玉米、花生、草莓、土豆。2009年人均纯收入2000元。清初，有董氏夫妇二人从本县山区玉斗村迁来定居，逐发展成村，故称董家庄。

樊家台村　位于乡政府西偏北2千米，全村210户，875人；耕地面积1200亩，主要种植玉米、小麦、花生、红薯、土豆、草莓等。2009年人均纯收入2552元。相传战国时期，秦国大将樊於期归燕后，在此练兵，筑点将台一座，以此得名为樊家台。

司徒村　位于乡政府东1千米。全村531户，1868人；耕地面积2300亩，主要种植小麦、玉米、花生、红薯等，2009年人均纯收入1300余元。该村建村年代及村名来历无考。相传，后汉时司徒王允曾在此居住，村名即为司徒。

北封村　位于乡政府东北2.5千米。全村151户，624人；耕地面积880亩，主要种植小麦、玉米、花生、草莓。2009年人均纯收入1800元。

南封村　位于乡政府东北2千米。全村385户，1470人；耕地2249亩，主要种植小麦、玉米、花生、萝卜、草莓等，2009年人均纯收入2000元。据查，两村始建于明初。嘉靖年间，村中隗有信任当朝外太监，专为皇宫采买花草。因而该村种花草的很多。据传，当时该村曾有七十二眼浇花井，奇花异草，闻名于世，屡受皇宫封赏。嘉靖二十八年重修“三官庙”时即定名为封村。清光绪十八年（1892），以居住情况，分为南、北封村。

东官庄村　位于乡政府南偏东1.5千米，该村三面环水，西有马头河、东有垒子河、南有易水河环绕，水资源丰富。全村338户，1348人；耕地面积2215亩。该村是全县闻名的食用菌种植基地，主要种植香菇、黑木耳等有机绿色无公害蔬菜，食用菌产品远销石家庄、天津、保定、山西、廊坊及附近大小市场，并出口日本、韩国等地。2009年人均纯收入4656元。

西官庄村　位于乡政府南2千米。全村234户，968人；耕地面积1164亩，主要种植小麦、玉米、花生、香菇。2009年人均纯收入2000元。

东、西官庄两村，原为两个收租庄子，始建于金代。据传，该村最早住户以租种西域寺（在今房山县境内）庙产为生。明正德年间，西域寺在此建收租庄子两个，统称官庄。清初，因两庄有河相隔，不便管理，遂分为东，西官庄。

南秋兰村　位于乡政府东北4千米。全村250户，824人；耕地面积774亩，主要种植小麦、玉米、花生等。2009人均纯收入1800元。相传，该村始建于战国，原名南遒澜，因靠近遒澜河得名，其北有北遒澜。唐代，曾改名为“南牛栏”。明正德八年，又复名南遒澜。清末民初，演化为南秋兰。

台头村　位于乡政府西偏北3千米，全村420户，1690人；耕地面积2085亩，主要种植小麦、玉米、大豆、花生等。2009年人均纯收入2000元。相传，该村建于东汉初。光武帝刘秀曾去易州凤凰山（今易县马头山）后土奶奶庙进香，路过此地，抬头仰望奶奶庙，从此留下纪念，村即得名为台头。

张家洼村　位于乡政府东偏北1千米，全村126户，472人；耕地面积730亩，主要种植小麦、玉米、花生、草莓等。2009年人均纯收入1800元。据古墓考，该村始建于战国。因村内张姓居多，又地势低洼，故名张家洼。

冀家沟村　位于乡政府西北2千米。全村448户，1770人；耕地面积2280亩，主要种植小麦、玉米、花生等。2009年人均纯收入2000元。该村原名魏家沟，建村年代不详。据村中冀姓家族世传，明崇祯年间，冀桐印从本县西十里铺迁此定居。后魏姓户绝，冀姓发旺，即改名为冀家沟。

三沟子村　位于乡政府西北2.5千米，全村271户，1017人；耕地面积1199亩，主要种植小麦、玉米、花生。2009年人均纯收入1900元。清康熙年间，从口北小兴州搬来几家刘姓居住在此。村南有条河沟，村即得名刘家沟。附近还有张家沟，勾家沟。1953年划乡时，将张家沟、勾家沟与刘家沟合并为一个行政村，命名为三沟子，以刘家沟为村政权组织驻地，从此，称三沟子。

曹家庄村　位于乡政府东北3千米，全村368户，1321人；耕地面积2490亩，主要种植小麦、玉米、花生。2009年人均纯收入1700元。据查，该村始建于金代，原名刘家庄。明洪武年间，该村曹万福家有一人在朝任太监，回村重修关帝庙时，把刘家庄改名为曹家庄。

南北庄村　位于乡政府南偏西2千米，全村301户，1094人；耕地面积1639亩，主要种植小麦、玉米、花生、辣椒、大棚蔬菜。2009年人均纯收入1900元。该村地处北易水河中下游。相传，战国时此地为燕国水运码头，后发展成村，称南庄。明崇祯年间，有徐姓在南庄村北定居，称为北庄。原各为独立村。民国初合为一村，称南北庄。

杨家庄村　位于乡政府东北3.5千米，112国道南侧。全村113户，432人；耕地面积539亩，主要种植小麦、玉米、花生、土豆。2009年人均纯收入1900元。据查，该村始建于明末。清康熙年间，由沈阳府迁来杨姓几家，取名为杨家庄。

九、胡家庄乡

（一）综情

胡家庄乡位于涞水县南部平原，东接义安镇，南邻定兴县，西交明义乡，北依涞水镇，地势平坦。易水河由姜各庄村进入，流经南汝河、永乐，由富位村流出。乡政府驻地胡家庄村，位于县城南7千米。1984年由公社改乡，辖10个行政村，总面积23平方千米，2009年耕地20969亩，人均耕地1.4亩，总人口15023人，其中农业人口14421人，人口密度每平方千米652人。

张石高速密涿支线横穿北部东文泉、王各庄2村。省道涞定路纵贯西武泉、胡家庄、南辛庄、永乐、富位5个村。2007年完成公路村村通工程，共修水泥路40千米。2009年完成农村低压整改，通电村10个，2009年农村用电989万千瓦时。

全乡共有机井580眼，配套580眼，防渗渠10000米。有效灌溉面积2.2万亩。农作物主要有玉米、小麦、花生、萝卜、草莓、土豆。2009年，粮食种植面积25377亩，总产量9611吨，油料种植面积6370亩，总产量1566吨，蔬菜种植面积6773亩，总产量26832吨。实有果林面积200亩，主要果树为薄皮核桃，总产量45吨。养殖业以猪为主，2009年存栏23000头，出栏17400头，全乡肉类总产量1120.3吨，禽蛋产量97吨。规模化养殖企业有富仁养殖有限公司、现代农庄奶牛示范场、绿鑫源生态示范场。

富仁养殖有限公司，位于富位村，占地50亩，总投资1200万元，以生猪养殖为主，由北京投资商郑立新于2007年10月投资兴建，2008年6月份竣工，年出栏生猪可达30000头。2008年下半年，投资400万元建立了饲料加工厂和种猪繁育基地。

现代农庄奶牛示范场，位于胡家庄乡原种场，由个体投资商廉海田投资兴办。项目占地120亩，总投资1000万元，该项目于2005年3月开工建设，建饲料青贮池一座、牛舍2000平方米、奶站1个，2009年底项目全部完工，已存栏奶牛200多头。该企业是奶牛饲养、入托、鲜奶收购、销售及技术服务为一体的农业产业化龙头企业。

绿鑫源生态示范场占地110亩，以种植业和养殖业为主。种植业以农作物新品种推广为主，有玉米和豌豆等新品种。养殖业以优种猪为主。其中引进法系和新美系种猪50多头，每头4800元以上，现存栏187头。项目总投资230万元，在该项目的带动下，全乡的养猪业得到了较快发展，2009年，存栏50头以上的家庭养猪场达到20多家。

胡家庄乡工业企业主要有永乐水泥厂、三鑫纸箱厂、生物质燃料厂3家。涞水永乐水泥制造有限公司，始建于1996年，前身为涞水县水泥厂永乐分厂。企业占地117亩，原有设备2.8×11米机立窑三座及2.2×8.5、2.2×9.5、3.0×13磨机各一台，及水泥化验室、生产配套设备、仓库等。年产水泥60万吨，总投资2800万元，共有工程技术人员16人，职工150人。建厂以来，公司“以信誉求生存，以质量求发展”，不断改革创新，经过多年的努力，公司生产的“冲之”牌水泥畅销京津保，未出现一例质量事故，成为涞水水泥行业的龙头企业。

三鑫纸箱厂于2006年3月份动工兴建，5月份正式投入运营。项目分两部分，前面是三鑫酒店，后面是纸箱厂，项目占地15亩，总投资400万元，后勤管理及生产人员50余人，生产30多个规格的纸箱产品，主要用于县内的玻璃器皿厂及水果、食品的外包装箱。

生物质燃料厂由秦皇岛投资商于2009年2月份开工建设，总投资200万元，占地3亩。主要将废弃秸秆、菌棒或其他可燃烧植物加工成固体燃料，农户使用专用炉具可日常使用或冬季取暖，现有设备每小时生产2吨。

2009年乡有中学1所，小学4所，在校学生1115人，教师146人；有幼儿园2个，教师20人，入园少儿120人，学龄前儿童入园率100%。1979—2009年共投资800万元，新建校舍6000平方米，改建4000平方米。2009年乡内有乡镇卫生院1所，村卫生所10个，医护人员14人，病床5张。改革开放以来，农村传统花会得到恢复，共有花会队伍15个，新建秧歌队10个。

2009年，全乡农民人均纯收入2563元，固定电话装机3000户，移动电话拥有9000部，彩电、冰箱、洗衣机拥有量已达到100%。家庭轿车300辆，居民储蓄存款余额9460万元，人均住房面积20平方米，房屋质量也由原来的木结构过渡到砖混结构。

（二）所辖行政村简介

胡家庄村　乡政府驻地。全村426户，1701人；耕地面积2836亩，以种植小麦、玉米、花生、土豆、白萝卜等作物为主。村内有纸箱厂企业一个。2009年人均纯收入2768元。据考，该村始建于汉，以姓氏命名胡家庄。

富位村　位于乡政府南3千米。东、南、西三面与定兴县毗邻。商代遗址地处村西南。全村998户，3746人；耕地面积5117亩，主要种植小麦、玉米、土豆、白萝卜等。2009年人均纯收入2923元。该村建立年代及村名来历含义无确考。据明洪武年间村内重修的“金沙寺”内铁钟记载，当时即为傅卫村。民国后演化为富位。

永乐村　位于乡政府南偏西2.5千米。全村375户，1487人；耕地面积1892亩，以种植小麦、玉米、花生等作物为主。村东北建有永乐水泥厂。2009年人均纯收入2900元。据出土文物（青铜剑等）考，该村始建于战国时代。明代又有人由山西迁徙至此，为求吉利，取村名为永乐。

南辛庄村　位于乡政府南偏西1千米。全村113户，432人；耕地面积723亩，以种植小麦、玉米、花生等作物为主，村内有现代农庄奶牛场、金猪富裕养殖有限公司两家养殖企业。2009年人均纯收入2283元。该村建于清初，原为南濡河刘姓之新庄，称濡河新庄。新中国成立后，简称为辛庄。因位于县城之南，为与北辛庄相区别，改称南辛庄。

南汝河村　位于乡政府西南2千米。全村298户，1125人；耕地面积1557亩，以种植小麦、玉米、花生等作物为主，2009年人均纯收入2103元。

北汝河村　位于乡政府西偏南2千米。全村330户，1253人；耕地面积2160亩，以种植小麦、玉米、花生等作物为主，2009年人均纯收入2043元。据考，濡河村始建于战国，系因濡水（今北易水和秋兰河汇流处）得名。清代始分为南、北濡河，后“濡”演化为“汝”。元代至元年间，涞水县令李伯甫系濡河人。

姜各庄村　位于乡政府西偏南3.5千米。全村394户，1491人；耕地面积2156亩，以种植小麦、玉米、花生等作物为主，2009年人均纯收入2053元。清雍正年间，有一姜姓人家在此开一客店，称姜家店。后又有几户同姓迁此居住，取名姜家庄。民国后，改称姜各庄。

姜各庄　位于乡政府西偏南3.5千米。全村394户，1491人；耕地面积2156亩，以种植小麦、玉米、花生等作物为主，2009年人均纯收入2053元。清雍正年间，有一姜姓人家在此开一客店，称姜家店。后又有几户同姓迁此居住，取名姜家庄。民国后，改称姜各庄。

东文泉村　位于乡政府东北2千米。全村284户，1068人；耕地面积1809亩，以种植小麦、玉米、花生等作物为主，2009年人均纯收入2863元。

西武泉村　位于乡政府北1.5千米。全村228户，802人；耕地面积1244亩，以种植小麦、玉米、花生等作物为主，2009年人均纯收入2768元。据考，以上二村始建于战国（村附近原有燕国时虚粮冢数座，相传当时已有村）。最早称“西五钱”，“东五钱”。因古时“钱”、“泉”相通，后演称西五泉，东五泉。清县志称“西吴泉”、“东吴泉”（“吴”字为误）。抗战初期，为便于区别，即改为西武泉、东文泉。

王各庄村　位于乡政府西北2千米。全村347户，1310人；耕地面积1519亩，以种植小麦、玉米、花生等作物为主，2009年人均纯收入2827元。据查，该村建于明末，初有龚，姚、王三姓在此定居，以王姓较兴旺，原称王庄，清代改称王各庄。

十、宋各庄乡

（一）综情

宋各庄乡位于涞水县中部丘陵区，东接北京市房山区张坊镇，东南邻石亭镇、南面西面靠娄村满族乡，北依北京市房山区十渡镇。全乡总面积62.97平方千米，丘陵山地占总面积的65%，荒滩占总面积的10%。拒马河由沈家庵村北进入，流经沈家庵村、龙安村，由龙安村南流出，全长10千米。乡政府驻地东庄村，位于县城北偏西21千米。1958年隶属于石亭公社，1962年析建宋各庄公社，1984年由社改乡，下辖8个行政村（沈家庵村、东庄村、王各庄村、悟空寺村、龙安村、郭各庄村、宋各庄村、北色树村），总面积62.97平方千米，2009年耕地5610亩，人均耕地0.61亩，总人口9200人，其中，农业人口8660人，人口密度146人/平方千米。

国道京赞路横穿东西，乡内长4千米。2006年完成农村低压电网改造，通电村8个，2009年农村用电量310万千瓦时。

全乡有机井16眼，配套16眼，有效灌溉面积615亩。2009年粮食种植面积5047亩，总产量1126吨，油料种植面积105亩，总产量20吨；蔬菜种植面积164亩，总产量231吨；实有林地面积5805亩，果林面积2680亩，主要有核桃、板栗、杏扁，果品总产量210吨。养殖业主要以猪，牛，羊，鸡为主，2009年牛存栏500头，出栏100头；猪存栏2500头，出栏1800头；羊存栏8500只，出栏2400只；鸡存栏10万只，出栏9.4万只，全乡肉类总产量221吨，禽蛋产量37吨，奶类产量240吨，蜂蜜产量1吨，水产品产量20吨。悟空寺村有一存栏100头的鹿养殖场。

全乡有塑料厂3个，炼钢厂1个（1985—1991年），纸箱厂1个，汽车改装厂1个（1981—1986年）。2009年，全乡企业总收入1370万元，实交税金总额72万元。一渡新新小镇1995年入住沈家庵村，项目正在建设中。2009年天鹅湖开发项目正式启动。

2009年全乡有小学3所，在校学生420人，教师46人，幼儿园4所，教师16人，入园少儿85人，学龄前儿童入园率100%。2009年，有乡卫生院1所，村卫生所7个，医护人员17人，病床21张。改革开放以来，农村传统花会得到恢复，有花会队伍5个。

2009年，全乡农民人均纯收入1485元，固定电话装机1985部，移动电话拥有585部，彩电、冰箱、洗衣机拥有量分别达到2056台、1650台、1583台，家庭轿车206辆，居民储蓄存款余额6370万元，人

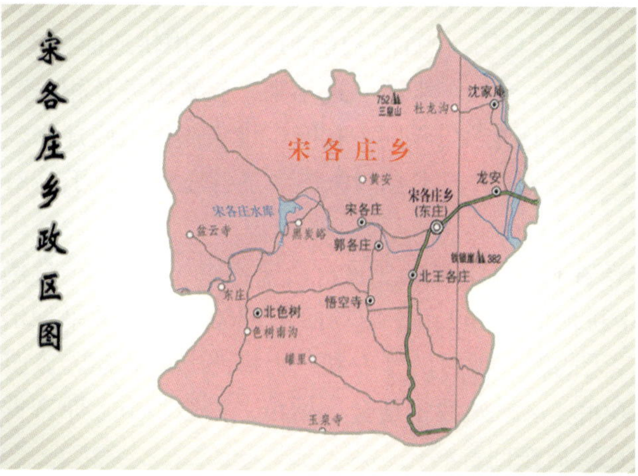

宋各庄乡政区图

均住房面积15平方米，房屋质量也有原来的砖木结构过渡到砖混结构。

（二）各行政村基本情况

东庄村　乡政府驻地，京赞线横穿全村。全村210户，749人；耕地面积238亩，山场面积3000亩，经济以农业为主，主要作物有林果、玉米、小麦。2009年人均纯收入2000元。据查，该村始建于辽大安年间（1085—1094年）。因在无名山下有古刹（兴国道院）一处，村址位处古刹之东，故名为东庄。

北色树村　位于乡政府西南5千米，丘陵地貌。北与宋各庄水库相连。全村89户，223人；耕地面积300亩（全部为旱地），山场面积8600亩，在原有林果的基础上，新植麻核桃（文玩核桃）一万余株，林果已成为村民的主要经济来源。2009年人均纯收入4000元。该村原为色树村一个自然庄，称南沟。1975年，因修宋各庄水库，主村迁至石亭镇。色树村南沟留在原址，划为行政村。定村名为北色树村。

郭各庄村　位于乡政府西南1.5千米处，四面环山。全村153户，378人；总面积1820亩，其中耕地70亩，林地750亩，宜林荒山荒坡1000亩，以种植业、林业为主要经济来源。2009年人均纯收入1000元。该村始建于明永乐年间。初有郭姓由山西迁来定居，发展成村。即以姓氏命名为郭各庄。

龙安村　位于乡政府东偏北2千米，东与北京市张坊镇一河之隔。全村555户，2161人；总面积10500亩，其中耕地面积832亩，山场面积8500亩，林地面积1850亩，以种植业、林业为主要经济来源。2009年人均纯收入2000元。抗战期间，挺进军九团团部曾驻该村。1944年10月，涿县、县委政府曾驻该村。1947年1月，涞涿县县委政府曾驻该村。该村建立年代尚无确考，相传建于东汉。据明《易州志》载，弘治年间已有龙安社。村位于龙安山下，因以得名。村南之龙安山东面紧临拒马河，悬崖峭壁，俗称铁锁崖，是拒马河分流处（在此分为南、北两支）。由于山势地形的影响，河水流至崖下，激浪滔滔，回声四荡，夜间听来好像降雨一样，名为“龙安夜雨”，为县古八景之一。该村所处地理位置，为涞水、房山区一带山区与平原地区相互交往的要冲。民国年间为涞水县第六区驻地。抗战初期，曾为房涞涿县政府驻地。

沈家庵村　位于乡政府东北3千米，西靠三皇山，东临拒马河，与北京市张坊镇隔河相望。全村610户，2130人；土地总面积9250亩，其中耕地400亩，林地8850亩。主导产业为农业和旅游服务业。2009年人均纯收入1560元。抗战期间，挺进军九团团部曾驻该村。据考，该村始建于元末明初，因村北有“释迦院”（又名珍珠庵）一处，主持僧人姓沈，为村民做过一些善事，因此得名为沈家庵。村内还有“曹宅茔地”、韩世琦墓等文物古迹。

悟空寺村　位于乡政府西南3千米处，丘陵地貌。全村227户，919人；总面积3794亩，其中耕地面积294亩，山场面积3500亩，以林果业为主要收入来源。2009年人均纯收入1254元。1944年10月，涞涿县、县委政府曾驻该村该村。据出土文物考，西汉时，该地已有人定居。明《易州志》载，悟空寺在涞水县治北龙安社（修建年代无记载）。相传为吕蒙正（北宋人，官居中书侍郎兼户部尚书）所居之处，但无确考。又载，明洪武二十五年（1392）于此建大圣庵寺，村因此得名。

王各庄村　位于乡政府南偏西1.5千米。全村460户，1845人。总面积10430亩，其中耕地面积837亩，山场面积9600亩。村民以种植、养殖、林果、务工为主要经济来源，近年来，旅游服务及相关产业也取得较快发展。2009年人均纯收入1500元。该村始建于明永乐年间。初有王姓家族由山西迁来定居，逐成村庄。因王姓居多，故以姓氏命名为王各庄。因该村名与本县胡家庄乡王各庄重名，于1981年12月，县地名办为该村更名为北王各庄。

宋各庄村　位于乡政府西2千米。宋各庄水库坐落在村西1千米处。该村由宋各庄、黄安2个自然庄组成，全村260户，795人。总面积10002亩，其中耕地面积142亩，山场面积9860亩。以林果种植为主，麻核桃产销量居全乡之首。2008年来，随着“天鹅湖”项目的开发和“上坝路”的修建，旅游及相关服务业取得一定发展。2009年人均纯收入1430元。该村始建于辽金。据传，村边小山上原有古松一棵，直径五尺有余，附近闻名，以此得名为松各庄。后按同音演化为宋各庄。

十一、九龙镇

（一）综情

九龙镇位于涞水县北部山区，东接北京市房山区，南邻三坡镇、赵各庄镇，西交张家口市涿鹿县，北依北京市门头沟区。地势北高南低。平均海拔1122.6米。境内最高峰白草畔，海拔1983米。小西河由大龙门村进入，流经北龙门、太平村、河西，由黑水寺村东流出。镇政府驻地北庄村，位于县城西北偏北53千米，1993年7月撤区并乡建镇，原庄里乡、罗古台乡、北庄乡合并建九龙镇。辖30个行政村，总面积230平方千米，2009年耕地面积13750亩，人均耕地0.9亩，总人口15741人，其中，农业人口15243人，人口密度每平方千米68.44人。境内236省道线纵贯南北，北部在北京市门头沟区的齐家庄村、张家庄村交界处与109国道交汇，241省道线由西向南与236省道交汇于镇政府驻地西北0.3千米处，241省道南部在三坡镇马各庄村与108国道交汇，2008年奠基修建的张涿高速公路由镇西入境，由镇南出境，镇政府驻地东北0.5千米处设有互通区、服务区。2009年完成公路村村通工程，修水泥路93千米。2000年完成农村低压电网改造，通电村30个，2009年农村用电量203万千瓦时。

全镇有机井7眼，配套7眼，大小水库3座（庄里水库，库容119万立方米；峨峪水库，库容52.6万立方米；大泽水库，库容30万立方米），有效灌溉面积300亩，农作物主要是玉米和少量小杂粮，2009年，粮食种植面积13749亩，总产量1446吨，其中玉米10146亩，产量1066吨。蔬菜种植面积315亩，总产量495吨。实有林地面积54023亩，其中果林面积3200亩，主要果树有核桃3.19万株，产量42吨、杏扁11.7万株，产量16吨、苹果8000株，产量3.5吨、柿子5000株，产量4.5吨，果品总产量66吨。养殖业主要以猪、羊养殖为主，2009年猪存栏2300头，出栏1800头；羊存栏19800只，出栏1700只，全镇肉类总产量168吨，禽蛋产量78吨。

九龙镇工业主要是采矿选矿业，品种有铜矿、铅锌矿、银矿、铁矿等。2009年全镇拥有工业商贸企业26个，其中采矿业8个，选矿业12个，加油站4个，气化站2个。

2009年镇有中学1所，小学3所，在校学生910人，教师73人，全镇中小学普及率99%、入学率99%、巩固率95%，全镇设有幼儿园7所，教师38人，入园少儿320人，学龄前儿童入园率95%。1979—2009年投资425万元，新建校舍7238平方米，改建728平方米。2009年镇内有镇卫生院1所，村卫生所30个，医护人员40人，病床30张，万元以上医疗设备2台。改革开放以来，农村传统花会得到恢复，有花会队伍2个，新建秧歌队6个。

2009年，全镇农民人均纯收入1284元，固定电话装机2300部，移动电话拥有3200部，彩电、冰箱、洗衣机拥有量分别达到4700台、1800台和2600台，家庭轿车34辆，居民储蓄存款余额突破1000万元，人均住房面积26平方米，房屋质量也由原来的石木结构过渡到砖混结构。

（二）所辖行政村简介

北庄村　镇政府所在地，深山宽谷地貌，地势稍开阔。由北庄村、九龙庙台2个自然庄组成，九龙镇集贸市场坐落于此。全村126户，493人；耕地面积380亩，农作物主要种植玉米。2009年人均纯收入580元。抗战期间，八路军冀热察挺进军司令部和军政委员会曾驻该村。据查，清乾隆年间，姜姓来此定居，逐渐发展成村。因地处小西河的北坡根，故取名北庄。

岭南台村　位于镇政府北偏东14千米，深山地貌，海拔高700多米，气温较低。全村220户，670人；耕地面积666亩，主要种植玉米、谷子或小杂粮。2009年人均纯收入400元。村内有铁矿开采企业2个。据该村吴家坟古墓碑考（碑立于元泰定三年）（1326），该村建于金末元初。因村址位于黄潭岭南半山腰的一个高台上，进村需登数十层台阶，故取名岭南台。

高铺村　位于镇政府北偏东13千米，深山地貌。全村73户，234人，耕地面积185亩，主要种植玉米。2009年人均纯收入518元。据查，该村建于金代，原有高姓在此居住，称高家铺。后由山西洪洞县搬来一户马姓。据马家坟碑记，马家出过翰林，金泰和六年（1206）将高家铺改名高铺村。

庄头村　位于镇政府东北12.5千米，由庄头、双角2个自然庄组成，为深山地貌。全村98户，286人；耕地面积376亩，主要种植玉米。2009年人均纯收入480元。据查，清嘉庆年间，刘姓在此定居立庄，因位于庄里村北以上，故名庄头。

三道港村　位于镇政府东北13.5千米，深山地貌。由龙王港、白崖、狼窝港3个自然庄组成，全村54户，222人；耕地面积249亩，主要种植玉米。2009年人均纯收入300元。据查，清初有马姓开始定居立庄。后由龙王港、白崖、狼窝港3个自然庄组成行政村，取名三道港。

道沟村　位于镇政府东北11千米，深山地貌，土地瘠薄，交通不便。该村由道沟、芦花铺2个自然庄组成。全村28户，90人；耕地面积161亩，主要种植玉米。2009年人均纯收入370元。据查，该村建于清光绪年间，因处在深山峡谷之中入村道路崎岖，必须沿山沟而上，以其地形取名为道沟。

庄里村　位于镇政府东北偏北11千米。京张公路（北京至张家口）自东北向西南穿村而过。由庄里、田家港、下西铺、上西铺4个自然庄组成。全村288户，928人；耕地面积895亩，主要种植玉米。2009年人均纯收入500元。据查，该村原址在现址以南一里许，始建于金代，原名田家庄。清嘉庆年间，因遭火灾，村屋被烧尽，遂新建村于现址。按山沟走向，新村在旧村以里，故名庄里。

柏林城村　位于镇政府北偏东9.5千米，金华山脚下。全村158户，518人；耕地面积560亩，主要种植玉米。2009年人均纯收入480元。村内有铁矿开采企业一个。该村西部山梁建有长城。据传，该村原名下庄，从前曾有大面积的松柏森林环绕于村。据该地联村修建观音寺的碑文记，明弘治三年（1490）该村已称柏林城。

南庄村　位于镇政府北偏东8.5千米，深山地貌，土地瘠薄。全村118户，420人；耕地面积314亩，主要种植玉米。2009年人均纯收入480元。据查，该村建于明代弘治年间，原是柏林城隗家的一个庄子，位于柏林城村南一里之遥，故名南庄。

铁角村　位于镇政府东北7千米，深山地貌。居住分散，水源缺乏，土地贫瘠。由铁角岭、下坨、大东山、上坨、北台子5个自然庄组成，铁角岭为主村，全村170户，524人。耕地面积500亩，主要种植玉米。2009年人均纯收入480元。该村名称含义无确考。当地相传，古代秦始皇修万里长城时，察看地形，路过此地下马休息，在山上钉一铁橛拴马。后来人们称此地为铁橛山。因"橛""角"谐音，叫成铁角山。清光绪年间，一户张姓由罗古台来铁角山下定居、逐发展成村，取名铁角。

南湖村　位于镇政府北偏东6千米，深山地貌。全村93户，374人；耕地面积284亩，主要是种植玉米。2009年人均纯收入460元。该地原属清泉寺村，因有一自然崖湖，又位于村南，故名南湖。明万历年间，李氏一户由清泉寺来此定居，后逐集聚成村，即以地名南湖为村名。

清泉寺村　位于镇政府北偏东7千米，深山地貌。全村110户，335人；耕地面积257亩，主要是种植玉米。2009年人均纯收入490元。据碑文记载，元代至元庚辰年（1340），该地建清禅寺（现存）。同年有杨姓一户迁至此地，后逐渐发展成村，故以寺名为村名。清乾隆年间，改名清泉寺。寺内现有白果树一株，高十余丈，胸径约五尺。该村群众历代多加保护，现仍枝繁叶茂。

罗古台村　位于镇政府东北4.5千米，深山地貌，土质瘠薄，水源缺乏，干旱严重。由罗古台和柏城峪、北山背后、胡子台3个自然庄组成。全村206户，720人；耕地面积685亩，主要是种植玉米。2009年人均纯收入450元。据查，明永乐年间，有张氏兄弟二户从山西洪洞县迁此定居，逐发展成村（现存有明隆庆庚午石碑）。因该地有一怪石，呈罗锅状，村处于该石之台上，而得名罗锅台。因“锅”、“古”音相似，后演称罗古台。清乾隆五十七年（1792））重修庙宇石碑正式记载，即定名为罗古台。

桑园涧村　位于镇政府东北4千米，为山区宽谷地貌。有京张公路（北京至张家口）通过。全村290户，885人；耕地面积837亩，主要是种植玉米。2009年人均纯收入400元。村内有选矿厂1个。据明隆庆四年（1570）碑记，明永乐年间，杨氏由山西洪洞县迁此定居，始成村。因村旁有一涧溪，植有桑树，故名桑园涧。抗战期间，涞水县委、县政府曾驻该村。

大泽村　位于镇政府东北偏南4千米处，深山地貌。全村120户，394人；耕地面积482亩，主要种植玉米。2009年人均纯收入530元。1947年11月至1949年1月，北岳区地委曾驻该村。据查，明永乐年间，有杨氏弟兄三户迁居此地，占产立庄。原村名为大栈。明隆庆碑记为大者。清嘉庆改为大泽。

北峪塔村　位于镇政府东偏北7千米，深山地貌，土质瘠薄。由北峪塔、大北港、榆树峪、上塌、下塌5个自然庄组成。全村136户，352人；耕地面积339亩，主要种植玉米。2009年人均纯收入300元。村内有双龙谷旅游景点一处。据查，清光绪年间，于姓迁到此地开荒种地，逐发展成庄，因居住零散，各自以地名代村名。抗战时期，将北峪塔、大北港、榆树峪、上塌、下塌合并为一个行政村，定名为北峪塔。

北边桥村　位于镇政府东偏北10千米处，深山地貌，土质瘠薄，气候寒冷。由北边桥、大片上2个自然庄组成。全村260户，780人；耕地面积603亩，主要种植玉米。2009年人均纯收入520元。野三坡旅游区白草畔景区坐落于此。

南边桥村　位于镇政府东7千米处，由南边桥、房儿港2个自然庄组成。全村79户，223人；耕地面积178亩，主要种植玉米。2009年人均纯收入480元。村内有合作开发的飞龙谷旅游景点一处。据查，明永乐年间，有一阁老在此隐居，将此地韭菜鞍梁划为养鸟山（当地人指鸟叫雀）。清道光年间，有晋、刘、王几姓迁居此地，分别住在该山南、北两面，北面称北边雀，南面称南边雀。因“雀”、“桥”同音，逐演化为南、北边桥。

山南村　位于镇政府北偏东2千米，抓角山脚下，土地干旱，水源缺乏。京张公路（北京至张家口）穿村而过。由山南、西边沟、水峪沟、刘家峪4个自然庄组成。全村400户，1246人；耕地面积1477亩，主要是种植玉米。2009年人均纯收入520元。村内有红砖厂2个。民国28年（1939）2月，八路军冀热察挺进军在该村成立，挺进军司令部和军政委员会驻在该村。据查，该村始建于辽金，原名“绿矾”，含义不详。相传，明代该村有一冯国丈，在朝得宠，权势很大，曾在村旁修一座天官庙（现仍有旧址）。后冯失宠，满门被抄。绿矾村即逐渐衰落，后迁至今址。因位于原村后山之南面，取名为山南。

盘坡村　位于镇政府东北2.6千米，深山地貌，土质薄，水源缺。由盘坡、狼儿、黑渠3个自然村组成。全村162户，585人；耕地面积615亩，主要种植玉米。2009年人均纯收入430元。抗战期间，八路军冀热察挺进军司令部和军政委员会曾驻该村。

据查，该村建于明永乐年间，初有晋氏一家三口迁此定居，逐渐发展成村。因村位于一山坳处，比较隐蔽，出入须盘山坡而行，故名盘坡。此地冬季积雪成堆，有“盘坡积雪”一说，明、清两代涿州代管时，为县八景之一。

据《涿州志》记载：盘坡积雪：盘坡、州西北300里，涿鹿八景记，坡有上、中、下之分，西为表，而东为里，俨若画屏，夕阳西坠，紫绿万状。按今房山县不属于洲，故大房诸山概已削去，其铁柱山、大寒、小寒岭、盘坡远在三百里之外，顾户口独登，赋籍例得载焉。

元史《恒德》记曰：涿鹿之景其最者曰，峨峪生云、盘坡夕照。

盘坡、在郡西北300余里，有上、中、下之分，西为表、而东为里，俨若画屏，寸碧疑在云端，堆罗又如水上，太阳西坠，紫绿万状，米南宫为之阁笔者也。房山在郡西北五十里，北娄居庸，东抵渔阳，西连紫荆，所谓幽燕奥室也，隆冬沍寒，雪飘霰集，日光月影，炫耀争辉，寻梅之兴，因之愈鼓，访载之舟，可以不回矣。

旧志所列八景，新志仍其名者三坡一景，曰：盘坡积雪。当地人传说，很久以前，盘坡山上有一座古寺，名曰梅寺。梅寺选址非常独特，建筑古朴典雅，即在高山之上，又在百花丛中。站在梅寺，远可眺鬉髻山两峰并峙、俨若双蕙之美景，近可观铁角岭铁橛拴马之奇观（相传秦始皇修万里长城时，路过盘坡村东的铁角查看地形，下马休息时在山上定一铁橛拴马）。又有山下流经桑园涧的滔滔河水（该河因修庄里水库而干涸），每当夕阳西坠，紫绿万丈，俨若画屏，使得无数文人墨客为之倾倒。由于当时雨量充沛，该寺所处位置海拔较高，地势阴冷，来年春暖花开时，山上的杜鹃花、梅花开了、山桃花、野杏花开了，寺周围的积雪仍未融化，此时此地看到未化掉的大片积雪别有情趣。这便有了文人笔下的“隆冬沍寒，雪飘霰集，日光月影，炫耀争辉，寻梅之兴，因之愈鼓，访戴之舟，可以不回矣”的记述。

峨峪村　位于镇政府东侧，是九龙镇传统集贸市场所在地，九龙镇爱心小学、镇厂地段医院建于该村。全村227户，751人，耕地528亩，山场面积7000多亩。村内有百年以上古槐4棵，其中村中心的古槐树有500年以上历史，村后山上有山椒古树一棵，被列为保定名树。2009年人均纯收入560元。1947年11月至1949年1月，北岳区地委曾驻该村。村内有砖瓦厂两个。村上游1.5千米处有小二型水库一座，蓄水量70万立方米。

该村历史悠久，据后汉书《长安客话》记载：涿洲西北250里有恶峪，汉世已有此名，卢它人封恶峪候是也。峪中云气弥漫，四时不绝，故《涿洲志》有峨峪生云的记载，被列为涿洲八景。村内砖瓦烧制有上千年的历史，据说大龙门城墙用砖，部分由该村烧制。村内保存有福家台、南瓦窑等古砖窑旧址，20世纪80年代砖厂取土时曾出土陶罐，石斧等远古时期文物。另保存有远古时期石臼一个；天会年间石碾、石磨两盘。1982年，该村村民从地埝下挖出一口石棺，石棺长约37厘米，上用蒙、汉两种文字刻有“上谷郡南矾山隗守翠重孙，天会八年二月八日立”等文字，是隗姓家族为其祖父刻制的象征性墓葬石棺。已有500多年历史，据此该村当建于辽金时期。又据一些老住户介绍，清乾隆年间，有江西抚州宜黄许姓迁此定居（现存有家书），当时已成为村庄，并有上、下峨峪之说。

据《涿州旧志》记载：涿洲西北50里有恶峪，汉世已有此名，卢它人封峨峪侯是也。峪中云气弥漫，四时不绝。两汉刊误补遗云：史论亚谷侯，汉书作恶谷；郑康成释书大传谓，恶为亚。刘源父谓：亚恶二字通用。按崿峪即为汉之恶峪，后人取之回音，易为崿也。

元史《恒德》记曰；“涿鹿之景，其最美曰，崿峪生云、盘坡夕照。崿峪，在郡西北55里，（应为255里），风烟不减，黛色横空，草荣木茂，鹿呦鸟嘤。初夏一临，祥云密布，有形触石，无心出岫，奇峰绿翠，一举成霖，景乎佳哉。”

据清同治十一年《涿洲志》、民国二十四年《涿洲志》记载，峨峪归涿洲管辖。为什么元史《恒德》记中也有涿鹿之景，最美峨峪生云，盘坡夕照的表述呢？1982年，峨峪出土的金代石棺回答这一问题。石棺上用蒙、汉两种文字刻有“上谷郡南矾山隗守翠重孙，天会八年二月八日立”等字。经查；石棺刻制时间距今500多年，为辽金时期文物。当时涿洲、涿鹿应统一归上谷郡管辖。

峨峪生云的出处，当地说法不一：

一曰溪岸生云；峨峪村东有一条河，河水从白草畔顺流直下，经峨峪入拒马河。河两岸奇峰碧绿，草荣木茂，鸟啼风鸣。此河小流域很广，四季长流，一到雨季天连月不开，雨梢一停，雾就从河面慢慢地生起，像朵云、像层云，又像云团横在半山腰，随即雨又连绵而下，如此反复一般。只有起风才能开天，否则雨不易停。当云雾像层云一样升到山腰，下面山川、小溪、草木、庄田历历在目，当你站到高处，看到河两岸厚厚的云涛，若隐若现的村庄时，还真有一丝登泰山、望云海的情趣。故当地有一首顺口溜：三坡伏天多连阴，连日不开雨纷纷，才见雨停天放亮，又见溪岸又生云。

二曰：峨峪村南山有一地叫夹河拉漕，是一处由乱石形成的山洞，直通山下暗流，山洞有多处洞口，一年四季向外冒气，夏天冒凉气、冬天冒热气，向云雾一样。冬季由于气温低，热气冒出后形成厚厚的冰层。夏季阴雨天，两岸的潮气与半山腰的雾气融合，在河谷半空形成云层，山谷里整天雾气沼沼，村庄笼罩在云雾之中，不起风不能晴天。另外该村三面环山，仅有村西与外界相连，而村西恰与张家口市涿鹿县山谷相通，两地温差较大，冷空气将村内炊饮烟吹向河谷，宛如黛色横空、祥云密布，从而形成了峨峪生云的壮丽景观，倍受历代文人墨客的憧憬。应该说峨峪生云是由特殊的地理位置，自然环境和充沛的雨水造成的，也是其他任何地方难以复制的自然景观，是大自然的特殊恩赐。

平西抗战时期，晋察冀边区第六行政督察专署（俗称平西专署），在峨峪村成立并驻该村。现村内仍保留有专署机关、看守所、法场等遗址。

联合村　位于镇政府东南4千米，深山地貌，山林茂密，土质瘠薄，居住分散，交通不便。全村46户，135人；耕地面积100亩；主要种植玉米。2009年人均纯收入300元。该村建于民国6年（1917），始有山南村王姓几户来此落脚谋生，自名为“落脚”。后又称“歇脚”。民国18年（1929），西药台（今属北京市）董、于两家也来此附近定居垦坡种地，称此地为大稽。民国32年（1943）抗日政府将这一带山庄正式划为一个行政村，命名为联合村。

镇厂村　位于镇政府南偏西1千米，地处小西河东岸，山区宽谷地貌，交通便利。全村148户，491人；耕地面积203亩，主要种植玉米。2009年人均纯收入680元。村内有红砖厂1个。据传，过去该地附近多铜矿。明万历年间，该村址为集中炼铜厂地（今仍可见炼矿遗址）和进行交易的小镇，故名镇厂。至清乾隆年间炼矿停止，有房山县芦子水村隗姓等在此定居，始成村庄，并沿用镇厂为村名。

黑水寺村　位于镇政府西南2千米，深山地貌，土地瘠薄，居住分散。该村由黑水寺、大庙、北台子、泊沟、黑岩子5个自然庄组成。全村267户，853人；耕地面积532亩，主要是种植玉米。2009年人均纯收入500元。村内有铁选矿企业2个。该地原有一座寺庙（年代无考）。据传，有溪水能直引入庙内为炊，名为得水寺。清同治年间，先后有史、李、郑、杨四姓逃荒至此占山定居，始成村落。村民多从庙内水池中汲水，因池深水色发黑，即逐渐演化为黑水寺。

河西村　位于镇政府西1千米，山区宽谷地貌，处于小西河西岸。全村134户，440人；耕地面积280亩，主要种植玉米。2009年人均纯收入450元。据查，清乾隆年间，杨姓来此定居，逐发展成村，因村址位于小河西岸，故取村名为河西。

太平村　位于镇政府西北4千米，深山地貌。京张公路（北京至张家口）从村南经过。该村由太平村、五里铺、林里3个自然庄组成。全村240户，729人；耕地面积468亩，主要种植玉米。2009年人均纯收入520元。村内有铁选矿企业2个。据查，清嘉庆年间，有高姓在此定居，开始建村。因位于龙门村之下，取名下庄子。光绪年间，有一风水先生，说该村犯“桃花水”，有伤村风，立碑改名，方可太平。村民即在村西路口建起影壁一座，上书“影照西山太平村”。从此，村名则改为太平村。

北龙门村　位于镇政府西北5千米，深山地貌，京张公路从村旁（北京至张家口）经过。全村220户，832人；耕地面积528亩，以种植玉米为主。2009年人均纯收入500元。据该村刘家祖坟石碑考证，该村约建于金末元初。据说最早有赵、刘两家从涿鹿县黄土坡迁来定居，逐渐发展成村。因村址在大龙门（关）村之下游，取名龙门村。刘家坟石碑上刻有“大元国大都路涿州范阳县龙门村”字样。抗战前，仍称龙门村。革命政权建立后，为了与大龙门村相对应，又因该村处于小西河北岸，于1940年改为北龙门。

大龙门村　位于镇政府西北5.5千米，深山地貌。全村105户，363人；耕地面积528亩，主要种植玉米。2009年人均纯收入480元。野三坡旅游区龙门大关景区坐落于此。该村址原是一处古关隘——大龙门关，今仍存有城堡，村庄系在城堡之内。据考，该城堡始建于辽金，明隆庆二年（1568）及万历年间曾大事增修（有碑记）。城堡背山面谷，犹如龙盘双峰对峙，形势如门，故名大龙门。城堡周长约4华里，设东、西二门。沿城墙设有敌楼和炮台。明、清两代曾驻有把总守关。清乾隆年间，城内始有民居。清末期，关废成村，大龙门即定为村名。今大龙门城堡和附近长城保存尚完好，已列为省级重点文物保护单位。

杏黄村　位于镇政府西偏北5千米，深山地貌。该村由杏黄、下杏黄、岭南3个自然庄组成。全村115户，446人；耕地面积399亩，主要种植玉米。2009年人均纯收入480元。村内有铁选矿企业1家。据查，清康熙年间，有刘姓迁此定居立庄，因该地杏树多，位于原杏黄村之上，取村名为上杏黄。后因刘姓族繁人增，成为主村，故改为杏黄。原杏黄改为下杏黄。

蔡树庵村　位于镇政府西北偏北8千米，深山地貌，山林茂密，土地瘠薄，气候寒冷。由蔡树庵、高家沟、庄户涧3个自然庄组成。全村133户，385人；耕地面积248亩，主要是种植玉米。2009年人均纯收入360元。村内有铁选矿企业1家。据查，此地原有座姑子庵。清道光年间，罗古台村民张先有来此定居立庄，名为姑子庵。后因人口发展不旺，认为与地名有关，于光绪年间，根据满山蔡树成林的特点，改名为蔡树庵。

十二、三坡镇

（一）综情

三坡镇位于涞水县西北部山区，东接北京市十渡镇，南邻龙门乡、娄村满族乡，西交赵各庄镇，北依九龙镇。地势北高南低。拒马河支流小西河由马各庄村流入，在紫石口村南金三角处汇入拒马河。拒马河由邢各庄入境、经苟各庄、刘家河、松树口、上庄、下庄、都衙，由南峪流出。镇政府驻地下庄村，位于县城西北39千米处。三坡镇是1993年撤区并乡建镇时，由原紫石口乡、都衙乡、蓬头乡的邢各庄、苟各庄合并组建的旅游特色镇。辖16个行政村，总面积200平方千米，2009年耕地面积7490亩，人均耕地0.57亩，总人口13055人，其中农业人口12800人，人口密度每平方千米65人。

京原铁路横穿全境，设有百里峡、三坡两个车站。张涿高速、108国道从境内通过，保野公路直达境内。2008年完成公路村村通工程，修水泥路121千米。2009年完成农村低压电网改造，通电村16个，2009年农村用电量1893万千瓦时。

全镇有机井30眼，配套30眼，有效灌溉面积3000亩。农作物主要是玉米，2009年种植面积5944亩，产量1157吨。2009年粮食种植面积7220亩，总产量1375吨；油料种植面积110亩，总产量21吨；蔬菜种植面积1043亩，总产量2110吨。实有林地面积95100亩，其中果林面积9140亩，主要果树有柿子树、面积980亩，产量4900吨；核桃树、面积7560亩，产量5120吨；杏树、面积600亩，产量300吨。果品总产量10320吨。养殖业主要以养羊为主，2009年存栏40000只，出栏17000只；其他主要是农民散养的猪、鸡。2009年猪存栏2400头，出栏2400；鸡存栏75000只，出栏67000只，全镇肉类总产量554吨。禽蛋产量420吨。

工业有以生产壁炉为主的晨龙铸造厂；野三坡酿酒公司。

2009年镇有小学5所，在校学生602人，教师66人，设有幼儿园5所，教师15人，入园少儿174人，学龄前儿童入园率96.2%。1979-2009年共投资120万元，新建校舍500平方米，改建850平方米。2009年有卫生院1所，村卫生所13个，医护人员25人，病床16张，万元以上医疗设备2台。改革开放以来，农村传统花会得到恢复，新建秧歌队8个。

2009年，全镇农民人均纯收入1240元，固定电话装机1883部、移动电话拥有2546部，彩电、冰

箱、洗衣机拥有量分别达到3505台、2780台、3300台，家庭轿车600辆，居民储蓄存款余额6550万元。人均住房面积30平方米。

（二）所辖行政村简介

下庄村　镇政府所在地，山区宽谷地貌，靠拒马河。京原铁路（北京至原平）从村东通过。该村由下庄、鱼东片2个自然庄组成。野三坡大峡谷景区坐落于此。全村368户，1296人；耕地面积900亩，山场面积6020亩；村民以旅游服务业为主要收入来源。2009年人均纯收入2200元。据墓碑考，该村在金大定年间已成村落，上游建有上庄，故名为下庄。

南禅房村　位于镇政府西北13.5千米，深山地貌。全村82户，352人；耕地面积300亩，山场面积1050亩；村民以林果业和外出务工为主要收入来源。2009年人均纯收入800元。

北禅房村　位于镇政府以北14千米，深山地貌。全村87户，292人；总面积4548亩，其中耕地面积204亩，宜林荒山1960亩，村民以林果业和外出务工为主要经济来源，2009年人均纯收入950元。据查，南、北禅房为宋代佛庙遗址，原为南北两处禅堂。明嘉靖年间始成村，名“禅堂”。据清代居户所制石碾刻文记载，光绪年间，村名已改为南、北禅房。

都衙村　位于镇政府东南4千米，深山峡谷地貌，靠拒马河。该村包括都衙、四背峪、北流子、北大河、罗府窑、狼儿河、大麦港口、七里铺、七米塔9个自然庄，居住分散，东侧与北京市接壤。全村325户，1207人；耕地面积720亩；村民主要以农业、外出务工为收入来源。2009年人均纯收入1100元。该村地处山谷关口要地。据传，明初曾在此设武都衙门一座，并在附近设南北两个囚狱，有武官驻守（在此设武衙和囚狱的原因无考），后发展成村，即以都衙为村名。

苟各庄村　位于镇政府西偏北5千米，野三坡百里峡景区所在地，深山地貌。京原铁路（北京至原平）从村东北通过，设有百里峡车站。该村包括勾各庄、北港、西峪3个自然庄。全村410户，1386人；耕地面积300亩，山场面积9810亩；村民以旅游服务为主要收入来源。2009年人均纯收入2200元。该村的旅游设施齐全，是依托旅游发展起来的典型村，在辐射和带动全镇旅游经济发展上，起着重要作用。据查，明永乐年间，勾氏由山西迁此定居立庄，以姓氏取村名为勾各庄，后演变成苟各庄。

黄峪铺村　位于镇政府南偏东9千米，深山地貌。该村包括黄峪铺、五道沟、四道沟、二道沟、大铺5个自然庄。全村67户，219人；耕地面积180亩，山场面积43820亩。村民以林果业和外出务工为主要收入来源。2009年人均纯收入550元。据查，清康熙年间，有两户人家（姓氏无考）讨饭来此，以烧炭为生，盖了两个草铺居住，原称双铺。后因谋生艰难，搬走。清乾隆年间，又有刘姓迁此定居，取村名为黄峪铺。

交界口村　位于镇政府西北9千米，山区宽谷地貌，靠小西河。京源公路（北京至涞源）由村西通过。该村由交界口、庄子湾、东港3个自然庄组成，全村245户，782人；耕地面积195亩，山场面积

10555亩；村民以林果业和外出务工为主要收入来源。2009年人均纯收入900元。据查，该村建于辽金，古时为边塞之地，以北属上谷地。起初焦姓居住于此。据碑文记载，金大定年间名为焦涧口。明代以后因该村为房、涞、涿（涿属三坡）三县交界之处，曾几易地名。清乾隆四十五年（1780）称交界口。光绪十二年（1886），又称焦涧口。光绪十七年（1891）复改为交界口。

刘家河村　位于镇政府西偏北3.5千米，地处野三坡百里峡景区腹地，深山地貌，靠拒马河。京原铁路（北京至原平）从村西通过。全村155户，493人；耕地面积156亩；村民以旅游服务业为主要收入来源。2009年人均纯收入1600元。据查，明崇祯年间，桑园涧村刘进孝迁此定居立庄，因位于拒马河边，故以姓氏及河流取村名为刘家河。

马各庄村　位于镇政府西北13千米，鱼谷洞景区所在地，山区宽谷地貌，靠小西河，地势较开阔。京源公路（北京至涞源）从村北往南横跨马各庄桥通过。该村包括马各庄、西马各庄两个自然庄。全村412户，1400人；耕地面积839亩，山场面积12696亩。2009年人均纯收入1000元。野三坡酿酒有限公司坐落于此。据查，明代，此地只有马姓一家在此居住，后从罗古台村搬来一张姓。至清乾隆年间，户数增多，取村名为马各庄。后以河为界，分东、西两庄，该庄位于河东，取名东马各庄。因该村始终为主村，新中国成立后，即定名为马各庄。1939年，挺进军司令部和军政委员会曾驻该村。

南峪村　位于镇政府东南6千米，深山地貌。该村由南峪、北峪、南大坑、北大坑4个自然庄组成，东与北京市交界。全村202户，629人；耕地面积543亩。村民以农业生产为主，经济落后，2009年人均纯收入960元。据传，明初，附近有武都衙门一座（在今都衙），在这里设有南北两个囚狱，该村址为南狱，后发展成村，仍称南狱。后来人们认为狱字不吉利，即按谐音改为南峪。

沙岭西村　位于镇政府南6千米，深山地貌，居住分散。该村包由沙岭西、十八盘、凉水泉、岭根、东华水、东长洼6个自然庄组成。全村150户，376人；耕地面积620亩，山场面积36484亩；村民以林果业和外出务工为主要收入来源。2009年人均纯收入650元。据查，清康熙年间，李、郑，魏三户由山西逃荒来此定居立庄，定居点坐落在沙岭之西，故取村名为沙岭西。

上庄村　位于镇政府西北4千米，山区宽谷地貌，靠拒马河；土质较好，灌溉便利。该村包括上庄、上庄子2个自然庄，地处野三坡旅游区中心地带。全村217户，622人；总面积3平方千米，其中山场面积3400亩，耕地面积318亩。村民以旅游服务业为主，2009年人均纯收入2200元。据墓志考，该村早在金保大元年（1121）就有上董家庄之称（因村中董姓居多，以姓氏为村名）。清光绪元年（1875）改称上庄村。新中国成立后，改为上庄。

松口村　位于镇政府西北3.5千米，深山宽谷地貌，靠拒马河，土质较好，能灌溉。全村89户、297人；耕地面积150亩，（其中水田80亩，旱地70亩），山场面积7163亩。村民以种植业和林果业为主要收入来源。2009年人均纯收入1060元。据查，清康熙年间，罗古台村张应奎来此占山立庄，村南山沟长有松树，村处沟口，取村名为松树口，后改为松口。

邢各庄村　位于镇政府西偏北8千米，拒马河畔，深山地貌。近年依托拒马河资源，开发的漂流旅游项目，为村民带来了可观的经济收入。全村126户，476人；耕地面积247亩，山场面积8805亩，村民以林果业和旅游业为主要收入来源。2009年人均纯收入1000元。据该村观音庙古钟（1958年毁）载，明永乐年间。有邢有珠、邢有旺二兄弟从山西迁此定居，后建庙一座，并铸铁钟为记，钟上铸有邢氏二人姓名。由此，即以姓氏取村名为邢各庄。

义和庄村　位于镇政府东北7千米，地处深山峡谷，交通不便，土质瘠薄，居住分散。全村85户，232人；耕地面积195亩，山场面积10712亩；村民以林果和外出务工为主要收入来源。2009年人均纯收入600元。据查，清光绪年间始建村，村址在上庄村东一山沟里，属上庄村所辖，名为上庄港。土改时与上庄分开，由工作队改村名为义和庄。

紫石口村　位于镇政府西北7.5千米，深山宽谷地貌，靠拒马河支流小西河，地势较开阔。该村包括紫石口、曹坝岗、大峪港、南台、东坡根5个自然庄。全村790户，2521人；耕地面积732亩，山场面积22782亩；村民以种植业和旅游业为主要收入来源。2009年人均纯收入900元。抗战期间，涞水县委、县政府曾驻该村。挺进军七团团部曾驻该村。

据出土墓志考，该村在金大定以前已成村落。因地处紫色岩构成的山峦脚下，又村北口有紫色巨石一块，故以石色取村名为紫石口。

十三、赵各庄镇

（一）综情

赵各庄镇位于涞水县西北部山区，东接三坡镇，南邻龙门乡，西交其中口乡，西北依张家口市涿鹿县，东北靠九龙镇。地势险要。拒马河由板城村流入，流经板城、白涧、赵各庄、计鹿、河东、平峪、福山口、小丰口、蓬头九个村，由蓬头流出。大西沟在菩萨峪入境，流经郭家峪、淮北、李各庄、玉斗、六顺、白涧，在白涧汇入拒马河。平均海拔500米。镇政府驻地赵各庄村，在县城西北47千米处。1961年建人民公社，1984年公社改乡，为赵各庄乡。1993年撤区并乡建镇，原赵各庄乡、李各庄乡、蓬头乡的蓬头、汤家庄、小丰口、福山口4个村合并建赵各庄镇。辖20个行政村，总面积149平方千米，2009年耕地面积12150亩，人均耕地0.54亩，总人口23004人，其中，农业人口22656人，人口密度每平方千米154人。

国道108线横穿全境，途经蓬头、小丰口、福山口、计鹿、玉斗、李各庄、淮北、下明峪、郭家峪、菩萨峪10个村。省道沙东公路经板城、白涧、六顺、玉斗，在玉斗村与108国道相接。2006年完成公路村村通工程，共修水泥路200千米。2004年完成农村低压电网改造，通电村20个，2009年农村用电量4570千瓦时。

全镇有机井6眼，配套6眼，饮水井470眼，防渗渠15万米。有效灌溉面积470亩，农作物主要有玉米，2009年种植面积10100亩，产量1414吨。2009年粮食种植面积11850亩，总产量1729吨。实有林地面积17850亩，果林面积2850亩，主要果树有薄皮核桃5万棵、板栗3万棵、嫁接杏扁3万棵。养殖业主要以猪、羊、鸡、兔为主，2009年猪存栏8300头，出栏8000头；羊存栏24500只，出栏5500只；鸡存栏18500只，出栏14500只。明旺长毛兔养殖合作社，实现村民全部入社，长毛兔存栏5000只，出栏15000只，全镇肉类总产量653吨，禽蛋产量135吨。

赵各庄镇工业以采矿业为主，全镇有采矿企业6家，主要有金、银、铁、钼等金属和石英、大理石、海泡石等非金属矿开采，制鞋企业一个。

2009年有中学1所，小学7所，在校学生1626人，教师194人，有幼儿园5所，教师54人，入园少儿789人，学龄前儿童入园率100%。1979—2009年共投资392万元，新建校舍13540平方米，改建5820

平方米。2009年有卫生院1所，村卫生所20个，医护人员47人，病床35张，万元以上医疗设备4台。群众文化活动日益活跃，新建秧歌队20个。

2009年，全镇农民人均纯收入1210元，固定电话装机3219部，移动电话拥有9195部，彩电7980台，冰箱2310台，洗衣机3120台，家庭轿车980辆，居民储蓄存款余额535万元，人均住房面积20平方米，房屋质量也由原来的石木结构过渡到砖混结构。

（二）所辖行政村简介

赵各庄村、镇政府所在地，山区宽谷地貌，地势较开阔。京原铁路（北京至原平）从村北通过，设有白涧车站。全村462户，1396人，其中农业人口1326人；总面积23999亩，耕地面积701亩。以种植玉米、黄豆，小杂粮为主。2009年人均纯收入800元。据查，该村建于明初。原有勾、孙二姓相继从山西搬来占地立庄，因村旁有三棵槐树，初名为三槐庄。后该村财主勾飞龙、勾飞虎嫌三槐庄名气太小，遂改为照各庄。其意为照附近各庄。因“照”“赵”同音，逐演化为赵各庄。

福山口村　位于镇政府东北5千米，由南滩、一间房、奔山3个自然庄组成，主村为南滩。108国道、京原铁路从村西北山上穿过，设有福山口车站。村南拒马河环绕。全村339户，1165人；耕地面积645亩。村民以种植玉米、黄豆、小杂粮为主要收入来源。2009年人均纯收入780元。挺进军九团团部曾驻该村。据查，明崇祯年间，有赵、许二姓由三坡镇紫石口村迁至此地，逐发展成村，因村址位于四条沟之沟口，为吉祥计，取村名为福山口。

小峰口村　位于镇政府东北7千米，由主村和黑石、吐口、中铺、山神庙、柴棚、沙窝、北港、上庄8个自然庄组成。108国道穿村而过，交通较为便利。拒马河绕村东而过。全村450户，1770人；总面积35308.5亩，其中耕地面积1324.5亩。村民以种植玉米、黄豆、小杂粮为主要收入来源。挺进军九团团部曾驻该村2009年人均纯收入810元。据蓬头东山娘娘庙碑文记载，该村原名小洪口，建于明嘉靖年间。清代中期该村有一拔贡赵氏，县官到此，须下马拜访，遂更名为下马口。拔贡逝世后，复名小洪口。因“洪”“峰”同韵，逐演化为小峰口至今。抗战期间，冀热察挺进军司令部和军政委员会曾驻该村。

玉斗村　位于镇政府西北3千米，108国道穿村而过，玉斗大桥连接村东西两部分，是去北京、张家口必经之路。该村由玉斗、二道河2个自然庄组成。全村478户，1780人；总面积14344亩，其中耕地面积1190亩。村民以种植玉米、黄豆、杂粮为主要收入来源。2009年人均纯收入820元。1947年11月1949年1月，北岳区地委曾驻该村。据出土文物考证，该村约建于辽金。今村北董家坟存有元朝明威大将军董资建墓碑，按碑文记载和当地世传，董资建系玉斗村人，为元朝武将，因屡立战功，擢升为明威大将军都总领提控之职。据传，一年山洪暴发，冲来一块巨石，白如玉，形似斗，停留在此地，当地村民认为这是一块宝石落在宝地，遂在此立庄，取村名为玉斗。民国31年（1942）3月，晋察冀边区行政委员会，冀北办事处曾驻该村。

计鹿村　位于镇政府北偏东2千米。108国道、京原铁路穿村而过。村南面是拒马河，山区宽谷地貌，地势较开阔，村民居住比较集中。全村320户，1050人；总面积16230亩，其中耕地面积410亩。村民以种植玉米、黄豆、小粒杂粮为主要收入来源。2009年人均纯收入870元。1947年11—1949年1月，北岳区地委曾驻该村。据查，明初，张、郭二姓从山西搬来分占山、滩始建村，以村东、西各有一巨石，远观如门，取村名为石门村。清初，二石被水冲走，又村边山头有两块鹿状大石，则将石门村改为巨鹿。因“巨”“计”，谐音，后逐演变为计鹿。

白涧村　位于镇政府西南2.5千米。为山区宽谷地貌。108国道和京原铁路穿村而过，大西沟由此处汇入拒马河，地势开阔。该村由白涧、大石槽、小坨、青湖、排风安5个自然庄组成，全村410户，1570人，其中农业户口1332人；总面积23988亩，其中耕地面积750亩。村民以种植玉米、黄豆、杂粮为主要收入来源。2009年人均纯收入850元。村内有林清寺中学1所，中心幼儿园1所，烈士陵园一座。该村历史较久。据传，古时该村为茂密的柏树林环绕，名为柏连城。据《涞水县志》载，明代，涞水县山后有三社，白涧为一社。因村前两河（拒马河、大西沟）相汇成川，川石白如积雪，故称白涧溪（即现大西沟）。白涧则由此溪得名。

汤家庄村　位于镇政府北偏东12千米，由汤家庄、红旗山、西塌、王窖、西坡根、下滩、西港、高马台8个自然庄组成。西面与张家口市相邻，南面5千米通过蓬头村与108国道相连，村民居住比较集中。全村704户，2434人；总面积2589.4亩，其中耕地面积1546.5亩。村民以种植玉米、黄豆、杂粮为主要收入来源。2009年人均纯收入793元。1947年11月1949年1月，北岳区第三地委曾驻该村。据该村观音庙碑文考证，该村建于明永乐年间。初有汤姓由山西迁此定居，逐成村庄。因村内以汤氏家族居多，故取村名为汤各庄。清光绪年间，改称为汤家庄。抗战期间，涞水县委、县政府曾驻该村。

蓬头村　位于镇政府东北10千米，1993年前为蓬头乡政府所在地。由主村和大港、小港、沙峪、东山4个自然庄组成。108国道从村南穿过，交通比较便利。拒马河绕村南经过。蓬头大桥连接三坡、九龙两镇。全村806户，2794人；总面积2520.4亩，其中耕地面积1778亩。村民以种植玉米、黄豆、杂粮为主要收入来源。2009年人均纯收入830元。挺进军九团团部曾驻该村。1947年11月1949年1月，北岳区地委曾驻该村。据查，明永乐年间，有王、李、刘三姓从山西迁此地分三片定居，后三姓共商迁居一处，建立村庄，取村名为碰头。因“碰”“蓬”谐音，逐演变成蓬头。

平峪村　位于镇政府东4千米。拒马河从村东到南绕到村北边，水资源丰富，村北有一座小型水力发电站，与河东村有200米的涵洞相通。全村190户，680人；总面积1464亩，其中耕地面积576亩。村民以种植玉米、黄豆、杂粮为主要收入来源。2009年人均纯收入756元。据查，明崇祯年间，赵姓从山西迁来，于此群山环绕的一块平地上建村，以地形特征命名平峪。

河东村　位于镇政府东北3千米，山区宽谷地貌。108国道从村北山上穿过，村后有京原铁路经过，村南有拒马河绕村而过，水源丰富，有旅游开发潜力。全村220户，820人；总面积3573亩，其中耕地面积481.5亩。村民以种植玉米、黄豆、杂粮为主要收入来源。2009年人均纯收入760元。1942年3月，晋察冀边区行政委员会，冀北办事处曾驻该村。1947年11月1949年1月，北岳区第三地委曾驻该村。据查，该村始建于明末清初，原为赵各庄村附属山庄，因位于拒马河东岸，名为河东。后来，平峪村赵氏兄弟四人买了赵各庄勾飞龙、勾飞虎的土地，而迁居在此，成为独立村，即以河东定为村名。

板城村　位于镇政府西南4千米，由板城主村和蔡树底下、竹子、王家坨、学校庄、冠子石塘5个自然庄组成，为山区宽谷地貌，有部分平地。村西有板城大桥连接省道沙东公路，交通便利。拒马河绕村西而过。全村700户，2199人；耕地面积927亩。村民以种植玉米、黄豆、杂粮为主要收入来源。2009年人均纯收入800元。该村历史悠久。据《涞水县志》等史志记载，板城为汉高帝征匈奴时所筑。唐开元五年（717）置板城县，属易州，天宝年废。据传，当初城墙和城门系用木板构筑，故称板城。又传，古时（朝代不详）曾有一彪人马在此自行称王，因而板城的名声很大。今村西南尚有王子坟遗址。该村由于地势开阔，且为交通枢纽。抗日战争前，板城为涞水县第七区驻地。抗战期间，为平西根据地，涞水县政府曾驻该村。1947年平西土地工作会议，即在板城召开。因该村与石亭镇板城村重名，按群众习惯，改称山后板城。

六顺村　位于镇政府西2千米，省道沙东公路从村东而过，交通比较便利，地势较开阔，为山区宽谷地貌。全村400户，900人；耕地面积550亩。村民以种植玉米、黄豆、杂粮为主要收入来源。2009年人均纯收入800元。据查，该村约建于辽金时期，后为元朝明威大将军董资建（玉斗人）所占，原名照岚（日出时，村上空常有烟雾缭绕，故称照岚）。据传，清代，有一县衙苏珍路过该村，询此村名来历，说有岚气上升是风水走掉不祥之兆，应改为六顺，取“六六大顺”之意，由此即改为六顺。

上安北村　位于镇政府北偏西9千米。深山地貌，气候较寒冷，交通不便。该村由上安北、南沟、平台沟、正沟、旮旯、刘家庄、普兰坨7个自然庄组成。全村107户，510人；总面积9840亩，其中耕地面积550亩。村内有国有林场一个。村民以种植玉米、黄豆、杂粮为主要收入来源。2009年人均纯收入759元。该村交通不便，水源缺乏，现村民仍引用山泉水。

下安北村　位于镇政府北6千米，为深山地貌，气候较寒冷，交通不便。该村包括下安北、庄子、玉安庄、北庄4个自然庄。全村156户，554人；耕地面积157亩，村民以种植玉米、黄豆、杂粮为主要收入来源。2009年人均纯收入759元。该村交通不便，水源缺乏，村民现仍饮用山泉水。以上两村，均建于明永乐年间，先有玉斗村王姓搬到此地定居立庄，村南有一马鞍形山岭，取村名为安北。同时有玉斗村刘、赵二姓迁来，在王姓住地上部立庄，上下两村即以相对位置，分别称上、下安北。

李各庄村　位于镇政府西北5.5千米，108国道从主村村东南坡跟绕过，交通比较便利，为山区宽谷地貌。主村李各庄靠拒马河支流大西沟，地势较开阔。由李各庄、郑家庄、刘家庄、马家庄、北港、南港、直里港、破崖8个自然庄组成，分布在各山沟内。全村500户，1952人；总面积2250.9亩，其中耕地面积1347亩。村民以种植玉米、黄豆、杂粮、为主要收入来源。2009年人均纯收入800元。民国33年（1944），冀察区党委曾驻该村。9月，冀察军区司令部、十一军分区司令部曾驻该村。1946年10月察哈尔省党政机关曾住该村。1947年11月至1949年1月，北岳区地委曾驻该村。该村历史较久，村北北港沟内原有辽金时建的嘉秘寺一座，现尚存有元代重修嘉秘寺石碑。据考，该地古时已有村落，李各庄村约建于唐。原来该村李姓居多，名为李家庄，后逐演化为李各庄。

淮北村　位于镇政府西北7.5千米，靠大西沟北岸，山区宽谷地貌，108国道穿村南而过，交通比较便利。该村由淮北、淮北台、大港3个自然庄组成。全村190户，702人；总面积7756亩，其中耕地面积743.6亩。村民以种植玉米、黄豆、杂粮为主要收入来源。2009年人均纯收入800元。据查，明代末期，有杨姓开始在此定居立庄，逐发展成村。据传，村南原有一片老槐树，即以槐林为记，取村名为槐北。槐林逐被砍伐，因“槐”、“淮”同音，后即演称为淮北。

下明峪村　位于镇政府西偏北9.5千米，靠拒马河支流大西沟北岸，山区宽谷地貌。108国道从村南穿过，交通比较便利。该村由下明峪、冯儿港2个自然庄组成。全村275户，962人，耕地面积329.8亩。村民以种植玉米、黄豆、杂粮为主要收入来源。2009年人均收入1000元。据查，明成化年间，庞氏家族奉诏从山西洪洞迁徙到蔚州，又从蔚州迁到此地定居，发展成村。同时迁来一族在其村上部立庄。为留历史纪念，分别取村名为上、下明居，意为明朝来此定居。后称为下明峪（上明峪于1961年划归涿鹿县）。

郭家峪村　位于镇政府西偏北9千米，深山地貌。村内有一条三华里的水泥路与108国道相连，交通比较便利。全村100户，407人；总面积6540亩，其中耕地面积352亩。村民以种植玉米、黄豆、杂粮为主要收入来源。2009年人均纯收入800元。据查，明代末期有郭姓从易县良岗迁此定居，逐渐发展成庄，以姓氏取村名为郭家峪。

菩萨峪村　位于镇政府西偏北10千米，108国道穿村而过，交通比较便利。全村100户，332人；总面积8700亩，其中耕地面积309亩。村民以种植玉米、黄豆、杂粮为主要收入来源，2009年人均纯收入700元。该村建于清道光年间，最初有王姓一家从易县良岗一带逃荒至此定居，以垦坡烧炭为生。据传，有一次王氏上山，从石洞中发现一个铜佛，似菩萨像。从此，该地起名为菩萨峪。后逐渐发展成村，即以菩萨峪为村名。1966年“文革”期间，曾改为红卫庄。1981年县地名办为其恢复原名，仍称菩萨峪。

南峪港村　位于镇政府西北4千米，深山地貌。村内有一条三华里的水泥路与108国道相连，交通比较便利。全村100户，404人；总面积4530亩，其中耕地面积139.4亩。村民以种植玉米、黄豆、杂粮为主要收入来源。2009年人均纯收入800元。据查，该村建于明末，初有赵姓几家从山西省逃荒到此定居，逐渐发展成庄。因村址处于南山沟里，故名南峪港。

十四、龙门乡

（一）综情

龙门乡位于涞水县西北部山区，东接三坡镇，南邻易县，西交其中口乡，北依赵各庄镇。地势属东西长，南北狭窄的山地。拒马河由南向北穿过，流经店上、黄各庄、岭东、岭西、龙门、河口、庄儿上，由庄儿上村流出。乡政府驻地龙门村，位于县城西北偏西48千米。1984年由龙门口公社改为龙门乡。1993年撤区并乡建镇，将原龙门乡、偏道子乡合并建龙门乡。辖20个行政村，总面积183平方千米，2009年耕地9135亩，人均0.83亩，总人口11431人，其中农业人口11040人，人口密度每平方千米62人。龙门乡地处深山区，工商企业数量少，规模小，经济仍以农业为主。

省道沙东线从乡内经过，2007年完成公路村村通工程，共修水泥路90千米。通电村20个，2009年农村用电量154万千瓦时。

全乡有机井27眼，配套24眼。农作物主要有玉米、谷子、薯类、杂粮等。2009年，粮食种植面积851亩，总产量1287吨，其中玉米7024亩，产量1096吨，油料种植面积123亩，总产量30吨，蔬菜种植面积847亩，总产量1545吨，实有林地面积8190亩，主要果树有红果、红枣、杏等，干果主要有核桃、杏扁、山杏仁等，果品总产量113吨。其中，红果产量72吨，杏产量8吨，红枣产量4吨，核桃10吨，杏扁6吨，山杏仁5吨。养殖业主要以猪、羊为主，2009年猪存栏4300头，出栏8300头；羊存栏19000只，出栏16400只；鸡存栏9700只，出栏17500只。全乡肉类总产量851吨，禽蛋产量77吨。

2009年有小学2所，在校学生550人，教师44人；幼儿园2所，教师8人，入园少儿98人。有卫生院2所，村卫生所2个，医护人员14人，病床20张。改革开放以来，农村传统花会得到恢复，有秧歌队4个、群众自发组织的文艺宣传队2个。

2009年，全乡农民人均纯收入1214元，固定电话装机380部，移动电话拥有5000部，彩电、冰箱、洗衣机拥有量分别达到2800台、1000台、2600台，家庭轿车20辆。

（二）所辖行政村简介

龙门村　为乡政府所在地，由龙门、寺上、寺儿港、瓦窑、龙门岗、马脖子上、西庄、大西洼、白蛇港口、西道沟、东道沟口、大台12个自然庄组成。全村421户，1229人；耕地面积744亩。村民的经济来源主要是传统种植业和外出务工。2009年人均纯收入1308元。据查，明初，王姓家族从山西迁来始建村。村后有一山，拔地而起，形似龙门，村正置龙门之下，则以其地形取村名为龙门。

河口村　位于乡政府北偏东1.5千米，拒马河西岸，山区宽谷地貌，省道紫玉公路（紫荆关至玉斗）穿村而过。全村208户，601人；耕地面积330亩。村民的主要经济来源为传统种植业和外出务工。2009年人均纯收入1278元。该村矿产资源丰富，具有一定的发展潜力。据传，明初有一张姓从山西迁来此地定居。家有一男孩，常在路边玩耍，因其肤色甚黑，行路人见之为奇，皆称此地为黑儿口，并一

度以此为村名；后人按方言谐音更名为河口。

庄儿上村　位于乡政府北偏东3千米，拒马河东岸，山区宽谷地貌，京原铁路（北京至原平）从村东通过。该村包括庄儿上，张家庄、商家庄、杨家庄、傅家庄5个自然庄。全村131户，443人；耕地面积325亩。村民主要收入来源是传统种植业、养蜂业和外出务工。2009年人均纯收入1160元。据传，汉光武帝刘秀走国时，曾路过此地，因而最早叫刘家庄。明朝燕王扫北时，把村扫掉，后又重建，取村名为庄儿上。

九集庄村　位于乡政府西北3千米，深山地貌，居住分散。该村包括九集庄、花椒窑、桃树湾、牛家坟、高家庄、上宽滩6个自然庄。全村110户，336人；耕地面积1195亩，以传统种植业和外出务工为主要收入来源。2009年人均纯收入1267元。据查，明初有山西人在此地开采磨玉石，后来不断有人迁来开矿，逐发展成庄。因所处之沟上下宽，中间窄，名为宽滩。又该庄位于下部，即称下宽滩，是该庄主村。抗战初期建民主政权时，将附近几个山庄合并为一个行政村，取村名为九集庄。

岭西村　位于乡政府东偏北3千米，拒马河南岸，山区宽谷地貌。该村包括岭西、大菜梁、旮旯3个自然庄。全村165户，554人；耕地面积532亩，以传统种植业和外出务工为主要收入来源。2009年人均纯收入1187元。据该村赵姓家族世传，早在宋代，有赵虎兄弟二人迁至此地居住，发展成村。因族人繁衍众多，有的已迁往他地，至今该村仍无异姓。因村址位于一座山岭西侧，故取村名为岭西。

岭东村　位于乡政府东3.5千米，拒马河西岸，山区宽谷地貌，京原铁路（北京至原平）从村西通过。该村包括岭东、河北口2个自然庄，全村300户，995人；耕地面积3880亩，以传统种植业和外出务工为主要收入来源。2009年人均纯收入1267元。据查，明永乐年间，有陈姓等户由山西迁来居住，发展成村，因村址位于一山岭之东（岭之西早有岭西村），故取村名为岭东。

店上村　位于乡政府东南5千米，拒马河西岸，为山区宽谷地貌，京原铁路（北京至原平）从村西通过。全村160户，569人；耕地面积435亩，以传统种植业和外出务工为主要收入来源。2009年人均纯收入1189元。该地原为山区要道。据查，明代有张、王两家在此开店，取村名为店子村。1938年抗日政府建政时，改村名为店上。

黄各庄村　位于乡政府东南4千米，拒马河东岸，为山区宽谷地貌。该村包括黄各庄、河东、神水、刘家庄、白草房5个自然庄。全村265户，903人；耕地面积1755亩，以传统种植业和外出务工为主要收入来源。2009年人均纯收入1257元。该村历史较久，据明《易州志》和清《涞水县志》记载，该村原有一座寺院，名为黄庄寺（建筑年代不详）。明、清两代曾驻有地方官吏，统辖山后各村，为易州与涞水在山区的分界处。后来寺庙被毁，村名俗称黄儿庄。民国后定名为黄各庄。

野孤村　位于乡政府东偏南7千米，深山地貌。该村包括野孤、杨家台、光园3个自然庄。全村286户，934人，耕地面积947亩，以传统种植业和外出务工为主要收入来源。2009年人均纯收入1269元。该村建于明永乐年间。初有王家栋一家从山西迁来定居，发展成村，该村包括下港、龙道、牛道岭、骆驼鞍4个自然村。全村115户，387人；耕地面积3425亩，以传统种植业和外出务工为主要收入来源。2009年人均纯收入1245元。据村古庙中磬上记载，明永乐年间，有郑氏兄弟从山西迁来，在山沟大湖（指干瀑布）之上定居立庄，取村名为湖头港，出入须绕山崖而行，崖上曾留有“乍临此地易飘然，始信无门出入难”的诗句。至清康熙年间，把湖填平，修通道路，村上游有小溪下流，即改村名为下港。

上港村　位于乡政府西5千米，深山地貌，土质较差，水源缺乏。该村包括上港、石盘沟门、上桃园、下桃园、沙滩铺、一间房、马家峪7个自然庄。全村154户，525人；耕地面积281亩。以传统种植业和外出务工为主要收入来源。2009年人均纯收入1277元。据出土文物考，辽金时这里曾驻有兵马（1980年曾从该村附近地下挖出一个都统之印和军用锅等）。据传，明初由山西迁来居民始建村，原名太平港。因在此沟下部八里处有一村名为下港，清康熙年间，改名为上港。

下港村　位于乡政府西4千米，深山地貌。包括下港、龙道、牛道岭、骆驼鞍4个自然庄，全村

126户，386人，耕地面积420亩。以种植业和外出务工为主要收入来源，2009年人均纯收入800元。据村古庙中磬上记载，明永乐年间，有郑氏兄弟从山西迁来，在山沟大湖（指干瀑布）之上定居立庄，取名为湖头港。出入须绕山崖而行，崖上层留有“乍临此地易飘然，始信无门出入难”的诗句。至清康熙年间，把湖填平，修通道路。村上游有小溪下流，即改村名为下港。

苇家峪村　位于乡政府西偏北7千米，深山地貌。该村包括苇家峪，大公窑、大槽3个自然庄。全村89户，274人，耕地面积157亩，以传统种植业和外出务工为主要收入来源。2009年人均纯收入1278元。据查，清末有王姓来此定居立庄，因当时遍地生长芦苇，故名苇家峪。

庄窠村　位于乡政府东8千米，深山地貌。全村64户，186人，耕地面积170亩。以传统种植业和外出务工为主要收入来源。2009年人均纯收入1182元。该村始建于明永乐年间，初有张起祥一家迁此定居，以烧炭、采药为生，在南山坡根盖一草铺，逐发展成村，取村名为庄窠。

大台村　位于乡政府东偏南9.5千米，深山地貌。该村包括大台、饮马槽、芦沟口、木沟4个自然庄。全村83户，282人，耕地面积371亩，以传统种植业和外出务工为主要收入来源。2009年人均纯收入1260元。该村始建于明永乐年间，初有张姓从山西迁来占山垦荒，逐发展成村。其居地有一巨石凸起形似高台，后世张老伟即以此高台取名为大台。

赵家地村　位于乡政府东13千米，深山地貌，水源缺乏。该村包括赵家地、北粱弓、黄土粱3个自然庄。全村101户，328人，耕地面积230亩。以传统种植业和外出务工为主要收入来源。2009年人均纯收入1020元。据传，明代燕王扫北时，这一带人烟绝迹。当时有岭西村赵姓财主趁机占了这片土地。明永乐后逐有人在此定居，均租种赵家的土地，后发展成村，则取名为赵家地。

偏道子村　位于乡政府东偏南11千米，为深山地貌。该村包括偏道子、碾子峪、南庄子3个自然庄。全村136户，481人；耕地面积421亩，以传统种植业和外出务工为主要收入来源。2009年人均纯收入1040元。据查，该村建于清初。雍正九年（1731）。有张尔仁、张尔志兄弟二人从大台村迁此定居，发展成庄。因村庄坐落在半山坡上，山沟特别狭窄、曲折，不便行走，特在山坡上修了一条偏坡道路，为人畜来往大道。由此则得名为偏道子。

万全庄村　位于乡政府东偏南15千米，深山地貌，水源缺乏。该村包括万全庄、黑牛水2个自然庄。全村98户，274人；耕地面积262亩，以传统种植业和外出务工为主要收入来源。2009年人均纯收入1218元。据查，该村建于清嘉庆年间，初有梁姓从易县马头村迁此以烧炭为生。后来，在此烧窑者逐渐增多，则起名为窑炉沟。同时发展起农林生产，成为村庄。村民认为窑炉沟不好听，为吉利计，遂改名为万全庄。

蛟龙口村　位于乡政府东南13.5千米，深山地貌，水源缺乏。该村包括蛟龙口、石岭湾、壳楼湖、南长峪4个自然庄。全村116户，364人，耕地面积355亩以传统种植业和外出务工为主要收入来源。2009年人均纯收入1072元。据查，该村始建于清乾隆年间，原称东西铺。后根据村子两侧有两条山脉，形如蛟龙，即以自然特点，改村名为蛟龙口。

牌角村　位于乡政府东南7.5千米处，深山地貌，水源缺乏。全村101户，391人；耕地面积425亩，以传统种植业和外出务工为主要收入来源。2009年人均纯收入1083元。据查，该村建于明万历年间，初有蔡姓人家在此烧炭谋生。清康熙时，梁姓从易县杨威城搬来定居。后张、董、赵姓相继来此，始成村庄。梁姓定居后，曾在山沟拐角处建山神庙，立石牌一道，即以此标志取村名为牌角。

四家井村　位于乡政府东南14千米，深山地貌，水资源缺乏。该村包括四家井、杏树台、岭道沟、曲里峪、花树峪、岭头6个自然庄。全村238户，830人；耕地面积976亩，以传统种植业和外出务工为主要收入来源。2009年人均纯收入1095元。据查，该村建于明万历年间。原有芦、张、郭，程四家在此联合打成水井一眼，居户开始逐渐增多，发展成村，即取村名为四家井。

十五、其中口乡

（一）综情

其中口乡位于涞水县西北部山区，东接赵各庄镇，南邻易县，西交涞源，北依张家口市涿鹿县。地势是西南高东北低，平均海拔700米。境内最高峰南款大片尖，海拔1600米。大西沟河发源于南款村，流经金水口、东河山、其中口、泡儿上、西角、西交界口，由西交界口村流入赵各庄镇。乡政府驻地其中口村，位于县城西北偏西60千米。1961年建人民公社，1984年由人民公社改为乡。辖11个行政村，总面积166平方千米。2009年耕地9120亩，人均耕地1.3亩。总人口6938人，其中农业人口6738人，人口密度每平方千米42人。

108国道纵贯全境，2006年完成公路村村通工程，共修水泥路25千米。2000年完成农村低压电网改造。全乡11个行政村全部通电，2009年农村用电量86万千瓦时。

全乡有机井23眼，配套23眼，农作物主要以玉米为主，2009年粮食种植面积9000亩，总产量1122吨，其中玉米种植面积2350亩，产量285吨；蔬菜种植面积206亩，产量361吨。实有林地面积79308亩，果林面积41亩，主要有苹果21亩，梨15亩，桃5亩。养殖业主要有牛、猪、羊、鸡、兔。2009年牛存栏300头，出栏100头；猪存栏2500头，出栏1800头；羊存栏7700只，出栏5500只；鸡存栏13400只，出栏13300只；兔存栏1600只，出栏2300只，全乡肉类总产量234吨，禽蛋产量97吨。牛奶475吨。

乡内矿产资源丰富，有10个工业企业，主要以矿产开发为主，产品有铁、金、银矿石（粉）。2009年营业总收入200万元。

2009年全乡有3所小学，在校学生259人，教师48人；幼儿园4所，教师25人。乡卫生院1所，村卫生室11个，医护人员19人，病床28张，万元以上设备2台。自改革开放以来农村传统花会得到了恢复，新建秧歌队8个。

2009年，全乡农民人均纯收入1090元，固定电话装机750部，移动电话拥有3560部，彩电1865台，冰箱507台，洗衣机690台。家庭轿车48辆，人均住房面积16平方米，房屋质量也由原来的石木结构过渡到现在的砖混结构。

（二）所辖行政村简介

其中口村　乡政府驻地，靠大西沟北岸，深山地貌，地势高寒。京原公路（北京至涞源）自东北向西南从村东通过。该村包括其中口、北涧、南涧、车头港、张家庄，杏园、白龙潭、窝落8个自然庄。全村315户，1030人；耕地面积1000亩，村民以林果业为主要收入来源。2009年人均纯收入1115元。据查，明永乐年间，有郭姓从山西迁来定居立庄。地处峡谷之口，谷内有高山，形似钟，故以地形取村名为齐钟口。后按谐音，逐简化为其中口。

南款村　位于乡政府西南12千米，其南部黄安岭为大西沟河发源地。深山地貌，水源缺乏，气候寒

冷，居住分散。京源公路（北京至涞源）自东北向西南从村东通过。该村包括杨树沟门、小港沟、小港沟门、青岩片、刘家庄、南庄子、印花台、板答台、杨家台、大树台、小树台、西岭子沟、黄花滩14个自然庄，村委会驻地在杨树沟门。全村324户，1106人；耕地面积1860亩。村民以林果业为主要收入来源。2009年人均纯收入925元。据查，该地过去人烟稀少，明万历以后，逐有村庄，多是外地人逃荒到此定居。因地处深山，交通闭塞，经济贫困，故称此地为“难款”。因“难”“南”谐音，演化为南款。

安妥岭村　位于乡政府南10.5千米，深山地貌，气候寒冷，水源缺乏。该村包括安妥岭、榆林、南埝峪、北岩峪、雁翅沟、南岩峪、东岩峪7个自然庄。全村230户，775人；耕地面积1300亩，村民以林果业为主要收入来源。2009年人均纯收入942元。据查，明永乐年间，郝元发由山西迁此始建村。村东有一岭似马鞍，岭侧有一山坨较平缓，即以地形取村名为鞍坨岭。后按谐音，逐演化为安妥岭。

金水口村　位于乡政府西南8千米，靠大西沟西侧，深山地貌，气候寒冷，水源缺乏。村北筑有古长城。该村包括金水口、东坡湾、孤山、大北峪4个自然庄。全村240户，760人；耕地面积1100亩，村民以林果业为主要收入来源。2009年人均纯收入915元。该村原为一古关隘——金水口关。据传，关口建于战国时期（燕国），筑有长城和城堡。因此地水源奇缺，见水如金，故名金水口。明初，燕王扫北时，把这一带村庄扫掉，关口被破坏。后有陈芦隆奉诏从山西迁此定居，发展成村。明迁都北京后，在此地又重筑城堡设关，驻有把总守关，迨至清末，关口即废，成为金水口村。现村周围仍存有城堡和门洞遗址。

安子沟村　位于乡政府西南5千米，深山地貌，水源缺乏，气候寒冷。该村包括安子沟，东庄窝、西河山、牌楼沟、大猪港沟门5个自然庄。全村212户，614人；耕地面积1150亩，村民以林果业为主要收入来源。2009年人均纯收入744元。据查，明永乐年间，有史、岳二姓由山西迁此定居。此地有一岭，形似马鞍，则取村名为鞍子沟。因“鞍”“安”同音，后即简化为安子沟。

东河山村　位于乡政府南3千米，深山地貌。该村包括东河山、核桃树湾、南台、黄土站、小南沟5个自然庄。全村165户，509人；耕地面积600亩，村民以林果业为主要收入来源。2009年人均纯收入902元。据出土文物考证，该村约建于金代。最初有姜有宪从蔚县迁来，因当时处境贫寒，取村名为寒山。后以山沟为界，分为东西两村。民国27年（1938）建革命政权时，将东、西寒山改为东、西河山。此村居东，即为东河山。

其中村　位于乡政府西北6千米，地处深山峡谷，气候高寒。该村包括其中、南涧河、烟口子3个自然庄。全村132户，337人；耕地面积230亩，村民以林果业为主要收入来源。2009年人均纯收入723元。据查，明永乐年间，有马氏从蔚县排树迁来定居立庄，其后山远观似钟，村正置其山脚下，故以地形取村名为齐钟。后按谐音简化为其中。

泡尔上村　位于乡政府东北2.5千米，靠大西沟北侧，深山地貌。京源公路（北京至涞源）从村南通过。该村包括泡尔上、杨树沟2个自然庄。全村178户，582人；耕地面积600亩，村民以林果业为主要收入来源。2009年人均纯收入1224元。据查，明代，该地山上原设有炮台（已无存）。明永乐年间，张云由山西迁此定居，逐发展成村，取村名为炮尔上。因“炮”“泡”谐音，后演化为泡尔上。

西角村　位于乡政府东偏北3千米，大西沟西侧，深山地貌。京源公路（北京至涞源）自东向西穿村而过。该村包括西角、罐上，枣树台、河北，木橡沟、大坝6个自然庄。全村175户，500人；耕地面积520亩，村民以林果业为主要收入来源。2009年人均纯收入1196元。据查，明永乐年间，李子花由山西迁来，初居在南山脚下，因此地易受寒风侵袭，不宜居住，则迁到该地之西北角居住，逐发展成村，取村名为西角。

西交界口村　位于乡政府东偏北5千米，靠大西沟北岸，深山地貌。京源公路（北京至涞源）自东向西从村南通过。该村包括西交界口、张家庄2个自然庄。全村75户，224人；耕地面积380亩，以林果业为主要收入来源。2009年人均纯收入927元。据查，清道光年间，本县郭家峪村民张月合迁此定居立庄，因地处两道河汇流处，又是通往蔚州的交通要道口，故取村名为交界口。因与三坡镇交界口村重名，1981年，县地名办为其更名为西交界口村。

吕家铺村　位于乡政府东偏南5千米，深山地貌。该村包括吕家铺、马家庄2个自然庄。全村95户，272人；耕地面积385亩，村民以林果业为主要收入来源。2009年人均纯收入894元。该村村南有一黑儿岭，过去是易州通往蔚州的必经之路。明永乐年间，有六户人家从山西迁此定居合伙开店，名为六家铺，后来店铺关闭。至清代，已发展成村，即按“六”的谐音，改为吕家铺。

十六、社区

（一）综情

2001年11月建立涞水镇社区建设管理办公室，办公地点设在涞水镇人民政府，负责县城社区建设工作。“涞水镇社区建设管理办公室”挂靠涞水镇人民政府，为乡科级机构，管理办公室由5人组成，设主任1人，副主任1人（由涞水镇党委副书记兼任），行政编制2名，事业编制4名。下辖6个社区居委会，即：塔岗社区居委会、府前街社区居委会、泰安路社区居委会、东大街社区居委会、永安大街社区居委会、涞阳路社区居委会，每个居委会定事业编制2个。随着城市范围扩大和人口的不断增加，为适应社区工作需要，社区工作职能和机构进一步完善。

2004年8月，建立中共涞水县城区社区委员会（简称社区党委），“涞水镇社区建设管理办公室”更名为“涞水县城区社区管理办公室”（简称社区办），办公地址搬迁到朝阳路158号。城区社区管理办公室，设主任1名，副主任1名。办公室内设党政办公室、组织员办公室、财政所、计生办、妇联、社会事务办、综治办、武装部、司法所、城镇居民最低生活保障所、统计站、社区服务中心等股（所）室，下辖6个居民委员会，有居民8396户，25036人。其中汉族25013人，回族8人，满族13人，其他民族3人。低保户272户，共748人。流动人口171人。管辖范围涉及县城各个居民小区及散居居民。

社区办公室配置工作人员24人，财政开支人员9名，财政补贴人员15名，其中党员18人。

六个社区居委会，共有干部职工28人，其中国家干部10人，离退干部兼职3人，聘用大学生17人，其他人员6人。

各社区居委会设党支部书记1名，副书记1名，委员1名；设主任1名，副主任1名，委员1名。设办公室、计生办、妇联、民调、治保、社保等办事机构。

社区办为独立的法人办事机构。中共涞水县城区社区委员会、涞水县城区社区管理办公室分别隶属于中共涞水县委员会、涞水县人民政府派出机构，科级编制，设书记1名、副书记1名、组织委员1名。社区党委下辖9个党支部，即：社区办机关党支部、塔岗社区党支部、府前街社区党支部、泰安路社区党支部、东大街社区党支部、永安大街社区党支部、涞阳路社区党支部、富民精工玻璃器皿厂党支部、南壕沟市场党支部。共有党员176名。

（二）各居委会基本情况

塔岗社区居委会　位于惠时欣园一号楼三单元101室，办公面积232平方米。管辖范围南起府前街、北至北环路、东至遒城路西侧、西至开源路，辖区面积约2.8平方千米，2009年共有居民2136户，6410人。

涞阳路社区居委会　位于涞水县交通局门脸房三间半，办公面积65平方米。管辖范围北起府前街西街、南至铁道以南辐射涞阳路、西至开源路西侧、东起西关商业街西侧，面积约1.6平方千米，2009年共计有1638户，4976人。

泰安路社区居委会　位于聚泽园小区内，办公面积100平方米（临时办公场地）。管辖范围东起朝阳路、西至西易路、南至铁道以南、北到西关大街，辖区面积约2.8平方千米，2009年共有居民1975户，5899人。

府前街社区居委会　位于涞水县粮局二楼西侧，办公面积160平方米。管辖范围南起朝阳路与西关大街东口、东起朝阳路、北至北关交接处、西至涞阳路，面积约3平方千米，2009年共有居民898户，2520人。

东大街社区居委会　位于东大街1号院东侧，办公面积120平方米。管辖范围东起环城东路、西至朝阳路、北起遒城路、南至东关大街，面积约2平方千米，2009年有居民857户，2709人。

永安大街社区居委会　位于建设局东楼二层，办公面积150平方米。管辖范围北起东关大街、南至永安大街左右朝阳路东侧，辖区面积约1.5平方千米，2009年有居民892户，2522人。

（注：因居民交叉居住辖区面积与城区面积略有出入）

（三）主要工作

2001年11月，社区工作机构建立后，社区干部、党员努力工作，联系驻区单位大力帮扶、组织居民群众热情参与，有效发挥社区在提高居民生活水平和质量上的服务作用；密切党和政府同人民群众的联系，发挥桥梁纽带作用；在维护社会稳定、为群众创造安居乐业的环境上发挥促进作用。社区居民切实感受到社区建设带来的变化，相继被省、市评定为社区建设先进县。

一、开展精品社区建设，为居民提供多项服务。先后建成塔岗社区、东大街社区两个市级精品社区，并通过市级验收；投资8万元建立两个城区社区服务中心（城南服务中心、城北服务中心），为居民提供城镇低保、就业再就业、助残、法律咨询等服务项目；依托社区服务站建立“一站式”或“一门式”服务场地，设立了20多个服务网点、30多个服务项目，基本满足了各类居民的需求。

2001—2009年，为720名下岗职工办理下岗再就业优惠证；为600名下岗失业人员重新找到工作岗位；安置“40、50”人员累计300名；申报灵活就业92名；为580户（1980人）办理了城镇低保。通过部门帮扶、居民集资修路3000多米，解决居民出行难问题；积极参与三年大变样工作，改善社区居民居住环境，通过引进外商，对府前街2号桥税务局和高易胡同两个家属院实施旧城改造，彻底改变了居民的居住条件。

二、组织居民开展创建平安社区及创建“最安全居住小区”活动。各小区建立了以社区居委会组织“一区一警”专业保安队、社区义务巡逻队和楼院长队伍为主体的“五级治安防范网络”，15个居民小区安装了电子监控和报警系统，起到了良好的防控效果。

三、组织居民开展文体活动。各社区相继建立社区娱乐中心、社区老龄委员会、老年协会、社区关心下一代工作委员会、家长学校等组织。塔岗等社区居委会开办老年大学，成立书法协会、戏迷协会、舞蹈队、老年合唱队等各种文艺团体，带动社区居民参与各项活动，大大丰富和活跃社区居民的文化生活，改变人们的精神面貌。塔岗社区2006年10月被全国老龄办评为“全国敬老模范社区”；2008年6月张树清家被授予“全国平安家庭示范户”荣誉称号；2008年10月李凤书家被评为“第六届全国五好文明家庭”。

第二章　自然环境

涞水县地处太行山东麓，海河流域上游。地势自西北向东南倾斜，地形呈一个斜的长条状，素有涞水“一条线”之称。地貌分为山区、丘陵、平原。西北部山区平均海拔800米，最高峰达到1983米，中部丘陵平均海拔87米，东南部平原平均海拔38米，最低海拔28米。境内河流为海河流域大清河水系，拒马河为主要河流，还有清水河、遒澜河、担车水、檀水、垒子河等季节性河流，水资源比较丰富，但由于地理地形的限制，水资源不能被充分利用。涞水属暖温带大陆性季风气候区，年平均气温11.8摄氏度；年日照总时数2853.3小时；年降水量515毫米，多集中在7－9月份，降水年际变化大，年内分布不均，经常发生旱涝灾害。无霜期山区165天，平原170—190天。最大冻土深度28厘米。气候特点是十年九旱，春末夏初多干热风，夏秋之交多风雹（多发生在山区和丘陵区）。涞水县土壤分为5个土类、11个亚类，34个土属、69个土种，土壤厚度、肥力不均，农业、林业生产受到不同程度的限制。

第一节　地质地貌

一、地质

（一）地质构造

涞水县最古老的地层，自形成以来，大约经历14亿年的历史。在漫长的历史演变进程中，地壳曾发生过两次大的构造运动，每次构造运动都给地壳带来了质的变化和新面貌，显现出有规律的阶段性。

在大地构造位置上，本幅位于中朝准地台上的燕山沉降带，山西中台隆和华北断坳等三个二级构造单元的接合部附近。在主要地质发展历史中，明显地经受过两次褶皱造山运动（前震旦纪末期褶皱造山运动和燕山运动）。燕山运动是在侏罗、白垩纪时期发生的一次强烈构造变动，爆发期至少有两次：一次发生在晚侏罗世末，一次出现在白垩世末（距今0.7亿~1.4亿年）和一次较大规模的断裂下陷活动（喜马拉雅运动，距今0.02亿~0.03亿年）。喜马拉雅运动主要发生在新老第三纪间和第三纪末，涞水县现在的构造轮廓，就是燕山运动和喜马拉雅运动奠定的基础。

在空间上，燕山运动影响强烈而普遍，前震旦纪末期的褶皱造山运动，由于前震旦系零星分布而不占主要地位，其整体构造不易恢复，新时代的断裂坳陷见于图幅东南部。由于燕山运动的结果，使华北地台整体升起，全区普遍缺失老第三系中新统，始新统、渐新统，差异性升降运动，大致以太行山为界，西部整体隆起，东部则为大面积沉降，一直延续到第四系，堆积巨厚的泥砂质沉积，构成今日之平原。

紫荆关断裂岩浆带，呈北北东向纵贯图幅西部边缘，东侧以明显的断裂为界，切割了上述东西向构造带，以大规模的岩浆侵入和火山喷发为特点。东界紫荆关断裂长达90千米以上，走向呈北北东—南南西向。东倾，西盘地层相对上升，东盘下降，为二正断裂。割裂的地层自太古界至上侏罗系导致了大河南和王安镇两个岩体的入侵，形成重要的有色金属成矿带。该断裂历史的悠久，似自震旦纪初即具雏形，控制断裂两侧各时期历史的发展。尤其是震旦系，其东侧的厚度较西侧厚得多，岩性、岩相也有所变化。推测为一震旦纪的海底陡坎。燕山晚期发生断裂活动，并具严格的继承性。该带内褶皱不多，在断裂西侧因上升而出露的太古界阜平群内，可辨认出前震旦纪时期褶皱构造的残迹，为一轴近东西向的对称背斜，向东为紫荆关断裂横截，向西隐入震旦系之下。值得注意的是，该背斜之上又有与之垂直的燕山期迭加构造，同紫荆关断裂的活动过程中产生的强烈东西向挤压力有关。自燕山运动以后，涞水地区同华北地区一样，又显示出重新活动的特点。

蜿蜒的拒马河

（二）地层

涞水县位于太行山北段东麓和燕山西段的连接地带，东南部属华北平原的一部分。涞水境内各时代地层同华北各地基本相同，普遍缺失奥陶系--下石炭系。出露面积以震旦系和侏罗系最大，太古界、古生界、第四系次之，三迭系、白垩系未见沉积，第三系零星出露。

太古界分布于图幅西南部，出露面积不大，同太古界发育的西南邻阜平对比，属下太古阜平群的上部，地质体与之断续相连，为一套经中深变质作用，中浅混合光化作用的变质岩系。按岩石组合特点，可分为黑儿口和白涧两个组，呈连续过渡关系，前者以黑云片麻岩为主，后者以角闪片麻岩为主，下部偶夹透镜状含铁石英岩或含铁角闪岩，中下部亦未含磁铁角闪石英岩透镜体，两组均在稳立的标志层。

震旦系为前震旦纪变质岩基地之上的第一个沉积盖层，呈明显的角度不整合接触，同华北蓟县标准剖面相比较，大同小异，其主要不同之处在于：（1）海浸开始较晚，普遍缺失常州沟组（又称黄崖关组或长城组）、串岭沟组和团子山组，绝大部分地区缺失大口峪组。（2）在中统内部缺失扬庄组和洪水庄组，遗留了两个时隐时现的侵蚀面。（3）总厚度变化很大，蓟县近10000米，涞水县东部600米，过紫荆关南北一线至西部，总厚度仅2583米。

百里峡大峡谷

下统大红峪组，以碎屑岩为主，同周围地层断层接触，高于庄组直接覆盖面太古界阜平群之上。

高于庄组一般可分三段，紫荆关以西厚度减薄，标志不明显，不易再分，但内岩石以碳酸盐岩占绝对优势，以CaCO3：MgCO31.43~1.47，属白云岩类，部分可成为白云岩矿。岩石色浅，层理清楚，燧石多呈结核状。第一段底部为厚9米左右含砾石英砂岩，顶部以一层含Cono Phyton白云岩为分段标志。第二段以下部的含锰层和其上的不含或极少含燧石的厚层淡色白云岩为特征。第三段底部，为沥青质白云岩，顶部以含大型硅质白云质连生结核的白云岩告终。以上特征均同蓟县一带的高于庄组对比。

雾迷山组亦可分三段，其标志不如高于庄组明显。底部以一层厚11米，并相当稳定的红层同下伏高于庄组呈平行不整合接触。红层由紫红、粉红色板状含砾砂岩和紫红色结晶大理岩组成，紫荆关以西，相变为不稳定的石英砂岩或角砾状白云岩，其余均由碳酸盐岩组成，CaCO3：MgCO3 1.3~1.5，亦属白云岩，局部较纯，岩石色暗，富含沥青质和密集的燧石条带，同蓟县一带的雾迷山组的特征极相似。

铁岭组岩性稳定，厚度变化亦不大。底部以不稳定的石英砂岩或角砾状白云岩同下伏的雾迷山组呈平行不整合接触，组成岩石亦以碳酸盐为主。CaO：Mg01.4，属白云岩类，和下部夹的含锰层为主要特征，同蓟县一带的铁岭组完全相当，燧石含量不多，色黝黑，结核状。上统的下马岭组和景儿峪组同东邻的蓟县更近似，原用以命名的下马岭村（已改为上马岭）为标志点，同蓟县比较唯厚度较薄，紫荆关以西尤薄。底部同铁岭组有一凹凸不平的侵蚀开断面，四处残积铁矿，顶部碳酸盐的CaO：MgO49:87，属石灰岩类。

整个震旦纪旋回以碳酸盐岩类沉积为主，早、中期富镁、晚期富钙。蓟县运动，只造成了府君山组同下伏景儿峪等组的平行不整合，至多是区域性微角度不整合。

下寒武系中奥陶系，除底部的府君山组外，岩性、岩相、化石群和可分性，均同华北各地一致，均较稳定，下寒武系馒头组至中寒武系徐庄组，为红色泥质岩构造。中寒武系张夏组至上寒武系凤山组，以碳酸盐岩占绝对优势，但含泥质高，成层多薄，鲕状，竹叶状等浅海型沉积构造多见，下至中奥陶系多为碳酸盐构造，除下部夹有一些泥质和竹叶状石灰岩外，成层逐厚，质亦愈纯，部分石灰岩层可供工业利用，总体构成一循序渐进的海进沉积旋回，各组之间均为连续过渡关系。

中上石炭至二迭系，有零星出露，为重要的含煤地层。中石炭系至上二迭系。总体构成一个自海陆交互相至陆相的完整海退旋回。各地层单位间的沉积基本连续。

侏罗系地层为一套陆相盈地型沉积火山杂岩系，厚度巨大，可分性强。

第三系包括有始新统和上新统。

第四系包括有更新统和全新统，更新统以冲积洪积层为主，组成各级阶地或冲积扇，夹有洞穴堆积。主要分布于涞水平原和山区，岩性为砾卵石、粗砂砾石及砂质黏土。全新统冲积层遍及各沟谷和河道。北拒马河一带第四系以下为第三系地层，埋深20米至50米，岩性为砂砾岩和红色黏土。

二、地貌

涞水县地貌特点为：西北山地，东南平原。

（一）西北山地

全县81.23%是山地，面积2011133.2亩。山坡一般在15度至40度，根据其形态特点又分为中山、低山和丘陵。

中山：面积192875亩，占全县总面积的7.79%，海拔高度1122.6~1983米，相对高度500~1100米，主要分布在九龙镇、三坡镇、赵各庄镇、其中口乡、龙门乡等地。其代表山脉有抓角山、金华山、断口岭、金树塔、大台、大沙湖、大洼岭、窗户山、墩子坨、卧钟坨、金洞塔、南石羊、小令湖、胖驼子、菜木尖、大十字坨、一架尖、王家坨、千松沟、龙潭顶、白草畔等。最低的是龙潭顶，海拔1122.6米，最高峰是白草畔，海拔1983米。其上雨量偏多，气候湿润，多为粽壤土。

百草畔风动石

低山：面积1578148.2亩，占全县总面积的63.74%，海拔高度688~983米之间，相对高度500米左右。主要分布在九龙镇、三坡镇、赵各庄镇、娄村乡、其中口乡、龙门乡等地。山体低缓、河谷宽阔。代表山有黄岭、上马坨、单翅岭、大木沟坨、排风坨、窠坨、大烟坨、牛道梁、大葫芦峪、望京坨等。其中最高的黄岭海拔983米，最低的牛道梁688米。其上成土母质为各类岩石的残积坡积物，主要是淋溶褐土和部分褐土性土。

丘陵：面积240110亩，占全县总面积的9.7%。海拔高度在600米以下，相对高度200~300米。主要分布在永阳镇、石亭镇、东文山乡、娄村乡、宋各庄乡。地形切割破碎，风化较深，坡积洪积覆盖较厚，黄土沉积较普遍，沟谷切割较深，水土流失严重，表层较薄，土壤发育不明显，形成了大面积的褐土性土。

拒马河两岸及沟谷地带，雨季水流湍急，洪水不断泛滥，河道也不断改变，故沿河谷两岸多以近代河流冲积物和人工堆垫物为主，土层较薄，剖面层次明显，漏沙型土壤所占比重很大。

（二）东南平原

涞水县东南部平原面积389830亩，占全县总面积的15.75%。主要分布在涞水镇、义安镇、明义乡、胡家庄乡、王村乡等平原乡镇和丘陵乡镇的永阳镇、东文山乡、娄村乡、石亭镇一部分。

丘陵岗台、高阶地和山前平原一带，由于地形高燥，背风向阳，坡度大、排水情况好，接受雨水较少，土壤比较干燥，而且由于淋溶作用很弱，钙积现象明显，通体石灰含量较高，土呈中性至微碱性反应。因此该土壤多为富含石灰的碳酸盐褐土。

石亭镇的士庄、北义和庄；永阳镇的北秋兰、铺头、南桥头；明义乡的三沟子、南北庄南部、丁家洼一带，则因地势较低，排水条件较差，每逢雨季，上游雨水不断向这里汇集，因而表现出土壤潮湿，地下水较浅而且直接参与成土过程，潜育化现象明显，底土心土有锈斑、假菌丝系体或砂姜等，形成了大面积的潮褐土和潮土土壤。

第二节 气 候

一、气候特征

涞水县属东部季风性暖温带半干旱地区，大陆性强。在冬季，因地处蒙古高压的东南部，盛行由大陆吹向海洋干冷的冬季风。夏季由于副热带高压的北上，盛行由海洋吹向大陆温热的夏季风。春秋两季，分别由冷到热和由热到冷的过渡季节，所以本县四季分明，形成了春季干旱多风，夏季炎热多雨，秋季天高气爽，冬季严寒少雪的季风气候特点。一年之内，冬夏季昼夜温差较大，年较差为30.9℃，年平均气温12.1℃，年平均降水量为515.1毫米，降水量年际变化较大，在一年内降水多集中在夏季，所以本县旱涝频繁。

春季（3~5月）：处于由冬季向夏季的过渡时期，天气干燥，雨水偏少，加之气温迅速回暖，风多，蒸发量大，春季干旱尤为突出，“十年九旱”，春季气温由3月的5.9℃到5月的20.5℃，平均一天升温0.24℃。春季降水量51.5毫米，占年降水量的10%。

夏季（6~8月）：受印度低压和太平洋副热带高压影响，天气炎热，潮湿多雨，最热的7月平均气温26.1℃，年最高气温多出现在6月，38℃左右，30年以来最高气温39.3℃（1981年6月6日），涞水有气温记录以来，最高气温41.9℃（1961年6月10日）。夏季降水量382.3毫米，占年降水量的74.2%。

秋季（9~11月）：处于由夏季向冬季过渡时期，热量和水汽仍较充沛，降水量较多，气温逐日下降，所以秋季湿润，凉爽，气候宜人，平均气温由9月的20.2℃到11月的4.2℃，平均一天降温0.26℃。10月平均气温12.8℃。秋季降水量68.1毫米，占年降水量的13.2%。

冬季（12~2月）：主要受蒙古高压控制，天气寒冷，干燥少雪。最冷月1月平均气温-4.7℃，30年来最低气温-16℃，冬季降水量13.2毫米，仅占年降水量的2.6%。

二、日照

涞水县年平均太阳辐射总量136.726千卡/厘米，各月太阳辐射量以5月为最多，平均17.1千卡/厘米；12月最少，平均6.024千卡/厘米。农作物主要生长季节（4月~9月）太阳辐射量87.191千卡/厘米；日平均气温>0摄氏度期间太阳辐射量117.59千卡/厘米，占年总量的85.7%，对农业生产有利。

平均年日照时数2853.3小时，5月最多，平均307.8小时，12月最少，平均191.7小时。年日照百分率64%，1月最大72%，7月最小50%。小麦主要生长季节（4~5月）光照充足，秋作物主要生长季节（7~8月）光照偏少。

三、气温

30年间，涞水县城年平均气温12.8℃，山区庄里年平均气温9.3℃，山区海拔千米以上的地域平均气温9℃以下。1月平均气温-7.2-4.7℃，3月平均气温6.3℃，5月平均气温20.6℃，7月平均气温26.8℃，平均一天升温0.23℃。9月平均气温19.6℃，11月平均气温4℃，平均一天降温0.25℃。

1979~2009年历年最高气温40.9℃（2000年7月1日），历年最低气温-18.4℃（1987年1月13日）。

霜：历年最早霜出现1985年7月1日；历年最晚霜出现1984年4月27日。年最多霜日1987年103天；年最少霜日1993年46天。

日平均气温<0℃，始于11月22日，终日为3月3日，负积温-320.2℃。

1980—2009年涞水县气温统计表

表1-2-2-1　　单位：℃

年＼月	1	2	3	4	5	6	7	8	9	10	11	12	平均温度
1980	-4.9	-2.7	4.7	11.5	20.7	25.7	27.1	24.3	19.4	12	6.2	-4.2	11.7
1981	-5.7	-1.9	7.3	16.1	20.7	25.4	27.6	24.7	20.6	11.4	1.6	-4	12
1982	-5.4	-0.2	6.9	15.8	21.7	24.2	25	25.6	19.6	14.5	4.4	-2.4	12.5
1983	-3.9	-2.4	6.4	14.8	20.9	25.6	27.2	25.2	21.4	12.7	5.6	-1.2	12.7
1984	-5.8	-3.5	4	13.2	20.1	25.1	27	25.6	19.5	12.9	4.5	-4.3	11.5
1985	-5.9	-2.4	3.4	15	19.6	24.5	25.6	25	18.2	13.3	2.9	-5.4	11.2
1986	-4.7	-2.2	6.4	14.9	21	25.5	25.2	24	19.8	11.1	2.8	-2.7	11.8
1987	-4.9	-0.5	4.6	13.4	19.7	23.2	27	25.1	20.9	13.3	3.3	-2	11.9
1988	-4.4	-1.8	4.4	15.3	19.8	24.8	25.8	24.1	20.6	13.5	5.1	-1.2	12.2
1989	-3.1	1	8.1	15.6	20.7	24.5	25.7	25.1	19.2	13.3	4	-1.4	12.7
1990	-6.2	-1.2	7	13.3	19.4	24.6	25.7	25.4	20.1	14.8	5.6	-2	12.2
1991	-3.3	-0.7	4.1	13.7	19.8	24.4	25.6	25.8	19.2	10	-0.5	-5.1	12
1992	-2.6	0.7	6.3	15.4	20.4	23.9	27.1	24.6	20.4	11.5	2.6	-1.7	12.7
1993	-5.4	1.1	7.7	14	20.9	25.8	25.3	24.9	20.9	13.3	3.1	-1.9	12.5
1994	-3.2	-0.3	5.2	16.6	20.7	26.6	27.7	26.3	20.6	13.1	4.6	-2.7	12.9
1995	-2.5	1.1	7.3	14.3	19.3	24	25.5	24.9	18.6	13.9	6.3	-1.8	12.6
1996	-3.8	-1.1	5.7	13.9	21	25.2	25.9	23.7	20.3	12.2	3.6	-0.7	12.2
1997	-4.7	0.8	8.1	14.8	20.8	25.4	28.5	26.8	19.2	13.8	5.2	-2.2	13
1998	-4.2	2.3	8	15.6	20.4	24.7	27	26.2	22.7	14.7	4.5	-0.5	13.5
1999	-2.9	2.5	-5.6	15.5	20.3	25.9	27.8	25.6	21.3	12.9	5.6	-1.3	13.2
2000	-6.8	-1.7	8.7	15.3	21.3	27	29.3	25.8	21.7	12.3	3	-0.8	12.9
2001	-5.5	-1.1	8.2	14.8	23.2	26	27.5	25.8	21.3	14	4.8	-3.2	14
2002	-0.8	3.5	9.9	14.5	22	24	27.4	26.1	20.3	10.9	3	-3.5	13.1
2003	-4	0.9	6.4	15.4	21.1	25.2	26.3	25.5	20.5	12.8	3	-1	12.7
2004	-2.9	3.1	7.9	16.3	20.3	25	25.8	24.5	20.9	13.5	6.3	-1.4	13.3
2005	-4.5	-1.5	6.7	16.2	20	26.1	28.4	26.1	14.4	13.8	6.5	-3	12.4
2006	-2.7	-0.8	8.2	13.8	20.4	26.2	26.2	26	21.3	15.9	5.9	-1.6	13.2
2007	-2.7	3.5	6.7	15.3	22.7	25.6	26.8	26.3	21.6	13	4.9	-3	13.6
2008	-2.2	0	9.1	15.9	20.5	23.5	27.2	25.9	20.7	14.2	6	-0.7	13.3
2009	-3.3	1.2	7.5	15.5	22.1	26.1	26.6	25.3	20.5	14.8	1.9	-3.1	12.9

1980—2009年涞水县霜期资料统计表

表1-2-2-2　　　　单位：年、天

年份（年）	霜期（天）	年份（年）	霜期（天）
1980	75	1995	94
1981	67	1996	82
1982	81	1997	77
1983	82	1998	74
1984	67	1999	64
1985	93	2000	74
1986	78	2001	69
1987	103	2002	63
1988	89	2003	56
1989	92	2004	35
1990	91	2005	45
1991	101	2006	34
1992	81	2007	43
1993	46	2008	18
1994	78	2009	31

四、空气湿度与蒸发量

在一年中，1月绝对湿度最小，为0.2克/立方米。7月湿度最大，为41.8克/立方米。相对湿度累年为64%。一年中，5月相对湿度最小，为30%，是一年中天气最干燥的月份，累年平均持续36天。7月湿度最大，可达73%，是一年中湿度最高的月份。蒸发量大小主要与温度高低、相对湿度和风速大小有关。平均年蒸发量为1519.3毫米，最大为2026.8毫米，最少为1212毫米。一年中5月蒸发量最大，平均254毫米，12月份量最小。

五、地温

1979—2009年，年平均地面温度12.5℃；地面极端最高温度67.3℃（1986年6月18日）；年平均5厘米深地温11.5℃。

六、降水

涞水县各地年平均降水量为500~650毫米，主要特征是山区多于平原，降水量年际变化大和高度集中于夏季。

县城平均降水量515.1毫米，各地平均降水量，春季51.5毫米，夏季382.3毫米，秋季68.1毫米，冬季13.2毫米。历年月最大降水量346.2毫米。

年平均降水量为514.8毫米。降水最多的年份为1995年，降水量876.4毫米。以雨水较为充沛的7月份为例，总降水量平均为283.5毫米，一日最大降水量116.1毫米。

雨：年最早出现2002年2月20日；年最晚出现1979年12月18日。年最多雨日1990年，120天；年最少雨日1984年，43天。

暴雨：最早出现：1995年（4月10日），最晚出现1993年（11月11日）。30年中，暴雨总次数（30–50毫米）82次，大暴雨（100毫米以上）5次。

雪：年最早出现1987年10月31日；年最晚出现1984年4月1日。年最早积雪出现1987年11月1日；年最晚积雪出现1990年3月27日。年最多雪日1985年23天/年；年最少雪日1995年2天/年。年最多积雪日1993年30天/年；年最少积雪日1992年（没有积雪）。

1980—2009年涞水县降水资料统计表

表1-2-2-3　　　　单位：毫米

年＼月	1	2	3	4	5	6	7	8	9	10	11	12	年降水量
1980	0.3	5.3	16.4	19.4	42.4	63.4	28.4	128.8	24.5	36.7	0.3	5.6	371.5
1981	0.2	0.6	3.5	6.6	7.3	44.4	122.1	93.1	13.7	5.7	7.2	7.8	312.2
1982	0.1	5	0.6	16.2	10.1	99.2	201.2	100.4	33.4	1.3	9.8	–	477.3
1983	–	0.8	3.8	98.9	34.7	30.6	33.8	193.9	26.2	30.8	3.2	–	456.7
1984	0.3	0.8	0.5	11.2	26.9	25.6	59.4	55	45.5	16	3.8	4.1	249.1
1985	0.7	6.2	10.1	11.3	41.7	50.5	188.8	164.3	63.6	12.7	8.9	1.9	560.7
1986	–	4.8	30.4	2	2.5	128.2	100.8	70.3	62	4.4	7	4.6	417.0
1987	3.2	0.7	11.2	50.1	76.1	132.7	61	160.9	49.7	7.4	32.9	2.2	588.1
1988	1.3	0.1	3.4	3.5	68.5	77.5	174.5	329.7	54.2	34.7	–	0	747.4
1989	5.9	–	0.5	19.6	14	40.9	208	36.1	81.9	8	1.9	2.2	419.0
1990	5	20.3	63.1	59.3	109.8	24.2	161.5	114.8	96.2	0.6	10.8	3.2	668.8
1991	3.2	0	23.7	26.8	52.4	136	244.8	47.4	50.5	10.9	6.9	1.7	604.3
1992	0	–	1.7	4.5	53.2	109.9	81	154	20.9	74.4	9	0	508.6
1993	4.7	0	0	11	9	32.8	109.8	85.9	29.6	3.3	37.8	–	323.9
1994	0	4.3	0	2	50	29	335.8	284.2	17.7	8.7	32.5	5	769.2
1995	–	–	7	29.5	61.4	135.6	283.5	243.8	85.3	27.1	1	2.2	876.4
1996	1.5	0	6.4	1.1	3.6	36.3	285.6	337	48.2	32.5	3.3	0.7	756.2
1997	4.3	1.2	25.9	18.7	16.1	32.3	287.5	50.2	38.3	77.9	1.4	4.9	558.7
1998	3.6	23.3	3.9	38.1	60.8	74.1	173.1	63.9	10.8	43.9	3.1	0.3	498.9
1999	–	–	0.6	27.8	45.5	47.3	98.5	103.8	19.7	12.6	6.8	–	362.6
2000	11.3	–	6.7	10.9	23.9	25.4	62.2	140.6	31.1	7.7	4.2	–	324.0
2001	12.3	4.8	–	18.7	5.4	20.5	85.2	143.4	7.6	23.8	14.2	1.1	337.0
2002	–	–	2.9	34.6	10	145.2	85.5	41.5	64.1	24.5	–	16.5	424.8
2003	3.6	1.4	27.9	7	18.8	35	67.7	60.1	86.1	44.6	40.2	0	392.4
2004	2.2	8.7	0	42.1	28.5	81.4	199.2	217.8	68.5	7.4	9.1	7	671.9
2005	2.6	8.6	–	14.9	45.4	50.2	123.7	62.7	23.7	4.2	0	–	336.0
2006	1.9	1.9	0.6	6	47.4	50.5	125.6	61.1	2.1	3.8	3.9	3.3	308.1

续表

月 年	1	2	3	4	5	6	7	8	9	10	11	12	年降水量
2007	–	–	39.4	–	45.1	63.5	189.9	83.8	34.4	58.9	3.8	–	518.8
2008	–	–	10.9	48.1	51	101.9	78.4	73.7	89.9	12.8	–	–	466.7
2009	–	17	7.2	20.9	9.6	–	117.3	126.6	20.6	5.6	16.4	–	341.2

七、风

1979—2009年，涞水县年平均风速为1.8米/秒，不同季节风速不同，4月平均风速最大，为2.7米/秒，8月最小，平均风速为1.3米/秒，大风日数（瞬间风速≥17米/秒）213次。年平均为17.5天，8、9月最少为0.1天。一年最多风向为东北风（年频率为17%），其次是西南风。

第三节 水 文

一、地表水

涞水县地处海河流域大清河水系，主要河流是拒马河，其次是清水河、遒澜河、担车水、檀水、垒子河。其中拒马河在境内流长117.1千米，流域面积达1505平方千米。

拒马河：发源于涞源县，由涞水县西北部山区店上村入境，在龙安村铁锁崖下出山后分为南、北拒马两条河流，北拒马河流入北京市房山区，南拒马河流经涞水县平原大部地区，在南高洛村出县界入定兴县，该河在涞水县境内分为两段，一段在山区，由龙门乡店上村南入境，经过龙门乡、赵各庄镇、三坡镇，在三坡镇的都衙村东北出境，入房山区，长72千米。一段在平原，从宋各庄乡沈家庵村再入境，流至龙安村铁锁崖下，分为南北拒马河，南拒马河经石亭镇的石亭、北义和庄、王村乡、涞水镇、义安镇的西义安、北义安等，在义安镇南高洛村村东出境，流入定兴县，长38千米。两段共长110千米。该河为常年河流，1980年代末，由于干旱开始出现季节性断流。此河山区段河底多卵石，河宽100米至200米，平均纵坡1∶200，平原河底多为泥沙，宽200左右，平均纵坡1∶400。1980年以前，常年水面宽百米，流量为10立方米/秒左右。汛期流量可达3200立方米/秒。

拒马河在涞水境内有三大支流：大西沟长46千米；蓬头河长13.5千米；小西河长22千米；并有多条山沟（庄里沟、龙安沟、狮子峪沟、八亩地沟、福山口沟、偏道子沟、南城寺沟、龙门西沟、白涧沟、峨峪沟、紫石口沟、青年水库沟、山神庙沟）。

拒马河控制流域面积1300平方千米，占涞水县总面积的80%。

遒澜河（又名垒子河）：发源于永阳镇孙家坟村，流入垒子水库，从胡家庄乡姜各庄村出界，进入北易水河。该河系北易水支流，流经涞水县南部，全长10.9千米。

清水河：位于涞水县城西北，一

天鹅湖

源于娄村满族乡车厂村，一源于木井村紫凉山下，东南流，经娄村满族乡南庄村村南，娄村、燕翎村村北，南水东村西，至沙子渠与发源于釜山南车岭、大、小榆钱坡的清水河汇合。流入蔡家井水库，经东水北、薛家庄、北涧头、南涧头、东租，在县城东北入拒马河。

全县多年平均地表水资源量11707万立方米。全县平原地下水资源总量为8510.91万立方米，可采量为8510.91万立方米。山区地下水资源量为11460万立方米，可采量为406万立方米。

二、地下水

涞水县地下水质条件可分为：（一）孔隙水水文地质区；（二）隐伏岩裂隙水区；（三）裸露岩溶裂隙水区，重点是拒马河孔隙水区，为拒马河冲洪积扇区。

拒马河冲洪积扇，由南北拒马河冲洪积物组成，从西北部拒马河出口呈扇形向东南方向延伸，扇前缘在京广铁路附近，扇顶部地面标高为110米，扇前缘为30米，高差80米。组成洪积扇的地层有全新统砾卵石和上更新统黄土状砾卵石。其中全新统分布在拒马河现代河道带上，而上更新统则分布在河道

涞水县拒马河冲洪积扇水文地质特征一览表

表1-2-3-1

冲洪积扇部位 水文地质特征	上　部	中　部	前　缘
含水层岩性	粗大砾卵石，粒径一般为2~10cm，最大为5cm	卵砾石，粒径一般为0.5~2cm，最大为10cm	砂砾石，粒径一般为0.1~1cm，最大为5cm
含水层厚度（米）	20~30	30~40	>40
地下水水位标高（米）	>32	30~32	27~30
地下水水位埋深（米）	15~25	10~20	5~15
单位涌水量（立方米/时.米）	70~150	70~150>150	30~70
地下水类型	潜水	潜水、承压水	承压水
水力坡度（‰）	11~2	2~0.5	0.5~1

涞水县水文地质分区情况说明一览表

表1-2-3-2

水文地质分区			代号	富水性	单位涌水量（吨/时米）	含水层岩情	含水层厚度（米）	水质
孔隙水区（一）	拒马河冲积扇区	南拒马河冲积扇区	I1-1	极富水强富水	>150 70~150	砾卵石	以50为主	良好
		北拒马河冲积扇区	I1-2	极富水强富水	>150 90~150	砾卵石	以20-40为主	良好
		拒马河冲积扇缘	I1-3	富水	30~70	粗砂砾石	>50	良好
	拒马河冲积平原		I2	中等富水	10~30	中细砂	<50	良好
	易水属冲洪积扇		I3	富水	30~70	粗砂砾石	<50	良好
隐伏岩溶裂隙水区			Ⅱ	富水不均	10~140	上部砂砾石 浅埋基岩	-	良好
裸露岩溶裂隙水区			Ⅲ	富水不均	0~80	白云岩 石灰岩	-	良好

以外的广大地区。

拒马河冲洪积扇的含水层岩性颗粒粗，导水性能好，富水性能好，有良好的地下水储存条件。

涞水县地下水的主要补给来源是拒马河出山口的河水，山区侧向潜流及大气降水的补给，其次是渠道入渗、灌溉回归补给。地下水的水质好，水的化学类型以重碳酸钙镁或镁钙为主，矿化物小于0.5克/升，除城镇局部水源受到轻微污染外，其余农村的地下水均适用于饮用和工业用水。

涞水县地表水水质化学分析统计表

表1-2-3-3

地点	酸碱度	主要离子 毫克/升 毫克当量/升 百分当量							矿化度 克/升	总硬度 德国度 毫克当 量/升	总硬度 毫克当 量/升	盐碱量 毫克当 量/升	
		钙	镁	钾钠	氯离子	硫酸根	碳酸根	碳酸氢根				盐度	碱度
岭东	8.28	40.08	16.54	7.36	10.64	9.61	7.20	179.37	–	9.14	–	–	–
		2.00	1.36	0.32	0.30	0.20	0.24	2.94	180	–	3.13	0.32	–
		54.35	36.96	8.70	8.15	5.43	6.52	79.89	–	3.36	–	–	–
河东	8.19	45.09	16.29	5.98	10.64	12.97	7.20	185.47	–	10.02	–	–	–
		2.25	1.34	0.26	0.30	0.27	0.24	3.04	190	–	3.28	0.26	–
		58.44	34.81	6.75	7.79	7.01	6.23	78.96	–	3.58	–	–	–
菩萨峪	8.11	50.70	22.74	1.61	8.87	8.16	6.90	233.05	–	12.35	–	–	–
		2.53	1.87	0.07	0.25	0.17	0.23	3.82	221	–	4.05	0.07	–
		56.60	41.83	1.56	5.59	3.80	5.15	85.46	–	4.41	–	–	–
紫石口	8.09	56.91	7.42	9.43	11.70	27.86	4.50	170.83	–	9.66	–	–	–
		2.84	0.61	0.41	0.33	0.58	0.15	2.80	228	–	2.96	0.41	–
		23.58	15.80	10.62	8.55	15.03	3.89	72.54	–	3.45	–	–	–
龙安	8.22	41.28	15.21	6.44	10.28	12.97	6.90	170.80	–	9.27	–	–	–
		2.06	1.25	0.28	0.29	0.27	0.23	3.80	164	–	3.04	0.28	–
		57.38	34.82	7.80	8.08	7.52	6.41	78.00	–	3.31	–	–	–
垒子水库	7.74	52.10	26.02	6.67	11.70	2.88	0	283.09	–	13.27	–	–	–
		2.60	2.14	0.29	0.33	0.06	0	4.64	258	–	4.64	0.29	–
		51.69	42.54	5.77	6.56	1.19	0	92.35	–	4.74	–	–	–

涞水县地下水灌溉水质分析统计表

表1-2-3-4

项目 地点	盐度 毫克当量/升	碱度 毫克当量/升	矿化度 克/升	总硬度 毫克当量/升	酸碱度
李各庄	0.12	-0.5	0.21	4	7.67
西武山	0.64	-4.24	0.68	8.49	6.95
北郭下	0.30	-2.15	0.48	8.28	7.45

续表

地点＼项目	盐度 毫克当量/升	碱度 毫克当量/升	矿化度 克/升	总硬度 毫克当量/升	酸碱度
岭　东	0.32	−0.18	0.18	3.10	8.28
河　东	0.26	−0.31	0.19	3.58	8.19
菩萨峪	0.07	−0.35	0.22	4.40	8.11
紫石口	0.41	−0.50	0.23	3.40	8.09
龙　安	0.28	+0.49	0.16	3.30	8.22
宋各庄	0.26	−0.11	0.19	4.30	7.47
东　关	0.52	−2.83	0.45	7.60	7.39
垒子水库	0.20	−0.10	0.26	4.74	7.74
娄　村	0.90	−0.60	2.44	7.60	7.32
西垒子	0.37	−0.63	0.32	6.20	7.42
石　亭	0.66	−0.89	0.43	7.22	7.43
明　义	0.59	−0.18	0.30	5.37	7.63
北义安	0.57	−0.65	0.35	6.10	7.78
义和庄	0.43	−0.18	0.29	5.33	7.42
虎过庄	0.37	−0.74	0.28	5.47	8.21
水　北	0.53	−0.28	0.29	5.37	7.70
洛　平	0.41	−0.10	0.27	5.25	7.40

涞水县饮用水水质分析统计表

表1-2-3-5

地点＼指标	酸碱度	硬度	氟
李各庄	7.67	11.1	–
西武山	6.95	23.8	–
北郭下	7.45	23.2	–
岭　东	8.28	9.4	–
河　东	8.19	10	–
菩萨峪	8.11	12.4	–
紫石口	8.09	10	–
龙　安	8.22	9.7	–
宋各庄	7.47	12.2	–
东　关	7.39	21.2	–
西垒子	7.42	17.4	–

续表

地点＼指标	酸碱度	硬度	氟
垒子水库	7.74	13.2	–
娄 村	7.32	21.3	–
石 亭	7.43	20.2	0.22
明 义	7.63	15.0	0.25
北义安	7.78	17.1	0.23
义和庄	7.42	15.0	–
虎过庄	8.21	15.3	–
水 北	7.7	15.0	–
洛 平	7.41	14.7	–

涞水县地下水水质分析统计表（抽样点）

表1-2-3-6

成份＼取样点	涞水镇东关	涞水镇北郭下村
K+Na	11.96	7.00
Ca	89.18	112.22
Mg	38.18	30.76
HCO_3	351.42	364.84
SO_4	31.70	18.73
CL	59.93	37.59
透明度	透明	透明
矿化度（克/升）	0.45	0.48
总硬度（德度）	21.22	23.18
PH值	7.39	7.45

地下水动态变化主要受大气降水和农业用水的影响。变化的时间一般是在每年的3月份，这时正值农灌时节，地下水位大幅度下降，到6月的中旬降到最低位。到7、8两个月的雨季，水位有所回升，到8月底至9月初，在一般年份可出现高水位，10—11月地下水有少量的开采，水位有较小幅度的下降，尔后水位又会缓慢回升。

根据估算，全县平原地下水资源总量为8510.91万立方米，可开采量为8510.91万立方米。山区地下水资源量为11460万立方米，可开采量406万立方米。

第四节　土　壤

1983年5月至1985年3月，涞水县完成第二次土壤普查，全县划分为5个土类、11个亚类、12个土属、69个土种，由251个图斑组成。

一、棕壤

棕壤主要分布在西北部海拔1050米以上的中山上，面积192847亩，占全县总面积的7.79%。其中包括棕壤、生草棕壤和棕壤性土3个亚类。

（一）棕壤亚类　面积96869亩，占全县总面积的3.91%。该类为涞水县土壤肥力较高的山地土壤类型，雨量充沛，气候湿润，适合发展油松、桦树、山杨、椴树等乔木植被，建立木材基地。按成土母质类型划分为3个土属：

1.基性岩类残积坡积物棕壤　本土种主要分布在九龙镇原庄里乡的西北部，金树塔东部，海拔1596米的山上，面积1837亩，占全县总面积的0.07%。于基性岩类残坡积母质上和森林植被下发育而成。土层厚度小于30厘米，表土砾石含量少于10%，酸碱度6~6.5。

2.花岗岩类残坡积物棕壤　该土种主要分布在九龙镇原庄里乡金树塔以南，海拔1500-1611米，面积35278亩，占全县总面积的1.42%。于花岗岩类残坡积母质上和森林植被下发育而成。土层厚度小于30厘米，表面砾石含量少于10%，一般有机质含量2.48%，全氮0.081%，碱解氮PPM，速磷8 PPM，速钾132PPM，酸碱度6.5左右。

3.碳酸盐岩类残积坡积物棕壤　根据土质厚度分为两个土种：即薄层少砾石棕壤土、中层少砾石壤土，前者主要分布在岭南台西部海拔1400米以上的坡地；后者主要分布在龙门乡西部、其中口乡西南部、南部、东南部、东部、金水口村西部、安子沟西北部。

以上两个土种，于碳酸盐类残积坡积母质上和森林植被下发育而成。土层厚度30~80厘米，表层砾石含量少于10%，一般有机质3.7%上下，全氮0.108%左右，矸解氮84ppm，速效磷8ppm，速效钾218ppm。

（二）生草棕壤亚类　主要分布于九龙镇、龙门乡、其中口乡、三坡镇等地，面积70054亩，占全县总面积的2.83%。包括3个土属：

1.基性岩类残坡积物生草棕壤，主要分布在南边桥东部、北边桥东部、北边桥东南部百草畔、大洼岭一带。面积21450亩，占全县总面积0.86%，土层厚度30厘米以内，有机质含量3.36%，全氮0.107%，矸解氮146ppm，速磷6ppm，速钾148ppm，酸碱度6.5左右。于基性岩类残积坡积母上质发育而成。该土壤和气候条件适宜植树造林。

2.花岗岩类残坡积物生草棕壤，分为薄层少砾石、中层少砾石生草棕壤两类，前者分布在蔡树庵东部和东北部，面积11390亩左右，后者主要分布在其中口乡安坨岭的南部、东部1200~1500米的山坡山，面积21581亩，土厚80厘米。

3.碳酸盐岩类残积坡积物生草棕壤，分布在都牙、偏道子交界处，海拔1397至1582米的山坡、山梁地带。面积15632亩。占全县总面积0.63%，土层厚度80厘米，有机质含量3.34%，全氮0.163%，矸解氮121ppm，速磷11ppm，速钾376ppm。于碳酸盐岩基性岩类残积坡积母上质发育而成。

（三）棕壤性土亚类　主要分布在九龙镇、龙门乡、赵各庄镇、三坡镇，面积25950亩，占全县面积的1.05%。自然植被被破坏，表土流失，岩石裸露，棕壤发育不明显。根据岩石类型，划分为两个土属：

1.花岗岩类残坡积物棕壤性土，分布在赵各庄镇的李各庄，九龙镇的北庄、罗古台，龙门乡、面积18553亩，占全县面积的0.75%。

2.碳酸盐岩类残积坡积物棕壤性土，分布在赵各庄镇大展翅、大串尖、九龙镇泊沟、西马各庄交界的山坡、山梁上。面积3796亩，土厚30厘米。

二、褐土类

褐土主要分布在山区、丘陵和山前平原上。面积1818823亩，占全县总面积的73.47%。发育在黄土、洪冲积、残积坡积、脱沼泽化母质上，是涞水县面积最大、分布最广的1个土壤类型。其中包括：典型褐土、淋溶褐土、碳酸盐岩类褐土、潮褐土、褐土性土5类。

（一）典型褐土　根据成土母质分为3个土属：

1.碳酸盐岩类残积坡积物典型褐土，主要分布在娄村满族乡三义村东北、西北、西营房村北、东、南部，石亭镇山坡根的岗丘上。面积10256亩。土层厚度30厘米，有机质含量0.99%，全氮0.075%，碱解氮62ppm，速磷3ppm，速钾124ppm，酸碱度7ppm左右。

2.黄土物质典型褐土，主要分布在丘陵地区的娄村满族乡北水东东北、西营房村西部，石亭镇西龙泉、北龙泉、东龙泉、满金峪、北庄、板城村沿山的沟谷山梁上。面积5868亩。土层深厚，有机质含量0.99%，全氮0.066%，碱解氮57ppm，速磷4ppm，速钾122ppm，酸碱度7ppm左右。

3.洪积冲积物典型褐土，主要分布在石亭镇板城村村西，面积768亩。土层深厚，有机质含量1.05%，全氮0.057%，碱解氮47ppm，速磷6ppm，速钾99ppm。

（二）淋溶褐土　主要分布于山区的九龙镇、三坡镇、赵各庄镇、其中口乡、娄村满族乡、宋各庄乡等，海拔600米-1050米左右的低、中山处，面积573331亩，占全县总面积的23.16%，是由棕壤向褐土过渡的一个土壤类型。根据土层厚度和砾石含量划分为三个土属：

1.基岩类残积坡积物淋溶褐土，主要分布在九龙镇，面积14685亩，土层厚度80厘米，有机质含量2.65%，全氮0.146%，碱解氮91ppm，速磷10ppm，速钾263ppm，酸碱度6.8至7.0度。

2.花岗岩残积坡积物淋溶褐土，主要分布在九龙镇、赵各庄镇的李各庄、其中口乡、龙门乡，面积217865亩，占全县面积的8.8%，其中包括：薄层多砾石、薄层少砾石、中层多砾石花岗岩残积坡积物淋溶褐土3个土种。砾石含量为10~30%、土厚为30~80厘米。有机质含量2.88%，全氮0.127%，碱解氮104ppm，速磷15ppm，速钾167ppm。

3.碳酸盐岩类残积坡积物淋溶褐土，主要分布在娄村满族乡的虎各庄、九龙镇的都衙、偏道子、紫石口、庄里，赵各庄镇的李各庄、蓬头，其中口乡，面积336598亩，占全县面积的13.6%。根据土层厚度和砾石含量分为三个土种：即：薄层少砾石、薄层多砾石、中层少砾石淋溶褐土。土层厚度30厘米~80厘米，有机质含量1.87%，全氮0.113%，碱解氮99ppm，速磷8ppm，速钾200ppm。

4.页岩类残积坡积物淋溶褐土，主要分布在九龙镇的大东山，义和庄村的东坡一带，面积4181亩，土层厚度30厘米左右，表面砾石含量少于10%。

（三）碳酸盐岩类褐土　主要分布在平原和丘陵地区，是涞水县最主要的棉、粮、油生产基地，面积214026亩，占全县总面积的8.64%，土呈中性至微碱性。根据成土母质划分为3个土属：

1.黄土母质碳酸盐褐土，主要分布在涞水镇、义安镇、永阳镇，明义、胡家庄、东文山、宋各庄、娄村满族乡，面积149344亩，占全县面积，6.03%，土层深厚，平均有机质含量2.25%，全氮0.106%，碱解氮67ppm，速磷5ppm，速钾176ppm。

2.壤质洪冲积碳碳酸盐褐土，主要分布在王村乡、义安镇、石亭镇色树村、宋各庄乡龙安桥东，面积52035亩，占全县总面积的2.1%，耕地有机质含量1.15%，全氮0.062%，碱解氮56ppm，速磷7ppm，速钾83ppm。

3.砂壤质洪冲积碳酸盐褐土，包括通体砂壤质、中层砂壤、深位砾石碳酸盐褐土三个土种。主要分布在王村乡张翠台、杨家台周围，赵各庄镇东部、南部、北部，九龙镇峨峪南部，面积12646亩，占全面积的0.51%。耕层平均有机质含量1.03%，全氮0.064%，碱解氮59ppm，速磷8ppm，速钾80ppm。

（四）潮褐土　主要分布于涞水镇、永阳镇，明义乡、娄村乡等较为低洼处。该亚类是褐土向潮土过渡的土壤类型。面积52184亩，占全县总面积的2.11%。根据成土母质分为四个土种：即黄土、壤质洪冲积、砂壤质洪冲积、脱沼泽化潮褐土，耕层平均有机质含量1.22%，全氮0.061%，碱解氮59ppm，速磷10ppm，速钾90ppm。

1.黄土潮褐土，主要分布在娄村满族乡南庄村四周，面积984亩。

2.壤质洪冲积潮褐土，主要分布在永阳、义安、石亭镇，娄村、明义、王村乡的低洼处。

3.砂壤质洪冲积潮褐土，主要分布在涞水镇的南、北涧头村东、北关村北，面积5737亩。

4.脱沼泽化潮褐土，主要分布在永阳镇的北秋兰、行宫、铺头、二十里铺、南桥头，明义乡的张家洼、刘家沟、冀家沟村北部，面积14840亩。

（五）褐土性土　广泛分布在低山、丘陵及荒滩，面积969024亩，占全县总面积的39.14%。一般土层较薄，土少石多，水土流失严重，成土过程被侵蚀所中断，土壤发育层次极不明显。根据成土母质，分为4个土属，即：石英石类、花岗岩类、碳酸盐岩类、页岩类残积坡积物褐土性土。土层厚度30厘米左右，平均有机质含量2.25%，全氮0.136%，碱解氮92ppm，速磷12ppm，速钾172ppm。

1.石英石类褐土性土，分布在东文山乡的北西租西北部山坡，面积431亩。

2.花岗岩类残积坡积物褐土性土，分布在九龙镇、赵各庄镇、龙门乡沿山一带，面积253057亩，占全县面积的10.22%。

3.碳酸盐岩类残积坡积物褐土性土，分布在娄村、宋各庄、其中口乡，石亭、永阳、九龙、三坡、赵各庄镇的沿山一带，面积692539亩，占全县面积27.97%。

4.页岩类残积坡积物褐土性土，分布在娄村、东文山乡，九龙镇山坡地带，面积22998亩，占全县面积0.93%。

三、潮土类

潮土　主要分布在涞水县河流冲积扇上端的交接洼地和沙河故道，面积51026亩，占全县总面积的2.06%。耕层平均有机质含量1.34%，全氮0.062%，碱解氮50ppm，速磷25ppm，速钾81ppm。包括沙质冲击物潮土、沙壤质冲积物潮土、壤质冲积物潮土、脱沼泽壤质潮土4个土属。

（一）沙质冲击物潮土，主要分布在涞水镇、义安镇、石亭镇，胡家庄乡，面积4744亩，占全县总面积的0.19%。表土砂质，耕性良好，但保水保肥性差。

（二）沙壤质冲积物潮土，主要分布在王村乡的北辛庄、张翠台、杨家台、沈家台、同心街、下庄村西南拒马河边，涞水镇的北关北部、宋各庄乡的龙安村东南，面积14487亩，占全县总面积的0.59%。

（三）壤质冲积物潮土，主要分布在拒马河故道中下游，扇缘至平地较远部位的义安镇西南北高洛、沿石亭镇的拒马河两侧、宋各庄乡拒马河两侧等，面积31316亩，占全县总面积的1.26%。表层质地为轻壤，通透性良好，土质砂粘度适中，易耕易管。

（四）脱沼泽壤质潮土，集中分布在石亭镇高庄村东铺的四周，面积478亩，占全县总面积的0.02%。

四、沼泽土

沼泽土类　分布在涞水县石亭镇士庄村东部、高庄村西部，地形为滞水洼地。面积384亩，占全县总面积的0.02%。

五、草甸土

草甸土类　主要分布在龙门乡、赵各庄镇、九龙镇、三坡镇部分季节性流水的沟谷地带，面积36086亩，占全县总面积的1.46%。

第五节　野生动植物

一、野生植被

植被存在的生态环境是由地质、地貌、土壤、气候等诸因素构成的，涞水县野生植物资源丰富，有101科，356属，696种。天然次生林以柞木、鹅耳枥为主，伴有山杨、桦木、椴树等。灌木以胡枝子、绣线菊、荆条、酸枣等为主。草本植物有白草、黄背草、蒿类等，盖度30%~80%不等，野生树种有油松、落叶松、杨树、刺槐、杏树、柿子、花椒、核桃、板栗、桃等。因自然环境条件不同，植被呈现区域差异。

西北部山区植被以半旱生、旱生草本植物和小灌木为主，广泛分布着白羊草、黄青草、黄背草为建群种的草本植物群落，伴生有野古草、隐子草、委陵草、狗尾草、菅草及荆条、胡枝子、酸枣、蚂蚱腿子、芫蒿、山皂角等，植物组成比较单纯，天然乔木树种较少。分布有集中连片的柞树、鹅耳枥、山杨、桦树、油松、侧柏、刺槐、核桃、杏、柿、桃等，植被盖度50%~70%。

西部山区随海拔增高植被呈现由低到高的垂直分布。海拔700米以下是以白羊草、黄背草为建群种的草木植物群落。700米以上，是以灌木和乔木为主的灌丛型群落，天然乔木有蒙栎、楸树、元宝枫、椴树等，灌木主要有荆条、黄栌、胡枝子、山皂角、绣线菊、葛条、蚂蚱腿子等。伴生草本植物主要有唐松草、被针叶苔、山丹丹、荩草，还有知母、地榆、丹参、沙参、白头翁、柴胡、黄芩、桔梗、天门冬、苔参等中药材。分布柞树、山杨、鹅耳枥、核桃楸等天然乔灌混交林，植被盖度在80%以上。

东南部平原区植被以禾本科植物为主，主要有马唐草、虎尾草、狗尾草、苦菊菜、车前子、打碗花、大蓟、小蓟、苍耳、蒺藜等，冲积扇陡坡，田埂地边长有酸枣及蒿类等旱作植物，低洼地长有喜温性禾本科植物，三棱草、芦苇、莎草、水芹、苔草、节节草。

四旁树主要有刺槐、杨树、柳树、榆树、臭椿、火炬、桧柏、国槐等；乔木生态树种有银杏、白皮松、华山松、桧柏、法桐、白蜡、合欢、栾树、经济林树种有柿、苹果、李、梨、红果、桃、杏、葡萄、核桃、板栗、花椒等；乔灌木为主的绿化苗木有金叶女贞、紫叶小檗、沙地柏等。其中受国家保护的重点植物有核桃楸、银杏、刺五加、翠柏、水杉、紫椴等12种。

山区海拔高、面积大、人口少、气候凉爽，局部地区温暖湿润，乔木有锻木、桦木、栎树、青杠子、牛筋树、莱木、枫树、山桃等；灌木有六道木、榛子、酸枣、荆条等；草本植物有白草翁、黄白草、野草木樨、桔梗、山药等。多分布在有机质含量多，土壤潜在肥力高，土壤呈微酸和酸性反应的棕壤土地区及气候较湿润的棕壤界线以下的淋溶褐土中。土层薄沙石多肥力低的荒山秃岭，保肥能力差的褐土性土，其野生植被主要为酸枣、荆条和杂草。

涞水县农业耕种历史悠久，平原无原生植被，田间杂草多生长于田间及垄背上，已失去自然植被的组合。据调查发现，本县碳酸盐褐土区主要有酸枣、狗尾草、小旋花、节节草等；在潮土区则以刺儿菜、苦麻菜、酸模、芦草最多；小部分的沼泽土区，主要是芦苇、三棱草和稗草。

二、野生动物

据调查，境内有陆生脊椎动物现存149种。其中两栖动物4种，爬行类动物11种，鸟类102种，兽类32种，国家一级保护野生动物5种（豹、褐马鸡、黑鹳、金雕、白肩雕）；二级保护野生动物16种，有《河北省重点保护陆生野生动物名录》中的鸟类、兽类12种。

鸟类：鹰、猫头鹰、鹞鹰、啄木鸟、斑鸠、雉鸡、布谷鸟、山鸽、乌鸦、麻雀、喜鹊、鹌鹑、黄雀、石鸡、黄鹂、燕子、寒号鸟

哺乳类：狐狸、野兔、山羊、松鼠、刺猬、野狸、狍子、野猪、狼、獾、家鼠、田鼠、蝙蝠

爬行类：壁虎、蜥蜴、蛇

两栖类：蛙类、蟾蜍

昆虫类：蜈蚣、蝎子、黄蜂、蝉、螳螂、蜣螂、蝼蛄、蟋蟀、蝗虫、蝈蝈、蚂蚱等

水生动物：涞水县天然鱼类，主要有金鲤、鲫鱼、白鲢、青鱼、草鱼、鲇鱼、鳝鱼、泥鳅、嘎鱼、大青虾、菜鳖，拒马河原产“重唇鲤”清代时为贡品。

豹、狐狸、狍子、野猪、山羊、狼、野狸、松鼠；寒号鸟、鹰、雉鸡等主要分布在深山区，丘陵、平原很少见。

第六节　自然资源

一、土地资源

涞水县1979年耕地面积375773亩，人均1.38亩。2009年耕地面积359324亩，人均1.02亩。30年耕地减少16449亩，人均耕地减少0.36亩。

1996年涞水县第一次土地调查情况统计表

表1-2-6-1　　单位：公顷

名 称	行政区域面积	耕地	园地	林地	牧草地	城镇村级工矿用地	交通用地	水域	未利用土地
涞水县	166595.8	24846.1	1553.3	18915.0	0.2	7403.7	1192.5	4632.8	108052.2

2009年涞水县第二次土地调查情况统计表

表1-2-6-2　　单位：公顷

名 称	行政区域面积	耕地	园地	林地	草地	城镇村级工矿用地	交通用地	水域	未利用土地
涞水县	166160.67	24097.16	996091	17475.36	18333.7	9833.22	9833.22	3841.70	108052.2

二、矿产资源

涞水县位于保定市北部，域境狭长，素有“涞水一条线”之称，矿业后续加工业产值7717.7万元，其中采选业产值39227万元，占全县工业总产值的3.46%，矿业开发尚处于初级阶段。

涞水县矿产资源较为丰富。目前发现矿种30种，其中黑色金属3种，有色金属5种，贵重及稀有金属3种，能源1种，建材及其他非金属18种。现已开发利用18种，有储量的矿种16种。

主要优势矿产资源为金、钼、水泥用石灰岩、饰面石材、建筑砂石料、金红石、煤等，其他重要矿产为铁、铅、锌、滑石等。主要矿产分述如下。

金、银矿：现已查明金矿产地6处，均为小型矿产地，资源总量7199千克，占保定市总资源量的34.97%，资源储量位居保定市前列。金矿产地主要分布在县域西北部的九龙镇和其中口乡、龙门乡、赵各庄镇。较有规模的有柏林城金矿、上安北金矿、南款西岭沟金矿、九集庄金矿。最有资源远景的成矿

区为：其中口乡南款一带，预测远景资源量10吨以上；龙门乡九集庄-苇家峪一带，预测远景资源量Au 40.3吨。

银矿主要与金矿相伴生，目前初步查明资源量161.16吨，预测远景资源量1820.3吨，主要集中在苇家峪一带，潜在资源优势巨大。

钼矿：区内钼矿产地只有龙门乡野孤钼矿1处，为一中型钼矿床，资源量4.41万吨，占保定市钼矿总资源量的13.68%，资源量仅次于涞源县，占保定市第2位。该矿区成矿地质条件极为优越，待将来国家宏观矿业政策允许开发后，是涞水县有色金属又一重大资源基地。

水泥用石灰岩矿：主要分布在永阳檀山一带和九龙镇马各庄一带，查明资源总量4286万吨，占保定市水泥灰岩总量的9.93%。为二个中型水泥用石灰岩矿床。本县水泥用石灰岩矿质量好、矿层稳定、分布范围广，潜在远景资源量巨大，是涞水县优势矿产资源。

金红石矿：分布于娄村满族乡东部水东一带，矿床分布范围大，目前查明的部分矿段Ti02资源量4.2万吨，矿石量161.47万吨，为一小型金红石矿床。该矿床是保定市经委系统地质评价的唯一可开发利用的金红石矿床，是涞水县优势矿产资源。

建筑用砂、石料：拒马河在涞水县全长171.1千米，流域内的古河床和河漫滩赋存丰富的建筑用砂资源。公路、铁路附近白云岩岩石裸露，有丰富的建筑用石料资源。砂、石料资源丰富，近邻京、津两市，是涞水县得天独厚的优势矿产资源。

大理石、花岗石：涞水县大理石、花岗石资源丰富，分布范围广泛。目前开发的大理石品种主要有涞水红、汉白玉、芝麻白、艾叶青等，花岗石品种主要为“天铺”151#粉红色花岗石。现已探明的大理石矿产地3处，总资源量798万立方米，预测远景资源量巨大。龙门乡下港一带粉红色中细粒花岗岩与易县天铺151#花岗石均为涞源杂岩体外圈的同类岩石，出露面积巨大，有待地质评价与开发。

煤矿：本县煤矿为无烟煤，分布于山前的永阳镇永阳—垒子一带和山区的西北部高铺一带。目前共探明无烟煤资源量3422万吨。涞水煤炭资源是保北地区重要的生活用煤来源。

铅锌矿：区内铅锌矿产地4处，均为小型规模，资源总量8.01万吨，占保定市总储量的7.75%，其中锌资源量6.58万吨。(其中伴生锌3.31万吨)，铅1.43万吨。主要分布于本县西北部九龙镇的北龙门一带、岭南台一带和其中口乡南款一带，其中南款和岭南台两处资源潜在远景较大，预计远景资源量可达10万吨以上，是涞水县最主要的2个有色金属矿产地。

铁矿：涞水县铁矿资源分布特点是小而散，山前主要为暂不能利用的褐铁矿，山后主要为磁铁矿。比较有规模的铁矿为北龙门铁矿、杏黄铁矿、捌杖沟铁矿（小型），其余均为铁矿点。全县铁矿资源总量289万吨，可利用资源量265万吨。

滑石矿：分布于涞水镇西北的水东~西营房一带。资源量63.7万吨，为一潜在大型远景矿床，是保定市最大的滑石矿产地。由于矿石质量稍差，需要选矿处理。

区内尚有耐火黏土、瓷土、白云岩、辉绿岩、石棉、海泡石、钢玉等。

第七节　自然灾害

一、气象灾害

（一）旱涝灾害

1980年夏季降水220.6毫米出现大旱。

1981年春季降水4.1毫米出现大旱。

1982年春季降水26.9毫米出现了大旱。

1983年夏季降水258.3毫米出现大旱。

1984年全年降水249.1毫米出现大旱。

1986年春季降水34.9毫米出现大旱。

1988年全年降水747.4毫米出现大涝。

1990年春季降水232.2毫米出现大涝，夏季降水396.7毫米出现涝情。

1991年6—7月出现涝灾降水388.8毫米。

1993年春季降水20.0毫米出现了大旱。

1994年6—7月降水691.0毫米出现大涝。

1995年全年降水876.4毫米，6、7、8月降水共计679.9毫米出现大涝。

1996年春季降水11.0毫米，出现大旱，6、7、8月降水678.9毫米出现了大涝。

1999年夏季降水269.3毫米，出现旱情。

2000年全年降水324.0毫米，6—9月降水259.3毫米出现旱情。

2001年全年降水337.0毫米，出现大旱。

2002年春季降水47.5毫米，出现大旱。

2003年夏季降水162.8毫米，出现大旱。

2004年6—8月降水498.4毫米，出现大涝。

2005年6—8月降水188.6毫米，出现大旱。

2006年全年降水308.1毫米，6—8月降水137.2毫米，出现大旱。

2009年春季降水37.7毫米，出现大旱。

（二）干热风

1981年5月22、23、24、28日分别出现了轻度或中度的干热风，致使小麦早枯死亡，籽粒秕瘦。

1982年5月15日出现干热风，致使小麦早枯死亡，籽粒秕瘦。

1983年6月上旬曾出现几次不同程度的干热风致使部分晚播小麦早枯死亡。

1985年5月21日出现1次轻度干热风。

（三）冰雹

1979年6月4—5日，镇厂区3个公社遭受洪水、冰雹灾害。

1980年6月出现冰雹1次。

1980年7月6日，山区罗古台、北庄、偏道子等3个公社14个大队遭受严重风雹灾害，受灾面积3430亩。

1981年5月出现冰雹1次。

1981年7月2—25日，全县26个公社连续遭受风灾，农作物受灾面积80550亩。

1982年6月21—30日，涞水县山区、丘陵地带，连续3次遭受风雹灾害，受灾面积65000亩。

1983年8月出现冰雹1次。

1983年6月27—7月2日，全县连续遭受风雹袭击，涉及其中口、庄里、紫石口、东文山、娄村、石亭、洛平、胡家庄、王村等9个乡镇，受灾面积6300亩，粮食减产35万余千克。

1984年9月17日中午，偏道子乡遭受冰雹袭击，半小时降雹30厘米左右，造成180亩农作物绝收。

1985年5、6月份出现冰雹2次。

1985年7月2日下午4时至7月3、4日，白涧区连续遭受暴风雨和冰雹袭击，李各庄、蓬头、偏道子3个乡最严重。暴风雨摧毁青苗3969亩、毁民房30间、牲畜20头，上安北村1人被砸伤，5户无家可归。100多株成树连根拔掉。果品减产8.5万千克，经统计各项损失780.63万元。

1985年7月4日下午2时8分，永阳乡9个村遭受7~8级大风和冰雹灾害，毁坏永阳至南庞村的高压线，13484亩农作物被冰雹砸毁。

1987年5月30日下午2时30分，镇厂区遭受罕见的冰雹袭击，受灾面积50平方千米，涉及3个乡22个村，毁坏粮食作物1万余亩，毁坏林果3.16万株，死山羊337只，鸡930只，毁坏民房1间，经济损失约63.5万元。

1987年6月，出现冰雹1次。

1987年7月13日其中口乡降冰雹10分钟，雹径5至8厘米，砸毁民房2176间，伤5人，死羊11只，鸡310只，毁变压器1台，农作物、林果损失严重，是该地区近百年来最严重的一次雹灾。

1988年6月出现冰雹1次。

1990年5、6、7月份出现冰雹3次。

1990年8月20日，其中口乡遭受严重风雹袭击，持续时间20分钟，最大冰雹有鸡蛋大。全乡受灾总面积2785亩，刮折树木145株。乡党委组织全乡全力生产自救。

1991年9月出现冰雹1次。

1996年5月26日，其中口乡发生洪水、冰雹灾害。

1997年9月，出现冰雹1次。

2003年9月，出现冰雹1次。

2008年5月，出现冰雹1次。

（四）大风

1980年全年出现扬沙共计5次，沙尘暴出现1次，大风共计出现15次。

1981年5月15日12时，地区七二六厂厂区遭受龙卷风灾害，八四车间石砌砖围墙刮倒40多米，12间库房被摧毁，车间内水泥铁架底座被刮倒，两个铁架灰墩被拔出，钢管折断，风势至13时10分消失，造成严重损失。

1981年全年出现扬沙4次，沙尘暴出现2次，大风出现12次。

1982年全年出现扬沙7次，大风共计出现7次。

1983年全年出现扬沙6次，沙尘暴出现1次，大风共计出现15次。

1984年全年出现扬沙5次，沙尘暴出现1次，大风共计出现8次。

1984年7月8日，涞水县丘陵、平原遭受11级大风灾害，果树折断6万余棵，成树折断2万余棵。玉米受损面积4万余亩。刮倒水泥电杆37根，高压线断13处，12条主干线刮断11条。以上共损失（折款）400多万元。

1985年全年出现扬沙1次，大风出现3次。

1986年全年出现扬沙1次，沙尘暴出现2次，大风出现7次。

1986年7月23日下午6时，白涧区李各庄、赵各庄两个乡遭受风灾，刮倒各种果树1500余株；倒伏玉米2000余亩；砸伤1人，砸死驴1头。

1986年7月24日下午3时，全县有12个乡遭受不同程度的风雹灾害。受灾面积15900亩，刮倒树木5000余株。

1986年8月31日，全县213个村遭受8级以上大风袭击，受灾面积77844亩，刮倒成树417株，19100株果树受灾，减产218.5千克。

1987年出现大风2次。

1988年出现大风3次。

1989年出现大风4次。

1990年出现大风5次。

1991年7月22日，一场7~8级的大风席卷平原44个村，刮倒电线杆180根，刮倒成材树26万棵，毁坏房屋100多间。

1993年出现大风4次。

1994年出现大风4次。

1995年出现大风2次。

1996年出现大风2次。

1997年出现大风4次。

1998年出现大风1次。

1999年出现大风2次。

2000年出现大风2次。

2001年出现大风1次。

2002年出现大风2次。

2003年出现大风3次。

2004年出现大风5次。

2005年出现大风12次。

2006年出现大风1次。

2007年出现大风4次。

2008年出现大风2次。

2009午出现大风13次。

（五）暴雨

1982年7月31日出现特大暴雨降水量82毫米。

1985年7月2日出现特大暴雨降水量60.6毫米。

1985年7月23日，白涧区李各庄乡遭受暴风雨袭击，该乡核桃被刮掉，大核桃树刮断17株。仅有1118.6亩耕地的李各庄村，800亩玉米受灾70%，成材树刮折170多株，直径40厘米的杨树被连根拔起。大树砸伤1人，砸死大驴1头，砸伤小驴1头。

1986年6月27日出现特大暴雨降水量109.3毫米。

1988年8月4日凌晨，涞水县山区降特大暴雨，仅1小时就造成山洪暴发。其中口、蓬头、赵各庄3个乡损失严重。

1988年8月14日出现特大暴雨降水量80.3毫米。

1990年7月4日，一场持续50分钟的暴风雨袭击紫石口乡义合庄村，洪峰把210亩耕地冲毁，7.5千米乡间公路被冲成河床，420棵花椒树和20多只山羊被洪水冲走。

1991年7月17日出现特大暴雨降水量67.4毫米。

1992年8月3日出现特大暴雨降水量101.1毫米。

1994年出现特大暴雨两次：7月8日降水量72.2毫米，8月3日降水量93.1毫米。

1995年出现特大暴雨两次：7月29日降水量116.1毫米，8月11日降水量92.1毫米。

1995年7月29日，蓬头村遭受特大暴雨泥石流灾害，蓬头村受灾430户，1505人，占全村总人口的56.3%；耕地成灾面积940亩，其中绝收806亩，占耕地总面积的44.8%；冲走房屋88间，倒塌156间，损坏718间，倒塌围墙14800米；冲毁成树5000余株，幼树20000余株，用材树6000余棵；冲走、死亡羊75只，猪46头，家禽1500余只；冲走、水浸粮食97吨；冲毁乡间公路17千米，淹没机井、饮水井8眼，输水管道12000米，毁坏变压器1台，其他生产生活用品也有不同程度损失。

1996年出现特大暴雨两次：7月10日降水量64.9毫米，8月5日降水量111.5毫米。

1997年出现特大暴雨两次：7月3日降水量109.3毫米，10月3日降水量77.9毫米。

2004年8月11日出现特大暴雨降水量84.0毫米。

2005年7月23日出现特大暴雨降水量70.7毫米。

2006年7月9日晚10时40分，涞源县突降暴雨致使杨家庄镇高家庄村西丽源矿业选厂尾矿库泄漏，约4000立方米尾矿渣流入拒马河致使河水污染。7月10日下午5点35分，接常务副市长李谦、副市长石小琢紧急指示：要千方百计将污水截流在涞水县境内。涞水县立即行动，迅速成立由县长田庆柱为组长，主管副县长胡玉祥为副组长，水利、环保部门为成员的紧急防污领导小组，并议定阻截方案，决定采取截流、分流、沉淀、贮存等多种方法阻击污水。经五昼夜连续奋战，多措并举，截至15日晚6时，污水被成功阻截在平峪电站水泥坝上游5千米处。经过多次拦截沉淀，河水各项污染物指标全部达标，保障野三坡景区以及北京十渡至张坊段拒马河水免遭污染。

2009年8月8日出现特大暴雨降水量63.6毫米。

（六）冻害

1979年春季出现三次低温冷害。

1980年春季出现低温冷害。

1984年4月出现低温冷害。

1990年4月出现低温冷害。

2009年11月出现霜冻，最低气温-0.5℃。

二、生物灾害

1984年6月30日，东文山乡上车亭村发生蝗灾，吃掉青苗500亩，蝗虫密度为每平方丈300多只。县有关部门及时发动1000余名群众，喷洒农药5000千克，将蝗虫迅速扑灭。

2003年5月4日，县委书记孙金博、县长田庆柱到县医院发烧门诊、隔离病房看望一线医护人员，并就后备医院准备情况进行调研。5月6日，县委书记孙金博到涞水镇北南租村督导检查“非典”防控工作。

2009年，虫害发生总面积6.27万亩。其中春尺蠖1.13万亩；杨毒蛾0.24万亩；杨扇舟蛾0.27万亩；美国白蛾4.45万亩；棕色天幕毛虫0.075万亩。

三、地质灾害

1988年9月3日9时许，沈家庵村李得祥在本村西北山坡放牧时，羊群遭雷击，死羊58只，经济损失达6000多元。

1995年7月29日，蓬头、小丰口、安北等村遭受特大暴雨泥石流灾害，其中蓬头村受灾430户，1505人，占全村总人口的56.3%；耕地成灾面积940亩，其中绝收806亩，占耕地总面积的44.8%；冲走房屋88间，倒塌156间，损坏718间，倒塌围墙14800米；冲毁成树5000余株，幼树20000余株，用材树6000余棵；冲走死亡羊75只，猪46头，家禽1500余只；冲走水浸粮食97吨；冲毁乡间公路17千米，淹没机井、饮水井8眼，输水管道12000米，毁坏变压器1台，其他生产生活用品也有不同程度损失。

第二编 居民

新中国建立以来，涞水县人口呈阶梯状发展。1949年总人口158000人。1962年底总人口204600人。1979年底总人口272116人，其中农业人口260298人，非农业人口11818人。自1978年开始，实行计划生育政策，一对夫妇只生一个孩，人口自然增长率下降到10‰以下。但因人口基数大，到2009年底，总人口达到352618人，其中农业人口312168人，非农业人口40450人，比1979年底人口总数净增加80502人，年平均自然增长率为8.68‰。涞水人口分布不均，山区地广人稀，平原人口稠密。1979年男女性别比例为105.3：100；1999年达到峰值112.9：100；2009年为104.1：100，人们的生育观念逐渐发生变化。涞水人口由多个民族组成，1990年第四次人口普查显示全县有13个民族，其中12个少数民族，有14446人，占总人口的4.58%；2009年全县少数民族增加到19个，总人口增加到19726人，20年间净增加5280人。生活条件、医疗条件的改善，扫盲、“普九”、各种媒体的普及覆盖，人们的健康水平、文化素质、人均寿命、生活水平得到显著提高。

第一章 人口

1979年涞水总人口272116人，其中非农业人口11818人，到2009年全县人口达到352618人，其中非农业人口40450人，少数民族人口19726人。30年间人口净增80502人，非农业人口增加28632人。平原人口密度大，平均达到每平方千米500人以上，山区平均在每平方千米100人以下。人口男女比例1979年为105.3：100；1999年达到峰值112.9：100；2009年男女比例为104.1：100，比1979年降低1.2

个百分点，结构日趋合理。计划生育的实施，降低新生儿的出生率。1982年，全县14岁以下儿童92208人，占总人口的32.7%；2009年，全县14岁以下儿童48434人，占全县总人口的14.3%，比1982年下降18.4%，人口老龄化问题凸显。随着改革开放的逐步深入和城镇化步伐的加快，人口执业结构发生变化，越来越多的农民及其子女到城镇就业，或从事第三产业。

第一节 总量与分布

一、人口总量

1979年，涞水县总户数63246户，总人口272116人，其中农业人口260298人，非农业人口11818人，非农业人口占总人口的4.34%，人口自然增长率9.7‰，人口密度165人每平方千米。

1979—2009年贯彻国家生育政策，坚持实施计划生育措施，人口自然增长率逐年下降，到2009年全县总户数116096户，总人口352618人，其中农业人口312168人，非农业人口40450人，非农业人口占总人口的11.47%，比1979年提高7.13个百分点，1979—2009年人口净增长80502人，平均自然增长率为8.68‰，人口密度每平方千米213人。

1979—2009年涞水县人口统计表

表2-1-1-1

年度	总户数（户）	总人口（人）			非农业人口（人）
		合计	男	女	
1979	63246	272116	139575	132541	11818
1980	64492	274602	141074	133528	12187
1981	66082	279969	142319	137650	14262
1982	66834	283900	144866	139034	14633
1983	67793	286516	147205	139311	15555
1984	68964	289752	149163	140589	15974
1985	71645	292454	151384	141070	16527
1986	72801	296203	152874	143356	17521
1987	73770	299411	154051	145360	18000
1988	76377	304966	157202	147764	18653
1989	77665	310065	159048	151017	20011
1990	80926	317846	162129	155717	20173
1991	83154	322385	164477	157908	20648
1992	86821	327444	166471	160703	24138
1993	87127	330872	169575	161297	25849
1994	89117	337307	172563	164744	28107
1995	90613	338540	172362	166178	30660
1996	90283	338503	172347	166158	31422
1997	90264	339568	174842	164726	32309
1998	91913	340429	175315	165114	32758

续表

年度	总户数（户）	总人口（人）			非农业人口（人）
		合计	男	女	
1999	94300	327260	173530	153730	32758
2000	92911	337329	173409	163840	32765
2001	95388	332019	175900	156119	32917
2002	95347	339613	175702	163911	32980
2003	96263	340110	176249	163861	32980
2004	96955	341414	176712	164702	32987
2005	97877	342671	175733	166938	32994
2006	98270	344038	176424	167611	32994
2007	105468	344981	175818	169163	35154
2008	109337	349609	178337	171272	40291
2009	116096	352618	179840	172778	40450

二、人口分布

涞水县人口分布不均匀，平原地区人口密度大，山区人口密度小。平原地区的涞水镇、义安镇、石亭镇、明义乡、王村乡、胡家庄乡人口密度均在每平方千米500人以上。山区的九龙镇、三坡镇、其中口乡、龙门乡均在每平方千米100人以下。

2009年涞水县分乡镇人口密度统计表

表2-1-1-2

乡镇名称	行政区面积（平方千米）	2000年总人口（人）	人口密度（人/平方千米）	2009年总人口（人）	人口密度（人/平方千米）
合 计	1654	337329	204	352618	213
涞水镇	35.24	60488	1716	65837	1868
永阳镇	65.37	28606	438	30784	471
义安镇	54.17	31333	578	34646	640
石亭镇	45.14	35632	789	36900	817
赵各庄镇	85.5	23979	280	24295	284
九龙镇	177.16	16002	90	16803	95
三坡镇	214.03	11928	56	13055	61
明义乡	37	21865	591	21777	589
王村乡	33.98	20490	603	20749	611
东文山乡	35.17	16287	463	16485	469
娄村满族乡	168.41	27881	166	29741	177
宋各庄乡	62.97	9407	149	10249	163
其中口乡	166	7048	42	7254	44
龙门乡	183.89	11758	64	11431	62
胡家庄乡	23.98	15306	638	15794	659

注：以上人口数据均由县公安局户籍股提供

第二节　人口变动

一、自然变动

1979年全县总人口272716人，其中新生人口4478人，出生率16.5‰；

1990年全县总人口317846人，其中新生人口5456人，出生率17.3‰；

2000年全县总人口337329人，其中新生人口3840人，出生率11.3‰；

2009年全县总人口352618人，其中新生人口4741人，出生率13.5‰。

2009年比1979年出生率低3.0‰。

1979年全县死亡人口1843人，死亡率6.8‰；

1990年全县死亡人口1606人，死亡率4.98‰；

2000年全县死亡人口1828人，死亡率5.4‰；

2009年全县死亡人口3246人，死亡率9.2‰，死亡率高于1979年2.4‰。

二、机械变动

1979年，年内迁入3705人，年内迁出3857人，迁出高于迁入4.1%；2009年，年内迁入3407人，年内迁出3081人，迁入高于迁出10.95%。

1979—2009年涞水县人口变动情况统计表

表2-1-2-1

指标	出生人口（人）	死亡人口（人）	出生率（‰）	死亡率（‰）	自然增长率	年内迁入（人）	年内迁出（人）	流动人口（人）	暂住人口（人）
1979	4478	1843	16.5	6.8	9.7	3705	3857	–	–
1990	5456	1775	17.3	5.63	11.67	–	–	–	–
2000	3840	1828	11.3	5.4	10.6	–	–	6250	750
2009	4741	3246	13.5	9.2	4.3	3407	3081	18772	2190

第三节　人口素质

一、身体素质

1979—2009年，涞水县人民身体素质增强，人口寿命提高。1982年第三次人口普查时，涞水县60岁以上人口23688人，占全县总人口的8.4%。其中60~79岁人口22306人，占总人口的7.9%；80岁以上1382人，占总人口的0.5%；最高年龄是94岁。1990年第四次人口普查时，60岁以上人口28386人，占总人口的9%。其中60~79岁人口25967人，占总人口的8.2%；80岁以上人口2419人，占总人口的0.8%；90岁以上人口95人，最高年龄99岁。2010年第六次人口普查时，60岁以上人口45512人，占总人口的13.4%，提高4.4个百分点，其中60~79岁人口41219人，占总人口的12.1%；80~99岁人口4290人，占总人口的1.3%；90岁以上人口347人，占总人口的0.1%；出现百岁以上老人3人。按5岁年龄分组计算平均年龄为36.6岁，比1990年提高8.3岁。

涞水县部分年度各年龄段人口构成统计表

表2-1-3-1　　单位：人

年度	项目（数据 / 年龄段）	0~6	7~15	16~59	60~79	80~399	100以上
1982	人口数量	39206	53002	165943	22306	1382	-
	占总人口%	13.9	18.8	58.9	7.9	0.5	-
1990	人口数量	48888	17835	188364	25976	2419	-
	占总人口%	15.5	15.8	59.7	8.2	12.1	-
2000	人口数量	20909	53603	225078	31790	4123	1
	占总人口%	6.23	15.98	67.1	9.5	1.2	-
2010	人口数量	25264	26719	241568	41219	4290	3
	占总人口%	7.5	7.9	71.2	12.1	1.3	-

二、文化素质

1982年第三次人口普查显示：全县总人口281839人，小学以上人口178879人，占总人口的63.47%，其中大专以上395人，中专、高中18373人，初中52622人，小学107491人。

1990年第四次人口普查显示：全县总人口317846人，小学以上人口219250人，占总人口的68.98%，其中大专以上829人，中专、高中18010人，初中78282人，小学122129人。

2000年第五次人口普查显示：全县总人口335504人，小学以上人口294381人，占总人口的87.74%，其中：大专以上3142人，中专、高中28468人，初中40062人，小学122079人。

2010年第六人口普查显示：全县总人口352618人，小学以上人口312232人，占总人口的88.64%，其中大专以上17364人，中专、高中43155人，初中167160人，小学84553人。

4个年度人口素质增长情况为：1990年比1982年提高5.52%，2000年比1990年提高22.39%，2010年比2000年提高5.72%。

涞水县人口文化素质情况统计表

表2-1-3-2　　单位：人

乡镇	合计	研究生	大学本科	大学专科	中专	高中	初中	小学	不识字或识字很少		0-5周岁人口
									小计	12周岁以上	
1982	281839	-	45	370	18373		52622	107491	68579	60543	34359
1990	315573	-	148	681	1980	16030	78283	122130	54383	48011	41938
2000	335504	12	522	2608	4910	23558	140062	122709	17486	17202	16114
2010	343758	142	4071	14303	42220		171069	85267	4777	4777	21909

第四节 人口构成

一、性别构成

1982年后，涞水县贯彻执行计划生育与人口政策，以宣传教育为主的计划生育工作方式成效显著，加之生活质量提高、社会保障制度不断完善、妇女地位提高等多种因素，多数群众生育观念发生很大变化，性别歧视现象明显改观，男女性别比例相对稳定。但由于历史原因，男性比重仍居高不下。

1979—2009年涞水县男女性别比例统计表

表2-1-4-1　　单位：人

年 份	男	女	男女比例（女=100）	年 份	男	女	男女比例（女=100）
1979	139575	132541	105.3	1995	172362	166178	103.7
1980	141074	133528	105.6	1996	172347	166158	103.7
1981	142319	137650	103.4	1997	174842	164726	106.1
1982	144866	139034	104.2	1998	175315	165114	106.1
1983	147205	139311	105.7	1999	173530	153730	112.9
1984	149163	140589	106.1	2000	173409	163840	105.8
1985	151384	141070	107.3	2001	175900	156119	112.7
1986	152874	143356	106.6	2002	175702	163911	107.1
1987	154051	145360	106.0	2003	176249	163861	107.5
1988	157202	147764	106.4	2004	176712	164702	107.2
1989	159048	151017	105.3	2005	175733	166938	105.2
1990	162129	155717	104.1	2006	176424	167611	105.3
1991	164477	157908	104.2	2007	175818	169163	103.9
1992	166471	160703	103.6	2008	178337	171272	104.1
1993	169575	161297	105.1	2009	179840	172778	104.1
1994	172563	164744	104.7	–	–	–	–

注：表内数据为县公安局户籍股年末人口数。

二、年龄构成

1982年起，执行计划生育与人口政策后，少年儿童人数减少。1982年，全县14周岁以下少儿92208人，占总人口的32.7%。2009年，全县14周岁以下少儿48434人，占总人口的14.3%，比1982年减少43774人，占总人口的比例下降18.4个百分点。

1982年，人口负担系数（全部被抚养人口与15~64周岁人口的比例）为69.84%，2009年人口负担系数为32.9%，比1982年下降36.9个百分点，少儿负担系数（少儿人口与15~64周岁人口的比例）1982年为55.57%，2009年为20.83%，比1990年下降34.7个百分点。

1982年与2009年涞水县人口年龄构成对比统计表

表2-1-4-2

年龄段（岁）	1982年				2009年			
	合计（人）	其中		各年龄段人口占总人口比重（%）	合计（人）	其中		各年龄段人口占总人口比重（%）
		男（人）	女（人）			男（人）	女（人）	
合计	281839	143529	138310	100.0	339063	172582	166481	100.00
0~4	39206	20250	18956	13.9	18323	9468	8805	5.4
5~9	35623	18328	17295	12.6	16448	8441	8007	4.9
10~14	17379	8795	8584	6.2	13663	6933	6730	4.0
15~64	165943	84553	81390	58.9	232552	134128	98424	68.6
65~79	22306	10999	11307	7.9	23784	11836	11948	7.0
80以上	1382	604	778	0.5	4293	1772	2521	1.3

注：表内数据来自第三、第六次人口普查资料，与公安局户籍股数据略有不同

三、职业构成

1982年全县总人口283900人，在业人口115207人，比重为40.58%。其职业构成：农业94610人，林牧副业3976人，工业6383人，建筑业1483人，交通邮电业461人，商业1995人，文教、卫生、体育、科技2916人，金融业240人，国家机关社会团体1604人，劳务输出1539人。

1990年全县总人口317846人，在业人口150803人，比重为47.45%。其职业构成：农林牧副业109394人，工业12800人，建筑业8461人，交通邮电业2603人，商业4954人，文教、卫、体、科技3872人，金融业603人，国家机关社会团体2491人，房地产业270人，劳务输出1539人。

2000年全县总人口337329人，在业人口173140人，比重为51.22%。其职业构成：农林牧副业126592人，工业9286人，建筑业11027人，交通邮电业2990人，商业6558人，文教、卫、体、科技5621人，金融业308人，国家机关社会团体3480人，房地产业285人，服务及其他6312人。

2009年全县总人口352618人，在业人口186634人，比重为52.93%。其职业构成：农林牧副业120121人，工业13422人，建筑业21885人，交通邮电业4239人，商业7362人，文教、卫、体、科技6370人，金融业239人，国家机关社会团体4468人，房地产业330人，服务及其他8198人。

1982—2009年涞水县部分年度就业人员职业分类统计表

表2-1-4-3　　单位：人

年度	总人口	从业人员	农业	林牧副业	工业	建筑业	交通邮电	商业(批零住餐)	文教卫体科技	金融	国家机关团体	房产业	服务业及其他
1982	283900	115207	94610	3976	6383	1483	461	1995	2916	240	1604	-	1539
1990	317846	150803	103282	6112	12800	8461	2603	4954	3872	603	2491	270	5335
2000	338010	173140	115001	12272	9286	11027	2990	6558	5621	308	3480	285	6312
2009	352618	186634	109735	10386	13422	21885	4239	7362	6370	239	4468	330	8198

四、农业与非农业人口构成

1979年涞水县总人口272116人，其中农业人口260298人，非农业人口11818人。1990年总人口317846人，其中农业人口297673人，非农业人口20173人。2000年总人口338010人，其中农业人口305252人，非农业人口32758人。2009年总人口352618人，其中农业人口312168人，非农业人口40450人。

1979年与1989年涞水县分乡镇基本情况统计表

表2-1-4-4

乡 镇	1979年					1989年				
	村数（个）	户数（户）	乡村人口（人）	劳动力（人）	耕地面积（亩）	村数（个）	户数（户）	乡村人口（人）	劳动力（人）	耕地面积（亩）
合 计	283	63246	272116	92181	375773	284	74170	291922	–	–
城 关	20	5359	23102	7427	35297	20	6565	27492	12046	32998
胡家庄	10	2924	12574	3958	27024	10	3304	14340	6242	26709
西义安	9	2732	11970	3441	21667	9	3138	13499	5397	21278
北义安	15	3644	15184	5407	30860	15	4075	16464	6819	30212
王 村	15	3920	17146	6023	27781	15	4398	18044	8218	27164
永 阳	15	4172	18080	7345	27483	15	4881	20452	9016	27350
明 义	18	4012	17675	6084	33292	18	4589	19752	9040	33286
东文山	17	2947	13383	4961	21438	17	3609	15349	6619	21231
洛 平	6	1207	5339	1915	9613	6	1416	5994	2506	9156
石 亭	15	4527	19084	6913	24729	16	5354	20951	8059	24870
水 北	10	2424	10418	3679	15320	11	2911	12324	6545	14874
娄 村	14	3962	16423	6609	24967	14	4574	17612	8161	24823
义合庄	8	1574	6759	2445	6509	8	1997	7773	4100	6509
宋各庄	9	2095	9020	3684	8137	8	2499	8787	4440	6632
虎过庄	5	890	3951	1544	2012	5	1082	4208	1787	3886
都 衙	4	608	2437	932	2243	4	755	2573	1150	2235
紫石口	10	1656	6785	2893	5521	10	2231	7558	3275	4800
北 庄	11	1250	5136	1752	4939	11	1635	5511	2312	4582
罗古台	11	1551	6031	1930	7751	11	1895	6530	3413	7148
庄 里	8	790	3047	1245	3952	8	955	3315	1373	3866
赵各庄	7	1929	8000	1881	5582	7	2364	8192	2529	4996
蓬 头	6	2117	8732	2747	7971	6	2707	9269	3642	6547
李各庄	9	1521	6248	1957	4696	9	1956	6629	2064	4181
其中口	11	1523	6528	1911	4710	11	1984	7140	2638	4534
龙 门	11	1641	6760	1729	5474	11	2035	7313	2378	5045
偏道子	9	1086	4805	1739	4355	9	1261	4851	1926	4173

1999年与2009年涞水县各乡镇基本情况统计表

表2-1-4-5

乡镇	1999年					2009年				
	村数（个）	户数（户）	人口（人）	劳动力（人）	耕地面积（亩）	村数（个）	户数（户）	人口（人）	劳动力（人）	耕地面积（亩）
合计	284	82340	305575	154683	339218	284	84343	307670	194371	359324
涞水镇	24	8478	33479	17801	34230	24	8697	33540	23021	28185
永阳镇	21	7245	28990	14736	34384	21	7395	29632	19135	22545
义安镇	24	8127	31314	15652	47786	24	8202	30856	17386	37665
石亭镇	28	9335	34951	18010	32475	28	9415	33397	18693	27660
赵各庄镇	20	6812	21346	11695	11774	20	7020	24300	14700	11580
九龙镇	30	4601	15085	6685	13427	30	4822	15741	9436	11505
三坡镇	16	3592	11564	5974	7418	16	3804	12654	9110	5355
明义乡	18	5371	21563	11588	32543	18	5429	20808	14568	31380
王村乡	15	5225	19888	11307	26424	15	5803	21048	14475	22935
东文山乡	17	4266	16160	8120	20659	17	4470	15820	10049	13845
娄村乡	22	7452	28236	11437	33782	22	7441	28634	17393	24630
宋各庄	8	2661	9348	4630	5321	8	2570	9200	5793	2865
其中口	11	2095	7025	3841	8973	11	2141	6738	4320	225
龙门乡	20	3408	11445	4242	4526	20	3341	10881	6787	9135
胡家庄	10	3672	15181	8965	25496	10	3793	14421	9506	20970

五、民族构成

1982年涞水有7个民族，其中少数民族6个。

1990年第四次人口普查显示，涞水县有13个民族，比1982年增加6个少数民族。全县汉族人口301127人，占总人口的95.42%，12个少数民族有14446人，占总人口的4.58%。按照人口数量排序，满族12750人，占总人口4.04%；回族1612人，占总人口0.51%；壮族39人；彝族20人；蒙古族7人；苗族5人；土家族4人；朝鲜族3人；土族2人；藏族2人；高山族1人；侗族1人。新增的民族人口多数为婚姻等原因陆续迁入。

2000年第五次人口普查显示，涞水县有12个民族。全县汉族人口315914人，占总人口的94.16%，11个少数民族有19590人，占总人口的5.84%。按照人口数量排序，满族17554人，占总人口5.23%；回族1808人，占总人口0.54%；壮族68人；蒙古族61人；彝族45人；朝鲜族23人；土家族9人；苗族8人；哈尼族8人；藏族4人；布依族2人。新增的民族人口多数为婚姻等原因陆续迁入。

2010年第六次人口普查显示，全县少数民族增加到20个，总人口增加到19726人，20年间增加5280人，比1990年增长36.55%。按人口数量排序，依次为满族17427人，增加4677人；回族1900人，增加88人；蒙古族88人，彝族80人，壮族70人，土家族55人，朝鲜族27人，哈尼族24人，苗族21人，布依族7人，畲族7人，藏族5人，达斡尔族4人，傣族3人，黎族2人，拉祜族2人，维吾尔族1人，土族1人，仫佬族1个，京族1个。分布在全县15个乡镇及社区范围内，居住比较集中的是满族和回族，满族集中在娄村满族乡、永阳镇、涞水镇、明义乡；回族主要集居在涞水镇南关、城内石亭镇石亭村。其他各民族散居在各乡镇村。

涞水县满族人口是清朝建立时，随清兵定居。顺治元年（1644），清王朝实行跑马圈地政策，涞水土地大量被皇室、王公、贵族圈去。雍正年间，怡贤亲王允祥和慎郡王允禧陵墓选址在涞水，之后二百年间，清王朝在涞水先后葬埋了允祥、弘晓、绵标、载坊、载垣历代五位怡亲王和慎郡王允禧、质亲王永瑢、质郡王绵庆、贝勒奕绮、镇国公毓亨五位王爷。为管理守护陵墓，设营房驻兵护陵。乾隆年间，为方便去西陵祭祀谒陵，在涞水县城西设行宫，驻步马兵护卫。清朝灭亡之后，为王公、贵族种地和收租的满族人，守陵护宫的满族将士部分留居涞水。成为涞水县除汉族外的第一大少数民族。2010年人口普查时达到17427人，占全县总人口的5.1%。

回族人口是明朝燕王朱棣建都北京后，江南一批回民随之北迁，部分在涞水定居，主要在城镇经商。清初，又由沧州、易州再度迁来一部分回民。回族是涞水第二大少数民族，主要聚居在县城南关、城内、后城西3村。部分散居在王村乡的张翠台、同心街和石亭镇石亭村。

其他少数民族还有蒙古族、彝族、壮族、土家族、朝鲜族、高山族、哈尼族、苗族、布依族、畲族、藏族、土族、维吾尔族、傣族、黎族、侗族、拉祜族、达斡尔族、仡佬族、京族20个少数民族。1990年总计84人，2009年399人，占全县总人口的0.12%。主要是因婚姻关系从外地迁来，散居在县城社区和各乡镇。

1990年涞水县各民族人口分布统计表

表2-1-4-6　　　　单位：人

乡镇 \ 人数 \ 民族	汉族	蒙古族	回族	藏族	苗族	彝族	壮族	朝鲜族	满族	侗族	土家族	高山族	土族
总 计	301127	7	1612	2	5	20	39	3	12750	1	4	1	2
涞水镇	36972	2	1475	–	1	–	–	2	2022	–	3	–	–
胡家庄乡	14297	–	1	–	–	–	3	–	23	–	–	–	1
西义安乡	13553	–	–	–	–	2	–	–	263	–	1	–	–
北义安乡	15763	2	1	–	–	–	2	–	1099	–	–	–	–
王 村 乡	19671	–	50	–	–	–	–	–	32	–	–	–	–
永 阳 乡	19793	1	–	1	–	–	–	–	1957	–	–	–	1
明 义 乡	20549	1	–	–	1	–	1	–	46	–	–	–	–
东文山乡	15476	–	–	1	–	–	6	–	223	–	–	–	–
洛 平 乡	5367	–	–	–	–	–	–	1	571	–	–	–	–
石 亭 乡	22071	–	71	–	–	3	–	–	428	–	–	–	–
水 北 乡	11733	1	–	–	–	–	3	–	911	–	–	–	–
娄 村 乡	13711	–	4	–	3	–	19	–	5104	–	–	1	–
北义和庄乡	8058	–	–	–	–	–	–	–	33	–	–	–	–
宋各庄乡	9069	–	–	–	–	13	–	–	9	–	–	–	–
虎过庄乡	4212	–	–	–	–	–	2	–	9	–	–	–	–
都 衙 乡	2632	–	–	–	–	–	–	–	–	–	–	–	–

续表

乡镇 \ 人数 \ 民族	汉族	蒙古族	回族	藏族	苗族	彝族	壮族	朝鲜族	满族	侗族	土家族	高山族	土族
紫石口乡	7537	–	–	–	–	–	–	–	–	–	–	–	–
北 庄 乡	6020	–	–	–	–	–	–	–	–	–	–	–	–
罗古台乡	6444	–	–	–	–	–	–	–	2	–	–	–	–
庄 里 乡	3336	–	–	–	–	–	–	–	1	–	–	–	–
赵各庄乡	9397	–	9	–	–	–	3	–	6	1	–	–	–
蓬 头 乡	9312	–	–	–	–	–	–	–	–	–	–	–	–
李各庄乡	6765	–	–	–	–	–	–	–	–	–	–	–	–
其中口乡	7136	–	–	–	–	–	–	–	–	–	–	–	–
龙门口乡	7415	–	–	–	–	–	–	–	3	–	–	–	–
偏道子乡	4838	–	1	–	–	2	–	–	8	–	–	–	–

2000年涞水县各民族人口分布统计表

表2-1-4-7　　　　单位：人

乡镇名称	合计	汉族	蒙古族	回族	藏族	苗族	彝族	壮族	朝鲜族	满族	土家族	布依族	哈尼族
合　计	335504	315914	61	1808	4	8	45	68	23	17554	9	2	8
涞水镇	60702	55684	16	1672	–	–	5	10	15	3297	3	–	–
义安镇	31629	29776	10	2	1	–	1	1	–	1837	1	–	–
永阳镇	28348	25816	9		1	–	1	1	1	2517	–	2	–
石亭镇	35055	34405	2	62	–	1	10	3	1	567	–	–	4
三坡镇	11881	11877	3		–	–	–	–	–	1	–	–	–
九龙镇	17001	16913	4	1	–	–	–	1	–	82	–	–	–
赵各庄镇	23004	22968	–	–	–	3	4	–	–	27	–	–	2
胡家庄乡	15016	14998	–	–	2	–	–	6	–	10	–	–	
王村乡	20564	19906	2	62	–	–	4	4	–	584	–	–	2
明义乡	20922	20892	–	2	–	–	–	–	–	28	–	–	–
东文山乡	16174	15800	–	2	–	–	–	–	–	372	–	–	–
娄村乡	27333	19055	10	2	–	4	1	39	6	8211	5	–	–
宋各庄乡	9320	9302	–	–	–	–	10	3	–	5	–	–	–
其中口乡	6884	6873	–	3	–	–	8	–	–	–	–	–	–
龙门乡	11671	11649	5	–	–	–	1	–	–	16	–	–	–

注：本表涞水镇部分包含社区人口数

2010年涞水县各民族人口分布统计表

表2-1-4-8　　　　单位：人

乡镇＼民族人数	汉族	满族	回族	蒙古族	藏族	苗族	壮族	朝鲜族	土家族	土族	维吾尔族	布依族	彝族	哈尼族	傣族	黎族	畲族	拉祜族	达斡尔族	仡佬族	京族
合　计	319337	17427	1900	88	5	21	70	27	55	1	1	7	80	24	3	2	7	2	4	1	1
社　区	25878	1684	263	14	–	1	–	9	2	–	–	–	1	–	–	1	7	–	–	–	–
涞水镇	32290	2368	1485	8	–	–	9	7	6	–	–	–	6	–	–	–	–	–	–	–	–
永阳镇	27322	2271	1	9	1	4	1	–	–	–	–	3	20	–	–	–	–	–	–	–	–
义安镇	28288	1502	4	13	–	–	1	–	3	–	–	–	1	–	–	–	–	–	–	–	1
石亭镇	34290	698	71	5	–	1	4	2	8	–	–	–	15	9	–	–	–	–	–	–	–
赵各庄镇	22502	2	–	1	–	3	–	–	–	–	–	–	4	2	–	–	–	–	–	–	–
九龙镇	16813	7	3	6	–	1	1	–	1	–	–	1	–	–	–	–	–	–	–	1	–
三坡镇	14303	27	2	8	–	4	1	–	12	–	–	–	2	1	1	–	–	2	2	–	–
明义乡	20350	69	2	–	–	–	1	–	3	–	–	2	–	–	–	–	–	–	–	–	–
王村乡	20622	295	61	4	–	–	4	2	–	–	1	1	4	2	1	–	–	–	–	–	–
东文山乡	15388	279	2	–	1	1	–	–	1	–	–	–	2	–	–	–	–	–	–	–	–
娄村乡	20753	8178	4	12	–	4	38	7	19	–	–	–	5	4	1	1	–	–	2	–	–
宋各庄乡	9348	22	1	1	–	–	3	–	–	–	–	–	12	4	–	–	–	–	–	–	–
其中口乡	6546	–	1	–	–	–	–	–	–	–	–	–	8	–	–	–	–	–	–	–	–
龙门乡	10695	12	–	6	–	2	–	–	–	–	–	–	–	2	–	–	–	–	–	–	–
胡家庄乡	13949	13	–	1	3	–	7	–	–	1	–	–	–	–	–	–	–	–	–	–	–

第五节　婚姻家庭

1979年以来，随着改革开放的不断深入，居民经济条件的改善、文化素质的提高，妇女就业和经济地位的变化，居民的婚姻自主性、幸福感逐渐增强，离婚、再婚的比例持续增加。家庭的规模趋于缩小，户均人口趋于减少，家庭类型一二代户为主。

农村婚礼

一、婚姻

1979年后，人口文化素质提高，自主婚姻占主导地位。多数适龄青年经过自由恋爱后结婚，婚姻有较强的稳定性；同时，年轻人独立性增强，坚持有一定经济基础后再结婚，晚婚晚育率因此提高。2000年，19周岁以下结婚的女性仅占

33岁以下已婚女性的10.9%，女性晚婚率达61.47%；21周岁以下结婚的男性仅占35岁以下已婚男性的4%，男性晚婚率达50%以上。离婚自由，1979—2009年，离婚人数逐年呈上升趋势。据统计，1990—1999年期间，年均结婚登记在2000对左右；离婚登记不足100对；办理复婚手续20余对。2000—2006年，年均登记数量有明显增加，结婚登记在2500对左右；离婚登记200对左右；办理复婚手续的没有明显变化。2007—2009年，年均结婚登记3000对以上；离婚登记300对以上；办理复婚手续40—50对；2009年，办理结婚登记3389对，离婚登记405对，复婚登记42对，补办婚姻证书412对。

1990年、2000年、2010年涞水县人口婚姻状况对比统计表

表2-1-5-1　　　　单位：人、%

婚姻状况	1990年（7月1日零时）				2000年（11月1日零时）				2010年（11月1日零时）			
	合计（人）	其中		各婚姻状况人口占15周岁以上人口比重（%）	合计（人）	其中		各婚姻状况人口占15周岁以上人口比重（%）	合计（人）	其中		各婚姻状况人口占15周岁以上人口比重（%）
		男（人）	女（人）			男（人）	女（人）			男（人）	女（人）	
15周岁以上人口	289877	149105	140772	100.00	305995	157353	148642	100.00	290629	147739	142890	100.00
未婚	73007	44533	28474	25.19	62990	40273	22717	20.59	61746	35066	26680	21.25
已婚	196106	98393	97713	67.65	223039	111400	111639	72.89	210843	26680	105878	72.55
离婚	1979	1792	187	0.68	1684	1340	344	0.55	2789	2069	720	0.96
丧偶	18785	4387	14398	6.48	18282	4340	13942	5.97	15251	5222	10029	5.25

注：本表数据为人口普查数据，人口为常住人口

二、家庭

1979年后，涞水县严格执行计划生育政策，人口增长得到控制，独生子女家庭增多；另一方面，生活水平提高后，城乡居民生活方式改变，家庭结构发生变化，家庭人口规模进一步缩小。2000年，全县家庭平均人口3.7人，比1990年的4.9人减少1.2人，3~4人户所占比重也由1990年的33.95%上升至49.21%，6人以上户所占比重由1990年的31.31%下降至9.63%。20世纪90年代后，中老年人以夫妻户居多。2010年全国第六次人口普查统计，涞水县总户数96562户，其中一代户22210户，占总户数的23%；二代户51535户，占总户数的53.37%；三代户21866户占总户数的22.64%；四代户950户，占总户数的0.98%；五代户全县只有一户。

（一）家庭类别

随着时代的发展，家庭规模发生巨大的变化，五人以上的家庭户逐年减少，两人、三人家庭户增加，一对夫妇一个孩，青年男女结婚后即另立门户的情况相当普遍。

1990—2010年涞水县家庭户类别对比统计表

表2-1-5-2

户 别	1990年（7月1日零时）		2000年（7月1日零时）		2010年（11月1日零时）	
	户数（户）	比重（%）	户数（户）	比重（%）	户数（户）	比重（%）
总户数	80901	100	90858	100	96562	100.00
一代户	6362	6.99	16510	18.16	22210	23
二代户	57251	62.92	52307	57.57	51535	53.37
三代户	24994	27.47	21053	23.17	21866	22.64
四代户	1328	1.46	909	1.1	950	0.98
五代及以上户	2	0.00	0	0	1	0

注：本表数据为人口普查数据，户数为常住户数

（二）家庭教育

生育数量的减少，优生优育逐渐引起家庭的高度重视，不让孩子输在起跑线上成了很多家长的口头禅。入园前，家长给孩子购买各种图书玩具，想方设法进行园前教育。入园后，除接受园内教育外，许多家长还给孩子报音乐、绘画、拼音、英语、武术等班，力求让孩子德智体美各方面全面发展。之后孩子上小学、中学、高中，家长接送，晚上辅导做作业，请家教，买辅导书籍、光盘，条件好的还购买电脑，为孩子提供尽可能多、尽可能优越的学习条件和环境。与此同时，家长还与学校教师相互配合，及时沟通学生的学习成长情况，实施学校与家庭教育的有机结合。一旦考上大学，家长们倾全力满足学生的要求，为孩子成长成才可说是呕心沥血。

第六节　人口控制

1993年后，县委、县政府每年都把计划生育工作作为头等大事来抓，年均召开2次以上计划生育专题会议，研究全县人口形势，部署计划生育工作。精心组织开展一年4次的计划生育工作突击活动，落实计划外怀孕补救措施。为做好有计划地生育，严格执行《河北省人口与计划生育条例》等计生政策、法规，结合涞水县实际情况，创造具有涞水特色的计生工作模式。

一、宣传教育

1979—1993年，涞水计划生育宣传教育工作以农村为重点，各乡（镇）结合实际，充分利用集市、宣传周、节假日等实际，围绕不同时期的宣传重点开展丰富多彩的计生宣传活动。目的是教育群众增强人口意识，控制人口增长，使群众自觉实行计划生育。

1993年以后，坚持“三为主”（以宣传教育为主、以避孕为主、以经常性工作为主）方针，开展形式多样的宣传教育工作。

1993—2009年底，县委、县政府每年都在县城组织1~2次大型集中宣传活动，县领导带头参加。各乡（镇）也根据当地实际，开展计划生育系列宣传活动。县计生委经常组织干部上街、下乡，开展宣传、咨询和义诊服务，深入农村宣传计划生育和婚育新风。同时，县电视台、广播电台，以及《群星文艺综刊》设立计生宣传专栏定期对计生政策、计生常识等计划生育相关法律法规和计生常识进行宣传。

1994—1999年，除大力开展计划生育宣传工作外，全县各乡（镇）社区设立人口婚育学校16所，村（居）委会设立人口婚育学校290所，县委党校开设人口与计划生育课程，对党员干部特别是农村党员进行培训。各乡（镇）村人口学校向广大育龄群众特别是新婚夫妇宣传计划生育政策、法规、生殖保健知识，引导他们树立新的婚育观念。

2000年，以贯彻中共中央、国务院《关于加强计划生育工作，稳定低生育水平的决定》为重点，宣传科学、文明、进步的婚育观念，内容包括：晚婚晚育、少生优育、生男生女一样好、女儿也是传后人、男女平等、计划生育丈夫有责等，着力建设具有涞水特色的新型生育文化，为控制人口增长，提高人口素质，稳定低生育水平创造良好的社会氛围。

二、节制生育

（一）人口目标管理

1983年起，为控制全县的人口增长，县委、县政府每年与各乡（镇）党委书记、乡（镇）长签订人口与计划生育目标管理责任状，奖优罚劣；干部提拔、晋级、调资、评先进，均与计划生育目标管理完成情况挂钩。同时进行离职追踪审计，对未完成计划生育目标管理者，实行“一票否决”。1993年，县委、县政府制定《关于兑现人口与计划生育工作目标管理责任状奖惩规定》。分别于1996年、1999年、2007年依据上述规定免去包括乡镇党政领导负责人、分管计生工作计生主管及个人共计103人处分，在全县引起强烈震动。

2002年开始取消对乡镇考核的出生率指标，从2005年取消符合政策生育率指标，2007年开始对乡镇实行分档管理。针对计划生育工作的实际情况，逐步创建和实行行之有效的村级“（一卡两述）三掌握”工作模式和“三一三一四一”村级计生工作法，真正推动实现人口计生工作重心下移。对实现人口有效管理发挥重要作用。

（二）节育管理

1983年，开始执行“一胎上环、两胎结扎、杜绝第三胎”的规定。

1993年，贯彻“三为主”方针，将孕后管理转变为孕前管理。开始推行季普查、月访视，实行经常化管理。为防止计划外生育，对已婚育妇实行定期（每年4次）查环、查孕制度，做到早期发现，及时补救。

2000年开始，推行寓服务于管理中的方法，实现计划生育全面转型。生殖健康检查服务实现常态化，并将节育管理融入服务之中。

2005年，推行“民心工程”，使服务得到全面升级和规范。

（三）再生育审批管理

生育二胎严格执行《河北省人口与计划生育条例》：由所在乡（镇）计生主管部门审核，张榜公布十日，经确认无异议后填写《再生育子女申请审批表》及《河北省独生子女病残儿童医学鉴定申请、审查、鉴定表》或《河北省伤残成人医学鉴定申请、审查、鉴定表》内签署意见，负责人签字，并加盖公章，由女方所在单位报女方常住户口所在地的乡级计划生育机构审查；申请再生育的夫妻双方均为农村居民的，由男方所在村委会报男方常住户口所在地的乡级计划生育机构审查。经审查后由计生办主任签字，并加盖生育审批专用章，随有关审批材料一并报县计划生育行政部门审批。其他情况严格按《河北省人口与计划生育条例》规定办理。

1979—2009年涞水县育龄妇女节育统计表

表2-1-6-1

年度	已婚育龄妇女（人）	采用节育措施人数							综合节育率（%）
		合计（人）	男扎（人）	女扎（人）	上环（人）	服药打针（人）	安全套（人）	其他（人）	
1979	59184	30942	101	25471	4709	211	394	65	52.28
1980	62234	34417	105	27966	5629	211	429	77	55.30
1981	65111	37731	107	30227	6614	223	468	92	57.95
1982	67506	40624	111	32087	7582	239	506	99	60.18
1983	70436	44018	134	34047	8931	248	570	108	62.49
1984	73134	47211	117	35657	10416	263	635	123	64.55
1985	76195	50814	118	37273	12292	277	720	134	66.69
1986	78786	53939	119	38462	14106	294	815	143	68.46
1987	81020	56789	119	39318	15972	310	904	166	70.09
1988	82968	59317	119	39943	17752	324	1000	182	71.49
1989	84615	61551	119	40392	19421	328	1098	192	72.74
1990	86127	63675	119	40758	21063	335	1200	200	73.93
1991	87822	65997	119	41090	22912	343	1323	210	75.15
1992	89545	68400	119	41421	24793	347	1496	224	76.39
1993	91551	71073	119	41771	26920	352	1676	235	77.63
1994	93148	73523	119	42047	28916	356	1842	243	78.93
1995	94714	76008	119	42324	30903	357	2051	254	80.25
1996	96404	78633	119	42560	33038	362	2287	267	81.57
1997	98546	81653	119	42806	35429	365	2642	292	82.86
1998	99949	84139	119	42955	37409	365	2977	314	84.18
1999	101425	86953	118	43055	39704	370	3376	330	85.73
2000	102503	89197	117	42977	41648	370	3745	340	87.02
2001	103569	91319	117	42729	43603	366	4147	357	88.17
2002	104262	92534	113	41692	45476	303	4574	376	88.75
2003	104290	92514	106	40071	46847	256	4852	382	88.71
2004	61976	59919	83	33769	24148	196	1593	128	96.68
2005	62575	60342	73	32387	25789	175	1779	139	96.43
2006	63239	60778	66	30965	27460	162	1974	151	96.11
2007	68991	65281	61	30760	31746	153	2378	183	94.62
2008	68254	64707	50	28827	32907	144	2583	196	94.80
2009	68205	64657	44	27175	34282	136	2820	200	94.80

（四）流动人口计划生育管理

1988—1996年流动人口计划生育管理工作由各乡（镇）计生办负责。1996年成立县流动人口计划生育管理办公室统一管理。

县、乡（镇）设流动人口计划生育专职人员，贯彻全国《流动人口计划生育管理办法》及省定实施细则，对流出人口通过严格审查，发给流动人口计划生育证明；对流入人口，大造舆论、造声势，宣传计生政策及流动人口计划生育管理办法。同时每年开展4~5次大清查，杜绝流动人口计划外生育现象。

三、优生优育

1999年以来，计划生育由“少生”向“既要少生又要优生”转变，并提出出生缺陷“三级预防”的概念。国家计生委在“十五”期间组织实施计划生育、生殖健康、优质服务三大工程，其中之一即“出生缺陷干预工程”。1999年国家计生委科技司印发《关于实施出生缺陷干预工程方案的通知》，内容主要是进一步降低出生缺陷发生率，提高出生人口素质，实现优生优育。主要项目包括：补服叶酸、优生检测等。自2006年开始，在国家层面形成正式方案，分别由计生系统、卫生系统运作。计划生育系统重点负责出生缺陷一级预防工作，主要职责是：优生教育、叶酸补服及孕前、孕早期常规体检（“优生四项”检测）。涞水县从2000年开始，开展优生检测工作，至2009年年底，累计检测15038人次；与此同时，由计生协会负责开展0~3岁婴儿“早教”活动。

2008年，县人口计生领导小组印发《关于全面启动出生缺陷一级预防工作方案》，正式启动了出生缺陷一级预防工作，明确6项工作任务。

2009年，开展涞水县0~6岁出生缺陷儿童基本情况调查，举办预防出生缺陷培训讲座1期，培训县乡村三级计划生育专职人员和新婚夫妇400余人。

2000—2009年涞水县优生检查情况统计表

表2-1-6-2　　单位：人

年份	优生检测数量	年份	优生检测数量
2000	559	2006	1785
2001	893	2007	1927
2002	1059	2008	2189
2003	1339	2009	2218
2004	1383	合计	15038
2005	1686	–	–

1979—2009年涞水县计划生育人口出生统计表

表2-1-6-3

年度	出生人口（人）	一胎		二胎		多胎	
		人数（人）	占比重（%）	人数（人）	占比重（%）	人数（人）	占比重（%）
1979	3005	1712	57	885	29	408	14
1980	3479	1841	53	1262	36	394	11
1981	4333	2468	57	721	17	481	11
1982	5497	2962	54	1887	34	648	12
1983	5299	2729	52	1903	36	666	13
1984	6481	3095	48	2493	38	888	14
1985	6822	3193	47	2831	41	798	12
1986	6946	3024	44	2928	42	993	14
1987	7837	3387	43	3137	40	1311	17
1988	6958	3223	46	2629	38	1102	16
1989	7180	3701	52	2628	37	848	12
1990	7348	3932	54	2714	37	698	9
1991	5500	1488	27	2098	38	439	8
1992	5220	2927	56	1918	37	367	7
1993	4907	3063	62	1584	32	251	5
1994	3858	2523	65	1164	30	168	4
1995	3756	2583	69	1053	28	112	3
1996	3028	2094	69	859	28	72	2
1997	2824	1987	70	769	27	67	2
1998	2767	1956	71	764	28	44	2
1999	2888	1986	69	262	9	37	1
2000	3543	2433	69	1054	30	54	2
2001	3946	2675	68	1212	31	55	1
2002	3870	2589	67	1219	31	61	2
2003	3418	2402	70	961	28	50	1
2004	3651	2642	72	943	26	61	2
2005	4172	2893	69	1225	29	49	1
2006	4191	2838	68	1286	31	61	1
2007	4099	2857	70	1183	29	52	1
2008	4415	3146	71	1214	27	51	1
2009	4321	3084	71	1193	28	41	1

四、奖励扶持

奖励辅助状况：2004年河北省制订《关于开展农村部分计划生育家庭奖励辅助制度目标人群摸底登记的通知》（冀人口发〔2004〕43号）。涞水县根据文件精神率先对农村部分计划生育家庭进行奖励辅助。

2008年根据省相关文件精神对独生子女死亡或伤残家庭进行资金辅助。

2010年根据市计生委、市人事局、市劳动和社会保障局、市财政局《关于转发省人口计生委等四部门〈落实独生子女父母奖励有关问题的通知〉的通知》等相关文件精神，并结合涞水县实际，制订涞水县《关于落实独生子女父母退休一次性奖励的实施意见》（涞字〔2010〕56号），开始对独生子女父母退休人员实施奖励。

2004—2009年涞水县计划生育奖励落实情况统计表（一）

表2-1-6-4

年度	计划生育公益金救助		独生子女父母10元奖金						放弃再生育1000元奖励	
	户数（户）	金额（万元）	总人数（人）	总金额（万元）	农村（人）	金额（万元）	城镇（人）	金额（万元）	人数（人）	金额（万元）
2004	21	9.3	–	–	–	–	–	–	–	–
2005	29	5.8	93	1.116	93	1.116	–	–	48	4.8
2006	31	6.2	5437	55.9	5437	55.9	–	–	16	1.6
2007	44	6.55	9393	100.948	9393	100.948	–	–	34	3.4
2008	52	4.5	11257	129.943	11257	129.943	–	–	16	1.6
2009	46	7	11965	138.982	11965	138.982	–	–	34	3.4

2005—2009年涞水县计划生育奖励落实情况统计表（二）

表2-1-6-5

年度	奖励扶助			特别扶助			高考加分情况		退休独生子女3000元奖励			
	总人数（人）	总金额（万元）	县级负担金额（万元）	总人数（人）	总金额（万元）	县级负担金额（万元）	高考加分（人）	中考加分（人）	总人数（人）	金额（万元）	新增财政人数（人）	金额（万元）
2005	406	24.36	1.218	–	–	–	–	–	–	–	–	–
2006	524	31.44	1.575	–	–	–	–	–	–	–	–	–
2007	631	37.86	1.899	–	–	–	–	–	–	–	–	–
2008	723	43.38	2.184	69	7.78	0.39	–	–	–	–	–	–
2009	849	61.128	3.0654	80	9.096	0.4548	–	–	–	–	–	–

五、管理机构

（一）领导机构

县计划生育领导小组　1982年成立，县长任组长，县委、县人大常委会、县政府、县政协分管计划生育的领导、县计划生育协会（简称“计生协会”）会长、县计生局局长等6人任副组长，成员由县直有关部、委、办、局的主要负责人40人组成，领导全县计划生育工作。

县计划生育“三结合”工作协调小组　1996年成立。“三结合”指开展计划生育与发展社会主义市场经济结合、与农民脱贫致富奔小康相结合、与建设文明幸福家庭相结合。协调小组的领导和成员与县计划生育领导小组相同。

（二）工作机构

县计划生育委员会（局）办公室　1979年设立，有干部、职工6人，负责指导全县计划生育工作。1984年更名为县计生委，原有股室、职能不变，有干部职工15人。1993年更名为计划生育局。2003年4月，内设办公室、统计股、法规股、计划生育流动人口管理股，行政编制10名。涞水县计生协会对外保留名称。1988年5月，涞水县成立计划生育协会，副县长夏景源任第一届会长。全县建各级计生协会319个，协会理事1815人，会员16326人，占总人口的5.1%。2005年12月，计划生育局更名为人口和计划生育局。2006年4月至2009年底，内设办公室、统计股、法规股、计划生育流动人口管理股，机关行政编制11名。

乡（镇）计划生育机构　1984年，经县政府批准，全县（26个乡镇，2个区，分别有28个助理员和26个四术员）分别成立乡（镇）计划生育办公室分别设助理员1人，四术员1人，负责管理辖区内的计划生育工作。1993年撤区并乡建镇后，在全县15个乡镇、1个社区设立15个计划生育办公室，共配备县聘计划生育工作人员143人，2004年全部配齐。

（三）办事机构

县流动人口计划生育管理站　1996年成立，在县人口和计划生育局二楼办公，由县计生局直接领导，核定编制2名，负责全县流动人口计划生育管理。

（四）计划生育业务指导机构

县技术服务站1984年4月成立，有干部、职工2人，由县计生委直接领导。2008年，该站于县城东环路建成1幢设备齐全的5层办公大楼，并投入使用。2004年，该站编制增加至9名，2009年有工作人员30名。内设手术、化验、乳腺、康复、咨询、妇检、B超、药具、治疗、消毒室、P2实验室，负责全县计划生育的常规手术、孕前优生检查、妇科乳腺疾病检查、生殖保健服务。

第二章　居民生活

随着经济的持续增长和市场化改革的推进，劳动力的流动性进一步增强，劳动者的就业渠道增多，企业的自主分配权逐步扩大，以及资本市场的建立等多种因素的影响，城乡居民不仅收入水平有了极大的提高，而且收入来源渠道也发生显著的变化。

1979年涞水县农村人均纯收入79元，城乡居民储蓄存款余额185万元，2009年涞水县农村人均纯收入3477元，与1979年相比年递增13.4%，城乡居民储蓄存款余额348209万元，与1979年相比年递增28.6%。1990年涞水县城镇人均可支配收入1550元，2009年城镇人均可支配收入9784元，与1990年相比年递增10.2%。

第一节　农村居民生活

一、农村居民收入

涞水农村居民收入，以前主要是以家庭经营收入为主，但其所占比重呈逐年下降趋势，2009年农村居民家庭经营纯收入占农民人均纯收入的31.1%，比2000年降低19.4个百分点。工资性收入所占比重不断提高，2009年工资性收入占农民人均纯收入的65.1%，比2000年提高16.2个百分点。工资性收入已成为农村居民收入的重要来源。

涞水县部分年度农村居民收入统计表

表2-2-1-1　　单位：元

指标（年）	农村居民人均纯收入（元）	1979年以来年均递增（%）
1979	79	-
1990	485	17.9
2000	2142	17.0
2009	3477	13.4

二、农村居民支出

随着农村体制改革不断深入，农民收入日益提高，消费结构发生很大变化，食品、衣着消费占总消费支出的比重由2000年的56.8%下降到2009年的47.2%，居住消费比重则由2000年的8.6%提高到2009年的26.1%。与此同时新型消费快速增长。拉动社会消费总额快速增长的商品，也就是居民消费中扩张最快的一些新兴商品，主要集中在以移动通讯和信息为代表的通讯信息消费、以私人汽车为代表的交通消费、与住房相关的商品消费、以教育、旅游为代表的文化消费。人均交通、通讯消费由2000年的108元提高到2009年的228元，增长111.1%，人均居住消费由2000年的118元提高到2009年的710元，增长501.7%，年均递增22.1%。

涞水县部分年度农村居民消费变化情况统计表

表2-2-1-2　　单位：元

年度 / 金额 / 分类	2000年	2009年
食品	654	1018
衣着	130	266
居住	118	710
家庭设备、用品及服务	124	133
医疗保健	77	160
交通、通讯	108	228
消费合计	1380	2719

第二节　城镇居民生活

一、城镇居民收入

涞水城镇居民收入，仍然以工资收入，或者说劳动者从工作单位所获得的收入为主，但其比重呈逐年下降趋势。2009年工资性收入占可支配收入的69.3%，比2000年降低9个百分点。伴随着工资性收入比重的下降，经营收入、财产性收入和转移性收入所占比重相应提高，意味着传统计划经济体制下的收入分配模式被打破，城镇居民收入性质发生根本性变化，即在居民收入结构中，劳动收入、资产收入和社会保险收入等报酬形式呈多元化态势。个体经营劳动者收入增加，是劳动者自主择业、自主创业增多和城镇个体经济迅速发展的产物。财产性收入增加，说明随着我国金融市场的完善与规范，城镇居民除了能从其不断增多的储蓄中获取利息收入外，还在债券、股票等资本市场以及其他资产市场上找到了更多的获利机会和渠道，作为财产所有者的居民个人不再仅仅是一个消费者，也是一个投资者，而且已经成为我国一个很重要的投资主体。城镇居民转移性收入比重较大提高的主要因素，在于市场经济体制下城镇社会保障制度的确立、完善和推广以及多种多样商业保险形式的纷纷涌现，城镇居民社会保障收入和商业保险收入增加。

广场舞

天园小区

涞水县部分年度城镇居民收入统计表

表2-2-2-1　　单位：元

年度	城镇居民人均可支配收入（元）	1990年以来年均递增（%）
1979	-	-
1990	1550	-
2000	4500	11.2
2009	9784	10.2

说明：1990年以前没有该指标

二、城镇居民支出

经济的持续快速发展，城镇居民收入和生活水平不断提高。在消费总支出中，生存型消费占比逐步缩小，发展型和享受型消费占比逐渐增加。食品、衣着消费占总消费支出的比重由2000年的60.1%下降到2009年的54.5%，居住消费比重则由2000年的8.6%提高到2009年的17.7%。与此同时新型消费快速增长。拉动社会消费总额快速增长的商品，也就是居民消费中扩张最快的一些新兴商品，主要集中在以移动通讯和信息为代表的通讯信息消费、以私人汽车为代表的交通消费、与住房相关的商品消费、以教育、旅游为代表的文化消费。人均交通、通讯消费由2000年的259元提高到2009年的507元，增长95.8%，人均居住消费由2000年的209元提高到2009年的885元，增长323.4%，人均文化教育娱乐用品及服务消费由2000年的106元提高到2009年的147元，增长38.7%。

涞水县部分年度城镇居民消费变化情况统计表

表2-2-2-2　　单位：元

分类 \ 金额 \ 年度	2000年	2009年
消费合计	2429	4998
食品	1029	1980
衣着	430	744
居住	209	885
家庭设备、用品及服务	151	243
医疗保健	161	339
交通、通讯	259	507
文化教育娱乐用品及服务	106	147
其他商品服务	84	153

第三节　城乡差别

涞水县15个乡镇（7个镇、8个乡），其中平原乡镇10个，山区乡镇5个。在全县总面积中，平原占30%，山区占70%；在总人口中，平原占77%，山区占23%，特殊的地理条件和历史原因，造成本县的发展比周边县相对落后，同时区域内发展不平衡。1990年以来，随着市场经济体制的逐步完善，本县社会经济得到较快发展，全县地区生产总值由1990年的2.4亿元提高到2009年的28.8亿元，增长11倍，农民人均纯收入由1990年的485元提高到2009年的3477元，增长6.2倍，其中平原乡镇人均纯收入由1990年的529元提高到2009年的3962元，增长6.5倍，山区乡镇人均纯收入由1990年的276元提高到2009年的1838元，增长了6.7倍。平原人均纯收入是山区的2.2倍。

2000年来，经济的快速增长、社会的发展，城镇化进程的逐步加快，使社会结构发生了重大变化，农村人口大量向城镇聚集，本县城镇人口，从2000年的3.4万人，发展到2009年的8.2万人，城镇化率从2000年的10%提高到2009年的24.3%。城镇居民人均可支配收入由2000年的4000元提高到2009年的

9784元，增长144.6%，农村人均纯收入由2000年的2142元提高到2009年的3477元，增长62.3%，城镇居民人均可支配收入增长额，是农民人均纯收入增长额的4.3倍。城乡收入差距愈加明显。

第三章　居民习俗

随着时代的发展逐渐形成的居民习俗，礼仪习俗，岁时节令，伴随时代的脚步，在继承中逐渐演变发展或消亡，新兴的节日悄然进入人们的生活，国外的一些节日、习俗逐渐被年轻人所接受，呈现出传统与新兴交替融合运行的趋势。

第一节　生活习俗

一、服饰

新中国成立之初，人们的服装仍保留着民国时期的样式。男子一般穿中式的对襟短衣、长裤，妇女穿左边开襟的短衫、长裤，有的还穿一条长裙。当时人们做衣服的面料多为机织的“洋布”、粗棉布、麻布。新中国成立后，穿衣打扮与革命紧紧的联系在一起，西装和旗袍被看作资产阶级情调，它们在人们的生活中逐渐消失了将近20年，中山装和列宁装，成为人民的普遍选择。男性穿中山装，显得庄重、精神。中山装十分正统，上衣的纽扣很多，四个口袋也都平平整整，但样式过于呆板，缺乏创新。后来经过改进，演变为人民装。也就是从那时起，一种来自苏联的双排扣制服——“列宁装”，在参加工作的女性中流行起来。它因列宁在十月革命前后常穿而得名，样式为西装开领，双排扣，各有三个纽扣，腰中束一根布带。这款服装后来成了无数中国女性最崇尚、青睐的“时装”，其中，女干部几乎是人人必穿列宁装，以显示其革命。

20世纪50年代的人们崇尚劳动最光荣，朴素是时尚。在讲求勤俭的年代，美丽的服装大多是家庭制作而成。巧手的姑娘和母亲们按照画报上的服装裁剪式样，自己动手，使服装变得合身，棉布衬衣变得漂亮。而此时的中山装成为中国最庄重也最为普通的服装，那时拥有一套毛料中山装是令人羡慕的事情，而在中山装的右上口袋插上一支甚至两支钢笔，则是有知识、有文化的表现。后来，有人根据中山装的特点，设计出了款式更简洁、明快的“人民装”“青年装”和“学生装”。

20世纪60年代初期，是新中国历史上最艰苦的时期，由于三年自然灾害，1959年到1960年棉花大幅减产，棉布定量为每人21尺。人们买服装、棉布和日用纺织品都要凭布票，为了尽可能地节约，购买服装的标准是耐磨和耐脏，灰、黑、蓝色成为街头流行色，款式一样，男女不分，四季相同。

改革开放以来，服装的花色、款式趋于多样化，面料、质地也发生了很大的变化。

20世纪80年代。随着时代的发展，人们的穿着逐渐丰富，色彩也从单一的蓝色、灰色变得五颜六色。这一时期，戴太阳镜、留长头发、穿喇叭裤、蝙蝠衫成为时尚，中老年人看不习惯，但年轻人却从中找到个性和自我的感觉。

20世纪90年代以后，人们的生活向小康过渡，思想观念更为开放。人们的服饰在急速变化，穿衣打扮讲求个性和多变，很难用一种款式或色彩来概括时尚潮流，强调个性、不追逐流行本身也成为一种时尚。

新中国建立前，三坡人衣着装束与山前截然不同，妇女头发前面蓬起，后面用红头绳扎成圈形长臂，形若弯弓。扁簪长八寸许，长簪银质錾以马兰花，附有蛇蝎、蜘蛛、螟松、蟾蜍、壁虎等图形，俗称“五毒花”。衣着是冬季上衣无领，下身有套裤，扎花裤腿。足穿船形尖套鞋，鞋面锈以锦文。男子多穿大襟短衣，内穿红腰子，扎红腰带。考其来历，皆系明代装束。新中国成立后，逐步革旧从新，男女老幼皆为现代装束，青年妇女烫发者已常见。改革开放后，三坡景区得到开发，与其他地区居民交往频繁，服饰已与山前无异。

二、饮食

民国时期，一般农家以玉米、小米、高粱等粗粮为主食。早上小米干饭、玉米糁粥。午饭玉米面或高粱面饼，晚饭只是玉米糁粥。山区，一天三顿习惯吃大玉米糁水饭。三坡地区较富裕农户，每到农历正月，以大量杂豆面做出够全家吃一年的“杂面条”。贫困户则随着季节采集杨柳树嫩叶、榆钱、刺儿菜、红薯秧；沿河道居住的农民从河里捞取水藻，掺入少量的玉米面、米糠和麸子做成饼子或窝头当主食。穷苦农民除采挖野菜外，每到春季多用野山杏的苦杏仁熬粥，稍有疏忽即中毒。

新中国成立后，广大农民告别“糠菜半年粮”的困境，但初期仍以玉米、小米、红薯、荞麦为主食，大米、白面等细粮很鲜见，大部分家庭把细粮省下给老人和小孩和病患者吃。三年困难时期，也曾以瓜菜代粮。

1978年后，土地承包到户，农民一日三餐以细粮为主。午饭烙饼、面条、馒头、包子、饺子，米饭，已成家常便饭，早餐、晚饭也离不开细粮，玉米、小米、红薯等粗粮，已是改善、调剂口味的食材。烤白薯、煮老玉米成为老少皆宜的美食小吃。

改革开放前，农家副食以自家腌制的萝卜，杂豆酱和葱蒜、大白菜等为主，鱼肉等副食，只有过年过节才见于饭桌。改革开放以后，城乡人民副食多样化，超市、副食店和菜市场，鸡叫、鱼跳、肉鲜、菜嫩、淡季不淡，旺季更红火。随着人们收入的增加，越来越讲究生活质量，出现了食品结构向多样化、精细化、方便化、高档化发展的趋势。

主食 自20世纪80年代始，居民物质生活逐渐丰富，白面、大米成为百姓家庭的主食。特别是在不产稻、麦的山区，细粮也成为餐桌上的主流。自90年代始，各类小吃摊点开始遍布城乡，一些较大的村子也开始出现小吃摊点：包子、油条、各种粥类、面条、老豆腐、豆浆之类最为常见。午饭、晚饭主要以面食和米饭为主；常见品种包括馒头、花卷、豆饭、米饭等，传统的粗粮食品经过精细制作也在餐桌频频出现。在农村居民中，玉米糁、小米粥、挂面一般在早餐、晚餐必备，佐以米饭、馒头、烙饼；午饭较为丰盛，以馒头、米饭和传统粗粮制品为主。

副食 城镇居民，猪肉、鸡蛋、豆腐是必备副食，菜店四季都有来自全国各地的反季节新鲜蔬菜供应。自农历三月始，本地蔬菜陆续上市，夏、秋季节，蔬菜以当地产羊角葱、水萝卜、胡萝卜、白菜、西葫芦、茄子、黄瓜、西红柿、韭菜、豆角、芹菜、青椒为主。自20世纪90年代始，温室蔬菜大棚种植引入涞水，并发展普及，冬、春季节，大棚蔬菜陆续上市，仅稀缺品种从外地运进。此时农村冬季还保留储存大白菜、萝卜的习惯，辅以自家腌渍的咸菜，只有家里来客人或到节日，才到集市上买些新鲜蔬菜。当地人肉食以猪肉为主，辅之以羊肉、鸡肉、牛肉、驴肉和鱼。

节日饮食 春节是涞水人分外看重的节日。腊月初八早晨吃腊八粥是多年延续的习俗，粥用小米、芸豆、红枣，花生、黄米、糯米、莲子等杂粮熬制而成。

农村从农历腊月二十三过小年吃麻糖开始，全家人就开始改善伙食。二十八的谐音是“发”，所以家家要蒸发面馒头，为年年发家致富之意。城镇居民在大年三十晚上办一桌丰盛的酒席。除夕夜，一边看电视守岁，一边包饺子。正月初一早晨均以吃饺子为一年初始的饮食；正月初一中午一般也要置办一桌酒席。

正月十五元宵节，寓意为团圆甜蜜，一家人聚在一起吃家宴，元宵必不可少。在山区，元宵节中午一般吃油炸糕，借“糕”的谐音图个吉利。

二月初二称龙抬头节，意为万物复苏，所有冬眠动植物都逐渐苏醒。农村有在这一天“炒豆”吃的习俗，农谚云“二月二，炒虫儿”。中餐一般吃烙饼、煎饼，煎腊肉坨；

端午节（农历五月初五）也称粽子节，城乡家庭，一般在5月初4买好粽子叶（苇叶）大枣、江米、黄米、黏高粱米、芸豆、杂豆等原料，经过蒸煮、浸泡，包好后连夜煮熟备用。很多家庭还用淀粉（红薯或绿豆）熬制凉粉，食用时切成细条，放上蒜末、黄瓜丝、青蒜苗、麻油、醋、凉水，做成凉汤，风味独特，沁人肺腑。

农历八月十五中秋节，家家户户购买月饼，除送老人、送亲友外，更是居家节日必备食品。

暑伏虽非节日，但有固定的饮食习惯，即：头伏吃饺子，二伏吃面条，三伏吃锅里转（烙饼）。

农历正月初三、清明节、农历七月十五、十月一是上坟、祭祖的日子，是日，涞水城乡居民习惯吃包饺子，供奉逝去亲人。

饮酒　涞水人古来就有酿酒的习惯，计划经济时期酿酒作坊被关闭，酒类成为奢侈品；但在各类喜庆和其他宴请中仍以“白酒”为主流。20世纪90年代前，喝酒被视为“铺张浪费”，90年代以后，随着温饱问题的解决，“喝酒”逐渐在社会铺开。根据家庭条件，选择的不同档次酒品。低收入的家庭选择3~5元一瓶的高度白酒；经济条件较好的除喝中、高档白酒外，开始上啤酒；随后干红、干白葡萄酒也逐步登堂入室。婚、丧、满月、诞辰、宴席或客人拜访，酒是必备的，可谓无酒不成席，且酒的档次逐年升级。“不会饮酒”成为社会交往中之大忌。

宴请　婚、丧宴席视家境贫富，场面也随之大小不一、城镇一般在饭店宴请，农村除少数在饭店宴请外，一般都在家里操办。自己备好原料、烟酒，把管事的总理、厨师请到家里，搭起炉灶、帐篷，生火做饭，摆宴招待。1990年以后，应运而生的流动饭店“一条龙服务”在农村倍受欢迎。

婚宴一般都比较讲究。在农村一般要吃“十二八”的席面，即八个盘，八个大碗，四个小碗，四个碟，总计二十四个菜。也有“八八”（八个盘、八个碗）席；其中必有整鱼、整鸡、猪肘子、蒸牛肉（俗称四扒），主要以肉菜为主。女方的“新亲”席上，在上主菜之前，先上八碟点心和“四干”“四鲜”八碟果品。20世纪90年代以后，“一条龙服务”流动饭店应运而生，农村宴席式样也发生了变化，“八八”“十二八”席面已很少见，菜品式样同县城饭店基本相同，一般是十二道、十六道、十八道菜；酒水有白酒、啤酒、饮料。随着物质条件的不断提高，各类婚宴浪费严重，特别是在城镇饭店举办的宴会，有的整道菜无人问津。在饭店宴请，只有家里养狗的赴宴者带一部分回去，剩余全部当废物处理。

其他宴请有小孩过满月、百岁（100天）生日、升学、参军、乔迁新居等。以上宴请，赴宴者要随礼钱。另有晋级、提拔、朋友聚会、同学聚会、战友聚会、业务往来等宴请，一般宴请都在饭店举行。

三、居住

新中国成立前，涞水县农村居民居住条件很差，除地主、富农有好的宅院以外，一般农户多为板打墙或土坯垒的土房，房顶部覆盖厚厚的柴草，再压盖黄土抹泥，俗称“柴草垛”。三坡地区一些贫困农民既无房产又无土地，只得居住山洞。

地主、富农等大户人家，宅院宽大，青砖瓦舍，前廊后厦；比较富裕的农户，在土墙外层附以立砖，名为“砖扒皮”。

农村居民住房改善自20世纪80年代中期开始。一般以正房三间、五间为主，朝向一般选择坐北朝南，进深一丈一尺至一丈三尺不等，间跨一丈至一丈一尺（一丈等于3.333米），两侧建配房，结构为“砖扒皮”（四角和门窗口砌砖，其他垒土坯，用砖饰外立墙）。随着收入的增加和住房要求的提高，逐步升级为“卧砖到顶”。木料以当地产的杨木、槐木、榆木为主，院墙多为夯土墙或土坯墙；90年代后期，墙体逐步向砖混结构和框架结构转化，用钢筋混凝土浇筑上下圈梁和构造柱，房柁、椽条用松木或硬杂木，房屋整体结构和城镇基本相同，正房东西两侧建耳房、牲畜圈、库房；西南侧建厕所，大部分为露天，院墙改为砖墙。院子较大的，农户在院里打小土井或压水井，并种植水果、蔬菜。

20世纪90年代初期，木材价格飞涨，促使大部分农家采用水泥预制板或钢筋混凝土现浇屋顶，正房时兴挑檐，正房外立墙贴瓷砖，更加接近现代建筑风格。

20世纪90年代初开始时兴居室装修，地面是水磨石地板，内墙抹麻刀灰、大白粉粉刷，吊白灰或石膏板顶棚；90年代后期地面时兴通体瓷砖或彩釉瓷砖，内墙用仿瓷腻子刮墙，顶棚用三合板、压缩板等材料，吊成藻井式的灯池，双层铝合金或塑钢窗户，门和窗口用木板、木线包套，也有包地围裙、暖气片的。21世纪初以后，不管是平房、楼房装修，顶棚多用纸面石膏板，门和门套用烤漆、树脂板贴面，阳台、厨房、卫生间顶部用PVC板或铝塑板吊顶。平房大部分自备土暖气、太阳能热水器。

2000年以来，城镇建设发展很快，居民小区相继建立，许多居民搬入小区居住，住房条件和环境得到根本改善。城镇农村居民也逐渐把平房，改建为2层、3层楼房，居住条件逐年得到改善和提高。

20世纪80年代之前，居民和农户家庭基本上谈不到室内装修和陈设，一般都是灰墙土地，条件好的抹成水泥地板；家具主要以实用为主，木板柜，小坐柜、板凳、条凳、八仙桌、条案等。90年代后，城镇乡村开始重视室内装修和摆设。一般家庭陆续添置大衣柜、酒柜、折叠椅、收音机等；随后沙发、电视机、电风扇、电脑、电冰箱、空调等高档家具，也逐渐进入城乡居民家中。

20世纪七八十年代，农村居住条件较差，三代户、四代户还不少见，一般情况下，家长住正房，儿子儿媳居住次房或东西厢房（按农村习惯，北房东侧为上、西侧为下），体现长幼有别。80年代后，经济条件、居住条件都得到改善，两代户成为主流，一般子女结婚后，开始另立门户，居住习俗也随之改变。

四、出行

1979年以后，自行车在城乡已经普及，并由26、28英寸单一形式向多色彩、多样式发展，大链套、线闸、变速等形式各自风靡一时；出远门乘坐班车。20世纪90年代中期，各种摩托车进入寻常百姓家，条件好的家庭，家里成年人都有自己的摩托车，年轻女性以无级变速的大踏板摩托为主，中青年男性以四冲程摩托车为主，老年男女以无级变速的“50”摩托车为主。20世纪初，由于汽油涨价，电动自行车又成为一个新的热点。同时，被称为“三马”的三轮农用车也在农村日渐普及，车辆马力大小不一，即可在农村土路上代步，也可承担大部分农活。由于它的实用性强，虽发生事故概率较高，仍被农民青睐。

从2000年起，家庭轿车成为新宠，居民拥有的各种价位、档次的私人汽车越来越多。同时，县内公交汽车始发站点达到十多个，遍布城乡，公交网络覆盖200余个行政村。以县城为中心的出租车网线也开始出现，并迅速发展，作为公交、私人交通工具的补充，2009年已基本饱和。

涞水县山区占全县面积的74.3%。新中国建立前，交通不便，人们出入必须爬山越岭，或以毛驴代步。丘陵和平原地区，虽然有土路可走，但交通工具主要是木轮或胶轮马车（毛驴车），一般农民探亲访友、上庙、赶集都是步行。只有豪门富户出行乘轿或骑马。赶车或骑车出行期间，遇到熟人或有人求救，一般情况下不管是人还是物，都提供搭车方便，俗称捎脚，不收费用。出行期间，遇到熟人下车握手或举手示意并互致问候。

新中国成立之初，机关干部、厂矿职工、学校师生，大部分骑自行车上下班。20世纪80年代，城镇乡村，各家各户都有了自行车，上下班高峰，自行车如潮水一般，牌子之多，样式之新，功能之多样，蔚为壮观。

新中国建立后，各级政府大量投资修筑国道、省道、县乡公路，到2009年全县乡级以上公路通车里程达到342千米（不含高速公路）。2004年以来，全县完成“村村通”公路523.2千米，各乡、镇、村全部通汽车，四通八达。交通的发展促进客运业，涞水县公共汽车站，每天有始发各地的班车，除在境内运营外，还开通北京、易县、涞源、保定等市、县班车。

第二节 礼仪习俗

一、婚嫁

相亲：在农村，由媒人牵线，男女青年由家中年长尊贵者或朋友陪同见面，男女要单独谈话，互相了解一些基本情况。双方满意后，男方要给女方100~500元见面礼。在城镇一般由同学、同事、亲朋牵线搭桥，也有不少自由恋爱的，关系发展到一定程度后，一般由男方提出，邀请女方家长及家人见面，双发家长感到满意后再走下一步。

定亲：城镇和农村绝大多数家庭还保留着定亲习惯，俗称“小登记”。在男女双方及家人同意的基础上，双方选定一个日子，女方由父母及家人陪同到男家，双方谈好彩礼和婚嫁条件，约定结婚日期，（山区也有请中人在红纸上书写定亲婚约一式两份，写明彩礼和女方提出的条件）。男方置办酒席，招待女方亲友和媒人、中人等。

拍结婚照：不管城镇、农村居民，结婚前一般都要到县城或条件较好的照相馆拍结婚照。20世纪90年代后期，县城照相馆开始配备专门拍结婚照所用的婚纱、礼服、灯光等道具和化妆用品。进入21世纪以后，照相馆改为影楼，有专门的化妆、摄影、摄像师，结婚照既有放大的合影像框，也有精装相册和录制的电子相册。拍摄质量逐年提高，价格也越来越昂贵，一套结婚照最低1000元，最高5000元。

迎娶：办理结婚登记手续后，双方择定迎娶婚期，定时迎娶。20世纪70年代用自行车，拖拉机、货车迎娶；20世纪90年代以后大都租用、借用小汽车迎娶。从20世纪90年代末开始，城乡开始出现专门的婚庆公司，提供出租轿车、婚车装饰、婚礼摄像、出租婚纱礼服、新娘化妆、婚礼司仪等服务。婚嫁车队一般由1至3辆用鲜花、气球装饰好的彩色轿车（讲究者有20多辆）去迎娶，去女方家里迎亲时，接亲者2至6人，大部分是年龄稍小的同辈或晚辈男孩，另有摄影、摄像师随同，农村还要有媒人随同。迎娶前一天，媒人到女方“催妆”，山区一般要送给女家一刀肉（叫离娘肉）；山前一般是带四样礼，烟、酒、米、面，个别的也有买一刀肉或点心的。迎亲时女方家要安排吃点心、水果并象征性喝酒，女方要给迎亲者（包括司机、摄影、摄像师）每人一个红包、一条喜烟；新娘要由兄、弟或父亲抱到迎亲车上。将到男方家门时，门前要燃放爆竹，由男家长辈妇女先给新娘下车钱（过去叫下轿钱）100至500元，如果新娘嫌少，可以讨价还价，直至满意为止。拜堂仪式后，由新郎把新娘抱进洞房，并揭开红盖头，喝交杯酒。宴会前或宴会中，男方家长要带领新娘为长辈敬酒、认大小，长辈要给新娘、新郎红包。20世纪90年代初一般给20元、30元；2000年前后增到50元、100元；2009年，县城一般拜钱为100~500元不等，视关系亲疏而定。

婚宴：迎娶的当天中午举行婚宴。从20世纪90年代始，城镇都在饭店举办婚宴，农村有少部分人也在饭店举办，一般都在20至50桌之间。朋友多的和条件好的，宴请的客人较多，最高者有100多桌。进入21世纪以后，饭店门前置气囊彩门，聘请乐队伴奏，聘请婚庆公司主办、主持婚礼、请歌手演唱助兴。新郎父母逐桌敬酒，表示感谢；伴娘陪同新婚夫妇到每一桌前向客人敬酒、行礼、拜谢。

回门：从迎娶之日起的第三天或第五天，新婚夫妇要到女方家里探亲，称“回门”。届时，由娘家备车到新郎家接新女婿和闺女回门。一般由新娘的弟弟或侄子接，也可由新娘的父亲接。来后，新郎家要备一桌回门宴，请结婚时的总理、厨师或亲朋作陪，以示隆重和感谢。回门席县城都在饭店举办，农村大部分在自家举办。

回门当天，一般新娘不同新郎回家，隔2日后，新娘家人再把新娘送回（俗称接二回四，也有接四回六或接二回六的）。

新中国建立前，婚嫁有一系列的陈规陋俗，要履行多层次礼仪。

议婚：经媒人多次往返撮合，男女双方家长初表同意后，由媒人给双方交换“小帖”（名为过小帖），即用红纸写明男女二人的生辰八字，互交对方，由占卜者按属相推算是否相克，名为“合婚”，如“羊鼠一旦休”、“猪猴不到头”之类则罢论，否则即可初步“定婚”。男女双方随即进行“相亲”，男方由媒人带领暗地里看女方长相，女方再经媒人带领去男方家中相看宅院和男方长相。双方都无意见则正式“定婚”。

过大帖：双方家长同意定婚后，男方定过大帖吉期，从杂货店买来印就的“大婚书”（俗称“大帖”，填写两份，男女方各一）。

定吉期：男女双方家长商定结婚吉日，一般按农历三、六、九日。

过彩礼：在婚期前一天行“过彩礼”。男方派人抬着“食箩”由媒人带领送往女方，食箩内装四样厚礼，大多数是整猪整羊、斗米、斗面，名为“催装”，实为彩礼。

迎娶：完婚之日，新郎由两名“伴郎”和一名“娶客”陪伴，鼓手吹打，花轿迎娶。新郎在女家用过茶点，随即“请丈亲”（即给岳丈行大礼）。新娘蒙上盖头，由其胞兄背送进花轿内，并徒步守护花轿至男方家下轿止，名为“帮轿”。新娘家的小弟弟或侄辈，押送包袱车，经男方给了适当的喜钱，方可将包袱抱进洞房。随即由从娘家跟来的小青年给洞房挂门帘，先挂一半，等男方给了喜钱才正式挂上。押包袱车、挂门帘，双方都讨价还价。新郎下轿后，持弓箭引导新娘前行，迈过放有马鞍和年糕的大门。新娘过门槛必须脚登年糕，意为“步步登高”，随即在“家宅六位”神堂前面“拜天地”，新郎新娘下跪叩首，随即入洞房，挑去盖头，新郎将手中的箭射向洞房炕上的左上角。而后，新郎新娘共饮“交杯盏”。

新房被褥内絮以枣、栗、花生、桂圆，意为“早生贵子”，花生是要男女搭配着生。入洞房后立即给新娘吃半生不熟的饺子，族人在门外大声问：“生不生?”新娘则答“生”（即生孩子）。如新郎事先有义子，必先使其提前进入新房坐等新娘，名为“坐帐”，意为“孩儿等娘寿数长”。下轿时，怀孕妇人不准在场，另有“三年”妨“三象”之忌：申子辰年妨蛇鸡牛、已酉丑年妨虎马狗、寅午戌年妨猪兔羊、亥卯未年妨龙虎猴，凡所忌者，新人下轿时均不准在现场。新娘吃罢落轿饭，由本村中年妇人（与新郎家长来往较密切的）领着新娘去她家“请疏胀”（即解大小便）。

拜三：婚后三天，婆母或嫂子领着新人到近族长辈家叩头相认，长辈须给“见面礼钱”，名为“拜三”。

接回门：婚后第四天，女方家到男方家接其女儿和女婿到岳父家认门口、认亲。

瞧单九、双九和住对月：婚后第九天和第18天，女方家长带着食品到男方家看他（她）的女儿，名为“瞧单九”“瞧双九”；婚后满一个月，女方将其女儿接回娘家住一个月，名为“住对月”。

住十五：婚后到农历正月十五以前几天，女方将其女儿、女婿接到家住六、七天，名为住十五。其间，女方近亲家族均宴请女儿、女婿，但是夫妻不准同室居住。

闹洞房：新婚第一天晚上，本族青年去闹洞房，不论辈数，传统习俗为“三天不分大小”。闹洞房有多种形式，向新娘要烟、糖，强制新娘倒酒点烟，有的人在闹洞房之前，趁室内无人藏人新房的床下或衣柜，在夜深人静时对新娘行恶作剧。

新中国成立后，公布《中华人民共和国婚姻法》，实行婚姻自主，青年男女可以自由恋爱，经亲朋介绍，双方家长同意，即初步订婚。男方准备酒席，请女方家长率女儿和介绍人吃“订婚饭”，男方家长须给未婚儿媳“见面礼”，钱数不定，同时订婚男女二人进行互换“手帕”，男方把包有首饰、手表或其他定情物品的手帕给其未婚妻，女方把包有笔记本或钢笔等物的手帕给其未婚夫。从此，每逢节日，男方要把女方接到家中过节。几经接触，双方情投意合，就去当地政府进行登记，领取结婚证，择日结婚。一般农村多按农历的三、六、九日，机关团体则利用节假日，如劳动节、国庆节、新年、春节等举行文明婚礼或集体婚礼。婚礼之日。男方去女方家迎娶，迎娶工具多用畜力车或自行车、拖拉机或骑马。迎娶到家时燃放鞭炮，新郎新娘向毛泽东主席像鞠躬（20世纪80年代则换贴大红双喜字），然后由新娘给家长和本族长辈及亲朋鞠躬。主家随即摆筵招待亲朋及乡亲，以烟茶糖招待亲朋，也有的进行旅行结婚。

改革开放以后，人民生活水平提高，婚嫁力求讲究，许多婚嫁传统习俗又得到恢复，如：过彩礼、迎娶、接回门、瞧单双九、闹洞房、住对月、住十五等。

迎娶工具改用轿车或客车，一般由6、8、10辆，以至几十辆，迎娶时为单数，回来时为双数。农村的宴席有的在饭店，有的是专为婚丧嫁娶服务的“一条龙”流动饭店。城镇一般都在饭店，摆几桌至几十桌不等，宴席标准从200元到600元以上。男方为接待好女方亲友，一般采取新亲席和份子席两个标准，或为新亲席单上瓜果点心等。

山区婚俗：深山区三坡的旧时婚嫁，与山前有所不同，买卖婚姻较多。订婚前，男方家长需带三瓶酒、三斤肉和三斤白面，由媒人带领去女方家，为“下酒瓶”。女方家长如收下礼物，即表示同意，否则即事无成。

婚前，女方家长向男方提出彩礼条件，男方必须以生猪、生羊和其他财物，作为彩礼送给女方。结婚时，迎娶不备花轿和鼓手，以骡马鞭炮代之。新娘离开家门时必须号啕大哭，直哭到村外，以表离家之情。三坡人一般不与境外人结婚，故当地婚姻近亲者较多，妇女丧夫后可再嫁，但不出本村，也可在原夫家招赘，男到女家顶替门户，谓之“招拐”，男者须随前夫之姓，并按字排辈。

回民婚俗：聚居在城关的回民，旧的婚姻制度也是父母包办，须门当户对，但不准与外族通俗。议婚时，由媒人撮合，双方同意后，经清真寺教长（阿訇）写给结婚执照，即为合法婚姻。婚前，女方家长向男方索要五种彩礼，大米、白面、牛羊肉、茶叶、饼子（似月饼形）。此外，男方须主动给女方买一部分衣服。完婚时，男女都坐车不坐轿，不要吹鼓手，教长为主婚人。婚礼仪式简单朴素。结婚后一周或一个月，新郎去岳父家认门。

二、生育

分娩：怀孕九个月，娘家送来鸡蛋、红糖、挂面，名为“催生”。在这期间，婆婆要预备小孩尿布和衣服。小孩出生后，首先给娘家报喜讯，在产房门外挂红布条，一是红色表示喜气，二是作为醒目的标志，告诉人们屋里有妇女“坐月子”，不要随便进去。小孩出生第三天，本族和邻里给产妇送红糖、挂面等。出生第五天，娘家送来包子、鸡蛋、挂面、红糖、点心、小棉被等，来“捂”小孩。产妇的母亲一般不走，专侍候“月子”，十二天为小满月，由小孩的外祖母给起“奶名”。亲友邻里一般在生后5天、8天、12天给产妇送小吃和小孩衣服。

小孩满月，一般家长给办满月礼，届时，亲朋邻里前来贺喜，除送礼金外，还送童装、布等小孩应用之物，如生男孩，喜幛上写“弄璋之喜”，若生女孩则写“弄瓦之喜”以示祝贺。

小孩出生百日，举办祝小孩长寿的仪式，俗称“过百日”，家长将铸有“长命百岁”的银锁或铜锁挂在小孩脖子上，同日，向街坊邻里各家索敛一百块零散布头，给小孩做“百家衣”。

小孩周岁时，家族长辈们为其举行“抓周”仪式，在床上摆好算盘、秤、玩具等，引着孩子去抓，名为“抓周”，又称“试岁”（即婴儿周岁）。用以预测小儿一生发展方向和干哪一行。

挂锁：为求子女平安（好养着），让小孩认义父、义母（又称“认干爹干妈”）。每年孩子生日那天，义父母用五色线绳穿古代铜钱或硬币，按年龄一岁一枚，编成锁子挂在义子颈上，一般到12岁以上开锁。

贺号：又称“送号”。人在青壮年时期，大多只起一个名字，至50岁以后，乡里文人约同村几个村民为其“贺号”，如给张某送号名“万福”。从此就不再称其原名，必须称呼“张老万”。贺号是喜事，届时燃放鞭炮，被贺者设酒席款待。

改革开放后，多数习俗仍保留，“贺号”等习俗逐渐消失了。

三、丧葬

丧葬分为新俗与传统习俗。

采用新俗的，主要是党员干部、职工。体现在不请阴阳先生、不请鼓乐、不办酒席、子女不戴重孝，不召开追悼会。程序简单，时间短，费用少，一般在当天，最多3日内安葬。

传统习俗：一般要请阴阳先生择入殓时辰、确定穴位、发丧日期，请吹鼓手演奏。遇到高寿老人去世，人们称为“喜丧”，除演奏传统的寺庙音乐、祭祀音乐外，还聘请专业的演唱人员，演唱流行歌曲和传统民歌；一些丧主，请剧团和放映队唱戏、放电影。纸扎也体现现代人生活，如楼房、汽车、电视、洗衣机等，传统的花圈、金库、银库、车马、牛、阴阳宅、金童玉女等必不可少。办丧事动用人力、物力较多，不仅花费高，而且家人疲惫不堪。县城和较为繁华的村镇，设有专门的丧葬服务摊点，提供择日、寿衣、彩绘棺木、花圈、纸扎、鞭炮、香蜡、纸烛等。祭奠时，除自家人做供品和供菜外，绝大部分亲友以送花圈、幛子和不等的现金，作为祭礼。第二天晚上举行“辞灵”仪式，丧主举幡，带领亲朋往城外（村外）沿路僻静处，祭奠亡灵。在辞灵仪式上，女儿要为逝去的父母磕“岁数头”，一岁磕一个头；由女儿或儿媳给赶车的来安、来女和马（纸扎车马）开光，嘱咐完后将纸车马点燃，随后，孝子孝女们高喊爸或妈一路走好。

起灵前，由孝子搭着棺木前头，与其他人共同抬出棺木，放在门口板凳上，罩上“棺罩”。接着进行“绕棺”，“绕棺”由道人吹鼓手带领孝男女手持“哭丧棒”一边哭，一边行走，围绕棺木倒转三圈，顺转三圈，最后由阴阳先生念咒语，长子摔碎烧纸瓦盆宣告“绕棺”结束，之后起灵出殡。

出殡过程依次是：起灵、孝子摔盆、烧枕头、扔被褥，长子扛“引魂幡”在前、其他子孙拿哭丧棒跟随，灵车、鼓乐队、旗幡、纸扎随后，途中，边走边燃放鞭炮，撒买路钱，在村里的主要路口处停下，上香、烧纸、哭祭、奏乐，俗称“路祭”。孝男随灵到墓地，女眷路祭完后即回。下葬前，总理或主持扫墓坑底部四周的土，交于长子用衣服兜回，途中不准说话，放到家中床脚或门后，7日后方可扫除。众人埋好坟头后，将“引魂幡”插在坟头中央，烧毁纸扎，燃放鞭炮后结束。

圆坟：埋葬的第三天上午，由孝子们和女方娘家人带供品、香纸和浆水壶，到坟头上摆供、焚香、烧纸、磕头毕，用浆水壶绕坟头点浆水，倒转三圈，顺转一圈，把剩下的浆水倒在坟前供桌前。圆坟当日子时，孝子到坟上拔幡，先提三下，然后撅断，往回走出一百步后扔掉，不准回头。

过“七”、“百日”，从死者去世那天算起，每7天为一“七”，共七七四十九天。涞水一般过“三七”，“五七”，届时在灵牌前摆供祭奠，过完“五七”，孝子脱去孝服，只在臂上带一个孝字。百日为祭奠的重要时间节点，子女亲友摆供祭奠结束后，即告一段落。

丧葬的规模和过程，视家庭经济状况和家庭文明程度，大小不一，繁简不一。有的家庭花费3万至10万元，节俭的数千元。家庭条件好的还要在坟前立墓碑。

丧宴县城一般在中、低档饭店举办，乡村请“一条龙”在家里操办，厨师自带炉灶、厨具做饭，除祭奠和出殡后中午人员比较集中，席面比较讲究外，其余都是流水宴，凉菜、热菜都有，但以大锅菜为主，没有固定的开饭时间，随到随吃，祭奠和出殡那两天中午是正席，一般丧宴菜讲究单数，酒水则以白酒为主。

四、交往礼仪

涞水县人民，历来注重礼数。新中国建立前夕，熟人相遇，互相抱拳作揖问好，如坐车或骑马都下来施礼。20世纪50年代初期和“文化大革命”期间，见面距离近时以握手礼为主，拥抱礼为辅，距离远时招手示意，见到老师长辈，行鞠躬礼。春节拜年，小辈给长辈拜年行跪拜、鞠躬礼，平辈行作揖礼。开机动车路遇到熟人，按喇叭示意。

第三节　岁时节令

一、春节

一般是从祭灶揭开序幕的。

（一）祭灶（腊月二十三）

民谣中“二十三，糖瓜粘”指的是每年腊月二十三祭灶。祭灶是一项在民间、流传久远、影响广泛的习俗。文化大革命之前，几乎家家灶间都设有“灶王爷”神位。没有灶王龛的人家，也将神像直接贴在灶前的墙壁上。有的神像只画灶王爷一人，有的则有男女两人，女神被称为“灶王奶奶”。灶王爷画像下面印有当年的日历，上书“东厨司命主”、“人间监察神”；两侧印有“上天言好事，下界保平安”的对联，横批题“一家之主”，以表明灶神的地位。灶王爷自去年的除夕以来，就一直留在家中，以保护和监察一家，到了腊月二十三日灶王爷便要升天，到天上向玉皇大帝汇报这一家人的善行或恶行。送灶神的仪式称为“送灶”或“辞灶”。玉皇大帝根据灶王爷的汇报，再将这一家下一年中应该得到的吉凶祸福的命运交于灶王爷之手。因此，对一家人来说，灶王爷的汇报实在具有重大利害关系。送灶，多在黄昏入夜之时举行。一家人先到灶房，摆上桌子，供上用饴糖和面做成的糖瓜（意思是用糖粘住灶王爷的嘴，让他别说坏话），然后为灶王爷烧香、跪拜、磕头，之后将神像取下焚化。

（二）扫尘（二十三到除夕）

从农历腊月二十三日起到除夕止，人们把这段时间叫做“迎春日”，也叫“扫尘日”。扫尘就是年终大扫除，称“扫房”，家家户户都要打扫环境，清洗各种器具，拆洗被褥窗帘，洒扫六间庭院，掸拂尘垢蛛网，疏浚明渠暗沟。“腊月二十四，掸尘扫房子”的风俗，由来已久。因“尘”与“陈”谐音，新春扫尘有“除陈布新”的涵义，其用意是要把一切“穷运”、“晦气”统统扫出门。这一习俗寄托着人们破旧立新的愿望和辞旧迎新的祈求。

（三）春联（三十）

三十这天，居民、机关、厂矿、学校、超市、旅馆、饭店、企业、商店，烘托节日气氛。部分居民在大门两侧贴门神（钟馗、秦琼、关公像），用以驱鬼压邪。还有一些居民除了贴春联、门神外，还在大门两侧挂灯笼，在窗户上贴窗花，居室墙壁上贴年画；在车辆上贴“车行万里路，人车保平安”；在水井合适的位置张贴“井泉之神”；在影壁上倒贴大红“福”字，意为福到了；再强拐角等墙壁上贴“人口平安”“出入平安”“阖家欢乐”、迎春纳福；“喜气盈门”在猪舍、鸡舍墙上贴“肥猪满圈”、“五畜兴旺”、“鸡鸭成群”等字符，增添喜庆、欢乐的节日氛围，祈求来年百业兴旺、人寿年丰。

三十中午，开始请先人，供包袱，正月初一早晨要先给祖宗们拜年，然后再给在世的老人们拜年，供品有酒、主食、各种菜肴、水果，一日更换一至二次，初三上午把先人包袱送到坟上烧掉。

禁忌：从三十供包袱开始，忌做针线活。部分农村家庭，有三十晚上上隔年供，撒岁（把芝麻秸洒在院子里）的习俗，初三上坟之前，外男外女、姑爷不准上门拜年。

（四）年夜饭（除夕夜）

从腊月二十三开始，采购年货的准备工作就开始就续，直至大年三十晚上才结束。家庭所有成员要聚在一起吃年夜饭。年菜在几天前就准备好了，到年三十晚上再加工制作出各种菜肴。有些家庭，大年初一的饺子也在三十晚上包好。过年吃饺子，是取新旧交替“更岁交子”的意思。又因饺子形状像银元宝，象征着“新年大发财，元宝滚进来”之意。有的包饺子时，还把几枚硬币包进去，说是谁先吃着了，就意味着来年有好运气，能挣大钱，发大财。

（五）守岁（除夕夜）

涞水民间有除夕守岁的习惯。守岁从吃年夜饭开始，整顿年夜饭要慢慢地吃，从掌灯时分入席，一直要吃到深夜。一般是边吃、边说、边看电视，吃完饭后上水果、糖、瓜子、花生等干果。守岁的习俗，既有对如水逝去的岁月惜别留恋之情，又有对来临的新年寄以美好希望之意。年三十守岁，俗名“熬年”。在这“一夜连双岁，五更分二年”的晚上，家人团圆，欢聚一堂。全家人围坐在一起，茶点瓜果放满一桌。在农村一些传统家庭，三十晚上摆大供，除各种菜肴外，盖有红灯的大馒头（馒头顶部按上大红点），年糕、米饭、苹果等依次摆上，然后焚香祈祷，期盼来年风调雨顺，家人平安。在三坡地区，三十要蒸“隔年饭”，意为年年有剩饭，一年到头吃不完，今年还吃昔年粮的意思。这盆隔年饭一般用大米和小米混合起来煮，叫“二米子饭”，是为了有黄有白，叫作“有金有银，金银满盆”。不少地方守岁时所备的糕点瓜果，也讨个吉利的口彩：比如吃枣（春来早），吃柿饼（事事如意），吃杏仁（幸福人），吃长生果（长生不老），吃年糕（一年比一年高）。二十世纪80年代以来，人们的生活水平逐年提高，节日气氛越来越浓厚，过节的方式越来越多样化，如：外出旅游、到饭店吃年夜饭、到歌厅唱歌、看电影等。但大多数家庭还是选择一家老小一起包饺子，看春节晚会，共享团聚之乐。

（六）爆竹（除夕夜）

除夕子时，新年钟声敲响，爆竹声震响天宇。在这“岁之元、月之元、时之元”的“三元”时刻，有些山丘区农家还在庭院里，用柏树枝松树枝燃起“旺火”，点燃爆竹，以示新的一年，红红火火，百业兴旺。爆竹声响是辞旧迎新的标志、喜庆心情的流露。大家放完爆竹回到屋里后的第一件事，就是拜天地、迎神、祭祀祖先。春节早晨，开门大吉，先放爆竹，叫做“开门炮仗”。爆竹声后，碎红满地，灿若云锦，称为“满堂红”。随后一家人吃团圆饺子。饭毕，更衣换帽，准备好接待用的水果、烟、茶、瓜子、糖等。年轻人准备到亲朋好友家拜年。

（七）拜年、压岁钱（正月初一）

正月初一，各家晚辈们互相登门给长辈们拜年，长辈发红包给未成年的晚辈，据说压岁钱可以压住邪祟，因为“岁”与“祟”谐音，晚辈得到压岁钱就可以平平安安度过一岁。而孩子的压岁钱主要用来买鞭炮、玩具和糖果等节日所需的东西。时下长辈为晚辈分送压岁钱的习俗仍然盛行，压岁钱的数额，随着收入的增加和关系的远近，从1~2元、5~10元到50~100元，甚至更多不等，除少数特殊关系外，一般都是礼尚往来。压岁钱有的留给孩子们用来购买图书和学习用品，绝大多数由家长收回。

正月初一至初四都可串门拜年，初五不出门、不拜年，涞水人称“破五”。

二、元宵节

农历正月十五日为元宵节，又称灯节、小年。文化大革命前夕，自正月十四开始，在大街悬挂“吊挂”（用布做成，两面彩绘历史故事，如《封神榜》《西游记》等）；在官房子开放灯棚；村民在大门口悬灯挂彩。元宵节晚上，各路花会竞相出动，沿街流动表演，村民上街围观，与花会簇拥而行。改革开放以后，经济条件得到根本改善，但一家团圆吃元宵的旧俗仍在延续。城乡居民有在十五晚上遛街丢病儿的传统习惯，一家老少一起逛街边观看花会，边欣赏街景。有新婚女儿的，一般正月十二就把女儿、女婿接回家，俗称“住十五”。同时把早已结婚的女儿、女婿接回来，叫接新挂旧。

九龙镇大龙门村，在正月十四至十六的三天中，大闹传统的“龙门阵”灯会，用361盏花灯摆成“龙门阵”，附近村民于晚饭后赶来观灯走阵，又名“走迷城”。选出“灯官”数人，挨户查灯，并演戏三天。这项活动在“文化大革命”中停止。1981年开始恢复，近邻村庄男女老少，每晚都有三、四千人参与，热闹非凡。

打囤：每到正月二十五，农家为纪念“仓官”生氏各户在院场内用石灰或灶灰划成几个大圆圈，谓之“打囤”。每个圈的中央，放一种粮食品种的原粮，意为预祝本年粮食满囤。

三、龙头节

农历二月初二“龙抬头”。家家吃煎饼，各户用彩纸剪成公鸡贴于窗纸上，意为使其啄吃害虫，保证五谷丰收。

禁忌：娘舅在世的，外甥二月二前不准剃头（理发），说法是：“正月里剃头死舅舅”。

四、清明节

每逢清明节，涞水城乡居民按传统的“新坟”“旧坟”“寒食”“清明”“末后日”，连续五天，安排祭祖活动。新故去的，须在“新坟”这天上坟祭奠；故去二年以上的，于第二天“旧坟”之日进行“填坟”。娄村、石亭两个乡镇的部分村民，受满族习俗的影响，不管是新去世的，还是二年以上的，都在新坟这一天上坟。当地习俗是早上坟，民间有“早清明，晚十月一”的说法，意为清明上坟要早，十月一要晚。新中国成立后，机关、团体、学校，在清明节前后10天内，择日组织祭扫烈士墓，以缅怀革命先烈，对青少年进行爱国主义教育。2008年，国家将清明节定为法定假日，含节前后周六、周日，共计3天。

五、端午节

农历五月初五为“端午节”，又名“端阳节”，家家吃粽子，门口插艾枝、桃枝，挂葫芦（红纸制成），有的在室内贴钟馗画像，以示驱鬼。

六、中元节

农历七月十五，也称“鬼节”。白天，晚辈携带供品、包袱到先人墓地烧纸祭奠。晚上，沿河两岸的青少年用半个西瓜皮注入植物油，点燃后放在河里顺水漂流，是为河灯。

七、过三伏

夏至节后第三个庚日为头伏，十天为一伏，至三伏止，气候亦见凉爽。农家一般都沿袭“头伏饺子二伏面，三伏要吃锅里转（烙饼）”的饮食习俗（一伏称头伏）。依照节令种植蔬菜，头伏十天内种萝卜，二伏期间种白菜，民间谚语称：“头伏萝卜二伏菜”。

八、乞巧节

七月初七乞巧节（又称七夕节），是当地的传统节日，起源于牛郎织女的传说。相传，这一天牛郎织女在鹊桥相会，有的少男少女晚上在葡萄架下偷听牛郎织女说悄悄话，还有的少女这一天向美丽的织女乞求智慧和技艺。进入21世纪以后，乞巧节演变为中国的情人节，与2月14日的西方情人节同样受到青年男女的青睐。

九、中秋节

农历八月十五为“中秋节”，俗称“八月节”，晚辈们购买月饼、瓜果、白酒、牛奶等送给长辈；亲朋好友之间也借此机会相互馈赠。在外地工作的人，绝大多数回家过节，吃“团圆饭”，故又称该节为“团圆节”。在农村，十五日晚上要给月亮上供，把月饼、各种瓜果摆上，叫供奉“兔儿爷”。大家坐在一起赏月、吃月饼、水果，庆祝五谷丰登。2008年，国家将中秋节定为法定假日，法定假一天，挪节前后周六、周日两天，共计三天，人们称为小长假，更加方便了人们团聚、出游、探亲、访友。

十、重阳节

九月初九重阳节，是老年人的节日。这一天，组织部、老干部局、各级老龄组织，开展慰问老党员老干部、困难老人活动；组织老年人举办登山，扭秧歌、广场舞表演等健身活动。

十一、寒衣节

农历十月初一为“寒衣节”。涞水城乡沿袭传统的“十月一送寒衣”习俗，除购买烧纸外，还购买彩纸、衣服（纸质）等，装在包袱里去祖坟烧掉，意为气候冷了，给逝去的亲人送去“寒衣”。

十二、腊八节

农历的十二月初八，翌日早晨，各家都用五谷杂粮加上红枣、栗子、花生米、核桃仁等，熬“腊八粥”喝，并早做早吃，民间有“谁家烟囱先冒烟，谁家庄稼先拔尖”说法。

十三、现代节日

（一）元旦

一月一日称为元旦，按国家规定放假1天，机关单位门口张贴对联，举办文艺、体育比赛等活动，庆祝新的一年的开始。

（二）国际妇女节

3月8日是国际妇女节。机关单位、企业妇女职工，放假半天，有条件的单位，由单位或妇联组织，组织开展文体活动，并购买一些小礼品，以示祝贺。

（三）植树节

3月12日，是国家法定的全民义务植树节，一般情况下，由县或单位开展义务植树活动，林业部门张贴标语、举办电视、技术咨询等活动，宣传植树造林的重要性和意义。

（四）劳动节

5月1日，是国际劳动节。从1999年开始，国家规定党政机关、事业单位职工，放假7天（包括调休），被称作五一黄金周。2008年改为3天（包括调休）。

（五）青年节

5月4日是中国青年节。届时，团县委组织开展文化活动或学雷锋、青年志愿者等活动。2000年开始，“五一”长假占用“五四”时间，有些活动只能提前或延后举行。

（六）国际儿童节

6月1日是国际儿童节。小学、幼儿园都组织开展不同形式的庆祝活动，借此表彰三好学生，举行少先队员入队仪式，表演文艺节目，开展体育比赛。县四套班子、教育局、县直各单位和有关部门领导也应邀参加庆祝活动，并带一些礼品礼金，慰问儿童和教职员工。

（七）中国共产党成立纪念日

7月1日，是中国共产党成立纪念日。机关、团体、厂矿、企业挂党旗，贴标语，举行庆祝活动。县委组织部、宣传部会同有关部门组织形式多样的庆祝活动或文艺表演，主题均以歌颂中国共产党的丰功伟绩为主。

（八）中国人民解放军建军节

8月1日是中国人民解放军建军节。县四大班子领导带领有关部门负责人，携带慰问品、慰问金到当地驻军、武警、消防、武装部、光荣院、烈军属、荣退军人单位和家中，开展拥军优属、慰问和军民联谊活动。

（九）教师节

1985年，国家规定每年9月10日为教师节。届时，县教委和各学校举办庆祝活动，表彰优秀教师。县领导应邀参加教师节大会向全县教师表示慰问，对全县优秀教师和模范工作者进行表彰。

（十）国庆节

10月1日，是中华人民共和国成立纪念日，是全国人民最为隆重的节日。各单位悬挂国旗、张贴标语，召开座谈会、举办文艺晚会，以各种形式欢度佳节。青年男女利用国庆节举办结婚典礼，干部职工利用国庆假期出外旅游。自1999年起，国庆节放假3天，加上调休，可休息7天，被称为“十一黄金周”。

（十一）新兴节日

从90年代后期开始，一些国际或西方节日逐渐引入当地。

3月3日爱耳节、5月12日国际护士节、6月6日爱眼节、9月20日爱牙日，有关部门采取多种形式进行宣传。

其他节日，如4月7日世界卫生日、5月31日世界戒烟日、6月26日国际禁毒日、9月8日国际扫盲日、9月27日世界旅游日、10月15日国际盲人日、10月18日世界传统医药日、11月17日国际学生日、11月第四个星期四的感恩节、12月1日的世界艾滋病防治日等，大部分刚刚传入，还未被大多数民众所接受。

第四章　民族宗教

2009年，涞水有20个少数民族，共19726人，占全县人口的7.3%，其中：满族17427人，回族1900人，占少数民族人口的绝大多数，为此，在满族人口聚集区设立娄村满族乡。县内有佛教、道教、伊斯兰教、天主教、基督教五种教派，1988年，县政府设立宗教事务局，依法管理宗教事务，在贯彻落实党和国家的宗教政策，尊重教民信仰自由，维护社会和谐稳定方面发挥作用。

第一节　民　族

涞水县有20个少数民族，设有1个民族乡（娄村满族乡）。少数民族人口19726人，占全县总人口的5.82%。按人口数量排序：满族17427人，回族1900人，蒙古族88人、彝族88人、壮族70人、土家族55人、朝鲜族27人、哈尼族24人、苗族21人、布依族7人、畲族7人、藏族5人、达斡尔族4人、傣族3人、黎族2人、拉祜族2人、维吾尔族1人、土族1人、仡佬族1人、京族1人。有27个民族聚居村，满族村24个（娄村满族乡的北水东村、中水东村、西营房村、木井村、三合庄村、南庄村、常安庄村、南安庄村、太平庄村、庞家河村、福山营村、三义村、燕翎村、安阳村，涞水镇的东租村、西租村、蔺家庄村；永阳镇的行宫村、幸福庄村、北秋兰村、北洛平村、东永阳村；义安镇的南义安村，明义乡的南北庄村），回族村3个（涞水镇的南关村、城内村、后城西村）。有民族中学1所，民族小学3所。

满族：涞水县有24个满族聚居村，分布在涞水镇、义安镇、永阳镇、娄村乡4个乡镇。除此之外，部分满族人口散居在其他乡镇。据2010年第六次人口普查统计，全县满族为17427人。

2009年涞水县满族人口分布统计表

表2-4-1-1　　单位：人

乡　镇	聚居村	人　数
涞水镇	西　租	935
	东　租	851
	后城西	170
	蔺家庄	252
永阳镇	北秋兰	1000
	行　宫	441
	幸福庄	326
	北洛平	1458
	东永阳	900
明义乡	南北庄	366
娄村满族乡	北水东	597
	中水东	946
	西营房	1665
	木　井	1507
	三合庄	204
	南　庄	361
	南安庄	298
	常安庄	365
	太平庄	199
	庞家河	635
	福山营	375
	三义村	330
	燕翎村	872
	安　阳	1442
义安镇	南义安	958

回族：涞水县回族居民溯其祖源已无证可考。据老人辈辈相传：明朝建文元年（1399），燕王扫北时有“回回”随军从江南迁来此地定居，其后有山东、山西及保定、沧州、易县等地迁来。人口大多分布在涞水镇的城内、南关两个聚居村。有少数分散在涞水镇后城西、王村乡张翠台、石亭镇石亭等村内。据2010年第十次人口普查统计，全县回族1900人；其中城区社区263人，涞水镇1485人，王村乡61人，石亭镇71人。

第二节 宗 教

一、佛教

据明嘉靖三十九年（1560）九月十五日所立《重修龙宫山庆化寺殿宇记》（邑举人李廷陈撰）碑刻记载，该寺始建于汉代，说明汉代佛教已传入涞水县。根据唐、辽、金、明各代所建不少佛塔，说明佛教信仰一直绵延不衰。（古代建筑情况请参看文物古迹部分）历代所建寺院有皇甫寺、水东寺、河东寺、福岩寺、洪济寺、庆化寺、弥陀寺、毗卢寺、灵泉寺、兴禅寺、华严寺、悟空寺、释迦寺、大圣寺、嘉秘寺等30余处。其中，娄村水东寺、釜山灵泉寺、洛平龙宫山庆化寺在明清两代颇为兴盛，庙宇曾几度重建，具有广泛影响。

广华寺

焚香炉

具有一定影响的是涞水南关广华寺。该寺原名广华庵，为明正德十一年由太监赵公富所建。明嘉靖二十一年（1542），广华庵失火坍塌，随即重修，并在原（三间）大殿的基础上又增修配殿三间。民国33年（1944），广华庵年久失修，又一次严重坍塌，再度进行大规模重修。重修后的大殿内改塑释迦牟尼像，故改称广华寺。

“文化大革命”时期，寺院被南关大队改作办公室和仓库。1978年中共十一届三中全会以后，南关大队迁出，退还给寺院用作佛事活动。1984年，广华寺大殿重塑佛像，1985年7月正式开光，佛事活动开始正常举行。1991年8月，县人民政府正式批准该寺对外开放。

在亲如、能莲担任住持期间，对广华寺进行一系列的翻修和扩建。尤其是能莲上任以后，筹资200多万元，重修山门、新建三层念经阁、修建停车场，在寺院东侧新修缮5间客房，并把主殿重新翻修。广华寺成为全省乃至全国有一定影响力的佛教寺院。

此外，涞水县还复建龙宫山庆化寺、中天古佛寺、金山寺、中庆化寺、清禅寺、灵泉寺等寺院，使佛教事业得到快速发展。至2009年年底，全县有佛教活动场所5处，僧人11人（其中女：6人），信众

1500余人。

二、道教

据旧志记载，道教宫观主要有兴国道院、太虚观、上清新观等，此外还有药王庙、玉皇阁、娘娘庙、灵佑观、东溪观、老君殿等。宋元两代是涞水县道教鼎盛时期，各种宫观多是这一时期修建的。明清时期，道教渐趋衰落，只有县城附近太虚观，娄村上清观、东租灵佑观等数处宫观尚有道士清修，香火远逊宋元时期，至民国时期，仅剩东租灵佑观一处，有一名道士管理道观。新中国成立以后，涞水县已无道教信徒。

涞水城隍庙，新中国建立以后因无道士看守管理，年久失修，呈倒塌之势。后由县剧团和幼儿园使用。

20世纪80年代，随着国家宗教信仰自由政策的落实，为了引导道教徒过好正常的道教生活，涞水县道教徒于宗玲等向政府申请，要求恢复开放城隍庙道场，得到政府主管部门批准。城隍庙交由道教界管理使用，并于2006年11月重修，恢复了奶奶殿等部分殿堂和神像，每年的农历十月初一至初六为城隍庙传统庙会之期。2008年农历十月初一，城隍庙举行殿堂落成暨神像开光典礼活动，千余信众参加了开光活动，住持于宗玲介绍该庙情况，保定市道教协会会长和涞水县民族宗教事务局负责人应邀出席并讲话。

2006年东租灵佑观有道士修行，并进行重修。

三、伊斯兰教

涞水县南关村清真寺是伊斯兰教民唯一的活动场所，位于县城南关村清真寺街路南，占地2600余平方米。该寺大约始建于明朝末年，距今已有400余年的历史。原有建寺石碑一座，在“文化大革命”时期被毁。清真寺初建时规模很小，只有三间西房做为大殿，三间北房做水房，后在清西陵修建的同时，清真寺特意请来古建筑大师进行改建，形成大殿七间、南北讲堂各三间、水房五间的格局，大殿坐西朝东，宽敞高大，可容纳数百人礼拜。

“文化大革命”时期，清真寺被改成生产队仓库。

1978年，中共十一届三中全会后，国家各项民族政策逐步落实，回族群众合法的宗教活动得到恢复。在热心乡老的主持下，回族群众捐款捐物，南关、城内等村委会积极赞助，使清真寺经过修缮后基本恢复原貌。21世纪以来，随着人民生活水平的提高和宗教活动的需要，在新一届清真寺管委会的带领下，清真寺进行有史以来大规模的改、扩建。由于得到各级政府、各民族企业家和回民群众的大力支持，建寺资金很快得到落实。重修工作本着保持原貌、精益求精的原则，精心设计和施工，保证工程质量，整个重修扩建工程于2008年10月竣工，工程内容包括：重修大殿、南北讲堂、水房，扩建会议室、垂花门楼，安装太阳能、自动压力供水设施，对环境进行美化，院内苍松翠柏、鲜花盛开，青砖铺地，古朴大方。

清真寺内景

四、天主教

清光绪二十四年（1898），意大利天主教传入涞水，先后在城内、南高洛、南汝河建起3座教堂。在永乐、栗村、姜各庄、南兵上、龙安等村设置教徒诵经祈祷的聚会场所。全县约200余人加入天主教，涞水天主教会隶属于易州教区。

光绪二十五年农历正月十六（1899年2月25日），南高洛天主教徒张才，与该村佛事会因“会棚”问题发生争执。最后酿成教案。

光绪二十六年农历四月十四日（1900年5月12日），涞水县义和团群众焚毁南高洛天主教堂。

民国时期，美国天主教神甫雷明远曾到涞水教堂活动，涞水天主教活动又趋活跃。新中国成立后，城内天主教堂由政府机关占用，各村聚会场所也多为学校等公益事业单位所占用。

1978年，中共十一届三中全会以后，原天主教教产退还给教会，栗村、永乐、南兵上、南高洛和龙安村天主教信教群众开始活动。1987年政府妥善安置活动场所。据1989年统计，全县天主教信教群众涉及5个乡8个村，共108户，407人，其中有修女6人。1988年3月，南高洛天主教负责人蔡长生被安排为县政协委员，参加涞水县政协二届二次会议。

至2009年12月，涞水县有天主教徒318人，其中修女1人。主要分布在栗村、南高洛、北高洛、南兵上、北兵上、永乐、姜各庄、龙安8个村，并在南高洛、永乐、南兵上设立3个活动场所。其中永乐村有教堂1座，建于1978年，占地600平方米。南高洛、南兵上两个村在民房中开展教会活动。

五、基督教

基督教1984年传入涞水，起源于蓬头、紫石口、汤家庄村，由村民或亲友之间互相传播发展起来。至1989年年底，基督教活动涉及蓬头、李各庄等9个乡18个村，信徒360余人。1992年，涞水县人民政府批准把基督教自发无组织的活动转为正常的宗教活动。2009年，涞水县有基督教徒741人，在赵各庄镇蓬头村有教堂1座，在福山口村、玉斗村、北瓦宅村、檀山村设立堂点，有长老2名。按照独立自主、自办教会的原则，正常有序地开展宗教活动。

涞水县的基督教徒分布比较分散，全县15个乡镇均有教徒，人数较多的乡镇是赵各庄镇和石亭镇，占全县教徒总数的一半以上。

基督教在赵各庄镇蓬头村有教堂1座，建于1996年，占地约670平方米，此后未重建或扩建。

第三节　管理机构

1982年9月设立涞水县民族事务委员会。1988年设立宗教事务局，机构编制3人。1996年12月与县委统战部合署办公。

民族宗教事务局致力于发展少数民族和宗教事业，在贯彻党的各项方针政策的同时，使五大教派和谐繁荣的发展，尤其是2000年以来，对县域内的各教派场所进行深入的考察调研，并任命一批教派的德高望重之人，做为各寺观教堂的负责人，为宗教事业繁荣发展、维护社会稳定奠定了坚实的基础。2004年以来，每年针对2~3个少数民族村进行项目资金帮扶，特别是对娄村满族乡的少数民族村重点倾斜，每村每年不少于10万元。

涞水县寺、观、教堂一览表

表2-4-3-1

宗教类别	场所名称	负责人	任命时间
佛　教	广华寺	释能莲	2008.10
	庆化寺	释隆发	2001.10
	中天古佛寺	释证柱	2006.05
	灵泉寺	孙金来	–
	遵化寺	释宗强	–
道　教	天真观	庞志明	2006.07
	城隍庙	于宗玲	2007.06
	灵佑观	谢原臣	2010.10
伊斯兰教	清真寺	赵国良	2008.09
基督教	蓬头教堂	魏常花	1996.05
天主教	永乐教堂	单国清	2008.12

第五章　方　言

涞水方言属于冀鲁官话保唐片的保定霸州小片，与普通话没有较大差异。但是它作为独立的方言片，还有自己的独特之处。涞水县辖7镇8乡，多为山地和丘陵。全县的方言明显的可分为4个区域，即山区话、富位话、西营房话和城关话。

山区话。涞水山区包括龙门乡、其中口乡、赵各庄镇、九龙镇和三坡镇。其特点有两个：一是阳平字大多数被读成低阴平。例如“棉、南、黄、粮、鱼”等字，在普通话中是中升调35，被读成低阴平33或44.二是卷舌韵母er，在大多数山区小片中没有卷舌动作，被读成e。

富位话。富位在历史上隶属定兴县管辖，因此富位话与定兴方言基本相似，其特点有三个：一是在普通话中读开口呼零声母的字，常常被拼读成带n声母的音节。如袄ǎo被读成nǎo。二是富位话尾音较长。三是文白异读字较多。例如，做饭的zuò读成zòu，中学的xué读成xiáo。

西营房话。西营房话与城关话非常接近，但连读变调没有城关话复杂，很接近普通话。

城关话。涞水方言以城关话为代表，本文称作涞水话，涞水话在本县使用的人口最多。城关话和普通话基本接近，只是在声调和音变上差异较大，阴平一般不读高平调，阳平字大都被读成上声，上声和去声大多加韵尾。

第一节 语 音

一、声母

涞水话有22个声母，其中包括1个零声母，与普通话完全相同，只有零声母和极个别声母发音有些差异。

（一）开口呼零声母字

在涞水话中，读开口呼零声母的字如“爱、袄、安、熬、矮、恩”等时，往往在其零声母音节前加上辅音声母n。

（二）声母的异读字

在涞水话中，存在个别的声母异读字，例如“把水撒sǎ了”读成“把水shǎ了”；“天气qi”读成“天xi”；“屋里li”读成“屋ni”；“老伙计ji”读成“老伙qi”等。

二、韵母

涞水话共有39个韵母，与普通话完全相同，存在较大差异的只有卷舌元音和一些文白异读字。

（一）卷舌韵母er

普通话里有个特殊的卷舌韵母er，在涞水山区话中没有卷舌动作，被读成舌面、后、半高、不圆唇元音e。

（二）韵母的文白异读字

文白异读是汉语方言中一种特有的现象，一些汉字在方言中有“文、白”两种读音。前者又叫读书音、文言音、字音；后者又叫做说话音、白话音或话音。涞水话韵母的文白异读字很多。

文、白读音例字对照表

表2-5-1-1

例字	读书音	说话音	词语
落	luò	l ào	落地
叔	shū	shōu	叔儿
泉	quán	qūn	东龙泉
那	nà	ni è	那边
庄	zhuāng	zhāng	史各庄
学	xué	xiáo	上学
家	jiā	jiē	许家庄
下	xià	xiè	北郭下
娘	niáng	nìng	大娘
卜	bo	bei	萝卜
峪	yù	yòu	东水峪
农	nóng	néng	农民

三、声调

声调就是声音的高低升降的变化，声调又叫字调。调值就是指声调高低、升降、曲直的变化形式。为了细致而准确的描写汉语的调值，一般采用五度标记法来标声调，即：把字调的相对高度均分为“低、半低、中、半高、高”五度，分别用1、2、3、4、5表示。普通话的全部字音分属四种基本调值：1.阴平（第一声）如“高、飞、天、空”，调值为55；2.阳平（第二声）例如“来、回、繁、忙”，调值为35；3.上声（第三声）例如“勇、敢、友、好”，调值为214；4.去声（第四声）例如“建、设、世、界”，调值为51。

涞水话的单字调也共有四个，但与普通话的调值差别很大，列表对照如下：

涞水县部分单字调一览表

表2-5-1-2

调类	普通话调值	涞水话调值	例字
阴平	55	22或33	高飞天空
阳平	35	45	来回繁忙
上声	214	213	勇敢友好
去声	51	412	建设世界

四、音变

在读书或说话的时候，不会一个字一个字地往外说，总要把一些语言单位组织起来，形成连续的语流。在语流中有的音由于受临近音的影响，或者由于自己在语流中所处的地位不同，而发生某种变化，这种现象叫音变。音变现象在中外语言中普遍存在，涞水话也不例外。涞水话音变问题较多，而且比普通话的音变要复杂。涞水话的音变主要从变调、轻声和儿化几方面分别说明。

（一）变调

普通话里最常见的变调现象是上声的变调、去声的变调和“一、不”的变调。涞水话变调问题较多，而且比较复杂。本文只讨论两字组变调。

1.非叠字的两个字连读时，其变调的具体情况主要有：

（1）后边的字变成轻声或者近似轻声的重中格。如：北庄、王村、张坊、山药、棉裤、芹菜，涞水、凉粉、白薯、下庄、黄豆、白菜等。

（2）“阴平+阴平”、“阴平+阳平”字连读时，前边字变调值为55。如：高山、阴天、秋收、搬家、浇花儿、天堂、方言、新闻、葱白儿等。

（3）“上声+上声”字连读时，前边字变调值为24.如：选举、表演、比武、打滚儿等。

2.叠字两字组的变调

涞水话构词中有个很大特点，就是采用重叠式大量构词。重叠式构词法，是指用相同的两个词根重叠构成合成词的构词方式。普通话很少使用这种方式，所以这类词数量很少，而且多为亲属称谓词。涞水话采用重叠式大量构词。与普通话相比，涞水话中这类词具有数量多、分布广和格式多样的特点。单音词重叠式的连调情况同词性有关，主要规律如下：

（1）单音节名词、量词重叠式，逢阴平、阳平的，后字读轻声而且儿化，前字不变调。如家家儿、天天儿、回回儿。

（2）单音节动词的重叠式，前字逢阴平、阳平读本调，逢上声变为35，逢去声变为31，后字一律轻声。如：听听、拿拿、烤烤、跑跑、挪挪、看看、用用。

(3) 单音节形容词的重叠式，一般后字能儿化的往往儿化，不能儿化的带儿尾，儿尾后边还常常加语气词“的”。“的”和儿尾都轻读，相叠部分“包括儿化的后字”的变调大体如下：

阴平的，前字变55，后字不变，例如：干干儿的（gan ganr di）粗粗儿二的（cu cu 〔u? r〕 di）。

阳平的，前字变55，后字变21，例如：甜甜儿的（tian tianr di）黄黄儿的（huang huang 〔nger〕 di）红红儿的（hong hong 〔nger〕 di）。

上声的，多数前字变24，后字变21，例如：短短儿的（duan duanr di）紧紧儿的（jin jinr di）苦苦儿的（ku ku 〔u? r〕 di）。

去声的，多数前字变53，后字变31，例如：大大儿的（da dar di）俊俊儿的（jun junr di）棒棒儿的（bang bang〔nger〕di）。

涞水话的重叠式所表示的附加意义同普通话一样，动词重叠表示尝试意味或动作时间短暂；形容词重叠后表示程度适中或加深；量词重叠后表示“每一”、“许多”等；名词重叠也表示“每一”。

（二）轻声

普通话里的音节分属四个调类，即阴平、阳平、上声和去声。有些音节在词语或句子中使用的时候，失去原来的调值，变成一种既轻又短的调子，这就是轻声。读轻声的音节都有本调，只是在特定的位置上出现的时候，引起音节的音高、音强和音长的变化，读成一种调值不固定、而且声调轻短的调子，还往往引起音色的变化。所以把轻声看做一种音变现象。

涞水话的轻声与普通话差异不大，与普通话的轻声相比，轻声的调值一般都偏高、拉得长，而且调值也不固定，而是随着前字的实际音高而变化，具体表现如下：

1. 前字实际音高是21、31、33的，轻声读短调3，如：黑豆、挂面、凤凰、问题、窗户、蛐蛐儿等。

2. 前字音高是35的，轻声读短调2，如：芝麻、良心、老虎、帽子等。

3. 轻声字的韵母

涞水话中轻声引起韵母变化的现象比较多，如：底下（xia读成xie）漂亮（liang读成ling）刀螂（lang读成leng）庄稼（jia读成jie）等。

（三）儿化

后缀“儿”和前面音节的韵母合成一个音节，并使该音节的韵母变成卷舌的韵母，这种音变现象就叫做“儿化”，儿化后的韵母就叫做“儿化韵”。涞水话后缀“儿”的读法相当复杂，大体可以分为以下几种。

1. “儿”自成音节

涞水话的后缀“儿”，出现在? i〔前〕? i〔后〕i ü ao iao ou iou ang iang uang eng ing ueng ong iong这十六个韵母之后，通常自成音节，读轻声并带“儿尾”，涞水话“儿尾”的音变规律列表如下：

涞水县部分“儿尾”的音变规律一览表

表2-5-1-3

儿尾前面的韵母	举　例	儿尾的读音
-i（前）	抓子儿zhu ɑ　zi [zər]	[zər]
-i（后）	找事儿zh ɑ o　shi [zər]	[zər]
I	凉席儿li ɑ n g　xi [yir]	[yir]
ü	小雨儿xi ɑ o　yu yur	yur
ɑ o	桃儿　t ɑ o [uər]	[uər]
i ɑ o	小苗儿xi ɑ o　mi ɑ o [uər]	[uər]
ou	猴儿　hou [uər]	[uər]
Iou	抓阄儿zhu ɑ　jiu [uər]	[uər]
ɑ n g	药方儿y ɑ o f ɑ n g　n g er	N g er
i ɑ n g	样儿　y ɑ n g　n g er	N g er
u ɑ n g	蛋黄儿d ɑ n　hu ɑ n g　n g er	N g er
en g	绳儿　shen g　n g er	N g er
in g	杏儿　xin g　n g er	N g er
uen g	瓮儿　wen g　n g er	N g er
on g	虫儿　chon g　n g er	N g er
ion g	哭穷儿 ku　qion g　n g er	N g er

2.“儿”与前字的韵母结合成儿化韵

涞水话的儿化韵，按照“儿”与韵母结合程度的松紧，又可细分为甲乙两类。

⑴甲类儿化韵

甲类儿化韵的特点是，“儿”与前字韵母紧密结合为一体，与普通话基本相同。涞水话这类韵母有ɑ iɑ uɑ ai uai ɑn iɑn uɑn üɑn ei uei en in uen ün这十五个，儿化后共有八个甲类儿化韵。列表如下：

涞水县部分甲类儿化韵一览表

表2-5-1-4

儿化韵	举　例
ɑ r	腊八儿l ɑ　bar　盖儿 g ɑ ir　下班儿xi ɑ　b ɑ nr
i ɑ r	豆芽儿dou y ɑ r　挣钱儿 zhen g　qi ɑ nr
u ɑ r	花儿hu ɑ r　当官儿d ɑ n g　g u ɑ nr
ü ɑ nr	手绢儿 shou ju ɑ nr

续表

儿化韵	举 例
ər	刀背儿d ɑ o beir 后门儿hou menr
Inr	手印儿shou yinr
uər	味儿weir 门墩儿mendunr 拢梳儿lon ɡ shur
ü nr	合群儿hequnr

（2）乙类儿化韵

乙类儿化韵的特点是，“儿”与前面的韵母结合得不紧，只是由原韵母后加er音组成。涞水话能构成乙类儿化韵的韵母共有四个：ie üe o uo，构成四个儿化韵。例如：老爷儿lɑo ye〔ier〕、小雪儿xiɑo xue〔üer〕、老婆儿lɑo po〔oər〕、小说儿xiɑo shuo〔uoər〕。

3.“儿”有时做儿尾，有时与前字韵母构成乙类儿化韵。属于这种念法的后缀“儿”一般只出现在u韵母后边。例如：

构成儿韵尾	构成乙类儿化韵
羊肚儿y ɑ n ɡ du [uər]	擦虱虱c ɑ du dur[duər]
胸脯儿xion ɡ pu [uər]	糖葫芦儿t ɑ n ɡ hu lur[luər]
小兔儿xi ɑ o tu [uər]	线轱辘儿xi ɑ n ɡ u lur[luər]
老粗儿l ɑ o cu [uər]	小叔儿 xi ɑ o shur[shuər]（丈夫的弟弟）
大姑儿d ɑ ɡ u[uər]	小姑儿xi ɑ o ɡ ur[ɡ uər] (丈夫的妹妹)

涞水话后缀“儿”读法的复杂状况，在一定程度上反映着汉语普通话和某些方言中儿化韵的演变过程，即儿尾韵→儿尾韵或乙类儿化韵→乙类儿化韵→儿化韵。

第二节 词 汇

同普通话相比，涞水话词汇有两个明显的特点：一是词义方面有所不同，二是构词法方面另具特色。

一、词义特点

（一）与普通话词语同名异实，例如：

例词	普通话词义	涞水话词义
老家	①在故乡的家②指原籍	（老家儿）①②同普通话③麻雀④父亲
青菜	①小白菜②泛指绿色蔬菜	菠菜
夏粮	夏季收获的粮食	小麦
外甥女	姐姐或妹妹的女儿	①同普通话②外孙女儿
包子	有馅的馒头	馒头

（二）与普通话词语同实异名，例如：

普通话词语	涞水话词语
太阳	老爷儿、日头
早晨	早清儿、早起（xi）
上午	前巴晌儿、前晌儿
下午	后巴晌儿、后晌
傍晚	傍黑子
晚上	黑价
日历	月份牌儿
玉米	棒子
红薯	白薯
马齿苋	马勺儿菜
蛇	长虫
灰喜鹊	马尾傻子
壁虎	蝎里虎子
蚂蚁	蚍蜉（蚍音pí,涞水话读bié）
蚯蚓	曲柴
蜻蜓	蚂楞
门槛儿	门限儿
板凳	板凳床儿
香皂	胰子
手电筒	电棒儿
火柴	洋火
男孩	小小子儿
女孩	小闺女儿
舅母	妗子

续表

普通话词语	涞水话词语
伯母	大大
口水	哈拉子、水拉拉子
灰尘	唐土
肚脐	荸荠眼儿
膝盖	圪勒拜儿
泻肚	闹肚子
结痂	扣嘎渣儿
糖葫芦	糖不瞪儿
熬粥	喀嚓粥
想方设法	编着方儿
顺便	捎带脚儿
挂念	结记

二、构词特点

涞水话构词中有个很大特点，就是采用重叠式大量构词。与普通话相比，涞水话的这类词具有数量多、分布广和格式多样的特点，例如：

（一）名词

AA式		AAB式		ABB式		AABC式	
涞水话	普通话	涞水话	普通话	涞水话	普通话	涞水话	普通话
蹦蹦儿	跳蚤	公公爷	丈夫的爷爷	傻锛儿锛儿	傻乎乎的人（含喜爱之意）	大大伯子	丈夫的哥哥
大大	伯母	喇喇苗	一种野菜	香饽饽儿	吃香的人	-	-
双双儿	双胞胎	落落菜	一种野菜	牛儿么么	蜗牛	-	-
蛛蛛	蜘蛛	婆婆婶	丈夫的婶子	-	-	-	-
饽饽	饽饽饼	-	-	-	-	-	-

（二）动词

AA式		ABB式		ABAB式	
涞水话	普通话	涞水话	普通话	涞水话	普通话
嗻嗻	无休止的唠叨	晒奶奶	晒太阳	搓巴搓吧、揉巴揉巴、捏巴捏巴	-
听听	闻味儿	吃妈妈	吃奶	-	-
搓搓	管管、管教	-	-	-	-

（三）形容词

AA式		ABB式		AABB式		其他格式	
涞水话	普通话	涞水话	普通话	涞水话	普通话	涞水话	普通话
勤勤	勤劳	麻酥酥	热乎乎儿的	迷迷瞪瞪	-	不咸不薄儿的	咸淡适中
新新	新鲜	吃妈妈	吃奶	疯疯癫癫	-	寒碜胡啦	-
-	-	-	-	愣愣颏颏	-	晕得忽的	-

第三节　语　法

涞水话在语法上同普通话的差异比词汇和语音都小。语法是语言的结构规则，所以比较抽象。大家天天都说的话，司空见惯，可能感觉不到有什么区别。有时某个语法成分，只是语音上的差别，不会引起注意，但实际上它可能有特殊的语法作用，而这些特殊的语法作用就是通过这一词一音、一次重叠、一个组合形式表现出来的。涞水话的语法构造与普通话有一些差异，主要表现在特殊的语法成分、词语组合、重叠、句式等方面。

一、词缀“圪”“巴”的运用

（一）“圪”的运用

“圪”在山西及毗邻山西的河南北部、河北西缘等地的方言里常用作前缀。涞水不属于上述地区，但也有带词缀“圪”的词，这与本方言区的人文历史有关，涞水“东西历为津晋重要通道……明永乐年间山西大批移民来本县定居”。例如：

涞水方言	读音	词义
圪（胳）臂	ge bei	-
圪（胳）臂肘儿	ge bei zhou [uər]	-
圪（胳）臂腕子	ge bei wan zi	-
圪（胳）肢儿窝	ga zhir wo	-
算盘圪垯（疙瘩）	suan pan ga da	中式上衣的球状布扣
圪囊	ge nang	烂柴禾末，可垫圈沤肥
圪针	ge zhen	指某些植物枝梗上的刺儿
大青圪愣	da qing ge leng	深色大蜻蜓
圪洁	ge jie	干净、利落
圪垯噜嘟	ga da lu du	-
半疯儿圪魔	ban feng nger ge mo	-

(二)“巴”的运用

在涞水话里,“巴”是个结合力很强的词缀。“巴”总读轻声,字音和字义都不太固定,有时也儿化。涞水话“巴”的意义和作用较为复杂,它们因词性而异。

1.名词

涞水话名词中的词缀“巴”常做中缀,有的也能做后缀,“巴”的意义比较实在,有的与“张开、分开”有关。例如:

树卡巴儿shu ka ber树桠杈

脚巴丫子jiao be ya zi

肋巴骨lei be gu

当巴间儿dang be jianr

2.动词

动词中的词缀“巴”主要用在单音词后,构成表示动作、行为轻松、潦草等义的动词,例如:

教小学可不容易,你试~两天就知道咧。

他都懒得叠被子,卷~卷~就得咧。

我刚给你叠好的纸燕儿叫你给捏~坏咧!

能加后缀“巴”的动词大都表示动作行为,如“洗~、扫~、踩~、揉~、抻~”等等。

3.形容词

带“巴”缀的形容词,涞水话中不太多,如“窄~、死~、僵~儿、拉~”等。

二、助词“喽”与“咧”

涞水话里的“喽”和“咧”大体相当于普通话中的动态助词“了”和语气词“了”。如普通话“吃了饭了”涞水话说“吃喽饭咧”。具体用法:

(一)喽lou

1.用在动词或形容词后,表示动作或变化已经完成。例如:

①早清儿我吃~俩包子。

②头年里我们家喂~俩肥猪。

③他的病好~没几天又犯咧。

④我找~你半天咧。

⑤他们说完~话儿就找你去咧。

2.用在句子的末尾或句子停顿的地方,表示变化或出现新的情况。例如:

①我真怕把他累坏~。

②有事儿~你就找我去。

③你去把碗洗~!

④我要是说瞎话儿,就让我死~!

(二)咧lie

涞水话的“咧”大体相当于普通话中的语气词“了”,表示肯定的语气。例如:

1.你吃喽饭咧没?吃~。

2.这会儿他早该到家~。

3.地里的庄稼熟~。

4.树上的树叶儿黄~。

5.作业写完~么?写完~。

第四节　口语释例

本节收涞水方言中的口头词语317条，按意义分为七种类型。各条先记词形，个别词加读音，再加简注或用例，义项不同的用①②等分开。字下加“__”的表示写的是同音字。同义词条连排，第一条顶格，其余退一格儿另行排列。

一、天文、地理、方位

1.天文词语方面普通话与涞水方言对照：

普通话	涞水方言	普通话	涞水方言
太阳	老爷儿、佛爷、日头儿	向阳处	上阳儿
树荫处	树凉儿	小毛毛雨	蒙松雨
冰雹	雹子	被冰雹砸了	着雹子咧
被露水打湿了	着露水溻湿咧	薄云遮住太阳，仍有透过云层的阳光的天气	马乎天儿

2.地理词语方面普通话与涞水方言对照：

普 通 话	涞水方言	普 通 话	涞水方言
旧指较肥沃的水浇地，多种蔬菜	园子	村边或村内较大较深的积水坑	壕坑
掺有麦秸的泥	穰（rang）泥	白灰、沙子和土混合而成，旧时多用于铺室内地面	三合土
①半凉不热的水。②久放不新鲜的水	–	乌涂水	走近路
抄道儿	–	–	–

3.方位词语普通话与涞水方言对照：

普通话	涞水方言	普通话	涞水方言
上面	上头上儿	下面	下头、底下
里面	里头、里边儿	外面	外头、外边儿
前面	前头、头里	后面	后头、后边儿
左边	左手儿、左巴拉儿	右边	右手儿、右巴拉儿
当中	当间儿、当巴间儿	屋内地面	田下
地面上	就地儿	物体表面	浮头儿
末尾	后尾yi儿、末后拉儿、末后了儿	–	–

二、时间、节令

1.时间词语普通话与涞水方言对照：

涞水方言	普通话	涞水方言	普通话
老辈子、早先儿	很久以前	这当儿	现在
头年里、年生个	去年	前年个	前年
今儿个	今天	列个	昨天
前儿个	前天	明儿	明天
后儿、过喽明儿	后天	差把	刚开始的时候
马上	现在	傍亮子	天傍亮
前晌儿、前巴晌儿	上午	晌火	①中午②上午
麦晌	夏季午休时间	后晌儿、后巴晌儿	下午
傍黑子	傍晚	擦黑儿	天刚黑的时候
黑介	晚上	成天介	整天
成年介	整年	月份牌儿	日历
到了儿	到最后	–	–

2.节令词语普通话与涞水方言对照：

普通话	涞水方言	普通话	涞水方言
农历中29天的小月	小金	收麦子的时候	麦秋
元旦	阳历年	乍冷时节	杀冷子
春节	阴历年	夏季	热季儿
端午节	五月当五儿	三伏天	暑伏眼儿
麦收后的季节	晾房	秋收的时候	大秋
农历中30天的大月	大金	快春节的时候	年根子底下

三、动物、植物

1.动物名词普通话与涞水方言对照：

普通话	涞水方言	普通话	涞水方言
公驴	叫驴	母驴	草驴
种公牛	犍牛	公牛	犍牛
母牛	乳牛	公马	儿马
母马	客马	公狗	儿狗
公猫	郎猫（儿）	母猫	咪猫（儿）
配种公猪	跑呼噜、跑猪	半大的肥猪	克郎
小公猪	赠儿	小母猪	豚子
公羊	羝羊	公山羊	骚葫芦

续表

普通话	涞水方言	普通话	涞水方言
母鸡	草鸡	鼹鼠	地地拍子
蛇	长虫	种花斑蛇	花里带子
麻雀	老家（儿）、老乍巴儿、家雀儿	灰喜鹊	马尾傻子
形似麻雀而略大的一种鸟	胡拨喇	啄木鸟	锛得木
蝙蝠	檐蝙蝠儿	猫头鹰	夜猫子
壁虎	蝎里虎子	蚯蚓	曲蛇
蚂蚁	蚍蜉 biefu	蝉	唧鸟儿
夏秋之交的小蝉	伏地儿伏亮儿	螳螂	刀螂
蜻蜓	蚂螂	深色大蜻蜓	大青圪楞
萤火虫	棉花虫儿	椿象	臭大姐、臭大板
跳蚤	蹦蹦儿	青蛙	蛤蟆
蟾蜍	疥蛤蟆	–	–

2.植物名词普通话与涞水方言对照：

普通话	涞水方言	普通话	涞水方言
小麦	夏粮	玉米	棒子
向日葵	望日莲	辣椒	秦椒
香菜	芫荽	菊芋	鬼子姜
小蓟	刺儿菜	灰菜	落落菜
马齿苋	马勺儿菜	地黄	鞋里片
车前草	猪耳刀	猫眼草	打盆儿打碗儿
地稍瓜	巧瓜瓜儿	指某些植物枝梗上的刺儿	圪针
遗留在土中的农作物根系	蛤杈	收获的玉米、高粱秆	秫秸
荞麦	棱子	–	–

四、饮食、起居

1.饮食词语普通话与涞水方言对照：

普通话	涞水方言	普通话	涞水方言
食物的统称	吃儿、吃头儿	不过水的捞面	锅儿里挑
两张面皮当中夹馅的饼	合子	窝头	饽饽头
馒头、烙饼、窝头的统称	饽饽	供食用的牲畜的内脏	灯篓
蛋糕	槽糕、槽子糕	糖葫芦	糖不瞪儿
将和好的面擀成面片，放上馅，卷成卷，用刀切成段，蒸出的食品。	卷子	–	–

2.起居词语普通话与涞水方言对照：

普通话	涞水方言	普通话	涞水方言
衣服的统称	穿头儿	打扮，含贬义	捯饬
儿童穿的棉大衣	棉猴儿	短袖上衣	褂衩儿
中式上衣的球状布扣儿	算盘疙瘩	拖鞋	呱哒板儿
梳头	梳脑袋	理发	推脑袋
小睡一会儿	打个盹儿	稍微等一下	撂泊儿（地）愣愣儿 撂么儿（地）沉沉
特别累	使得慌	正餐前先吃点东西充饥盘吃零食	点补
无节制地猛吃塞（阳平）	填搡	无节制地喝酒	灌搡
厕所	茅子	客人	且（戚）
干杯	干喽、媰喽	刁难人	拿降人
熬粥	喀嚓粥	卫生球	臭球儿
手电筒	电棒儿	受牵连	吃挂（袋）落儿
货物全买下	包圆儿	谢绝的意思	不接
坐视不管，在一旁看热闹	瞧哈哈笑儿	受苦受罪	活受噎
亲密无间（含贬义）	打联联	欠债	拉饥荒
背饥荒	捅窟窿	相亲	相庄户
隔壁	界壁儿	砌地基	码地盘儿
家具	家伙什儿	小矮凳	板凳床儿
肥皂	胰子	锅盖	盖巾
熟秸秆穿成，圆形或方形，摆放生面食	拍子	秤	两子
茶壶	茶吊子	收音机	戏匣子
被子、被窝	被厚	火柴	洋火
手套	手巴掌儿	毛巾	羊肚手巾

五、人品、称谓

1.人品词语普通话与涞水方言对照：

普通话	涞水方言	普通话	涞水方言
①娘家人称已嫁的女儿。②未嫁的姑娘	姑奶奶子	光棍	光柄儿、光棍子、光柄子
年纪相仿的一批人	一伐儿的	赶马车的	车把式
好抬杠的人	杠头	死心眼的人	一根筋
孤傲矜持、不爱理人的人	相蛋	傻乎乎的人（含喜爱之意）	傻锛儿锛儿
吃香得宠的人	香饽饽儿	个矮的人	矬子
口吃的人	结巴嗑子	体弱多病的人	病秧子
经常患病服药的人	药篓子	-	-

2.称谓词语普通话与涞水方言对照：

普通话	涞水方言	普通话	涞水方言
指父母、公婆	老的儿	伯父	大伯
伯母	大娘	伯父	大爷
曾祖母	太太	舅舅	舅儿
舅母	妗子	姑母	姑儿
岳父	丈人	岳母	丈母娘
丈夫	男人	妻子的哥哥、弟弟	小（大）舅子
妻子的妹夫或姐夫	担挑	丈夫的弟弟	小叔子
丈夫的妹妹	小姑子	妻子的姐姐或妹妹	小（大）腆子
母亲（三坡方言）	嫫	儿子（三坡方言）	楔子
叔叔	叔儿	婶母	婶儿
弟媳妇与兄媳妇之间的关系称妯娌	妯娌	媳妇	家里的

六、动作、行为

1.动作词语普通话与涞水方言对照：

普通话	涞水方言	普通话	涞水方言
吃东西的动作，如~面条儿	忒儿喽	用舌头手指头，~~筷子	潲潲
留神、注意	盱户	申斥，斥责	呲打、呲白
态度生硬的和人说话	丧白	提：~一桶水	提（di）溜
挎着：~篮子	（kuǎi）着	乱翻、乱放	释翻
折腾	遭	作死	遭死
用工具敲打	梆、抬藏	用力踢	锛
转圈	转磨磨儿	耽搁着不肯离开	次拧
蠕动	咕容	言语	言息、言息儿
闲聊；闲扯	哨	眉飞色舞地闲聊；闲扯	高哨、山哨

2.行为词语普通话与涞水方言对照：

普通话	涞水方言	普通话	涞水方言
叫嚷，炫耀	咋唬	吹嘘，唬人	扇唬
唠叨	哨叨、嗻嗻、嘚啵	众口议论	仓邦
劝阻人使不做某事	打破头楔儿	贬低、压抑（别人）	踩打
喜欢	稀罕、待见	另搞一套，不听使唤	摆邪
摆架子	摆谱儿	调皮捣蛋	奓刺儿
比喻不如以前有出息	回楦儿	-	-

七、性质、状态

1.性质词语普通话与涞水方言对照：

普通话	涞水方言	普通话	涞水方言
差不多，还可以	差不离、差不离儿、不大离、不大离儿、中溜儿、中不溜儿	不行	差劲、不怎么儿样、不怎么儿的
匀称	四称	苗条	体条
丑，难看	寒碜	相貌苍老	老苍
①（人）娇气。②（物品）不禁用	娇耐	（发育）健壮	发实
干净、利落	寡净、圪洁	装束或动作利落	煞利、煞利利儿的

2.状态词语普通话与涞水方言对照：

普通话	涞水方言	普通话	涞水方言
不平展	崎抽儿皱	不利索	邋里邋遢
站立或行走姿势不正	哩愣歪斜、斜肩打膀	聪明伶俐	精
傻傻乎乎	傻拉吧唧	半傻不傻	半傻不奸、半傻不俅qiao
失神发呆的样子	愣愣瓠瓠、楞儿吧唧	善狡辩，不讲理	绞磨骗蛋
油嘴滑舌	花咪儿、掉嘴儿	精神不正常	疯疯颠颠
不着调靠不住，没正经	半疯儿圪魔、疯张儿道事	吝啬，抠门	渠
节俭	细	掰事不大方	小家子、小家子气
（人的品行或脾气）不好	乍古	①（体积）过大。 ②（办事）过于大方	胎晦
没有限制，尽量	敞着口儿、敞开儿	危险	悬、悬忽儿、悬得忽儿的、悬得拉
马虎	喇忽	茂密	囊、囊实
齐整	齐截	弯曲	曲缕儿
弯曲曲	曲缕拐弯儿弯	舒适，快意	滋腻
光滑	光溜、光叽离	①宽松。②宽裕。③松快	松泛
咸	咸拉巴叽、咸拉不叽、齁丁儿咸	酸	酸拉巴叽、酸溜溜儿的、酸不溜丢儿的
辣	辣丝丝儿的、辣唏唏	静悄悄	哑咪悄声儿的
可怜	可怜不待见儿	–	–

第三编　基础设施与环境保护

1979—2009年，随着经济的发展和人们生产、生活的需要，涞水县城的规模不断扩大，基础设施逐步完善、城市功能逐渐显现。到2009年底，涞水县城面积已达到9.2平方千米，比1979年扩大4倍；“四横、五纵、一环”的县城路网结构基本形成，街道总面积20519平方米；城区危旧住房改造和居民小区的开发建设，改善居民的居住条件；供水、排水、供电、街道绿化、亮化、垃圾集中清运处理等基础设施的改造升级和不断加强，使城市面貌得到根本改观；公园、文化广场、影剧院等休闲娱乐文化设施的相继建立，为城市人民高品质的生活创造条件；城市出租、城市公交车设立，给居民出行带来便利；新市场、批发市场、商业街等的建立，扩大就业，繁荣经济；医院、学校、卫生防疫等公共设施、教育设施的改扩建基本满足人们就医求学的需求。城乡道路交通状况得到根本改善。2002年“保野公路”的建成；2008年张石高速公路及密涿支线公路（一期）的竣工通车，结束涞水县没有高速公路的历史；2004年开始的“村村通公路”工程，使全县农村交通状况得到极大改善，基本形成以张石、密涿（支线）张涿、京昆4条高速为主架，112国道、108国道、京赞线、宝平线为依托，保野路、涿娄路、拦紫路、高速连接线，以及遍布城乡的农村公路为支脉的交通网络格局，为涞水各业的发展奠定基础。电力事业得到突飞猛进的发展，建成完善的供电网络，供电量、供电质量显著提高。1979年全县只有35千伏安变电站6座，总容量10160千伏安，年供电总量2.6万千瓦时。至2009年，全县已拥有17座变电站，总容量达到271700千伏安，比1979年增长26.75倍。通过1998—2001年两次电网改造，农村生活用电实施“四到户”管理，实行户户通电，同网同价，为涞水县经济发展和人民生活水平的提高奠定基础。邮政事业健康发展，报刊发行、集邮、邮政储蓄，网点遍布全县15个乡镇，全程邮路长达1000余千米，与世界上138个国家和地区建立通邮关系，总资产达到600多万元。电信业发展迅速，2000年，城乡实现固定电话程控化，用户达44179户；2009年移动电话基站发展到120个，网络覆盖整个涞水县，实现全国漫游，并与286个国家（地区）的352个运营商实现国际漫游。

第一章　城乡规划建设

1979—2009年，涞水县分别于1979年、1985年、2006年对县城和乡村道路、街道、给排水、街道绿化、公共设施建设，进行多次整体规划和调整，使县城形成“四横”“五纵”“一环”、功能齐全的格局，为涞水政治、经济、文化的发展奠定基础。

第一节　县城规划建设

一、县城总体规划

1979年，涞水县计划委员会首次编制《涞水县县城建设规划》，涞水县革命委员会发出《关于加强城镇建设管理的通知》，通知指出：涞水城镇规模，南以津涞公路为环城南路，西以涞张公路为环城西路，新修城北古塔至北关大桥为环城北路，北关大桥至津涞公路为环城东路，这4条环城公路形成涞水城区。按涞水主导风向和地下水流向，县城以东，拒马河以南、津涞公路以北为工业区；在工业区西侧，规划为行政、文教、卫生、商业及居民区。城区道路，南北3条、东西4条主要大街构成市内主要

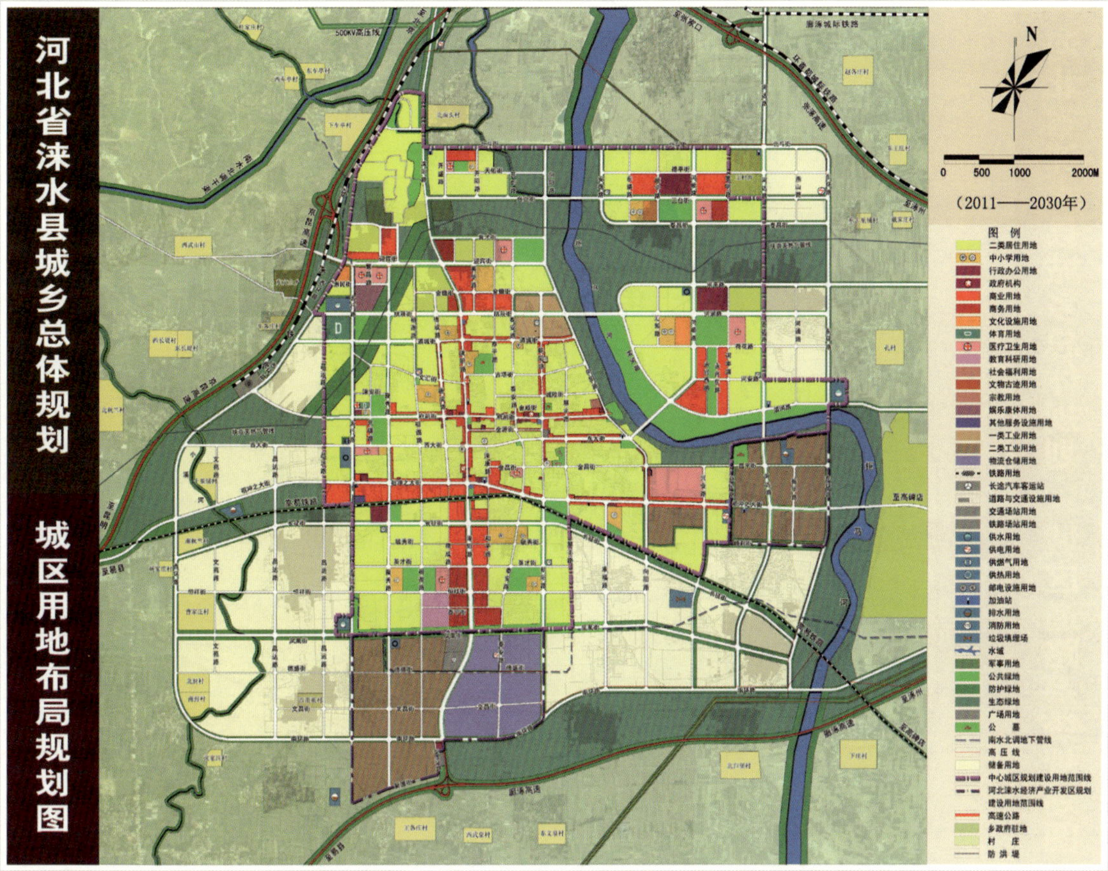

县城规划图

交通路网。城区总占地面积3平方千米，可容纳5万人左右。主要大街宽20米，其他主要街道宽3米。

1985年，涞水县计划委员会聘请河北农大土木工程系协助完成《涞水县城总体规划》，并报省政府批准。

2006年，涞水县政府调整县城近期（2006—2010年）、长期（2006—2020年）规划，将县城性质确定为：全县的政治、经济、文化中心，旅游服务基地，以发展现代制造业为主的宜居城市。

（一）县城规模

1.人口规模：规划到2010年县城人口规模为8万人；2020年县城人口规模为12万人。

2.用地规模：规划到2010年县城用地规模为9.2平方千米；2020年为13.13平方千米。

县城发展方向：重点向西、适度向南发展为主。

县城规划结构："一区、两轴、两带、多组团"。即："一区"，建设东部工业和仓储区；"两轴"，规划县城公共设施集中分布在府前街和南壕沟以及涞阳路两侧；"两带"，在高易铁路和拒马河两侧布置防护林带；"多组团"，组成多个居住组团。

县城居住用地与住房建设：居住区建设实行统一规划、综合开发，按照居住区—小区—组团规划结构，相对集中布置。涞阳路以西为一区，涞阳路以东、府前街以北区域为二区，涞阳路以东、府前街以南区域为三区，铁路以南区域为四区。一区、四区基本以新区建设为主，建设展现城市现代风貌的居住区。二区、三区基本以旧区改造为主。规划要求提升建筑质量、改善居住环境。规划居住用地按二类居住用地的标准建设。

（二）县城道路交通规划

1.对外交通，建设、完善外环路。拓宽、改造北环路和向阳路，建设西环路和南环路，避免过境交

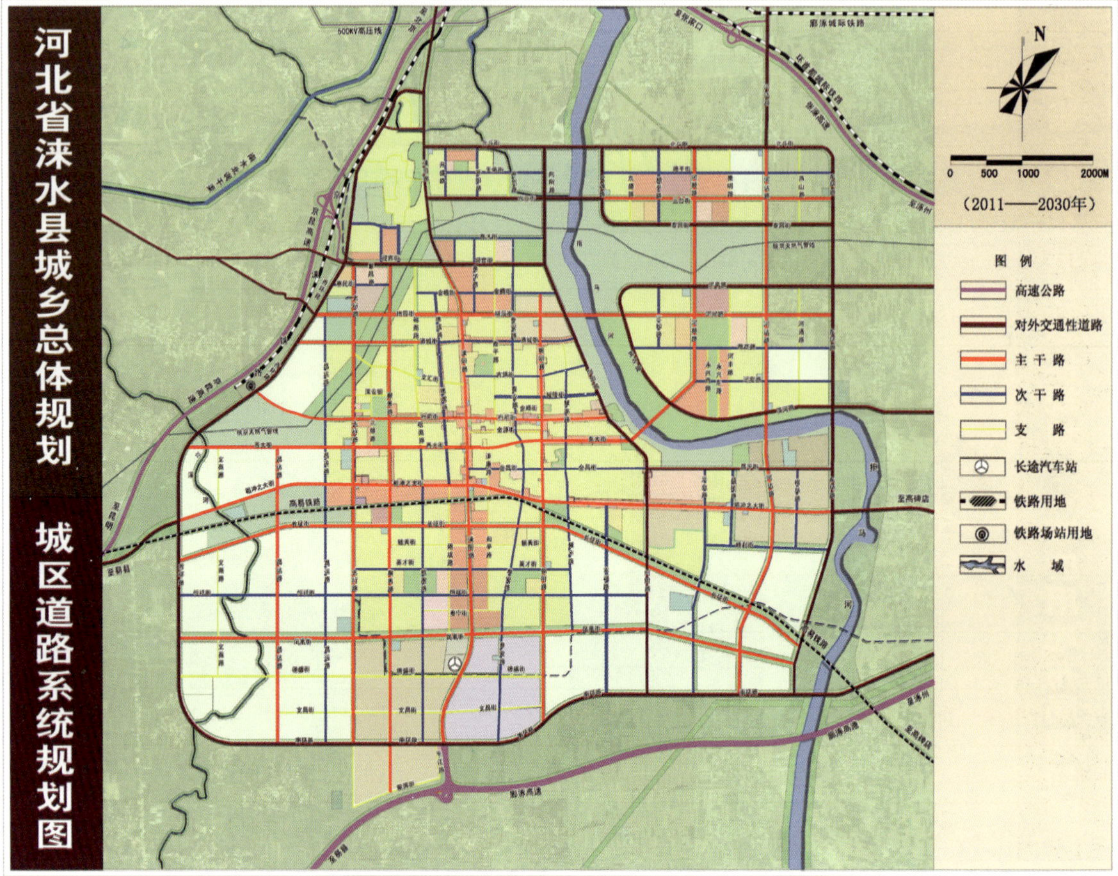

道路规划图

通穿越城市。完善现有铁路货运站和长途汽车站建设，满足城市建设的需求。

2.城市交通，遵循结合现状，超前谋划，尽早控制，分期实施的原则，建设快速、通畅、便捷的道路系统。

县城采用以方格网为主的路网结构，道路等级为三级，即主干路、次干路和支路。主干道间距一般控制在800~1000米左右，次干道间距300~500米左右；主干道红线宽35~40米，次干道25~30米，支路20米及以下。

朝阳路剪彩

县城主干路结构：分为“四横、五纵、一环”。即：“四横”为府前街、东大街、112国道和长征街；“五纵”为复兴路、开源路、涞阳路、惠丰路和凯旋路。“一环”为城市环路，即西环、北环（泰宁街）向阳路及南环路。

东西向交通性主干路为北环路（泰宁路）南环路；东西向生活性干道为府前街、东大街和长征街。南北向交通性主干路有西环路、向阳路和凯旋路；南北向生活性主干路为复兴路、开源路、涞阳路和惠丰路。

（三）县城广场、停车场规划

保留现状广场，依据城市功能分区和用地布局，结合城市中心建设和居住区建设，在长途客运站、行政办公用地对面、纬一街、惠丰路西和铁路以南规划城市广场。规划在金融、商业、文化、体育、游乐、对外交通等大型设施附近及城市主要出入口，因地制宜地布置机动车和自行车公共停车场。

（四）绿地系统规划

以创建宜居城市为目标，提高绿化建设标准和质量，配套完善各级公共绿地建设。到规划期末，人均公共绿地达到7.77平方米，绿地率达到38%以上，绿化覆盖率达到40%以上。

（五）旧城区改造规划

范围：开源路以东，惠丰路以西，府前街沿线以南，东大街以北的范围，通过改善、整治、改造及再开发，建设县城公共设施中心。

目标：把旧区打造成为社会繁荣、设施完善、建筑优美、环境一流、底蕴深厚的现代化城市中心区。

原则：

1.坚持资源节约、合理更新的原则。保留旧区有价值的建筑，发展绿色经济、循环经济和节约型经济。

2.坚持规划先导、合理整合的原则，统一规划，合理布局，综合开发，配套建设，防止推倒重来和低水平重复建设。

3.坚持积极稳妥，有序推进的原则。减少对城市社会经济的消极影响，实现城市可持续发展。

4.坚持政府主导、市场运作的原则。适时调控，维护旧区更新中的社会公平和公众利益。

要求：

1.加强商业用地整合，严格把关行政和商业建筑设计，强调标志性建筑群的组合和呼应，强化城市中心，提升城市形象。

2.保护水系和特色建筑，传承历史文脉，打造富有地方特色的城市特色。

3.建设规模社区，控制开发强度，增加绿色空间，改善人居环境。

4.新建项目以第三产业为主，提高节水、节能、节地要求。

（六）城中村改造规划

原则：

1.城中村改造本着“政府引导、全面规划、城市建设市场化、投资主体多元化”的方针，坚持统一规划、统一拆迁、分步实施的办法，以优惠的政策吸引社会资金，动员全社会力量参与旧城改造。

2.政府统一审批，职能部门统一监管，全程依法、公开、有序；

3.典型引路、分步实施；

4.先安置后开发，切实维护群众的根本利益；

5.根据村庄实际采取一村一策的办法，合理确定拆迁区域规模；

6.节约、集约利用土地，发挥土地资源效益最大化；

7.有利于县城旧区改造和生态环境改善、保护文物古迹；

8.选定经济实力强、有一定拆迁经验、房地产开发经验和资质的开发商，使拆迁工作少走弯路，实现稳步、依法、有序和可持续发展。

目标：

积极推进城中村改造工作，建设形态优美、人居环境一流的现代文明社区。2010年完成中心城区城中村改造；2020年基本完成城市建设用地内城中村改造。

要求：

1.空间融合。通过对建筑空间实体及各类配套设施的改造，改善城中村生活环境，按照城市规划统一利用城中村土地，完善中心城区用地布局结构，营造整体协调的城市面貌。

2.管理融合。按照现代城市社区建设的要求，完善城中村管理体制和社区组织体系，将城中村纳入城市统一管理。

3.经济融合。将城中村集体股份合作公司改造成为参与平等竞争的市场主体，集体和原村民的经济来源转型为多元化的产业经营，融入城市产业发展体系，实现可持续发展。

4.文化融合。妥善保护城中村珍贵的历史文化遗存和优秀的地方文化传统，打破封闭的文化心理，使城中村居民融入具有地方特色的城市文化。

二、近期县城建设规划

2006年到2010年，县城人口达到8万人；建制用地规模控制在920公顷以内，人均建设用地控制在115平方米以内。

（一）用地布局规划

优化第三产业体系，完善金融、贸易、文化、卫生、体育等服务设施，增强城市服务功能，初步形成以府前街、南壕沟和涞阳路沿线的县城中心，工业用地主要布置在县城东部和南部，东部工业以二类工业为主，南部工业区以一类工业为主。居住用地围绕公共设施集中布置。加快城中村改造步伐，改善居住环境，提高居住质量；加快城市绿地建设，初步形成生态城市框架，配套建设一批重大交通、通信、能源等基础设施，提高城市基础设施支撑力和城市环境质量，为创建宜居城市奠定基础。

（二）建设用地需求

近期县城建设用地的需求主要集中在工业用地、居住用地、生态景观建设用地、公共服务设施和基础设施用地。工业用地主要是在完善东部工业区用地布局的基础上，促进南部工业区的发展。居住用地主要集中发展县城西部、南部和东部居住区。生态景观用地主要是建设绿色走廊、公园、街头绿地、绿

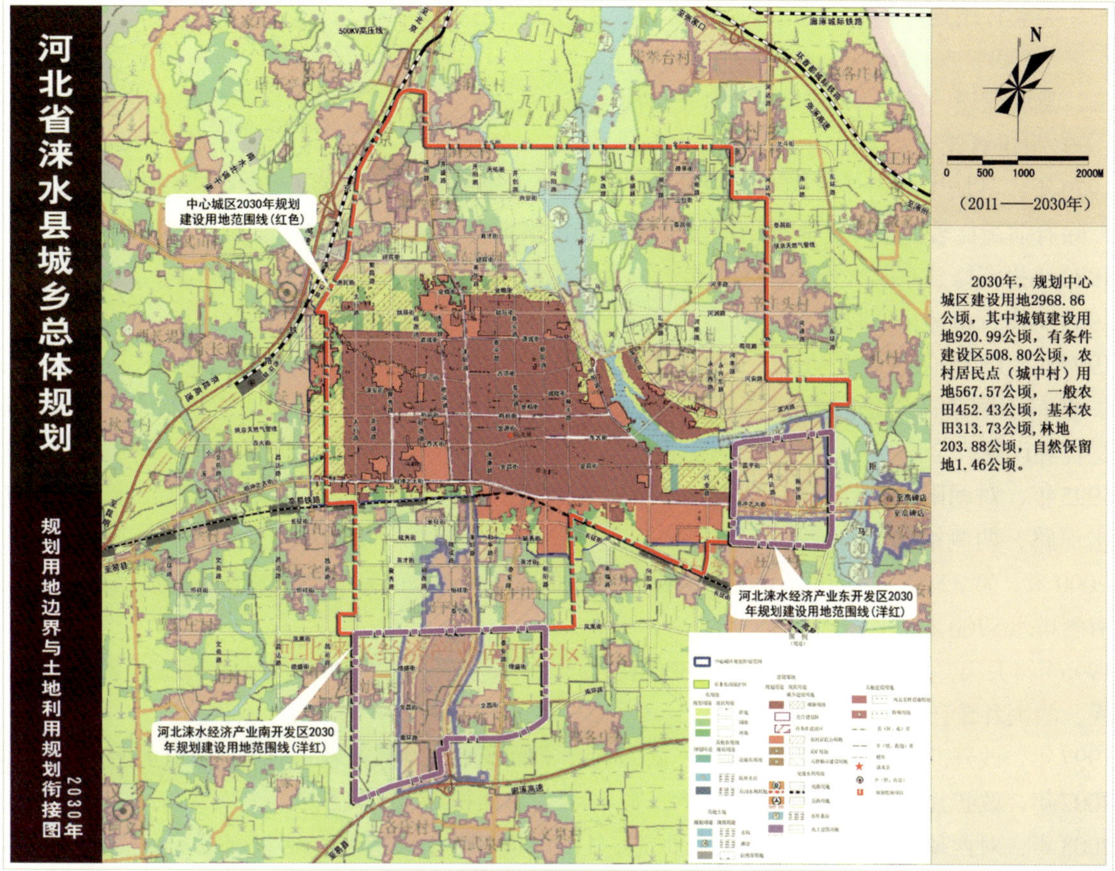

城镇用地规划

化美化广场等开敞性空间。2006—2010年县城新增城市建设用地203.21公顷。

（三）近期重点建设项目

建设县城文化中心；扩建涞水镇中学；建设体育中心。

建设集社会福利院、儿童福利院、老年公寓、老年人康复中心、流浪少儿救助中心为一体的社会福利机构。

建设护城墙公园和复兴公园，建设行政中心对面绿地、城隍庙绿地、福利院北绿地、西北变电站绿地等小游园和街头绿地共10余处。建设涞阳路、开源路道路绿化工程。

拓宽和改造开源路（泰宁街-永安街）涞阳路北段（泰宁街-永安街）泰安路（泰宁街-南环路）朝阳路（纬一街-永安街）和府前街中段（涞阳路-朝阳路）等道路。

新建复兴路（泰宁街-永安街）涞阳路南段（永安街-南环路）义达北路（泰宁街-东大街）府前街西段（涞阳路-西环路）东大街西段（开源路-西环路）泰宁街西段（开源路-复兴路）长征街（开源路-惠丰路）凯旋路（工业北街-工业南街）经一路（工业北街-工业南街）和经二路（工业北街-工业南街），初步形成县城主次干道格局。

完成给水厂一期工程建设；完成污水处理厂、城西供热锅炉房、天然气门站、长途汽车站等建设项目；建设三级消防站1处。

垃圾转运站：按每0.4至1平方千米设一座小型垃圾转运站。公共厕所密度按每平方千米4座进行建设。

完善东部工业区，配套建设基础设施，实现“七通一平”，工业园区初具规模，实现区域环境整体改观。

按二类居住用地的标准，建设西部、西北部和东部居住区。

三、县城建设

（一）街道建设

1979年，县城主要街道有四条，府前街、朝阳路、泰安路、东西关大街，街道全长4000米，沥青路面，除府前街比较完整外，其他街道坑洼不平，排水不畅，晴天尘土飞扬，雨雪泥泞难行。

1983年投资修建东关大街和西关大街。

1984年投资修建拓宽政府街。

1994年10月涞阳路破土动工，1995年5月1日竣工。全长1980米，宽33米，分：主车道一条，宽13米；慢车道两条，各宽5米；人行道两条，各宽4米；绿化带两条，各宽1米。给水、排水、通讯、电力配套等设施齐全。

1995年，对朝阳路进行改造，北延816米，总面积20400平方米。对泰安路进行改造，由沥青路改建成水泥路，两侧铺设下水管道，全长1080米，宽15米，总面积16200平方米；对涞张路进行扩建，全长2000米，宽32米，总面积6400平方米；改造西环路2千米；完成112国道路基桥涵扫尾工程、县城段南侧排水5700米；县城段路面铺油。

1996年4月开始改建东环路，全长1300米，宽35米，总面积45500平方米。完成112国道3块板油面工程，两侧各5千米。

1997年，改建北环路，全长2860米，宽22米，总面积62920平方米；对112国道4处桥涵加固。

2002年，改扩建东大街，全长1050米，宽46米，总面积48300平方米。

2003年，对西环、北环、东环路进行改造；112国道城建段改造。

2006年，对涞阳路进行改扩建。

2007年以后，县委、县政府按照“宜居城市”的定位，加大对县城环境整治力度，重点对县城街道进行了改建、扩建，并按照前期规划重新修建县城必须街道：

1.新建道路

（1）涞阳南路（城南高速引线），北起112国道，南至廊涿高速涞水出口，建于2008—2009年，全长3.978千米，投资7580万元。路基宽45米，主路面宽24米，两侧各6米人行道，在主路面两侧设计各4米的绿化带。高速引线与涞阳路一线相连，构成了涞水的“十里长街”。

（2）聚秀路（复兴路），位于县城西部新区，全长0.92千米，投资3000万元，建于2009年。

（3）府前街西延（800+500米），全长1300米，投资5100万元，始建于2008年，2010年竣工。

2.改建、扩建街道

（1）冲之大街（原名永安大街），东西城建界之间全长3700米，两侧人行道6.5米。2008年投资1215万元完成主路面改造；2009—2010年投资1950万元，完成人行道改造、道路两侧破旧建筑拆除重建工程，新增绿地7000平方米。

（2）泰安路，全长1080米，投资520万元，2008年改造完成。

（3）文山路，全长5000米，投资

道路施工

1300万元，2008年改造完成。

（4）朝阳路，全长1340米，投资450万元，2008年改造完成

（5）涞阳路，全长2400米，主路面宽22米，两侧人行道宽5米。投资406.75万元，于2009年改造完成。涞阳路两侧人行道全部翻新、铺设彩砖，距主路面高度由原来20厘米降至5厘米。伐掉涞阳路行道树，栽植适宜树种，多样点缀绿化，造型突出特色。

（6）府前街，全长1530米，主路面宽20米，两侧人行道宽4.5米。投资360万元，于2009年改造完成。拆除府前街两侧台阶，拓宽主路面，人行道铺设彩砖；街道两侧增加公共绿地面积，街道整体景观效果提高。

（7）金源街（南壕沟市场），全长1036米，投资2820万元，于2009年动工，计划2010年改造完成。该街是涞水县传统的商业街，中间建有售货棚，建于20世纪80年代，由于破烂不堪，不仅影响形象，而且消防安全隐患极大。2009年起，县政府分两批对南壕沟新、老市场中间4500平方米的售货棚进行拆除。在此基础上，对市场路面进行改造。同时，对两侧建筑物外立面、广告牌匾进行整治。改造后的市场全长1036米，总宽16米，主路面宽13米，两侧人行道宽1.5米。车行道中间每50米装双头照明电力路灯，路灯间进行绿化，地下管网全部升级改造。

（8）东大街，全长1050米，投资1160万元，于2009年动工，预计2010年改造完成。主路面由32米缩减为24米，上下6车道，古槐以东中间设绿化隔离带4米，两侧增加2米绿化，栽植乔灌木5000余株，栽植草坪3000平方米。

（9）背街小巷整治：2008—2009年，涞水镇完成北关、西关、南关、后城西、东关、城内95条背街小巷道路硬化。同时，社区办完成对工商行家属院、东豪门路、农业局家属院、广播局家属院、华田家属院、县委家属院、阳光鑫园路段、巨峰路和税务局家属院的路面硬化整治。

经过30余年建设，至2009年，县城城区道路网格结构基本成型。城内次干路、支路、巷路先后进行硬化，交通状况得到根本改善。主要包括：泰安路、朝阳路、朝阳路北延、向阳路、涞阳路、德成路、冲之大街、府前东街、府前街、府前西街、遒城街、府前街西延、聚秀路、涞阳南路、东大街、金源街、西大街、涞康路、祖逖北路、垃圾厂路、污水处理厂路、县城街道具体特征为：四横（府前街、东大街、冲之大街和长征街）；五纵（义达路、开源路、涞阳路、惠丰路和凯旋路）；一环（城市环路，即西环）、北环（泰宁街、向阳路及南环路），东西向交通性主干路为北环路（泰宁路）112国道即南环路；东西向生活性干道为府前街、东大街和长征街。南北向交通性主干路有西环路、向阳路和凯旋路；南北向生活性主干路为复兴路、开源路、涞阳路和惠丰路。

（二）县城供水

涞水县自来水公司于1983年11月成立。成立之初，干部职工7名，借用建材公司西房两间办公。供水面积除县委、县政府、县招待所以外，机关单位及个人200余户，年供水量几百吨。

1985年，自来水公司自筹资金，在原城内小学西南路西征地0.8亩，建平房7间，作为公司办公地址。

1987年，由省建设厅拨款10万元，县政府拨款3万元，在西环路东打井一眼，铺设至政府井联网的（φ200毫米）管道1500余米，增加供水能力每小时80吨，增加用户500余户。

1989年，筹措资金3万元，在东城壕打机井一眼，安装φ150毫米管道与政府井联网，供水能力每小时120吨。形成以政府为中心，东西中三眼井，用户达到950户。

1990年，投资30万元，安装邮电局至百货公司、税务局至公安局输水管道（φ200毫米）1500余米，增加用户285户。

1994年，安装涞阳路两侧管道4000米，其中直径300毫米的2000米、100毫米的2000米，总投资97万元，新增用户80户。

2009年涞水县城街道建设、给排水建设一览表

表3-1-1-1　　　　单位：米

曾用名	现用名	道路长度	主路宽度	单侧人行道宽	道路面积	主路面积	人行道面积	始建年度	改造年度	道路投资	排水管道位置	管网长度	污水管网长度	雨水管网长度	污水管道直径（毫米）	雨水管道直径（毫米）	建设年度
泰安路	泰安路	1907	9	3	28605	17163	11442	1996	2008	250	泰安路	3665	3665	–	1500	–	1996
朝阳路	朝阳路	1340	11	3.5	24120	14740	9380	1996	2008	450	朝阳路	3702	2680	1022	1200	800	2008
朝阳路北延	朝阳路北延	827	8	2	9924	6616	3308	1996	2006	730							
东环路	向阳路	1980	25	5	69300	49500	19800	1996	2004	650	东环路	3200	3200	–	1000	–	1997
涞阳路	涞阳路	2400	24	4	76800	57600	19200	1994	1994	620	–	–	–	–	1000	–	1994
开源路	德成路	2000	25	5	70000	50000	20000	1995	2005	865	–	–	–	–	1000	–	1995
永安大街	冲之大街	6445	27	6.5	257800	174015	83785	2008	–	1215	复兴路至西外环	7878	5252	2626	1200	1200	2011
											永安大街	14290	14290	–	1000	–	1996
											涞阳路与112线交叉处	50	50	–	1000	–	2012
											西环与112线交叉	220	220	–	800	–	2012
											西污水处理厂至小西河	80	–	80	1200	–	2012
府前东街	府前东街	1078	25	4	35574	26950	8624	1996	2002	400	府前街	5470	4420	1050	800	600	2000
府前街	府前街	1050	20	4.5	30450	21000	9450		2009	360							
府前西街	府前西街	320	20	4	8960	6400	2560	1995	2002	115							
泰宁大街	遒城街	2078	14	4	45716	29092	16624	1997	2005	3700	北环	4156	4156	–	1000	–	1996
府前街西延	府前街西延	800	23	7	29600	18400	11200	2008	–	2215.78	府前街西延	2400	1600	800	1000	1000	2008
											地税局门口	40	40	–	600	–	2012
复兴路	聚秀路	1200	23	7	44400	27600	16800	2009	–	2145.78	复兴南路	2811	1874	937	1200	800	2009
涞阳南路	涞阳南路	3978	25	4	131274	99450	31824	2009	–	3780	高速引线	7502	–	7502	–	1000	2008
东大街	东大街	1050	32	7	48300	33600	14700	2000	–	7000	东大街	2100	2100	–	1000	–	2001
南壕沟市场	金源街	1035	14	2.5	19665	14490	5175	–	2010	568.13	市场街	2700	2000	2700	1000	600	2009
西大街	西大街	1100	7	3	14300	7700	6600	–	2003	460	西关街	1370	1370	–	800	–	1998
											西大街	320	320	–	600	–	1998
涞康路	涞康路	1000	7	2	11000	7000	4000	2006	–	120	–	–	–	–	–	–	–
南关村	南关村	8656	3.5	–	30296	30296	0	–	2009	120	南关至狐狸沟	1460	1460	–	600	–	1979
垃圾厂路	垃圾厂路	827	10	–	8270	8270	0	2009		120	–	–	–	–	–	–	–
污水处理厂路	污水处理厂路	840	12	–	10080	10080	0	2009		230	112线至东污水处理厂	650	650	–	1200	–	2008
西关村	西关村	2798	3	–	8394	8394	0	–	–	–	小西街	285	285	–	1000	–	1995
城内村	城内村	5360	3	–	16080	16080	0	–	–	–	一号桥	350	350	–	800	–	1996
北关路	北关路	2380	2.5	–	5950	5950	0	–	–	–	二号桥	350	350	–	800	–	1996
–	–	–	–	–	–	–	–	–	–	–	北关桥至污水处理厂	3640	3640	–	–	–	2009
合计	–	55964	–	–	1161408	830416	330992	–	–	35124.87	–	87569	68062	19507	–	–	–

1996年，安装西环两侧ф100毫米的管道2600米；ф200毫米的管道300米，总投资36万元，解决了西环路两侧的用水问题。

1997年，安装了112线两侧ф150毫米的管道3000米，ф100毫米的管道2600米，解决112线两侧居民用水难问题。

到2000年底，公司有固定资产149万元，干部职工26名，供水井3眼，日供水能力3000吨。

2001年，铺设东大街自来水管网2400米，直径100~150毫米，增加东关村用户1300户。

2002年，向北关村、西租村、徐家庄、三里铺、南关等村铺设80~300毫米的管线7500米，用户增加3000户；铺设西环至三里铺主管网ф100毫米的管道480米。筹措资金8万元，在公司院内打110m深井一眼，配套后与政府井联网。

2003年2月至10月间，筹建4层办公楼，总面积2400平方米，当年投入使用。

2004年，购置水表校验设备一台，校4分~4寸的水表。

2005年，在东城壕打130米的深井一眼，铺设东环管道1600米，与112线管网相连。

2009年，自来水公司共有供水井7眼，分布在西环、政府院、自来水公司院、滨河公园、东城壕、区测队等处，共有直径150毫米以上供水主管道280000米，分支管道35000米，日最大供水能力6000吨，年均供水量250万吨。城区供水管网覆盖面积6.8平方千米，占城区面积的90%。服务用水户15000户。

（三）住宅建设

1.住宅小区建设

2006年前，城镇职工住宅，以所在单位征地，职工集资筹建为主，财务状况好的单位税务、工商、县医院、商业、县供销社、第一中学、第二中学、人事局、教育局。2009年，县城有住宅小区30个，其中多层单元式楼房126栋，高层3栋。单套面积45~160平方米不等，这些楼房从设计上逐年新颖合理，施工质量逐年提高，建筑用材、装饰用材日趋多样化。房屋设计结构合理，宽敞明亮，装饰新颖，一般设客厅、居室、厨房、卫生间、储藏室等。水电暖俱全，生活起居十分方便。多数小区设立小超市、小卫生所、健身区，并植花草树木，为居民提供舒适的生活环境。

2009年底涞水县单位住宅、居民小区建设统计表

表3-1-1-2

名　称	建筑面积（平方米）	投资额（万元）	楼数（栋）	绿化面积（平方米）
东大街商住楼	12496.5	749.79	2	-
嘉兴园住宅小区	20000	1400	6	1600
阳光鑫园二期工程	65000	-	9	1800
聚泽园	65000	5100	4	900
豪景嘉园	63000	7761	12	-
富民小区	44000	2750	8	300
泰安小区1#住宅楼	4690	234.5	1	200
西关菜市场住宅楼	8000	-	2	-
教委住宅楼	3300	186	1	-
劳动局住宅楼	6306.16	267	2	180
塔岗社区住宅楼	13929.48	696.47	5	790

续表

名　称	建筑面积（平方米）	投资额（万元）	楼数（栋）	绿化面积（平方米）
工艺品厂住宅楼	4391.4	197.61	2	-
泰安路小区2#住宅楼	3060	153	1	200
泰安路3#住宅楼	1400	77	1	-
天园小区	64300	7500	5	1750
经贸局家属楼	3185	177	1	-
煤矿生活区	6459	400	2	200
泰安路小区4#5#住宅楼	12000	696	2	180
雅特家园	3000	-	6	860
安居一区	3000	-	4	200
惠时欣园	13468	191.3	3	1000
东大街4#院	4145	207.263	1	-
东大街53院	15000	7503	3	-
时代鑫园一期工程	30000	-	5	900
东大街北10#楼	4584.32	229.22	1	-
富民小区	35000	2750	7	9231
聚泽园	29000	-	3	-
嘉兴园	20000	1400	5	2500
豪景嘉园	63000	3000	13	-
阳关鑫园二期工程	65000	2100	9	-

2. 小区集中供热

2009年全县建成的住宅小区，基本实现集中供暖，其中超过3栋以上连片供热的小区是：安居一区、安居二区、靖园居、雅特小区、雅特新区、怡海家园、聚泽园、富民小区、慧时欣园、天园小区、时代鑫园、阳光鑫园、嘉兴园、景泰小区、电力局家属楼、东大街住宅小区、豪景嘉园等。

（四）配套建设

1. 文化广场

位于朝阳路民政局南侧，1998年修建，占地4900平方米。2009年对文化广场进行升级改造，改造后的文化广场集休闲、娱乐、公演、绿化于一体，成为县城居民重要的休闲文化场所。

2. 街心公园

2003年3月开工建设，11月竣工，总投资800万元，公园占地10854平方米，其中绿地面积4372平方米，商住楼面积7018平方米。

3. 滨河公园

2004年6月开工建设，2005年11月竣工。公园位于府前街与东环路交界处，总投资2170万元，是一座集休闲、娱乐、健身为一体的综合性公园。全园划分为公园入口区、青年运动区、老年活动区、市民健身区、漫步赏花区、水上娱乐区和商贸活动区。道路分为两级，步行路宽4米，作为服务性车道，联络各区；小步行道宽2米，直线和曲线结合。在园内，相继建成综合楼和商住楼（7800平方米）假山、六角亭（两个）健身、照明、音响、雕塑等主、附属设施建设，续征非耕地42866.2平方米。2008年对滨河公园进行扩建改造，改造后公园面积达到100014平方米，绿化面积达到68235平方米。

公园原址为占地29133.8米的垃圾填埋场。随着城市建设迅猛发展，城区面积不断扩大、城市人口日益增长，该垃圾场已超负荷，每逢夏季，蚊蝇滋生，臭气熏天，成了污染源。因此，县委、政府决定，变废为宝，在此建一座新颖独特、布局合理、环境优美的公园。在公园建设中，采取“政府主导，市场运作”的原则，实行“政府投资、向上争资、社会捐资、招商引资”的融资机制。为广大城镇居民提供一个休闲、娱乐、健身、购物场所。一些退休老干部为表达对县委、政府的感激之情，寄来“历史的丰碑，永久的纪念”“涞水城建变化大、成就显著”的公开信，还为公园题写“英明决策　除弊为民兴公益，殚精竭虑　躬勤于政标青史”的对联。

4.东环公园

位于东大街东头西南角，是一座集休闲、娱乐、健身于一体的街头游园，该园建于2009年，占地面积2308平方米，其中绿化面积1650平方米，栽植银杏、雪松、木槿、海棠、油松等1315株，黄杨、小碧等灌木1480棵。内设广场健身区（占地面积580平方米，设置健身器材和绿色走廊）休闲娱乐区（铺设甬路320平方米，建花坛一座），园内安装庭院灯、草坪灯等夜景灯等照明设备。总投资80余万元。

5.公厕建设

2009年，城区有公共厕所7座，全部免费开放，分别位于文化广场、滨河公园、街心公园、开源路、泰安路、泰安路旧商业局家属院等处，其中泰安路防疫站北、西环路与三里铺路口、东环路口公厕建于2008年，占地面积（分别为62.8、57、47.5平方米）。

6.生活垃圾无害化填埋场

位于县城东南侧，永安大街南侧，西义安西北侧，距离县城5千米，占地面积152.89亩，设计使用年限10年。场内工程包括：填埋区、污水处理区、管理区；场外工程包括：道路、场外排水、场外供电等。总建筑面积955.77平方米，总投资3025.25万元。2009年5月7日开工，计划2010年5月投入使用。

7.污水处理厂

根据县城地势和排水管网分布情况，分城西、城东设立两个厂区。污水处理厂和配套管网建设总投资6841.2万元。西厂位于县城西5千米，占地面积21.3亩，污水日处理能力0.8万吨，采用IDI工艺，2008年4月15日开工建设，2008年11月18日竣工通水试运行。东厂位于县城东3.5千米，占地面积25亩，污水日处理能力为1.2万吨，采用UNITANK工艺（交替式生物处理池工艺），2008年11月18日开工，2009年9月竣工，通过环保验收，2009年11月15日通水试运行。

（五）其他建设

1.公共设施建设

（1）涞水小学。占地108亩，总建筑面积达2.5万平方米，总投资4085万元。主要建设教学楼、多功能教室、办公用房、图书馆、宿舍楼、食堂及附属设施，建设规模为12轨72个教学班的小学，可容纳学生3600名，1000名住宿生。工程于2008年5月开工，2009年9月一期工程竣工，预计2011年11月二期续建主体完工。这一重点工程的竣工，极大改善小学的办学条件，各项要求全部达到国家标准，在全市乃至全省达到一流水平。

（2）民政事业服务中心。该项目总投资2000万元，中心占地30亩，建筑面积13250平方米，绿化面积7000平方米，设光荣部、敬老院、社会福利部、可容纳床位500张，有医疗室、康复室、餐厅、健身娱乐室、淋浴室、户外运动器材，室内有卫生间、彩电、空调、电话等设备齐全。是一所集优抚、五保对象供养和社会化托老于一体的综合性服务机构。2008年开工建设，2009年重阳节投入使用。

（3）盛世国际酒店。占地20亩，总建筑面积15000余平方米，主楼高60米。共十三层，其中地下一层，地上12层。酒店设施齐全，装修豪华典雅，融欧式古典园林风格和现代设计风格为一体，别具一格。该项目总投资1亿元，2008年建成投入使用。

2.公共设施改造

（1）2006年对县电影院进行室内外设施全面改造更新、装修，座椅换成软座，影院东部、南部商铺全部拆除，建成广场，安装照明和健身器材、设置休闲亭和座椅，提升居民的消费品质。

（2）2009年对府前街、涞阳路进行景观综合整治，主路加宽，两侧人行道标准升级；对街道两侧1800余块广告牌和门店橱窗，进行统一规范和美化、靓化。

（3）2009年县政府投入1000余万元，对建于20世纪80年代的南壕沟市场中间售货棚进行了拆除，涉及260户4000余平方米。在此基础上又投资1820万元，进行道路改造和两侧建筑立面整治，彻底解决脏乱和消防隐患，使南壕沟市场的形象有了质的飞跃。

第二节　乡村规划建设

一、乡村规划

1985年，县计划委员会组织各乡、镇完成全县284个行政村的建设规划，并经县政府批准，要求各村按规划审批宅基地，建设新房。

二、乡村建设

（一）文明生态村建设

2004—2009年，按照省委、省政府、市委、市政府的统一部署，涞水县委、县政府将文明生态村创建工作作为一项民心工程，按照“经济发展、民主健全、精神充实、环境良好”的十六字方针，紧紧围绕“创建思想要唯实，政策措施要订实，指导推动要求实”的指导思想，以改善农村人居环境、提高农民群众生活质量、促进农村三个文明协调发展为目标，从农民最迫切需要解决的问题入手，不断把文明生态村创建活动引向深入。2004年以来，全县安排78个县直单位、企业、驻军部队，分六批，分别结对帮扶132个创建村。30名县级干部，全部深入乡镇，和县直单位一其，每年分包一个创建村。几年间累计为创建村协调资金350余万元，促成建设项目12个。各帮扶单位共筹措资金和物资折合人民币400余万元，帮助所包村办实事200余件。引导、动员群众有钱出钱、有力出力，132个创建村农民自愿捐资100余万元，出义务工6万多个。农村人居环境、生活水平明显改善。政治文明、物质文明、精神文明建设水平明显提高

（二）新民居建设

2005年，中共涞水县委、县政府结合本县情况，按照市委、市政府的安排部署，开始大力度的“新民居建设”工作。在整个活动过程中，全县突出“四个结合”（一是与城镇面貌三年大变样工作相结合；二是与旅游产业发展相结合；三是与高速公路等国家重点工程建设的拆迁安置相结合；四是与空心村治理和农村危房改造相结合），经过深入调研，外出参观考察、借鉴经验，认真比较筛选，确定5个省级示范村（义安镇东义合庄村、娄村满族乡太平庄村、龙门乡黄各庄村、石亭镇满金峪村、宋各庄乡北色树村）4个市级示范村（涞水镇后城西村与城内村联建、三坡镇下庄村与义合庄村联建）5个县级示范村（明义乡东官庄村、王村乡王村、永阳镇北七山村、赵各庄镇河东村、胡家庄乡永乐村）。同时，

设立专门组织和办事机构，落实奖补资金和专项办公经费，制订了《涞水县农村新民居建设实施办法》，完善了目标责任管理，全县新民居建设步入规范化发展轨道。根据省委七届四次全会确定的到2012年，全省15%左右的行政村完成新民居建设改造任务的要求，2009年，涞水县把新民居建设和旅游业相结合，确定4个省级新民居示范村开工建设，年内4个省级示范村投资8500万元，其中招商引资240万元，贷款400万元，部门帮扶38万元，重点解决新民居建设中的道路、打井、办电、修建下水管道等基础设施建设问题。通过县、乡、村三级的不懈努力，省市以及县级示范村全部按质按量完成建设任务。

第三节　管理机构

1981年8月，成立城建房产管理局，负责城乡建设管理工作。1983年1月，更名为建设局。1983年12月机构改革，撤销建设局，城乡建设管理职能并入涞水县计划委员会，内设城乡建设环境保护股。1987年5月，建立城镇建设管理局，机关编制9人。1991年城镇建设管理局内设城建规划股、工程管理股、人秘股、财会股。1988年增设质监站。1990年8月，设立城建管理监察队。1992年建筑业管理局与城建局合并；是年1月，设立房地产交易管理所。1993年10月城乡建设管理局、建筑业管理局、爱国卫生运动委员会3个单位合并，建立涞水县建设委员会，内设办公室、财务科、城建科、规划科、企管科、科教科、村镇科、环保办、招标办。下设质监站、监察大队、环卫所、消杀站。1995年环保办析出。1996年8月，撤销建设委员会、环境保护局，组建建设环保局，内设综合股、计财股、城乡建设股、企业管理股、质量监督股、环卫管理股、城乡建设监察股、环境保护股。1998年，建设环保局，行政编制20人，内设机构调整为综合股、计财股、城镇规划建设股、科教股、企管股、出让股、环保股、招标办、环卫股、下设监察大队、法庭、派出所、稽查办公室、监察办公室、墙体材料革新办公室。2002年7月，建设环保局更名为建设局，环保股升格为环境保护局，单列为政府工作部门。2006年9月，根据市委、市政府《关于加强城乡规划工作的决定》（保发〔2006〕8号）及市编委《关于各县（市）设立规划机构的通知》（市编字〔2006〕16号）要求，设立城乡规划管理局，从建设局析出。

2009年，建设局行政编制10人，内设办公室、计财股、招标办、安检股、城建股，下设招标代理公司、质监站、稽查大队、三坡管理所。

第二章　交　通

新中国建立初期，涞水通往周围各县的道路为涞水至涿州、涞水至定兴、涞水至高碑店、涞水至易县；境内主要道路山前有县城至石亭、县城至娄村、县城至永阳、县城至富位、县城至明义大道；山后有县城至板城、县城至镇厂大道，途中需过境易县境内；区间道路有山后板城至镇厂、山后板城至大河南，均为沙石土路，是当年县内交通的主动脉。1967年，津同（天津至大同）公路铺筑沥青路面，开了涞水现代化公路的先河。随后京源（北京—山西原平）京获（北京—河北获鹿）先后建成，构成本县山区、平原交通的主动脉。1972年，按公路四级技术标准（路基6.5米、油面4.5米）把涞水至张坊马车大道改建成公路；1974—1975年将涞水—涿县大道改建为三级技术标准公路（路基8米，路面6米）；

1976年将涞水—定兴大道改建为三级技术标准公路（路基8米，路面6米）。后于1984、1985、1987年改建重修，全部达到公路三级技术标准。至此，涞水主要交通干道达到等级化路面标准。1986年野三坡旅游开发建设，拉动景区道路建设和晋档升级；2002年“保野公路”的建成，使旅游产业如虎添翼。2008年张石高速及密涿支线（一期）的竣工通车，结束涞水县没有高速公路的历史；2004年开始的“村村通公路”工程，使全县农村交通状况得到了根本性改善。如今，涞水县基本形成以张石、密涿（支线）张涿、京昆4条高速为主架，112国道、108国道、京赞线、宝平线为依托，保野路、涿娄路、拦紫路、高速连接线以及遍布城乡的农村公路为支脉的交通网络格局，路网结构更加完善、合理，通达能力更强，为涞水各项事业的发展插上腾飞的翅膀。

第一节 公 路

一、高速公路

（一）张石高速公路　北起自张家口市张北县，经怀安县、蔚县，保定市涞源县、易县、涞水县、定兴县、徐水县、顺平县、唐县、曲阳县，石家庄市行唐县、灵寿县、平山县、到鹿泉市与石家庄高速外环相接。在涞水县境内长1.015千米，位于明义乡。2006年初开工建设，2008年底建成通车。

水北高速立交

（二）密涿高速公路　西起自张石高速公路与涞水枢纽互通，向东途经明义乡南北庄村、西明义村、东官庄村、司徒村、董家庄村，胡家庄乡王各庄村、西武泉村，涞水镇南郭下村，义安镇南郑各庄村、北白堡村、下庄村、栗村、温辛庄村，进入高碑店市、涿州市界，与京港澳高速相接。涞水县段长16.35千米，2006年下半年开工建设，2008年底建成通车。在县境内设置两个出口，分别是涞水南站和涞水东站。涞水南站距县城4千米，涞水东站距县城7千米。

二、国省干道

（一）京昆公路（108国道）涞水段　2012年在原有旧路的基础上进行升级改造，由三级路升级为二级路，改建后路基宽8.5米，路面宽8米，涞水境内全长75.2千米，该路段有大型桥梁4座，536.6米，隧道两处。

（二）112国道（原津同公路）涞水段　1993—1994年在原有旧路的南侧新建一条二级油路，路面宽9米。后分段进行改建升级，城建界路段改建完工于2003年；高碑店界至城建界

国道112线

（东）路段改建完工于2008年；城建界（西）至西十里铺路段改建完工于2010年。涞水境内全长19千米，除西十里铺至易县界5千米是二级路标准外，其他路段均为一级路标准。

（三）京赞公路（原京获公路）涞水段　2003—2004年在原有旧路的基础上进行升级改造，由三级路升级为二级路，改建后路基宽10.5米，路面宽8.5米，全长24.8千米，该路段在原有龙安大桥的南侧新建大桥一座，与旧桥长度相同，由交通部公路一局五公司施工建成。

（四）宝平线涞水段　2004年在原有旧路的基础上进行升级改造，改建后路基宽7.5米，路面宽6米，涞水境内全长11.5千米，该路段有中小桥梁2座，共85.6米。

（五）109副线　2006年在原有旧路的基础上进行升级改造，改建后路基宽7.5米，路面宽6米，涞水境内全长23千米，该路段有中小桥梁6座，110.7米。

三、县级公路

2005—2006年，交通运输部组织安排对全国公路进行普查，保定市交通运输局结合全市整体路网布局对涞水县的县级公路进行了调整，按照交通运输部要求规范了公路名称，并给定了路线编号，批准全县3条县道，分别为张定路、涿娄路、拦紫路。

（一）张定路　该路北起自北京市房山区张坊镇（房易路），途经满金峪、石亭、东水峪、魏村、南涧头、涞水县城、南王庄、南郭下、西武泉、胡家庄，到达富位（定兴界），再向南在定兴东落堡与定易公路相接。涞水县段全长32.4千米，其中利用县城涞阳路2千米，利用112国道0.8千米。该路现状为二级路（县城路段除外），其中张坊至涞水县城路段改建完工于2001年，路基宽15米，路面宽11米，新建跨越北拒马河大桥一座，长196.08米；涞水县城至富位（定兴界段）改建完工于2004年，路基宽11米，路面宽9米。整条路的路面均为沥青路。

（二）涿娄路　东起自王村乡吴各庄村（涿州界），向西经北辛庄、西水北、安阳、南水东，到娄村满族乡福山营村与省道京赞公路相接，涞水县段长11.1千米。该路基本上是原来的水北公路（吴水路、双水路），现在该路大部分路段是四级路标准。

（三）拦紫路　南起都衙村的拦河儿（北京界），经南峪、都衙、下庄、上庄、紫石口至交界口村与108国道相接，全长23.8千米。该路现为沥青路面，宽6米，2001年建成通车，同期修建大桥3座，共长688.4米。是涞水县野三坡景区内的重要旅游公路。

张涿高速奠基

四、乡村道路

（一）县城至吴各庄公路原县道涞涿公路　因上级交通主管部门路网规划调整成乡级公路。该路现为沥青砼路，路面宽7米，全长9.5千米。于2004年建成通车。

（二）涞垒路　原县城至垒子煤矿公路，水泥混凝土路面，路面宽7米，全长9.3千米。2008年建成。

（三）铺头至东垒子公路（建材路）　主要服务于永阳镇檀山村石灰、矿石外运。该路从国道112线杨家庄路口起，经行宫村东、北秋兰村西、丛溪村东、檀山，至东垒子，与涞垒路相接，全长7.4千米。1994年修建成三级路，沥青表处路面，宽6米。2006年，改建成水泥混凝土路面，宽7米。

（四）胡东路（高明路）又名方田路　该路是20世纪80年代农田基本建设时新建的一条田间大道。东起北高洛村北，直线向西经过东文泉村南、西武泉村南、王各庄村南、司徒村，至东明义村与明义路相接，全长8.5千米。2008年，经县政府批准，对该路面进行硬化，建成水泥混凝土路，路面宽7米。

（五）二十里铺至西洛平公路（二京路）　该路全长10.4千米，具体走向是：南起112国道的二十里铺村，经南庞、东永阳、西垒子、北河，至西洛平村与省道京赞公路相接。其中二十里铺至西垒子路段是1997年修建的水泥混凝土路；西垒子至西洛平是2006年与建材路同时修建的。在原有西垒子水库泄洪道拱桥的西侧，新建钻孔灌注桩板桥一座，长26米。

（六）蓬头至湖峪滩公路　全长15.5千米，原旅游公路中的一条。该路的现状为：蓬头至苟各庄路段，沥青路面，路面宽6米；新建漫水桥两座，长171.4米，2002年由县交通局修建；苟各庄至湖峪滩路段为水泥混凝土路面，路面宽7米；新建钻孔灌注桩简支板大桥一座，长115米，2006年由三坡景区管委会修建。蓬头至湖峪滩公路的修建，对百里峡景区和沿线旅游经济的发展起到巨大的推动作用。

（七）罗北路　原罗古台至北边桥林区公路，全长11千米。1998至1999年，交通局对原石渣土路进行了改扩建，改建后路面宽4.5米，水泥混凝土路面。随着白草畔景区游客的逐年增多，景区管委会不断对该路进行整修，现在该路有7千米的沥青路，路面大部分达到了6米；其余4千米为水泥那天路面，加上硬化路肩，宽度大部分达到了6米。目前，该路除大泽岭路段外，基本上达到了三级路标准，基本能够满足白草畔景区的旅游需要。

（八）龙蛟路　该路全长26.8千米，具体走向是：西起龙门乡龙门村（省道宝平线），向东经过岭西村、岭东村、庄窠村、大台村、偏道子村至蛟龙口村。该路是龙门乡大东沟10个行政村通往外界的唯一公路，2004年以前，是一条石渣土路。2004—2005年，在“村村通”油（水泥）路工程建设中，沿线各村积极投工投劳，交通局补助水泥、砂石料及开山用火工材料，将该路修建成路面宽3.5米的水泥混凝土路。

（九）东明义路　该路全长4千米，具体走向是：北起杨家庄（国道112线），向南经过曹家庄村西、北封村西、南封村西至东明义，该路是明义乡通往外界最快捷的通道。1999年，交通局负责把该路修建成路面宽4.5米的水泥混凝土公路，结束了明义乡13个村“风天一身土，雨天一身泥”的历史。

（十）北王路（王义路）　该路全长7.1千米，具体走向是：北起王村乡王村（涞涿路），向南经过东王庄村西、十里铺村西、戴家庄村西、孔村东、王皇甫、寺皇甫、刘皇甫至北义安村与112国道相接。1996年对该路进行整修，建成路面宽5米的沥青公路。经过十几年的时间，部分路段损毁严重。

（十一）村村通公路　2004年交通局抓住国家对农村公路建设政策倾斜的有利时机，制订了五年内实现村村通公路实施计划，并严格实施“政府督查、部门指导、专业监理、社会监督、企业自检”的五级质量责任体系，严格控制工程质量。2004年完成108个村341.2千米的建设任务，并通过保定市交通局检查验收，获得市政府奖金100万元。2005年，认真总结上年工作经验，坚持速度与质量并重的原则，对计划开工的村乡干部、技术人员进行培训。对已开工的单位，及时调拨水泥，安排技术人员到施工一线进行指导。为降低山区筑路成本，交通局安排车辆把施工物料运送到现场，无偿提供炸药、导火索等一系列服务和支持措施，保障工程顺利进行。到10月底，提前完成了全年182千米的任务目标。计划5年完成的任务，提前3年完成，大大改善全县的交通条件，为经济的发展奠定坚实的基础。

五、汽车站

（一）涞水汽车站

位于县城南部，冲之大街247号，紧邻国道112旁。始建于1951年11月，1973年西迁至现址，

1999年扩大占地面积，重新建站。涞水汽车站占地面积6783平方米，有进站班车185部，日发503个班次，日均发旅客5200人次。其中乡镇公交车49部，日发班次284个，日均发送旅客4000人；其他线路班车136部，日发班次219个，日均发送旅客1200人。

（二）白涧汽车站

位于白涧村中心，赵各庄火车站西1千米处，紧邻108国道旁。始建于1958年，占地面积2亩，房屋建筑面积72平方米。2010年重新建站，老化房屋重建，房屋建筑面积40平方米。有进站班车22部，日发27个班次，日均发旅客500人次。其中乡镇公交车5部，日发班次10个，日均发送旅客150人；其他线路班车17部，日发班次17个，日均发送旅客350人。

第二节　铁　路

一、线路

（一）北京至原平铁路涞水段

北京至原平铁路（简称京原铁路）涞水段建于1966—1970年，1972年正式通车，东由房山县平峪进入本县三坡镇都衙村（四背峪），首站为野三坡（上庄），途经苟各庄、福山口、白涧、板城四站，西至龙门乡店上村出界进入易县，境内总长37.4千米。隧道29条，总长13417米；桥梁29座，总长3037米。沿线有职工120人。

（二）高碑店至易县铁路涞水段

高碑店至易县铁路（简称高易铁路）系河北省地方铁路，东自与高碑店市交界的北义安镇南庄子村入境，西至永阳镇南桥头村出境进入易县，境内全长24.2千米，其中正线18千米，支线6.2千米。桥涵44座，总长569.4米，设栗村、涞水、铺头、檀山4个车站，沿线共有养路职工50人。

高易铁路始建于清光绪二十八年（1902）。东起原新城县的高碑店、西止于易县梁各庄，为清帝拜谒西陵专用，全线总长46.4千米。1937年七七事变后，高易铁路沿线一带相继沦陷。日军先后将易县至梁格庄9.3千米路线拆除，高碑店市至易县段改铺37.2千米的16千克/米小钢轨。抗战末期，日军濒临末日，物资匮乏，遂于1943年将高易铁路全部拆除。

高易铁路的再建始于1958年。建设过程分四次，第一次为1958年8月，涞水县大炼钢铁形成高潮，为运输矿石，首先修建了高碑店至涞水15千米的铁路，建成后即投入营运，称“高涞铁路”。第二次是1961年初，将铁路延伸，经铺头至垒子煤矿。第三次是1964年，铁路由铺头延伸达易县。至此，全线竣工。修建标准是每米18千克，轨距为762毫米的小钢轨，机车280吨。第四次为1988年的全线扩建。修建标准是轨距145厘米，1990年竣工后，此线与京广铁路接轨运行。

二、车站

（一）野三坡（上庄）车站

位于上庄村东南拒马河东岸京原铁路线上，建于1973年，建筑面积290平方米，货场面积6555平方米，为四等车站。年客运量为81600余人次，年货运量为2.5万吨。有职工21人。该站于1990年改名为“野三坡”车站。

（二）苟各庄车站

位于苟各庄村南拒马河左岸，京原铁路线上，建于1984年，建筑面积450平方米，为四等车站。该车站不办理货运业务，年客运量99700余人次。自开发野三坡旅游区后，游客逐年增加，乘车人次大大超过车站设计能力，最高日流量达5000余人次，旅游高峰的夏季，专为该车站和野三坡（上庄）车站增开2列临时客车，该站有职工18人。

（三）福山口车站

位于福山口南拒马河左岸，京原铁路线上，建于1973年，建筑面积360平方米，货场面积1312平方米，为四等车站。年客运量为34300余人次，货运业务主要是外运沙子，年货运量为1.8万吨，该站有职工20人。

（四）白涧车站

位于赵各庄村北，京原铁路线上，建于1973年，建筑面积1100平方米，货场面积12350平方米，为四等车站。年客运量67800余人次。货运业务主要是外运砂石、核桃等，年货运量为8.6万吨，该站有职工69人。

（五）板城车站

位于山后板城村南，京原铁路线上，建筑面积242平方米，货场面积1155平方米，为四等车站。年客运量为11200余人次。货运业务主要是外运砂子，年货运量为8.2万吨，该站有职工20人。

（六）栗村车站

位于栗村村南，高易铁路线上，建于1960年，建筑面积215平方米，年客运量1万人次。该站无货运任务，站内职工3人。1990年扩建竣工后，该站取消。

（七）涞水车站

位于涞水县城西南，高易铁路线上，建于1959年，建筑面积570平方米，年客运量为15000余人次，货运车次不定，视货源发车，该车站年均卸货10万吨，主要是煤及水泥厂用料，站内有职工6名。1990年扩建竣工后，客运取消。

（八）铺头车站

位于铺头村东南，高易铁路线上，建于1963年，建筑面积397平方米。年客运量为1万余人次，无货运任务，站内职工4人。1990年扩建竣工后，取消客运。

（九）檀山车站

位于檀山村西北，高易铁路线上，建于1963年，建筑面积397平方米，该站只发货车，车次不定，视货源发车，年发货7万~8万吨，主要是灰石、路渣等，站内有职工4人。

第三节　桥梁涵洞

一、桥梁

（一）马各庄桥

马各庄桥位于马各庄村西京原公路线上，跨越小西河。1967年由交通部第一公路工程局负责修建。该桥有7孔，每孔净跨22.2米。桥长177.4米，桥面宽7米。埋置式桥台，重力式桥墩、钢筋混凝土装配式型梁。载重量为汽车15吨，挂车80吨。

（二）蓬头桥

位于蓬头村南京原公路线上，跨越蓬头河。1967年由交通部第一公路工程局修建。有5孔，每孔净跨22.2米，桥宽7米。轻台、挑臂式桥墩、钢筋混凝土型梁，载重量为汽车15吨，挂车80吨。

（三）玉斗桥

位于玉斗村西京原公路线上，跨越大西沟河，1967年由交通部第一公路工程局修建。有6孔，每孔净跨17米；桥长112.4米，桥面宽6米；单柱式桥墩，双悬臂盖梁，无中横隔板，装配式钢筋混凝土型梁；载重量为汽车15吨，挂车80吨。

（四）菩萨峪桥

位于菩萨峪村北、京原公路北侧，跨越大西沟河，系通往涿鹿县的公路大桥。1967年由交通部第一公路工程局修建。该桥有7孔。每孔净跨17米，桥长130米，桥面宽6米。结构同蓬头桥近似，载重量为汽车15吨，挂车80吨。

三坡公路桥

（五）北义安桥

位于北义安村西北津同公路线上，跨越拒马河。旧时，此处经过拒马河为船渡，日本侵华后，曾建木桥一座。解放战争期间，国民党军队重修木桥，后因战争毁掉。新中国成立初期，又架设起临时木便桥。1955年经省交通厅批准，在此处新建一座25孔，每孔净跨5.5米，全长138.2米的木桥。1963年汛期，洪水冲毁大桥10孔，交通中断。1964年4月，经省交通运输指挥部批准，新建北义安桥，为钢筋混凝土结构。全桥有11孔，每孔净跨16.5米，桥长185米，桥面净宽7米。载重量为汽车15吨、挂车80吨。

（六）北关桥

位于北关村东涞涿路上，跨越拒马河。1973年，涞水县交通局修建：孔径为14孔直径60厘米，9孔直径80厘米；桥长151米，桥面宽6米；混合式管涵结构，载重量为汽车10吨、履带60吨。2009年，由涞水市政公司重建：该桥有6孔，每孔13米；桥长82.04米，桥面宽13米；下部结构钻孔灌注桩基础，上部结构现浇钢筋混凝土桥板，设计标准：公路—Ⅱ级。

（七）都衙桥

位于都衙村北娄紫公路上，跨越拒马河。1974年由涞水县交通局修建，钢筋混凝土盖板结构。13孔。每孔净跨4.6米，桥长160米，桥面宽7米，载重量为汽车10吨、履带车60吨。

（八）北义安桥

位于北义安村西112国道上，跨越南拒马河，是1993—1994年对112国道进行改建时，新建的一座跨越拒马河的大桥，该桥全长320米，20孔，每孔16米，桥面净宽9米；下部结构钻孔灌注桩基础，上部结构预制空心板桥。2008年，保定市交通局将国道112线（高碑店界至涞水城建东界）作为高速公路连接线改建升级为一级路，在现有大桥北侧修建一座并行大桥，与原桥结构相同，等长、等宽，设计标准：公路—Ⅰ级。

（九）落宝滩桥

位于满金峪村东县道张定线上，跨越南拒马河，2001年由河北省交通厅公路工程处三处修建。该桥有12孔，每孔16米；桥长196.08米，桥面宽12米；下部结构钻孔灌注桩基础，上部结构预制空心板桥，设计标准：公路—Ⅱ级。

（十）京都桥

位于都衙村西县道拦紫线上，跨越南拒马河，2001年由河北省华晨路桥工程公司修建。该桥有14孔，每孔16米；桥长228.64米，桥面宽9.5米；下部结构钻孔灌注桩基础，上部结构预制空心板桥，设计标准：公路—Ⅱ级。

（十一）北大河桥

位于都衙村西县道拦紫线上，跨越南拒马河，2001年由河北省华晨路桥工程公司修建。该桥有15

孔，每孔16米；桥长245.86米，桥面宽8.5米；下部结构钻孔灌注桩基础，上部结构预制空心板桥，设计标准：公路—Ⅱ级。

（十二）紫石口桥

位于紫石口村南县道拦紫线上，跨越小西河，2001年由交通部公路一局华祥公司修建。该桥有13孔，每孔16米；桥长213.86米，桥面宽8.5米；下部结构钻孔灌注桩基础，上部结构预制空心板桥，设计标准：公路—Ⅱ级。

（十三）北辛庄桥

位于北辛庄村西县道涿娄路上，跨越拒马河，2008年由沧州水利工程处修建。该桥有11孔，每孔13米；桥长147.04米，桥面宽12.4米；下部结构钻孔灌注桩基础，上部结构预制空心板桥，设计标准：公路—Ⅱ级。

（十四）北关桥

位于北关村东涞涿路上，跨越拒马河。

（十五）义合庄桥

位于义合庄村东石亭至高村公路上，跨越拒马河，2010年由涞水市政公司修建。该桥有5孔，每孔13米；桥长69.04米，桥面宽10米；下部结构钻孔灌注桩基础，上部结构预制空心板桥，设计标准：公路—Ⅱ级。

二、隧道

东大岭隧道，该隧道位于蓬头村东3千米处京原公路线上。1969年由交通部第一公路工程局修建。结构为混凝土衬砌、圆拱直墙。长290米，净宽8.5米，边缘高3.9米，中心高6.5米。

陡岭隧道，陡岭隧道位于计鹿村北1.5千米处京原公路线上。1966—1969的由交通部第一公路工程局修建。结构为混凝土衬砌、圆拱直墙。长290米，净宽8.5米，边缘高3.9米，中心高6.5米。

黄峪铺岭隧道，黄峪铺岭隧道位于黄峪铺村南5千米处娄紫公路线上。1982—1987年由涞水县交通局修建，长440米（包括明槽40米，洞内整被90米，喷被310米），净宽6米，边缘高2.5米，中心高5米。

第四节　交通安全管理

一、管理机构

1972年始称交通局，内设办公室、财务股、路政股、征费站。局下属单位有养路工区、汽车站、运输队、运输管理站、交通监理站（1987年移交县公安局）。1989年全局有干部职工314人，其中局机关32人。1994年工程股分为公路管理站和质量检验股；1996年设路政股；2002年增设行政执法案件处理室；2003年设地方海事处；2007年设乡村道路养护中心。2009年，随着燃油税制度的改革，征费站撤销。至2009年年底，全局有干部职工199人，其中局机关148人。设局长1名，副局长2名，股级科室5个（办公室、运管站、计财股、养路费征稽站、交通行政执法案件办理处）。

二、路政管理

（一）公路养护

涞水县养路工区，负责国、省干线公路养护共计169.038千米，其中108国道74.96千米、112国道19.662千米、省道宝平线26.837千米、京赞线24.826千米、京原支线22.753千米，包括：一级公路

19.662千米、二级公路99.786千米、三级公路49.59千米。

2002年，为改善路容路貌，提高养护质量，对养护机制进行改革，将县道涞涿路、涞定路、保野路划归县交通局养护管理。2004年，养护作业实施计量支付，打破“大锅饭”的养护机制，提高养路工的积极性，养护质量逐年提升。

（二）大中修工程

2002—2009年，涞水县养路工区先后争取到十余项大、中修养护工程，总计达100多千米，全面改善国、省干线公路路况，创建“畅、洁、绿、美、安”的公路通行环境。

1.2005年，G108京昆涞水北京界至玉斗段大修工程，K146+720-K173+200，长33.7千米；施工工艺：二灰沙砾挖补原路面，16厘米二灰沙砾+16厘米二灰碎石+4厘米中粒式沥青混凝土（AC-16）+3厘米细粒式沥青混凝土（AC-13）。

2.2005年，宝平线至112国道段大修工程A合同段，K344+148-K359+205，全长15.057千米；施工工艺：二灰沙砾挖补原路面，16厘米二灰沙砾+16厘米二灰碎石+4厘米中粒式沥青混凝土（AC-16）+3厘米细粒式沥青混凝土（AC-13）。

3.2007年，京昆线（108）玉斗至涞源涞水界段大修工程，桩号K173+200-K214+460，长41.26千米；施工工艺：二灰沙砾挖补原路面，16厘米二灰沙砾+16厘米二灰碎石+4厘米中粒式沥青混凝土（AC-16）+3厘米细粒式沥青混凝土（AC-13）

4.2008年，112国道涞水至易县大红门段大修工程A标段，K146+000至K161+000，全长15千米；施工工艺：15厘米砂砾+16厘米水泥稳定碎石+5厘米中粒式沥青混凝土（AC-16）+4厘米细粒式沥青混凝土（AC-13）

（三）桥涵维修工程

2002—2009年，涞水县养路工区对所列养的桥梁、涵洞定期进行检查维修。维修加固工程主要集中在2008年，维修加固桥梁4座。

1.北京环线十里铺旧桥拆除重建工程，中心桩号K153+706，桥长34.2米。

2.二十里铺桥（旧桥）拆除重建工程，中心桩号K158+337，桥长59.3米。

3.宝平线北庄桥维修加固，重做上部结构工程，中心桩号313+095，桥长64米。

4.镇厂桥拆除重建工程，中心桩号314+250，桥长26.1米。

（四）路政执法

涞水养路工区没有治超站设置，采用流动治超方法，执法人员24小时轮流值守，治理超限运输行为。路政大队下设多个路政中队，平均每年查扣超载车辆200余辆，查处结案率为100%。

路政大队依据《公路法》确定公路界线，堪钉界桩，明确公路法定范围，保证公路财产不受侵害，维护路产路权。对路边树木、花草、标志牌等公路财产登记造册，严禁对路边树木花草损坏或砍伐，定期清理公路管辖范围内堆放的杂物，制止侵犯路产路权的各种行为。2002年以来，路政大队清除私设平交道口113处，取缔非交通标志标牌2000余块，拆除私搭乱建摊点200余处。在路政执法过程中，采取宣传教育与强制相结合的方法，先后发放各种宣传资料10000余份；对不法商户、乱搭乱建的“钉子户”，先发限期改正通知书，逾期不办的强行拆除，构成案件的依法处理。

2001至2002年涞水县路政执法大队被河北省交通厅授予“行政执法文明集团”；2006至2009年连续4年被保定市交通运输局评为“超限治理先进单位”。

三、养路费征收和使用

养路费是对在公路上行驶的车辆征收的专用于公路修建养护的行政事业性收费。公路养路费是国家按照“以路养路、专款专用”的原则，向有车单位和个人征收的用于公路养护、修理、技术改造、改善和管理专项事业费，其具体标准由各省、市、自治区制定，且各不尽相同。普遍实行按车辆吨位计费的办法，以月为基本缴费时间。

1979—2008年涞水县养路费征收情况统计表

表3-2-4-1　　单位：元

年度	完成数	年度	完成数
1979	299444	1994	6103373
1980	299065	1995	6836920
1981	348891	1996	7571000
1982	337248	1997	8305000
1983	360101	1998	9038500
1984	520000	1999	9772980
1985	810000	2000	10507000
1986	887503	2001	11383317
1987	965180	2002	12165000
1988	1699050	2003	12850000
1989	2433000	2004	14610000
1990	3167500	2005	15600000
1991	3901280	2006	15910000
1992	4135080	2007	18360000
1993	5369000	2008	14680000

四、地方道路养护

至2009年12月，全县有县级公路67千米，乡级公路230千米，村级公路427千米。2007年2月，依据上级有关农村公路养护体制改革精神及市交通运输局有关农村公路体制改革文件，组建成立涞水县农村公路养护中心。养护中心设县级道班3个，机械队1个，乡（镇）养护所15个，有干部职工26人。农村公路养护中心负责县、乡、村三级公路的养护管理工作，对农村公路养护进行规划、计划、督促、检查、技术指导、业务培训；指导乡（镇）农村公路养护所的业务工作；主抓县级公路的养护工作，同时完成中、小修工程，确保农村公路保持畅、洁、绿、美的状态。

第三章　水　利

涞水县是一个农业县，也是一个水资源相对短缺的县，历届政府在如何改善水利条件方面动脑筋、想办法。1979—2009年，在水利工程建设、水土保持、防汛抗旱、人畜饮水、水资源保护等方面投入大量的人力、物力、资金，基本保障工农业生产和全县人民生活用水，为涞水水资源合理开发利用和可持续发展，奠定了基础。

第一节 水利工程设施

一、水库

宋各庄水库位于涞水县城西北部，拒马河支流龙安沟中下游，控制流域面积92平方千米。自1975年10月动工兴建，经多次组织施工，历时11年，到1986年底基本竣工。1990年验收投入使用。总库容2410万立方米，兴利库容1250万立方米，最大防洪库容1535万立方米。该工程由大坝、输水洞、溢洪道三项建筑物组成。大坝为粘壤土斜墙坝，坝长423米，最大坝高40.4米，顶宽5米，坝体设有测压管及变形观测标点，坝顶有照明设备。输水洞为钢筋混凝土衬砌的有压隧洞，全长308米，最大输水量每秒60立方米。溢洪道位于大坝右坝头，长180米，底宽35米，最高洪水位178.1米，最大泄洪量每秒1760立方米。原溢洪道未采取任何工程保护措施，溢洪时洪水沿开凿岩面自由下泄。1996年8月19日，洪水在水库上游形成，最大入库流量达每秒784立方米，入库量达900万立方米，洪水发生前水库水位165.8米（后汛期），4个小时水位猛增到172.5米，溢流水深达3.5米，最大泄流量每秒350立方米，溢洪道末端被冲毁。下游河道一片汪洋，右岸的京赞公路水深0.8米，横跨河道的京赞公路漫水桥冲毁。溢洪道被冲毁后，严重危及坝肩安全，经省市领导及专家技术人员现场勘察，由涞水县水利局在保定市水利水电勘测设计院主持指导下，于1996年11月完成宋各庄水库溢洪道水毁工程修复勘测设计，经由保定市水利局核定后报河北省大清河河务管理处批准（冀清〔1997〕2号）。主要工程有石方开挖，混凝土，钢筋混凝土，浆砌石等。1997年3月15日开工，8月15日竣工，完成工程量：石方开挖7155.32立方米，灌注砂浆336立方米，混凝土312立方米，钢筋混凝土2446.8立方米，浆砌石458立方米，碎石排水盲沟17.44立方米，总投资164.22万元。1997年8月29日由河北省大清河河务管理处、保定市水利局对工程进行验收，评定该工程为合格工程。

垒子水库

宋各庄水库建成后，涞水县共有水库9座。其中中型水库2座，分别是宋各庄水库、垒子水库；小（一）型水库2座，分别是蔡家井水库、庄里水库；小（二）型水库5座，分别是大泽水库、福山口水库、庆化寺水库、木井水库峨峪水库。

庄里水库

二、小型水电站工程

涞水县境内的拒马河，主河道全长68.55千米，总落差180米，主河道及以上流域内多年平均降雨量在600~700毫米，多年平均径流深150~250毫米，水能资源较为丰富，适于开发利用。1967年10月在都衙公社都衙大队罗府窖生产队修建涞水县第一座小水电站，而后在一些天然河道上兴起修建一些微型小水电站，均属村建村管和户建户管，除沈家庵水电站与国家电网并网外，其他小水电均无并网，只负担本村用电。建有小水电的村庄告别油灯时代，实现电气化。

20世纪70年代，随着国民经济的发展，国家电网供电日趋紧张，水力发电作为提供电能的观点进一步明确和加强，一些小水电站在河旁渠边相继出现。至1981年8月，涞水修建小型水电站20处，装机21台，容量365.4千瓦。1984年以后，由于干旱少雨，河道水量逐年减少，电站出力不足，村属电站管理不善，厂房设施、机电设备年久失修，大部分水电站处于停运或带病运行状态。到1989年只有7处正常运行，装机容量286.5千瓦，年发电量55.01万千瓦时。1990年后，电网设施逐步完善，小水电因少雨缺水，效益低下逐渐被淘汰。

平峪水电站　位于赵各庄镇平峪村北，距县城140千米，为拒马河上一引水式电站。河北省水利厅1986年3月批准初步设计，工程由保定地区小水电管理站组织设计，涞水县水利局组织施工。机电安装、压力管道安装、压力前池及厂房土建由保定地区水利局建筑安装工程处承建。于1986年7月动工兴建，建有挡水坝一座，坝型为圬土硬壳溢流坝，坝长126.3米，坝顶高程366.3米（黄海高程），坝顶宽1米，迎水坡比为1∶0.3，背水坡比1∶1.4，拦截拒马河水。集水面积705平方千米。下游护坝宽16米，护坝体表面采用0.2米厚钢筋混凝土护面，下部为干砌石，护坝肉头采用0.8米厚80号浆砌石护坡。引水渠总长1579米，其中包括明渠1334米，渠道纵坡为1/1500；无压隧洞245米，纵坡为1/250，设计流量每秒5.2立方米，设计水头20.1米，装机容量750千瓦（3X250）。电站按75%保证率设计，保证容量408千瓦，设计年发电量405.7千瓦时，多年平均年发电量40.0万千瓦时，年利用小时为5409小时。水轮机型号HL260WJ-60，发动机型号TSWN99/37-10，调速器型号为YT-300，厂房长24米，宽11米。发动机电压侧采用扩大单元，电站升压侧变压器——线路组的主接线方式。厂房后面建有1000千伏安升压站一座，10千伏出线到白涧变电站与系统并网。该站总工程量10.94万立方米，用工16.96万工日，工程总投资281.4万元，其中国家投资150万元，县自筹131.4万元，单位千瓦投资3380元。1989年5月18日竣工投入运营，由涞水县水利局经营管理，该站有干部职工26人。

三、农田水利工程

80年代末，宋各庄水库完成灌渠建设和配套的毛渠、斗渠建设，发挥水库的抗旱灌溉作用。2000年来，由于拒马河断流，两岸地下水下降，原有机井无水。利用河道治理资金打井，解决了部分村农业灌溉用水问题。

2006年在王村乡下庄村打井2眼；义安镇北郑各庄村打井1眼；义安镇南义安村打井1眼，配125/48型水泵1台，铁管45米、电缆50米；涞水镇蔺家庄村打井1眼，配80/33型水泵1台；龙门乡黄各庄村打井1眼，配32/240型水泵1台，铁管39米。本年打井6眼，对3口井进行配套，总投资15.1万元，其中国家补助10万元，自筹5.1万元。

2007年打井3眼，机井配套和维修4眼，修防渗渠、引水管道2350米。其中东营房村机井配套1眼；南涧头维修机井1眼，安装节水管600米；岭东村修防渗渠100米；金水口村建蓄水坝1座；泡儿上村打井1眼；紫石口村修饮水管道300米；徐家庄村打井并配套1眼；曲家磨村打井并配套1眼；道沟村维修引水管道450米；西交界口村修防渗渠900米。工程总投资31.6万元。其中国家补助20万元，自筹11.6万元。

2008年，在大赤土、南兵上、北涧头、玉斗、史姑庄、曹皇甫村安装节水管道3800米；在李各庄村维修饮水管道1000米。由于工程量大，投资较多，工程以自筹为主，以上11个村补助36万元。

2008年，在南义安村打浅井2眼，井深60米，安装护壁管55米，配125/32型泵2台；南白堡村打浅井1眼，井深50米，安装护壁管45米，配80/68型水泵1台；松树口村打浅井1眼，井深50米，装护壁管50米。配32/200型水泵1台；姜各庄村和东租村各打深井1眼，井深100米，安护壁管100米，配80/102型泵1台；河口村打井1眼，井深70米，装护壁管65米，配40/133泵1台。打井7眼，机井配套7眼，总投资31.5万元。其中国家补助20万元，自筹11.5万元。

2009年，在义安镇北白堡村打井1眼并配套，补助资金1.5万元；南义安村、永乐村分别打井2眼并配套，各补助资金2万元；东营房村修防渗渠500米，补助1万元；沿庄村、东文泉村、南王庄村、从溪村各打井1眼并配套，每村补助1万元；九龙镇三道港村截潜流1处，补助1.5万元；王村乡戴家庄村机井配套1眼，补助1万元。打井10眼，配套水泵11台，修防渗渠500米，截潜流1处，国家补助资金14万元。

四、防汛抗旱工程

涞水县在各级政府的关怀和上级主管部门的大力支持下，建成几处节水灌溉工程项目。至2009年年底，完成防渗渠总长度24254米，其中防渗渠120620米，地下管道120920米，灌溉面积51481亩。

2008年完成石亭镇高村、王村乡北辛庄村两个果园滴灌工程。试验果园面积453亩，灌溉果树11664棵。工程由水利部水利科学研究院勘测设计，河北省水利研究所做技术指导。

1994年井灌节水工程，共完成节水工程总长4.35万米。节水面积10.76万亩，完成工程量4.7万立方米，总用工25.2万个；消耗主要材料：水泥575.8吨、砂子960方、石子1920方，U型槽0.7万米，塑料管4寸0.98万米、5寸0.97万米；完成总投资75.39万元，其中省补8.7万元，地区配套2.63万元，县配套7.54万元，群众自筹56.52万元。

1995年井灌节水工程，完成4.164万米。其中地下管道1920米，地面防渗39720米，节水面积7150亩。涉及机井40眼，完成工程量43740立方米，用工48120个，总投资793080元。其中省补助8万元，市补助1.9万元，县乡村自筹694080元。

1996年完成节水工程3.76万米。其中：地下管道0.24万米，地面防渗3.43万米，节水面积6116亩。涉及机井44眼，完成工程量26111立方米，用工2.88万个。总投资67.57万元，其中省市补助2万元，县乡村自筹65.53万元。

1998年完成防渗渠、地下管道总长4.59万米，工程量7.15万立方米，用工7.2万个，总投资96.21万元。改善浇地面积0.25万亩，扩大浇地面积0.67万亩。

2003年集雨水窖工程共建集雨水窖279个，总蓄水量2.03万立方米。其中生活水窖62个，生产水窖217个，总工程量7.35万立方米。其中土方4.43万立方米，石方1.16万立方米，砌石0.80万立方米，混凝土0.96万立方米，用工9.13万个。投资258.96万元，其中国家补助30万元，自筹228.96万元。

2005年集雨工程在6个乡镇12个村实施，修建水窖238个，总蓄水量0.97万立方米。其中生产水窖105个、生活水窖133个。建塘坝6处，总蓄水量2.81万立方米，解决12个村2739亩果树浇灌和290人的饮水困难。

2006年节水增效灌溉示范项目涉及涞水11个村，发展节水灌溉面积6814亩，共安装管道51630米，出水口567个，完成工程量6.72万方，用工3.05万个，总投资197.28万元，其中专项资金100万元，群众自筹97.28万元。

五、饮水工程

自1979年起，至2009年年底，涞水县已解决15.72万人的饮水问题。完成主要工程：深井116眼，浅井24眼，微机变频25台，截潜流35处，自流引水24处，建扬水站6处，集雨工程6处，引、输水管道142.83万米，建水池253个，水窖854个，自来水入户2.98万户，总工程量252.7万立方米。总投资3083.47万元。

1984年，保定地区拨给人畜饮水款12万元，拨给抗旱费1.5万元。是年，涞水县完成457眼机井测试改造工作，机具装置效率提高10%，使用效率提高25%，节约能源四分之一。

1990年农村饮水工程涉及35个项目村，建设内容：打深井21眼（2740米），浅井5眼（155米），引水管17处（46600米），建水池34座，水窖23个，其他工程1处。完成总投资132.13万元，其中省补83.73万元，地方补助26.9万元，群众自筹21.5万元，解决了24525人的饮水困难。

1991年农村饮水工程涉及11个项目村，建设内容：打深井3眼（455米），浅井2眼，引水管13处（24345米），入户461户。完成总投资68.5万元，其中地方补助31.5万元，以工代赈15万元，群众自筹21.5万元，解决了9060人的饮水困难。

1992年农村饮水工程涉及10个项目村，建设内容：打深井3眼（370米），引水管12处（44315米），入户828户，其他工程1处。完成总投资64.4万元，其中地方补助19万元，以工代赈25万元，群众自筹20.4万元，解决了7373人的饮水困难。

1993年农村饮水工程涉及11个项目村，建设内容：打深井3眼（427米），浅井1眼，引水管11处（43550米），入户796户，其他工程8处。完成总投资41.8万元，其中地方补助25万元，群众自筹16.8万元，解决了6074人的饮水困难。

1994年农村饮水工程涉及11个项目村，建设内容：打深井3眼（403米），打浅井3眼，引水管10处（35400米），自来水入户753户。完成总投资38.06万元，其中地方补助17万元，县乡村自筹21.06万元，解决了7872人的饮水困难。

1995年农村饮水工程涉及10个项目村，建设内容：打深井3眼（621米），浅井3眼，引水管10处（37043米），自来水入户597户。完成总投资35.59万元，其中地方补助17万元，县乡村自筹18.59万元，解决了7957人的饮水困难。

1996年农村饮水工程涉及6个项目村，建设内容：打浅井4眼，引水管5处（10810米），截潜流3处，建水池11座，自来水入户593户，其他工程11处。完成总投资21.19万元，其中地方补助14.03万元，县乡村自筹7.16万元，解决了4366人的饮水困难。

1997年农村饮水工程涉及6个项目村，建设内容：打深井1眼，打浅井1眼，引水管12处（7116米），截潜流7处，建水池14座，建水窖12个，自来水入户69户。完成总投资18.89万元，其中地方补助12万元，县乡村自筹6.89万元，解决4366人的饮水困难。

1998年农村饮水工程涉及3个项目村，建设内容：引水管6处（8980米），截潜流1处，建水池12座，自来水入户80户，其他工程22处。完成总投资48.05万元，其中地方补助34.43万元，县乡村自筹13.62万元，解决4366人的饮水困难。

1999年农村饮水工程涉及8个项目村，建设内容：打深井4眼（600米），引水管11处（29800米），截潜流1处，建水池16座，完成总投资66.8万元，解决1230户、5178人的饮水困难。

2000年农村饮水工程涉及9个项目村，建设内容：打井4眼，引水7处，截潜流3处，安装管道3.67万米，建水池9座，水窖265座，自来水入户447户，建扬水点1处。完成总投资176.26万元，其中：省补28万元，市补4万元，群众自筹144.26万元，解决6897人的饮水困难。

2001年抗旱应急工程人畜饮水项目，该工程涉及2个项目村，建设内容：潜流坝6处，沉砂池6个，压力池9座，安装引水管道16073米，埋设输水管道19040米，总工程量3.86万立方米，投入劳力1.78

万工日，完成总投资39.82万元，其中国家投资8万元；解决450户、1658人的饮水困难。

2002年国债水利基建饮水工程，该工程涉及3个项目村，建设内容：打深井1眼，浅井1眼，截潜流2处，安装管道27543米，建水池5座，自来水入户793户，其他工程47处。投入劳力30544工日，完成总投资37.38万元，其中国家投资17万元，群众自筹20.38万元，解决3420人的饮水困难。

2002年国债资金人畜饮水工程，该工程涉及18个项目村，完成打井16眼，配套机泵33台套，自流引水17处，集雨工程6处，安装铁管13343.3米，建水池43座，水窖474个，安装塑料管道204886米。完成工程量27.57万立方米，其中土方21.09万立方米，石方4.66万立方米，砌石1.39万立方米，混凝土0.43万立方米，投入劳力18.95万个，总投资475.52万元，其中国债资金300万元，群众自筹175.52万元。工程的修建，解决18个村、3500户、14123人、768头大牲畜的饮水困难。

2002年农村饮水解困工程项目，该工程涉及涞水县4个项目村，共完成工程建设项目：打深井2眼，配潜水泵两台套，建潜流坝4座，安装铁管930米，建水池6座，埋设塑料管道40786米，自来水入户796户，完成工程量4.83万立方米，投入劳力3.27万个。总投资78.97万元，其中国债资金46万元，群众自筹32.97万元。工程的修建解决4个村2534人，102头大牲畜的饮水困难。

2002年抗旱应急工程人畜饮水项目，此项目涉及涞水县4个项目村（宋各庄、岭西、计鹿、孙家坟），完成打井3眼，配套机泵4台套。安装铁管1389米，建水池7座，安装塑料管道35820米，入户820户，完成工程量29010.37立方米。投入劳力22763个。总投资56.11万元，其中国补资金40.02万元，群众自筹16.09万元。工程的修建解决了4个村2893人，137头大牲畜的饮水困难。

2003年国债饮水项目涉及20个项目村，建饮水工程29处，打深井12眼，浅井4眼，配套机泵20台套，微机变频4台，建潜流坝8处，扬水站4处，安装铁管9972米，白塑管156071米，建水池42座，水窖25座，安装自来水入户工程2713户。完成总工程量17.61万立方米，其中土方13.85万立方米，石方3.0万立方米，砌石0.7万立方米，砼0.06万立方米，总用工213.8万个，总投资374万元，其中国债资金108万元，省配资金138.7万元，群众自筹127.3万元。工程的修建解决20个村13634人的饮水困难。

2006年第一批农村饮水安全项目（金水口），工程完成情况：打84米深井1眼，配潜水泵1台套，建压力池1座，安装压力管道304米，输水管道6064米，自来水入户262户。项目总投资15万元，其中国债7万元，省级配套资金1万元，群众自筹7万元。解决了主村500人，10头大牲畜的饮水困难。

2006年第二批农村饮水安全项目，涉及涞水5个村（上庄村、龙门、庄尔上、北庄、郭家峪）。工程完成情况：打深井5眼，配套机泵7台套，微机变压1台，压力池6座，管道30218米，自来水入户789户，完成总工程量53.49万立方米，用工28440个。项目总投资118万元。其中国债53万元，省级配套资金9万元，群众自筹56万元。解决3000人的饮水困难。

2007年第一批农村饮水安全项目，该工程涉及12个村（王家碾、曲家磨、义和庄、陈家庄、宋家碾、北辛庄、东水北、郭各庄、九集庄、苇家峪、太平村、下安北），完成打井12眼，配套机泵19台套，建水池12座，水窖20座，埋设输水管道10.11万米，微机变频7台，安装水表、水龙头2646套。总工程量为15.32万立方米，其中土方11.74万立方米，石方2.96万立方米，浆砌石0.58万立方米，混凝土0.04万立方米。用工9.66万个，主要材料设备：水泥800.5吨，钢材23.41吨，塑料10.11万米，电缆1414米，设备50台。工程总投资360万元，其中中央162万元，省配套60万元，群众自筹138万元。解决12个村0.9万人的饮水安全问题。

2008年农村饮水安全项目，此项目涉及涞水县8个乡镇14个村（沈家庵、东王庄、西车亭、八岔沟、北庄、周家庄、大龙门、北峪塔、龙门庄、下港、小丰口、安妥岭、黄峪铺、沙岭西），完成打井13眼，配套机泵19台套，建水池17座，水窖30个，扬水站1处，埋设输水管道30万米，微机变频5台，安装水表、水龙头2558套。总工程量为40.65万立方米，其中土方33.93万立方米，石方6.14万立方米，浆砌石0.54万立方米，混凝土0.04万立方米，用工21万个。主要材料设备：水泥760吨，钢材24吨，塑材30万米，电线2800米，设备52台，工程总投资348万元，其中中央157万元，市、县及群众自筹191万元。解决0.87万人的饮水安全问题。

2008年新增中央预算内投资饮水安全项目，此项工程涉及涞水县1个村（大赤土），完成工程建设项目为：打深井2眼，配套机泵4台套，安装微机、自动控制设备4台套，埋设输水管道69138米，50吨供水池2座，机房2间（24平方米），自来水入户1286户。完成总工程量为10.80万立方米，其中：土方10.53万立方米，浆砌石0.25万立方米，混凝土0.02万立方米，总用工5.48万个，完成总投资205万元，其中中央投资123万元，省配套25万元，群众自筹57万元。解决4100人的饮水困难。

2009年新增中央预算内投资农村饮水安全项目，本项目工程涉及涞水县3个乡镇4个村（东水峪、北色树、南洛平、西垒子），建饮水工程4处，其主要工程建设内容为：打井4眼，配潜水泵8台套，建水池12座，水窖5座，埋设输水管道7.12万米，微机变频4台，安装水表、水龙头入户1602套，完成总工程量为7.21万立方米，其中土方6.84万立方米，石方0.02万立方米，浆砌石0.33万立方米，混凝土0.02万立方米，总用工2.8万个，主要材料设备：水泥463吨，钢材14吨，塑材7.12万米，电缆750米，设备16台。工程总投资264万元，其中国家投资158万元，地方配套及群众自筹106万元。解决4个村5287人的饮水安全问题。

六、南水北调工程

为保证2008年北京奥运会供水安全，南水北调中线工程京石段应急引水工程于2005年提前启动。南水北调中线总干渠涞水段自西垒子村西进入涞水县境内，穿越涞水县6个乡镇（永阳镇、东文山乡、涞水镇、娄村满族乡、石亭镇、王村乡）22个村庄（西垒子、东垒子、南七山、北七山、檀山、淮河、西武山、下车亭、西车亭、东车亭、魏村、西水北、宫家坟、安阳、沿庄、东水峪、渐村、大赤土、东赤土、八岔沟、上庄、下庄）。在石亭镇上庄村东进入涿洲市境内。涞水境内总长20.126千米，相应总干渠起止桩号为435+705-455+831.涞水段工程永久征地4405.693亩，临时占地2851.985亩，拆迁房屋20038.66平方米，安置人口3192人。

南水北调垒子倒虹吸

总干渠涞水县段设计有交叉建筑物46座。

1.桥梁24座。其中交通桥13座（高子坨桥、西垒子桥、东垒子桥、南七山桥、南七山（二）桥、北果园桥、七二六厂桥、西车亭桥、魏村桥、西水北桥、东水峪桥、八岔沟桥、上庄桥）；生产桥11座（东垒子桥、南七山中桥、北七山桥、西武山桥、东车亭桥、魏村南桥、西水北南桥、宫家坟桥、安阳桥、沿庄桥、大赤土桥）。

2.涵洞8处，垒子西干渠排水涵洞、垒子沟排水涵洞、垒子东干渠排水涵洞、长虎山沟排水涵洞、杨树西沟排水涵洞、西车亭沟排水涵洞、东车亭沟排水涵洞、安阳沟排水涵洞。

3.倒虹吸7处，南七山沟排水倒虹吸、西水北南沟排水倒虹吸、蔡家井灌渠倒虹吸、水北沟支流排水倒虹吸、东水峪坡水区排水倒虹吸、园子沟四支倒虹吸、南拒马渠道倒虹吸（长715米）。

4.渡槽3处，西庄河涵洞式渡槽、水北沟渡槽、义让干渠渡槽。

5.控制闸3处，西庄河节制闸1处、下车亭分水闸1处、水北沟退水闸1处。

6.下车亭隧洞1处，长855米。

第二节　水土保持

一、综合治理

涞水县水土保持工作在以小流域为单元进行综合治理的基础上，采取人工治理与自然修复相结合，工程措施与生态措施相结合，乔木与灌木相结合的方法。形成了山顶封山育林戴帽，鱼鳞坑水保林缠腰，梯田、水平阶经济林裹脚的防护林体系，并针对涞水县山高坡陡石头多的立地条件，在沟道内集中布设谷坊坝、地埝工程，形成沟道防护体系，遏制洪水、泥石流等自然灾害的发生。

1979—2009年，完成治理水土流失面积402.7平方千米。先后被列入全国“十、百、千”（十个城市、百个县、千条小流域）示范小流域、水土保持生态环境建设示范县、太行山省级水土保持重点建设县、太行山国家级水土保持重点建设县等一大批重点工程。在工程项目实施过程中，通过科学合理的布设各项治理措施，建立结构合理、功能稳定的坡面工程与沟道工程相补充的立体型水土保持防治体系。

二、小流域治理项目

（一）2003年经河北省水利厅、保定市水利局联合验收龙门西沟小流域、累子沟小流域、金山院小流域和黑水寺小流域，完成水土流失治理面积110.1平方千米。其中金山院小流域、黑水寺小流域被国家水利部命名为全国“十、百、千”示范小流域工程。为涞水乃至全国水土流失治理工作起到示范作用。

（二）吕家铺小流域综合治理工程。2004年，吕家铺小流域经河北省水利厅、财政厅联合批准为河北省水土保持重点建设工程。2004—2005年，完成治理面积1500公顷，封育治理635公顷，建集雨蓄水池2座，塘坝维修1座。总投资130.8万元，其中省级投资75万元，自筹55.8万元。

（三）西武山小流域综合治理工程。2004年，西武山小流域被批准为河北省水土保持重点建设工程。2004—2005年，完成治理面积1300公顷。其中营造经济林460公顷，水保林215公顷，基本农田20公顷，封育治理605公顷，建集雨蓄水池8座。总投资110.4万元。其中省级投资65万元，自筹45.4万元。

（四）庞家河小流域水土流失综合治理工程。2006年，庞家河小流域完成水土流失治理面积2800公顷。其中营造经济林883公顷，水保林688公顷，基本农田20公顷，封育治理1209公顷，建集雨蓄水池10座，修路2500米。总投资252万元。其中省级投资140万元，自筹112万元。

第三节　防汛抗旱

一、防汛

涞水县境内有拒马河、垒子河和17条拒马河支流，汛期一旦暴雨集中，山洪滚滚而下，常常出现河床漫溢，泛滥成灾。

（一）河道治理

1963年特大洪水后，涞水县陆续在拒马河沿岸重点地段修筑护村、护岸、护地工程，抵御洪水。并在流域内筑水坝、建水库，疏通河道，使水患灾害逐步减少。

20世纪70年代，为保护农田和村庄，福山口大队修护地坝500米，其中口大队修筑150米，李各庄大队修筑600米，蓬头大队修筑300米，庄里大队修筑200米，紫石口大队修筑1000米，马各庄大队修筑300米，下庄大队修筑250米，板城大队修筑200米，龙门大队修筑250米，岭东大队修筑150米，岭西大队修筑260米，王各庄大队修筑干砌石坝710米。

1973年8月8日，涞水县革命委员会向沿河各公社、村发出《关于对拒马河河道权属规定的通知》。为确保拒马河正常行洪和两岸安全度汛，规定：河道100米以内权属归国家所有，在此范围内不允许社员放牧，打柴，不准植树和设其他障碍物。

1987年，蘧家磨、许家磨、义和庄等村修浆砌石护岸坝710米，动石方5600立方米，用工2.8万个工日，国家投资6万元。在王家碾至同心街村修建了17.5千米的浆砌石护岸坝。

20世纪80年代，干旱年份拒马河枯水期出现断流。断流点在县城东北涞涿公路桥附近，2000年以来已年年断流，且断流点逐年上移。由于河水断流，人们在河道采石挖沙，倾倒垃圾。大量垃圾弃料阻塞河道，影响行洪安全。2004年以来，对南拒马河多次进行治理。

2004年，南拒马河石亭段疏浚工程，将阻碍行洪的弃料运输至指定地点，恢复河道原有坡度；宋家碾河段左岸浆砌石护岸。南拒马河涞水段河道疏浚工程共计投资10万元。工程于2004年7月10日按期完工。完成弃料清除10871立方米，浆砌水泥用量117吨。

2008年5月，涞水县南拒马河北辛庄段河道整治工程，主要是对南拒马河北辛庄段河道内阻碍行洪的障碍物等进行清除外运，确保河道行洪畅通。实际完成工程量：清运阻水障碍物5830立方米，河道内砂石弃料整平402.5立方米。总投资10万元。

2008年6月，涞水县南拒马河北关桥下游右岸实施浆砌石砌筑工程，完成工程量：基础开挖250立方米，浆砌石护岸397.4立方米，砌石勾缝1486.8平方米，伸缩缝处理64.5延米，排水管安装28米。完成投资10万元。

2008年，开展拒马河北关桥上下游垃圾清理及河道整治工程。5月21日开始实施南拒马河县城北关桥上下游段河道清障工程，主要是清理南拒马河县城北关桥上、下游河道内的生活和建筑垃圾，在河道左岸砌筑挡墙，右岸修建护坡。以确保河道行洪畅通，保障两岸人民的生命财产安全，工程总投资66万元。

2009年南拒马河县城段护砌加固工程总长150米。主要工程量：土方开挖1700立方米，土方填筑1082立方米，浆砌石1253立方米。完成投资40万元。

（二）汛期执勤

因涞水县地处拒马河沿岸。每年进入汛期后，县防汛指挥部（设在水利局），建立昼夜值班制度，监测雨情、水清。安排县级领导和县直部门分包县内各水库、灌渠、河道、公路、桥梁防汛任务，确保安全度汛。

二、抗旱

涞水县降水年际变化较大，时间分布不均。在一年内降水主要集中在夏季，年均382.3毫米，占年降水量的74.2%，春季干燥少雨，年均降水量51.5毫米，占年降水量的10%。所以，涞水县旱涝频繁，十年九旱。

20世纪50年代，主要是建水库、引河水灌溉农田。先后修建房涞涿灌区的以让沟、园子沟、互助沟3条干渠，总长度3.5万米，灌溉面积11.36万亩。修建垒、蔡家井、庄里、庆化寺、刘家沟5座水库。

垒子灌区、蔡家井灌区渠道，垒子灌区干渠2条，总长17.5千米，灌溉面积2.4万亩。蔡家井灌区干渠长11千米灌溉面积1万亩。修建东关、白堡、永乐、北义安4个扬水站。灌溉面积4.7万亩。

20世纪60年代，扩建了西义安扬水站，新建三沟子扬水站、蔡家井扬水站、满金峪扬水站3个大的扬水站和多处小扬水点，到1977年，有扬水站点104处，总扬水能力每秒8.98立方米。到1981年，有扬水站点109处。

20世纪80年代以后，因气候连年干旱，县内河流水量减少，多处扬水站点因无水废弃，至1989年，涞水县尚在利用的扬水站点30处，实际灌溉面积6530亩。水库也因天旱蓄水少干涸，渠道因多年不用被平毁。垒子、蔡家井2大灌区大部毁弃。农田灌溉由地上水改为地下水。从60年代开始，平原、丘陵地区各村打井，抽取地下水灌溉。随着地下水开采量的增加，地下水位连年下降，浅井无水，改打深井，离心泵换成深井泵和潜水泵。1960年，涞水有机井82眼，砖石井880眼；1970年，有机井534眼，砖石井1219眼；1979年，有机井1506眼，砖石井已废弃；1989年，有机井1750眼，配套1672眼；2009年，有机井2015眼，配套1940眼。1986年11月，历经11年完成宋各庄水库工程；1990年10月，完成灌区输水配套工程，干支渠3条，全长19.6千米，灌溉面积1.2万亩。

1980年后，涞水县持续干旱，年甚一年，尤其是1984年全年平均降水量仅174毫米，较多年平均降水量少近7成，局部降水量仅70毫米。由于干旱少雨，加之安各庄水库在紫荆关处截流及房山区在沈家庵村北修建胜天渠引水每秒3立方米，使贯穿涞水县117.1千米的拒马河断流，从而使房涞涿灌区的引水工程失效，地下水得不到补给，水位急剧下降，平原区地下水位降深6~10米，丘陵区地下水位降深10~16米，造成涞水县人工井几乎全部干涸，机井出水量不正常的达半数以上。当年涞水播种小麦16.1万亩，浇一水的14.1万亩，浇二水的12.2万亩，有2万亩一水未浇，未见收成，其中小麦绝产0.8万亩，毁麦点播其他作物的0.5万亩，尤其是平原区拒马河沿岸的义和庄乡义和庄、陈家庄、高村；王村乡的张翠台、北辛庄村；石亭乡的大赤土、东赤土、石亭、渐村等村，往年全部依靠房涞涿灌区地上水灌溉，0.5万亩小麦因严重失滴而绝产。丘陵区的娄村乡南庄村，有耕地853亩，水利设施有人工井6眼全部干涸，400亩小麦一水未浇，全部毁麦点播其他作物。有的地方因机井少，每眼井控制面积600~700亩，水流不到田间就停电，等再供电后，又重新灌沟，加之水量不足，浇一亩地水电费高达三四十元。

山丘区人畜饮水困难由55个大队发展到115个大队，在省、地区拿出部分财力支持下，通过打深井，修建蓄水池等不同工程形式，解决12个乡，19个村，6910人的饮水困难，剩余96个村8.6万人的饮水问题待以后逐渐解决。

面对机井出水量不足，配套不合理等原因，继续抓好机井测试挖潜改造工作，至1985年年底，完成测试机井177眼，改造机井83眼，并在平原片明义乡的明义村和丘陵片的水北乡薛家庄村分别召开机井测改和保水节水措施现场会，收到较好的效果。

1985年4月，县政府下发《关于当前认真抓好保水节水措施的通知》。要求各乡、村面对当前严重旱情，要从调整种植结构入手，多种一些耐旱作物，以达到节水目的。

因平原区、丘陵区的人工井几乎全部干涸失效，至1985年5月底，新打机井101眼，真空井10眼，配套86眼，解决部分地区的旱情。并发动广大干部、群众立足抗大旱，做好节水保苗工作，保证秋季大丰收。

1985年初，涞水县有机井1431眼，配套1198眼。鉴于旱情发展，远不能满足抗旱灌溉需要。在此情况下，本着合理开发地下水的原则，从保定地区聘请地质工程师和涞水县工程技术人员密切配合，多次帮助山区、丘陵区无井和少井的乡村测定新打机井的井位和合理配套机泵更新的技术指导工作，并积极推广塑料“小白龙”及修建防渗渠道，到1985年底，新打机井151眼，配套机井90眼。其中深井24眼，配套13眼。修旧井101眼，机泵下卧102眼；发展“小白龙”及防渗渠13.12万米，改善灌溉面积

5.6万亩，在连年持续干旱，水源不足的情况下，保证农业生产灌溉需要，为农业丰收提供保障。

1985—2009年涞水县争取国家、省、市资金支持部分村新打机井134眼，其中深井64眼。至2009年，全县有机井2015眼，配套1940眼，比1979年增加509眼。但由于多年连续干旱，河流地表水径流减少，拒马河断流点逐年上移，2009年已移到南北拒马分水口处，房涞涿灌渠已不能引水，各水库因蓄水少也失去灌溉功能。部分机井因水位下降出水量减少甚至无水。丘陵区部分村也出现饮水困难。水浇地变成了旱地，农作物由一年两季（小麦、玉米轮作），变为只种一季玉米，涞水县抗旱形势更为严峻。

第四节　水利管理

一、管理机构

1981年10月，水利电力局分建为水利局、电力局，水利局有职工141人（含临时工）。1982年4月，宋各庄水库由县施工指挥部移交水利局，建立宋各庄水库管理处、宋各庄灌区管理处，全系统142人。1984年1月，水利局内设人秘股、工程管理股、工程技术股、水土保持股、水电股。下属9个单位，全系统128人。1985年组建水利物资供应站，为水利局下属事业单位。1987年3月，北义安扬水站由房涞涿灌区管理处移交涞水县水利局管理。1988年，水利局机关定编20人，北义安扬水站定编3人，水利物资供应站定编11人。水政水资源综合办公室定编5人。1989年1月，建立水利水保工作站5个，即城关、石亭、永阳、白涧、镇厂。1989年底，水利系统有干部职工137人。1990年10月，水利局机关设6个股室（人秘股、工程管理股、工程技术股、水土保持股、水电股、水政水资源综合办公室）。下属单位有：宋各庄水库管理处，宋各庄渠道管理处、垒子水库管理处、蔡家井水库管理处、钻井队、东关扬水站、北义安扬水站、水利物资供应站、平峪水力发电站，全系统共计144人。1992年，水利局成立抗旱服务中心，为水利局下属事业单位。2002年4月，水利物资供应站因资不抵债，宣布破产。2002年9月，东关扬水站与钻井队合并宣布破产。2004年4月，抗旱服务中心因经营不景气，根据保发〔2000〕16号文对单位职工进行变现安置，并注销单位营业执照。2005—2009年，水利局机关设局长1名，副局长3名，内设6个股室，下属单位有：宋各庄水库管理处、宋各庄渠道管理处、垒子水库管理处、蔡家井水库管理处、平峪电站。

二、水政水资源管理

随着人口的增加和国民经济的发展，用水量日益增加，全县水资源可供总量为1.148亿立方米，总需水量8187万立方米，富余水量3293万立方米，供需比140.2%。供需矛盾日益突出，为防止水资源危机，保证人们生活和经济发展的需要，水资源管理工作逐步加强，包括调查水量，分析水质，合理规划，开发利用和水资源保护，防止水资源衰竭和污染等工作逐步展开。与水资源保护密切相关的工作，如植树造林，涵养水源，防止水土流失，沙化等也逐步推进。

为提高全社会节水意识，缓节水资源匮乏的现状，实行有偿用水政策，机关、团体、部队、工矿企业、学校和国营农场从事农、林、牧、渔业生产的用水，每立方米征收水资源费0.04元。开发利用地热水、矿泉水用于旅游和开发经营等用途的，每立方米征收水资源费0.10元至0.20元。

加强水资源统一管理，为办理取水的单位和个人提供一站式服务，全部到行政审批大厅办结。积极筹备安装智能水表工作，做好宣传，加强收费力度，用经济杠杆调解用水需求，落实各项规章制度。

1991年1月1日，涞水县人民政府成立涞水县水资源综合管理办公室，为政府管理水资源的常设职能机构，编制10人，设办主任1名、工作人员9名，办公地点在水利局。随着工作量的增加，办公室工作人员逐年增多，至2009年，办公室工作人员增加到52人，除设主任外又增设两名副主任。

根据1988年河北省人民政府《关于县城及以下地区征收水资源费暂行规定的通知》，1996年2月25日颁发的《河北省河道工程修建维护管理费征收管理规定实施办法》的通知，2006年1月24日颁发的《取水许可和水资源费征收管理条例》，确定水资源费征收标准：直接取用地表水县级城市及以下每取一立方米0.2元；城市集中供水企业及县级城市及以下取用地表水每立方米0.2元，取用地下水每立方米0.4元，取用自备井水每立方米0.8元，取用地热水每立方米0.7元，取用矿井水每立方米0.7元，取用矿井疏干水每立方米0.3元，取用地温空调每立方米0.3元。

三、水利移民管理与服务

（一）水库移民安置

涞水县大中型水库移民后期扶持涉及宋各庄、垒子两座中型水库。

宋各庄水库，建于1975年，1975—1976年进行移民搬迁。后期扶持移民主要涉及石亭镇的色树村、东水峪村，两村成建制村搬迁至此；宋各庄乡的北色树村、宋各庄村，只有少量移民户后靠。

垒子水库，建于1958年，原为小型水库，1964年升级为中型水库，移民搬迁安置从1958年持续到1964年。水库修建时，移民涉及西垒子村、南洛平村两个村，安置方式为建队、建组后靠安置。由于水库规模逐渐扩大，当时移民实施的方法是涉及到哪户，哪户就搬，因此，移民搬迁延续时间较长。

涞水县大中型水库，移民后期扶持人口总数为2514人，其中原迁移民1136人，非原迁移民1378人，涉及12个乡（镇），105个行政村。本县垒子、宋各庄两座中型水库移民人数为2467人，占移民总数的98%，其他均为出嫁或入赘到本县的外籍水库移民，其中外籍水库移民8人。

依据2006年《国务院关于完善大中型水库移民后期扶持政策的意见》，涞水县大中型水库移民后期扶持采取直补和项目相结合的扶持方式，即一部分资金用于直补，一部分用于项目扶持。

资金扶持：大中型水库后期扶持移民以2006年6月30日的现状人口一次核定，不再调整，每人每年发放后扶资金600元，扶持期限20年。大中型水库后期扶持移民每半年核查核减一次，即每年核查核减两次（上半年基准日为6月30日，下半年为12月31日），扶持资金每季度发放一次，由涞水县移民办根据半年核减剩余移民人口数，制作扶持资金发放表，报县财政局，由财政局根据户头下发到人。

为建设水库出让土地的村和重点移民村为项目扶持范围。本县项目村涉及16个村，即：涞水镇西水北村；永阳镇西垒子、东垒子、南洛平、东洛平村；娄村满族乡安阳村；石亭镇色树、东水峪、渐村、大赤土、墩台村；宋各庄乡北色树、宋各庄、王各庄、东庄、郭各庄村。涞水县移民办，根据每年上级下达项目资金指标，制定年度实施方案，工程竣工初验合格后，由县移民办组织财政局等单位联合验收，实行县级财政报账制。

（二）2006—2009年水库移民直补

2006年第三季度后扶移民发放人数为2512人，资金37.68万元（每人每季度150元）。

2006年第四季度后扶移民发放人数为2513人，资金37.695万元（每人每季度150元）。

2007年第一、二季度后扶移民发放人数为2507人，资金75.21万元（每人每季度150元）。

2007年第三、四季度后扶移民发放人数为2503人，资金75.09万元（每人每季度150元）。

2008年第一、二季度后扶移民发放人数为2496人，资金74.88万元（每人每季度150元）。

2008年第三、四季度后扶移民发放人数为2491人，资金74.73万元（每人每季度150元）。

2009年第一、二季度后扶移民发放人数为2496人，资金74.88万元（每人每季度150元）（含补原暂缓5人、漏登2人）。

2009年第三季度后扶移民发放人数为2491人（含漏登2人），资金37.365万元（150元/人·季）。

2009年第四季度后扶移民发放人数为2491人（含漏登2人），资金37.365万元（150元/人·季）。

（三）水库移民村、为水库移民出地村项目扶持

自2007年，国家对水库移民村和为水库移民出地的村实施项目扶持政策，采取先立项、施工，跨年度验收结算方式，三年扶持各类项目23个，各级投入资金99.12万元。

2008年涞水县水库移民村及出地村项目实施完成情况一览表

表3-3-4-1

项目类型	村	主要建设内容	投资（万元）	受益人数	其中：移民人数	效益	使用资金类型
合计	－	－	18.6	－	－	－	－
一、基本口粮田及水利设施建设	－	－	6	－	－	－	－
1.西垒子村防渗渠项目	西垒子	修建防渗渠640米	3	600	242	改善灌溉面积30亩	省级
2.渐村打井配套项目	渐村	打井1眼，配套1台套	3	800	4	改善灌溉面积50亩	省级
二、饮水安全、沼气、交通、供电、通信广播等基础设施	－	－	9.6	－	－	－	－
1.安阳村道路硬化项目	安阳	路面硬化1818.2m²	4	350	4	改善村内交通状况	省级
2.西垒子村道路硬化项目	西垒子	路面硬化1600m²	2.6	300	242	改善村内交通状况	省级
3.南洛平村饮水安全项目	南洛平	管道沟开挖	3	200	89	保障村内饮水安全	省级
三、文化、教育、卫生等社会事业基础设施建设	－	－	－	－	－	－	－
四、环境保护和生态建设	－	－	－	－	－	－	－
五、劳动力技能培训和职业教育及职业介绍项目	－	－	3	－	－	－	－
1.劳动技能培训	所涉5乡16村内	劳动法律法规和相关知识	3	200	150	提高劳动技能促进经济发展	省级
六、种植、养殖、林、畜牧、渔、旅游、加工、服务业等生产开发项目	－	－	－	－	－	－	－
七、其他	－	－	－	－	－	－	－

2009年涞水县水库移民村及出地村项目实施完成情况一览表

表3-3-4-2

项目类型	村	主要建设内容	投资（万元）	受益人数（人）	其中：移民人数（人）	效益	使用资金类型
合计	-	-	30	-	-	-	-
一、基本口粮田及水利设施建设	-	-	17	-	-	-	-
1.渐村低压输水管道项目	渐村	铺设低压输水管道2000米	2.5	600	4	改善灌溉面积80亩	中央结余
2.安阳村打井、管道项目	安阳	打井1眼，铺设低压输水管道750米	10	1000	4	改善灌溉面积80亩	中央结余
3.大赤土村打井项目	大赤土	打井1眼	2.5	500	9	改善灌溉面积50亩	中央结余
4.色树村低压输水管道项目	色树	铺设低压输水管道，更新潜水电泵	2	600	500	改善灌溉面积30亩	省级
二、饮水安全、沼气、交通、供电、通信广播等基础设施	-	-	6	-	-	-	-
1.安阳村道路硬化项目	安阳	路面硬化400m²	3	200	4	改善村内交通状况	中央结余
2.西垒子村道路硬化项目	西垒子	路面硬化400m²	3	250	100	改善村内交通状况	省级
三、文化、教育、卫生等社会事业基础设施建设	-	-	-	-	-	-	-
四、环境保护和生态建设	-	-	-	-	-	-	-
五、劳动力技能培训和职业教育及职业介绍项目	-	-	7	-	-	-	-
1.劳动技能培训	所涉5乡16村内	计算机知识培训	7	140	100	提高劳动技能促进经济发展	中央结余
六、种植、养殖、林、畜牧、渔、旅游、加工、服务业等生产开发项目	-	-	-	-	-	-	-
七、其他	-	-	-	-	-	-	-

2010年涞水县水库移民村及出地村项目实施完成情况一览表

表3-3-4-3

项目类型	村	主要建设内容	投资(万元)	受益人数(人)	其中:移民人数(人)	效　益	使用资金类型
合　计	-	-	51.12	-	-	-	-
一、基本口粮田及水利设施建设	-	-	37.12	-	-	-	-
1、东垒子村打井配套项目	东垒子	打井1眼,配套1台套	10	600	1	改善灌溉面积60亩	中央结余
2、南洛平村防渗渠项目	南洛平	修建防渗渠1000米	5	300	200	改善灌溉面积30亩	中央结余
3、墩台村低压输水管道项目	墩台	铺设低压输水管道1600米	5	450	11	改善灌溉面积30亩	中央结余
4、色树村低压输水管道项目	色树	铺设低压输水管道2022米,更新潜水电泵1台套	4	600	500	改善灌溉面积40亩	中央结余
5、东水峪村防渗渠项目	东水峪	修建防渗渠1000米	4	600	600	改善灌溉面积30亩	中央结余
6、宋各庄村建水池项目	宋各庄	建水池1座	3	200	75	集蓄雨水用于农田灌溉	省级
7、西垒子村防渗渠项目	西垒子	修建防渗渠	6.12	300	242	改善灌溉面积30亩	省级
二、饮水安全、沼气、交通、供电、通信广播等基础设施	-	-	9	-	-	-	-
1、西垒子村道路硬化项目	西垒子	路面硬化600m^2	4	400	200	改善村内交通状况	中央结余
2、安阳村道路硬化项目	安阳	路面硬化690m^2	5	400	4	改善村内交通状况	中央结余
三、文化、教育、卫生等社会事业基础设施建设	-	-	-	-	-	-	-
四、环境保护和生态建设	-	-	-	-	-	-	-
五、劳动力技能培训和职业教育及职业介绍项目	-	-	3	-	-	-	-
1、劳动技能培训	所涉5乡16村内	家政服务技能培训	3	100	80	提高劳动技能促进经济发展	中央结余
六、种植、养殖、林、畜牧、渔、旅游、加工、服务业等生产开发项目	-	-	-	-	-	-	-
七、其他	-	-	2	-	-	-	-
监测评估费	-	监测评估费	2	-	-	-	-

第四章　电　力

1979年底，涞水县有35KV变电站6座，以投运时间为序，依次为下庄站、河口站、小丰口站、城关站、镇厂站、白涧站（其中下庄站1985年撤销，河口站1987年撤销，白涧站2003年1月撤销。下庄、河口、小丰口三站系铁道兵建京源铁路所建，后移交地方使用。在1985年以前，所有35KV站均归保定局所有并维护管理）。县内有35KV线路59.6千米，10KV线路572.4千米，低压线路753千米；35KV主变6台，总计容量10160KVA；配电变压器641台，总计容量43498KVA；有电乡26个，占全县总乡数的100%；有电村245个，占全县总村数的86%；年供电总量达2.6万千瓦时。

至2006年底，建成110KV变电站2座，分别为涞水站和六顺站，主变3台，总容量86500KVA；35KV变电站11座，分别为城东站、西武泉站、城北站、明义站、垒子站、西营房站、三坡站、镇厂站、王村站、其中口站、小丰口站（开关站），主变容量总计为82900KVA。有35KV输电线路137.25千米，10KV线路1162.82千米，低压线路1700千米；配电变压器1288台，总容量97250KVA。2006年购电量达到3.4亿千瓦时，主业实现利润401万元，上缴税金1167万元。2009年全县用电量达到38131亿千瓦时，比2008年增长11.34%。

从1998年下半年开始，国家实施“两改一同价”工程，涞水县第一期农村电网建设与改造工程于2001年10月27日通过省级验收，总投资4414.9万元。一期“网改”后，对全县农村生活用电客户实现了“四到户”管理（销售到户、抄表到户、收费到户、服务到户），撤销乡电管站和农村电工。2002年，为解决山区供电可靠率低的问题，六顺110KV输变电工程开始建设，2003年元月验收投运。2001年6月开始实施“第二期农网改造工程”，到2003年6月竣工，完成投资1890万元。2003年涞水110KV变电站实施二期增容工程，新增主变一台40000KVA，由原来的110KV单回供电改建成双回供电线路，有力提高平原地区和县城的电压质量和供电可靠性。2003—2005年完成县城电网建设与改造工程，总计投资2575.42万元。2005年制订全县“十一五”电网发展规划。2006年实施对县城10KV配电网的自动化改造工程，进一步优化供电网络结构，提升了城区的供电可靠性，增强城区处置突发停电事故的能力。同时，实施了“户户通电”工程，投资192.7万元，彻底消灭山区的“无电户”。2006年11月18日，位于渐村村南的石亭110KV输变电工程举行开工典礼，第三座110KV变电站开始施工，2007年12月验收投运。

第一节　电力设施

一、输电工程

（一）电网

至2009年底，涞水电网17座变电站，主变总容量277200KVA；其中110KV站3座；主变5台容量166500KVA；35KV站13座，主变25台容量110700KVA。

各变电站的建设、运营历程：

1. 35KV变电站

（1）小丰口站　位于小丰口村东，108国道东侧，始建于1972年，于1973年投入运行，占地面积3

城东配电站

亩，设计容量为1000KVA；10KV出线一回，1975年从部队接收，该变电站归属涞水县电网调度，因1997年三坡站投运后，供电负荷进行调整，该站改为开关站。现35KV开关两台，35KV出线两回。

（2）白涧站　位于赵各庄火车站西北侧，始建于1976年，1980年运行，占地面积4亩，设计容量为1800KVA，10KV出线四回，担负着白涧区生活照明、农业及火车站的供电任务。2003年3月，六顺110KV变电站投运后，该站退出运行。

（3）镇厂站　位于九龙镇，始建于1976年，1979年12月31日投入运行，占地面积4亩，设计容量为2×1800KV；10KV出线四回，增容改造后，主变容量为2×10000KVA；35KV进线一回，10KV出线4回，35KV母线采用单母线接线方式。10KV母线采用单母线接线方式。4回10KV出线，分别是庄里511线、铜矿512线、水泥厂513线、紫石口514线、庄里511线为农业用电；铜矿512线、水泥厂513线，为工业用电。

（4）西营房站　位于西营房村西南，于1982年6月29日建成并投入运行。主变1台，容量5600KVA，35KV进线2回路，10KV出线5回，35KV主接线采用单母线接线，10KV主接线采用单母线，本站35KV电源由北网张坊电站31开关供电，10KV出线5回分别是七二六216专线、王村218、义合庄213、娄村215、东租217线。根据用电负荷的增长，增主变一台，10KV出线一回。现有主变2台，1#主变5000KVA，2#主变5000KVA，35KV进线2回路，10KV出线6回，35KV主接线采用单母线接线，10KV主接线采用单母线分段，本站35KV电源由石亭110站365开关和涞水110KV电站316开关供电，10KV出线6回，分别是开源532、西水北534、王各庄356、东水峪531、虎过庄533、娄村535线，为农业及工业用电。

（5）西武泉站　位于西武泉村北，1985年9月23日建成并投入运行，设计容量5600KVA，主变单台运行。1995年4月18日改造为5000KVA主变单台运行。2008年5月进行设备改造，主变容量改装为1×3150KVA、1×5000KVA两台主变并列运行。35KV母线采用单母线接线方式。10KV母线采用单母线接线方式。10KV出线3回，分别是南封村511、富位512、王家庄513线，为农业负荷。

（6）城东站　位于庄疃村北，始建1993年初，1993年12月30日投入运行，两台3150KVA主变压器并列运行。2010年4月增容扩建，现有主变8000KVA、10000KVA各一台，两台主变可以并列运行。35KV母线采用单母线接线方式，10KV出线6回，10KV母线采用单母线分段接线方式，分别是高洛511、义安镇512、工业专线513、栗村514、中嘉515、电极厂516线路，为农业及工业用电。

（7）三坡站　1997年12月1日正式建成投运，建站初期设计为一台2500KVA主变，主变为有载调压，由于旅游事业的发展，用电负荷不断增加，原一台主变不能满足日益增长的负荷要求，2010年4月改造为两台主变运行，两台主变容量分别为10000KVA有载调压主变。35KV出线1回（三太321线路），35KV母线采用单母线接线方式。10KV母线采用单母线分段接线方式，10KV出线6回，分别是都衙511、南峪512、苟各庄513、度假村514、松树口515、备用503线路。为旅游、高速用电负荷。

（8）永阳站　位于西垒子村西，始建于1974年4月，1975年5月10号投入运行，设计容量为1×1150、1×1000KVA主变两台，1998年从煤矿接收。1998年6月15号二期工程改造，将1150KVA主变更换为3150KVA，加装主变一台，容量为5000KVA。2003年2月21日三期工程改造，将二次电磁式保护装置更换为微机保护装置，增加了3150KVA主变一台。现有主变4台，总容量为12300KVA。35KV母线采用单母线接线方式；10KV母线采用单母线分段接线方式；6KV母线采用单母线接线方式；10KV出线4回，分别是永阳511、青山512、洛平513、东垒子515线；6KV出线3回，分别是煤矿生活区615、西垒子616、东井617线。为农业及工业用电负荷。

检修设备

（9）明义站　位于二十里铺村东，始建于2000年10月，2001年5月27日投入运行，采用保定冀澳公司箱式变电站，主变容量一期为5000KVA，35KV母线采用单母线接线方式。10KV母线采用单母线分段接线方式。2009年3月增容改造，加装主变一台，容量为8000KVA，现本站主变2台，总容量为13000KVA。10KV出线4回，为坛山512、金运513、明义514、东永阳515线路，为农业及工业用电负荷。

（10）水北站　位于东水北村东，始建于2001年初，2001年10月投入运行，主变容量为3150KVA。35KV母线采用单母线接线方式；10KV母线采用单母线分段接线方式。2004年7月二期增容改造，增主变一台，容量为5000KVA，11月10日二期工程竣工，11月12日投入运行。2006年11月2日水北变电站三期改造加装301开关，更换35KV刀闸一组、10KV刀闸20组，于2006年11月23日完成三期改造。35KV进线2回；10KV出线4回，为东租511、玻璃厂512、北辛庄513、信德514线路，为农业及工业用电负荷。

（11）王村站　位于王村村北，始建于2005年6月，2006年6月13号投入运行。主变一台，容量为5000KVA，35KV母线采用单母线接线方式；10KV母线采用单母线分段接线方式。2006年8月10日进行二期增容改造工程，增加主变一台，容量为5000KVA。该站现有主变两台，总容量为10000KVA。35KV进线2回；10KV出线3回，分别是辛庄头512、祖各庄514、吴各庄516线路，为农业及工业用电负荷。

（12）其中口站　位于其中口村南，占地面积864.6平方米，2004年动工兴建，设主变一台，容量5000KVA。采用35KV进线一回；35KV母线采用单母线接线方式。主变35KV侧采用真空断路器作为保护和控制。10KV母线采用单母线接线方式，简易分段。10KV出线3回，分别是下明峪511.南款512、部队513线路，2006年4月21日投入运行。该站的建立缓解了该乡的用电紧张局面，保证了该乡厂矿、农业用电。

（13）野孤站　位于野孤村南，始建于2005年，2006年6月26日投运，该站的建立缓解了龙门乡的用电紧张局面，保证了该乡厂矿、农业用电。本站采用35KV进线一回，主变一台，3150KVA，35KV母线采用单母线接线方式。主变35KV侧采用真空断路器作为保护和控制。10KV母线采用单母线接线方式，简易分段。10KV出线2回，分别是四家井511、岭西513线路，为农业及工业用电负荷。

（14）娄村站　位于娄村村西，始建于2006年，2007年3月25日投运，该站的建立保障了321厂的正常供电。本站采用35KV进线两回，主变两台，分别是8000KVA、3150KVA，35KV母线采用单母线分段接线方式。10KV母线采用单母线分段接线方式。10KV出线4回，分别是车厂511、航天三院512、

电力施工

庞家河514、321厂主供线515线路，为农业及工业用电负荷。

2. 110KV变电站

（1）涞水站　位于县城西侧，始建于1986年10月，1987年12月投运，该站的建立保障了涞水县城及周边乡镇的正常供电。本站采用110KV进线两回，主变一台，31500KVA。110KV母线采用单母线分段接线方式；35KV母线采用双母线分段接线方式；10KV母线采用双母线分段接线方式。二期增容改造工程，增主变一台，容量40000KVA，现主变容量71500KVA。35KV出线六回，分别是涞工311、涞西312、涞城313、涞李314、涞王315、涞营316线；10KV出线八回，分别是泰安路512、县委513、北环514、工业专线515、东文山517、三厂519、磁粉厂523、北秋兰525线路，为农业及工业用电负荷。

（2）六顺站　位于六顺村南，始建于2002年，2003年4月投运，该站的建立为涞水山区提供了电源保障。本站采用110KV进线一回，主变一台，15000KVA。110KV母线采用单母线接线方式；35KV母线采用单母线接线方式；10KV母线采用单母线接线方式。35KV出线三回，分别是六其331、六坡332、六镇333线；10KV出线六回，分别是大西沟521、蓬头531、铁路532、磁硅厂533、偏道子534、部队535线路，为农业、军事及工业用电负荷。

（3）石亭站　位于色树村北，始建于2006年，2007年12月16日投运，该站的建立为涞水县北部地区提供了电源保障。本站采用110KV进线一回，主变两台，主变总容量80000KVA。110KV母线采用单母线分段接线方式；35KV母线采用单母线分段接线方式；10KV母线采用单母分段线接线方式。35KV出线一回，为石西365；10KV出线两回，分别是八里庄565、义合庄574线路，为农业及工业用电负荷。

（二）电网改造

1. 农网一、二期工程

1997年，按省计委的批复、省电力公司下达的农网建设与改造计划，涞水县第一期农网建设与改造工程总投资为5614万元，共分三批进行，其中1998年度计划为580万元；1999年度计划690万元；2000年度计划调整后为4344万元。全部工程实际完成投资5914.86万元，超出计划的300.86万元，由电力公司自由资金支付，第一期农村电网建设与改造工程自1998年7月开工，2001年10月竣工并通过省政府验收。

2. 35千伏工程

（1）明义35千伏输变电工程

（2）水北35千伏输变电工程、10千伏工程，实际完成投资606.25万元，完成工作量298千米，247个单项工程。

3.更换高耗配变工程

批复资金365万元，批复工程量398台，实际完成398台。

第二期农网建设与改造计划总投资1985.14万元，超支44.14万元，超出部分由电力公司自有资金垫付。第二期农村电网建设与改造工程自2002年8月开工，到2003年6月竣工，2003年8月通过省政府验收。

（三）电力信息网改造

线路检测

涞水电力通信起步于80年代后期，调度通讯采用的是1对N方式的单工通讯电台和架空铁线。1993年山区3个变电站实现电力载波通讯，1998年山区抗洪救灾，在其他通讯中断的情况下，县委政府利用电力载波唯一通讯系统指挥抗洪救灾，为山区的抗洪救灾做出不可磨灭的贡献。90年代后期，山前的所有变电站均采用电力载波通讯，并逐渐淘汰了通讯电台。2003年公司利用农网改造资金对山前11个站点，架设72KM ADSS型光缆，实现山前各站、所的光纤通讯，并利用光终端设备上的2M通道，实现了山前9个供电所的电力调度信息网络。2005年利用城网改造资金完成山区各变电站的光纤架设。2007年借用易县电力公司70余KM 2芯光缆，利用自有资金架设六顺至易县大兴安站30KM光缆，实现山区各站所的光纤通讯。

涞水供电公司信息网络，是以电力系统通信网为基础，于2006年开始组建。2007年公司各部室接通保定电力四级网、2008年实施内外网分离、2009年实现全县13个供电所接通电力四级网信息网络，公司办公自动化系统上线，实现了电子化信息交换和信息资源共享服务。2010年完成千兆通讯网络升级改造，为SG186系统提供了强大的网络保障。电力公司历经20多年的发展，通讯和信息化建设逐步形成以光纤环网为主架结构的光纤通讯及网络系统，为电力调度自动化、视频监控、视频会议、办公自动化和SG186等应用系统的实施提供了可靠的通讯及网络支持。随着各种计算机管理信息系统的不断完善使用，改变企业的管理面貌，提高管理效益，改善工作环境，促进工作的标准化和流程化，尤其是OA办公自动化系统和邮件系统已经成为各部门上传下达、信息交流的重要手段，为公司实现“数字化电网，信息化企业”奠定坚实基础。

二、变电设施

至2009年年底，涞水电力公司拥有主变压器25台，站变压器16台，35kV断路器30台，10KV断路器112台，35KV变电站隔离开关80组，10KV变电站隔离开关215组，35KV电压互感器10组，10KV电压互感器23组，35KV电流互感器2组，10KV电流互感器103组，35KV避雷器21组，10KV避雷器81组，避雷针24座，开关柜62组。10千伏线路长度127414千米，变电器2356台，总容量320958 KVA。

2009年涞水县变电站设施统计表

表3-4-1-1

序 号	名 称	数 量	单 位
1	主变	25	台
2	站变	16	台
3	35KV断路器	30	台
4	10KV断路器	112	台

续表

序 号	名 称	数 量	单 位
5	35KV隔离开关	80	组
6	10KV隔离开关	215	组
7	35KV电压互感器	10	组
8	10KV电压互感器	23	组
9	35KV电流互感器	2	组
10	10KV电流互感器	103	组
11	35KV避雷器	21	组
12	10KV避雷器	81	组
13	避雷针	24	座
14	开关柜	62	面

2004—2009年涞水县配电线路及配变设施统计表

表3-4-1-2

序 号	年 份	10千伏线路长度（千米）	配电数量（台）	容量（KVA）
1	2004	1070	1721	168009
2	2005	1131	1943	180364
3	2006	1148	2035	200843
4	2007	1244	2095	238020
5	2008	1274	2211	275400
6	2009	1274.4	2356	320958

第二节　电力供应

1979—1999年，全县年供电量由2647万千瓦时，增长到12210万千瓦时，净增长9563万千瓦时，年均递增7.9%；1999—2009年，涞水县供电量由12210万千瓦时，增加到了38786万千瓦时，净增长26576万千瓦时，年均增长12.3%。

从1979年到1999年，20年间，全县供电量增长较为缓慢。1999年以后，供电量无论是净增长电量，还是年均电量增长率均有大幅度提升。主要增长因素是：

一、二期农网、城网改造后，农村低压线路带负荷能力大幅度增加；农网改造后农村配变容量增加；10千伏配电线路输电能力增加。原来供电能力不足，电气设备不能正常运转，网改后各级输电线路的畅通，是用电量增长的主要原因。

2001年，六顺110站的投运，山区用电紧张状况得到缓解，保证旅游区的用电；2007年，石亭110KV变电站投运，保证山前北部区域的供电，使全县总体负荷增加，供电量大幅度增长。

自然增长。一是20世纪90年代以来，春、冬偏旱，全县地下水位不断降低，农业排灌用电量需求不断增大。二是家用电器不断增加，推动用电量大幅增长。

1979—2009年涞水县部分年份用电负荷统计表

表3-4-2-1　　单位：万千瓦

年　度	1979	1985	1990	1995	2000	2005	2006	2007	2008	2009
用电负荷	0.5	0.95	1.2	2.06	3.02	5.67	6.53	7.82	7.99	8.71

1979—2009年涞水县购、售电量、线损统计表

表3-4-2-2

项目/年度	供电量（万千瓦时）	售电量（万千瓦时）	线损率（%）
1979	2647	2263	14.5
1980	3071	2660	13.3
1981	3188	2665	16.4
1982	3152	2562	18.72
1983	3291	2723	17.25
1984	3689	3146	14.71
1985	3861	3279	15.07
1986	4836	4250	12.1
1987	4542	4056	10.7
1988	5261	4638	11.84
1989	6374	5705	10.49
1990	5341	4730	11.43
1991	6241	5719	8.36
1992	7574	7157	5.5
1993	8851	8090	8.60
1994	9251	8424	8.94
1995	9577	8709	9.06
1996	10591	8979	15.22
1997	10397	8128	9.37
1998	10558	8432	8.38
1999	12210	9648	9.77

续表

年度＼项目	供电量（万千瓦时）	售电量（万千瓦时）	线损率（%）
2000	14000	11425	10.02
2001	16272	13604	9.35
2002	18724	13475	10.34
2003	22095	10354	10.11
2004	25000	14896	7.75
2005	29188	17088	9.16
2006	34067	19157	9.77
2007	38715	35430	5.96
2008	36270	33529	5.82
2009	38786	35982	5.13

1979—2009年涞水县供电量统计表

表3-4-2-3　　单位：万千瓦时

年　度	供电量	年　度	供电量
1979	2647	1995	9577
1980	3071	1996	10591
1981	3188	1997	10397
1982	3152	1998	10558
1983	3291	1999	12210
1984	3689	2000	14000
1985	3861	2001	16272
1986	4836	2002	18724
1987	4542	2003	22095
1988	5261	2004	25000
1989	6374	2005	29188
1990	5341	2006	34067
1991	6241	2007	38715
1992	7574	2008	36269
1993	8851	2009	38786
1994	9250	–	–

1979年企业供电，全县企业用户仅有24户，供电量为19万千瓦时，至2009年达到389户，用电量达到3817.6万千瓦时，年均增长19.34%。

1979—2009年涞水县企业用电统计表

表3-4-2-4

年　度	客户数量（个）	变压器数量（台）	容量（kVA）	用电量（度）	电量（度）	电费（万元）
1979	24	33	1650	1900000	1900000	66.5
1980	27	39	1950	2100000	2100000	73.5
1981	30	46	2300	2700000	2700000	94.5
1982	31	53	2650	3200000	3200000	112
1983	34	61	3050	3900000	3900000	136.5
1984	36	70	3500	4700000	4700000	164.5
1985	40	80	4000	4800000	4800000	168
1986	44	92	6900	5100000	5100000	178.5
1987	50	105	7875	5800000	5800000	203
1988	61	119	8925	6400000	6400000	224
1989	64	135	14850	6900000	6900000	241.5
1990	67	152	16720	7200000	7200000	252
1991	104	170	18700	7900000	7900000	276.5
1992	127	190	20900	8300000	8300000	290.5
1993	130	208	22880	8700000	8700000	304.5
1994	142	234	25740	9300000	9300000	325.5
1995	147	264	39600	9600000	9600000	336
1996	160	295	44250	10600000	10600000	371
1997	172	330	49500	11100000	11100000	388.5
1998	180	366	54900	11900000	11900000	416.5
1999	207	409	61350	12400000	12400000	434
2000	228	449	67350	13900000	13900000	1084.2
2001	259	489	73350	17000000	17000000	1209
2002	283	528	79200	15500000	15500000	1326
2003	294	580	87000	22095000	22095000	1723.41
2004	313	637	95550	25023000	25023000	1951.79
2005	330	700	105000	29188800	29188800	2276.73
2006	340	770	115500	34067900	34067900	2657.3
2007	366	836	137068	38727000	38727000	3020.71
2008	371	931	172270	34248000	34248000	2671.344
2009	389	1058	216518	38176000	38176000	3116.958

1979年农村用电仅54100户，用电量1010.2万千瓦时；2009年实现村村通电，户户通电，用户达到121000户，用电量3630万千瓦时，年均增长4.36%。

1979—2009年涞水县农村用电情况统计表

表3-4-2-5

年　度	变压器数量（台）	容量（kVA）	用电量（千瓦时）	电费（万元）
1979	414	20690	10102000	3030600
1980	439	219400	11808000	3542400
1981	468	23380	12694000	3808200
1982	499	24930	11632000	3489600
1983	529	26420	13495000	6747500
1984	563	28140	1735000	2544750
1985	598	29890	9642000	2892600
1986	634	47570	13164000	3949200
1987	671	50330	7785000	2335500
1988	708	53090	10438000	3131400
1989	746	55910	15427000	4628100
1990	749	56180	16000000	4800000
1991	784	58820	16309800	4892940
1992	820	61460	16597100	4979130
1993	854	64050	17017000	5105100
1994	888	71050	17193800	5158140
1995	922	73540	17326400	5197920
1996	955	76190	17657900	5297370
1997	988	78780	17702100	5340600
1998	1019	81300	24510000	9804000
1999	1051	83820	25260000	10104000
2000	1080	86170	27630000	11052000
2001	1108	88410	28260000	11448000
2002	1135	90530	29100000	11640000
2003	1160	92520	31170000	12468000
2004	1184	94460	32100000	12840000
2005	1208	96350	33030000	13212000
2006	1231	98180	34440000	13776000
2007	1253	99950	35970000	15107400
2008	1274	102110	36120000	16254000
2009	1292	103420	36300000	16335000

1979年城镇用电10.037万千瓦时，2009年达到9177.96万千瓦时，增长900多倍，年均增长25.52%。

1979—2009年涞水县城镇用电统计表

表3-4-2-6　　单位：千瓦时

年 度	居 民	公用事业	县城照明	合 计
1979	100000	300	70	100370
1980	140000	500	80	140580
1981	170000	600	90	170690
1982	200000	700	100	200800
1983	300000	800	200	301000
1984	400000	900	300	401200
1985	500000	1000	400	501400
1986	600000	2000	500	602500
1987	700000	3000	600	703600
1988	900000	4000	700	904700
1989	1100000	5000	800	1105800
1990	1300000	6000	900	1306900
1991	1700000	7000	1000	1708000
1992	1800000	8000	2000	1810000
1993	1900000	9000	3000	1912000
1994	2100000	11000	4000	2115000
1995	2600000	26000	6000	2632000
1996	2900000	27000	7000	2934000
1997	3100000	28000	8000	3136000
1998	4800000	29000	9000	4838000
1999	20150000	90200	69000	20309200
2000	28090000	110000	71000	28271000
2001	29130000	131000	73000	29334000
2002	34020000	143000	74000	34237000
2003	48610000	155300	75000	48840300
2004	55060000	175900	76000	55311900
2005	64220000	205200	81000	64506200
2006	67190000	418000	86000	67694000
2007	88700000	333700	92000	89125700
2008	77070000	415600	101000	77586600
2009	91290000	365600	124000	91779600

第三节 电业管理

一、管理机构

1966年，始称涞水县电力局。1984年成立电力总公司，取代电力局，实行管理人员聘任制。1985年建立县级调度室。1986年恢复电力局，内设办公室、农电股、三电办公室、用电股、校表室、总务股、工资股、档案室、生技股、多种经营股、调度室、派出所12个股室；下设汽修厂、电气承装服务处、修试所、汽车班、电力物资供应站、硅铁厂、送变电工区、城关、城南、西武泉、石亭、西营房、白涧、镇厂电管所14个管理服务、企业单位；6个电管所（不包括城关所）下辖16个乡电管站；送变电工区下辖5个变电站；全局共有干部职工225人，农村电工430人。1998年3月，内设办公室、生产技术科、用电经营科、农电管理科计划财务科、劳资科、送变电工区、总务科、三电办公室、综合档案科、调度室、企业管理办公室、多种经营办公室。2001年成立电力客户服务中心。2002年4月成立用电稽查科。2003年4月至2006年3月，内设办公室、生产技术科、用电经营科、农电管理科计划财务科、劳资科、送变电工区、总务科、三电办公室、综合档案科、调度室、企业管理办公室、多种经营办公室、电力客户服务中心、用电稽查科。2006年4月至2007年1月，内设办公室、生产技术科、用电科、农电科、财务科、调度科、总务科、三电办公室、综合档案科、用电稽查科。2007年7月机构改革，内设8部(经营管理部、人力资源部、财务部、生产技术部、安全监察部、营销部 、监察审计部、思想政治工作部)、1室（办公室）1会（工会），1所（调度所）、1工区（输变电工区）、1中心（抄表中心），下设13个供电所（城关供电所、城东供电所、城北供电所、石亭供电所、娄村供电所、东文山供电所、明义供电所、永阳供电所、西武泉供电所、王村供电所、三坡供电所、镇厂供电所、白涧供电所），1个三产单位（安装公司）。

至2009年12月，县供电总公司有全民职工508人。其中本科和专科学历的255人，占公司职工总数的50%，中等职业教育学历的106人，占公司职工总数的21%，高中以下学历的147人，占公司职工总数的29%。有专业技术职称的55人，占公司职工总数的10.7%。其中：高级职称1人，中级职称15人，初级职称39人；有技能等级的182人，占公司职工总数的37%，其中：高级技师1人，技师6人，高级工87人，中级工64人，初级工24人。

二、供用电管理

（一）运行管理

加强电网运行管理，把防范电网大面积停电事故作为首要任务，加强电网调度运行管理，严肃调度纪律，服从统一调度，合理安排运行方式，保证电网结构的完整性，保证二次系统按规定投入。截止2009年，属涞水供电公司管理的35千伏变电站13座，城北35千伏安变电站实现无人值班站。截至2009年底，无重大事故发生。

（二）输电线路管理

输变电工区线路运行维护班负责35千伏输电线路运行管理工作，运行检检测班长1名，负责35千伏的日常管理及生产组织工作，送电线路工4名，负责线路巡视测温及日常记录管理工作，并依据35千伏线路管理规定，贯彻执行《电业安全工作规程》和国家有关安全生产的方针政策和法规。建立健全安全生产管理组织机构，严格落实安全生产责任制。截至2009年，无人身伤害事故、人身死亡事故和责任事故发生；作业指导卡合格率100%；工作票合格率100%；安全措施合格率100%。

（三）调度管理

20世纪80年代，涞水县电力局建立调度室，起初仅限于电话通信进行停送电。1985年9月在保定供电局的协助下，建立县级调度室，并架设安装了微波电脑通讯装置。实现直接和保定、高碑店及县内各站通话。统一供电的调度权和用电主动权。10月与保定供电局签订调度协议。1986年6月，建立信息站。

1985年下半年35千伏变电站下放到县局管理后，加强调度室的建设和调度通讯设备，新增加录音电话和无线电台等设施。全县5座35千伏电站均装配无线电台和有线电话。

从2004年开始，在全县范围内架设光缆，使境内各变电站实现光缆全覆盖，并形成环网，从而实现调度自动化。在变电站实现初级变电站“五遥”功能。随着光纤技术的迅速发展和变电站自动化设备的更新，电力通信由单一电话通信，逐步发展为无线扩频通信、载波通信、光纤数字通信。

三、供电安全管理

1979年以来，涞水供电事业，全面贯彻中共中央、国务院决策部署，把保障电力安全，可靠供应作为首要责任，坚持基本建设与技术改造并举，落实“三抓一创”（指抓发展、抓管理、抓队伍、创一流）工作思路，实施集团化运作、集约化发展、精细化管理、标准化建设，积极推进公司和电网发展方式的转变，加快“一强三优”（指建设电网坚强、资产优良、服务优质、业绩优秀）现代公司建设，各项工作取得显著成效。

（一）制度建设

1979年以来，电力局（涞水供电总公司）坚持“安全第一、预防为主”的方针，逐级落实安全生产责任制，严格执行国家电网公司颁布的《农村低压电力技术规程》《农村低压电器安全工作规程》《农村安全用电规程》，结合生产实际，编制了《安全文件管理制度》《安全生产例会管理制度》《安全教育培训制度》《三级安全网管理规定》《班组安全活动管理制度》《事故调查与上报制度》《“安措”管理实施细则》《“反措”管理办法》，每年年初编制年度的突发事故应急措施及安全、技术劳动保护措施计划。

1991年，建立涞水县电力局社会治安综合管理委员会，制订《关于创建安全单位达标考核奖惩办法》。

（二）具体措施

1.加快电网建设、改造，强化电网结构，消除安全隐患。

2.抓安全教育培训，组织员工学习安全生产的各项规章制度，加深理解，提高员工遵守规程、抵制违章的意识。

3.落实机关各部门、电管所安全生产监管第一责任人制度、逐级签订安全生产责任书，层层抓落实，逐月考核，每个季度评比一次，促使各部门、各单位和职工个人在安全生产方面争先创优。

4.开展用电安全“进校园、进社区、进农户”宣传活动；加强农村安全用电宣传，推进农村安全用电管理“四有”机制（有人负责、有人协调、有人维护、有人监管），全面提升公民的安全用电意识。

四、农电管理

1979—2009年，涞水县农电管理先后经历一系列机制体制改革，农电管理工作日趋完善。县电力局在改进和提高供电服务质量，解决农村客户关切的供电可靠性、故障抢修、抄表收费、计量准确性等方面存在的突出问题，不断创新服务方式，规范服务行为，践行优质高效服务承诺，满足经济社会发展和人民生活用电需求。

（一）电价管理

1980年，农村实行大包干责任制后，农村电工由工分制改为工资制，部分村把电费承包给了电工，收费多少由电工决定，一度出现乱涨价、乱摊派的混乱局面。全县有85%以上的乡村电价超过最高限价，农民对此意见很大，个别村甚至拒绝用电。农村电价高，有农村用电设施配置不合理，损耗过大等客观方面的原因，但主要是管理不善，以电谋私、跑冒滴漏等主观原因。为解决此问题，根据上级主管部门指示精神，1984年在胡家庄乡率先成立乡电管站，使农村电费乱涨价、乱摊派等问题得到初步解决。后又相继在两区（白涧、镇厂）和山前15个乡建立9个电管站，由乡（镇）电管站统筹协调电费标准和电工报酬，使电价和农村电工报酬基本达到统一标准，乱涨价、乱摊派问题得到有效遏制。

1987年4月17日，涞水县人民政府批复《关于加强农电管理工作的报告》批复电价每千瓦时加0.3分。照明电价不超过0.25元每千瓦时；动力不超过0.17元每千瓦时；浇地不超过0.14元每千瓦时。

1998年开始，配合农网改造，实行“两改一同价”（农村电网改造、农电体制改革、同网同价），农网改造前电价最高的地方达到1.2元每千瓦时，农网改造后为0.49元每千瓦时。至2001年底，农村电费票据统一用电脑制票结算，结束各村电价不一的局面。

从2003年开始县城电网改造，县政府成立以县长田庆柱为组长，宋冀中、陈河为副组长，计划局、建设局、公安局、交通局等相关单位为成员的县城电网建设与改造工程领导小组。制订《涞水县电力局关于实施县城电网建设与改造工程的实施方案》《工程资金管理办法》《工程物资管理及财务制度》《工程设计管理办法》《工程质量监督管理办法》等一系列规章制度。新建35千伏变电站2座，改造3座，通过对县城低压电网的改造，降低低压线损率，提高供电可靠率和电压质量。通过“一户一表”改造取消了转供电，实现居民生活用电同网同价和“四到户”管理，杜绝了“三电”、“三乱”现象，降低电费电价（0.49元每千瓦时），减轻居民负担，县城用电环境得到进一步的规范和优化。2006年11月竣工，投资2520万元。

（二）电费收缴

1983年之前为催收，之后改为坐收，供电所包线人员每月定期到用电户查表，当场计算并发电费通知单一式三份，用户按规定日期到电管站缴纳电费，缴费后开电费收据一式三份，为促使用户按时缴费，制订并实施奖惩制度。1998年，城区工业用电收费实行营业大厅坐收，城乡居民用电采用边查表、边收费的形式进行。

从1958年办电，到1997年期间，电费收缴方式为纯手工记账，使用算盘、计算器等比较原始的计算工具核实电费。1998年涞水县供电总公司自行研发《用电营销管理系统》软件，并于1998年1月投入使用，由微机打印电费通知单、电费票据、记账等，淘汰传统手工记账收费方式。使工作人员从大量繁杂的工作中解脱出来。自1998年下半年开始，国家实施“两改一同价”工程，实行城乡同网同价，并对全县农村生活用电客户实现收费到户管理。

（三）电工管理

1984—1987年，各区、乡（镇）先后组建电管站。乡电管站是当时落实“以电养电”政策的服务性集体管电组织，按区、乡（镇）行政区域设立，行政上受乡政府的领导，业务上受县电力局的指导，行使乡政府的管电职能。成立之初，由乡政府委派负责人（站长）管理，工作人员由农村电工组成。农村电工负责所在村的用电管理，身份不变，隶属当地村委会管理。电管站人员工资由电费加价部分提取，加价标准由电管站与各村村委会协商，最高不超过4分每千瓦时。

1994—1999年，县电力局把乡电管站纳入自己的行政管理序列，作为班组实行统管，即“两统管”阶段。统管后的乡（镇）电管站定位没有变化。1994年1月制订《河北省乡电管站统管办法》中规定：“乡电管站是县级电力部门领导下的最基层的管电组织”，仍然“行使乡（镇）政府的管电职能”。统管后的乡（镇）电管站，一般由县电力局派出的正式人员担任站长，由县局派出的正式人员其身份不变，工资、福利待遇不变，从县局工资总额中列支。电管站其他人员，从农村电工的优秀人员中公开选拔，考试考核后聘用。从农村电工中选拔到乡站工作的人员，其身份是农村电工。根据省委办公厅、省政府办公厅《关于加强农电管理的若干规定》而制定的《河北省农村电工统管办法》规定：农村电工“是农村中具有一定管电技术的农民”，“农村电工实行聘用制，其聘用程序是：1.本人申请；2.村委会向乡电管站推荐；3.乡电管站进行考查后，填写推荐表报县电力局；4.县电力局进行培训，进行理论考试和实际操作的考核，合格后发给电工证或上网作业电工证，并发出可以聘用的通知；5.由乡电管站办理聘用手续”。

1998年10月之后，以“两改一同价”为标志，县级供电企业（县电力局）对农村低压设施实行“五统一、四到户”管理。遵照国发（1999）2号、国办发（1998）134号文件精神，“改革乡（镇）电管站现行的管理模式，将乡（镇）电管站一律改为县供电企业所属的供电营业所，其人、财、物纳入县供电企业统一管理。”关于人员管理，“由供电企业根据实际需要，本着精简的原则进行定编、定岗、定责，按照定编标准，对供电营业所人员实行聘用制，原则上应优先从正式职工或优秀的农村电工中通过统一培训、统一考试、择优聘用，并签定聘用合同，实行合同制管理。”国家经贸委，电力部（1999）294号文件“两改一同价”政策出台之前，全县在乡站工作的农村电工有37名。

五、供电服务

（一）服务机构

1984年建立胡家庄乡农电服务公司。1986年，先后在9个乡建立农电服务公司，并对农村电工、电费管理进行改革。

2001年5月，建立客户服务中心，统一受理客户增容办电和电费收缴工作。

2004年1月，成立95598客户服务热线工作室，为供电客户提供咨询、报修和投诉服务。

2009年，为了改善王村乡周边客户供电质量和供电服务，建立王村供电所。

（二）服务措施

1.充分发挥社会监督作用，定期走访电力客户，坚持每半年召开一次行风监督员座谈会，主动征求人大代表、政协委员的意见，不断改进服务工作，提高优质服务水平。

2.健全优质服务组织体系，完善优质服务机制。建立行政主要负责人亲自抓，各相关部门齐抓共管的领导体系，各项工作目标做到有计划、有布置、有任务、有方案、有内容、有措施、有检查、有总结的良性运作格局。对临时用电收费和临时用电的设备管理，采取急事急办，特事特办，服务优先办法；对客户工程建设、采取技术支持、跟踪服务，保证用电安全和服务到位。

3.开展需求侧管理，引导社会节约用电、科学用电。增强负荷预测的科学性和准确性，制定不同负荷水平下的有序用电方案；认真贯彻国家宏观调控政策，严格执行高耗能行业差别电价政策，提高电能利用效率；确保居民生活用电、农业生产用电；确保医院、学校、金融机构、交通枢纽、重点工程等重点单位正常用电；落实高危企业和重要用户供电安全管理要求，建立健全分类标准和用户档案资料；开展用电安全检查和指导，督促高危企业和重要用户完善自备应急保安措施；定期审核和梳理计划和事故拉限电序位表，确保拉限电序位的合法合理，严肃停限电操作纪律。

4.完善基础设施。追求高标准的服务质量。按照“高起点、高标准”要求，开展供电所标准化建设工作，统一印制供电所记录、台账，统一摆放、定置管理；在营业厅设置电费自助查询系统，在供电所建立SG186农电业务平台，为“一口对外”和“一站式服务”提供技术支持。注重在营业场所每个服务细节，推行亲情化、人性化、个性化服务，加强供电所人员的文明用语、礼貌、礼仪培训，统一人员着装，开展“微笑服务”，树立电力员工队伍的良好形象。

5.结合农村经济社会发展形势和地域特点，以服务窗口为平台，在规范化服务基础上，更多地体现人性化、个性化、差异化特点。了解客户用电需求，广泛征求客户意见，确定服务类别，建立客户档案，有重点、有针对性地对特殊用户、重大企业、高危企业、孤寡老人、残疾人、特困户、军烈家属五保户等进行分类管理，定人定责服务。建立联系沟通渠道，坚持电话咨询，上门服务。电业部门领导，供电所坚持定期上门走访，征求客户意见，随时了解客户的用电情况，及时排忧解难。建立内外监督机制，制定了“优质服务日常管理办法”和“行风建设优质服务奖惩办法”，采取不定期组织优质服务活动，明察暗访等形式，发现问题，纳入业绩考核范围。农业生产用电季节性、政策性强，为此开通了“绿色通道”，简化了报装业务流程，以确保购电方便，用电及时。机井用电采用了预付费计量用电技术，微机管理收费，为农业生产提供便利。农忙季节各供电所成立服务小分队，深入田间地头，宣传安全用电常识，改造“卡脖子”线路，解决实际困难。

6.组织服务队，定时设点下乡开展用电咨询、对家电安全使用常识、家用漏电保护器使用与检查等用电知识进行普及宣传，防止人身触电事故的发生；对农村用户迁移、新建房屋用电，主动提前介入服务，帮助用户搞好负荷测算，制定供电方案。为保障野旅游景区正常活动，开展了“三保”（即保安全、保供电、保服务）服务进景区活动，为旅游产业发展发挥了保驾护航的作用。

7.把用户至上的理念落实到具体行动中，实行24小时电力故障抢修服务和投诉咨询服务。

针对迎峰度夏（冬）期间供电故障多发的特点，成立应急抢修队，配备抢修车辆、应急用电设备和照明组合设备；抢修人员24小时值班，做到随叫随到。遇重要季节和节假日，大风雨雪等恶劣天气，科学调度，尽量减少检修停电的次数、缩小停电范围和时间。

2005年涞水县电价统计表

表3-4-3-1　　单位：元

类别		南网		北网		备注
	用电类别	抄见电价	铜损电价	抄见电价	铜损电价	
低供低价	居民生活	0.4900	–	0.4900	–	基本容量电价（南网）18元/KVA
	非居民生活	0.7005	–	0.7225	–	
	普通工业	0.6505	–	0.6545	–	
	农业排灌	0.1904	–	0.3020	–	
	商业	0.8025	–	0.7275	–	
高供低价	居民生活	0.4400	–	0.4400	–	基本容量电价（北网）15元/KVA
	非居民生活	0.6905	0.6478	0.7125	0.6692	
	普通工业	0.6405	0.6028	0.6445	0.6062	
	农业排灌	0.1890	0.1890	0.2990	0.2990	
	商业	0.7925	0.7498	0.7175	0.6742	
10kv高供低价	居民生活	0.4400	–	0.4400	–	涞灵电价0.5077/KWH
	非居民生活	0.6905	–	0.7125	–	
	普通工业	0.4785	–	0.5175	–	
	农业排灌	0.1890	–	0.2990	–	
	商业	0.7925	–	0.7175	–	

续表

类　别		南　网		北　网		备　注
	用电类别	抄见电价	铜损电价	抄见电价	铜损电价	
35kv 高供低价	居民生活	0.4400	–	0.4400	–	定向电价 0.4407/KWH
	非居民生活	0.6905	–	0.7125	–	
	普通工业	0.4635	–	0.5025	–	
	农业排灌	0.1840	–	0.2960	–	
	商业	0.7925	–	0.7175	–	

注：涞灵（张家口蔚县灵山电厂）电价自2005年11月执行

第五章　邮　政

1979—1993年称邮电局，办理业务有：信函包裹、汇兑、报刊发行、机要通信、集邮、储蓄和各类快件，下设白涧、石亭、镇厂3个支局，一个邮电所，5个邮电代办机构。1993年至1998年8月，邮政、电信合营。1998年9月邮政、电信分营，建立涞水县电信局。1999年7月7日，涞水移动公司从电信局析出，建立中国移动通讯集团河北有限公司涞水分公司。电信局主营固定电话、农村电话、机关党政专用（网）通讯及卫星通讯；移动公司主营寻呼、卫星和移动业务。1999年后，电讯技术不断更新换代，业务迅猛发展，惠及各行各业。

第一节　邮政机构

涞水县邮政局位于县城涞阳路A38号，是保定邮政局所属国有中型通信企业，属社会公用性服务企业。自1998年10月22日独立运营以来，担负着为县城及周边15个乡镇党政机关、工矿企业、学校、商店以及全县人民提供邮政通信服务的任务。同时负责全县邮政通信行业的行政管理工作。全局职工110余人，邮政网点遍布全县各个村镇，总资产600多万元。

2009年，该局设综合办公室；经营服务部；安全保卫办公室、营销部、速递物流组、投递组、营业组、邮政储蓄支行涞阳路营业厅。下设石亭支局、永阳支局、宋各庄支局、白涧支局、镇厂支局、三坡支局。

报刊分发

第二节　邮政业务

主要业务：信函、印刷品、包裹、汇兑、代理金融、分销物流、电子商务、特快专递、报刊发行、集邮、国际邮件和各种代办服务等业务。服务面积1654平方千米，服务人口约34万人，全程邮路长达1450千米。与世界上220个国家和地区建立通邮关系，日处理信函、报刊、包裹达1万余件（份）。

1989—2009年邮政业务量统计表

表3-5-2-1

年 度	信函（件）	包裹（件）	邮政快递（件）	报刊发行（件）	汇票业务（元）
1989	540000	14320	–	658650	38000
1990	550000	14890	–	770000	37000
1991	530000	13560	–	857845	36000
1992	520000	13800	–	854254	35000
1993	515000	14000	–	1246978	34000
1994	500000	14500	1600	1346896	32000
1995	478000	15000	1688	1646754	31000
1996	470000	16430	1798	1645976	30000
1997	460000	16500	4874	1645897	29000
1998	435000	17650	5989	1645870	28500
1999	440000	17300	8120	1636800	27000
2000	402000	17100	8540	1939200	26800
2001	380000	17000	9000	2039000	26000
2002	350000	16870	10450	2038543	24350
2003	345000	13500	22100	2037800	24300
2004	330000	16320	20124	2027582	24100
2005	321000	15700	18788	2017856	24000
2006	305000	15600	17650	2108942	23900
2007	321000	14700	20000	2117450	23800
2008	310000	14500	19800	2135421	23700
2009	300000	15000	21624	2126485	23600

第六章　电　信

涞水电信局1998年与邮电局分营，移动公司1999年7月从电信局析出，形成两个电信运行机构。他们各展其长，竞争中求发展，在不断壮大自己，促进涞水各项事业的发展。

第一节　电信业机构

一、中国网通（集团）有限公司涞水分公司

1998年9月，邮、电分营，建立涞水县电信局，局址在朝阳路190号，有干部职工132人，下设办公室、市场部、运维部及5个乡镇支局；电信业务主要有市话、农话、长途电话、卡式电话、800业务、200业务、300业务、201校园卡电话，中国公用数字数据网CHINADDN\中国公用分组交换数据网、163中国公用计算机互联网CHINANET、169中国公众多媒体通信网CHINFO、电视电话会议、公用移动电话网、电报业务、语音信息服务、无线寻呼、“一线通”（ISDN）。

程控机房

1999年7月10日，根据河北省电信局重组部署，中国电信的寻呼、卫星和移动业务被剥离出去，涞水县电信局重组。固定电话、农村电话、机动党政专用（网）通信及卫星通信部门归属电信局。2000年开始经营小灵通业务。重组后的涞水县电信局下设1室2部，8个电信支局。

2000年7月26日，涞水县电信局更名为河北省分公司涞水电信局，下设1室2部，8个支局，9个营业网点。随着中国通信企业的改制重组，2002年9月河北省电信公司涞水电信局改称河北省通信公司涞水县分公司，下设1室2部。2005年10月20日河北省通信公司涞水县分公司改称中国网通（集团）有限公司涞水县分公司。2008年与原联通公司重组，重组后改称为中国联合网络通信有限公司涞水县分公司。

二、中国移动通信集团河北有限公司涞水分公司

涞水移动公司于1999年7月7日由涞水电信局析出，9月1日对外正式挂牌。2006年12月，公司正式更名为中国移动通信集团河北有限公司涞水分公司。截至2009年，公司有员工61人，设经理1名。

第二节　电信业设施

发射塔

一、中国网通（集团）有限公司涞水分公司

1993—2005年，涞水电信事业迅猛发展，电信业务主要是：电报、传真、固定电话、小灵通、无线寻呼、移动电话，互联网等。期间，第三代固定电话纵横制自动交换机被淘汰；第四代数字程控自动交换机替代了第三代交换机。小灵通作为固定电话的补充和延伸，从广泛受到青睐，到逐步遭到冷落和淘汰；无线寻呼和模拟移动电话十年左右就全部被淘汰；电报被淘汰，传真业务从电信部门走向社会，成为办公自动化和家庭通信手段之一；数字移动电话和以电脑为依托的宽带网（互联网）从无到有，快速发展，成为主要通信手段之一。

国家为打破电信行业垄断，电信企业频繁拆分重组，经营方式不断变化。各电信运营商推出新的业务品种“话费套餐”；通信新技术层出不穷，更新换代周期缩短；传输网和交换机机型淘汰拆并力度加大；通信的业务功能由单一的语音通话，发展为语音、数据、通信与信息服务；通讯业务由卖方市场转变为买方市场，从客户等待装机、等待维修，转变为预约限时装通；服务方式从昔日拥挤的营业大厅，到无障碍零距离的面对面沟通；从排队交费到实现全月随时交费、电话充值卡、银行和邮政储蓄网点代收话费。

电话会议、视频会议设施

1993年，涞水县邮电局设电话会议室，电话会议通过电话线路传输的话音收听，电话会议可直接开到现场。1995年2月，增加一架DHJ-30会议电话汇接室，3月投入使用。邮政电信分营后，1999年，涞水县电信局大楼安装视频会议设施，有接收设备一套，可收听收看中共中央、国务院、河北省、保定市各级视频会议。

2002年涞水县电信局（2002年9月改称河北省通信公司涞水县分公司）在生产楼设视频会议室，采用深圳华为技术有限公司生产的Viewpoint2020型视频会议设备，其多点控制设备（MCU）安装在生产楼二楼，每个终端用2条链路与MCU相连接，以提高荧屏清晰度与音响效果。会议室面积为50多平方米，设有34英寸彩色电视机2台，可供40人左右的小型会议使用。供党政军及机关团体收听收看视频会议，形成完整的视频会议网络，可收听收看上至中共中央、国务院的电视电话会议，县委、县政府可在县会议中心召开视频会议。

二、中国移动通信集团河北有限公司涞水分公司

至2009年年底，该分公司建移动基站120个，在县城设立营业大厅1个，下设自营厅10个（分布在娄村、三坡、赵各庄、义安、石亭、九龙、政府街、涞阳路、永安大街、东大街），合作厅15个，移动服务站311个。网络覆盖全县，实现全国漫游，并与286个国家（地区）的352个运营商实现国际漫游。购置公司办公地址及办公楼一处，位于政府街132号，总面积2746平方米，其中建筑面积1500平方米。

第三节　电信业务

一、电信

1.小灵通业务：2000年4月7日，涞水县电信局开通小灵通（无线市话Personal access System，j简称PAS）业务。该项业务采用先进的微蜂窝技术，通过微蜂窝基站实现无线覆盖，将用户端（即无线市话手机）以无线的方式接入本地电话网，是固定市话的有效延伸和补充。"小灵通"业务实行单向收费，月租费20元，资费每分钟0.2元，灵活方便，价格便宜。随着数字移动通信的发展和先进网络的出现，移动话费不断降低，手机短信取代了寻呼功能，"小灵通"业务也在辉煌了几年之后逐步走向衰落，2005年"小灵通"业务衰减，出现用户退网的情况。

2.IP电话业务：IP电话是IP网上可通过TCP/IP协议实现的一种电话应用。是利用先进的IP技术开发为客户提供的一种自动密码记账长途直拨电话业务，具有价格低、通话质量好、通达范围广的特点，用户可在固定电话、手机和小灵通上拨打200多个国家和地区及国内大部分城市。这个业务开通后，曾受到广泛欢迎。

3.固定电话业务：1990年开始可以自由安装电话，程控电话初装费5000元/部。1995年9月前后，个人安装一部固话，需要花费2800元，其中初装费2500元，工料费300元。

1999年3月1日起，固定电话初装费，城区营业区每部700元，农村营业区每部500元；住宅用户安装第二部电话不再收取初装费，只收取工料费，第二部电话一年半内不能单独移机；固定电话基本月租费，企事业单位电话每部12元，住宅电话7.6元/月；固定电话市话费0.2元/3分钟；国际长途话费，欧洲及其他部分国家15元/分钟；亚洲（除以色列、叙利亚、约旦、黎巴嫩）12元/分钟；内地（广东省除外）至港、澳地区，5元/分钟；祖国大陆至台湾地区，5元/分钟。

2000年3月，固定电话基本月租费的二级局标准，即住宅电话由7.6元/月调整为9.6元/月；企事业单位电话由12元/月，调整为15元/月；中继线由36元/月；调整为45元/月。

2001年3月21日起，营业区内（县内）通话费，由按3分钟1次计费，改为3分钟一次计费，之后每增1分钟计费1次的方法。住宅电话由每次3分钟0.16元调整为首次3分钟0.2元，之后每增1分钟加收0.1元的计费方法；办公电话由每次3分钟0.22元，调整为首次3分钟0.22元，之后每增加1分钟加收0.11元的计费方法；私人电话在营业区内每月免费通话金额每号线6元，超过6元的，则按上述规定另外缴纳。2001年7月1日起，电话初装费取消。

4.无线寻呼业务：无线寻呼（BB机或BP机）通信，是第一代个人即时通信工具。BB机不具备发射功能，是单向接收器，此项业务可在规定范围内为用户办理电话寻呼。被呼叫者可就近用电话与主叫人联系，第一次实现"随时随地"传信息，"有事儿你呼我"代表着一个时代的流行语，寻呼机满足人们在移动中即时通信的要求，它的出现加快信息传播的速度，使得生活更为方便惬意，工作效率明显提高。1994年5月20日无线寻呼台实现全省联网，BB机号码由5位、6位升至7位；保留126人工寻呼台，开通127自动寻呼台。随着移动电话的发展，曾一度流行一个人即带手机又腰挎寻呼机的拥有双套设备的现象。进入21世纪，手机逐渐具备主叫号码显示，短消息等功能，这使得手机在一定程度上取代寻呼机的功能，手机资费不断降低，因而寻呼机逐渐被用户遗弃。至2005年，无线寻呼业务终止。

5.移动电话业务：1993年移动电话处于发展初期，为第一代模拟移动（TACS）通信。450MC移动电话于1991年3月开通。当时手持的电话机被称为"大哥大"，体积大，价格高。1994年5月移动通信实现全国联网，是年7月出售的手持电话"大哥大"大幅度降价；月租费也由150元降到50元。

6.电报传真业务：1993年，有电报电路2条。1998年邮电分营后，电报、传真主要设备有：载报机2部，插报机1部，电传打字机3部，传真机2部。无线电报短波发信机2部，其中：单边带1部；载报终端设备容量12路。随着移动通信和网络及普通电话传真机的发展，2002年电报大幅减少，2003年起，不再统计电报、传真数量，电报被淘汰。传真则由电信部门向社会普及，传真机主要发展为与普通电话机合为一体的传真设备，通常利用电话线路传输。既能传送文字，又能传送图片，由黑白传真发展为彩色传真，用户可以自由安装，成为公司办公自动化和家庭通信一个重要组成部分。

1997年5月17日，邮电局开办中国分组交换互联网络中心（CHINANET）接入业务，可以方便地接入全球互联网，享受网上丰富的资源和E-MAIL＼ETP＼WWW等众多服务。是年11月16日，中国计算机互联网河北网正式开通，实现全省漫游。2000年，通过163、169电话调制解调器（窄带）上网。2001年7月涞水县电信局正式开通化联网ADSL业务，即在原有普通电话线上接入ADSL终端设备，光纤通。

信进入普通百姓家。当时硬件要求为，计算机，586奔腾及以上IBM兼容机；ADSL MODEM终端设备（路由器，由局方提供），内置式以太网卡。软件要求为，建议使用Windows98操作系统，浏览器建议使用INTERNET EXPLORE4.0以上或NETSCAPE4.0以上。ADSL资费分为初始费用和通信费，初始费用，在普通电话线上加装1个端口一次性收取用户终端设备费用2000元（用户终端设备产权归用户所有）和设备调测费300元；通信费，专线包月，2MB/S速率以下1000元/月，2MB/S速率以上2000元/月。

2004年宽带网陆续接入乡镇农村，随着互联网不断发展，宽带接入费用逐步降低。2005年，实现光纤到楼宇、宽带到乡村。

二、中国移动通信集团河北有限公司涞水分公司

主营移动通讯业务，由省市分公司负责管理、考核、统计和经营效益核算。

第七章　环境保护

20世纪80年代，环境保护工作引起政府注意，并设立相应机构。当时污染源主要是风沙、小型矿山、小化工造成的局部小面积污染。随着改革开放的不断深入，乡镇企业、餐饮业的兴起，农药、塑料制品、运载车辆的增多，工业、生活垃圾的日益增加，农作物秸秆焚烧，机动车尾气、扬尘、污染物、噪声等，给生产、生活环境带来的危害日益严重。对此县委县政府引起高度重视，从1993年开始逐步健全和加强机构和队伍建设，到2002年县政府设立直属机构环境保护局，把环境保护工作纳入县政府主要工作范畴。对大气环境质量、水环境质量、声环境质量进行综合治理，常抓不懈，取得明显成效。

第一节　环境质量

一、大气环境质量

2009年前，涞水无环境监测单位和监测设备，因此，对大气环境质量不能进行定时定量监测分析。总体观感，70年代，大气质量优良；80年代至90年代末，随着乡镇工业发展和人民生活水平的提高，污染物排放增加，环境质量越来越差；20世纪末达到极点；21世纪以来，随着环境污染治理力度加大，环境质量逐年好转。

2009年，涞水境内有工业企业662个，其中，主要工业企业259个，主要污染物为COD、SO_2、氨氮、烟尘、粉尘、氮氧化物。2009年，各项污染物的实际排放量为COD 1566吨、SO_2 1424吨、氨氮268吨、烟尘1179吨、粉尘482吨、氮氧化物2516吨。

赵各庄镇、龙门乡、九龙镇的污染企业是采选业，排放的主要污染物为工业粉尘。永阳镇、东文山乡为建材行业，排放的污染物也是工业粉尘。城区主要是玻璃器皿行业，污染物为氮氧化物和烟尘。涞阳工业园排污企业主要是化工企业和电极行业，污染物为废水、SO_2、烟（粉）尘、沥青烟、氨氮化物。

随着人民生活水平提高，燃料结构发生变化。20世纪80年代前，县城居民燃料以煤为主，农村以农作物秸秆为主。20世纪90年代，县城居民燃料以液化气为主，农村以煤为主。21世纪，县城居民以电、气为主；农村以气、煤为主，农作物秸秆，自20世纪90年代开始，已不再作为主要燃料，大部分就地焚烧，小麦秸秆几乎全部焚烧。2000年前后，夏收期间，明火随处可见，遍地烟雾，严重时影响汽车行驶。

二、水环境质量

（一）地表水

涞水县境内河流均属海河流域大清河水系，主要河流是拒马河。该河发源于涞源县，由涞水县店上村入境，县境内总长117.1千米，流域面积1605平方千米。在涞水县龙安铁索崖山下分为南、北两支，称为南、北拒马河。北拒马河流入北京房山区，经北京房山区平原进涿州市入白沟河。南拒马河经涞水县平原在高乐村出县界入定兴县。拒马河为常年性河流，山区河段河底多为卵石，河宽100~200米，平均纵坡为1：200，平原河底多为泥沙，宽100米，平均纵坡为1：400。常年水面不过100米，流量小，汛期流量增大。1980年以来，水量大幅减少，90年代初，干旱年份枯水期出现断流。2000年以来，北京房山区以南已年年断流，该河已成为季节河。

水污染主要包括农村生活污水及固体废弃物、化肥农药流失、分散式畜禽废水、水土流失、城镇地表径流5个方面。据计算，涞水全县面源产生量每年35425吨。其中COD（化学需氧量）产生量每年22322吨，占面源产生总量的63%；氨氮产生量每年1781吨，占面源产生总量的5%；总氮产生量8132t/a，占面源产生总量的23%；总磷产生量每年3189吨，占面源产生总量的9%；全县面源污染物入河量为每年6453吨，面源入河为18.2%，其中COD入河量每年1344吨，占面源入河量的20.8%；氨氮入河量每年364吨，占面源入河量的5.7%；总氮入河量每年3452吨，占面源入河量的53.5%；总磷入河量每年1292吨，占面源入河量的20%。

在各类面源产生量中，畜禽废水污染物产生量最大，占面源产生总量的83.4%；其次是化肥农药流失量，占面源总产量的7.9%；再次是水土流失量，占面源产生总量的4.4%；畜禽废水污染物产生量中COD、氨氮、总氮、总磷分别占各项污染物产生总量的96.4%、77.9%、51.3%、61.2%。

拒马河属于保定饮水水源功能区，该河道列入进行纳污能力分析范围。根据保定市水源分区，河流、行政区纳污能力计算成果，涞水县现状年污染物入河总量控制成果为：现状废污水入河量每年265.5万吨，COD入河量现状为每年253.3吨，入河控制量为每年152.0吨，入河消减量每年101.3吨，氨氮入河量现状为每年86.98吨，入河控制量每年52.19吨，入河消减量为每年34.79吨。

（二）地下水

涞水县饮用水目前全部为地下水，人口集中的县城为集中式水源供水，有供水井7眼，其他地方以自备水井为主。涞水山区大多数水质符合饮用水标准，水质超标的村庄多集中在平原、丘陵区，涉及81个村103254人。其中饮用苦咸水人口22220人，饮用污染严重、未经处理的地下水人口81034人。主要原因是丘陵、平原厂矿企业较多，相对污染源也较多，工业和生活废水未经处理直接排入河、沟，加之农田大量使用化肥、农药，被雨水冲入水源地，造成水质污染。

2008年，按照国务院、省、市污染源普查要求，对全县864个排污企业进行了普查登记，其中工业源535个（包括：重点工业源285个，一般工业源249个），生活源327个，集中式污染治理设施2个，采集数据录入微机数据库。

三、声环境质量

涞水县城区噪声主要来自交通车辆、建筑施工及娱乐场所。1979—1996年，城区噪声对居民影响不大。1997—1998年，车辆增多；旧城改造期间，房屋道路施工范围扩大；歌舞厅超标播放音响，噪声呈上升趋势。1999年以后，采取过境公路改道外环，疏散机动车辆，限制建筑施工作业时间等措施，至2009年，噪声控制在《声环境质量标准》（GB3096-2008）中二类标准以内。

1988—2000年工业“三废”排放情况统计表

表3-7-1-1

项目＼年份	1988	1992	1993	1995	1997	1998	1999	2000
废水排放量	1548.65	1192.46	1372.26	1347.72	2023.2	1194.2	618.82	847.13
废水处理量	471.21	672.19	859	962.55	1606.35	934.25	599.73	830.25
废水达标量	173.7	488.49	624.05	629.3	456.77	451.7	420.13	654.1
排放的化学耗氧量（吨）	223.73	91.73	456.04	263.48	2746.82	214.62	178.72	262.93
废气排放量（万标立方米）	521217.2	–	769488	296775	300059	387409	277401	583756
二氧化硫排放量(吨)	1419.04	–	2089.16	1453.41	4596.95	4560	1669.4	2489.97
烟尘排放量(吨)	1004.97	714.96	1690.21	3698.81	1064.66	479	106.15	401.18
粉尘排放量(吨)	2018	1986.15	22601.62	15209.5	33159.14	70976	21963.61	15751.47
固体废弃物产生量	–	27.98	24.02	20.32	28.59	–	–	30.74
固体废弃物综合利用量	2.1	2.69	3.65	3.79	5.01	–	–	3.52

第二节　环境治理

一、重点污染防治

（一）水污染治理

为处理县城工业和生活污水，相继建设两座污水处理厂。2008年11月，投资3500万元，日处理污水0.8万吨的城西污水处理厂建成并投入运行；2009年11月，投资5388万元，日处理污水1.2万吨的城东污水处理厂建成并投入运行。污水处理厂建成后，对改善拒马河沿岸，小西河沿岸水质起到了非常重

城东污水处理厂

要的作用。2009年5月，投资3000万元，日处理165吨生活垃圾的无害化填埋场开工建设，预计2010年5月竣工，届时县城的生活垃圾可以全部无害化处理。淘汰、关闭、取缔一批重度污染工业企业，全县工业污染物的排放量得到有效控制，主要污染物的排放总量趋于减少。涞水县总体水质正缓慢恢复。

（二）大气污染治理

消灭污染源。30年取缔关停“小炼油”“小电镀”“小选金”等“十五小”企业500余个。在“一控双达标”工作中，对全县企业进行治理达标或强制关停，大幅度减少废气和粉尘排放，同时也促进产业结构调整升级和企业的二次创业。结合环境治理，启动“环保形象工程”。集中力度对县城和112国道两侧的黑烟囱和灰粉厂进行治理。消除林格曼1级以上烟囱，取缔路边灰粉加工厂，改善空气质量和行车环境。

为支持北京奥运，改善首都周围大气环境质量，2005年以来，加大秸秆焚烧治理力度。县政府发布秸秆禁烧通告，成立由县政府副县长任组长、环保局、公安局、农业局、科技局等有关单位参加的秸秆禁烧工作领导小组，并成立联合执法大队加大执法力度。责任到乡镇、村、户，县、乡镇、村层层签订责任书，见火、见灰罚款。同时，加大秸秆综合利用力度，推广小麦收割、脱粒、秸秆粉碎还田联合收割机；推广玉米秸秆青储养牛和粉碎还田技术，为农作物秸秆找到新的出路。经过几年的努力，秸秆焚烧已得到控制，麦收季节，再不是烟雾弥漫的天气，大气质量有了极大改善。

（三）城市环境综合治理

涞水县环境保护工作起步于1979年。

1.控制污染源。对新上项目，全部进行环境影响评价。对严重污染项目，经济效益再好也不准在涞水落户。建设项目严格执行三同时（建设项目中防治污染的设施必须与主体工程同时设计、同时施工、同时投产使用）。

2.对涞水境内现有工矿企业，逐一进行排查。对污染企业的“三废”排放定期取样、监测监控，并加大排污收费力度和治理力度。随着排污收费监管力度的加强，污染费收费额逐年上升。1996年9万元，1999年35万元，2002年45万元，2005年77万元，2007年90.89万元，2008年107.88万元，2009年达到100.1万元，加快环保治理资金的积累。

排污收费按规定使用国家财政监制和省财政部门统一印制的财政票据，收入统一上缴县财政专户管理。

3.结合创建文明县城活动，进行城区环境整治。1992年年底，建立烟尘控制区，推广民用型煤，普及率达92%；推广石油液化气炉灶1000余户。1993年，县政府颁布《城区烟尘控制区管理办法》，城区自来水厂建立

冀东水泥厂除尘设施

涞水县部分年度城区环境治理情况统计表

表3-7-2-1

项目＼年份	1992	1997	1999	2000
工业废水治理率	86.15	91.4	91	100
工业废水处理达标率	76	68.5	85.2	100
工业固体废弃物综合利用率	95.39	91.1	100	100
生活垃圾清运率	99	100	100	100
绿化覆盖率	31.70	16	31.8	31.8

水源保护区；制定《涞水县城区生活饮用水水源污染防治管理规定》。1995年8月由县环保局和工商局联合下发《关于加强涞水县饮食娱乐服务企业环境管理的通知》。2000年，县城烟尘控制区覆盖达100%；城区生活用气达90%；饮用水水质达标率达到100%。县环保局联合公安局、工商局下发《关于加强涞水县城区社会噪声污染管理的通告》和《城区禁养生猪的通告》，公布热线电话及时解决群众反映的噪声和大气污染问题。同时，下大力治理城区机动车辆尾气污染。对城区各加油点、油库的检查监测，禁止使用含铅汽油。兴建占地10.8亩的垃圾堆放场，实行垃圾定点存放，定时清运，城区乱倒垃圾的现象得到改变。

（四）农村环境整治

自1996年开始，先后在涞水镇、义安、永阳、王村等乡镇开展农村环境综合整治。上述乡镇石灰石、沙石、水泥、煤炭等开采加工企业，对农村环境污染较大，生态环境破坏比较严重。1999年4月，在全县开展创建“十佳生态乡镇”活动。至2009年各项整治指标均逐年落实，乡镇生态环境得到改善。如义安镇在农村环境综合整治后，森林覆盖率年均增长0.22%，耕地保存率100%，耕地保护区占有率88%，水土流失治理率100%，烟尘治理率100%，乡镇企业无超标废水排放、无固体废弃物排放。该镇水资源保护区水质，经县防疫站监测符合生活饮用水标准。

二、环境管理

（一）环境目标管理

2005年编制《涞水县“十一五”环境保护规划》，环境保护纳入涞水县国民经济和社会发展计划。2001年涞水纳入第九批全国生态示范区建设试点，县委、县政府批准成立规划编制工作委员会及领导小组，聘请河北省师范大学环境科学院与县环保局共同编制《涞水县生态示范区建设总体规划》，2007年4月经县政府批准实施。涞水县生态示范区建设自2003年初即开始筹备，采取规划编制与项目建设

垃圾填埋厂

同步开展，稳步实施的方法，缩短建设周期，加快建设步伐。提前完成《2001年全国生态示范区建设考核验收标准》中的指标，于2009年11月20日通过省环保局专家组验收。

（二）环境监察与执法

从1997年起，每年开展一次环保执法大检查。先后开展排查环境污染隐患，整治违法排污企业、清查放射源、非煤矿山专项整治、砂石开采专项整治、畜禽养殖调查、建设项目清理等多项环境污染综合整治行动，排查解决矛盾隐患380起，查处违法违规企业120余家。2004年、2005年，河北省人大立法研究会在其主办的《立法执法》杂志上分别以《建章立制抓队伍，专项行动取实效》《创建一流环保业绩》的文章在全省介绍涞水的做法。2006年、2007年，省机关刊物《河北经济日报》《大众阅读报》、县域经济通讯分别就涞水县环保专项行动的做法和经验进行宣传报道。2002年3月28日开通“12369”环保举报热线，建立环境污染有奖举报制度，方便公众广泛参与环境保护行动。

（三）管理机构

1979年，成立环保办公室，隶属县革命委员会，正科级。1983年，建设局与环境保护办公室（简称环保办）合并，一套人马，两块牌子。1984年，环保办与计划委员会合并，设环保股，对外称环保办。1988年，环保办隶属城建局，财务独立核算。1993年，隶属建设委员会，设环保科。1994年，成立环保办，隶属建委，财务独立核算。1998年，成立环保局（二级局），隶属建设环保局，财务独立核算。2002年成立环境保护局，内设办公室、法制宣教科，环境保护监测站，财务室，管理股，稽查队，监察大队，机关行政编制8名，设局长1名，副局长2名。2009年机构设置未变。

第四编 中国共产党地方组织

1979—2009年，中共涞水县委和各级地方党组织，认真贯彻中央精神，紧紧围绕脱贫致富、富民强县、加快发展和全面建设小康社会目标，根据涞水的实际情况，完善工作思路，提高决策水平，团结带领全县广大干部群众，以经济建设为中心，解放思想，与时俱进，抓住机遇，跨越发展。党的执政能力、基层民主政治建设、党风廉政建设、宣传思想、统一战线、社会综合治理等工作，得到进一步加强，全县政治安定、社会稳定、经济发展、政通人和，综合实力和人民生活水平显著提高。

第一章 代表大会

1979—2009年，涞水县委注重党的组织建设，党员总数从14024名增加到19323名，30年净增5299名，党员的年龄结构、文化结构、职业构成发生明显变化，青黄不接的状况得到改善。1979—2009年，共召开7次代表大会。

第一节　党　员

一、党员发展

1979—2009年，中共涞水县各级组织按照“坚持标准、保证质量、改善结构、慎重发展”的方针，坚持做好党员发展工作。1979年，全县有党员14024名。至2009年，全县党员发展到19323名，比1979年增加5299人，增长37.78%。

防治非典一线新党员入党宣誓

二、党员构成

1979年年底，涞水县有中国共产党正式党员14024名，其中农村党员11177名，占79.7%；县直机关党员2692名，占19.2%。

全部党员中，35岁以下党员3499名，占25.0%；36~59岁的6966名，占49.6%；60岁以上党员3559名，占25.4%。大专文化程度以上的90名，占0.6%；中专高中文化的464名，占3.3%；初中文化的2578名，占18.4%；初中以下的10892名77.7%。

截至2009年年底，全县有正式党员19323名，其中农村党员14016名，占72.5%；县直机关企事业单位党员5085名，占26.3%；新的经济、社会组织中党员222名，占1.1%。

在全部党员中，35岁以下的3456名，36~59岁的9132名，60岁以上的6840名。大专文化程度以上的2143名，占11.1%，比1979年增加2053人，增加10.5个百分点；中专高中文化的5158名，占26.7%，比1979年增加4694人，增加23.4个百分点；初中文化的12120名，占62.7%，比1979年增加9542人，增加44.3个百分点；初中以下的5079名，占26.3%，比1979年减少5813人，降低51.4个百分点。30年来，党员的文化素质有了显著的提高。

1979—2009年涞水县党员基本情况表（一）

表4-1-1-1　　　　单位：人

项目 年度	总数	性别		民族		年龄					
		男	女	汉	少数民族	25岁以下	26~35岁	36~45岁	46~55岁	56~60岁	61岁以上
1979	14024	11795	2229	13878	146	240	3259	3078	2605	1283	3559
1980	14125	11913	2212	13974	151	227	3089	4417	2916	1436	2040
1981	14089	11861	2228	13940	149	192	3004	3822	3206	1579	2286
1982	14125	11788	2337	13982	143	108	2691	3662	3391	1670	2603
1983	14109	11801	2308	13911	198	151	3151	3001	3576	1761	2469
1984	14437	12147	2290	14245	192	216	2961	3106	3656	1800	2698
1985	14995	12638	2357	14840	155	343	2853	3260	3924	1932	2683
1986	15031	12734	2297	14800	231	400	2185	3986	3824	1891	2745

续表

项目 年度	总数	性别		民族		年龄					
		男	女	汉	少数民族	25岁以下	26~35岁	36~45岁	46~55岁	56~60岁	61岁以上
1987	15168	13352	1816	14950	218	404	2204	4022	3859	1909	2770
1988	15330	13454	1976	15099	231	408	2228	4065	3900	1929	2800
1989	15567	13649	1918	15325	242	447	2285	4004	3680	2131	3020
1990	15703	13417	2286	15432	271	467	2241	3966	3644	1981	3404
1991	15818	13506	2312	15542	276	519	2403	4017	3691	1984	3204
1992	15949	13585	2364	15667	282	571	2546	4003	3678	1986	3165
1993	14498	12869	1629	14215	283	262	1689	3692	2372	1035	5448
1994	14691	12918	1773	14327	364	313	1792	4081	2218	914	5373
1995	14952	13058	1894	14528	424	343	1873	4122	2472	1014	5128
1996	15145	13178	1967	14737	408	378	1792	3904	2739	1235	5097
1997	15323	13127	2196	14896	427	401	1801	3987	2930	1324	4862
1998	15718	13253	2465	15277	441	432	1849	3179	4067	1401	4790
1999	15920	13355	2565	15467	453	449	1795	3025	4008	1447	5196
2000	16105	13507	2598	15654	451	464	1762	2907	3931	1527	5514
2001	16341	13695	2646	15876	465	491	1727	2798	3885	1665	5775
2002	16529	13815	2714	16048	481	519	1688	2729	3842	1798	5953
2003	16740	13992	2748	16267	473	537	1653	2623	3793	1930	6204
2004	17177	14376	2801	16693	484	553	1843	2729	3803	1951	6298
2005	17590	14733	2857	17089	501	571	1920	2902	3852	1991	6354
2006	17987	15069	2918	17470	517	601	2031	3014	3897	2043	6401
2007	18365	15384	2981	17842	523	623	2115	3142	3931	2076	6478
2008	18840	15793	3047	18307	533	641	2322	3214	3965	2163	6735
2009	19323	16209	3114	18782	541	665	2405	3415	3997	2240	6601

1979—2009年涞水县党员基本情况表（二）

表4-1-1-2　　　　单位：人

项目 年度	总计	文化程度					行业分布						
		大专以上	中专	高中	初中	初中以下	工业	交通邮电	农林水牧	财贸	文教卫生	机关团体	其他
1979	14024	90	–	464	2578	10892	953	26	11177	332	382	1127	27
1980	14125	97	68	369	2763	10828	880	86	11251	367	413	958	170

续表

项目 年度	总计	文化程度					行业分布						
		大专以上	中专	高中	初中	初中以下	工业	交通邮电	农林水牧	财贸	文教卫生	机关团体	其他
1981	14089	99	185	41	2683	10708	832	83	11307	378	419	976	94
1982	14125	107	194	417	2761	10646	824	67	11255	442	424	1001	112
1983	14109	115	223	597	3046	10128	749	86	11215	400	445	1156	58
1984	14437	165	375	717	3080	10100	840	75	11414	425	457	1141	85
1985	14995	209	504	871	3417	9994	752	89	11386	592	690	1229	257
1986	15031	255	536	934	3381	9925	–	–	–	–	–	–	–
1987	15168	275	560	1082	3375	9876	–	–	–	–	–	–	–
1988	15330	284	593	1180	3504	9769	–	–	–	–	–	–	–
1989	15567	328	679	1249	3848	9463	–	–	–	–	–	–	–
1990	15703	371	747	1350	3996	9239	–	–	–	–	–	–	–
1991	15818	398	806	1453	4123	9038	–	–	–	–	–	–	–
1992	15949	427	871	1616	4225	8810	–	–	–	–	–	–	–
1993	14498	221	1247	2589	5693	4748	751	54	9989	555	950	2276	23
1994	14691	445	1280	2671	5782	4503	778	65	9996	570	981	2392	15
1995	14952	529	4231	2608	5829	4755	794	69	9994	598	984	2490	23
1996	15145	697	1164	2570	5793	4721	824	60	10282	584	996	2385	14
1997	15323	725	1195	2494	5903	5006	833	61	10382	598	1043	2393	13
1998	15718	834	1139	2462	6039	5204	860	67	10602	614	1075	2484	16
1999	15920	892	1184	2573	6092	5215	849	97	10699	849	975	2723	17
2000	16105	976	1229	2622	6148	5130	831	105	10733	831	879	3034	15
2001	16341	1043	1275	2716	6210	5097	817	132	10840	817	762	3277	17
2002	16529	1104	1304	2775	6245	5101	804	140	10785	804	688	3616	18
2003	16740	1171	1370	2850	6320	5168	757	158	10804	757	519	3795	17
2004	17177	1254	1391	2948	6402	5182	797	167	11427	–	–	–	–
2005	17590	1312	1425	3092	6497	5264	845	179	11735	–	–	–	–
2006	17987	1389	1461	3219	6578	5340	895	186	12040	–	–	–	–
2007	18365	1462	1481	3388	6652	5382	932	193	12326	–	–	–	–
2008	18840	1512	1492	3713	6724	5399	967	201	12707	–	–	–	–
2009	19323	1513	1521	4050	6810	5429	999	209	13111	–	–	–	–

第二节　代表大会

一、代表

中共涞水县历次代表大会代表，由各基层组织选举产生。各选举单位，按照分配名额及素质要求，分别召开代表大会、代表会议或党员大会，采取无记名方式差额选举出席县代表大会代表。第五次党代会代表321名；第六次党代会代表295名；第七次党代会代表176名；第八次党代会代表175名；第九次代会代表212名；第十次党代会代表221名；第十一次党代会代表235名。

二、历次代表大会

（一）中共涞水县第五次代表大会

中共涞水县第五次代表大会，1982年1月11—14日召开，出席代表321名。这次代表大会是在贯彻落实中共十一届三中全会精神。努力消除“文化大革命”遗留的消极后果，实现拨乱反正的形势下召开的。袁硕儒代表县委作工作报告，实事求是地总结全县十一年来的工作，提出今后的工作任务。要求全县各级党组织、共产党员和人民群众，认真贯彻落实三中全会以来的路线、方针和政策，继续批左，拨乱反正。从政治上、组织上和经济上彻底否定“文化大革命”，加强和改善党的领导，增强党的战斗力，把党的工作重心转移到领导全县人民进行“四化”建设的轨道上来。马全忠作纪律检查委员会的工作报告。大会选举产生中共涞水县第五届委员会和纪律检查委员会。

（二）中共涞水县第六次代表大会

中共涞水县第六次代表大会于1985年11月25日召开，出席代表295名。这次大会是在机构改革以后的新形势下召开的，大会听取和审议刘俊生代表上届县委所作的题为《正确认识形势，保持清醒头脑，为建设文明富裕的涞水而奋斗》的工作报告听取和审议纪律检查委员会所作的工作报告，并通过相应的决议。大会作出《关于顾大局、讲团结的决议》《关于尽快实现党风根本好转的决议》《关于向老干部学习，搞好新老合作交替工作的决议》《关于开展“三访”活动的决议》。大会通过反复酝酿，按照革命化、年轻化、知识化、专业化的干部标准，选举产生中共涞水县第六届委员会和中共涞水县纪律检查委员会。县委由30名委员和5名候补委员组成。

（三）中共涞水县第七次代表大会

1989年11月6—8日，中共涞水县第七次代表大会召开。中共涞水县委所属党组织有正式党员14901名，选出涞水县第七次代表大会代表176名，出席大会的代表166名，列席代表67名，特邀代表11名。大会设主席团、秘书长、代表资格审查委员会。

大会审议和通过李瑞昌代表中共涞水县第六届委员会所作的《团结一致、艰苦奋斗、扎扎实实地把涞水的事业推向前进》的工作报告。报告总结第六届委员会工作成就和基本经验，提出第七届委员会奋斗目标和今后任务。大会审议并通过秦裕龙代表县纪律检查委员会所作的工作报告，并对上述报告做出相应的决议。大会号召：“全县各级党组织、党员和人民在今后三年要认真贯彻执行报告精神，全面完成报告提出的各项任务，为夺取两个文明建设的更大胜利而努力奋斗。”大会选举中共涞水县第七届委员会委员31名、候补委员4名，其中女性1名、少数民族2名。平均年龄45.8岁。具有大专以上文化的16人，占51%；高中、中专的6人，占19.3%；初中以下的9人，占29.7%；有技术职称的4人。选举产生中共涞水县纪律检查委员会委员13人，平均年龄45.6岁。

11月8日，中共涞水县第七届委员会第一次会议，选举出县委常委9人，其中书记1人、副书记3人。县委常委平均年龄44.3岁，其中正副书记平均年龄47.8岁，最大年龄51岁，最小年龄32岁。具有大专以上文化的7人，占78%；高中、中专文化的2人，占22%；有技术职称的2人。

（四）中共涞水县第八次代表大会

1993年3月，中共涞水县第八次代表大会召开，出席代表175名，其中乡、局级以上领导干部96名，占代表总数的55%；妇女代表9名，占代表总数5%；少数民族9名，占代表总数5%。列席代表71名，老干部、部队代表9名。大会设主席团、秘书长、代表资格审查委员会。

大会审议和通过了韩雅生代表中共涞水县第七届委员会所作的工作报告。报告总结过去的成就和经验，提出今后的奋斗目标和主要任务，听取、审议并通过唐福春代表县纪委所作的工作报告。选举出第八届县委委员31人，候补委员4人，其中妇女2名，占1.7%；少数民族1名，占2.5%；具有大专以上文化的19人，占54.3%；高中、中专文化的13人，占37.1%；初中以下文化的占8.6%；有技术职称的11人。县纪委委员17名。

1993年3月，中共涞水县第八届委员会第一次全体会议，以无记名投票方式差额选举常务委员会委员11人，等额选举书记1名、副书记3名。其中常务委员会委员连任10名，占90%，平均年龄43.5岁，最大49岁，最小30岁。具有大专以上文化的9人，占81.8%；高中文化的1人，占9.1%；初中文化的1人，占9.1%。

（五）中共涞水县第九次代表大会

1998年3月，中共涞水县第九次代表大会召开，出席代表212名，列席代表68名，其中专业技术人员32名，工人、农民、其他劳动者49名；部队代表4名；其中妇女代表42名，占代表总数的19.8%；少数民族代表5名，占代表总数的2%。

大会听取和审议韩雅生代表中共涞水县第八届委员会所作的工作报告，并通过相关决议；听取和审议薛兆丰代表中共涞水县纪律检查委员会所作的工作报告，并通过相关决议。大会选举第九届委员会委员30名，候补委员4名，其中妇女委员2名；选举纪律检查委员会委员16名，其中妇女委员2名。

1998年3月9日，中共涞水县第九届委员会第一次全体会议，以无记名投票方式差额选举常务委员会委员10名，等额选举书记1名、副书记3名。常务委员会委员中连任6名，占60%。至2003年3月，有委员28名，常务委员11名，书记1名、副书记3名。

（六）中共涞水县第十次代表大会

2003年4月，中共涞水县第十次代表大会召开，出席代表221名，列席代表61名，其中：妇女代表40名，占代表总数的18.1%。少数民族代表15名，占代表总数的6.8%；专业技术人员45名，先进模范人物48名，部队代表4名。

大会听取和审议孙金博代表中共涞水县第九届委员会所作的工作报告，并通过相关决议；听取和审议中共涞水县纪律检查委员会工作报告，并通过了相关决议；大会选举第十届委员会委员29名，候补委员5名，其中妇女委员3名；选举纪律检查委员会委员15名，其中妇女委员2名。

2003年4月4日，中共涞水县第十届委员会第一次全体会议，以无记名投票方式，差额选举常务委员会委员11名，等额选举书记1名、副书记4名。常务委员会委员中连任5名。至2006年4月，有委员29名，常务委员11名，书记1名、副书记3名。

（七）中共涞水县第十一次代表大会

2006年5月30日，中共涞水县第十一次代表大会召开，出席代表235名，列席代表61名，专业技术人员47名，先进模范人物40名，部队代表4名。其中妇女代表57名，占代表总数的22.5%；少数民族代表20名，占代表总数的8.5%。大会听取和审议孙金博代表中共涞水县第十届委员会所作的工作报告，并通过相关决议；听取和审议中共涞水县纪律检查委员会工作报告，并通过相关决议；大会选举第十一届委员会委员35名，候补委员7名；选举纪律检查委员会委员15名，其中妇女委员1名。

2006年5月30日，中共涞水县第十一届委员会第一次全体会议，以无记名投票方式差额选举常务委员会委员12名（其中挂职1名），等额选举书记1名、副书记3名。常务委员会委员中连任5名。

中共涞水县第十一届委员会任期5年，任期起止时间为2006年4月至2011年8月。

第二章　组织机构

中共涞水县组织机构，分为县委领导机构、纪律检查（监察）机构、县委工作机构、机关党组（党委）、基层组织。

第一节　县委领导机构

1979—2009年，涞水县委换届8次，其中：第四届、第七届、第八届、第九届任期5年，第五届、第六届、第十届、第十一届任期3年。

1979—2009年中共涞水县常务委员会组成人员一览表

表4-2-1-1

届 次	职务	姓 名	性别	籍贯	任 职 时 间	备 注
第四届(1976.10—1981.12)	书 记	刘庆芳	男	高阳	1976.10-1977.04	
		李永月	男	山东栖霞	1977.05-1981.09	
		袁硕儒	男	安国	1981.10-1981.12	
	副书记	王建良	男	涞水	1976.10-1979.07	
		林阳旭	男	吉林	1976.10-1977.05	
		王殿杰	男	涞水	1976.10-1977.05	
		褚廷富	男	涞水	1976.10-1977.05	
		许继舜	男	安徽宿县	1977.05-1981.12	
		刘桂增	男	涞水	1977.11-1981.12	
		兰光义	男	安国	1977.11-1981.12	
		杨德庆	男	易县	1979.08-1981.02	
		杨俊权	男	涿鹿	1979.08-1981.02	
		马全忠	男	涞水	1980.06-1981.12	
		王建良	男	涞水	1981.11-1981.12	
	常务委员	刘庆芳	男	高阳	1976.10-1977.04	
		王建良	男	涞水	1981.11-1981.12	

续表

届 次	职务	姓 名	性别	籍贯	任 职 时 间	备 注
第四届(1976.10—1981.12)	常务委员	王殿杰	男	涞水	1976.10-1977.05	
		褚延富	男	涞水	1976.10-1977.05	
		刘文彬	男	涞水	1976.10-1978.07	
		李焕彩	女	涞水	1976.10-1981.12	
		杨德庆	男	易县	1976.10-1981.02	
		路 满	男	易县	1976.10-1981.12	
		刘桂增	男	涞水	1976.10-1981.12	
		梁德山	男	涞水	1976.10-1977.05	
		单明祥	男	涞水	1976.10-1978.07	
		王玉霞	女	涞水	1976.10-1978.12	
		张汉卿	男	涞水	1976.10-1979.12	
		徐振英	男	-	1976.10-1977.05	
		林阳旭	男	吉林	1976.10-1977.05	
		李永月	男	山东栖霞	1976.12-1981.09	
		许继舜	男	安徽宿县	1976.12-1981.12	
		安自卫	男	天津宝坻	1977.06-1981.12	
		朴向昌	男	-	1977.06-1979.10	
		郑义珍	女	涞水	1977.12-1981.12	
		贾振洲	男	易县	1978.03-1981.12	
		陈际礼	男	高阳	1978.03-1981.11	
		陈 瑛	男	邯郸	1978.03-1981.05	
		姜国贤	男	完县	1978.03-1981.12	
		曹善成	男	涞水	1978.03-1981.12	
		杨俊权	男	涿鹿	1978.05-1981.12	
		兰光义	男	安国	1978.03-1981.11	
		马全忠	男	涞水	1980.06-1981.12	
		袁硕儒	男	安国	1981.10-1981.12	
		王建良	男	涞水	1981.11-1981.12	
第五届(1982.01—1985.10)	书 记	袁硕儒	男	安国	1982.01-1983.11	
		刘俊生	男	安国	1983.12-1985.10	
	副书记	刘桂增	男	涞水	1982.12-1983.03	
		马全忠	男	涞水	1982.01-1983.11	
		杨俊权	男	涿鹿	1982.01-1983.11	
		王殿杰	男	涞水	1982.01-1983.11	

续表

届 次	职务	姓 名	性别	籍贯	任 职 时 间	备 注
第五届 (1982.01—1985.10)	副书记	高树春	男	易县	1983.01-1985.10	
		薛善斌	男	清苑	1984.01-1985.10	
		张克明	男	定兴	1984.03-1985.10	
	常务委员	袁硕儒	男	安国	1982.01-1983.11	
		刘俊生	男	安国	1983.12-1985.10	
		刘桂增	男	涞水	1982.01-1983.03	
		马全忠	男	涞水	1982.01-1983.11	
		杨俊权	男	涿鹿	1982.01-1983.11	
		王殿杰	男	涞水	1982.01-1983.11	
		王建良	男	涞水	1982.01-1983.11	
		路 满	男	易县	1982.01-1983.11	
		贾振洲	男	易县	1982.01-1983.07	
		安自卫	男	宝坻	1982.01-1983.05	
		刘文彬	男	涞水	1982.01-1983.11	
		高瑞千	男	涞水	1982.01-1983.11	
		高树春	男	易县	1983.01-1985.10	
		韩德明	男	雄县	1983.12-1985.10	
		王旭波	男	涞水	1983.12-1985.10	
		卢智生	男	涞水	1982.12-1985.12	
		马 权	男	涞水	1983.12-1985.09	
		刘永田	男	迁安	1983.12-1985.10	
		薛善斌	男	清苑	1984.01-1985.10	
		张克明	男	定兴	1984.03-1985.10	
第六届 (1985.11—1989.11)	书 记	刘俊生	男	安国	1987.10-1989.03	
		李瑞昌	男	安国	1989.03-1989.03	
	副书记	高树春	男	易县	1987.10-1989.11	
		李瑞昌	男	安国	1987.10-1989.03	
		赵书奇	男	山东平原	1987.10-1989.11	
		杨铁军	男	曲阳	1989.03-1989.11	
	常务委员	刘俊生	男	安国	1989.10-1989.03	
		高树春	男	易县	1987.10-1989.11	
		韩德明	男	雄县	1987.10-1989.09	
		李瑞昌	男	安国	1987.10-1989.11	
		杨铁军	男	曲阳	1987.10-1989.11	

续表

届 次	职务	姓 名	性别	籍贯	任 职 时 间	备 注
第六届(1985.11—1989.11)	常务委员	张玉祥	男	清苑	1987.10-1989.11	
		赵书奇	男	山东平原	1987.10-1989.11	
		王金山	男	易县	1987.10-1989.11	
		陈永久	男	景县	1989.07-1989.11	
		秦裕龙	男	-	1989.09-1989.11	
		唐福春	男	保定	1989.09-1989.11	
第七届(1989.11—1993.03)	书 记	李瑞昌	男	安国	1989.11-1993.02	
		韩雅生	男	定兴	1993.02-1993.03	
	副书记	杨铁军	男	曲阳	1989.11-1991.11	
		高树春	男	易县	1989.11-1992.12	
		赵书奇	男	山东平原	1989.11-1992.07	
		陈胜英	男	蠡县	1991.12-1993.03	
		王金山	男	易县	1992.07-1992.12	
		张清田	男	承德	1992.12-1993.03	
		许金海	男	易县	1992.12-1993.03	
	常务委员	王金山	男	易县	1989.11-1992.12	
		杨铁军	男	曲阳	1989.11-1991.11	
		李瑞昌	男	安国	1989.11-1993.02	
		张玉祥	男	清苑	1989.11-1993.03	
		陈永久	男	景县	1989.11-1991.07	
		赵书奇	男	山东平原	1989.11-1992.07	
		秦裕龙	男	-	1989.11-1992.03	
		高树春	男	易县	1989.11-1992.12	
		唐福春	男	保定	1989.11-1993.03	
		张喜奎	男	博野	1991.10-1993.03	
		张桂才	男	涞水	1991.10-1993.03	
		陈胜英	男	蠡县	1991.12-1993.03	
		张恩德	男	安新	1992.07-1993.03	
		张清田	男	承德	1992.12-1993.03	
		许金海	男	易县	1992.12-1993.03	
		孙贵杰	男	徐水	1992.12-1993.03	
		李焕福	男	涞水	1992.12-1993.03	
		韩雅生	男	定兴	1993.12-1993.03	

续表

届 次	职务	姓 名	性别	籍贯	任 职 时 间	备 注
第八届（1993.03—1998.03）	书 记	韩雅生	男	定兴	1993.03-1998.03	
	副书记	陈胜英	男	蠡县	1993.03-1994.08	
		许金海	男	易县	1993.03-1998.01	
		张清田	男	承德	1993.03-1998.03	
		石海林	男	定兴	1994.08-1998.03	
	常务委员	韩雅生	男	定兴	1993.03-1998.03	
		陈胜英	男	蠡县	1993.03-1994.08	
		许金海	男	易县	1993.03-1998.01	
		张清田	男	承德	1993.03-1998.03	
		唐福春	男	保定	1993.03-1998.01	
		张玉祥	男	清苑	1993.03-1996.10	
		张喜奎	男	博野	1993.03-1998.01	
		张桂才	男	涞水	1993.03-1998.03	
		张恩德	男	安新	1993.03-1998.01	
		孙贵杰	男	徐水	1993.03-1998.03	
		李焕福	男	涞水	1993.03-1998.03	
		于明久	男	涞水	1996.10-1998.03	
		陈 水	男	涞水	1998.01-1998.03	
第九届（1998.03—2003.03）	书 记	韩雅生	男	定兴	1998.03-2000.03	
		李老铁	男	雄县	2000.03-2002.01	
		孙金博	男	博野	2002.01-2003.03	
	副书记	石海林	男	定兴	1998.03-2000.03	
		王立加	男	曲阳	1998.03-2003.03	
		孙贵杰	男	徐水	1998.03-2003.03	
		王惠欣	男	清苑	2000.03-2003.03	
	常务委员	石海林	男	定兴	1998.03-2000.03	
		王立加	男	曲阳	1998.03-2003.03	
		孙贵杰	男	徐水	1998.03-2003.03	
		于明久	男	涞水	1998.03-2001.03	
		薛兆丰	男	宁晋	1998.03-2003.03	
		张桂才	男	涞水	1998.03-2003.03	
		李焕福	男	涞水	1998.03-2001.05	
		陈 水	男	涞水	1998.03-2003.03	
		李增泉	男	保定	1998.03-2003.03	

续表

届 次	职务	姓 名	性别	籍贯	任 职 时 间	备 注
第九届（1998.03—2003.03）	常务委员	赵大明	男	保定	1998.04-2002.08	
		王惠欣	女	清苑	2000.03-2003.03	
		石登云	男	射阳	2001.12-2003.03	
第十届（2003.04—2006.04）	书 记	孙金博	男	南宫	2003.04-2006.04	
	副书记	田庆柱	男	清苑	2003.04-2006.04	
		薛兆丰	男	宁晋	2003.04-2006.04	
		于舒心	男	易县	2003.04-2006.04	
		锁宝贵	男	定州	2003.04-2005.08	
		范溢河	男	射阳	2005.07-2006.04	挂 职
		齐瑞飞	男	涞源	2006.04-2006.04	
	常务委员	孙金博	男	博野	2003.04-2006.04	
		田庆柱	男	清苑	2003.04-2006.04	
		薛兆丰	男	宁晋	2003.04-2006.04	
		于舒心	男	易县	2003.04-2006.04	
		锁宝贵	男	定州	2003.04-2005.08	
		石登云	男	射阳	2003.04-2006.04	
		连书君	男	易县	2003.04-2006.04	
		杨建军	男	曲阳	2003.04-2006.04	
		张德勇	男	蠡县	2003.04-2006.04	
		赵春晖	男	易县	2003.04-2006.04	
		刘晓梅	男	涿州	2003.04-2006.04	
		范溢河	男	-	2005.07-2006.04	挂 职
		齐瑞飞	男	涞源	2006.04-2006.04	
第十一届（2006.04—2011.08）	书 记	孙金博	男	南宫	2006.04-2009.01	
		缺 职	男		2009.01-2009.03	
		田庆柱	男	清苑	2009.03-2009.12	
	副书记	田庆柱	男	清苑	2006.04-2009.03	
		齐瑞飞	男	涞源	2006.04-2008.10	
		于舒心	男	易县	2006.04-2009.12	
		杨宝昌	男	徐水	2008.10-2009.12	
	常务委员	孙金博	男	博野	2006.04-2009.01	
		田庆柱	男	清苑	2006.04-2009.12	
		于舒心	男	易县	2006.04-2009.12	
		齐瑞飞	男	涞源	2006.04-2008.10	

续表

届 次	职务	姓 名	性别	籍贯	任 职 时 间	备 注
第十一届（2006.04—2011.08）	常务委员	范溢河	男	涞源	2006.04-2008.04	挂职
		石登云	男	射阳	2006.04-2009.04	
		连书君	男	易县	2006.04-2009.02	
		杨建军	男	曲阳	2006.04-2007.05	
		张德勇	男	蠡县	2006.04-2007.05	
		刘晓梅	女	涿州	2006.04-2011.08	
		任生桥	男	涞源	2006.04-2008.11	
		陈 河	男	涞水	2007.05-2008.11	
		王保辉	男	定州	2007.05-2008.10	
		张志强	男	固安	2008.04-2009.08	挂职
		杨宝昌	男	徐水	2008.10-2009.12	
		万树军	男	涞水	2008.11-2009.12	
		刘清源	男	涞水	2008.11-2009.12	
		贾见勇	男	唐县	2009.02-2009.12	
		韩彦清	男	涞水	2009.02-2009.12	
		李 占	男	定州	2009.04-2009.12	
		李艳彪	男	饶阳	2009.08-2009.12	挂职

第二节 纪律检查（监察）机构

中共涞水县纪律检查委员会、涞水县监察局、行政服务中心，正科级，行政编制26人，工勤编制2人。设书记1名（县委常委担任），副书记2名（正科），监察局局长1名（由纪委副书记兼任），监察局副局长2名（由纪委常委兼任），室主任11名。内设股室11个：办公室、综合室、执法室、信访室、廉政室、宣教室、检查室、审理室、干部室、行政效能室、纠风室。

纪律检查工作委员会(监察分局)，副科级，下设7个纪工委、监察分局，核定行政编制30人。其中第一、二、三、四分局，面向县直；第五、六、七分局，面向乡镇。纪工委书记、监察分局局长由正科级干部兼任。

第一、二纪工委、监察分局行政编制各5名，分别设纪工委书记、监察分局局长1名，纪工委副书记、监察分局副局长2名。

第三、四纪工委、监察分局行政编制各4名，分别设纪工委书记、监察分局局长1名，纪工委副书记、监察分局副局长各2名；第五、六、七纪工委、监察分局行政编制各4名，其中设纪工委书记、监察分局局长1名，纪工委副书记、监察分局副局长各1名。

行政服务中心，正科级，设主任1名，副主任2名。

历届纪检委书记：

1979—2009年纪律检查委员会书记一览表

表4-2-2-1

届 次	姓 名	性别	籍 贯	任 职 时 间	备注
第三届	高瑞千	男	涞水	1982.01-1983.04	
第四届	张德镇	男	涞水	1983.12-1985.10	
第五届	张德镇	男	涞水	1985.11-1987.03	
第六届	韩德明	男	雄县	1987.10-1989.11	
第七届	秦裕龙	男	山东日照	1989.11-1993.03	
第八届	唐福春	男	保定市	1993.03-1998.03	
第九届	薛兆丰	男	宁晋	1998.03-2003.03	
第十届	薛兆丰	男	宁晋	2003.03-2006.05	
第十一届	齐瑞飞	男	涞源	2006.05-2008.10	
第十一届	刘晓梅	女	涿州	2008.11-	

第三节　县委工作机构

1979年，县委工作部门设办公室、纪律检查委员会、组织部、宣传部、农村工作部、县直机关党委、党校。

1983年11月，地委批复涞水县县级机构改革方案。县委工作部门设办公室（含信访、党史资料征集）组织部、宣传部、统战部、农村经济指导部、政法委员会、老干部局。县纪委、法院、检察院、人大、政协、工会、团县委、妇联、科协以及县直机关党委等组织机构，按照党章、宪法和有关规定设置。县政府各委、办、局均为平行单位，不设中间层次。

1996年8月机构改革，县委工作部门设纪委、办公室、组织部、宣传部、统战部、农工部、老干部局、政法委、机关工委等8个部门，并下设党校、党史办2个直属事业单位。改革后，县委工作部门撤并老干部局、机关工委、党史办。

2002年4月，县委工作部门中增设直属机关工作委员会，农工部更名为农村工作委员会，办公室挂机要局、保密局牌子，宣传部挂精神文明建设委员会办公室牌子，统一战线工作部挂民族宗教事务局牌子，政法委员会挂社会治安综合治理委员会办公室牌子。增设议事协调机构的办事机构：社会稳定工作领导小组办公室、机构编制委员会办公室（挂事业单位登记管理局牌子）。增设部门管理机构：信访局、老干部局。

2005年8月，监察局与纪律检查委员会机关合署办公。

以上机构设置，至2009年12月底未发生变动。

一、县委常设机构

县委办公室，正科级，行政编制22人，工勤编制2人。设主任1名（县委常委担任），副主任3名（含常务副主任1名，正科），机要局局长、副局长各1名，保密局局长1名。内设9个职能股室：综合一股、综合二股、信息股、秘书股、党史办、研究室、督查室、机要局、保密局。

组织部（县委基层组织建设联系会议办公室），正科级，行政编制18人，县委组织员专项编制8人，工勤编制2人。设部长1名（县委常委担任），副部长3名（含常务副部长1名，正科）。内设7个职能股室：办公室、干部一股、干部二股、考核办、组织股、县委组织员办公室、电教室。

县委基层组织建设联系会议办公室，与组织部合署办公，历任主任、副主任均由组织部领导担任。

老干部局，正科级，行政编制2人，工勤1人，机关老干部服务工作人员专项编制8人。设局长1名，副局长1名，内设办公室。

宣传部（含县精神文明建设委员会办公室、国防教育办公室、文学艺术界联合会）

宣传部，正科级，行政编制8人，工勤编制1人。设部长1名（县委常委担任），副部长2名（含常务副部长1名，正科）。内设3个职能股室：办公室、理论教育股、宣传报道股。

精神文明建设委员会办公室、国防教育办公室、文学艺术界联合会与宣传部合署办公。

政法工作委员会，正科级，行政编制6人，工勤编制1人；设书记1人（县委常委担任），副书记2人（其中兼综治办主任1名）；内设3个股室：办公室、综治办、制非办。

农村工作委员会，正科级，行政编制5人；设书记1名（县委常委担任），副书记2人（含常务副书记1名，正科）；内设2个股室：办公室、业务股。

县直机关工作委员会，正科级，行政编制4人。设常务副书记1名，副书记1名，纪委书记1名。内设2个股室：办公室、直属机关纪律检查工作委员会。

统战部(民宗局、工商联)

统战部，正科级，行政编制8人；设部长1名，副部长2名；内设2个股室：办公室、对台工作办公室。

民族宗教管理局、涞水县工商业联合会与统战部合署办公。

信访局，正科级，行政编制5人。设局长1名，副局长1名。内设2个股室：办公室、接待办案股。

编制委员会办公室，正科级，行政编制4人。设主任1名，副主任1名。内设2个职能股室：行政股、事业股。

二、县委直属事业单位（2个）

党校，事业正处（2010年初改为行政正科）级，事业编制20人，工勤编制2人；设常务副校长1名，副校长2名；内设机构4个：办公室、教务处、教研室、总务处。

广播电视台，副科级，设台长1名。

三、县委临时机构（2个）

群众工作领导小组办公室，正科级，行政编制8人；设主任1名，副主任2名。

社会稳定工作办公室，正科级、行政编制3人，设主任、副主任各一名，内设综合股。

第四节　机关党组（党委）

1979年，全县设立机关党组3个，分别是：人民检察院党组、人民法院党组、涞水县公安局党组。1982年设立县人大常委会党组、县人民政府党组、中国人民政治协商会议涞水县委员会党组，包括人民检察院党组、人民法院党组、涞水县公安局党组，共计6个党组。1988—1991年设9个党组；1992年增加10个；1998年3月，县政权组织党组（党委）50个；2003年3月，设40个党组（党委），分别是人大、政府、法院、检察院、县政府部门党组（党委）21个，县政府直属事业单位党组4个，派出机构党组（党委）2个，县政府企业管理部门党组（党委）5个，双重管理部门党组（党委）8个。

2009年，县政权组织党组（党委）44个，分别是人大党组、人民政府党组、人民法院党组、人民检察院党组；县政府工作部门党组（党委）22个，县政府直属事业单位党组（党委）4个，派出机构党组（党委）2个，县政府企业管理部门党组（党委）1，双重管理部门党组（党委）11个。另有县政协党组1个。

第五节　基层党组织

一、党委

1979年，涞水县设基层党委29个，其中乡镇党委26个、工业党委2个、其他党委1个、总支13个，支部469个；至2009年，全县下辖31个党委，其中乡镇党委15个、社区党委1个、县直机关工委1个、企业党委3个，总支10个，支部533个。

二、总支、支部

（一）总支　1979年，全县有基层总支13个，其中工业5个、交通1个、农业4个、财贸2个、文卫1个；2009年全县基层党总支11个，其中工业3个、商业2个、卫生体育1个、机关团体5个。

（二）党支部　1979年全县有基层党支部469个，其中农业295个、工业49个、交通5个、财贸22个、文卫33个、机关58个、其他7个。随着经济社会的发展，基层党支部统计口径调整为7类。至2009年12月，全县有基层党支部533个，其中：农林水牧284个、工业28个、建筑业2个、商业物资35个、卫生体育8个、教育广播28个、机关团体91个。

中共涞水县委基层组织情况统计表（一）

表4-2-5-1　　　　单位：个

年度	项目	合计	工业	交通	农业	财贸	文卫	机关	基本建设	其他	区委	党组	其他党委
1979	支部	469	49	5	295	22	33	58	-	7	2	3	-
	总支	13	5	1	4	2	1	-	-	-			
	党委	29	2	-	26	-	-	-	-	1			
1980	支部	468	50	4	291	22	34	61	6	-	2	3	-
	总支	11	3	2	3	2	1	-	-	-			
	党委	31	4	-	26	-	-	-	1	-			
1981	支部	469	46	5	290	22	36	62	8	-	2	3	-
	总支	13	4	1	3	2	1	2	-	-			
	党委	31	4	-	26	-	-	-	-	-			
1982	支部	493	47	5	294	29	102	8	8	-	2	6	-
	总支	12	3	1	2	1	1	3	-	-			
	党委	31	3	-	26	-	-	1	1	1			
1983	支部	496	49	6	297	30	36	72	6	-	2	7	-
	总支	11	3	1	2	1	1	3	-	-			
	党委	34	-	-	26	-	-	1	-	7			
1984	支部	502	50	5	297	30	36	77	7	-	2	8	-
	总支	19	7	1	4	2	3	2	-	-			
	党委	33	2	-	26	-	-	1	1	3			
1985	支部	538	46	6	301	45	42	79	9	10	2	8	-
	总支	19	6	1	4	4	3	1	-	-			
	党委	32	2	-	-	-	-	37	1	2			
1986	支部	559	55	6	301	41	47	87	3	19	2	9	-
	总支	19	8	1	1	3	3	3	-	-			
	党委	30	2	-	-	-	-	-	-	-			
1987	支部	564	49	6	307	45	50	85	2	20	2	9	-
	总支	20	4	1	4	3	3	4	-	1			
	党委	28	2	-	-	-	-	26	-	-			
1988	支部	584	55	5	300	61	55	98	-	10	9	2	2
	总支	20	4	1	4	4	3	4	-	-			
	党委	30	2	-	-	1	-	27	-	-			

中共涞水县委基层组织情况统计表（二）

表4-2-5-2 单位：个

系统/年份	农林水牧			工业			建筑业			商业物资			卫生体育			教育广播			机关团体			服务房产			金融保险			交通通讯		
	支部	总支	党委	支部	总支	党委	支部	总支	党委	支部	总支	党委	支部	总支	党委	支部	总支	党委	支部	总支	党委	支部	总支	党委	支部	总支	党委	支部	总支	党委
1989	299	5	–	60	4	2	3	–	–	41	3	1	16	1	–	41	2	–	101	5	27	2	1	–	10	–	–	6	1	–
1990	296	5	–	60	4	2	2	–	–	43	3	1	18	2	–	42	1	1	105	5	27	1	–	–	8	–	–	7	1	–
1991	297	5	–	67	4	2	2	1	–	44	3	1	18	2	–	42	1	1	105	5	27	1	–	–	8	–	–	7	1	–
1992	297	5	–	67	3	3	2	1	–	2	2	–	18	1	1	42	1	1	105	4	28	1	–	–	8	–	–	7	1	–
1993	295	3	–	60	4	3	2	1	1	41	3	2	17	2	1	27	2	1	110	4	17	2	–	–	10	–	–	10	1	–
1994	295	3	–	60	4	3	2	1	1	41	3	2	18	2	1	27	2	1	110	4	17	2	–	–	10	–	–	10	1	1
1995	297	3	–	62	4	3	2	1	1	41	3	2	20		1	29	2	1	112	4	17	2	–	–	10		–	10	1	1
1996	299	3	3	62	4	3	2	1	1	41	3	2	21	2	1	30	2	1	112	4	17	3	–	–	10	–	–	10	1	1
1997	297	3	–	64	4	3	2	1	1	41	3	2	20	2	1	29	2	1	112	4	17	2	–	–	10	–	–	10	1	–
1998	290	–	–	53	3	3	2	1	1	37	–	–	20	1	–	28	1	–	101	12	24	7	–	–	3	1	–	6	1	–
1999	290	–	–	52	3	3	1	1	–	37	–	–	19	1	–	28	1	–	99	12	24	7	–	–	3	–	–	6	1	–
2000	284	–	–	42	3	3	1	1	–	37	1	–	17	1	–	28	1	–	98	12	24	5	–	–	1	–	–	8	1	–
2001	284	–	–	34	3	3	2	–	–	35	1	–	13	1	–	28	–	–	93	12	24	4	–	–	–	–	–	11	1	–
2002	284	–	–	29	3	3	2	–	–	35	2	–	9	1	–	28	–	–	92	5	25	4	–	–	–	–	–	13	1	–
2003	284	–	–	28	3	3	2	–	–	35	2	–	8	1	1	28	–	–	91	5	25	4	–	–	–	–	–	14	1	–
2004	284	–	–	28	3	3	2	–	–	35	2	–	8	1	1	28	–	1	91	5	25	4	–	–	–	–	–	14	1	1
2005	284	–	–	28	3	3	2	–	–	35	2	–	8	1	1	28	–	1	91	5	25	4	–	–	–	–	–	14	1	1
2006	284	–	–	28	3	3	2	–	–	35	2	–	8	1	1	28	–	1	91	5	25	4	–	–	–	–	–	14	1	1
2007	284	–	–	28	3	3	2	–	–	35	2	–	8	1	1	28	–	1	91	5	25	4	–	–	–	–	–	14	1	1
2008	284	–	–	28	3	3	2	–	–	35	2	–	8	1	1	28	–	1	91	5	25	4	–	–	–	–	–	14	1	1
2009	284	–	–	28	3	3	2	–	–	35	2	–	8	1	1	28	–	1	91	5	25	4	–	–	–	–	–	14	1	1

第六节　重大教育活动

一、农村社会主义思想教育活动

1990年12月和1991年2月，中共中央先后下发《关于1991年农业和农村工作的通知》《关于在农村普遍开展社会主义思想教育活动的意见》，决定用两到三年时间分期分批在农村普遍开展社会主义思想教育活动，用爱国主义、集体主义、社会主义思想，团结教育引导农民深化农村改革，发展农村经济，加强农村“两个文明”建设，促进农村的全面发展。

涞水县农村社教活动，从1991年9月开始，时间一年半，分三批开展，每批安排三分之一的村，第一批安排97个村。

1991年9月23日，县委召开第一批农村社会主义思想教育活动动员大会，成立涞水县农村教育工作团，县委书记李瑞昌任团长，副书记高树春、赵书奇，组织部长王金山任副团长，宣传、组织、农工、统战、政法等部门领导为成员，下设社教活动办公室。各乡镇按县委要求建立相应组织，成立社教工作分团。

大会后，在全县进行广泛的宣传发动，县广播电台、电视台积极配合，开办专题栏目；县城主要大街上悬挂50条大型横幅；城区6个村街道两侧张贴1000多条标语；中小学校组织学生上街宣传；各乡镇进行不同形式的宣传发动。

中央、省市派出工作队参与指导农村社教活动，中共中央政策研究室派出6人，由石太林带队，队员王守泉、朱泽、高同兴、桂丛友、马文余；省委工作队3人，由商业厅党委书记齐树凯带队；保定地委工作队10人，由佟建然、李正群带队。

中央工作队分别进驻城内村、南关村、北关村；省、市工作队分组进驻东关、西关、南王庄、三里铺村，县直机关抽调40名干部、涞水镇抽调31名干部组成涞水镇工作团，总人数达到90人。

第一批社教安排97个村。工作队吃住在农村，与农村干部一起入户走访，体察民情，了解民意，广泛宣传党的政策，用社会主义思想占领农村阵地。加强以支部为核心的村级组织建设，原则是：（1）坚持以自身教育为主。（2）坚持党的领导，不搞人人过关，不无限上纲，不打击报复。（3）坚持正面教育为主。

社教活动开展的方式是：注重普遍教育与重点教育相结合，思想教育与解决问题相结合，与中心工作相结合，与自身建设相结合。全县97个工作队，严格按照规定的程序、方法开展工作，帮助农村解决许多热点、难点问题。半年时间农村面貌发生深刻变化。主要成果：两委班子进一步健全，干群、党群关系改善，党组织的凝聚力、战斗力增强，党员的模范作用提升，农村干部群众法制观念、民主意识增强；经济意识、市场意识提高；不良风气得到有效遏制，呈现前所未有的新局面。各项工作取得新进展。

1992年4—5月，涞水县农村社会主义思想教育活动，经过省、市、县三级验收，全部合格。城内村社教工作经验，刊登在中央政策研究室刊物上。1992年5月26日，县委召开全县社会主义教育工作总结表彰大会，表彰32个工作队和113名优秀工作队员。1992年下半年和1993年上半年，按要求开展了第二批和第三批社会主义教育活动。

二、“讲学习、讲政治、讲正气”教育活动

2000年6—8月，县级班子和六个单位科级班子，开展为期二十天的讲学习、讲政治、讲正气的“三讲”教育活动。

“三讲”教育活动由县委书记李老铁任组长，王惠欣、王立加、孙桂杰、赵大明为副组长。6月12日，召开动员大会，县级班子29名领导成员，组织部、宣传部、纪委、公安局、法院、检察院31名科级干部，“三讲”活动办公室成员参加动员会。

大会由县委副书记王惠欣主持，县委书记李老铁作题为《坚持党性原则，认真搞好“三讲”活动》的动员讲话，县委副书记王立加宣读涞水县开展“三讲”教育活动实施方案，县委组织部长赵大明宣布领导小组办公室成员名单，市委驻涞水县督导组组长段永杰作重要讲话。

“三讲”教育活动分四个阶段，十八个步骤进行。（一）思想发动阶段：把坚持思想发动和学习提高放在首位，把系统学习理论作为重要任务来抓，把深刻理解“三个代表”重要思想，转变工作作风，广泛征求意见，倾听群众呼声贯穿活动始终。动员会后，到三坡进行一周封闭式培训，系统学习毛泽东、邓小平等老一辈革命家关于加强党的建设理论，江泽民关于“三个代表”论述，中共十四届三中、四中全会及十五大文献，江泽民两次视察广东、浙江等地重要讲话，学习市委书记王廷玖在全市大会讲话。（二）自我剖析、听取意见阶段：四大班子成员坚持用党员领导干部标准为行动准则，对照党章规定的权利义务，结合自身实际进行自我检查，联系1992年以来思想工作状况，查找存在的问题，撰写自我剖析材料。通过召开党委会、班子民主生活会、党外人士座谈会、人大代表、政协委员征求意见等形式，让个人分析材料同群众见面，充分讨论评议，进行测评打分。在1个月的时间里，各大班子成员对自我分析材料认真修改、反复斟酌，广泛征求意见后才定稿。期间，召开大型座谈会8次，发放征求意见表517套，征求各类意见1.7万条，归纳整理出班子成员中存在各类问题500条，制定改进措施800条。通过征求意见和民主测评，社会各界对县委、人大、政府、政协和领导成员的工作给予充分肯定，满意率分别为100%、99.3%、100%、98.7%。（三）批评和自我批评阶段：领导班子成员结合自我分析阶段找出的问题，深刻分析产生问题的思想根源、表现形式，可能带来的不良影响、危害。在班子成员之间、党员与党员之间，开展谈心交心活动，利用批评和自我批评武器，站在讲政治、讲原则、讲党性、讲团结的高度，听取批评意见。采取个人找、群众提、上级点的方法，深挖思想根源，提出改进方法。在各级党的会议上，提出意见599条。其中，县委提出意见247条，人大提出意见187条，政府提出意见73条，政协提出意见92条，提出改进措施。在8月3日召开的全县“三讲”活动通报会上，四大班子主要领导向大会通报单位和个人存在的问题和今后改进措施。（四）整改制定措施阶段：班子集体和领导干部，针对单位和个人存在的问题，制定详细整改方案，并经过多次讨论，反复修改后公布于众，接受社会监督，对于整改方案中涉及的群众反映集中、看得较准的问题做到抓紧改；对近期能改的问题，做到积极改；对需要一定时间才能解决的问题，做到限期改。按照难易程度和实际情况，各大班子制定出了近期、中期、长远期整改方案，列出县委近期的问题3个、中期问题4个、长期问题3个，列出人大近期问题2个、中期问题5个、长期问题6个，列出政府近期问题6个、中期问题2个、长期问题2个，列出政协近期问题9个、中期问题7个、长期问题2个。对于需要解决的问题，整改方案中明确责任领导、责任单位、落实时间。

为巩固“三讲”活动成果，抓好整改方案落实，县委制订《关于进一步加强农村基层组织建设意见》《关于开展三项教育（民主与法制、权利与义务、开放与发展）意见》，以及配套的党员理论教育，加强干部管理，端正用人导向，“三讲”回头看等保障措施。

至2000年底，全县涌现100个先进典型、10个红旗党组织和一大批先进人物，各项工作取得突出成绩。

三、保持共产党员先进性教育活动

按照中共中央统一部署，涞水县委在全县党员中开展保持共产党员先进性教育活动。

2005年2月2日，召开全县保持共产党员先进性教育动员大会。县委、人大、政府、政协领导，各乡（镇）县直机关各科局、企事业单位的党组织书记，市委派驻涞水的督导组领导，离退休干部代表，县先进性教育领导小组办公室成员参加县委动员大会。

会议由县委副书记于舒心主持，县委书记孙金博作动员报告，县委组织部部长杨建军宣读《中共涞水县委关于深入开展保持共产党员先进性教育活动的实施方案》，市督导组组长赵建民就开展先进性教育活动目的、意义、要求及注意事项讲了意见。下发了中共中央历年有关加强党的建设的文献：《中国共产党章程》《中国共产党第十六次全国代表大会大文件汇编》《先进性教育读本》《涞水县开展党的先进性教育活动方案》等。

“学教活动”从2005从1月开始，全县分3个批次开展活动，2006年6月结束。

第一批参加单位：县委、人大、政府、政协领导，法院、检察院、离退休干部、县直机关行政科局及其所属的企事业单位，共56个单位、121个党组织、2489名党员。活动时间：2005年1月—2005年5月。

第二批参加单位：乡（镇）机关、社区、教育局直属中小学校、县属各企事业单位、县直驻乡（镇）基层所站及没有列入第一批教育活动的事业单位，共42个单位、88个党组织、2636名党员。活动时间：2005年7月至2005年12月。

第三批参加单位；各乡（镇）农村支部、农村小学、党组织关系在村的外地小企业、流动党组织等，共284个农村支部、526个党组织、17000名党员。

在学习阶段，各参加活动单位，在充分准备基础上，召开了全体党员参加的动员大会，由单位负责人做动员报告，明确开展先进性教育的目的、意义，遵循的原则和要求，对本单位活动做出具体安排。参加活动的党员系统学习毛泽东、邓小平等老一辈革命家关于加强党的建设的论述、三个体表重要思想、十六大文件、十六届三中、四中全会文件、县里下发的学习阶段的文件。在学习方式上，采取集中学与个人学、系统学与专题学、走出去学与请进来学的方法，每学员制定个人学习计划，做好学习笔记，写好心得体会和个人总结，确保学习质量。

为了营造浓厚的宣传舆论氛围，在国道112线、省道、县城主要大街，设置大型宣传牌36块、小型宣传牌120块。先进性教育办公室编发宣传简报85期，有15篇被省、市先进性教育办公室转发，45篇被市级以上新闻媒体采用。县直机关26个大单位制作统一规格的展板130块。县电视台开办先进性教育活动专题栏目。县学教办公室为各单位培训66名理论骨干，办培训班68期；领导干部到基层上党课216次；各单位组织1230名党员去卢沟桥、军事博物馆、狼牙山、西柏坡等爱国主义教育基地参观。有些党组织利用知识竞赛、诗歌朗诵、编演文艺节目等形式，丰富学教活动形式，歌颂党的伟大。

分析评议阶段，领导干部和普通党员一样，对照《中国共产党章程》规定的权利、义务，认真总结近年思想、工作、党风、廉洁自律等方面的表现，从世界观、人生观、价值观、权力观、利益观、地位观进行自我剖析，写出分析材料。在广泛征求意见、开展批评与自我批评的基础上，找准存在问题的根源和纠正解决办法。

党员在写分析材料时，切中要害，坚持实事求是，对今后改正问题订出时间表。党员个人的分析材料，广泛征求意见，经所在支部党委研究讨论后通过。领导干部的分析材料，广泛征求党内外群众意见，召开专题组织生活会、民主生活会，让大家评议，得到党员群众认可后方能通过。

分析评议阶段，全县召开各种座谈会339个，参加人数10170人，共收集意见、建议6687条，各单位设立接待室、意见箱、热线电话，广泛征求党内外群众意见。在各级党组织开展“万人谈心”活动。据不完全统计，开展谈心18653人次，其中县级领导干部603人次，科级干部10077人次，党员之间8973人次。

四、整改提高阶段

各单位党组织和党员个人，针对自我剖析中查找出的问题，在民主评议基础上全部制定整改方案和整改措施，明确整改重点，确定整改时限，落实整改责任。落实党组织和党员制订的《党组织承诺书》和《党员岗位承诺书》。

在整改阶段，全县开展整改问题大讨论188次，专题讨论112次，整改反映316个普遍性的问题，已经整改148个，正在整改213个。对需要一定时限才能解决的问题，县、乡分别制订了中期、近期、远期整改计划，制成一览表上墙公示，接受社会监督。

五、总结表彰

2006年7月4日，涞水县召开共产党员先进性教育总结表彰大会，县委书记孙金博总结先进性教育活动取得的成果，对以后如何巩固先进性教育成果，完成中期、长期整改计划，以及进一步加强党的思想、组织建设，农村“两委”换届，重点工程建设等方面提出具体要求。表彰全县50个党组织，授予“保持共产党员先进性教育活动先进基层党组织”称号。

第三章　重要决策

改革开放30年，涞水县委坚持以经济建设为中心，以带领涞水人民脱贫致富奔小康为目标，立足本县实际和区位优势，进行宏观决策和重点项目建设，推动涞水各行各业的蓬勃发展。

第一节　旅游开发决策

涞水是革命老区，总面积1650平方千米。山区面积占全县总面积的84%，山区人口占全县总人口的三分之一，交通不便，信息闭塞，文化落后，经济基础薄弱，群众思想保守，年年扶贫年年贫，群众生活苦不堪言，成了全县的包袱。1984年县委县政府认真考察山区资源状况，在反复分析论证的基础上，决定把得天独厚的资源优势变为经济优势，发展山区旅游。

1985年初，涞水县委召开常委会，审批县政府关于《开发野三坡旅游区的实施方案》，会议决定开发野三坡旅游。会上提出分步开发的战略，即：半年准备，1年试办，3年初具规模；提出开发建设四部曲策略，即按照一交通、二食宿、三游乐、四购物的顺序进行，坚持四者既不截然分开，又先后有序的原则；提出开发建设方式为国家、集体、个人一齐上、自力更生和引进外资一起上的方式，采取边开发、边受益、边建设的方针；初步预算投资2000万元，用于交通、电力、运输、通讯、食宿设施、游乐设施、景点装饰、绿化等方面。

1987年1月，成立涞水县旅游局，内设5科1室，负责野三坡旅游开发的行政事宜。

1993年，县委、县政府制订并发布《涞水县招商引资优惠政策》《涞水县招商引资奖励办法》，吸引国内外多个企业到野三坡投资。

2001年春，县委、县政府提出“旅游富县战略”，正式启动旅游二次创业，同时提出3年建成旅游大县的奋斗目标。为了保障目标的实现，2001年3月建立野三坡管委会，代表县委、县政府行使职能，景区全面管理进入市场化运行轨道。

2003年、2009年，县委县政府先后两次修订发布《涞水县招商引资优惠政策》，在扩大开放、促进全县经济尤其是旅游事业的发展方面起到了巨大的推动作用。

经过20多年的开发建设，野三坡旅游的经济效益和社会效益逐年增加，通过旅游开发帮助山区人民致富的初衷已经实现，正向着旅游富县的战略目标继续前进。

第二节 开放兴县决策

1979年后，县委坚持以经济建设为中心，坚持改革开放，立足本县实际，适时制定相关政策，设置机构，保障开放兴县战略的有效实施。1987年建立涞水县经济协作办公室，并在北京、天津设立办事处。1994年设立北京、天津、宁波、海南4个办事处。1996年成立涞水县开放开发委员会，由1名副县长主持工作，下设5个部：综合宣传部、项目部、招商部、征地部、建设部。1996年，提出依托京津，促“十子登科”战略，即抓住涞水被确定为全省35个环京津、环渤海经济圈重点县之一的机遇，瞄准京津“菜篮子、米袋子、果盘子、肉案子、花瓶子、货台子、烂摊子、房架子”，利用“熟面子、高位子”，搞好服务，搞好输出，搞好关系，促进农村的发展；同时，制定了统一规划，统一管理，统一政策，放活招商的工作原则，加大招商引资的力度。2000年成立招商局开放办公室。2002年7月开放办、招商局各项职能与计划局合并，成立发展计划局。2005年12月更名为发展改革局，设办公室、综合计划股、招商股、稽查股、体制改革股、物价管理股。

为保障和促进开放兴县各项工作的顺利开展，1993年制订和发布了《涞水县招商引资优惠政策》《涞水县招商引资奖励办法》。4月，县委向县直各部门部署广泛开展引进一个项目、一笔资金、一项技术、一个人才的“四个一”活动。县级领导班子参与经济大合唱，实行“七包”“三联系”制度，为发展涞水经济注入活力，增强动力。2003年对《涞水县招商引资优惠政策》重新进行了修订。2009年再次修订和发布《涞水县招商引资优惠政策》，随着政策的不断完善，开放兴县的步伐不断加快，成果越来越显著。2007至2009年，连续3年获得全市招商引资、项目建设年终考核评比（山区县“招商引资、项目建设）实绩突出县”，并获相应奖励。

第三节 推进城镇化和交通设施现代化

1979年以后，历届县委坚持不断推进城镇化和道路交通现代化，坚持以城镇化带动经济发展，要致富，先修路，全县城镇化水平和交通设施建设水平不断提高，有力推动全县经济社会发展。20世纪80年代，建设南壕沟市场、府前街，开发新市场；1995年建设涞阳路、开源路、泰安路、遒城街（北环）东环，初步形成县城城市框架，30年间县城面积扩大4倍；2000年开发东大街、建设文化广场；到2009年底，先后建成张涿高速、廊涿高速、京昆高速，从根本上缩短了涞水与北京的时空距离，为涞水真正纳入首都经济圈奠定基础。

第四节 经济社会发展

1988年6月，为推广山东和广东省经济迅速发展的经验，县委召开六届六次会议，县委主要领导作了《解放思想、开拓前进，迅速掀起涞水县第二次经济发展的浪潮》的讲话，强调：全县人民深入开展生产力标准大讨论，实现思想的进一步解放，破除唯书唯上的僵化思想，树立一切从实际出发，用是否有利于生产力的发展作为检验一切工作的根本标准的新观念。建立社会主义市场经济新格局，采取有效措施，确实解决障碍经济发展的关键性问题。

1994年，县委召开八届三次全委扩大会议，讨论通过《县委、县政府关于小康建设的实施意见》，要深入贯彻中共中央、国务院关于加强农业和农村工作的一系列指示精神，建立和完善农村社会主义市场经济，以小康建设为基础，坚持“两手抓两手都要硬”的方针，大力发展“两高一优”农业、乡镇企业和市场体系建设，促进农村的发展和社会的全面进步。

1995年1月，县委召开八届五次全委扩大会议，制订1995年工作纲要，讨论通过《关于乡镇企业“521115”工程的实施方案》《关于科技兴县的战略意见》《高效农业“12255”工程实施方案》《关于基础设施建设“1236”工程实施方案》《关于加强小康建设工作的实施意见》《关于努力提高县级领导干部水平的意见》《关于加强农村基层组织建设的意见》。提出全县经济工作的总体思路是：靠山吃山，靠京吃京，以资源开发带动乡镇企业和第三产业，以小区和基地建设带动县域经济的发展，实施五大战略，实现六大突破，通过抓强项突破，上规模效益，搞外引内联，建责任机制，使全县经济工作大发展，上新台阶。

1998年，中共涞水县第九次代表大会召开，提出全力实施“双向开放，科技兴县”两大战略，加速调整经济结构，深化国企改革，搞好山区开发，培育县域经济特色，促进社会各项事业全面发展的战略思想。

2000年12月，中共涞水县委召开九届七次全会，县委书记李老铁作了题为《团结拼搏、负重前进，把握关键、加快发展、推动全县经济和社会事业实现跨越式发展》的报告，明确了“十一五”全县工作的指导思想、工作原则和战略重点，即：认清形势、抓住机遇，确保“十一五”起好步、开好局的指导思想。突出重点，把握关键，决战“十一五”，实现三年打基础、五年变面貌的战略设想。

2001年7月，中共涞水县委召开九届八次全会，强调“以三个代表”重要思想和江泽民七一重要讲话精神统揽全局，扎实推进四大战略，坚持五条原则，把握五个关键点，抓好六项重点工作，为“十一五”时期跨越式发展打基础、增后劲。

2009年，县委、县政府依据京涞联系密切、毗邻北京的区域特色和发展定位，确定涞水发展的战略思想。即以建设环京生态卫星城为目标，大力实施“对接北京、城镇带动、产业立县”三大战略，努力构建产业特色明显、竞争优势突出的环京现代农业大县、新型工业强县、生态旅游名县。总体发展思路是：瞄准一个目标（即建设京郊生态卫星城。依托优势，对接北京，融入北京，借京发展）；培育两个增长极（即工业园区和野三坡旅游。集聚要素，做大优势，做强产业，形成县域经济的强大支撑）；发展“三园”经济（即联动北京求发展，积极构筑首都资金、技术、人才、产业转移的工业园；构筑首都劳务、建材、农副产品的供应园；构筑首都居民观光娱乐、休闲居住的生态园）；实施四大战略（即工业强县、开放兴县、民营富县、旅游活县）；实现五个突破（即项目投资、园区建设、旅游开发、城乡面貌、农村发展，构建新优势，力争新突破），把涞水建成产业特色明显、竞争优势突出、经济社会和谐的环京生态旅游经济强县。

第四章　日常党务工作

纪律检查（监察）工作、组织工作、宣传工作、统战工作、农村工作、政法工作、老干部工作、信访工作、党校、机关党务、党史工作、政策研究工作，是地方组织的工作任务，是贯彻党的路线、方针、政策的重要窗口，是联系全县基层党组织、党员和群众重要渠道。30年来，这些部门按照县委的要求，各司其职，在党的建设和两个文明建设方面发挥巨大的作用。

第一节　纪律检查（监察）工作

一、违法违纪案件查处

1980—1981年，县纪委检查处理县委领导交办、上级纪委交办和党内外群众来信来访反映的问题27起。其中利用职权向公社、生产队索要物资、贪占国家和集体便宜的6件，违法乱纪的2件，利用职权进行通奸、诱奸的2件，其他17件。1981年转发中纪委1981年第五号通报《坚决纠正干部队伍中行贿受贿徇私舞弊的歪风》，集中查处部分干部中存在的行贿受贿、徇私舞弊问题，并将处理情况通报全县基层支部，对全县党员干部起到教育和警示作用。

1982年，中共中央发出《关于打击严重经济犯罪活动的紧急通知》后，涞水县成立打击经济领域犯罪活动办公室。到1984年6月立案查处经济案件55件，追缴赃款6.9万元。1984年7月至1986年年底，立经济案件129件，查结127件，其中个人违法所得1000元以上16人，3000元以上10人，5000元以上4人，1万元以上12人，3万元以上1人，10万元以上2人。从性质上看：贪污44件，盗窃23件，行贿受贿10件，投机诈骗27件，其他25件。立案审查人数175人，其中党员30人，开除党籍5人，受党纪处分13人，追缴违纪资金38.53万元，挽回经济损失112万元。

1987年3月，根据省委精神，撤销打办室，纪委成立经济检查科，组织检查党员严重经济违纪案件，以进一步严肃党纪。同年，县纪委摸查案件线索48件，立案查处35件，涉及40人，其中贪污1件，行贿受贿3件，投机诈骗2件，失职渎职2件，以权谋私2件，违反财经纪律1件，违反计划生育政策10件，其他13件。处分党员25人，其中开除党籍4人，留党察看11人，严重警告6人，警告4人，判刑1人。

1988—1990年，立案查处党员违纪案件40件，处分党员34人，其中开除党籍14人，留党察看11人，撤销党内职务3人，严重警告5人，警告1人。

1991年，查处党内违纪案件工作进一步深入，在抓分级办案的同时，把从严治党，惩治腐败分子，作为严肃党纪的中心环节来抓，全年摸查案件线索51件，立案查处22件，涉及26人，结案率95.5%。在立案查处的案件中，贪污1件，行贿受贿1件，违反计划生育政策10件，其他10件。处分党员23人，其中开除党籍5人，留党察看10人，警告2人，行政处分9人。

1992年，县纪委把查处党内违纪案件作为严肃党纪、反对消极腐败现象的中心环节来抓，全年查处各类违纪案件13件，涉及17名党员。处分党员5人，其中开除党籍2人，撤职2人，严重警告3人，留党察看1人。这些案件的查处推动全县党风廉政建设的健康发展。

1993年，采取3项有力措施，狠抓案件检查工作。实行领导包案责任制；坚持分级办案原则，充分发挥基层党委、纪委查办案件的作用；主动出击，多渠道、多方位查找案件线索。全年共立案查处各类违纪案件22件，比上年上升31%，涉及24人，其中副科级以上3人，农村党员干部18人，处分18人，其中开除党籍7人，留党察看4人，党内严重警告5人，警告2人，行政处分5人，在立案查处的违纪案件中，经济案件19件，占79%，挽回经济损失90万元。

1994—1995年，按照“整体推进三项任务，突出搞好案件查处”的工作思路，涞水县纪委、监察局将查处党员干部违法违纪案件作为重中之重，常抓不懈，两年立案查处54件，对54名党员干部分别给予党政纪处分，其中：开除党籍7人，留党察看12人，党内严重警告17人，党内警告7人，行政开除公职1人，行政开除留用1人，行政降级2人，行政撤职1人，行政记大过2人，行政警告5人。查出和挽回经济损失76.2万元，移交司法机关5件。查处案件工作实现两个突破；查处科（局）级领导干部违纪案件有新的突破，在23件案件中，副科以上领导干部14人，占60%；查处农村党员干部案件有新突破，查处农村党员干部违纪案10件15人，分别给予批评教育或党纪处分。同时，将查处案件与促进农村稳定相结合，有效遏制群众集体上访势头。

1996年，全年查处各类违法违纪案件48件，处分党员干部49人，其中开除党籍10名，留党察看7名，严重警告16名，警告7名，撤职1名，行政开除2名，行政撤职2名，行政降级1名，行政记过1名，行政警告1名。公开处理曝光了16起典型案件，增强办案社会效果，推动反腐斗争的深入开展。

1997年，全年查处各类违纪违法案件42件，其中大案要案19件，处分党员39人，其中开除党籍22人，留党察看5人，撤销党内职务1人，严重警告7人，警告4人，行政记大过2人，行政降级2人，召开公开处理大会，公开处理6起典型案件。

1998年，涞水县纪委、监察局把查处有影响力的大案要案作为反腐败斗争的重点，全年查处案件58件，结案率100%，查处大要案29件，查处经济案件33件。处分违纪人员56人，其中留党察看2人，撤销党内职务7人，严重警告2人，警告10人，开除党籍6人，行政处分27人（其中行政记大过5人，行政撤职3人，行政记过7人，行政警告12人），先后召开两次公开处理大会，对12起典型案件进行公开处理。

1999年，全年查处各类违法违纪案件68件，处分人数77人，其中开除党籍13名，留党察看12名，撤销党内职务3名，严重警告16名，警告20名，行政开除1名，行政撤职3名，行政记大过5名，行政记过1名，行政警告6名。

2000年，全年查处各类违法违纪案件62件，处分人数66人，其中开除党籍20名，留党察看7名，撤销党内职务1名，严重警告19名，警告17名，行政记大过1名，行政记过1名，行政警告1名。

2001年，全年查处各类违法违纪案件42件，处分人数50人，其中开除党籍10名，留党察看5名，撤销党内职务1名，严重警告13名，警告10名，行政撤职5名，行政记过1名，行政警告7名。

2002年，全年查处各类违法违纪案件54件，处分人数59人，其中开除党籍10名，留党察看8名，撤销党内职务1名，严重警告9名，警告27名，行政撤职1名，行政记大过1名，行政记过4名。

2003年，全年查处各类违法违纪案件52件，处分人数46人，其中开除党籍4名，留党察看6名，撤销党内职务1名，严重警告15名，警告14名，行政警告6名。

2004年，全年查处各类违法违纪案件104件，处分人数106人，其中开除党籍13名，留党察看7名，撤销党内职务2名，严重警告28名，警告45名，行政记大过3名，行政记过6名，行政警告2名。

2005年，全年查处各类违法违纪案件69件，处分人数65人，其中开除党籍7名，留党察看6名，撤销党内职务1名，严重警告13名，警告31名，行政撤职1名，行政记大过1名，行政记过2名，行政警告4名。

2006年，全年查处各类违法违纪案件64件，处分人数68人，其中开除党籍6名，留党察看9名，撤销党内职务1名，严重警告25名，警告21名，行政记大过3名，行政记过4名。

2007年，全年查处各类违法违纪案件90件，处分人数87人，其中开除党籍8名，留党察看5名，严重警告21名，警告47名，行政撤职1名，行政记大过1名，行政记过2名，行政警告2名。

2008年，全年查处各类违法违纪案件63件，处分人数61人，其中开除党籍13名，留党察看4名，撤销党内职务1名，严重警告15名，警告28名。

2009年，全年查处各类违法违纪案件125件，处分人数114人，其中开除党籍12名，留党察看4

名，撤销党内职务2名，严重警告18名，警告68名，行政撤职1名，行政警告10名。

二、党风党纪教育

1980—1981年，根据中央纪委提出的“预防为主，教育为主”的方针，涞水县纪委进行大量的工作。中共十一届五中全会通过的《关于党内政治生活的若干准则》是搞好党风的依据。在宣传贯彻准则的同时，涞水县纪委针对一些倾向性的问题转发上级纪委通报，对本县发生的典型案件在党内通报，对广大党员和领导干部起到一定的警示和教育作用。

1984年涞水县建立全县各级党组织抓党风责任制，层层明确抓党风职责范围和考核指标，并逐级签订责任书。至1985年，初步形成县委、县政府带头抓，各级党委层层抓，职能部门具体抓的局面，加快了全县党风好转的步伐。1986年在进一步抓党风责任制，巩固已有成果工作的同时，涞水县纪委采取以下措施：把端正党风列为各基层党委、总支、支部任期目标成绩考核的内容之一，并由县领导带头将抓好党风责任书张贴上墙；研究制订并经县委讨论通过实现党风好转的六条标准，下发基层，让其自行对照检查；会同县委组织部、宣传部对全县64个县直单位和28个区乡（镇）先后两次检查验收。巩固和发展全党抓党风的局面，促进精神文明建设，推动全县各系统工作的开展。

1987年地委反官僚主义电话会议后，涞水县纪委分别在县直、区乡村干部大会上传达，广泛开展“四查”活动，并对反官僚主义进行具体部署，随后抽10人分5个组对16个区乡、23个县直单位进行调查督促，发现案件线索50余件，立案查处4件。

1988—1989年，涞水县纪委积极探索尝试用制度建设端正党风的新路子，进行3项制度建设，健全完善党内监督制度，明确各级纪委的监督重点和党委生活会的内容、程序。在纪检系统内部，健全请示报告、档案管理、信访接待等工作制度。在招工、转干、建房、分房、柴油、化肥分配等项工作中实行公开化，起草《两公开一监督实施办法》，先后多次对公安局的“农转非”、科委的职称评定公开工作进行督促检查。1989年县纪委建议县委开展“廉政教育月”活动，起草《县级领导班子廉政守则》《党政干部保持廉洁的规定》。7月，县纪委牵头组织对大吃大喝和乱建私房的清理，摸清全县113个单位、1506户干部职工在县城的3586间住房底码，分类进行清理，收缴罚款50万元，立案查处7件。对大吃大喝问题，县纪委除发文明令禁止外，还会同有关部门对70多家饭店进行突击检查，对违纪者在全县大会上给予严厉批评，吃喝风有所收敛，当年全县招待费开支比上年下降20多万元。

1991年，县纪检委把党风廉政建设与县委工作同步进行，结合中心工作抓好党风建设。配合计划生育突击活动，下发《各级党组织、党员干部要积极配合计划生育突击活动的通知》，并和监察局联合制订《关于共产党员干部职工违反计划生育政策党纪政纪有关问题的暂行规定》。对11名超生、逃避、弄虚作假的党员给予处分，并公开处理。深入贯彻落实地纪字2号文件，狠刹乱占土地歪风。结合社教工作向基层党委、社教工作团发出《在社教工作中要担负起查处党内违纪案件的通知》。

1992—1993年，按照地区纪委统一部署，涞水县纪委紧扣服务于经济建设这个中心，增强广大党员、干部的组织纪律观念，杜绝三多现象（打麻将的多、上班迟到早退的多、婚丧事大操大办的多）。同时强化服务意识，转变工作作风，仅1993年全县28名副县级以上领导干部就为基层、企业、群众办实事265件。

1994年，涞水县认真开展县处级领导干部廉洁自律、自查自纠工作。按照中央和省委对领导干部廉洁自律提出和重申的“六条规定”，全县6个处级领导班子、32名处级领导干部，以民主生活会的形式，普遍开展廉洁自律、自查自纠活动，提高民主生活会的质量。生活会上对照检查出的问题，如公款旅游，到基层索要赞助等作了认真纠正，增强了廉洁自律的自觉性。

1995年，针对领导干部廉洁自律工作，涞水县纪委重点抓了三个方面工作：继续抓好县处级领导班子廉洁自律工作，重点清理和纠正县级领导干部在乘车、住房、贯彻民主集中制方面的问题；在乡科级干部廉洁自律、自查自纠工作中，制定操作性强的乡科级干部廉洁自律活动实施方案，并有针对性的参加乡科级班子廉洁自律生活会；对国有企业事业单位领导干部和基层所站负责人的廉洁自律工作按照谁主管谁负责的原则，督促各主管部门组织好本系统的廉洁自律生活会。

1996年，重点抓了三项工作：狠刹公款吃喝玩乐风。主要措施是：建章立制，制度规范，除中央、省市规定外，县纪委制定“三不准”：不准用公款大吃大喝；不准到下属单位报销饭费；不准酗酒。同时与公检法等部门配合，对县内娱乐场所进行两次突击检查。加强对政治纪律执行情况的监督检查。按照市纪委下发的《关于进一步严肃党的政治纪律的意见》，结合党风廉政建设其他内容进行认真研究，作了专项部署。开好领导班子廉洁自律生活会。严格遵守廉洁自律民主生活会制度，每年两次，县纪委对生活会的内容要求作出具体部署，并派人参加。在抓好县处级、乡科级班子廉洁自律民主生活会的同时，把此项制度延伸到基层所站。

1997年，领导干部廉洁自律工作取得明显成效。公款吃喝玩乐歪风得到有效遏制，为教育广大党员干部发扬艰苦奋斗、勤俭节约的优良传统，县纪委、监察局制订下发《关于狠刹公款吃喝玩乐歪风的规定》，严格规定招待标准，指定定点招待单位。同时督促指导全县15个乡镇、24个县直单位全部建立内部伙房，全县招待费比上年下降45%。在对全县30名副处级干部和470名、科级干部建房住房情况进行了清理纠正过程中，清理用公款安装、购买住宅电话和移动电话，全县清理移动电话163部、住宅电话78部，收款5万余元。

1998年，廉洁自律工作取得显著成效。全县清理移动电话351部，住宅电话1633部，收缴违纪资金10.5万元。加强了电话费、招待费、会议费管理，制订了三费管理规定，印发三费审批卡，严格检查制度。公款吃喝歪风得到有效遏制。全县党政机关普遍建立并实行审批核算、定点招待和财务单列制度，全年招待费比上年下降20%；压缩会议。全年压缩大型会议8次，节约经费10万元。全年召开两次县级领导干部廉洁自律民主生活会，会上班子成员针对“三讲”和“三严四自”及廉洁自律内容，进行认真的自查自纠。加强对全县副科级以上领导干部的廉政监督，发放廉洁自律问答题450份，内容包括住房、收入、乘车、电话等项内容。

1999年，县纪委、监察局从维护全县改革、发展、稳定的大局出发，立足于教育，着眼于防范，以抓教育促廉政，采取多种形式深入开展党风廉政教育，方法灵活，形式多样，内容丰富。开展以“三讲”为内容的党性党风教育。着重抓《邓小平论党风廉政建设和反腐败》一书的学习宣传工作。广泛深入地开展学习勤廉兼优农村党支部书记的活动。发放教材300余册，做到村村有教材。同时举办农村党支部书记培训班3期，提高农村党员干部的整体素质。利用正反两方面典型进行宣传教育。自制教育专题片16部，在电视台对8名勤政廉洁的先进典型进行广泛宣传。并选取当年查处的5个典型案例作为反面教材，对广大党员干部进行廉政教育，达到查处一案教育一片的目的。

2000年，重点在全县组织开展警示教育活动。组织全县广大党员干部观看警示教育影片《生死抉择》和电教片《胡长清、成克杰案件警示录》。发放警示教育学习材料400余册，光盘18盘，录像带21盒，编印警示教育专刊20期。选取近年来县纪委查处的典型案例作为反面教材，用身边人身边事进行警示教育，全县党员干部普遍受到警示教育，收到良好的效果。

2001年，借庆祝中国共产党成立80周年之机，在全县党员干部中深入开展一次党风党纪宣传教育活动，重点开展“三项教育”：邓小平党风廉政建设和反腐败理论以及“三个代表”“依法治国”“以德治国”思想的宣传教育。党政纪条规和国家法律法规教育。结合县委、县政府中心工作，开展有针对性的廉政教育，做到“三个结合”，即与“三个代表”教育活动相结合，与贯彻县委决定和县纪委全会精神相结合，与依法治访、促进社会稳定相结合。各单位撰写体会文章300余篇，召开讨论会10余次，专访5次，办学习专栏120余版，发放各类教科书260册，组织副科以上领导干部法规知识测试活动1次。

2002年，以江泽民“七一”讲话和“三个代表”重要思想为指导，紧紧围绕党风廉政建设和反腐败任务，以“三项教育”（正面典型的示范教育、反面典型的警示教育、党纪政纪条规教育）为重点，在全县范围内深入开展“党风廉政教育宣传月”、警示教育、党纪政纪条规知识竞赛和考试等活动，全年举办警示教育专题会议31场次，发放《优秀共产党员汪洋湖》《李真案件警示录》等正反典型宣传资料1700余册，组织党纪政纪条规知识竞赛3场，还选送正反典型参加市纪委、监察局组织的反腐倡廉警示教育大型展览，受到上级领导好评。

2003年，以向先进典型学习活动起步，开展向郑培民学习活动、评选人民公仆活动和向防治“非典”先进典型学习活动。开办学习专栏23期，下发相关书籍400余册。集中宣传一批先进单位和先进典型，全县广大党员干部受到深刻教育。同时利用典型案件开展警示教育活动。组织全县党员干部观看《胡长青案件警示录》《扭曲的人生——李真贪污受贿案剖析》等专题片，撰写心得体会800多篇，发放各类党纪政纪知识条规书刊600余册，依托县委党校举办3期党纪政纪条规教育学习班，加强党员干部对廉洁自律有关规定系统地学习，增强党员干部遵守纪律的自觉性。在开展“艰苦奋斗，廉洁从政”主题教育活动中，县领导带头参加，坚持做到“四个结合”，即主题教育与党性党风党纪教育相结合，与“学、创、促”相结合，与“三强”（党员强党性、班子强能力、干部强作风）工程相结合，与防治“非典”，抓经济、上项目、抓旅游创业相结合；召开不同类型座谈会6场次，发放宣传材料3000余份，进一步提高广大党员干部廉洁从政意识，树立艰苦奋斗的优良作风。

2004年，按照省委要求，结合涞水县实际，开展“立党为公、执政为民”主题教育。明确教育活动的学习内容、方法和要求，征集“我的政绩观”征文60余篇。各级领导干部在认真学习讨论的基础上，联系工作和思想实际，本单位改革发展实际、党风廉政建设工作实际撰写体会文章。组织检察院、法院等7个单位举办廉风颂迎“十一”国庆晚会，组织观看影片《郑培民》，受教育干部达2300多人。通过教育活动，使广大党员干部进一步明确新时期对党员领导干部的基本要求，认识到树立自身良好形象的重大意义和作用，奠定做一名优秀领导干部的基础。下发《关于学习宣传贯彻〈中国共产党党内监督条例（试行）〉和〈中国共产党纪律处分条例〉的意见》，明确学习要求和方法，各级党委把贯彻“两个条例”作为当前和今后的一项重要政治任务，认真落实“两个条例”各项规定，指导全县党员干部进行深入学习。征订下发《两个条例》1000余册，使全县党员干部对照检查自身存在的突出问题，开展了“坚决贯彻执行两个条例，做遵纪守法好党员”活动。7月，组织全县县级领导和副科级以上干部420余人参加市“两个条例”宣讲团的报告培训，组织县纪委代表队参加了市党内法规知识竞赛，受到市纪委领导的肯定，荣获“保定市党内法规知识竞赛优秀组织奖”。

2005年，继续开展“立党为公、执政为民”和“两个务必”主题教育。以保持共产党员先进性教育为契机，举办主题教育活动27场次，召开各类座谈会、研讨会、体会交流会56场次，领导干部撰写体会文章达1000余份。开展《建立健全教育、制度、监督并重的惩治和预防腐败体系实施纲要》学习活动。把学习宣传贯彻落实实施纲要作为宣传教育工作的重点，制定实施方案，并下发全县贯彻落实。组织召开学习贯彻实施纲要宣讲大会，在集中学习的同时，要求各单位要召开专题座谈会进行宣讲，并撰写体会文章。此次活动，下发实施纲要单行本1000余册，展开宣讲活动75场次，召开大小座谈会50场次，全县领导干部撰写体会文章400余篇。开展正反面典型的警示教育。结合全县共产党员先进性教育活动，进一步增强党员领导干部拒腐防变的能力，与各单位协调组织观看警示教育专题会100余场次，领导干部撰写观后感1600多份，收到很好的警示效果。参加市纪委举办的保定市“先锋颂”演讲比赛活动，精心准备“清风颂”反腐倡廉小品大赛，涞水县的《摘店牌》获得二等奖，得到了市纪委领导的肯定。按要求认真组织由全县科级以上领导干部参加的两个纲要知识测试活动，参考率、及格率均达到98%以上，并将情况报市纪委宣教室；同时，参加市纪委组织的两个纲要知识竞赛活动，取得较好的成绩。

2006年，抓好业务培训。鉴于乡镇纪委书记三分之二是新手，县纪委、监察局于5月12日和8月3日先后召开全县纪检监察干部培训会。市纪委《关于严格办案程序的暂行规定》下发后，于11月14日组织15个乡镇纪委书记、50个县直主要部门纪检书记（组长）和县纪委、监察局机关全体干部共90余人召开培训会，全文学习规定内容，并将规定复印发至每个纪检监察干部手中，要求各单位在对照规定搞好自查的基础上，必须遵循规定，按要求办理信访、案件检查、审理等项工作。积极参加上级纪委的培训活动，按照上级要求，县纪委两名副书记分别到石家庄、秦皇岛和北京参加相关业务知识培训。通过培训，规范办案行为，提高纪检监察干部素质、提高办案能力和水平，为更好的开展纪检监察工作提供了保障。在全县党员干部中开展学习党章、遵守党章、贯彻党章、维护党章活动。举办演讲比赛。11月15日举办“学树保促”活动中做“党的忠诚卫士、当群众贴心人”主题演讲活动，参加选手是各乡镇和县直各部门的纪检干部，演讲内容以“为民、务实、清廉”为主，做到选材合理，内容充实，紧密联系实际。经过选拔，8名选手参加了决赛，文教局纪委选手获第一名，地税局和电力局纪检组获第二名，通过比赛，进一步加强纪检干部队伍的思想建设、作风建设和能力建设，强化了广大纪检干部的政治意识、责任意识和群众观念。开展廉政文化“八进”活动。特别是在廉政文化进农村活动中，选择条件相对较好的义安镇东义合庄、明义乡东明义村等6个村作为廉政文化建设示范村，县纪委每月下村两次指导廉政文化建设，乡镇也分派3~5人组成廉政文化建设指导组，及时指导工作。非试点村成立由村书记负总责，村班子成员参加的廉政文化建设领导小组。12月，省纪委在保定召开的2007年工作思路和三项监察工作座谈会上，省纪委常委吕忠国充分肯定涞水县的经验和做法。开展警示教育活动。结合“结缘工程”和典型案例，组织广大党员干部，通过走访慰问困难群众，切实感受群众疾苦，通过典型案例剖析，受到教育和警示。筛选重点工程提前介入：县纪委牵头，与检察院、安全兑付、依法管理，调水办一起组织南水北调工程所涉及的6个乡镇22个村干部进行防范违纪违法预警打招呼活动，2亿元补偿资金，其中村集体补偿资金2506万元。

2007年，县级党员干部带头接受教育。5月28—30日，组织全体县级党员干部以作风建设为题集中封闭学习，观看反腐倡廉电教片，剖析班子、队伍和工作中存在的问题并认真整改。5月25日，在全县部署开展“为民、务实、清廉”主题教育活动；6月15日，全县1784名党政机关干部包括县乡党员领导干部统一进行以领导干部作风建设为主要内容的知识测试，参考率98%、平均成绩96年8分；7月26日，省“为民、务实、清廉”主题教育活动第25期简报以“涞水县五查五看五促进强化干部作风建设”为题将涞水县主题教育活动情况予以刊登；此项活动触及党员干部心灵、加强队伍思想政治建设，树起良好形象；一定程度净化社会风气，促进稳定发展的各项工作，受到群众的关注和好评。运用“镜子”映照。7月13日由县纪委书记带队，组织全县科级以上党员干部130人到保定市检察院警示教育基地、坐落在满城县的省司法厅太行监狱参观生产车间、生活区，实地感受服刑人员劳动改造和生活场景并面对面听4名原任党员领导干部忏悔现身说法，观看改过自新的文艺表演，接受直观鲜活的警示教育，大家心灵受到震撼，是一次灵魂深处的思想洗礼。为民办实事。4月，支持三坡镇都衙村水泥58吨，在该村主街道办起长达2千米的“农村实用科技和政策法纪”全县示范一条街，由县纪委、监察局干教室督办指导，把科技、政策和法纪送到农村去；10月份，县纪委主要领导亲自协调，为“驻联帮解促”活动中所包的两个村解决资金、水利设施。掀舆论氛围。为强化廉政文化宣教，在县城主街道更换大型固定廉政公益广告牌23块、悬挂大幅标语20条；县电视台《党风廉政建设》栏目播出12期；县城文化广场演出反腐倡廉内容的“彩色周末”活动4场，组织“七一”中国共产党成立86周年《永远跟党走》文艺联欢会，党员干部大唱廉政歌曲、展开小品比赛、演讲比赛活动，9月27日，县纪委牵头举办“正气歌”文艺演出，全县党员干部1000余人观看。

2008年，在县城主要街道和国道112线制作大型公益广告宣传牌4块，内容涵盖优化政务环境、建设和谐涞水、发展涞水经济、解放思想、科学发展、诚心诚意接受人民监督等内容。借助“彩色周末”演出8场次，展现各条线涌现的党员干部先进人物事迹，演唱革命歌曲、弘扬爱国、为民、勤政、务实主旋律。各乡镇纪委、县直纪检组积极开展廉政文化建设宣传，设置固定宣传栏72块，刷写固定标语40余条。在23个村建设“法制、廉洁宣教一条街”。县国税局开展廉政文化进基层所站活动，该局在机关和4个分局建立廉政文化警示牌和宣传展板35块，定期更新廉政新闻、廉政格言、廉政警示、廉政风采、廉政誓言、修养廉政等内容，时刻警示党员干部依法行政，成为全市国税系统试点。与县委组织部合力利用后备干部培训和村级干部培训，组织县、乡党政主要领导干部和纪委书记讲授廉政党课18次；县纪委班子成员到各单位做警示教育报告11场次，播放电教片53场；各乡镇由党委副书记、纪委书记牵头组织党政班子成员利用各村召开党员会、每季上党课，开展反腐倡廉教育，作报告560余次；开展“扬正气、促和谐”公益广告创作活动，上报影视类作品5部，平面类作品11篇，广播类作品4篇，漫画类作品6幅，其中11部（篇、幅）作品在全市评比中获奖；组织《建立健全惩治和预防腐败体系2008—2012年工作规划》知识答题活动，发放并收回答题卡1067张，其中副处级以上领导干部答题卡31张，回收率100%，科级领导干部答题卡416张，回收率100%，一般干部、企事业单位中层以上干部答题卡620张，回收率100%；全年上报调研文章7篇，调研信息（网评文章）13篇，调研文章被市纪委《纪检监察研究》采用2篇。

2009年，在全县纪检监察系统开展“做党的忠诚卫士，当群众的贴心人”主题教育和以“提高履职尽责能力为核心”的素质建设工程及“干部作风建设年”活动，着力解决在思想观念、工作作风、素质能力等方面存在的突出问题，达到“四个对”的要求，即对党和国家无限忠诚，对腐败分子和消极腐败现象坚决斗争，对广大干部和群众关心爱护，对自己和亲属严格要求，努力树立纪检监察干部可亲、可信、可敬的形象，以队伍建设促进效能建设，以效能建设检验队伍建设。继续加大对党员干部进行正反两方面典型教育和警示教育的力度。通过正面典型示范教育和反面典型警示教育，进一步加强党员干部党性修养，做到常修为政之德，常思贪欲之害，常怀律己之心，争做廉洁自律的表率，树立正确的世界观、人生观、价值观，筑牢拒腐防变能力，把全县反腐倡廉教育不断引向深入。撰写《领导干部新“三观”，体现为政之本》《我们支持你，纪检监察战线的勇士》《推进反腐倡廉应加强纪检监察机关建设》和关于学习王瑛先进事迹的8篇网评文章，在新华网和人民网强国论坛中发表。

三、执法监查

监督检查执法监察是行政监察机关的一项基本职能和经常性的重要活动。行政监察机关通过开展执法监察，监察对象贯彻执行国家法律、法规、政策和决议情况，确保国家法律、法规、政策和决议的有效贯彻与充分实施。1988年全省各级监察机关相继恢复，涞水县监察局随之建立，1993年涞水县监察局与县纪委合署办公，1995年3月，涞水县纪委、监察局设执法室开展执法监察工作。

1995年，涞水县纪委、监察局在完成省市纪委安排的执法监察工作任务的基础上，为保证国务院《建筑市场管理规定》和河北省《建筑市场管理条例》的贯彻落实，重点检查全县在建和竣工10项工程。被检查工程的14个施工单位和建设单位补办手续19件，补交投资方向调节税23.45万元。对不合格单位罚款10.27万元。向有关单位下达执法监察建议3份。通过检查，规范涞水建筑市场，增强建筑市场管理工作的透明度，涞水的建筑市场逐步走向制度化、规范化。

开展“三项清理”，即贯彻《河北省计划生育条例》，清理党员干部及其子女早婚、早育、超生等问题；贯彻《河北省土地管理条例》，清理农村党员干部越权私批宅基地问题；贯彻《中华人民共和国会计法》，清理农村财务，查处党员干部贪污、浪费等问题。清理出早婚、早育156对，异地登记2人，罚款25.25万元；清理私批、乱放宅基地1035户，违法占地532.5亩，收缴税款和罚款267.95万元；清理违纪资金57.53万元，清退个人占用集体资金12.35万元，查出私开结婚证诈骗钱物案1件，发现党员干部违法违纪案件线索7个，11名党员干部受到党纪处分

针对群众反映的热点、难点问题以及容易滋生腐败现象的领域，1996年，涞水纪委、监察局开展8项专项执法监察。通过检查全县有预算外资金收支单位，查出有违纪行为的单位126个，违纪金额2245.40万元，收缴资金314.5万元，经济罚款168.7万元，入库285.9万元。农民负担执法监察。通过检查取缔不符合规定的收费项目6项，涉及资金8万元，退给农民1.5万元，为群众挽回经济损失8.5万元，检查未发现加重农民负担问题。向全县农民印发负担监督卡92000份，设立农民负担监测户87户，举报电话两部。建筑市场执法监察。被检查的18个项目公开招标率占60%，并对一小教学楼、二中教学楼、邮电局综合楼在承发包中手续不全问题进行规范。农资市场执法监察。查扣无证经营和不按规定经营的化肥47吨，农药950瓶，玉米种4756千克，取缔不具备农资经营条件的门店16个，查处违纪资金52581元，没收非法所得12500元，制止农资销售漫天要价、坑农害农问题。结婚登记收费检查。查出超标收费金额36212元，没收2600元，责令退还12500元。夏粮收购专项监察。6月27日至8月7日对全县7个夏粮收购库站进行现场监督检查，没有发生代扣代缴各种款项、税费问题。农村电费、电价检查。查出违纪金额65万元，没收非法所得3.35万元，为农民减轻负担2万元。党员干部违反计划生育政策检查。通过对全县范围内党员、干部违反计生政策情况的专项清理，查处早婚33对，不履行登记手续的10对，涉及党员干部15人，分别按党纪、政纪给予公开处理。

1997年，专项执法监察立项19项，办结17项，查处违纪资金1197万元，避免和挽回经济损失102.6万元，退还违法违纪资金6万元，通过开展专项执法监察发现案件线索11个，立案查处11件，处理人员11名，其中移交司法机关1名。

1998年，执法监察按照巩固成果，规范管理，争创一流的工作思路，立项16项，完成14项，查出违纪资金690.1万元，已入库151.1万元，退还违纪资金6.8万元，挽回经济损失32.3万元。向有关部门下发执法监察建议书12份，协助有关部门建立规章制度20项，没收违纪资金2.3万元。预算外资金执法监察。根据河北省财政厅、河北省监察厅联合下发的（冀财综字〔1998〕28号）精神和县政府安排，涞水县纪委、监察局牵头会同有关部门对公、检、法、工商等部门预算外资金收支情况全面检查，查出违纪资金570.1万元，入库146.3万元。减轻农民负担工作抓落实、搞好综合治理。调整充实已有的农民负担监测户，会同有关部门印发农民负担监测卡，入户率100%，对农民负担3项制度落实情况和夏征进行监督检查，1998年预算和1997年决算完全按法定程序进行，夏征资金按时到位，封闭运行，没有发现代扣代缴现象和搭车收费，做到户交户结。建筑环境执法监察。会同建环局制定了1998年建筑执法监察实施意见，协助建环局规范和完善各项管理制度和监督机制，督促建环局建立健全公开、公平、公正的竞争机制。全县建筑工程招投标率100%，公开招投标率80%。土地管理执法监察。查出土地违法案件248宗，其中越权批地106宗，未批先占117宗，非法转让25宗，其中商企占地68宗，宅基地184宗，总面积170.4亩，其中耕地32亩。非耕和其他用地138.4亩，处理211宗，结案率85%。其他项执法监察。对高考招生工作从报名、考试、录取进行全程监督，未发现违纪现象。对矿产资源、矿产安全进行执法监察。封存不符合法律法规和不具备开矿条件的28户，处罚越层越界采矿户。对1998年征兵工作进行监督检查，杜绝“吃、拿、要”等违纪行为。配合县委、政府解困和再就业工作。

1999年，执法监察工作按照“突出重点，强化职能，整体推进，务求实效”的工作思路，坚持抓

源头、抓制度、抓案件、标本兼治，扎实有效地开展执法监察。立项15项，查出违纪资金251.53万元，收缴入库57.89万元，避免经济损失99.63万元，向有关部门下发监察建议书6份，协助有关部门建立规章制度2项。通过执法监察发现案件线索26个，处分22人。深入开展落实“收支两条线”执法监察。按照“两不准”“三严禁”“五个一”的要求，狠抓清理预算外资金、落实“收支两条线”工作，重点检查县直30多个部门和单位，全县查出违纪资金191.99万元，处罚资金入库30万元。对有关责任人进行了责任追究，有4人受到党政纪处分。涞水县落实“收支两条线”执法监察工作经验，被市执法监察工作会议采用，《中国纪检监察报》进行报道。开展粮食流通体制改革情况执法监察。全面检查全县12个收储企业收购资金封闭运行、敞开收购和顺价销售情况，全县15个乡镇政府、4个涉粮部门的主要负责人与政府领导签订责任书，确保粮改“三项政策”的贯彻落实，保护农民利益。查处涉粮案件6起，处分5人，移交司法机关2人。对建筑市场进行专项执法监察。检查工程项目16项，查出手续不全的6项，擅自开工的2项，按照有关规定对违规工程进行处罚。围绕县委、县政府的中心工作和群众反映的热点问题，重点开展土地二轮承包、教师工资发放情况、治理中小学乱收费等专项执法监察，取得明显成效。

2000年，完成执法监察立项14项，查出各类违纪资金773万元，收缴入库435万元。深入开展落实“收支两条线”执法监察工作。在巩固已有成果的基础上，狠抓中央六条工作标准的落实，加大监督检查力度。对全县34个执收执罚单位进行重点检查，查出各类违规资金170.76万元。其中擅自设立的收费项目8个，违纪金额25.32万元；擅自提高收费标准、扩大收费范围项目3个，违纪金额8.3万元；未使用规定票据执收执罚金额24.85万元；应缴未缴国库或财政专户金额77.33万元，坐支55.64万元；其他违规金额34.96万元。9月1日开始，全县35个部门所属60个执收执罚单位全部实行“票款分离”制度。认真开展“两金”执法监察工作。此项工作通过市纪委检查验收，并给予充分肯定。继续深入开展环保、有形建筑市场和粮食流通体制改革情况执法监察，均取得明显的阶段性成果。

2001年，完成执法监察立项14项，查结14项，查出违法违纪金额293.4万元，挽回经济损失69万元；提出监察建议3项，被采纳3项，发现案件线索21件；30人受到党政纪处分，其中2人被移交司法机关追究刑事责任；调查处理市委、市纪委领导要结果案件各1件，4名涉案人员受到党政纪处分。深入开展粮食流通系统清仓查库和“两金”征缴监察工作，均取得阶段性成果。

2002年，完成执法监察立项14项，完成14项，查出违纪资金133.4万元，收缴21万元；下发监察建议书3项，被采纳3项；有38人受到党政纪处分。深入开展整顿和规范建筑市场秩序执法监察，集中时间对全县所有在建工程项目和学校危房改造建设项目进行拉网式排查，检查在建工程59个，下发停工整改通知书10份，立案查处典型案件3起。继续开展国债、社保两项资金管理使用情况执法监察和治理中小学乱收费以及农民减负工作，均取得阶段性成果。

2003年，完成执法监察立项17项，完成15项，查处违纪资金76.4万元，挽回经济损失5.6万元，发现案件线索10个，党政纪处分12人。在抗击非典斗争中，圆满完成高考、中考监察工作。

2004年，重点围绕治理整顿土地市场秩序、建设领域侵害居民利益、拖欠农民工工资、安全生产、民政专款使用情况等问题及有效开展优质服务。活动进行立项检查。完成执法监察立项18项，完成18项，查处违纪资金27.54万元，发现案件线索17个，立案17件，党政纪处分11人。

2005年，重点围绕专项资金管理、机关效能建设、《行政许可法》实施情况、行政事业性收费、罚没收入、整顿规范市场经济秩序和矿业秩序等进行立项检查。在专项资金综合治理中发现案件线索1件，立案调查1人，查结给予挪用专项款责任人开除党籍处分；检查具有行政许可单位和部门39个，取消不符合《中华人民共和国行政许可法》设定要求的行政许可项目433项，按规定保留行政许可项目302项，清理取消行政许可项目削减率达60%。同时，会同县财政局对全县13个单位的行政事业收费和罚没收入进行检查，涉及资金253.76万元。全年，共完成执法监察立项18项，发现案件线索6件，立案查处6件，党政纪处分4人。

2006年，县纪委、监察局围绕全县中心工作选题立项，开展执法监察工作，确保政令畅通。完成执法监察18项。为配合国家重点工程建设项目，对南水北调征迁安置工作情况进行监督检查，还对整顿和规范市场经济秩序、土地市场秩序、国家工作人员入股非煤矿山工作进行监督检查。在执法监察过程中把监督检查与查处违法违纪案件有机结合起来，用查处违法违纪案件推动执法监察工作，在“三强三促”（强党性、促求实，强作风、促务实，强责任、促落实）活动开展情况监督检查中查处永阳镇人武部长及3个乡镇计生办主任失职案；在开展矿业秩序治理整顿情况专项检查工作中查处县民爆公司檀山供应站站长失职案。以上案件的查处，有效促进执法监察工作的深入开展。通过执法监察，发现案件线索10件，立案查处7件，对6人分别给予党政纪处分，查处违法违纪金额90.6万元，提出监察建议2件，均被采纳。

2007年，执法监察立项18项，发现案件线索21件，立案查处21件，对22人分别给予党政纪处分，查处违法违纪金额55.4万元，提出监察建议4件，均被采纳；在机关效能建设暗访中公开处理10人，撤职1人、免职1人、离岗培训6人、书面告诫2人，收缴违纪金额1.4万元，提出监察建议2件均被采纳。

2008年，通过执法监察，发现案件线索18件，查处违纪金额36.3万元，提出监察建议2件，均被采纳。

2009年，在“干部作风建设”活动中，4次对各乡镇和县直各部门的工作纪律、工作作风和值班等情况进行明察暗访，3月25日，在县委召开的全县干部大会上，对在暗访中发现的机关工作人员违反机关工作纪律的查处情况进行公开通报。对县直部门行政许可事项和非行政许可审批事项办理情况进行综合监督检查，1—6月份，全县办理行政许可事项783件，非行政许可审批事项340件，均按期办结。继续跟踪问效政府重点工作，重点开展对甲型H1N1流感等传染病的防控工作和张涿高速公路涞水县虎过庄段控制工程拆迁工作执法监察。

四、纠正不正之风

1982—1984年，连续清理和纠正四股不正之风，一是根据政策对不符合农转非标准的14户（16人粮户关系）予以注销；二是纠正职工调动中的不正之风，会同人事局清退了依仗职权由集体调全民单位的“混岗工”48名；三是重点刹了抢房抢占耕地盖房歪风；四是清理干部、职工拖欠公款15万余元。1984年，县纪委会同电力局成立5人专门办案队伍，查出有下乡吃喝、电霸作风行为的84人，查结处理以电谋私案件5件；并在粮食系统普遍开展“八查、八看”活动，同年收回经济损失款11673元，收回粮食20.76吨，油4.11吨，8名干部职工分别受到了党政纪处分。

1985年，涞水县纪委对全县92个乡局级机关进行检查清理。收回超编汽车1辆；县级领导干部13人带头退出漏交陪客款132元，基本刹住全县的大吃大喝风；清理纠正6名经商办企业的党政干部；查处3件党政干部获取不正当收入的案件，收回退赔款1700元；对西义安乡违反财经纪律组织乡干部进京游览的问题予以通报。

1987年，在县委领导下，县纪委牵头在全县开展纠正行业不正之风教育活动，在这次活动中各单位共揭摆出行业不正之风表现1700余条，各类问题89个，查处行霸作风的人和事12起，树立有影响的正面典型14人，收回款项及避免经济损失31万多元，并建立健全规章制度，制订各行业的职业道德规范。

1991年，通过学习整顿，全县各单位揭摆行业不正之风各类问题1008个，清理违纪金额148384元，收缴68399元，立案查处违法违纪案件7件，逮捕2人，开除公职3人，开除党籍2人，其他处分4

人，各系统健全完善规章制度668项。

1993年，根据上级有关文件精神，结合涞水党风廉政建设实际，在全县抓了以下3项工作：1.清理依仗职权巧立名目乱收费、乱罚款、乱摊派“三乱”问题。宣布取消废止收费项目64项，并对机关服务性等9项收费重新作了规定。在清理企业“三乱”方面，清理各类摊派、集资、罚款13项。在清理学校乱收费方面，清理出乱收费项目24项。清理党政机关在办实体中以权经商问题。清理出各类经济实体343个，不准党政机关办的实体28个，一一作了处理，对领导干部在实体中兼职作了纠正。清理公费出国旅游问题。

1994年，纠风工作重点仍是清理党政机关经商办企业。全县党政机关办经济实体97个，其中“三不准”机关办实体28个，划转20个，解除挂靠关系3个，撤（注）销5个；允许办实体的机关办实体69个，彻底脱钩1个，解除挂靠关系55个，撤（注）销13个。在清理行政事业单位乱收费工作中，查出全县34个行政事业收费部门收取违纪资金37万元，取消收费项目297项，减轻企业、农民负担。治理计生统计工作中的作假数字，对全县15个乡镇的30个村的计生统计工作进行集中检查。对3个问题严重的乡镇予以黄牌警告并罚款，对责任人进行处理。

1995年，涞水县纪委、监察局重点抓了治理公路“三乱”、治理中小学乱收费和减轻农民负担。治理公路三乱抓源头、抓反复、抓落实。建立治理公路三乱联合检查组，定期或不定期上路检查，发现一起处理一起，全年处理了三起乱设卡收费问题。清理中小学乱收费，由县教委负责。辅以联合检查、重点检查，实行收费证制度等进行清理。减负工作，重点抓了农村财务清理和检查监督。

1996年，建立治理公路三乱领导小组，分别在国道112、108及县乡主要公路建立举报点，全年接待举报15起；全年上路检查25次，拆除各种站卡7个，对九龙镇税务所工作人员拦车收费，给予开除公职处分。在清理中小学乱收费过程中，重点抽查小学校350所，对全县大部分公办中学及高中也进行检查，查出各种向学生乱集资款3236374.46元，没收14006元。1名中学校长被撤职。为县重点企业及本县境内三资企业14家实行了重点挂牌保护，下发了《治理企业“三乱”的实施意见》，全年召开企业厂长、经理座谈会4次，为企业解决实际问题两件，挽回经济损失5000元，“三乱”现象得到遏制。

1997年，纠风工作继续坚持“一检查、二处理、三巩固”的工作思路，纠风工作取得新成绩，公路“三乱”现象得到有效遏制，处理4起“三乱”行为，收缴违纪资金6000元。全年对15个企业单位进行专访调查，与有关部门一起对执收执罚部门进行严格审核，统一下发《进企业收费通知书》，同时，开展以企业生产经营中的突出问题为重要内容的效能监察，为企业挽回经济损失15万元，降低成本8.7万元。

1998年，纠风工作取得新成绩。县纪委、监察局与有关部门互相配合，对县域内交通干线进行5次突击检查，处理4起“三乱”行为，没收违纪资金84473元，拆除私设站卡1个，解雇1人，处理3人。对企业“五乱”进行治理工作中，取消不符合规定的涉企收费项目13项，减负131.46万元。根据国务院办公厅《关于加强中小学收费管理工作的通知》，1998年检查乡镇教委9个，中学12所，小学40所，查出违纪资金110万元，并按违纪总数的30%处罚收缴财政，对两名中学校长给予行政处分。

1999年，继续坚持查纠结合、纠建并举的方针和“谁主管，谁负责”的原则，巩固已有成果，突出抓了狠刹医药购销中的不正之风，取得了阶段性成果。继续做好减轻农民负担工作。重点抓了农民负担预决算、监督卡、专项审计制度的落实，全县共发放农民负担监督卡9.2万份，入户率达100%，进一步完善农民负担监测网，在全县设立监测网点80个，对农民负担情况实施有效监督。全县提留统筹款1100万元，人均负担额35.84元，占上年人均纯收入的1.74%。同时，充分发挥纪检监察机关的职能作用，严肃查处加重农民负担案件，查处加重农民负担案件10起，党纪处分10人。公路“三乱”问题得到进一步治理。坚持抓巩固、防反弹、常抓不懈。会同公安、交通等部门对县境内的国道及县乡道路进行明察暗访12次，查处公路“三乱”案件3起，罚款3000元，行政处分1人。减轻企业负担工作进一步加强。减轻企业负担工作，着重抓了已取消收费项目的落实，严格控制对企业的各类检查评比，认真落实“一证、一书、一卡”制度。减少进企业收费（检查）5批次，向企业摊派的非政策性报刊、杂志比上年减少13种。取消收费项目4项，没收乱收费资金8000元。制止医药购销中的不正之风取得阶段性成果。以狠刹医药购销中的不正之风为重点，深入开展清理纠正医药服务中的乱收费、治理药品回扣和开单提成行为、治理医疗秩序和严禁无证行医等“三个专项治理”。共检查医疗单位18个，查出开单提成1.345万元，虚高定价1.2万元，取缔查封非法行医者16个。通过开展专项清理，有效遏制医药购销中的不正之风。

2000年，突出抓好纠正医药购销不正之风工作。全县共检查药品经营、医疗单位224个，查处非法行医21个，取缔无证行医13个，没收伪劣药品102种，价值2万余元；查出违纪资金38.3万元，收缴罚款12.5万元。查出违价药品170种，涉及金额20.4万元。全县4个县属医院和15个乡镇卫生院实行了药品集中招标采购。

2001年，突出抓好纠正医药购销中的不正之风工作。制订《二〇〇一年度纠正医药购销不正之风工作实施意见》，并下发到各相关单位，将纠正医药购销不正之风工作责任分解到具体部门。认真落实医药分开核算分别管理，加大源头预防力度。加强对药品和医疗服务价格的监督检查，把药品“降虚”作为重点，严肃处理该降价不降价、越权定价、擅自定价及分解收费等违反规定的价格违法行为，继续推进医疗机构医药费用清单制，增加透明度，切实维护广大人民群众利益。全县检查10个乡镇、330余个医药摊点、13个药品经营单位和4个县级医疗机构，查处贩卖假劣药品案件2起，没收价值4000余元的伪劣药品，收缴罚款6000元；抽查药品217种次，查处不合格品种13个，没收各种假劣药品200多种，价值5000余元，并全部予以销毁。

2002年，突出抓好纠正医药购销中的不正之风工作。由县纪委牵头，卫生、药品监督管理、工商、物价、财政和经贸等部门组成纠正医药购销不正之风领导小组，制定《二〇〇二年度纠正医药购销不正之风工作实施意见》，并下发到各相关单位，将纠正医药购销不正之风工作责任分解到具体部门。认真落实医药分开核算分别管理，加大源头预防力度。全县检查10个乡镇、13个药品经营单位和4个县级医疗机构，收缴违纪资金5000元，并给予违纪者警告处分。民主评议行风工作有序开展。制订《涞水县2002年民主评议行风工作方案》，开通了民主评议行风热线电话，召开52个单位参加的行风评议工作会，统一向社会承诺，主动接受群众监督。通过上街宣传、聘请社会监督员、走进直播间与群众面对面等各项活动的开展，强化各评议单位和部门的服务意识、宗旨意识、责任意识，提高工作效率，促进各行业风气的根本好转，对全县经济的发展起到良好的促进作用。

2003年，重点开展行风评议工作：向全县下发了《涞水县民主评议行风实施方案》，明确指导思想、参评部门、评议方法、评议步骤；在《涞水报》设专版由全县54个参评部门进行公开承诺，在县电视台开展“走进直播间，行风面对面”活动，解答百姓所问，承诺百姓所需；各部门开展行风评议大型咨询解答活动，由部门组织力量，统一时间、统一地点上街宣传，解答群众关心的热点、难点问题。治理教育乱收费工作：严格执行“一费制”，加大治理中小学教育乱收费工作力度。建立由教师、学生、家长三位一体的监督网络，聘请社会各界代表及家长监督员50名，发放监督卡1500份，设立举报箱30个、公开栏22个，增强收费透明度，有效遏制乱收费现象。9月份，对全县落实“一费制”情况及教育乱收费问题进行了专项检查。纠正医药购销中的不正之风工作：在继续抓好全县药品集中招标采购规范落实的基础上，坚持一手抓严厉打击，一手抓制度规范。特别是在防治“非典”期间，全县查处哄抬药价案件12起，查处非法行医案件2起，罚款1.8万元，并对违法者给予行政拘留、停业、没收器械处理。

2004年，举行优化环境民主评议大型宣传日活动，由与群众利益相关的44个执纪执法部门直接受理咨询，宣传本部门业务，解答群众关心的热点、难点问题。治理教育乱收费及纠正医药购销中的不正之风工作，对全县医疗卫生系统存在的医药购销及医疗服务中的不正之风、教育乱收费、涉农收费等损害群众利益等问题进行专项检查4次，检查中小学校122所、医疗卫生单位170个、涉农企业35个、涉农行政部门9个，取消乱收费项目6项。重点查处群众反映强烈的县第一小学收取建校集资问题，责令其停止收费，并退还所收取的全部款项10.52万元。

2005年，行风评议工作：民主评议工作实行“三全”（全年评议、全程公开、全面反映群众意志），把与优化环境和与群众生产生活密切相关的单位作为民主评议的重点单位。聘请社会各界行风、政风监督员50名，加强群众监督力度。在电视台开办行风“面对面”栏目，重点参评部门的“一把手”分别对本单位的行风建设情况进行承诺，解答群众质询。组织阳光服务类活动6场次，召开听证质询会2场次，征求问题、建议30个。召开民主评议群众测评大会，以公开、公平、公正为原则，主动征求参评单位和社会各界群众对民主评议工作的意见和建议，并对全县74个部门进行年终公开测评。治理教育乱收费及纠正医药购销中的不正之风工作：下发《涞水县2005年减轻农民负担工作意见》，配合县减负办对各行政村涉及农民负担、涉农收费、农村财务等问题进行逐村检查。协调物价、审计、财政等有关部门，对全县医疗卫生系统存在的医药购销及医疗服务中的不正之风、教育乱收费、涉农收费等损害群众利益等问题进行专项检查。共检查中小学校120所，查处自立项目收费、超标准收费及无证收费等违纪金额172万元；查处公路“三乱”1起，给予党纪处分1人；协调处理土地纠纷25起，使土地承包中的一些遗留问题和带有普遍性的问题得到了有效解决；协调减负办对4个乡镇61个村进行重点审计，审计金额990万元，查处违纪金额49万元，为集体挽回经济损失5万元；对全县3个乡镇财务人员进行培训，已有210个村会计经过考核，会计持证率达到80%；着重对县直几所医疗单位实行四个严禁（严禁接受患者钱物、严禁开单提成、严禁接受患者及家属的宴请、严禁接受各种回扣），制作提示牌进行公开，并公布举报电话。

2006年，以实行“阳光校务”为载体，进一步加大整治乱收费力度，会同县物价局对全县教育系统收费情况开展专项检查，严肃处理违反规定乱办班、乱收费及超标准收费等问题。整顿和规范医药市场秩序，各大医疗机构普遍实行药品集中招标采购制度，扩大集中采购药品的范围，增强药品采购的透明度。在县级医疗单位开展“形象素质工程”“诚信在卫生、满意在医院”“医院管理”“医德医风示范医院”“打击红包、回扣、开单提成”等活动，设立“四个严禁”举报警示牌，实行“四级全员”承诺制、“一日清单制”、“药品及各项检查费用公示制”、单病种限价收费制、“惠民门诊、惠民病房制”等5项制度。纠正领导干部超标准超编制配备、使用小汽车工作中，登记清理县处级领导干部及机关用车情况，建立了明细台账，做到“四有”：有照片、有牌照、有用车领导、有审批和控办情况。严格管理，坚决杜绝超标、超配情况的发生。为更好地接受群众监督，真正体现群众意志，强化纪检监察信息网的作用，县行风信息网站点击人数达万余人次。充分发挥26名行风、政风信息员的监督作用，不定期走访或电话查询，广泛征求其对全县各执法、执罚部门的意见和建议，随时掌握行风、政风的第一手资料，为改进工作提供有力条件。

2007年，南水北调工程和张石、涿密高速公路涞水段以及天鹅湖、三皇山二期开发、“山水一方”竣工等旅游、体育项目建设期间，县纪委书记、县委书记、县长组织县优化环境领导小组成员多次协调、现场解决，使十几起集体上访或群体性事件苗头隐患化解在县内。县纪委与检察院一起对国家南水北调工程和张石、涿密高速公路涞水段以及几个亿元工程项目征迁占地补偿所涉及的22个村集体部分2千万元开展签廉政保证书、打廉政招呼活动。

2008年，民主评议延伸至学校、医院、“七所八站”等群众身边的基层单位。将49个与群众密切相关的单位作为重点，以制定方案、动员部署、机构健全、阳光服务活动、公开承诺情况、处理信访举报及督办解决问题情况、信息简报情况、参加“行风面对面”活动情况、参加活动（会议）情况、明察暗访情况、听证质询情况、自查自纠整改情况、总结成果情况、践诺公示、实行总评名次有限否决等14个考核项目为基础加强经常性考核，使民主评议工作取得实效。建立健全受理公路“三乱”快速反应机制，对易发“三乱”路段进行突击检查8次、解决投诉问题13件。

2009年，做好治理公路“三乱”工作。为进一步规范涉路涉车执法执收行为，有效遏制公路“三乱”反弹的势头，印发《涞水县公路“三乱”集中治理行动实施方案》。受理举报电话6起，并妥善处理。

五、信访工作

1980年，中共涞水县纪委恢复建立。由于“文化大革命”遗留问题较多，党内外群众来信来访不断，特别是揭发控告党员干部违反《关于党内政治生活的若干准则》搞不正之风的来信来访逐渐增加，约占来信总数的60%，要求纠正中华人民共和国成立后冤假错案的申诉不断增多，涞水县纪委将此作为一项重要任务。1980—1981年受理党员、群众来信417件，接待来访735人次，其中申诉案件201件，检举控告案件209件。除去重信重访201件，实受信访案件53件，均作了调查处理。纠正原来定性不准或受处分不当的结论，重塑纪检机关的形象。

1982年，涞水县纪委处理群众来信198件，接待来访579人次，重点查处信访老户反映的问题，地委要结果的信访案件18件。

1983年涞水县纪委把信访工作摆在重要位置，全年处理群众来信235件，接待来访172人次，查清地委要结果信访案件2件，县委交办的信访案件5件。

1984年，全年受理来信261件，接待来访66人次，上级交办案件10件。通过这些来访，平反纠正一些冤假错案，为查处违纪案件和打击经济犯罪斗争提供大量的线索。

1985年，全县受理来信来访454件次，其中检举控告258件次，来信161件次，本人申诉35件次，已结421件次，当年结案率92.7%。查结上级要结果或告知的信访37件次，有力配合端正党风和打击经济犯罪活动的斗争。

1986年，涞水县纪委变上访为下访，提高初信初访的结案率，减少重信重访和越级访。全年受理群众检举控告、党员违纪和党员申诉案件398件，230人，两月内解决203件，初信初访结案率88.26%，重信重访27人，结案率11.74%；越级访49人，越级上访率21.3%；常信访户4人，上级告知件10件，结案10件，结案率100%，全县28个区乡、64个科局级单位中无积案、无越级访、无重信重访的单位46个，三无率50%。

1987年，涞水县纪检信访工作紧紧围绕支持改革和保护改革，深入基层，按照党的路线、方针、政策认真做好信访工作。全年受理信访254件（检举控告225件，申诉29件，直查案件136件，转交办118件），总量比上年下降46%。

1988年，涞水县纪委信访室受理来信来访170件，应办148件，结案147件，结案率99%，信访总量比上年下降33%。从被反映的人员阶层看，县级4件，局级35件，村干部65件，农村一般党员群众37件，企事业干部20件，司法干部5件，申诉4件。来信来访反映的主要问题是：农村经济账目不清，财务混乱，个别农村干部依仗职权贪占集体的便宜和乱批宅基地，少数企事业干部以权谋私和个别乡村干部违法乱纪等。

1989年，经县纪委常委研究，县编委同意，将涞水县纪委“来信来访室”改为“控告申诉室”。受理信访181件，属本部门业务范围的111件（含检控109件，申诉2件），办结106件，结案率95%。对严重违纪问题立案13件，处分党员16人，其中开除党籍6人，留党察看5人，党内严重警告4人，警告1人。增加了群众对纪检部门的信任，提高了纪检工作的威望。

1990年，受理接待群众来信来访155件，办结94件，转办42件，要结果案2件，均予以结案。

1991年，纪检信访工作出现新局面，全年接待来信来访110件、越级上访16件，比上年下降24%和54%。

1992年，涞水县纪委充分发挥信访工作，在维护社会稳定，加强党风廉政建设，促进经济发展和社会进步等方面的作用，着重解决影响经济建设，党风廉政建设和社会稳定方面的信访问题。共受理来信来访197件次，其中信访92件，来访105人次，重信重访17件，转办21件，上级要结果案2件，受到领导的好评和群众的信赖。

1993年，根据中央关于纪检、监察机关合署办公的决定，涞水县纪委、县监察局于5月合署办公，实行一套工作机构，两个机关名称，履行两种职能的体制。合署后将原纪委的控审室和监察局的信访股合并为信访室。涞水县纪委把纪检监察信访工作作为密切联系群众的重要窗口和搞好分级办案的重要内容，认真对待。接待来信来访119件。其中来访34件，来信85件。其中申诉2件，监控105件，越级上访16件，地区要结果的2件，转公检法等有关部门的12件。

1994年，涞水县纪委受理来信来访124件，上级要结果的5件，全部办结；越级上访9件，纪委直接承办30件，结案28件，立案查处23件。

1995年，涞水纪监检察机关受理来信来访197件，其中来信97件，来访98件次，举报电话2起。集体访18件，越级集体访6件，上级要结果6件，全部办结上报。属于纪监检察系统业务范围的161件，办结157件，办结率97%。立案查处26件26人，对23名党员给予党政纪处分，为国家和集体挽回经济损失45.2万元。

1996年，涞水县纪委、监察局采取一系列有些效措施，标本兼治，取得明显成效，信访总量比上年下降56%，没发生进京访。

1997年，涞水县纪委、监察局受理来信来访112件次，全年要结果结案率达100%，按期结案率达96.7%，优质结案率达91%，信访问题当年办结率达97.3%。把推行逐级信访制和信访承诺制，抓好季度排查作为加大信访工作力度、维护社会稳定的重要举措来抓，全年未出现一起进京、到省集体访。

1998年，涞水县纪委、监察局牢固树立“稳定压倒一切，责任重于泰山”的观念，狠抓基层，狠抓关键环节，强化责任追究，使信访的多发区、易发区变成稳定区。受理来信115件，接待来访118人次，信访案件按期结案率达98.2%，优质结案率达97.1%。当年结案率达98.3%，全年没有发生一起进京、赴省、到市集体访。

1999年，受理群众信访221件次，其中来信112件，接待来访97人次，涉及党员113人，监察对象58人。广泛宣传保定市委、保定市人民政府《关于端正信访导向，依法有序上访的决定》和保定市纪委、监察局《关于规范共产党员国家干部信访行为的暂行规定》，促使群众依法有序逐级信访，收到良好的效果。未发生一起到市、赴省、进京集体访。全年受理的信访案件全部办结，按期结案率100%，优质结案率99.2%。

2000年，受理群众来信81封，接待群众来访75人次，信访案件按期结案率达到100%，未发生一起进京、赴省、到市越级集体访，受到中纪委、省市纪委的充分肯定，并在中纪委召开的信访经验交流会上做了经验介绍。《中国纪检监察报》报道涞水县信访的工作经验。

2001年，共受理上访件65件，接待群众来访165人次，其中已有63件得到妥善处理。市纪委要结果案件1件，要情况案件3件，查结上报。信访件按期结案率100%，优质结案率达到98%。全年，未发生一起越级、集体访，为稳定群众思想，维护社会安定作出积极的努力。

2002年，按上级要求，结合涞水县实际，认真实施“3221”工程，即强化三种意识：全局意识、治本意识、责任意识；采取两项措施：拉网排查、实行信访监察通知书；做到两个坚持：坚持依法治访和双向责任追究、坚持超前发现解决问题；实现一个确保：确保不出现进京赴省到市集体越级访。由于思想到位、措施保障有力，全年共受理群众来信来访197件次（其中来信52件，接待群众来访145人次），市纪委要情况1件，所有信访件均按“分级负责、归口办理”的原则得到妥善处理，达到“三百一零”（按期结案率、当年结案率、优质结案率100%，集体越级访为零）的具体要求。由于措施得力信访稳定，来信来访总数和上访要结果件分别比上年下降14.8%和18%。确保全县稳定，尤其是中共十六大期间的信访稳定。在中纪委领导调研会上，涞水县作了题为《深入开展“五个一”扎扎实实搞好信访工作》典型发言，得到中央和省、市纪委领导的充分肯定。

2003年，按上级要求，结合涞水县实际，建立“123”机制：力争一个确保，即确保不出现进京赴省到市集体越级访；坚持两个原则，即坚持依法治访和超前发现问题超前解决问题的原则；树立三种意识，即树立全局意识保稳定，注重治本意识控源头，强化责任意识抓落实。受理群众来信来访168件次（来信67件，来访95人次，电话举报16件）。市纪委要情况要结果信访件4件，均查结上报。所有信访件均按“分级负责、归口办理”的原则得到妥善处理，达到“三百一零”（当年结案率、优质结案率、按期结案率100%，进京赴省到市越级集体访为零）的具体要求。

2004年，县纪检监察信访工作继续保持“三百一零”（来信、来访、举报处理率100%，年底结零），受理群众来信来访和电话举报157件次，其中来信65件、来访61人次、举报电话31个，均按“分级负责、归口办理”的原则得到妥善解决。另外，市纪委转来信访件46件，要结果案件6件、要情况案件2件，全部查结上报。

2005年，不断完善信访举报工作机制。为有效遏制进京、赴省、到市集体访和控制单个访，制订下发《涞水县关于开展乡镇信访达标创优活动的实施方案》，力争将群众问题解决在当地，化解在萌芽状态，做到“小事不出村，大事不出乡”。年终，此项工作得到市专项检查组的充分肯定，并在全市评比活动中名列前茅。加大信访案件的查办和督办力度。实行分管领导包案制度，从信访案件的初核、立案到处理，一包到底，加强纵向和横向协作办案。充分发挥信访职能作用，直查快办信访案件，直查快办信访案件4起，结案4起，党纪处分4人。通过以上措施，涞水县纪检监察信访工作继续保持“三百一零”的好成绩。受理群众来信来访和电话举报件149件，其中来信43件、来访88人次、举报电话18个，接受市纪委转来的举报材料65件，其中要结果的案件2件，均按“归口办理、分级负责”的原则得到妥善解决。

2006年，受理群众举报159件（次）。通过坚持“以访促查、以查息访”的工作思路，认真查处群众信访举报案件，维护全县社会稳定。同时深入开展乡镇信访达标创优活动，在乡镇建立信访服务中心，在农村聘请284名党风村风信息员，在全县形成以乡镇为中心，向上与县对接，向下延伸到村的信访网络。坚持一般件要回报、比较重要信访件要情况、重要信访件要结果的“三要”制度及“四定一包”责任制度（定人员、定职责、定任务、定时限，领导包案）和信访分析会制度，大量信访问题在基层得到及时解决，全年没有发生进京赴省到市越级集体访，实现“三百一零”目标。

2007年，县纪委、监察局筛选重点信访案件事项12件进行调度，组织有关部门集体答复，提高为信访群众办事的效率和质量，把不稳定问题解决在县内。机关内部实行室主任以上干部轮流接访制，做到六及时（及时登记、整理、批示、研究、调查、处理）。尤其是中共十七大期间，同各乡镇签订矛盾纠纷解排责任状，没有发生一例进京单个访和集体访，维护了首都稳定，省市纪委及涞水县委、政府予以充分肯定。受理人民群众来信来访255件（次），办结248件，办结率为98%。

2008年，受理信访举报144件，其中县内来信65件、市级以上部门转来68件（其中要结果2件）

来访6件，电话举报5件；接待群众来访210人次，同时限时批转信访件41件，

2009年，共接待来访群众357人次。接收市转来信访件112件。其中一般信访件108件，按要求全部报送回报单；要结果信访件4件，全部报结。接收群众来信65件，其中反映科级干部的8件，从中筛选案件线索35个。接待来访、来电9件，其中接待来访6件、接听来电3件。全年批转要情况信访件30件，均妥善处理。开展“三无活动”（无集体访、无越级访、无重复访）。活动期间，全县没有发生进京、赴省、到市信访件。

第二节　组织工作

一、干部管理

改革开放以来，涞水县委组织部始终以加强基层党组织和各级领导班子建设为重点，坚持以邓小平理论和“三个代表”重要思想为指导，把促进发展作为全县组织工作的永恒主题，立足县情实际，重点突出，推进整体，不断提高各级领导班子的执政能力和执政水平，党的基层组织的战斗堡垒作用日益增强，为全县经济发展和社会稳定提供优良的干事环境、有力的人才支撑和坚强的组织保证。2003—2007年连续5年荣获全市党建先进县的荣誉称号。

随着体制改革的不断深入，1987年年底，涞水县委根据涞水县的实际情况，作出改革干部制度的7项决定。一是实行任期目标责任制。从1988年起，县直各党政机关每年年初制定该年度的目标管理责任书，层层分解任务，使每一项工作具体化，明确完成时间和质量要求，并逐级落实到人，以确保党的方针政策贯彻执行和每项工作顺利完成。二是实行选聘制。除按法律程序选举产生的领导干部外，采用择优招聘的办法，把农村那些有知识、懂科学、会管理、有实践经验，德才兼备、年富力强的人，选聘到区、乡（镇）量才使用。有力激发农村干部的积极性和创造性。三是实行试用制。提拔使用干部，定试用期半年，期满考评。对不称职者，免除试用职务；对能胜任者，再履行正式任命手续，使干部能上能下，能进能出。四是实行评议制。针对领导干部职责不同及本人的思想作风和工作表现，由单位群众进行背靠背的民主评议，并将评议结果告知本人，存入档案。把领导干部的工作置于群众监督之下，促进了领导干部作风的转变。五是实行交流制。全县在配备区、乡（镇）主要领导干部时，不安排在原籍任职，在一地工作时间最多不超过6年；交流方法采取乡对乡交流、上下交流。六是实行警告制。对德才平庸，工作长期处于落后状态的干部，提出免职警告，并规定具体目标，限期改变面貌。对按期限要求能打开局面的领导，撤销警告；反之，则就地免职。实行警告制以来，县委先后对9名不思进取、工作干劲不大、领导不得力、群众威信低的乡干部进行处理，其中4名免职警告，5名就地免职。七是实行轮训制。支持和鼓励干部创造条件接受电大、夜大、刊大等系统教育，并制定长期轮训在职干部的计划。

1988年，为建立干部考绩制度，促使各级领导干部进入最佳工作状态，县委组织部下发通知，结合民主评议乡科级领导班子和领导干部，在各区、乡（镇）县直各机关中开展评选最佳领导班子和最佳领导干部的活动。

1991年，根据地委指示精神，涞水县各级领导班子开展以增强团结为目的的“互相尊重、互相体谅、互相理解、互相支持、互相补台”的活动。涞水县委结合本县情况，提出在“五互”活动中着重解决以下几个问题；一、提倡讲党性、讲原则、识大体、顾大局，解决党性不纯，政出多门，各行其是，互不信任，闹无原则纠纷的问题。二、提倡民主集中制的原则，解决个人凌驾于组织之上，独断专行和极端民主化的问题。三、提倡正常的民主生活会制度，解决会上不说，会后乱说的问题。四、提倡搞

“五湖四海”，解决拉帮结派，认干亲拜把子，搞“小圈子”的问题。五、提倡感情交流，以诚相待，解决互存戒心，貌合神离的问题。“五互”活动的开展，普遍提高区、乡（镇）科局党委、党组班子的团结。

1992年4月，涞水县委对干部管理的基本原则、干部管理的范围和权限、干部的吸收和录用、干部的考核考察制度、干部离退休、干部培训、奖惩等十个方面作出具体规定。改变机关工作作风，提高工作效率，干部管理工作得到进一步加强。

1993年，县委对全县15个乡镇、78个县直科局领导班子采取谈、评、看的办法进行任期考察，根据考察结果，调整205名政绩一般的领导干部，提拔重用35名政绩突出的领导干部，对2名不称职的领导干部就地免职。

1994年，县委认真贯彻林州会议精神，制定《关于干部人事制度改革的实施方案》，推行“定主角、定指标、定奖惩、放权力”的“三定一放”干部制度改革。面向全社会公开招聘两个县直单位主要负责人，以点带面；抓奖惩机制，制订《关于建立党政领导干部及厂长（经理）激励机制的办法》。

1995年，县委从优化干部队伍结构和培养跨世纪干部的双重需要出发，深化干部人事制度改革。年初对全县中层干部进行综合考察，凭实绩调整干部202人，其中提职70人，平调88人，免职44人。在调整过程中，着重选拔优秀年轻干部，在提拔使用的70名科级领导干部中，35岁以下的30人，占43%，有50%的科级领导班子配备35岁以下的领导干部，使乡镇科局的正职平均年龄由上1994年的42岁降到39岁，大专文化程度提高到37%以上。并确定县级后备干部17名，科级后备干部145人。根据需要聘用有专业特长的副科级干部25名，通过开展“荐才推优”活动，推荐妇女干部41名。

1996年，县委依据中共中央下发的《党政干部选拔任用工作暂行条例》，在选拔优秀年轻干部方面有所倾斜。在提拔的101名干部中，35岁以下的39人。

1997年，县委培养选拔优秀年轻干部力度继续加大，班子整体结构得到优化和改善。县委按照建立高素质干部队伍和培养跨世纪人才的要求，严格执行中发（95）4号文件和《河北省乡（镇、街道）党政领导干部选拔任用工作暂行办法》，依据上年度考核结果，将9名30岁以下、3名35岁以下的年轻一般干部提拔到副科岗位，使全县35岁以下副科以上干部达到121名，占干部总数的24%，35岁以下的正科干部和30岁以下副科干部在56个县直科级班子配备率分别达到5%和41%，在15个乡镇党政班子配备率分别达到53%和40%。全县副科以上干部的平均年龄降至39岁，干部年龄结构基本形成梯次配备。至1998年3月，全县乡局领导干部562人，其中30岁以下的27人，占4.8%；31岁至40岁的166人，占29.5%；41—50岁的265人，占47.3%；51岁以上的占18.4%；具有大专以上文化的184人，占32.7%；中专文化的145人，占25.8%；高中文化的149人，占24.6%，初中以下文化的84人，占14.9%；妇女干部42人，占7.4%。领导干部队伍结构得到较大改善。

1998—2003年间，结合野三坡旅游二次创业、选调生公开招选的有利时机，公开招选科级干部12名、选调生16名，有9个单位的中层干部岗位实行竞争上岗，31个单位的219名中层干部进行职位轮换和轮岗，研究制订不称职、不胜任县直科级干部的定性和定量标准，加大调整不称职、不胜任县直干部的力度。

2003年以来，涞水县委始终严格执行《党政领导干部选拔任用工作条例》，坚持德才兼备标准和“三重”原则选拔任用干部，不断提高党员干部素质。通过总结经验、查找不足，相继制订和实行一系列的改革政策和措施。这些政策和措施的实施，扎实推进了涞水县干部人事制度改革的进程。

2003年，面对非典，县委制订抗非一线干部考核办法，并制订《关于对机关企事业单位工作人员在防治非典工作中的表现进行考核鉴定的实施意见》，将在防非工作中的表现作为今后提拔使用干部的重要依据。按照上级对妇女干部早使用、早培养的精神，选拔一批优秀妇女干部担任正职，安排正职岗位女干部3名。通过推出考察预告制、考察测评票滞留制，强化领导干部推荐责任制，使干部监督工作水平得到进一步提升。

2004年，县委以《党政领导干部选拔任用工作条例》为依据，实行领导干部待岗制，采取免职、辞职、降职、离岗、待岗、改任非领导职务等多种形式，拓宽干部“下”的渠道。推行“三推两评一公开”民主推荐干部制度，即定向公推、会议选推、座谈面推，自我评价、民主测评，公开定向公推结果，对乡镇3个正科、2个副科领导岗位进行差额推荐，公开选拔，收到较好的效果，干部人事制度改革迈出新步伐。

2005年，县委将省市选调生全部列入后备干部重点培养，并将4名市委选调生补充到县直党政机关，把政绩突出的6名选调生提拔到副科级领导岗位，进一步端正了用人导向，增强了班子的凝聚力和战斗力。同时，采取公开选拔和民主推荐领导干部的有效形式，对义安镇党委书记、团县委书记职位进行民主推荐，通过明确任职条件、公开自愿报名、笔试、演讲答辩，民主推荐测评、严格组织考察，量化计分排位，集体讨论决定的具体程序选拔干部，探索一条靠好作风、好机制选拔任用干部的新路子。

二、干部教育培训

在改革开放进程中，中共涞水县委十分注重领导干部、后备干部的培训教育，提高干部党员队伍素质。分批选派乡局领导干部参加市、县党校学习班，用中共十四大、十五大精神及邓小平理论武装头脑。1995年以来，县委聘请市委宣传部领导及河北大学经济学教授为全县500名科级以上领导干部串讲《建设有中国特色社会主义理论指导纲要》和社会主义市场经济与现代企业管理知识，对470名乡局干部进行“特色理论”及市场经济等内容的专题教育，同时抽调65名领导干部和30名企业厂长、经理参加外省市培训。举办“特色理论”知识竞赛，提高各级党员领导干部的政治理论素质和结合驾驭经济工作的能力。

1998年以来，县委聘请中央党校、省委党校、市委党校、河北大学教授、讲师为全县500多名科级以上干部进行重点培训。内容涉及“三个代表”重要思想、WTO与政府职能转变、党政领导干部如何应对入世、农业产业结构调整等。通过培训，提高各级领导干部政治理论素质和新时期驾驭工作的能力。

2005年，以先进性教育为载体，在县委党校举办三期执政能力建设培训班，对全县的副科级以上干部及后备干部400余人进行执政能力培训。多次组织县、乡两级领导干部到国外、省内经济发达地区参观考察，学习借鉴发展经济的先进经验和成功做法。2005年6月，县委组织部选派8名科级干部，到广东省佛山市三水区进行挂职培训，挂职干部在与先进地区的对比中找出差距，开拓眼界，提高素质。

三、基层党组织建设

涞水县是个老区，是平西抗日根据地所在地，在党的建设上有着光荣的传统。然而，在改革开放新的历史时期，一部分农村党组织的建设出现断层，一部分农村党员的模范带头作用不强。针对这种现象，涞水县从1987年下半年在农村党支部中开展能够正确执行党的路线、方针政策；能够齐心协力配合工作；能够抵制和纠正歪风邪气，不以权谋私；能够带领群众脱贫致富；能够坚持开好支部大会、党小组会、支部委员会，上好党课制度的活动。在农村党员中开展带头宣传和执行党的路线、方针、政策；带头勤劳致富；带头学政治、学文化、学技术；带头遵纪守法；带头包户，助人为乐的活动。

中共十三届七中全会以后，县委确定农村党的基层组织建设必须紧紧围绕经济建设这个中心，保证农村改革顺利进行这一指导思想，制定了加强农村党的基层组织建设的三年规划。要求各乡党委必须从5个方面抓好党的基层组织建设：抓人才，建设好农村党支部领导班子；抓制度，实现支部工作规范化；抓教育，强化农村干部的共富意识、务实意识、民主意识、廉政意识；抓职责，发挥党支部的核心作用；抓管理，保持村级班子的相对稳定。

为了充分调动农村干部的工作积极性，激发他们干好农村工作的热情，1990年8月20日，涞水县委下发《关于离任农村干部颁发荣誉证书的通知》，对连续任职5年以上或总计任职10年以上的农村正职干部，连续任职10年以上或总计任职15年以上的副职干部，在生活上予以适当补助。

1991年下半年，涞水县委在全县各企业基层党组织开展“达标创先”活动。在这次活动中，各企业基层党支部紧紧围绕经济建设这个中心，做到三个结合：一是“达标创先”与“企业升级创先”结合起来，二是把“达标创先”与生产实际结合起来，三是把“达标创先”与质量、品种、效益年结合起来。通过“达标创先”活动，加强新时期基层党支部的核心作用，激发党支部“一班人”奋发进取的精神，提高全体党员的政治素质，促进企业经济效益的增长。共涌现1200名优秀共产党员、250名优秀党务工作者。在每年的“五一”、“七一”、“十一”等节日期间，县委组织广大党员干部开展“建功立业”“爱我中华”“重温誓词”等活动，活跃党的生活。

1992年，涞水基层党建工作同全国第一期社会主义农村社教活动相结合，各乡镇党委、农村支部与驻村工作队一起，深入群众，了解民情，宣传党的农村政策，进一步改善干群关系。

1987—1993年，在搞好农村党组织建设的同时，县委遵照保定地委的指示精神，在全县基层党组织和党员中广泛开展“支部升级，党员争优”活动。涞水县的“争优升级”活动在党支部正确贯彻执行党的路线、方针、政策，保证在政治上与党中央保持高度一致；班子团结，密切协同，保证发挥战斗堡垒作用；坚持“三会一课”制度，保证党内民主生活的健康发展；自觉抵制和纠正各种不正之风，保证党风端正，党纪严明；认真开展思想政治工作，保证各项任务的出色完成的。党员带头学习，宣传执行党的路线、方针、政策；带头学政治，学文化，学业务，学技术；带头遵纪守法，抵制不正之风；带头出满勤，干满点，务实创新，为国家多做贡献；带头改进工作作风，满腔热情地为基层服务，为群众服务。为达到预期目的，县委组织专门力量对全县“争优升级”活动进行了3次大检查和多次抽查，并及时召开汇报会和经验交流会，使“争优升级”活动搞得扎实有效。

1993年，涞水县委明确提出把农村经济发展、带领群众致富奔小康作为考核支部班子的重要依据；

1994年，涞水县委组织部认真贯彻中共十四届四中全会关于基层党组织建设的意见，起草印发了《关于在全县农村党支部中开展“一抓双促”活动的决定》。以“一抓双促”活动为载体，全面推进农村基层建设；

1995年，涞水县委先后下发《关于进一步加强农村基层组织建设的决定》和《关于进一步开展“一抓双促”奔小康活动的意见》，本着“推优、上档、转化”的原则，以“先进支部抓创优、合格支部抓升级、后进支部抓转化”的基本思路，建立县领导双向包村目标责任制，县委与乡镇党委、县直科局签定党建目标责任制，形成一个全县抓后进、促转化、求发展的良好氛围。

按照乡镇党委“六个好”、农村支部“五个好”的标准，开展创建优秀乡镇党委和农村党支部活动，15个乡镇中有18个村列为后进支部，在驻村工作队的帮助下，年底全部实现转化。

1996年5月10日，涞水县理论研究会成立。县委书记任名誉会长，主管副书记任会长，县委其他相关部门领导为理事，研究会成员25名，制订下发研究会章程。

1997年，涞水县委立足于改革、发展、稳定的大局，为进一步推动“一抓双促创五好”活动向纵深发展，实施“三力合一”；按照“三个三”的思路，使乡镇党委建设迈上新台阶，同时深入开展“两创一建”活动，制订下发《涞水县乡镇党委和农村支部创优规划》，把基层组织建设、经济发展、社会稳定等工作具体量化，使党建工作目标由虚变实。7月，涞水县委、县政府联合下发《关于加强农村政治工作若干问题的意见》，坚持“五规范，一满意”标准，明确四种权利（即：民主选举权利，民主决策权利，民主管理权利，民主监督权利），八项制度（即：村民代表大会制度，民主理财制度，村财乡管制度，财务审计制度，民主议政制度，民主选举村干部制度，群众评议村干部制度，定期检查财务公开制度）。县委、政府对“四项权利”“八项制度”的落实进行不定期检查，一年至少不低于2次。年底涌现3个优秀乡镇党委和71个优秀农村党支部，优秀率分别达到20%和25%的市要求标准。利用电教方式举办党建理论、科技知识、商品经济知识等培训班，共培训农村党支部书记204名，其中156名成为农村发家致富的带头人，调整充实农村支部班子57人，“两委”干部181人。8月，针对以往农村支部有组织无印章情况，涞水县委组织部统一为全县农村党支部刻制印章。

县委认真贯彻《发展党员细则》和新时期发展党员“坚持标准、保证质量、改善结构、慎重发展”的原则，紧紧围绕经济建设这个中心，把发展党员工作重点放到工厂、农村、企业生产一线，注重培养、吸收优秀青年工人、农民、致富能手以及知识分子中的优秀分子入党，加强对入党积极分子的教育，定期组织学习培训，对新党员实行全方位的考察，确保了新党员的质量。

1998年4月，在全县领导干部中开展“三严四自”（“严格要求、严格管理、严格监督”“自重、自省、自警、自励”）活动，进一步强化对领导干部的监督管理，广大党员干部的政治素质得到有效提高。10月27日，县委下发《涞水县农村干部规范化管理暂行办法》，根据《中国共产党章程》和《中国共产党基层组织选举工作暂行条例》《中国共产党河北省农村支部工作条例》结合涞水实际制定，对农村干部的条件、职责、培养、选拔、配备、监督、奖惩、回避、工资、出勤提出了详细要求。11月12日，市县相继启动三级书记素质工程。实施方案规定，达到县级书记本科以上，乡镇书记专科以上，农村书记高中以上，并对三级书记的理论素质、执行政策、改革意识、群众路线等诸多方面提出具体要求。并与河北大学、河北农大联合开办农村支部书记大专班，开办4期培训200余人。

1999年8月，县委协调办成立。2000年，为及时总结全县农村支部书记抓党建工作的经验，协调办编写《农村支部书记经验材料汇编》发给各农村支部。

2001年，涞水县开展党的基层组织建设健全制度年活动。先后下发《关于乡镇党委、农村党支部基础工作规范》《加强农村的基层组织实施细则》等37个文件，党建工作步入有谋划、有部署、有检查、有落实的新格局。4月，为进一步加强农村基层组织建设，提高农村“两委”班子在新形势下的战斗力和凝聚力，增强班子团结协作、统领全局的能力，促进农村经济发展和社会稳定，县委召开农村党支部书记与村主任工作配合经验交流会。通过交流，明确了党支部在农村工作中的核心任用，村委会在党支部的领导下积极开展工作，“两委”班子主要领导团结协作、密切配合，促进农村经济发展和社会稳定。

2001年8月10日，经县委决定，在乡科级领导班子和领导干部中集中开展一次以正确对待组织、正确对待权力、正确对待群众、正确对待自己、正确对待同志为主要内容的思想作风纪律教育活动。通过教育整顿，全县乡科级领导班子和干部队伍建设得到加强。领导班子凝聚力、战斗力明显增强，干部队伍的整体素质明显提高，积极促进了全县两个文明建设的发展。

2002年3月，在全县范围内开展以“党员强党性、干部强作风、班子强能力”为内容的“三强工程”，增强党员的先进性和基层党组织的战斗堡垒作用，提升全县基层党建水平。

坚持不懈地抓好企业党建工作，把做好企业党建工作作为考核乡镇、县直有关部门主要负责人工作实绩的重要依据。企业负责人每年年终向县委写出企业党建报告、实施企业职工代表大会、民主评议党员领导干部的办法，使评议经常化、制度化、规范化，并逐步建立起与现代企业制度相适应的企业党建工作机制，强化企业党组织的政治核心作用。

始终以乡镇党委“六个好”（选配好一个坚持贯彻执行党的路线方针政策、公正廉洁、团结协作、战斗力强的好班子，首先要有一个党性强、作风正、开拓进取、锐意改革的好乡镇党委书记；建设一支精干高效、素质优良、群众拥护的好乡镇干部队伍；选准一条符合本地实际的发展经济、共同致富的好路子，建立一套行之有效的工作、管理和监督的好制度；保持一种密切联系群众、艰苦奋斗、实事求是的好作风；形成一个坚持两手抓、两手都要硬，促进物质文明和精神文明协调发展的工作格局）和农村党支部“五个好”（建设一个好班子，尤其要有一个好书记，能够团结带领群众坚决贯彻执行党的路线、方针、政策；培养锻炼一支好队伍，党员能够发挥助手和后备军作用；选准一条发展经济的好路子，充分发挥当地优势，加快农民脱贫致富奔小康的步伐；完善一个好经营机制，把集体统一经营的优越性和农户承包经营的积极性结合起来；健全一套好的管理制度，体现民主管理原则，保证工作有效运转，使村级各项工作逐步走上制度化、规范化的轨道）建设为目标，深入开展了创建优秀乡镇党委和优秀农村党支部活动。

2003年3月，在全市基层党建工作表彰大会上，涞水县首次被评为保定市基层党建先进县，县委书记孙金博作表态发言。2004—2007年，涞水县连续被评为基层党建先进县，实现“五连冠”。

2004年认真宣传贯彻《公民道德建设实施纲要》，开展了以社会公德、职业道德、家庭美德为内容的“三德”教育和“诚信涞水”宣传教育活动，公民的法制意识、诚信意识、道德意识明显增强。对全县党员干部重点强化三种意识，即强化务实意识、强化民本意识、强化艰苦意识，干群关系进一步转变。

2005年，县委周密部署，精心组织，保持共产党员先进性教育活动取得新成效，涞水县有56个县直单位、121个党组织和2489名党员参加第一批先进性教育活动，被市先教办评为信息工作先进单位。在第二批先进性教育活动中，广大党员把为群众办实事、解难事作为工作目标，走访慰问困难群众2236户，结成帮扶对子623对，送去慰问款物总计31.8万元，收到实实在在的成效。

2006年，县委探索建立“四定三制双考核”工作机制，规范对农村干部的监督管理，极大调动广大农村干部的工作积极性和主动性，2006年农村修路300多千米，建“两室”120多间，打机井56眼，解决遗留问题35个，3年引资2亿元，上项目60多个。实施“百村千户科普服务工程”，组织多部门开展下乡培训活动，培训党员干部5800多人次。在认真开展协会上建立党支部、党支部领办创办协会或经济实体等“一建双带”试点工作的基础上，不断扩大党在农村工作的覆盖面和影响力，设置各类党小组800多个，在协会上建立党支部5个，党支部领办创办协会9个。

2008年，县委制订《关于加强农村干部队伍建设的实施意见（试行）》，把对农村干部的关爱落到实处，推行现任农村干部结构补贴制度，每季度为现任农村党支部书记、村主任发放补贴。落实现任农村干部养老保险制度。将连续任满两届以上的现任支部书记、村主任纳入农村社会养老保险范围，为147人办理参保手续，县财政投入资金295314元。建立农村干部离任补贴制度，对符合条件的269人办理审批手续，发放补贴款21.3万元。救助和慰问农村干部43人，累计资金29000元。

2009年，深入推行“一定三有”工作机制，县委将农村干部职务补贴、养老保险、离任补贴、党员干部培训经费、农村党员干部现代远程教育经费等1092.6万元，全部列入财政预算，确保村务工作的有效落实。按照市委的安排部署，自7月开始，按农村“两委”干部基础职务补贴新标准，实行银行卡按月发放。就强化“一定”工作进行有益探索和实践，严格职责目标制定程序，强化考核管理，全县村干部承诺办实事1300多件，新上项目72个，引进资金11.66亿元，冀东水泥、张涿高速、京南鹿港度假村等一批省市重点项目进展顺利。

四、党员教育管理

1979—2009年，涞水县党组织和党员数量逐年呈上升趋势，党组织由1979年的389个发展到2009年的585个，党员由1979年的14024名发展到2009年的19428名。

在改革开放新的历史时期，涞水县不但注重党的各级组织的建设，还着眼提高党员素质，把好党员质量关。强调既要改变党员年龄、文化程度和分布不合理的状况，又要严格按照党章规定的党员条件，培养和吸收愿意为社会主义献身的优秀分子入党，避免那些不具备党员条件的人混入党内。规定在发展党员时必须实行“三公开”，做到“四坚持”。“三公开”即：选定入党积极分子公开，吸收新党员公开，预备党员转正时在全体党员中公开。四坚持是：坚持入党积极分子培养1—2年，坚持党章规定的党员条件，坚持搞好政治审查，坚持计划发展。并要求基层党委审批党员时做到“六不批”：入党动机不纯不批，不经过一年以上培养不批，没有政审材料和政审不清不批，不理解和不懂得党的基本知识不批，不经过支部大会讨论通过不批，没有经过上级党委谈话和集中培训的不批。除此以外，县委大力支持各级党组织把那些不符合党员标准的党员清除出党，保证党组织的先进性和纯洁性。

1995年，县委制订第一个“党员教育三年规划”，安排部署1995—1997年党员教育工作的重点内容。特别是把“双学”、“三讲”作为党员教育的重点内容。组织4000余名入党积极分子进行党的基本知识培训。全县15个乡镇形成电教网络，室、站、点形成一体，明确党课教员，以党的知识、理论教育、纪律教育和国情教育为主要内容，定期上好党课，保证党员受教育面95%以上。为有效地解决农村党员队伍中存在的问题，在全县农村党员中实行公开量化管理，将党员应承担的责任和义务细化为几方面具体内容，实行百分考核，并将党员工作实绩汇总列表公布，接受群众监督。通过实行党员公开量化管理，进一步增强党性意识，规范党员行为，形成党员“事事当先锋、处处作表率”的良好局面。

1998年3—6月，在全县开展“三讲”(讲学习、讲政治、讲正气)为主要内容的党性党风党纪教育活动，使广大党员干部坚定思想、增强信心，树立全心全意为人民服务的观念，全身心地投入到工作中去，确保全县政治稳定、社会安定。

据统计，1993—1998年，全县发展新党员1975名，其中35岁以下的1303人，占发展总数的66%；36—50岁的391人，占19.8%；高中以上文化的1165人，占59%；各类专业技术人员161人，占8.2%；农民669人，占33%，妇女党员493人，占25%。至1998年3月，全县有党员15828名，其中大专及以上学历的616名，占3.8%；中专文化的1221名，占7.7%；高中文化的2157人，占13.6%；初中文化的4802名，占30%；小学文化的5079名，占32%；文盲1953名，占12.3%；农民12662名，占80%；妇女党员2553名，占16%。

1999年8月，在农村党员中实施以“三学”(学理论、学党章、学实用技术)为主要内容的农村党员教育工程，提高农村党员队伍的整体水平，解决农村党员队伍中存在的思想观念陈旧、政治信念不坚定、宗旨观念不强、组织纪律松弛、缺乏致富本领的问题，增强了农村基层党组织的凝聚力、号召力和战斗力，加快全县农村小康建设的步伐。

2000年，县委研究决定，在全县农村党员中实施规范化管理。管理形式规范，重点推广“两组一区”(党小组、村民小组和党员责任区)的管理模式。组织生活规范。规定支部大会每季召开一次，支部委员会每月召开两次，党小组会每月召开一次，党课每季至少一次，党员活动每月至少组织一次。发展党员规范。重点推广“三定五化”管理模式，三定即定原则，定标准，定重点；五化即基础工作规范化，三项纪律制度化，培养教育经常化，党员发展公开化，党员发展责任化。民主评议规范化。认真坚持民主评议党员工作制度，坚持一年一评议。外出流动党员管理规范化。建立党员管理卡、流动党员档案流动党员例会。党费收缴规范化。重点做到“三统一”，即：统一时间，统一标准，统一表格。党员档案规范化。重点突出人事档案、参加组织生活档案、党员工作档案。

2001年8月，为提高全县农村基层组织建设总体水平，切实抓好全县党员管理教育、基层组织建设、协调会议制度3个方面的规范，提高全县党组织的凝聚力、战斗力和党员队伍整体素质，在全县基层组织和党员中开展“四规范、一提高”活动。

2003年，在全县深入开展“诚信涞水”宣传教育活动，“做诚心之人、办诚信之企、兴诚心之举”

的良好社会风尚更加深入人心。深入开展“两讲一建”活动，进一步增强农村广大干部群众的思想政治素质和科学文化素质，树立讲科学、讲文明、弃陋习的新风尚。深入开展双拥模范县创建活动，组织纪念双拥活动60周年暨庆祝中国人民解放军76周年大型活动，为争创省级双拥模范县奠定基础。下大力认真开展科技、文化、卫生“三下乡”活动，坚持送建结合，注重实效，不断提升基层“造血”功能。坚持以“三个代表”为指导，在全县各级组织和党员干部中深入开展“三强”工程，即“党员强党性、干部强作风、班子强能力”，加强各级班子建设和党员干部队伍建设，为经济和社会发展提供了坚强的政治保障和组织保障。

2005年2月初开始，按照省、市委的统一部署，在全县分3批开展以实践“三个代表”重要思想为主要内容的保持共产党员先进性教育活动。在省委、市委的正确领导下，通过全县各级党组织和广大党员的共同努力，严格按照上级有关要求，较好完成第一、二批先进性教育活动，涉及98个单位，209个党组织，5125名党员。通过活动的扎实开展，党员队伍素质和执政意识有了明显提高，学习“三个代表”重要思想的自觉性、坚定性有了新的增强。

2007年，县委按照市委、市政府的统一部署，深入开展“驻联帮解促”活动，活动中坚持全面发动造氛围、领导重视作表率、多方配合创环境、真抓实干求实效的原则，把812名市县乡干部分成284个工作队分两批进驻全县284个行政村。共走访各类人员21000余人次，制定帮扶措施1369条，落实1291条。化解矛盾纠纷367起；争取帮扶资金563万元，新上致富项目42个，培植农村龙头企业38个，开展科技培训314场次，参加培训17400余人次，提供农业科技致富信息232条，组织劳务输出11600余人次；新建和维修“两室”242间，新建村民文化活动中心46个，新建村办幼儿园3个，硬化街道123千米，打井68眼，新安装变压器12台，架设供电线路32千米，取得实实在在的效果。开展“三五”示范工程创建活动，即创建5个农村基层组织建设示范乡镇和50个农村基层组织建设示范村，培养500名农村党员致富示范带头人，进一步激发全县各基层党组织和党员干部争先创优的热情，通过活动，党员受到深刻的为民服务意识教育。

五、工作机构

1987年10月组织部内设办公室、组织组、干部组、老干部组、组织员组、干审组；1988年6月，恢复科级组织员制度、建立了中共涞水县委组织员组，委托组织部代管；1990年10月将组织组、干部组、干审组改为股；将中共涞水县委组织员组改称中共涞水县委组织员办公室，仍由组织部代管。1995年7月，成立干部考核办公室。1996年8月机构改革，老干部局、县直机关工作委员会并入组织部保留名称，干部考核办公室靠挂组织部，组织部机关行政编制21名。2003年组织部内设办公室、干部一科、干部二科、考核办、组织科（县委基层组织建设联席会议办公室）县委组织员办公室、电教室7个科室，行政编制28名。2009年组织部内设办公室、干部一科、干部二科、考核办、组织科（县委基层组织建设联席会议办公室）县委组织员办公室、电教室7个科室，行政编制18名，专项编制8名，工勤编制2名。

第三节 宣传工作

一、社会宣传

新时期的社会宣传工作，根据不同时期党和国家的政策要求，紧紧围绕县委、县政府的工作重点，坚持正面宣传、强化舆论引导，积极宣传全县各级各部门学习贯彻中央、省、市和县会议精神的新思路、新举措，内聚合力，外树形象，做到主线突出、基调鲜明、导向正确，为全县的改革、发展、稳定营造了良好的舆论氛围。每年在市以上新闻媒体刊发（播）宣传涞水县在基层党建、精神文明建设、农业产业调整、旅游开发、项目建设等重点工作方面的稿件500余篇，其中省级以上宣传稿件100余篇。1979年后，一大批重点稿件在全国产生较大影响。1988年，征文《活到六十又开店》获《人民日报》改革开放10周年征文三等奖。1991年，电视专题片《张文生还家》获全国电视家协会专题片三等奖；同类通讯获河北电台一等奖。1991年，长篇通讯《硬汉师魂》获上海《大江南北》杂志二等奖，并被《党员文摘》转载。1993年，通讯《爱的方程式》获《光明日报》优秀作品奖。1996年，通讯《孙耀佳勇斗歹徒》，获华北13省市晚报优秀作品奖。2001年8月25日，由县委宣传部统筹的县委机关报《涞水报》创刊，四开四版，胶版印刷。创办初期为旬报，两个月后改为周刊，2003年9月停刊。

2005年以召开座谈会、研讨会，举办文艺晚会、书画展、征文活动、演讲比赛等形式，深入开展纪念抗日战争胜利60周年系列活动。重点加大南高洛古乐的保护和开发力度，配合省电视台《燕赵风韵》栏目组成功拍摄南高洛古乐演奏专题片。由原文化局副局长刘阜主编的《高洛古乐》一书编辑出版。宣传部协调县财政、建设等部门，加强县宣传文化中心建设，县宣传文化中心11月顺利通过中央文明办检查组的验收。

2006年6月，高洛古乐先后入选了首批省级和国家级非物质文化遗产名录。

2007年，《人民日报》刊登的《任期承诺给村官加压》、《新华每日电讯》刊登的《野三坡世界地质公园列入科普教育基地试点》、《河北日报》刊登的《抢抓大机遇经营大旅游》、《保定日报》刊发的《各业并举和谐发展》等重点稿件，深度宣传涞水一些好的做法和经验。邀请中央电视台在野三坡拍摄“五一七天乐”，进一步宣传“十一五”期间涞水取得的成果。

二、理论教育

县委宣传部坚持做好县委理论学习中心组的学习服务工作，认真组织县级领导干部学习毛泽东思想、邓小平理论、“三个代表”重要思想等内容，学习历次中国共产党全国代表大会和中央、省、市、县全会精神，学习其他重要会议精神和领导讲话，学习各项国家政策、法律、法规、经济、历史等知识。同时，扎实抓好全县党员干部的学习，结合全县开展的“讲学习、讲政治、讲正气”、学习“三个代表”重要思想、保持共产党员先进性教育、学习实践科学发展观和“干部作风建设年”等活动，狠抓基层理论宣传教育。

1988年，由离休老干部许树仁提议，县委宣传部部长张桂才、副部长刘树森担纲，组织20余名由一定研究水平和能力的专业和基层干部成立“涞水县党的思想教育理论研究会”，不定期出版会刊7期，发表理论文章90余篇，其中部分被省市报刊转载。1998年，理论研究文章《新时期农村和农民思想政治工作探讨》获河北省理论研究征文优秀作品奖。王旭营入选全省首批优秀宣传干部，受到省委表彰。

2006年10月，县委宣传部按照县委安排，在全县领导干部中组织开展“学、树、保、促”（学理论、树正气、保稳定、促发展）百日主题教育活动，唱响“树正气、讲团结、求发展”的主旋律，各级领导班子思想政治建设得到加强，进一步推动各项工作的落实。

2007年10月27日，在县影剧院举办学习十七大精神报告会，聘请北京大学教授李茂春进行辅导，全县副科级以上领导干部和部分企业单位代表以及党政机关的理论骨干820人参加会议。

三、精神文明建设

根据中央、省、市要求，涞水县以“三大创建”（文明城市、文明村镇、文明行业）活动为依托，精心组织开展精神文明创建系列活动，扎实推进群众性精神文明创建活动向纵深发展。认真开展省、市级文明单位评选活动和窗口行业“三杯”竞赛活动，充分发挥文明单位在精神文明建设中的示范带动作用，加强各行业的职业道德建设。2003年，在全县农村开展“两讲一建”（讲科学、讲文明、全面建设小康社会）教育活动。2004年开始，全县开展创建文明生态村活动，至2009年，全县137创建村分别通过省、市验收，建成文明生态村。

以“文化、科技、卫生”三下乡活动为抓手，全面开展了群众文化活动。2002年1月，中共河北省委宣传部组织相关省直部门到涞水开展“三下乡”集中活动，时任省委常委、宣传部长张群生参加活动。2007年2月，保定市三下乡集中示范活动暨2007年“三下乡”工作启动仪式在涞水举行，市三下乡服务团将总金额717.37万元的援建项目、扶助资金和物资送到涞水县。宣传部每年逢重大节庆日，牵头组织文化活动，充分展示涞水县改革开放以来经济建设、党的建设和精神文明建设的成就。2004—2007年，每年5—9月，宣传部组织开展“彩色周末”大型群众文艺演出活动20余场，既宣传党的方针政策，又丰富群众的业余文化生活。

2003年，在全县深入开展“诚信涞水”宣传教育活动，“做诚心之人、办诚信之企、兴诚心之举”的良好社会风尚更加深入人心。深入开展“两讲一建”活动，进一步增强农村广大干部群众的思想政治素质和科学文化素质，树立讲科学、讲文明、弃陋习的新风尚。同时，深入开展双拥模范县创建活动，组织庆祝中国人民解放军建军76周年大型活动，为争创省级双拥模范县奠定基础。认真开展科技、文化、卫生“三下乡”活动，坚持送建结合，注重实效，不断提升基层“造血”功能。坚持以“三个代表”重要思想为指导，在全县各级组织和党员干部中继续深入开展“三强”工程，加强各级领导班子建设和党员干部队伍建设，为经济和社会发展提供坚强的政治保障和组织保障。

2004年认真宣传贯彻《公民道德建设实施纲要》，开展了以社会公德、职业道德、家庭美德为内容的“三德”教育和“诚信涞水”宣传教育活动，公民的法制意识、诚信意识、道德意识明显增强。对全县党员干部重点强化三种意识，即强化务实意识、强化民本意识、强化艰苦意识，干群关系进一步转变。

2005年，涞水县宣传文化中心（“太行山革命老区宣传文化工程”二期建设项目）建成投入使用。旅游文化产业不断发展壮大，坚持走“以景区为依托，与旅游相结合”的发展之路。

2006年，县委宣传部印发《关于开展学习宣传社会主义荣辱观教育活动的通知》，购置5000份“八荣八耻”宣传画发放到乡镇（村）社区和县直部门，在全县掀起学习宣传热潮。

2006年，高洛古乐列入首批国家级非物质文化遗产项目名录。2008年9月20日，保定市在涞水野三坡建立保定市文化产业示范基地和文化体制改革试点，整合保定市直和涞水县演艺资源组建保定古城飞歌艺术团，对旅游发展与文化繁荣起到重要的拉动作用。充分挖掘民族文化和传统文化，不断加强涞水县“高洛古乐”传承与发展，2009年，安排南高洛音乐会参与大型舞蹈史画《印象野三坡》的演出，推动古乐的传承发展。

2007年2月6日，由市委宣传部牵头，市直47个单位参加，在涞水县文化广场举行全市关于元旦春节期间大规模文化科技卫生“三下乡”集中示范活动，启动2007年“三下乡”工作。

2008年6月29日，由县委宣传部牵头，各乡镇、县直部门组成16个合唱团参演，在县影剧院举办以“歌颂党的丰功伟绩，永远跟党走”为主题的庆祝中国共产党成立86周年文艺联欢会。由县老年大学主办，县书法协会、祖冲之书画院协办，组织县内书画爱好者以“纪念中国共产党成立86周年”为主题创作一批情系群众、贴近生活、讴歌祖国大好河山的书画作品，在祖冲之画院活动大厅进行展出。

2009年6月26日，县委宣传部牵头组织“党在我心中”庆祝建党88周年文艺联欢会。会同县委办公室、县政府办公室、县委组织部、县文教局、县广电局等单位，组织开展文艺演出、书法摄影展、电视电影展播等庆祝新中国成立60周年系列活动。积极组织参加全市组织的“红色保定唱红歌”等庆祝新中国成立60周年系列活动。

四、工作机构

中共涞水县委宣传部是县委主管宣传工作的职能部门，内设宣传股、理论股、教育股。

1996年8月机构改革时，精神文明建设委员会办公室、文学艺术联合会并入宣传部，分别保留名称。1996年11月内设股室调整为综合股、理论教育股、宣传报道股、文化宣传股，编制10人。2002年6月机构改革时，调整成为办公室、理论教育股、宣传报道股3个职能股室，编制9人。

第四节　统一战线工作

一、党外人士工作

2003年人大、政府、政协换届期间，推荐提名省级人大代表1名，省级政协委员1名；市人大代表5名，市政协委员6名；县人大代表53名，占26.9%；县政协委员82名，占总数的60%。2009年，县人大、政协换届时，经过考察、向县委组织部推荐民盟成员1名，无党派人大代表72名，政协委员110名。

二、非公有制经济人士工作

举办知识讲座。1992年3月，组织非公有制经济代表人士30余人，在政协会议室举办新时期统一战线知识讲座，内容为《新时期统一战线的必要性》《新时期统一战线的任务和作用》《团结协作是搞好统战工作前提》《爱国统一战线的两个范围的联盟》《坚持中国共产党领导的多党合作抵制政治多元化》《为何说坚持“一国两制”是海外统战的重任》《如何创造团结民主和谐的气氛》等。

捐资助教。2003年，在《涞水报》上先后发出两份倡议书，《关于号召非公有制经济界人士安置下岗职工的倡议书》《号召非公有制经济界人士大力帮扶贫困失学儿童的倡议书》得到积极回应。北雄玻璃、益康蚊香厂、长城电极等一批非公有制企业，招收300余名下岗职工，在本企业就业。全有151名贫困儿童得到非公有制企业人士资助，每人获得200元的爱心救助款，总计31000元。2003年，通过开展“致富思源、富而思进”教育活动，非公有制经济企业捐款10多万元（其中长城电极、益康蚊香厂、北雄玻璃厂均捐款1万元以上），受到社会的广泛称赞和好评；2005年9月，经向市委统战部、市工商联申请，3名贫困儿童获得“新奥助学奖”1500元。

招商引资。1998年，通过积极运作，促成九龙镇龙门铁矿与河北涉县鑫保有限公司合作，为该企业引进资金850万元；2002年，通过牵线搭桥，促成北义安工业搪瓷厂与首都特钢公司合作项目、娄村满族乡金红石矿业开发项目、食用菌基地项目落地；2003年，帮助1名企业家出访欧洲12国，拜会当地的商会人士，进行商贸洽谈；组织带领5个企业负责人参加市工商联举办的澳大利亚中国企业推广中心市场推介会，收获颇丰；2005年，邀请台湾文经交流协会会长龚正、台湾上海银行总裁白嘉辉先生，到宋各庄乡政府，洽谈与“河北祖冲之中学”合建祖冲之分校事宜。

评选表彰。2006年3月，为表彰先进、树立典型，支持和鼓励非公有制企业健康发展，经过广泛推荐和考察，授予李福军、杨爱民、安水等10名非公有制企业代表人士“优秀中国特色社会主义事业建设者”荣誉称号。

三、对台工作

1987年8月开始，台湾当局开放台胞回大陆探亲，至1998年底，接待回涞水探亲、观光旅游的台胞70余起，120人次；组织台属赴台探亲20人次。1988年，对台办公室撰写《开展青少年涉台教育》一文，在中共中央台湾事务办公室主办的《台湾工作通讯》1988年第5期刊载，并收入《中国改革开放

29年成果总览》一书。

四、指导、参与工商联换届工作

1994年、2001年、2007年，经过请示市委统战部同意，协商各有关方面，向县委组织部提名推荐第三届、第四届、第五届工商业联合会会长、副会长、秘书长、执委人选，并与县委组织部共同考察，指导工商联完成三次换届工作。

五、开展社会调研

2005年8月，按照市委统战部统一部署，组织精干力量，针对统战干部队伍建设、党外代表人士队伍建设展开专题调研，通过召开统战部工作会议、党外代表人士座谈会，形成《加强两支队伍建设的做法和体会》调研文章；2006年，为掌握新社会阶层人士现状，通过走访民营科技企业的创业人员和技术人员、个体户、私营企业主、中介组织的从业人员和自由职业人员，形成《关于社会新阶层调研报告》；2009年11月，按照市委统战部部署，就涞水民族团结工作展开调研，通过召开民族代表人士座谈会、深入民族乡、村实地调研，形成《关于加强民族团结，开展民族团结进步创建活动调研报告》。3篇调研文章均受到市委统战部重视，并予以转发。

六、工作机构

中共涞水县委统战部是县委主管统一战线工作的职能部门，行政编制8人，设部长1名，副部长2名；内设两个股室：办公室、对台工作办公室。1994年恢复工商业联合会组织，与统战部合署办公；1996年12月民族事务委员会（民族宗教管理局）与统战部合署办公。2009年12月底机构设置未变。

第五节　农村工作

一、农村民主政治建设

1998年，根据省委、市委提出的“系统、规范、配套地推进基层民主政治建设”的意见，县委召开常委会、常委扩大会、党政联席会议以及三级干部会议，将中央、省、市委会议精神传达贯彻到乡村及有关部门，建立了由主管副书记任组长的基层民主政治建设领导小组和办事机构，对农村民主政治建设实施组织领导和综合协调，并配套制订《涞水县农村基层民主政治建设纲要》和《涞水县村级民主管理条例》，使农村基层民主政治建设进入由点到面、由单项突破到整体推进的新阶段。

1999年，全县284个村本着便于群众观看、坚固防雨的要求，立足本村实际，对农村村务公开栏进行了完善和提高，并配以广播、发放明白卡等形式，进一步扩大接受群众监督的渠道。

2004年，全县15个乡镇284个村实施逐笔逐项公开重大收支项目，实行村务公开检查制度。同时下发《涞水县村务公开规范标准》，对村务公开诸项内容进一步规范，分乡镇组织全面检查验收，全县村务公开率98%，规范满意度95%；各村在抓好村务公开这个切入点的基础上，普遍建立党支部工作、村委会工作、村民会议、村民代表会议、民主监督、农村财务管理、村委会公章使用保管、宅基地审批八项制度，村民代表会和民主理财组织、村务监督组织在村务工作中能履行决策、监督职能的村达95%，村民的民主选举、民主决策、民主管理、民主监督4项民主权利逐步得到落实。

二、小康建设

1994年，涞水县全面启动小康建设有8个村率先实现小康目标。1995年有47个村步入小康。此后，各级根据“分类指导、梯次推进”的原则和“巩固提高一、二批，督导促进三批，帮助推进四批”的工作思路，明确重点，加大帮扶力度。1998年，全县有224个村实现小康，占全部行政村的80%。

三、生态文明村建设

2004年，涞水县按照省委、省政府部署开始启动生态文明村建设。创建文明生态村活动由县委农工委、县文明办牵头组织，各乡镇村是创建主体，采取先行试点，务实推进，全面覆盖原则。创建活动重点围绕“街道硬化、村庄绿化、主街亮化、整体美化”展开，通过文明生态村创建活动，进一步提升农村的基础设施和公共服务设施水平，在促进物质文明的同时，提升精神文明，丰富广大群众的精神文化生活。2004—2009年，创建文明生态村142个，占全部行政村的50%。

四、农村社会主义教育

1991年10月，根据中共中央“各地要用两三年时间，分期分批在农村普遍开展社会主义思想教育”的指示，以及省委、市委文件精神、涞水县对社教工作进行全面部署。这次社教活动在各级党委统一领导下有计划、有步骤、有安排地进行，是集思想教育、落实政策、组织建设为一体的重要工作。1993年通过各驻村工作组的努力，首批社教的5个乡镇、98个村，二批社教的10个乡镇、186个村，基本达到“以党支部为核心的组织体系健全、党的农村政策得到落实、妨碍农村经济发展的热点和难点问题得到解决”的预期目标，全县农村实现政治稳定，经济增长。

五、土地承包延包

1998年，中共中央办公厅（中办〔1997〕16号）《关于进一步稳定和完善农村土地承包关系的通知》下发后，涞水县即着手组织开展土地延包工作。至2003年，15个乡镇、284个行政村、完成土地延包任务。《土地承包合同》《土地经营权证书》入户率达到95%。按照“自愿、有偿、规范”的原则，对全县550亩土地进行规范流转。

六、政策研究

2003年8月，创办由县委研究室主编的调研类内部刊物《决策参考》，至2009年年底，编辑印发59期，刊发各类调研文章136篇。2004年3月，牵头组织编写《县域经济发展》（资料汇编）一书，该书收录关于县域经济发展的文章及相关资料30篇。2005年5月，牵头组织编写《学习与研究—领导言论与调研选编》一书，该书收录领导言论32篇、调研文章16篇。 2006年7月，牵头组织编写《调研与决策》一书，该书收录领导讲话4篇、重要文献5篇、调研文章15篇。

自2000年以来，每年被市级以上党政内刊和报纸、杂志等外刊采用调研类文章达到8篇以上。被采用的有：《综合施治、解难治乱——关于涞水县石亭村由乱到治的启示》被保定市《知成论坛》2001年第4期采用；《关于涞水县发展劳务经济促进农民增收的思考》被河北省《河北发展》2004年第10期采用；《打造机关事务精品工作的一些做法》被省《河北后勤》2005年第1期采用；《实施“五日一志一线”工作法筑牢维护稳定“第一道防线”——关于永阳镇信访稳定工作的调查与思考》被市《调研与决策》2005年第1期采用。

七、工作机构

农村工作委员会是县委农村政策贯彻落实的职能部门。在全国“农业学大寨”时期机构名称为农业学大寨办公室。改革开放以后，随着农村政策的不断变化发展，名称也多次更改，曾名农村政策研究室、农经部、农村工作部等。1996年农工部与农业局合署办公，机关编制13人。2002年农工部与农业局分开办公，农工部改称农工委，农工委书记由县委常委担任，统筹全县农业农村工作。

第六节　政法工作

一、社会治安综合治理

涞水县社会治安综合治理委员会成立于1992年12月，下设办公室，从1992年12月至2009年12月，综治办主任由政法委书记兼任。2009年12月以来，综治办主任由政法委常务副书记兼任。在历届县委、县政府的领导下，全县社会治安综合治理始终坚持把增强广大人民群众安全感作为落实各项措施的出发点和落脚点，认真贯彻“打防结合、预防为主，专群结合、依靠群众”的方针，深入开展“严打整治”斗争，不断加强基层基础工作，致力解决治安难点问题，积极探索长效机制建设，机构从无到有、队伍从小到大、力量从散到聚、工作从虚到实，形成党政领导、综治协调、部门配合、社会参与的齐抓共管局面，为涞水县的改革、发展营造良好的社会治安环境。

（一）综治机构从无到有：县本级、乡镇（社区）社会治安综合治理委员会以及下设的流动人口服务管理、铁路护路联防、校园及周边综合治理、青少年犯罪预防、刑释解教人员安置帮教、国家安全人民防线、重点整治工作等专门工作领导小组从无到有，落实办公室及人员，制度健全。政法队伍机构设置更趋完善，基层公安派出所、法庭、司法所全面落实，社区警务战略的实施，进一步促进基层治安保卫、人民调解、维护稳定等一体的综合治理中心和服务站点建设。

（二）综治队伍从小到大：通过一系列的政治、业务大培训、大练兵，政法队伍的执法水平和履行社会治安综合治理主力军作用明显增强。群防群治队伍建设成效显著。2002年以来组建的治保会巡逻队达上千人；物业管理、小区门卫以及人民调解、治安信息等人员也过千人，形成社会治安综合治理不可或缺的生力军。

（三）综治机制从简到全：抓责任机制，坚持年度层层签订综合治理目标责任书，把各项工作措施落实到基层和具体人员；抓考评机制，坚持半年和年终综治工作目标完成情况的检查、考核和奖惩制度；抓联动机制，明确综治各成员单位的具体职责和年度工作任务，坚持综治委员和成员单位联系、指导基层并连带考核制度；抓追究机制，坚持综治委、纪检、组织、人事、监察五部门联席会议，把完成综治工作目标情况作为考核领导干部晋职晋级的重要条件，实行重大问题查究和综合治理“一票否决权”制度；抓保障机制，全面落实基层政法、综治机构的人员、装备和经费保障。

（四）综治工作由虚到实：综治工作由最初的面上宏观指导逐步向具体组织专项行动和抓点带面的转变。深入开展“严打整治”专项行动，各类刑事犯罪得到有效控制，治安秩序混乱的部位、路段、场所日趋减少；大力加强基础防范工作，深入开展安全文明和平安创建活动，到2009年，全县90%的乡镇、村达到省级平安标准；加强流动人口服务和管理，落实刑释解教人员的安置帮教和青少年违法犯罪预防措施；深入开展普法教育，广大群众尤其是各级领导干部、企事业法人代表和广大青少年的法律意识不断增强；不断探索社会治安管理机制，交通、消防和特种行业管理不断创新。

（五）网络建设：2009年，全县政法机关及公、检、法、司、综治基层单位政法信息网络开始筹建。计划2010年，省、市政法部门完成一、二级网建设并开通；县级政法网（三级网）于2010年10月开通。

二、工作机构

1983年11月，中共涞水县委政法委员会成立，主要负责领导协调政法职能部门。1996年8月机构改革，社会治安综合治理委员会办公室设在政法委，机关行政编制4人，负责组织协调指导社会治安综合治理工作。2003年3月政法委正式设置办公室、综治办、制非办3个内设股室，行政编制6名。1998年3月，涞水县护路办成立，挂靠政法委，负责涞水县境内铁路护路工作。2004年9月，排调办、维稳办、信访办成立，办公地点均设在政法委，排调办负责社会矛盾纠纷的排查调处工作，维稳办负责社会稳定工作，信访办负责涉法涉诉信访工作。

第七节　老干部工作

一、老干部管理

涞水县是革命老区、省级贫困县，有离休干部518人。其中：退改离141人，异地安置到外地17人、外地安置到涞水县22人。享受地专级待遇6人，县处级待遇133人，行政19级以下的待遇379人，居住在县城的104人、农村的397人。

涞水县离退干部原属县委组织部老干部组管理。随着改革开放的不断深入、机构精简、大批老干部从岗位上退下来，原来的管理机构和方式已不适应工作的需要，县委于1983年6月建立县委老干部局，专职负责全县老干部工作。

1983年6月至1985年年底，县委制订《关于认真做好离休干部工作的意见》，批转县委组织部《关于认真做好老干部工作的意见》，建立涞水县老干部协会，并制定章程。对县老龄委、县委老干部工作领导小组进行调整。各区、乡、镇相继建立老干部工作领导小组。县委先后两次召开各级各部门领导参加的老干部工作会议。8个区、乡、镇配备专职工作干部和老干部协助员；13个区、乡、镇建立离休干部党支部；外地安置到涞水县的党员离休干部单独建立党支部；其他党员离休干部参加原单位党支部的组织生活。为离休干部学习、开会、看病配备吉普车一部，并按规定给离休干部订阅报刊；重要会议、重大活动请老干部参加；定期召开老干部座谈会、茶话会、联欢会；逢年过节，领导带头走访慰问老干部、看望患病老干部。优先解决离休干部的工资、安家费、修建房费等多种费用；优先解决离休干部子女就业和随调身边；生活物资优先照顾，送货上门。县财政出资、集资8.9万元在县医院建立老干部病房，白涧、镇厂、石亭3所地段医院、11所乡镇卫生院设立老干部病房，并建立巡诊、送医、送药上门、年度体检、家庭病床、健康档案等制度，初步形成了三级医疗网络，基本上解决了离休干部的看病就医问题。县委书记刘俊生、副书记张克明亲自出面，在县政协大院内建立4间老干部活动室。城关、永阳等8个区、乡、镇，白涧区板城村建立老干部活动室，为老干部文化娱乐活动创造条件。并定期组织离休干部参加健康疗养和书画、气功培训班。组织离休干部在两个文明建设、发展商品生产、社会服务等方面发挥作用，为家乡和社会贡献力量。1985年9月，县委召开首届离休干部先进代表会。

1986—1991年年底，离休干部逐年增多、工作量越来越大的发展趋势，县委、县政府加大了对老干部工作的领导力度，把学习先进经验作为改进老干部工作的重要途径，在全县深入开展“学沧州、达标准、创一流”工作业绩活动。县委书记刘俊生多次在会上强调：“各级各部门要把老干部工作摆在首位，领导干部要带头尊重、关心照顾好老干部，抓好典型，总结经验，大力宣传，形成尊老敬老的社会风气。”县委老干部局提出以“赶先进、学沧州，优质服务创一流”，继续研究探讨老干部工作新路子，不断提高工作人员政治、业务素质、热爱本职工作、改进工作作风、带头尊老敬老，充分发挥职能部门作用，当好党委参谋助手，尽责尽职做好老干部工作为落脚点，制定了老干部工作管理办法和工作人员岗位责任制。县委相继制订《关于向老干部学习、搞好新老干部交替工作的决议》《关于开展“三访”活动的决议》《讲大局、讲团结的决议》，调整县老龄委、县委老干部工作领导小组，把老干部工作列入各级党委的重要议事日程，由1名领导分管，老干部工作人员、组织委员、人事股长具体抓。规定每月

1日为各级各部门主要领导、分管领导与老干部对话日；每年1、4、7、10月的25日为县领导与老干部对话日；重大上访信访件领导亲自处理。推行领导干部与工作人员管理责任制、社会服务责任制、老干部包干责任制、“三比三看”尊老敬贤制度、把老干部工作考评制度列入目标管理责任制内容之一。实施老干部工作自查、联查、督导、汇报、通报制度，对拒绝落实离休干部政治、生活待遇的领导给予行政撤职处分。推行老干部工作责任制，深入开展“创先争优”活动。县委每季度组织召开一次常委会，专题研究解决老干部工作中的重、难点问题。县委、县政府把尊老敬贤教育与两个文明建设、落实离休干部政治、生活待遇结合起来，定于每月5日为宣传日；每年10月为尊老敬贤服务月，举办尊老敬贤电影招待会，开展庆祝重阳节敬老活动周活动。各级各部门利用会议、党风快报、“两办”快报、组工通讯、专题节目等多种形式广泛宣传中共中央、国务院、省、地有关会议精神、政策、规定，老干部的历史功绩，改革开放以来的新贡献、新时期做好老干部工作的重要性及《中华人民共和国老年人权益保障法》《河北省老年人保护条例》。表彰尊老敬贤先进单位、好领导、先进个人和老干部“五好家族”、文明家庭、好老伴、好儿女。深入开展以社会、单位、家庭为主的综合性优质服务活动，共青团、县妇联、县工会组织78个学雷锋小组为老干部送温暖办好事，老干部局、粮食、商业、物资、县医院等部门给离休干部送工资、杂志、粮油、紧俏商品、平价物资、医药上门。在各级各部门财力紧张的情况下，把区、乡、镇离休干部待遇全部上收到县财政解决，由老干部局直接管理。为落实离休干部的安置、政治、生活待遇，县财政优先拨付离休干部的工资、安家费等各项费用，按规定订阅报刊杂志；筹措资金5.7万元为老干部局购买伏尔加轿车一部，配备面包车一部，确保离休干部学习、参观、旅游、疗养、看病、探亲、访友等活动用车。在全县离休干部中建立党支部32个，党小组89个，落实“三会一课”制度，发挥老干部党支部的战斗堡垒作用和党员的先锋模范作用。县、区、乡、镇均建立老干部医疗保健领导小组；老干部局、卫生局、县医院建立老干部医疗保健联合小组、急救小组；全县设老干部病房91间、病床182张，配备专职医护人员。县政府从1987年9月开始，离休干部的医药费由原来包干、限时间报销改为实报实销，确保离休干部看病就医。为确保老干部正常的文化娱乐、健身活动，县财政投资5.4万元，建设高标准老干部门球场和老干部活动中心各一处，内设阅读、健身等11个活动室，全日制活动、专人服务，制度健全。28个区、乡、镇老干部活动室制度健全、活动正常。组建老干部气功协会，常年开办以预防疾病为主的气功培训班、老干部门球赛、老年回春保健操等活动，拓宽老干部活动领域。为有组织有领导地发挥老干部作用，县、区、乡、镇相继建立老干部协会分会、涞水县关心下一代协会理事会、涞水县关心下一代协会、分会，老干部种植养殖协会，并制定章程，形成发挥作用组织网络化。老干部局充分发挥各协会的作用，积极引导老干部在端正党风、义务行医、义务咨询、民事调解、种植养殖、帮民致富、关心教育下一代等方面发挥余热。县委、县政府通过召开老干部工作会议、老干部发挥作用经验交流会、现场会，表彰树立先进典型，起到示范、辐射作用。此时期存在的主要问题是医药费用未实现实报实销，企事业单位由于资金困难，部分生活待遇未得到落实。

1992—2002年，随着体制改革、工资改革、企业改制的实施，各级财政日益紧张，实行承包、租赁、兼并、拍卖企业中的老干部政治、生活待遇得不到保障。全县拖欠老干部工资、医药费逐年增多，老干部来信来访不断，给老干部工作带来许多新问题、新矛盾，增加老干部管理服务工作难度，虽未影响老干部工作的正常开展，但毕竟关系到落实党的政策、规定的大问题和老干部的切身利益。面对前所未有的新形势、新情况、新任务，老干部工作人员多次研究探讨新时期老干部工作，牢牢把握服从服务于党和政府工作的大局和全县老干部工作发展趋势，当好党委参谋助手，不断改进工作作风，强化宏观指导职能和管理服务、加强思想政治工作，坚持老干部工作人员岗位责任制和管理服务责任制，加大协调、督查力度。县委、县政府从改革、发展、政治稳定、社会安定大局出发，把解决老干部工资、医药费作为重中之重。每月组织召开一次相关部门主要领导、分管领导参加的以解决老干部“两费”为重点的政治、生活待遇调度会；县领导坚持与老干部对话、暑期家访、节日慰问、看望患病老干部等项制度。县委、县政府相继制订《关于离休干部医疗管理暂行规定》《建立健全老干部“两费”长效保障机制》《建立和完善离休干部“两费”保障机制的意见》《关于离退休干部信访责任制》《关于建立离休干部离休费、医药费、财政支持三个机制实施意见》，县委组织部制订《关于借支解决离休干部“两费”专项资金实施方案》。县委与县直各部门签订年度领导责任制和老干部工作目标管理责任书，把老干部工作作为考核领导班子、领导干部的重要依据。老干部局与市委老干部局签订老干部工作目标管理责任书。县委、县政府采取系统统筹和养老保险制度改革；微利、亏损、破产企业离休干部上收到主管部门开支管理；出售企业从拍卖资金中一次加入社会养老保险并确保离休干部其他待遇的落实；所属企业制订实施细则和保障措施，县财政实行“减一补一”，把粮食部门的6名特困离休干部上收到县财政。各部门坚持台账、统计、汇报、自查、联查、通报、督查制度。在全县深入开展“双热爱”教育和“敬老工程”，各级各部门领导带头，利用会议、快报、电视台等多种形式大力宣传老干部们的历史功绩、社会主义建设时期的新贡献和《中华人民共和国老年人权益保障法》《河北省老年人保护条例》，向离退休干部介绍国际、国内形势，通报各级党委、政府的重大决议和社会经济发展等重要情况，进行党的路线、方针、政策、法律法规、思想信念教育。县委、县政府通过老干部工作经验交流会、现场会、“两办”快报，组工通讯、广播电视台广泛宣传表彰关心重视老干部工作、尊老敬贤的好领导、先进单位、先进个人、“老有所为”先进集体、先进个人和离退休干部“五好家庭”、文明家庭、好老伴、好儿女。随着改革的深化、开放的扩大和市场经济调控的实施及配套法规的形成，各级各部门财力状况得到逐步缓解。为确保离退休干部的政治、生活待遇，县财政筹资四万元建高标准老干部荣誉室、老干部门球场各一个，给离休干部配备桑塔纳轿车一部，在县妇幼保健院、白涧、镇厂、石亭建立4个老干部门诊部，由离休干部看病就医自付款再报销改为由县财政直接对老干部门诊部付款，确保离休干部看病就医。随着改革开放、社会主义市场经济的建立和各方面政策放宽而带来的机遇，相继成立涞水县关心下一代工作委员会、县老年教育办公室、县老年大学、老干部文体协会、老干部书法协会；5个村建立老年学校。老干部局紧紧围绕以经济建设为中心，有组织有领导地发挥离退休干部作用，深入开展“十个一”活动，在两个文明建设等方面做出了突出贡献。

为了更好适应老干部工作的需要，使离休干部管理工作规范化、科学化，提高工作效率和服务工作水平，实现离休干部信息管理手段现代化，把离休干部管理工作提高到一个新阶段。按1997年年底全县实有离休干部人数，用规定的汉字型、数字型、代码型逐人逐项准确、完整、规范地把离休干部转出、退改离和工改前后离休费、护理费、交通费及社会统筹、医疗社会保险等变化情况写入《离休干部信息采集表》，并将采集的内容录入微机，建立常新、实用、高效的离休干部信息管理系统。由于各级各部门工作扎实有效，至2002年年底，全县老干部政治、生活待遇除拖欠医药费73.95万元外（其中：县财政33.7万元、县社等8个企事业单位40.25万元），其他待遇全部落实，受到省、市老干部局领导和省、市“两费”检查组的高度评价。

至2009年年底，全县离休干部192人，退休干部1796人，为解决在改革发展中老干部工作的实际问题，相继制订《离休干部“两费”三个保障机制的意见》《离休干部“两费”保障机制实施细则》《离休干部医药费使用管理办法》《落实离休干部“两费”三个机制联席会议制度》《关于破产、出售企业离休干部医药费报销问题的实施意见》，完善老干部工作机制，明确“三定期”“三必访”和实行一问责制度。成立涞水县离休干部“两费”保障机制领导小组，建立特困离退休干部帮扶机制，成立领导小组并设立帮扶基金专户。自2007年起，离休干部的医药费由一个季度报销一次改为一个月报销一次。针对2005年去世的离休干部中有三分之一是因患癌症去世的现象，2006年，县委、县政府为全县离休干部进行了癌症筛查和流感疫苗注射。为老干部局、县关工委、县老年大学、老干部活动中心配备桌椅86套；在滨河公园建高标准门球场一个；老干部定点医疗医院增加到5个。对改制、破产、出售企业中的40名离休干部上收到县财政统一管理；医疗待遇提高48名抗日战争时期的离休干部；补发全县离休干部离休费、护理费、清欠报销医药费1260多万元，实现了全县离休干部的离休费按月足额发放，医药费按月实报实销的目标。县关工委通过发挥“五老”队伍的作用，开办家长学校，进一步拓宽学生教育面。县老年大学认真实施《保定市老年教育2006—2010年发展规划》，老年教育向社区、农村扩展，初步形成县、社区、乡镇、村三级教育网络。县老年书画研究会、老促会积极开展工作，县关工委、县老年大学工作成绩尤为突出。积极组织、引导离退休干部在党建、政治、经济、文化教育、专业优势、种植养殖、社会公益、创建文明社区中发挥作用，为振兴涞水，实现城镇三年大变样，构建和谐社会，全面建设小康社会，做出应有贡献。

二、老干部待遇

（一）政治待遇

1983年，给136名离休干部购买《邓小平文选》和《生活顾问》150册。1984—1985年，享受地专级待遇的离休干部订阅《人民日报》一份、县处级离休干部订阅《河北日报》一份，行政19级以下的离休干部订阅《保定日报》一份。1986—1987年，行政14级以上的离休干部订阅《人民日报》《保定日报》各一份，县处级以下的离休干部订阅《河北日报》一份，给全县251名离休干部购买各种图书1024册，《平西儿女》人手一册。1988年，享受地专级待遇的离休干部订阅《人民日报》《河北日报》《保定日报》《中国老年》《共产党员》各一份，县处级离休干部订阅《河北日报》《保定日报》《中国老年》《共产党员》各一份，行政19级以下的离休干部订阅《保定日报》《中国老年》《共产党员》各一份。从1990年起享受地专级待遇的离休干部订阅《人民日报》《保定日报》《共产党员》《老人世界》各一份，县处级离休干部订阅《河北日报》《保定日报》《共产党员》《老人世界》各一份。行政19级以下的离休干部订阅《保定日报》《共产党员》《老人世界》各一份。从1996年起，享受地市级待遇的离休干部订阅《人民日报》《中国老年报》《老人世界》各一份，县处级（含享受地市级医疗、乘车待遇和县处级待遇的）离休干部订阅《保定日报》《中国老年报》《老人世界》各一份，其他离休干部和县处级及其以下的退休干部订阅《保定日报》《老人世界》各一份。从2002年起，享受地市级待遇的离休干部订阅《人民日报》《报定日报》《老人世界》各一份，县处级（含享受地市级医疗、乘车待遇和县处级待遇的）及其以下的离休干部订阅《河北日报》《保定日报》《老人世界》各一份。坚持学习制度，定期组织离退休干部学习上级重要文件和领导讲话，深刻领会精神实质，使老干部们紧跟形势不掉队，从思想上、政治上、行动上始终同中共中央保持高度一致。坚持送文上门制度，上级重要文件，领导讲话，重大决议及时给享受地专级待遇的离休干部送文上门。坚持参加会议制度，县委、县政府召开重要会议，举行重大庆祝活动，邀请离退休干部代表上台就座。坚持情况通报制度，县领导不定期地向离退休干部介绍国际、国内形势，通报各级经济发展等重要情况，坚持召开座谈会制度，每逢重大节日、年终，各级各部门领导组织召开离退休干部座谈会，向老同志们报告工作情况，广泛征求老同志们的意见和建议，以赢得老同志们的支持和信任。坚持“三会一课”制度，各离退休干部党支部每月召开一次支委会，每季度召开一次党小组生活会，每年召开一次党员大会，每半年上一次党课，使老党员们时刻用共产党员的标准严格要求自己，思想常新，理想永存。坚持参观考察制度，每年组织离退休干部就近或到外地参观考察工农业生产项目和社会发展成果，使老同志们了解改革开放以来社会主义现代化建设的有关新情况，加深对党的路线、方针、政策的理解，开阔眼界，增长知识，树立科学发展观。坚持联系离退休干部制度，县委常委、各乡镇党委、县直单位领导班子成员、老干部工作人员均联系2—3名离退休干部，每月1日为各级各部门主要领导、分管领导与离退休干部对话日，每年1、4、7、10月的25日为县领导与离退休干部对话日，沟通思想，联络感情，掌握老干部们的思想动态。

（二）生活待遇

落实“两费”。1983年6月至1987年8月，离休干部的医药费实行包干，每人每年不超过400元，限时间报销。从1987年9月起，离休干部的医药费按国家规定实报实销。从1992年起，离休干部的医药费由自付款再报销改为由县财政直接对老干部门诊付款。2004年起，离休干部的医药费改为每季度报销一次，从2007年起由一个季度报销一次改为一个月报销一次。为确保乡、镇离休干部“两费”的落实，把176名离休干部上收到县财政。由于各级各部门财力一直十分紧张，县委、县政府把离休干部“两费”作为老干部工作的重中之重，相继制订离休干部“两费”保障机制、三个支持机制、借支专项资金实施细则、医疗管理办法，把离休干部“两费”为重点的老干部工作作为考核领导班子、领导干部的重要依据。县委、县政府采取系统统筹和养老保险制度改革，微利、亏损企业的离休干部上收到主管部门开支管理，出售企业从拍卖资金中一次性给离休干部缴纳社会养老保险，所属企业制订实施细则和保障措施。县财政实行“减一补一”，先后把改制、破产、出售、特困事业部门的46名离休干部上收到县财政，提高48名抗日战争时期的离休干部医疗待遇。至2009年年底，补发的离休费、陈欠医药费1259万多元，实现离休干部“两费”无拖欠目标。

医疗保健。为确保离休干部看病就医，一是组织保障县、区、乡、镇建立的老干部医疗保健领导小组、老干部局、卫生局、县医院建立的老干部医疗保健联合小组、坚持不定期召开会议，研究解决老干部医疗保健工作中存在的问题。二是从1984年起，县财政设法出资8.9万元，在县医院、28个区、乡、镇设立老干部病房91间，病床182张，先后设老干部门诊部5个。三是制度健全。各老干部病房均配备专职医护人员、服务周到。实施设家庭病床、巡诊、送医送药上门制度；老干部“看病、取药、住院”三优先制度；坚持年度体检，建立健康档案，定期安排老干部疗养等项制度。逐步形成了老干部医疗保健工作网络化、制度化、医生责任化、服务优质化。

护理费。从1983年6月起，对因残疾、饮食起居需要人扶助和由于瘫痪等原因生活长期不能自理的离休干部，每月发放护理费36元。从1994年3月份起，凡抗日战争时期参加革命工作，年满70周岁和年满80岁的离休干部享受月护理费51元。从1996年起，凡抗日战争时期及以前参加革命工作，生活长期不能自理的离休干部由原来月51元增到100元，1937年7月6日前参加革命工作的离休干部由原来月51元增到200元，从2007年8月1日起，增到800元。从2002年起，1945年9月2日以前参加革命工作，生活长期不能自理、饮食起居需要人扶助的离休干部，月护理费增到150元。1945年9月3日至1949年9月30日参加革命工作，年满70周岁的离休干部每人每月发放护理费51元。到2009年底，享受护理费的离休干部增加到436人，累计发放护理费58.8万元。

丧葬抚恤。从1983年6月份起，离休干部因病死亡的，发放丧葬费400元；按本人月基本工资发放10个月的抚恤金。从2004年起，病故离休干部的抚恤金提高到20个月。从2007年起，丧葬费、抚恤金分别提高到2000元（40个月）。对病故的309名离休干部的丧葬费、抚恤金和遗属补助费，均按规定标准，按时全部发放到位。

殡葬改革。1983年县政府出台了《关于殡葬改革的意见》离休干部去世后同在职干部党员一样都要实行火葬，简办丧事。根据本县的实际情况和部分离休干部的要求，1988年10月，县委老干部工作领导小组议定，在地广人稀、深山老峪、丘陵半山区、交通不便、不具备火化条件的白涧、镇厂、虎过庄乡所辖范围内的离休干部，去世后实行尸体深埋，不留坟头，简办丧事，不享受丧葬费，只享受抚恤金和遗属生活补助费。对1983—1988年10月14日前已故的63名离休干部，土葬后的待遇问题，视其家庭情况，由县财政和所在单位给了一次性经济补贴。从1991年4月12日起，1937年7月6日及以前参加革命工作的老红军、老干部逝世后，凡是中共党员的，遗体覆盖党旗。根据保定市殡改工作会议精神，1999年6月1日，涞水县把殡葬改革纳入依法治丧，制订《涞水县殡葬管理办法》。

离休干部安置。从1983年6月起，老干部局会同县委组织部、县劳人局、县计委及相关部门安置离休干部377名，（不包括按规定不作二次安置的141名退改离干部），其中：易地安置到外地的17名、安置外地到本地22名、安置在县城79名（其中1人安置县敬老院）安置到农村的298名（不含退改离干部在县城居住的24名、在农村居住的117名）。县政府在县城专建老干部家属院100处，按住公产房标准定居。按规定发放安家费、修房费、住房补助费。并优先解决78名离休干部配偶农转非、116名子女就业、123名子女调身边问题。

公用经费。1983年6月到1987年，离休干部的公用经费，行政14级以上的每人每年300元，行政15级以下的每人每年200元。从1988年起，分别增加到350元、250元，从1994年1月起，享受地专级待遇的离休干部每人每年600元，县处级（含享受县处级待遇的）每人每年450元，一般离休干部每人每年350元。从1996年1月1日起，享受地市级待遇及医疗、乘车待遇的离休干部每人每年1100元，县处级（含享受县处级待遇的）及其以下的离休干部每人每年700元。此项费用由老干部局统一掌握使用，主要用于老干部参观、疗养所支付的车船费、差旅费、住宿费、报刊费、文体、办公用品等项开支。

特需经费。从1985年4月起，离休干部的特需经费每人每年150元，从1991年起提高到400元。此项费用由老干部局统一掌握使用，主要用于解决离休干部的特殊困难和必需的活动经费开支，当年用不完的结转下年度继续使用。

交通费。从1987年7月起，离休干部实行交通费，行政14级以上的离休干部每人每月15元，行政15级以下的离休干部每人每月7元。县处级退休干部每人每月10元，科级及其以下的退休干部每人每月7元。享受地市级待遇及地市级医疗、乘车待遇的离休干部每人每月24元，县处级（含享受县处级待遇的）离休干部每人每月16元，一般离休干部每人每月10元，县处级退休干部增到每人每月15元，科级及其以下的退休干部增到每人每月10元。从1997年7月起，离休干部的交通费分别提高到40元、24元、16元，退休干部的交通费分别提高到20元、15元，随月离退休费发放。从1986年6月起，离休干部用车本着看病、住院、病故为主，外出参观、疗养、开会等集体活动为辅，个人探亲、访友等用车视其情况，由老干部局领导批准方可。1987年7月实行交通费后，除县和本单位组织的集会、学习等公务活动由单位免费派车接送外，离休干部本人看病、住院用车收费，其他事项一般不派车。交通费随月离退休费发放。异地安置到本县的离休干部交通费，由老干部局在管理费中列支。实行交通费后，对外省、市来本县安置的离休干部，一次性收取行政14级以上汽车购置费4000元，行政15级至18级的2000元，行政19级以下的1000元。

工资。本县对第一、二次国内革命战争时期参加革命工作的老红军、老干部，其标准工资低于行政14级的提高到行政14级。对抗日战争时期参加革命工作，1985年6月底以前离休的干部，现行工资不到行政18级的提高到行政18级。对解放战争时期参加革命工作，现行工资不到行政20级的，提高到行政20级，原行政20级的提高到行政19级。

生活补贴。本县对1937年7月6日以前参加革命工作的离休干部，按本人离休前的标准工资每年增发两个月的工资作为生活补贴；对1937年7月7日至1942年12月31日参加革命工作的离休干部，按本人离休前的标准工资，每年增发一个半月的工资作为生活补贴；对1943年1月1日至1945年9月30日参加革命工作的离休干部，按本人离休前的标准工资每年增发一个月的工资作为生活补贴；对1985年未参加工资改革的离休干部按工作年限增加0.5元至3元的生活补贴。

其他福利。离休干部、遗属除享受生活困难补助外，享受粮价、副食品价格、冬季取暖、生活品供应补贴和电话费、误餐费。

车船费。离休干部每年报销一次探视父母、子女和回原籍往返车船费。

三、发挥作用

1983年后，老干部局、老干部党总支充分发挥县老干部协会、县关心下一代协会（1992年改为涞水县关心下一代工作委员会）离退休干部党支部、老年协会、老干部种植养殖协会、县老年大学等涉老组织的作用，本着自愿的原则，有组织有领导地发挥离退休干部作用。从1988年起，随着改革开放和社会经济发展趋势，紧紧围绕经济建设中心，逐步深入开展“操办一项企业，提供一条信息，引进一名人才，兼任一项经济实体职务，向党委提供一条有实施价值的建议等‘十个一’活动”，在当好党委参谋助手、传帮带、写村史、革命回忆录、党史编审、党风检查、治安保卫、民事调解、送文送报、校外辅导、义务行医、义务科技咨询、种植养殖、兴办集体福利事业、帮村民脱贫致富、关心教育下一代等方面取得可喜成就。在两个文明建设、社会服务、发展商品生产、帮民致富、振兴涞水经济方面作出突出贡献。涌现出皇甫离退休干部党支部、皇甫老年协会、县关工委、县老年大学等一大批“老有所为”先进集体；贾殿卿、陈国富、孙晶儒、张文生、王宝义、邓长义、夏景源等先进个人，受到国家、省、地（市）县多次表彰。1996年，中央电视台夕阳红栏目，向全国播放心系千秋伟业无私奉献后人的贾殿卿、为群众走出一条致富路的灵芝老人孙晶儒、义务科技兴农富万家的陈国富、帮村民脱贫致富的张文生等老干部的先进典型事迹后，在全国各地引起强人反响，河北、河南、云南、广西、新疆、湖北、台湾等地6千多人，到涞水参观考察，收到各地来信3689件。义安镇的寺皇甫、曹皇甫等6个村联合建立的离退休干部党支部、老年协会充分发挥81名党员、504名会员的先锋模范带头作用，参政议政，树文明村风，招商引资，帮村民科技致富，发展农村经济，共走富裕之路的先进典型事迹，赢得各级领导的认可和广大干部群众的高度赞扬。1997年，县委组织召开各乡镇党委、县直有关部门主要领导和农村党支部书记及农村老年人代表参加的学习观摩现场会，在全县推广该党支部、协会的做法，起到示范带动作用。国家、省、市领导在听取汇报、实地考察后给予充分肯定和高度评价。2000年、2002年、2004年，皇甫离退休干部党支部老年工会先后被市委、市政府评为“老有所为”先进集体。2008年四川汶川大地震发生后，离退休干部自愿向灾区捐款18600元，缴纳特殊党费15000元。离休干部于仲清缴纳特殊党费3500元；长年因病卧床不起的离休干部张升潮、张风让自己的老伴、子女把特殊党费1000元、500元交给党组织。

四、老年活动

根据省、市通知精神，涞水县于2000年成立老年教育办公室、县老年大学、老年书画协会、文体协会。老年教育办公室认真实施老年教育2001—2005、2006—2010年发展规划，至2005年年底，初步形成以县老年大学为机体、以社区、乡（镇）村老年学校为两翼的发展格局，至2009年年底，全县老年大学学员6000余人。老年大学开设书画、民族舞蹈、现代舞蹈、京剧、河北梆子、老年合唱团、红歌演唱队、秧歌队等10个教学班，并取得突出成就。2007年，县老年大学被河北省老年教育办公室、河北省委老干部局评为先进老年大学。2009县老年大学民族舞蹈班参加全国第六届《德艺双馨》舞蹈展示活动中，荣获省级集体舞铜奖；国家集体舞银奖；县老年大学荣获国家级最佳组织奖。参加各级书法、绘画作品大赛5次，16件作品获金奖，41件作品获银奖，优秀奖51名；县书法协会获省级组织奖，学员高亚仑作品“龙腾盛世”被奥运会组委会收藏。

为继承和弘扬祖冲之精神，由祖冲之的后代著名书画家祖景园、县老年大学常务副校长祖景新共同发起，于2006年5月19日在老干部局挂牌成立祖冲之书画院。祖景新被推举为院长，具有独立法人资格。该院是一个集书画艺术研究、创作、交流、展览、拍卖、收藏为一体的学术机构。

祖冲之书画院成立伊始受到河北省委、香港阳光卫视、香港大公报、中华新闻网及社会各界的广泛关注与积极参与。至2009年，已拥有成员百余名。其中既有当地的书画艺术佼佼者，又有来自北京、上海、安徽、四川、黑龙江等省市的书画艺术名家，可谓人才济济，朝气蓬勃。

祖冲之书画院成立以来，紧紧围绕县委、县政府的中心工作，适时借助各种传统节假日开展书画展览、书画交流、书画笔会、书画下乡等活动。2008年，在县委、县政府的支持下，举办歌颂祖冲之诗词联赋大赛活动和“首建祖冲之纪念碑廊”书法碑文向海内外征稿活动。此活动在海内外引起强烈反响和轰动，收到来自美国、法国、日本等国家及全国31个省、市自治区寄来的书法作品2000余件，编辑出版大型图书《首建祖冲之纪念碑廊书法作品集》。书法家、画家泰斗孙奇峰为该书题写书名。“首建祖冲之纪念碑廊”在全国乃至世界尚属首次，在华夏大地竖起一座供后人瞻仰、缅怀、学习祖冲之的艺术圣地，填补纪念祖冲之文物遗产的空白，为筹建祖冲之博物馆打下良好基础。

2009年，祖冲之书画院在中国美院教授、西泠印社副社长刘江，美术史学家、理论家李松，中国书协理事陶伟锡、张坤山，河北省文联原党组书记、河北省书协顾问李世文等大力支持下，由河北省美术理论研究会常务副会长、祖冲之书画院艺术总监、画家郝玉柱精心策划、汇集数十位中国当代书画艺术家的作品，由文联出版社正式出版《当代书画名家艺术》一书，中国书协副主席、河北省书协主席旭宇为该书题写书名。

五、工作机构

1983年6月建立县委老干部局，定编5人，设局长1人、副局长2人、干部职工2人，内设办公室。1986年7月人员编制增到9人，其中：干部职工5人，调研员1人，增设安置组、生活组。1988年2月，人员编制增加到14人，干部职工10人、调研员1人；安置组、生活组更名为安置管理股、保健福利股，增设发挥作用股、信访接待室、会计室。1990年3月，人员编制减少到10人，其中：干部职工6人、调研员1人，内设股室未变。1991年3月，老干部局并入县委组织部，改为老干部股，由一名副部长分管，定编6人。1995年8月，老干部股（对外仍称老干部局）设局长1人、副局长2人，干部职工4人。1996年8月机构改革，撤销老干部局（对上保留名称），设老干部股，定编7人，仍设局长1人、副局长2人。2002年7月机构改革，老干部股定编11人，实有7人，缺编4人，领导职数未变。2004年1月，恢复县委老干部局，归口县委组织部管理，定编7人，设局长1人、副局长1人，主任科员1人，干部职工4人，内设办公室、关工委办公室。2007年增编至11人，至2009年年底，领导职数未变，主任科员2人，干部职工7人，内设办公室、关工委办公室。2004-2009年间，先后配备电脑2台，打印机、传真机各1部，实现网络办公。

1985—2009年涞水县离休干部荣获国家、省、市委组织部老干部局荣誉情况一览表

表4-4-7-1

级别	时间（年）	获奖人姓名	命名单位	荣誉称号	备注
市级	1985	南风武、李景泌 景文海、王希恩	市委组织部、老干部局	市级“老有所为”先进个人	–
	1986	南风武、邓长义 刘振华、崔文通	市委组织部、老干部局	市级“老有所为”先进个人	–
	1988	陈国富	市委组织部、老干部局	市级“老有所为”先进个人	–
	1989	陈国富	市委组织部、老干部局	市级“老有所为”先进个人	–
	1992	孙晶儒	市委组织部、老干部局	市级“老有所为”先进个人	–
	1994	张文生、陈国富、孙晶儒	市委组织部、老干部局	市级“老有所为”先进个人	–
	1996	陈国富、孙晶儒、张文生	市委组织部、老干部局	市级“老有所为”先进个人	–
	2000	王惠欣	市委、市政府	市级10名敬老好领导之一	–
	2000	王　静	市委、市政府	市级老干部工作先进工作者	–
	2000	王宝义、程桂芬	市委、市政府	市级“老有所为”先进个人	–
	2004	王宝义	市委、市政府	市级“老有所为”先进个人	–
	2004	崔金永	市委、市政府	市级老干部先进个人	–
	2008	曹　宏	市委组织部、老干部局	市级宣传信息优秀信息员	–
	2009	刘兆明、万桂花	市老龄委	保定市老龄工作先进个人	–
省级	1992	陈国富	省委组织部、老干部局	市级“老有所为”先进个人	–
	1996	贾殿卿	省委组织部、老干部局	省教育系统“老有所为”先进个人	–
	1997	孙晶儒、张文生	省委组织部、老干部局	省级“老有所为”先进个人	–
	2003	王宝义	省委、省政府	省级“老有所为”先进个人	–
	2008	邓长义	省委组织部、老干部局	省级“老有所为”十大金色之星	–
	2009	邓长义	省组织部、老干部局	省级首届燕赵绿化十大新闻人物	–
国家级	1992	贾殿卿	中共中央组织部	国家级“老有所为”创新奖	–
	2004	王宝义	中共中央组织部	国家级老干部“老有所为”先进个人	–

1986—2009年涞水县组织部老干部局荣获省、市组织部老干部局荣誉情况一览表

表4-4-7-2

省市级别	时间（年）	获 奖 单 位	命 名 单 位	荣 誉 称 号	备注
市级	1986	县委老干部局	-	市级精神文明建设先进单位	-
	1987	县委老干部局	-	市级老干部工作先进单位	-
	1988	县委老干部局	-	市级老干部工作先进单位	-
	1989	县委老干部局	-	市级“老有所为”先进集体	-
	1990	县委老干部局	-	市级老干部工作先进单位	-
	1991	县委老干部局	-	市级精神文明建设先进单位	-
	1992	县委老干部局	-	市级老干部工作先进单位	-
	1993	县委老干部局	-	市级“老有所为”先进集体	-
	1994	县委老干部局	-	市级老干部工作先进单位	-
	1996	县委老干部局	-	市级老干部工作先进单位	-
	1998	县委老干部局	市委、市政府	市级老干部工作先进单位	-
	1999	县委老干部局	市委、市政府	市级“老有所为”先进集体	-
	2001	涞水县委、县政府	市委、市政府	市级老干部工作实际突出县	-
	2002	涞水县委、县政府	市委老干部局	市级老干部工作实际突出县	-
	2003	县委老干部局	市委、市政府	市级“老有所为”先进集体	-
	2004	皇甫离退休干部党支部	市委组织部、市委老干部局	市级老干部工作先进单位	-
	2008	县委老干部局	市委老干部局	市级宣传信息工作先进单位	-
	2009	县委老干部局	保定市老龄委	市级老龄工作先进单位	-
省级	2002	皇甫离退休干部党支部、老年协会	省委、省老干部局	省级优秀党支部、“老有所为”先进集体	-

1992—2009年涞水县关工委荣获省、市关工委荣誉称号一览表

表4-4-7-3

级 别	时间（年）	获奖单位	命名单位	荣誉称号	备注
市级	1992	县关工委	市关工委	关心下一代工作先进集体	–
	1995	县关工委	市关工委	关心下一代工作先进集体	–
	2003	县关工委	市关工委	关心下一代工作先进集体	–
	2004	县关工委	市委、市政府	关心下一代工作先进集体	–
	2008	县关工委	市关工委	优秀家长学校	–
省级	2009	县关工委	省关工委	关心下一代工作先进集体	–
级 别	时间（年）	获奖人姓名	命名单位	荣誉称号	备注
市级	1995	程桂芬	市关工委	“老有所为”先进个人	–
省级	1995	贾殿卿	省委、省政府	关心下一代工作先进工作者	–
省级	2003	贾殿卿	省委、省政府	关心下一代工作先进个人	–
市级	2004	夏景源、程桂芬	市委、市政府	关心下一代工作先进个人	–
市级	2004	王莉莉	市委、市政府	关心下一代工作优秀工作者	–
省级	2007	贾殿卿、曹宏	河北省委办公厅、省政府办公厅	关心下一代工作先进个人	–
省级	2009	夏景源、曹宏	–	关心下一代工作先进个人	–

第八节　信访工作

一、信访接待

1982—1989年，接待来访975人次，受理各类来信来访案件1380件，平均结案率84%。

1989年，受理群众来信来访121件次，按照“分级负责、归口办理”工作程序，办结118件，结案率98%。1990年，健全完善县级领导班子接待日和定期约访制度，每周二定为县级领导公开接访日，县级党政领导轮流到信访局接访。此制度一直延续到2009年年底。

随着改革开放的不断深入，涉及群众个人利益的问题和矛盾越来越突出，加上群众民主意识的不断增强，信访量逐年攀升。信访总量连续多年年均200件以上。1991年，信访工作开始推行各级领导下访和领导包案制度，各乡镇建立信访工作接待站，并落实上级有关信访工作制度条例，依法办理信访事项。1995年，涞水县委、县政府在落实领导包案责任制基础上，推行“县领导在做好分管部门或单位的工作的同时，要负责所分管部门或单位所发生的信访案件查处”为内容的“一岗双责”制，并将信访工作纳入全县社会治安综合治理考核内容，落实信访工作“一票否决”制度。1996年，涞水县遭受特大洪灾，县委、县政府围绕全县抗灾自救、恢复重建这一中心工作，努力做好灾民稳定工作，确保大灾后社会稳定。全年解决热点、难点问题57个；化解、稳控到县集体上访27批430人次。1999年2月，涞水县委、县政府在全县开展变群众上访为干部下访活动，大力解决信访老户、信访积案问题，降低重信重访量。

2002年，信访接待工作一方面突出抓网络建设，促进基层工作规范，建立健全了基层乡镇信访接办室建设；完善制度建设，促进责任落实。领导接待制度，在落实县级领导接待的基础上，乡镇、县直各部门参照县级认真落实。排调制度，各乡镇、县直部门每月进行一次排查。信息报告制度，各单位对发生的重大信访事件必须即时上报。分片责任制，信访局班子成员按全县区位划分，分片负责。全员接待制度，信访局除接待工作人员以外的人员，轮流值班搞好接待，以加强接待力量，提高工作效率。

2003年，为进一步加强信访接访工作力量，县委组织部安排从有关乡镇、县直部门抽调人员到信访局学习锻炼，以应对逐年上升的信访工作量。在“非典”防治工作期间，全局强化矛盾纠纷排查登记工作，广泛宣传《河北省逐级信访制度》，将在“非典”防治工作中引发的信访事项积极化解在基层，维护全县持续稳定的信访形势。

2004年，在全县开展县级领导接访“百日会战”活动。活动期间，组织县领导、公检法三长在信访局院内分组集中接待活动，集中接访活动，接待群众来访102批158人次，集中接访活动，推进信访积案化解和依法信访秩序，化解和解决一大批群众反映的热点、难点问题。

2005年，信访工作开拓思路、创新方法措施，扎实推进领导干部下访工作，并把下访活动作为先进性教育活动中的重要内容，坚持每周一或周二到所包村下访制度，下访活动“冲着问题去、冲着难题去，扎扎实实解决问题”，下访工作逐渐经常化、制度化、规范化。为了更好地贯彻落实新的《信访条例》，涞水县委、县政府结合本县信访工作的实际，制订《关于实施信访工作八项制度的规定》，从信访接待、党政领导接待日、领导干部下访、约访、信访信息排查处置预警、信访案件调度、信访工作通报、考核、奖惩等方面，以制度的形式予以规范。这一制度实行以来，信访渠道进一步畅通，信访程序进一步规范，信访工作逐步纳入经常化、制度化和规范化的轨道，取得显著的效果。

2006年，信访工作以贯彻新的《信访条例》为基点，深入推进依法信访，通过涞水电视台，对保定市两起违法上访案件处理情况进行宣传，并印发此类案件通报宣传材料500余份、“明白纸”1000余份，广泛宣传依法信访的意义和要求，突出宣传稳定、发展与群众利益三者之间的关系，强化信访干部做好信访工作、维护稳定的责任感，增强广大群众依法、逐级、有序信访的自觉性。领导干部下访工作取得一定实效，规范预前宣传。严格领导干部下访的有关规定和要求。下访工作按要求敞开接待、认真填写下访登记表和下访“四明确”表。切实加大解决问题的力度。领导干部认真对待下访中群众反映的问题，制定“四明确”责任制，与信访人签订信访双向责任书，并按时限要求办结案件，给信访人出具信访答复意见书。

2007年，信访总量下降，比上年下降18%，信访量体现在反映诉求待遇和解决拖欠工资问题、土地纠纷及城建开发与拆迁、土地征用问题上，涉法涉诉和村级事务类，特别是“南水北调”、城市改造、搬迁工作引发的信访、上访较为突出。为确保国庆节和中共十七大等特殊时期的稳定，扎实开展了“事要解决百日攻坚”行动，化解各类不稳定因素，严格落实“解决到位、疏导到位、扶持到位、稳控到位”，实现超前源头化解、到县以上上访量逐日下降、越级上访逐渐减少、不发生群体上访事件的工作目标。

2008年，信访工作围绕全国“两会”、奥运会成功举办和纪念改革开放30周年活动，坚持以人为本、综合施策、标本兼治，一手抓事要解决、有效化解矛盾纠纷，一手抓依法处理、切实维护社会秩序，逐步形成群众依法有序信访、信访问题依法按政策及时就地解决的良好局面。7月在全县开展县委书记大接访活动，切实解决一大批群众关心、关注的热点、难点问题，搭建与群众沟通的平台，实现奥运会期间全县经济社会的和谐发展。为实现大接访制度经常化，建立“县委书记大接访”活动长效机制，落实每周两次县级领导接待，党政主要领导每月不少于两次接访制度。“县委书记大接访”活动延伸和拓展到乡镇（社区）政法及其他县直部门，各乡镇（社区）党委书记、部门领导，多部门、多层面接访，全方位排查并解决当前存在的矛盾纠纷、信访隐患。同年12月，涞水县委、县政府根据《信访条例》《河北省信访事项办理程序（试行）》的相关规定，按照“属地管理、分级负责”、“谁主管、谁负责”的原则，制定信访工作年度考核办法，对信访工作考核定档。

2009年，信访工作集中化解久拖不决的信访问题、重信重访问题，跨地区、跨部门、跨行业的“三跨”信访问题，人事分离、人户分离、人事户分离的“三分离”案件，积极开展“信访积案化解年”活动，活动坚持以人为本，以切实维护群众合法权益为出发点和落脚点，以“案结事了、息诉罢访”为目标，纠正和解决侵害群众利益的各种问题，化解积案45件，促进社会和谐和公平正义，为新中国成立60周年庆典活动创造良好社会环境。

1989年1月至2009年12月，全县来信1406件，来访3375件次，信访总量4781件，按程序办结4541件，办结率95%，排查各种信访纠纷隐患1921件，调处化解1825件，排查率和化解率达到100%和95%，妥善化解稳定486批7625人次集体上访、289户到市以上单户越级访案件。

二、信访案件查处

1989年后，涞水县信访局办理群众信访事项遵循“分级负责、归口办理”原则，以交办、转办、自办、催办方式办理，一般以交办、转办、督办为主；对重点信访案件落实县级领导包案责任制，对一些疑难信访案件，通过召开有关单位、部门调度会议的办法，协调办案、共同处理。

从1992年起，对县级领导批办的案件和市以上交办的要结果案件，实行信访答复意见书制度。

1997年，信访事项实行县、乡处理，上一级部门复议终结制，同时，对处理信访事项时限做出明确规定；对进入司法程序的信访案件一般不予受理，引导上访人通过法律程序依法解决。市以上要结果案件都是经县主管领导签批后，县信访局按照有关要求，组织有关责任主体单位集中时间、人力调查解决，确保按期按要求办结上报。对所有县级领导批办案件，涞水县信访局作为要结果案件立案处理。对于涉及多层面、多个责任单位的重点案件，通过协调、会商解决办法，确定主办、协办单位及责任人。

2003年，信访局推行领导信访接待批办卡、来访登记办理卡、信访双向责任书和信访答复意见书等制度。

2004年，为进一步提高网上办案工作，按照上级要求逐渐强化信访信息网络功能建设，建立网上“全省信访信息系统”，案件办理工作实现网上传送报告等工作事项，提高案件办理效率。

2005年，案件办理强化督导、调度工作力度。严格落实“谁主管、谁负责”和领导包案责任制，对重点信访案件，每周督导一次，每月召开一次重点案件调度会，通报情况，分析案情，制定措施，协调相关部门，加大解决问题的力度，提高办案质量，年内5次下发“四明确”责任书，落实县级领导包案，乡镇、科局主要负责人负责，承办人直接办理的“捆绑式”责任制，加大案件解决力度。严格办案程序，提高工作效率，严格信访事项的受理、转送、交办、督办、告知、答复、通报等每一个环节，切实维护信访群众的合法权益，加强督查、督办。

2006年，案件查处工作严格办理程序，强调贯彻《信访条例》，提高工作效率，增进群众感情，形成新的工作局面，从“要我解决”变为“我要解决”，强化部门和地方的责任意识。严格履行信访工作程序，完善有关制度、健全工作机制；在具体工作中切实维护信访群众的合法权益，加强督查、督办；进一步做好来访接待工作，讲究工作方法做到“依法办事，文明接待，宣传政策，讲清道理，换位思考、以诚相待，善待群众、避免冲突”。逐步加大双向责任追究，制订信访双向责任追究制度，严肃追究因不负责、不认真办理，导致越级访、集体访及其他造成恶劣影响的信访案件的责任人和责任领导的责任，对违法上访的人，视情节给予批评教育和训诫，对煽动闹事的典型，依法严厉打击，对各乡（镇）县直各部门实行年终考核信访事项扣分制度，案件查处事项实行量化结果考评。

2007年，对重点案件解决落实“四明确”制度，实行信访案件调度会制度和信访工作通报制度，督导乡镇部门及时有效做好思想疏导和按办理程序处理问题工作，落实好政策解释，思想疏导工作，取得群众理解和信任，加快解决问题力度，报县委、县政府会议研究解决，召开县委常委会议议决案件46件，并形成会议纪要，严格落实化解责任。

2008年，案件办理强化综合协调机制，加强组织协调，整合资源，县联席会议和信访局发挥主导作用，地方与部门结合，密切合作，形成运转高效、协调联动工作机制，运用司法行政、调解疏导、听证等办法综合施治，解决问题。对重点信访事项加强调度，召开重点信访案件调度会。对跨区域、涉及多层面、多部门的问题，群体性事件苗头，涉法涉诉案件高度重视，认真研究，确定办法，通过召开调度会，协调分工，督办落实。“县委书记大接访”活动，将问题解决到位、稳控措施到位、责任落实到位，确保进京访的零指标，集中解决一批群众反映强烈的热点、难点问题，真正把矛盾纠纷化解在基层。

2009年，县委、县政府主要领导针对信访工作，多次召开全县信访稳定工作会议，包括县委常委会、信访工作领导小组会、信访联席会议、信访疑难问题专项协调会。研究处理信访问题。重点落实了党政领导定期接待群众来访、定期调度信访案件和包案处理信访问题等制度。在“集中化解信访突出问题突击月”活动中，县领导接待处理到县集体上访13批，个体上访130余件次，取得明显效果，有效控制和减少越级上访。

1989—2009年，中央、省、市三级交办要结果案件357件，按期结案率和年终结案率均为100%。县领导批办案件839件，办结712件，办结率85%，当场答复处理案件1326件，自办案件2278件，组织有关单位调查处理369件。

三、依法治访

为维护好持续稳定的信访形势，涞水县信访局将《信访条例》《河北省信访条例》《河北省逐级信访制度》做为依法信访的宣传重点，采取发放“明白纸”、刷写标语、播发电视专题片等方式广泛宣传信访法规。

1994年，严肃处理有关违法上访人员，并通报全县，加大依法、逐级、有序信访的宣传力度。

2002年，刷写固定标语2万平方米，达到主要街道随处可见，不留死角。同时，下发“明白纸”12万份，达到一户一份，真正做到家喻户晓。2004年，依法治访遵循“依法上访，违法追究，双向责任，注意导向”的原则，强化宣传工作，特别在积案化解“百日会战”活动中，全县印发依法信访明白纸近11万份，悬挂和刷写标语1100条，制作宣传栏390块，部分乡镇出动宣传车，进村巡回宣传，广大群众依法信访的意识明显提高。2005年，执行新的《信访条例》，全县学习宣传贯彻新的《信访条例》，组织召开全县培训会暨信访工作会议，深入学习宣传新制度，推进《信访条例》贯彻落实，并对本县研究制订的《信访工作八项制度》，进行深入系统的学习宣传培训。

2006年，全县加大非访打击力度，严格落实中央、省、市关于处置非正常上访的意见，协调有关部门，对多次到京非正常上访人员，进行警告、训诫、行政拘留依法处置。2007年对非正常进京上访案件逐案登记，对每一起非正常上访人员进行训诫谈话，行政拘留10人次，做到责任追究，处理到位；严格落实双向责任追究，制订信访双向责任追究制度，严格追究因不负责、不认真导致越级访、集体访及其他造成恶劣影响的信访案件的责任人和责任领导的责任，实现责任倒查，严格追究。2009年，强化问责工作，严格执行省联席办、省委政法委、省公安厅联合下发的《关于依法处置非正常进京上访行为，进一步规范信访秩序工作意见》规定，依法加大对非正常上访人员的处置力度。拘留违法行为的非访人员5人，对12名轻微违法的非访者进行训诫和警告。同时针对负有稳控责任的单位领导和公安机关执法不作为的情况，制订国庆期间信访稳定三项特别责任追究办法。

1989—2009年，全县处理172批3336人次集体上访，对25批43人违法上访及闹访人员进行法制教育和行政拘留等依法处置，同时对有关责任人给予党政纪处分，有效维护全县信访秩序。

四、工作机构

1977年10月建信访科。1982年改称信访办公室。1984年2月改为信访科，与县政府办公室合署办公，县委、政府秘书科有专人分管信访工作。为使信访机构职能下伸，建立健全了“三级”信访网络，全县2个区、1个镇、25个乡，建立信访工作领导小组。县属284个行政村设置信访民调小组。至1989年年底，全县从事信访工作的专、兼职干部1200人，信访信息员93名。1991年7月，信访科升格为信访局，下设办公室、接待办案室，工作人员由7名增加到11名。1997年，为加强“三级”信访网络体系建设，全县15个乡镇（社区）及县直部门逐步建立完善信访接访室，达到“四有”目标。各级各部门接访室设立专职信访工作人员2~5人。为加强基层工作，全县各乡镇、部门设立专职信访信息员1600余人，信访排、调网络得到进一步完善和加强。自2002年开始，县委组织部每半年选派一批科级干部到县信访局挂职锻炼，借以充实工作力量，到2009年，在县信访局挂职锻炼人员累计达16人次。2003年，县信访局搬迁至府前街133号粮食局院内一楼，办公面积100平米，增设办案室1个。2004年，为预防和妥善处置群体性事件，成立涞水县处理信访突出问题及群体性事件联席会议，并将联席会议办公室设在了信访局。2009年，县信访局编制5人，实有10人（含借调2人）。设正科职数1名，副科职数2名；内设办公室、接待室、办案室3个工作机构。

第九节 党校、党史工作

一、党校工作

（一）干部培训

党校的主要工作有轮训各级党员领导干部；培训中青年党员领导干部；培训意识形态部门的领导干部和理论骨干；协同组织人事部门，对学员在校期间进行考核考察；围绕国际国内出现的新情况、新问题，开展科学研究；宣传马克思列宁主义、毛泽东思想，宣传建设有中国特色社会主义理论和党的路线、方针、政策。

中华人民共和国成立初期，虽未设党校机构，但每年均由县委组织部和宣传部利用农闲季节，举办2~3期培训班，每期学员100~200人。培训对象是农村党支部书记和村长。

1971年党校恢复以后，每年举办7~8期培训班，培训对象，除村支部书记、村长（大队长）以外，还有组织委员及宣传委员、公社副书记、副乡长，有时各村生产队长也参加，以致最多人数达700余人。1984年，农村干部改由民政部门培训，党校重点培训县直机关副职（含公社副书记、副乡长）。历次培训教材，多由省委颁发学习材料，主要内容是党的基本理论、党的方针、政策、哲学、经济、干部必读等。培训时间不等，最短期10~20天，一般1~3个月。

1996年以后培训力度逐年增大，培训对象也由县直机关扩大到各乡镇干部及一般党员，尤其加强中青年党员领导干部培训。培训方式一般采取集中培训、开办主体班等形式和方法；根据县委县政府中心工作的要求，培训时间不等，多则15~20天，少则5~7天。但有时根据需要组织师资队伍流动办学、送课上门，派骨干教师到基层去宣讲，并针对学员问题答疑解难。党校平均每年培训人数1400人次。

（二）学历教育与主体班培训

1995年，为适应改革开放对干部学识水平的要求，县委党校积极与市委党校、省委党校联系，开办干部理论教育中专学历班涞水面授站，次年，省委党校大专函授教育辅导站挂牌。

1996—2008年间，县委党校负担着法律、经济两个专业大专、本科学历班的招生、教学、考试、毕业等工作，培养一大批德才兼备具有中专、大专、大学本科学历的毕业生，为全县干部队伍的成长与发展提供坚实平台。1998年后，中专学历教育结束，主要培训高中起点专科班和大专起点本科班毕业生。2008年，按照中央党校和省委党校指示，与全国同步，圆满结束党校的学历培训任务。12年向社会输送优秀毕业生1829人，受到社会的好评。

1996—2009年涞水县学历班毕业人数和主体班培训人次统计表

表4-4-9-1　　单位：人

年度	学历班		主体班
	专科	本科	
1996	105	–	700
1997	85	–	715
1998	131	–	800
1999	118	72	965
2000	66	71	1100
2001	111	118	1500
2002	44	108	2000
2003	33	79	1850
2004	88	77	1600
2005	80	91	1720
2006	78	87	1950
2007	84	88	2050
2008	–	15	1850
2009	–	–	1600
合计	1023	806	20400

（三）教师培训与理论研究

2002年，县委党校把提高教师理论水平、科研水平、教学水平当做头等大事，多方面提升教师队伍党性素质和修养。通过内部培训、外出进修、加压自学等方式，加大教职工学习力度；教师王茜、胡洋两篇理论文章分别在国家级、省级报刊发表，第一次使理论研究走出校门。

2003年，为实现“人人为涞水快速发展和小康建设作贡献”的目标，党校教师们积极开展调研活动，结合当前形势和涞水县的实际，深入基层调查研究，撰写反腐败调研文章两篇、函授教学调研文章21篇。在市委党校工作通讯发表3则信息，省委党校报上发表信息两则。在保定市党校系统主题班教学评比中，受到市委党校和有关部门的全面肯定，5篇科研论文分别荣获一、二、三等奖，占全市获奖总量的五分之一。

2004年，党校教师积极开展调研活动，结合当前形势和涞水县的实际，深入基层调查研究，发动全体教师结合自身工作实际撰写各类理论研讨文章。全校教师写出理论、调研文章10篇。其中，在全国刊物上发表1篇、省级报刊发表3篇，河北省委党校系统优秀理论文章评选获奖1篇，3人受市委党校表彰。

2005年，党校教师开展下乡调研活动，结合涞水县的实际，深入基层调查研究，人人写调研文章。在省级报刊发表3篇，市级刊物上发表3篇。

2006年，党校教师开展下乡调研活动，结合当前形势本县的实际，深入基层调查研究，发动全体教师结合自身工作实际撰写各类理论研讨文章。全校教师写出理论、调研文章5篇。其中，省级报刊发表1篇、市级刊物上发表3篇。

2007年，涞水县委党校采取每位教师着重研究一方面理论内容，然后在互相交流中相互学习的方式，鼓励教师拿出自己的理论研究成果。经筛选，报送论文5篇参加省委宣传部、省社会科学院组织的征文活动。其中，市级报刊发表两篇。

2008年，在纪念改革开放30周年活动中，党校全员参与理论研讨，先后向上级提交16份有内容、有新鲜观点的研讨文章，其中7篇获奖，3篇在省市刊物发表。

2009年，在省市党校系统组织的理论研讨活动中，涞水县委党校采取以自学和集体学习相结合的方式，从各个角度展开对相关内容的大讨论；多次举办校内专题研讨，在此基础上，涞水县委党校采取每位教师着重研究一方面理论内容，然后在互相交流中相互学习的方式，鼓励教师拿出自己的理论研究成果。党校全员参与理论研讨，提交11篇研讨文章，全部获奖，其中一等奖1名、二等奖两名。

（四）学校基础设施建设

1973年，党校迁入现址（环城东路138号）建一座礼堂，两排平房，投资约3万元。1974年，建两层主体教学楼，投资约10万元。1980年，建主体楼前的两排平房，投资约1万元。1998年，改造扩建主体教学楼，投资约45万元。

2004年，为进一步改善校园环境，该校多方筹集资金，采取向友好单位求援、发动社会集资、向上级争取贫困县补助等形式，筹集31万余元，彻底改造党校基础设施，基本达到省、市两级要求的标准。党校面貌发生根本性的改观。主要项目包括:县城东环路至党校水泥路面修缮硬化2000平方米、取暖锅炉及暖气配套、办公区及学员生活区下水道配套、校园围墙重建、校园硬化等。

2005年，县委党校自筹资金2.4万元，购置多媒体教学设备，建立多媒体教室，为学员提供了更好的学习条件。

2007年，在县财政没有投入的情况下，县委党校积极主动的想办法筹措资金，投入7.4万元完善了党校教学、生活、和工作设施。其中，党校自主设计和指导施工建设的多媒体电化教学多功能教室，在全市县级党校独此一家，受到上级的赏识和同行的好评。体育活动场所和生活设施得到根本改善。

（五）工作机构

1982—1987年9月，设校长1名，副校长4名；1987年10月，党校编制16人，设常务副校长1名，副校长2名；1993年3月至1998年3月，党校设常务副校长1名，副校长4名；1998年3月至2003年3月，党校编制20人，其中教师15人，工勤人员2人；内设办公室、教研室、教务处、总务处；设常务副校长1人，副校长3人。2006年4月至2009年年底，事业编制20人，内设办公室、教研室、教务处、总务处4个股室，设常务副校长1名，副校长3名。

二、党史工作

（一）资料征集、编辑

1983年1月，涞水县党史资料征集办公室成立并开始征集资料。

1985年9月3日，创办内部《党史资料选编》，第一期发表《编者的话》和《太行山鸡蛋坨上五勇士》一文。1985年10月6日，创办内部刊物《党史通讯》。

1986年6月，光明日报出版社出版《平西儿女》，其中《狼牙悲歌又一曲》《英勇的战士——陈辉烈士传略》《女烈士应维鲁》《民族英雄杨怀英》《我的引路人》《小羊倌与小八路》《鱼水情》《慈母》等篇，记叙发生在涞水县历史上的人和事。

1987年7月，华夏出版社出版《燕山儿女》一书，收录涞水县撰写的文章有《我们的“堡垒户”》《定易涞县第六区地道战》《房涞涿县武工队》《平西三日行》《他们的论文写在太行山上》《发扬革命传统，改变涞水面貌》《野三坡今昔》《荣立十三次战功的英雄——赵栋》《百花山上一枝花》等篇，均系涞水县供稿。

《中国共产党河北省涞水县组织史资料》（1938—1987），1991年印刷成册，编辑单位：中共涞水县委组织部、中共涞水县委党史资料办公室、涞水县档案局。

《中国共产党河北省涞水县组织史资料》（1987—1993），1994年印刷成册，编辑单位：中共涞水县委组织部、中共涞水县委党史资料办公室、涞水县档案局。

（二）工作机构

1982年设立党史资料办公室。1987—1996年，党史办编制5人，设主任一名，副主任2名，为县委直属事业单位。1996年8月机构改革，党史办并入县委办公室，设党史股；2006年4月更名党史办。

第十节　机关党务工作

一、组织建设

（一）党员队伍建设

县直机关工委按照县委党员教育工作部署，“三会一课”内容，有程序，有目的地开展党员教育管理及督促检查工作。所属各党总支、支部坚持理论学习日制度和党员领导干部理论中心组学习制度，每月组织讲党课1次。党员理论学习有计划，有考勤、有档案，党员个人学习有笔记、有体会文章。

开展“爱岗敬业、岗位练兵”竞赛活动。“三讲”教育中，开展“我是党员，向我看齐”和“保持先进性，为党添光彩”活动。活动中，党员佩戴胸卡上岗，设置党员先锋岗，激励党员时时对照标准严格要求，处处起先锋模范作用。开展党员教育活动、一把手讲党课、举办党务干部培训班，党的基本知识竞赛。“七一”期间组织党员宣誓，年终开展红旗党组织、先进基层党组织、优秀党务工作者、优秀共产党员表彰活动。

按照《中国共产党章程》及《中国共产党发展党员工作细则（试行）》《中国共产党发展党员工作细则》的要求，县直机关在发展党员中坚持贯彻新党员标准制度、入党积极分子培养成熟制度、入党积极分子和党员公示制度、程序规范化及责任追究制度和监督检查制度，保障党员发展的数量和质量。2005年，推行公推、公议入党培养对象制度（即对递交入党申请书的人先在党总支、支部党员中进行公开讨论和推荐，确定初步人选，再进行公开评议，明确培养对象，上报上级党组织备案）培养联系人制度、实绩考察登记制度、征求群众意见制度和培训制度。每年筛选和确定入党积极分子队伍，为确保新生党员的质量源头打好基础。是年，发展新党员在原来实行的培养人、党小组、党支部、党总支、机关工委“层层把关”制度基础上，实行发展党员公示制度。主要内容：1年明确公示对象；2年确定公示内容；3年严格公示方式和时间。在公开栏书写或张贴公示内容，设立意见箱。公示时间不少于7天；4年正确运用公示结果；5年采取定期检查，抽查、座谈了解，加强督促检查。经公示征求意见，入党程序和党员标准合格后，按照“成熟一个、发展一个”的原则吸收入党，注重把工作在第一线的优秀青年和妇女列为发展重点。

1996—2009年涞水县直机关发展新党员统计表

表4-4-10-1　　单位：人

年度	发展新党员	年度	发展新党员
1996	56	2003	37
1997	78	2004	55
1998	64	2005	70
1999	57	2006	57
2000	54	2007	65
2001	53	2008	60
2002	46	2009	34

党员管理：健全党建目标管理责任制。内容包括：党建第一责任人制度；党务干部培训和座谈交流会制度；选拔和考察党务干部工作制度；党员年内思想和岗位工作目标责任卡制度；党建目标管理责任制；确保党总支、支部书记有权管人、有权管事、有责任管思想的意识，促进党建设工作新机制的建设。完善评价制度，即党员领导干部民主生活制度和民主评议党员制度。党内民主生活会，以部门党政领导班子和成员为对象，年内召开两次以上，对领导班子和党员领导干部的思想，廉政和工作业绩进行评价和总结。民主评议党员，每年以党总支、支部为单位，组织党员开展评议工作，以个人述职、党小组讨论、党总支、支部委员会会议决定的办法，对党员做出优秀、合格、不合格的评议，并将结果上报上级党组织备案。县直机关工委系统每年评选红旗党组织、先进基层党组织、优秀共产党员和党务工作者并通报表彰。

2003—2009年涞水县直机关先进集体和优秀个人统计表

表4-4-10-2

项目 年度	红旗党组织	先进基层党组织	优秀党务工作者	优秀共产党员
2003	4	10	8	42
2004	4	15	7	47
2005	5	15	9	45
2006	6	16	12	43
2007	4	13	8	45
2008	4	12	7	56
2009	2	13	8	50

（二）基层组织建设

换届工作。党总支任届期满2年，党支部任届期满2年的领导班子，按照换届选举程序进行换届选举。因人员变动造成的班子缺额，及时补选，不出现工作断档。坚持对党总支、支部书记的选拔和考察标准和程序，实行任前诫勉谈话制度。

党内组织生活。主要围绕“三会一课”内容开展工作。县直机关工委、党总支、党支部每半年召开1次党内民主生活会；党总支、支部每季度召开1次党员大会，讲1次党课；每季度召开1次党建工作例会。组织党员领导干部开展廉洁自律自查自纠和工作实绩综合评价；部署党内工作；讨论和研究党务工作中出现的新情况和新问题。机关工委书记每季度有针对性地开展调研工作，每月深入3~5个基层党总支、支部进行工作调研指导。

二、思想作风建设

党风党纪教育。坚持《中国共产党党内监督条例（试行）》《中国共产党党员纪律处分条例》等党纪法规和法律知识的学习。在党员领导干部中开展“立党为公，执政为民”廉政教育和违纪案件警示教育活动，有针对性地剖析、解决思想认识问题，提高党员领导干部辨别大是大非的能力和依法行政的水平。

加强党内监督。结合行风评议，履行党内监督职责，定期深入基层党总支、支部检察机关民主议事和决策制度、党内民主生活会制度和联系群众制度的落实情况，督促基层党组织领导班子体察民情、了解民意，听取群众对机关作风的意见，提高服务质量，重点督查为民办实事，解决群众普遍关心的热点、难点问题的情况。

严格执纪。建立健全党风廉政责任制，层层签订党风廉政建设责任书，实行廉政责任追究制度。督促党总支、支部建立科级干部廉政档案及收入申报和重大事项报告制度，从严执行领导干部廉洁自律规定。做好专题民主生活会的督导检查，抓好领导干部述廉、评廉、考廉工作，坚持班子成员任前廉政谈话制度，推动党员干部廉洁从政。配合县纪委做好对违纪案件的查处。

三、工作机构

1971年4月，设中共涞水县直机关委员会。1987年10月，县直机关委员会定编6人。1993年8月，县直机关委员会更名为县直机关工作委员会。1996年8月机构改革，根据县委（〔1996〕19号）文件精神,县直机关工作委员会并入组织部,保留名称。2002年6月机构改革，根据县委涞办字〔2002〕41号文件精神，机关工委由组织部划出，列为县委常设机构，内设办公室、直属机关纪律检查工作委员会，行政编制4名，2006年4月至2009年年底，县直机关工委内设办公室、直属机关纪律检查工作委员会，行政编制4名。

第五编　人民代表大会

中华人民共和国成立后，为行使人民管理国家的权力，按照省市要求，涞水县于1954年7月召开第一届人民代表大会，会议选举出席省人民代表大会的代表。以后分别于1956年12月、1958年5月、1962年12月、1963年10月如期召开第二至五届人民代表大会，听取审议相关工作报告，按要求进行选举。

1966年4月，为筹备召开第六届人民代表大会，成立涞水县选举委员会，并向各区、社下发了选举工作通知，大部分单位完成参加县第六届人代会代表选举工作。5月“文化大革命”运动开始，致使第六届人民代表大会未能如期召开。时隔15年，1981年12月人民代表大会制度得以恢复，开始履行工作职责。

1982—2009年，涞水县历经第七、八、九、十、十一、十二、十三届人民代表大会和第十四届人民代表大会第一、第二、第三次会议。历届人大及其常委会，贯彻落实国家法律法规，发挥地方国家权力机关作用，推进民主法治，促进改革开放，经济建设和各项社会事业发展，保障物质文明和精神文明建设。

第一章　人民代表

历届人大代表参加各项选举，听取、审议政府、人大常委会、法院、检察院、社会经济发展、财政预结算等各项工作报告、并提出议案、建议和意见；闭会期间，参加常委会组织的视察、执法检查、评议、联系选民等各项活动，发挥人民代表对政府各项工作的监督、检查作用。

第一节 代表产生与构成

县级人大代表由选民直接选举产生。1982年，涞水县恢复人民代表大会制度、设置人大常委会，沿用原来届次，为涞水县第七届人民代表大会。第七届至第十届每届任期三年。第十一届、第十二届任期五年，第十三届任期四年，第十四届任期五年。涞水县第七、八、九、十、十一届人民代表大会分别于1982年、1984年、1987年、1990年、1993年选举产生。第七届代表249名；第八届代表258名；第九届代表159名；第十届代表227名；第十一届代表234名；第十二届、十三届、十四届，每届代表197名。

第十二届人民代表大会于1997年开始换届选举，选出代表197名，其中工农代表112名，占56、85%，领导干部代表85名，占43.15%；专业技术人员代表7名，占4%；群众代表57名，占30%；党员代表140名，占70%；少数民族代表12名，占6%；解放军代表2名，占1%；妇女代表43名，占22%。

第十三届人民代表大会换届选举，2003年2月16日为选举日，共选出197名代表。其中，工农代表178名，占90.35%，领导干部代表19名，占9.65%；专业技术人员代表7名，占3.6%；群众代表70名，占35.53%，党员代表127名，占64.47%；妇女代表51名，占26%；少数民族代表16名，占7.6%；部队代表2名，占1.01%；连任代表28名，占14.21%。文化结构上，大专以上学历62名，占31.5%，高中及以下学历135名，占68.5%。年龄结构上，35岁以下27名，占13.7%，36~45岁87名，占44.7%，46~55岁73名，占37.1%，56岁以上10名，占5.11%。

第十四届人民代表大会换届选举，2007年3月25日为选举日，选出代表197名，其中妇女代表45名，占22.8%；非中共党员代表72名，占36.5%；少数民族代表12名，占6.1%；35岁以下16人，占8.1%；36~55岁142名，占72.1%，56岁以上39名，占19.8%；大专及以上学历102人，占51.8%；连任代表89人，占45.2%。与往届相比，十四届人民代表大会代表结构更趋合理，文化素养及整体素质有较大提高。

第二节 代表工作

一、执法检查

执法检查，是人大常委会实施法律监督的重要手段，由县人大常委会组织实施。第十届人大对《中华人民共和国土地管理法》《中华人民共和国矿产资源法》《中华人民共和国保护妇女儿童合法权益保障法》等20多部法律法规在本地区的贯彻落实情况进行了执法检查。其中1994年，先后6次对《中华人民共和国土地法》《中华人民共和国义务教育法》《河北省文化市场管理条例》《河北省计划生育条例》《中华人民共和国食品卫生法》进行重点检查。对一些关系国计民生的法律法规如《土地管理法》《河北省计划生育条例》等的贯彻落实一年一次检查。十一届人大对《中华人民共和国义务教育法》《中华人民共和国食品法》《中华人民共和国会计法》等27部法律、法规落实情况进行执法检查；十二届人大围绕全县农业和农村工作、土地管理、环境保护、城市规划、支持和鼓励私营企业发展等方面的34部法律、法规进行了执法检查；十三届人大重点检查《中华人民共和国电力法》《中华人民共和国税收征管法》《中华人民共和国行政许可法》等20多部法律、法规的贯彻落实情况；十四届人大自2007—2009年3年间，对《中华人民共和国环保法》《中华人民共和国农业法》等7部法律法规进行了执法检查和执法调研。

二、评议监督

十四届人大之前主要是述职评议，评议对象是经人大常委会任命的“一府两院”及其职能部门的负责人。从十四届人大开始，称为工作评议，评议对象是“一府两院”及其职能部门。十届人大于1991年对被任命的“一府两院”部门负责人进行评议；同年9月，组织全县的县乡两级人大代表，对22个部门的243个所、站、庭、社、院进行评议，参评代表843人次，联系选民4.3万人次，收集建议意见46203条。十一届人大评议工商局、物价局等20余个单位；十三届人大自2005年起，对计生局、交通局等12个政府组成部门的局长和法、检两院的副职进行述职评议，对人大常委会任命的其他干部进行了书面述职；十四届人大（2007—2009年），对公安局、人劳社保局等15个单位进行工作评议。

三、调查视察

视察由人大常委会组织，根据视察内容邀请相关代表参加，有时也邀请省、市代表参加，视察后形成的建议意见由常委会转县政府研究办理。第七届人大在1982年围绕“一府两院”在狠刹抢占集体耕地建房、乱砍滥伐集体林木和聚众赌博三股歪风以及抗旱生产情况进行为期8天的视察；十届人大于1990年考察平原十三万亩方田建设、丘陵山区造林工程及全县农田水利基本建设，1991年考察了全县农田水利基本建设和林果业生产情况；十一届人大就全县工业体制改革、农业发展等多个方面工作进行了16次考察；十二届人大考察东大街改造、保野路建设、北雄玻璃器皿、益康黑蚊香项目扩建及长城电极有限公司、丰北超细粉末生产基地、磁材厂等国有企业改制、扩建情况；十三届人大对西关综合批发市场、涞阳路改造，北雄首建钢结构、321工程进行了考察；十四届人大在2008年对县政府承诺的为民办十件实事的落实和重点项目建设及奥运安保工作进行了考察。

四、走访接访

1991年，通过开展代表小组活动、组织代表视察、开展每季一封信活动、建立民主日、代表接待日以及走访代表、召开代表座谈会等形式密切与代表和群众的联系，收集意见建议184条，接待群众来信来访140人次；第十一届人大期间，共召开代表座谈会五次，收集意见建议166条，接待群众来访276人次、来信147件；十三届人大4年间，每年深入15个乡镇召开驻乡镇的县级人大代表代座谈会，收集意见建议89条，接待群众来访378人次、受理群众来信255件；十四届人大3年间，以代表小组为单位召开代表座谈会3次，收集意见建议87条，接待群众来访、受理群众来信270人次（件）。

五、提（议）案处理

从1982年举行第七届人大常委会至2009年第十四届常委会第一次会议第三次会议共收到提案（议案）1262件，其中第七届477件、第八届277件、第九届224件、第十届86件、第十一届149件、第十二届35件、第十三届9件、第十四届5件。收到建议批评和意见421条，其中第七届2条、第十届12条、第十一届41条、第十二届100条、第十三届127条、第十四届139条。自第七届至第十四届提案（议案）数量逐年下降，建议批评和意见逐年呈上升趋势。

人代会期间，大会秘书处议案组负责代表议案、建议批评和意见的收集整理，并送交大会议案审查委员会进行审查，审查委员会向大会主席团做出议案审查处理意见，由主席团决定是否立案。会后，县人大常委会将大会形成的议案、建议批评和意见交由“一府两院”进行办理，代表建议批评和意见在3个月内，最长不超过6个月办理完毕，并答复相关代表。办理期限内不能按时办结，需向人大常委会请示，经人大常委会同意后才能延期办理。

人大代表在闭会期间也可以提出建议批评和意见，由县人大常委会相关办事机构交由“一府两院”办理并答复相关代表。

部分年度人大代表议案、建议和意见统计表

表5-1-2-1

届别	时间	类别	
		议案（件）	建议批评和意见（条）
第七届	1981—1983	477	2
第八届	1984—1986	277	-
第九届	1987—1989	224	-
第十届	1992	86	12
第十一届	1993	41	18
	1994	37	6
	1995	25	3
	1996	25	7
	1997	21	7
第十二届	1998	16	27
	1999	13	18
	2000	4	16
	2001	0	18
	2002	2	21
第十三届	2003	4	36
	2004	2	20
	2005	2	33
	2006	1	38
第十四届	2007	1	41
	2008	2	49
	2009	2	49

六、重要活动

1991年，组织代表开展“人民选我当代表、我当代表为人民”活动；十一届人大就农业法、教育法、劳动法等多部法律法规开展调研78次，召开座谈会95次，撰写调研报告76篇，提出建议190条；十二届人大开展“争当优秀代表、创建先进代表小组”活动，对26名优秀代表和4个先进代表小组进行表彰；十三届人大就府前街西延、西二环开发等改变土地性质的项目开展调研，充分发挥代表参政议政作用。

第二章　历届人民代表大会会议

1982—2009年，涞水县历经第七、八、九、十、十一、十二、十三、十四届人民代表大会。

第一节　第七届人民代表大会

第一次会议　1981年12月29日至1982年1月4日召开，出席代表249名，会议听取和审议涞水县革命委员会的工作报告，审查和批准1981年财政决算和1982年财政预算情况的报告；审议人民法院、人民检察院的工作报告；选举涞水县第七届人民代表大会常务委员会主任、副主任和委员，选举县长、副县长、人民法院院长、人民检察院检察长；作出关于批准涞水县革命委员会及人民法院人民检察院工作报告的决议；会议决定撤销涞水县革命委员会，恢复涞水县人民政府，将26个公社革命委员会改为管理委员会。选举了出席省第六届人民代表大会代表5名。

第二次会议　1983年2月20—2月24日召开，应到代表246名，实到230名，列席人员140名。会议听取县政府、县人大常委会、法院、检察院，国民经济和社会发展计划，财政预算及执行情况报告，并作出相应决议。同时学习了全国五届人大通过的《中华人民共和国宪法》，通过涞水县第六个五年计划，选举出席省第六届人民代表大会代表5名。选举涞水县人民检察院检察长。

第三次会议　1983年2月26日召开。鉴于人大常委会代理主任、副主任绝大部分离职，补选了第七届人大常委会主任、副主任。

第二节　第八届人民代表大会

第一次会议　1984年5月27—31日召开，出席代表258名。大会听取县人大常委会工作报告；审议讨论县人民政府工作报告；审查批准1983年财政决算和1984年财政预算报告；并对上述报告作出相应决议。选举第八届人民代表大会常务委员会组成人员；选举县长，副县长、人民法院院长，人民检察院检察长。审议通过人民代表提出的议案。

第二次会议　1985年3月13—16日召开，会议听取并审议涞水县人民政府工作报告；审议涞水县1984年国民经济计划执行结果和1985年国民经济计划安排的报告；审议1984年财政决算和1985年财政预算的报告，审议人民法院、人民检察院工作报告，听取县人大常委会工作报告；并作出相应决议。

第三次会议　1986年3月15—18日召开，大会听取县人大常委会工作报告；审议讨论县人民政府工作报告；审议1985年财政决算和“六五”国民经济计划执行情况的报告；批准1986年的财政预算和“七五”国民经济计划的安排草案；讨论通过县人民法院、人民检察院工作报告。

第三节　第九届人民代表大会

第一次会议　1987年5月5—8日举行，出席代表159名。大会听取审议县人民政府工作报告；审议涞水县国民经济和社会发展的报告；审议1986年财政决算和1987年财政预算的报告；审议了人民法院、人民检察院的工作报告，大会批准以上报告，并作出相应决议。大会选举县第九届人大常委会组成人员，选举县长、副县长和人民法院院长、人民检察院检察长；审议通过人民代表提出的议案。

第二次会议　1988年3月21—24日举行。会议审议通过政府工作报告、国民经济和社会发展计划报告、财政预结算报告以及人大常委会和两院的工作报告。对以上报告经认真审议，提出许多很好的批评和建议，分别作出了相应的决议。会上选出出席省第七届人大会议的代表。

第三次会议　1989年3月21—22日举行。会议听取和审议1988年县国民经济和社会发展计划执行情况和1989年计划安排的报告；1988年财政决算和1989年财政预算草案的报告、县人大常委会工作报告、人民法院和人民检察院工作报告，并分别作出相应决议。会上答复人民代表的议案。

第四节　第十届人民代表大会

第一次会议　1990年1月15—18日举行，出席代表227名，大会听取并审议县政府工作报告、人大常委会工作报告、财政预决算报告、经济发展计划报告、人民法院、人民检察院工作报告。对以上报告，经讨论通过并分别做出相应决议。会议选举涞水县第十届人大常委委会组成人员、县长、副县长、人民法院院长、检察院检察长。审议通过人民代表提出的议案。

第二次会议　1991年2月23—24日举行，出席代表201名，会议听取并审议县政府工作报告、人大常委会工作报告、人民法院、人民检察院工作报告，听取和审议1990年国民经济和社会发展计划执行情况和1991年计划安排的报告、听取和审议涞水县1990年财政决算和1991年财政预算的报告，并作出相应决议。

第三次会议　于1992年3月18—20日召开，出席代表181名，列席人员130人。会议听取县政府、人大常委会、法院、检察院，国民经济和社会发展计划，财政预算及执行情况报告，并作出相应决议。通过涞水县第八个五年计划；听取“执法责任制”总结报告。选举陈胜英为涞水县县长。

第五节　第十一届人民代表大会

第一次会议　1993年3月3—7日召开，应到代表234名，实到210名，列席人员140名。会议听取并审议县政府、人大、法院、检察院，国民经济和社会发展计划，财政预算及执行情况报告，并作出相应决议。选举涞水县人大常委委会主任、副主任、委员；选举涞水县县长陈胜英，副县长王玉卿、王志成、白志明、李焕福、夏景源、张喜奎、沈志刚，县法院院长郭立泉，县检察院检察长赵大明。

第二次会议　1994年3月14—17日召开，应到代表234名，实到205名，列席人员178名。会议听取并审议县政府、人大、法院、检察院，国民经济和社会发展计划，财政预算及执行情况报告，并作出相应决议。同时听取政府减轻农民负担情况报告。

人大代表依次投票

第三次会议 1995年2月15—18日召开，应到代表229名，实到208名，列席人员216名。会议听取并审议了县政府、人大、法院、检察院，国民经济和社会发展计划，财政预算及执行情况报告，并作出相应决议。会议选举石海林为涞水县县长，选举保定市第十届人代会代表24名。

第四次会议 1996年3月7日召开，应到代表229名，实到207名，列席人员208名。会议听取并审议县政府、人大常委会、法院、检察院，国民经济和社会发展计划，财政预算及执行情况报告，并作出相应决议。通过涞水县第九个五年计划和2010年远景规划。听取各副县长述职报告。

第五次会议 1997年2月22—24日召开，应到代表225名，实到155名，列席人员198名。会议听取并审议县政府、人大常委会、法院、检察院，国民经济和社会发展计划，财政预算及执行情况报告，并作出相应决议。

第六节 第十二届人民代表大会

第一次会议 1998年2月17—19日召开，出席代表197名，列席人员234名。会议听取并审议县政府、人大常委会、法院、检察院，国民经济和社会发展计划，财政预算及执行情况报告，并作出相应决议。选举出人大常委会主任、副主任、委员；选举出县长石海林，副县长李焕福、白志明、王玉卿、王瑞坡、宋冀中、王士芳；县法院院长郭立泉，县检察院检察长赵大明；选举出席保定市第十一届人代会代表18名。

第二次会议 1999年3月3—5日召开，应到代表194名，实到187名，列席人员216名。会议听取并审议县政府、人大、法院、检察院，国民经济和社会发展计划，财政预算及执行情况报告，并作出相应决议。

第三次会议 2000年4月13—15日召开，应到代表197名，实到194名，列席人员231名。会议听取并审议了县政府、人大、法院、检察院，国民经济和社会发展计划，财政预算及执行情况报告，并作出相应决议。选举王惠欣为涞水县县长；刘士杰为县人大常委会委员。

第四次会议 2001年2月14—16日召开，应到代表194名，实到170名，列席人员242名。会议听取并审议县政府、人大常委会、法院、检察院，国民经济和社会发展计划，财政预算及执行情况报告，并作出相应决议。通过了涞水县第十个五年规划。

第五次会议 2002年2月22—24日召开，应到代表191名，实到185名，列席人员237名。会议听取县政府、人大常委会、法院、检察院，国民经济和社会发展计划，财政预算及执行情况报告，并作出相应决议。

第七节　第十三届人民代表大会

第一次会议　2003年4月7—9日召开，应到代表194名，实到187名，列席人员218名。会议听取并审议县政府、人大常委会、法院、检察院，国民经济和社会发展计划，财政预算及执行情况报告，并作出相应决议。选举出人大常委会主任、副主任、委员；选举出县长田庆柱，副县长连书君、李增泉、宋冀中、王士芳、刘彦坤、陈河、李东海。

第二次会议　2004年2月17—19日召开，应到代表197名，实到191名，列席人员288名。会议听取了县政府、人大、法院、检察院，国民经济和社会发展计划，财政预算及执行情况报告，并作出相应决议。

第三次会议　2005年2月15—17日召开，应到代表197名，实到188名，列席人员275名。会议听取并审议县政府、人大常委会、法院、检察院，国民经济和社会发展计划，财政预算及执行情况报告，并作出相应决议。

第四次会议　2006年3月12—14日召开，应到代表194名，实到187，2，列席人员285名。会议听取县政府、人大常委会、法院、检察院，国民经济和社会发展计划，财政预算及执行情况报告，并作出相应决议。

第八节　第十四届人民代表大会

第一次会议　2007年5月21—23日举行，应到代表197名，实到187名，列席人员283名。会议听取县人民政府、县人大常委会、人民法院、人民检察院工作报告；听取和审议2006年财政决算执行情况和2007年财政预算（草案）的报告、2006年国民经济和社会发展计划执行情况和2007年国民经济和社会发展计划（草案）的报告；并作出相应决议。选举第十四届人大常委会组成人员、县长、副县长、人民法院院长、人民检察院检察长。

第二次会议　2008年3月6—18日召开，应到代表197名，实到192名，列席人员296名。会议听取县政府、人大常委会、法院、检察院工作报告，国民经济和社会发展计划，财政预算及执行情况报告，并作出相应决议。选举出席保定市第十三届人代会代表17名。

第三次会议　2009年3月16—18日召开，应到代表196名，实到192名，列席人员285名。会议听取并审议县政府、人大常委会、法院、检察院工作报告，国民经济和社会发展计划，财政预算及执行情况报告，并作出相应决议。选举于舒心为涞水县县长；赵福礼为涞水县第十四届人大常委会副主任。

第十四届人民代表大会第二次会议会场

第三章　人大常委会

1983—2009年，人大常委会不断完善制度，健全机制，工作逐步规范化制度化，依法履行对“一府两院”进行法律监督和工作监督、任免国家机关工作人员、决定辖区重大事项职责。述职评议、工作评议、人事任免、监督工作以及人大常委会如何在党委领导下开展工作等，各项工作上了一个新台阶。

第一节　常委会组成

第七届人大常委会（1981—1983年），由19名成员组成，其中：主任1名、副主任10名，委员8名。第八届人大常委会（1984—1986年），由15名成员组成，其中：主任1名、副主任4名，委员10名。第九届人大常委会（1987—1989年），由16名成员组成，其中：主任1名、副主任5名，委员10名。第十届人大常委会（1990—1993年），由17名成员组成，其中：主任1名、副主任6名，委员10名组成。第十一届人大常委会（1993—1998年），由17名成员组成，其中：主任1名、副主任5名，委员11名组成。第十二届人大常委会（1998—2003年），主任1名、副主任4名，委员14名。第十三届人大常委会（2003—2007年），由19名成员组成，其中：主任1名、副主任4名、委员14组成。第十四届人大常委会（2007.5—2009年），由23名成员组成，其中：主任1名，副主任4名，委员18名。

第七至十四届人大常委会常委名单

表5-3-1-1

届　次	名　单
第七届（1982.01—1984.05）	刘桂增　姜国贤　李焕彩　陈鹤卿　邱录庄　张瑞礼　赵文元　藏兆京　付长庚　付　海　岳玉林　杜　增　桑砚珍　吕树芬　刘振河
第八届（1984.05—1987.05）	杨俊权　高瑞谦　张瑞礼　路　满　张文柱　刘金福　梁　敏　桑砚珍　王　泽　白淑琴　张宗林　杜　增　刘振河　韩宝田　赵广财
第九届（1987.05—1989.12）	杨俊权　高瑞谦　张瑞礼　张文柱　曹景英　张　永　韩德明　牛树声　赵广财　王　泽　刘振荣　曾昭宇　贾文明　刘振和　白淑琴　张宗林
第十届（1990.01—1993.03）	杨俊权　马宪泉　王　田　王进福（满族）　陈文祥　张瑞礼　赵文龙　马恩三　王　泽　王英龙（女）　牛树生　刘振和（回族）　李连隆　张宗林　郝希平（女）　贾文明　樊法旺
第十一届（1993.03—1998.03）	高树春　马宪泉　王　田　王进福（满族）　张国兰（女）　赵文龙　马恩三　方亚南（女）　许振河　张　义　杨作军（回族）　赵永久　赵增伟　倪　永（满族）　祖　林　贺瑞芬（女）　徐春芳
第十二届（1998.02—2003.03）	许金海　唐福春　张喜奎　张恩德　张国兰（女）　马恩三　方亚南（女）　王金铎　王　静　刘　福　李万林　李绍云　苏　生　赵开英（女）　祖　林　贺瑞芬（女）　徐春芳　郭尚启　郭胜利（女）

续表

届　次	名　单
第十三届 (2003.04—2006.04)	许金海　陈　水　张佃林　胡玉祥　高翔鹰　王金铎　方亚南（女） 安　水（回族）　刘士杰　刘宝华　刘俊萍（女）　刘爱武（满族）　杨建中 张　泽　张世亮　胡志伟（女，回族）　胡志杰　高悦民（满族）　韩进文
第十四届 (2007.05—2011.08)	薛兆丰　刘清源　李福生　胡云霞　高翔鹰　万桂花　王金铎　安　水（回族） 刘占坡　杨立新　杨亚青（女，回族）　杨爱民　李立军　张永臣　庞则爱 孟晓春　胡志伟（女，回族）　高志民（满族）　高悦民（满族）　曹海昌 韩进文　冀学科　霍晓桐

1979—2009年历届人大常委会主任、副主任一览表

表5-3-1-2

届次	职　务	姓　名	政治面貌	民族	籍贯	任职时间	备注
第七届 （1982.01—1984.05）	主　任	刘桂增	中共党员	汉族	涞水	1982.01-1983.03	-
		姜国贤	中共党员	汉族	完县	1983.10-1983.12	代理
		杨俊权	中共党员	汉族	涿鹿	1983.12-1984.05	-
	副主任	李焕彩	中共党员	汉族	涞源	1982.01-1983.12	女
		邱录庄	中共党员	汉族	涞水	1982.01-1983.12	-
		赵文元	中共党员	汉族	涞水	1982.01-1983.12	-
		姜国贤	中共党员	汉族	完县	1982.01-1983.10	-
		陈鹤卿	中共党员	汉族	满城	1982.01-1983.12	-
		张瑞礼	无党派	汉族	涞水	1982.01-1984.05	-
		高瑞千	中共党员	汉族	涞水	1983.12-1984.05	-
		路　满	中共党员	汉族	易县	1983.12-1984.05	-
		张文柱	中共党员	汉族	涞水	1983.12-1984.05	-
		任　农	无党派	汉族	山西	1983.12-1984.05	-
第八届 （1984.05—1987.05）	主　任	杨俊权	中共党员	汉族	涿鹿	1984.05-1987.05	-
	副主任	张文柱	中共党员	汉族	涞水	1984.05-1987.05	-
		张瑞礼	无党派	汉族	涞水	1984.05-1987.05	-
		高瑞千	中共党员	汉族	涞水	1984.05-1987.05	-
		路　满	中共党员	汉族	涞水	1984.05-1987.05	-
第九届 （1987.05—1989.12）	主　任	杨俊权	中共党员	汉族	涿鹿	1987.05-1989.12	-
	副主任	张文柱	中共党员	汉族	涞水	1987.05-1989.12	-
		张瑞礼	无党派	汉族	涞水	1987.05-1989.12	-
		张　永	中共党员	汉族	涞水	1987.05-1989.12	-
		高瑞谦	中共党员	汉族	涞水	1987.05-1989.12	-
		曹景英	中共党员	汉族	易县	1987.05-1989.12	-

续表

届次	职　务	姓　名	政治面貌	民族	籍贯	任职时间	备注
第十届（1990.01—1993.03）	主　任	杨俊权	中共党员	汉族	涿鹿	1990.01-1993.03	-
	副主任	张瑞礼	无党派	汉族	涞水	1990.01-1993.03	-
		马宪泉	中共党员	汉族	涞水	1990.01-1993.03	-
		赵文龙	中共党员	汉族	易县	1990.01-1993.03	-
		陈文祥	中共党员	汉族	涞水	1990.01-1993.03	-
		王　田	中共党员	汉族	涞水	1990.01-1993.03	-
		王进福	中共党员	汉族	涞水	1990.01-1993.03	-
第十一届（1993.03—1998.03）	主　任	高树春	中共党员	汉族	易县	1993.03-1998.02	-
	副主任	马宪泉	中共党员	汉族	涞水	1993.03-1998.02	-
		王　田	中共党员	满族	涞水	1993.03-1998.02	-
		王进福	中共党员	满族	涞水	1993.03-1998.02	-
		张国兰	无党派	汉族	涞水	1993.03-1998.02	女
		赵文龙	中共党员	汉族	易县	1993.03-1998.02	-
		王志成	中共党员	汉族	安国	1994.07-1994.09	增补
第十二届（1998.02—2003.03）	主　任	许金海	中共党员	汉族	易县	1998.02-2003.03	-
	副主任	唐福春	中共党员	汉族	保定	1998.02-2003.03	-
		张喜奎	中共党员	汉族	博野	1998.02-2003.03	-
		张恩德	中共党员	汉族	安新	1998.02-2003.03	-
		张国兰	无党派	汉族	涞水	1998.02-2003.03	女
第十三届（2003.04—2006.04）	主　任	许金海	中共党员	汉族	易县	2003.04-2006.03	-
	副主任	薛兆丰	中共党员	汉族	宁晋	2006.04-2006.04	增补
		陈　水	中共党员	汉族	涞水	2003.04-2006.04	-
		张佃林	中共党员	汉族	涞水	2003.04-2006.04	-
		胡玉祥	中共党员	汉族	涞水	2003.04-2006.04	-
		高翔鹰	无党派	汉族	涞水	2003.04-2006.03	-
第十四届（2007.05—2011.08）	主　任	薛兆丰	中共党员	汉族	宁晋	2007.05-2009.12	-
	副主任	刘清源	中共党员	汉族	涞水	2007.05-2009.03	-
		李福生	中共党员	汉族	涞水	2007.05-2009.12	-
		胡云霞	中共党员	汉族	涞水	2007.05-2009.12	女
		高翔鹰	无党派	汉族	涞水	2007.05-2009.12	-
		赵福礼	中共党员	汉族	涞水	2009.03-2009.12	增补

第二节　常委会办事机构

第七届人民代表大会常务委员会工作机构：设办公室、代表联络科、文教卫生科、政法科、财经科，延至十一届人大常委会。全县26个乡（镇），设人民代表小组，由乡（镇）长为代理组长。1990年原乡（镇）人大代表小组，改为乡镇人大主席团，设常务主席。十二届人大常委会内设办公室、代表联络科、财政经济科、政法文卫科，其工作职能分别是：办公室负责综合性文件起草、档案管理、公务接洽、公务用车、会议安排、保密保卫、资料管理、接办、转办、督办信访案件、督促检查“一府两院”对决议决定执行情况。财政经济科负责经济、财政重要问题调查研究，财政预算审查，审计工作监督。政法文卫科负责法制与执法有关问题调查研究，执法检查，信访案件督办，代表联络科负责与代表的沟通联系，选举工作，议案建议督办，指导乡镇人代会。至2009年年底，常委会办事机构设置未变。

第三节　常委会会议

第七届人大常委会召开主任会议24次，例会18次，听取农业生产建设实现“两个转变”等一府两院报告18项，接待信访45人次，执法检查9次，调研12次，人事任免60人次。围绕农民减负，提高企业效益，健全人大制度，履行职能。

第八届人大常委会召开主任会议26次，例会19次，听取一府两院报告19项，接待信访51人次，执法检查9次，调研13次，人事任免80人次。围绕减轻农民负担，进行调研。

第九届人大常委会召开主任会议30次，例会18次，听取一府两院报告11次，接待信访60人次，执法检查8次，调研10次，人事任免84人次。

第十届人大常委会从1990年1月至1993年3月，召开主任会议31次，例会21次，听取一府两院报告10项，接待信访70人次，执法检查8次，调研15次，人事任免90人次。人大常委会围绕全县经济波浪式发展的低谷阶段、爬坡阶段现状，以及“一线三段”战略，依法履职，促进经济发展。

第十一届人大常委会从1993年3月至1998年2月，召开主任会议45次，例会31次，听取一府两院报告15项，接待信访130人次，执法检查16次，调研25次，人事任免110人次。围绕中共“十四大”精神，以经济工作为中心，跨跃全区中游为目标，履行监督职能，听取报告六项；对《中华人民共和国矿产资源法》《中华人民共和国土地管理法》《中华人民共和国水资源管理条例》《中华人民共和国农业法》进行了执法检查和调研。

人大常委会从1998年2月至2003年4月，召开主任会议45次，例会35次，听取一府两院报告16项，接待信访170人次，执法检查18次，调研29次，人事任免130人次。对县城规划、土地管理、农业产业结构调整、旅游二次创业、林业、禁牧、两制、公共医疗等工作进行审议，找出存在问题，提出可行性建议。对《中华人民共和国劳动法》《中华人民共和国农业法》《中华人民共和国公路法》《中华人民共和国预算法》《河北省清真食品管理条例》等34项进行了执法检查。对东大街改造、保野路建设情况、长城电极有限公司进行考察。

第十三届人大常委会从2003年4月至2007年5月，召开主任会议35次，例会28次，听取一府两院报告13项，接待信访140人次，执法检查13次，调研29次，人事任免95人次。重点听取审议“四五”普法、安全生产、计生、预防非典、预防禽流感、农业等方面报告，对《中华人民共和国行政许可法》《安全生产法》《中华人民共和国森林法》《中华人民共和国食品卫生法》《道路交通管理法》等20部法律法规进行执法检查。

第十四届人大常委会从2007年5月至2009年2月（第三次会议），共召开主任会21次，例会19次，听取一府两院报告9项，接待信访100人次，执法检查9次，调研15次，人事任免60人次。重点听取审议财政、审计、旅游、电力等方面报告，对《中华人民共和国税收征管法》《中华人民共和国环境保护法》等法律进行执法检查。

第四节　人大常委会工作

一、行使重大事项决定权

从第九届人大起，常委会高度重视制度管理，制订实施《常务委员会工作条例》，明确界定其职权范围。几次修订《常委会议事规则》《组成人员守则》《主任会议议事规则》《讨论决定重大事项的实施办法》等制度，规范行使职权的办法、程序。常委会组成人员注重调查研究，召开常委会时邀请各乡镇人大主席和人大代表列席会议，听取意见，有效提高决议决定质量。1982—2009年，人大常委会共做出决议、决定172项，内容涉及土地、农业结构调整、旅游、城市规划、开发、环境保护、教育卫生以及财政预决算等内容。

二、行使监督权

第七届人大常委会注重执法检查，推进实施执法责任制和错案、执法过错责任追究。第八届、九届、十届人大常委会重点关注全县经济发展中重大事项，包括土地、人民群众生活、企业发展、财政、教育、卫生等工作，通过听取政府相关工作报告，执法检查、调研等形式，找出存在问题，促进工作开展。十一届、十二届、十三届，十四届人大重点关注食品卫生、教育、城镇建设、开发、环保、重点项目建设，旅游、土地、交通、安全生产等问题，听取政府工作报告59项，执法检查53次，调研93次，多方听取群众呼声，形成常委会决议，向县委提供有价值的决策依据。

三、行使任免权

历届人大常委会多次修改完善《涞水县人大常委会人事任免办法》，人事任免程序规范合法，保证任免质量。在任免工作中，始终坚持党的领导，依法办事，发扬民主，实现党的领导，依法治国和人民当家做主的有机统一。第九届人大常委会任免国家工作人员42人次；第十届人大常委会任免国家工作人员82人次；第十一届人大常委会任免国家工作人员96人次；第十二届人大常委会任免国家工作人员96人次；第十三届人大常委会任免国家工作人员105人次；第十四届人大常委会任免国家工作人员60人次。

第五节　指导乡镇人大工作

1983年，乡镇人大设立以公社为单位的代表联络组33个，由组长负责组织活动，受本级人民代表大会委托，负责闭会期间的日常工作。1999年9月，河北省人大常委会审议通过《河北省乡镇人民代表大会条例》，乡镇人大主席团经人代会授权，在闭会期间负责11项职权。2004年，地方组织法修订，乡镇人民代表大会任期由3年改为5年。

一、制度建设

1991年，县十届人大常委会在广泛征求意见的基础上，指导县、乡人大代表发挥代表作用、评议政府工作，推进民主理财，在实行依法治村等项工作中发挥重要作用。1993年，县十一届人大常委会，进一步修订《涞水县代表会议试行办法》，并及时建立村民代表会议试点村。至1993年年底，全县有80%以上的村建立村民代表会议，为设立乡镇代表团奠定了基础。1997年，为使乡镇人大工作规范化和制度化，第十二届人大常委会讨论通过《涞水县乡镇人大工作规范》，为乡镇人大主席团提供切实可行的工作依据。2000年县人大常委会党组起草《关于加强乡镇人大建设的意见》，并报县委进行批转，系统的明确乡镇人大的性质、地位、工作程序、人员编配等问题，乡镇人大工作初步实现制度化、规范化。2001年和2004年，县人大常委会借鉴外地经验，组织乡镇人大主席分别到山东和安新学习考察乡镇人大规范建设情况，为充分履行职能，行使“三权”奠定坚实的基础。此后，县人大常委会加大对主席团例会、代表建议督办以及评议工作的指导力度，乡镇人大制度建设得到进一步加强。

二、主要工作

1991年9月，县十届人大常委会组织全县各乡镇人大代表开展评议乡镇“七所八站”活动，此次活动有843名代表参加，县、乡人大代表联系选民4.3万人次，收集群众意见46203条，评议22个部门的243个所、站，有力促进被评议单位的工作。1995年，县十一届人大常委会依照《中华人民共和国全国人民代表大会和地方各级人民代表大会代表法》和加强与代表联系的具体规定，建立代表和群众来信来访接待制度。为提高新一届人大代表素质，2007年8月下旬，县十四届人大常委会组织全县乡镇人大工作培训会，邀请省人大领导讲授《代表法》和人大业务知识，并为每位代表发放《人大代表履职基础手册》，增强了代表的履职责任，提高人大代表综合素质。为推进乡镇人大工作，自2008年开始，每次召开县人大常委会都邀请乡镇人大主席列席；邀请乡镇人大参与县人大组织的执法检查、代表视察、工作评议、调研座谈等活动，县、乡人大互动的工作机制逐步形成。

三、换届选举

1985年以来，乡镇人民代表大会先后于1987年、1990年、1993年、1996年、1999年、2002年、2005年、2008年进行8次换届，召开乡级人民代表大会373次。1993年乡镇机构改革，由原26个乡镇撤并为7镇八乡。历次乡镇代表大会前，县人大常委会召开乡镇人大主席会议，进行专题部署，对新上任的人大主席进行业务培训，并对有关注意事项进行说明和指导，换届选举期间安排专人负责接访和咨询。

第六编　人民政府

1962年涞水县建制恢复后，重新组建涞水县人民委员会。1966年11月，涞水县人民委员会及各工作部门，受“造反派”冲击，处于瘫痪状态。1968年成立涞水县革命委员会。1969年9月组成涞水县革命委员会“三结合”领导班子，行使涞水县人民委员会职能。1982年1月改为县人民政府。1979—2009年，涞水县经历了7届政府，1982年前称县革命委员会，历届县政府以经济建设为中心，以企业增产增效，财政增收为目标，通过招商引资，扩大工商企业规模；通过推动企业改革、改制，增强企业活力；不断推进教育、科技、文化、卫生、环保等事业的发展，逐步满足了人们上学、就医、文化活动的需求；加快城乡基础设施建设，逐步满足了人们在居住、交通、通信、用电、用水、娱乐休闲等方面的需求。通过历届政府的不断努力，涞水经济社会进入健康、协调、快速发展的快车道。

第一章　政府机构

1982—2009年，涞水县人民政府历经7届，其中第七届至第十届县政府任期3年，自第十一届开始，县政府任期改为5年。各届县政府县长、副县长由县人民代表大会选举产生。1982年之前称革命委员会，行使县政府职权。

第一节　政府领导机构

政务大厅办公区

1977年5月至1982年1月，先后调整调入3位县革命委员会主任、任命18位县革命委员会副主任。

涞水县第七届人民代表大会第一次会议，于1982年1月4日选举出县长1名，副县长4名。届内增补副县长3名、县长1名。

涞水县第八届人民代表大会第一次会议，于1984年5月31日选举县长1名，副县长5名。届内增补副县长3名。

涞水县第九届人民代表大会第一次会议，于1987年5月8日选举县长1名，副县长4名。

涞水县第十届人民代表大会第一次会议，于1990年1月17日选举县长1名，副县长5名。届内调整县长1名、副县长4名。

涞水县第十一届人民代表大会第一次会议，于1993年3月6日选举县长1名，副县长7名。届内调整县长1名，副县长5名。

涞水县第十二届人民代表大会第一次会议，于1998年2月19日选举县长1名，副县长6名。届内调整县长1名、增补副县长4名。

涞水县第十三届人民代表大会第一次会议，于2004年3月6日选举县长1名，副县长7名。界内增补副县长2名。

涞水县第十四届人民代表大会第一次会议，于2007年5月6日选举县长1名，副县长6名。届内增补副县长1名。

1979—2009年涞水县人民政府领导一览表

表6-1-1-1

届　次	职　务	姓　名	性别	籍贯	任职时间	备注
县革命委员会	主　任	李永月	男	山东栖霞	1977.05-1979.08	-
		许继舜	男	安徽宿县	1979.08-1981.12	-
		马全忠	男	涞水	1981.12-1982.01	-
	副主任	张殿龙	男	涞水	1976.10-1981.12	-
		王建良	男	涞水	1976.10-1981.12	-
		陈鹤卿	男	满城	1976.10-1981.01	-
		赵文元	男	涞水	1976.10-1982.01	-
		杨德庆	男	易县	1976.10-1981.04	-
		刘桂增	男	涞水	1976.10-1982.01	-
		郑义珍	女	涞水	1977.12-1982.01	-
		杨俊权	男	涿鹿	1977.12-1982.01	-
		陈　瑛	男	邯郸	1978.02-1981.04	-
		许继舜	男	江苏	1978.02-1979.08	-
		马全忠	男	涞水	1978.03-1980.07	-
		马　权	男	涞水	1978.05-1982.01	-
		兰光义	男	安国	1978.08-1981.11	-
		陈际礼	男	高阳	1980.04-1981.11	-
		路　满	男	易县	1980.04-1982.11	-
		邱录庄	男	涞水	1980.04-1982.01	-
		王信仁	男	涞水	1981.08-1982.01	-
		刘文彬	男	涞水	1981.11-1982.01	-
第七届人民政府（1982.01—1984.05）	县　长	马全忠	男	涞水	1982.01-1983.12	-
		薛善斌	男	清苑	1984.01-1984.05	-
	副县长	任　农	男	涞水	1982.01-1983.12	-
		郑义珍	女	涞水	1982.01-1983.12	-
		马　权	男	涞水	1982.01-1984.05	-
		刘文彬	男	涞水	1982.01-1983.12	-
		高树春	男	易县	1982.01-1983.12	-
		张喜奎	男	博野	1983.12-1984.05	-
		夏景源	男	高碑店	1983.12-1984.05	-
		曹炳义	男	徐水	1983.12-1984.05	-

续表

届　次	职　务	姓　名	性别	籍贯	任职时间	备注
第八届人民政府（1984.05—1987.05）	县　长	薛善斌	男	清苑	1984.05-1986.06	-
	副县长	李瑞昌	男	安国	1986.06-1987.05	-
		马　权	男	涞水	1984.05-1985.11	-
		张喜奎	男	博野	1984.05-1987.05	-
		夏景源	男	高碑店	1984.05-1987.05	-
		曹炳义	男	徐水	1984.05-1984.08	-
		梁焕庆	男	易县	1984.05-1987.03	-
		杨铁军	男	曲阳	1986.02-1987.05	-
		陈永久	男	景县	1987.03-1987.05	-
第九届人民政府（1987.05—1989.12）	县　长	李瑞昌	男	安国	1987.05-1989.03	-
	副县长	杨铁军	男	曲阳	1987.05-1989.02	-
		陈永久	男	景县	1987.05-1989.12	-
		张喜奎	男	博野	1987.05-1989.12	-
		夏景源	男	高碑店	1987.05-1989.12	-
第十届人民政府（1990.11—1993.03）	县　长	杨铁军	男	曲阳	1990.01-1991.12	-
		陈胜英	男	蠡县	1991.12-1992.03	代理
		陈胜英	男	蠡县	1992.03-1993.03	-
	副县长	陈永久	男	景县	1990.01-1991.08	-
		张喜奎	男	博野	1990.01-1993.03	-
		夏景源	男	高碑店	1990.01-1993.03	-
		白志明	男	易县	1990.01-1993.03	-
		李焕福	男	涞水	1991.10-1993.03	-
		顾新平	男	阜平	1991.12-1993.03	-
		王玉卿	女	定兴	1992.8-1993.03	-
		王志成	男	安国	1991.01-1993.03	-
	科技副县长	沈志刚	男	-	1990.01-1993.03	-
第十一届人民政府（1993.03—1998.02）	县　长	陈胜英	男	蠡县	1993.03-1994.09	-
		石海林	男	定兴	1994.09-1995.02	代理
		石海林	男	定兴	1995.02-1998.02	-
	副县长	张喜奎	男	博野	1993.03-1998.02	-
		夏景源	男	高碑店	1993.03-1994.08	-
		白志明	男	易县	1993.08-1998.02	-

续表

届　次	职　务	姓　名	性别	籍贯	任职时间	备注
第十一届人民政府（1993.03—1998.02）	副县长	沈志刚	男	-	1993.03-1997.08	-
		李焕福	男	涞水	1993.03-1998.02	-
		王玉卿	女	定兴	1993.03-1994.08	-
		王志成	男	安国	1993.03-1994.08	-
		许　文	男	易县	1994.03-1997.03	-
		梁树林	男	涞水	1994.03-1995.03	-
		孙长春	男	涞水	1995.10-1998.02	-
		王瑞坡	男	涿州	1996.01-1998.02	-
		范芸芸	女	-	1997.06-1998.02	-
第十二届人民政府（1998.03—2003.03）	县　长	石海林	男	定兴	1998.02-2000.02	-
		王惠欣	女	清苑	2000.03-2000.04	代理
		王惠欣	女	清苑	2000.04 2003.03	-
	副县长	李焕福	男	涞水	1998.02-2001.05	-
		白志明	男	易县	1998.02-2003.03	-
		王玉卿	女	定兴	1998.02-2003.03	-
		王瑞坡	男	涿州	1998.02-2003.03	-
		宋冀中	男	涿州	1998.02-2003.03	-
		王士芳	男	涿州	1998.02-2003.03	-
		张德勇	男	蠡县	2000.10-2003.03	-
		赵大明	男	北京门头沟	2001.05-2003.03	-
		李增泉	男	涞水	2001.05-2003.03	-
		李东海	男	安新	2001.01-2003.03	-
第十三届人民政府（2003.04—2007.05）	县　长	田庆柱	男	清苑	2003.04-2007.05	-
	副县长	连书君	男	易县	2003.04-2007.05	-
		李增泉	男	涞水	2003.04-2007.05	-
		宋冀中	男	涿州	2003.04-2006.04	-
		王士芳	男	涿州	2003.04-2007.05	-
		刘彦坤	女	满城	2003.04-2007.05	-
		李东海	男	安新	2003.04-2006.04	-
		陈　河	男	涞水	2003.04-2007.05	-
		胡玉祥	男	涞水	2006.05-2007.05	-
		穆启文	男	涞水	2006.05-2007.05	-

续表

届　次	职　务	姓　名	性别	籍贯	任职时间	备注
第十四届人民政府（2007.05—2009.12）	县　长	田庆柱	男	清苑	2007.05-2009.02	-
		于舒心	男	易县	2009.03-2009.12	-
	副县长	陈　河	男	涞水	2007.05-2009.12	-
		胡玉祥	男	涞水	2007.05-2009.12	-
		穆启文	男	涞水	2007.05-2009.12	-
		刘彦坤	女	满城	2007.05-2009.12	-
		刘　嵘	男	唐县	2007.05-2009.12	-
		霍占利	男	蠡县	2007.05-2009.12	-
		贾见勇	男	唐县	2009.03-2009.12	-

第二节　政府工作部门

1979年，县革命委员会工作部门设办公室、知识青年上山下乡办公室、信访科、档案科、城建房产管理局、人事局、劳动局、计划委员会、物资局、科学技术局、地震办公室、统计局、工商管理局、民政局农业局、林业局、水电局、水利局、畜牧水产局、农业机械管理局、工业局、二轻工业局、经济委员会、交通局、社队企业管理局、财政局、税务局、商业局、粮食局、文化教育局、卫生局、爱国卫生运动委员会、体育运动委员会、计划生育办公室、公安局、司法局、人民法院、人民检察院。

1983年11月30日，保定地委批复涞水县县级机构改革方案：县政府工作部门设办公室（含信访）民政局、司法局、公安局、劳动人事局、统计局、物价局、工商局、财政局、税务局、商业局、审计局、交通局、教育局、文化局、卫生局、农业局、林业局、水利局、畜牧水产局、计委（含城乡建设）经委、科委、体委、计划生育委员会。粮食局改为粮食公司、保留局的名义；社队企业局改为农村工副业服务公司；保留爱卫会名义，办事机构设在卫生局；职工教育办公室撤销归教育局、保留工农教育委员会名义；档案科与档案馆合署办公，保留科的名义；编制委员会保留名义，办事机构设在县组织部或劳动人事局。经地委批准，涞水县建立审计局，负责本行政区内的审计工作，并向上级审计机关和本级人民政府负责并报告工作。

1984年1月，按照省市要求进行机构改革：取消财贸办公室、知识青年上山下乡办公室、工业局；文化教育局分设教育局、文化局；信访科升格为信访局，新设4个经济实体（粮食公司、农机公司、物资公司、农村副业服务公司）；政府机构由50个减为43个。

1996年8月机构改革，政府工作部门撤并计委、经协办、商业局、扶贫办、民宗局、技监局、教委、爱卫会、外贸局、粮食局。计划委员会更名为计划局，区划办撤销，职能并入计划局。经协办更名为招商局，挂靠在计划局。建设委员会更名为城乡建设环境保护局（简称建环局），经贸委更名为经贸局，乡企委更名为乡企局，科委更名为科技局，文化局更名为文体局。畜牧局变为直属事业局。农机局更名为农机总公司，矿产局更名为矿产总公司，新增设地矿局。

2002年4月19日机构改革，政府工作部门中撤销计划局、招商局，增设发展计划局，挂物价局牌子；建环局分为建设局和环境保护局；撤销乡企局、商业局，职能并入经贸局；文体局和教育局合并为文体教育局；办公室挂靠人民防空办公室、法制办公室、档案局牌子；财政局挂国有资产管理委员会牌子；卫生局挂爱国卫生运动委员会牌子；林业局变为政府直属事业局；农开办并入财政局；农机总公司并入农业局；矿产总公司、地矿局与土地局合并组建国土资源局；增设粮食局和扶贫开发领导小组办公室。

2005年8月14日，政府工作部门中撤并经济贸易局、增设安全生产监督管理局，发展计划局更名为发展改革局，增设由发展改革局管理的工业促进局。监察局与纪律检查委员会机关合署办公，将农业局与畜牧局合并为农牧局，国土资源局挂测绘管理办公室牌子，文体教育局挂新闻出版局、版权局牌子，科学技术局挂信息产业局、信息化领导小组办公室牌子。

2008年12月25日，政府工作部门增设食品药品监督管理局，建设局更名为住房和城乡建设局，撤并科学技术局、发展改革局挂科学技术局、工业和信息化局、商务局、粮食局牌子，教育局挂文化广电新闻出版局、版权局、体育局牌子。直属事业机构中撤并广播电视局。

至2009年年底，县政府职能机构44个，按管理权限划分为：

一、政府常设工作部门：政府办、发改局、教育局、民政局、财政局、农业局、水利局、住建局、交通局、卫生局、计生局、统计局、审计局、公安局、司法局、监察局、环保局、安监局、信访局、扶贫办。

二、直属事业单位：林业局、粮食局、电视台、旅游局。

三、企业管理部门：供销社、商务局、外贸局。

四、双重领导部门：国税局、地税局、电力局、国土局、食药监局、烟草专卖局、人行、农行、农发行、信用社、邮储银行、银监办、移动公司、联通公司、邮政局、人寿、人保、石油公司、工商局、质量技术监督局。

五、派出机构：城区社区、三坡管委会。

第二章　施政辑要

涞水县政府坚持以经济建设为中心，坚持改革开放，认真落实科学发展观，采取一系列措施，创造性地贯彻落实县委决策，2009年完成国民生产总值287695万元，实现财政收入19530万元，经济实力不断增强，各项事业得到长足发展。

第一节　实施旅游发展战略

1985年1月，中共涞水县委常委会做出利用野三坡自然资源开发旅游的决定，通过县人民政府《开发野三坡旅游区的实施方案》，从此，旅游开发正式列入政府的议事日程。县政府建立旅游开发总公司，着手准备开放前的各项工作。

1986年3月18日，中共中央总书记胡耀邦到保定视察工作，县委书记刘俊生、县长薛善斌借此机会，向胡耀邦汇报开发野三坡旅游资源，利用自然资源帮助山区尽快脱贫致富的战略构想，得到胡耀邦的充分肯定。胡耀邦的支持和关怀，进一步坚定县委、政府的决心，统一干部群众的思想。5月，副省长王祖武等到野三坡考察，对野三坡旅游资源，给予充分肯定。6月6日，河北省人民政府批准野三坡旅游区在国内开放。为吸引游客，开拓市场，让公众了解野三坡对外开放的消息，1986年7月，县政府、县旅游总公司邀请《旅游时代》杂志社记者、《北京晚报》记者到野三坡采访。7月1日，《北京晚报》发表一则消息：京西野三坡对外开放。这则消息一见报，起到轰动作用。是月13日，北京游客蜂拥而至，日客流量近万人。全年接待游客20万人。旅游辐射6个乡，27个村，当年参与旅游服务的农民就达2000余人，催生家庭旅馆600余个，平均每户收入2000余元。立足山区自然资源，脱贫致富迈出坚实的一步。

为加强旅游工作的管理，1987年1月设立旅游局，具体负责旅游管理和开发工作。依据旅游开放初期的实际，制订立足河北，依托北京，逐步完善，服务天津的战略，努力开拓旅游客源市场。6月建立野三坡旅行社，在北京华侨大厦设立办事处，开启组织首都客源的第一个窗口。

为提高旅游服务质量和水平，扩大知名度，县政府在提高服务水平，完善旅游设施上不断加大投入和工作力度，完善设施，加强管理，同时积极向上申报，上等级。1988年8月1日，国务院审定野三坡为第二批国家重点风景名胜区。为适应国家重点风景名胜区管理需要，1989年4月，县编委批准建立涞水风景名胜区管理处，与县旅游局一套人马，两块牌子。知名度是客源市场的基础，县政府与铁道部反复沟通，经多方努力，铁道部打破“站名不得更改”的惯例，在5月初，将野三坡境内的“上庄站”更名为“野三坡站”。

1989年3月，22位少数民族委员在全国政协会议上提出《关于在北京周边兴建56个少数民族村寨》的提案，得到中央领导的重视。县委县政府得知这一消息后，动员全县上下，齐心合力，多方争取，终于把这个项目争取下来，并于1991年2月正式签署协议。野三坡民族文化城的第一个少数民族村寨苗寨，于1992年7月9日正式开业。有了苗寨的成功经验，白寨、傣寨、阿佤寨、朝鲜寨、侗寨、傈僳寨、独龙寨、哈尼寨，先后落户野三坡，使其真正成为展示中国少数民族风采的民族园。

1992年，县政府抓住《三国演义》剧组到野三坡景区拍摄电视剧的机遇，全力配合支持剧组的工作，不但留下了一批以汉代关口为代表的人文景观，而且将野三坡的自然风光展示给国内外观众，提升景区的知名度。

1993年，县委、县政府制订招商引资的优惠政策和奖励办法，加大招商引资的力度，激发全县干部群众招商引资的热情，在三年左右的时间里，引进菲律宾、日本等国家和地区20余个客商，先后投资1亿多元，建起野三坡风情苑、金盾宾馆、野三坡宾馆等高档次旅游设施，景区接待水平大为改观。

1996年、2001年先后两次大的洪水灾害，对野三坡景区脆弱的基础设施条件提出挑战，因此，县委县政府决定实施野三坡二次创业，三年建成旅游大县。为保障目标实现，2001年3月，建立野三坡管委会，代表县委政府行使全面行政职能，景区管理从此进入市场化良性发展轨道。

二次创业突出抓了两项：一是投资9000万元，完成京都、北大河、紫石口3座沿途高标准公路桥建设，电力、通讯设施进行更新换代，使基础设施更加完善；二是投资308万元，完成百里峡景区晋档升级工程、民族园度假村景区升级改造工程、拒马河整治改造工程、三坡镇下庄大街拆迁改造工程、龙门天关景区开发工程等5项重点工程，为野三坡旅游业的发展奠定基础。

经过几年的艰苦创业，旅游景区的各项环境得到根本改观与此同时，县政府同有关部门积极向国家主管部门申报地质公园项目；同北京市十渡旅游区、涞源白石山旅游区一起申报世界地质公园项目。2004年3月，野三坡被国土部批准成为国家地质公园；2006年9月，野三坡旅游区、北京市十渡旅游区、涞源白石山旅游区被联合国教科文组织批准为世界地质公园。

2006年县政府以北京奥运为契机，以争创AAAAA级景区为目标，开展迎奥运、讲文明、树新风活动，营造文明、和谐的旅游环境；以软、硬件建设为前提，为游客提供全方位优质服务。投资500万元扩建百里峡景区门前广场；投资800万元新建百里峡立体式生态停车场；投资1500万元扩建金百（金三角至百里峡）路、狼金（狼儿河至金三角）路、罗北（罗古台至北边桥）路；投入1000万元扩建游客中心、地质博物馆，完善景区标识牌300余处；投资500万元增设生态分类垃圾桶300余个，新建水冲厕所3座，生态免冲厕所12处，达到三星级标准；百里峡安装电子门禁系统，实现电子刷卡；升级改造通讯设施，实现景区移动信号全覆盖；防范措施、设施更加完善，确保游客安全游览。

2007—2008年，经过两年的精心谋划、反复论证，投资7300万元打造的大型舞蹈《印象野三坡》，编排成功；投资4000万元兴建保定野三坡文化产业基地“百里峡大剧场”。2008年9月4日，开始为游客演出，为游客增加一项深入了解野三坡历史的文化盛宴。为迎奥运、促发展，野三坡管委会同祖冲之书画院共同谋划建立奥运碑林，从2007年6月开始向海内外征集作品，历时4个多月，篆刻纪念碑2008块，在野三坡龙门天关景区建立总长2008米碑林长廊；入选作品结集出版《奥运的纪念》一书，为景区增添又一新的人文艺术景观。

2009年，县政府以创建AAAAA国家级旅游景区和世界地质公园达标建设为契机，与北京房山、门头沟共同编制《北京—保定旅游发展战略区域合作规划》，与北京市游客集散中心、房山区、门头沟区旅游部门结成友好合作单位。投资完成百里峡门区广场、野生动物情趣园、龙门天关、百里峡、百草畔蚂蚁岭索道等工程建设项目。野三坡景区列入首批国家级旅游服务标准化试点项目，获得了首批国土资源科普基地称号，再次荣获全国创建文明风景旅游区工作先进单位。全年接待游客202万人次，比上年增长32.9%；完成门票收入4580万元，比上年增长32.8%；实现旅游总收入5亿元，比上年增长25%，再创历史新高。

至2009年，野三坡地区已成为全县最富裕的地区，景区居民的居住条件和生活水平有了显著提高，农民人均纯收入从1985年的不足70元增加到6000元；核心景区农民人均纯收入高达3万元，带动直接就业1.5万人。景区现有各类宾馆、饭店、农家院700余个，其中星级宾馆6个，旅行社8个，日接待能力3万余人。

第二节　实施开放兴县战略

改革开放初期，涞水农业基础差，工业底子薄，财政收入少，县财政和老百姓日子过得困难，历届县领导的主要任务就是保干部教职工工资，保老百姓吃饭，尤其是山丘区群众。如何把经济搞上去，摘掉贫困帽子，一直是历届县政府思考的主题。中共十一届三中全会以来，县政府及时把工作重心转移到经济建设上来，在开放兴县上做文章，制订并实行一系列政策措施，使涞水的经济结构、基础设施、投资环境、财政状况、人民收入水平得到根本改善。

1993年县政府为加大招商引资的力度，制订《涞水县招商引资优惠政策》《涞水县招商引资奖励办法》。4月，县委向县直各部门部署广泛开展“引进一个项目，一笔资金，一项技术，一个人才”的四个一活动县级领导班子参与经济大合唱，实行“七包”“三联系”制度，为招商引资发展经济注入活力，增强了动力。1996年，围绕县委开放开发战略，实行县级领导分包大项目，县直部门、乡镇主要负责人招商引资责任制，并实行一季一调度，半年一考核。为营造良好的投资环境，县委、县政府规定，各乡镇和县直各部门必须服从县开放委的统一调度，不准对项目审批横加干涉，不容许以任何借口阻碍项目的落实，干扰项目的实施，进一步优化投资环境。2003年、2009年县委县政府为适应新形势，在总结之前招商引资工作的经验和不足的基础上，先后两次修订发布《涞水县招商引资优惠政策》，在扩大开放尤其是促进旅游事业发展方面起到巨大的推动作用。

1993—1997年，全县引进外资1100万美元，建成三资企业22个，内资引进到位6.2亿元，引进项目487个。

1998—2002年，通过不断优化投资环境，完善各项政策，全县引进内资7亿元，利用外资526万元。新上投资2396万元和336万元的超大规格碳电极项目、投资500万元的4个电熔玻璃项目、投资2500万元的益康黑蚊香项目、投资1124万元的粉状乳化炸药项目、投资2500万元的燕山水泥厂项目、投资1297万元的超细粉体项目、投资3000万元的三皇山高尔夫球场项目、投资1.2亿的三皇山鲲鹏轩宾馆项目。

2003—2006年，全县累计引进内资16亿元，实际利用外资394万元；引进项目103个。新上亿元以上项目9个，千万元以上项目60多个。如北雄首钢钢结构加工基地项目，总投资1.8亿元；航天“321”项目完成投资5亿元；“818”项目，总投资30亿元。为利用企业改制闲置资产、资金，县政府制订《玻璃器皿产业发展蓝皮书》，制订引导扶持玻璃器皿企业的政策措施，至2006年年底，全县玻璃器皿企业达到15个，电熔炉17条，从业人员1.2万人，产值达到2亿元。

2007—2009年，新上投资千万元以上项目47个，总投资120.2亿元，新开工项目22个，其中：省重点项目5个、市重点项目12个，总投资91.8亿元，实际完成投资20.8亿元。“818”项目、液压机械、现代农装、一渡温泉新新小镇、世纪旭昊生态农业园、冀东水泥、天鹅湖旅游综合开发、京南鹿港等项目顺利推进。

第三节　推进县城和交通设施现代化

1994—2009年间，县政府把县城和交通等基础设施建设，作为工作重心的重中之重来抓，通过县城和基础设施的建设，改变涞水的对内对外形象；改善居民的生产、生活环境，促进城镇化，推动经济社会繁荣发展。

县城航拍

一、县城和交通建设

1994—1997年间，先后建成涞阳路、开源路、永安大街、东环路、遒城路、泰宁大街、西关商贸大街；对朝阳路、泰安路和涞涿路进行改建；修通了野三坡至三皇山旅游路、吴水路、王义路、庄坛至南高洛路、百草畔旅游路，完成了112国道改建，秋兰至垒子建材路铺油升级，永阳、东文山建材路混凝土路面改造，全县新增油路84千米。1998—2002年，投资5亿元，先后完成对保野路、苟蓬路建设和112国道升级改造，108线紫玉路中修。1998—2002年，投资1400万元对府前街和新市场街道进行了升级改造；2003—2006年，对涞阳路、国道

112线县城段、县城东、西、北环线升级改造；对保野路、京赞路、涞定路、涞涿路等国省道升级改造，投资近亿元。197个村实现“村村通”工程，农村公路总长达到630千米。2008年，对泰安路、文山路进行了升级改造。2009年，涞阳路高速引线建成通车。境内交通状况得到进一步改善。

二、电力

1993—1997年完成南北电力联网，建设义安、水泥厂、野三坡3座35千伏变电站，完成了三皇山10千伏输变电工程，县城高低压线路进行改造，对农村低压线路进行整改，全县新增低压供电线路150多千米，供电量由1992年的7574千瓦时增加到1997年的1.1亿千瓦时。1998—2002年，建成六顺110千伏、水北、城西35千伏电站。2003—2006年，先后投资15000万元，改造农村低压线路和城市电网，新建35千伏安变电站5座，电网运行质量和保障能力全面提高。

三、通讯

1997年全县市话总容量8000门，农话总容量6000门；无线寻呼和无线移动基站建成。1998—2002年，实施固定电话增容和光缆改造，全县固定电话总容量达48000门，总装机42000门，基本实现村村通电话。建成移动通讯基站25个，直放基站11个，覆盖面积进一步扩大。

1993—1997年，投资138.9万元新建电视发射塔和电视转播台，有线电视网络在县城初步形成。1998—2002年，对广播电视和有线电视进行升级改造，有线电视向农村延伸。

四、市场建设

建成了西关综合市场和文化娱乐广场。1998—2002年，投资9000万元开发县城东大街，建商住楼4万平方米，路面硬化和配套管网建设1.3千米。2003—2006年，西关批发市场建成投入使用。2009年，拆迁改造新市场、南壕沟市场中间售货棚，重修路面和给排水、电力、通讯设施，路面人行道加宽并栽植适宜树种点缀绿化，立面广告重新布置，全面提升通行能力和购物环境。

五、居住环境与配套设施

2002年后，政府加快城镇居住环境和配套设施改善力度，至2006年先后建成安居、雅特家园、怡海田园等小区；街心公园、滨河公园、文化广场等公共设施相继建成；城市公交、出租车开通。2008年，城中7个村96个家属院的垃圾清运全部纳入统一管理，县城主要街道实现机械清扫，全天保洁。2009年，城东污水处理厂投入试运营，垃圾处理场开工建设；投资2000万元，占地30亩，建筑面积13250平方米，能同时容纳400人的涞水县民政事业服务中心投入使用。

六、简化审批项目

1998—2002年，县政府积极推进机构改革，内设机构精简20%；积极推进行政审批制度改革，审批项目减少15%，废止县级文件126个。2006年在全县深入开展项目建设年活动，清理行政审批项目226项、行政处罚173项；建立涞水县行政服务中心，131项涉批、涉证、涉费事项，集中到服务中心统一办理。

第四节　实施经济社会发展战略

中共十一届三中全会以后，县政府的工作重心逐步转移到以经济建设为中心上来，在农村贯彻联产承包责任制；推行两田制，发展多种经济；大力发展设施农业，提高经济效益；发展乡镇企业，培育专业户，专业村，努力创造就业，增加农民收入。在企业实行经营承包责任制，改革用工制度和工资制度，调动企业职工生产积极性；通过对国有、集体企业破产、改制、股份合作等体制机制改革，激发企业活力。至2009年，全县农民人均纯收入从1979年的71元增长到3477元，城镇居民人均可支配收入从1991年的1525元增长到9784元，基本进入小康序列。

一、推动农村经济体制改革

涞水县政府认真贯彻落实中央农村经济体制改革精神，努力推进改革的进程，因势利导，使农村经济获得阶段性发展。1979—1984年是普遍推行家庭联产承包责任制阶段。在改造农村微观经济组织结构实现根本性突破，极大调动农民的生产积极性，激发农村经济活力，农业生产快速发展，温饱问题基本得到解决。1985—1991年全面推行和完善双层经营体制阶段。针对农村商品经济发展过程中出现的一些新情况、新问题，总结和推广发展商品经济、搞活流通、提高效益的经验，调整农业结构，鼓励发展二、三产业。期间，乡镇企业迅速发展，有力地推动农业产业结构调整和农村剩余劳动力的转移，农民收入大幅度提高。1992—1998年是深化市场经济体制改革阶段。县政府以贯彻落实中共十四大精神为动力，进一步推进农村改革向社会主义市场经济体制转轨。围绕培育市场主体，健全市场体系，完善市场机制，积极培育区域特色经济，发展规模经营，建立健全农业社会化服务体系，改善政府指挥、调控农业手段，从而使家庭联产承包责任制得到进一步稳定和完善，农业和农村的市场化程度快速提高。1998年以后是大力发展效益农业阶段。政府按照中央作出的农业和农村经济发展进入新阶段的重要判断，大力发展效益农业、推进农业和农村现代化建设向更高层次发展。

1989年后，县政府依照国家政策，逐步加大向“三农”的转移财政支付力度，保护“三农”的基本利益，加大对农业生产的资金、技术投入力度，提高农业劳动生产率，增加农民收入。至2009年，发放粮食直补、良种、农机具、退耕还林等资金3112万元；购买汽车、摩托车下乡补贴478万元。

2001年着手农村税费制度改革工作。取消乡统筹和农村教育集资等专门向农民征收的行政事业性收费和政府性基金、集资；取消屠宰税；取消统一规定的劳动积累工和义务工；调整农业税政策和农业特产税政策；改革了村提留征收使用办法。2006年，取消农业各项税费。

农村改革开放30年，农业农村发生根本性的变化，农民从未解决温饱问题发展到温饱型并逐步走向小康。农民人均收入也有不同的发展变化：1979年农民人均纯收入79元，1985年增加到346元，6年增长4倍多；1995年人均收入达到1200元，10年增加4倍多；2009年人均收入3447元，与1979年相比，农民人均纯收入30年间增长40倍。

二、农、林、畜牧发展提质增效

（一）调整种植结构发展高效农业

1993—1997年，按照县委大力发展“两高一优”农业的指导思想，县政府从深化农村改革、用好用活政策入手，在农村推行两田制、三田制、使家庭承包土地相对集中，促进土地规模经营，对主导产业的规模经营，在政策上给予优惠。采取行政出面组织，个人出资建设，集体搭台、个人唱戏，民办公助，大户主办、小户承包等多种形式，调动农民群众投入高效农业的积极性。抓配套工程。通过打新井，挖蓄水池，修整渠道，引水上山，节水灌溉等措施，对中低产田进行改造，扩大水浇地面积，建设“双千田”。动员金融单位重点支持主导产业，重点投向规模经营。涉农部门帮助做好生产资料供应、产品销售等工作。强化服务。涉农部门技术人员全部到高效农业的重点产业和规模区域搞技术承包，并制订与个人工资、奖金、职称聘任挂钩的奖惩机制。至1997年年底，粮经作物比例由1992年的6∶1调整到3：1，全县高效农田发展到24万亩，其中经济作物面积达到10万亩。高效大棚从无到有发展到1.5万亩。瓜菜面积由1992年的2万亩发展到10万亩。1998—2002年，县政府认真贯彻县第九次党代表大会精神，不断深化农村产业结构调整，高效农业发展到12．5万亩，食用菌1500万棒，瓜菜面积5．9万亩。2009年，全县食用菌种植专业村发展到10个，菌棒存量6500万棒，产值达到1.5亿元。海华腾食品厂、福信牧业、富旺达等农业龙头企业在发展中不断壮大，世纪旭昊生态农业园项目已开工建设。

（二）加强干鲜果品基地建设

1988年，借首都周围绿化工程之机，在洛平乡北洛平村、娄村乡庞家河村建立500亩串枝红杏示范基地（其中北洛平300亩，庞家河200亩）。1994年从大连经济林研究所引进优质薄皮核桃接穗，冬季温室嫁接成功，1995年在东文山乡淮河村示范栽种500亩。1998—2002年，县政府认真贯彻县第九次党代表大会精神，以发展山区的大杏扁，丘陵的串枝红杏、薄皮核桃、鲜食枣、磨盘柿为重点，发展优质果树14万亩，串枝红杏2万亩，以杏扁、薄皮核桃等干果面积达7万亩，酸枣嫁接大枣100万株。国家大杏扁农业标准化示范区项目开始实施。至2009年，建起北洛平、庞家河、北水东、淮河4个特色果品示范村，形成了串枝红杏、薄皮核桃、麻核桃3个特色果品产业基地。全县串枝红杏面积达到2.5万亩，优质薄皮核桃1.5万亩，麻核桃60000株，果品总产量达到39088吨。

（三）发展畜禽促增收

20世纪80年代畜牧业基本上是单家独户，以散养为主，饲料饲草以农作物秸秆、粗粮等加工而成，数量少、规模小、效益低。1995年涞水县畜牧业发展实施“3451”工程，其中“3”指：抓好3个基地建设，即以娄村满族乡及山区五乡镇为重点的绒山羊基地；以王村为重点辐射平原乡镇的肉鸡养殖基地；以石亭镇为主拒马河沿岸的肉鹅养殖基地。因受市场影响，肉鹅养殖发展较缓慢，未形成规模，后来肉鹅养殖基地建设取消。1999年建立以王村乡、涞水镇、石亭镇为重点的獭兔养殖基地；2003年建立以石亭镇、明义乡、永阳镇、王村乡为重点的肉牛养殖基地；2004年建立了以胡家庄乡、娄村满族乡、义安镇、龙门乡为重点的瘦肉型猪养殖基地。通过抓龙头，建基地，抓保护，强服务，畜牧业实现持续、快速、健康发展。至2009年底，全县肉牛存栏1.18万头，出栏1.61万头；奶牛存栏2430头；猪存栏15.2万头，猪出栏22.72万头；羊存栏18.94万只，出栏20.82万只；禽类存栏78.2万只，出栏102万只；兔存栏11.6万只，出栏18.17万只，绒山羊14万只（最多时达到28万只），全县畜牧业总产值5.06亿元，占大农业总产值的40.34%。拥有双卫养殖有限公司、活佛山科技开发有限公司、店上养猪场、现代农庄、新丰牧业有限公司等一批养殖加工龙头企业；现有宫家坟、张翠台、幸福庄、曹皇甫5个瘦肉型猪、肉牛、肉羊、奶牛养殖小区；有规模养殖场（户）500多户。以双卫畜禽养殖有限公司为依托，辐射全县的獭兔养殖基地；以王村乡为主，辐射平原乡镇的肉鸡养殖基地；以义安镇、涞水镇、明义乡、胡家庄乡、王村乡为重点的肉牛养殖基地；以龙门乡、明义乡、胡家庄乡、石亭镇为重点的瘦肉型猪养殖基地已经初具规模。

为保障畜牧业健康发展，县政府及有关部门，坚持抓服务、抓改良品种和畜禽防疫工作，先后建立猪、羊、獭兔种畜场6个；猪、牛、羊人工授精改良站11个，建基层动物检疫分站6个，标准户养殖场12个，推动了畜牧业向大规模、高标准、高效益发展。

三、促进乡镇民营企业发展

县政府深知无农不稳、无工不富的道理，从20世纪80年代初开始，就把发展乡镇企业作为政府工作的重中之重，党委政府齐抓共管，上下联动，县政府设置乡镇企业局，乡镇（社队企业副业办公室），更名为经济联合社（经联社），县委派专人担任经联社主任，主抓乡镇企业的发展。至1990年，全县有乡办集体企业28个，村办企业251个，农村合作经营企业142个，个体私营企业766个、形成了工艺品、果品加工、矿产建材三大主导行业。当时较大规模的乡镇企业有：涞水镇珐琅厂、高村食品厂、高村罐头厂、永阳工艺品厂、东文山工艺品厂、白涧沙石厂、镇厂水泥厂、镇厂铁矿厂等。

随着改革的深入、市场的冲击，乡镇集体企业纷纷倒闭，部分在乡镇企业工作的能人在企业倒闭后，自己办起私营加工厂，尤其是工艺品行业，一个集体企业下马，几个甚至几十个私营企业建立起来。按当时统计口径，乡镇以下统称乡镇企业。进入20世纪，乡镇集体企业大部分下马，改制为民营企业。

20世纪末，涞水较具规模的民营企业主要有：北雄玻璃器皿厂、涞水县工业搪瓷厂、益康制香厂、檀山工艺美术厂等企业。进入21世纪，民营企业迅速发展壮大，规模不断扩大，仅玻璃制品行业，投资1000万元以上的民营企业就新建9家，总数达到14家。到2009年，涞水县民营企业总户数8762个，其中规模以上企业35户；实现营业收入177488万元；上缴税金5630万元；实现利润11651万元；完成增加值58823万元；职工总数37989人；资产总额65782万元。

第三章　综合政务管理

涞水县人民政府重视人大代表、政协委员提案议案办理工作，不断完善办理程序和督办措施，让每一件议案、提案的办理结果，达到提案人满意、承办单位满意，产生社会效益和经济效益。人事、劳动部门，在毕业生分配、军转干部安置、干部考核方面、社会保障和劳动就业方面做了大量工作，保障全县干部队伍的健康发展和劳动力市场的和谐稳定。民政部门通过社会救济、对伤残军人及家属优抚、落实城镇、农村低保政策、维护社会稳定，在地名管理、殡葬管理、婚姻登记、双拥共建方面取得突出成绩，多次受到表彰和奖励。扶贫工作常抓不懈，措施到位，成绩逐年显现，实现全县脱贫指日可待。

第一节　人大议案和政协提案办理

从1983年政协第一届委员会第一次会议开始，至2007年政协第七届委员会第三次会议止，政协委员提出提案883件；自第七届人大代表会议至第十三届人大代表会议，人大代表提出议案547件，县政府依照程序研究落实或统筹办理，基本达到件件有着落，事事有回音。

一、专题研究

历年两会召开后，县政府即专题召开常务会，研究代表议案、委员提案办理工作。要求有关部门领导对办理工作负总责，按照集中交，分口办，限期结的原则，集中时间，集中精力，集中办理。涉及两个以上部门的，由主管副县长进行协调，关系全局或情况复杂，办理难度大的提交会议研究解决。

二、议案、提案交办

在对议案、提案梳理分解后，召开提案议案交办会，确定承办部门，明确办结时间，承办部门按承办制度落实责任分级负责，归口办理。办理期间，召开承办进度调度会，推动办理和落实。

三、征询代表委员意见

承办部门将办理结果书面答复代表委员后，由直接承办人走访或电话征询代表委员是否满意或需修改的意见。承办过程履行登记、交办、拟办、催办、落实、审核、答复、归档各项程序。

四、实行考核目标管理

县政府对承办事项实行跟踪检查制度，制订并实施《承办工作考核评比办法》，由县政府办公室进行目标管理，量化考核，保障质量。

第二节　人事管理

一、管理机构

1979年10月，恢复建立涞水县革命委员会人事局，设局长1人，副局长2人，科员5人。1980年底，计划委员会劳资组与知识青年上山下乡办公室合并，改称劳动局，设局长1人，副局长2人，有干部10人。1983年12月31日，人事局与劳动局合并，改称为劳动人事局，设局长1人，副局长3人，科员13人，内设干部调配股。1993年7月，涞水编制职称改革办公室整体划转到劳动人事局，成立科技干部股，定编3人。1994年底，成立培训就业股。1995年3月，成立劳动监察股。1995年8月，成立涞水县劳动监察大队，与劳动监察股合署办公。1996年6月底，劳动人事局内设办公室、干部股、奖惩股、计调股、工资福利股、安全监察股、劳动争议仲裁股、科干股（职改办）、劳动监察股9个股室，行政编制27人，事业编制1人，机关实有职工33人。下属事业单位4个：社会保险事业管理局、劳动就业服务局、劳动监察大队、失业保险所，事业编制35人。1996年8月机构改革，撤销奖惩股和计调股，业务归干部股和劳动关系与监察股；内设机构调整为：办公室、干部股（同时挂军转办、人才市场的牌子）、科技干部管理股（同时挂职改办的牌子）、工资福利股（老龄委员会办公室合署办公）、劳动关系与劳动监察股、安全监察股（同时挂安全委员会办公室的牌子）、仲裁股（同时挂劳动争议仲裁委员会办公室的牌子）7个股室。局下属事业单位为：社会保险事业管理局、劳动就业服务局、劳动监察大队、失业保险所4个单位。1999年1月，涞水县政务公开办公室，挂靠在劳动人事局。2001年6月，农村养老保险处由县民政局成建制转到劳动人事局。2002年3月，根据《中共涞水县委、涞水县人民政府关于县直机关机构改革实施意见》，县劳动人事局更名为县人事劳动和社会保障局。2009年6月，更名为人力资源和社会保障局；至是年底，机构设置、人员编制未变。

二、干部队伍管理

（一）干部来源

1980年10月—1989年，根据河北省劳动人事厅和保定地委组织部以及行署劳动人事局的文件精神，通过考试从社会上招收干部479人。根据河北省劳动人事厅和保定地区行署劳动人事局的规定，1983—1989年从优秀工人、复退军人、高中毕业的青年学生中，招收聘用制合同干部162人。1979—1989年接收安置军队转业干部300余人。1979—1989年，接受分配大中专毕业的学生1381人，其中大专以上322人，中专以上1059人。

1990—2009年接收安置大中专毕业生1967人。

（二）人员编制

1978年，全县各级机关干部总数2620人，至1989年全县干部总数增加至4095人。1993年干部总数4106人；2000年干部总数7086人，其中公务员1523人；2005年干部总数7063人，其中公务员1401人；

2009年干部总数7014人，其中公务员1305人。

（三）管理权限

1980年，县委规定，县委各部、委、办、室副股长级以上，县革委各委、办、局、行、县社以及各级厂、院、校的党组成员、行政副局级以上的干部，法院副院长、检察院副检察长，公社党委副书记、管委会副主任以上干部，均由县委管理。上述范围外的党政干部，县委责成组织部管理。党内职务和行政职务的任免、调动，由组织部承办。

1983年，根据上级提出的“缩小干部管理范围，下放管理权限”的精神，县委对干部权限作了如下调整：全县正副科级干部、公安局股级干部，均由县委管理（法院院长、检察院检察长除外）。

县委党群系统，县纪委、县人大常委会、县政协、法院、检察院的中层干部和一般干部，各委、办、局纪委书记，厂矿企业（不含经委、县社系统）的专职书记，公社（乡、镇）股级以下的一般干部，均由组织部管理。

政府行政系统，各部委、办、局、股、室、（厂、库、所、站、处、公司、）正副职，教育系统的各校校长，均由政府党组管理，调动任免手续由人事局承办，一般干部由人事局管理。

1984年机构改革，县政府规定：乡卫生院正副院长、乡正副校长、粮站正副主任、企业的正副厂长、公司正副经理，均下放各主管局管理，任免后报县人事局备案。行政事业的科股级干部任免权仍归县政府党组，县人事局备案。行政事业的科股级干部任免权仍归县政府党组，县人事局办理手续。

干部任职，有些需要选举产生的，如县委、县人大常委会、县政府、县政协领导成员、法院院长、检察院检察长和乡镇（公社）正、副乡镇长等，按干部任免审批权限，履行法律程序后再行任免。

1980年人事局成立后，负责大中专毕业生分配及转正定级，接收安置军队转业干部以及办理退职、退休、离休、干部统计年报等项工作。

1994年，涞水县开始推行国家公务员制度，主要以《国家公务员暂行条例》对公务员队伍进行管理。2006年1月1日《中华人民共和国公务员法》出台后，公务员队伍的管理纳入法制化轨道。

干部考核及奖励

从1983年起，每年年底对行政事业单位的全体干部、职工进行总评，对工作成绩优异者分别给予通令嘉奖、提职、提级、授予模范工作者、记功、记大功等6种形式的奖励。

自1994年开始，实行年度考核，考核结果分为优秀、称职、基本称职、不称职四个等次；事业单位工作人员及机关工勤考核结果分为优秀、合格、基本合格、不合格四个等次，优秀比例不超过10%。同时，对考核优秀人员实施奖励，嘉奖比例占85%，三等功以上占15%。

干部统计

干部统计工作，基本上是每年年终进行1次。2005年底前，干部统计表反映的是全县干部情况（凡具有干部身份的，不管在行政还是在企事业单位）；2006年《中华人民共和国公务员法》实施后，统计口径发生变化。2006—2009年全县干部统计表，只统计全县公务员队伍情况。

军转干部安置

1979—1989年涞水县接收安置军转干部9批304人。

1989—2009年，涞水县接收军队转业干部58名，分别安置在机关、事业、企业单位，安置率100%，基本上达到部队、转业干部和用人单位“三满意”。

1979—2009年部分年份军转干部安置统计表

表6-3-2-1

年度	1979	1981	1983	1984	1985	1986	1987	1988	1989
人数	52	85	17	25	41	48	26	7	3
年度	1990	1991	1992	1993	1994	1995	1996	1997	1998
人数	1	3	6	7	1	1	4	3	3
年度	1999	2000	2001	2002	2003	2004	2005	2006	2007
人数	8	3	2	2	1	0	2	3	2
年度	2008	2009	–	–	–	–	–	–	–
人数	2	1	–	–	–	–	–	–	–

公务员培训与监督

1980年，县委党校、县委组织部、县人事局，根据县委、县政府的要求，制订公务员定期培训、考核奖惩制度。县委党校组织公务员培训19期，4200人次；去地委党校和省委党校参加学习培训的135人次。除此之外，县委组织部、县人事局、教育等部门通过成人高考，输送干部进入各类高、中等院校和“五大”学习达162人。

2004年、2006年、2007年对公务员、一般干部进行公务员行政许可法、公务员处分条例、公务员公共管理（MPA）核心课程培训。

人才交流中心

涞水县人才交流中心成立于1984年10月，为涞水县人社局下属全额拨款事业单位，主要职能为：人才交流服务（组织人才交流洽谈、签订人才合同服务、人才公正服务）；流动人才组织和人事关系转借；流动人才档案保管；人才信息服务；人才信息库管理；人才市场培育。至2009年底，人事代理单位8个，代理人员2842人。

科技人才及职称

自1986年以来，开始实行职称改革和专业技术职务聘任制，由县科学技术委员会负责管理。1993年7月科技干部管理职责由科委划归劳动人事局。1997年6月，涞水县人民政府印发了《涞水县专业技术人员管理办法》。规定高、中、初级专业技术人员应履行的岗位职责、考核、奖惩的管理规定。1998年7月县政府批准劳动人事局《关于选拔培养县级跨世纪学术和技术带头人的意见》，规定选拔条件、程序、培养措施和管理办法。根据省、市文件精神，1983—1994年为中级以上技术职称的专业技术人员家属办理农转非，由农村转为城镇户口。1989—2009年，按年度组织对专业技术人员的继续教育培训，历年接受继续教育培训人数占专业技术人员总数的78%以上。

工资福利

1956年4月，取消供给制，实行工资制，全国划分十一类工资区，本县执行三类工资区标准，1980年改行为四类工资区标准。

1984年涞水县干部工资级别一览表

表6-3-2-2

行政级别（或参照）	标准工资		人　数
合计	党员	非党员	3466
14	146.5	147.5	3
15	116.5	117.5	5
16	103.5	104.5	13
17	92.5	93.5	35
18	83	83	102
19	74	74	210
20	66.5	66.5	320
21	59	59	580
22	53	53	540
23	47	47	620
24	41	41	790
25	36	36	188
26	31	31	60

1979年，行政干部实行年终一次奖金60元，每人每月5元。

1985年，依照上级指示精神和本县财政状况，全县行政事业单位的干部职工，平均每人每月奖金9元，实际发8元（财政存留1元）。

为了解决各级人民政府工作人员及其家属生活困难，每年从财政预算中提取一定数额的福利费由县人事部门和各单位分别掌握使用。

适用范围：（1）工作人员家属生活、医疗困难（包括多子女的困难在内）补助，规定一个孩子补助30元，两个孩子补助50元，三个孩子补助80元。（2）工作人员及其家属探亲差旅费补助。（3）本单位托儿所、幼儿园、理发室、浴池的补助。（4）开展业余文体活动及必要的集体福利开支。（5）慰问患病工作人员购买慰问品的开支。（6）工作人员的福利开支和特殊困难补助。

干部退职：1978年6月，国务院发布《关于安置老弱病残干部的暂行办法》，规定老弱病残丧失工作能力又不具备退休的干部，应当退职。退职后，按月发给相当于本月标准工资的40%的生活费。低于20元的，按20元发给，至1986年年底，涞水县按此规定批准的退职干部21人。

干部离休：1982年4月，国务院颁发《关于老干部离职休养制度的规定》。按照新的规定，新中国成立前参加革命工作享受供给制待遇的干部，可以离职休养，工资照发，并按照参加工作的不同革命时期，增发一至二个月工资为生活补助。新中国成立后参加工作的干部退休标准是：工作年限满20年的，按本人工资标准的75%发给；工作年限满15~20年的，按本人标准工资的70%发给；1993年9月30日之前，按国发（1978）104号文件办理退职手续的人员，按每人每月35元增加退职生活费。1993年机关事业单位工资制度改革，涉及7100名干部职工，人均增资95元，增资总数674500元。

1979—2009年部分年度干部情况统计表

表6-3-2-3 单位：人

年度	总数	性别		少数民族	年龄				政治面目			文化程度					行业分布			
		男	女		30岁以下	31~40岁	41~50岁	51岁以上	党员	团员	群众	大专以上	中专	高中	初中	初中以下	行政机关	事业单位	企业单位	中小教师
1979	2692	2076	616	24	–	–	–	–	1191	333	1162	247	–	780	1085	580	425	441	138	1236
1980	2935	2272	663	32	–	–	–	–	1289	360	1286	273	928	266	969	499	458	472	151	1370
1985	3899	3023	876	39	–	–	–	–	1841	294	1764	342	1202	597	1758	–	547	527	151	1586
1990	4185	3130	1055	134	–	–	–	–	2038	424	1723	782	1762	479	–	1144	–	–	–	–
1995	4291	3069	1223	131	1182	1022	1197	890	1952	372	1977	1189	2142	391	508	51	362	470	261	2198
2000	4562	2962	1600	158	1230	1952	1100	280	1802	–	–	1809	2150	448	–	155	1020	1540	–	2800
2005	6022	3051	2971	156	–	–	1721	663	2386	–	–	–	–	–	–	–	–	–	–	–
2009	1057	822	235–	61	335	188	153	148	924	–	–	537	193	–	–	–	1057	–	–	–

注：1.本表以2000年涞水县干部基本情况统计表为基础。

2.由于历年统计口径不一致，有的栏目无法填写，如：年龄、行业分布。

3.民族一栏只填写少数民族数，其余均为汉族。

4.行业分布一栏，由于机构改革，行政、事业、企业相互交叉，统计时划分不够详实。

5.2009年统计数字为国家公务员数字，年龄阶段为30岁以下、31~40岁、41~50岁、51岁以上。

1989年涞水县各级各类专业技术干部基本情况统计表

表6-3-2-4

干部总数	性别		工程技术人员					农畜技术人员							卫生技术人员					会计人员				统计人员				教学人员			
	男	女	合计	其中				合计	其中						合计	其中				合计	其中			合计	其中			合计	其中		
				高级工程师	工程师	助理工程师	技术员		高级农艺师	农艺师	助理农艺师	技术员	畜牧师	助理畜牧师		正副主任医师	主治医师	医(护)师	医(护)士		会计师	助理会计师	会计员		统计师	助理统计师	统计员		自然科学	社会科学	其中妇女
2761	1910	851	139	3	57	60	19	77	3	19	25	7	14	9	254	4	48	178	24	86	18	54	14	38	12	25	1	2017	452	1565	632

注：1.工程技术人员包括工业、林业、交通等工程。

2.教学人员：自然科学指地理、物理、自然教师，社会科学指其他教师。

1988—2009年涞水县科技干部职称情况统计表

表6-3-2-5　　　　单位：人

年份	具备资格人数	其中		
		高级	中级	初级
1988	166	3	67	96
1989	141	4	77	60
1990	205	5	99	101
1991	210	3	102	105
1992	225	5	109	111
1993	266	7	123	136
1994	260	6	97	157
1995	255	7	116	132
1996	348	11	126	211
1997	220	5	111	104
1998	430	7	201	222
1999	266	10	115	141
2000	292	9	132	151
2001	518	4	325	189
2002	595	12	341	242
2003	630	29	199	402
2004	338	28	56	254
2005	323	18	166	139
2006	383	30	303	50
2007	361	16	217	128
2008	234	32	141	61
2009	220	39	118	63

第三节　劳动和社会保障

一、劳动管理

（一）就业安置

1979—1987年，实行计划经济体制，由主管部门按国家计划分配指标招工。1988年，劳动就业不再实行计划招工，根据用工单位需求，以合同制为主录用工人，并按“统筹安排，组织起来，自谋职业”三结合方针，针对全县待业人员增长大于企业发展用工需求的状况，采取国有企业挖掘潜力，集体企业分担困难，自谋职业加以鼓励。劳务输出给予优惠等方法安置待业人员，改变过去单纯由国有、集体所有制企业安置就业的状况，将就业范围扩展到了乡镇企业，私营企业，“三资”企业，个体企业，并通过劳务输出实现就业。当年，全县向津、京、石、保等地9个单位分21批先后安置待业人员1384人，其中有女工261人。

1989年，改变以往等靠的做法，主抓此项工作的人员深入到厂、矿进行摸底调查，先后与白涧硅铁厂、新兴机械厂、磷肥厂、五金厂、县被服厂、挂毯厂等单位联系，安置待业人员46名。1991年，贯彻“三结合”的就业方针，进一步完善城镇待业人员到乡镇企业就业和自谋职业的规定，积极拓宽就业渠道，发展第三产业，安置待业人员77人，先后向87403部队、塘沽液化气处、市政四公司输出待业人员600余人。1993年，在原有职业介绍机构的基础上，发展基层职业介绍网络。全县15个乡镇成立劳动服务站，加强信息联网，以市场为依托，信息为向导，促进就业。1995年，实施《中华人民共和国劳动法》，以“再就业工程”作为劳动工作的重点，就业工作人员深入企业，开展全县性的劳动力供需情况调查。1996年，经县人民政府批准，“劳动就业服务公司”更名为“涞水县劳动就业服务局”。添置电脑、传真、复印机等硬件配套设施，利用就业训练基地，开设电工、烹饪、计算机打字、日语等技能培训。1997年，针对县内国有企业经济效益的下滑，吸纳劳动力的能力大幅下降的趋势，劳动部门开展与北京市的劳务协作。7月被北京市劳动局、河北省劳动厅认定为“北京市劳务合作基地”。1998—2000年，创办劳动服务企业2个，即：“涞水市政建筑工程公司”和“涞水县环京建设工程公司”。2001年，实现劳务输出2620人次，完成计划输出任务2600人的100年7%。 2002年，实现劳务输出4560人次，完成计划输出任务4300人的106%。2003年，实现劳务输出5100人次，完成计划输出任务5000人的102%。2004年，实现劳务输出8060人次，完成计划输出任务8000人的100年75%。2004—2009年,在完成就业再就业各项基本工作期间，每年举办“春季大型劳务洽谈会”，为企业与求职者搭建供需桥梁。2005年，实现劳务输出7100人次，完成计划输出任务7000人的101年4%，当年被省劳动厅授予“河北省农村就业示范县”称号。2006年，在县城周边人口比较集中的村庄及偏远山区新建15个劳务输出工作站，每个站设立站长1名，信息员5~10名。当年实现劳务输出8500人次，完成计划输出任务9000人的94%。2007年，实现劳务输出6500人次，完成计划输出任务6000人的108%。2008年，实现劳务输出9930人次，完成计划输出任务2500人的397年2%。2009年，实现劳务输出4200人，完成计划输出任务2800人的150%。

（二）再就业服务

2003年，成立涞水县再就业办公室，为县劳动局下属机构，事业编制3名。再办通过落实企业社会保险补贴和岗位补贴就业扶持政策，鼓励企业吸纳下岗失业人员再就业；通过加大灵活就业社保补贴扶持力度，鼓励下岗失业人员以非固定单位、临时工、小时工等灵活多样的就业形式就业；通过再就业小额担保贷款，鼓励和扶持下岗失业人员自主创业并带动就业；通过政府投资开发的公益性岗位，优先安排大龄下岗失业人员就业，至2009年年底，有5733名下岗职工实现再就业。

（三）就业前培训

1988年，涞水县的职工培训工作基本上是由各系统负责组织，本单位具体操作。根据各行业特点和工作需要，开展以师傅带徒弟的学徒工制和流水线岗位制等形式进行培训。

1989年，县劳动人事局批准劳动服务公司成立涞水县就业训练中心。负责全县待业青年，富余职工的上岗，转岗就业职能培训工作，从此，涞水县的培训工作开始走上正规化、程序化的轨道。

1990—1996年，为把就业前培训工作同涞水县的经济建设和发展需要，同改革劳动制度结合起来，坚持面向社会，面向企业，面向生产，促使就业前培训工作不断深入，定期走访用工单位。以搞好人才需求预测，增加培训的针对性，逐渐形成一个多形式，多层次，各方办学，职前职后相衔接的培训体系。1996年，涞水县就业训练中心被河北省劳动厅评为“合格就业训练中心”。

1997年，涞水县新落成的劳动大楼装饰3个50多平米的多功能培训教室，就业训练中心的硬件设施得以改善，开始根据用人单位的需求开展职业指导待业人员、企业富余职工、职业道德以及会计、文秘、电脑、烹饪、日语、餐厅服务员、家电维修、电工、焊工各类培训。至2003年，各类培训班开设30余班次，参训人员2500余人次。2000年，就业训练工作被河北省劳动和社会保障厅评为“合格单位”。2003年，被河北省劳动和社会保障厅授予“2002年度就业训练工作先进单位”。

2004年，以“定向”“订单”培训为工作重点，同北京首建集团公司、北京炼焦化学厂、北京市政总公司建立合作关系，被北京首建集团确立为培训劳务基地。是年，为北京首建集团“订单”培训电焊工138人，冷板金工35人，叉车工35人；为北京炼焦化学厂“订单”培训高压电工36人；为北京市政总公司“定向”培训建筑工200人。当年底，被河北省劳动和社会保障厅评为“劳动力市场建设先进单位”。

2005年，实施“阳光工程”，紧紧围绕“以培训促就业，加大农村富余劳动力向非农产业转移就业的速度和质量”的工作目标，以引导性培训提高劳动者基本素质，增强劳动者就业适应能力和就业后稳定率，在全县90%以上的乡镇开展以劳动法规、就业形势、安全生产、劳动保护以及城市生活常识为主要内容的农村劳动力引导性培训，培训5506人。同时，以“订单、定向”的职业技能培训为重点，促进农村劳动力转移就业。为天津津亚电子有限公司、天津柴田公司、北京炼焦化学厂等用人单位培训电子、机电、电工、电焊等各类技能人员284人；为县市政建筑工程公司、环京建设有限责任公司等进京企业培训钢筋、水暖、瓦工、木工等各类技术人员319人。开办计算机初级培训班，培训下岗失业人员25名。开展下岗职工再就业培训，转变观念，激发他们的自主创业热情，尽快实现再就业，举办培训班三期，培训人员204人。举办下岗失业人员创业培训班，帮助他们解决在创办企业过程中遇到的难题，提供劳动用工、法律法规、职业道德、开业指导等项服务，全年举办创业培训班4期，培训63人，并全部成功创业。是年，被河北省劳动和社会保障厅评为“河北省农村就业示范县”；被河北省阳光工程办公室评为“河北省农村劳动力转移培训阳光工程品牌培训基地”；被保定市劳动和社会保障局评为“优质服务窗口”。

2006年，被河北省人民政府评为“劳务输出工作先进集体”。

（四）职业技能鉴定

2001年涞水县职业技能鉴定所成立，隶属涞水县人事劳动和社会保障局管理。主要负责县域内劳动力的职业技能鉴定工作，负责发放国家职业资格证书。鉴定所所长由涞水县人事劳动和社会保障局副局长兼任，管理人员4人，财务人员2人，工作人员9人，专兼职教师26名。职业技能鉴定许可证规定的鉴定范围是餐饮服务、客房服务、维修电工、电焊工、家用电器维修五个工种，鉴定等级为初级。

2009年，涞水县职业技能鉴定所通过复审验收，重新核发职业技能鉴定许可证。鉴定范围增加到餐饮服务、客房服务、维修电工、电焊工、家用电器维修工、汽车维修工、钢筋工、计算机操作员8个工种，鉴定等级为初级。2009年鉴定各类工种455人，核发职业资格证书455个。职业技能鉴定工作被保定市劳动和社会保障局评定为“进步奖”。

（五）劳动仲裁

1986年恢复劳动仲裁，仲裁工作有了较大的发展。1989年劳动部下发《关于加强劳动仲裁工作的通知》（劳力字〔1989〕19号），劳动仲裁工作进一步规范化。涞水县劳动仲裁工作，1995年后逐步规范，结案率稳中有升，达到上级要求。

1995—2009年涞水县劳动仲裁情况一览表

表6-3-3-1

年份	受理案件数（件）	其中				结案率（%）
		调解	裁决	撤诉	不予受理	
1995	6	1	4	1	–	100
1996	8	1	7	–	–	100
1997	2	–	2	–	–	100
1998	4	–	4	–	–	100
1999	10	–	10	–	–	100
2000	6	1	5	–	–	100
2001	5	–	5	–	–	100
2002	7	–	7	–	–	100
2003	9	–	9	–	–	100
2004	13	–	13	–	–	100
2005	8	–	7	–	1	100
2006	14	2	12	–	–	100
2007	29	26	1	2	–	100
2008	34	15	4	2	13	100
2009	17	5	4	4	4	100

二、社会保障

（一）养老保险

1.企业基本养老保险

1992年1月，建立全省离退休养老保险基金制度，对国有企业离退休养老保险金实行全省统筹。

1993年5月，涞水县人民政府下发《认真落实省政府〈关于企业职工养老保险制度改革有关问题的实施意见〉的通知》（涞政〔1993〕17号），同年6月，县属集体企业、企业化管理的事业单位纳入基本养老保险县级统筹。

1995年1月，《中华人民共和国劳动法》颁布实施。同年5月，涞水县人民政府下发《关于加强职工养老保险和保险金收缴工作的实施意见》（涞政〔1995〕12号），基本养老保险覆盖面范围由国有企业扩大到企业化管理事业单位、自收自支事业单位、集体企业、中外合资企业、乡镇企业、私营企业、个体工商户等。

1996年5月，贯彻执行《河北省企业职工养老保险制度改革实施方案》及《〈河北省企业职工养老保险制度改革实施方案〉实施细则》，自1996年1月1日起，建立企业职工基本养老保险个人账户，统一规定个人账户记载、计息、转移、支付等标准。企业职工养老金计算实行“老人”老办法、“新人”新办法、“中人”中办法制度，即企业养老金计算办法逐步过渡，按缴纳养老保险年限和基数计算。

1998年1月，河北省统一企业职工基本养老保险制度，颁布实施《河北省统一企业职工基本养老保险制度实施办法》和《〈河北省统一企业职工基本养老保险制度实施办法〉实施细则》。明确将城镇外商投资企业、港澳台投资企业、联营企业、股份制企业、股份合作制企业、私营企业和个体劳动者养老保险金全部纳入省级统筹范围，

1999年1月起，将集体企业全部纳入省级统筹范围。1998年6月，河北省人民政府下发《关于进一步加快企业职工养老保险制度改革确保离退休人员基本生活的通知》（冀政〔1998〕33号），进一步明确要扩大养老保险覆盖范围，强化基金征缴，确保离退休人员养老金按时足额发放。根据通知精神，中共涞水县委、涞水县人民政府下发《关于加强职工养老保险基金收缴和确保离退休人员基本生活的通知》（涞字〔1998〕67号），自1998年起把缴纳养老保险工作列入各乡镇政府、企业主管部门和机关事业单位考核目标，作为年终考核的重要内容。1999年1月，国务院颁布实施《社会保险费征缴暂行条例》。3月，劳动部颁布实施《社会保险登记管理暂行办法》《社会保险费申报缴纳暂行办法》和《社会保险费监督检查办法》。

2002年3月，贯彻执行《河北省社会保险费征缴办法》（河北省政府第25号令），企业基本养老保险费由地方税务机构征收，社会保险经办机构具体负责社会保险登记、缴费申报、缴费基数核定和稽核工作。

2003年2月，劳动和社会保障部第16号令颁布，自2003年4月1日起，实施《社会保障稽核办法》。2003年6月，中共中央办公厅、国务院办公厅转发《劳动和社会保障部等部门〈关于积极推进企业退休人员社会化管理服务工作的意见〉》（中办发〔2003〕16号）。涞水县自2004年1月起，企业退休人员实行社会化管理。

涞水县自1986年10月起实施企业职工养老保险，历年参保人数、基金收入、离退休人数、支付金额等情况见下表：

1988—2009年涞水县企业职工养老保险收支统计表

表6-3-3-2

年份	参保人数（人）	基金收入（万元）	离退休（职）人数（人）	支付总额（万元）	离退休、退职职工提高待遇情况	
					文件依据	人均月增资（元）
1988	992	12.84	321	28.7	-	-
1989	2557	25.2	376	40	-	-
1990	5392	35	652	81.7	-	-
1991	6682	57	937	152.3	-	-
1992	4625	450.74	1630	306.47	-	-
1993	8015	282.12	1716	298.03	-	-
1994	8412	385.3	1330	488.8	-	-
1995	7316	477.3	1625	642.4	-	-
1996	7392	517.3	1692	711.7	-	-
1997	8859	615.6	1842	898.3	-	-
1998	8256	611.5	2023	930	-	-
1999	4915	393	2203	1092	-	-

续表

年份	参保人数（人）	基金收入（万元）	离退休（职）人数（人）	支付总额（万元）	离退休、退职职工提高待遇情况	
					文件依据	人均月增资（元）
2000	4923	537.7	2343	1097	–	–
2001	5173	550.5	2343	1152	–	–
2002	5107	554	2409	1337.6	冀劳社〔2002〕25号 冀劳社〔2002〕82号	53
2003	5314	561.9	2521	1434.3	–	–
2004	6026	718.9	2664	1566.9	冀劳社〔2004〕89号	46
2005	6126	1076	2966	2068.3	冀劳社〔2006〕37号	65
2006	6769	1365.5	3137	2460.2	冀劳社〔2006〕37号	100
2007	7461	3823.1	3535	3084.7	冀劳社〔2007〕48号	130
2008	8439	3445	3802	4606.5	冀劳社〔2008〕9号	140
2009	9490	2522.7	3996	5556.9	冀劳社〔2009〕3号	149

2.机关事业单位职工基本养老保险

1986年10月，根据《河北省人民政府关于发布贯彻执行国务院改革劳动制度四个暂行规定实施细则的通知》（冀政〔1986〕148号），涞水县行政机关、事业单位劳动合同制工人参加基本养老保险。

1995年1月，《中华人民共和国劳动法》颁布实施。5月，涞水县人民政府下发《关于加强职工养老保险和保险金收缴工作的实施意见》（涞政〔1995〕12号），基本养老保险覆盖面范围扩大到差额拨款、自收自支事业单位和企业化管理事业单位全部职工，与企业基本养老保险统一管理。

2001年3月，为加强和规范机关事业单位基本养老保险制度，根据《河北省劳动和社会保障厅关于印发〈河北省机关事业单位养老保险个人账户管理暂行办法〉的通知》（冀劳社办〔2000〕127号）精神，涞水县人民政府批转下发《涞水县劳动人事局关于机关事业单位工作人员基本养老保险暂行办法的通知》(〔2001〕涞政28号），至此，机关事业单位基本养老保险制度独立化、规范化。

2002年1月，企业基本养老保险基金与机关事业单位基本养老保险基金分账管理。2002年9月，河北省劳动和社会保障厅、河北省人事厅下发《关于完善和规范机关事业单位养老保险制度改革试点工作的通知》（冀劳社〔2002〕47号），进一步完善机关事业单位养老保险制度。

2003年3月，河北省劳动和社会保障厅、河北省人事厅和河北省财政厅印发《河北省机关事业单位聘用人员基本养老保险暂行办法》（冀劳社〔2003〕42号），将机关事业单位聘用人员纳入基本养老保险统筹范围。

涞水县机关事业单位职工养老保险，自2000年开始实施，历年参保人数、基金收入、离退休职工人数、支付金额等情况见下表：

2000—2009年涞水县机关事业单位职工养老保险收支统计表

表6-3-3-3

年份	参保人数（人）	基金收入（万元）	离退休（职）人数（人）	支付总额（万元）	离退休、退职职工提高待遇情况	
					文件依据	人均月增资（元）
2000	607	52.8	127	72	-	-
2001	607	83.1	127	73.2	-	-
2002	977	289.6	238	240	-	-
2003	1040	307.4	278	284.4	-	-
2004	1212	402.5	425	383.4	-	-
2005	1350	607.1	513	570.9	-	-
2006	1525	635.1	561	711.5	冀政〔2006〕88号	180
2007	1588	890.9	560	987.2	-	-
2008	6973	1092.9	594	867.9	-	-
2009	7086	3496.2	635	985	-	-

（二）工伤保险

1996年7月1日，涞水县启动工伤保险。涞水县人民政府办公室转发《保定市企业职工工伤保险暂行办法》（涞政办〔1996〕3号）。

2004年1月1日起，实施《工伤保险条例》（国务院令第375号）《工伤认定办法》（劳动和社会保障部令第17号）《因工死亡职工供养亲属范围规定》（劳动和社会保障部令第18号）《非法用工单位伤亡人员一次性赔偿办法》（劳动和社会保障部令第19号）。

2005年1月1日起，实施《河北省工伤保险实施办法》（河北省人民政府令第7号）。

1.工伤保险统筹范围：本县行政区域内各类企业，有雇工的个体工商户。

2.基金管理：工伤保险基金实行市级统筹，按照“以支定收、略有储备、企业缴纳”的原则征集。按各行业伤亡事故风险和职业病危害程度，确定企业缴纳工伤保险费的标准。具体为用人单位以本单位全部职工上月的工资总额为基数，申报缴纳工伤保险费。难以确认工资总额的用人单位，按照上年度本地区职工月平均工资总额为基数，申报缴纳工伤保险费。费率为0年3%至1年2%，2004年7月起提高至0年5%至2%。

3.工伤待遇支付：用人单位职工发生事故伤亡后，经劳动行政部门认定为工伤（亡），由社会保险经办机构负责支付：①工伤医疗费；②一级至四级工伤人员伤残津贴；③一次性伤残补助金；④生活护理费；⑤丧葬补助金；⑥供养亲属抚恤金；⑦一次性工亡补助金；⑧辅助器具费；⑨工伤康复费；⑩工伤认定调查费。

涞水县工伤保险费，从1996—2003年坚持与养老保险、女职工生育保险统一征缴。随着涞水县建筑、矿山行业逐步兴起，工伤保险也逐渐受到用人单位的重视，对于高风险用人单位，采取以全省上年度在职职工平均工资的2%征缴工伤保险费。2004年1月1日，《工伤保险条例》实施后，工伤保险制度逐步规范健全，涞水县加强工伤保险征缴力度，全县参加工伤保险的用人单位达到105个，参保职工达到8135人，1996年1月至2005年12月累计征缴124.13万元，累计支出97.61万元，累计结余26.62万元。2名四级以上工伤职工，享受工残退休金；供养3名工亡职工的5名直系亲属抚恤金；享受工伤保险待遇的职工达121名。

涞水县企业单位职工工伤保险，自1996年开始实施；事业单位工伤保险自2007年开始实施。

1996—2009年涞水县企业单位职工工伤保险参保、收入统计表

表6-3-3-4

年份	企业工伤			企业工伤		
	参保单位	参保人数（人）	基金收入（万元）	参保单位	参保人数（人）	基金收入（万元）
1996	100	5669	12.3	–	–	–
1997	144	6635	48.8	–	–	–
1998	148	8256	13.3	–	–	–
1999	148	4915	0.4	–	–	–
2000	170	4923	3.2	–	–	–
2001	146	5173	2.7	–	–	–
2002	145	4881	2.9	–	–	–
2003	147	5314	0.4	–	–	–
2004	20	2423	8.6	–	–	–
2005	25	2501	13.7	–	–	–
2006	44	3680	44.4	–	–	–
2007	60	4900	48.1	8	765	6.3
2008	50	4792	178.5	10	1105	9.6
2009	46	5685	110.8	10	1105	8.3

（三）失业保险

河北省人民政府令第106号关于《河北省企业职工失业保险办法》，于1994年7月5日发布施行。

涞水县根据省政府〔1994〕第106号令文件精神，对失业保险做出以下规定：1.凡涞水县行政区域内的国有企业、集体企业、私营企业职工和外商投资企业的中方职工，以及实行企业化管理的事业单位职工；行政机关、事业组织、社会团体中的合同制工人，全部纳入到失业保险范围。2.失业保险实行国家、企业、职工个人三方负担的原则。单位按照全部职工工资总额的1%缴纳，职工个人每人每月缴纳2元，由单位在发放工资时代扣缴。缴费有困难的特困职工，由企业报经县失业保险所批准，可以减缴或免缴。县政府每年拿出当年财政收入的1年5%作为失业准备金，列入财政预算，用于失业保险基金的补贴。3.依法享受失业保险待遇的人员：（1）依法宣告破产企业的职工；（2）濒临破产的企业在法定整顿期间被精减的职工；（3）经市政府、地区行署或授权机关批准被撤销、解散企业的职工；（4）经市政府、地区行署或授权机关批准停产整顿企业被精减的职工；（5）终止或者解除劳动合同的职工；（6）企业辞退、除名或者开除的职工；（7）依照法律、法规规定或者经市政府、地区行署规定能够享受失业保险的其他职工。

失业保险基金的组成：1.企业（或单位）缴纳的失业保险费；2.失业保险费的滞纳金；3.基金的增值收入；4.银行存款的利息；5.财政补贴；6.法律、法规规定的其他收入。

涞水县根据河北省劳动厅文件冀劳〔1998〕71号《关于调整失业保险缴费比例和失业救济标准等有关问题的通知》精神自1998年7月1日起调整缴费比例。1998年征缴失业保险费25万元，发放15万元。

1999年1月《失业保险条例》发布实施后，根据《关于转发河北省劳动和社会保障厅、财政厅〈关于事业单位缴纳失业保险费有关事项的通知〉》规定：1.单位缴纳保险费的标准为本单位全部职工工资总额的2%，职工个人为本人工资总额的1%。2.自收自支和财政差额拨款的事业单位及其职工必须从1999年1月日起缴纳，个人缴纳部分从1999年起由单位代扣代缴。农民合同制工人不缴纳失业保险费。3.文件规定，涞水县事业单位及其职工一律从2000年1月1日起纳入失业保障范围，按规定申报并足额缴纳失业保险费。1999年12月31日以前事业单位职工连续视为缴费年限。1999年收缴失业保险费41万元，当年发放6万元。

涞水县根据保失险字〔2001〕8号《关于调整登记失业人员领取失业保险金标准的补充通知》规定，从2000年9月起，对所有失业人员，一律按调整后的新标准发放。发放标准为：158元（含医疗补助金）。

涞水县根据河北省劳动和社会保障厅《关于调整失业人员失业保险金标准的通知》冀劳社〔2002〕12号规定，自2002年3月1日起，涞水县失业保险调整后的标准为：234元、224元和207元（均含医疗补助）。

2004年7月，河北省劳动和社会保障厅、省财政厅联合下发《关于调整失业人员失业保险待遇标准的通知》，失业人员所在地区及累计缴费时间等因素决定失业保险金领取标准的高低。执行1档的地区，失业保险金最低标准每月348元，最高标准每月435元；执行2档的地区失业保险金最低标准每月324元，最高标准每月405元；执行3档的地区失业保险金最低标准每月288元，最高标准每月360元；执行4档的地区失业保险金最低标准每月264元，最高标准每月330元。涞水县调整后的标准为：298元、281元和263元（均含医疗补助）。

1994—2009年职工失业保险参保、征收、支出情况统计表

表6-3-3-5

年份＼项目 金额	参保人数（人）	征收失业保险金（元）	救济金支出（元）	享受失业救济人数（人）
1994	5236	88297.96	-	-
1995	-	126416	37005	21
1996	-	132519	20400	-
1997	-	170327	21913	150
1998	-	246692	150940	-
1999	2690	411973	-	-
2000	4067	481190.2	790	3
2001	3127	340259	67058	68
2002	2593	863102.68	436138	145

续表

年份 \ 项目 金额	参保人数（人）	征收失业保险金（元）	救济金支出（元）	享受失业救济人数（人）
2003	2598	399732.67	611559	33
2004	2092	965568.11	657851	510
2005	2296	802381.01	1520500	372
2006	1958	1081739.38	1571760	887
2007	2119	1466590.09	1049532	210
2008	2057	1743802.53	688577	410
2009	1645	1166109.47	1106253	274

（四）医疗保险

1.机关事业单位医疗保险

1979年以前，国家干部职工实行公费医疗制度。1980年以后，享受公费医疗的人员逐年增加，医疗经费连续几年超支。1983年，县政府对公费医疗报销作了新的规定，对中华人民共和国成立前参加工作的国家干部和二等乙以上残疾军人，离退休人员执行实报实销，对中华人民共和国成立后参加工作的一般干部实行医疗费用包干，每人每年36元，超支部分报销70%；对病重住院的仍实行实报实销。1985年，进行就医制度改革，实行定点就医，即干部有病需到指定的医院或卫生所就诊，否则不予报销。1994年，在继续实行定点医院就医的基础上，将离休干部医药费报销由卫生局转至县老干部局负责，离休干部就医费用先自行垫付，再交由老干部局实报实销。1998年12月，国务院制订《关于建立城镇职工基本医疗保险制度的决定》，以“低水平，广覆盖，双方负担，统账结合”为原则的城镇职工基本医疗保险制度确立。涞水县于2000年正式实施医疗保险制度改革，除离休干部原医药报销渠道不变以外，将在职及退休人员全部纳入城镇职工医疗保险范畴。

2.城镇职工基本医疗保险

2000年涞水县制订《涞水县城镇职工基本医疗保险实施方案（试行）》（涞政〔2000〕36号）规定城镇职工基本医疗保险工作于2001年12月正式启动。城镇职工按照个人缴纳工资总额2%，单位缴纳工资总额4%的比例征缴，个人缴纳部分存入个人账号。当年参保职工1285人，征缴基金3.91万元；从2002年开始，实行大病住院医药费按比例报销和报销最高限额制度，报销起付线800元，报销最高限额3.2万元，起付线以上梯次报销，起付线至5000元报销55%、5000~10000元报销60%、10000元以上报销65%、外转住院报销比例降低6%、退休人员报销比例增加3%。2007年，报销起付线降至500元，报销最高限额4.5万元，起付线以上梯次报销，起付线至5000元报销65%、5000~10000元报销70%、10000元以上报销75%、外转住院报销比例、退休人员报销比例不变。截至2009年，全县参保职工15725人，累计征缴基金5146.95万元，累计支出3009.10万元，累计结余基金2137.85万元。

2001—2009年涞水县城镇职工医疗保险收支情况表

表6-3-3-6

<table>
<tr><th>年度</th><th>参保人数（人）</th><th>缴费比例</th><th>征缴（万元）</th><th>支出（万元）</th><th>累计结余（万元）</th><th>起付线（元/次）</th><th>起付线以上报销比例</th><th>报销最高限额（元/年）</th></tr>
<tr><td>2001</td><td>1285</td><td>单位4%，个人2%</td><td>3.91</td><td>0</td><td>3.91</td><td rowspan="3">800</td><td rowspan="8">起付线以上至5000元报销55%，5000元至1万元报销60%，1万元以上报销65%。外转住院报销比例降低6%，退休人员报销比例增加3%</td><td rowspan="7">医疗消费至3.2万元</td></tr>
<tr><td>2002</td><td>4141</td><td>单位4%，个人2%</td><td>75.33</td><td>18.59</td><td>60.65</td></tr>
<tr><td>2003</td><td>4006</td><td>单位4%，个人2%</td><td>107.11</td><td>39.44</td><td>128.32</td></tr>
<tr><td>2004</td><td>4115</td><td>单位4%，个人2%</td><td>132</td><td>63</td><td>197.31</td><td rowspan="6">500</td></tr>
<tr><td>2005</td><td>10000</td><td>单位4%，个人2%</td><td>325.68</td><td>139.22</td><td>383.77</td></tr>
<tr><td>2006</td><td>10500</td><td>单位4%，个人2%</td><td>650.61</td><td>463.64</td><td>570.74</td></tr>
<tr><td>2007</td><td>13200</td><td>单位4%，个人2%</td><td>757.16</td><td>592.49</td><td>735.41</td></tr>
<tr><td>2008</td><td>13540</td><td>单位4%，个人2%</td><td>990.17</td><td>730.24</td><td>995.34</td><td rowspan="2">医疗消费至4.5万元</td></tr>
<tr><td>2009</td><td>15725</td><td>单位4%，个人2%</td><td>2104.98</td><td>962.48</td><td>2137.84</td><td>起付线以上至5000元报销65%，5000元至1万元报销70%，1万元以上报销75%。外转住院报销比例降低6%，退休人员报销比例增加3%</td></tr>
</table>

三、劳动监察

1996年3月，涞水县人事劳动局成立专门从事劳动监察的执法机构——劳动监察股，当时仅有2名监察员。1999年3月，经县编制机构批准，正式成立劳动监察大队。在3个多月的时间内，先后完成180个用人单位的劳动用工年审，监察餐饮、洗浴保健、美容美发行业用人单位72个，责令其与劳动者订立了劳动合同，清退非法使用的童工，并与公安、工商部门一道，关闭、取缔拒绝整改的非法用人单位3个。

2002年，随着《河北省劳动保障监察条例》的颁布实施，进一步充实劳动监察队伍，实现了劳动保障监察机构建设的跨跃式发展。代表县政府起草了《关于加快涞水县机关事业单位用工制度改革、建立财政开支人员社会保险制度的意见》和《关于扩大社会保障覆盖面，开展非公有制企业和个体经济组织社会保障工作的若干意见》。进一步规范企业的招用工行为；加强对用人单位劳动合同订立与履行情况的专项监察，全力推进就业失业登记制度，使职工队伍相对稳定，促进县域经济的持续发展。当年，监察用人单位284个，查出拖欠工资两个月以上的用人单位32个，为打工者追讨工资32万多元。

2005年3月，监察大队印发《中华人民共和国劳动法》中关于对未成年人的特殊保护规定和《禁止使用童工规定》彩色宣传纸3万余张，在电视台播放宣传公益广告近百条，并专门为深化企业用工行为制订《劳动保障管理规定》（即用人单位劳动保障明白书），印发300余份下发到各类企业。全年检查用人单位284个，8000多名劳动者的合法权益得到保护。2006年被共青团保定市委评为“青年文明号”。

2008年是奥运年，涞水县近邻北京，安保和稳控任务艰巨。期间，劳动监察大队一手抓安保，一手抓稳控，出色完成任务。全年处理拖欠工资35起，涉及劳动者561人，解决拖欠工资243.58万元，维护了社会稳定。

第四节 民 政

一、拥军抚恤

（一）拥军

1979年后，每逢元旦、春节和八一建军节，县委、县政府向各区、乡、镇，县直机关单位发出通知，对拥军优属工作作出部署，县党、政主要领导分组，带领县直40多个单位和部门，分头慰问当地驻军、武装部、光荣院、军烈属及重点优抚对象，送去慰问金、慰问品等；部队所在乡、镇，组织周围村“两委”干部、村民与部队官兵召开联欢会、座谈会，放映电影等。1985年，副县长带领民政部门人员，赴杭州83013部队慰问从云南前线归来的荣立二等功的涞水籍战士。1987年8月31日，涞水县召开涞水籍立功人员庆功表彰大会，参战的142名涞水籍战士42人火线入党，36人被所在军、师、团树为“优秀老山战士”和“战地模范党员”，7人荣立一等功、19人荣立二等功，36人荣立三等功。县委、县政府领导向立功人员家属颁发奖金、奖品和立功喜报。

慰问朱日和参演部队

2006年，县民政局专程去内蒙古朱日河野外训练场，慰问参加集训的66382部队官兵。

2008年，县民政局、财政局和农业局组成慰问团，驱车800余千米，代表县委、县政府慰问在内蒙古朱日河进行野外训练的66382部队官兵，送去慰问金2万元。

1988年，民政部、解放军总政治部授予涞水县“拥军爱民先进县”称号；

1995年、2005年、2009年河北省委、省人民政府、省军区授予涞水县“双拥模范县”称号。

（二）抚恤

1981年普查，全县有革命烈士1206人。1989年，全县享受抚恤的革命烈士家属972人，牺牲病故的现役军人及革命工作人员461人，年发放抚恤金18.5万元。2007年，一至六级残疾军人参加城镇职工医疗保险；2009年，优抚对象全部参加新农村合作医疗，参合费用全部由政府承担。

二、复员退伍安置

自1982年，复员退伍军人安置向扶植发展生产，发挥退伍军人特长，为其优先提供贷款，优先给予物资供应，乡镇企业优先招录方面展开。1983—1984年，为退伍军人提供贷款30余万元，化肥5.4万斤。至1989年，全县6141名复员军人中，担任村干部的有382人，被党政机关、企事业单位录用的有289人，从事运输业的110人，加工业的有134人，养殖业的有86人，建筑业的有289人，开个体诊所的38人。

1990年以来，安置工作逐渐步入制度化、科学化、规范化轨道。把以兵为本、为兵服务作为新时期安置工作的出发点和立足点，制订一系列培训政策，优惠政策。据统计，1990—2009年，全县接收

1991—2008年涞水县困难救济情况统计表

表6-3-4-1

年 份	救济人次（人）	40%救济人数	年 份	救济人次（人）	40%救济人数
1991	188	132	2002	98	-
1994	1500	-	2003	320	-
1995	1700	132	2004	490	-
1996	1500	-	2005	343	-
1997	52	90	2006	262	-
2000	65	-	2008	92（农村）	74
2001	77	134	-	-	-

3776名退役军人。其中农村退役士兵2843人，城镇退役士兵682人，转业士官251人，在城镇安置的933人，回农村安置2843人。回农村安置的退役士兵，凭借着军人的优秀品质和过硬的综合素质，成为家乡致富的领头人、排头兵，其中担任村“两委”干部的有150余人。

2003年4月1日《涞水县城镇退役士兵自谋职业实施细则》颁布后，全县有55名城镇退役士兵办理自谋职业，自谋职业率达50%，达到市民政局规定的比例，较好完成上级交付的任务。为了大力倡导自谋职业，推进安置改革，县安置办公室开启自谋职业社区宣传窗口。

三、救灾救济

（一）困难救济

1.临时救助：根据民政部《关于进一步建立健全临时救助制度的通知》，按照临时救助非定期、非定量特征，针对困难家庭的特殊情况实施救助。

2.40%救济（指60年代精简、退职工人，领取40%的退职老职工）：1987年6月26日，民政部办公厅下发《关于继续做好六十年代初精减退职老职工救济工作的通知》。按照文件精神，涞水县对全部精减退职老职工开展救济工作。

（二）灾后救济

涞水属于风、雹、干旱等自然灾害频发的地域。1979—2009年，成立涞水县减灾委员会，同时制订县、乡、村三级自然灾害救助应急预案，实施了自然灾害四级应急响应制度，大幅提高救灾标准，严格规范救灾工作程序，救灾工作分级负责、救灾经费分级负担、政府主导和社会参与相结合、减灾备灾和应急响应相配套、受灾群众救助和恢复重建相衔接的自然灾害救援体系基本建立，应对重大自然灾害的速度、能力和效率明显提升，成功应对多次各类自然灾害的侵袭，有效保障受灾群众的基本生活，切实维护灾区的社会稳定。

1990—2009年救灾粮、款发放情况统计表

表6-3-4-2

年 度	救灾款（万元）	救灾粮（万斤）	年 度	救灾款（万元）	救灾粮（万斤）
1990	4.96	–	2000	99.75	81.8
1991	19.5	–	2001	102	50
1992	5.1	–	2002	70	56
1993	63	–	2003	102.2	15
1994	51.8	–	2004	107.1	–
1995	42.3	–	2005	131	36
1996	51.6	–	2006	128	12
1997	136	85	2007	167	19.2
1998	129	–	2008	230	30
1999	129	–	2009	178	14.8

（三）1995、1996年两次重大自然灾害简介

1995年7月29日下午，赵各庄镇蓬头村遭受百年罕见的特大泥石流灾害。该村872户，2672人，成灾430户，1505人。耕地面积2100亩，受灾面积1500余亩，成灾面积940亩，其中绝收的806亩，减产5~8成的74亩，减产3~5成的60亩；冲走房屋88间，倒塌156间，损坏718间；冲毁成树5000棵，幼树20000余棵，用材树6000棵；冲走、死亡羊75只、猪46口、家禽1500余只；冲走、水浸粮食97500千克；冲走各类衣物10000余件；冲毁家电91件，各种家具420件，三马车1辆，自行车12辆，水泵、电机3台；冲毁乡间公路17千米，围墙14800米；淹没机井、饮水井8眼，输水管12000米；毁坏变压器1台，电线杆16根，铝线4200米，电表50块，入户线10000余米。

灾情发生后，县委、县政府主要领导带领民政、电力、水利、交通、卫生、畜牧、农业等部门，成立救灾指挥部，组建多个工作组，深入受灾户和受灾区域，实地查看、统计受灾情况，并迅速开展了以解决灾民吃、穿、治、防、卫生为主要内容的全方位救灾活动。截止8月2日，发放救灾粮5000千克，救济款21040元，方便面80箱，食油50千克，盐200千克，煤10吨，炊具40套，衣物2100件，被褥76床，毛巾、肥皂、洗衣粉等100余份。稳定群众情绪，灾民基本生活得到恢复。

1996年8月1—6日，拒马河上游和涞水县境内连续降雨，总降雨量达239.7毫米，其中4—6日，24小时降雨达142.7毫米，山洪暴发，拒马河水陡涨，最大流量达到每秒1720立方米，造成沿线路桥及农作物严重受灾。8月20日，全县又普降大雨，局部地区4小时降雨达180毫米，造成第二次洪灾。灾害涉及全县15个乡镇，206个行政村，受灾人口达23.1万人，成灾人口16.3万人，61个村交通通讯中断，5万人与外界失去联系，因灾死亡10人，直接经济损失4.71亿元。

灾情发生后，县政府于8月8日、8月24日两次向市政府报告灾情，县委、县政府组织全县各级各部门积极开展抗洪救灾，按照省委、市委的指示精神，根据涞水的灾情实际，明确自力更生自救互助，不等不靠，努力实现五补（粮食损失蔬菜补，林牧损失工副补，夏季损失秋冬补，山区损失平原补，农业损失工业补），三不减（即：农民总收入不减，全县主要经济指标不减，干部和群众的士气和斗志不减）的指导思想和工作思路。采取救灾保重点，农业保丰收，企业保增产，经济保增长，招商保成功等符合发展生产的一系列措施。

1991—2009年五保待遇情况统计表

表6-3-4-3

年 份	集中供养（人）	年集中供养金（万元）	分散供养（人）	年供养基金（万元）
1980	132	百元以上	-	-
1989	728	-	-	-
1991	773	3.05	640	28.79
1992	56	3.56	826	53.69
1993	66	4.8	846	74
1994	42	3	826	34
1995	42	6年1万	826	70
1996	153	15	473	43
1997	150	15.6	343	33.6
1998	183	28	297	35.6
2000	183	29	268	33.8
2001	165	27	202	24.5
2002	202	18.6	430	47.3
2003	166	21.6	418	48
2004	166	24.7	391	47.7
2005	171	27.8	1935	247.6
2006	50	30.8	1942	260
2007	50	33.9	1950	273
2008	50	36.9	1959	287.7
2009	50	40	1959	240.7

四、五保供养

五保指对一些失去劳动能力，生活无来源的老弱孤寡和残疾人实行五保，即：保吃、保穿、保烧、保教、保葬，凡享受五保的家庭，皆称五保户。涞水的五保对象采取集中供养和分散供养两种方式，集中供养的在县养老院，个人生活能够自理的分散供养。

至2009年底，全县有农村五保对象1655人，其中分散供养人数为1572人，保障标准为每人每年1320元；集中供养人数为83人，保障标准为每人每年3000元。

五、慈善事业

（一）福利机构

涞水县民政事业服务中心，是涞水县新建三院合一的一所养老机构，集优抚对象、五保对象供养和社会化托老于一体。位于县城东环路北段路西，占地面积30亩，建筑面积13250平方米，绿化面积

7000平方米，设有床位500张，总投资2000多万元。该中心2008年12月9日开始动工建设，2009年11月4日竣工剪彩并投入使用。首期入住83名老人。该中心设光荣部、敬老部、托老部。2009年12月涞水县民政事业服务中心被省民政厅评定为“甲级光荣院”，被县政府列入2009年为民办的十件实事之一。

鼓励扶持民间开办养老机构，多形式、多层次提供养老服务。龙门乡四家井村，利用村闲置小学教室筹建村五保供养服务站，本村10名五保老人入住。九龙镇庄里村艾宏录个人筹资兴办敬老院，本村及附近村14名五保对象入住。

（二）福利彩票

福利彩票，是指国家为筹集关爱社会困难群体的公益资金，促进社会福利事业发展而特许发行、依法销售，自然人自愿购买，并按照特定规则获得中奖机会的凭证。

中国福利彩票1987年开始发行，称为“中国社会福利有奖募捐券”，1995后更名为“中国福利彩票”，正式与国际接轨。现在福利彩票的发行品种有：刮刮乐、双色球、3D、地方福彩、七乐彩、35选7、29选7、25选4、东方6+1、天天乐等。

涞水县民政局募捐办1987年成立，销售彩票品种有：刮刮乐、双色球、3D、七乐彩、20选5、排列7、排列5、好运彩；福利彩票销售量逐年递增：2003年销售额89万元，2004年销售额147万元，2005年销售额314万元，2006年销售额724万元，2007年销售额647万元，2008年销售额801万元，2009年销售额1066万元。

2006年开始举办“福彩献真情，爱心助学子”公益活动，10万元“福彩关爱金”，资助50名寒门学子走进大学。

（三）福利企业

1985年后，民政部门通过招商引资，兴办民政扶贫企业，先后开办企业15个，解决部分残疾人和贫困子女就业，产生较好的社会效益。但是，受市场经济的影响，民政企业大多数未能经受考验，先后倒闭、停产甚至破产。涞水县福利皮鞋厂，1985年建厂，1997年停产；涞水县良友服装加工厂，1991年建厂，1995年停产；涞水县福利食品厂，1985年建厂，1994年停产；华北汽车配件厂，1989年建厂，未投入使用，1992年倒闭；扶贫采购供应站，1990年建厂，1994年破产；工艺地毯厂，1988年建厂，1992年停产；富民电珠厂，1991年建厂，1993年停产。

挂靠民政的企业有两个，即：涞水县民政局福利企业公司、铺头村富民加油站，已先后脱钩。到2009年年底，尚存两个福利企业：涞水县残联福利纸箱厂；涞水县民政福利包装厂（2004年更名为涞水县鑫旺包装制品厂），残疾职工比例达到50%以上，享受国家退税政策。

六、婚姻登记管理

1992年1月，为加强婚姻登记管理，提高婚姻登记管理人员的素质，保证婚姻登记依法办事，制订《婚姻登记管理人员守则》。

1993年9月24日，婚姻登记费根据〔1992〕价费字249号文件通知，制订婚姻登记证书收费标准，婚姻证书精本每对9元，简装本每对2元，公民可自愿选择。

1994年2月1日颁布了《婚姻登记管理条例》后，实行婚检制度，指定婚检医疗机构是县妇幼保健院。

2003年10月1日，国务院颁布施行《婚姻登记条例》第387号令，与1994年《中华人民共和国婚姻登记管理条例》相比较，改革6个方面内容：1.取消办理婚姻登记需由单位或村民委员会出具证明的做法。2.适当集中办理婚姻登记机关。3.对婚前医学检查未作强制性规定。4.增加补办结婚登记无效婚姻和可撤销婚姻的规定。5.取消婚姻登记机关对当事人弄虚作假、骗取婚姻登记的撤销权。6.将有关婚

2003—2009年结婚、离婚、补结、补离统计表

表6-3-4-4　　单位：对

年度\项目	结婚	离婚	补结	补离
2003	1828	61	19	-
2004	2643	132	54	-
2005	2719	178	77	-
2006	3048	183	346	-
2007	3028	251	316	5
2008	3336	308	396	6
2009	3390	405	403	9

姻登记的现行规定进行合并。另外，2003年《婚姻登记条例》去掉了1994年《婚姻登记管理条例》中的“管理”二字，要求婚姻登记机关对符合条件的申请当场予以办理，原《婚姻登记管理条例》规定离婚在一个月内办理。

2000年4月1日，建立婚姻登记处，山前各乡镇居民集中到民政局婚姻登记处办理登记手续。自2003年10月开始，全县15乡镇一律集中到民政局婚姻登记处办理登记。之前，本县婚姻登记由各乡镇民政所办理，县民政局只负责办理城区居民婚姻登记。

2001年4月28日，第九届人民代表大会关于修改《中华人民共和国婚姻法》的决定，由九届全国人大常委会第二十一次会议通过，并由国家主席第51号令于同日公布施行。

2003年10月1日，民政部印发《婚姻登记工作暂行规范》。婚姻登记实行微机信息化管理，启用婚姻登记系统管理软件，将当事人的各种登记数据及资料全部输入微机，登记证书也由手写改为电脑打印。

自2004年7月1日起，启用新的婚姻登记证，原有的旧式婚姻登记证停止使用。

2006年1月23日，中华人民共和国民政部、中华人民共和国国家档案局联合发布《婚姻登记档案管理办法》第32号令，婚姻登记档案的保管期限延长至100年，对有继续保存价值的可以延长保管期限直至永久。婚姻登记材料的立卷归档，遵循“一对当事人婚姻登记材料组成一卷”的原则，用塑料钉固定每卷档案材料，每盒装50卷，单独装订，方便利用。

2006年9月6日，启用新单机版办理婚姻登记，与民政部颁布的《婚姻登记档案管理办法》相配套。

2008年4月，建立涞水县婚姻登记网站，实现网上咨询、网上预约办理婚姻登记。2008年8月8日，奥运会开幕，当天办理婚姻登记70余对，创历史日登记记录。2009年9月9日，被认为是百年不遇的好日子，寓意“天长地久”当天办理婚姻登记80余对，再创历史日登记新高。

据统计，1990—1999年，年均结婚登记在2000对左右；离婚登记不足100对；办理复婚手续的20余对。2000—2006年，年均登记数量有明显增加，结婚登记在2500对左右；离婚登记200对左右；办理复婚手续的没有明显出入。2007—2009年，年均结婚登记量3000对以上；离婚登记300对以上；办理复婚手续40~50对；年均补办婚姻登记400对。2009年，办理结婚登记3389对，离婚登记405对，复婚登记42对，补办婚姻证书412对。2003—2009年，出具婚姻状况证明210份。

七、殡葬管理

（一）殡葬改革

1975年，在县城东一千米112国道北侧建起涞水县火化场。1976年，本县后城西村村民郭金生死后，第一个实行火化。

1985年，国务院制订《关于殡葬管理的暂行规定》，殡葬管理的方针是："积极地、有步骤地推行火葬，改革土葬，破除封建迷信的丧葬习俗，提倡节俭、文明办理丧事"。1997年7月21日国务院令第225号发布《殡葬管理条例》，同时废止1985年2月8日国务院发布的《关于殡葬管理的暂行规定》。1997年实行殡葬改革条例，为促进殡葬改革工作的实施，县政府组织民政、公安、交通、卫生、宣传等部门进行宣传教育。国家工作人员死后一律要求火葬。随着殡葬改革的不断深入，从2001年开始，平原乡镇村全部实行火化。

2002年—2006年7月，先后投资200万元，对火化场进行较大规模的改扩建，在原来基础上增加吊唁厅、骨灰堂，完善休息室，改造消毒间，对火化间进行了整体改造，使布局更加科学合理。改扩建后，殡管所占地25.5亩，建筑面积6300平方米，绿化面积1300多平方米，按殡管所的服务功能整体划分为办公区、业务区、殡仪区、火化区、骨灰寄存区、祭奠区和停车场。从山东威海地区购置环保型火化炉2台，并购买运尸车1辆、执法宣传车1辆。2006年火化场更名为涞水县殡葬管理所。2001年6月至2009年年底，火化尸体12200具，其中国家干部职工尸体400具，农民尸体11800具，火化率（山前乡镇）达到93%以上。对偷埋土葬的，由执法大队实施就地火化。

（二）公墓管理

1993年开始申报建设经营性公墓，至2009年年底，立项建立的经营性公墓有2座，即：龙山公墓、釜山公墓。龙山公墓位于娄村满族乡西营房村西，占地102.2亩，于2008年开园经营。釜山公墓正仍在筹备建设中。

80年代初，涞水南关村回民率先建立公益性公墓，至2009年底，全县公益性公墓建成并使用的6座，其中：其中涞水镇3座（南关回民公墓、三里铺村公墓、南关公墓）；宋各庄乡3座（静安公墓、大安公墓、三皇山公墓）。

八、地名管理

涞水县地名办公室建于1981年，由政府办公室管辖，1996年转到民政局，为局内设机构。

（一）地名

1981年组建地名办公室，开展第一次地名普查工作。经过一年半的实地考察和资料考证，基本搞清全县行政区内主要建筑、名胜古迹、山川河流等1048条地名的来历、含义和沿革，掌握与地名有关的自然、地理、政治、经济、文化等情况。经过对资料的整理归纳，绘制全县标准地名图，编制地名成果表，制作重要地名文字卡片，编印《涞水县地名资料汇编》。对村名读音进行重新标注；对16个重名大队进行更名；对"文化大革命"期间自行更名的4个大队恢复原名。

1988年4月，城关镇更名为涞水镇。

1990年7月，娄村乡改称为娄村满族乡。

1995年根据国务院《关于发布地名命名更名的暂行规定的通知》要求，对县城城区8条街、9条路进行系统的命名更名。

路（南北走向）：1.朝阳路　南起112线泰安大街路口，北至泰宁街路口。2.涞阳路　北起北环路与涞张路的交叉口，南至112线，泰安街。3.永阳路　南起112线，泰安大街，北至环城北路路口。4.环城北路　东起拒马河漫水桥，西至涞阳路北端，东西走向。5.永富路　北起永安路南端十字路口南侧，南至南王庄村北。6.新兴路　南起水泥厂大门口，北至112线。7.富强路　南起粮食局直属库大门口，北至112线泰安街。

街（东西走向）：1.泰宁街　东起拒马河漫水桥，西至府前街，教委路口。2.府前街　东起县检察院路口，西至涞阳路。3.南壕沟大街　原南壕沟农贸市场、特价市场命名为南壕沟大街。东起朝阳路西，西至涞阳路。4.西关大街　原西大街更名为西关大街，东起服务公司第一饭店西路口，西至涞阳路。5.东关大街　原东大街更名为东关大街，西起百货公司路口，东至三义庙古槐路口。6.塔北街　东起86744部队大门口，西至涞阳路。7.塔南街　东起51041部队西门口，西至涞阳路。8.泰安大街　东起义安镇大桥，西至三里铺村村东，朝阳路以东为泰安东街，朝阳路以西为泰安西街。9.环城东路　北起县党校西路口，南至112线泰安东街。10.广源路　西起徐家庄村西，东至涞阳路。

2002年对城区各主干街、路进行重新命名、更名。东西主干路5条，分别命名为永安大街（原名为泰安大街）东大街（原名为东关大街）西大街（原名为西关大街）府前街、泰宁街，南北主干路6条，分别命名为开源路（原名永阳路）涞阳路、向阳路（原名环城东路）朝阳路、泰安路、惠丰路。

（二）设标

1997年涞水县人民政府制订《涞水县农村地名管理方案》，地名办按照方案着手设计并联系制作单位，制作村标284块。村标长2米、宽1.5米，由瓷砖拼接而成，安放在各村主要路口的显要位置，总投资85200元，到2000年底，全县284个行政村设标工作全部完成。

2004年，按照民政部办公厅《关于建立国家地名数据库有关问题的通知》要求，对行政区、居民点、建筑物、单位、道路、河流、湖泊、山峰、山脉、旅游点等10个主要的地名属性信息完成入库工作。

自2005年3月开始，组织15个乡镇284个行政村，开展农村住户门牌编码和行政村平面图绘制工作，至年底编码、绘图工作全部结束。在县城主要街道设置街标、路标50块，总投资5万元。

2007年，按照国家规定的标准，开展行政村街、路、巷设标和农户门牌安装工作，在全县284个村设置街、路、巷标牌2494块，安装农户门牌60493块。按照县政府要求，在县政府驻地、7个建制镇政府驻地的33条主干街道、47条次干街道、193条胡同设置标牌；沿国道、省道、市、县道两侧的131个村，按照指定位置安装村标。

2008—2009年继续完善各乡镇、村、户设标、挂牌工作，截止2009年年底，全县各乡镇驻地共设置街路标牌3782块；284个行政村全部设置村标，总计投入资金51万元。97721户村民安装门牌。

九、基层政权管理

1982年，《中华人民共和国宪法》正式颁布，村民委员会正式载入宪法，并规定村民委员会是群众性的自治组织。在民政部门的指导下，从1983年起，改革农村生产大队管理体制，建立村民委员会的试点工作普遍展开。

1987年《中华人民共和国村民委员会组织法（试行）》颁布。河北省第一届村委会换届选举是从1988年开始组织实施的，并于1990年公布了《河北省村民委员会组织条例》。1993年，印发《河北省村民委员会选举试行办法》。

1990—1996年，涞水县未按相关文件进行村委会选举，村委会成员由村民小组代表推荐，报乡镇党委、政府批准产生。涞水县村民委员会选举从1996年开始（按全国选举换届顺序应为第五届）村民选举，有96个村完成换届选举工作，其余188个村未完成。2003年，农村换届选举全面铺开，284个村全部如期完成。1996—2009年，进行四届选举。届村委会换届选举，经历从思想认识分歧较多，到思想认识逐步统一；从间接民主到直接民主；从等额选举到差额选举；从操作办法不规范到逐步规范的发展过程。通过选举，村民的民主意识、权利意识逐步增强，参与意识、竞争意识相对提高；村委成员的为民意识增强。随着选举法、选举办法的逐步完善，选民民主意识、法治意识的逐步提高，换届选举步入正规化、常态化、由一部分人操控选举的局面被打破。随之而来的问题是个别村民为达到当选的目的，搞小动作，以各种不正当手段拉选票，在一定程度上干扰正常的竞选秩序。

十、社团管理

自1999年10月开始，对县内的社会组织进行调查摸底。2000年，成立社会团体登记管理小组，对符合条件的社会团体进行登记发证，确定合法地位。1998年成立维修行业协会；2001年7月建立机动车驾驶员协会；2003年，成立农机安全互助协会。至2009年年底，全县有在册社团组织14个，其中1998年1个；2001年1个；2003年1个；2004年4个；2006年5个；2007年1个；2008年1个。

1998—2009年涞水县社会组织一览表

表6-3-4-5

社团名称	成立时间	宗旨
涞水县维修行业协会	1998.2	自我管理，自我教育，自我服务
涞水县机动车驾驶员协会	2001.7	坚持“安全第一，预防为主”的方针，积极开展交通安全学习教育活动
涞水县农机安全互助协会	2003.4	认真遵守国家、地方法律、法规和国家政策，遵守国家社会道德风尚，维护会员合法权益，促进安全生产，加强农机社会化服务
涞水县集邮协会	2004.4.	巩固和发展全县范围内集邮爱好者的参与和增加，推动集邮工作的发展；做好集邮工作的协调促进工作
涞水县机动车驾驶员培训学校	2004.9.10	遵守宪法、法律、法规和国家政策，遵守社会道德风尚，培养合格的驾驶人才
涞水县私营企业协会	2004.10	自我教育，自我管理，自我服务
涞水县个体劳动者协会	2004.10.	自我管理，自我教育，自我服务
涞水县金达机动车驾驶与维修初级职业培训学校	2006.2.24	诚信为本，热情服务，严格训练，规范办学，培养政治思想好、法制观念强、理论达标、操作技术熟练的机动车驾驶和维修人才
涞水县祖冲之书画院	2006.3	以高尚的精神塑造人，以优秀的作品鼓舞人，弘扬祖国优良文化，为社会主义三个文明建设服务
涞水县农民合作经济组织联合会	2006.3	以服务“三农”为己任，以联合合作为纽带，引导和组织各类农民合作经济和农民经济人队伍规范运作，促进农业结构调整和农民增收
涞水县明义食用菌协会	2006.4	本组织是以食用菌生产经营的农户为主体，按照自愿的原则建立起来的专业性经济合作组织
涞水县乒乓球协会	2006.9.24	团结全县乒乓球工作者、运动员和积极分子，指导发展涞水县乒乓球运动，推动涞水县乒乓球运动的普及和技术水平的提高
涞水县夕阳红老年公寓	2007.8	养老、托老
涞水县麻核桃协会	2008.7	遵守宪法、法律、法规和国家政策，规范涞水县麻核桃市场

十一、工作机构

1973年5月，民政机构重新组建，称民政局。1974年，民政局设殡管所、火化场、陵园管理所3个下属事业单位。1984年，民政局内设5个股室：社政股、优抚股、社救股、安置股（或称涞水县安置工作办公室）扶贫股（或称涞水县扶贫办公室）。1987年7月成立军队离退休干部休养所。1989年10月设立基层政权建设股；12月成立残疾人联合会（属局代管单位）；撤销双扶服务公司，增设涞水县福利企业公司和涞水县扶贫综合开发公司。1990年9月涞水县地名办公室划归民政局。1991年5月建立企业管理股。1992年3月残疾人联合会纳入政府序列；8月设置人秘股、计财股。1995年2月扶贫办升格为正科级单位，纳入政府序列。2005年设立低保股。2009年设立信访室、纪检监察股、社团股；同年12月，光荣院、敬老院、社会福利院“三院合一”，成立涞水县民政事业服务中心并投入使用。

2009年，涞水县民政局有行政编制42人，其中局机关13人，陵园管理所5人，光荣院7人，殡管所（火化场）11人，休干所3人、地名办3人。内设办公室、计财股、优抚股、社政股、低保股、基层政权股、社团登记股、地名办、老龄办9个股室；下设民政事业服务中心、殡管所、结婚登记处3个事业单位。

第五节　扶贫开发

1984年，根据国家贫困线标准测定，全县有19000户，66500人为贫困对象，随着国家贫困线标准的提高，贫困户、贫困人口不断发生变化，但贫困区域主要集中在山区和丘陵区各乡镇村。县委、县政府制订多项扶贫政策，采取各种帮扶方式帮助贫困户脱贫，取得一定成效，但扶贫任务仍很艰巨。

一、贫困状况

1984年国家确定的贫困标准为户人均收入不足200元，按此标准，全县有贫困户19000户，66500人，分布在15个乡，184个村。到1994年年底有16150户，53424人脱贫。

1994年贫困线标准调整为户人均收入不足400元，按此标准，涞水县有贫困户15264户，56525人。集中在山丘区10个乡镇，135个村。到2000年年底有12975户，45410人脱贫。

2000年，贫困线标准提高到户人均收入不足625元，按新标准涞水县有贫困户24000户，84000人，集中在10个乡镇，115个村。到2009年年底，脱贫14572户，49100人。

2009年，国家对贫困线标准再次提高，增至1196元，按新标准涞水县仍有贫困人口9428户，34900人。分布在10个乡镇，45个村。

二、扶持措施

（一）政策扶持

1994年，国家制订并实施“八七扶贫攻坚计划”，要求从1994—2000年，用7年时间解决全国8000万贫困人口脱贫问题。1994—2000年，县委、县政府按照“八七扶贫攻坚计划”的总体要求，以贫困人口为主攻对象，坚持扶贫到村到户，取得阶段性成果。

2000年，按照国务院《中国农村扶贫开发纲要（2001—2010年）》规定，县委、县政府集中力量，加快贫困地区脱贫致富的步伐，制订《涞水县农村扶贫开发纲要（2001—2010年）》，把扶贫开发事业推向一个新的阶段，各乡镇分别制订扶贫开发计划。

为进一步动员社会力量，突出省直单位、大中型企业、大专院校、经济实力较强县四方面力量，在扶贫工作中的作用，实施“四帮一”扶贫工程，加大对扶贫开发工作重点县的扶持力度，使社会扶贫工作发挥更大作用、取得更大成效，省扶贫办、省委组织部、省人事厅、省国资委、省教育厅制订《关于“四帮一”扶贫工程的实施意见》。

2000—2009年涞水县115个贫困村一览表

表6-3-5-1

乡　镇	贫　　困　　村
九龙镇	桑元涧、盘坡、南湖、南边桥、蔡树庵、清泉寺、北边桥、大泽、北龙门、岭南台、高铺、道沟、庄头、铁角、南庄、黑水寺、北峪塔、杏黄、大龙门、联合、太平村、庄里、罗古台、河西、柏林城、山南、三道港
三坡镇	南峪、北禅房、交界口、沙岭西、紫石口、马各庄、黄峪铺、南禅房、上庄、邢各庄、都衙、义合庄、松口
龙门乡	岭西、岭东、野孤、庄户、店上、龙门、河口、下港、上港、苇家峪、九集庄、万泉庄、黄各庄、大台、蛟龙口、牌角、偏道子、赵家地、四家井、庄尔上
赵各庄镇	下安北、计鹿、河东、玉斗、小丰口、平峪、蓬头、福山口、菩萨峪、下明峪、板城、南峪港、汤家庄、上安北、淮北、白涧、李各庄、郭家峪
其中口乡	其中、安妥岭、东河山、吕家铺、其中口、金水口、安子沟、交界口、南款、西角、泡尔上
娄村乡	虎过庄、南安庄、西安庄、常安庄、太平庄、三义村、三合庄
永阳镇	幸福庄、孙家坟、北七山、南洛平、西洛平、东洛平、北洛平
宋各庄乡	悟空寺、东庄、北色树、王各庄、郭各庄、宋各庄
东文山乡	西车亭、北西租、东车亭
石亭镇	北龙泉、东龙泉、西龙泉

（二）扶贫资金管理

根据《河北省财政扶贫资金报账制管理办法》，实行专户储存，专款专用、封闭运行、报账管理。上级下达涞水县年度财政扶贫资金项目实施计划的通知后，批文经主管财政县长签阅后，转县财政部门，将项目资金拨入专户。

（三）帮扶扶贫

2000—2009年，省、市、县帮扶单位累计投入资金2128.6196万元（含物折款），其中：省496.97万元，市804.57万元，县854.0796万元。有力地推动了扶贫工作的开展，加快了贫困村脱贫的步伐。此外，对帮扶部门提出的意见和建议，认真听取，逐项梳理，有针对性的抓好落实，积极协调被帮扶乡、村到帮扶单位汇报工作，开展回访活动。

2000—2004年省、市、县对口帮扶一览表

表6-3-5-2

被帮扶乡（镇）	被帮扶村	帮　扶　单　位
九龙镇	桑元涧	省委老干部局、县委老干部局
	盘　坡	市委宣传部、县委宣传部
	南　湖	市乡镇企业局、县公安局
	南边桥	市槐茂酱菜厂、安监局
	蔡树庵	市第二医院、县医院
	清泉寺	县农业局
	北边桥	县科技局
	大　泽	市地税局、县地税局
	北龙门	县统计局
三坡镇	南　峪	县规划局
	北禅房	高碑店市、县委办公室
	交界口	华北铝业有限公司、县卫生局
	沙岭西	高碑店市、县政府办公室
	紫石口	河北新华印刷一厂、县国税局
	马各庄	新兴化工有限责任公司、县财政局
赵各庄镇	下安北	县发改局
	计　鹿	涿州市
	河　东	
	玉　斗	
	小丰口	省委农办、县农工委
	平　峪	县民政局
龙门乡	岭　西	市畜牧水产局、县畜牧局
	岭　东	河北大学、县机关工委
	野　孤	市广电局、县广电局
	庄　窠	市新华物资贸易有限公司、县工商局
	店　上	保定军分区、县工信局
	龙　门	海洋石油勘探研究中心、县水利局
其中口乡	其　中	市酒厂、县环保局
	安妥岭	团市委、团县委
	东河山	县邮政局
	吕家铺	县交通局
	其中口	市园林局、县林业局
永阳镇	幸福庄	县教育局
	孙家坟	保定商场、县计生局
	北七山	县邮政储蓄
娄村乡	虎过庄	河北职工医学院、县供销社
	南安庄	市民宗局、县民宗局
	西安庄	市文联、县联社
	常安庄	市委老干部局、县质监局
	太平庄	新中国面粉厂、县版权局
东文山乡	西车亭	县法院
石亭镇	北龙泉	市政协办公厅、县政协办
宋各庄乡	悟空寺	县检察院
	东　庄	中国建设银行保定分行、中国农业银行涞水支行
	北色树	县国土局

2005—2007年省、市、县对口帮扶一览表

表6-3-5-3

被帮扶乡（镇）	被帮扶村	帮　扶　单　位
九龙镇	岭南台	市中小企业局、县粮食局
	高　铺	市第二中心医院、县发展改革局
	道　沟	中国建设银行保定分行、县统计局
	庄　头	市委宣传部、县宣传部、县人劳社保局
	铁　角	市槐茂酱菜厂、县通信公司
	黑水寺	市委老干部局、县委老干部局
	南　庄	县旅游局
	北峪塔	县国土局
	上北龙门	县药监局
三坡镇	上　庄	市畜牧水产局、县畜牧局
	黄峪铺	容城县、县民政局
	南禅房	省社科院、县检察院
	邢各庄	容城县、县卫生局
赵各庄镇	福山口	市环保局、县环保局、县电力局
	蓬　头	市财政局、县财政局、县农行
	菩萨峪	市财政局、县财政局、县司法局
	南峪港	市广电局、县广电局
	下明峪	县农发行
	板　城	省国防科工办、县安监局
龙门乡	黄各庄	中海实业高碑店基地公司、县法院、县建设局
	河　口	市地税局、县地税局
	偏道子	市广播电台
	上　港	蠡县、县国税局
龙门乡	下　港	蠡县、县林业局
	大　台	蠡县、县烟草专卖局
	庄　户	县工商局
	苇家峪	县联社
	九集庄	华北铝业有限公司、县计生局
	万泉庄	华北铝业有限公司、县移动公司
其中口乡	金水口	市政协办公厅、县政协办、县电力局
	交界口	团市委、团县委、县妇幼保健院
	安子沟	县水利局
	其　中	县交通局
永阳镇	南洛平	河北大学、县农业局
	西洛平	河北新华印刷一厂、县物价局
娄村乡	三义村	太平洋人寿保险保定分公司、县经贸局、县医院
	太平庄	市科技局、县科技局
东文山乡	北西租	市民宗局、县民宗局、县质监局
石亭镇	东龙泉	东方地球物理勘探局、县审计局、县公安局
宋各庄乡	王各庄	市交警支队、县交警队

2008—2009年省、市、县对口帮扶一览表

表6-3-5-4

被帮扶乡（镇）	被帮扶村	帮　扶　单　位
娄村乡	三合庄	石家庄计算机职业教育学院、市财政局、县财政局、县电力局
	三义村	市财政局、县安监局
赵各庄镇	白　涧	中海实业高碑店基地公司、县林业局、县养路工区
	李各庄	市考试院、县文教局
	郭家峪	市环保局、县环保局
	汤家庄	天威集团、任丘市工商局、县物价局
	淮 北	涞水县武装部、县网通公司
	上安北	任丘市广电局、县工商局
三坡镇	都 衙	河北科技大学、县畜牧局
	松 口	容城县、县计生局
	义合庄	容城县、县规划局
九龙镇	三道港	华北铝业有限公司、县技术监督局
	柏林城	市民革、市民进、市民建、市民盟、市九三学社、市农工民主党、河北长城汽车集团有限公司、县国税局
	杏　黄	市老干部局、县老干部局
	太平村	华北铝业有限公司、河北新华印刷一厂、县交警队、县妇幼保健院
	联合村	市第二中心医院、县医院
	庄　里	河北恒祥房地产开发有限公司、县联社
	河　西	市委统战部、县委统战部
	山　南	中国建设银行保定分行、县检察院
	罗古台	高碑店市武装部、县卫生局
	大龙门	省总工会、县总工会
永阳镇	东洛平	省统计局、县统计局
	北洛平	市民宗局、县民政局、县民宗局
石亭镇	东龙泉	县水利局
	西龙泉	任丘市电力局、县国土资源局、县商务局
宋各庄乡	郭各庄	市公交总公司、中国地质制图543厂、高碑店市、县农业局、县邮政局
	王各庄	中国石油集团东方地球物理公司、县社
	宋各庄	任丘市水务局、市地税局、县地税局
其中口乡	吕家铺	高碑店市、县审计局
	南　款	河北调查队、县劳动人事局
	泡尔上	高碑店市、县烟草专卖局
	西　角	高碑店市、县新华书店
龙门乡	庄儿上	县发改局、县移动公司
	赵家地	市广电局、县城建局
	偏道子	冀中监狱、太行监狱、县科技局、县交通局
	牌　角	人民保险河北分公司、县人保公司
	蛟龙口	南水北调工程建设委员会办公室、县法院
	四家井	华北电力大学、县公安局
东文山乡	东车亭	团市委、县广电局、县残联、团县委

三、扶贫效益

（一）1984—1994年，国家、省、市下达涞水县扶贫专项资金合计605万元；向上争取各类帮扶资金178万元；累计开展各类培训23次，转移农村剩余劳动力3000人。从国家层面对扶贫开发支持刚刚起步，投入资金数量相对较小。扶贫工作取得阶段性成果。

基础设施：硬化道路30千米，打机井41眼，修水渠2000米，架设变压器4台。

社会事业：建设小学2所，建设医院1所。

（二）1994—2000年，国家、省、市下达涞水扶贫专项资金合计1803万元；向上争取各类帮扶资金501万元；累计开展各类培训19次，转移农村剩余劳动力8000人。此阶段是国家八七扶贫攻坚计划实施期，扶贫进入相对快车道。

基础设施：新增公路368千米，乡村砂石路211千米；新打机井27眼，修防渗渠3500米，建扬水站3座，修建防洪坝28条，4500米；架设10千伏高压线22千米，新增低压线路40千米，解决19个自然村用电；架设通讯线路460千米，光缆211千米，98个贫困村开通程控电话。

社会事业：建设小学12所，扩建15所；消除危房4000平方米；增加教学设备4500套；建设医院1家，增设农村医疗点48个。

（三）2000—2009年，国家、省、市下达涞水扶贫专项资金合计6054万元；向上争取各类帮扶资金930万元；整合行业部门资金4271万元；开展各类培训52次，劳动力转移1.2万人；争取互助资金村16个村。

基础设施。新打机井62眼，配套65眼，建蓄水池29座，建水窖2020个，修建防渗渠3.5千米；修桥5座；硬化乡村道路147千米。

产业发展。投放周转牛400头，羊9780只，獭兔7767组，肉鸡11.6万只，猪7916头，肉牛461头，肉驴200头，甲鱼4万尾；发展蘑菇90万棒，木耳40万袋；种植中药材100亩；种植杏扁200亩，薄皮核桃2.3万棵；建蔬菜大棚102个。

社会事业。科技培训25800人；移民搬迁4个村，515户，1820人；修建村“两委”办公室57间，1140平方米；修建村文化广场2.2万平米；建沼气池128个。

第四章　综合经济管理

本章按计划管理、统计管理、工商行政管理、物价管理、国土资源管理、质量技术管理、审计、财政、税收、安全生产、对外开放的顺序，记述县政府综合经济管理的内容。

第一节　计划管理

一、计划编制

计划部门每年编制下达本年度国民经济和社会发展计划。并受政府委托，向县人民代表大会报告当年国民经济和社会发展计划与上年度计划执行情况。

改革开放前，计划为指令性计划，工业计划细化到产品产量，农业计划细化到粮、棉、油、烟，各作物种植面积、产量，大牲畜、猪、羊、禽存栏数。物资计划分配到单位。20世纪80年代到90年代中期，计划变为指导性计划，计划指标也逐步进行调整，工业、农业计划全部变为指导性计划。随着国家考核评价指标体系的完善，引入国民生产总值，又称地区生产总值、国内生产总值（GDP）指标。为了考核招商引资工作，增加招商引资和固定资产投资指标，并作为指令性考核目标。20世纪90年代中期以后，取消具体的工农业生产计划指标。

1986年以前，县级不编制中、长期发展规划。为使计划更具科学性，前瞻性，更能指导经济和社会持续、协调发展，1990年以后，国家开始注重中、长期计划的编制。要求县级计划部门从“八五”计划开始编制五年中期发展计划和十年长期发展规划。

中、长期计划编制如下：

1979年，制定《涞水县县城总体规划》。

1985年，完成涞水县县城规划，主要成果：绘制涞水县城千分之一地形图；搜集整理整套规划资料；编制《涞水县县城总体规划》《涞水县县城供水规划图》《涞水县县城排水规划图》。是年，组织各乡镇完成全县284个行政村的村镇建设规划，每村两图，一张村镇现状图，一张总体规划图。

1991年编制《涞水县国民经济和社会发展第八个五年计划》（1991—1995）。

1996年编制《涞水县国民经济和社会发展“九五”计划和2012年远景目标》。

2001年编制《涞水县国民经济和社会发展第十个五年计划纲要》（2001—2005）。

2006年编制《涞水县国民经济和社会发展第十一个五年规划纲要》（2006—2010）。

二、计划实施

县级计划编制完成后，于年初（一般是在县三级干部会上）分解下达到各乡镇，县直各部门、各企事业单位，由各乡镇、部门、企事业单位组织实施。1985年以前，工、农业生产计划细化到粮、棉、油种植面积、产量，工业品产量。粮食、供销部门按计划收购粮、油、棉花。商业部门按计划分配销售农业生产资料，如化肥、农药等。1985年以后，计划体制逐步改革，指令性计划减少，指导性计划增加。1990年以后，工农业生产计划、商业计划、物资计划全部取消。主要编制年度和五年宏观调控计划，由各乡镇、各部门参照实施。

1979年，县计划委员会与区测队合作绘制《涞水县行政区划图》。

1994年，县计划委员会与河北林学院合作绘制《涞水县行政区划图》。

1997年，涞水县开放开发办公室制作《涞水县地形沙盘》。

三、工作机构

1979—1983年，物资站从计划委员会析出，设立物资局;劳动工资管理职能析出，设立劳动局；环境保护办公室析出，设立独立的环境保护办公室；物价科析出,设立物价局。1983年1月，县级机构改革，将建设局和环保局职能合并到计划委员会，计划委员会内设综合计划、城乡建设、环境保护3个股。1987年10月，县级机构改革，城乡建设、环境保护职能析出，组建城乡建设环境保护局，计划委员会恢复原来职能，核定编制8人。将计划管理职能中的土地管理职能与农业局分管的农村土地管理职能合并（1985年前土地管理职能全部由县计划委员会负责，1985年将县城规划区以外的土地管理职能划归县农业局管理），设立涞水县土地管理局。1996年8月，计划委员会更名为计划局；新组建的经济合作局挂靠计划局，农业区划办公室并入计划局，内设综合股、基建投资股、农业区划股，编制8人。涞水县开放开发办公室，与计划局一套人马，两块牌子。2002年7月，计划局更名为发展计划局，物价局、经济合作局并入发展计划局，物价局对外保留名称，内设办公室、综合计划股、项目股、物价管理股、招商股，行政编制14人。2005年12月，发展计划局更名为涞水县发展改革局，职能不变，内设办公室、综合计划股、招商股、稽查股、体制改革股、物价管理股，机关行政编制14人。2006年4月，发展计划局内设办公室、综合计划股、固定资产投资股、节能监察股，重点项目办公室、经济体制综合改革股、物价检查所，行政编制20人。

2009年12月，发展改革局挂科学技术局、工业信息化局、商务局、粮食局牌子。

第二节　统计管理

一、统计业务管理

（一）统计体系

1984年以前，统计工作主要在县级负责。

1984年组建26个乡镇统计站，1985年全部配齐统计员。1988年组建农村经济调查队。1992年组建人口调查队，2005年改建为普查中心。

2005年增设服务业股；2007年增设能源股，形成县统计局、乡镇统计站相互配合、相互促进的完整的统计体系。

（二）统计制度

为保证统计数据的客观性、及时性，建立《涞水县统计工作巡查制度》《涞水县统计数据报送制度》《涞水县统计巡查，执法检查制度》《涞水县统计数据信息发布暂行办法》。

（三）统计方法

随着经济体制改革的深入，统计对象发生很大变化。由国营集体单位变成数量众多的私营、个体单位。统计方法在传统的月报、季报、年报基础上，增加抽样调查、专项普查。数据处理由人工变为微机。

（四）统计数据管理

1.微机室建设

县统计局微机室建于1989年，省统计局为涞水配置20兆硬盘、IDM微机1台，1724型针式打印机1台（总价2.1万元）。由于县财政经费紧张，至2002年年底，全局仅有3台微机（1台386微机、2台486微机），2台针式打印机。2003年以来，为提高统计信息化程度，县统计局多方筹措资金，加大信息化建设投入，至2009年，已拥有各类微机12台（包括1台服务器），针式打印机2台，激光打印机1台，并完成全部微机的局域网连接，做到统计资源共享，实现网络自动化办公、数据传输与市统计局对接、提高统计工作效率。

2.数据传输与管理

1998年，通过调制解调器成功实现首次拨号上网，进行统计数据远程传输；2005年，市统计局为涞水县开通宽带网、统计内网，实现统计报表网上传输。

设专职数据传输与管理人员2人，具体负责全系统网络维护、数据传输与管理工作，定期对网络设备和单机进行维护，定期对杀毒软件进行升级，并对微机进行全面查杀病毒工作，保证各专业统计工作数据处理能力，保障上报市局的数据、文件无毒上载。定期协助各专业，将专业数据资料、各项调查数据进行整理备份，确保全局统计数据资料的完整与安全。

3.统计工具演变

1979—1988年，统计工具主要是算盘和小型计算器，手工填制报表；

1989年，设置微机室，配备386微机1台，主要用于打印重要文件，专业人员填制报表和计算仍以手工为主；

1998—2002年，开始用计算机处理部分统计报表，统计手段现代化起步；

2003—2009年，逐步实现全部报表的微机化处理。

（五）统计服务

统计部门利用掌握的丰富的统计信息资源，运用科学的分析方法和先进的技术手段，深入开展分析和专题研究，为科学决策和管理，提供各种可供选择的咨询建议和对策方案。30年来，统计局把开展经济形势分析、提高服务水平做为统计咨询、优化环境的重要举措。每月要求各专业对基层报表严格审核，认真比较，发现问题及时解决，确保数据的准确性。按月认真填制《国民经济完成情况表》，并对经济运行情况进行分析，找出发展中的问题，提出可行性建议。年初针对各专业特点，围绕热点、难点开展调研活动，为各级领导科学决策提供及时、可靠、全面的依据；每年出版《统计调查资料》30期以上，受到各级领导、各部门和社会各界好评。对外提供可公开的社会、经济统计数据资料，统计年鉴以及根据用户需求加工制作的统计报表和电子数据等。每年接待各部门及社会各界咨询200余人次，内容涉及全县各个行业。每年4月整理发布年度《涞水县社会经济发展统计公报》。1990年以前每年出版《涞水县统计年鉴》，1991—2004年，由于多种原因虽整理了年度统计资料，但未能出版年鉴，2006年在县政府的大力支持下，为保持统计资料的连续性，组织出版了《2005年涞水县统计年鉴》，并将1991—2004年主要资料收录其中。2006年以来，相继整理出版了2006年、2007年、2008年、2009年《涞水县统计年鉴》，保持涞水县统计资料的连续性，使统计服务更加快捷、方便。

二、专项统计普查调查

（一）普查

普查是国家组织的全国性、大规模的全面调查，用来收集某些不能够或不适应用定期的调查报表收集的资料，以搞清国情、国力。主要有：人口普查、农业普查、工业普查、经济普查。1979—2009年开展人口普查3次，农业普查2次，经济普查2次。

1.人口普查

1982年7月1日进行的全国第三次人口普查结果显示：涞水县1982年7月1日零时总户数65812户，总人口281839人，其中男性人口144520人，女性人口137319人；汉族人口277505人，少数民族人口4334人。

1990年7月1日进行的全国第四次人口普查结果显示：涞水县1990年7月1日零时总户数80901户，总人口315573人，其中男性人口161769人，女性人口153804人；汉族人口301127人，少数民族人口14446人。

2000年11月1日进行的全国第五次人口普查结果显示：涞水县2000年11月1日零时总户数90290户，总人口335504人，其中男性人口171339人，女性人口164165人；汉族人口315914人，少数民族人口19590人。

2010年11月1日开展的第六次人口普查结果显示：涞水县2010年11月1日零时总户数98086户，总人口343758人，其中男性人口174414人，女性人口169344人；汉族人口323825人，少数民族人口19933人。

2.农业普查

1997年全国第一次农业普查；2007年进行第二次农业普查。涞水县第二次农业普查结果显示：2006年涞水农村住户81503户，农业户籍人口300722人。有农业生产经营户79443户，农业生产经营单位86个，农村劳动力资源总量176376人，农村从业人员153837人，耕地352174亩，猪存栏128600头，牛存栏6697头，羊存栏184387头，家禽存栏716099只。

3.经济普查

2004年第一次经济普查。第一次经济普查结果显示：2004年末，涞水县有从事第二、三产业的法人单位666个。其中企业法人单位236个，机关、事业法人单位132个，社会团体法人单位3个，其他法人单位295个，第三产业718个，个体经营户10221户。其中第二产业1844户，第三产业8377户。全县第二、三产业企业法人单位资产总额为56632万元。

2008年第二次经济普查。第二次经济普查结果显示：2008年末，涞水县从事第二、三产业的法人单位909个。其中企业法人单位372个，机关、事业法人单位217个，社会团体法人单位23个，其他法人单位297个，第三产业923个。个体经营户11376户。其中第二产业1805户，第三产业9571户。2008年末，全县第二、三产业企业法人单位资产总额为470573.4万元。

（二）抽样调查

是一种非全面调查，从全部调查对象中，抽选一部分单位进行调查，并据以对全部调查研究对象作出估计和推断的一种调查方法。涞水县主要开展农村住户调查，城镇住户调查，1%人口抽样调查，主要畜禽抽样调查4个调查。

1.农村住户调查：按收入水平从全县抽选具有代表性的10个村，每村按等距抽样抽出10户，计100户。按月登记家庭收入支出和生产经营状况，以此为样本，推算全县农村居民人均纯收入等重要指标。依据调查结果测算，1985年涞水县农村居民人均纯收入为346元；1990年485元；1994年886元；1999年2142元；2004年2533元；2009年涞水县农村居民人均纯收入3477元。

2.城镇住户调查：按收入水平从城区选具有代表性的30户，按月登记家庭收入支出和生产经营状况。以此为样本，推算涞水县城镇居民人均可支配收入等重要指标。依据调查结果测算，1991年涞水县城镇居民人均可支配收入1525元；1994年2818元；1999年4500元；2004年5230元；2009年涞水县城镇居民人均可支配收入9784元。

3.1%人口抽样调查：为摸清2000年以来我国人口数量、构成以及居住等方面的变化情况，研究未来人口状况的发展趋势，为制定经济社会发展规划和有关政策提供客观准确的依据，经国务院批准于2005年开展全国1%人口抽样调查，调查时点为2005年11月1日。调查内容主要包括小区内所有住户的基本情况和个人的年龄、性别、受教育程度、职业、迁移流动、生育、社会保障、住房情况等指标。

4.主要畜禽抽样调查：为摸清主要畜禽养殖业实际情况，按河北省调查总队要求，选取涞水县8个乡镇10个村22户进行畜禽监测调查，主要调查畜禽生产规模户（单位）基本情况、畜禽存栏、出栏情况等。主要分为月报和季报。

三、工作机构

1987年，统计局编制17人。1987年10月设立农村经济调查队、综合股。1991年9月设立人口调查队；1992年设城乡调查队。1993年3月内设农业经济调查队、综合股、人口调查队、城乡调查队。1996年机构改革后，统计局内设综合股、三产股、监测考核股、工交基建股，行政编制12人。2003年3月内设办公室、工交基建股、贸易外经股，行政编制9人。2009年，内设办公室、工交基建股、贸易外经股、服务业股、能源股；下设2个事业单位：农村经济调查队、普查中心（原人口普查队）。行政编制6人，事业编制7人。

第三节　工商行政管理

一、企业登记

1979—1987年，中共十一届三中全会后，工商行政管理工作日益走上轨道。1979年初，开展工商业调查登记。1980年转入发证工作。贯彻《工商企业登记管理条例》，普查全县国营、集体、合营工商企业，经核准发照。

1983年后，农村社队企业和私营工商业迅速发展，出现私营合作经营企业。1984年开始登记发证工作，为适应各种经济成分企业发展的形势要求，工商行政管理部门进行登记管理的改革，把管理工作寓于服务之中，主动为工商户办理申请登记和审批手续。

1988年，随着计划经济向市场经济的转变，涞水县工商企业登记管理工作逐步规范。《中华人民共和国企业法人登记管理条例》正式实施，企业登记管理在职责、职能、特点方面发生新的变化。涞水县企业登记制度更加完善和规范，经营者和管理者有法可依，经营者的经营权利受到合法保护。全民办企业，出现经济过热的趋势。

1989—1991年，根据《中共中央、国务院关于进一步制止党政机关和党政干部经商、办企业的规定》和国家工商局《关于军队干部在军办公司（企业）任（兼）职的初步意见》，涞水县工商行政管理局专门成立了“清理整顿公司（企业）领导小组”，对1991年以前所办不规范的公司企业进行清理整顿。对存在较大问题的公司进行合并、变更、降格和撤销的处理。通过清理整顿公司，重新明确出资人的法人资格，进一步规范公司企业的登记行为，使全民办企业热的现象得到遏制。

1992年，按照中共中央、国务院关于加快改革开放的部署，涞水县进一步改进企业登记管理工作，促进改革开放和经济发展，企业登记管理工作发生新的变化，从重规范登记向提供服务、扶持企业发展服务转变。掌握的原则是“先上车，后买票”“先发展、后规范”。

1993年，在计划经济向市场经济的转轨过程中，为了促进企业健康发展，涞水县工商局实行受理、审查、批准、发照、公告，“一条龙”企业登记服务程序。1993—1995年之间，各类企业发展又出现一个新的高潮。政策的制订促进企业的发展，但在发展的同时，产生一些负面影响，出现了一些含有不良文化内容名称的企业、不规范的企业、手续不齐全、登记不规范的企业。挂靠在一些部门的假集体企业也应运而生。虽然企业发展数量较多，但有的因经营和管理混乱等状况，并没有良好的经济效益。

1994—1995年，涞水县，以回头看的方式对以前登记的企业尤其是公司企业的档案进行全面清查。按照《中华人民共和国公司法》和《中华人民共和国企业法人登记管理条例》进行规范。该补充的补充、该完善的完善。其中：对100余户企业完善有关登记手续。

1996—1998年，涞水县根据国家工商局陆续下发的一系列清理整顿文件，对挂靠企业、含有不良文化的“洋名、怪名”企业及“五小”不规范企业，按照《中华人民共和国企业法人登记管理条例》《企业名称管理规定》进行严格规范。充分发挥工商系统的监管职能。工商企业登记管理机关协调联动开展“经济户口制”登记工作，在基层工商所建立台账，实行一户一卡制。

1998年，为提高现代化管理手段、开始组建信息网，完成涞水县工商局与保定市工商局、河北省工商局局域网的联通，实现企业登记、查询、监管、统计微机化，企业档案工作上水平、上档次。

2001—2005年，随着我国加入WTO后国内竞争激烈和复杂的新情况，在全县范围内进行整顿和规范市场经济秩序，开展一系列专项整顿活动，特别是对涉及人民生命和财产安全方面的企业逐个清查。2002年，根据行风建设和企业发展的需求，涞水县工商局建立健全“一站式首办责任大厅”，改善注册环境，进一步提高服务质量，提高企业登记的效率。2003年，企业登记管理工作继续以“三个代表”重要思想为指导，开展注册登记效能建设年。2004年，企业注册工作大力推进诚信体系建设，改进监管方式。2005年，涞水县经济平稳发展，企业注册登记管理工作的职能、职责与时俱进，不断更新完善，企业登记工作更规范、更严格、更高效、全方位发挥自身的职能作用。

2006—2009年，鼓励个体、私营经济健康发展，放宽相应政策，对个人独资企业、合伙企业、农民专业合作社等经济组织的注册资金无需验资。将过去的受理、审查、核准等内部多个环节审批，改为受理、核准两个环节，对简易事项实行审核合一，减少登记环节。

二、市场监督管理

依据《中华人民共和国反不正当竞争法》《中华人民共和国消费者权益保护法》《中华人民共和国反垄断法》《中华人民共和国商标法》《中华人民共和国产品质量法》《中华人民共和国公司法》《中华人民共和国广告法》、国务院《中华人民共和国投机倒把行政处罚暂行条例》《中华人民共和国无照经营查处取缔办法》《中华人民共和国商标法实施条例》《中华人民共和国禁止传销条例》《中华人民共和国直销管理条例》、国家工商局《中华人民共和国投机倒把行政处罚暂行条例实施细则》《中华人民共和国企业年度检验办法》等有关法律、法规对辖区内的各类市场实行监督检查管理，维护市场正常的经济秩序。办案程序按照国家工商行政管理局《行政处罚程序规定》立案、检查、审理、审批、定案处理和立卷归档工作。执法方式在执法办案工作中勤于探索，勇于开拓，坚持严格执法，秉公文明办案。坚持“四勤四多”和“五敢”办案原则。“四勤四多”即：脚勤多跑，嘴勤多问，耳勤多听，眼勤多看。“五敢”即：敢查名气大的，敢罚后台硬的，敢查不要命的，敢碰部门“横”的，敢追辖区外的。坚持常年打假和季节性打假相结合，严厉打击制假和流通领域违法行为，维护涞水的市场经济秩序。

1989—2009年经济检查情况一览表

表6-4-3-1

年度	经济检查职能	历年发布的经济检查适用法律、法规	经济检查成绩
1989	查处投机倒把、商标侵权、发布虚假广告、冒牌商品等违法行为。开展打假制假，扫黄打非行动。	投机倒把行政处罚暂行条例；广告管理条例；中华人民共和国商标法；中华人民共和国商标法实施细则；城乡个体工商户管理暂行条例；城乡个体工商户管理暂行条例实施细则；河北省广播电视设施保护办法；河北省盐政管理暂行规定。	查处各类案件293起，罚没款48.06万元。
1990	查处投机倒把、商标侵权、发布虚假广告、冒牌商品等违法行为。	投机倒把行政处罚暂行条例施行细则；盐业管理条例。	查处各类案件325起，罚没款52.05万元。
1991	查处投机倒把、商标侵权、发布虚假广告、冒牌商品等违法行为。	河北省旅游业管理暂行规定；河北省农民股份合作企业试行办法。	查处各类案件366起，罚没款65.08万元。
1992	查处投机倒把、打击走私贩私行为。商标侵权、发布虚假广告、冒牌商品等违法行为。	河北省盐业管理实施办法；河北省有线电视管理实施办法。	查处各类案件357起，罚没款72.13万元。
1993	查处投机倒把、商标侵权、发布虚假广告、查处仿冒知名商品特有的名称、包装、装潢、注册商标行为。不正当竞争行为。	中华人民共和国反不正当竞争法；化妆品广告管理办法；卫星电视广播地面接收设施管理规定；中华人民共和国产品质量法。	查处各类案件409起，罚没款85.36万元。
1994	查处投机倒把、商标侵权、发布虚假广告、冒牌商品等违法行为。查处各类不正当竞争，规范市场经营秩序。	废旧金属收购业治安管理办法；河北省个体工商户条例。	查处各类案件452起，罚没款91.32万元。
1995	查处投机倒把、商标侵权、发布虚假广告、冒牌商品等违法行为。查处各类不正当竞争，规范市场经营秩序。	中华人民共和国广告法；医疗器械广告审查办法。	查处各类案件483起，罚没款87.46万元。
1996	查处投机倒把、商标侵权、发布虚假广告、冒牌商品等违法行为。查处各类不正当竞争、商业贿赂行为，规范市场经营秩序。	酒类广告管理办法；特殊标志管理条例；烟草广告管理暂行办法；食盐专营办法；关于禁止商业贿赂行为的暂行规定。	查处各类案件437起，罚没款98.46万元。

续表

年度	经济检查职能	历年发布的经济检查适用法律、法规	经济检查成绩
1997	查处投机倒把、商标侵权、发布虚假广告、冒牌商品等违法行为。查处各类不正当竞争、商业贿赂行为，规范市场经营秩序。	广播电视管理条例	查处各类案件531起，罚没款103.3万元。
1998	查处投机倒把、商标侵权、发布虚假广告、冒牌商品等违法行为。查处各类不正当竞争、商业贿赂行为，规范市场经营秩序。	租赁柜台经营活动管理办法；商品展销会管理办法；城市房地产开发经营管理条例；生猪屠宰管理条例；河北省反不正当竞争条例；河北省卫星电视广播地面接收设施管理办法；河北省河道采砂管理办法。	查处各类案件543起，罚没款149.83万元。
1999	查处投机倒把、商标侵权、发布虚假广告、冒牌商品等违法行为。查处各类不正当竞争、商业贿赂行为，规范市场经营秩序。	河北省实施文化市场管理责任制的规定；河北省实施《农药管理条例》办法。	查处各类案件561起，罚没款150.1万元。
2000	查处投机倒把、商标侵权、发布虚假广告、冒牌商品等违法行为。查处各类不正当竞争、商业贿赂行为，规范市场经营秩序。	商标代理管理办法；中华人民共和国产品质量法；互联网信息服务管理办法。	查处各类案件556起，罚没款138.53万元。
2001	查处投机倒把、商标侵权、发布虚假广告、冒牌商品等违法行为。查处各类不正当竞争、商业贿赂行为，规范市场经营秩序。	中华人民共和国商标法；印刷业管理条例；报废汽车回收管理办法；出版管理条例；农药管理条例。	查处各类案件542起，罚没款127.46万元。
2002	查处投机倒把、商标侵权、发布虚假广告、冒牌商品等违法行为。严厉打击传销和变相传销非法经营活动。加大对从事网络服务经营企业的监管，坚决取缔黑网吧。查处各类不正当竞争、商业贿赂行为，规范市场经营秩序。	互联网上网服务营业场所管理条例；中华人民共和国商标法实施条例；奥林匹克标志保护条例；奥林匹克标志备案及管理办法；出版管理条例；音像制品管理条例。	查处各类案件511起，罚没款138.6万元。
2003	查处投机倒把、商标侵权、发布虚假广告、冒牌商品等违法行为。取缔无照经营。打击制售假冒伪劣行为。重点查处借“非典”名义从事违法经营活动的行为，严厉打击传销、变相传销的违法行为。加大对从事网络服务经营企业的监管，坚决取缔黑网吧。查处各类不正当竞争、商业贿赂行为，规范市场经营秩序。	无照经营查处取缔办法；驰名商标认定和保护规定；集体商标、证明商标注册和管理办法；马德里商标国际注册实施办法。	查处各类案件495起，罚没款139.57万元。
2004	查处投机倒把、商标侵权、发布虚假广告、冒牌商品等违法行为。开展流通领域商品质量抽查。严厉打击传销变相传销的违法行为。加大对从事网络服务经营企业的监管，坚决取缔黑网吧。查处各类不正当竞争、商业贿赂行为，规范市场经营秩序。	粮食流通管理条例；商标印制管理办法；世界博览会标志保护条例。	查处各类案件548起，罚没款152.03万元。
2005	查处投机倒把、商标侵权、发布虚假广告、冒牌商品等违法行为。严厉打击传销、变相传销的违法行为。加大对从事网络服务经营企业的监管，坚决取缔黑网吧。查处各类不正当竞争、商业贿赂行为，规范市场经营秩序。	禁止传销条例；直销管理条例；直销员业务培训管理办法；汽车品牌销售管理实施办法；广告管理条例施行细则；印刷品广告管理办法；河北省推广使用车用乙醇汽油暂行规定；粮食流通监督检查暂行办法；营业性演出管理条例。	查处各类案件569起，罚没款143.21万元。

续表

年度	经济检查职能	历年发布的经济检查适用法律、法规	经济检查成绩
2006	查处投机倒把、商标侵权、发布虚假广告、冒牌商品等违法行为。严厉打击传销、变相传销的违法行为。加大对从事网络服务经营企业的监管，坚决取缔黑网吧。查处各类不正当竞争、商业贿赂行为，规范市场经营秩序。	烟花爆竹安全管理条例；零售商促销行为管理办法；零售商供应商公平交易管理办法；户外广告登记管理规定；医疗广告管理办法；河北省粮食流通管理规定。	查处各类案件583起，罚没款150.62万元。
2007	查处投机倒把、商标侵权、发布虚假广告、冒牌商品等违法行为。严厉打击传销、变相传销的违法行为。加大对从事网络服务经营企业的监管，坚决取缔黑网吧。查处各类不正当竞争、商业贿赂行为，规范市场经营秩序。	再生资源回收管理办法； 药品广告审查办法； 医疗广告管理办法； 地理标志产品专用标志管理办法。	查处各类案件635起，罚没款200.29万元。
2008	查处投机倒把、商标侵权、发布虚假广告、冒牌商品等违法行为。加大商品流通领域的监管。严厉打击传销、变相传销的违法行为。加大对从事网络服务经营企业的监管，坚决取缔黑网吧。查处各类不正当竞争、商业贿赂行为，规范市场经营秩序。	中华人民共和国反垄断法； 农产品地理标志管理办法； 音像制品制作管理规定； 电子出版物出版管理规定； 房屋登记办法； 生猪屠宰管理条例实施办法。	查处各类案件527起，罚没款160.13万元。
2009	商标侵权、发布虚假广告、冒牌商品等违法行为。加大对从事网络服务经营企业的监管，坚决取缔黑网吧。查处各类不正当竞争、商业贿赂行为，规范市场经营秩序。 军服治理。	军服管理条例； 河北省畜禽屠宰管理办法。	查处各类案件644起，罚没款112.02万元。

三、商标管理

涞水县工商行政管理局依据《中华人民共和国商标法》《中华人民共和国商标法实施细则》及相关的法律、法规，认真履行职责，加强对知识产权、商标专用权的保护，查处商标侵权行为，保障消费者和生产、经营者的合法权益。根据国家商标战略，支持企业发展，争创著名商标、驰名商标。至2009年12月，全县注册各类商标313件。其中河北著名商标2件（河北益康制香有限公司、河北顺天电极有限公司），申请全国驰名商标1件（河北益康制香有限公司）。

四、广告管理

涞水县工商行政管理局依据《中华人民共和国广告法》《广告管理条例》《广告管理条例实施细则》及相关的法律、法规，认真履行职责，审发广告许可证，广告内容严格审查、登记备案。加强对广告经营监管，特别是广播、电视广告；药品、医疗、医疗器械广告；烟草广告；房地产广告和户外广告的监督管理，查处各类违法广告，规范广告经营行为。

至2009年，由工商行政部门统一制作、绘制的广告24块、360平方米，服务116个企业。

五、经济合同管理

1974年6月涞水县工商局成立市场专案组，1989年底改为经济检查股。2003年成立综合执法科。2007年4月，根据河北省工商局《关于在省、市、县（市、区）工商行政管理局设立经济检查机构的通知》〔冀工商（2007）第92号〕文件精神，涞水县工商局设立经济检查大队。

经济检查大队是依照国家法律、法规进行综合执法办案的单位，查处各类不正当竞争行为，保护经营者和消费者合法权益，打击制售假冒伪劣商品违法行为，打击走私贩私和打击欺诈行为，开展“扫黄打非”工作，严厉打击传销和变相传销非法经营活动，对各类市场实行监督检查管理，整顿和规范市场经济秩序。

1985—2009年共受理经济合同案件36起，涉及金额492万元；确认无效合同9份；查处诈骗合同1份，为企业挽回经济损失110万元。

六、维护消费者权益

至2009年年底全县建立消费者协会16个，12315联络站和消费者投诉站163个，简称“一会两站”。“两站”网络工作人员367人，乡镇分会专兼职工作人员及“一会两站”工作人员649人。全县基本形成从城市到农村，纵横交错的消费者协会社会监督服务网络，为做好保护消费者权益工作奠定了组织基础。

至2009年12月，县消协受理消费者投诉890件，为消费者挽回经济损失712万元，提供案情帮助有关部门罚款132万元。在受理投诉中突出抓了农资服务、电信服务、供电供水服务、装饰装修服务等热点、难点问题的解决。对调解不了的投诉，则依据《中华人民共和国消费者权益保护法》授权，积极支持消费者向人民法院起诉，通过司法途径讨回公道。

七、工作机构

县工商行政管理局建于1974年6月，内设办公室、业务组、市场专案组、工商组，共有干部职工20人。1979年2月，内设办公室、市场专案组、工商股。 1982年2月，设局长1名，副局长4名；内设办公室、财务室、企业组、市场组；下设城关、石亭、永阳、白涧、镇厂、娄村所。1984年5月，设局长1名，副局长2名；书记1名。内设办公室、企业股、个体股、市场股、合同股；1984年6月，设局长1名，副局长3名；书记1名，副书记1名；内设办公室、财务股、个体股、市场股、合同股、企业股、商广股、经检股、市场派出所、消费者协会(简称消协)、个协、工商学会、经济合同仲裁委员会；下设城关、石亭、永阳、娄村所、南壕沟、北义安、胡家庄、白涧、镇厂、三坡工商所。1992年，设局长1名，副局长2名；书记1名。内设办公室、财务股、企业股、个体股、合同股、商广股、经检股、市场派出所；下设城关、南壕沟、石亭、永阳、娄村、北义安、胡家庄、白涧、镇厂、三坡所；消协、个协、工商学会。1995年，设局长1名，副局长4名；书记1名。下设办公室、财务股、企业股、个体股、合同股、商广股、经检股、市场派出所；下设涞水、南壕沟、石亭、永阳、娄村、北义安、胡家庄所、白涧、镇厂、三坡、西关综合市场所。2000年10月，设局长1名，副局长2名；纪检组长1名。内设办公室、人事教育科、法制监察科、财务装备科、业务科室有、注册登记管理科、市场合同管理科、综合执法科；增设特行所。2003年，行政编制22名，设一正二副，纪检组长1名，股级职数12名；内设办公室、人事教育科、监察室、财务装备科、法制科、注册管理科、经济检查科、市场规范管理科；派出机构编制72名；直属事业单位4个，个体劳动者协会、私营企业协会、消费者协会、维修行业管理办公室，编制23名。2005年，派出机构编制由72名减为69名。2007年，工商所及经济检查大队调整为副科级。县工商局下设城区分局编制15名，设1正2副；三坡分局编制15名，设1正2副；永阳分局编制10名，设1正1副；北义安分局编制10名，设1正1副；石亭分局编制10名，设1正1副；经济检查大队编制8名，设1正1副。

2009年，全局干部职工112人，行政编制88人，事业编制23人，工勤1人；大专以上文化程度98人，占在职人员的89%；下设5个分局，1个经济检查大队。

第四节　物价管理

1980年，在涞水县计划委员会设立物价科，负责全县的物价管理工作。1984年，建立涞水县物价局。1984年以后，放开企业的定价权，活跃市场，促进经济发展。1985年后，出现部门乱收费、乱罚款现象，物价局加大监督检查力度。1988年，实行《收费许可证》制度，规范部门收费行为，优化市场环境，促进经济发展。

一、价格调控

1978年12月十一届三中全会后，为适应整个国民经济调整改革的要求，涞水县根据上级指示，对突出不合理的价格进行调整，改革价格结构，增强价格管理的灵活性。1978—1984年，县计委物价科先后6次对物价进行较大规模的调整。1979—1984年累计提高177种商品价格。粮、油全部提价，农副产品、畜产品、土特产品提高收购价格、1979年11月1日提高猪、羊、奶、蛋、禽、鱼等6种副食品销售价格；陆续提高了部分原材料和采掘工业的价格。1981调整烟酒价格。1983年1月调整纺织品价格。1983年，提高铁路货运和水运客运价格。据统计，期间调价品种有3万余个。1984年以后，国家逐步进行价格体制改革，明确国营企业有权在政策允许的范围内对某些商品和产品可以自行确定价格，可以协商作价、批量作价、扩大回扣等。分批放开“三类”小商品价格，对某些商品实行浮动价，对残次变质商品及零头、尾货自行削价处理。对饮食业实行利率控制，对理发、修理等服务业规定收费标准，颁发收费许可证。

二、物价监督

1982年8月，国务院颁布实施《物价管理暂行条例》。条例对加强物价检查、设立专门的物价检查机构作出规定，明确在县以上各级物价部门设物价检查机构。1984年，县物价局正式成立，并成立物价检查所，价格监督检查工作全面展开。根据上级主管部门的统一部署，先后组织铁路、电力、石油、化肥、农药等专项检查。加强对各种商品的牌价、议价、浮动价、季节差价、地区差价的统一管理，严格审批程序，建立举报箱、举报电话，加强日常监督检查，并定期开展物价咨询服务活动。每年“五一”、国庆、春节期间进行物价大检查。为加强农村市场物价管理，陆续成立5个农村物价管理所。这一做法，在全省物价部门是首创，得到省、市物价部门的肯定，并作为经验推广。1987年国务院颁布《价格管理条例》，赋予各级价格监督检查机构行使价格监督检查和处理价格违法行为的职权，强化价格行政执法手段。1997年12月，第八届全国人大常委会第二十九次会议审议通过《中华人民共和国价格法》，并于1998年5月1日实施；1998年8月1日，作为《价格法》的配套法规《价格违法行为行政处罚规定》由国务院颁布实施。这两部法律、法规为价格监督检查提供行政执法的法律保障，近几年来，物价监督检查配合政府的中心工作，抓住群众反映强烈的热点问题，充分发挥价格监督作用，落实价格调控政策，整顿价格秩序。组织教育、医疗、化肥、农药等价格收费专项检查，遏制乱收费、乱涨价的势头，对促进涞水经济发展、深化经济体制改革、保持社会稳定、维护群众利益发挥了重大作用。2005年涞水县物价检查所被省价格主管部门评为“规范化物价检查所”。

三、物价信息

随着市场经济的逐步发展，各阶层对价格信息的需求越来越多。1992年县物价局成立了专门负责价格信息工作的部门——价格信息服务中心，创编《涞水县价格信息》周刊。定期采集和分析工业、农业等行业的生产能力、产品产量、市场需求量、市场供求方面的信息，定期发布重要工业品、农产品的市场价格信息和产业发展动态，以引导企业投资和生产经营行为。调整产品结构和产业结构，平衡市场供求，规避市场风险，提高经济效益。并带领企业多次参加物价部门组织的产品交流洽谈会，为涞水经济发展作出了贡献。多次开展农产品和非农产品成本调查，编写调查报告，为领导决策提供参考资料。

四、收费管理

20世纪80年代中后期，随着国家经济体制改革和社会主义现代化建设的发展，规范和加强收费管理势在必行。1987年9月，国务院颁布《中华人民共和国价格管理条例》，规定各类经营性收费、行政事业性收费由物价部门进行管理和监督。县物价局会同相关部门对交通运输、邮政通讯、建筑安装、金融保险、公安司法、城建房管、民政工商、卫生防疫、畜牧检疫、文化娱乐、教育以及其他咨询服务收费实行审批管理。1988年5月，经省人民政府批准，省物价局印发《河北省收费许可证暂行管理办法》，开始实行收费许可证制度。县物价局根据收费单位提交的主管部门批准设立的文件、有效的收费依据文件等资料，经审查合格后予以核发收费许可证。1997年12月29日，第八届全国人大常委会第二十九次会议通过了《中华人民共和国价格法》，进一步规范收费行为，收费管理工作进入了法制时代。

20世纪90年代以来，由于经济过热、法制不健全、部门利益等原因，以乱收费为首的“三乱”现象多次出现。中共中央、国务院也相继下发了《关于坚决制止乱收费、乱罚款和各种摊派的决定》《关于切实做好减轻农民负担工作的决定》《关于治理向企业乱收费、乱罚款和各种摊派等问题的决定》等文件。县物价局结合自身业务职能，认真落实上级文件精神，取消不合理收费，合并重复收费项目，降低偏高的收费标准。通过开展《收费许可证》年度审验、实行涉企收费“一证、一书、一卡”制度，推行收费员证和物价员证管理制度。设立乱收费举报热线电话、试行收费公示制度等措施，加大收费审批监管力度。杜绝擅自设立收费项目、擅自提高收费标准、自行扩大收费范围、强制服务、强制收费或者收费不服务、多收费少服务等违法行为。通过多年的努力，全县收费环境得到全面优化，各类收费行为得到调整和规范，从而进入规范化和法制轨道。

五、工作机构

1980年在县计划委员会设立物价科，负责全县的物价工作，物价科设科长1人，科员3人。

1984年1月，由计划委员会物价科析出成立涞水县物价局，下设办公室、物价股、收费管理股、信息股、会计股、检查所。在基层设城关、石亭、永阳、白涧、镇厂5个农村物价所。

2002年5月，根据县机构改革方案，涞水物价局并入发展改革局。

第五节　国土资源管理

1979—2009年，涞水县先后建立和完善基本农田保护制度、土地用途管理制度、耕地占补平衡制度和土地有偿使用制度。编制全县土地利用中长期规划，对土地使用实施计划管理，严格土地用途管制，根据城镇的不同用途，实行区域化布局，盘活土地存量，提高土地利用率。依法完善集体土地建设用地和国用土地建设用地使用权确权和登记管理制度，实行土地权属有证，规范地籍档案管理。对基本农田保护，实行行政和部门双重管理机制。土地执法监督工作步入规范化制度化、法制化轨道。建立和完善矿产资源有偿使用制度，矿产资源实行按规划合理利用。

一、土地利用总体规划

《涞水县土地利用总体规划（1997—2010）》于1997年8月着手编制，1998年4月完成。全县土地分为农业用地区、林业用地区、园地用地区、城镇建设区、乡村建设区、工矿用地区、自然和人文景观保护区。其中农业用地面积，1996年为25075.6公顷，2010年增加到26433.5公顷；林地面积，1996年为18961.6公顷，到2010年增加到20212.6公顷；园地面积，1997年为1915.3公顷，平原区退圆还耕116.7公顷，山区开发补充园地7500公顷，2010年园地面积达到8902.4公顷；牧业用地，1996年为0.2公顷，2010年达到9666.8公顷；城镇建设用地，1996年为7841.1公顷，到2010年调整为830公顷，其中包括6个县辖建制镇和1个县城建成区；村镇建设用地，1996年为897.9公顷，到2010年调整为5734.9公顷，主要用于村民住宅、乡村公共设施建设和公共事业建设；独立工矿用地，1996年全县工矿用地737.1公顷，到2010年，工矿用地面积增加到1204.5公顷，主要集中在涞水镇、义安镇、永阳镇、石亭镇、三坡镇、九龙镇；自然与人文景观保护区，以三坡镇为中心，包括三坡镇、九龙镇、赵各庄镇的一部分，面积28700公顷。同时开发未利用土地，未利用土地从1996年的106207.1公顷，下降到67179.1公顷。

1996—2010年涞水县土地利用结构调整规划表（一）

表6-4-5-1　　单位：公顷

地类		1996年		期间面积增减	2000年		期间面积增减	2010年		期间面积增减
		面积	比重		面积	比重		面积	比重	
土地总面积		165209.9	100.0	0.0	165209.9	100.0	0.0	165209.9	100.0	0.0
耕地		25075.6	15.2	345.7	25421.3	15.4	1007.9	26429.2	16.0	1353.6
园地		1519.3	0.9	2243.1	3762.4	2.3	5140.0	8902.4	5.4	7383.1
林地		18961.6	11.5	3929.7	22891.3	13.9	16282.9	39174.2	23.7	20212.6
牧草地		0.2	0.0	4733.3	4733.5	2.9	4933.3	9666.8	5.9	9666.7
城镇村及工矿用地	小计	7841.1	4.7	305.5	8146.5	4.9	68.1	8214.6	5.0	373.6
	城镇	760.9	0.5	21.7	782.6	0.5	54.3	836.9	0.5	75.9
	农村居民点	5897.9	3.6	35.1	5933.0	3.6	-198.2	5734.9	3.5	-163.1
	独立工矿	373.1	0.4	248.7	985.8	0.6	212.0	1197.8	0.7	460.7
	特殊用地	445.1	0.3	0.0	445.1	0.3	0.0	445.1	0.3	0.0
交通用地	小计	1158.6	0.7	32.1	1190.7	0.7	32.8	1223.4	0.7	64.9
	铁路	119.5	0.1	0.0	119.5	0.1	0.0	119.5	0.1	0.0
	公路	391.1	0.2	24.1	418.2	0.3	32.8	450.9	0.3	59.9
	农村	648.0	0.4	5.0	653.0	0.4	0.0	653.0	0.4	5.0
	道路	–	–	–	–	–	–	–	–	–
水域	小计	4446.5	2.7	-66.0	4380.5	2.7	39.6	4420.1	2.7	-26.4
	水利设施	11.4	0.0	0.0	11.4	0.0	225.1	236.5	0.1	225.1

1996—2010年涞水县非农业用地控制指标规划表

表6-4-5-2

项 目	2001~2010年			1997~2000年			规划期间		
	增加合计	耕地	非耕地	合计	耕地	非耕地	合计	耕地	非耕地
一、居民地点用地	53.7	20.3	33.5	150.5	24.1	126.4	204.2	44.3	159.9
1.城镇	21.7	16.7	5	54.3	15.7	38.6	75.9	32.3	43.6
2.农村	32.1	3.6	28.6	96.2	8.4	87.8	128.3	12	116.3
二、独立工矿用地	296	60.1	235.9	248	74.67	173.3	544	134.8	409.2
其他	4435.1	2.7	-66.0	4396.1	2.6	-185.5	4183.6	2.5	-251.5
未利用土地	106207.1	64.3	-11523.3	94683.8	57.3	-27504.7	67179.1	40.7	-39026.0
三、交通用地	32.1	3.8	28.3	32.8	9.9	22.9	64.9	13.7	51.2
1.铁路	0	0	0	0	0	0	0	0	0
2.公路	27.1	3.8	5	32.8	9.9	22.9	59.9	13.7	46.2
3.其他	5.0	0	0	0	0	0	0	0	0
四、水利用地	0	0	0	225.1	91.5	133.6	225.1	91.5	133.6
1.水库	0	0	0	0	0	0	0	0	0
2.其他	0	0	0	225.1	91.5	133.6	225.1	91.5	133.6
五、其他	17.3	17.3	0	29.3	29.3	0	46.7	46.7	0
总 计	381.8	84.2	297.6	656.4	195.8	460.6	1038.2	280.0	758.2
平均每年用地	95.5	21.1	74.4	65.6	19.6	46.1	74.2	20.2	54.2

二、土地使用制度

1979—2009年县政府依法加强土地资源管理，农村实行土地承包，同时对耕地实行保护，严格控制建设用地，规范征用地审批手续，实行土地有偿使用。

1.耕地使用制度及保护

1979年，按照中共十一届三中全会精神，农村集体土地，实行联产承包责任制，在坚持土地集体所有的前提下，以家庭经营为主，克服人民公社在生产上的“大呼隆”和在分配上的平均主义弊病。

根据河北省1989年11月转发的《关于建立基本农田保护区意见的报告》精神，1990年涞水县人民政府下发了〔1990〕19号文件，按地类划分基本农田保护区。全县划定基本农田保护面积22871.8公顷耕地，保护率为91.2%，其中一级保护区面积12867.5公顷，占56.3%；二级保护区面积5482公顷，占4%；三级保护区面积4522.3公顷，占19.8%。根据国务院和河北省《基本农田保护条例》的规定，涞水县人民政府颁布《涞水县人民政府关于建立基本农田保护区的暂行规定》；1996年5月25日涞水县人民政府下发《涞水县人民政府关于基本农田保护暂行规定》（涞政〔1996〕49号文件）。

涞水县基本农田保护区分类面积表

表6-4-5-3　　单位：公顷

项目 单位名称	耕地总面积	耕地保护面积		耕地保护面积中					
		总保护面积	耕地保护率	一级保护面积	比重（%）	二级保护面积	比重（%）	三级保护面积	比重（%）
涞水镇	2760.3	2146.9	77.8	1155.4	53.8	528.8	24.6	62.7	21.6
九龙镇	770	64.6	86.3	97.8	14.7	35.17	52.9	215.1	32.4
三坡镇	601.3	32.9	87.1	46.7	8.9	274.9	52.5	202.3	38.6
赵各庄镇	1155	945.4	81.9	20	2.1	529.6	56	395.8	41.9
其中口乡	290.1	2599	89.6	0	0	139.9	53.8	120	46.2
龙门乡	640.3	565.1	88.3	5.3	0.9	332.3	58.8	227.5	40.3
宋各庄乡	454.4	410.9	90.4	223.7	54.5	104.4	25.4	82.7	20.1
娄村乡	2024.9	1913.8	94.5	1176.5	61.5	372.1	19.4	365.3	19.1
石亭镇	12372.2	2209.7	93.2	1390.9	62.9	386.4	17.5	432.5	9.6
永阳镇	2840.8	2606.5	91.8	1582.3	60.7	397.8	15.3	626.3	24
东文山乡	1488	1350.1	90.7	880.3	65.2	247.7	18.3	222.1	16.4
王村乡	2146.5	2025.3	94.4	1274.8	62.9	361.3	17.8	389.2	19.2
义安镇	3218.1	3090.6	96	1805.5	58.4	880.9	28.5	404.1	13.1
胡家庄乡	1879.2	1855	98.7	1328.7	71.6	307.9	16.6	218.5	11.8
明义乡	2434.5	2304.1	94.6	1879.6	81.6	266.4	11.6	158.1	6.9
合计	25075.6	22871.8	91.2	12867.5	56.3	5482	74	4522.3	19.8

1997—2000年涞水县基本农田保护区规划表

表6-4-5-4　　单位：公顷

名称	耕地总面积	保护区面积			
		一级保护区	二级保护区	三级保护区	保护率%
全县	25075.6 376134	13274.9 199124	5545.7 83186	3935.3 59030	91.2
涞水镇	27003 41404	1299.3 19489	556.8 8352	464 6960	84
九龙镇	770 1155	20 300	404.9 6703	85.5 1282	66.3
三坡镇	6013 9010.5	66.7 1000	354.3 5315	20.7 3010	73.5
赵各庄镇	1155 17325	20 300	633.6 9354	395.8 5937	90
其中口乡	290.1 4352.6	–	141.1 2116	120 1800	90

续表

名　称	耕地总面积	保护区面积			
		一级保护区	二级保护区	三级保护区	保护率%
龙门乡	640.3 9604.5	587.2 8808	412.2 6184	166.9 4004	91.7
宋各庄乡	454.4 6816.6	163.7 3956	111.1 1666	88 1320	71.9
娄村乡	2024 30360	987 18405	372 5581	261.3 3919	91.9
石亭镇	2372.2 3558.3	1454.7 21820	369.9 5548	355.8 533.7	91.9
永阳镇	2840.8 42612	1628.3 24425	398 5970	599.1 8387	91
东文山乡	1488 22320	933.7 14005	247.7 3715	185.4 2781	91.8
王村乡	2146.5 32317.5	1314.8 19722	361.3 5420	359.2 5388	94
义安镇	3218.1 48271.5	2065.5 30982.5	911.5 13672	179.2 2689	98
胡家庄乡	1879.2 28188	1328.7 19930	327.3 4919	111.7 1676	95.2
明义乡	2434.5 36517.5	1964.6 28569	266.6 3999	249.5 3742.5	99.4

2.宅基地

1982年之前，宅基地由个人向所在人民公社申请，经公社批准后，报县计委或县农业局、民政局等部门批准，被批准后，向大队下达批复信，然后交小队安排具体地皮和数量，一般生产队并不按批复面积丈量，有的多达0.6至1亩以上。1982年7月，河北省人民政府颁布《河北省村镇建房用地管理实施办法》，规定村镇建设用地，凡能用荒地的不得占用耕地。没有荒地的，尽量利用坡地、薄地。要积极改造旧村镇，充分利用原有的宅基地和村镇内的空闲地。对社员建房用地作出限制：人均不足一亩的地方，每户控制在二分五厘一内，一般地方控制在三分以内。1982年涞水县委、县政府按照省政府的规定，规定每处宅基地不超过0.35亩的用地标准。但因宣传力度不够和农民收入提高等原因，并未得到贯彻落实。1984年出现乱占耕地的现象，卖地、抢占、展墙扩院风气日盛，平原和丘陵80%以上的村庄成了空心村。针对上述情况，1986年涞水县委、县政府决定对全县宅基地进行一次彻底清理。1986年1月，县委、县政府成立涞水县清理宅基地、发放使用证领导小组，对全县宅基地进行清理，颁发宅基地使用证。

为开展全县宅基清理、发证工作，县政府1985年9月责成农业局土地股在王村乡搞了试点，至12月底结束。重点清理王村张翠台、辛庄头3个老大难村，并针对实际情况在清理过程中制订《关于加强土地管理处理宅基地、乱占、擅建问题的十一条规定》，在全乡清理、发证结束时，县政府组织召开清理乱抢、乱占耕地现场会。1986年4月全县清理宅基地、发证工作全面展开。为解决期间的具体细节问题，共同制订《关于宅基界墙的丈量办法》，《关于清理丈量工作的几点补充规定》。从试点到全县工作结束，以县委政府下发各种文件9份，召开现场会汇报会、会诊会、工作会7次，做到了政策上及时指导、解决问题有具体办法。这次清理工作的具体政策是：（1）时间界限，对于1982年7月3日以前的宅基地，只要没有随意扩大面积，一般承认现状，丈量发证。（2）面积界限，建国以前的宅基面积按实际占用丈量发证。新中国成立后至1982年底所占用的宅基地，按农村的实际情况，一般定为0.4亩，超出这个规定的，一律缴纳占地补偿费并处罚款。

这次清理、发证共涉及64874户，71540处，占全县宅基地总数的95%。调节使用权纠纷1743起；处理使用权和所用权案件17起；处理抢占、乱建、超标、展墙扩院侵犯集体耕地者2368户，退耕452亩。此次清理、发证，基本解决了乱占宅基地问题，缓和了因宅基地引发的矛盾纠纷。

3.国有土地使用制度

1981年3月，河北省政府印发《关于严格控征占用土地的通知》，对征占土地批准权限作了规定，县级政府没有建设用地审批权。1986年河北省发布了《关于促进环京、津地区横向经济联合的若干规定》，后外省、市来河北省环京津地区独资或合资兴办企业，在选址定点和占地上优先安排及时办理征地手续。占地5亩以内由县审批，20亩以内由地、市审批。非耕地可适当放宽。1986年国家颁布《中华人民共和国土地管理法》，河北省随后颁布《河北省土地管理条例》，规定：征用耕地3亩以下，其他土地10亩以下的由县、县级市人民政府批准，并逐级上报省土地局备案；征用耕地10亩以下，其他土地20亩以下的，由省辖市人民政府批准，报省土地管理局备案；超过上述限额的，报省人民政府批准。审批程序：（1）用地单位申请用地；（2）土地管理部门拟订征地方案；（3）审查、批准用地；（4）划拨土地；（5）颁发土地使用证书。

4.土地保护措施

1984—1986年，县计划委员会用近3年时间，完成全县284个行政村的村镇建设规划和涞水县县城建设规划，使县城和农村建设有据可依。1987年，土地管理局调查全县土地利用现状，制定土地利用总体规划。1988年，调查县城地籍。1989年，涞水县城镇地籍调查成果被评为国家土地管理局科技进步成果一等奖。1990年，详查全县各乡镇土地，设立基本农田保护区。1995年10月，河北省土地简讯第67期刊载了涞水县开展农村宅基地专项治理的经验报道。1998年，结合占用耕地与开发复垦挂钩政策的实施，加强砖瓦窑用地管理，对闲置废弃土地进行复垦利用，治理农村空心村，增加土地资源。1999年8月，为落实《基本农田保护条例》，搞好耕地保护工作，县、乡、村三级间签订基本农田保护责任状，并在成方连片基本农田保护区内，设立基本农田保护标志。2003年8月，野三坡被河北省批准为省地质公园。2004年1月，野三坡被国土资源部批准为国家地质公园。2005年，县城建局修改补充涞水县县城总体规划。2006年9月，野三坡被联合国教科文组织批准为世界地质公园。2007年9月，为加强土地市场管理，规范涞水县国有土地使用权出让行为，建立公开、公平、公正的土地市场秩序，制订《涞水县工业用地招标拍卖挂牌出让暂行规定》2009年，野三坡世界地质公园园区景观的形成机制与地质遗迹保护，荣获河北省优秀成果一等奖。

三、地籍管理

1.土地调查

1990—1992年对涞水县土地利用情况进行全面调查，调查结果显示：全县土地面积2478148.7亩，折合1652.1平方千米。山区占总面积的75.1%，丘陵占总面积的17.1%，平原占总面积的11.4%。其中：耕地386041.4亩，占全县总面积的15.6%；园地22850.8亩，占土地总面积的0.9%；林地283962亩，占土地总面积的11.5%（山区238576.8亩，平原10530.4亩）；牧草地2.4亩；居民点及工矿用地105754.5亩，占土地总面积的4.3%；交通用地16516.2亩，占土地总面积的0.7%；水域占地66475.2亩，占土地总面积的2.7%；未利用土地1597546.2亩，占土地总面积的64.5%。

2.城镇地籍调查

1987年涞水县城区总面积5.1平方千米，其中建成区1.96平方千米，城镇总人口21894人，其中农业人口7819人（城区6个村委会农民）。1987年8—9月，涞水县土地局与河北农大合作进行小区试点，1988年3—4月开展城镇土地调查和检查总结，编绘1∶1000地籍图14幅。1988年9月中旬，根据地籍调查资料对城区965宗地进行登记发证。按照国家省地有关确权文件，补办326户用地手续，通过地籍调查，调解387起地界纠纷。

四、土地执法

1987年3月，县土地管理局成立，内设监察股，负责土地监察工作。为配合该局查处土地违法案件，在土地局建立土地公安派出所；1995年3月，设立土地法庭，形成土地、公安、法院联合执法体系。

1986年《中华人民共和国土地管理法》颁布后，县委、县政府责成土地管理部门，对全县土地使用情况，进行全面检查清理。该局大张旗鼓的宣传贯彻土地法和《河北省土地管理条例》，协同各乡镇对全县非农业用地进行全面的清理，清理各类建设用地247处，占地8648亩，其中占用耕地3029亩。对其中79处违法占地补办占地手续，发放使用证247处。清理公共、公益事业占地336处，占地8680亩，其中耕地4207亩，清理登记276处，发证161处。此次清理，解决大量实际问题，调解土地使用权纠纷17起；处理抢占、乱建、超标、展墙扩院，侵犯集体耕地者2368户，退耕425亩；处理违法建筑设案件4起，拆除违法建设房屋22间，拆除违法围墙598米，收缴罚款11.4万元，追缴土地补偿费21.6万元。

五、矿产资源管理

2002年前，县矿产资源管理单位是涞水县矿产局。2002年5月，县矿产局与土地管理局合并，成立涞水县国土资源局。国土资源局成立后，加强矿产资源管理和矿山安全检查。

2004年成立打击违法采矿确保矿山安全领导小组。维护全县矿产资源勘查开发秩序，严厉打击无证采矿、越界采矿等违法采矿行为；防范矿山重大安全责任事故发生。

2006年8月，组建了矿产资源执法监察大队。

2007年，制订《涞水县矿山安全事故应急救援预案》。

2008年，制订《涞水县突发性地质灾害应急预案》，为高效有序地做好突发性地质灾害应急工作，避免或最大限度地减轻灾害造成的损失，维护人民生命财产安全和社会稳定奠定了基础。

六、工作机构

1979—1985年土地管理工作由县计划委员会负责；1986—1987年，由县计划委员会和涞水县农业局共同管理；1987年3月，成立县土地管理局，统一管理全县城乡土地工作。全局行政编制16人，事业编制3人，内设7个股室。是年10月，建立城关土地管理所。1988年5月，建立北义安、永阳、石亭、娄村、白涧、镇厂6个土地管理中心站。1993年，撤区并乡建镇后，调整为15个乡镇土地管理所。1998年，该局行政编制14人，内设股室5个，下设26个土地管理所，有干部职工118人，其中县局36人，乡镇82人。1999年7月，成立涞水县地产估价交易所。2001年7月，建立野三坡土地管理分局。2002年5月，土地管理局与地质矿产局合并，组建涞水县国土资源局。2002年12月，建立涞水县矿业发展中心、涞水县土地开发整理服务中心、涞水县土地储备拍卖中心。2006年8月，建立矿产资源执法监察大队。2009年12月，国土资源局机关行政编制12名，工勤编制2名，其中：局长1名，副局长3名，股级职数6名。下设7个股室、15土地管理所、5个股级事业单位，共有职工352人。

第六节　质量技术监督

1958年涞水县建立涞水计量站，不久因历史原因解散，人员下放。1963年8月重新组建，隶属于县手工业局，由修配社代管，负责木杆秤制造修理及木杆秤、台案秤检定工作。1971年归属涞水县计划委员会。1975年计量站更名为计量管理所，隶属于县科学技术委员会。1985年1月，经县编制委员会批准，成立县标准计量局。积极服务改革开放大局，在产品质量、计量、标准化、生产许可证、特种设备综合管理和行政执法方面做了大量工作，为当地经济建设健康发展发挥保驾护航的作用。

1999年立项建成检验检测中心大楼，2000年投入使用。

一、标准化管理

1989年4月，组织县直11个工业企业召开“企业标准化摸底”会议，对企业标准化工作进展情况进行调研，全面部署企业标准化工作。

1991年5月，在全县经销企业宣传贯彻《日用安全火柴标准》，规定7月1日后，仍销售非标准火柴的单位和个人，一律依法查处。

1991年10月，首次开展“世界标准日”宣传活动，在县电视台发表电视讲话，普及标准化常识。

1993年，开始办理组织机构代码，购入一台电脑录入系统。

1995年，申请并获批涞水县国家级大杏扁农业标准化示范区项目。

1997年，涞水县被认定为第一批消灭无标生产县。

1998年，开展标准化普查。通过国家验收，成为全国消灭无标生产县。

1999年，组织机构代码实施电子档案管理，实现计算机自动化管理和信息交换，与省代码中心统一联网，新办证单位同时可获IC卡副本。涞水县国家级大杏扁农业标准化示范区项目，在野三坡度假村通过专家验收。通过3年的项目建设，涞水县形成10万亩大杏扁种植基地，对山区农民脱贫起到积极促进作用。

2009年，申请并通过河北省地方标准《农家院服务质量规范》，对全省农家院、渔家院、农家包的经营，提供标准技术支持，对促进农家旅游业发展起到积极作用。野三坡风景名牌区申请并获得国家级旅游标准化示范项目。

至2009年年底，制定企业标准55个，农业标准5个，服务标准1个，办理组织机构代码3563个，商品条码45个。

二、计量管理

1985年11月，为做好《中华人民共和国计量法》宣传贯彻准备工作，向县政府提交《关于宣传贯彻〈计量法〉工作意见的报告》，获得县政府批准。

1986年1月，向县政府提交公制木杆秤改制工作的请示，2月获得批准，在全县贯彻落实。7月，《中华人民共和国计量法》颁布后，计量工作走上法制化管理轨道。

1989年4月，在县政府礼堂召开全县标准计量工作会议，参会人员为各区、乡经联社主任、县直有关部门负责人、县属各企业和乡镇企业厂长（经理）参加。

同月，县标准计量局和电力局联合发出通知，对本县各单位使用的电度表，执行强制检定。

至2009年年底，全县有计量操作人员58人，检定各类计量器具25万余台件（次），检定合格率从不足70%提升到98%以上，检定覆盖率从零提升到99%以上，突出计量工作为全县企业服务的宗旨，规范全县近200个中小企业计量行为，查处各类计量违法案件300余起，帮助重点用能单位培养计量人员60余人。建立计量标准13项，分别为血压计、压力表、加油机、电能表、测力、温场、F1等级砝码、F2等级砝码、衡器、水表、燃气表、车速里程表、电话计费器。涞水顺天电极、北雄玻璃器皿两个重点用能单位顺利通过升级能源计量验收。

三、质量管理

1985年，国家标准局颁布《产品质量监督试行条例》，要求各级标准计量部门加强产品质量管理。涞水县产品质量管理工作，从1989年成立产品质量检验所开始。是年，县标准计量局代县政府起草《对部分产品实行合格证制度及对部分商品加强质量监督检查的报告》，获县政府批准。首先对全县罐头和钢渣水泥行业的质量问题进行监督管理，逐渐将全县所有产（商）品质量管理纳入日常工作范畴。当年，监督抽检生产领域产品565批次，流通领域产品258批次。1990年10月，保定地区法定质检机构审查组通过对涞水标准计量局产品质量监督检验所的审查验收，确认资格，颁发验收合格证书和计量认证证书。从此，产品质量检验工作步入正轨。先后取得白酒、面粉、糕点、罐头、酿造酱油、醋、建筑生石灰、建筑生石灰粉、烧结普通砖、混凝土实心砖、预应力混凝土空心板等检验资格，检验合格率逐年提高。

2003年开始名牌培育工作，2008年，涞水益康蚊香有限公司“益康”牌蚊香，获河北省名牌企业称号。

四、质量监督

1986年7月，《中华人民共和国计量法》实施，计量行政执法工作随之展开。

1989年，国务院发出《严厉打击商品中掺杂使假》的通知，国家技术监督局发布《严厉查处经销伪劣商品者意见》，省、市、县也做出相应部署。涞水县标准计量局的产品质量行政执法工作相继展开。

1993年9月，颁布《中华人民共和国产品质量法》，产品质量行政执法工作纳入法制化轨道。

1998年，县政府成立“打击假冒伪劣产品办公室”“整顿规范产品质量办公室”，办公地点设在技术监督局，局长兼任两个办公室的主任，公安、工商、物价、农业、畜牧等十多个部门为成员单位。从此，在全县范围内开展为期数年、卓有成效的打击假冒伪劣违法行为、整顿和规范市场经济秩序联合行动。先后在灰粉行业、食品行业、建材行业等生产领域开展一系列专项整治。查办销售劣质农用三轮车、劣质钢材案；查处生产假冒生物农药、益康蚊香案等大案要案；通过对石亭假种子、义安假化肥、吉化劣质农药等数起坑农案件的沉重打击，维护农民的利益，支持农业的发展；通过帮助县外名优企业维权，查办假冒维维豆奶、蓝带啤酒、雀巢咖啡、五合窖牌白酒及多起假冒名烟名酒等案件，为企业挽回直接经济损失500余万元。1998—2000年，连续3年举办假冒伪劣产（商）品集中销毁大会，有效震慑制售假冒伪劣犯罪分子的嚣张气焰。

2001年，原劳动局锅炉股整建制划转到质监局，增加特种设备安全监察职能。工作范围包括承压锅炉、压力容器、压力管道、电梯、起重机械、客运索道、大型游乐设施，场内机动车辆的安全监察。至2009年年底，涞水县有特种设备400余台件，设备检测率95%以上；由特种设备3级安装修理资质的企业1个；特种设备资格从业人员150余人。

五、工作机构

1985年，成立县标准计量局，下设计量所，共有干部职工9人。1988年底设立产品质量检验所。1990年，建立化验室。1992年，更名为技术监督局，有干部职工20人。1998年，更名为质量技术监督局。1999年，实行省内垂直管理。2002年，公务员定编22名，事业人员17名；设科级职位1名，副科级职位2名；内设办公室、质监股、标计股、稽查股、食品股、特监股、三坡站和检验所。是年，原经贸委质量管理工作和特种设备安全监察工作划归质量技术监督局。2001年，流通领域商品的监督管理职责，划转到工商行政管理局。

2009年，该局编制26人，设局长1名，副局长2名，内设办公室、标计股、质监股、特监股、食品股、稽查股、检验所。

第七节　审　计

一、国家审计

1986年和1988年分别对白涧区和虎过庄乡财政所进行财务收支审计，查出违纪资金6.8万元，应上交财税收入8.03万元。1990年，开展维护财经纪律，清理固定资产投资在建项目、控制消费基金增长、税收、财务、物价大检查。1991年，以企业审计为重点，审计财务收支真实、合法性，并作出适当的审计评价，促进经济效益的提高。1994年《中华人民共和国审计法》颁布，确定各审计机关对本级预算执行情况进行审计监督，向本级政府提交审计结果报告，并受政府委托向本级人大常委会提交审计工作报告。1995年，审计机关在开展“同级审”初始阶段，大力宣传《中华人民共和国审计法》，为预算执行情况审计营造良好的审计环境。1997年，采取“账户入手、下审一级”方法，深化“同级审”，把审计发现的预算收入未纳入预算管理、部分预算收入未及时入库、各种周转金逾期率和占用费欠收率普遍较高等问题，以综合报告形式进行反映。

1999年，重点对财政预算资金筹集、使用分配情况进行审计，并对公用经费支出及非税预算收入征管情况进行审计调查。审计发现：有的执法单位罚没收入未及时全额上缴，有的行政机关公用经费居高不下并呈快速增长态势，而且部门之间悬殊过大、苦乐不均；专项资金使用不当，有的专项资金被挤占、挪用或滞留在主管部门，影响财政资金使用效益；有的单位行政事业性收费不规范及预算外收支未执行收支两条线管理规定等问题。审计机关对上述问题及时依法作出处理和提出审计建议，被审计单位采取相应措施进行了整改。

2000年，以审查财政收支真实性和完整性，揭露预算管理和预算执行中存在问题，保证国家预算资金安全与完整为目标，对发现的新问题、新情况进行分析，采用综合报告、呈阅件、信息形式向政府和有关部门反映，促进政府和有关部门及时采取措施进行整改。

2001年，财政审计重点完成县本级预算执行审计；行政事业审计完成卫生事业审计、社保事业审计和“通讯费、油修费、招待费”三费审计检查；企业审计完成农网改造和部分县办企业审计。全年完成审计项目39个，审计资金1.3亿元，查处违纪资金486万元。

2002年，财政审计围绕积极稳妥推进财税体制改革，突出真实性、严把合规性、注重效益性，审计单位包括财政局、地税局、地方国库，延伸审计了水利局、农机局、扶贫办和粮食局。乡镇财政决算审计重点扭转“不够较真”现象，重在规范乡镇财政管理，审计永阳镇等5个乡镇；行政事业审计重点对城建系统、教育系统、卫生系统、公安局等单位和部门的财务收支进行审计；企业审计完成烟草公司行业审计以及工交商贸破产改制企业的审计；固定资产投资审计主要对农村电网改造、保野路等重点工程进行审计。全年完成审计项目26个，审计资金1.6亿元，查处违纪资金675万元。

2003年，财政审计围绕费改税落实情况、乡镇财政执行决策、经济责任经济发展情况对明义乡、其中口乡进行审计；行政事业审计完成农业专项资金、城市建设专项资金、社会保障资金、土地资金、扶贫资金的审计；企业审计完成电力局经济责任审计，粮食行业5个粮站的审计，破产改制企业（棉麻公司、鞭炮公司）审计；固定资产投资审计主要对县城112国道改造、保野路扫尾等重点工程进行审计。另外组织对防治“非典型性肺炎”专项资金和捐赠款物的审计。全年完成审计项目38个，审计资金2.1亿元，查处违纪资金850万元。

2004年，财政审计县本级预算执行审计对财政局、地税局、县级国库进行审计，延伸审计县文化教育局，乡镇财政决算审计重点对涞水镇、义安镇、九龙镇、娄村乡预算内外资金收支的真实性、合法性、效益性进行了审计；行政事业审计对教育系统、卫生系统、人老社保局等22个单位和部门财务收支进行审计；企业审计：对县交通局及运管站、垒子煤矿以及部分粮食企业的资产、负债、损益进行审计；金融审计：对县农村信用联合社资产质量及经营状况进行审计调研；固定资产投资审计：对县城电网改造、京赞公路拓宽等国家投资的重点工程进行审计。全年共完成审计项目33个，审计资金2.8亿元，查处违纪资金1070万元。

2005年，财政审计突出重点部门预算执行审计，把综合预算做为预算执行审计的主线，以部门预算执行审计为基础，财政部门、地税部门和国库预算执行审计为重点，对审计中发现的问题，依法作出纠正和处理；行政事业审计集中开展专项资金综合治理，对2003年以来扶贫、救济救灾、农村中小学危房改造和布局调整、公共卫生防治体系建设、计划生育药具、农村劳动力培训、解决人畜饮水等7项重点专项资金进行审计；固定资产投资审计针对国有基本建设项目中存在的违法施工、弄虚作假、不按规定招投标、高估冒算、损失浪费等问题，强化审计监督，全年共完成基建审计项目11个，审计资金3450万元，审减投资350万元；经济责任审计受县人大常委会、县委组织部的委托，对县供销社、建设局、环保局、人劳社保局等单位主要负责人进行任中经济责任审计。全年完成审计项目23个，审计资金3.1亿元，查处违纪资金1480万元。

2006年，财政审计在审计财政、地税和国库的基础上，延伸审计广播电视局、计划生育局、国土资源局；行政事业审计围绕国家积极财政政策的实施和维护社会稳定，强化对专项资金的审计监督，包括农业专项（农机补贴、良种补贴、优质粮工程、旱作农业）小流域治理、畜牧防疫、移民安置、农业综合开发、农村公路建设等6项专项资金；固定资产投资审计完成基建审计项目8个，送审资金1291万元，审减投资170多万元，有效遏制基本建设领域存在的消极腐败现象；企业审计对涞水煤矿和经贸局及其下属部分公司进行审计；经济责任审计受人大常委会委托对县水利局、公安局、国土资源局、卫生局、民政局、工商局、广播电视局、农业局、发改局、药品监督局等单位主要负责人进行任中经济责任审计，受县委组织部委托，对娄村乡等乡镇离任的16名乡镇党委书记、乡镇长进行离任经济责任审计。全年完成审计项目39个，审计资金2.6亿元，查处违纪违规资金937万元。

2007年，财政审计，对地税部门2006年度预算执行及税收征收管理情况进行审计，本着核实财政财务收支、揭露反映问题、提出对策建议的工作思路，以促进提高预算编制、执行的真实性、合法性、效益性为目标对县本级预算执行进行审计，延伸审计县林业局；行政事业审计，主要是对五项社会保险基金（养老、医疗、失业、工伤和生育）和抚恤金、中小学“两免一补”资金、中小学教育经费、职业教育经费、农村卫生设施改造经费、新型合作医疗基金等专项资金进行审计；经济责任审计：受县人大常委会委托，对3名县直部门一把手进行了任中经济责任审计、受县委组织部委托，对离任的13名乡镇和县直部门主要负责人进行离任经济责任审计；固定资产投资审计完成基建审计项目12个，送审资金3933万元，审减投资558万元。全年完成审计项目42个，审计资金3.6亿元，查处违纪违规资金912万元。

2008年，财政审计完成对财政局、地税局预算执行情况审计，同时对农业局、水利局进行延伸审计，对审计中发现的问题如实向人大和政府作报告；行政事业审计完成农村卫生设施改造资金、七项社会保险资金等审计，普九债务审计（涉及15个乡镇124个村）和抗震救灾捐赠款物跟踪审计；企业审计：完成了电力局及其下属单位资产负债损益审计；固定资产投资审计，完成了16个建设项目决算审计，审计资金4257万元，审减投资536万元。全年完成审计项目11个完成自定和交办审计项目28个，审计资金3.6亿元，查出违纪资金2127万元。

2009年，财政审计：对财政部门具体组织预算执行情况进行了审计，同时延伸审计了农业局、林业局、计划生育局、环保局、教育局。对地税部门2008年度预算执行及税收征收管理情况进行审计；行政事业审计：根据全省统一部署，对全县企业职工基本养老保险、城镇职工基本医疗保险、失业保险、工伤保险、生育保险等五项基金进行审计。对县交警大队、民政局、司法局、县供销社、妇幼保健院、县疾控中心和4所公办中学等10个部门和单位财务收支进行审计；企业审计本着以审促纠、以审促管理、以审促发展的工作思路，对电力局等3个企业进行审计；固定资产投资审计完成基建审计项目7个，审计资金2696万元，审减投资489万元。全年完成计划审计项目9个，完成自定和交办审计项目35个，审计资金3.8亿元，查处违规违纪资金2321万元。

二、内部审计

1983年，开始在有下属机构的单位和企业建立内审机构，至2009年年底，全县有内审机构15个，其中企业内审机构4个、金融内审机构1个，行政事业内审机构5个，其他内审机构5个，配有内审人员39名；内部审计工作对规范单位财务收支、促进各单位加强经营管理发挥作用。

（一）经济效益审计

1983—1989年，审计135个项目单位，查出违纪资金647万元。如1989年底通过对文化局京涞涂料厂的财务收支审计，发现少记销售收入12.4万元，漏缴税款2.1万元，隐瞒盈利4.8万元。1987年对磁性材料厂进行审计，厂领导对查出的问题认真对待，积极落实审计决定，收效显著。审计后与审计前对比，产值产量均增加29.8%，销量增长1.6倍，产品质量提高，成本下降15%，利润上升3.5倍，使其财务管理走上正轨。

1990—2009年，各内审机构完成经济效益审计项目218个，查出损失浪费资金2180万元，纠正违规行为资金1690万元，促进各单位财务管理，提高经济效益。

（二）专项审计

1983—1988年底，开展372个项目单位专项审计。为治理整顿流通领域的经济秩序，先后查纠粮食系统套取国家提价补贴、超购加价和超劳补贴等72.3万元。6个国营经营化肥、石油企业非法涨价收入7.4万元。查纠13个单位挪用、拖欠罚款和没收款10.3万元；18个单位滥发服装974套，金额3.7万元。1989年，通过对69户自筹基建资金来源的事前审计，取消7户，取消不合理投资35万元；消减来源不正当的资金40.4万元。经过审计，1989年比1988年投资额下降28%。同时，对基建项目进行跟踪审计，查出扩大建筑面积2799平方米，突破投资指标134万元，漏缴土地占用税49万元，有力控制过热的基本建设投资规模。1990年，对各乡（镇）农村教育费附加征收、管理和使用情况开展专项审计，发现农村教育费附加征、管、用方面存在少收、漏征、擅自减免的情况，除写专题报告外，提出加强管理的多条建议。1994年，审计发现一些乡（镇）对征收工作不够重视、宣传力度差、征收办法旧、开征面窄、部分乡（镇）挪用教育事业费附加现象比较严重，向县政府提出转变农村教育费附加征收方式的建议。1995年，县政府采纳审计建议，对征管工作制定考核办法，进行年度考评，征收额逐年上升。1996年，县审计机关对农业综合开发资金进行专项审计，审查了县农业局等项目单位。1997年，审计机关对电力、电网建设基金进行审计，作出1995—1996年地方电力建设基金和电网建设基金征、管、用情况审计调查报告，提出完善电网基金管理制度和办法的建议。

1997—2009年，各内审机构开展专项审计13项，查处违纪违规问题68个，给各单位领导提出合理化建议82条，促进增收节支6000多万元。

2007—2009年涞水县审计调查统计表

表6-4-7-1

年度	审计单位个数（个）	管理不规范资金（万元）	违规资金（万元）	审计专项资金总额（万元）	整改资金（万元）	审计报告（条）	审计建议（条）	被采纳（条）
2007	18	219	925	9400	17	18	4	1
2008	16	1093	6	12902	104	16	8	4
2009	7	475	-	5906	4	9	6	3

（三）定期审计

从1986年起，开始对多个行政事业部门，25个工商部门及经营物资的企业实行半年一期的定审，查出违纪金额98.7万元。通过对行政事业经费的定期审计，经济违纪现象逐年下降，促进廉政建设。2000年以后，实行“三年轮审一遍”，基本实现审计全覆盖。

（四）审计调查

为适应经济社会发展的需要，从2007年开始，先后对一些地方领导和广大干部群众共同关注的问题进行审计调查。如围绕计划生育超生罚款、私人拖欠公款、商业流动资金、夏粮收购资金、水利支农资金等多个项目进行审计调查，调查结果及时向县政府作专题报告，对存在问题提出改进措施，发挥审计监督、指导作用。

三、制度建设

1988年，制订《审计工作目标管理岗位责任制》《审计工作质量的考核标准》，审计实施过程的监督和控制做到有章可循。

1989年，加强思想、业务、队伍建设，制订《审计机关廉政建设的规定》，公开审计纪律和办事制度，实行回避制度，接受各方监督。

1997年，把学习贯彻执行《中国审计规范》作为加强审计业务管理的重点，开展审计业务调研，为拓宽审计领域、突出审计重点积累资料。

1999年，实行审计组所在的审计业务股、分管副局长、局长三级复核制度，重大审计事项必须经集体研究审理，并对审理会议的提出、研究内容、会议记录等作出具体规定。

2007年，推进“人、法、技”建设，加强教育培训和科研宣传，采取外派培训、学术讲座、专题研讨、经验交流等形式，组织审计人员重点学习法律法规、审计基础知识，多名审计人员顺利通过全国审计系统计算机知识考试。同时，制订、实施《审计执法过错追究制度》，加强内部监督。

2008年，推行业务交叉、轮岗作业和业绩考核制度；严格执行“审计人员十不准”工作纪律；建立和执行审计回访、复核、质量检查、举报制度和奖惩制度，促进审计干部队伍素质的提高，提高审计执法水平。

2009年，坚持和完善廉政建设责任制，建立廉政风险评估预警制度；坚持执法公示制度、审计复核制度、审计业务会议制度，依法推行审计结果公告制度，做到民主执审，增进审计权力公开透明运行；全面贯彻审计准则和《审计机关审计项目质量控制办法》，对审计方案、审计证据、审计日记和底稿、审计报告、审计档案实行有效的质量控制；严格推行“审计质量终身责任制”和“主审负责制”，完善《审计质量责任追究办法》，增强审计人员的责任意识和质量意识，促进审计质量的提高。

四、工作机构

1983年11月组建审计局。1985年，局内设综合审计股、财金事业审计股、商业贸易审计股和工业建筑业、交通运输业审计股。1988年11月建立审计事务所，1999年6月审计事务所和审计局脱钩，原有事业编制人员5名，划归审计事务所。全局工作人员18名（其中：行政人员16名，事业人员2名）。2002年涞政办〔2002〕40号文件规定审计局机关行政编制11人，工勤编制1人，其中科级职数1名，副科级职数2名，股级职数4名。2008年涞政办字〔2008〕81号文件规定，审计局行政编制9人，工勤编制1人。2009年底，全局有干部职工31人，其中财政开支在职干部14人，退休干部12人；自收自支5人。机关内设4个股：综合审计股、企业审计股、行政事业审计股、财政金融审计股。

第八节　财　政

一、城乡财政体制

1979年后，财政体制进行多次改革，激发和调动县乡（镇）财政节支增收的积极性，财政收入以13.37%的速度增长，保障涞水县各项事业的发展。

（一）县级财政

1979年，涞水县实行“定收定支、收支挂钩、差额补贴，支出结余归县”的财政体制，市对县分别核定基数，收大于支的，多余部分按一定比例上交，对支大于收的不足部分给予补助。

1980—1984年，实行“划分收支、分级包干”的财政体制。

1985年实行“划分税种、核定收支、分级包干”的财政体制。经过第一步利改税和第二步利改税，国营企业由上交利润改为上交各种税款。国家对流转税的税种、税率也作了适当调整。

1994年，涞水县开始实行分税制财政管理体制改革，各项税收按税种和隶属关系分别划分为中央与地方共享收入、中央固定收入和地方固定收入。将消费税划为中央固定税种，增值税作为中央和地方共享税种，其余税种为地方固定税种，同时增值税、消费税收入以1993年为基数实行税收返还，并逐年递增。

2002年，中央对所得税收入体制进行改革，把所得税收入实行中央与地方按比例分享。

2003年，为促进县乡加快发展速度建立激励性财政体制政策，涞水县实行“定额分享，超收全返”政策。依据2001年收入完成情况，确定涞水县“四税”收入基数为2153万元。返还基数为855万元。

2008年实行第二轮激励性财政体制，重新确定收入基数，施行“定额分享，超收全返”政策。

（二）乡镇财政

1984年9月，涞水县开始建立乡级财政。在此之前，各乡财政人员负责本乡行政人员经费支出的管理。县财政局对各乡实行报账。乡级财政建立后，县对乡实行“定收定支、收支挂钩、定额补贴、超收分成、短收倒挂、一年一定”的管理体制。

1985年，县财政局依据28个区、乡镇的自然资源、条件、交通状况以及经济发展状况，拟定乡级财政的5种具体管理体制。（1）定额上解，超收分档分成；（2）定额上解，超收分成；（3）定额补贴，超收全留；（4）超收分成，短收减支；（5）定收定支，收支挂钩。自1986年开始在各乡实行。

1995年，乡镇执行“稳定基数，逐年递增，确保上交，短收超支不补，节支全留，超收分成”的财政管理体制。

2001年，取消各乡镇对金库的使用权，各乡镇金库纳入县级金库统一管理，国库资金由县财政部门统一调配。县委、县政府结合涞水县实际情况研究决定，对各乡镇采取“核定基数，全额入库（上解），超收分成，短收不补（按比例发放工资）”的财政管理体制。

2005年，为巩固农村税费改革成果，按上级要求，涞水县进一步改革和完善县乡财政体制，决定从2006年起对乡镇实行“收支统管，核定收支，超收奖励，节支留用”的统收统支财政管理体制。

至2009年，涞水县15个乡镇财政体制共分为两种类型，一是分税制财政体制，二是统收统支加激励的财政体制。

财政体制的不断完善，调动乡镇增收节支的积极性，切实增强乡镇财政的保障能力，促进乡镇经济的快速发展。

（三）预算编制

2005年以前，涞水县沿用传统的预算编制模式编制预算，编制方法为：按上年度财政供养人员工资信息为基础，测算全年人员经费支出，再根据各部门及乡镇上年度公用经费及专项经费实际支出情况，结合本年度增支等因素，测算当年公用经费及专项经费支出，汇总审核后上报。

2006年开始，涞水县县直65个部门和15个乡镇按上级要求统一使用河北省财政厅开发的“部门预算编审软件系统”编制预算。实行一个部门一本预算，将部门及所属单位收支预算全部反映到当年预算文本中，强化预算内、预算外资金管理，统筹安排收支，落实综合预算、零基预算、标准定额预算；对专项公用经费、专项支出严格实行项目预算管理。严格按照部门建议、财政审核、政府审定、人大审批的预算决策程序，使涞水县预算编制工作更加科学、高效、透明。

二、财政收支

改革开放初期，涞水县财政收入水平很低。1979年财政总收入为387.2万元，财政支出为522.6万元。2009年，财政总收入为19532万元，年均增长13.96%。地方一般预算收入10556万元。年均增长12.27%。人均财政收入由14.18元增长到554元，年均增长12.56%。

1979—2009年涞水县财政收入统计表

表6-4-8-1　　　　单位：万元

年度＼项目 金额	收入合计	税 收	企业收入	基本折旧基金	其 他
1979	387.2	290.7	44.1	–	5
1980	356.9	250.2	78.6	–	
1981	268	219.9	–	–	2
1982	310.3	247.4	5	–	3.7
1983	335.8	315.9	17.1	–	2.8
1984	516.6	450.1	63.4	–	3.1
1985	803.9	825.1	8.2	–	8.3
1986	969.8	835.7	–	–	11.6
1987	1083.4	956.1	329.1	–	–
1988	–	–	–	–	–
1989	1467.2	1240	–	–	–

续表

年度＼金额＼项目	收入合计	税 收	企业收入	基本折旧基金	其 他
1990	1282.9	1250.3	-	-	32.6
1991	1624.9	1342.8	74	-	76.1
1992	1468	1182	80	-	31
1993	1704	1683	-	-	60
1994	1542	1217	-	-	339
1995	2089	1257	-	-	344
1996	2985	1970	-	-	671
1997	3599	1853	-	-	-
1998	4242	1577	-	-	1059
1999	4231	1706	-	-	-
2000	2370	1406	-	-	-
2001	-	-	-	-	-
2002	3053	1248	-	-	50
2003	3488	1416	-	-	3
2004	-	-	-	-	-
2005	4219	1944	-	-	-
2006	5912	2201	-	-	75
2007	6830	3232	-	-	110
2008	9452	5809	-	-	-
2009	10556	6455	-	-	-

1979—2002年，涞水县工资发放形式是由县直各单位、乡镇各财政所会计，根据本月本单位职工情况报送工资花名册，财政局审核后，直接拨付到县直单位及各乡镇财政所，而后由县直各单位及各乡镇发放到全县公教人员手中。

2002年，省财政厅信息中心开发出工资银行化发放软件，7月，涞水组织人员将全县财政开支人员工资录入该系统。同年11月在农行涞水县支行及涞水县农村信用合作联合社开设银行工资代发账户，每月将全县公教人员工资打入账户，实行银行化工资发放。

1979—2009年涞水县财政支出统计表

表6-4-8-2　　　　单位：万元

年度 \ 项目 金额	支出合计	行政管理费	文教科卫事业费	经济建设费	抚恤和社会福利费	其他
1979	522.6	107.3	214.6	–	38.2	–
1980	633.6	132.7	273.5	–	48.5	26.4
1981	563.4	102.8	292.6	–	48.6	14.5
1982	699.3	132.8	323	–	48	7.2
1983	766.2	180.2	373.2	–	51.2	6.3
1984	943.4	241.7	379.1	–	93.6	36.3
1985	1403.1	240.5	489.8	104.7	182.6	56.2
1986	1578.4	332.2	584	35.4	114.8	111.9
1987	1544.3	374.3	661.2	–	98.1	98.4
1988	–	–	–	–	–	–
1989	2030.3	411	808.3	–	135.8	79.4
1990	2182.3	437	937.4	–	190.2	30.2
1991	2461.9	517.7	1024.7	–	183.8	73.7
1992	2571	543	1050	–	298	64
1993	3009	592	1115	–	344	198
1994	3422	833	1546	–	178	92
1995	4243	847	1743	8	385	350
1996	5992	924	1984	13	262	354
1997	6609	948	2413	–	338	342
1998	6924	1061	2251	115	368	10
1999	8176	1135	2921	29	459	436
2000	7880	1182	2753	130	447	179
2001	–	–	–	–	–	–
2002	12360	1872	4044	515	583	539
2003	14762	1903	4941	632	752	921
2004	–	–	–	–	–	–

续表

年度＼项目＼金额	支出合计	行政管理费	文教科卫事业费	经济建设费	抚恤和社会福利费	其他
2005	21550	3347	6856	766	1066	1700
2006	28403	3597	7695	853	1188	6217
2007	39761	6015	10302	944	5619	7750
2008	48397	9078	10691	1503	8710	2282
2009	56557	7593	13259	4384	10246	2485

三、财政监察管理

（一）预算外资金管理

80年代初期，随着工业、商业、交通运输业等行业的发展，预算外资金收入不断增加。涞水县财政局从1984年对行政事业和工商企业的预算外资金分别进行管理。1983—1989年预算外资金总收入为3237.7万元，总支出为3049.5万元。1983年预算外资金收入仅为213.3万元，随着收入的不断增长，到1989年预算外资金收入达到806.9万元，6年增长3.8倍，其中地方财政部门管理的收入增长1.1倍，事业、行政单位管理的收入增长4.8倍，国营企业及主管部门管理的各项专项基金增长3.8倍。

1994年财税体制改革，实行分税制，部分预算外资金改由地税征收，财政部门只负责事业费、附加及其他收入。1994年预算外资金总收入为433万元，其中各项附加收入70万元，其他收入363万元，总支出为448万元。到2004年预算外资金总收入为1474万元，支出为1616万元，10年收入增长了2.4倍。2009年预算外资金总收入为1707万元，支出1563万元，比2004年收入增长16%。

（二）控制社会集团购买力管理

1988年11月成立“涞水县控制社会集团购买力办公室”。主要职责是对社会集团购买非生产用品的某些高级消费品和市场供应暂时紧缺的商品实行专项控制。专项控制商品有：小轿车、摩托车、大轿车、沙发、地毯等19种商品，所有机关、学校、部队、企业、事业单位，一般不准购买上述专控商品，如有特殊需要非买不可的，必须按审批程序上报，经批准后，持批准单和社会集团购货证购买。年底将19种专控商品扩大到29种。

1992年1月1日，将29种专控商品品目作适当调整，划分为八大类。

1993年5月1日，将国家实行的29种专控商品调整为8种，即小汽车、大轿车、摩托车、录像机、空气调节器、各种音响设备、单价500元以上的照相机和放大机、无线寻呼机和无线移动电话。前7种商品均按一定比例收取专控商品附加费。小汽车实行定编定标，不得无编超标购置。

1999年7月15日，小汽车停止征收专控商品附加费。

2001年，专控商品只保留小汽车，其他商品不再控制。

2002年9月至2009年，只控制行政、事业单位购买小汽车，对企业单位取消控制，

（三）财务监督检查

1979—2009年，县财政局逐年对县直部门，企事业单位和乡镇进行财务检查，其中1979—1997年，县政府组织开展几次税收、财务、物价大检查，清理违纪资金，并收缴入库。

1979—1997年涞水县税收、财务、物价联合检查情况统计表

表6-4-8-3　　　　单位：万元

项目/金额/年度	检查户数	其中		违纪金额	实际入库	备注：含个体户数
		企业	事业			
1979	132	–	–	10.6	–	–
1980	57	–	–	9.3	2.9	–
1981	107	–	–	316.54	3.5	–
1982	96	–	–	159.3	37.8	–
1983	84	–	–	39.2	8.32	–
1984	209	–	–	73.4	4.8	–
1985	101	34	50	60.1	11.1	–
1986	76	–	–	227	23.5	–
1987	69	–	–	13	–	–
1988	1388	384	66	270.5	96.1	938
1989	155	110	45	204.9	91.24	–
1990	92	–	92	60	4	–
1991	140	–	–	82.4	33.6	–
1992	716	202	514	93	51.4	–
1993	132	–	–	98.7	30.3	–
1994	657	627	30	23	6	–
1995	1768	99	2	73.5	73.5	1667
1996	2285	350	6	279.9	218.8	1870
1997	2154	–	–	597.7	146.4	1715
合计	–	–	–	2692.04	843.26	–

1998—2009年涞水县财税检查统计表

表6-4-8-4　　单位：万元

年 度	检查户数	违纪金额	应入库金额	实际入库
1998	20	8.6	5.6	5
1999	22	10.2	6.3	5.9
2000	18	9	5	5
2001	24	11.5	8	8
2002	26	9.8	7	7
2003	17	8.6	6	6
2004	21	7.9	7	7
2005	18	7.5	5	5
2006	23	7.2	5	5
2007	19	7	5.2	5.2
2008	20	6.9	6.3	6.3
2009	21	5.6	5	5
合计	-	99.8	71.4	70.4

四、国有资产管理

（一）国有资产管理

1991年，国有资产管理局成立，局长由财政局副局长兼任。是年，对全县国有资产进行登记，完善企业和行政事业单位国有资产管理制度，建立了一套国有资产购入和处置国有资产审批手续。1995年，对国有企业进行了全部资产清查（包括土地、固定资产、流动资产、专项资产、资源性资产和其他资产、负债、所有者权益等），清查国有企业59户，资产总额35959万元，负债总额28825万元，所有者权益总额7134万元。2003年，县政府成立国有资产监督管理办公室，与财政局合署办公，业务由财政局企业股管理。2007年，按照财政部部署，对全县行政事业单位资产清查。共计清查192户，其中行政46个，事业146个（含教育109个），资产总额4.69亿元（其中行政1.38亿元，事业3.31亿元）。

（二）国有资产评估审核

经批准进入破产程序的企业，在法院宣判企业破产后，由破产清算组到财政部门办理资产评估立项，批准后委托省以上财政部门授予资产评估资格并具备破产企业资产评估资格的评估机构，对破产企业财产进行评估，资产评估结果报财政部门进行合规性审核。

（三）国有资产保值增值

1979—1998年，国有工业企业资产保值增值率基本保持在108%~103%左右，1999年后，由于大部分工商企业经营不景气，根据实际情况陆续进入破产程序。

五、农村税费改革

为减轻农民负担，规范农村收费行为，涞水县自2001年开始着手农村税费制度改革工作。其主要内容概括为："三取消、两调整、一改革"。"三取消"，是指取消乡统筹和农村教育集资等专门向农民征收的行政事业性收费和政府性基金、集资；取消屠宰税；取消统一规定的劳动积累工和义务工。"两调整"，是指调整农业税政策和调整农业特产税政策。"一改革"，是指改革村提留征收使用办法。至2006年，涞水县与其他县市同步，取消农业各项税费。

在改革开放中备受关注的"三农"（农业、农村、农民）问题，也在深化农村改革过程中开始逐步解决。1989年以来，涞水县依据国家政策逐步加大向"三农"的转移财政支付力度，保护"三农"的基本利益；加大对农业生产的资金、技术投入力度，提高农业劳动生产率，增加农民收入。至2009年年底，涞水县发放粮食直补、良种、农机具、退耕还林等补助资金3112万元；汽车、摩托车下乡补贴478万元。

六、管理机构

1978年，财政局内设办公室、预算股、企业股、监察股、预算外管理股，1979年，增设农财股。1984年9月，建立区、乡财政所。全县设立26个乡财政所和白涧、镇厂两个办事处。1985年，乡财政所调整为17个，山前15个，山区2个（白涧、镇厂区）。1988年6月，设立"行政事业财务管理股"；是年，财政局下设7股1室，年末全局干部职工30人。1996年11月，行政编制25名，其中局长1名，副局长3名，股级职数9名。内设人秘股、预算股、企业财务管理股、农业财务管理股、综合计划股、监察股、稽查股、会计工作管理股、控制社会集团购买力办公室9个股室。2002年6月机构改革，行政编制19人，工勤编制2名；设局长1名，副局长3名，股级职数8名；内设办公室、预算股、综合计划股、国资企业管理股、农业财务管理股、会计工作管理股、监察股、农业综合开发股8个股室。2009年，该局行政编制17名，工勤编制2名。全额事业单位5个：国债服务部定编10名；政府采购中心办公室定编4名；中华会计函授学校定编3名；资产评估公司定编10名；农业开发办公室定编8名。自收自支事业单位1个（金鑫山庄定编25名）。年末全局干部职工总数96名。

第九节　税　收

1978年，税务与财政分设，成立税务局，负责全县税收。

1983年，国务院决定在全国试行国营企业"利改税"，即将国营企业向国家上缴利润的制度改为缴纳企业所得税的制度。从1984年10月起在全国实施国营企业"利改税"的第二步改革和税收制度的全面改革。此后，国务院陆续发布关于征收所得税、调节税等税种的行政法规。至1991年，中国的税制设立37种税收。

1993年11月，确定税制改革的基本原则和主要内容。到12月底，税制改革的有关法律、行政法规陆续公布，从1994年起在全国实施。1994年税制改革的主要内容是：第一，全面改革货物和劳务税制，实行以比较规范的增值税为主体，消费税、营业税并行，内外统一的货物和劳务税制；第二，改革企业所得税制，将过去对国营企业、集体企业和私营企业分别征收的多种企业所得税合并为统一的企业所得税；第三，改革个人所得税制，将过去对外国人征收的个人所得税、对中国人征收的个人收入调节税和城乡个体工商业户所得税合并为统一的个人所得税；第四，大幅度调整其他税收，如扩大资源税的征收范围，开征土地增值税取消盐税、烧油特别税、集市交易税等12个税种，并将屠宰税、筵席税的管理权下放到省级地方政府，新设遗产税、证券交易税（这两种税后来没有立法开征）。至此，中国的税制设立25种税收。

1994年8月8日，保定地区税务组建筹备组批准涞水县国税、地税分设方案。

1995年5月20日，涞水县国家税务局与地方税务局正式分开办公，原有人、财、物按国税60%，地税40%的比例分配。

2000年，修改个人所得税法，改革农业特产税制度，修改契税暂行条例，发布车辆购置税暂行条例，并从2000年开始进行农村税费改革的试点，同时，暂停征收固定资产方向调节税。

2008年，发布一系列结构性减税政策，国家实行的结构性减税政策集中反映在3大税制改革中，即统一内外资企业所得税改革、增值税转型改革和成品油税费改革。统一内外资企业所得税改革及税收优惠政策。增值税转型改革。将小规模纳税人征收率统一调低至3%，将矿产品增值税税率恢复到17%。成品油税费改革。自2009年1月1日起实施成品油税费改革，提高现行成品油消费税单位税额，不再新设立燃油税，利用现有税制、征收方式和征管手段，实现成品油税费改革相关工作的有效衔接。

1979—1994年涞水县税收统计表

表6-4-9-1　　单位：元

年度	全年累计完成	其中					
		工商统一税	所得税	营业税	增值税	产品税	其他各税
1979	2956241	2449478	495389	-	-	-	11374
1980	2534745	2023065	500865	-	-	-	10815
1981	2182747	1865591	316906	-	-	-	250
1982	2582219	2209744	338893	-	-	-	33582
1983	2951819	2427791	382405	-	-	-	141619
1984	3892851	2493589	636499	-	-	-	703915
1985	6806438	-	-	2260941	114074	2828726	597416
1986	8500056	-	1617000	2733000	879000	2782000	-
1987	9691371	-	2127019	3121735	1065432	2666682	-
1988	10344890	-	1089508	3975327	3152463	1915010	-
1989	13835000	-	1297000	4716000	4012000	1940000	-
1990	13536952	-	1591000	4350000	3598000	1492000	-
1991	13828000	-	-	-	-	-	-
1992	12176000	-	-	-	-	-	-
1993	12087000	-	-	-	-	-	-
1994	11497000	-	-	-	-	-	-

一、国税

（一）税种

由国家税务局征收的税种11项：1.增值税；2.消费税；3.中央企业所得税；4.地方和外贸银行及非银行金融企业所得税；5.证券交易税（未开征前先在上海、深圳市证券交易所征收的证券交易印花税）；6.境内外商投资企业和外国企业的各项税收（按税种分别划入中央库和地方库）；7.出口产品退税的管理；8.集贸市场的各项税收和个体户交纳的增值税与“两金”（按税种分别划入中央库和地方库）；9.中央库的滞补罚收入；10.按中央税、共享税附征的教育费附加（划入地方库）；11.国家能源交通重点建设基金，国家预算调节基金，俗称“两金”（1995年起全部停止征收）。

（二）税率

涞水县国家税务局负责辖区内增值税、消费税、企业所得税、车辆购置税的征收管理。

1.增值税

（1）基本税率

对于增值税一般纳税人从事应税行为，除下述低税、免税等以外，一律适用17%的基本税率，对于烟、酒、奢侈品等特殊货物另通过加征消费税来进行税收负担的调节。

（2）低税率

为减轻某些行业的税收负担，除基本税率以外，另规定一档13%的低税率。适用低税率的货物有：农业产品；暖气、冷气、热水、煤气；石油液化气、天然气、沼气、居民用煤制品；图书、报纸、杂志；饲料、化肥、农药、农机（不包括农机零部件）农膜以及国务院规定的其他货物、增值税一般纳税人销售或者进口上述货物，按13%的低税率计征增值税。

（3）征收率

小规模纳税人适用征收率，其中商业类小规模纳税人，适用的征收率为4%；工业类小规模纳税人，适用的征收率为6%，并且均不得抵扣进项税。从2009年1月1日起，小规模纳税人无论工业还是商业，税率均调整为3%。

另根据财政部《关于旧货和旧机动车增值税的通知》（财税〔2002〕29号）规定，自2002年1月1日起纳税人销售旧货，一律按4%征收率计算税额后再减半征收增值税，并不得抵扣进项税额。纳税人销售自己使用过的属于征收消费税的机动车、摩托车、游艇，售价超过原值的，按照4%的征收率计算税额后，再减征增值税；集价未超过原值的，总征增值税。旧机动车经营单位销售旧机动车、摩托车、游艇，按照4%的征收率计算税额后再减半征收增值税。

对于自来水公司销售自来水，按照国家税务总局2002年5月17日《关于自来水行业增值税政策问题的通知》（国税发〔2002〕56号）也按6%的征收率征收增值税，但同时对其购进水厂自来水取得的增值税专用发票上注明的增值税税款可以抵扣。

中外合作油（气）田开采的原油、天然气根据国务院1994年2月22日《关于外商投资企业和外国企业适用增值税、消费税、营业税等税收暂行条例有关问题的通知》（国发〔1994〕10号）按5%的征收率征收增值税。

应纳税额=销项税额-进项税额

2.消费税

消费税设置了14个税目，在其中的3个税目下设置13个子目，列举25个征税项目。实行比例税率的有21个，实行定额税率的有4个。共有13个档次的税率，最低3%，最高56%。2008年9月1日起排气量在1.0升（含1.0升）以下的乘用车，税率由3%下调至1%。经国务院批准，财政部、国家税务总局对烟产品消费税政策作了重大调整，甲类香烟的消费税从价税率由原来的45%调整至56%。另外，卷烟批发环节加征一道从价税，税率为5%，新政策从2009年5月1日起执行。

2009年涞水县消费税税目、税率一览表

表6-4-9-2

税　　目	税　　率
一、烟	
1、卷烟	
（1）甲类卷烟	56%加0.003元/支
（2）乙类卷烟	36%
2、雪茄烟	36%
3、烟丝	30%
二、烟及酒精	
1、白酒	
2、黄酒	20%加0.5元/500克(或者500毫升)
3、啤酒	240元/吨
（1）甲类啤酒	250元/吨
（2）乙类啤酒	220元/吨
4、其他酒	10%
5、酒精	5%
三、化妆品	30%
四、贵重首饰及珠宝玉石	
1、金银首饰、铂金首饰和钻石及钻石饰品	5%
2、其他贵重首饰和珠宝玉石	10%
六、成品油	
1、汽油	0.28元/升
（2）含铅汽油	0.20元/升
（2）无铅汽油	0.10元/升
2、柴油	0.10元/升
3、航空煤油	0.20元/升
4、石脑油	0.20元/升
5、润滑油	0.20元/升
6、燃料油	0.10元/升
七、汽车轮胎	3%
九、小汽车	
1、乘用车	
（1）气缸容量在1.0升（含1.0升）以下的	1%
(2)气缸容量在1.0升以上至1.5升(含1.5升)的	3%
(3)气缸容量在1.5升以上至2.0升(含2.5升)的	5%
(4)气缸容量在2.0升以上至2.5升(含2.5升)的	9%
(5)气缸容量在2.5升以上至3.0升(含3.0升)的	12%
(6)气缸容量在3.0升以上至4.0升(含4.0升)的	25%
(7)气缸容量在4.0升以上的	46%
2、中型轻商用客车	5%
十、高尔夫球及球具	10%
十一、高档手表	20%
十二、游艇	10%
十三、木制一次性筷子	5%
十四、实木地板	5%

3. 企业所得税

企业所得税的征收对象是纳税人取得的所得。包括销售货物所得、提供劳务所得、转让财产所得、股息征利所得、利息所得、租金所得、特许权使用费所得、接受捐赠所得和其他所得。

所得税法规定法定税率为25%，内资企业和外资企业一致，国家需要重点扶持的高新技术企业为15%，小型微利企业为20%，非居民企业为20%。

4. 车辆购置税

车辆购置税是对在我国境内购置规定车辆的单位和个人征收的一种税，它由车辆购置附加费演变而来。现行车辆购置税的基本规范是从2001年1月1日起实施的《中华人民共和国车辆购置税暂行条例》。车辆购置税的纳税人为购置（包括购买进口、自产、受赠、获奖或以其他方式取得并自用）应税车辆的单位和个人，征税范围为汽车、摩托车、电车、挂车、农业运输车，税率为10%，应纳税额计算为：应纳税额=计税价格×税率。

（三）税收征管

1994年，国地税机构分设后，主要负责县内国营、集体、股份制、联营、私企及个体工商户，集贸、摊群市场的税收征管工作，实行专管员管户制度。

1998年，计算机更换服务器、前台工作站及全局的网线，扩充服务器容量，加快数据运行速度，对软件内容进行补充完善，满足了日常征管的需求和市局广域网的要求。建立两级数据库维护网，健全数据维护制度，保证数据库的完整和准确，为税务查询和税收征、管、查工作提供真实、可靠的数字依据。

2002年10月，设办税服务厅，实施集中征收。办税服务厅设税务登记、纳税申报、发票购领、综合管理、纳税咨询等服务窗口，纳税人从开业登记到停业清税的所有涉税事宜，均在办税服务厅内完成。全面实行电子化申报，提高纳税申报速度，节省企业办税时间。

2004年建成负责纳税申报、管理服务、发票管理、税务稽查、管理、综合查询6个子系统的税收征收管理信息网络系统服务项目，取消专管员管户制度，全面实行纳税人自行申报纳税制度。税收征管信息网络系统具有自动审核纳税申报表、财务报表，企业财务、税收重要指标的分析等功能，解决国税征管工作中增值税专用发票的控管，杜绝税收执法、税收征收、管理处罚的随意性。建立以计算机为依托，集中征收，管理服务，重点稽查的新税收征管模式。

1994—2009年国税税收统计表

表6-4-9-3　　单位：元

年度	实际完成	年度	实际完成
1994	11497000	2002	28660000
1995	13712000	2003	34180000
1996	14260000	2004	41110000
1997	15270000	2005	53170000
1998	17050000	2006	59570000
1999	18560000	2007	66301477
2000	1860000	2008	68044024
2001	24860000	2009	76890172

（四）信息化建设

2000年，涞水县国家税务局按照上级要求开始推行信息化建设，随后实施“金税工程”（包括4个子系统：增值税防伪税控开票子系统；增值税防伪税控子系统；增值税计算机稽核子系统；发票协查子系统）和“CTAIS”系统（即中国税收信息管理系统）的上线运行。其中“金税工程”于2001年7月1日起正式开通运行。“CTAIS”系统于2004年1月1日起正式上线。

（五）国税管理机构

1994年8月8日，组建涞水县国家税务局。1995年5月20日，涞水县国家税务局与涞水县地方税务局正式分开办公，原有人财物按照国税60%，地税40%的比例进行分配。新成立的涞水县国家税务局人员105人，在编人数72人，其中正式干部47人，合同制干部11人，正式工人8人，合同制工人6人；另有临时工33人。设立办公室、档案室、税政股、政工股、计会股、县直分局、稽查分局、税检室、城管所、北义安所、永阳所、石亭所、白涧所、镇厂所等机构。1998年4月8日，税检室撤销。1998年6月29日，按照市国家税务局改革方案，涞水县国家税务局设征收分局1个，涉外征管所1个，设5个农村税务所（北义安所、永阳所、石亭所、白涧所、镇厂所）。稽查机构设综合计划股、审理股，设2个税务稽查所。机关设5个科室，即办公室、监察室、综合管理科、计划科。1999年3月，进行征管改革，撤并股级机构4个，内设行政科室4个（办公室、政工科、计财科、税政征管科）和6个税务所。1999年6月11日，工会委员会正式组建。1999年6月29日，成立涞水县国家税务局行政复议委员会及复议办公室。2009年，涞水县国家税务局设局长1名，副局长2名。机关内设6个科室，即：办公室、征收管理科、政策法规科、计划统计科、人事教育科、监察室；下设1个直属稽查局；1个征收大厅；1个事业单位信息中心；4个征收分局即城区分局、义安分局、永阳分局、镇厂分局。

二、地税

（一）税种税率

1995—2009年，地方税征收税种19项：

1.营业税，指对在境内有偿提供应税劳务、转让无形资产或销售不动产的单位和个人，就其取得的营业额征收的一种税。在中华人民共和国境内提供营业税应税劳务、转让无形资产或者销售不动产的单位和个人，应当缴纳营业税。税率：交通运输业3%、建筑业3%、金融保险业5%、邮电通信业3%、文化体育业3%、娱乐业5~20%、服务业5%、转让无形资产5%、销售不动产5%。计算公式：营业税应纳税额=营业额×税率。

2.个人所得税，是以个人（自然人）取得的各项应税所得为对象征收的税。个人所得税的纳税人是指在中国境内有住所，或者无住所但在境内居住满一年，以及无住所又不居住或居住不满一年但有从中国境内取得所得的个人。包括中国公民、个体工商户、外籍个人等。个人所得税的征税对象是个人取得的应税所得。个人所得税法列举征税的个人所得11项，具体包括：工资、薪金所得；个体工商户的生产、经营所得；对企事业单位的承包经营、承租经营所得；劳务报酬所得；稿酬所得；特许权使用费所得；利息、股息、红利所得；财产租赁所得；财产转让所得；偶然所得；其他所得。税率：工资、薪金所得适用5%~45%的九级超额累进税率；个体工商户的生产经营所得和对企事业单位的承包承租经营所得，适用5%~35%的五级超额累进税率；稿酬所得，适用比例税率，税率为百分之二十，并按应纳税额减征百分之三十；劳务报酬所得，适用比例税率，税率为百分之二十；特许权使用费所得、财产租赁所得、财产转让所得、利息、股息、红利所得、偶然所得和其他所得，适用20%的比例税率。

3.土地增值税，转让国有土地使用权、地上的建筑物及其附着物（以下简称房地产）并取得收入的单位和个人，为土地增值税的纳税人。土地增值税是以转让房地产取得的收入，减除法定扣除项目金额后的增值额作为计税依据。税率：土地增值税按照四级超率累进税率进行征收。增值额未超过扣除项目金额50%的部分，适用税率为30%；增值额超过扣除项目金额50%，未超过100%的部分，适用税率为40%；增值额超过扣除项目金额100%，未超过200%的部分，适用税率为50%；增值额超过扣除项目金额200%的部分，适用税率为60%。

纳税人应当自转让房地产合同签订之日起7日内向房地产所在地主管税务机关办理纳税申报，并在税务机关核定的期限内缴纳土地增值税。

4.城市维护建设税，凡缴纳增值税、消费税、营业税的单位和个人，都是城市维护建设税的纳税人。城市维护建设税的计税依据是纳税人实际缴纳的增值税、消费税、营业税税额。按照纳税人所在地的不同，实行不同档次的税率：纳税人所在地在市区的，税率为7%；纳税人所在地在县城、镇的，税率为5%；纳税人所在地不在市区、县城或镇的，税率为1%。

5.车船使用税，在我国境内，车辆、船舶（以下简称车船）的所有人或者管理人为车船税的纳税人。车船的所有人或者管理人未缴纳车船税的，使用人应当代为缴纳车船税。

6.房产税，房产税由产权所有人缴纳。房产税在城市、县城、建制镇和工矿区范围内征收。房产税依照房产原值一次减除30%后的余值计算缴纳。房产出租的，以房产租金收入为房产税的计税依据。

税率：依照房产余值计算缴纳的，税率为1.2%。依照房产租金收入计算缴纳的，税率为12%。对个人按市场价格出租的居民住房，房产税暂减按4%的税率征收。

7.资源税，在我国境内开采《中华人民共和国资源税暂行条例》中规定的矿产品或者生产盐的单位和个人，为资源税的纳税人。

8.城镇土地使用税，在城市、县城、建制镇、工矿区范围内使用土地的单位和个人为城镇土地使用税的纳税人。在城市、县城、建制镇和工矿区范围内征收。城镇土地使用税以纳税人实际占用的土地面积为计税依据。县城、建制镇、工矿区，1.5元至6元。

9.企业所得税，凡中华人民共和国境内的企业和有生产经营所得的其他组织，其在境内、境外取得的各种生产经营所得和其他所得，均属于企业所得税的征税范围。企业所得税的计税依据是应纳税所得额，即纳税人每一纳税年度的收入总额，减除不征税收入、免税收入、各项扣除以及允许弥补以前年度亏损后的余额。其中：收入总额包括销售货物收入、提供劳务收入、转让财产收入，股息红利等权益性投资收益、利息收入，租金收入，特许权使用费收入，接受捐赠收入和其他收入。不征税收入有财政拨款，依法收取并纳入财政管理的行政事业性收费、政府性基金和国务院规定的其他不征税收入。

10.印花税，在境内书立、领受《中华人民共和国印花税暂行条例》中列举凭证的单位和个人，都是印花税的纳税人。征税对象：①购销、加工承揽、建设工程承包、财产租赁、货物运输、仓储保管、借款、财产保险、技术合同或者具有合同性质的凭证；②产权转移书据；③营业账薄；④权利、许可证照；⑤经财政部确定征税的其他凭证。

11.契税，在中华人民共和国境内转移土地、房屋权属，承受的单位和个人为契税的纳税人。征税范围：（一）国有土地使用权出让；（二）土地使用权转让，包括出售、赠与和交换；（三）房屋买卖；（四）房屋赠与；（五）房屋交换。税率：契税税率为3%~5%。河北省契税税率为4%。其中：个人购买自用普通住房的税率为3%，个人首次购买90平方米及以下普通住房的税率为1%。个人购买自用普通住房、经济适用住房按3%税率减半征收契税。计税依据：（一）国有土地使用权出让、土地使用权出售、房屋买卖，为成交价格；（二）土地使用权赠与、房屋赠与，由征收机关参照土地使用权出售、房屋买卖的市场价格核定；（三）土地使用权交换、房屋交换，为所交换的土地使用权、房屋的价格的差额。

12.耕地占用税，占用耕地建房或者从事非农业建设的单位或者个人为耕地占用税的纳税人。计税依据：耕地占用税以纳税人实际占用的耕地面积为计税依据，按照规定的适用税额一次性征收。税额：每平方米25元。

13. 基本养老保险费，基本养老保险亦称国家基本养老保险，是由国家通过立法强制实行的，保证劳动者在年老丧失劳动能力时，给予基本生活保障的制度。基本养老保险费是参加基本养老保险的单位和个人按照规定比例缴纳的费用。参加基本养老保险并缴纳基本养老保险费是享受基本养老保险待遇的前提条件。①征缴范围：国有企业、城镇集体企业、外商投资企业、城镇私营企业和其他城镇企业及其职工，实行企业化管理的事业单位及其职工，城镇个体工商户及其雇工，自愿参加基本养老保险的自由职业者、灵活就业人员、进城务工的农民工等。②缴费基数及缴费比例：企业按照上年度全部职工工资总额20%的比例缴费；职工个人按照本人上年度月平均工资收入8%的比例缴费。城镇个体工商户和灵活就业人员按照全省上年度在岗职工月平均工资20%的比例缴费。进城务工的农民工以全省上年度在岗职工月平均工资的60%为基数，按照16%的比例缴费；农民工个人以全省上年度在岗职工月平均工资的60%为基数，按照4%的比例缴费。③缴费地点及期限：缴费人应当于每月10日前，持社会保险经办机构签章核准的《社会保险费申报表》到主管地方税务机关办理缴费手续。

14. 失业保险费，失业保险是指国家通过立法强制实行的，由社会集中建立基金，对因失业而暂时中断收入来源的劳动者提供物质帮助的制度。失业保险费是参加失业保险的单位及职工，按照规定比例缴纳的费用。①征缴范围：国有企业、城镇集体企业、外商投资企业、城镇私营企业和其他城镇企业及其职工，事业单位及职工，民办非企业单位及其职工，社会团体及专职人员。②缴费基数及缴费比例：缴费单位按照本单位工资总额2%的比例缴费；缴费单位职工按照本人工资1%的比例缴费。③缴费地点及期限：缴费人应当于每月10日前，持社会保险经办机构签章核准的《社会保险费申报表》到主管地方税务机关办理缴费手续。

15. 教育费附加，凡缴纳增值税、消费税、营业税的单位和个人，除按照《国务院关于筹措农村学校办学经费的通知》的规定，缴纳农村教育事业费附加的单位外，都是教育费附加的缴纳人。教育费附加的计征依据，是纳税人实际缴纳的增值税、消费税、营业税税额，现行征收率为3%。

16. 地方教育费附加，在本省行政区域内缴纳增值税、消费税、营业税的单位和个人，为地方教育附加的缴纳人。对中外合资经营企业、中外合作经营企业和外资企业暂不征收地方教育附加。地方教育附加的计征依据，是纳税人实际缴纳的增值税、消费税、营业税税额，现行征收率为2%。

17. 残疾人就业保障金，残疾人就业保障金地税机关代征的范围。本省行政区域内未安置或安置残疾人就业达不到规定比例的各级各类企业和实行企业化管理的事业单位（包括中央企业、外省、市驻冀企业、三资企业、联营企业、私营企业等，以下简称各单位）。征收标准：我省规定安置残疾人就业的比例为不低于上年度单位在职职工人数的1.5%。安排一名盲人或重度肢体残疾人，按安排两名残疾人计算。本行政区域内安排对象不足的，经当地残疾人工作协调委员会批准，可按实有残疾人数量降低就业比例。征收标准为：（单位上年底实际在职职工人数×应安排比例数-在岗残疾人职工人数）×上年度当地年平均职工工资。对暂未达到残疾人就业比例的单位，按规定向各级地税机关缴纳保障金。按比例安排残疾人不足一人的单位，按比例差额计算缴纳。单位年底实际在职职工人数包括单位固定工、合同工、临时工（6个月以上），与计税工资人数一致。在岗残疾职工人数是指经残联劳动服务机构确认的残疾人数。上年度本地区职工年平均工资是指各市、县（市）统计部门公布的上年度职工年平均工资数。

18. 文化事业建设费。在中华人民共和国境内依照《中华人民共和国营业税暂行条例》的规定缴纳娱乐业、广告业营业税的单位和个人，为文化事业建设费的缴纳义务人。文化事业建设费按缴费人应当缴纳娱乐业、广告业营业税的营业额和规定的费率计算应缴费款。计算公式：应缴费额=应纳娱乐业、广告业营业税的营业额×3%。文化事业建设费由地方税务局在征收娱乐业、广告业营业税时一并征收。目前规定广告业缴增值税，由国税征收增值税同时征收文化事业建设费。

19. 工会经费。《中华人民共和国工会法》规定，建立工会组织的企业、事业单位、机关，按每月全部职工工资总额的2%，向工会组织拨缴工会经费。《河北省实施〈中华人民共和国工会法〉办法》规定，企业、事业单位、机关、团体设立或者投产、开业后，具备条件应建工会而未建工会的，应当自满一年后第一个月起，每月向上一级工会缴纳职工工资总额2%的工会筹备金。保定市总工会保定市地方税务局《关于地方税务机关代征工会经费的实施办法（试行）》保工联〔2006〕7号规定，建立工会组织的企业和实行企业化管理的事业单位，按全部职工工资总额的2%的40%由地方税务部门代征工会经费；开业满一年仍未建立工会组织的企业和实行企业化管理的事业单位，按照全部职工工资总额的2%由税务部门全额代征工会筹备金；对按系统管理经费的金融、保险、移动、网通、联通、邮政等企业，按全部职工工资总额的2%的10%代征。

（二）税收征管

涞水县地方税务局成立以来，税费收入持续稳定增长。从1995年到2009年，15年累计收入3.8亿元。税收收入从1995年的850万元增长到2009年的6635万元，年均递增15.8%；其中社保费自2002年接管以来，连年超额完成任务，累计征收14743万元。

1995—2009年地方税收统计表

表6-4-9-4　　　　单位：万元

年度	实际完成	年度	实际完成
1995	850	2003	1768
1996	1323	2004	2023.8
1997	1637	2005	2373.8
1998	1836.3	2006	2748.5
1999	1692.8	2007	3979.9
2000	1330	2008	5783.4
2001	1698.3	2009	6635.4
2002	1632.5	-	-

（三）管理机构

1995年，国地税分立成立地税局，内设办公室、政工股、税政征管股、计会股、稽查局、县直分局、城关税务所、北义安税务所、永阳税务所、石亭税务所、白涧税务所、镇厂税务所。1996年增设税检室、建筑业税务所。1997年，增设监察股。1998年，税政征管股分拆为税政股和征管股，撤销税检室、县直分局和城区税务所，增设直属一分局、直属二分局。2000年，直属一分局更名为征收大厅，直属二分局合并至城区税务所。2004年，计会股更名为征收计会股，由计会和征收大厅组成。2007年机构改革，增设信息管理股，下辖的税务所合并升级为分局，其中城区税务所升级为城区税务分局，永阳税务所升级为永阳税务分局，北义安税务所和石亭税务所合并为石亭税务分局，白涧税务所和镇厂税务所合并为三坡税务分局，征收计会股分拆为计会股和征收分局。

2009年涞水县地税局在编人员52人，其中：公务员46人，工勤人员3人，事业编制3人。设局长1名，副局长2名。

第十节　安全生产监督管理

一、安全生产检查

2002年安全生产监督管理局成立后，开展多次全县范围的安全生产联合执法大检查，检查单位5429个次，排查安全问题及隐患3209处，下发整改意见书1727份。检查中，坚持做到检查与整改结合，检查与规范结合，执法与服务结合，紧紧抓住明确责任、全面排查、严格执法、狠抓整改、复查验收几个重要环节，着力解决问题，确保收到实效。每年"两会"期间，按全国、省、市安全生产电视电话会议要求，开展持续近1个月的大检查，根据季度特点和安全生产形势，突出对重点企业、非煤矿山、高危行业等重点部位及领域加大检查与监管力度，确保"两会"期间全县的安全稳定。"五一"黄金周期间，下发《关于开展"五一"黄金周安全生产大检查工作的实施方案》，对人员密集场所、道路交通和水上交通、旅游景区景点、煤矿、非煤矿山、危险化学品、气水电等重点部位、食品和重大危险源、重点企业进行重点检查和监控。安全生产月期间，在开展多种形式的宣传的同时，同步进行了安全生产专项检查。重点组织对煤矿、非煤矿山、烟花爆竹、危险化学品、人员密集场所等重点领域、重点行业进行专项检查，检查各类生产经营单位593个，排查安全隐患246处，下发整改意见书227份。暑期、汛期，结合工作实际，开展以防坍塌、防泄露、防触电、防火灾、防雷击、防地质灾害、防道路交通事故为重点的安全生产专项检查，先后出动车辆1300台次，检查单位2357个次，消除安全隐患527处。十一黄金周期间，组织开展对人员密集场所、旅游景区景点、煤矿、非煤矿山、危险化学品等重点行业和领域的安全大检查，检查各类生产经营单位987个，消除安全隐患237处。

二、安全生产宣传

为营造全社会"关注安全、关爱生命"的舆论氛围，安监局以"安全生产月、安全生产专项检查"为载体，通过采取集中宣传咨询、送法到基层、安全生产企业行、专题研讨会和千名职工大签名活动等各种行之有效的手段，广泛开展安全知识"进农村、进社区、进学校、进企业、进家庭"活动，大力唱响"安全发展、国泰民安"的主旋律。

安全事故案例选登

2003年7月10日，益康制香有限公司因气雾杀虫剂车间发生爆燃引起重大火灾事故，经县委、县政府组织公安、消防、电力、安监等有关部门人员全力扑救，大火于13时30分被扑灭。此次火灾事故过火面积260平方米，烧毁设备（灌装机）3台套，造成3人死亡、4人重伤的严重后果。

事故发生后，县委、县政府主要领导立即赶赴现场，组织应急抢救，并积极配合省、市消防部门事故调查组对事故原因和责任展开调查。调查组认定起火原因是杀虫剂车间2号充气工作台东侧的机器排放管道中的气体排放时，因当天停工时间较长，相对放气量大，加之气温高，所以产生静电，引发火灾。

为认真落实安全事故调查处理"四不放过"原则，按照县委、县政府要求，县安全生产委员会责令益康公司停业整改，对该公司灌装车间实施封闭；责令公安、消防、安监、质监、卫生、工商等部门依照各自职责，对益康公司进行全面检查，待整改全面达标后方准恢复生产；责令益康公司健全安全机构，配备4名专职安全员，对全厂职工开展一次安全教育整顿；除对车间负责人庞某某、冀某某分别依法采取刑事拘留和取保候审措施外，对其他责任人员依法追究责任。

三、机构设置

县安全生产监督管理局于2002年7月成立，为副科级单位，挂靠县经济贸易局，负责统筹规划、协调指导、监督检查本辖区内安全生产工作。2004年，安监局升格为正科级机构，设局长1名，副局长2名，内设综合股、监察一股、监察二股，编制12人，其中：行政4人，事业8人。

2006年12月，安全生产监察大队成立，为安全生产监督管理局下属的全额拨款事业单位，副科级机构，编制8人。2009年，该局机构设置人员编制未变。

第十一节　对外开放

一、优惠政策

1993年，首次制定并发布《涞水县招商引资优惠政策》和《涞水县招商引资奖励办法》。

2003年，修订《涞水县招商引资优惠政策》。

2009年，再次修订发布《涞水县招商引资优惠政策》。

涞水县人民政府招商引资优惠政策

为进一步加大招商引资力度，鼓励和吸引客商到本县投资兴业，根据国家和省、市有关规定，结合本县实际，特制定如下优惠政策：

一、投资优惠

第一条：土地优惠政策

凡到涞水产业园区投资建设工业或农业产业化项目，企业用地执行环北京一小时经济圈内最低转让地价。

第二条：财政扶持政策

新建固定资产投资500万元（外资70万美元）以上的工业或农业产业化及高新技术项目，符合国家产业政策的，从投产当月起，按投产年度，前2年由同级财政按其所缴纳的增值税和所得税地方留成部分全额奖励企业，后3年按其所缴纳的所得税地方留成部分全额奖励企业，其中30%奖励企业法人代表，70%用于企业扩大再生产。

第三条：收费优惠政策

第一项　新建生产性和农业产业化及高新技术项目，建设期涉及规定的各类行政事业性收费（含必须的中介机构收费），县级部分一律按下限的50%收取。

第二项　产业园区内的新建生产性和农业产业化及高新技术项目，涉及工商企业注册登记费，按标准的下限减半收取；免征城市基础设施配套费；新型墙体材料专项基金、散装水泥专项资金按标准的30%征收，其余部分以协议代征；其他行政事业性收费，均按国家和省规定标准下限减半收取。

第三项　产业园区内企业除征收国家税收外，不征或全额返还应收费用的同级财政分享部分。

第四条：企业发展优惠政策

为促进县内现有工业企业（含农业产业化企业）扩规模、上水平、增后劲、促发展，享受以下优惠政策：

第一项　企业技改扩建投资强度达到每亩150万元以上的项目，如需征地，享受土地优惠政策；新增产能增加的税收，享受相应的财政扶持政策；项目建设期间，享受收费优惠政策。

第二项　企业之间并购、重组，免收县属行政性收费。

第三项　鼓励企业自主创新。由有关部门确认，产品评为中国名牌或驰名商标的企业，县政府奖励20万元人民币；被国家科技部门认定为重大科技攻关产品的，县政府奖励10万元人民币；被定为国家免检产品的，县政府奖励5万元人民币；获得国家发明专利且对企业的发展发挥重要作用的，县政府奖励5万元人民币；被评为省级名牌产品、省级著名商标且纳税额达到50万元人民币以上的企业，县政府奖励5万元人民币。

第五条：其他优惠政策

第一项　对引进投资企业的高级管理人员及高级技术人员，优先办理长期居住手续，愿意迁入户口的，办理常住户口。其亲属子女在就业、上学、参军、医疗、保险等方面均享受城镇居民待遇。

第二项　对固定资产投资5000万元人民币以上或年纳税500万元人民币以上新建工业企业法人代表，县政府聘请为经济顾问，在野三坡景区游览等方面享受特别优惠待遇。

第三项　对进入产业园区的项目实行封闭管理，予以重点保护。

第四项　新能源、光电一体化项目享受国家经济技术开发区优惠政策。

第五项　对自建设之日起，两年内完成固定资产投资1亿元以上或高科技、农业产业化和外资项目8000万元以上（外资项目按折合人民币计算）生产性项目的法人代表，县政府奖励部分未利用地，用于企业培训中心或宿舍建设。

二、奖励办法

第六条：引资人奖励

第一项　对引进自建设之日起，一年内完成固定资产投资3000万元以上或高科技、农业产业化和外资项目1000万元以上（外资项目按折合人民币计算）生产性项目的，给予引资人2万元人民币奖励，每递增投资1000万元，奖励递增1万元。对引资者最高奖金不超过10万元。

第二项　对引进自建设之日起，一年内完成固定资产投资5000万元以上或高科技、农业产业化和外资项目3000万元以上（外资项目按折合人民币计算）生产性项目的，引资人可享受下列三项中的其中一项。

（一）享受“引资人奖励”中第一项规定。

（二）安排一名30周岁以下、大专以上学历、身体健康的亲属在编制限额内到行政事业单位的工勤岗位工作，同时解决财政开支指标。

（三）亲属有在行政事业单位工作的解决一名财政开支指标。

第三项　对引进自建设之日起，两年内完成固定资产投资1亿元以上或高科技、农业产业化和外资项目8000万元以上（外资项目按折合人民币计算）生产性项目的，对引资人的奖励，由县政府按照“一事一议”的原则，确定奖励标准。

第四项　引资人是本县行政事业单位在职财政开支人员的，其本人最高奖金为2万元人民币，其余奖金作为所在单位招商引资经费使用。

三、政策执行

第七条：引资人确认。引资人包括自然人、中介机构等，多人的按一人对待，由项目投资单位出具引资人认定证明，报发展改革局备案。发展改革局负责对引资人进行确认。

第八条：固定资产投资的确认。项目建成投产后，由项目投资单位请会计师事务所出具该项目固定资产投资评估报告。然后，发展改革局牵头，财政局、建设局、统计局、审计局及相关金融机构等部门配合，对项目固定资产投资进行确认。

第九条：落实优惠政策。发展改革局、财政局、国土局等相关部门，根据对项目固定资产投资和纳税额度的确认，按照先征缴后奖励的办法，落实“投资优惠”和“奖励办法”中的相关规定。

第十条：设立招商引资奖励基金。对引资人和投资人的奖励从招商引资奖励专项基金中支付。

本政策自公布之日起执行，在此之前出台的相关政策同时废止。本政策由涞水县发展改革局负责解释。

2009年10月9日

二、招商引资

为加大招商引资力度，涞水采取多种形式，多种方法宣传、推介涞水，让更多的人了解涞水、认识涞水。印制画册、招商资料，召开各种联谊会等形式推介涞水。在政府网、招商网设立网页，系统介绍涞水的地理位置，即区位优势；涞水的资源状况，即资源优势；涞水的基础设施状况，即环境优势；涞水的人文环境，即人居环境优势；涞水的招商引资政策，即政策优势。以涞水优厚的软硬环境吸引国内外有识之士前来投资置业，考察洽谈，开展经贸合作。

自1988年开始，每年参加由省政府组织的河北省“5·18”经贸洽谈会，分别在石家庄市和廊坊市两地召开，由县委、县政府主要领导带队，各相关部门和企业参加。按时发布招商信息，散发招商资料。

自2002年开始，每年参加由省政府组织的“9·8”厦门经贸洽谈会，县委、政府主要领导带队，相关部门和企业参加，发布招商信息，散发招商资料。

自2002年开始，每年参加由省政府组织的香港“3·26”经贸洽谈会，县委、县政府主要领导带队，各相关部门和企业参加，发布招商信息，散发招商资料。

自2003年开始，每年的元旦后春节前在北京、石家庄、保定3市组织召开同乡联谊会，邀请事业有成的党政企老乡参加，为家乡建设出谋划策，为家乡建设引进项目、资金和人才，县四大班子主要领导和相关部门负责人参加。

2003年县委、政府在野三坡召开招商引资项目发布会，北京、天津部分相关企业负责人参加。

2005年1月，县委、政府组织召开对接北京战略研讨会，邀请北京市发改委、北京市工业促进局领导和专家参加，展望京、津、冀经济圈的发展前景，共谋对接北京的战略。

自2008年开始，县委、政府决定开展招商引资项目建设年活动，把招商引资做为重中之重工作来抓，抓住国家产业升级、京津等大城市企业外迁的有利时机，引进项目和资金，为涞水的振兴打下坚实的基础。

将招商引资工作列入县直部门和乡镇年度考核目标，加大奖惩力度。

涞水县招商引资、项目建设工作受到市政府的肯定和好评，自2007年连续3年全市招商引资、项目建设年终考核评比为山区县“招商引资、项目建设实绩突出县”，2007年市政府奖励30万元，2008年、2009年各奖励100万元。

1998—2009年引进内外资情况一览表

表6-4-11-1　　单位：万元

引资年份	项目名称	投资单位	总投资	经营情况
1998	商务旅游	海南集贸公司	18000	2006年转卖
	玻璃制品	北雄集团	5000	正常生产
	记者培训中心	中国土地报社	1200	已关闭
	老年人活动中心	京威房地产公司	5000	已关闭
	镜花缘宫	波峰工贸集团	1000	正常营业
	香料	北京三洁科技公司	1000	已关闭
	朝鲜民族文化村	吉林延边	500	已扩建
	铁氧体规模化生产	北京花卉种植中心	16360	已关闭
	5000T/年核桃乳生产线	林业部果品研究所	1000	已关闭
	3000T/年高功率石墨电极	抚顺石化厂	1665	已关闭
	直流石墨化技术	抚顺石化厂	1505	已关闭
	玻璃器皿	保定东方玻璃制品公司	600	正常生产
	邮电枢纽楼	中国电信总局	800	营业
	膨化硝铵炸药项目	省化工厅	1000	正常生产
	雷管生产线安全改造	省化工厅	880	正常生产
1999	山地高尔夫球场	海南集贸公司	5000	2006年转卖
	金山院旅游开发	北京杰森公司	10000	已关闭
	旅游	北京房产公司	1000	已关闭
	蚊香	天津南洋公司	1300	已关闭
	私立中学	北京波峰集团	2000	正常经营
	旅游娱乐中心	国土资源部	1800	已关闭
	综合娱乐	北京波峰集团	500	营业
	修复拦河坝	北京波峰集团	500	营业
	残疾人康复中心	中国残联	500	营业
	年生产150万千克粉丝	北京丰台区农工贸有限公司	600	已关闭
	旅游、度假	北京中信公司	6000	营业
	加工超细矿粉	北京铁路分局	2900	已关闭
	扩建分厂生产玻璃制品	北雄精工集团公司	1000	生产
	汽车高档内装饰面料阻燃器整理技术	一汽集团	1740	已关闭
	300吨0.36%苦参碱水剂	辽宁盖州熊岳植物杀虫剂厂	750	已关闭
	可溶性线塑产品	清华紫光公司	1000	已关闭

续表

引资年份	项目名称	投资单位	总投资	经营情况
1999	猪、鸡饲料	北京正大饲料厂	500	已关闭
	生产乳化爆破材料	北京化工研究所	900	生产
	镇流器电感器件	长虹集团	916	营业
	铅锌选矿	邢台有色金属公司	1000	关闭
	铁矿恢复生产	邯郸武安金属公司	1400	关闭
2000	山地高尔夫球场及后山旅游	海南集贸公司	16000	转卖
	游乐、载客	北京起重机厂	2000	营业
	真空冷冻干燥食品	清华紫光集团	1800	关闭
	生产芦荟系列产品	北京轻工学院	600	关闭
	贵金属矿汞污染治理	北京中科院管理学院	500	关闭
	生产环保黑蚊香	天津化工研究所	800	关闭
	獭兔系列养殖开发	北京农大	1000	关闭
2001	投资修建保野公路	交通部第一工程局	7000	完成通车
	建黑蚊香生产线	天津南洋公司	1000	关闭
	建筑材料	北京市政公司	500	关闭
	超大规格电极	天津五金矿产公司	2396	生产
	12立方米电熔炉	北雄精工玻璃制品股份有限公司	1000	生产
	年产20万吨水泥	北京燕山水泥厂	5000	转型熟料厂
	扩大生产规模	北京凯牧公司	6795	关闭
	新建车底焙烧炉	美国尤克公司	1100	生产
	沉淀碳酸钙技术	天津化工研究所	800	关闭
	粉状乳化炸药	河北省化轻公司	1124	生产
	技改扩建	河北省建材局	600	关闭
2002	沙石加工	北京康洁管材有限公司	1000	停业
	沙石加工	北京中联肉联厂	1000	停业
	沙石加工	北京澎湃商贸公司	1000	停业
	制作家具	北京长城家具公司	500	停业
	天鹅湖综合开发	北京长城家具公司	500	停业
	沙石加工	北京富华时代经贸有限公司	500	停业
	年产20万吨水泥	北京燕山水泥厂	5000	转型熟料厂
	扩生产规模	天津南洋公司	2000	关闭
	改造宾馆、新建星级宾馆	北京利得房地产开发公司	1000	关闭

续表

引资年份	项目名称	投资单位	总投资	经营情况
2002	生产三羟甲基丙酸产品	北京利丰化工有限公司	600	关闭
	沙石加工	北京倪集槐	800	停业
	沙石加工	北京路联公司	500	停业
	沙石加工	北京圣迪旅游公司	500	停业
	细颗粒石墨柱材	湖南大学	1000	停业
	新建10吨电熔炉	北京多维公司	1000	停业
	八期移动基站扩站	北京电信总公司	1140	已营业
	扩建110千伏变电站	国家电力部	2000	已营业
	新建电信宾馆及服务设施	国家电信总局	1000	已营业
	生产PS激光铝板	北京鑫义永科工贸有限公司	600	关闭
	生产新型墙体材料	北京美通公司	3900	关闭
	引进技术.产1200吨碳粉	香港力高电子有限公司	3000	关闭
	旅游开发猿人谷	邢台市李青源	1000	关闭
	金矿开采	金华龙矿产公司	1200	生产
	生产高档橡胶垫	保定宝硕集团	1000	关闭
2003	生产中央空调末端件	北京建筑公司	500	关闭
	旅游开发、建伟业山庄	北京韩建集团	2000	营业
	加工沙石料	北京大兴新型装饰材料公司	500	关闭
	加工沙石料	江苏盱眙制砂公司	600	关闭
	开发旅游、建宾馆	北京房山区于宏贵	1500	营业
	开发旅游、建宾馆	北京房山区南关村运输公司	2500	营业
	龙安夕阳红公寓	北京石景山区医院	500	营业
	上、下港金矿开发	奥安达（北京）公司	1000	关闭
	搬迁新建生产水泥厂	北京瓦井水泥厂	1700	关闭
	铸造机械加工	北京天鸟公司	1000	关闭
	土炉改煤气发生炉	北雄精工玻璃制品有限公司	1500	生产
	绿色食品基地	北京铁路局京西电务段	500	关闭
	金铅锌矿开发	华北地勘局519大队天津万隆公司	1200	生产
	氯化胆碱添加剂	陕西壮须集团公司	3600	关闭
	生产加工农用器材	国家地勘局	500	关闭
	拒马生态农业	北京西直门电务段	500	关闭
	加工沙石料	江苏朋盛公司	600	停业

续表

引资年份	项目名称	投资单位	总投资	经营情况
2003	生产钢结构	北京首钢首建公司	18000	生产
	扩建生产1万吨造纸	北京铁路分局	1000	关闭
	一次性降解食具	台湾冠盛国际集团有限公司	4000	关闭
	玉米秸秆生产有机复合肥	辽宁海城三鱼生物工程有限公司	1100	关闭
	生产芦荟冻干粉	好时（北京）食品公司	1200	关闭
	土豆、红薯粉丝	北京丰台区花乡	500	关闭
	饲草种植、养牛	香港澳特公司	1500	关闭
	果品保鲜及深加工	美国利马公司	1000	关闭
	鹿血酒系列开发	深圳金高盛投资有限公司	1500	关闭
2004	建社区商住楼、办公区	北京永合隆公司	1500	营业
	新建4台12吨电熔炉	北京北雄科技实业公司	11500	生产
	混凝土搅拌站	北京北斗星搅拌站	5000	生产
	波峰中学扩建	北京波峰工贸公司	500	营业
	波峰度假村扩建	北京波峰工贸公司	2000	营业
	纳米级碳酸钙	北京绿友应用研究所	1000	关闭
	内串石墨化电极	北京清华大学	2800	生产
	加工仿古家具	上海木业公司	500	关闭
2005	建设三皇山花园小区	北京世纪波峰实业公司	10000	10000
	野三坡旅游综合开发	北京众慧坷科技发展有限公司	10000	关闭
	培育速生杨及木片加工	湛江桥木阁国际集团	8000	关闭
	波峰中学扩建	北京世纪波峰实业公司	1000	营业
	奶牛托牛所	天津机场修建公司	1000	生产
	波峰假日饭店建设	北京世纪波峰实业公司	3000	生产
	保北玻璃新建厂区	北京杜宝科技发展有限公司	10000	生产
	建设办公楼及配套设施	北京北雄科技实业有限公司	1300	生产
	新建塔吊设备	北京首钢民建公司	1500	生产
	引进教学设备及技术	北京世纪波峰实业公司	1000	营业
	花园小区先进的建设技术	北京世纪波峰实业公司	10000	营业
2006	“三二一”工程 项目	航天科工集团	50000	生产
	正大乒乓球培训基地项目	保定正大集团公司连分良	13000	营业
	“糠醛”项目	保定永强精细化工有限公司	12700	生产
	华茂大厦建设项目	涞水兴华房地产公司	5500	营业

续表

引资年份	项目名称	投资单位	总投资	经营情况
2006	野三坡宾馆项目	王克夫	3000	营业
	野三坡白草畔景区建设项目	保定基泰发展有限公司	3000	关闭
	涞磁技改扩建项目	毕建玉	3100	生产
	富民小区项目	贾延章	5500	营业
	温馨家园二期项目	安水建筑公司	2000	营业
	雅特小区扩建项目	安水建筑公司	2750	营业
	泰利玻璃厂扩建项目	张占江	1200	生产
	祖冲之科技园项目	交通局	3000	关闭
	庄子大街改造项目	三坡管委会	1100	营业
	风华环保项目	张田	1100	生产
	涞阳路改建工程项目	交通局、建设局	1255	建设完成
	佛祖山综合开发	刘瑞凤	2000	营业
	波峰花园小区沿河造景项目	北京波峰世纪实业有限公司	500	营业
	嘉兴园小区	赵会刚	1000	营业
	兴邦河北华美芦荟项目	兴邦河北华美有限公司	5000	关闭
	波峰中学扩建项目	北京波峰集团	1000	营业
	保北玻璃制品有限公司扩建项目	保北玻璃制品有限公司	1100	生产
	西山旅游开发项目	刘玉生	5000	关闭
	金山寺项目	永宏法师	1500	关闭
	信德玻璃厂扩建项目	信德玻璃制品有限公司	1000	生产
2007	"八一八"工程项目	航天三院	300000	生产
	天鹅湖旅游综合开发工程	石家庄华银基业房地产开发有限公司	170000	营业
	商业步行街项目	北雄有限公司	8000	营业
	污水处理项目	–	6841	营业
	长城长炭电极	长城长电极有限公司	30420	生产
	涞磁技改扩建项目	毕建玉	3000	生产
	府前街西延工程	郭宝华	8000	营业
	天然气工程	长城长电极有限公司	1000	生产
	石亭110千伏变电站建设工程	–	3713.65	营业
	时代鑫园	兴华房地产	5000	营业
	慧时欣园二期工程	印成房地产开发公司	1500	营业
	聚泽园商住楼项目	安水建筑公司安水	3000	营业

续表

引资年份	项目名称	投资单位	总投资	经营情况
2007	开源化工厂	–	1000	生产
	金三角—百里峡旅游路改造	自筹	1400	营业
	加气凝土块项目	–	1300	生产
	圣迪山庄改扩建工程	上庄个体朴福忠	2000	营业
	南极村项目	郭宝新	20000	筹建中
	皓宇沥青混凝土制品	北京皓宇沥青混凝土制品公司	3000	生产
2008	中冶迈克公司液压件项目	北京中冶迈克液压机电设备有限公司	14100	生产
	现代农装科研生产基地项目	中国农机院现代农装科技有限公司	15000	生产
	风华环保项目	湖北中油环保股份有限公司	7100	生产
	涞水县第一小学迁建项目	涞水县文化教育局第一小学	4085	营业
	污水处理厂项目	涞水县建设局	6800	营业
	三皇山续建项目	北京国世通投资管理有限公司	50000	营业
	印象野三坡项目	野三坡神悦文化传媒公司	3000	营业
	刘家河新村项目	刘家河村委会	6000	营业
	开源化工厂扩建项目	开源化工	1000	生产
	保北养牛场项目	保北玻璃制品有限公司	2000	生产
	京南鹿港度假村项目	石家庄金恒基房地产开发公司	30000	建设中
	诚信木制工艺品项目	保定诚信木制品工艺有限公司	3160	生产
	海华腾食品加工项目	涞水县海华腾食品有限公司	3050	生产
2009	年承揽10000吨设备表面技术工程项目	北京九龙华创机电设备公司	12000	生产
	福信大牲畜养殖加工项目	涞水县福信牧业有限公司	3100	生产
	日产4500吨熟料带纯低温余热发电的水泥生产线项目	河北冀东水泥股份有限公司	76647	生产
	三坡镇供水项目	–	1116	营业
	野三坡旅游度假村	–	3977	营业
	复兴路改造	–	1700	完成
	美加风情度假村	–	2489	关闭
	城东垃圾无害化填埋场项目	–	3025	完成
	浩达建材	浩达建材有限公司	1200	关闭
	波峰中学	北京世纪波峰实业公司	1100	营业
	老年福利中心	涞水县人民政府	2000	营业
	嘉兴园小区	赵会刚	1500	营业

续表

引资年份	项目名称	投资单位	总投资	经营情况
2009	怡海家园二期	安水建筑公司	4500	营业
	波峰住宅小区	北京世纪波峰实业公司	2682	营业
	洛伽生态旅游度假区项目	-	50000	营业
	三皇山综合开发项目	北京国世通投资管理有限公司	58230	营业
	一渡新新小镇	-	5050	营业
	三皇山怡养永年老年公寓项目	北京国世通投资管理有限公司	13000	营业

三、管理机构

1987年成立县经济协作办公室，负责对外联络和招商引资工作，并设立县政府驻北京、天津办事处，分别设办事处主任。1994年，县委、县政府成立4个驻外办事处，即：北京办事处、天津办事处、宁波办事处、海南办事处。1996年撤销。1996年，县委、县政府成立开放开发委员会，内设5个部：综合宣传部、项目部、招商部、征地部、建设部。2000年成立招商局开放办；2002年7月，开放委、开放办、招商局撤销，职能合并到计划局。

第七编　人民政协

政协涞水县委员会成立于1983年，到2009年，历经7届。1~3届任期3年，4~7届任期5年。近30年来，政协在县委的领导下，高举爱国主义和社会主义两面旗帜，牢牢把握团结和民主两大主题，按照长期共存、互相监督、肝胆相照、荣辱与共的方针，认真履行政治协商、民主监督、参政议政的基本职能，紧紧围绕经济建设中心，坚持对全县政治、经济、文化及社会生活中的重大问题进行协商；对贯彻国家宪法、法律和地方法规进行民主监督；对全县党政机关、县法院、县检察院及其工作人员履行职责、遵守法纪、勤政廉洁进行民主监督；针对全县政治、经济和社会生活和群众普遍关心的问题，开展调研，反映社情民意，积极参政议政；坚持做好改革开放新时期的统一战线工作。采取多种形式，开展多项活动，为涞水县经济建设和精神文明建设贡献聪明才智。

第一章　政协委员

政协委员是政协的主体，委员的素质如何，直接关系政协履职的成效。各届政协委员推荐、邀请工作，在县委统一领导下，政协党组、县委组织部、县委统战部具体负责，按照政协章程，深入社会各个阶层，广泛征求意见，发动群众推荐委员人选，把在党内外、各个阶层代表性强、群众基础好，政治、业务优秀，参政议政意识强的人选，吸纳到政协组织中来，保证了各届委员队伍的素质和工作活力。

第一节 委员产生

按照政协章程，政协每3年或5年换届一次，换届时，一部分老委员要退出政协组织，同时吸收一部分新委员。政协委员的推荐、协商工作由县委统一组织，县政协党组、县委组织部、县委统战部具体负责。主要采取推荐、邀请等办法产生。按照政协界别需要，由所在机关、企事业单位、乡镇或政协常委会、主席办公会推荐，考察合格后，县政协党组、县委组织部、县委统战部协商确定为委员。特邀委员一般指德高望重的知名人士、成功人士，不经推荐，直接由政协党组、县委组织部、县委统战部协商确定为委员。

第二节 委员构成

政协第一届委员会（1983.02—1987.04），有政协委员70名，其中中共党员28名，占40%；非党人士42名，占60%；女委员5名，占7.1%，少数民族2名，占总数的2.8%；非党知识分子14名，占20%。界别情况：党政部门11名，人武部1名，群众团体4名，农民7名，教育7名，文体2名，卫生4名，工商3名，非党知名人士5名，台属2名，科技11名，少数民族2名，工人4名，司法2名，起义投诚人员2名，侨眷1名，宗教1名，中华人民共和国成立初期退休老干部1名。

1984年政协涞水县委员会第三次会议，对委员界别进行调整，共23个：中共、党外民主人士、教育、科技、台属、团体、文化、工业、林业、卫生、财贸、宗教、农民、个体户、司法、专业户、工人、少数民族、体育、侨眷、交通、起义投诚、武装。

第二届政协委员会（1987.05—1990.01），共有政协委员78名，其中中共党员30名，占38%；党外委员48名，占62%；妇女9名，少数民族3名。共设19个界别：党政19名、台属3名、文化4名、科技4名、团体2名、工业5名、财贸4名、个体1名、少数民族3名、教育7名、农村7名、专业户7名、宗教2名、起义投诚3名、侨眷1名、卫生2名、交通1名、法律2名、民主党派1名。

第三届政协委员会（1990.01—1993.02），有政协委员92名，其中中共党员37名，无党派人员54名，民主党派1名。设19个界别：党政19名、台属3名、教育2名、农村9名、起义投诚3名、科技9名、工人8名、财贸3名、卫生6名、文教11名、工业3名、法律2名、民建1名、团体2名、少数民族4名、宗教3名、交通1名、农民2名、其他1名。

1992年3月19日，三届三次全委会增补7名委员。

第四届政协委员会（1993.03—1998.02），有政协委员108名，其中中共党员37名，占委员总数的35%；无党派69名，占委员总数的65%。设19个界别：党政18名、教育10名、卫生3名、宗教2名、农民5名、少数民族3名、起义投诚2名、科技6名、公法3名、艺术2名、人民武装1名、工交8名、财贸11名、台属5名、工人5名、文化3名、团体3名、私营企业13名、党外人士5名。

第五届政协委员会（1998.02—2003.04），有政协委员109名，其中：中共党员42名，占总数的38.5%；无党派67名，占总数的61.5%；少数民族11名，占总数的10.1%，妇女18名，占总数的16.5%。大专以上文化程度的35名，占总数的32.1%；高中、中专文化程度的51名，占总数的46.8%。平均年龄由上届45.3岁下降到43.1岁。共设16个界别：中共党员8名、群团4名、科学技术界8名、工商联3名、教育界10名、卫生界7名、宗教界2名、少数民族3名、台属4名、文化艺术界8名、农业界13名、私营企业界12名、工建交界12名、财贸界7名、无党派人士2名、特邀界6名。

2000年4月13日五届十次常委会研究决定，撤销郑玉财、晋永旺、李桂山3人第五届政协委员资格；接受宋伯泉辞去五届委员资格；增补商杰、许术海、刘清源、衡桂军、张福稳，为县政协五届委员会委员。

第六届政协委员会（2003.04—2007.05），有政协委员136名，其中中共党员53名，占总数的38%；无党派83名，占总数的62%；少数民族委员11名，占委员总数的8.1%，妇女委员24名，占总数的17.6%。设15个界别：中共8名、无党派人士1名、农口1名、文教12名、社科6名、私企29名、财贸15名、工交5名、卫生10名、少数民族10名、工建交6名、特邀9名、群团4名、宗教2名、农业19名。

第七届政协委员会（2007.05—），有政协委员182名，其中：中共党员71名，占总数的40%；非党委员111名，占总数的60.5%；少数民族21名，占总数的12%，妇女38名，占总数的21%。设13个界别：中共党员14名、无党派25名、群团7名、工商联26名、社科11名、财贸界16名、文化教育界11名、工建交界9名、农林界28名、医疗卫生界9名、少数民族18名、宗教界3名、特邀界5名。

2008年3月26日七届四次常委会研究决定：增聘史天虹、赵宝成、曲建东、张海文、韩春生、信世权、徐术青、赵金刚、贾伟为县政协委员；2009年1月13日七届八次常委会决定增聘王笑、褚金明、张海洋、郑占国为县政协委员。

第二章　委员会会议

1982年9月，建立中国人民政治协商会议涞水县筹备委员会。1983年2月，召开政协涞水县第一届委员会第一次会议。至2009年年底，组建第一、二、三、四、五、六、七届委员会。历届政协，在县委的直接领导和上级政协的指导下，始终围绕县委、县政府的中心工作，充分发挥人民政协“人才库”“智囊团”的优势，大力宣传党的方针政策和国家法律法规。

第一节　第一届委员会会议

第一次会议　1983年2月20—23日召开，出席会议的政协委员70名，特约代表11名，共计81人，其中有党政军负责人、科技、教育、文化、卫生、工农业生产战线上的先进代表；有起义投诚人员，去台人员家属、少数民族和宗教界的各方面知名人士；中共党员占40%。会上，委员听取和审议政协工作报告，明确新时期统战工作的方针、任务和人民政协的性质、地位及作用，列席涞水县第七届人民代表大会第二次会议；选举政协第一届委员会常务委员会、主席、副主席，作出第一次会议的政治决议，设立常设工作机构。

第二次会议　1983年12月25日举行。根据“四化”建设的需要，依据中共保定地委关于进行机构改革的指示和政协章程的有关规定，经酝酿协商，增设政协副主席、常务委员和办公室主任。

第三次会议　1984年5月26至29日举行，出席委员71名，其中党员占36.6%。会议听取和审议常委会工作报告；选举增补了常务委员；通过了关于政协工作报告的决议和给离会委员的致敬信；听取吕承祥副主席赴香港会亲情况的报告。列席县第八届人民代表大会第一次会议，听取县委书记的讲话和县长的政府工作报告。

第四次会议 1985年3月12—16日举行。听取审议常委会工作报告，列席县八届二次人民代表大会，听取县政府工作报告、国民经济计划报告、财政预决算报告、县人民法院、人民检察院报告和人大常委会工作报告；听取县委书记刘俊生的讲话。

第五次会议 1986年3月14—18日举行。听取审议政协常务委员会工作报告，并通过报告的决议；列席县人大第八届第三次会议，听取政府、法院、检察院、人大常委会工作报告和涞水县"六五"计划执行情况及"七五"计划安排和财政预决算报告；听取县委书记刘俊生《关于目前形势和面临的任务的报告》；交流致富经验。

第二节 第二届委员会会议

第一次会议 1987年5月5—8日举行，出席委员81人，包括民主党派、人民团体、少数民族、台商、侨眷、宗教等各方面的代表，党员占38%。听取审议政协涞水县第一届常务委员会工作报告及关于提案工作情况的报告；列席县第九届人民代表大会第一次会议，听取一府两院工作报告、财政预决算报告、国民经济社会发展计划报告；选举政协涞水县第二届委员会常务委员、主席、副主席；通过政协第二届第一次会议工作报告的决议。

第二次会议 1988年3月22日举行。会议主要传达中央1988年1号文件和县委1988年工作纲要。列席人大会议，听取"一府两院"工作报告，协商增补政协委员。

第三次会议 1989年3月10日举行。听取和审议政协第二届委员会工作报告；列席人大九届三次会议；听取政府工作报告、国民经济、社会发展计划和财政预算草案的报告；听取人民法院及人民检察院工作报告；答复政协委员提案。

第三节 第三届委员会会议

第一次会议 1990年1月15—18日举行。会议听取审议政协工作报告和提案工作情况报告。列席涞水县第十届人民代表大会第一次会议，协商讨论一府两院工作报告。通过各项决议和关于政治协商、民主监督的暂行规定。选举政协第三届委员会主席、副主席和常务委员会委员。

第二次会议 1991年2月22—24日举行，听取审议政协三届一次会议以来的工作报告和提案办理情况报告；与人大代表一起协商一府两院工作报告、财政预决算报告、国民经济发展计划的报告；通过各项决议。

第三次会议 1992年3月19—21日举行，应出席委员99名，因病因事请假18名，实际出席81名。听取审议政协三届二次会议以来的工作报告；与人大代表一起听取审议一府两院工作报告、财政预决算报告、国民经济发展计划执行情况和安排计划报告；组织全体委员学习河北省政协工作会议及唐山提案工作会议精神；通过各项决议。

第四节 第四届委员会会议

第一次会议 1993年3月3—7日举行，应出席108名委员，因事因病请假7名，实际出席101名。听取审议政协第三届委员会工作报告、提案工作情况报告；与县人大代表一起听取审议了一府两院工作报告、涞水县财政预决算情况的报告、涞水县国民经济发展计划执行情况的报告；选举政协第四届委员会主席、副主席、秘书长及常务委员；通过各项决议。

第二次会议　1994年3月14至17日举行。应出席委员113名，实到96名，因事因病请假17名。听取审议政协第四届委员会常务委员会工作报告和提案办理情况的报告；列席县人大十一届二次会议；听取讨论政府工作报告及其他报告；补选了秘书长和常务委员；通过各项决议。

第三次会议　1995年2月15至18日举行。应到委员117名，实到97名，因病因事请假20名。听取审议政协常委会工作报告和提案办理情况的报告；列席县人大第十一届三次会议，听取讨论一府两院等工作报告。通过各项决议。

第四次会议　1996年3月7至10日举行。应到委员116名，实到99名。听取审议政协常委会工作报告和提案工作情况的报告；列席县人大十一届四次会议；听取讨论一府两院等工作报告；通过各项决议。

第五次会议　1997年2月22至24日举行。应到委员113名，实到85名。听取审议政协第四届委员会常务委员会工作报告和提案工作情况报告；列席县人大十一届五次会议；听取讨论一府两院工作报告；组织召开委员发言大会；通过各项决议。

第五节　第五届委员会会议

第一次会议　1998年2月16—19日举行。应到会委员109名，实到92名。听取审议政协第四届委员会常务委员会工作报告和提案工作情况的报告；与县人大代表一起听取讨论一府两院工作报告；选举政协涞水县第五届委员会主席、副主席、常务委员；通过各项决议。

第二次会议　1999年3月3—5日举行。应到委员118名，实到99名。听取审议政协工作报告和提案工作情况的报告；列席县人大十二届二次会议；听取讨论一府两院等工作报告；组织大会发言；增补了常务委员；通过了各项决议。

第三次会议　2000年4月13—15日举行。应到委员117名，实到102名。听取审议政协常委会工作报告和提案工作情况；列席县人大十二届三次会议；听取讨论一府两院等工作报告；增选常务委员；通过各项决议。

第四次会议　2001年2月12—14日举行。应到委员121名，实到107名。听取审议政协常委会工作报告和提案工作情况的报告；列席县人大十二届四次会议；参加县三级干部大会；听取协商讨论了王惠欣县长所做的涞水县国民经济和社会发展第十个五年计划纲要的报告及其他报告；通过各项决议。

第五次会议　2002年2月22—23日举行。应到委员132名，实到124名。听取审议政协常委会工作报告和提案工作报告；列席县人大十二届五次会议；听取讨论一府两院及其他工作报告；通过各项决议。

第六节　第六届委员会会议

第一次会议　2003年4月7—9日举行。应出席委员130名，实到119名。听取审议政协涞水县第五届委员会常务委员会工作报告和提案工作情况的报告；列席县人大十三届一次会议；听取并协商讨论一府两院工作报告、财政预决算报告、国民经济和社会发展计划执行情况和安排计划的报告；选举政协涞水县第六届委员会主席、副主席和常务委员；通过了各项决议。

第二次会议 2004年2月17至19日举行。会议应出席委员149名，实到137名。听取审议了政协常委会工作报告和提案工作情况报告；列席了县人大十三届二次会议；听取并协商讨论了一府两院工作报告及其他报告；通过各项决议。

第三次会议 2005年2月25—26日举行。听取审议政协常委会工作报告和提案工作情况的报告；列席县人大十三届三次会议；协商讨论一府两院工作报告、财政预决算报告、国民经济和社会发展计划执行情况和安排计划报告；表彰优秀政协委员和先进活动小组；组织召开委员大会发言；通过各项决议。

第四次会议 2006年3月22—24日举行。应出席委员180名，实到175名。听取讨论县委副书记于舒心代表县委在政协会议上的讲话。听取审议政协常委会工作报告和提案工作情况的报告。列席县人大十三届四次会议，协商讨论了涞水县国民经济和社会发展第十一个五年规划纲要草案、一府两院工作报告、财政预决算报告等。增选产生政协主席、副主席。通过各项决议。

第七节　第七届委员会会议

第一次会议 2007年5月21—23日举行。应出席委员182名，实到180名。听取审议政协涞水县第六届委员会常务委员会工作报告和提案工作情况报告；列席县人大十四届一次会议；协商讨论一府两院工作报告、财政预决算报告、国民经济和社会发展计划执行情况和安排计划报告；选举产生政协涞水县第七届委员会主席、副主席和常务委员；通过各项决议。

政协七届一次会议

第二次会议 2008年3月26—27日举行。应出席委员189名，实到181名。会议听取并审议县政协主席宋冀中所作的政协涞水县第七届委员会常务委员会工作报告和县政协副主席郑晓先所作的县政协七届一次会议以来提案工作情况的报告；与会委员列席涞水县第十四届人民代表大会第二次会议，听取并讨论县政府工作报告及其他报告；审议通过县政协七届常委会工作报告的决议、县政协七届一次会议以来提案工作情况报告的决议和县政协七届二次会议政治决议；县政协主席宋冀中致闭幕词。

第三次会议 2009年3月16—17日召开。应到委员193名，实到189名。县委副书记杨宝昌代表县委在开幕会上讲话；会议听取并审议县政协主席宋冀中所作的政协涞水县第七届委员会常务委员会工作报告和县政协副主席郑晓先所作的县政协七届二次会议以来提案工作情况的报告；与会委员列席涞水县第十四届人民代表大会第三次会议，听取并讨论县政府工作报告及其他报告；会议选举杨宝楼为县政协七届委员会副主席；审议通过县政协七届常委会工作报告的决议、县政协七届二次会议以来提案工作情况报告的决议和县政协七届三次会议政治决议；县政协主席宋冀中致闭幕词。

第三章　常务委员会

1983—2009年，召开七次换届会议，选举七届常务委员会。历届常委会围绕县委、县政府的中心工作，召开常务委员会会议，有针对性的开展政治协商，民主监督，参政议政；有针对性的开展视察、调研活动并提出意见、建议，在涞水两个文明建设中发挥不可或缺的作用

第一节　常务委员会会议

一、第一届常务委员会议

政协涞水县第一届委员会常务委员会（1983.02—1987.05），召开16次常委会议。

第一次常委会议　1983年6月13—14日在县长会议室召开，政协主席王建良主持会议，副主席张文柱、李浩、贾殿卿及政协常委共14人出席会议。会议传达地委统战部召开的政协工作会议精神；学习全国人大六届一次会文件；学习邓颖超、廖承志在对台工作会议上的讲话。

第二次常委（扩大）会议　1983年11月21—22日召开，政协主席王建良主持会议，副主席李浩、张文柱、贾殿卿及政协常委共19人出席会议。会议传达省委书记高扬和省政协主席尹哲在全省政协工作经验交流会上的重要讲话；传达省政协副主席贾启先题为《振作精神，继续前进，做好新时期的人民政协工作》的总结讲话；传达省政协副主席徐瑞林关于文史资料工作的讲话；学习武安县政协工作组活动情况的经验材料；学习省、地区、县"关于清除精神污染、整党、机构改革"等有关文件。县委副书记刘俊生到会并做了重要讲话。

第三次常委会议　1983年12月21日在政协会议室召开，政协主席王建良主持会议，副主席张文柱、李浩、贾殿卿，常委张恒吉、靳崇敏、孙月华、金克俭、周锡光、刘玉海、王宝义、辛振东共12人出席会议（因事因病请假缺席5人）。会议协商增补、免政协副主席、办公室主任；增补政协委员、常委；协商召开一届二次全体委员会议有关事宜。县委书记刘俊生介绍上级党委有关机构改革的指导精神和涞水机构改革情况，并通报机构改革后新的县委常委、县政府、县纪委领导班子组成情况，提出县政协领导班子增、免职人选建议。

第四次常委会议　1984年3月3日在政协会议室召开。县政协副主席李浩主持会议，副主席张恒吉、贾殿卿、吕承祥、靳崇敏及政协常委出席会议。会议学习了中共中央1984年1号文件、省政协1983年工作总结和1984年工作安排；讨论主席分工；研究讨论了县政协1984年工作安排要点。

第八次常委会议　1984年5月19日在政协会议室召开。政协主席王建良主持会议，副主席李浩、贾殿卿、张恒吉、靳崇敏及政协常委出席会议。会议研究通过政协涞水县第一届委员会第三次会议开幕词、政协涞水县第一届委员会常务委员会工作报告和关于工作报告的决议（草案）；增聘12名政协委员。

第九次常委会议　1984年5月24日在政协会议室召开。县政协主席王建良主持会议，副主席李浩、贾殿卿、张恒吉及政协常委出席会议。会议研究通过政协涞水县第一届委员会第三次会议议程、日程、常委主持会议日程分工、闭幕词和补选常委办法。

第十次常委会议　1984年12月10日在政协会议室召开。政协主席王建良主持会议，副主席李浩、张恒吉、靳崇敏及政协常委出席会议。会议传达了冀办〔1984〕46号文和中共十二届三中全会文件精

神；研究发展商品生产座谈会筹备情况等事宜。

第十一次常委会议　1985年1月30日在政协会议室召开。政协副主席张恒吉主持会议，政协主席王建良、副主席李浩、靳崇敏及政协常委出席会议，县政协有关人员列席会议。会议讨论通过了1985年工作要点；研究讨论关于召开春节茶话会有关事宜。

第十二次常委会议　1985年3月9日在政协办公室召开。政协副主席李浩主持会议，政协副主席贾殿卿、吕承祥、靳崇敏及政协常委出席会议。会议通过召开政协涞水县第一届委员会第四次会议的决定、日程、议程；讨论通过政协涞水县第一届委员会常务委员会工作报告、报告人和决议草案。

第十三次常委（扩大）会议　1985年8月11日在政协会议室召开。政协副主席李浩主持会议，副主席张恒吉、贾殿卿、吕承祥及政协常委出席会议，政协委员朱学武、曹一铁、赵维平和县政协机关各委办主任、副主任列席会议。会议讨论通过政协党组整党检查稿；研究讨论到外地参观学习问题。

第十四次常委会议　1986年3月5日在政协会议室召开。政协办公室主任杨建章主持会议，县政协副主席贾殿卿及政协常委出席会议，县政协机关各委办主任、副主任列席会议。会议审议通过县政协一届五次会议提案审查情况的报告、县政协第一届常委会工作报告、第一届五次全会议程、日程；会议研究部署换届委员人选事宜。

第十五次常委（扩大）会议　1986年10月24日在政协会议室召开。政协副主席贾殿卿主持会议，副主席李浩、张恒吉、吕承祥、靳崇敏及政协常委出席会议，县委宣传部部长韩德明应邀出席会议，县政协机关各委办主任、副主任列席会议。会议学习中共十二届六中全会文件；讨论如何贯彻落实《中共中央十二届六中全会关于社会主义精神文明建设指导方针的决议》和个人学习决议的体会。

第十六次常委会议　1987年4月7日在政协机关办公室召开。政协副主席李浩主持会议，政协主席张德镇、副主席张恒吉、贾殿卿、吕承祥和政协常委出席会议，县政协机关各委办主任、副主任列席会议。会议讨论通过关于调整委员的说明，协商决定离会委员和增补委员名单；讨论通过第一届常委会工作报告和提案审查报告；对下届政协主席人选张德镇的基本情况作了介绍。

二、第二届常务委员会议

政协涞水县第二届委员会常务委员会（1987.05—1990.01），召开12次常委会议。

第一次常委会议　1987年6月19日在政协常务会议室召开。政协主席张德镇主持会议，副主席李浩、贾殿卿、吕承祥及政协常委出席会议，县政协机关各委办主任、副主任列席会议。会议总结县政协上半年工作，研究部署了下半年工作；就县里重点工作征求政协常委意见建议。

第二次常委会议　1987年10月20日在政协机关会议室召开。政协主席张德镇主持会议，副主席李浩、贾殿卿、张恒吉、吕承祥及政协常委出席会议，县委副书记赵书奇应邀出席会议。会议总结了县政协第三季度工作，研究部署第四季度工作；就在台人员回大陆探亲宣传事宜做出安排部署。

第三次常委会议　1988年1月20日在政协机关会议室召开。政协主席张德镇主持会议，副主席李浩、贾殿卿、张恒吉、吕承祥、张国兰及政协常委出席会议。会议公布了保定地委组织部和涞水县委组织部关于张国兰同志任县政协副主席职务的通知；讨论通过县政协1988年工作纲要；传达了县委1988年工作纲要；研究其他事宜。

第四次常委会议　1988年3月15日在政协会议室召开。县政协主席张德镇主持会议，副主席李浩、贾殿卿、吕承祥及政协常委出席会议。会议学习中共中央1988年1号文件；研究召开政协涞水县第二届委员会第二次会议的有关事宜。

第五次常委会议　1988年6月22日在政协会议室召开。政协副主席李浩主持会议，政协主席张德镇、副主席贾殿卿、张恒吉、吕承祥、张国兰及政协常委出席会议。会议讨论通过县政协1988年上半年工作总结和下半年工作要点；讨论通过将县直委员划分为五个工作组；学习县委关于掀起第二次发展经济浪潮的意见；安排部署各位常委为发展涞水经济做贡献，带头引进资金项目事宜。

第六次常委会议　1988年9月24日在政协会议室召开。政协主席张德镇主持会议，副主席贾殿卿、张恒吉、吕承祥、张国兰及政协常委出席会议。会议学习中央关于《加强党的纪律，维护安定团结的大局》的文件；传达河北省《控制物价上涨的紧急通知》；研究讨论政协领导走访政协委员和工作组的有关事宜；总结第三季度工作。

第七次常委会议　1988年12月27日在政协会议室召开。政协副主席李浩主持会议，副主席贾殿卿、张恒吉、吕承祥、王宝义、张国兰及政协常委出席会议。会议讨论通过1988年县政协工出的建议。

第八次常委会议　1989年3月10日在政协机关会议室召开。政协主席张德镇主持会议，副主席李浩、贾殿卿、张恒吉、吕承祥、张国兰及政协常委出席会议。会议通过政协涞水县第二届委员会第三次会议议程、会议须知；讨论通过政协涞水县第二届委员会常务委员会工作报告；研究讨论会议有关注意事项。

第九次常委会议　1989年4月6日在政协机关会议室召开。政协主席张德镇主持会议，副主席李浩、贾殿卿、吕承祥、张国兰及政协常委出席会议。会议研究讨论组织委员视察事宜；增聘2名政协委员。

第十次常委会议　1989年7月22日召开。政协主席张德镇主持会议，副主席李浩、贾殿卿、张恒吉、吕承祥、张国兰及政协常委出席会议。会议讨论通过1989年上半年工作总结和下半年工作要点。

第十一次常委会议　1989年10月10日在政协会议室召开。政协主席张德镇主持会议，副主席贾殿卿、张恒吉、吕承祥、张国兰及政协常委出席会议。会议学习讨论江泽民同志国庆讲话。

第十二次常委会议　1989年12月30日在政协会议室召开。政协主席张德镇主持会议，副主席李浩、贾殿卿、张恒吉、吕承祥、张国兰及政协常委出席会议。会议研究换届工作；讨论通过政协涞水县第二届委员会常务委员会工作报告和县政协提案工作情况的报告；通过聘请政协涞水县第三届委员会委员方案；讨论通过给离会委员的致敬信、总结县政协1989年工作、传达省政协第三次经验交流会议精神、通过《政协委员协商监督细则》。

三、第三届常务委员会议

政协涞水县第三届委员会常务委员会（1990.01—1993.03），召开12次常委会议。

第一次常委（扩大）会议　1990年2月20日在县政府招待所三楼会议室召开。政协主席张德镇主持会议，副主席张恒吉、张国兰、张永、屈旺林、吕承祥、王宝义及政协常委出席会议，县委书记李瑞昌、副书记赵书奇应邀出席会议，政协县直委员、各界知名人士列席会议。会议学习《中共中央关于坚持和完善中国共产党领导的多党合作和政治协商制度的意见》和人民日报社论《维护国家的长治久安是中共和各民主党派的神圣责任》，常委们进行广泛讨论。

第二次常委会议　1990年6月25日在县政府招待所三楼会议室召开。政协主席张德镇主持会议，副主席张恒吉、张国兰、张永、吕承祥及政协常委出席会议。会议讨论通过1990年上半年工作总结；传达县委下发的《政治协商、民主监督的暂行规定》和《关于加强统战、政协工作的意见》。

第三次常委会议　1990年7月27日在县政府招待所三楼会议室召开。政协主席张德镇主持会议，副主席张恒吉、张国兰、张永、吕承祥、王宝义及政协常委出席会议。会议传达省政协赴野三坡旅游区科学考察的意见和建议。

第四次常委会议　1991年2月22日在县政府招待所三楼会议室召开。政协主席张德镇主持会议，副主席张恒吉、张国兰、张永、屈旺林、吕承祥、王宝义及政协常委出席会议。会议通过政协涞水县第三届委员会第二次会议议程、日程；讨论通过政协涞水县第三届委员会常务委员会工作报告、县政协三届一次会议以来提案工作情况的报告。

第五次常委会议　1991年2月23日在政协二楼会议室召开。政协主席张德镇主持会议，副主席张恒吉、张国兰、张永、屈旺林、吕承祥、王宝义及政协常委出席会议。会议讨论通过县政协三届常委会工作报告决议（草案）和县政协三届二次会议政治决议（草案）。

第六次常委会议　1991年6月25日在政协二楼会议室召开。政协主席张德镇主持会议，副主席张恒吉、张国兰、张永及政协常委出席会议。会议讨论通过1991年上半年工作总结和下半年工作要点。

第七次常委会议　1991年10月8日在政协二楼会议室召开。政协主席张德镇主持会议，副主席张恒吉、张国兰、张永、吕承祥及政协常委出席会议。会议传达了县委《关于进一步加强人民政协工作的决定》；总结前三季度工作，部署第四季度工作。

第八次常委会议　1991年12月24日在政协二楼会议室召开。县政协主席张德镇主持会议，副主席张国兰、张永、吕承祥及政协常委出席会议。会议讨论通过县政协向地委统战部报请《政协涞水县委员会关于加强民主政治建设情况的报告》；讨论通过政协涞水县第三届委员会常务委员会工作报告（草案）和县政协三届二次会议以来提案工作情况的报告（草案）；讨论通过县政协1991年工作总结；增聘7名政协委员。

第九次常委会议　1992年3月19日在县政府招待所三楼会议室召开。政协主席张德镇主持会议，副主席张恒吉、张国兰、张永、屈旺林、吕承祥及政协常委出席会议。会议通过召开涞水县第三届委员会第三次会议的决定和政协涞水县第三届委员会第三次会议日程、议程和执行主席名单。

第十次常委会议　1992年3月20日在政协二楼会议室召开。县政协主席张德镇主持会议，副主席张恒吉、张国兰、张永、屈旺林、吕承祥及政协常委出席会议。会议讨论通过县政协三届常委会工作报告的决议（草案）和县政协三届三次会议政治决议（草案）。

第十一次常委会议　1992年6月25日在政协会议室召开。县政协主席张德镇主持会议，副主席张恒吉、张国兰、张永及政协常委出席会议。会议学习讨论省委书记邢崇智到涞水考察时关于改革开放和发展经济等问题谈话要点；讨论通过县政协1992年上半年工作总结。

第十二次常委会议　1993年3月2日在县政府招待所三楼会议室召开。县政协副主席张永主持会议，政协主席张德镇、副主席张恒吉、张国兰、屈旺林、吕承祥及政协常委出席会议。会议通过并接受张德镇辞去涞水县政协主席；张恒吉、张国兰、屈旺林辞去涞水县政协副主席职务的请求；讨论通过政协涞水县第三届委员会常务委员会工作报告（草案）和县政协三届一次会议以来提案工作情况的报告（草案）；聘请政协涞水县第四届委员会委员。

四、第四届常务委员会会议

政协涞水县第四届委员会常务委员会（1993.03—1998.02），召开20次常委会议。

第一次常委会议　1993年3月10日在县政府招待所三楼会议室召开。政协主席卢智生主持会议，副主席于卓芳、张永、吕承祥及政协常委出席会议。会议安排部署1993年工作；研究讨论县政协主席、副主席、常委分工。

第二次常委会议　1993年5月6日在政协会议室召开。政协主席卢智生主持会议，副主席于卓芳、张永及政协常委出席会议。会议研究讨论《关于政治协商、民主监督的几项规定》《常务委员会工作规则（试行）》和《专门委员会组织通则（试行）》；研究县政协近期工作。

第三次常委会议　1993年7月2日在县政府招待所三楼会议室召开。政协主席卢智生主持会议，副主席于卓芳、吕承祥及政协常委出席会议。会议通报上半年提案办理工作情况；研究安排下半年文史、科技工作；研究讨论下半年调研事宜。

第四次常委会议　1993年10月20日在县政府招待所三楼会议室召开。政协主席卢智生主持会议，副主席于卓芳、张永、吕承祥及政协常委出席会议。会议传达了县委《关于进一步加强人民政协工作的决定》，讨论通过《关于传达贯彻地区在涞源召开的政协工作会议精神的报告》；安排部署近期走访政协委员事宜；研究决定撤销王水、藏淑芬、高胜利、丁大年，政协第四届委员会委员资格。

第五次常委会议　1994年3月14日在县政府招待所三楼会议室召开。政协主席卢智生主持会议，副主席于卓芳、张永、吕承祥及政协常委出席会议。会议审议通过政协涞水县第四届委员会常务委员会工作报告（草案）和政协涞水县委员会四届一次会议以来提案工作情况的报告（草案）；通过政协涞水县委员会四届二次会议日程、议程；解聘9名政协委员，增聘18名政协委员。

第六次常委会议　1994年3月15日在县委常委会议室召开。政协主席卢智生主持会议，副主席于卓芳、张永、吕承祥及政协常委出席会议。会议讨论通过县政协四届常委会工作报告的决议（草案）和县政协四届二次会议政治决议（草案）。

第七次常委会议　1995年2月15日在县政府招待所三楼会议室召开。政协主席卢智生主持会议，副主席于卓芳、张永、王宝义、吕承祥及政协常委出席会议。会议审议通过政协涞水县第四届委员会常务委员会工作报告（草案）和政协涞水县委员会四届二次会议以来提案工作情况的报告（草案）；通过政协涞水县委员会四届三次会议日程、议程。

第八次常委会议　1995年2月16日在县委常委会议室召开。政协主席卢智生主持会议，副主席于卓芳、张永、王宝义、吕承祥及政协常委出席会议。会议讨论通过县政协四届常委会工作报告的决议（草案）和县政协四届三次会议政治决议（草案）。

第九次常委会议　1995年5月19日在县政府招待所三楼会议室召开。政协主席卢智生主持会议，副主席于卓芳、张永、王宝义、吕承祥及政协常委出席会议。会议研究地区工委“两带”活动开展情况；研究县政协机关“三委”改称及干部任免事宜；学习政协章程和全国政协主席李瑞环所做的报告。

第十次常委会议　1995年5月5日在政协会议室召开。政协主席卢智生主持会议，副主席于卓芳、吕承祥及政协常委出席会议。会议讨论通过县政协1995年上半年工作总结，安排部署下半年工作；通报县政协四届三次会议委员提案办理情况。

第十一次常委（扩大）会议　1995年9月29日在北京市旅游局涞水综合开发公司（水北培训中心）召开。政协主席卢智生主持会议，县委常委、常务副县长张喜奎应邀出席会议，政协副主席吕承祥、张永、王宝义及政协常委出席会议，部分经济界、文艺界政协委员列席会议。会议传达9月28日县委、县政府召开的开放、开发暨招商引资动员大会精神，并通报1—9月涞水经济工作情况；常委们围绕本县经济发展状况，提出了建设性建议；政协主席卢智生做了总结发言。

第十二次常委会议　1995年12月22日在政协会议室召开。政协主席卢智生主持会议，副主席于卓芳、张永及政协常委出席会议，驻涞水县的市政协委员列席会议。会议传达市政协八届四次常委会精神；学习传达市委领导张士儒、林东晗、贾瑞增的讲话；总结回顾1995年工作，研究确定县政协1996年工作要点。

第十三次常委会议　1996年3月7日在县政府招待所三楼会议室召开。政协主席卢智生主持会议，副主席于卓芳、张永、吕承祥及政协常委出席会议。会议审议通过政协涞水县第四届委员会常务委员会工作报告（草案）和政协涞水县委员会四届三次会议以来提案工作情况的报告（草案）；通过政协涞水县委员会四届四次会议日程、议程和执行主席名单；研究通过《政协涞水县委员会提案工作实施细则》。

第十四次常委会议　1996年3月9日在政协会议室召开。政协主席卢智生主持会议，副主席于卓芳、张永、吕承祥及政协常委出席会议。会议讨论通过县政协四届常委会工作报告的决议（草案）和县政协四届四次会议政治决议（草案）。

第十五次常委会议　1996年4月16日在政协会议室召开。政协主席卢智生主持会议，副主席于卓芳、张永、吕承祥及政协常委出席会议。会议学习市领导林东晗在市政协八届二次会议上的讲话；通报市政协《关于举办保定市政协书画会会员作品展的通知》和《关于筹备召开“如何发挥政协委员作用研讨会”的通知》；总结县政协一季度工作，研究二、三季度工作。

第十六次常委会议　1996年12月20日在县政府招待所三楼会议室召开。政协主席卢智生主持会议，副主席于卓芳、张永、吕承祥及政协常委出席会议。会议传达学习省政协副主席张润身在全省政协工作研讨会上的讲话；审议通过政协涞水县四届委员会常务委员会工作报告（草案）和政协涞水县委员会四届四次会议以来提案工作情况的报告（草案）；总结县政协1996年工作。

第十七次常委会议　1997年2月22日在县政府招待所三楼会议室召开。县政协主席卢智生主持会议，副主席于卓芳、张永、吕承祥及政协常委出席会议。会议通过政协涞水县委员会四届五次会议日程、议程和执行主席名单。

第十八次常委会议　1997年2月23日在政协会议室召开。政协主席卢智生主持会议，副主席于卓芳、张永、吕承祥及政协常委出席会议。会议讨论通过县政协四届常委会工作报告的决议（草案）和县政协四届五次会议政治决议（草案）。

第十九次常委会议　1997年7月14日在政协会议室召开。政协主席卢智生主持会议，副主席于卓芳、吕承祥及政协常委出席会议。会议传达市政协《关于搞好社会主义精神文明建设调查的通知》；讨论通过县政协1997年上半年工作总结，研究下半年工作。

第二十次常委会议　1997年12月26日在县政府招待所三楼会议室召开。政协主席卢智生主持会议，副主席于卓芳、张永、屈旺林、吕承祥、王宝义及政协常委出席会议。会议审议通过了政协涞水县第四届委员会常务委员会工作报告（草案）和政协涞水县委员会四届一次会议以来提案工作情况的报告（草案）；聘请政协涞水县第五届委员会委员。

五、第五届常务委员会会议

政协涞水县第五届委员会常务委员会（1998.02—2003.04），召开23次常委会议。

第一次常委会议　1998年2月19日在政协二楼会议室召开。政协主席卢智生主持会议，副主席张佃林、赵福礼、胡玉祥及政协常委出席会议。会议研究确定政协主席、副主席及常委分工。

第二次常委会议　1998年4月15日在政协二楼会议室召开。政协主席卢智生主持会议，副主席张佃林、赵福礼、胡玉祥及政协常委出席会议。会议传达市委书记么金铎到涞水的讲话精神；研究后三个季度的工作。

第三次常委会议　1998年7月2日在政协二楼会议室召开。政协主席卢智生主持会议，副主席张佃林、赵福礼、胡玉祥及政协常委出席会议。会议总结县政协上半年工作，研究第三季度工作。

第四次常委会议　1998年12月4日在政协会议室召开。政协主席卢智生主持会议，副主席张佃林、赵福礼、胡玉祥及政协常委出席会议，政协办公室主任列席会议。会议听取五届一次全会以来提案办理情况汇报；讨论通过了1998年工作总结；研究召开政协涞水县第五届委员会第二次会议有关事宜。

第五次常委会议　1999年3月3日在政协会议室召开。政协主席卢智生主持会议，副主席张佃林、赵福礼、胡玉祥及政协常委出席会议，县政协机关各委办主任列席会议。会议通过了召开政协涞水县第五届委员会第二次会议的决定、政协涞水县第五届委员会第二次会议日程、议程；讨论通过政协涞水县第五届委员会常务委员会工作报告（草案）、县政协五届一次会议以来提案工作情况的报告（草案）和两个报告的报告人；增聘4名政协委员。

第六次常委会议　1999年3月28日在政协会议室召开。政协主席卢智生主持会议，副主席张佃林、赵福礼、胡玉祥及政协常委出席会议。会议就贯彻落实县政协五届二次全会精神作了安排部署；研究讨论主席、副主席、常委分工。

第七次常委会议　1999年8月4日在县委常委会议室召开。政协主席卢智生主持会议，副主席张佃林、胡玉祥及政协常委出席会议。县委常委、秘书长李增泉代表县委、县政府通报上半年下访工作、财税收入状况、妥善解决“法轮功”问题和下半年工作设想；研究部署县政协下半年工作。

第八次常委会议　1999年12月20日在政协会议室召开。政协主席卢智生主持会议，副主席张佃林、赵福礼、胡玉祥及政协常委出席会议。会议讨论通过1999年工作总结；研究讨论2000年政协工作思路；研究部署了政协五届三次会议筹备工作。

第九次常委会议　2000年3月27日在政协会议室召开。政协主席卢智生主持会议，副主席张佃林、赵福礼、胡玉祥及政协常委出席会议。会议总结县政协第一季度工作，研究第二季度工作；研究召开政协涞水县第五届委员会第三次会议有关事宜。

第十次常委会议　2000年4月13日在政协会议室召开。政协主席卢智生主持会议，副主席张佃林、赵福礼、胡玉祥及政协常委出席会议。会议通过政协涞水县第五届委员会第三次会议日程、议程及选举办法；讨论通过政协涞水县第五届委员会常务委员会工作报告（草案）、县政协五届二次会议以来提案工作情况的报告（草案）和两个报告的报告人；研究决定撤销郑玉财、晋永旺、李桂山县政协委员资格，同意靳晓靖、董表民、宋伯泉辞去政协五届委员会委员请求；增聘5名政协委员。

第十一次常委会议　2000年4月14日在政协二楼会议室召开。政协主席卢智生主持会议，副主席张佃林、赵福礼、胡玉祥、高翔鹰及政协常委出席会议。会议讨论通过县政协五届常委会工作报告的决议（草案）和县政协五届三次会议政治决议（草案）。

第十二次常委会议　2000年6月16日在政协二楼会议室召开。政协主席卢智生主持会议，副主席张佃林、赵福礼、胡玉祥及政协常委出席会议，县政协机关各委办主任列席会议。会议通报县政协五届三次全会委员提案交办情况；总结县政协上半年工作，研究部署下半年工作。

第十三次常委会议　2000年9月14日在政协二楼会议室召开。政协主席卢智生主持会议，副主席张佃林、赵福礼、胡玉祥及政协常委出席会议，政协机关各委办主任列席会议。会议讨论安排政协近期工作；研究部署在政协委员中开展“致富思源、富而思进”教育活动事宜。

第十四次常委会议　2000年12月23日在政协二楼会议室召开。政协主席卢智生主持会议，副主席张佃林、赵福礼、胡玉祥及政协常委出席会议。会议讨论通过政协2000年工作总结；研究召开政协涞水县第五届委员会第四次会议有关事宜。

第十五次常委会议　2001年2月12日在政协二楼会议室召开。政协主席卢智生主持会议，副主席张佃林、赵福礼、胡玉祥及政协常委出席会议。会议通过政协涞水县第五届委员会第四次会议日程、议程；讨论通过政协涞水县第五届委员会常务委员会工作报告（草案）、县政协五届三次会议以来提案工作情况的报告（草案）和两个报告的报告人；增聘4名政协委员。

第十六次常委会议　2001年2月13日在政协二楼会议室召开。政协主席卢智生主持会议，副主席张佃林、赵福礼、胡玉祥及政协常委出席会议。会议讨论通过政协五届常委会工作报告的决议（草案）、政协五届三次会议以来提案工作情况报告的决议（草案）和政协五届四次会议政治决议（草案）。

第十七次常委会议　2001年6月1日在政协二楼会议室召开。政协主席卢智生主持会议，副主席张佃林、赵福礼、胡玉祥及政协常委出席会议。会议讨论通过《政协涞水县委员会关于在全县委员中开展

“为发展涞水做贡献，为人民政协添光彩活动”的决定》《政协涞水县委员会关于充分发挥委员主体作用的实施意见》；组织政协常委视察县城东大街拆迁工程、保—野（保定—野三坡）路（涞水到石亭段）建设进展情况。

第十八次常委会议　2001年10月17日在政协二楼会议室召开。政协主席卢智生主持会议，副主席张佃林、赵福礼、胡玉祥及政协常委出席会议。会议学习《中共中央关于加强和改进党的作风建设的决定》。

第十九次常委会议　2001年12月25日在政协二楼会议室召开。政协主席卢智生主持会议，副主席张佃林、赵福礼、胡玉祥及政协常委出席会议。会议通过了2001年工作总结；研究召开政协涞水县第五届委员会第五次会议有关事宜。

第二十次常委会议　2002年2月22日在政协二楼会议室召开。政协主席卢智生主持会议，副主席张佃林、赵福礼、胡玉祥及政协常委出席会议。会议通过政协涞水县第五届委员会第五次会议日程、议程；讨论通过政协涞水县第五届委员会常务委员会工作报告（草案）、县政协五届四次会议以来提案工作情况的报告（草案）和两个报告的报告人；讨论通过“两为”活动受表彰委员名单；增聘13名政协委员。

第二十一次常委会议　2002年5月9日在政协二楼会议室召开。政协主席卢智生主持会议，副主席张佃林、赵福礼、胡玉祥及政协常委出席会议。会议研究县政协五届五次会议落实情况，听取政协提案委提案办理情况和县政协办公室文史资料出版情况的汇报。

第二十二次常委会议　2002年8月13日在政协二楼会议室召开。政协主席卢智生主持会议，副主席张佃林、赵福礼、胡玉祥及政协常委出席会议。会议传达县委九届十次全会暨十二届政府十次会议精神；通报有关工作。

第二十三次常委会议　2002年12月25日在政协二楼会议室召开。政协主席卢智生主持会议，副主席张佃林、赵福礼、胡玉祥及政协常委出席会议。会议学习中共十六大报告；讨论通过政协2002年工作总结；讨论通过政协第六届委员会规模、构成情况；通过新聘委员名单。

六、第六届常务委员会会议

政协涞水县第六届委员会常务委员会（2003.04—2007.05），共召开16次常委会议。

第一次常委会议　2003年7月24日在政协会议室召开。政协主席张桂才主持会议，副主席郑晓先及政协常委出席会议。会议传达保定市政协常委扩大会议精神；研究讨论成立涞水县政协理论研究会人事安排问题。

第二次常委会议　2003年9月21日在政协会议室召开。政协主席张桂才主持会议，县委副书记锁宝贵应邀出席参加会议，副主席赵福礼、王玉卿、郑晓先、张克民及政协常委出席会议。会议传达县委十届二次全会暨十三届政府二次全会议精神；研究下半年工作重点；研究讨论召开政协理论研究会事宜；研究了民营经济发展建议案。

第三次常委（扩大）会议　2003年10月17日在政府招待所三楼会议室召开。政协主席张桂才主持会议，副主席王玉卿、郑晓先及政协常委出席会议，政协办公室、专委会主任和水利局、林业局负责同志列席会议。政协常委们视察宋各庄乡生态示范林，并就视察中发现的问题在座谈会上交流意见和建议。

第四次常委会议　2003年12月24日在政协会议室召开。政协主席张桂才主持会议，副主席王玉卿、赵福礼、张克民、郑晓先及政协常委出席会议。会议讨论通过政协涞水县委员会常务委员会工作报告（草案）和县政协六届一次会议以来提案工作情况报告（草案）；研究政协近期工作。

第五次常委会议　2004年2月17日在政府招待所三楼会议室召开。政协主席张桂才主持会议，副主席王玉卿、赵福礼、张克民、郑晓先及政协常委出席会议。会议通过政协涞水县第六届委员会第二次会议议程、日程和执行主席名单；讨论通过政协涞水县第六届委员会常务委员会工作报告和县政协六届一次会议以来提案工作情况报告的报告人；增聘13名政协委员。

第六次常委会议　2004年2月18日在县委常委会议室召开。政协主席张桂才主持会议，副主席王玉卿、赵福礼、张克民、郑晓先及政协常委出席会议。会议讨论通过政协六届常委会工作报告的决议（草案）、政协六届一次会议以来提案工作情况报告的决议（草案）和政协六届二次会议政治决议（草案）。

第七次常委会议　2004年7月21日在政协会议室召开。政协主席张桂才主持会议，副主席王玉卿、张克民、郑晓先及政协常委出席会议。会议传达市政协会议精神；总结县政协上半年工作，研究下半年工作安排；讨论安排走访政协委员工作；增聘1名政协委员。

第八次常委会　2005年2月24日在政府招待所三楼会议室召开。政协主席张桂才主持会议，副主席王玉卿、赵福礼、张克民、郑晓先及政协常委出席会议。会议通过政协涞水县第六届委员会第三次会议议程、日程和执行主席名单；讨论通过政协涞水县第六届委员会常务委员会工作报告（草案）、政协六届二次会议以来提案工作情况的报告（草案）和两个报告的报告人。

第九次常委会议　2005年2月25日在县委常委会议室召开。政协主席张桂才主持会议，副主席王玉卿、赵福礼、张克民、郑晓先及政协常委出席会议。会议讨论通过政协六届常委会工作报告的决议（草案）和政协六届三次会议政治决议（草案）。

第十次常委会议　2005年4月11日在其中口乡政府召开。政协主席张桂才主持会议，副主席赵福礼、张克民、郑晓先及政协常委出席会议，县林业局、畜牧局、联社负责同志列席会议。常委们视察山区60多户养蜂专业户；研究讨论山场养蜂项目所涉及的生态环保、退耕还林以及金融支持等项内容。

第十一次常委会议　2006年3月22日在县委常委会议室召开。政协党组书记张桂才主持会议，党组成员、副主席王玉卿、赵福礼、张克民出席，副主席郑晓先及政协常委出席会议，会上提名宋冀中为县政协六届委员会主席。会议通过政协涞水县第六届委员会第四次会议日程、议程；讨论通过政协涞水县第六届委员会常务委员会工作报告（草案）、县政协六届三次会议以来提案工作情况的报告（草案）和两个报告的报告人；通报关于宋冀中任政协涞水县委员会主席、赵广鹏任副主席的通知。

第十二次常委会议　2006年3月23日在县委常委会议室召开。政协党组书记张桂才主持会议，会议讨论通过政协六届常委会工作报告的决议（草案）、政协六届三次会议以来提案工作情况报告的决议（草案）和政协六届四次会议政治决议（草案）。

第十三次常委会议　2006年4月28日在县委小会议室召开。政协主席宋冀中主持会议，党组书记张桂才、副主席王玉卿、张克民、郑晓先、赵广鹏及政协常委出席会议。会议学习《中共中央关于加强人民政协工作的意见》；讨论通过《政协涞水县委员会全体会议工作规则》《政协涞水县委员会常务委员会及主席会议议事规则》《政协涞水县委员会委员活动小组工作规则》。

第十四次常委（扩大）会议　2006年8月22日在县政府招待所三楼会议室召开。政协副主席张克民主持会议，政协主席宋冀中、副主席王玉卿、张克民、郑晓先、赵广鹏及政协常委出席会议，副县长李增泉应邀出席会议，南水北调沿线政协委员、县水利局负责人列席会议。常委们视察了南水北调干线工程；听取水利局负责人的工作汇报，并就视察中发现的问题提出意见建议；县政协主席宋冀中作了总结发言。

第十五次常委会议　2006年10月20日在县委小会议室召开。政协副主席张克民主持会议。政协主席宋冀中、党组书记张桂才、副主席王玉卿、郑晓先、赵广鹏及政协常委出席会议，机关各委办主任列席会议。会议研究通过有关人事事项；听取提案委关于委员提案办理情况、路灯早晚亮两次便于学生放学和郭下村路灯投资、电费问题的通报；讨论通过2007年工作思路和“致富思源、回报社会”倡议书；安排部署在政协机关开展“学、树、保、促”活动事宜。

第十六次常委会议　2007年5月14日在县委常委会议室召开。政协主席宋冀中主持会议，党组书记张桂才、副主席王玉卿、郑晓先、赵广鹏及政协常委出席会议。会议讨论通过政协涞水县第六届委员会常务委员会工作报告（草案）、政协六届一次会议以来提案工作情况的报告（草案）；研究通过政协机关人事任免事宜；聘请政协涞水县第七届委员会委员。

七、第七届常务委员会会议

政协涞水县第七届委员会常务委员会（2007.05—2011.05），到2009年12月召开11次常委会议。

第一次常委（扩大）会议　2007年6月12日在县招待所三楼会议室召开。政协主席宋冀中主持会议，党组副书记张桂才、副主席赵福礼、郑晓先、罗桂金及政协常委出席会议，各委员活动小组组长列席会议。会议学习政协章程《中共中央关于加强人民政协工作的意见》和《中共保定市委关于加强人民政协工作的若干规定》；宣读《委员活动小组工作规则》；政协副主席郑晓先从四个方面对政协提案的相关知识讲了具体意见和要求；县政协主席宋冀中就如何发挥好小组长的作用作了总结发言。

第二次常委会议　2007年11月21日在县招待所三楼会议室召开。政协主席宋冀中主持会议，党组副书记张桂才、副主席赵福礼、郑晓先、罗桂金及政协常委出席会议。会议讨论通过调研报告《关于当前我县新农村建设中农民迫切需要解决的问题的几点建议》；学习市委书记宋长瑞在全市传达学习中央十七大精神报告会上的讲话精神。

第三次常委会议　2008年3月4日在县委常委会议室召开。政协主席宋冀中主持会议，党组副书记张桂才、副主席赵福礼、郑晓先、罗桂金及政协常委出席会议。会议研究召开政协涞水县第七届委员会第二次会议有关事宜。

第四次常委会议　2008年3月26日在县招待所三楼会议室召开。政协主席宋冀中主持会议，党组副书记张桂才、副主席赵福礼、郑晓先、罗桂金及政协常委出席会议。会议通过政协涞水县第七届委员会第二次会议日程、议程；讨论通过政协涞水县第七届委员会常务委员会工作报告（草案）、政协七届一次会议以来提案工作情况的报告（草案）和两个报告的报告人；增聘9名政协委员。

第五次常委会议　2008年3月27日在县委常委会议室召开。政协主席宋冀中主持会议，党组副书记张桂才、副主席赵福礼、郑晓先、罗桂金及政协常委出席会议。会议讨论通过了政协七届常委会工作报告的决议（草案）、政协七届一次会议以来提案工作情况报告的决议（草案）和政协七届二次会议政治决议（草案）。

第六次常委（扩大）会议　2008年6月18日在县招待所四楼会议室召开。政协主席宋冀中主持会议，党组副书记张桂才、副主席赵福礼、郑晓先、罗桂金及政协常委出席会议，部分政协委员、县交通局和养路工区负责人列席会议。县政协常委和委员们视察密涿高速支线涞水段及两条引线和112国道涞水段工程；听取交通局和养路工区负责同志关于密涿支线及引线、张石高速涞水至曲阳段、张涿高速涞水段项目进展情况和112国道涞水段抢修进度及建设情况的汇报；县政协主席宋冀中作了总结发言。

第七次常委会议　2008年11月26日在县招待所三楼会议室召开。政协主席宋冀中主持会议，党组副书记张桂才、副主席赵福礼、郑晓先、罗桂金及政协常委出席会议。常委们视察涞水第一小学迁建工程、城东和城西两个污水处理厂、中加工业园及张石高速引线的建设情况；听取文体教育局、建设局、交通局和发改局主要负责人的汇报；会议研究县政协明年的工作。

第八次常委会议　2009年1月13日在县招待所三楼会议室召开。政协主席宋冀中主持会议，党组副书记张桂才、副主席郑晓先、罗桂金及政协常委出席会议。县领导杨宝楼应邀出席会议，政协机关各委办主任列席会议。会议听取县委组织部关于提请杨宝楼任职的说明，讨论通过政协涞水县第七届委员会常务委员会工作报告（草案）和政协七届二次会议以来提案工作情况的报告（草案）；审议通过2008年度先进政协委员活动小组、优秀政协委员表彰名单；增聘4名政协委员。

第九次常委会议　2009年3月16日在县招待所三楼会议室召开。政协主席宋冀中主持会议，党组副书记张桂才、副主席郑晓先、罗桂金及政协常委出席会议，县领导杨宝楼应邀出席会议，政协机关各委办主任列席会议。会议通过政协涞水县第七届委员会第三次会议日程、议程；讨论通过政协涞水县第七届委员会常务委员会工作报告和县政协七届二次会议以来提案工作情况报告的报告人。

第十次常委会　2009年3月17日在县委常委会议室召开。政协主席宋冀中主持会议，党组副书记张桂才、副主席郑晓先、罗桂金及政协常委出席会议，县领导杨宝楼应邀出席会议。会议讨论通过县政协七届常委会工作报告的决议（草案）、县政协七届二次会议以来提案工作情况报告的决议（草案）和县政协七届三次会议政治决议（草案）。

第十一次常委会议　2009年12月16日在县政府招待所三楼会议室召开。政协主席宋冀中主持会议，副主席杨宝楼及政协常委出席会议，县委常委、副县长贾见勇应邀出席会议。会议组织政协常委视察本县三年大变样及张涿高速项目建设情况；听取县交通局、建设局的相关汇报，并就本县项目建设交流意见。

第二节　常务委员会机构

政协常务委员会由政协全体委员会议选举产生，常务委员会由政协主席、副主席、秘书长和常务委员组成。主持政协涞水县委员会会务，在全体会议闭会期间处理县政协的日常工作。常务委员会以宪法为准则，以政协章程为依据，在县委的领导下，突出团结和民主两大主题，围绕全县各项工作，切实履行政治协商、民主监督、参政议政三大职能。

一、常务委员会领导机构

1983—2009年，共历经7届委员会，第一、四、五、六、七届，每届任期5年；第二届任期3年；第三届任期4年。

第一届由19名常委组成，其中主席1名、副主席6名；

第二届由15名常委组成，其中主席1名、副主席6名；

第三届由17名常委组成，其中主席1名、副主席6名；

第四届由22名常委组成，其中主席1名、副主席5名；

第五届由25名常委组成，其中主席1名、副主席4名；

第六届由25名常委组成，其中主席1名、副主席5名；

第七届由31名常委组成，其中主席1名、副主席5名。

涞水县政协第一届至第七届常委会组成人员一览表

表7-3-2-1

届　次	名　单
第一届（1983年）	王建良　张文柱　李　浩　贾殿卿　张恒吉　辛振东　刘玉海　张香彩　王宝义　金克俭　王茂生　靳崇敏　冀书铭　孙月华　周锡光　高国栋　王炳林
第二届（1987年）	张德镇　李　浩　贾殿卿　张恒吉　吕承祥　王宝义　靳崇敏　杨建章　宋文阁　金克俭　孙月华　邢　州　冯栋梁　屈旺林　金　良
第三届（1990年）	张德镇　张恒吉　张国兰　张　勇　屈旺林　吕承祥　王宝义　靳崇敏　李清怀　于卓芳　赵祖玲　程海友　贾殿卿　胡印聪　李玉昆　邢有天　郭　富
第四届（1993年）	于卓芳　张　勇　王宝义　吕承祥　金德录　李清怀　邢有天　李玉昆　赵祖玲　胡印聪　马国新　杨常福　程海友　贾殿卿
第五届（1998年）	卢智生　张甸林　赵福礼　胡玉祥　高翔鹰　贾殿卿　吕承祥　王友良　张　杰　董表民　程友海　刘　友　衡一友　秦秀福　杨　成　王喜龙　冀学明　张宝泉　刘俊平　冯树江　廖　申　李春波　杨常福
第六届（2003年）	张桂才　王玉卿　赵福礼　张克民　郑晓先　王树增　许树海　张洪亭　郭士江　张宝泉　李春波　冀学明　冀福生　冯术江　陈建民　郑文奎　张庭书　张　占　江田力　刘　柱　崔丽华　褚文婷　赵舒畅
第七届（2007年）	宋冀中　张桂才　赵福礼　郑晓先　罗桂金　郭宝华　王炳军　刘清泉　张　旺　张　正　刘春成　褚文婷　张宝泉　李春波　梁　庆　田　力　郑文魁　李增贵　王　成　刘爱武　刘　辉　陈炳阳　刘　柱　付东华　张占江　王树国　陈炳军　佟卫东　王金爱　杨海燕　王士川

1983-2009年涞水县政协委员会主席、副主席一览表

表7-3-2-2

届次	职　务	姓　名	民族	文化程度	党派	籍贯	任职时间
第一届 1983.02—1987.05	主　席	王建良	汉	初中	中共	易县	1983.02-1987.04
	副主席	张文柱	汉	初中	中共	涞水	1983.02-1983.12
	副主席	李　浩	汉	高中	无	涞水	1983.02-1987.05
	副主席	贾殿卿	汉	初中	无	涞水	1983.02-1987.05
	副主席	张恒吉	汉	大学	中共	涞水	1983.12-1987.05
	副主席	吕承祥	汉	大学	无	秦皇岛	1983.12-1987.05
	副主席	靳崇敏（女）	汉	大专	无	天津	1983.12-1987.04
第二届 1987.05—1989.12	主　席	张德镇	汉	高中	中共	涞水	1987.05-1989.12
	副主席	李　浩	汉	高中	中共	涞水	1987.05-1989.12
	副主席	张恒吉	汉	大学	中共	涞水	1987.05-1989.12
	副主席	贾殿卿	汉	初中	无	涞水	1987.05-1989.12
	副主席	吕承祥	汉	大学	无	秦皇岛	1987.05-1989.12
	副主席	王宝义	汉	初中	无	定兴	1987.05-1989.12
	副主席	张国兰（女）	汉	大学	无	涞水	1987.12-1989.12

续表

届次	职 务	姓 名	民族	文化程度	党派	籍贯	任职时间
第三届 1990.01— 1993.02	主 席	张德镇	汉	高中	中共	涞水	1990.01-1993.02
	副主席	张恒吉	汉	大学	中共	涞水	1990.01-1993.02
	副主席	张国兰（女）	汉	大学	无	涞水	1990.01-1993.02
	副主席	屈旺林	汉	大专	无	涞水	1990.01-1993.02
	副主席	吕承祥	汉	大学	无	秦皇岛	1990.01-1993.02
	副主席	王宝义	汉	初中	无	定兴	1990.01-1993.02
	副主席	张 永	汉	大学	中共	涞水	1990.01-1993.02
第四届 1993.03— 1998.01	主 席	卢智生	汉	中专	中共	涞水	1993.03-1998.01
	副主席	于卓芳	汉	高中	中共	易县	1993.03-1998.01
	副主席	张 永	汉	大专	中共	涞水	1993.03-1998.01
	副主席	王宝义	汉	初中	无	定兴	1993.03-1998.01
	副主席	吕承祥	汉	大学	无	秦皇岛	1993.03-1998.01
	副主席	金德录	汉	高中	无	涞水	1993.03-1998.01
第五届 1998.02— 2003.03	主 席	卢智生	汉	中专	中共	涞水	1998.02-2003.03
	副主席	张佃林	汉	大专	中共	涞水	1998.02-2003.03
	副主席	赵福礼	汉	中专	中共	涞水	1998.02-2003.03
	副主席	胡玉祥	汉	大学	中共	涞水	1998.02-2003.03
	副主席	高翔鹰	汉	初中	无	涞水	1998.02-2003.03
第六届 2003.03— 2007.05	主 席	张桂才	汉	大学	中共	涞水	2003.04-2006.03
	主 席	宋冀中	汉	大专	中共	天津	2006.03-2007.05
	副主席	王玉卿（女）	汉	大专	中共	固安	2003.04-2007.05
	副主席	赵福礼	汉	中专	中共	涞水	2003.04-2007.05
	副主席	张克民	满	中专	中共	涞水	2003.04-2007.05
	副主席	郑晓先（女）	汉	中专	无	容城	2003.04-2007.05
	副主席	赵广鹏	汉	大学	无	涞水	2006.03-2007.05
第七届 2007.05— 2009.1	主 席	宋冀中	汉	大专	中共	天津	2007.05-2009.12
	副主席	赵福礼	汉	中专	中共	涞水	2007.05-2009.03
	副主席	郑晓先（女）	汉	中专	无	容城	2007.05-2009.12
	副主席	罗桂金	汉	大学	中共	涞水	2007.05-2009.11
	副主席	杨宝楼	汉	大学	中共	涞水	2009.03-2009.12

二、常委会工作机构

1982年9月，根据省委、地委关于县一级建立人民政协的指示精神和政协章程有关规定，经县委研究，成立涞水县政协筹建委员会，制定了详细的工作安排。

1983年2月，政协举行第一届委员会第一次会议，确定工作机构，设置提案审查委员会、调查研究委员会、文史资料委员会；办公室；设立学习宣传组、工交组、财贸组、科技组、文教卫生组、农村工作组、民族宗教组、对台工作组。

1987年，政协第二届委员会为更好地发挥政治协商、民主监督、参政议政作用，扩大统一战线组织，调动各界人士献计出力的积极性，在县属2区、1镇、8乡建立统战政协联络组，由区、乡、镇党委副书记任组长，驻会工作人员增至13人。分布在县直的委员，按性质分为法制宣传、工交财贸、文教卫生、科技、文史、对台等6个组。

1988年，县政协常委会对工作机构进行调整，设法制宣传、教育卫生、工交财贸、科技、三胞联谊、文史资料组。

1990年1月，政协举行第三届委员会第一次会议，调整内设机构，除办公室外，原专委会合并，设立协商监督委员会、科技咨询委员会、文史资料委员会。

1993年3月，政协，第四届委员会调整内设机构，除办公室外，第三届委员会设立的3个委员会调整为学习提案委员会、文史科技委员会、经济联谊委员会。7月，全县撤区并乡工作完成后，原区、乡统战政协联络组更名为乡、镇政协联络处，并制订联络处工作规定。

1997年7月，政协举行第五届委员会第一次会议，除保留综合性办公室职数外，其他专委会职数被撤销，原乡镇政协联络处也被撤销。

2002年6月，依据保定市委、市政府关于涞水县机构改革方案文件精神，下发了政协涞水县委员会机构改革方案，县政协内设综合性办公室。

2004年，第六届委员会依据政协章程及机构编制管理规定，经县机构编制委员会批准，除保留办公室外，增设学习提案委员会、经济联谊委员会，并明确规格和职数设置。办公室、学习提案委员会、经济联谊委员会均为正科级，办公室、学习提案委员会设一正一副；经济联谊委员会设正科一名。

2007年，政协第七届委员会为进一步做好政协工作，报经县委批准，在全县15个乡镇恢复建立统战政协联络组，由各乡镇主管组织工作的副书记或组宣委员任组长。为便于委员履行职能，按工作性质、地域划分为18个活动小组。

第三节　政协职责履行

一、政治协商

1983年县政协建立以来，历届政协始终高度重视规章制度的完善修订工作。靠制度约束人，靠规范化的管理提高工作效率。1984年，制订了关于工作人员几项制度的规定、政协机关岗位责任制等。而后历届政协不断完善细化。1990年，政协第三届委员会制订关于政治协商、民主监督的暂行规定，规定分六章二十七条，详细介绍协商监督的主要职能、目的、内容、形式、程序和自身建设等。1993年，政协第四届委员会起草制订关于政治协商、民主监督的几项规定，规定分为六章二十六条，是对政协第三届委员会暂行规定的细化完善。另外，还制订试行常委会工作规划、专委会组织通则，两项规划的试行，加强健全委员会的工作和制度。1996年，政协第四届委员会起草制订提案工作实施细则，加强提案在履行政协三大职能中的作用。政协第六届、第七届委员会依据政协章程和新时期对政协工作的新要求，进一步修订完善各项制度。2006年，健全制订了政协涞水县委员会全体会议工作规则、常务委员会工作规则、主席会议工作规则、秘书长会议工作规则、专门委员会工作通则、委员活动小组工作规则等；建立主席联系委员制度，加强与委员的联系沟通；制定委员年度考核实施办法，调动委员积极性；制订加强县政协经济联谊工作的意见，提出委员为县域经济发展服务的要求。同时，管理机关内部也加强，实行严格的定岗责任制，形成一整套完整科学的规章制度。通过完善制度，有效提高工作效率，调动做好各项工作的积极性，做到有章可循、有责可履，进一步树立良好形象。

二、参政议政

（一）组织委员列席人大会议，听取一府两院工作报告；财政预决算报告；国民经济执行情况的报告等，通过认真讨论，以提案、大会发言等形式参政议政。

（二）驻会主席、副主席按规定列席县委、县政府常务会议，对有关重大事项进行适时协商和监督，提出意见和建议。

（三）发挥提案作用

从1983年第一届委员会第一次会议至2007年第七届委员会第一次会议，政协委员提出提案837件，其中，第一届164件，第二届196件，第三届53件，第四届164件，第五届146件，第六届93件，第七届一次会议21件。这些提案内容涉及涞水县经济建设、文化建设、政治建设及人民群众关心关注的热点难点问题等各个层面。在县委、县政府的高度重视下，经过政协专委会、承办单位和广大政协委员的努力，这些提案近八成得到解决和落实。

2008年七届二次会议收到委员以提案形式提出的建议和意见46件，经审查、合并，共有20件提案符合要求，予以立案办理。在立案的提案中，内容涉及群众关心的热点难点问题、旅游资源开发、城建、交通、环保、农村经济发展等多个方面。至2008年10月底，这些提案全部办结并答复委员，按时办复率、见面率、委员满意率均为100%。

2009年七届三次会议收到委员以提案形式提出的建议和意见60件，经审查、合并，共有26件提案符合要求，予以立案办理。在立案的提案中，内容涉及群众关心的热点难点问题、旅游资源开发、城建、交通、环保、农村经济发展等多个方面。至2009年10月底，这些提案全部办结并答复委员，按时办复率、见面率均为100%，委员满意率96%。

三、民主监督

县政协成立以来，每年不定时抽调干部，由主席组织，划分小组进行专题调查、委员视察。组织调研视察100余次。调研视察的内容主要依据县委、县政府的中心工作和人民群众关心的热点难点问题，如税费改革前，调研视察农民负担、乱摊派乱罚款等问题；纠正错案时，调查教育系统平反落实情况；主要围绕经济发展撰写关于涞水县玻璃器皿产业发展、职业教育发展的调研报告。调研视察后均形成了报告，报告的建议、意见，大部分得到县委、县政府的重视，有的立即得到落实，有的被列入议事日程，有的被省、市有关部门采纳。为改革和加强政协工作，拓宽政治协商、民主监督形式，1993—1998年创办《协商与监督》专刊，刊发10期，主要选登委员对政治生活、经济、文化建设和人民切身利益等方面问题提出的建议。

四、咨询服务

咨询服务是政协开展的一项面向农村的科技咨询活动，通过组织专业委员进行专题知识讲座，编写科普文章、技术资料刊物等，向农民提供技术信息。1990—1992年，创办《咨询与服务》专刊，刊发45期，主要刊登科技咨询动态、传播科技信息、宣传科技及人畜保健常识等。

五、文史编辑

文史资料的征集整理、研究编纂出版，是人民政协的一项重要工作。自县政协成立以来，各届政协始终高度重视文史资料的征集整理，责成文史委、办公室抽调专人、给予专项经费大力开展工作。出版《涞水文史资料选辑》5辑、《涞水历史文化辑萃》1部、《涞水革命斗争史略》1部，共200万余字。

1984年9月，由政协涞水县委员会文史资料委员会编辑、内部发行交流的文史资料选刊正式与读者见面，第一期收集县南地道战的有关史料。1985年，县政协先后以办公室、文史组的名义发出通知或倡议，在全县范围征集文史资料，特别是有关祖冲之、祖逖的史料。不久，连续编辑文史资料第二、三期。第二期收录大龙门长城、龙门峡摩崖石刻两篇；第三期收录一个被抓劳工的自述一篇。1986年，编辑文史资料第四期、第五期。第四期收集伪保安团长郭桂枝一篇；第五期收集刘家乾的回忆一篇。1988年，编辑文史资料第六、七、八期。第六期收集志华山的来历一篇，第七期收集科学大家祖冲之一篇，第八期收集锄奸英雄宁亚川一篇。1989年，编辑文史资料第九、十期。第九期收集祖逖北伐一篇，第十期收集简介涞水教育发展的几个历史阶段一篇。另外整理编写涞水名医王茂生、涞水县古塔两篇文史资料。1990年，整理编辑好县官甘汝来、张铎的医德医术、白秀亭等文史资料。1991年，整理编发杨尚昆视察东义和庄、民众会的抗税斗争、奸谄误国的蠹贼祖珽、爱国军人王起、祁沟关的三奇、李恩与农业生产合作社等多篇文史资料。而后，随着文史资料量的不断增多，开始结集出版。

《涞水文史资料选辑》第一辑由县政协文史资料委员会编写，出版于1987年11月1日，共6.1万字，收录13篇，分别是涞水历史沿革、涞水县义和团斗争大事记、大龙门内长城、龙门峡摩崖石刻、刘自仆传略、王作舟在涞水二、三事、伪保安团长郭桂枝、日军烧杀圈人罪千秋、日军血洗南义安、一个被抓劳工的自述、县南地道战史料选、平汉破击战涞水庄疃战役、门墩子山战斗始末。

第二辑出版于1989年11月1日，共3.6万余字，收录10篇，分别是祖逖北伐、科学家祖冲之、锄奸英雄宁亚川、涞水名医王茂生、张丁洋、史雄飞、简介涞水教育发展的几个历史阶段、志华山的来历、涞水县古塔考、流行于“九一八”后的几首民歌。

第三辑出版于1992年8月，共4.5万余字，收录13篇，分别是杨尚昆视察东义合庄、李恩与农业生产合作社、张铎的医德医术、爱国军人王起、民众会的抗税斗争、好县官甘汝来、张作新轶闻、清怡贤王园寝、涞水南关广华寺及其佛事活动、南关清真寺简介、涞水发现明代大旱碑碣、白秀亭、土坷垃的魅力。

第四辑出版于1997年6月，共4万余字，收录17篇，分别是邢各庄惨案、北白堡惨案、野三坡抗日斗争史片断、在敌人的屠刀下坚强不屈、满金峪战斗、对敌斗争片断、一身雄气胜有名、祖珽、对十三王爷及其家庭的考证、大明寺之劫难、《涞水赋》浅释、涞水“八景”小释、韩世琦、铜镜、涞水一中简史、祖冲之中学建校史、诏书、县政协一至四届组织机构设置。

第五辑出版于2002年6月，共5万余字，收录25篇，分别是祖暅之、祖皓父子，郭隗及赞颂郭隗的诗歌，全国优秀教师杨玉生、十五大代表刘俊平、全国模范教师冀增春、手工雕刻钞票原版专家苏席华、全国旅游行业劳动模范王宝义、首任国家赴南极考察队队长郭琨、全国老有所为创新奖获得者贾殿卿、祖逖祖冲之与客家文化精神、明代散曲大家冯维敏与涞水、涞水清代皇陵、皇甫村弥陀寺原貌、耆三与耆氏掘园、涞水古城三十年代商业概况、南关广华寺重修记、涞水古城的变迁、县医院发展简史、寺皇甫学校校史、涞水民间花会、刘庸为重修罗古台娘娘庙撰写碑文、杨家将后裔落户涞水木井村、民俗谚语、诗歌七首，1958—2001年荣获省部级劳动模范名单。

《涞水历史文化辑萃》一书由县政协组织编写，中国作协主席铁凝题写书名，出版于2006年12月，共70余万字。该书是县政协编辑整理出版的第一本综合性的文史资料，作为礼物馈赠涞水籍在外知名人士，受到广泛赞誉。该书全面、客观地记述涞水近2000多年的历史文化传承和演变。全书分为山川古韵、历史文化、人物传记、风景名胜四卷，二十五章。第一卷涞水山川古韵，分历史长河、山川竞秀、古韵生辉三章，粗线条从不同角度全面介绍涞水的历史文化遗迹。第二卷丰富悠久的历史文化，分文化遗址、历代墓葬、古建遗迹、古今碑铭、馆藏文物、高洛古乐、辞赋集锦、民国纸币八章，其中文化遗址断代为旧石器至两汉时期。古今碑铭收录唐代以来的所有征集整理的资料。辞赋集锦载入作品大部分为民国前作品，仅傅增湘、周肇祥撰写的《涞易纪游》以及游览涞水名胜撰写的若干首杂诗为民国后作品。第三卷人物传记，按时间顺序从上古一直收录到中华人民共和国成立前，所涉及的人物，包括涞水人、在涞水生活工作有成就、有贡献的县外人，还有死后葬在涞水的外邑名人，如郭隗、允祥等。第四卷风景名胜，分京赞路沿线、县城周边、野三坡三部分，详细介绍各景点的来龙去脉及开发情况，展示涞水丰富的旅游资源。

《涞水革命斗争史略》一书，由涞水县政协第七届委员会组织编写，全国政协原副主席张思卿题写书名，出版于2008年12月，共50余万字。该书以时间为序，真实记录了自1928年涞水有了党组织，燃烧第一颗星火起，至1949年中华人民共和国成立止，历经土地革命、抗日战争、解放战争三大历史时期，涞水县域内22年的革命斗争全景。客观展示无数革命先辈与涞水人民前赴后继、英勇无畏的革命斗争精神和爱国爱家、自强不息的精神文化积淀。一桩桩烧杀惨案让人铭记，一曲曲抗日悲歌催人奋进，一个个斗争策略令人叹服，一篇篇战斗故事感人至深。全书分六十四个章节，详细介绍涞水革命斗争概述、斗争日志、领导人名录、斗争歌曲及回忆文章。

附件一：历届省政协委员名录

2003—2009年涞水县历届河北省政协委员一览表

表7-3-3-1

届次	起止时间	姓　名	性别	出生年月	民族	文化程度	党派	界别	工作单位及职务
九届	2003.1-2008.1	李春波	男	1968.01	汉	大专	无	经济	波峰集团总裁
十届	2008.1-2009.12	高祥鹰	男	1956.03	汉	高中	无	经济	京北雄科技实业有限公司、北雄首建钢结构有限公司董事长
		李春波	男	1968.01	汉	大专	无	经济	盛世嘉禾房地产开发有限公司董事长、保定市工商联副会长

附件二：历届保定市政协委员名录

涞水县历届保定市政协委员一览表（一）

表7-3-3-2

届次	起止时间	姓　名	性别	出生年月	民族	文化程度	党派	界别	工作单位及职务
八届	1995.03~1998.03	卢智生	男	1943.09	汉	中专	中共	无	涞水县政协主席
		王宝义	男	1932.09	汉	初中	无	文化	涞水县旅游局局长
		王金铎	男	1956.03	汉	研究生	中共	经济	涞水县长城长电极有限公司董事长
		冀福生	男	1955.11	汉	高中	无	科技	涞水县福生电器 公司经理
		赵会之	女	1956.08	汉	中专	无	科技	涞水县农业局
		冀增春	男	1954.01	汉	大专	中共	教育	涞水二中教师
		郄文荣	女	1959.10	汉	中专	中共	医卫	涞水县医院护理部主任
		秦秀福	男	1956.01	满	高中	无	少数民族	河北华田房地产开发有限公司副总经理
		李新颖	女	1949.10	汉	初中	无	港澳	涞水县教育局
		苏正义	男	1966.03	回	大专	无	宗教	涞水县清真寺教长
		李义福	男	1942.11	汉	高中	中共	特邀	涞水县委统战部 部长
九届	1998.03~2003.04	卢智生	男	1943.09	汉	中专	中共	中共	涞水县政协主席
		冀福生	男	1955.11	汉	高中	无	乡企	涞水县福生电器 公司总经理
		李春波	男	1968.01	汉	大专	中共	工建交	涞水波峰工贸集团公司董事长
		柳泽江	男	1958.08	汉	高中	无	文化	涞水县文化局　美术师
		程海友	男	1943.08	汉	高中	无	文化	涞水县檀山工艺美术厂厂长
		瞿秀芹	女	1965.04	汉	无大专	无	教育	涞水县冲之中学教师
		郄文荣	女	1959.10	汉	大专	中共	医卫	涞水县医院护理部主任
		秦秀福	男	1956.01	满	高中	无	少数民族	河北华田房地产开发有限公司副总经理
		王喜龙	男	1964.05	满	大专	无	少数民族	涞水县华兴安装有限公司经理
		赵福礼	男	1954.01	汉	大专	中共	特邀	涞水县政协副主席、统战部长
十届	2003.04~2008.03	张桂才	男	1949.02	汉	大学	中共	中共	涞水县政协主席
		胡云霞	女	1962.09	汉	大学	中共	妇女	涞水县胡家庄乡乡长
		王立明	男	1971.11	汉	大学	无	科技	涞水县农业局　生产股股长
		冀福生	男	1955.01	汉	高中	无	科技	涞水县福生电器 公司经理
		杨爱民	男	1968.05	汉	大专	无	建交	涞水县杨帆大酒店经理
		刘　柱	男	1956.10	汉	高中	无	乡企	涞水县保北玻璃制品公司董事长
		王士芳	男	1962.07	汉	大学	民建	农林水	涞水县政府副县长
		杨　帆	女	1968.10	汉	大学	无	教育	涞水县波峰中学副校长
		郄文荣	女	1959.10	汉	中专	中共	医卫	涞水县医院护理部主任
		安　水	男	1955.08	回	高中	无	少数民族	涞水县安水建筑公司总经理
		秦秀福	男	1956.01	满	高中	无	少数民族	河北华田房地产开发有限公司副总经理
		赵福礼	男	1954.01	汉	大专	中共	特邀	涞水县政协副主席、统战部长

续表

届次	起止时间	姓　名	性别	出生年月	民族	文化程度	党派	界别	工作单位及职务
十一届	2008.03~2009.12	宋冀中	男	1956.02	汉	大学	中共	中共	涞水县政协主席、党组书记
		宋　倩		1981.05	汉	大学	无	无党派	涞水县永阳镇副镇长
		冀国椿	男	1956.08	汉	中专	无	医卫	涞水县医院医技科主任
		徐　江	男	1966.03	汉	大专	无	教育	涞水县第一小学校长
		霍占利	男	1974.06	汉	大学	无	无党派	涞水县政府副县长
		王　成	男	1964.05	汉	高中	无	农业	涞水县卧龙山庄开发公司经理
		梁　庆	男	1970.10	汉	大专	中共	经济	涞水县养路工区主任、书记
		庞文剑	男	1970.07	汉	大专	中共	经济	涞水县华银基业房地产开发有限公司董事长
		杨爱民	男	1968.05	汉	高中	无	经济	涞水县东方万泰建筑公司总经理
		赵福礼	男	1954.01	汉	大专	中共	特邀	涞水县政协副主席、统战部长

附件三：政协调研报告选载

关于扶贫工作情况及问题的调查报告

接河北省政协“关于开展《我省扶贫工作的新情况，新问题及对策》专题调研的通知”后，县政协党组及时向县委、县政府主要领导作了汇报，并于四月四日至四月十九日对我县当前扶贫工作情况进行了专题调研。

经县政协党组研究成立了以卢主席为组长，于主席为副组长的五人专题调查组，研究确定了这次调研的时间安排及方法步骤，调查组首先听取了县扶贫办公室对九四。扶贫工作情况的介绍，在此基础上对县直机关对口帮扶单位：农业、林业、计委、水利、畜牧、矿产、电力、交通等部门进行了走访。然后重点对山区的赵各庄、其中口、九龙三个乡镇五个特困村实地调查，比较全面地了解了我县扶贫工作进展情况。

一、贫困现状及扶贫工作开展情况的总体估价

(一）我县地处河北省西部太行山北端，全县总面积1650平方千米，其中山场180万亩，草场22万亩，耕地36.1万亩，县辖15个乡（镇)，284个行政村，504个自然村，总人口33.1万，其中农业人口30.5万，人均耕地1.15亩。1994年，全县农村人均纯收入400元以下的涉及8个乡镇，110个行政村，30524户，122816人，其中300元以下的涉及45个行政村，25899人，200元以下的极贫村14个15539人。大部分群众致富无门路，发展无条件，缺粮、缺钱、缺燃料，仍处在“吃粮靠国家，花钱靠贷款，生活靠救济”的贫困状态中。1994年被省政府确定为省级贫困县。

(二）为落实河北省“1994—2000年扶贫攻坚计划”，涞水县委、县政府根据本县实际情况重点抓了以下几方面工作：

一是制定并由县人大通过了《涞水县1994—2000年扶贫攻坚计划》，制定了到本世纪末稳定解决全县122800人温饱问题的奋斗目标。确立了“以党的十四大精神为指针，以资源开发为依托，市场为导向，治穷致富为根本，加大科技扶贫含量，坚持‘输血’与‘造血’并重，自力更生、艰苦创业，因地制宜，发展区域经济，围绕增加农民收入，培育支柱产业，到本世纪末稳定实现脱贫致富”的指导思想；明确了“以矿产开发和农业综合开发为主线，种养加起步，大力发展两高一优农业，扶持与发展乡镇企业，形成产加销一条龙，贸工农一体化的扶贫经济开发新格局”的总体工作思路；制订“3个十万”目标（用七年的时间发展10万亩杏扁树，10万亩红富士苹果树，10万只绒山羊）；实施“3555”工程（前3年解决5万人，55个贫困村的脱贫问题，后3年再解决5万人，55个贫困村脱贫问题）的总体方案。

二是实行县六套班子领导和45个科局、工矿企业、部队双重对口帮扶的强化措施。为落实涞水县扶贫攻坚计划，县委、政府专门召开了扶贫工作会议，确定了对45个特困村实行对口帮扶，并签定了目标责任书。有关乡镇党委、政府按照“涞水县八七扶贫攻坚计划”安排，结合本乡镇实际，分别制定了自己的扶贫计划，配合对口帮扶单位狠抓了落实。

三是为加强扶贫工作的组织领导，于1994年7月份扶贫办公室单列为一级局机构，具体负责扶贫工作的实施。八个扶贫任务较大的乡镇分别建立了乡扶贫办公室，明确专人负责。

四是六套班子领导及对口帮扶单位，对扶贫工作大都很重视，深入基层真抓实干，在较短时间内取得了明显成绩。

在调查中我们了解到去年电力局对口帮扶九龙镇大龙门村、永阳镇东垒子村、其中口乡其中口村。局领导多次带队深入到这三个村实地考察、了解村里的实际困难。先后为大龙门村整改高低压线路、改善村小学办学条件，总投入达7000余元；帮东垒子村建石料厂一个，垫付各种资金2万余元，为三十多贫困户提供了就业机会。另外，去年我县确定为省级贫困县后，该局认真落实上级对贫困县电价优惠政策，从去年7月份到今年3月份共减轻农民电费负担203万元。在调查中我们还了解到，自1989年以来，县电力局利用4年时间自筹资金近百万元，为山区20多个无电村办上了电，在全区山区县中第一个实现了行政村、村村通电，为山区经济发展打下了基础。

林业局认真实施县扶贫攻坚计划“3个十万”工程，1994年来，根据山区特点在九龙镇、赵各庄镇、其中口乡、龙门乡的36个村联片种植大杏扁4万亩，每亩45至50棵，总计200万棵左右，采取群众出义务工，林业局无偿提供树苗的方法。准备到1997年发展到十万亩，此项工程受益后，按时价人均增收3000元左右，还可出口创汇，为山区稳定脱贫积蓄了后劲，打下了基础。在山前丘陵区以娄村为中心建立万亩红富士苹果基地，现已完成7000亩，投入15万元。

畜牧局积极组织技术人员狠抓技术服务和畜禽防疫，在此基础上抽出专人负责畜禽优种的引进工作。去年为全县引进小尾寒羊300多只，为娄村乡常安庄村引进绒山羊种羊100多只，改良本地山羊品种，提高出绒量。

水利局1994年来，为解决山区人畜饮水和山前丘陵区节水灌溉多方筹措资金75万元。为山区的北峪塔、万全庄、安跎岭、平峪、板城、苇家峪等11个村打井11眼，节潜流4处，铺设引水管道9处，计3.4万米，为9800人、7100多头大牲畜解决了饮水问题。为丘陵区打井29眼，修浆砌渠4.35万米，扩大节灌面积7600余亩。同时他们还维修宋各庄渠道配套工程27处，建闸门1处，挖砌拱280米，修干斗渠4600米，动土石1.75万立方。

农业局为充分利用山区有限的土地面积，在开发高效农业、提高农民收入上搞了几项有益的尝试。一是引进玉米杂交种，增加种植密度，提高单位面积产量，改变山区农民传统的耕作方式。二是在店儿上村搞了一百亩玉米制种试验，利用环境优势争取大的收益。三是在岭东、岭西两个拒马河沿岸村搞稻麦两茬种植试验二百亩，单产达到700斤左右，改一季种植为两季种植，提高土地利用率。四是在赵各庄、蓬头周围推广地膜覆盖两万余亩，平均提高单产150斤左右。五是准备在山区五个乡镇试验开发日光温室大棚菜一千亩，现正在积极组织动员。

县扶贫办公室在督促检查各帮扶单位，为县委、政府当好参谋的基础上，组织本单位及民政局各股室人员对原发放的到逾期扶贫资金回收清理，到1994年底收回5.5万元。上级拨付的32.5万元已经到位。重点扶持三坡镇和娄村乡的绒山羊基地15万元；杏扁和苹果基地10万元；山区开发日光温室大棚

2.5万元；山区铅锌矿5万元。经过县、乡、村各级努力，1994年已有2800户，1.2万人基本解决温饱问题。

（三）通过调查我们认为帮扶工作已引起各级各部门的重视，虽然开展时间不太长，有些方面已取得了比较明显的成绩，但是有些问题还是不容忽视的。

1.个别帮扶单位的主要领导重视不够，采取的帮扶措施不够得力，帮扶的思路还不够明晰。

2.有的帮扶单位仍搞的是救济式的扶贫，在抓班子、找路子，调动贫困村、户依靠当地资源，通过自身努力脱贫致富的工作还做的不够，要坚持既扶贫又扶志的原则。

3.启动资金不足。在调查中我们发现110个贫困村的情况参差不齐，不管是搞养殖业还是开发高效农业和矿产业都需要一定的启动资金，而现时财政拿不出钱，银行贷不出款，上级拨付的扶贫资金为数太少。往年（1994年以前）国家还拨给部分代赈券，从九五年开始把省级贫困县的代赈券也取消了。94年省政府答应给原保定地区的六个贫困县的四千万扶贫政策性贷款至今没有落实，很多较好的项目和计划不能按时上马。

4.被帮扶村等靠要的思想比较严重，投放意识差，自力更生摆脱贫困的积极性不高。

二、进一步搞好扶贫工作的几点想法和建议

通过与帮扶单位、被帮扶单位及乡、镇村领导座谈，大家认为在落实现有的措施和方法的基础上，应加强以下几方面工作。

（一）要把特困村、极贫村做为扶贫工作重点。因为这些村经济基础差，自然环境恶劣，文化科技落后，需要多方扶持才能起步。

（二）扶贫资金要重点用于“共富工程”。如种植业、养殖业、林果业、矿产业这些经济效益比较好，回收率高，而且辐射面宽，启动快后劲足的行业。像我县山区搞的大杏扁基地、绒山羊基地、联片开发地膜覆盖玉米等项目，使这些贫困乡、村从根本上摆脱贫困，建立起自己的商品基地和支柱产业。

（三）加强贫困乡村的基层组织建设，切实发挥支部在扶贫攻坚工作中的战斗堡垒作用，保障各项扶贫政策和措施的落实。

（四）加大科技扶贫工作的力度，增强贫困村人民的科技意识，转变沉旧思想观念。推广新技术、新品种，促进贫困地区商品经济的发展。

1995年4月19日

涞水县文体教育局普教股
关于发展职业教育的调查与建议

大力发展职业教育，尤其是中等职业教育是“十一五”规划提出的目标和任务。我县应怎样通过统筹职业教育发展，促进经济社会快速发展呢?

（一）存在的问题及原因分析

1.办学格局比较单一

我县职业教育在教学体制、机制、模式等方面都比较单一，基本上还是以学历教育为主。目前，全县职业教育途径主要有三条，一条是靠仅有的1所专门中等职业教育学校实现，主要采用全日制办学模式，均为三年制，各专业基本上全为与北京、天津、青岛等外地职业学校联办，自主办学能力较差，招生人数、专业设置等依赖于联办学校，毕业生几乎全部到外地就业。第二条是以人劳社保部门为主导的农村劳动力转移中的岗前短期职业培训，这种方式，培训人数、内容、个人条件等方面完全依赖于企业的需求，且大部分输出外地。第三条为社会办学，主要是服装、美容美发等专业，采取边学习边就业的方式，受招收主体的限制，人数少，规模小，管理混乱。总的来看，受各种因素制约，职业教育对县域经济、农民增收贡献不大。行业企业尚未发挥应有的作用，比如，玻璃器皿企业所需的大量技术人才紧缺，职工素质有待全面提高，而这些企业对参与职业教育的积极性不高。职教中心的职业教育举步维艰，在教育教学改革、实习实践、就业等方面面临很多问题。受思想、体制等多方面因素制约，不能与县内企业建立良性运行机制，基本上是学校“苦心经营”。

2.招生比较困难

职教中心现开设有畜牧兽医、电子技术应用、机电一体化、数控技术、旅游、计算机应用6个专业，在校生1023人，平均每一年级的学生仅为340人。据不完全统计，全县2004年、2005年、2006年三年间初中毕业生不能升入高一级学校的人数为2177人、2059人、1608人。每年级在校生仅占同年不能升学人数的16%、17%、21%，大部分学生未经职业教育流向了社会。招生困难是制约学校发展的重要因素，分析原因主要有学校外部和学校内部两方面的原因。外部原因：一是受传统就业观念的影响。绝大部分家长认为，只有高考是出路，千军万马挤走独木桥，千方百计上普中，不愿将子女送到职中学习。二是受毕业生升学指导的影响。目前教学质量评估主要以合格率、优秀率、升入重点中学、大学人数为主要依据，这就迫使教学朝着这个目标努力，忽视向学生宣传继续参加职业教育的重要性。内部原因：一是专业设置不合理。职教中心开设的这些专业除联办学校需要的外，其他的是学校本身认为“热门”的专业。基本上没有认真系统的市场调查，导致学生毕业后用人单位不欢迎。二是实训基地不足。由于经费困难，投入不足，实训基地发展缓慢，设施简陋。职教中心现开设的6个专业中，仅有计算机专业的学生能在本校得到培训，实训的计算机基本上也是老掉牙的机型。其他专业学校自身根本没有实训基地，只能靠到县外联办学校实习，这样既增加了学习成本，在县内又体现不出职业教育的先进性和示范性。三是专业师资缺乏。职教中心现有教职工168人，专业教师为28人，仅占17%，且专业仅限于农林牧、计算机。也就是说，县职教中心开设的6个专业中有4个专业的教师，是从普教改行而来，动手能力、专业知识普遍较差，只能教授理论知识，学生的实际操作能力很难达到就业要求。

（二）解决办法及对策

1.加大宣传力度，切实转变观念

首先，在大力宣传《职教法》的同时，还应利用多种媒体对职教中心的办学成果和办职教中心的重要意义，进行广泛宣传，树立职教中心毕业生中的典型。宣传各类企业、农村对技术工人、种养人才的渴求和发展前景，改变人们对务农旧传统观念。其次，教育部门要把握毕业生择学的舆论导向。在应届毕业生中宣传上职教中心学习的重要性和广阔前途，鼓励一部分学生报考职教中心。再次，职教中心自身也要做好宣传工作，把多年的办学成果展示给社会，邀请对口升入高校或毕业生中的事业成功者现身说法，转变“读职中无奔头”的观念。

2.认准培养目标，加大扶持力度

职教中心的培养目标应定位在为县域经济社会发展培养人才，特别是要面向农村，就是要培养各类企业所需的技术工人及具有中级技术水平的生产者、经营者，同时也要为对口高等院校输送和培养人才。一是加大投入力度。建议采取将职业教育经费纳入财政预算，实行政府统筹、分级管理的管理体制；或给予政策，吸引民间资本参与职教事业；或盘活国有资产，利用土地、人才等优势资源，积极与农口大专院校合作，共建科研基地等办法，逐步改善条件，完善实训基地建设。政府组织成立职业教育工作联席会议制度，统筹协调全县职业教育工作。严格落实先培训后就业、先培训后上岗等劳动就业准入制度，把住县内企事业单位私招乱雇关口，录用职工，优先选择职中优秀毕业生。教育部门要将应届毕业生升入职中人数纳入教学评估目标，并作为学校负责人、教师考核评优的依据之一。同时，加大扶贫和减免学费力度，逐步解决贫困生上学问题。二是提高专业教师素质。为解决专业教师不足的问题，政府可以给予政策，按照编制，允许到人才市场招聘一定数量的高院专业毕业生，并逐步解决优秀人才的待遇问题。职教中心，要对专业教师进行“爱岗敬业”教育，树立乐于从事职教的思想，稳定教师队伍；要采取激励措施，有计划地通过进修、电大、函授等多种途径提高由普高转任教师的专业水平，逐步达到专业要求。三是加强学生的管理。注重学生的政治思想教育，树立热爱家乡、建设家乡的观念。重视对文化课、专业基础课的教学和劳动技术教育，培养合格人才。

3.适应市场需求，加大教改力度

适应市场需求，建立“多学制、多层次”的教学模式是解决毕业生就业难的一条有效途径。“多学制、多层次”教学模式可以探索将职教中心三年制教育改为一年制、两年制、三年制三个学制教学模式，培育多层次技术人才。一年制，以短期技能培训为主，可以采取这种方式招收高考落榜生，经过一年的操作培训，直接就业；两年制，在注重学生实际操作技能的基础上，加强基础理论和专业理论学习，使学生既有一技之长，又有一定的专业理论知识；三年制，理论、技能并重，培养一批既有一技之长，又有一定创造能力、适应能力和应变能力强的熟练技术人才。同时把一部分理论功底厚、专业技能强的优秀毕业生推荐到高等职业院校深造。这种教学模式会极大地丰富职教中心均为三年制全日制教学的单一模式。一方面，一年制教育学制短，专业方向、科目设置较灵活，能发挥出职业教育的优势。另一方面，三个学制教育不但放宽了学习时间限制，利于扩大生源，能满足社会对多层次人才的需求。

4.畅通学生出路，加大办学力度

树立大职教的理念，本着家庭需要、社会需求的原则，企业需要什么人才，就培养什么人才。首先，要转变办学理念，坚持以就业为导向，树立“一切为了学生就业”的办学宗旨。解放思想，打开校门，面向社会，面向市场，广泛开展就业准备教育。其次，畅通学生出路，不能坐在家里“等、靠、要”。必须走出校门，走向市场，积极主动地抓“促销”。教育部门及职教中心要主动适应社会需求，主动与市场经济接轨，成立毕业生就业服务、指导机构；选择在北京等经济发达、用人单位多的地区设立毕业生安置办事处；发挥自身优势，不但与发展较好的外省学校联办，也要与周边发展较好的市县学校联办，借助品牌效应，增大吸引力。再次，要搞好专业设置。设置好专业实质是解决“产销对路”问题。设置专业要由市场需求、本校办学条件来决定，但第一位是市场。按市场要求设置专业，培养人才，既要立足我县“小市场”需要，也要着眼于外县、外市、外省特别是经济发达地区“大市场”需要。市场、企业需要什么样的人才，学校就开设什么样的专业，使“产”与“销”、“供”与“求”、“育人”与“用人”一致，畅通学生就业渠道。

2007年4月7日

关于对上庄、大龙门村“乡村游”的调研报告

为加快我县社会主义新农村建设步伐，发展农村经济，增加农民收入，不断提高农民生活水平和文化素质，县政协组成“乡村游”调研组，深入到三坡镇上庄村、九龙镇大龙门村，通过听汇报、与村民代表座谈、入户实地查看、询问等形式对两乡镇的“乡村游”情况进行了调研。现将调研情况报告如下：

（一）基本情况

三坡镇上庄村和九龙镇大龙门村的“乡村游”都是依托野三坡景区发展的服务产业。三坡镇上庄村共有567人，197户。村两委班子在2002年与北京皇冠旅行社挂钩开始从事“乡村游”经营接待游客。到06年全村共有80户，150多人从事此服务项目，现有床位500个。2002年该村人均收入500多元，2006年人均收入达1200元。九龙镇大龙门村位于龙门天关景区，有较好的景点和人文景观资源。全村共420人，105户，村两委班子认真分析村情，采取了与石家庄美术学校联姻开辟写生基地，巧打龙门天关景区和古城堡这张文化牌吸引游客的思路，受到游客的欢迎。从2002年该村办起“乡村游”服务以来，到目前已发展到20多户。2002年人均收入320元，2006年人均收入886元。上庄村和大龙门村是

典型的山区村，在没有土地资源优势和经济增收渠道少的情况下，部分村民通过从事“乡村游”服务增加了收入。目前，“乡村游”服务业已成为两村农民增收的重要渠道。

“乡村游”是适应北京、天津、保定等大中城市人口渴望从喧嚣、污染的城市环境中暂时解脱出来，回归自然、缓解压力，享受自然休闲人生的心理需求兴起的旅游服务业。不仅促进了农村经济社会发展，提高了农民的生活水平和质量，更为重要的是促进了农民素质和农村文明程度的提升。一是带动了相关产业的发展。据相关部门测算，旅游产业对相关产业的拉动比为1∶4，乡村旅游直接或间接地拉动了农业、农副产业加工、手工艺品加工、旅游用品和纪念品、商贸、运输等产业，并与之协调发展。二是增加了农民收入。依托旅游，利用农民的资源开展“乡村游”经营，将部分农民转入服务业领域，促进了农村剩余劳动力的就地转移，增加了农民的收入，是开拓农村市场的新思路。据测算，一个接待10万人次的乡村旅游景点，可直接安置300人从业，直接和间接为1000个家庭增加收入。三是促进农村精神文明建设和卫生环境改善。通过发展“乡村游”，城市人口大量涌入农村，这些来客有的是离退休干部、企业老板、教职员工等等，文化层次较高，都有一定的政治素质和文化修养，对改变农村风俗习惯有好处。还可以促进农民居家卫生和环境条件的改善，如农房改造、室内装修、家电、家具更新、灶具、餐具的换代更新等。四是提高农民素质，促进新型农民健康成长。“乡村游”促进了农村劳动力资源的转换，促使农民解放思想，逐步形成市场观念、旅游致富观念，促进了新型农民健康成长。

（二）存在的问题

通过对两村“乡村游”的调查，我们认为目前存在以下问题：1.对农民的宣传和正确引导不够。“乡村游”所涉及的旅游项目具有投资少，风险低，在家门口创业赚钱的特点，但是这一优势经营并没有被旅游景区周边的农民全部认可，尚需要政府有关职能部门大力宣传和正确引导。2.旅游淡季制约了发展。因冬季没有旅游项目，致使没有客源，制约了“乡村游”的发展。3.资金短缺，扶持政策和措施不健全。一是存在资金困难问题。近年来，政府投入旅游业的资金虽然很大，但用于支持“乡村游”的资金较少，单靠村民自己发展存在一定困难。二是缺少鼓励发展“乡村游”的扶持政策和措施。4.基础设施不健全，服务功能落后。开展“乡村游”的农户基础设施薄弱，厨房设备、环境卫生不达标。5.经营服务水平较低，缺乏正规培训。“乡村游”从业人员缺乏系统有效的培训，从业农民既是管理员，又是服务员，缺乏培训指导，处于粗放经营状态。6.“乡村游”特色不明显。当地自然资源、人文资源没有被充分挖掘利用。

（三）对发展我县“乡村游”的几点建议

我县毗邻北京、天津等大城市，有野三坡、三皇山、清十三王爷坟等景观和南高洛古乐等文化遗产，部分乡镇、村有特色种植、养殖业，具备发展“乡村游”的基础条件。为此我们提出以下几点建议：

1.提高认识，突出“乡村游”在我县新农村建设和促进农民增收中的重要作用。“乡村游”具有独特的产业功能，很强的关联带动作用，我们建议把“乡村游”纳入社会主义新农村建设的规划之中，将其作为社会主义新农村建设的重要组成部分加快发展。一是作为富民工程，在全县开展广泛深入的宣传，提高社会各界对发展“乡村游”的认识，从而达到农民思想观念的转变，引导有资源、有条件的乡村开展“乡村游”服务产业；二是把“乡村游”发展与文明生态村建设有机结合起来。通过改善农村人居环境，促进对乡村的旅游资源保护和生态环境建设，实现旅游发展与当地文明生态村建设的共同推进；三是健全管理服务体制。成立我县“乡村游”协会组织，对全县“乡村游”市场合理规划，制定规范旅游市场的具体措施，积极引导从业人员合法经营，不断提高和规范服务质量，避免恶性竞争，引导“乡村游”健康发展；四是各职能部门要加大对“乡村游”发展较好村的帮扶力度。如：在规划、绿化、硬化、沼气及民间文化的挖掘整理等方面，给予资金倾斜，以丰富我县旅游内涵，壮大涞水旅游产业。

2.科学规划，形成“乡村游”发展的合力。一是围绕文明生态村建设，以野三坡、三皇山、京赞路沿线等景区为依托，结合全县的资源特点、产业特色、区位条件和发展现状，因地而宜、因时而宜、因人而宜，在有资源、有客源、有财源的地方先行发展；二是鼓励、帮助申请发展“乡村游”的村民、村委会编制“乡村游”详细规划，突出我县的地方特色和传统的民俗文化特点，不断提升乡村传统文化的魅力和旅游吸引力，形成一村一品、错位发展、差异化经营；三是加大冬季旅游项目建设，解决半年闲问题。进一步挖掘我县农村传统民俗文化生活的特色，如已被列为省级非物质文化遗产的踢球，过去农村过年或农闲时的锣鼓乐队、跑旱船、小高跷、灯会等活动。以满足游客在冬季也能够回归自然，体验农民过年的新鲜与快乐为切入点，推出走进农户、杀年猪、吃年饭、睡火炕、踢铁球、蹬高跷、抽冰猴、滑冰等农村旅游过大年的系列活动，活跃和扩展我县冬季旅游市场；四是解决农民创业资金问题。政府除实行政策帮扶，还可以帮助疏通小额贷款或扶贫款项渠道。

3.加强宣传，不断加大对“乡村游”的促销力度。一是将“乡村游”纳入我县旅游宣传整体工作计划中，编印“乡村游”宣传品。通过旅游推荐会、网络宣传、新闻报道等多种方式，扩大我县“乡村游”的影响；二是要切实搞好旅游工艺品、纪念品、土特产品和保健滋补品的深层次开发，推出价格便宜，便于携带，且具有我县文化和地域特色的旅游产品，既可以提高我县旅游业的综合效益，又起到了宣传的作用；三是举办丰富多彩的“乡村游”节庆活动，进一步提升我县“乡村游”的知名度，进一步促进我县农民增收。

2007年4月3日

关于文明生态村建设现状的调查

（一）现状与特点

近年来，我县认真贯彻上级精神，坚持科学发展观，努力构建和谐新农村，在全县扎实推进文明生态村创建工作。按照“生产发展、生活宽裕、乡风文明、村容整洁、管理民主、环境良好”的要求，通过上级支持、部门帮扶、群众参与、社会力量援助等多种途径，全县创建工作取得了明显成效。至2009年10月底，全县累计创建文明生态村共计5批137个，占全县行政村总数的48%，整体创建工作呈现良好态势，并不断向纵深发展。创建文明生态村以来，全县累计投入资金5500万元，其中县级财政及争取上级项目支持资金达750万元，帮扶部门支持款物合计1150万元，乡镇政府支持100万元，村自筹2500万元。137个创建村道路硬化480千米，两室建设850间，规划建设广场140个，各村在主街道都安装了路灯。总体讲，各村基础设施建设大大加强，农村“脏、乱、差”现象得到了有效遏制，农村环境面貌发生较大变化。村道通畅，绿树环绕，环境整洁，清风拂面，生态良好的村容村貌成为我县农村一道亮丽的风景线。文明生态村的创建，在改变了农村的环境面貌，革除农民不文明、不卫生的陋习，为农民创造洁净祥和、安居乐业条件的同时，对调整农村产业结构，发展农村经济，保护生态环境，提高农民生活水平，密切党群干群关系，促进农村和谐发展也起到了积极的促进作用。

分析近几年来的创建工作，我县因地制宜，积极探索，创新了考评机制，有效调动了乡村创建的积极性。全县文明生态村建设呈现出以下特点：

1.乡村两级干部高度重视，群众参与性空前高涨

创建文明生态村，关键是干部的认识，根本在群众的观念。调研发现，面对创建任务，乡村两级干部做到了思想统一，认识一致，不等不靠，认真研究创建规划，明确创建思路，通过广播宣传，召开党员和村民代表会议，组织外出参观学习等多种形式，发动群众，激发了群众的创建热情。同时，村与村之间也相互攀比，争位次、保先进，谁都不甘于落后，全力以赴抓创建。在创建过程中，我县涌现出了一大批村干部和能人志士，他们主动为文明生态村建设出资出物，群众出义务工积极踊跃，全县出义务工累计达11万个，群众投入建设的热情空前高涨。

2.强化了基础设施建设，创建水平进一步提升

农村硬件设施建设是创建文明生态村的前提，农村环境“脏、乱、差”突出的主要原因是硬件设施落后，加强农村基础设施建设是创建文明生态村的先行任务和当务之急。为此，各村在创建过程中，突出重点，狠抓了路面硬化、街道绿化、两室建设、休闲广场建设及农村卫生的治理，加大了在这些基础设施方面的投入力度，而且投入资金逐年增多，建设标准逐年上升。调研中发现，2009年初，文明生态村在资金投入方面，平均每村在50多万元以上，比2007年以前创建的村，每村多投入至少在20多万元。同时，由于相关部门的支持力度加大，各村街道实现了绿化，村卫生室得到了完善，健全了体育器材室和图书室，建设了沼气示范户，使文明生态村建设逐年得到深入和全面发展，水平不断提升。

3.文化氛围更加浓厚，农民素质得到了提高

文明生态村建设一个十分重要的任务，就是提高农民的思想道德意识和科学文化素质。为此，各村积极造浓创建氛围，下大力气整治残墙断壁、刷写墙体标语、制作展板、绘制漫画，营造了浓厚的文化氛围。在文化活动方面，各村充分利用广场、“村民中心”、戏楼等文化设施，鼓励农民参加各种文化活动。几年来，各创建村共新组织了秧歌队、大鼓会、戏迷协会、武术会等文艺团队150多个，通过这些文艺团队的带动，使农民在健康的文化氛围中得到熏陶，农民的素质逐步得到提高。

（二）问题与不足

通过调研发现，我县文明生态村创建工作虽然取得了一些成绩，但是，在肯定成绩的同时，我们也清楚的看到文明生态村创建工作的长期性、艰巨性和复杂性，我县文明生态村创建工作与形势发展的要求比，与省市的要求和广大群众的要求和期望比，还有很多不适应的地方。

1.文明生态村创建后形成的欠账不容忽视

资金问题是文明生态村建设最主要的问题。近年来，我县农村经济基础依然薄弱，大部分村没有特色产业，也没有集体经济收入，个别村仅有一点经济收入也是靠集体机动地，甚至有的不但没有收入，而且还有沉重的历史债务。这种集体经济匮乏的历史背景给我县文明生态村创建带来了很大困难。通过调研发现，绝大部分的创建村都是靠县里仅有的启动资金、靠帮扶部门的大力支持、靠乡村干部的广泛筹措、靠个人借款、靠拖欠材料款和工钱等办法完成的创建任务。几年来，137个创建村累计欠账达1000多万元，有的村欠账多达20多万元，80%的乡村干部对创建文明生态村工作感到有压力。长期、巨额的欠账压力，势必对农村经济的发展带来影响，不利于农村稳定。

2.文明生态村创建后的巩固与管理噬待加强

文明生态村的巩固与管理是一项长期任务，需要不断地投入人力、物力、财力来加以维护，稍有松懈，文明生态村也就很快会成为落后村。我县绝大部分的文明生态村在背负各种欠账压力的情况下，虽然完成了创建任务，但随后面临的各项管理工作，进一步加重了集体背负的经济负担。通过调研发现，鉴于经费不足，我县文明生态村重建设轻管理的现象相当普遍。如，有的村文化活动设施因无人看护而毁坏，有的村因拿不起电费致使街道路灯不能按时照明，有的村绿化苗木因缺水而枯死，街道卫生没人打扫，垃圾乱丢、柴草乱堆现象随处可见等等。所有这些问题在大部分村都有不同程度的存在，有集体收入的村，管理相对较好。分析原因，归根结底还是经费不足的问题。没有必要的管理经费作后盾，不但无法保障公共设施的日常维护，也无法提升管理人员的积极性和责任意识。另外，个别村干部“等、靠、要”的思想严重，存在畏难情绪，缺乏主动。所以，文明生态村的巩固与管理应作为农村工作的一项重点，亟待加强和规范。

3.文明生态村建设与产业发展尚未实现有机结合

调研中发现，大部分文明生态村创建后，村班子没有及时就产业调整、发展农村经济等问题进行认真谋划，缺乏借势发展的意识，干部表现松懈，农村经济与创建前相比没有根本变化。

（三）对策与建议

1.以人为本，最大限度地激发干部群众的工作潜能

文明生态村建设，农民是创建受益的主体，也是建设的主体。所以，能否调动干部群众的热情，能否激发干部群众的工作潜能，直接关系到创建工作的成败。通过走访了解，石亭镇的陈家庄、涞水镇的北关、东文山乡的东长堤、宋各庄乡的郭各庄，这些文明生态村的创建都是在农村集体经济一片空白的背景下，完全凭借村班子的胆识和魄力，凭借干部群众的创建激情，迎难而上，最终完成的。成功一定有方法，失败一定有原因。分析他们创建成功的方法，最主要的就是村班子尤其是班子的带头人，具备了一种“可能”的思想和全力以赴的精神，这也是成功人士应具备的基本特质之一。进入二十一世纪，只要打开一切可能的思想，万事皆有可能。成功者只为成功找方法，不为失败找原因。当一个人一旦决定了要做成某件事情的时候，他就会全力以赴，而不是尽力而为，全力以赴能激发出人的潜能干成事，尽力而为只能是做事但不能成事。所以，建议县委切实加强乡村基层班子的思想建设，善于发现并启用好具有成功特质的带头人，激发他们的创建热情和工作潜能，使之学会用打开可能的思想对待工作，不自我设限，相信再困难的农村工作也会迎刃而解。

2.建管并重，健全长效管理机制，巩固创建成果

一是建立健全目标考核机制。建议县委、县政府制定严格的督导、考核评价措施，对巩固提高较好的给予奖励，差的批评，并将结果纳入乡镇。度考核目标，同时适当增加文明生态村创建工作的考核比重，确保创建活动的长效性和持久性。二是建立健全协调联动、齐抓共管的机制。充分发挥文明办综合职能部门的作用，强化力量建设和对创建工作的宏观指导。积极调动电力、文教卫生及农、林、水、畜等职能部门广泛参与，层层分解工作任务，努力构建城乡互动、优势互补、协调一致、齐抓共管的长效机制。三是建立健全依法管理农村公共事务的机制。通过完善村规民约，依法建立一套完备的文明生态村建设、投入、管理机制，实行群众性自我服务、自我管理，使创建活动规范化、法制化。

3.制定多层次、多渠道的资金投入措施，切实增强创建后劲。

一是县财政加大资金支持力度。建议县财政在原有基础上，再增设专项资金，作为文明生态村的后期管理专项经费，由财政局和创建办统筹安排，可以补贴形式发放到村。针对欠账较多、压力较大的村，应重点补贴。二是相关部门加大帮扶力度。建议在现有部门帮扶文明生态村的基础上，可适当增加部门的帮扶任务，延长帮扶年限，可由现在的帮扶一年延长至帮扶三年。同时，乡镇党委应该发出倡议，让村与村之间结成对子，相互帮扶，互通有无，共同发展。三是树立自力更生的创业意识。要树立自己的事情自己干、自己的家园自己建的指导思想，在争取各界支持的同时，凡能自己动手解决的，干部、党员要带头出工出力，能省则省。

4.因地制宜，切实促进文明生态村创建与产业发展相结合

一是与打造涞水旅游新形象相结合。建议县委、县政府以野三坡景区及周边村和京赞公路沿线村为重点，以文明生态村创建为契机，积极开发旅游资源，发展农家游、生态游，使景区与周边文明生态村互促互动，突显旅游特色。二是与发展特色产业增加农民收入相结合。要将打造特色产业作为文明生态村创建的必要条件，通过抓好特色产业，开发特色产品，不断壮大农村经济。应按照“南菌、北果、全县畜”的产业格局，注重做好群众的引导工作，通过抓龙头、建基地、组建专业协会等方式，促进产业发展。同时，县委、县政府应进一步加大对产业基地的扶持力度，整合支农资金，加强农业产业化基地建设，带动农村经济发展，促进农民增收。

2009年12月16日

第八编　人民团体

1979—2009年涞水县有工会、青年团、妇联、科协、工商联、文联、残联、计生协会等8个社会团体。30年来，各人民团体履行职能，加强组织建设，提高成员素质，在保护职工合法权益，维护职工利益；组织引导青少年听党话、跟党走，好学上进，树立远大理想；保护妇女儿童合法权益，培树敬老孝亲典型，推动两个文明建设；传播科技知识，推广优良品种，送科技下乡；发现培养文艺人才，繁荣文艺创作；残疾人培训、就业、救助、救济、康复等方面，发挥独特的作用，为涞水的社会稳定、经济发展、文明建设做出重要贡献。

第一章　工　会

1979—2009年，县总工会在履行组织职工、引导职工、服务职工、维护职工合法权益方面；在基层组织建设、职工技能素质提升、创建劳动和谐企业、劳模评选管理、困难职工帮扶方面做了大量工作，改善劳资关系，促进社会稳定。

第一节　组织机构

一、县总工会

根据关于印发《涞水县总工会机关职能配置、内设机构和人员编制方案》的通知（涞办发〔1997〕34号文），涞水县总工会机关内设综合股，机关行政编制为4名，其中主席1名，副主席1名，股级职数1名。

根据涞办字〔2002〕44号文件，涞水县总工会机关设办公室。机关行政编制3人，其中主席1名，副主席1名。股级职数1名。

二、加强工会组织建设

2009年，全县有工会组织237个，会员27460人。其中乡镇总工会15个；机关单位43个，职工2533人，会员2533人；事业单位41个，职工4784人，会员4784人；国有企业13个，职工1448人，会员1448人；私营企业89个，职工15520人，会员15509人；外商投资企业4个，均建立工会组织，建会率100%。新增村级工会29个。

1997年，要求全县各乡镇在机构设置过程中设立工会机构，成立乡镇工会工作委员会，到2003年12月，全县15个乡镇全部建立工会委员会。

2009年9月20日，根据省、市有关文件精神，结合涞水县实际，涞水县总工会印发《关于进一步加强乡镇（社区）和村级工会建设的意见》。根据上级文件要求，县总工会决定全县15个乡镇及社区全部建立总工会，乡镇（社区）工会主席原则上由同级党委、政府一名副职兼任，同时配备工会副主席和工会委员。到12月底，全县15个乡镇全部建立总工会，29个村建立工会。

第二节　代表大会

1979—2004年，涞水县工会召开5次代表大会，第六次代表大会与第七次代表大会间隔4年；第七次代表大会与第八次代表大会间隔4年，第八次代表大会与第九次代表大会间隔5年；第九次代表大会与第十次代表大会间隔12年。

工会主席曹海昌作报告

一、第六次代表大会

1979年3月，召开涞水县工会第六次代表大会，大会总结工会工作曲折发展的历史教训，号召全县职工团结一致，以只争朝夕的精神，为实现新时期总路线、总任务而奋斗，大会选举涞水县工会第六届委员会。截至1979年底，全县有职工6373人，工会会员5735人，工会基层组织82个。

二、第七次代表大会

1983年8月8日，召开涞水县工会第七次代表大会。大会审议总工会第六届委员会的工作报告，选举涞水县工会第七届委员会。

1984年10月7日，全总在北京召开了组织会议，确定从1984年下半年开始，用3年左右时间，对全国40多万个基层工会组织普遍进行一次整顿，涞水县总工会积极贯彻这一会议精神，在全县普遍开展建设“合格职工之家”活动，通过一年多的组织整顿，到1986年底，全县有“合格职工之家”37个，占87年9%。

至1986年年底，全县有基层工会88个，25人以下的工会小组631个，职工9539人，工会会员7219人。

三、第八次代表大会

1987年3月29日，召开涞水县总工会第八次代表大会，选举涞水县工会第八届委员会。大会要求各工会组织和广大职工坚定地坚持四项基本原则，坚定地反对资产阶级自由化，团结一致进行两个文明建设，广泛深入地开展增产节约、增收节支、立功竞赛活动。

四、第九次代表大会

1992年3月30日，召开涞水县工会第九次代表大会，选举涞水县工会第九届委员会。委员19名。王英龙主席向大会作工作报告，对5年来的工会工作进行回顾，并认真研究今后5年工会工作的设想。提出工会的指导思想是：“坚持党的基本路线，牢固树立以经济建设为中心的思想，进一步落实全心全意依靠工人阶级的指导方针，以改革开放为动力，努力做好工会各项工作，组织动员全县广大职工群众建功立业，在深化改革，促进科技进步和职工队伍素质的提高，加快经济发展，维护职工群众具体利益等方面的工作中创造更加优异的成绩。”

五、第十次代表大会

2004年7月20日，召开涞水县工会第十次代表大会，选举涞水县工会第十届委员会。曹海昌主席代表涞水县总工会第九届委员会向大会作了报告，此次大会的主要任务是：高举邓小平理论伟大旗帜，以“三个代表”重要思想为指导，贯彻落实中共十六大和中国工会十四大精神，回顾总结县工会九大以来的工作，谋划部署今后5年的主要任务，选举新一届县总工会领导机构，团结带领全县广大职工，为全面建设小康社会作出新的贡献。

第三节　主要活动

1979—2009年，涞水县总工会，坚持“组织起来，切实维权”的工作方针，履行组织职工、引导职工、服务职工、维护职工合法权益的职责，贯彻落实科学发展观，以维护职工合法权益为主线，以加强工会能力建设为保障，开展基层工会组织建设、职工技能素质提升、劳动关系和谐企业创建、劳模评选管理、困难职工帮扶活动。

一、工会组织建设

1997—2009年，按照1997年涞机编〔1997〕14号文件和2009年县工会印发的《关于进一步加强乡镇（社区）和村级工会组织建设的意见》，2003年在全县15个乡镇、1个社区，组建了工会委员会。根据上级文件精神，2009年把乡镇、社区工会委员会改建为总工会，在29个村建立村级工会组织。至

2009年年底，全县有工会组织237个，会员27460人，村级工会29个。

二、开展建功立业活动

1992年3月，县工会九次代表大会召开后，县总工会组织基层工会围绕县域经济支柱产业发展，开展多种形式的技术培训、技术比赛和提合理化建议活动；为充分发挥广大职工的聪明才智，开展适合企业特点的职工建功立业活动，取得明显成效。

三、新时期劳动关系和谐单位建设

努力营造和谐稳定的劳动关系。加强民主管理和民主监督工作，完善以职代会为载体的厂务公开制度，维护职工群众的知情权、参与权，畅通利益诉求渠道，保障职工行使民主权力；规范平等协商集体合同制度，帮助、指导职工签订劳动合同；在企业中广泛开展“创建劳动关系和谐企业”活动。

四、困难职工帮扶

建立全总帮扶工作管理软件平台，完善困难职工档案信息，准确掌握困难职工情况变化，实现动态管理。两节期间，对特困职工进行帮扶，发放慰问款、物。开展“金秋助学”行动，帮助特困职工、特困农民工解决子女上大学难问题。

五、劳动模范选拔管理工作

加强对各级劳动模范日常的管理，定期走访慰问，帮助劳动模范解决工作、生活中存在的问题，每年组织省部级劳模进行健康体检。1979—2009年，全县推选树立全国劳动模范1名，省级劳动模范17名、市级劳动模范21名、县级劳动模范39名。1988年，为职工劳模建立档案。1990年，根据国家有关政策，为5名省级劳模和先进工作者的家属和子女解决农转非的问题。2002年，对中华人民共和国成立以来全国、省（部）级、市级劳动模范基本情况进行全面调查，对生活困难和长期患病的劳动模范给予困难补助。2003年，在全县范围内开展评选县级劳动模范活动，并在“五一”前对评选出的12名职工劳模和7名农民劳模进行表彰，组织召开由省、市、县劳模参加的座谈会。2005—2009年，每年对省部级以上劳模进行慰问；2008—2009年，每年组织省部级以上劳模开展健康体检。2008年，评选县级劳动模范20名，其中职工劳模10名，农民劳模10名。

第二章　共青团

共青团涞水县委，1978—2009年召开6次团员代表大会，在自身建设和基层组织建设方面做出显著成绩；在对青少年开展思想道德教育、组织带领青少年开展希望工程、培养青少年人才；在少先队组织建设、思想建设、开展形式多样的主题活动方面，做了大量工作，发挥组织、引领、协调、推动作用。

第一节　组织机构

1987年，共青团涞水县委下设38个团委会，513个团支部，有团员11129名。2009年，团县委内设综合办公室，行政编制3人，实有5人，其中书记1人，副书记1人。全县有基层团组织441个，其中基层团委39个、团总支42个、团支部360个，团员18236人；少先队员23689人，少先队大队96个、中队360个，中队辅导员330名，全县少先队建队率100%。

第二节 代表大会

1978年12月2日召开共青团涞水县第八次代表大会，选举共青团涞水县第八届委员会。大会总结了28年来全县团的工作，并号召各级团组织和团员、青年，坚持党的十一大路线，恢复和发扬共青团的优良传统和作风，为完成新时期总任务贡献力量。

1982年10月30日，召开共青团涞水县第九次代表大会，选举共青团涞水县第九届委员会。

1983—1984年，全县各基层团委、团支部普遍完成干部新老交替，配备一批年纪轻、有文化、政治素质好的团干部。自此，全县团的工作更加朝气蓬勃，特别是在“创先进团支部、争当新长征突击手”活动中，涌现一大批先进青年和集体。

1986年10月31日，召开共青团涞水县第十次代表大会，选举共青团涞水县第十届委员会。

1990年8月27日，召开共青团涞水县第十一次代表大会，选举共青团涞水县第十一届委员会。选举书记1名，副书记1名，常委7名，委员29名。

1999年10月26日，召开共青团涞水县第十二次代表大会，选举共青团涞水县第十二届委员会。选举书记1名，副书记1名，常委5名，委员25名，候补委员10名。

2009年3月19日，中国共产主义青年团涞水县第十三次代表大会召开，选举共青团涞水县第十三届委员会书记1名，副书记1名，常委7名，委员31名，候补委员7名。

第三节 主要活动

一、希望工程

“希望工程”是团中央、中国青少年发展基金会以救助贫困地区失学少。儿童为目的，于1989年发起的一项公益事业，其中援建希望小学与资助贫困学生是希望工程实施的两大主要项目。

1989—2009年，援建涞水希望小学8所，分别为都衙希望小学、九龙爱心希望小学、东芝希望小学、姜各庄“瑞典希望之星”小学、京涞希望小学、龙门爱心希望小学、娄村希望小学、保定共青团希望小学等。

入团仪式

青春助学行动是团县委服务涞水县贫困学子和青少年健康成长的重要载体，活动的主题为“小手拉大手——点亮希望与梦想”，资助项目有

“蓝色梦想　牵手未来”中国移动河北青少年助学励志行动，该项目从2008年开始，资助120名学生，发放助学金6万元；除此之外，团县委积极联系社会爱心人士，多方筹措物资，资助贫困学生300余名。

二、青少年思想道德教育

引导青年是共青团的根本任务，团县委不断创新活动载体，丰富活动内容，引导青少年真心实意跟党走。丰富活动内容。充分利用五四青年节、六一儿童节、少先队建队日等重要节点，召开共青团及少先队工作会议，部署全团工作，并通过开展“红领巾心向党”、“我心中的祖国”主题团队日，“小手机看涞水大变化”摄影比赛等活动教育和引导青少年永远跟党走。突出教育重点。坚持以理想信念教育为先导，以法制教育为重点，以道德教育为基础，教育引导广大青少年；并结合青少年身心特点，通过在全县开展涞水县首届青年歌手大赛、青年志愿服务活动、青年文明号评选、青少年维权岗创建、安全知识进校园等一系列活动，寓教于乐。建立引导队伍。积极探索以共青团为核心，以少先队辅导员、团干部为基础，并联合县委宣传部等相关部门以及各类青年社团为延伸的组织体系，初步建立一支专兼结合、素质较高、覆盖面广的引导工作队伍，充分扮演青少年思想道德教育工作引导者的角色。

三、人才培养

团县委在工作中坚持分类培养、重点突出的培养原则，青年人才培养工作取得一定成绩。在农村，通过青春致富大讲堂等农业产业技能培训，提高农村青年科技水平，不断培养农村青年致富带头人。2008年杜志强被评为“保定市农村青年创业致富带头人”，并获得“河北省农村优秀实用人才”荣誉称号。在企业，突出青年岗位能手创建活动，提高企业青工技术和文化素质；在共青团系统内，通过团干部培训、少先队辅导员分类培训等途径，提高团干部素质和水平，并通过评选五四红旗团组织、涞水县优秀团干部等方式，激励团干部工作积极性。

四、少年先锋队工作

2009年全县少先队员23689人，其中小学生17756人，近80%的少先队员在农村。少先队大队96个、中队360个，拥有330名中队辅导员。全县少先队建队率达到100%，其中95%的学校大、中队委机构健全，大、中队干部职责明确，95%的学校能够做到开展队前教育和离队教育。

团县委在团市委和市少工委的正确指导下，组织带领各级少先队组织和辅导员，以服务少年儿童健康快乐成长为目标，组织开展系列主题突出、内容丰富、形式多样的少先队活动，推动全县少先队事业科学发展。

（一）少先队思想教育工作

坚持少先队思想教育工作常抓不懈，在少年儿童中大力弘扬和培育以爱国主义为核心的伟大民族精神，引导少年儿童培养正确的世界观、人生观和价值观，逐步确立跟党走中国特色社会主义道路的信念。工作中以活动为载体，以“六一”、“七一”、少先队建队日等重大节庆日为重点，组织开展“红领巾心向党”主题队会、争当四好少年活动、“雏鹰争章”、家乡文化大搜索、红领巾迎奥运等活动，寓教于乐。

（二）辅导员队伍建设

团县委联合县教育局牢把少先队辅导员入口关，将热爱少先队工作，作风正派、年富力强且有大专以上学历的优秀教师充实到辅导员一线，少先队辅导员队伍逐渐建立。

全县各中小学校按要求配备少先队大队辅导员。各乡镇少先队总辅导员由乡镇团委书记或中心小学大队辅导员担任。各初中设立少先队大队并在学校编制数和干部职数内配备大队辅导员。各中小学初二以下各班级和农村各教学点建立少先队中队，设兼职中队辅导员一名，小学中队辅导员一般由班主任担任。

（三）阵地建设

搞好校内外阵地建设是少先队组织的长期任务，也是少先队组织自身建设的必然要求。因此，各乡镇少先队组织根据本校实际情况，不断完善队室、鼓号队、红领巾广播站、第二课堂、黑板报、手抄报等校内阵地，以此来开展各种有教育意义的活动。其中具有代表性的有：中队图书角——精神的食粮、古诗长廊——课间的娱乐、名人引路——心灵的启迪、艺术墙——才艺的展示、宣传窗——社会的缩影、广播站——小窗口大世界等，极大地丰富了少先队的工作方法和工作成果。

各学校结合本校实际，努力开拓校外阵地，为学生创造一个可以展示能力的校外德育基地，在基地上组织学生参加适当的生产劳动和各种社会公益劳动，使学生联系实际，手脑并用。如涞水小学的新闻小记者曾受县人民广播电台的邀请，在录制预防甲流的宣传节目同时，参观学习广播新闻的采编、制作、直播的流程。此活动为学生开辟广阔的体验空间，更让队员在接触社会、接触自然、接触科学技术的实践活动中增强能力。

第三章　妇女联合会

1979—2009年，县妇联在基层妇联组织建设、团结带领全县广大妇女开展双学双比竞赛活动、巾帼建功竞赛活动、星级文明家庭创建活动过程中，提高妇女的政治、经济、社会地位，维护妇女儿童的基本权利，发挥妇女在两个文明建设中的作用。1999年，被市妇联评为“双学双比”先进协调单位；2001年，被河北省妇联系统评为信访工作先进集体；2003年，荣获河北省城镇妇女“巾帼建功”竞赛活动先进协调单位组织称号；2004年，被河北省“双学双比”竞赛活动小组授予“双学双比”先进集体荣誉。

第一节　组织机构

1983年7月至1989年3月，县妇联设主任1名、副主任3名；1989年4月，设主任1名、副主任3名，内设办公室、组宣部、妇女儿童权益部，编制7人；1993年3月，县妇联内设办公室、组宣部、权益部、儿少部、社会服务部，行政编制7人；1998年3月，设主任1名、副主任2名，内设综合股，行政编制5人；2002年6月，经县委、县政府批准，县妇联内设办公室，行政编制3人，另设妇女儿童工作委员会办公室专职人员编制1名。2009年，设主席1名，副主席1名，内设办公室，编制4人。

乡镇妇联：1987年10月县妇联下属镇厂区、白涧区2个区妇联会；26个乡镇妇联会（城关镇、胡家庄、西义安、北义安、王村、东文山、明义、永阳、洛平、水平、娄村、石亭、北义合庄、宋各庄、虎过庄、都衙、紫石口、北庄、罗古台、庄里、蓬头、赵各庄、龙门口、偏道子、李各庄、其中口）。1990年4月城关镇妇联会更名为涞水镇妇联会；1992年1月撤销都衙、紫石口乡妇联会，合并成三坡乡妇联会；1993年7月合乡并镇后，7个镇、8个乡设立妇联会。

县直妇委会：1989年12月建立中共涞水县委机关、县政府机关、乡镇企业管理委员会妇女委员会；1991年9月，建立民政局妇女委员会；1993年3月，全县有22个县直机关、部门建立妇女委员会；1998年3月，全县有30个县直机关、部门建立妇女委员会；2009年，有43个县直机关、部门建立妇女委员会。

第二节　代表大会

1979—2009年，涞水县妇联于1883、1989、1995、2005年先后召开4次妇女代表大会。

1983年7月23—25日，涞水县妇女联合会召开第七次代表大会，会议听取和审议县妇联第六届委员会的工作报告，总结涞水县妇女工作经验，研究开创妇女工作新局面的措施，通过关于工作报告的决议，选举第七届执行委员会主任1名，副主任2名。

妇女代表投票

1989年5月23—24日，涞水县妇女联合会召开第八次妇女代表大会，经代表们充分酝酿，选举涞水县妇女联合会第八届执行委员会委员27人。当日，召开涞水县妇女联合会第八届执行委员会第一次会议，选举主任1名，副主任3名，常务委员3名。

1995年3月23—24日，涞水县妇女联合会召开第九次代表大会。参加会议的正式代表155人，特邀代表2人，列席代表2人。大会审议通过涞水县妇联第八届常务委员会向大会作的题为《全县妇女奋力拼搏为建设经济强县再立新功》的工作报告。大会号召全县妇女发扬自尊、自信、自立、自强的精神，树立改革意识，提高自身素质，为推进妇女儿童事业的发展而奋斗。大会选举涞水县妇女联合会第九届委员会委员23名。第九届委员会第一次全会选举产生常务委员会7名，其中主席1名，副主席2名，常务委员4名。

2005年4月26—27日，涞水县第十次妇女代表大会召开，来自全县各界的119名代表参加大会。大会总结过去10年妇联工作的成绩、经验和不足，对今后5年全县妇女工作的目标任务作了安排部署，选举县妇联第十届执行委员会，执行委员会第一次全会选举常务委员7名，其中主席1名，副主席1名，常务委员5名。

第三节　主要活动

一、宣传教育培训

1995年，县妇联组织、带领各级、各单位妇联组织，采取宣讲，张贴标语，印发材料等形式，宣传《中华人民共和国妇女权益保障法》及《河北省实施〈中华人民共和国妇女权益保障法〉办法》，举办法律、法规、妇女干部理论、妇幼保健知识、迎接第四次世界妇女大会培训班、讲座42期，培训妇女骨干1600余人；在农村，举办种植、养殖、农产品加工培训班25期，培训妇女1200余人；召开现场会、经验交流会、表彰会8次。1997—2009年，利用“三八”妇女节庆祝活动，举办妇联干部、农村种养殖能手、业务骨干培训班，开展争创“四有（有理想、有道德、有文化、有纪律）”“四自（自尊、自信、自立、自强）”新女性活动；2007年，组织220名农村妇女到北京华夏中青家政服务中心接受培训。

二、双学双比、巾帼建功活动

1995年，在全县妇女中开展巾帼建功活动，活动每两年进行一次评比表彰。1995年，评选女经理、厂长、企业家20名；1998年评选种植能手、养殖能手20名。1998年，向全县妇女发出种植香菇的倡议，动员全县妇女发展香菇种植，并协助县政府在明义乡召开现场会，使该项目得到快速发展。1999年，县妇联对全县香菇种植情况进行调研，并写出调研报告，呈送县委政府；在8个乡23个村举办大棚种植技术培训班，培训妇女1000多名，发展种植户120户，栽培菌棒150万棒；年底评出“双学双比”能手、状元50名。2001年根据农村男劳动力外出打工留守妇女种地难的实际，在胡家庄乡富位村，开展农村妇女劳务互助活动，组建10余个互助组织。到2005年农村妇女劳动互助组织发展到10个乡96个村，参与妇女人数达2600多人，《保定日报》《河北经济报》先后对涞水开展互助活动情况作了宣传报道。

三、维权工作

1999年，通过参与《中国妇女报》《农家女百事通》全国首届打工妹权益问题研讨会论文征集、研讨会等活动，结识社会知名人士吴青、致公党北京市人大代表司徒玉莲等，在他们的帮助下，为何玉兰等25名在京打工妹，讨回1年6个月的劳动报酬，总计达10余万元；2007年、2008年，通过向圣徒爱基金会、恒源祥等爱心组织申请，为涞水贫困残疾妇女儿童，争取到轮椅28辆，毛衣100件；2009年9月，协调相关部门，解救因家庭暴力被无辜送进精神病医院的温某某。

四、儿童工作

1995年，在全县开始实施救助失学女童的春蕾计划，协调文明办等6部门在人大代表、政协委员、个体工商户、省市文明单位、个体工商户等部门和热心人士中开展救助活动，95名孤儿、单亲家庭得到救助，至2009年共募集资金44万元，救助失学儿童3000余人次；

1997年5月29日，国务院妇女儿童工作委员会副主任郝建秀，携卫生部等十余个部委到涞水县幼儿园、妇幼保健院、板城村小学等单位，慰问儿童及儿童工作者，慰问款物达27万余元；为板城村小学等10所小学打饮水井10眼；向县图书馆捐赠图书2660册，建立少儿图书室。

2004年，涞水县妇联评为实施“春蕾计划”先进集体、实施小公民道德建设计划先进集体；

2006年，中国儿童活动中心“同在蓝天下”大篷车携带多种儿童游乐设施到胡家庄小学与学生共同庆祝六一儿童节，还邀请60名老师及留守儿童赴京参加“六一”庆祝活动。

2007年，协调龙凤集团，为涞水25所小学留守儿童，争取到室外乒乓球台案50套。

2009年，善美天使基金会为胡家庄小学捐赠价值万元的电脑、打印机、传真机，被评为县妇联成绩突出单位。

五、星级文明家庭创建活动

2005—2009年，协调县老龄工作办公室、社区办公室等相关部门，组织动员县乡村居民家庭开展“星级文明家庭”创建活动，涌现一批文明家庭、和谐家庭、学习型家庭、教子有方家庭、文化家庭、美德家庭。活动期间表彰30户特色家庭、20户美德家庭、50名优秀少年儿童，30位“敬老好儿女”。县妇联撰写的《久病床前孝更浓的闫宗立》，在《保定日报》《保定晚报》刊登；《婆媳相处有艺术》在《中国妇女报》刊登。

第四章　科学技术协会

1981—2009年，县科协在基层科普协会建设、发展会员、科技知识培训、农畜良种引进、普及现代栽培管理技术等方面做了大量工作，促进农村科技人员的培养和农民增产增收。

第一节　组织机构

1981年9月，涞水县科学技术协会建立。1982年底，建立自然学会5个，自然学会筹备组3个，区、乡科普协会22个，筹备小组6个，全县有会员2130人。至1987年10月，全县有会员17000名。2009年科协编制4人，设主席1人，副主席1人，设自然科学学会、科学技术普及股一个。

1983年3月6日，涞水县科协第一次代表大会召开。参加大会的代表287名，其中科技工作者、科技能手、土专家、秀才194名。

第二节　主要活动

一、科普活动

1979—1989年主要工作是：建立各乡镇科普组织，选举产生乡镇级科普协会，由一位副乡镇长任科普理事长，1名乡镇科技人员任秘书长。每村确定3~5名会员，形成县、乡镇、村三级科普网络。科技项目由县科协主抓，制定实施；乡镇科协具体安排，村级科普会员具体落实。根据科普工作需要，不定期组织村级科普会员集中到乡镇开展新技术、新品种、新项目培训，每年不少于两次，每次培训60-80人。推广普及规模较大的技术项目有：胡家庄、明义、义安三乡镇棉花地膜覆盖技术5000亩；胡家庄乡土豆、玉米间作立体种植1500亩。推广麦茬旱稻—秦爱3000亩。1982—1984年在娄村丘陵乡兴办农民技术学校，设高效农业、林果技术、中医、西医、木工5个专业，每年有60~80名学员学有一技之长，走上就业岗位。

对全县学有所成，有所建树、有一技之长的土专家、田秀才、乡土能人，根据资质县科协给予技术职称评定，颁发技术资格证书，激发全县农民学科学、学技术、当人才的积极性。

1997年6月创建河北省野三坡科技培训中心集培训、食宿、旅游、娱乐于一体，居全省县级科协首位，接待、举办省级培训会议两场、市级培训会议三场，接待省、市科协有关工作会议人员达800余人次，为支持省、市科协工作，推动涞水科协工作发挥重要作用。2000—2002年开展百村万户科普培训咨询，受到科技工作者和群众的好评。

2000—2002年开展百村万户科普培训、咨询活动，受到科技工作者和群众的好评。按照省、市科协工作部署，利用3年时间在全县开展100个村、1万户的科技培训工作计划，大幅度提高科技普及率，极大增强公民科技素质。由县科协牵头组织农业、林业、畜牧、卫生、科技、司法7部门专业精尖技术人员和专家组成30名专家服务团，深入全县15个乡镇的35个重点产业村，组织专业产业户定项、定户、定人面对面、手把手地专业技术培训和技术指导，室内技术培训，理论指导，大棚、地头现场指导，让群众对科技学得到、懂得快、用的上、见实效。真正实现送技术上门、科技服务到家，深受群众欢迎和爱戴。

2004—2006年开展科技大培训富民工程。科协牵头组织农业、林业、畜牧、卫生4部门20名中高级技术人员，特聘为科协常任技术专家，实施科普“四进”活动，即科普进社区；为居民健康义诊、体检、保健咨询，为居民举办科普画展，教育居民树立正确的人生观、价值观，破除迷信、远离邪教。科普进乡镇；赴王村、娄村、永阳、胡家庄赶科普大集，向群众科技咨询、科普画展、义诊、送书，深受群众欢迎。科普进田园；组织林业、农业、畜牧技术人员深入群众田间、地头、大棚、养殖场，现场技术指导，解决群众生产难题。科普进农家；群众遇到生产技术难题通过科普咨询电话，及时联系专业技术人员上门指导和服务，为群众排忧解难。

2008—2009开展文明生态村建设。遵照县委、县政府制定的开展文明生态村建设部署，科协包胡家庄乡永乐村，科协自筹资金15000元，对永乐村东西长300米主街道进行墙体整修、清理粉刷，聘请画家绘制了120幅内容包括科学种田、破除迷信、揭批邪教的科普壁画，建设成一条靓丽的科普画廊，被树为全县文明生态村建设典范，推广于全县。

二、技术引进、推广

1982—1983年，从中国农业大学引进麦茬旱稻新品种秦爰，在全县推广，面积3000亩，最高亩产达300千克，很受农民欢迎。1982—1984年，从山东泰安引进甘薯新品种—徐薯18，以其抗旱、淀粉含量高、出干率高、稳产、高产优质性状受到娄村乡、洛平乡等丘陵地区农民欢迎，当年推广500亩，之后经久选用。1985—1986年，从河北省果树研究所引进大粒巨峰葡萄，在义安镇刘皇甫、寺皇甫等村推广，推面积达300亩，取得了可观的经济效益。1991年，在全县引进了玉米掖单4号新品种，推广了地膜覆盖、配方施肥、吨粮田栽培、苹果早熟丰产栽培、果树病虫害防治、畜禽防疫灭病、黄牛改良、机械控潜灌溉、小麦半精量播种、机械玉米秸秆还田等14项先进适用技术；引进太和一号、冀白一号、掖单12号等玉米新品种。1993年，推广小麦、玉米病虫害综合防治技术；生物钾肥、棉花全程化控制等新技术。1994年，引进了日光温室大棚蔬菜种植等17项新技术；引进灵芝食用菌栽培技术；高合金磨球技术（县模具厂）。1995年，引进小麦、玉米、旱高粱、52-7高产甘薯、霜仙红桃、京亚葡萄、美农苹果、大杏扁、毛眼黑豆、大铃棉花、7505玉米等新品种。1996年，以娄村乡包家坟村为示范，对苹果轮纹病防治进行综合防治，使示范村的轮纹病发病率降为零。1997年，推广小麦高产栽培、小麦中低产田综合增产、中低产田夏玉米增产配套、水稻旱育稀植、大豆优种配套增产、秸秆发酵活干菌微贮、小麦精量半精量机播、优化配方施肥、玉米铁茬播种、种子包衣、涞杨“垦易”生物有机肥应用等新技术18项。1998年，引进推广精选一号油用向日葵新品种。1999年，推广日光温室科学管理、大棚应用二氧化碳气肥、病虫草害综合防治、配方施肥、玉米铁茬播种、玉米优良品种涞育2号、新宝1号、草莓新品种法国土特拉、蜜宝、柿蒂虫防治、红富士苹果高产栽培、薄皮核桃科学管理、葡萄优质栽培、畜牧疫病综合防治、小尾寒羊科学养殖、绒山羊改良、獭兔饲养、八一高蛋白饲料精养猪等新技术30项。企业技改项目重点抓了电极厂恒功率大直流石墨化技术推广应用、信使焙烧炉、水泥厂烘干设备、电极厂新浸渍车间项目等。2000年，引进农大108、鲁单50玉米新品种、冀豆10号、冀豆12号等大豆新品种。2001年，引进大棚蟠桃种植、凯特杏、梨枣、冬枣、安哥诺及圣玫瑰李子以及小麦新品种中优9507等，并在石亭镇陈家庄村引进金丝垂柳种植。2002年，推广日光温室高效栽培、无公害蔬菜、水果栽培、沼气池建设、酸枣嫁接、牧草栽培、肉牛饲养等农业新技术。2003年，在工业方面重点推广企业信息化管理技术、节能降耗技术等，农业方面对优良品种、节水与旱作农业、新能源综合利用、食用菌种植与深加工、秸秆综合利用、冬枣种植技术、肉牛快速育肥技术等项目进行了推广，全县主要农作物良种覆盖率达到了96%。引进美国黑核桃、杏莓、龙须枣、葫芦枣、胎里红枣等新品种。长城电极有限公司的技术创新成果"超大规格炭电极"及内串石墨化项目，均完成生产线建设。

2004—2009年，在工业和乡镇企业重点推广企业信息化管理技术、节能降耗技术等；在农业方面优良品种、节水与旱作农业、新能源综合利用、食用菌种植与深加工、秸秆综合利用、冬枣种植技术、串枝红杏管理技术、肉牛快速育肥技术等项目进行推广。2004年引进杏孢菇和白灵菇种植技术。2004年长城电极有限公司的技术创新成果"黄磷专用电极"投入生产。2008年，河北顺天电极有限公司天然气成功替代燃煤、焙烧炉单层改双层、填补碳素行业空白的糊料自动多级凉料机等一系列科研成果问世，2008年11月，914×762×3556毫米特大规格方石墨电极被科技部、环境保护部、商务部、国家质量监督检验检疫总局批准为国家重点新产品，达到同类产品国际先进水平。

三、科技培训

1990年后，涞水县依据"科教兴县"战略，大力开展科学技术普及活动，把科普宣传和多种形式的技术培训作为主攻方向。广泛开展"科技示范村"、"科技示范户"活动，采取以点带面、普遍开花的方法，科学技术普及收到明显效果。自1990—2009年，县科技局采取聘请专家举办培训班、乡镇农技校培训、下乡指导、电视讲座、设立工程师义务咨询服务处、赶科技大集等多种形式普及科技知识，提升全社会科技素质。每年培训农民和技术人员3000人次以上、发放技术资料5000余份、咨询超过1万人次，深受农民欢迎。1990年，建设胡家庄乡科技示范乡，推广模式化栽培、地膜覆盖棉花、配方施肥、棉花西瓜间作等新技术。全县每年确立科技示范村和示范户，以点带面推广普及先进技术。2009年，全县有科技示范村10个，科技示范户300户。

第五章 工商业联合会

涞水工商业联合会由中华人民共和国成立前的商会演变而成，中华人民共和国成立后，涞水县建立工商业联合会筹备委员会，1954年春改为工商业联合会。1958—1962年1月，工商联随涞水县建制撤销和恢复。工商业联合会对私营企业的改造、限制和利用中，宣传党对私营工商业的方针、政策，曾起到积极作用。1966年5月"文化大革命"开始不久，工商业联合会瘫痪，后撤销机构。1994年6月，工商业联合会恢复建制，机构编制、办公地址设在县委统战部，日常工作由常务副会长兼秘书长负责。

第一节　组织机构

涞水县工商业联合会1994年6月恢复建制，机构编制、办公地址设在县委统战部，日常工作由常务副会长兼秘书长负责。1994、1995、2001、2006年先后召开3届会员代表大会，李文福、赵福礼、赵广鹏、高爱民先后任或兼任会长。

第二节　代表大会

1994年6月，工商联召开第三届会员代表大会，选举产生第三届工商联执委15名，设会长1名（缺职），副会长11名。

1995年6月，召开工商联第三届第二次会员代表大会，经过民主协商，县委审定，选举李文甫任工商联会长（兼任），王建设任常务副会长。

1996年12月至1998年3月，会长缺职，具体工作由副会长负责。

2001年12月26日，涞水县工商联第四届会员代表大会召开。大会选举产生工商联第四届执委会执委35名。执委会第一次会议，选举会长一名（赵福礼），驻会副会长两名。2004年7月至2006年2月赵广鹏任会长。

涞水县工商联第五届执委会（2006年04—2009年12月），2006年4月至2007年3月会长缺职；2007年3月至2009年12月高爱民任会长，设副会长一名。

第三节　主要工作

1998年成产涞水县工商联律师事务所，为全县私营企业追讨欠债；

1999—1998年，与邯郸涉县鑫保集团有限公司沟通，引进资金1000万元，建立涞水铁矿；

为宣传涞水私营经济，县工商联与文化局合作，于1997年成立涞水县工商联红叶歌舞团；

1999年，为开阔眼界，工商联组织非公有制经济代表人士12人，赴中国香港、澳门、台湾及新加坡、马来西亚、泰国进行考察；

中华人民共和国成立60周年之际，县工商联组织拍摄“群星璀璨、涞水私营经济在发展”纪录片，在县电视台播出。

第六章　文学艺术界联合会

文化艺术界联合会的建立促进涞水文学、戏剧、歌曲、民间文艺、美术、音乐舞蹈、书法摄影、民间故事挖掘、整理等各项文化事业的发展，发挥组织、引领、促进作用。

第一节 组织机构

涞水县文学艺术联合会成立于1985年6月，延辰龙任首任主席，下设文学、戏剧、美术、音乐舞蹈、书法摄影5个分会。

1996年与县委宣传部合署办公，主席由宣传部副部长兼任。

第二节 主要活动

1985年6月10日，召开涞水县文学艺术界第一次代表大会，出席大会的代表120人。大会通过《河北省涞水县文学艺术界联合会章程（草案）》，并成立文学艺术者协会、摄影工作者协会、戏曲曲艺工作者协会、美术工作者协会、音乐舞蹈工作者协会、书法工作者协会共6个协会。大会选举出了各协会理事长、理事。选举涞水县文学艺术界联合会第一届委员会。

文联组建后，创办机关刊物《细草》，先后成立文学社团14个，举办文学讲习班培养和发现业余作者80余人，举办各种展览5次，开展民间文学三套集成的普查和编辑，搜集民间故事、歌谣、谚语400余篇（首、条），获地区评比一等奖。

1986年12月，由县文联主席延辰龙任主编的《涞水民间故事、歌谣、谚语三套集成》出版，247件民间文学作品入选。涞水县文联被地区评为集体一等奖。

1987年4月13日，涞水县土坷垃版画会12名会员的95幅版画作品，在省会石家庄展出，省委副书记李文珊为展览剪彩。10月，涞水县文学艺术界联合会会员达157人。

1988年2月23日，中国艺术研究院音乐研究所所长乔建中一行四人，带录像车到东文泉、胡家庄、南高洛等村考察民间音乐会，给予极高评价。

1988年11月14日，涞水县土坷垃版画会近百幅具有浓郁乡土特色的版画作品，在中国美术馆展出。

1989年2月18—19日，英国剑桥大学唐乐研究学者、伦敦巴洛克乐团演奏家钟思弟，在中国艺术研究院音乐研究所薛艺兵的陪同下，到涞水县南高洛考察民间音乐。此后13年，一直在南高洛进行考察，2004年出版英文专著《万善同归》。

2002年6月，《涞水民歌选》由河北省群艺馆、河北省社会音乐研究会正式出版，流传在本县平原、丘陵、山区的159首民间歌曲收入书中，是涞水县有史以来的第一本民歌专集。

2005年3月，义安镇寺皇甫村“文化传承总会”正式挂牌成立。总会长焦宝堂。下设：旱船会、雄风大鼓会、秧歌队、书画社、歌咏队、图书阅览室、爱心理事会、文体队。2007年中央电视台农业频道“金土地”栏目播放该会活动情况；2009年3月，在野三坡“开山节”期间河北电视台对该会采访报道。

第七章 残疾人联合会

1989—2009年，涞水县残联在残疾人登记、残疾人救助、残疾人就业、残疾人知识普及宣传，组织残疾人开展文体活动、维护残障人权益方面发挥职能作用。

第一节　组织机构

涞水县残疾人联合会成立于1989年，为正局级单位，计划单列，设专职理事长，编制4人。乡（镇）残联成立于1998年6月，15个乡镇均建立残联，达到100%。

第二节　残疾人调查登记

2009年，县残联对全县残疾人基本情况进行调查，内容涉及残疾人个人、家庭经济收入情况、致残原因、劳动就业状况、社会保障、居住条件、康复需求等10大项25小项，普查结果录入微机，实现全省联网。这次普查登记残疾人12452人，其中肢体残疾7927人；视力残疾1465人；听力残疾1273人；言语残疾1241人；智力残疾956人；精神残疾673人；多重残疾925人。

第三节　残疾人就业

实施残疾人就业培训工程，提高残疾人素质和技能，扶持残疾人个体开业或到福利企业就业。2009年举办技能培训2期，培训210人次。集中安置30余名残疾人到保定福利企业就业，月工资900元，并统一办理“五险”；扶持11名残疾人个体开业；310户残疾人从事家庭种植、养殖业。

第四节　残疾人救助

2009年，招收13名残疾儿童入学；对9名考入高等院校的残疾考生和残疾人子女，予以一次性资助1200~2500元，确保他们入学接受教育。

对符合条件的贫困残疾人全部纳入最低生活保障或五保供养；投资40万元，对29户残疾人危房进行改造；每年元旦、春节期间集中走访慰问。2009年慰问236户贫困残疾家庭，发放慰问金35000余元；助残日期间，慰问特教学校师生，捐款4万元。

第五节　残疾人知识普及和宣传

残疾人技能培训

残联每年以“爱耳日”“全国助残日”“国际残疾人日”等残疾人重大节日为契机，采取悬挂标语，发放宣传材料、举办文艺演出、开展援助月活动等多种形式，广泛宣传残疾预防与康复知识及《中华人民共和国残疾人保障法》《残疾人就业条例》《扶助残疾人优惠办法》等法律、法规、政策，有效提高全县残疾预防和安全生产意识，营造关心、理解、尊重残疾人良好的扶残助残氛围。

第六节　残疾人文体活动

残联每年组织残疾人开展文体活动。组织3次省级残疾人运动员选拔工作，参选残疾人500余人次，董帅、张扩等15名残疾人被确定为省级残疾人定向培养。董帅先后在2005—2007年省级运动会中，夺得乒乓球项目铜牌、银牌、金牌。2007年，2009年两次组织举办残疾人文艺演出，充分展示残疾人自强不息，乐观向上，顽强拼搏的精神风貌，取得良好的社会效果。组织特教学生参加省市举办的儿童文艺比赛，多次获奖。2008年，在保定市首届残疾少儿才艺大赛中，听障学生张杰的《福娃》、徐杰的《鹰》获得作品金奖；听障学生牛红娇6人舞蹈《感恩的心》获银奖；牛红娇国画《大公鸡》、杨阳国画《金鱼》获金奖；赵畅的诗朗诵获银奖。

第八章　计划生育协会

涞水县计生协会，于1988年、1992年先后召开两届会员代表大会，在推动涞水计划生育工作方面，发挥应有的作用。计生协会专职人员同计划生育委员会（计生局）合署办公，两块牌子一套人马。

第一节　组织机构

1988年5月，召开涞水县计划生育协会第一届会员代表会议，正式成立涞水县计划生育协会，挂靠涞水县计划生育委员会。1988年6月，各区乡镇和县直各单位相继成立了计划生育协会。1992年4月协会纳入党管群众团体序列，由中共涞水县委领导。设常务副会长、副会长等3名专职干部。1993年后，涞水计生协会未换届，领导成员由县委任命。1996年8月机构改革，计生协会并入计生局，保留名称，至2009年年底。

1988年5月3日，召开涞水县计划生育协会第一届会员代表会议，选出涞水县计划生育协会第一届理事会理事44名。是日，召开第一届理事会第一次会议，选出名誉会长1名，会长1名，副会长4名，常务理事20名，秘书长一名。名誉会长赵书奇，会长夏景源。

2007年“手拉手”活动

1992年6月20日，召开涞水县计划生育协会第二届会员代表会议，选出涞水县计划生育协会第二届理事会理事71名。是日，召开第二届理事会第一次全体会议，选举会长1名，第一副会长1名，常务副会长8名，常务理事26名秘书长一名。会长赵书奇，第一副会长夏景源。1992年8月15日，召开涞水县计划生育协会第二次常务理事会议，补选县委副书记王金山为理事会理事、常务理事、会长。

1993年之后涞水计生协会未换届。1997年3月至1998年3月县委副书记张清田兼任会长；1995年6月至1997年3月，副县长夏景源兼任第一副会长；1997年3月至1998年3月副县长王玉卿兼第一副会长；2003年月至2006年4月副县长张德勇兼任第一副会长。

第二节　协会活动

计生协会靠挂计生局，与计生局合署办公，主要组织、配合计生局开展宣传教育、群众自治、青春期教育及生育关怀、少生快富等项工作。2000—2009年，在新生儿家庭组织开展0~3岁婴儿“早教”活动。

第九编　法治·军事

1979—2009年，是改革开放经济转型的30年。涞水县委、县政府在坚持以经济建设为中心的同时，提出依法治县的方针。依据国务院颁布的普及法律宣传规划，制订“一五”“二五”“三五”“四五”“五五”普法规划并付诸实施。在开展法治教育的同时，加强公安、检察、审判、司法的组织建设、思想建设、作风建设，严厉打击各种刑事犯罪活动，调处各种纠纷，维护涞水的政治稳定、社会安定，保障涞水各项事业的健康发展。

中国人民解放军涞水县人民武装部，1986年前隶属军队序列，1986年划归地方编制，1996年3月收归军队建制。30年来涞水县人武部圆满完成征兵、民兵组训、民兵参建、军民共建等项工作。2001年在河北省快速动员实兵演习中，成绩优异，被河北省人民政府、河北省军区评为先进单位；2005年在参加“防空05”演习成绩突出被河北省人民政府、河北省军区评为先进单位；2006年参加北京军区防空演习，被省军区评为先进单位，荣立集体一等功。

中国人民武装警察部队涞水县中队，圆满完成警卫、守卫、守护、看押和武装巡逻等各项勤务任务，实现看守目标30年无事故。

第一章　公　安

1979—2009年，涞水县公安局以维护社会稳定，服务改革开放和经济建设为宗旨，开展公安干警政治、文化、业务、法律教育培训，努力提高整体素质和业务水平。采取专项整治和集中治理、群防群治相结合，一般严打与组织严打攻势相结合的方法，严格防控，严厉打击，创造良好社会环境；社会治安综合治理、户政管理、交通、消防管理和重大节日、重要活动安保等项工作均取得显著成绩，多次获得省、市表彰，为涞水各项事业的发展奠定基础。

第一节　组织机构

1979—1982年，设公安局设局长1名，副局长6名；1982年1月至1984年5月，设局长1名，副局长8名；1984年5月至1987年5月，设局长1名，副局长3名；1987年10月至1993年3月，设局长1名，副局长8名，政治委员1名，编制141人，内设办公室、政保股、治安股、预审股、看守所、内保股、行政拘留所、刑侦队、政办室。1991年设技术股，10月，设法制股。1987年10月，下设：交通警察大队；18个区乡派出所；5个企业、林场派出所（南壕沟市场、七二六、煤矿公安派出所，赵各庄、桑园涧森林派出所）。1988年1月，设矿山黄金管理派出所；4月建立土地派出所；5月建立白涧公安分局，同时建立赵各庄、龙门公安派出所；9月撤销洛平派出所。1993年机构改革，设局长1名，副局长8名；政治委员1名，内设11个股室（办公室、政保股、治安股、预审股、看守所、内保股、行政拘留所、刑侦股、政办室、技术股、法制股）。2003年3月，增设纪律检查委员会、政治处；内设办公室、法制股、控申股、综合计划股、户政股、内政股，编制51名。2006年4月至2009年12月，设局长1名，政治委员1名，副局长7名，主任科员7名。内设办公室、政保股、治安股、预审股、看守所、内保股、行政拘留所、刑侦股、政办室、技术股、法制股；

2008年11月，县编办涞机编办〔2008〕8号批复，公安局设置以下机构：

（一）执法勤务机构

指挥中心（加挂办公室牌子）；国内安全保卫大队、治安管理大队、刑事侦查大队、交通管理大队

（二）综合管理机构

政工监督室（加挂监察室、警务督察大队牌子）、法制室、警务保障室、设专职纪检书记1名，负责公安纪检工作。

（三）选设机构

巡警特警大队、缉毒大队（加挂县级禁毒委员会办公室牌子，正科级）、经济犯罪侦查大队。

（四）派出所、监管场所

全县设15个乡（镇）派出所（副科级），其中口派出所为现役；县局下设看守所、拘留所。

（五）公安检查站

2007年，根据河北省人民政府关于同意增加涿鹿县东灵山等环京公安检查站的批复，县公安局环京设4个环京公安检查站（石亭、马各庄、龙安、都衙），2009年1月，根据公安部视频会议精神，县公安局环京公安检查站削减为2个，马各庄、都衙公安检查站。2009年3月，县编办批复，设立马各庄、都衙公安检查站。

马各庄安全检查站

1978—2009年涞水县历任公安局局长、政治委员一览表

表9-1-1-1

姓　名	性别	职务	籍贯	任 职 时 间	备注
陈　英（兼）	男	局长	邯郸	1978.02-1981.05	-
路 满	男	局长	易县	1981.05-1983.12	-
杨仁德	男	局长	四川	1983.12-1993.07	-
陈　水	男	局长	涞水	1993.07-1996.08	-
王国安	男	局长	定兴	1996.08-1998.12	-
谭书平	男	局长	易县	1998.12-2002.03	-
刘胜利	男	局长	顺平	2002.03-2004.05	-
彭洪志	男	局长	满城	2004.05-2007.05	-
刘国庆	男	局长	安新	2007.05-2009.12	-
刘文占	男	局长	满城	2009.12-2011.08	-
吕士义	男	政治委员	易县	1987.10-1993.01	1986年以前不设政委
陈　水	男	政治委员	涞水	1993.01-1993.07	-
李景春	男	政治委员	涞水	1993.07-1996.02	-
张凤军	男	政治委员	涞水	1996.02-1996.08	副县级待遇
王虎挺	男	政治委员	定兴	1996.08-1998.12	-
张建华	男	政治委员	定兴	2002.08-2004.05	-
工亚和	男	政治委员	定兴	2004.05-2009.12	-
范保利	男	政治委员	涞源	2009.12-2011.08	-

注：1996年7月之前，公安局局长、政委享受正科待遇，之后享受副县级待遇。

第二节　治安管理

治安管理是国家行政管理工作的重要组成部分，是维护国家政权的重要手段，是公安机关的一项重要任务。治安管理使用行政和法律手段用以维护社会治安秩序，保障社会主义建设事业的顺利进行。治安管理工作的方针是：依靠群众，预防为主，管理从严，及时打击，保障安全。其职能是：依法维护社会治安秩序。其任务是：特种行业、危爆物品、枪支弹药、公民出入境管理，重大治安案件查处，禁止赌博，指导派出所相关业务和治保会组织建设等项工作。

1979年行政治安管理职能的部门是治安股，1991年12月13日，经省公安厅批准设白涧公安分局，下设治安股负责山区治安管理。2002年9月按上级公安机关指示，治安股更名为治安警察大队。

治安管理工作，依照国家有关法律、法规，采取有效措施打击违法，保护合法，1989年以来，治安管理工作本着严格管理，文明管理，有利生产、方便群众及教育和处罚相结合的原则，与有关部门密切配合，在维护社会治安秩序发挥重要作用。

一、治保组织

基层治安保卫委员会（简称治保会）是群众性治安保卫组织，是公安机关联系群众的桥梁和纽带，在不同历史时期治保组织发挥重要作用。

20世纪80年代农村实行家庭联产承包责任制，治保干部补贴“工分”的做法不复存在，影响农村治保干部工作积极性，造成一些治保组织出现名存实亡瘫痪状态。1982年12月，省公安厅发出《关于对治保组织进行整顿的通知》，公安局会同各方对全县农村治保会进行全面调查，对组织不健全或处于瘫痪状态的治保组织，首先健全组织，同时建立健全各项规章制度，对治保干部分片进行政治思想，治安防范等业务的学习教育，并较好的解决了治保干部报酬，参照同级村干部标准按月发给一定数额工资或补助款。同时指导治保组织，把工作重心由过去“监督改造五类”为主，转移到开展群众性的治安防范上来。在派出所的直接指导下，以治安积极分子为骨干，在农村采取固定值班和不定期巡逻相结合的方法，充分利用“人熟”“地熟”“情况熟”的有利条件，盘查进村可疑人。1983年将87名身份不明有违法嫌疑人员扭送县公安局审查，发挥治保组织第一道防线的作用，稳定农村治安秩序。

1983年，社会治安秩序比较混乱，违法犯罪活动突出。青少年违法犯罪成为影响社会治安的一个重要方面，各村治保会结合本村实际，按照公安机关的要求开展对刑满释放、解除劳教和轻微违法人员的感化和教育活动，村治保会和学校一起组织帮教小组，对有违法犯罪行为的青少年进行政治思想、法律知识教育，感化和挽救他们悔过自新走向光明。1985年对123名23岁以下危害社会治安的青少年列为帮教对象，分别由数个帮教小组实施帮教。经一年多感化教育工作，有86.5%的人提高法律意识，增强自控能力，逐步认识到违法犯罪给国家、家庭、个人带来的危害，下决心痛改前非重新做人。做到平常遇事用法律约束自己，从而没有发生新的犯罪。城关派出所在辖区20个大队治保会中组建帮教小组并坚持做到：每星期与被帮教对象谈话教育一次，治安会每半月开一次帮教小组和帮教对象家长座谈会，互通情况，派出所每月开一次治保干部和帮教小组碰头会，研究总结帮教工作下步安排。经过一年帮教工作，21名帮教对象思想有了深刻变化，改掉了恶习走上了正道，有11人成为守法经营个体户，10人学了泥瓦工技术成了自食其力的劳动者。南关村治保主任张振忠自1987年担任治保主任以来，一心扑在治保工作上，耐心对违法青少年做说服教育工作，积极带领治保会成员夜间巡逻，狠抓治安防范，使村内治安秩序稳定，多次受到上级公安机关的表彰年

1995年4月，对全县治保会干部作了调整。这次调整采取群众推选，派出所审核，乡政府批准的方法，调整147个治保会主任。一批年富力强的中青年人担起治保主任的重担，他们工作热情高，有开拓精神，但缺乏实际工作经验，为尽快提高他们政治思想和业务素质，适应在新形势下做好安全保卫工作的需要，将全县284名治保主任采取分批（石亭、涞水镇、山区）集中以会代训，组织他们学习党的路线、方针、政策和治安防范业务知识，提高他们在新形势下做好安全保卫工作重要性和必要性的认识，增强做好安全保卫工作光荣感和责任心，自觉克服工作中怕得罪人，怕报复，工作不思进取、得过且过、当老好人的错误思想。严格遵守《治安保卫委员会细则》中的各项规定，坚持依法办事，站稳立场，不包庇坏人，大公无私，不隐瞒虚报，使治保会成为坏人怕，群众拥护的保卫组织。经过系统学习进一步激发全县治安干部的工作热情。在改革发展的形势下，在社会热点问题和社会治安形势比较严峻的情况下，治保组织始终站在预防违法犯罪的前沿阵地，调解各类民事纠纷16872件，避免大批由纠纷酿成严重后果的民事案件，农村治安案件发案逐步下降，为治安秩序的稳定和经济建设的发展创造良好的社会环境。

二、治安联防队

节日保畅通

随着改革开放的不断发展，人民生活显著提高，为保卫改革开放成果，使治安防范能力与治安形势相适应。为解决警力不足，经县政府研究决定，重点企事业单位和主要村镇组建治安联防队，人员从企事业单位职工或退休、待业人员选用，每个联防队编员10~20人不等，待遇由所在单位负担。从退休和待业人员中选用的人员，报酬由辖区内单位和个体门店集资解决。组建联防队先培训后上岗，集中进行政治、法律和基本业务技能的学习、培训。每个队员要与派出所签订“责任书”。联防正常巡逻由辖区派出所干警或单位保卫干部带路，对主要街道、厂矿、复杂场所等进行检查。在落实防范措施，控制违法犯罪方面起到较好作用。

1989年10月，公安局对联防队维护辖区治安秩序、盘查可疑人员、协助派出所搞好安全防范的做法给予充分肯定，并要求进一步做好联防工作。1990年全县有治安联防队9个，队员175人。巡逻中盘查不明身份人员37人，抓获偷窃12人。1996年全县有联防队121个，队员574人。2006年农村季节性联防队有83个。联防队在保护单位生产、群众生活和社会治安等方面发挥重要作用。

三、治安案件查处

赌博是旧社会遗留得一种恶习，是社会的一大公害，从历代流传至今。1979年实行改革开放以来，经济建设迅速发展，人民物质文化生活逐年提高，打麻将玩纸牌等风气盛行，成为城乡人民群众一种普遍消遣娱乐活动。但少数人用它作为赢利工具进行赌博，逐渐演变为城乡部分地方出现多人聚赌，赌注增加，持续时间长，影响群众正常生活及社会治安秩序。

1986年9月5日，第六届全国人大常委会第十七次会议通过的《中华人民共和国治安管理处罚条例》对以赢利为目的赌博作了处罚规定：赌博或者为赌博提供条件的，处15日以下拘留可并处3000元以下罚款。按条例规定，结合涞水实际，对赌博活动规律做到有针对性地开展禁赌宣传教育，并揭发赌博线索，根据群众举报随时组织抓获。

1988年3月17日，在西关抓获赌博一起，涉及成员88人，将庄家收容审查，对参赌人员予以治安处罚，罚款5万余元。经打击处理，社会赌博活动有所收敛。

1989年10月，沧州地区肃宁县张有伟等4人驾驶吉普车，到涞水县镇厂聚赌。用厚白纸裁成与100元、50元人民币同样大小尺寸，捆成约5万元人民币厚度4捆，在每捆的正背面放上一张100元或50元人民币真钞，将每捆的四边用色彩涂抹成似真币样的颜色，在赌场上显露带着约20万元巨款的假象，实施诈赌。吸引当地大部分赌徒和赌棍，多者带着近千元，少则带着几百元，通宵达旦的聚赌，后被抓获。依法惩处了首要分子，对参赌的一般成员分别给与警告、罚款、拘留的治安处罚。

1992年10月30日，河北省七届人大三十次会议通过《河北省禁止赌博条例》。为河北省的禁赌工作提供处罚依据，条例规定：处罚赌博按一场赌资数额分别给与批教、罚款、治安拘留和劳动教养等处罚。规定参加赌博一场赌资在100元以下的，给与批评教育；在100元以上500元以下，处300元以下罚款；赌资在500元以上2000元以下，处5日以下拘留，可并处300元以上1500元以下罚款；赌资在2000元以上和教育不改得处5日以上15日以下拘留，并处1500以上至3000元罚款。其他屡教不改等情节严重的可按国家规定，给与劳动教养。

1996年公安局在开展打击刑事犯罪的同时，展开禁赌活动，充分利用各种宣传工具，大张旗鼓的宣传禁赌意义和造成的各种危害。局领导发表电视讲话在城乡主要街道张贴标语、利用有线广播宣传禁赌决定。在赌博比较严重的村镇，治保会和妇联等组成帮教小组和“禁赌协会”积极做好亲友和好赌人员思想转变工作。通过声势浩大的宣传发动提高群众觉悟，部分赌徒告别赌场，有的向公安机关举报线索。年内先后抓获赌博团伙18个，参赌成员137人。分别给与警告（42人）、罚款（58人）、行政拘留（37人）的处罚。

1999年秋季、2003年4—9月分别开展“禁赌专项斗争”清查各种场所92次，出动警车56台次，警力182人次。2005年初开展“禁赌风暴行动”，广辟案件线索，一举端掉两个赌博窝点。2月28日交警大队，公路巡警充分发挥一警多能作用，果断出击，一举端掉一个以饭店名义为招牌的赌博窝点，当场抓获参赌人员31人，缴获赌资4.8万元，筹码5.1万，“百家乐”赌具1套。3月19日晚，市局治安支队在县公安局治安大队配合下，一举端掉周某某的“百家乐”赌博窝点，当场缴获赌资11万，而后县局治安大队对20位参赌人员进行治安处罚。2005年8月在开展“查禁赌博”专项行动中，治安大队在市公安局治安支队带领下，对涞水野三坡景区圣迪山庄、三坡客栈、昊天旅馆和县城北关村一利用啤酒机赌博的场所突击检查，对参赌成员依法处罚。2006年2月22日至3月31日对全县带有赌博性质的麻将机摊点进行查封、取缔。查获麻将机摊点23个，麻将机47台。2006年8月22—28日，按县委、县政府指示，对城区、山区开展为期一周的整治行动，清查内部单位21个，街道13个、居民区36处、村庄56个，取缔带有赌博性质摊点25个，收缴麻将机16台。

2007年，坚持严厉打击黄、赌、毒的各项举措，采取日常检查与专项行动相结合的方法，加强行业场所安全管理，严惩违法犯罪行为。局党委明确要求，要站在构建社会主义和谐社会的高度，高度重视存在黄、赌、毒现象和深入开展扫黄打非工作的严重性。

按照省公安厅《关于转发公安部贯彻落实中央办公厅18号文件精神进一步加强禁赌工作的通知》要求，结合“打击赌博天天行动”，于6月1日至6月10日，由治安大队牵头在全县范围内深入开展打击赌博专项行动，并取得良好成效。此次行动将存在赌博违法犯罪活动的歌舞厅、洗浴场所、旅店、宾馆、饭店、度假村、茶楼、酒吧、棋牌室、电子游戏厅、网吧等娱乐场所列为重点区域。行动中明确各参战单位的分工。据统计，共查居民小区15个、散居型家属院21个、商业门脸400余个、娱乐服务场所48个。行动中，治安大队查处取缔利用麻将机赌博的摊点3个，没收赌具麻将15副，治安处罚11人、批评教育4人。

2008年，深入开展严厉打击“扫黄打非”行动。查处非法运输淫秽物品案件1起，行政拘留2人。

2009年，贯彻落实全国打击组织强迫妇女卖淫犯罪活动电视电话会议总体部署，组织开展打击组织、强迫妇女卖淫专项行动。城区刑警中队配合黑龙江省公安机关成功解救1名被强迫卖淫少女，并抓获1名外省市逃犯。

深入开展集中清查赌博机行动。5月15日至6月15日，对全县范围内具有赌博性质的游戏机进行集中清理整顿。在摸底调查的基础上，5月19日组织统一清查行动，出动警力36人次，取缔4个有赌博机的游戏摊点，收缴赌博机5台。6月10日，治安大队在县城西环路空旷地带，对收缴的5台赌博机进行集中销毁，收到良好的社会效益。

深入开展严厉打击“扫黄打非”行动。采取日常检查与专项行动相结合的方法，加强行业场所安全管理，严惩违法犯罪行为，依法收缴低俗音像制品85张。

1998年立治安案件115起，查处114起，结案率99%；1999—2006年立治安案件3493起，查处2871起，结案率82.1%。治安拘留2380人，罚款1005人，其他行政处罚212人。

2005年8月28日，第十届全国人大常委会第十七次会议通过《中华人民共和国治安管理处罚法》，自2006年3月1日施行。《治安管理处罚法》的颁布施行，标志治安管理纳入国家法制建设轨道。治安管理处罚法增加对单位的处罚和处罚措施，提高处罚幅度，增加处罚对象，完善处罚秩序，修改裁决事项，增加强制措施等多方面有较大改变。

1979—2009年涞水县治安案件查处统计表

表9-1-2-1

年度	受理案件(件)	查处案件(件)	结案率(%)	年度	受理案件(件)	查处案件(件)	结案率(%)
1979	98	95	96.9	1995	373	365	98
1980	110	108	98.2	1996	293	291	99.6
1981	100	100	100	1997	255	254	99.6
1982	137	137	100	1998	115	114	99.1
1983	195	194	99.5	1999	263	263	100
1984	198	198	100	2000	990	800	80.1
1985	125	125	100	2001	627	450	71.7
1986	156	156	100	2002	483	350	72.5
1987	156	156	100	2003	308	267	86.4
1988	213	213	100	2004	255	221	86.7
1989	222	217	98.6	2005	165	164	99.3
1990	225	225	100	2006	402	356	88.6
1991	230	226	98.2	2007	195	187	95.8
1992	221	221	100	2008	221	214	96.8
1993	295	290	98.3	2009	376	363	96.5
1994	239	235	98.3	–	–	–	–

四、特种行业管理

1979年改革开放后，根据河北省公安厅《关于加强特种行业管理的通知》，将下列四大行业纳入治安管理范围。即包括旅馆、车马店和住宿的饭店、浴池等旅店业；包括旧货摊、收购居民废品的收购摊点等旧货业；包括印刷、铸字、誊写、晒图等印铸刻字业；包括自行车、钟表、照相机、收音机和电视机修理等修理业。对于上述行业的管理只负责备案登记，在工商行政管理部门所发的营业执照上加盖治安管理印章，不履行审批手续。在日常治安管理工作中，只对这些行业管理监督，保护合法经营。对未批准开业者会同有关部门予以取缔，同时对行业内部人员经常进行法制教育，不断提高法律意识，增强识别能力从中发现和查处各种违法活动。

1985年，根据保定地区行署公安处有关规定，旅店业和刻字业由公安机关审核后方准开业。3月，为适应发展需要，根据公安部关于加强特种行业管理的精神，对纳入治安管理的行业再次进行调查，重点加强对旅店业、收购业和刻字业的治安管理。对修理业、印铸业和收购一般性生活废旧物品行业不再予以登记备案，只对其进行一般性治安管理。

1992年，涞水县个体印刷厂增长较快，个别印刷点印刷非法出版物时有发生，尤其是印刷淫秽、封建迷信书刊的违法犯罪活动较突出，根据河北省人民政府《关于河北省印刷业管理暂行规定》，凡印刷行业新开业或正在营业的经公安局审查批准后，发给营业许可证，并严格规定只准承印符合规定和健康向上的印刷品，严禁印刷内容反动、淫秽及宣传封建迷信的各种非法出版物。如发现有非法委印、承印活动，依照《中华人民共和国治安管理处罚条例》有关规定给予处罚。

1995年，根据保定市公安局《关于旅店业治安管理办法》规定，将旅店、旅馆、饭店、宾馆、招待所、浴池等列入旅店业实行专门管理。针对一些个体、集体旅店一味追求赚钱，违反规定随意容留妇女卖淫的违法犯罪活动时有发生，严重扰乱治安秩序，为此，涞水县公安局组织开展打击取缔卖淫嫖娼专项斗争，共检查娱乐场所36个，服务性场所80个，旅馆76个。对有违法行为的两家旅店，进行批评教育，并勒令限期改正。

1996年2月，根据河北省人民政府《关于将出租车等行业列入特种行业管理的通知》精神，对全县出租车数量和存在的主要问题作了详细的调查摸底，实施逐车登记、建卡统一管理。依据特种行业的审批条件对新开业的行业进行全面审核，对营业的行业换发新的《特种行业许可证》。

1999年，被列入特种行业管理的有585个，其中旅店207个、废旧物品收购、汽车拆解80个、出租汽车70个、机动车修理93个、印刷、打字、复印21个、电子游戏10个、美容美发、按摩服务64个、歌舞厅33个、刻字1个、录像放映6个。

依据国务院批准的《旅馆业治安管理办法》和《关于加强娱乐服务场所管理，严厉打击卖淫、嫖娼、赌博、吸毒等社会丑恶现象专项行动意见的通知》，为净化社会治安环境，结合年度审验换证工作，2004年对全县范围特种行业510个进行了治安防范知识学习培训，经考试合格后发给治安防范知识培训合格证。为406个办理了年审换证、逐人建档，并与各单位签订安全合法经营的责任状。

2005—2006年，经过对全县特种行业的调查和登记，将下列四大行业纳入特种行业管理。旅馆业：包括旅馆、宾馆、招待所、客货栈、车马店和带住宿的饭店、浴池等；刻字业：包括经营刻制公章、名章戳记等行业；旧货业：包括典当业、拍卖业、废旧金属收购业和信托寄卖业；修理业：包括汽车修理。

2006—2009年特种行业登统表

表9-1-2-2　　　　单位：家

年度	旅　馆	洗浴（带住宿）	刻　章	汽车修理
2006	73	–	4	–
2007	34	–	4	23
2008	222	3	4	28
2009	229	3	–	28

2007年，开展旅店业信息系统的建设工作。到年底有34个旅店安装完毕；对20个不符合标准的旅店予以取缔；2家娱乐场所安装了监控设施。年内通过旅店业信息系统成功抓获外县逃犯1名、外省市逃犯1名。

2008年，通过调查摸底，涞水县有旅馆222个；娱乐场所2个、洗浴场所10个、网吧32个、电子游戏9个（已停业）、废旧金属收购9个、机动车修理28个。在旅馆业全面推行治安管理信息系统建设，222个旅馆全部安装。安装率达100%并与业主签订保证书、责任状222份，发放前台系统操作员上岗证222个。3月24日，通过信息系统抓获外省网上在逃犯1名。

2009年，229家旅馆全部实行了旅店业信息系统管理，与业主签订保证书、责任状229份。在旅店业检查工作中，发现一般隐患6处，治安处罚11人。5月13日，通过信息系统抓获本省外市网上在逃犯1名。对30家废旧金属收购业进行备案登记，依法对违反行业管理规定的3人进行治安处罚。

第三节 刑事案件侦查

1983年7月，遵照中共中央《关于严惩严重危害社会治安犯罪分子的决定》，按照上级公安机关的部署，开展为期三年严打斗争，打了3个战役。第一战役，主要打击浮在面上的犯罪分子，严惩“横行乡里”的流氓团伙；第二战役，先后组织围剿流窜犯、在逃犯，打击重大盗窃、拦路抢劫、流氓强奸、破坏电力设施、拐卖妇女儿童的统一行动；第三战役，根据涞水县治安状况的实际，开展专项打击、治理、深挖隐蔽较深的犯罪分子。

刑事犯罪活动，不同时期有不同的特点。改革开放，经济大发展，人财物大流动，钱多物丰，成为犯罪分子进行犯罪活动的目标，进行盗窃、抢劫。犯罪分子瞄准现金和价值高、易得手、易销赃的物品，如农电设施变压器、光铝线、电动机、彩电、汽车、摩托车、电动车、自行车等，甲地作案，乙地销赃。随着知识化、信息化、个性化、虚拟化为特征的新型经济的不断发展，滋生大量新的犯罪领域，组织化、智能化、科技化、暴力化，犯罪的预谋性、潜伏性、隐蔽性不断加大，成为公安机关打击刑事犯罪的新课题。

打击刑事犯罪，侦查破案，常抓不懈。侦查破案着眼于全部案件，同时狠抓重特大案件的侦破，特别是杀人、放火、强奸、投毒、抢劫、绑架、劫持人质、爆炸、重大盗窃、危害大、影响大的案件，成为刑事侦查工作的重点，在强化侦查破案的同时，根据刑事犯罪案件发生的不同时期、不同特点，开展专项打击，专项治理，如“抓现行，破大案，挖团伙，追逃犯，打流窜”“打击车匪路霸，盗窃机动车犯罪活动”。开展“打击破坏、盗窃农电设施犯罪活动”“春季行动”“秋季行动”“劲风行动”等。

注重“两手抓”：即一手抓打击，一手抓防范。坚持打击是手段，防范是重点，打防结合，以防为主方针，目的是减少刑事案件、火灾事故、交通事故及各种治安灾害事故发生，并把厂矿企业，机关学校、乡镇企业、个体企业、社区、农村，全部列入防范范围。

具体措施：定期向县委、政府，尤其主管领导汇报工作情况，取得支持；厂矿企业领导即抓生产、经营，又抓安全防范，使各项防范措施落到实处；发挥基层派出所、保卫组织、治保会的作用，特别是派出所，使其真正成为确保一方平安的实体；明确防范重点，加强防范措施；把厂矿企业、金融、商业、供销、粮食、供电、供水、供气、铁路运输做为重点行业，把财会室、仓库、门市部、列为重点单位；把粮站、棉站、供销社、信用社、代销点、麦场作为防火、防盗重要部位。实行安全防范责任制，贯彻“谁主管、谁负责”，“看好自己的门，管好自己的人，做好自己的事”。根据不同行业、单位、部位及其特点，制定具有针对性、可操作性，约束力强的规章制度。开展安全检查，发现、堵塞、剔除不安全的因素和漏洞，采取自查、互查、联查、实查等方法，发现不安全隐患及时下发《隐患通知书》限期整改。搞好宣传发动，使安全防范工作成为人们的自觉行动，实现群防、群治；大力加强基层基础工作，深入开展“固本工程”“三基工程”标本兼治，建设全方位的群防、群治防范格局。开展“安全文明小区”“户院联防”“安全文明村镇”建设活动，形成民警、保卫、治保三位一体的治安防范网络。

在打击刑事犯罪斗争中，注意刑事侦查、刑侦技术、预审部门的配合、协调，充分运用刑事科学技术，获取犯罪证据。通过预审，核实证据，查清案件真相，及时结案，依法移送检察机关。

1979—2009年涞水县刑事案件发案破案统计表

表9-1-3-1

年度	发案情况			破案情况					
	发案数（件）	重大（件）	一般（件）	破案数（件）	破案率（%）	重大（件）	破案率（%）	一般(件)	破案率（%）
1979	43	12	31	37	86.05	12	100.00	25	80.65
1980	46	7	39	36	78.26	7	100.00	29	74.36
1981	58	15	43	49	84.48	14	93.33	35	81.40
1982	90	24	66	78	86.67	21	87.50	57	86.36
1983	75	25	50	62	82.67	17	68.00	45	90.00
1984	51	21	30	43	84.31	19	90.48	24	80.00
1985	58	13	45	49	84.48	10	76.92	39	86.67
1986	43	12	31	38	88.37	10	83.33	28	90.32
1987	45	20	25	41	91.11	18	90.00	23	92.00
1988	57	18	39	55	96.49	17	94.44	38	97.44
1989	80	37	43	70	87.50	28	75.68	42	97.67
1990	190	62	128	102	53.68	33	53.23	69	53.91
1991	153	58	95	71	46.41	19	32.76	52	54.74
1992	173	68	98	89	51.45	27	39.71	62	63.27
1993	180	85	95	141	78.33	56	65.88	85	89.47
1994	132	69	63	103	78.03	56	81.16	47	74.60
1995	160	71	89	133	83.13	55	77.46	78	87.64
1996	121	65	56	101	83.47	55	84.62	46	82.14
1997	107	63	44	94	87.85	52	82.54	42	95.45
1998	128	82	46	99	77.34	60	73.17	39	84.78
1999	272	142	130	231	84.93	114	80.28	117	90.00
2000	355	113	242	142	40.00	57	50.44	85	35.12
2001	368	128	240	136	36.96	48	37.50	88	36.67
2002	417	138	279	160	38.37	59	42.75	101	36.20

续表

年度	发案情况			破案情况					
	发案数（件）	重大（件）	一般（件）	破案数（件）	破案率（%）	重大（件）	破案率（%）	一般(件)	破案率（%）
2003	338	118	220	123	36.39	46	38.98	77	35.00
2004	517	186	331	264	51.06	132	70.97	132	39.88
2005	923	314	609	589	63.81	377	120.06	212	34.81
2006	1326	451	875	1042	78.58	834	184.92	208	23.77
2007	1162	360	802	854	73.49	641	178.06	213	26.56
2008	850	289	561	553	65.06	371	128.37	182	32.44
2009	833	283	550	420	50.42	231	81.63	189	34.36

1979—2009年涞水县刑事案件分类统计表

表9-1-3-2　　单位：起

年度	杀人	伤害	抢劫	投毒	放火	爆炸	强奸	流氓	拐卖人口	盗窃	其他
1979	4	3	–	–	–	–	5	–	–	31	–
1980	3	1	–	–	–	2	4	–	–	34	2
1981	2	2	3	1	–	–	7	–	–	42	1
1982	3	4	3	1	1	1	9	–	–	62	6
1983	1	7	3	–	6	1	11	1	–	45	–
1984	–	5	1	–	–	1	21	2	–	20	1
1985	2	1	2	1	2	–	20	–	–	26	4
1986	–	1	1	–	1	2	10	–	1	26	1
1987	2	4	3	3	1	1	15	–	–	14	2
1988	2	6	1	–	–	–	14	–	–	32	2
1989	5	4	6	–	–	2	14	–	–	49	–
1990	3	5	30	–	2	3	10	–	–	101	36
1991	2	8	4	1	2	1	12	–	1	97	25
1992	8	7	13	–	8	1	15	1	3	107	10
1993	2	21	11	–	3	3	10	1	11	102	16
1994	5	10	11	1	–	–	12	–	2	87	4
1995	6	19	10	5	2	6	3	–	26	68	15
1996	8	10	8	–	1	2	8	–	4	74	6
1997	5	13	4	1	1	2	10	–	1	59	11
1998	5	26	7	1	–	3	9	–	2	61	14

续表

年度	杀人	伤害	抢劫	投毒	放火	爆炸	强奸	流氓	拐卖人口	盗窃	其他
1999	8	61	2	–	1	2	14	–	2	112	70
2000	1	14	6	–	–	–	2	–	–	201	131
2001	4	14	27	3	3	–	14	–	1	230	72
2002	2	19	20	2	2	–	–	–	–	253	119
2003	5	17	17	–	–	2	6	–	–	207	84
2004	4	26	17	–	3	1	14	–	–	307	145
2005	2	37	20	–	2	1	10	–	–	668	183
2006	5	28	21	–	–	3	2	–	–	977	290
2007	3	26	25	–	2	1	35	–	–	768	302
2008	4	55	26	–	–	–	2	–	–	642	121
2009	7	81	20	–	2	–	9	–	–	535	179

1979—2009年涞水县破获犯罪团伙案件统计表

表9-1-3-3

年度	合计		盗窃团伙		抢劫团伙		伤害		其他	
	破案件数（件）	涉及人员（人）	个数（个）	人员（人）	个数（个）	人员（人）	个数（个）	人员（人）	个数（个）	人员（人）
1979	4	14	3	10	–	–	1	4	–	–
1980	3	12	2	8	–	–	–	–	1	4
1981	7	21	4	9	2	7	1	5	–	–
1982	13	43	6	20	2	6	2	7	3	10
1983	9	28	4	11	2	7	3	10	–	–
1984	5	18	2	7	1	3	2	8	–	–
1985	8	37	3	15	2	7	1	6	2	9
1986	5	20	3	14	1	3	1	3	–	–
1987	10	24	4	7	3	6	2	8	1	3
1988	10	36	5	12	1	3	3	17	1	4
1989	22	22	6	22	–	–	–	–	–	–
1990	2	3	–	–	–	–	–	–	1	3
1991	53	32	4	12	1	12	–	–	3	8
1992	76	55	8	24	6	22	–	–	3	9
1993	33	36	7	27	3	3	–	–	4	7
1994	98	50	14	33	5	13	–	–	1	3

续表

年度	合计		盗窃团伙		抢劫团伙		伤害		其他	
	破案件数（件）	涉及人员（人）	个数（个）	人员（人）	个数（个）	人员（人）	个数（个）	人员（人）	个数（个）	人员（人）
1995	63	81	7	23	4	14	-	-	9	44
1996	94	57	8	30	3	16	-	-	3	11
1997	66	36	4	17	2	12	-	-	2	7
1998	18	11	3	11	-	-	-	-	-	-
1999	132	67	9	36	-	-	-	-	6	31
2000	25	59	9	11	3	8	1	3	12	37
2001	31	99	11	35	3	13	4	13	13	38
2002	55	110	33	38	5	16	2	7	15	49
2003	52	96	30	20	2	5	3	16	17	55
2004	60	104	32	15	6	10	3	17	19	62
2005	70	107	35	16	7	9	2	7	26	75
2006	82	104	47	11	4	12	3	18	28	63
2007	67	100	33	19	5	6	4	15	25	60
2008	56	88	32	28	3	10	2	7	19	43
2009	79	99	46	23	7	12	4	12	22	52

第四节　户政管理

1979—1992年，涞水县公安局行使户政管理的部门是治安股。1993年10月，按照上级公安机关的要求，设立户政股，其职能是指导户口管理工作，负责城镇户口、暂住人口、重点人口、房屋出租管理，人口统计，办理临时身份证。

一、常住人口管理

20世纪90年代以前，城镇户口由城关派出所负责管理；1993年10月开始，由户政股管理。农村户口由乡（镇）、村委会二级管理。1991年7月，县公安局接管农村户口，具体由派出所、村民委员会管理。户口管理的任务是，维持社会秩序，保护居民的权利和利益，服务社会主义现代化建设。户口登记是户口管理的基础，户口登记是用定期和经常相结合的方法，1982年7月，全国进行第三次人口普查，首先进行人口登记，核对户口登记项目，填写常住人口登记表。1991年接管农村户口，以户口为单位填户口本。1998年9月，为颁发居民身份证打基础，填写新的常住户口登记表。1997年6月，按照上级公安机关的部署，换发常住人口登记表，城镇人口换发户口本，要求达到核对户口全面化，底数准确化，门牌标图标准化，底册档案规范化，资料记载档案化，日常管理制度化。城镇：一街一牌，一户一牌，一人一常表，一户一户口簿。农村：一村一图，一街一牌，一户一门牌，一人一常表，一户一户口簿。2002年进行微机录入，使户口管理计算机化，实现人口基本信息计算机管理，设有常住人口基本信息、人口统计信息库，具有户口登记、统计、查询、档案管理、居民身份证管理之功能。

人口普查是国情国力的重要社会调查，按照统一的方法、统一的项目、统一的表格、统一的时间对人口普遍地、逐人进行的一项调查，是对人口数量、特征、结构等数据进行收集、汇总、评估、分析、发布的全过程。人口普查每10年进行一次，由国务院决定发布实施，从中央到省、地市、县、乡镇建立人口普查领导小组，下设办公室，统一抽调普查员。公安、统计部门为职能部门，以公安部门为主。涞水县公安局在历次人口普查工作中发挥职能作用，按时、保质完成任务。1982年进行第三次全国人口普查时，涞水是省政府不放心的县，但最终完成任务的时间、质量，在全区名列前茅，受到保定地区行署的表彰奖励，人口普查办公室工作人员每人获奖现金50元。

第三次至第六次人口普查统计表

表9-1-4-1　　单位：户、人

年份	序次	总户数	总人口			非农业人口
			合计	男	女	
1982	第三次	65812	281839	144520	137319	14633
1990	第四次	80926	317846	162129	155717	20173
2000	第五次	94300	327260	173530	153730	32758
2010	第六次	98086	339063	172582	166481	29938

二、暂住人口管理

20世纪80年代，随着改革开放，经济建设深入发展，人口流动加大，外来务工人员，经商人员增多，主要分布于县城和个体砖窑，特别是四川妇女流入数量较大。有的经人介绍与当地人结婚，也有被拐卖来的。派出所深入单位，个体工商户及工地进行登记填写暂住人口登记表，填写暂住证。1999年以来。相继开展几次清理流动人口的统一行动，出租房屋普查会战和洗楼行动，清理暂住人口2011人，出租房屋375间，为破案提供线索350余条，抓获犯罪嫌疑人29人。

2000—2009年涞水县流动人口统计表

表9-1-4-2　　单位：人

年 份	流动人口总数	暂住人口数字
2000	6250	750
2001	6770	810
2002	7045	845
2003	5101	601
2004	7550	1250
2005	8580	1380
2006	10090	1590
2007	15636	2016
2008	18000	2050
2009	18772	2190

三、农转非人口

是指由农业户口转为城镇户口的人口：1980年根据国务院批转公安部《关于处理户口迁移的规定》，开始办理农转非。项目实行如下：

（一）干部、职工的父母、配偶、子女农转非。依据上级公安机关的规定，城镇职工家属由农业人口转为非农业人口的数量，每年不超过非农业人口总数的1.5%。条件：本市、镇职工、居民结婚的农村人口及其子女（包括已超过15周岁在初高中学校读书的子女）确因长期病残，生活难以自理，必须到市、镇投靠的；市镇职工在农村的父母，确因无亲属依靠，生活难以自理，必须到市镇投靠子女的；市镇职工寄养在农村的15周岁以下的子女。上述农转非的审批程序：本人申请，单位同意开具证明，治安、户政调查核实，编造名册，公安局党组或局长办公会提出初步意见，与粮食局协商后报县委，政府主管领导同意，有时要报县委书记、县长审查，最后上报保定地区、市公安局审批，办理875名。2003年停止此项农转非。

（二）科技干部家属农转非。1980年9月，公安部、粮食部、国家人事局下发《关于解决部分专业技术干部农村家属前往城镇由国家供应粮食的规定》，1983年河北省政府行文，放宽在坝上和山区工作的专业技术干部家属农转非的条件。1984年7月，河北省劳动人事厅等部门联合行文，再次适当放宽专业技术干部家属农转非的条件。1984年10月，河北省教育厅，公安厅、粮食厅联合下文《关于中、小学教师家属农转非的规定》，1985年7月，河北省教育、公安、粮食厅下发通知，对中、小学教师家属农转非做出三条规定。涞水县根据上述规定，专业技术干部家属农转非由县科委负责，中小学教师家属农转非由教委负责，对申请人的理由进行调查，取得相应证明，公安、粮食部门参与研究，报主管县长同意后报保定地区公安处审批。两项共办理652名。

（三）军队干部家属农转非。涞水县根据1963年4月2日，中国人民解放军总政治部颁发的《关于妥善安置军官家属的规定》，中共中央（1972）44号文件精神。2001年4月26日，公安部总政治部下发的《关于高级士官家属办理随军问题的通知》，现役五、六级士官经师级以上政治机关批准，其配偶和未成年子女，无独立生活能力的子女，可以随军，是农业户口的转为城镇户口，审批手续由部队各级干部部门承办，当地公安机关应当准予落户。至2006年12月办理1295名。

（四）落实政策农转非。错划右派及牵涉教师子女由城镇户口转为农业户口、上山下乡知青返城、“文化大革命”期间的冤假错案共325名。

（五）煤矿井下工人家属农转非：1984年7月，国务院下发《关于煤矿职工家属落城镇户口的指示》。此类农转非由保定地区垒子煤矿负责，对符合条件的申请人的理由，进行调查，取得相关证明，报县公安局审核后，上报保定地区公安处审批。办574名。

（六）矿产工人家属子女农转非：1985年根据上级指示精神，办理186名。

（七）征用土地农转非：城镇建设修建涞阳路、改造正阳街、泰安路，开发东环、西环、北环路，征用涞水镇西关、后城西、城内、北关、北西租、西租部分土地，县政府决定拨给失地农民农转非指标；企业占地1993年日本崛田组株式会社征用义安镇庄疃、南义安、刘皇甫、北义安村土地2260亩，县政府决定拨给失地农民农转非指标，两项办理农转非4554人。

（八）办理城镇增容农转非：1992年6月，县委、县政府决定，办理城镇增容户口，在涞水镇、石亭、永阳、白涧、镇厂设点，公安、粮食、财政工作人员参加，集中10天时间，办理2728人，每人缴转非费用4500元，收入1200万元。1994年9月25日，县委、县政府又决定，成立户籍小组，公安、粮食，财政参加，地点设在粮食局，每个户口缴转非费用1500元（公安局、粮食局长批准可减100元），办理5461人。

四、居民管理

1989年9月6日，《中华人民共和国居民身份证条例》公布实施。1990年11月28日，经国务院批准，公安部公布《居民身份证条例实施细则》。2003年6月28日，《中华人民共和国居民身份证法》公布实施。2005年6月7日，《中华人民共和国临时身份证管理办法》公布。

1988年9月14日，保定地区行署召开颁发居民身份证工作会议，3年为期统一颁发居民身份证。按照规定，凡在涞水县城乡居住的常住人口，年满16周岁以上的公民均应申领居民身份证。武警不发给居民身份证；被判处拘役、有期徒刑以上刑罚的人和劳动教养的人以及被羁押的人，正在服刑、劳动教养和羁押期间不发给居民身份证。对于被判管制，被宣判缓刑的人可以申领居民身份证。居民身份证有效期分为10年、20年、长期。16周岁至25周岁发给有效期10年的身份证，26岁至45周岁发给有效期20年的身份证，46岁以上的发给长期有效的身份证。保定地区行署分配涞水县颁发居民身份证的任务是213556人，要求1990年3月31日完成任务。同年5月，完成215000人，占任务数的69%，荣获全区颁证工作二等奖，授予奖状、奖金，主管颁证工作的副局长李景春，工作人员梁金千被评为全国颁发居民身份证先进个人。2001年10月16日，公安部公通字［2001］82号文，印发《全国换发第二代身份证工作方案》，2003年起全面启动换证工作，同时停止颁发“一代证”。全县换发“二代证”75020张。依据居民身份证法的规定，未满16周岁的公民，自愿申领，发给有效期5年的身份证。公民在申领、换领、补领身份证期间，急需使用身份证的，可以申领临时居民身份证，临时居民身份证具有证明公民身份的法律效力。公民申领临时身份证，在当地派出所开具证明（户籍证明），照相后到户政股办理。至2009年底，全县共办理发放居民身份证220793张。

五、人口统计

人口统计，是公安机关的职能。户籍管理股通过户口登记、统计、调查所取得的人口资料，进行综合整理，用精确的数字反映全县历年人口总数、分布、构成及变动情况，分析研究人口发展变化及规律、特点。按规定进行人口半年报、人口年报。人口年报包括总户数、总人口、性别分类，出生、死亡、迁入、迁出4项变动，农业人口和非农业人口增减等内容。

1979—2009涞水县部分年份人口变动情况表

表9-1-4-3

年　份	全县总户数（户）	全县总人口（人）	非农业人口（人）	人口密度（人/平方千米）	人均耕地（亩）
1979	63246	272116	11818	165	1.38
1990	80926	317846	20173	192	1.14
2000	96258	338010	33927	204	0.99
2009	123005	352618	40450	213	1.02

第五节　监管所管理

1979年7月，全国人大五届二次会议通过并颁布首部《中华人民共和国刑法》和《中华人民共和国刑事诉讼法》，于1980年1月1日施行。为实施“两法”，公安部修订《看守所工作制度》，明确规定对看守所实行依法、严格、科学、文明管理，积极配合侦查、预审、起诉、审判工作顺利进行。1990年3

月17日，国务院总理李鹏发布第52号国务院令，颁布《中华人民共和国看守所条例》。为实施条例，公安部于同年5月召开全国看守所工作会议，印发会议纪要。1997年10月5日，制订《中华人民共和国看守所条例实施办法（试行）》。将看守所的监管工作纳入法制轨道。

一、监管所民警编配

1979年，全所配有5名民警。9月，根据《第三次全国预审工作会议纪要》指定，由预审股、科长兼任看守所长。1989年7月配任专职所长。1983年8月，开展严打刑事犯罪斗争，关押人数猛增，监管民警因业务繁重增加到9名。1992年3月设政治指导员。1994年8月，随着社会经济形势发展变化，在押人员趋向智商化，监管工作难度增大。为确保安全，适应急需，将监管民警增配到12名。2010年12月增至19名（男16名，女3名），其中所长1名、政治指导员1名、副所长4名，所员11名、会计1名、医务员1名。

二、监管所关押人员

据资料统计：1979—2009年共监押各类刑事犯罪嫌疑人5362名，其中：刑事拘留2925名、逮捕2433名（不含拘留转捕）。处理出所5272名，其中：处决死刑犯45名、判处死缓91名、无期徒刑56名、有期徒刑1264名、外籍解走152名、刑满释放276名、缓刑630名、免予起诉230名、其他处理2528名。

1979—2009年看守所收押、处理羁押人员统计表

表9-1-5-1　　　　单位：人

项目/年份	收押人数	办案机关			刑事拘留	直接逮捕	处理							年底在押
		公安局	检察院	法院			有期徒刑	死缓无期	死刑处决	缓刑免诉	转外处理	刑满释放	其他	
总计	5100	4671	220	209	2607	2493	1307	89	55	578	135	268	2587	2318
1979	88	86	–	2	17	71	32	1	–	6	–	2	7	40
1980	69	64	3	2	12	57	20	2	1	3	1	2	46	34
1981	72	68	3	1	19	53	18	2	2	–		2	37	45
1982	169	166	3	–	37	132	39	4	1	15	2	4	47	102
1983	210	206	2	2	68	142	62	11	4	16	5	6	116	92
1984	243	237	5	1	102	141	55	2	1	14	4	4	108	147
1985	102	92	8	2	18	84	42	1	–	10	2	3	157	34
1986	74	57	11	6	8	66	21	3	–	2	–	1	38	43
1987	149	138	6	5	26	123	31	1	–	6	2	3	57	92
1988	95	83	7	5	14	81	24	3	–	4	1	2	98	55
1989	96	88	5	3	12	84	27	–	1	2	5	4	61	51
1990	188	173	12	3	20	168	54	5	3	8	2	6	60	101
1991	100	84	11	5	16	84	30	3	2	8	–	4	12	42
1992	111	97	12	2	21	90	29	2	1	6	2	3	49	61
1993	105	91	8	6	15	90	27	2	1	4	1	2	74	55

续表

年份 \ 项目	收押人数	办案机关			刑事拘留	直接逮捕	处理							年底在押
		公安局	检察院	法院			有期徒刑	死缓无期	死刑处决	缓刑免诉	转外处理	刑满释放	其他	
总计	5100	4671	220	209	2607	2493	1307	89	55	578	135	268	2587	2318
1994	99	82	14	3	19	80	25	1	–	9	–	3	64	52
1995	277	256	20	1	46	231	89	6	1	16	6	6	70	135
1996	200	172	18	10	28	172	55	7		18	2	6	148	99
1997	116	107	8	1	34	82	33	4	7	12	6	5	106	42
1998	143	101	14	28	33	110	49	6	3	13	8	4	51	51
1999	291	272	8	11	268	23	39	3	–	28	12	10	133	117
2000	259	241	4	14	235	24	38	4	2	37	4	7	179	105
2001	274	256	5	13	237	37	55	2	4	43	4	10	139	122
2002	261	251	3	7	235	26	48	1	1	52	2	26	149	104
2003	177	166	4	7	165	12	60	2	3	19	3	16	106	72
2004	132	111	10	11	107	25	47	3	–	44	6	7	61	36
2005	134	124	7	3	112	22	26	3	1	13	10	6	51	60
2006	161	146	6	9	140	21	23	1	13	25	6	13	77	76
2007	285	279	1	5	196	89	92	2	2	59	23	61	123	91
2008	200	170	2	28	154	46	75	0	0	54	6	31	49	76
2009	220	207	–	13	193	27	42	2	1	32	10	9	114	86

三、监管设施

1975年秋，县财政拨款10万元，自筹资金3万元，在原河北省区测大队院内建造一处容纳200人的看守所。监房为普通砖木结构，使用面积300平方米，设8个单院、16个监号（双间8个、单间8个）。1977年6月由城内一处小院搬迁入驻。因建筑简陋狭小，逐年漏雨维修，加之地势低洼无排水设施，地面、墙壁被水侵蚀粉化，破旧不堪，环境极差。2003年3月，为改善在押人员食住环境，步入全国普及看守所规划标准行列，经公安局党委研究决定报请县政府批准，多方筹措资金300万元，在距公安局3千米，原县石油库院内兴建一处看守所，占地面积7716.2平方米，建筑面积5580平方米，砖混结构。其中监区2480平方米；民警办公楼（含案审室、宿舍）1600平方米；附属设施1500平方米。装有电视监控、自动报警等设施。2004年7月30日入驻。基本达到了国家规定的县级看守所普及标准。

四、管理与教育

依照《中华人民共和国看守所条例》规定，生活上保证不饿肚、讲卫生、饮开水、防严寒、酷暑，减少疾病发生，保持正常体质。1980年，随着改革开放形势发展，针对在押人员的思想变化，开展创建文明看守所（内称文明特殊学校）活动。采取因人施教、因势利导、循序渐进、理论结合实际的方法。以法律法规，认罪服法、揭发犯罪、交代余罪，党的政策，社会主义人生观，科学常识，学文化扫盲为内容。施教民警备课写教案，按时组织集体或到监室授课。课后留作业，在专用“守法学习本”上解答。使被关押人员从早到晚紧张活泼，无暇想入非非，大多数受到启迪感化，在行动上痛恨犯罪，悔过自新。1995年7月，赵各庄镇蓬头、上安北等村因降暴雨发生泥石流灾害，数百户村民房屋、衣食被水冲毁，缺粮断炊。被关押的55名犯罪嫌疑人及22名收审人员，从《保定日报》上获知消息，在社会主义人生观教育激励下，自发地从个人存用钱中捐出1244元，委托所领导交到县民政局赈济灾民。

据1980—1998年统计，在看守所的2018名羁押人员，其中有文盲、半文盲572名，经过学习启蒙读物《百家姓》《三字经》，摘掉文盲帽子，学会读报、写家信。经过党的政策和国家法律学习教育，制止32人次因心情绝望欲寻短见、抗拒监管绝食，揭露预谋结伙挖墙逃跑17人次；供出犯罪实情和隐藏物证51人次；交代余罪205条，揭发犯罪121条，提供案件线索185条，查实破案152起，抓获犯罪嫌疑人35名，缴获赃款、物折款10余万元。为外籍提供案件线索37条。

在社会主义现代化建设新时期，该所探索出的管教在押人员模式，受到公安部预审局、省公安厅、保定地区公安处领导的重视。1984年12月，被保定地区公安处推荐为特邀代表，出席省公安厅在石家市召开的全省预审工作座谈会，作了专题介绍，受到省公安厅领导及各地、市与会同行好评。1985年1月，保定地区公安处在涞水召开预审、看守工作会议，推介涞水县创建文明看守所做法，组织21个县与会分管局长、股、所长到看守所参观考察。1995年3月29日，公安部预审局长刘焕林一行在省公安厅、保定市公安局领导陪同下到涞水看守所考察，深入到监室询问、观察在押人员的学习，阅看执教民警的教案，对创建"文明特殊学校"活动表示认同，对取得的成果给予赞扬。9月5日，河北省公安厅副厅长张振声在保定市公安局局长万书君陪同下到涞水看守所考察监管工作，对管理教育在押人员的做法及取得的效果表示欣慰并给予好评。1996年4月23日，保定市公安局在涞水召开排除"牢头狱霸"整治监所秩序，实施文明管理研讨会，推介涞水看守所做法。

进入21世纪，按照上级指示和要求，强化提高监管民警政治、业务素质，严格依照看守所条例实施办法履行职责，下大力整治监内秩序，深化依法管理。安全度过2003年"非典型肺炎"疫情蔓延期，未发生任何事故。2006—2009年，被评为国家级看守所，授予"中华人民共和国三级看守所"铜牌。

第六节　消防管理

1984年5月《中华人民共和国消防条例》颁布实施。是年，涞水县成立安全委员会，由1名副县长任主任，公安、劳动部门一名副职任副主任，经委、商业、工业、粮食、交通、电力部门领导为成员，下设办公室，地点设在公安局，安委会以防火工作为重心。1996年2月，成立安全防火委员会，专抓安全防火，县公安局发挥职能作用，认真落实各项安全措施。1998年9月1日《中华人民共和国消防法》发布实施，涞水消防安全工作步入法治化轨道。

交通事故救援

一、消防组织

涞水县公安局行使消防管理工作职能的是治安股。1979年9月，根据上级公安机关的指示精神，设立消防股；1983年6月改为消防科；1988年消防民警授衔，为武警系列。2006年12月改为消防大队，向实战型转变。消防大队受保定消防支队和涞水县公安局的双重领导。县属厂矿、企业和百人以上乡镇企业，设有消防安全领导小组，由1名领导担任组长，生产、安全、保卫组织负责人为成员，并建有义务消防队。保定地区七二六厂（开源化工厂的前身）设有专职消防队，重点防火单位设有防火监督员。农村的防火工作由派出所、治保会负责。2007年，公安消防大队编制正营级，下辖1个消防中队。至2009年年底，该大队有编制人员25名。

二、火灾事故

1979—2009年，发生火灾事故79起，其中重大事故10起，死亡10人，伤7人，经济损失310.43万元。

1981年5月21日，石亭乡石亭村集体服装厂，用汽车从北京往厂内运布料，途中起火，烧毁布料45种，损失3万余元。1985年4月13日，县城西大街一家个体服装店，因吸烟引发火灾，店内服装全部烧毁，损失20余万元。1989年12月16日，益康蛟香厂因电线短路发生火灾，烧毁厂房12间，库房8间及内存原材料，损失11万元。1990年12月20日，保定地区726厂84车间，因电线短路起火，烧毁厂房10间，筛药机1台，装药机10台，损失11万元。1996年11月12日，宋各庄乡龙安村一家个体纸箱厂，因电线短路引起火灾，损失20余万元。1997年8月13日，三坡镇下庄村一户村民住宅发生火灾，死1人。

1998年6月13日，涞水镇三里铺村烧毁汽车1辆，损失10万余元。2003年5月6日，保定益康制香有限公司原料库，自燃起火，损失29.7万元。2003年6月14日，南壕沟市场中间售货棚，因电线短路起火，两户受灾，损失18万余元。2003年7月10日，保定益康制香有限公司，气雾剂工段充气工违反操作规程，发生重大火灾事故，造成死亡3人，重伤4人，经济损失20.7万元。

三、消防监督

根据国家有关消防工作的法律、法规行使监督职能。检查火灾事故隐患，适时发出《火灾事故隐患通知书》，限期整改；随时发现有可能发生火灾事故危险的，责令有关单位立即进行整改，紧急情况下，责令危险部位停产、停业整改、保证安全；监督行业、部门、单位制定消防安全办法和技术标准，并负责视察、监督实施；监督建设、设计、施工单位执行工程设计防火有关规定，并进行审核，检查消防措施的落实情况，参加工程竣工验收；按照城镇规划方案，监督城建部门，建设改善消防设施。掌握火灾情况，进行火灾事故评估，核实火灾损失，按规定上报；组织查明火灾事故原因，作出技术鉴定，根据事故的性质、情节及后果，依法对有关责任人提出处理意见；按照有关标准，对消防器材的产地，品种、规格、质量进行监督检查，发现不合格的产品不准销售。对单位购置的消防器材不合格的，建议退货，使用合格产品。

四、消防措施

消防管理工作认真贯彻“预防为主，消防结合”的方针。是利用广播、电视、展板、标语、知识竞赛等形式，广泛宣传消防安全知识；开展“消防宣传教育周”，“安全生产月”，“119宣传日”活动，提高人们的消防安全意识，是根据不同行业的不同特点，有针对性地制定消防安全规章制度。易燃易爆单位制定消防安全技术标准；农村制定防火公约；山区制定护林防火公约。明确重点。如生产、储存、销售爆炸物品，石油的单位等。实行消防责任制。把安全防火的责任与企业领导人、职工的经济效益挂钩，层层签订安全防火责任书、状，单位、部位、岗位责任到人。1988年12月，遵照河北省人民政府的规定，实行“谁主管，谁负责”、横向到边，纵向到底，纵横结合管理模式。开展安全大检查，解决消防工作中存在的问题，消除火灾事故隐患。以夏收、“五一”、“十一”、“元旦”、“春节”为重点。

1979年后，开展了对棉花收购，储存、运输、石油储存、销售、百货仓库、门市、供销系统的专项治理；1999年后，对易燃易爆、古建筑，人员密集场所，商住经营与宿舍一体，商场市场，消防产品等进行多项治理。对专职、义务消防队员进行业务指导，定期进行培训。更新消防器材。除沙土、沙袋、水缸、水桶外，易燃易爆单位解决了灭火水源问题，购置了手抬机动泵、干粉、泡沫灭火器，消防水带、水枪，1211灭火器等，具备了初期扑救火灾事故的能力。

五、消防设施

1978年1月5日，涞水县商业局百货公司仓库，因将火柴存于仓库，采购人员进库取货，踩燃起火，造成重大火灾事故，损失31万元。这在涞水历史上罕见。经县委、县政府批准购置专用消防车1辆，并配消防队员10人，人们称之为“烧出来的消防车”。后因经费问题，消防队解散，消防车几易其主，最后报废。2003年县政府在财政困难的情况下，投资45万元，占地1000平方米，建立拥有建筑面积606平方米的消防站；在县城主要路口，街道安装市政消防栓5个，保障消防用水，购置消防车1辆，配备计算机、数码相机、摄像机、防火检查、火灾事故勘查箱等器材，使消防监督、通信指挥、新闻宣传和必备的个人防护装备，达到配备要求。至2009年年底，该大队配置消防救援车4辆，其中泡沫水罐车1辆（3吨水+2吨泡沫）、3.2吨水罐车1辆、抢险救援车1辆、皮卡车1辆。

第七节　交通安全管理

一、组织机构

1986年，国务院决定改革交通管理体制，改变过去多头管理的格局，全国城乡道路交通由公安机关统一管理。根据国务院1986年10月1日发布的《关于改革道路交通管理体制的通知》精神，1987年3月，涞水县成立公安交通警察大队。由原交通监理人员与公安局交通队民警合并组成。编制19人，设队长、副队长各1人，下设业务、路查路检、事故3个组。

1997年5月，涞水县成立公安局公路巡逻民警大队，公安交警与公路巡警两块牌子一支队伍，全面负责全县的道路交通管理工作。公路巡逻民警大队的职能是：维护公路交通秩序，指挥疏导交通，纠正交通违章；维护公路治安秩序；预防公路发生违法犯罪活动，打击车匪路霸；堵截逃犯及其他犯罪嫌疑人；依法查处乱设卡、乱罚款、乱收费等；接受公民报警；救助意外伤员、突发疾病或遇险人员；按照规定履行交通管理部门的其他职责。

至2009年年底，涞水县交警大队下设5个机关科室，即：办公室、财务室、法制室、车管所、宣教股、事故科；8个执勤中队，分别是：公路巡警城区中队、石亭中队、马各庄中队、玉斗中队、龙安中队、都衙中队、岗勤中队和机动中队。其中石亭、马各庄、玉斗、龙安、都衙等5个中队分别在其管辖区域内建有办公楼及场院。全队有民警212名，其中正式在编民警50名，以工代警86名，协警76名。

二、交通安全宣传教育

定期深入到全县国道、省道沿线乡镇、村庄，指导开展交通安全宣传教育工作。通过图片展览、讲解案例等形式，给农民讲解在行车走路等交通活动中，如何自觉地遵守交通法规，保护自身安全，提高交通安全意识。加强中小学生交通安全教育。涞水县交警大队重视儿童、青少年交通安全教育，积极开展创建“交通安全示范学校”活动，采取观看录像、参观图片展览、举办专题讲座、上安全课等多种形式，培养中小学生的交通安全意识。

三、车辆和驾驶人管理

人、车、路和环境是道路交通的四大要素，随着社会进步和交通事业的发展，人民生活水平逐步提高，机动车和驾驶员的数量迅猛增长。加强车辆和驾驶人管理。对于提高运输效率、节省能源，保障道路交通安全，维护社会治安秩序，预防利用车辆进行违法犯罪活动等至关重要。

1996年，涞水县的机动车保有量约1500辆。车管站仅有1间办公房，两名业务民警。1997年后，车辆管理站以方便群众，让群众满意为出发点，从过去的管理型向服务型转变，打造服务型车管窗口，在办事程序上为群众提供人性化服务。至2009年12月，全县各类机动车43938辆。公安局车管站不仅设有业务大厅，而且把部分工作权限下放到公路巡警中队，群众办理车管业务可以就近到各公路巡警中队办理。

车辆管理工作，主要是依据国家道路交通安全方面的法律、法规和有关的政策和技术标准，运用行政和技术手段，对上道路行驶的机动车、非机动车实施监督和管理。车辆管理的基本方法是依照《中华人民共和国道路交通安全法》第8条至28条，《中华人民共和国道路交通安全法实施条例》第4条至18条，公安部第72号令《机动车登记规定》等法律法规实施管理。主要包括：车辆注册登记、车辆初次技术检验、核发和补发车辆号牌；车辆过户、变更、抵押与报废登记；车辆定期安全技术检验；特种车辆管理；机动车第三者强制保险规定等内容。

驾驶人的管理工作，主要依据的法律、法规有：《中华人民共和国道路交通安全法》《中华人民共和国道路交通安全法实施条例》《机动车驾驶证申领使用规定》《机动车驾驶证业务工作规范》《机动车驾驶人交通违章记分办法》等。主要业务工作有：机动车驾驶人学习、考试、办证；机动车驾驶人违法记分；驾驶人年度体检；机动车驾驶证档案管理等。

四、道路交通治理

1996年，根据涞水县的地理位置和山区、平原公路特点，交警大队把全县的道路交通秩序管理划分成几个板块，并分别指定当地公路巡警中队负责。大队为每个公路巡警中队建设办公营址，配备先进的执勤装备。1998年5月，在山区赵各庄建设玉斗中队；1999年9月，在三坡镇建设马各庄中队；2001年5月在石亭镇建设了石亭中队；2005年在宋各庄乡建设了龙安中队；在三坡镇建设都衙中队，为5个公路巡警中队建设办公营址，装备了警用车辆、执勤装备、通讯设备、办公电脑、车辆和驾驶员查询系统等警用装备。2000年，涞水县交警大队建综合办公楼和民警家属楼，改善了全队民警的工作生活条件，交警队伍和交管工作走向规范化、正规化。2005年被市局评为“2005年度优秀基层单位”“2005年度无违纪单位”；2006年被省交管局评为2006年度交通管理工作先进大队。2007年被市交警支队评为2007年度交通管理工作暨“三基”工程建设先进大队。2009年被保定市公安局评为全市公安系统先进基层单位，大队长王丙武荣获河北省“五一劳动奖章”，评为省、市优秀人民警察。

交警大队根据辖区道路的实际情况，采用定点执勤与流动巡逻检查相结合的勤务方式，强化交通事故易发路段、交通秩序拥挤、混乱地点的控制管理，实行重点路段责任到人，重点管理的方法。对无牌无证车辆上路，超重、超速行驶，酒后驾车、客运车辆超员，货运车辆非法载人等交通违法行为严肃查处。

按照县城街道的布局和交通量的实际，自1995—2009年，先后在县城府前街、涞阳路、永安大街、朝阳路、东环路等5个主要交叉路口安装交通信号灯，并在主要街道施划交通标线。城区街道的交通秩序管理，采用固定灯岗与流动执勤相结合的放射管理方式，重点查处放在指挥、疏导交通；查处车辆、行人闯灯越线、乱停乱放，超速行驶，骑乘摩托车不戴安全头盔、出租车随意调头，以及非法占道等交通违法行为。同时，针对县城街道窄，早、中、晚上下班、上下学交通高峰时段流量大的特点，执勤民警采取早上岗、晚下岗，实施交通高峰处置管理制度，在县城各中小学校门口增派警力，指挥疏导，确保学生的人身安全。

五、交通事故处理

根据《中华人民共和国道路交通安全法》《道路交通事故处理办法》的规定，县级公安交通管理部门负责辖区内交通事故处理工作。其职责是勘察检验交通事故的现场、认定交通事故责任、处罚交通事故责任者，对损害赔偿进行调解。对于在公安交通管理部门调解下不能达成协议或达成协议不履行的，当事人可依法向人民法院提起诉讼。

1996—2009年，涞水交警大队针对交通事故处理工作中的新情况、新课题，研究制定并逐步完善了逃逸案件侦破预案，组织抽调专门人员负责此项工作，加大对辖区内发生的肇事逃逸案件的打击力度，每年逃逸案件的侦破率平均达到90%以上。

六、交通违法处理

道路交通安全违法行为直接扰乱交通秩序，妨害交通安全与畅通，侵犯守法公民的交通权益，人身权利和公私财产。因此，道路交通安全违法行为必须严格依法纠正或处罚。依照《道路交通安全法》的规定，纠正和处罚道路交通安全违法行为，由公安机关交通管理部门及其交通警察实施。对道路交通安全违法行为的处罚种类包括：警告、罚款、暂扣或吊销机动车驾驶证、拘留4种。

为确保依法、公正处理每一起交通违法行为，1998年，交警大队成立交通违法行为处理室和法制室。《道路交通安全法》实施后，法制室民警认真学习法律业务知识，运用于执法实践，提高自身素质和办案质量。

2009年涞水县国、省、县道一览表

表9-1-7-1　　单位：千米

道路名称	路类型	过境长度
112线	国道	19.6
108线	国道	75
京赞路	省道	25.6
宝平线	省道	26.7
109副线	省道	19.6
涿娄路	县道	10.6
涞野路	县道	18.2
拦紫线	县道	23.7
涞定路	县道	9
涞涿路	县道	11
备　注	辖区县级以上公路总里程为239千米。另有乡道26条，230.184千米。	

2009年涞水县驾驶员数量统计表

表9-1-7-2　　单位：人

大客	大货	小客	摩托车	小货	三轮汽车
1780	2600	21000	28000	5500	25000

2009年涞水县机动车辆统计表

表9-1-7-3

大客	大货	小客	小货	摩托车	拖拉机	三轮汽车
258	298	5100	1132	20800	3500	12850

1990—2009年涞水县道路交通事故统计表

表9-1-7-4

项目 年度	交通事故（起）	死亡（人）	受伤（人）	经济损失（元）
1990	32	19	65	37000
1991	32	6	17	64450
1992	16	2	11	16560
1993	34	7	38	86300
1994	198	12	10	198200
1995	112	11	76	280000
1996	146	5	16	78110
1997	223	15	159	395550
1998	199	11	52	777738
1999	250	16	178	829858
2000	221	24	155	532586
2001	217	16	163	492395
2002	244	22	169	480664
2003	221	27	199	314771
2004	90	24	93	131270
2005	49	7	65	66550
2006	560	44	312	367500
2007	630	47	378	465000
2008	634	38	410	496000
2009	832	36	488	532860

2009年涞水县重大交通事故原因分析统计表

表9-1-7-5

驾驶员责任								非驾驶员开车	骑自行车人责任	骑摩托车人责任	行人过失	机械故障	其他
酒后驾驶	超速行驶	逆向行驶	违法驾驶	违法超载	违法操作	其他	小计						
3	10	7	–	3	–	3	–	7	–	1	1	–	–
9%	29%	20%	–	9%	–	9%	–	20%	–	2%	2%	–	–

第二章　检　察

涞水县人民检察院

1979—2009年，涞水县人民检察院（以下简称检察院），重视检察队伍建设，坚持对检察人员的政治、文化、业务、法律知识的教育培训努力提高整体素质和办案质量，在公众中树立良好形象。审查批准逮捕1766件，2633人；受理公安机关移送审查起诉2053件，3102人，其中提起公诉1748件，2462人，决定不起诉102件，173人。

1979年—1996年10月，检察院办公地点在政府街官井大槐树东侧平房院内，全院仅有一部电话；1996年11月，迁入新址办公大楼，办公条件得到根本改善，所有办公室安装电话并建立电子举报箱；2004年建成电子监控审讯室；2005年建成计算机局域网，制作了涞水县检察院主页，各科室配备电脑；2007年建立政务网；2009年建立警务区系统数字化侦察审讯系统。

第一节　组织机构

1982—1984年，检察院设检察长1名，副检察长2名；1984年5月至1987年3月，设检察长1名，副检察长4名；1987年3月至1992年12月，设检察长1名，副检察长4名，内设政治处、办公室、刑事检察科、控告检察科、民事行政检察科、监所检察科、法纪检察科7个科室。1992年12月至1998年4月，设检察长1名，副检察长4名，在原有7个科室的基础上增设预防科、技术科、法警队、涞水镇检察室、义安镇检察室、农税检察室、地税检察室、医药卫生检察室、地质矿产检察室、交通检察室13个科室，原刑事检察科分出审查批捕科和审查起诉科，共20个科室，（农税、地税、医药卫生、地质矿产、交通5个检察室于1996年撤销）。 1996年12月设立反贪局，内设侦查一科、侦查二科、综合科。1998年4月至2002年9月，设检察长1名，副检察长7名，增设法律政策研究室、三坡检察室、技术科，撤销了涞水、义安两个检察室和综合科，原审查起诉科更名为公诉科，共设15个科室。2002年9月至2007年5月，设检察长1名，副检察长4名，审查批捕科更名为侦查监督科，共15个科室。2007年5月至2009年12月，设检察长1名，副检察长3名，内设办公室、政治处、侦查监督科、公诉科、侦查一科、侦查二科、预防科、技术科、研究室、控申科、监所科、民行科、渎检科、法警队14个科室。

1979—2009年涞水人民检察院检察长一览表

表9-2-1-1

姓 名	性别	职务	籍贯	任 职 时 间	备注
王 玉	男	检察长	玉田	1978.08-1983.11（代）1983.11-1987.03	-
许金海	男	检察长	易县	1987.03-1987.05（代）1987.06-1992.12	-
赵大明	男	检察长	北京	1992.12-1993.03（代）1993.03-1998.04	-
杨建军	男	检察长	易县	1998.04-1999.03（代）1999.03-2002.08	-
王 宇	男	检察长	易县	2002.08-2007.05	-
李玉龙	男	检察长	满城	2007.05-2011.08	-

第二节 刑事检察

1979—2009年，受理公安机关报捕案件1847件，2782人，其中批准逮捕1766件，2633人，不批捕57件79人。

1979—2009年刑事案件检察统计表

表9-2-2-1

项目 \ 年份	受捕		批捕		不捕		受诉		起诉		不（免）诉	
	件	人	件	人	件	人	件	人	件	人	件	人
1979	31	35	24	28	6	6	31	37	27	31	1	1
1980	31	44	26	37	1	2	27	40	26	35	2	2
1981	40	55	38	53	0	0	42	69	36	51	4	13
1982	39	43	39	43	0	0	52	56	51	55	1	1
1983	77	129	73	120	1	6	89	161	80	143	2	5
1984	95	177	88	164	3	9	92	176	76	140	9	27
1985	48	58	48	58	0	0	53	68	53	61	2	7
1986	36	45	33	41	0	0	29	32	29	32	2	5
1987	46	54	44	52	1	1	44	53	36	42	3	5
1988	42	59	41	57	1	2	48	64	44	55	2	6
1989	52	75	50	71	1	3	45	59	44	58	1	1
1990	39	74	36	69	1	2	45	81	31	43	4	7
1991	29	43	27	41	1	1	30	55	20	34	4	5
1992	38	55	37	53	1	1	44	69	31	47	10	12
1993	36	52	36	52	0	0	41	48	28	30	11	16
1994	34	57	33	53	0	0	40	59	35	48	10	16
1995	40	70	37	66	0	0	48	76	35	48	3	4

续表

项目 年份	受捕		批捕		不捕		受诉		起诉		不（免）诉	
	件	人	件	人	件	人	件	人	件	人	件	人
1996	69	132	67	130	2	2	83	149	69	108	5	8
1997	51	62	50	61	0	0	61	93	30	58	3	5
1998	65	100	59	91	0	0	65	84	43	51	2	2
1999	94	155	89	140	0	0	105	155	86	116	4	6
2000	77	123	73	119	2	2	84	136	71	111	2	2
2001	79	149	93	145	4	4	95	145	92	142	3	3
2002	100	162	97	159	0	0	123	187	118	181	2	2
2003	68	91	68	91	0	0	102	134	84	104	0	0
2004	63	89	62	88	1	1	74	101	69	93	2	2
2005	71	87	68	84	3	3	80	106	66	83	4	4
2006	83	121	79	109	9	12	82	124	63	87	1	2
2007	113	178	103	166	10	12	136	211	125	188	3	4
2008	74	97	65	87	9	10	84	130	73	93	0	0
2009	87	111	82	103	0	0	99	144	77	94	0	0

第三节 民事行政检察

涞水县的民事行政检察工作从1991年下半年开始准备，1992年开始实施。

1992—2009年，共受理民事行政申诉案件281件，其中提请抗诉113件，发送检察建议97件，息诉36件，改判74件。

第四节 经济检察

1989年8月，最高人民检察院、最高人民法院发布《关于贪污、受贿、投机倒把等犯罪分子必须在限期内自首坦白的通告》，县检察院采用多种形式进行宣传动员，10名对象自动向检察机关投案自首。

1979—2009年，检察院立案查办贪污贿赂等经济犯罪案件229件，涉及252人，为国家和集体挽回经济损失710余万元。查办了一批有影响的职务犯罪案件，如：1989年8月，镇厂区铅锌矿矿长赵某、会计刘某等8人私分锌锭回流差价款14.8万元的特大贪污案；1993年10月，县公安局娄村派出所所长石某徇私舞弊、受贿、贪污案；1994年县经委副主任兼县第一毛毯厂厂长黄某贪污受贿案；1995年9月，县法院三坡法庭庭长曹某某贪污案；1996年查处的王村乡信用社主任张某受贿、挪用公款案；1999年查处的县扶贫办主任刘某贪污、挪用公款、受贿案；2000年县林业局局长姜某贪污案、石亭镇党委书记赵某贪污案；2001年查处的后城西村村主任贺某贪污案；2002年查处的县法院法警队副队长耿某贪污案；2003年查处的赵各庄镇政府主管计生工作的副镇长王某贪污案；2007年查处的胡家庄乡民政助理王某贪污案。

1980—2009年涞水县反贪污贿赂检察统计表

表9-2-4-1

年度	受案		起诉数		挽回经济损失（万元）
	件	人	件	人	
1980	9	9	3	3	0.83
1981	5	5	3	3	0.5
1982	3	3	3	3	1.25
1983	7	7	3	3	1.9
1984	3	4	2	2	2
1985	3	3	2	2	1.5
1986	4	6	3	4	5.6
1987	7	8	6	7	39
1988	4	6	4	6	8
1989	10	15	6	8	40
1990	11	15	11	15	15
1991	12	16	11	15	12
1992	10	10	10	10	15
1993	10	10	7	7	18
1994	12	12	12	12	0.98
1995	18	18	18	18	30
1996	13	13	13	13	20
1997	10	10	10	10	39
1998	8	8	8	8	1
1999	9	10	9	10	50
2000	8	8	8	8	41
2001	8	8	8	8	97
2002	8	8	8	8	21
2003	8	8	8	8	50
2004	10	10	10	10	70
2005	8	9	8	9	30
2006	5	7	5	7	50
2007	6	6	6	6	50
2008	4	7	4	7	50
2009	3	6	3	6	20
合计	236	265	236	265	780.561

第五节 法纪检察

1979年12月涞水县检察院设立法纪检察科。1979—2009年立案122件，涉及142人，侦查终结74件、84人。

其中比较重大的案件有：1993年6月，洛平乡党委书记黄某、乡长周某、副书记刘某、司法员周某等人重大非法拘禁案；1995年7月，王村乡信用社主任张某玩忽职守违规发放贷款案；1995年9月，县法院三坡法庭庭长曹某贪污案；1998年8月，县看守所所长王某徇私枉法案；2001年4月，县林业局林政股股长桑某违法发放林木采伐许可证案；2007年4月，县发展改革局副局长邱某滥用职权案。

1980—2009年法纪检察统计表

表9-2-5-1

年度	立案数		侦查终结（起诉）	
	件	人	件	人
1980	5	5	5	5
1981	3	3	3	3
1982	4	4	4	4
1983	2	3	2	3
1984	2	2	2	2
1985	3	4	3	4
1986	2	3	1	1
1987	3	4	2	2
1988	2	3	2	3
1989	4	7	4	7
1990	1	2	1	2
1991	3	3	3	3
1992	7	7	1	2
1993	7	12	2	2
1994	8	8	7	7
1995	9	9	5	5
1996	10	12	2	2
1997	9	9	3	3
1998	2	2	2	2
1999	5	8	2	2
2000	7	7	2	3
2001	5	5	2	2
2002	4	4	4	4

续表

年 度	立 案 数		侦查终结（起诉）	
	件	人	件	人
2003	4	4	4	4
2004	3	3	3	3
2005	3	3	1	1
2006	3	3	1	1
2007	2	3	1	1
2008	3	4	3	4
2009	3	4	3	4
合计	128	150	80	91

第六节　控告申诉检察

1985年9月前，控告申诉检察工作，未设专门机构。群众来信来访，由办公室主任或秘书主管，其他科室协助。

1985年9月，成立控告申诉检察科；1988年9月，设立经济罪案举报中心，两块牌子、一套人马，科长兼主任；1995年5月，经济罪案举报中心更名为举报中心。控告申诉检察，从1989年开始设立举报电话，同时在院大门外设立举报信箱；1996年，在办公楼大厅设立检务公开栏，并印制《检务公开手册》，分送有关领导、部门和人大代表；2004年4月，开通举报电话自动录音系统；1994年，规定并坚持每月5日、15日为检察长接待日，年初控申科排定检察长接待日轮流表，届时，轮值检察长和控申科一起，接待、处理接待日案件；2001年，规定并坚持每年3月下旬第一周，为举报宣传周，由控申科安排，检察长和各职能科室负责人参加，到县文化广场、市场或乡镇轮流开展检察法制宣传，展出经济犯罪典型案例图板，发放宣传资料。2002年开始实行来访接待“首问责任制”；2005年，控告申诉检察科配备电脑，实行电脑化管理。1985—2009年受理控告案件3615件，查处320件。

第七节　监所检察

1980年12月，设立监所检察科，对看守所的监管活动实施法律监督。纠正违法管理563人次、超期羁押179人次。1995年以来，每年对监外执行的5种人进行监督检查，发现少数地方领导重视不够，管理人员心中无数，5种人犯漏管、脱管现象较多等问题，建议公安机关试行监外执行罪犯一册一表和每月向派出所报告一次的制度，并及时将检查情况报告县委政法委，督促有关部门纠正落实。同时配合公安局看守所狠抓安全防范，查处违法苗头，确保监室安全。1996—1998年参加安全大检查80次，参与监区或自行查监102次，发现安全隐患126次，并全部予以清除；坚持开展法制教育，与在押犯个别谈话，教育在押犯悔过自新，重新做人，期间与在押人犯谈话310人次，通过谈话获得检举案件线索60条，移送公安机关后，破获重大杀人案10起，抓获杀人犯10人。1999年后，实行自侦案犯就地羁押，监侦加强联系。针对自侦案犯的特殊心理，采取特殊措施，对案犯既严格要求、严格管理，又在生活上给以适当照顾；同时进行监规和刑事政策教育，以消除抵触，促其转化。这样不仅方便办案，确保诉讼的顺利进行，而且节省诉讼成本。2004年7月30日涞水县看守所搬迁，监所科密切配合，周密部署，加强现场监督，使在押犯及行李物品一次性迁移换押成功。

第三章　法　院

从1979—2009年，涞水县人民法院，组织机构不断健全完善，队伍不断扩大，人员素质不断提高，审判工作适应新时期、新情况、新任务的需要，为涞水的政治稳定、社会安定、经济发展发挥保驾护航的作用。

涞水县人民法院

第一节　组织机构

一、组织机构

涞水县人民法院1973年1月恢复设立。1979年法院设院长1名，副院长2名，内设办公室、刑庭、民庭，下设白涧人民法庭、石亭人民法庭、镇厂人民法庭。1980年1月，设立城关、永阳两个人民法庭。1982年1月至1984年5月，法院设院长1名，副院长4名；1982年6月，设立北义安、娄村两个人民法庭；1983年增设经济审判庭。1984年5月至1987年5月，法院设院长1名，副院长3名，1987年增设行政审判庭和执行庭。1987年10至1993年3月，法院设院长1名，副院长6名，内设办公室、刑事审判庭、民事审判庭、经济审判庭、行政审判庭、执行庭；1988年7月增设告诉申诉庭；1991年5月设政工科。1993年3月至1998年3月，法院设院长1名，先后有副院长7名；1993年乡镇机构改革，原白涧、镇厂、北义安3个人民法庭，分别改名为赵各庄人民法庭、九龙人民法庭、义安人民法庭。1994年将经济审判庭分设为经济第一审判庭和经济第二审判庭、设法警队；1994年12月，人民法庭增至7个（即：赵各庄、九龙、义安、城关、永阳、娄村、石亭人民法庭）。1998年3月至2003年3月，法院设院长1名，副院长5名；1999年原经济审判一庭和经济审判二庭合并为经济审判庭；2002年撤销政工科设政治处。2003年8月，撤销告诉申诉庭，同时增设立案庭和审判监督庭；撤经济审判庭设民事第二审判庭。2004年8月设立监察室；2005—2009年，法院设院长1名，副院长3名，内设办公室、政治处、立案庭、刑事审判庭、民事审判一庭、民事审判二庭、行政审判庭、审判监督庭、执行庭、法警队；下设义安法庭、永阳法庭、石亭法庭、赵各庄法庭、九龙法庭、城关法庭、娄村法庭。

1979—2009年历任人民法院院长一览表

表9-3-1-1

职务	姓名	性别	籍贯	任 职 时 间	备注
院长	曹善成	男	涞水	1977.10-1981.12	-
院长	王 万	男	涞水	1982.01-1983.12	-
院长	王连奎	男	涞水	1984.01-1984.05（代）1984.05-1993.01	-
院长	郭立全	男	博野	1993.01-1993.03（代）1993.03-1998.12	-
院长	许德基	男	易县	1998.12-1999.03（代）1999.03-2002.08	-
院长	刘文群	男	易县	2002.08-2007.05	-
院长	尚文芳	女	易县	2007.05-2011.08	-

第二节 刑事审判

1979年后，涞水县法院刑事审判工作始终坚持“严打”方针，严厉打击各种形式的犯罪，尤其重点打击抢劫、强奸等暴力性犯罪及“两抢一盗”犯罪。至2009年，审结抢劫案件93件，诈骗案件72件，强奸案件261件，盗窃案件489件，伤害案件362件。

改革开放的逐渐深入及社会多方面因素的影响，刑事犯罪的类型出现新的发展趋势。

一、暴力性犯罪

主要体现为抢劫、强奸、故意伤害等。随着经济的发展，抢劫对象发生了很大变化，从单一的拦路抢劫发展到抢劫出租车，尤其是女出租车司机，发案率最高。入室盗窃被发现后，发生打斗，形成转化型抢劫。随着群众生活水平的普遍提高，以劫财为目的的犯罪呈下降趋势，故意伤害案件居高不下，基本上是“民转刑”案件，由于宅基纠纷、债务纠纷等矛盾不能及时化解，而走向犯罪。强奸案件总体呈下降趋势，从改革开放初期每年4~5件，下降至每年1~2件。

二、财产性犯罪

主要是盗窃、诈骗等，特别是盗窃案件数量居高不下，每年均在10件左右，约占案件数量的10%。团伙盗窃案，盗销一条龙案件，一案多人案件增多。诈骗案件每年发生3~4件，诈骗手段不断翻新，以婚骗财、冒充特殊身份甚至用高科技手段行骗。在抢劫案件中，针对在校学生的案件时有发生，虽然抢的钱物不多，但造成极坏的社会影响。

三、呈上升势头的犯罪

交通肇事案件发案逐年上升，每年在15件左右，约占全部刑事案件的13%。主要原因是车辆增多，私家车拥有量迅速增长，道路拥挤，碰撞剐蹭事故增加、酒驾、新手上路等。多是过失犯罪，成为严重的社会问题。另外，审结一些新型案件，如拒不执行判决裁定、容留、介绍妇女卖淫罪等，犯罪类型呈多元化发展。

1979—2009年刑事案件审判统计表

表9-3-2-1　　　　单位：件

年份	收案	结案	严重危害社会治安犯罪		破坏市场经济秩序犯罪		贪污类犯罪		受贿类犯罪		挪用公款		处刑情况					
			收案	结案	收案	结案	收案	结案	收案	结案	收案	结案	死刑	死缓	无期	10年以上	10年以下	免于处罚
1979	45	45	10	10	5	5	3	3	–	–	–	–	–	–	–	8	28	4
1980	35	35	12	12	8	8	–	–	2	2	–	–	–	–	–	6	25	1
1981	30	30	10	10	6	6	3	3	1	1	2	2	–	–	–	7	20	–
1982	58	58	20	20	15	15	2	2	–	–	–	–	–	–	–	8	29	–
1983	73	73	30	30	20	20	4	4	1	1	–	–	–	–	–	9	30	–
1984	61	61	35	35	20	20	–	–	–	–	–	–	–	–	–	8	41	1
1985	63	63	28	28	19	19	2	2	–	–	1	1	–	–	–	10	19	–
1986	44	44	19	19	20	20	–	–	–	–	–	–	–	–	–	7	25	–
1987	41	41	20	20	15	15	–	–	–	–	–	–	–	–	–	6	20	–
1988	49	49	25	25	20	20	–	–	1	1	–	–	–	–	–	7	28	2
1989	42	42	18	18	19	19	–	–	–	–	2	2	–	–	–	6	23	–
1990	38	38	15	15	16	16	3	3	1	1	–	–	–	–	–	5	18	–
1991	26	26	10	10	8	8	–	–	–	–	–	–	–	–	–	7	18	–
1992	31	31	19	19	6	6	1	1	–	–	–	–	–	–	–	8	15	–
1993	37	37	20	20	10	10	–	–	–	–	–	–	–	–	–	6	20	1
1994	30	30	15	15	8	8	–	–	1	1	3	3	–	–	–	4	18	1
1995	38	38	20	20	11	11	2	2	–	–	–	–	–	–	–	3	22	–
1996	47	47	27	27	10	10	1	1	–	–	–	–	–	–	–	5	20	–
1997	64	64	35	35	20	20	–	–	–	–	–	–	–	–	–	2	28	–
1998	70	70	30	30	19	19	3	3	2	2	–	–	–	–	–	3	30	–
1999	66	66	29	29	20	20	–	–	2	2	–	–	–	–	–	1	45	2
2000	71	71	35	35	25	25	–	–	1	1	1	1	–	–	–	4	55	–
2001	139	139	50	50	27	27	2	2	–	–	–	–	–	–	–	6	115	–
2002	177	177	50	50	20	20	1	1	–	–	–	–	–	–	–	12	120	3
2003	64	64	30	30	10	10	–	–	3	3	3	3	–	–	–	8	50	–
2004	125	125	40	40	12	12	2	2	–	–	–	–	–	–	–	13	105	1
2005	97	97	35	35	10	10	–	–	–	–	–	–	–	–	–	9	80	–
2006	124	124	40	40	11	11	–	–	–	–	2	2	–	–	–	11	105	–
2007	222	222	35	35	25	25	3	3	–	–	–	–	–	–	–	23	111	1
2008	57	57	15	15	18	18	–	–	1	1	–	–	–	–	–	3	42	–
2009	62	62	19	19	20	20	1	1	–	–	–	–	–	–	–	5	50	–

第三节 民事审判

1979—2009年，共受理各类民事案件9463件，结案9467件，在审理这些民事案件中，该院深化审判方式改革，提高司法透明度：充分发挥诉讼调解化解矛盾纠纷的主渠道功能，最大限度地吸纳和消解当事人的不满。充分发挥“三位一体”大调解体系的作用，力促将激化和复杂的民事案件调解结案，不留后患。坚持完善基层司法调解服务网络，加强对基层民调工作的指导力度，深化司法调解和人民调解，纠正调解的衔接机制，科学发挥“三位一体”的整体调解效能。对调解的做好回访工作，对调解不成的依照法律程序坚持“能调则调，当判则判，调判结合，案结事了”的原则，并加大拓宽司法调解的适用范围，同时加大刑事附带民事案件和刑事自诉案件的调解力度，纠正诉讼协调机制，推进执行和解，将司法调解始终贯穿于诉讼的各个环节，形成立案、一审、二审、再审和执行全过程，全方位、多渠道的调解工作机制，努力使更多的案件通过调解的方式得到解决。特别是民事案件，着重在调解工作上下大力气，克服就案办案，机械办案的做法，找准症结，通过晓之以理，动之以情，做好当事人深入细致的思想情绪疏导工作；对实在调解不成的，找准法律适用与案件事实，法律规定与政策依据，法律效果，社会效果和政治效果的有机统一，最佳实现定纷止争，不留后患，案结事了。对维护社会和谐稳定、健康有序发展起到了积极作用。

1979—2009年民事案件统计表

表9-3-3-1　　单位：件

年份	收案	结案	判决	调解	撤诉
1979	278	270	3.2	5.1	0.8
1980	356	350	4.5	11.7	1.2
1981	182	178	4.6	8.6	0.6
1982	267	266	5.6	11.5	0.5
1983	266	261	10.5	13.7	1.5
1984	273	268	9.6	14.6	1.4
1985	249	246	13	20.4	1.8
1986	178	174	14.5	15	1.4
1987	211	204	10.5	19.4	2
1988	281	274	11.4	21.5	1.8
1989	275	271	15.9	29	2.7
1990	296	293	14	28.3	3.1
1991	308	300	19	27.4	3.3
1992	179	178	15.9	20.6	2.4
1993	253	250	16.7	27.5	3.7
1994	172	168	14.2	21.5	2.7

续表

年 份	收 案	结 案	判 决	调 解	撤 诉
1995	299	298	15.4	27.5	5.1
1996	238	233	13.2	29.7	2.3
1997	253	248	19.6	28	3.7
1998	129	127	18.4	24.5	5.2
1999	104	102	21.3	34.3	10.8
2000	188	185	37.3	46.5	13.1
2001	255	254	40.5	60.9	15.6
2002	189	187	30.9	59.9	13.1
2003	347	341	40.6	56.8	15.7
2004	659	657	50.7	76.1	13.7
2005	530	525	40.8	56.9	10.9
2006	691	681	50.3	87.3	23.5
2007	533	526	51.4	69.2	9.8
2008	436	430	51.2	63.8	18.6
2009	588	582	70.1	78.7	11.5

第四节 经济审判

1979—2009年，法院受理经济案件2407件。

2002年涞水县大量企业进行改制，进入破产还债程序，当年受理53件破产案件。2003—2007年，企业改制进入尾声，其间，破产案件4件。

2003年开始，国家土地承包政策由农民种地拿粮缴税，转换为农民种地享受国家补贴，出现了土地承包权、土地承包合同纠纷案件，每年发生3-5件。

国家由计划经济转向市场经济，各类合同纠纷案件呈逐年上升态势，占历年受理案件的40%左右；纯债务案件逐年下降，约占收案的20%左右。

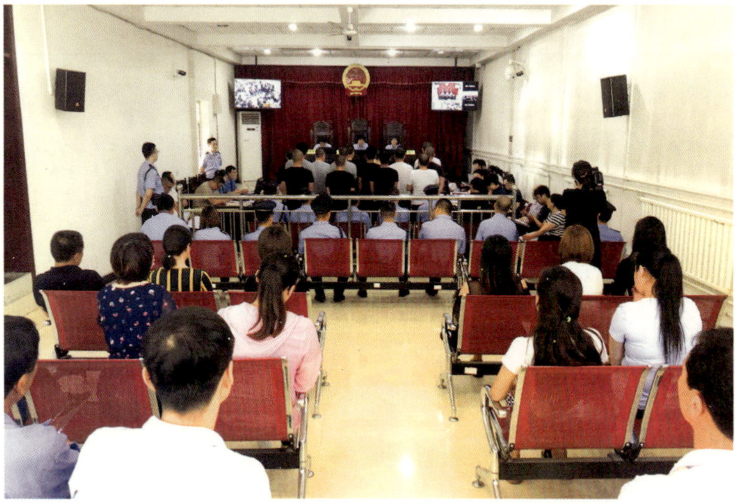

公审会场

银行贷款抵押担保措施的出台，使借贷合同纠纷下降，借贷合同纠纷案件由案件总量的20%左右，2009年降低到5%左右。

附：典型案例

王某某案，在一审时原告有本承包合同，而被告没有，判决被告败诉。被告不服提出上诉，又在二审中拿出合同，故中院将案件发还重审。该院重审此案时，向娄村村委会调查查明：双方的合同均为村里应付上级对土地承包进度检查编造的。故案件重审时，法院否定承包本的证据效力，以村委会原始承包台账、分地时原队长的证明、原告实际交纳承包费、享受国家补贴的票据为依据，再次判决被告分权事实成立，由被告赔偿原告损失。此案判决后，原告、被告皆服判决，而且被告自动履行赔偿义务。

1979—2009经济收案、结案统计表

表9-3-4-1　　单位：件

年份	收案	结案	年份	收案	结案
1979	12	12	1995	89	89
1980	16	15	1996	83	83
1981	27	27	1997	90	89
1982	33	32	1998	95	95
1983	39	39	1999	93	93
1984	54	54	2000	98	97
1985	62	62	2001	101	100
1986	68	66	2002	103	103
1987	64	64	2003	99	98
1988	52	52	2004	98	98
1989	79	78	2005	111	110
1990	61	61	2006	105	104
1991	63	63	2007	126	126
1992	80	79	2008	127	124
1993	73	72	2009	135	135
1994	88	87	–	–	–

第五节　行政审判

行政审判主要包括16种类型：即不服治安行政处罚、不服土地行政处罚、不服技术监督行政处罚、不服林业行政处罚、行政机关不履行行政职务、不服土地征收、不服颁发土地权属证书、不服颁发房屋所有权证书、不服工商行政强制措施、不服土地拆迁行政强制措施、不服交通行政强制措施、不服商务行政强制措施、不服土地确权行政处理、不服公安交通行政不作为、不服颁发房屋拆迁许可证、不服公安行政强制措施。

1979—2009年，受理行政案件44件，非诉执行案件939件，合计983件，其中1979—1988年未发生行政案件。

1989—2009年涞水县行政案件统计表

表9-3-5-1　　单位：件

年份＼项目	诉讼		非诉执行	
	收案	结案	收案	结案
1989	0	0	1	1
1990	1	1	1	1
1991	1	1	1	1
1992	1	1	3	3
1993	1	1	3	3
1994	2	2	5	5
1995	1	1	5	5
1996	1	1	9	9
1997	1	1	14	14
1998	1	1	10	10
1999	1	1	42	42
2000	1	1	60	60
2001	2	2	69	69
2002	3	3	71	71
2003	4	4	87	87
2004	2	2	83	83
2005	4	4	91	91
2006	3	3	82	82
2007	5	5	86	86
2008	5	5	104	104
2009	4	4	112	112

附：典型案例

张某某诉涞水县公安交通警察大队行政不作为一案，受理后该院依法组成合议庭，公开开庭审理，经审理查明：2004年10月1日，原告之夫郑某某驾驶松花江面包车行驶至112国道涞水段时，与路边设有警示标志的夏某某施工队的沙石料相撞后，侧翻入逆行道，与对面正常行驶的1辆东风大货车相撞，造成两车损坏，郑某某当场死亡。2004年12月8日，涞水县交通警察大队作出交通事故认定书，认定郑某某酒后超速驾驶，负此次事故的主要责任，大货车负次要责任。2005年3月，郑某某之妻张某某向法院提起诉讼，认为涞水县交通警察大队未尽监管之责，应承担相应的责任。涞水县法院经审理认为："执勤交警责令施工人员清理占用112线的沙石料，并将警示牌摆放在安全距离范围，保证了道路的行车安全，原告要求涞水县交通警察大队承担责任，没有事实依据和法律依据，驳回原告的诉讼请求。"原告不服一审判决，依法向保定市中级人民法院提起上诉。二审法院经审理认为："工程建设占道应当征得道路主管部门的同意，影响交通安全的，还应当征得公安机关的同意，根据《中华人民共和国道路交通安全法》的规定，由道路主管部门责令停止施工；设立警示标志及清理道路上的障碍，不属于交警的职责，判决驳回原告的上诉，维持原审判决。”

第六节　执行工作

1979—2009年，不断探索执行工作新机制，努力提高执行案件的实际执结率。深入开展“反规避执行”“无执行积案先进法院创建”“委托执行案件专项清理”“民生执行”等专项活动。严格落实“两查两报”，多方查找被执行单位、个人可供执行的财产线索，依法采取拘留、查封、扣押、冻结、划拨存款等强制措施，有效提高案件执结率，逐步实现执行工作的良性循环。至2009年年底，执行案件执结1958件。

1979—2009年涞水县执行案件统计表

表9-3-6-1

年份	执行旧存（件）	执行结案（件）	执行标的（万元）	强制执行（件）	执行终结（件）	执行和解（件）	自动履行（件）
1979	0	13	1.2	0	2	10	1
1980	0	12	1.6	0		10	2
1981	0	20	2.3	0	3	14	3
1982	0	10	3.4	0	0	0	3
1983	0	13	4.2	0	0	10	3
1984	0	16	4.8	0	4	10	2
1985	0	11	5.1	0	0	10	1
1986	0	15	4.9	0	0	15	0
1987	0	29	6.3	0	5	20	4
1988	0	31	7.1	0	3	23	5
1989	0	37	7.5	0	0	35	2
1990	2	49	8.2	0	0	40	9
1991	1	53	9	0	0	45	8
1992	0	59	10.6	0	16	30	9
1993	3	55	10.9	0	0	49	6
1994	1	57	13	0	10	40	7
1995	0	69	20.2	0	20	40	9
1996	1	71	23.1	0	0	61	10
1997	2	73	26.3	0	20	50	3
1998	2	74	29.4	0	0	64	10

续表

年份	执行旧存（件）	执行结案（件）	执行标的（万元）	强制执行（件）	执行终结（件）	执行和解（件）	自动履行（件）
1999	1	72	24.7	0	0	62	10
2000	3	81	34.9	0	21	40	20
2001	2	87	37	0	0	67	20
2002	4	83	38.4	0	0	78	5
2003	3	95	42.7	0	15	65	15
2004	1	98	46	0	0	80	18
2005	5	96	49	0	10	70	16
2006	3	108	53.4	0	20	80	8
2007	2	109	52.1	0	0	100	9
2008	4	112	54	0	22	80	10
2009	2	123	55	0	0	100	23

第七节　审判监督

2003年，涞水县人民法院审判监督庭设立，2003—2009年，审理发还案件8件，检察院抗诉案件18件，再审案件13件。

第四章　司法行政

随着我国经济社会发展和民主法制建设的推进，司法体制改革不断深化，司法行政机关的职能也不断调整充实。1996年，司法行政机关被赋予监督和管理法律援助职能；2001年，增加了组织实施国家统一司法考试职能；2005年，被赋予统一管理司法鉴定职能。2008年，国务院批准了司法部“三定方案”，新增了“指导、监督司法行政系统戒毒场所的管理工作”“指导管理社区矫正工作”“指导仲裁机构登记管理工作”等3项职能，增设法律援助工作司，劳动教养管理局加挂“戒毒管理局”牌子。

第一节　组织机构

1982年涞水县司法局成立。1987年10月，内设公证处、律师事务所、民调组织、法制宣传教育股。1988年11月，设立人秘股。1987年3月，建立4个乡司法所（王村、北义和庄、东文山、永阳）。1988年5月，建立11个乡司法所（城关、娄村、石亭、西义安、北义安、胡家庄、明义、水北、其中口乡、白涧区、镇厂区）。1989年10月，建洛平、宋各庄、虎过庄乡司法所。1990年6月，建立个体劳动者协会司法所。1992年10月，建立建筑公司司法所。2009年，该局设正科职数一名，副科职数两名，机关内设五室一处，即：办公室、政工纪检股、基层股、法宣办、法律援助中心，公证处。下设15个乡镇司法所。共有干部职工43人，其中局机关20人，基层司法所18人，公证处5人。

第二节　法制宣传

1986—1990年第一个五年普法期间，县司法局通过法制宣传栏、编印《涞水司法》报、上街举办法律咨询和法制教育图片展览、播放法制录像、上法制课、举办法律知识竞赛等活动，全面开展“十法一例”（宪法、刑法、刑事诉讼法、民事诉讼法、经济合同法、婚姻法、继承法、兵役法、森林法、治安管理处罚条例）的宣传学习和考核。普法的内容从最初的“十法一例”，延伸到各种专业法，内容涉及到国家社会生活的各个方面。普法的着力点从最初的普及法律常识，向培养公民法律意识和弘扬社会法治精神转变。普法的形式和手段也不断创新。

1991—1995年第二个五年普法（简称“二五”普法）期间，法制宣传教育以宪法为核心，以专业法为重点，坚持学用相结合的原则，重点对县、科级以上各级领导干部，执法人员，包括司法人员和行政执法人员，青少年，特别是大、中学校的在校生开展法制理念教育。

1996—2000年，第三个五年普法（简称“三五”普法）期间，以不断提高全民的法律素质和依法办事的能力，推进“依法治县”为目标，成立了涞水县法制宣传教育领导小组，并设立办公室，制订《1996—2000年涞水县法制宣传教育规划》，召开了全县的动员大会，建立和健全各种制度和运行机制，全面开展了法律“三进家”活动。

2001—2005年，第四个五年普法（简称“四五”普法）期间，立足于实现“两个转变，两个提高”的普法工作目标，突出重点，整体推进，在营造改革发展稳定的良好法治环境、重点对象学法用法、建立普法依法治理工作长效机制、农村和社区普法、扩大法制宣传教育社会影响力等五个方面实现了新突破，涞水县被评为四五普法省级先进县。

2006—2010年第五个五年普法（简称“五五”普法）期间，紧紧围绕“五五普法”规划目标，加强组织领导，突出重点领域，着眼目标管理，将“五五普法”工作扎实推进，圆满完成了各项工作目标。“五五普法”期间，涞水县受到全省“五五普法”中期表彰；全市“五五普法”现场经验交流会在涞水县召开，并将涞水县“法律十进”活动的经验在全市推广。

第三节　民事调解

2000年前，各乡镇司法所和法律服务所实行“一套人马，两块牌子”的运作体制。2000年以后进行体制改革，司法所和法律服务所独立办公，职能分开，人民调解工作由司法所承担。

2006年涞水县完成司法所的体制调整，实现了司法所机构编制、人员、办公用房和经费保障“四到位”。2004—2006年，落实了省国债资金司法所建设，司法所办公用房达到100平方米。全县司法所通过省级规范化司法所验收，并建成了三个省级规范化司法所。

1979年后，在各乡镇、村（社区）和村民小组建立了三级调解网络，对各类矛盾纠纷定期排查、及时调处化解。至2009年，全县有调解委员会308个，其中一类调委会186个，有人民调解员970名。乡（镇）村两级调解组织受理民事纠纷58305件，调解率和调解成功率分别为99%和98%，防止民转刑案件202起，充分发挥人民调解“第一道防线”的作用。

第四节　律师事务

1981年涞水县第一家律师事务所成立。河北精伟律师事务所是国资律师事务所，平一律师事务所是合伙制律师事务所，2004年建立。至2009年年底，共有执业律师17名。

截止2009年，两所承办各类经济、民事（包括专利侵权）非诉讼代理及刑事辩护、行政代理等案件4100余件，为当事人、单位挽回和避免经济损失达5000余万元，并为20个政府部门及企事业单位担任常年法律顾问。

第五节　公　证

1982年涞水县公证处成立，负责国内公证事项，承办经济公证和民事公证两项业务。1982至1984年年均办证110件；1985年起，推行公证员管理体制，完善主任负责制和内部管理机制，积极开拓证源。该处积极拓展农村各种承包合同公证，至2000年办理各种承包合同公证1280余件，为农村承包经营体制的建立和巩固发挥重要作用；2009年，县公证处为南壕沟、新市场100多商铺拆迁补偿保全证据公证，为政府“三年大变样”工作发挥保驾护航作用。至2009年年底，合计办理各项公证3395件。

第六节　法律服务

至2009年年底，全县有3个基层法律服务所：即泰安法律服务所、海龙法律服务所、华诚法律服务所，有法律工作者15人。

基层法律服务所为自收自支、自负盈亏单位、实行自我管理、自我发展的运转机制。法律服务所担任3208个企事业单位的法律顾问，协办公证2800件，诉讼代理2130件，非诉讼代理2450件，代书6540件，业务收费118万元。调解疑难民事纠纷3340件，挽回和避免经济损失1050万元。

法律服务　2000年3月，县司法局开通“148”法律服务专用电话。至2009年底，共解答电话法律咨询10850人次，接待群众来访1970人次，解决纠纷276起，上门服务409次，挽回和避免经济损失260万元。“148”法律服务人员把群众利益放在第一位，热心为群众答疑解难，为当事人提供全方位法律服务。

法律援助　2005年9月，县法律援助中心成立。依托各乡镇司法所成立16个法律援助工作站，免费为老、弱、病、残、贫及特定案件当事人提供法律援助。至2009年年底受理刑事、民事援助案件91件。

第七节　帮教与社区矫正

一、安置帮教

自1995年起，县司法局牵头开展刑释解教人员的安置帮教工作。首先在县、乡、村成立了安置帮教工作领导小组及办公室，形成县、乡、村三级安置帮教网络，帮教工作人员870人。按照“帮教社会化，就业市场化，管理信息化，工作职责规范化”的要求，分工配合，层层落实，全面推进各项安置帮教工作。

2005—2009年全县帮教204名刑释解教人员。帮教工作中，坚持逐人建立帮教小组、制订帮教方案方法，做到底数清、情况明，达到帮教率100%，重新犯罪率为零目标。实现“安其身，暖其心，用其长，育其人，正其本”的工作目标。

二、社区矫正

2007年5月，涞水县司法局开始全面推行社区矫正试点工作。建立健全领导组织，制订《涞水县全面开展社区矫正工作的实施意见》。在工作中，司法局牵头组织实施，人民法院、人民检察院、公安、司法机关既各司其职，相互支持配合，取得良好效果。

第八节　依法治县

依法治县工作始于1996年，以县政府制定《依法治县规划》为标志。成立由县委书记任组长，县长任第一副组长，政法委书记任常务副组长，县人大常委会、县政府、县政协分管领导为副组长，县直各成员单位主要领导为成员的领导小组。领导小组下设办公室，负责定期召开会议，听取工作汇报，研究部署工作；县委、县政府各部门，公、检、法、司等各成员单位，立足本部门职能，面向社会开展多种形式的宣传教育；县人大定期听取汇报，加强对法制宣传教育工作的检查和督导。依法治县工作形成党委领导，政府实施，人大监督，全民规划，统一部署，全社会共同参与的“大普法”格局和运行有序的普法工作机制。

在依法治县工作中，以基层民主创建工作为抓手，在全县广泛开展“民主法治示范村（社区）”创建活动。涞水镇北关村、南王庄村被司法部、民政部授予“全国民主法治示范村”荣誉称号。在法律宣传和基层行政工作中，司法局基层股被司法部基层工作指导司授予“人民调解工作先进单位”荣誉称号；司法局局长贾永宝被中央宣传部、司法部、全国普法办授予“全国‘五五’普法先进工作者”荣誉称号；东文山乡司法所长、调委会主任金占增被司法部授予“模范人民调解员”荣誉称号；胡家庄乡司法所长、调委会主任李建威和永阳镇铺头村调委会主任勾巨臣被司法部授予“全国人民调解能手”荣誉称号。

第五章　军　事

中国人民解放军涞水县人民武装部，1986年前隶属军队编制序列，1985年划归地方编制，1996年3月26日收归军队编制序列。1979—2009年，县人武部圆满完成征兵、民兵组训、民兵参建等工作。2001年在河北省快速动员实兵演习中，成绩优异被河北省人民政府、河北省军区评为先进单位；2005年在“防空05”演习过程中被河北省人民政府、河北省军区评为先进单位；2006年参加北京军区防空演习，被省军区评为先进单位，荣立集体一等功。

第一节 组织机构

一、驻军部队

66382部队，团级；66209部队，团级；93567部队，团级；95986部队，团级；66186部队，营级；61469部队，营级；县武警中队，连级。

二、人民武装部

（一）管理机构

涞水县人民武装部（简称人武部），是涞水县的军事领导指挥机关、中共涞水县委的军事部、涞水县人民政府的兵役机关，受河北省军区保定军分区和涞水县委、涞水县人民政府双重领导。负责民兵、兵役和国防动员工作。担负涞水县国防后备力量领导者和组织者的重任，是涞水县国防体制和战争动员体系中的重要环节，是涞水县参加和处理军事事务的最高权力机关。

1978年12月，涞水县人民武装部重新恢复第一政委制度，由县委书记兼任第一政委。1980年12月，根据中共中央、中央军委的指示，实行民兵预备役制度，即按照军队现役编制，将地方上一定年龄、一定数量的转业干部、复员军人、优秀青年民兵编入预备役，随时准备补充特定部队。涞水建立预备役团。1981年4月，县人民武装部执行新编制，设军事科、装备科、政工科。1983年7月，县人民武装部设作训、动员、政工3个科。1985年3月，增设民兵训练基地。1986年3月，县人民武装部改设军事科、政工科。4月，根据中共中央《关于县（市）人民武装部改归地方建制有关问题的通知》的有关规定，县人民武装部改归地方建制，名称为河北省涞水县人民武装部，机构单设，工作任务不变，取消第一政委制度，受中共涞水县委员会、涞水县人民政府和中国人民解放军河北省军区保定军分区领导，工作人员改归地方编制。下辖2个区、25个乡、1个镇武装部和县直武装部。1987年10月，县人民武装部内设办公室、军事科、政工科、民兵训练基地。1989年6月，增设国防教育办公室。1996年4月，县人民武装部收归军队建制，恢复部机关正团级机构，接受保定军分区和涞水县委、县政府的双重领导。收归军队建制后，改由县委书记兼任人武部第一书记，由人武部主官任党委书记。1996年4月，增设后勤科。

2009年，县人武部内设办公室、军事科、政工科、后勤科、国防教育办公室、民兵训练基地。

（二）历任领导

1986年5月，原中国人民解放军涞水县人民武装部改归地方建制，武装部仍建部委，部党委隶属于中共涞水县委和保定军分区党委的双重领导。

1979—2009历任中共涞水县人民武装部部长政委一览表

表9-5-1-1

姓 名	性别	职务	籍贯	任 职 时 间	备 注
朴向昌	男	武装部长	-	1977.04-1981.05	-
刘永田	男	武装部长	-	1982.06-1986.03	1986年4月交地方政府
张国栋	男	武装部长	徐水	1987.10-1989.09	-
张玉祥	男	武装部长	清苑	1989.09-1996.04	-

续表

姓　名	性别	职务	籍贯	任 职 时 间	备 注
吕兴元	男	武装部长	商丘市	1998.03-1999.03	1996年6月改军队编制
张平义	男	武装部长	定州	1999.04-2001.12	-
韩志勇	男	武装部长	望都	2001.03-2004.03	-
孙福华	男	武装部长	高碑店	2004.03-2008.03	-
李　占	男	武装部长	定州	2008.03-2009.12	-
安自卫	男	政治委员	天津宝坻	1977.07-1983.05	-
梅富祥	男	政治委员		1983.05-1985.02	-
张玉祥	男	政治委员	清苑	1987.10-1989.09	-
贾延清	男	政治委员	易县	1989.09-1992.12	-
于明久	男	政治委员	涞水	1992.02-2000.12	-
石登云	男	政治委员	江苏射阳	2000.12-2009.03	-
张承军	男	政治委员	河南洛阳	2009.03-2011.04	-

（三）基层人民武装部

1979年，设有2个区（白涧区、镇厂区）26个乡镇武装部。1984年1月，人民公社改乡政府，全县2个区、1个镇、25个乡、设28个武装部、并配备专职武装部长。1990年7月，增设：经济委员会、供销合作社联合社、七二六厂、垒子煤矿人民武装部。1992年1月，都衙、紫石口乡武装部合并为三坡乡武装部。1993年，撤区合乡并镇，7镇8乡设立武装部。2009年，全县15个乡镇，1个社区，共配备16名专职武装部部长。

（四）机关建设

涞水县人民武装部，根据上级的指示精神，落实军事训练的规章、制度、条令、条例和训练大纲，有计划的组织全体人员学习军事技术知识和技能，加强信息化条件下新的作战理论的研究，并下大力抓好首长机关的训练工作。

1990年，县人民武装部贯彻邓小平关于新时期军队建设思想，坚持以新时期军事战略方针为指导，以江泽民“政治合格、军事过硬、作风优良、纪律严明、保障有力”五句话总要求，针对自身特点和担负的任务，深入开展以“科技练兵”为重点的军事训练活动，遂行战斗任务的能力得到较大提高。武装部机关训练，坚持按级组训、分级负责的原则，采取在职训练与集中训练相结合的方法实施。训练内容以本级指挥、本职业务为重点，加强高技术条件下战役、战术和高科技知识、高新技术装备和外军的研究。按照新的训练条例、法规要求，突出谋略、指挥和技能训练，加强军事理念学习和战法研究，提高机关整体素质和组织指挥能力。加大高科技知识学习力度，按照北京军区《全区干部高科技知识学习若干规定》和省军区《科技练兵三年规划》有关要求，突出新知识、新技能的学习。参谋以“六会”（画、写、传、读、记、算）基本功训练为主。

2000年，县人武部按照军分区的要求，以反台独军事斗争准备为牵引，采取在岗训练的形式，重点开展信息化作战理论的学习和组织指挥训练，首长机关的组织指挥能力进一步提高，机关干部自身的业务素质明显增强。对战争潜力动员、城市防空袭及新“三打三防”战法进行研究，取得较大成果。采取多种形式抓在职培训和岗位练兵活动，使每个干部达到“一通多能”：即：精通本职业务，能组织民兵教育训练、能使用民兵武器装备、能操作现代化办公设备、能起草机关公文、能协调地方工作、能独立完成任务。根据上级下发的体能训练标准，对机关干部严格训练，严格要求，按标准抓落实。

1.军事训练　县人民武装部党委重视军训工作，部领导带头抓落实，按照上级的指示要求，深入开展科技练兵活动，严格落实军事训练的规章、制度、条令、条例、教令、教程、教范、训练大纲及训练保障，有计划地组织机关全体人员学习军事高技术知识和技能，加强信息化条件下新的作战理论的研究。

2.正规化建设　1990年，按照上级军事机关的要求开展军队共同条令的学习和进行纪律作风整顿，同时加强干部、职工8小时外管理，规定干部、职工“六不准”（不准看黄色书籍与淫秽录像，不准到“灯红酒绿”场所，不准参加打牌赌博，不准讲排场搞喜庆、祝寿，不准行贿受贿，不准信谣传谣），机关秩序和干部、职工作风较前大有进步。1996年归建军队后，人武部首先抓正规化建设，从一日生活制度严起，恢复早操、集体交接班、生活会等制度，严整军容风纪，军事机关和军人两个形象有了明显改观。1997年，人武部制定“一年打基础，二年达标升级，三年争创一流”的正规化建设计划，不断建立健全早操、上下班、值班、交接班、执勤、生活会、唱歌和办公室管理、武器库管理、财务管理、营区管理、家属管理、8小时外管理、用车管理及讲求汇报等制度，以讲评和思想互助促落实，使机关面貌为之一新。2003年后，人武干部逐渐精简减少，但正规管理丝毫未放松，平时养成严、扣、细、抓的习惯，机关战备、教育训练、工作、生活秩序井然。

3.日常管理　1986—1995年着重开展“三不变”教育。1986年人民武装部移交地方后，人武干部觉得已经“军转民”，各方面可按地方的规矩办事。人民武装部认为虽归建地方，但仍做的是军事工作，必须要按军队要求管理，才能担当起军事工作重任，于是针对人武干部表露的“地方化”言行，经常开展“三不变”（人武部移交后性质不变、职能不变、任务不变）教育，不断纠正非军事化的言行。1990年，人武部用一周时间组织干部、职工学习共同条令，开展纪律、作风和战备、训练、工作和生活秩序整顿，同时加强8小时外（学习、工作时间以外）的教育管理。1996—2005年开展以正规化建设为重点的管理教育。1997年集中半个月时间组织干部、职工学习毛泽东、邓小平、江泽民的作风纪律论述，学习共同条令，观看《永保艰苦奋斗政治本色》的录像，开展军人意识和学习、工作、纪律、作风方面的“五查五纠”自我教育。人武部结合贯彻军委《关于加强部队管理的规定》，开展学条令、记规定、治“三松”（纪律松弛、作风松散、管理松懈）活动。此后，以条令条例为准绳，以建立和保持正规的生活、工作、教育训练和战备秩序为重点，年年进行教育整顿，开展创“三无”和建立“四个秩序”的“四查”（查思想、查作风、查纪律、查苗头）活动，不断提高人武干部对正规管理的认识和平时养成的自觉性。

部队管理　县人武部实行党管干部制度，落实干部的思想分析、讲评、考核制度，从严治官。针对干部思想实际，深入做好思想工作。积极解决干部转业、家属就业、子女入学、住房等实际困难，调动干部的工作积极性。建立干部业务学习制度，采取多种形式，抓好在职培训，广泛开展岗位练兵活动，使每个干部达到“一通六能”。经常对部队进行条令条例教育，建立健全各项规章制度，严格按照条令条例办事，抓好纪律教育，定期进行作风纪律整顿，强化纪律观念，对违反纪律的行为严肃处理。抓好人员、车辆、武器弹药、财物、文电的管理，实行安全工作责任制。加强检查督促，确保不发生刑事案件和严重责任事故。

4.安全防事故　县人民武装部把安全工作做为一项经常性、综合性的工作摆到重要议事日程，始终坚持以预防为主。根据形势、任务的特点和季节变化，突出安全工作的重点，在各项工作任务中加强职能安全防事故教育，建立多种形式的安全工作责任制，开展群众性的安全竞赛活动，定期检查评比和表扬奖励先进，保证了条令、条例、规章制度的贯彻执行和安全工作落实。1979年以来，战备、训练、执勤、抗洪抢险，严扣安全规定，及时发现事故苗头，采取措施，防止麻痹蛮干，避免了伤亡事故的发生。日常工作、生活，严格要求、管理，未发生火灾、溺亡、电击、车祸、中毒、失窃、泄密等事故。

1998年后，人武部坚持开展群众性的创“三无”（无事故、无违法违纪案件、无军警民纠纷）和“百日无事故”活动，使群纠事故苗头和群防事故发生防范具体入微，安全工作的科学性、效益性增强。

三、武装警察部队

武装警察部队涞水县中队，其主要任务是完成国家赋予的安全保卫任务而实施的警卫、守卫、守护、看押、看守和武装巡逻等各类勤务。在上级武警部队和地方党委、政府及公安部门的双重领导下开展工作。武警涞水县中队担负涞水县看守所外围武装看守勤务，防止犯罪嫌疑人逃脱，制止犯罪嫌疑人行凶、破坏、骚乱和暴乱；防范打击犯罪分子袭击执勤目标，劫夺犯罪嫌疑人等活动；协助看守所预防处置灾害，事故，同时担负武装押解、拘捕公判公捕等临时勤务。武警涞水县中队在看守设施简陋的情况下，圆满完成以执勤为中心的各项任务，实现看守目标30年安全无事故，为涞水县社会稳定和经济发展做出了应有的贡献。

第二节　兵　役

一、兵役制度

1984年5月国家颁布第二部《中华人民共和国兵役法》规定实行义务兵役制为主体的义务兵役制与志愿兵相结合，民兵与预备役相结合的制度。

1998年12月29日，第九届全国人民代表大会常务委员会通过修改的《中华人民共和国兵役法》规定，义务兵服役期限为两年。

为了保证兵役法的贯彻落实，1986年1月13日，颁发《关于城镇入伍的义务兵及其家属优待问题的暂行规定》；1989年2月16日，河北省政府、河北省军区联合颁发《河北省征兵工作暂行规定》。涞水县认真按照上级规定贯彻执行，对于增强全民国防意识，做好征兵工作以及巩固部队起了重要作用。

民兵与预备役相结合制度，是规定公民在军队外担负一定军事任务，履行兵役义务的制度，是国家储备兵员的重要方式，预备役是现役的后备力量，平时在各自的岗位上生产和工作，接受定期的军事训练，国家一旦需要，即应召到军队服现役。

二、兵役工作

1980年，开始恢复预备役登记工作。是年12月，各级人民武装部门，按照总参谋部规定的条件和294个专业编号，首先对当年退伍士兵进行了预备役登记。集中时间对1980年以前的退伍士兵进行服预备役的补充登记，并建立预备役人员名册、卡片、档案和管理制度。1983年后，结合接收安置退伍军人和整顿民兵组织，每年对预备役军人进行1次登记和核对，对已达到预备役最高年龄或有其他变故者，及时从预备役名册中注销。准确地掌握预备役人员的数质量和分布情况，为平时召集和战时动员奠定基础。

1984年实施新兵役法后，涞水县人武部按照上级要求，正式建立了兵役登记制度。每年进行1次征兵调查摸底，由各乡镇人武部，将18-22岁的男性公民数、质量和分布情况登记起来，作为分配征集任务的依据。建立兵役登记制度后，在每年9月30日前，所有适龄的男性公民，根据县人武部的安排，到各乡镇专设的兵役登记站进行兵役登记，兵役登记站负责对上站公民进行体格目测和政治初审。通过登记，县人武部根据上级征兵命令和兵役法关于应征、缓征、免服兵役或不得服兵役的规定，确定当年应征对象，称应征公民。

从1991年开始，涞水县按照上级规定，实行每年冬季征兵，1995年按照河北省人民政府办公室、河北省人民政府退伍军人安置办公室联合下发的关于《严格控制非农业户口征集数量的通知》，全省1999年实行非农业参军入伍安置卡，有效控制非农业超指标征集情况的发生。兵役制度仍然实行义务兵与志愿兵相结合的兵役制度，征兵工作程序为：

思想发动

进入20世纪80年代后，征兵思想教育纳入社会主义精神文明建设的整体规划，从县政府至村民委员会和企事业单位，普遍建立国防教育和“双拥”（拥政爱民、拥军优属）领导小组和办公室，把国防教育、征兵教育同拥军优属工作结合起来，增强全民的、拥军尚武精神，使征兵工作走上法制化、制度化、规范化的轨道。

体格检查

1979年后，涞水县设涞水、赵各庄两个征兵体检站，山区的11个人民公社在白涧地段医院进行体检。其他人民公社在涞水县医院参加体检。

1996年集中在县城进行体检。体检中普遍增加肝功能化验项目，同时强调体检工作人员，必须是参加过征兵体检培训的医务人员，进一步把住体检质量关。

政治审查

1981年6月后，政治审查的重点是应征公民的现实表现。其工作程序是，由机关、团体、企事业单位的保卫部门和乡、镇（公社）人民政府的公安派出所根据县兵役机关的安排和要求，对体格检查合格的应征公民进行审查；合格者，再由县、市兵役机关进行复审，防止把流氓、偷盗分子和其他思想品质不好的人征入部队。

三、批定和输送新兵

（一）批定　应征公民体格检查和政治审查合格后，由县、市兵役机关全面衡量、择优批定新兵。批定时，强调“坚持条件、秉公办事、不徇私情、严格把关、确保质量”，优先批准政治思想好、身体好、文化程度高的公民服现役。

（二）输送新兵　新兵批定后，由部队来人接收并接回部队。新兵入伍前，由县人武部，把新兵集中起来，请当地驻军士官进行入伍前政治、纪律教育、发放被装，进行队列训练；送新兵那天，一般在电影院召开欢送大会，县领导、县武装部领导出席并讲话、机关事业单位职工和中小学生参加，会上县领导为每位新兵披红戴花，并表示祝贺。

欢送新兵

第三节　民　兵

一、民兵组织

1981年6月12日，按照上级减少数量、提高质量，又不能减的过多的要求，以保持民兵组织的普遍性和群众性，适应战时兵员动员，配合部队作战、保卫地方和基层单位等各方面的需要，同时还把民兵制度同预备役制度结合起来，进一步加强后备力量建设，逐步完善我国的兵员动员体制，对全县民兵组织进行调整。调整内容为：缩小组建民兵的范围。把原定人民公社、厂矿、机关、学校及其他企、事业单位都要建立民兵组织，改为只在人民公社和厂矿等企事业单位建立民兵组织。压缩参加民兵的年龄。男性公民参加民兵的年龄，由原来的16岁至45岁改为18至35岁，其中基干民兵的年龄改为18至28岁，基干民兵排、连、（营）干部和技术兵的年龄可延长到35岁。女民兵参照基干民兵的年龄，根据需要可适当选编。简化民兵组织层次。由原规定分编普通民兵、基干民兵、武装基干民兵3种组织，改为普通民兵和基干民兵两种。凡符合民兵条件的28岁以下的退伍军人和经过训练的人员编为基干民兵，其余编为普通民兵。女性公民只编基干民兵，不编普通民兵，基干民兵中的女民兵，以县市为单位控制在10%以内。严格民兵的政治条件。参加民兵组织的，必须是适龄公民，拥护中国共产党，热爱社会主义祖国，热爱劳动，身体健康。把民兵制度同预备役制度结合起来。民兵即是我国武装力量的组成部分，又是预备役的组织形式。凡编入民兵组织的公民，也即编入预备役。调整后取消县民兵师、公社民兵团的建制，保留了县民兵独立团、公社民兵营的建制。基层民兵组织，在农村以生产大队为单位编民兵连。

1982年，根据中共中央、国务院、中央军委批转总参谋部、总政治部《关于调整民兵组织问题的报告》的通知精神，对全县民兵组织进行较大幅度的调整。

1985年11月1日，中共中央、国务院、中央军委批转总参谋部、总政治部《关于当前和今后一个时期民兵预备役工作的意见》，提出“减少数量，提高质量，抓好重点，打好基础”的方针。这个方针标志着国防后备力量建设指导思想实现战略性转变，从立足于早打大仗的战备状态，转到和平建设时期的轨道上来。民兵组织整顿是民兵工作的重要制度，由于生产、行政组织时常发生变化，每年要进行组织整顿。

1986—1990年，为使民兵工作进一步适应经济建设的需要，按照“减少数量，提高质量，抓好重点，打好基础”的方针，对全县民兵组织再次进行调整。全县基干民兵减少到5300人，普通民兵减少到31350人。

1990年12月24日，国务院、中央军事委员会发布新的《民兵工作条例》，按照新条例规定，县人民武装部是本县的军事领导指挥机关，负责全县的民兵工作。民兵工作的任务为：建立和巩固民兵组织，提高民兵军政素质，配备和管理民兵武器装备，储备战时所需的后备兵员；

发动民兵参加社会主义现代化建设，组织民兵担负战备执勤，维护社会治安；组织民兵参军参战，支援前线，抵抗侵略，保卫祖国。

民兵工作应当贯彻人民战争思想，坚持劳、武结合，坚持民兵制度与预备役制度、民兵工作与战时兵员动员准备工作相结合的原则。

1996年1月，根据上级“减少数量、提高质量、抓好重点、打牢基础的方针”对民兵组织进行较大范围的调整，全县调整为15个民兵营，基干民兵总数由原来的5300人调整为3400人。在全县284个村中，编基干民兵的村121个，其他各村只编普通民兵。1997年后，组建专业技术分队9个、对口专业技术分队11个。

2005年，按照“突出重点、提升质量、强化落实”的精神，系统对全县民兵组织进行了整合，全县民兵总数为3万余人，基干民兵3000余人。

2009年，根据形势任务变化，涞水县进行再次压缩，普通民兵不到2万人，基干民兵不到2000人，民兵队伍主要以应急队伍和支援保障队伍为主。

二、政治教育

自全县民兵组织建立以来，就始终把政治教育做为管理民兵的一项重要任务。政治教育的内容：全民性政治教育。包括党的路线方针、政策教育，形势任务教育，以及国家的法律、法规法令教育。国防教育。包括热爱祖国、保卫祖国、依法服兵役及人民战争思想、民兵性质、任务、纪律、民兵光荣传统教育。

1984年，新的《兵役法》颁布后，针对农村实行经济体制改革后，出现的一些青年参加民兵组织活动积极性不高的这一现象，大力开展新《兵役法》的教育活动，从而调动广大青年参加民兵组织的积极性。

1991年以来，每年按照石家庄警备区政治部《民兵政治教育意见》要求，县人武部制定全县民兵政治教育计划并组织实施教育，教育内容主要有民兵“四课”教育，战备教育、国防教育法教育、兵役法教育、党的基本路线、方针政策教育、革命人生观教育、法制法规教育。

第四节 国防教育

一、国防教育领导小组

根据河北省《国防教育细则》规定，1992年6月涞水县设立了国防教育领导小组，为县委、县政府领导国防教育的职能机构，其职责是负责对全县干部群众进行国防教育。

国防教育领导小组由宣传、人武、教育、民政、司法、财政、广播电视、人防、工会、共青团、妇联等部门负责人组成。下设办公室，负责国防教育的日常工作。

二、国防教育办公室

县国防教育办公室成立于1988年6月，设在涞水县人民武装部；1992年6月至2002年9月设在县委宣传部；2002年9月机构改革时，到县人民武装部办公，业务工作由县委宣传部和县人民武装部共同负责。办公室设主任1名，干事1~2名。

国防教育办公室是在县国防动员委员会领导下，主管全县政治动员和国防教育工作的协调机构。

三、主要工作

1979—2009年，国防教育办公室在国防教育领导小组领导下，贯彻执行《国防教育法》和《河北省国防教育条例》，制订议军会议制度、领导干部讲兵习武制度、重大典型宣传制度。在全民国防教育中，实行经常教育与集中教育相结合、普及教育与重点教育相结合、理论教育与行为教育相结合的原则。建立健全组织领导机构，专门负责国防教育工作。结合组织整顿、军事训练、执行任务、征兵工作以及重大节日、纪念日活动，通过演讲会、报告会、知识竞赛、散发宣传资料等形式，对居民、村民进行《中华人民共和国国防法》《中华人民共和国国防教育法》教育，使公民进一步增强了国防观念，掌握了基本的国防知识，学习了必要的军事技能，激发爱国热情。每年利用“八一”建军节“十一”国庆节等时机，集中进行专题宣传教育。清明节组织全县党政领导、中小学生、基干民兵到烈士陵园，为烈士扫墓，进行革命传统和爱国主义教育。在各乡镇聘请国防教育宣传员，通过书写标语、布置展板、出黑板报，做形势报告等多种形式，对广大人民群众进行国防教育。每年对处、科级领导干部进行1次国防教育和法律、法规的考试，鼓励各级领导干部撰写国防教育理论文章。协调县委宣传部把国防法规知识教育纳入机关干部政治理论学习之中。每年对乡镇教育组织是否健全，国防教育活动是否有效，经费是否到位，效果是否明显等方面进行1次执法检查。

第五节　拥政爱民

一、军民共建

20世纪80年代初，第一批“军民共建”精神文明活动，首先在与新城县（今高碑店市）交界的北义安乡东义和庄村开展，通过军队与地方的共同努力，成为全国的典型。1982年10月，中国人民解放军总政治部主任余秋里，到涞水县义和庄村考察军民共建文明村情况。1983年4月28日，中央军委副主席杨尚昆、国防部部长秦基伟和解放军总政治部、北京军区领导，专程到北义安乡东义和庄村参观军民共建成果，与基层干部和农民亲切交谈。随后，“军民共建”作为改革开放之初的一种重要精神文明建设载体在全国推广。1990年3月，涞水县委宣传部、文明办与龙门乡驻军某部联合召开了军民共建现场报告会，河北省、总政治部、北京军区政治部、保定地区领导以及军地媒体100余人参加大会，会上推出山区教师张田、优秀军医范学军等10余名在不同战线的精神文明建设先进典型，受到广泛关注。省委副书记李炳良热情赞扬涞水山区是“一片社会主义的热土”。《人民日报》《解放军报》《河北日报》等，进行广泛的宣传报道，影响波及全国，经久不衰。

1991年，涞水县南壕沟农贸市场与驻军部队开展“军民共建农贸市场”活动，在市场上弘扬社会主义精神文明，有效促进了南壕沟市场的全面发展，受到社会和上级的广泛关注，河北省委书记邢崇智曾带领有关人员到市场视察，并将经验在全省推开。

改革开放时期的典型，意义在于在摸索中探索各阶段进程中的方向。涞水县在精神文明建设活动中以典型引路的经验，受到省市相关部门的关注和表扬。

二、拥政爱民

涞水县在1995年、2005年、2009年3次被省委、省政府、省军区评为省级双拥模范县。

为保障双拥工作常态化，规范化，涞水县每年召开双拥工作专题会议，定期召开双拥工作领导小组例会，研究部署双拥工作，保证双拥活动的健康有序的开展。建立党委议军、军地领导互访、军地互办实事、军地合署办公、信息交流、检查评比、目标责任考核、总结表彰等制度，先后制订《涞水县双拥工作制度》《涞水县双拥工作计划安排》《涞水县复退军人安置办法》等政策、措施，有力地推动了双拥工作不断向纵深发展。

驻涞部队积极参加地方经济建设和抢险救灾、扶贫帮困、捐资助学活动，有力促进全县经济社会等各项事业的发展。

2009年，驻其中口某部队6名大学生女兵，定期到地方助学支教、照顾孤寡老人。县委宣传部和电视台对他们的感人事迹进行宣传报道。中央电视台以“铿锵玫瑰映太行”为题对6名大学生的事迹进行了报道。66336部队、66382部队与保定英利集团在义安镇、寺皇甫村开展“携手帮建”活动，帮扶资金30万元，建成2600多平米的军民共建广场；出资31万元，帮助寺皇甫村小学整修房屋2000余平米；捐赠校服302套，电脑30台。联系河北农大教授对该村无公害蔬菜种植、肉猪养殖等进行专题培训，向村养猪场捐赠母猪30头，育肥猪30头，并安排专人定期进行技术指导。

第十编　经济总情

1979—2009年是改革开放的30年，也是涞水经济快速发展时期。国内生产总值由1978年的5044万元增加到2009年的287695万元，年均增长13.93%；农业总产值由3172万元增加到126083万元，年均增长12.62%；工业总产值由2428万元增加到159426万元，年均增长14.45%。财政总收入由399万元增加到19530万元，年均增长13.37%；社会商品零售总额由1980年的3473万元增加到127442万元，年均增长13.2%；城乡居民储蓄存款余额由453万元增长到348209万元，年均增长23.9%；农民人均纯收入由37元增加到3477元，年均增长15.78%。

第一章　经济发展计划与实施

本章列记"八五"计划、"九五"计划、"十五"计划、"十一五"计划的制定和执行情况，分阶段阐述涞水经济社会发展状况。

第一节　"八五"计划与实施

一、"八五"计划（1991—1995年）

"八五"计划提出到1995年规模生产总值4.5亿元，工业总产值3.6亿元，农业总产值2.4亿元，财政收入3000万元，社会消费品零售额2.2亿元，区域内全社会固定资产投资1.5亿元。农民人均纯收入1060元。

二、“八五”计划执行情况

1995年，全县实现国内生产总值14.51亿元，年均增长27.2%。实现工业总产值9.11亿元，年均增长41.5%。第一产业2.26亿元，年均增长12.8%；第二产业3.0亿元，年均增长33.8%；第三产业2.84亿元，年均增长43.9%。实现农业总产值5.33亿元，年均增长22.5%。累计完成固定资产投资5.4亿元。实现财政收入3065万元，年均增长15.1%。1995年，社会消费品零售总额2.7亿元，年均增长13.4%。城镇居民生活费2600元，年均增长13.7%，农民人均年纯收入1200元，年均增长19.9%。各项指标均超额完成计划目标。

第二节　“九五”计划与实施

一、“九五”计划（1996—2000年）

“九五”计划提出到2000年末，全县实现国内生产总值在1980年基础上翻五番半，力争达到28~36亿元，比1995年年均增长28.5~35.1%；人均国内生产总值7821~10056元，比1995年年均增长27.2%~33.8%；农业总产值（1990年不变价）8亿元~10亿元，比1995年年均增长14.7%~19.9%；5年累计完成固定资产投资30~40亿元，农业和工业的科技进步在经济增长中的贡献份额分别达到55%和45%。实际利用外资5000万美元。社会各项事业明显进步，人民生活达到小康。城镇居民人均可支配收入达到5230~6470元，农民人均纯收入达到3660~4400元。

二、“九五”计划执行情况

“九五”期末，全县实现国内生产总值9.32亿元，年均增长2.85%，是1980年的四番。人均国内生产总值达2743元。三大产业的比重调整到35.6：20.5：43.9。实现工业总产值减少4.4亿元；农业总产值减少7.04亿元。乡镇企业总产值3.66亿元。财政收入4128万元，年均增长6.1%，经济结构进一步优化，各项改革不断深入，全县县属和乡镇企业改制面达96%以上，其中国有企业改制面90%以上。5年累计完成全社会固定资产投资19.2亿元，是“八五”的3.8倍。5年累计引进外资798.9万美元，批准成立外商投资企业十余家。农民人均纯收入2142元，城镇居民人均可支配收入4000元。社会消费品零售总额4.96亿元。

第三节　“十五”计划与实施

一、“十五”计划（2001—2005年）

“十五”计划指出到2005年，实现国内生产总值15.9亿元，年均增长10.4%；三大产业比重调整为24.5：23.3：52.2；财政收入6954万元，年均增长11.3%；财政收入占国内生产总值的比重达到4.4%；城镇居民人均可支配收入5361元，年均增长5%；农民人均纯收入2750元，年均增长5%；“十五”期间，5年累计完成固定资产投资25亿元，实际利用外资450万美元。

二、"十五"计划执行情况

2005年，实现国内生产总值14.5亿元，年均增长9.2%，比"十五"计划增长速度降低2.1个百分点；人均国内生产总值达到4239元，年均增长12.2%；财政收入完成1.13亿元，是"九五"末的2.76倍，财政收入占GDP比重由"九五"末的4.4%提高到6.8%，增长2.4个百分点。"十五"时期全社会固定资产投资达到32.8亿元，是"九五"期间21.4亿元的1.5倍。城乡居民收入稳定提高，2005年城镇居民可支配性收入和农民人均纯收入分别达到5626元和2675元，年均增长7%和4.5%。各项计划目标基本实现。

随着结构调整加快和经济增长方式的逐步改变，全县三大产业结构日趋合理。三大产业结构由2000年的35.7∶20.5∶43.8调整到2005年的29.6∶31.6∶38.8。农业结构调整按照"南菌北果全县畜"的发展格局，推动以大棚香菇为主的食用菌业，以肉牛、奶牛、瘦肉型猪等为主的养殖业和以串枝红杏、薄皮核桃等为主的林果业三大主导特色产业的发展。食用菌业年增长1000万棒以上的速度扩大种植规模，2005年，全县香菇栽培达4800万棒，年销售额9600万元。林果业新发展串枝红杏、薄皮核桃、鲜食枣等特色果树5.1万亩，造林15万亩，全县果品总产量32560吨，森林覆盖率由2000年的13.4%增长到2005年的20.38%。畜牧业依托双卫畜禽养殖有限公司、现代农庄等养殖加工龙头企业，大力发展肉牛、奶牛、肉羊、瘦肉型猪、獭兔等养殖，新发展养殖小区5个。2005年，农业产业化率达到25.1%。

工业结构调整通过国有企业改制、扶持引导民营经济发展，初步形成以玻璃器皿、仿古家具、电极、建材、雕刻、磁材、矿产开发六大产业为主的工业体系。2005年底规模以上工业增加值达2.12亿元，占第二产业的41%。特别是玻璃器皿业，"十五"期间新上投资1000万元以上的玻璃器皿企业9个，使全县玻璃器皿企业发展到15个，年产值2亿元，纳税2000万元。

第三产业突出发展了旅游特色产业。建立了野三坡管委会，对景区实行封闭管理。优化景区环境，实施以野三坡景区为重点的旅游二次创业，投资3.2亿元进行野三坡深度开发，升级改造百里峡等老景区，开发龙门天关、白草畔等新景区。旅游业成为"十五"期间涞水的标志性特色产业，保定市旅游业的龙头品牌。2005年，景区接待游客120万人次，旅游业总收入2.2亿元，分别是2000年的5倍和8倍。商贸流通日益繁荣，居民消费水平不断提高。2005年社会消费品零售额8亿元，第三产业增加值5.6亿元。比"九五"末年均递增6.5%。

各项体制改革顺利实施，开放开发呈现新局面。"十五"期间，农村税费、粮食流通体制等改革全面贯彻落实；国有企业改革稳步推进，全县41个国有企业完成改制重组35个；改革行政审批制度。简化了审批手续，提高了行政效能。对内对外开放开发不断加强，投资环境日益优化，项目建设成绩斐然。五年来，先后组织参加经贸洽谈会、项目恳谈联谊会等20余次，引进京津技术和人才73项、662人次，同京、津等周边区域合作明显加强。谋划实施千万元以上大项目60余个，其中北雄首建钢结构、河北正大乒乓球培训接待中心、北雄新建电熔玻璃、泰利电熔玻璃、永强精细化工糠醛等上亿元项目8个，保定伟佳野三坡索道旅游、保定金红石矿业、保定野三坡酒业外资项目3个。累计引进省外资金10.83亿元，累计实际利用外资344万美元。

第四节 "十一五"计划与实施

一、"十一五"规划纲要（2006—2010年）

"十一五"期间，是涞水全面建设小康社会的关键时期。"十一五"计划提出，到2010年国内生产总值末达30亿元以上；财政收入达到2亿元以上；全社会固定资产投资5年累计完成60亿元以上；单位国内生产总值能源消耗，比"十五"期末降低20%左右；城镇居民人均可支配收入和农民人均纯收入分别达8656元和3665元以上。三大产业结构调整到17：40：43.5年累计实际利用外资500万美元。“十一五”末，城镇人均住房面积45平方米，农村人均住房面积42平方米。百户家庭电话拥有量25部，电脑拥有量40台。森林覆盖率达26.4%，城市污水处理率达100%，城镇固体废物处理率100%。“十一五”末，县城人口达2.5万人，建成区面积9平方千米，城市化水平达38%，人口自然增长率控制在6‰以内，卫生服务体系健全率95%，城镇登记失业率控制在4.5%以下，新型农村合作医疗覆盖面90%。

二、“十一五”前四年（2006—2009年）计划执行情况

2009年，实现国内生产总值24.83亿元，年均增长11.36%，人均国内生产总值达9095元。实现财政总收入1.95亿元，年均增长11.53%，四年累计完成全社会固定资产投资66.6亿元，年均增长35.3%。

农业平稳发展，高效农业初具规模。2009年，粮食作物播种面积39.25万亩，经济作物播种面积4.21万亩，设施农业面积5万亩，农业总产值12.6亿元。

2009年，规模以上工业增加值达到3.95亿元，年均增长16.8%；县城建成区面积达10平方千米，城市主干道路全面建成，张石高速涞水段、廊涿高速涞水段建成通车，112线和108线国道改造工程完成、京赞线和京原西支线等省道升级166千米；乡（镇）村道路“村村通公路工程”完工，涞水县形成了纵横交错、四通八达的交通网络体系。全县通车公路里程658千米，乡以上公路网密度0.22千米/平方千米。节能降耗任务全面完成，万元GDP能耗1.376吨标准煤，万元规模以上工业增加值能耗2.06吨标准煤。

2009年城镇居民人均可支配收入9784元，年均增长14.9%；农民人均纯收入3477元，年均增长6.8%。人口自然增长率控制在4.2‰以内，城镇登记失业率控制在4%以内。城镇居民养老、医疗、新型农村合作医疗覆盖面达到90%以上。

第二章　经济结构

本章列记涞水县1979—2009年所有制结构、产业结构、投资结构的变化、发展历程。

第一节　所有制结构

20世纪70年代，涞水经济的所有制结构为国营、集体经济并存的所有制经济，农村经济是三级所有队为基础的集体经济，工业是县办国营集体企业和乡镇企业，几乎没有个体私营企业。

20世纪80年代初，随着联产承包责任制的推行和深入。农业经济由集体所有制经济过渡到以联产承包为主体的个体、私营经济体制。工业在80年代仍是国有集体经济占主导地位，个体、私营经济借政策的春风，慢慢滋生成长。到20世纪80年代末到90年代初，形成了以公有制经济为主导，多种所有制形式共存的经济格局。1990年，涞水有县办全民所有制企业21个，县办集体所有制企业12个，在工业总产值中国营集体企业占全县工业总产值的71.03%。

20世纪90年代是国有集体经济与个体、私营经济此消彼长的时期。随着经济体制由计划经济向市场经济过渡，个体、私营经济在适应市场环境的竞争中不断壮大，国有、集体经济则在市场竞争中不断消弱。到20世纪末，国有集体经济勉强维持半壁江山的地位。

进入21世纪，国有、集体工商企业已难以为继，在破产与重组中重新寻找自己的位置，国有资本渐次退出，民营资本进入。到2009年，民营经济已占县域经济的主体地位。

第二节　产业结构

一、三大产业结构

1979—2009年，涞水的产业结构发生了重大变化，从以第一产业农业为主转变为以第二、第三产业主要是工业服务业为主，产业结构进一步优化。1978年三大产业比例为：46.77∶23.71∶29.52（大概是5∶2∶3）。第一产业主要是农业占整个县域经济近一半的比重，是典型的农业县。1990年三大产业比例为51.73∶29.1∶19.17（大概是5∶3∶2）。2009年三大产业的比例为24.16∶27.56∶48.28（大概比例为3∶3∶4）。与1978年相比，第一产业下降22.61个百分点；第二产业增加3.85个百分点；第三产业增加18.76个百分点。

二、产业内部结构

随着经济的发展，结构的调整，产业内部结构进一步优化。

1.农业内部结构

20世纪80年代，第一产业大农业内部种植业占农业总产值70%的比重，而在种植业内部粮食作物占整个种植业90%的比重。经过农业内部结构的长期调整，逐步走向市场化、产业化、规模化的农业发展道路，其突出特征为：发展设施农业、特色农业，林果基地，规模养殖。到21世纪，种植业形成大棚蔬菜、食用菌、草莓、地膜花生等特色产业基地；林业形成了串枝红杏、优质核桃、大杏扁等特色林果基地；畜牧业出现规模养猪、养牛、养鸡基地。涌现福旺达养殖、兴旺食用菌、海华腾蔬菜加工等一批带动作用明显的龙头企业。2009年，农业总产值126083万元，比1978年的3172万元增长38倍，年均增长12.6%；粮食总产量13.01万吨；油料总产量9544吨；干鲜果总产量3.91万吨；肉类总产量2.06万吨；牛奶产量5798吨；鸡蛋产量2872吨。畜牧业产值已占到农业总产值的44%。

2.工业产业内部结构

第二产业中的工业逐步成为县域经济的支柱产业。工业产业内部结构也不断调整。2009年，形成电极、玻璃制品、仿古家具、矿产等支柱产业。实现工业增加值5.27亿元。第二产业（主要是工业）占国内生产总值比重达31.9%。工业对县域经济的带动力日益增强。

古典红木家具

3.第三产业内部结构

第三产业由单纯的商贸流通服务业为主到各行各业各层次全面发展。对外开放、对内搞活的经济政策为服务业注入新的活力。尤其是旅游业的快速发展带动交通运输、商贸、信息业、房地产业的快速发展。2009年，第三产业增加值138906万元，占国内生产总值的48.28%，年均增长15.75%，比国内生产总值增长率高1.82个百分点。旅游业总收入6.5亿元，成为涞水县新兴特色主导产业。

1979—2009年产业结构变化统计表

表10-2-2-1

年 份	国内生产总值（万元）	第一产业		第二产业		第三产业	
		增加值（万元）	占比例（%）	增加值（万元）	占比例（%）	增加值（万元）	占比例（%）
1978	5044	2359	46.77	1196	23.71	1489	29.52
1979	5038	2227	44.20	1185	23.52	1626	32.28
1980	5041	2234	44.31	1186	23.53	1621	32.16
1981	5683	2631	46.29	1356	23.86	1696	29.85
1982	6892	3398	49.30	1669	24.22	1825	26.48
1983	9113	4361	47.85	2240	24.58	2512	27.57
1984	12052	6050	50.20	3006	24.94	1996	16.56
1985	14642	7645	52.21	3700	25.27	3297	22.52
1986	16419	8443	51.42	4098	24.96	3878	23.62
1987	18168	8866	48.80	5306	29.21	3996	21.99
1988	23318	12103	51.90	6700	28.74	4515	19.36
1989	24607	12776	51.92	6790	27.59	5041	20.49
1990	23973	12401	51.73	6977	29.10	4595	19.17
1991	27390	11860	43.30	7733	28.23	7797	28.47
1992	30720	11972	38.97	9333	30.38	9415	30.65
1993	33504	12259	36.59	11642	34.75	9603	28.66
1994	54090	17635	32.60	20323	37.57	16132	29.83
1995	80967	22559	27.86	30056	37.12	28352	35.02
1996	101268	39163	38.67	29293	28.93	32812	32.40
1997	121666	44005	36.17	38738	31.84	38923	31.99
1998	135233	46392	34.31	43768	32.36	45073	33.33
1999	132614	45539	34.34	43200	32.58	43875	33.08
2000	93201	33248	35.68	19100	20.49	40853	43.83
2001	85976	31641	36.80	20990	24.41	33345	38.79
2002	94541	31899	33.74	26227	27.74	36415	38.52
2003	107847	33484	31.05	32115	29.78	42248	39.17
2004	128142	40174	31.35	37999	29.65	49969	39.00
2005	144985	42934	29.61	45783	31.58	56263	38.81
2006	168203	47901	28.48	55834	33.19	64468	38.33
2007	198161	56821	28.68	66075	33.34	75265	37.98
2008	233525	68172	29.19	73672	31.55	91681	39.26
2009	287695	69497	24.16	79292	27.56	138906	48.28

第三节 投资结构

一、“八五”期间（1991—1995年）全社会固定资产投资54538万元，其中固定资产投资21665万元。“九五”期间（1996—2000年）全社会固定资产投资214314万元，其中城镇以上固定资产投资71033万元。“十五”期间（2001—2005年）全社会固定资产投资327999万元，其中城镇以上固定资产投资217209万元。“十一五”前4年（2005—2009年）全社会固定资产投资666373万元，其中城镇以上固定资产投资610588万元。20世纪90年代以前固定资产投资主要是以国有投资为主，民营投资尚未形成气候。而当时县内建设资金有限，因而投资规模很小。1978年投资规模仅407万元。1989年，投资规模仅2586万元。“八五”以后，启动招商引资工作，固定资产投资规模快速增长。“九五”期间固定资产投资比“八五”增加近3倍。“十五”比“九五”增加-53%。“十一五”前4年比“十五”增加了1倍。2009年，全社会固定资产投资289036万元，比1978—1999年固定资产投资总和还要多。

二、“八五”“九五”时期主要是基础设施、旅游设施和企业技改投资。投资主体除国有投资外，引入了私营、民间投资和县外投资。“十五”以后，资金除继续投向基础设施、旅游设施、企业新建和技术改造外，又增加房地产投资，且规模逐年增大。

第三章 经济总量与效益

1979—2009年以来，农业随着党和国家各项惠民政策的落实和经营体制、经营方式的转变，生产效率和经济效益有所提高；工业经过承包、股份制经营、破产、拍卖、重组、改制等项改革，激发了企业和职工的生产积极性；通过招商引资新上一批规模大，效益好，有竞争力的企业；商业、服务业发展，网点遍布城乡，购销两旺；旅游业从无到有、从有到强，引领地区经济的增长。

第一节 经济总量

1979—1990年，农业由于采取家庭承包责任制，调动农民的生产积极性，农、林、牧、副、渔全面发展。第一产业由1978年的2359万元增加到1990年的12401万元，年均增长14.83%；县办国有集体经济和乡镇集体经济快速发展，个体私营经济萌生，第二产业增加值由1978年的1196万元增加到1990年的6977万元，年均增长15.83%；地区生产总值由1978年的5044万元增加到1990年的23973万元，年均增长13.87%；财政收入由1979年的399万元增加到1990年的1518万元，年均增长11.78%；农民人均纯收入由1979年的37元增加到1990年的485元。年均递增23.92%；城乡居民储蓄存款余额由1979年的453万元增加到1990年的5831万元，年均递增23.73%。

1991—2000年，跨越“八五”“九五”两个5年计划时期。农业和农村经济稳定发展，民营经济异军突起，占据全县经济的半壁江山。地区生产总值由1990年的23973万元增加到2000年的93201万元，年均增长14.54%。其中：第一产业增加值由12401万元增加到33248万元，年均增长10.36%；第二产业增加值由6977万元增加到19100万元，年均增长10.60%；第三产业增加值由4595万元增加到40853万元，年均增长24.42%；财政总收入由1518万元增加到4128万元，年均增长10.52%；农民人均纯收入由485元增加到2142元，年均增长16.01%；城镇居民可支配收入由1991年的1525元增加到2000年的4000元，年均增长11.30%；社会消费品零售总额由14358万元增加到49557万元，年均增长13.19%；城乡居民储蓄存款余额由5831万元增加到96807万元，年均增长32.44%。

2001—2009年是涞水经济持续发展阶段。这一阶段经过"十五"全期、"十一五"四年的发展，涞水县经济实力进一步增强，农业稳步发展，工业快速增长，形成电极、玻璃制品、仿古家具三个新兴主导产业。县办国营、集体企业因不适应市场经济环境，连年亏损严重，资不抵债，纷纷破产、倒闭、重组。民营经济则在市场竞争中发展壮大，成为县域经济的主力军。到2009年，地区国内生产总值达到248318万元，年均增长11.5%。其中：第一产业增加值为69525万元，年均增长8.54%；第二产业增加值为79292万元，年均增长17.14%；第三产业增加值为99501万元，年均增长10.40%；财政总收入19530万元，年均增长18.85%，其中地方财政一般预算收入10556万元，年均增长15.2%；农民人均纯收入3477元，年均增长5.53%；城镇居民可支配收入达到9748元，年均增长10.4%；社会商品零售总额127442万元，年均增长11.07%；城乡居民储蓄存款余额348209万元，年均增长15.28%。

1979—2009年综合经济指标统计表

表10-3-1-1

年 份	国内生产总值（万元）	农业总产值（万元）	工业总产值（万元）	财政总收入（万元）	固定资产投资（万元）	商品零售总额（万元）	城乡储蓄余额（万元）	农民人均纯收入（元）
1978	5044	3172	2428	399	407	–	453	37
1979	5038	3763	2214	387	865	–	–	50
1980	5041	3144	1987	357	1155	3473	511	71
1981	5683	3084	2138	268	1108	4411	641	54
1982	6892	4898	2482	301	1254	4945	874	153
1983	9113	6992	2699	336	1264	5213	1030	277
1984	12052	8298	4326	518	320	6807	1174	381
1985	14642	10661	7854	1462	1551	8340	1573	397
1986	16419	12621	9330	970	684	13221	4976	424
1987	18168	13657	11681	1083	700	–	–	456
1988	23318	20216	14428	1190	841	9663	2780	481
1989	24607	21045	16101	1457	814	–	–	485
1990	23973	20674	16211	1518	362	14358	6128	485
1991	27390	19967	16559	1625	1278	14498	7774	470
1992	30720	20530	21127	1468	2190	16975	9403	475
1993	33504	21857	26812	1704	7000	19550	13020	476
1994	54090	28417	58960	2309	7780	22500	18146	886
1995	80967	53309	91816	3065	36290	26990	47220	1200
1996	101268	84759	126211	4008	43734	35017	57807	1561
1997	121666	93012	125685	4818	46179	44568	66701	1828

续表

年 份	国内生产总值（万元）	农业总产值（万元）	工业总产值（万元）	财政总收入（万元）	固定资产投资（万元）	商品零售总额（万元）	城乡储蓄余额（万元）	农民人均纯收入（元）
1998	135233	98349	103350	5608	48000	53536	78400	2050
1999	132614	96541	113312	6428	48010	59928	83887	2142
2000	93201	70410	44019	4128	48391	49557	89304	2142
2001	85976	71160	50992	4588	50044	53918	102075	2206
2002	94541	70384	58000	6325	51000	59548	110773	2263
2003	107847	61403	68572	7865	59157	86277	125535	2342
2004	128142	74688	88038	9285	81563	76759	132109	2533
2005	144985	79238	101974	11322	86235	64504	148082	2675
2006	168203	88688	120390	12378	104717	74455	185773	2843
2007	198161	102293	140590	14489	120300	86293	226355	3036
2008	233525	123469	155480	17548	152320	107013	281742	3253
2009	287695	126083	159426	19530	289036	127442	348209	3477

第二节　经济质量及效益

一、生产力水平

30年的持续发展中，涞水县生产力水平有明显的提高。

农业基本实现机械化。设施农业、大棚蔬菜发展到2000亩；食用菌6300万棒。畜牧业全县共建有规模养殖场500多个。农业基础设施不断完善和提高，抵御自然灾害能力增强。农业总产值从2004年连续6年快速增长。

工业从20世纪80年代末就开始引进先进设备，进行技术改造。木器厂引进席梦思生产线；装饰布厂引进箭杆织机；磁性材料厂引进美国程控箱式焙烧炉，自动压机，该厂生产的产品导磁率处国内领先地位。电极厂由一个下马的玛钢厂转产石墨电极，经多年扩建改造，引进人才，自主研发、设计、开发新产品。2009年，该企业生产的节能环保型电极占领全国工业硅冶炼用电极70%的份额，特大规格方石墨电极填补了国内市场空白。

长城电极厂

二、经济效益

农业通过产业化基地建设，发展规模种植、养殖，建立专业生产合作

北雄玻璃器皿厂

社。引进新技术，开辟市场，发挥集群效应，提高经济效益。工业中，玻璃制品产业已成为全国最大的玻璃制品出口基地，产品远销世界十余个国家，是涞水主要出口创汇产品。涞水县工业企业效益不断提高，2009年，32个规模以上企业实现工业增加值3.95亿元，主营业务收入9.18亿元，利税7408万元。

1978—2009年，涞水县国内生产总值年均增长率13.93%；财政收入年均增长率13.37%。财政收入与国民经济同步增长。农民人均纯收入由1978年的37元提高到2009年的3477元，年均增长15.78%；城镇居民可支配收入由1991年的1525元提高到2009年的9748元，年均增长10.86%，人民生活水平提高。

第十一编　农　业

涞水地域狭长，山区、丘陵、平原兼有，山区、丘陵面积占全县总面积的80%以上，全县总耕地面积37.57万亩，其中水浇地面积26.22万亩。1978年人均耕地面积1.43亩。1978年粮食总产量86905吨，棉花总产量15吨，油料总产量1215吨，果品总产量6723吨，山区、丘陵居民，年年处于缺粮状态。1979年全县普遍实行联产承包责任制，调动农民生产积极性，农业生产得到快速发展。1985年粮食产量达到111256吨，人均占有粮食380千克；1990年达到123480吨，人均占有粮食388千克。投入2.239亿元，随着农民商品经济意识地增强，各种经济作物面积、产量、产值大幅增长，温饱问题得到解决。1988—2000年国家对黄、淮、海流域进行农业开发，通过打井、修渠、引进优良品种、技术培训，对2.7万亩中低产田进行改造，改善了农业生产的基本条件。1990年前，农业生产以粮食作物为主，品种比较单一；1991年后土豆、草莓、地膜花生、瓜果、蔬菜、温室大棚等经济作物迅猛发展，为丰富涞水县和首都北京的菜篮子贡献越来越大。化肥、农药、地膜、农机的普遍使用，改变传统的生产、耕作方式；小麦、玉米、大豆、蔬菜等优良品种引进和大力推广，提高产品的数量和质量，增加产值。

北义安小麦田

2009年全县粮食总产达到147960吨，蔬菜81986吨、瓜类8991吨，经济作物花生11700吨，粮食总产比1978增长1.7倍。

1979年，涞水林地面积20万亩左右，占全县总面积的1.21%。1982年实行宜林荒山承包，调动村民造林积极性；1986年实施京津周围绿化工程；1987年实施三北防护林工程；1996至2000年开展的中德合作造林工程，以及2002年实施的生态环境治理工程、京津周围风沙治理工程、退耕还林工程，推动了涞水林业的长足发展，到2009年涞水林地面积达到50.4万亩，比1979年增长2.5倍。1984年，县委县政府号召农民发展林果，多种经营，林果面积逐年扩大。随后县委、县政府在山区、丘陵区规划建设干果基地、特色果品基地、串枝红杏基地、薄皮核桃基地、麻核桃生产基地等，引导促进全县林果产业的发展。

畜禽业是涞水的传统产业，1990年前基本上是家家户户零星散养，牛、驴等大牲畜还属劳动工具。1991年以后畜禽规模化养殖从逐步发展，起初以养猪、养鸡、养羊、养兔为主，2003年开始规模养奶牛、肉牛等。2009年畜牧业产值占农业总产值的40.3%。

第一章　农业区划

涞水县是山区县，山场面积大，耕地少，山区和丘陵面积132531公顷，占全县总面积的80.30%；平原面积32520公顷，占全县总面积的19.7%；全县山场面积160.8万亩，占全县总面积的65%。1979年全县耕地面积有37.57万亩，其中水浇地面积26.22万亩，随着气候的变化和地上、地下水的变化增减。根据涞水的地貌特点，农业自然形成种植业、林业和畜牧业相结合，并在平原、丘陵、山区各有侧重的三种区域类型。

1986年野三坡旅游区建成后，实施全面禁牧，封山育林，退耕还林，恢复生态，以发展林果为主，种植业和畜牧业降为次要地位。

第一节　平　原

涞水县平原区包括义安镇、涞水镇、胡家庄乡、明义乡、王村乡全境，永阳镇的二十里铺、南桥头、铺头、行宫、从溪、北秋兰、檀山、周家庄、西垒子、东永阳、西永阳、南庞、居士15个村，石亭镇的石亭、山后、板城、北庄、满金峪、士庄、高庄、东营房、沿庄、渐村、大赤土、东赤土、东水峪、色树、墩台、八里庄、八岔沟、上庄、宋家碾、陈家庄、高村、义和庄、许家磨、蘧家磨、王家碾25个村，东文山乡的东文山、下车亭、北西租、安家洼、徐家庄、北兵上、南兵上、十里铺、牛各庄、东长堤、西长堤、西武山12个村，娄村满族乡的娄村、西营房、北水东、中水东、南水东、燕翎村、福山营、庞家河、南庄、安阳、龚家坟、石圭12个村，共计153个村。1990年时，平原区有耕地26.83万亩，其中，水浇地21.34万亩，占全县水浇地的92%，是涞水粮、棉、油主要产区，该区以种植业为主，在保障粮食生产的同时，发展蔬菜、油料等经济作物的种植，农户一般只在村旁、宅旁、路旁坑、塘、洼地等无法进行种植的地方植树。成片林木稀少。20世纪80年代，亦有不少成片栽种苹果、红果、桃树，但随着市场行情不断变化，这些果园很少能维持下去，毁林还耕现象屡见不鲜。该区畜牧养殖业以养猪为主，养牛、养羊不十分普遍，规模也不大，一般以农户自家植物秸秆饲养为主，四旁放牧为辅。20世纪90年代以后，发展多个规模化养殖企业和养殖基地，如义安镇福旺达养殖场、永阳镇新风养殖场。

第二节　丘　陵

涞水县丘陵区主要是永阳镇的北七山、东垒子、南洛平、北洛平、东洛平、西洛平、幸福庄、孙家坟8个村，石亭镇的东龙泉、西龙泉、北龙泉3个村，娄村满族乡的车厂、三合庄、木井、包家坟、三义村5个村，东文山乡的上车亭、杜家庄、西车亭、东车亭、淮河5个村，共计21个村。1990年，有耕地3.21万亩，其中水浇地0.88万亩。该区山势平缓，地势复杂，沟壑纵横，多荒山秃岭，土地瘠薄，林木较稀少，种植业、畜牧业占重要地位，林业次之，种植业在社会生产中的地位较平原低，较山区高，是多种经济生产类型并举的区域。1990年以后，丘陵区发展经济林，建设果品生产基地，先后建起洛平串枝红杏、东文山薄皮核桃两个果品示范基地，推动全县果品生产的发展。

第三节　山　区

涞水山区主要包括赵各庄镇、九龙镇、三坡镇、龙门乡、其中口乡、宋各庄乡全境，娄村满族乡的虎过庄、常安庄、南安庄、西安庄、太平庄5个村，共110个村。1990年，该区耕地面积6.09万亩，其中水浇地仅1.1万亩。地貌特点是：山多、谷深、地少、气温低、无霜期短，只有梯田坡地和拒马河两岸滩地可种植农作物。因此，该区以林果业和畜牧业生产为主，种植业次之，林业生产中经济林和用材林并重，干鲜果品中干果多于鲜果，畜牧业生产中羊存栏量最大。20世纪80年代中期，从辽宁盖县引进绒山羊改良本县山羊，提高养羊的经济效益。

第二章　农业生产力

涞水县山区、丘陵面积占全县总面积80.3%，平原只占19.7%。至2009年年底，全县耕地36.27万亩，按农业人口计算，人均只有1.18亩。涞水独特的地理位置，形成了农业以种植业、林果业、养殖业为主的生产格局。山区丘陵地块分散，高低不平，常年少雨，土地瘠薄，限制了农业的发展，耕作基本靠人工完成。1979年，全县农村劳动力95741人，1990年增加到132674人，2009年为194371人。30年间，随着人口增加，农村劳动力相应增加，但随着工商业、建筑业、服务业、林果业的快速发展，农村劳动力逐渐转移到上述行业，单纯从事农业的劳力逐年减少，农村劳动力从业结构发生根本变化。

1979—2009年，国家对“三农”问题十分重视，对农业的投入增加，农业机械化，装备现代化水平提高。在适合机械化耕作的平原地区，麦秋、大秋季节，农业机械化收割替代了人工，农民劳动强度改善。机械化耕作不仅满足本地需要，还有组织地实施跨区域作业，服务领域拓宽。农田排灌，果树植保、病虫害防治、农产品加工和农业生产资料运输等，基本实现机械化，提高了生产效率，解放了农村劳动力。

第一节　耕　地

1978年，涞水全县耕地面积37.599万亩，人均耕地1.45亩。2009年全县耕地面积36.27万亩，较1978年减少13290亩，人均耕地1.18亩，较1978年减少0.27亩。

1978—2009年涞水县农业人口、耕地变动情况统计表

表11-2-1-1

年　份	农业人口（万人）	耕地面积（亩）	人均耕地面积（亩）
1978	25.91	376000	1.45
1979	26.03	376000	1.44
1980	26.24	375700	1.43
1981	26.57	375200	1.41
1982	27.63	374500	1.36
1983	27.10	374700	1.38
1984	27.38	379200	1.35
1985	27.59	367200	1.33
1986	27.87	365400	1.31
1987	28.14	362700	1.29
1988	28.63	364600	1.27
1989	29.01	361500	1.25
1990	29.98	361400	1.21
1991	30.17	361400	1.20
1992	30.33	361400	1.19
1993	30.49	361300	1.18
1994	30.91	358400	1.16
1995	30.74	349000	1.14
1996	30.71	343000	1.12
1997	30.73	340900	1.11
1998	30.77	337000	1.10
1999	30.81	339800	1.10
2000	30.41	339100	1.12

续表

年　份	农业人口（万人）	耕地面积（亩）	人均耕地面积（亩）
2001	30.43	336000	1.10
2002	30.53	336800	1.10
2003	28.63	329500	1.15
2004	28.74	338700	1.18
2005	30.96	301600	0.98
2006	30.21	352200	1.17
2007	30.80	333600	1.08
2008	30.46	333400	1.09
2009	30.77	362700	1.18

第二节　劳动力

1980年涞水县农业人口262415人，占总人口的95.56%；农村实有劳动力95741人，其中男59390人，女36351人，占全县农业人口的36.48%。在农村劳动力中，从事农业的92830人，占96.96%；从事工业、加工业的1088人，占1.14%；从事建筑业的756人，占0.8%；从事商业服务业的1058人，占1.11%。

1990年涞水县农业人口297673人，占总人口的93.65%；农村实有劳动力132674人，其中男82297人，女50377人，占全县农业人口的44.57%。在农村劳动力中，从事农业的113368人，占85.45%；从事工业、加工业的6693人，占5.04%；从事建筑业的5756人，占4.34%；从事商业服务业的6857人，占5.71%。

2000年涞水县农业人口304083人，占总人口的89.96%；农村实有劳动力164417人，其中男19987人，女62430人，占全县农业人口的54.07%。在农村劳动力中，从事农业的127273人，占77.41%；从事工业的11286人，占6.86%；从事建筑业的15027人，占9.14%；从事商业服务业的10831人，占6.59%。

2009年涞水县农业人口312168人，占总人口的8853%；农村实有劳动力194371人，其中男119489人，女74882人，占全县农业人口的62.26%。在农村劳动力中，从事农业的120121人，占61.80%；从事工业的12415人，占6.39%；从事建筑业的21885人，占11.26%；从事商业服务业的39950人，占22.55%。

1979—2009年，全县总人口增长78016人，农业人口增加49753人，农村实有劳动力增加98630人；从事农业的劳动力增加27291人。从事农业的劳动力比例降低35.16%；从事工业加工业的农村劳动力同比上年增长5.25%；从事建筑业的农村劳动力同比上年增长10.46%；从事商业服务业的农村劳动力同比上年增长19.44%。农村劳动力从业结构发生了巨大变化。

第三节 农业机械

1979至2009年，随着改革开放的逐步深入，村民收入的逐步提高，国家扶持农业政策的落实，县农业生产的机械装备和现代化水平均逐年提高。大批先进适用的农机具投入到农业生产中，农机服务专业户由少到多，服务领域不断拓宽。

一、耕作机械

1979年以前，耕作动力机械以东方红-54链轨式拖拉机、乌尔苏斯轮式拖拉机为主，耕地机械是牵引式三铧犁；机具体积庞大笨重，作业效率低。随着改革开放不断深入，农机事业得以迅速发展，农机动力机械以铁牛系列、东方红系列、福田系列为主，作业机械主要是旋耕机。

二、播种机械

播种机械也是改革开放后开始发展，小麦播种机从锄角式开沟器逐步改进为圆盘式开沟器，玉米播种机从条播机改进为穴播机、免耕播种机，精量播种，播种质量好、用种量少。

三、收获、脱粒机械

20世纪70年代开始使用小麦脱粒机械，最初是村生产队使用，数量很少；随着农村土地联产承包责任制实行，脱粒机械保有量快速增长，到20世纪80年代中期达到顶峰，这时涞水县开始引进推广小麦割晒机、联合收割机，从背负式到自走式历经十几年，到21世纪初，小麦收获基本实现机械化。玉米机械收获也是从背负式到自走式的发展过程，到2009年涞水县有玉米联合收割机15台，玉米联合收获处于起步阶段。

四、灌溉机械

灌溉机械：从离心泵到潜水泵，从柴油机到电动机，涞水县在涞水镇南王庄村曾试验喷灌灌溉，由于技术、资金等原因没有推广。

五、农副产品加工机械

农副产品加工机械从单一小麦面粉加工到现在各式各样的加工机械，但多是初加工，产品附加值较低。

六、农田运输机械

农用运输机械主要是拖拉机和农用三轮车，数量增长快，1994年只有1500多台，到2009年达8300多台。

七、植保机械

由于受种植模式的制约，植保机械发展相对迟缓，到2009年，只有少量的机动喷雾器，且多用于林果产业。

1994—2009年涞水县主要农业机械统计表

表11-2-3-1

年份	总动力（千瓦时）	拖拉机（台）	播种机（台）	脱粒机（台）	排灌机械（台）	运输机械（台）	收割机（台）	割晒机（台）
1994	119074	3135	444	2032	5764	1561	25	498
1995	134293	3392	482	2183	5843	2195	31	520
1996	147320	3862	534	2228	5950	2922	50	540
1997	164396	4079	558	2260	6100	4135	103	45
1998	201294	4201	671	2300	6193	6230	169	555
1999	210246	4328	708	2300	6291	6519	209	555
2000	216708	4493	673	2275	6291	6940	240	480
2001	239960	4604	699	2200	6318	7532	249	410
2002	245354	4645	827	1023	6318	7808	249	280
2003	252335	4720	827	980	6304	8150	287	170
2004	252288	4707	842	530	6179	8181	297	-
2005	253689	4714	842	-	6168	8259	310	-
2006	257097	4717	857	-	6069	8387	317	-
2007	258430	4704	900	-	5999	8382	334	-
2008	260918	4719	904	-	6003	8382	338	-
2009	265034	4777	953	-	6012	8395	352	-

第三章　农业开发

涞水地处海河平原流域，是一个农业县。1988年，国家启动黄、淮、海流域综合开发项目。涞水县按要求成立“海河平原农业开发办公室”，列入政府序列，为正科级机构。1988—2000年，累计项目投入2.239亿元，改善农业基本条件和配套设施，促进涞水农业生产的发展。

第一节　开发项目

1988年，国家启动黄、淮、海流域综合开发项目。每年组合一部分财政资金，用于该流域开发治理。涞水亦在项目区内。

涞水县海河平原农业开发项目，开始由县计委管理，项目申报单位组织实施，1989年成立涞水县海河平原农业开发办公室，项目由农开办管理。

涞水县中低产田改造项目：

1988年，立项4个，分别是：蔬菜保护地保护与栽培，绒山羊基地建设，干果（杏仁、核桃）基地建设，果品加工项目，总投资409万元。

1989年，立项3个，分别是：中低产田改造2万亩、种草养畜项目、淡季蔬菜栽培项目，总投资330万元。

1990年，中低产田改造2万亩，投资180万元。

1991年，中低产田改造1万亩，投资168万元。

1992年，中低产田改造项目被取消，停止涞水县所有开发项目，其中绒山羊项目问题较大，影响了其他项目，致使部分资金被市财政抽回。

1993年，通过各方面努力，争取到中低产田改造项目2万亩（对已开发项目进行查漏补缺，改造提高），投资290万元。

1994年，中低产田改造立项1万亩，投资130万元。

1995—1996年，中低产田改造1.3万亩，投资190万元。

1997年，中低产田改造开发1.1万亩，投资202万元。

1998年，中低产田改造1.3万亩，投资273万元。

1999年，中低产田改造2万亩，投资297万元。

2000年，中低产田改造1万亩，投资260万元。

1989—2000年间，全县立项开发中低产田总面积12.7万亩，新打机井422眼，旧井配套88眼，渠道防渗21万米，总投资2729万元。

科技推广项目：

千亩小麦综合丰产技术，投资3.35万元，用于技术培训；

1999年，华美芦荟栽培项目，规模5亩，投资10万元，全部用于苗木补贴；

“玉米农大32”繁殖示范推广项目，规模200亩，投资3万元，用于种子、农药、技术培训等；

“小麦品种花521”示范推广项目，规模1千亩，投资7万元，所有投资用于种子补贴；

以上4个科技推广项目共投资23.35万元，实现经济效益580万元。

第二节　农业开发管理机构及管理

1988年，按照国家对黄海、淮海、平原流域进行开发治理的要求，各县成立海河平原农业开发办公室。涞水县于1989年5月成立涞水县海河平原农业开发办公室，编制6人，设主任1名、副主任3名。1992年8月，根据省、地区农业开发办公室意见，涞水县海河平原农业开发治理办公室更名为涞水县农业开发办公室。主要职责是：负责农业开发治理项目的审查、研究、申报、立项，农业开发治理工程的审查、管理、检查、验收，农业开发治理资金的管理、投放、使用、监督，为开发区提供高新农业技术、优良品种，培养农业科技人员。1993年3月设立工程管理股。1998年3月，增设综合股、事业编制8人。2002年7月机构改革，农开办并入县财政局，设农开股，编制由8人增至12人。

主要工作，根据涞水县耕地面积及其传统农作物种植情况。结合涞水自然、地理、气候、光照等特点，按照国家政策，编制适宜涞水县农作物中远期规划。有的放矢指导乡镇农村科学种植，对缺乏水资源的土地引进旱作农作物品种（旱季稻、高粱）对土地瘠薄、荒漠化突出的重点区域进行土地复垦、复耕，打井修渠，节水滴灌，小流域综合治理。在丘陵地带重点发展畜牧业、林果业。在平原地带推广适合本地特点的小麦、玉米、蔬菜新品种如地膜花生、草莓、土豆。尤其是日光温室大棚蔬菜、大棚香菇迅速，以成为群众增收的特色产业。肉牛、淡水鱼、绒山羊养殖也初步形成规模，农业开发工作成绩斐然，为涞水农村致富奠定基础。

第四章 种植业

种植业是涞水县农业的主导产业，主要粮食作物有小麦、玉米、谷子、杂粮、红薯；经济作物主要有：花生、瓜果、蔬菜等。平原以小麦、玉米为主；丘陵以玉米、谷子、杂粮、红薯为主；山区以玉米、杂粮为主。改革开放以后，平原丘陵地区蔬菜瓜果的种植面积逐年增加，温室大棚蔬菜种植从1994年开始发展较快，逐渐形成规模；香菇、草莓、鲜食花生、西瓜、土豆、萝卜等特色农产品，种植面积逐年扩大。棉花、烤烟、青麻、芝麻、油菜、蓖麻等2000年后基本退出种植范围。

南郭下草莓

第一节 粮食作物

涞水县粮食作物主要以小麦、玉米为主，丘陵、山区有小部分杂豆、谷子和红薯，1978年涞水耕地面积37.60万亩，粮食总产量86654吨。全县玉米平均单产仅250千克；小麦单产200千克。到2009年，耕地面积35.93万亩；粮食总产量130134吨，年均增长1.32%。全县玉米平均单产达到422千克，小麦单产达到393千克。

1979—2009年粮食作物种植面积及产量统计表

表11-4-1-1

年份	粮食总计		小 麦		玉 米		谷 类		杂 粮	
	面 积（公顷）	产 量（吨）	面 积（公顷）	产 量（吨）	面 积（公顷）	产 量（吨）	面 积（公顷）	产 量（吨）	面 积（公顷）	产 量（吨）
1979	29598.6	71950	12666	19000	16000	50000	150	266	1400	666.6
1980	29599.6	79400	12666	22800	16000	55000	200	267	1400	666.6
1981	29599.6	85390	12666	28500	16000	55200	240	267	1450	666.6
1982	29999	93770	12666	34200	16000	57000	320	333	2250	1000

续表

年份	粮食总计		小麦		玉米		谷类		杂粮	
	面积（公顷）	产量（吨）	面积（公顷）	产量（吨）	面积（公顷）	产量（吨）	面积（公顷）	产量（吨）	面积（公顷）	产量（吨）
1983	29999	98675	12666	36100	16000	60000	325	333	2250	1000
1984	29399	107350	12666	38000	15333	66000	600	400	2750	1000
1985	29732.3	111256	12666	39900	15333	68000	600	400	2756	1333.3
1986	29732.3	114410	12666	40850	15333	70150	610	400	2800	1333.3
1987	29732.3	114430	12666	40850	15333	70150	630	400	2800	1333.3
1988	29066.3	115040	12000	39600	15333	72000	630	400	2810	1333.3
1989	29066.3	118040	12000	41400	15333	73000	640	400	3000	1333.3
1990	28399.3	123480	12000	42840	14666	77000	640	400	3000	1333.3
1991	28066	126095	12000	43200	14666	80000	645	400	2250	1000
1992	28066	127552	12000	44100	14666	81000	200	133	2250	1000
1993	27465.6	127200	12000	44100	14666	81400	200	133	1500	666.6
1994	27465.6	128930	12000	45000	14666	82220	210	133	1500	666.6
1995	27332	131310	12000	46800	14666	83100	210	133	1200	533
1996	27332	133140	12000	47700	14666	84000	240	133	1200	533
1997	27332	133860	12000	48000	14666	84400	250	133	1210	533
1998	27332	135077	12000	48600	14666	85000	255	133	1222	533
1999	25332	135097	11333	47600	13333	86000	265	133	1232	533
2000	25132	136110	11333	47940	13333	87000	270	133	900	333
2001	25132	137985	11333	49300	13333	87500	285	133	900	333
2002	25132	138385	11333	49640	13333	87560	285	133	900	333
2003	25132	140249	11333	51000	13333	88000	299	133	950	333
2004	25199	141800	11333	51900	13333	88500	420	200	980	333
2005	26532	143450	11333	52700	14666	89320	430	200	1000	333
2006	25865	147650	10666	56000	14666	90200	450	200	1000	333
2007	25865	151170	10666	58720	14666	91000	450	200	1000	333
2008	25998	155000	10666	61600	14666	91300	1000	333	1100	333
2009	25998	157960	10666	63360	14666	92400	1000	333	1200	333

第二节　经济作物

20世纪90年代以前，涞水农作物以玉米、小麦粮食作物为主，兼有少量花生、红薯、谷子等，经济作物主要是棉花、花生。20世纪70年代涞水平原区的永阳、明义、东文山3乡镇烤烟种植比较普遍，村村种烟草，队队有烘干房，涞水是保定烟厂的主要原料基地。1980年以后随着农村经济体制改革，烤烟逐渐萎缩，1983年弃种。继烤烟之后，棉花种植面积也逐年减少，1988年取消种植计划，退出植棉区。从1990年后，县委、县政府引导农民发展经济作物，种植大棚蔬菜，形成花生、蔬菜、草莓、食用菌等几个特色产业。

东官庄村食用菌大棚

1979—2009年涞水县经济作物生产统计表

表11-4-2-1

年份	棉花		花生		芝麻	
	面积（公顷）	产量（吨）	面积（公顷）	产量（吨）	面积（公顷）	产量（吨）
1979	500	300	800	1800	12	20
1980	500	330	1000	2250	12	20
1981	500	340	1200	2700	12	20
1982	500	340	1200	2700	24	40
1983	510	344	1266	3790	24	40
1984	600	405	1266	3798	24	40
1985	600	405	1500	4500	30	50
1986	700	472	1800	6340	30	50
1987	720	480	1800	6341	30	50
1988	800	552	1800	6340	39	65
1989	800	552	1800	6345	39	65
1990	820	578	1800	6345	36	60
1991	900	634	1860	6556	36	60
1992	1000	705	1860	6556	36	60
1993	1040	730	1880	6711	36	60
1994	1040	733	1880	6711	36.5	60

续表

年份	棉花		花生		芝麻	
	面积（公顷）	产量（吨）	面积（公顷）	产量（吨）	面积（公顷）	产量（吨）
1995	1040	734	1886	6733	49	66
1996	766	551	2000	7200	49	66
1997	533	376	2000	7200	49	66
1998	442	312	2666	9597	49.5	66
1999	333	234	2733	10558	24	33
2000	200	140	2933	10778	24	33
2001	200	141	3000	11025	24.7	33
2002	200	141	3000	11025	–	–
2003	66	46	3000	11100	–	–
2004	60	43	3000	11100	–	–
2005	60	43	3000	11160	–	–
2006	60	43	3000	11160	–	–
2007	60	43	3000	11700	–	–
2008	71	50	3000	11700	–	–
2009	70	49	3000	11700	–	–

1979—2009年涞水县蔬菜瓜类生产统计表

表11-4-2-2

年份	蔬菜		瓜类	
	面积（公顷）	产量（吨）	面积（公顷）	产量（吨）
1979	1000	22500	60	1620
1980	1100	24700	60	1620
1981	1200	25000	80	2160
1982	1200	25000	100	2700
1983	1300	29000	100	2700
1984	1330	29900	120	3000
1985	1387	31200	130	3510
1986	1387	32200	151	4050
1987	1396	37699	150	4050
1988	1400	42000	160	4300
1989	1460	43800	160	4320
1990	1460	43800	180	4855

续表

年份	蔬　菜		瓜　类	
	面积（公顷）	产量（吨）	面积（公顷）	产量（吨）
1991	1460	43800	180	4860
1992	1466	44000	500	13510
1993	1481	44400	500	13500
1994	1480	44400	666	17982
1995	1486	44580	666	17982
1996	1666	50000	400	10800
1997	2333	70000	466	11800
1998	2466	92000	466	11883
1999	3333	124900	400	10200
2000	3333	139900	333	8491
2001	3733	145500	200	5320
2002	3700	144300	200	5321
2003	3845	149000	200	5325
2004	3900	157900	200	5400
2005	4000	162000	200	5400
2006	4100	166050	500	13500
2007	4243	171206	500	13500
2008	4300	174000	594	15825
2009	4333	181986	333	8991

第三节　耕作技艺

涞水县属半山区县，平原耕作制度为一年两熟，小麦—玉米轮作倒茬。丘陵和山区为一年一熟。

20世纪80年代，农村家家户户饲养猪鸡等家禽，农作物肥料以农家肥为主，兼施化肥。20世纪90年代后，农村养猪户减少，农家肥使用比例明显降低，化肥使用量逐年增加，造成土壤板结，病虫害发生频繁。随着新能源技术和秸秆还田技术的推广，沼气池产生的沼液可用于田间施肥，大量的秸秆可还田做底肥，既改良土壤，增加地力，还减少环境污染。2000年后，开展测土施肥技术，大力推广有机肥和平衡施肥，根据土壤中养分含量，科学配比化肥氮、磷、钾比例，增收效果比较明显。

耕作形式由人工播种、人工收割、发展到机械化播种，机械化收获，机械化程度达到75%以上。小麦收获机械化程度达到100%。

田间除草，由化学除草剂代替繁重的人工除草。化学除草剂使用逐年增加，达到95%以上。机械化免耕播种技术得到普及。

1978—2009年涞水县化肥使用量统计表

表11-4-3-1　　　　单位：吨

年 份	化肥使用量	年 度	化肥施用量
1978	–	1994	4687
1979	–	1995	6007
1980	–	1996	7984
1981	–	1997	9263
1982	–	1998	7338
1983	4016	1999	7717
1984	3564	2000	7321
1985	4225	2001	7057
1986	–	2002	8626
1987	–	2003	7325
1988	6009	2004	6713
1989	–	2005	6996
1990	4311	2006	7088
1991	4462	2007	6232
1992	4071	2008	6203
1993	4423	2009	6658

注：化肥使用量采用折纯量计算。

第四节　农业科技

一、良种化

涞水县农作物种子已全部实现良种化，且不断引进更换新品种。

粮食作物：小麦由原来的京冬8到中麦9，再到如今的保麦9等品种。玉米由原来的唐抗5到郑单958，再到如今的蠡玉16、先玉335。

经济作物：花生由原来的冀油4到现在的冀花4、冀花5；食用菌由原来的868到现在的939、9015；草莓由原来的明星到现在的蜜宝；大棚西红柿由原来的粉皇后到现在的西红柿东盛系列品种。

小麦品种“北农9549”介绍：冬性，中熟，成熟期比对照京冬8号晚2天。幼苗半匍匐，生长健壮，植株繁茂，分蘖力中等。株高83厘米，抗倒伏能力强。穗纺锤形，长芒，白壳，白粒，籽粒角质。成穗率中等，平均亩穗数40万穗，穗粒数28粒，千粒重45克。中抗至中感条锈病，高感叶锈病和白粉病。2001年参加北部冬麦区水地组区域试验，平均亩产396.7千克，比对照京冬8号增产2.7%；2002年续试，平均亩产415.9千克，比对照京冬8号增产2.2%。2003年生产试验平均亩产453.3千克，比照增产3.8%。

小麦品种“轮选987”介绍：冬性，稍晚熟。幼苗匍匐，生长较繁茂。株高80厘米左右，植株清秀，茎秆弹性好，较抗倒伏。穗纺锤形，长芒、白壳，红粒，千粒重41克左右。成熟落黄好，较抗干热风。高抗条锈病，中抗白粉病，中感或高感叶锈病。2001年国家区域试验结果，平均亩产427.1千克。2002年同组试验结果，平均亩产484.3千克。2002年参加生产试验，平均亩产432.9千克。

玉米品种“郑单958”介绍：夏播生育期95天左右。叶色浅绿、叶片窄而上冲、株型紧凑、雄穗分枝与主轴夹角极小。株高240厘米左右，穗位高100厘米左右，穗长20厘米，穗行数14~16行，行粒数36.6粒，千粒重350克。黄粒、半马齿型、粒长、白轴、果穗无秃尖，出籽率高达90%。根系发达，抗倒、耐旱、高产、稳产，适应性广。抗玉米大小斑病、青枯病、黑粉病。适宜夏玉米生产用种，中等水肥地块每亩550~700千克，高水肥条件下具有每亩900千克以上生产潜力，最高亩产达927千克。

玉米品种“蠡玉16”介绍：幼苗顶土力强，苗期生长健壮，株高约250厘米，穗位约102厘米，茎秆坚韧，根系较发达，抗倒性较强，千粒重304克，果穗筒型，穗轴白色，籽粒黄色，半马齿型。增产潜力大，适应性广，稳产性高。该品种全生育期约100天左右。

涞水县种子销售原来由县种子公司统购统销。涞水县种子公司成立于1970年，占地20亩，当时有职工26名，年经销玉米种子40万千克，小麦种子80万千克，棉花种子0.2万千克，黄豆种子5万千克，花生种子5万千克，于2002年破产。此后，种子实行市场化供应，零售网点遍布城乡。

二、农业科技推广

农业科技推广历来是农业农村工作的重要组成部分，农业局下属农业技术推广站、植保站、土肥站从不同的角度承担着全县农业技术推广任务，每年开展各类农业技术培训100余场次，发放技术宣传材料、明白纸等3万余份，使农业科技尽快运用到农业生产中去。2009年，农业局组建科教股，专门致力全县农业科教、观摩推广组织工作。农业局有农业技术推广专业人才96人，其中具有大专以上学历36人，中专文化程度40人（具有高级职称的8人，中级以上职称的43人，初级职称的32人），技术工人20人，技术力量雄厚，结构合理。完全可以胜任全县农业科技推广工作。2009年，农业局相继组建义安、石亭、明义3个农业技术区域站，工作在全县农业科技推广最前沿，带动全县农村经济健康有序发展。

三、绿色农产品生产

2008年7月，涞水县农业局农产品质量检测站成立。对全县主要的市场，超市、农村合作组织、蔬菜生产基地进行蔬菜农药残留抽样检测，共检测蔬菜样品720多个。包括黄瓜、西红柿、香菇、木耳、芹菜、豆角等18个蔬菜种类。通过抽检农药残留合格率均达到100%。同时加强无公害蔬菜生产指导。制订《香菇、木耳、甜椒、辣椒、西红柿等11种蔬菜的无公害蔬菜生产技术规程》。加大对全县两个无公害生产基地的监管力度。对两个无公害生产基地实行委托检测，每周对其进行一次例检。2009年北京绿洲种养殖公司新认证无公害产品两个，分别为辣椒、甜椒；涞水县华益菇业有限公司新认证无公害产品两个，分别为香菇、木耳。香菇通过有机食品认证。每年向市检测站送检代表性蔬菜品种40个，均合格。

第五节　农业产业化经营

自20世纪90年代中期，涞水积极培育农业特色主导产业，逐渐形成以明义乡东官庄村、西官庄村、涞水镇北关村，义安镇西义安村为中心的食用菌生产基地；以涞水镇南北瓦宅为中心的草莓生产基地。形成了西水北、石圭、燕翎村、南水东、台头等大棚菜专业村；胡家庄乡马铃薯、地膜花生、鲜食萝卜生产基地。到2009年，涞水全县食用菌发展到6300万棒；草莓发展到4000亩；大棚蔬菜2000亩；马铃薯20000亩；地膜花生20000亩；鲜食萝卜20000亩。

订单农业从2003年开始逐步发展。南兵上生菜生产基地作为北京绿洲公司供应麦当劳的无公害蔬菜生产基地，年产生菜300吨。涞水生产的蜜宝草莓，年产8000吨，也主要由保定外贸冷冻厂收购销往国外。

第六节　农业机械化

一、作业与农机技术推广

1.作业模式

农机作业模式由单机单项作业逐步发展到现在“一条龙”作业模式（小麦机械收割-灭茬、覆盖-夏玉米免耕施肥—播种、玉米秸秆机械还田—机耕—小麦机械施肥—播种）。

2.农机技术推广

涞水县20世纪70年代初成立农机局，农机化事业开始起步。县农机局推广多项先进农业机械和技术，包括拖拉机、播种机、铺膜机、小麦割晒机、背负式小麦收割机、自走式小麦收割机、玉米免耕播种机、秸秆还田机、玉米联合收割机等农机具，及机耕、机播—精播、免耕播种、机械收获、化肥深施、机械秸秆还田、保护性耕作等农机技术。

1994—2009年涞水县主要农作物机械作业量统计表

表11-4-6-1　　单位：万亩

年份	耕地面积	机播面积	机收面积
1994	29	14	9.6
1995	29	14	10.2
1996	29	17	11
1997	28.5	18	12
1998	28.2	24	14.9
1999	27.8	23.7	15
2000	27.2	23.4	16
2001	25	24	15.6
2002	24.6	26	15
2003	24	26.1	14.5
2004	24	26.3	14
2005	26.9	27.1	13.5
2006	26	28	13
2007	26.2	29	13.2
2008	27.3	30	14
2009	28.5	32	14.5

二、农机安全监理

农机安全监理站于1982年10月成立。根据农业部《拖拉机驾驶证业务工作规范》《拖拉机登记工作规范》《农业机械安全监督管理条例》开展拖拉机、联合收割机各项业务的办理和执法检查工作。

2005年新的《中华人民共和国道路交通安全法》规定，原来由农机安全监理部门管理的三轮汽车、低速载货汽车及驾驶员档案移交公安交通管理部门。为此，市政府办公厅于2009年1月16日下发内部明电《关于落实省政府办公厅〈关于贯彻中华人民共和国道路交通安全法〉的通知》，要求在2009年3月31日前将三轮汽车、低速载货汽车及驾驶员档案移交公安交通管理部门。涞水县农机监理站在2009年3月31日前将所有手续移交到县交警部门。

三、农机服务维修

80年代初，各乡镇普遍建有农机修造站，县建有农机修造厂。20世纪80年代中后期，随着家庭联产承包责任制的普遍实行，农机维修网络的结构发生明显变化，农机维修市场化、专业化、社会化步伐加快。1984年国家制订《全国农村机械维修点管理办法》和有关标准，对农机维修工开展职业技能鉴定；2004年《中华人民共和国农业机械化促进法》对农机维修管理作出规定；2006年，农业部和国家工商行政管理总局联合制订《农业机械维修管理规定》。依照这些法律法规，涞水农机维修业进入市场化、依法促进，依法管理的时期。

四、农机管理机构

1982年10月，成立涞水农机安全监理站。1987年10月，设立涞水农业机械管理局，内设财统股、农机管理股、农机监理站、农机化技术推广服务站、农机培训学校，行政编制14人。1987年10月增设农业机械公司、农用油料供应站，为涞水县农业局下属单位。1988年11月，农机培训学校列为涞水县农业局下属单位；1988年12月，农机监理站列为涞水县农业局下属单位。1991年1月，建立保卫股。1990年2月，农机培训学校更名为涞水县农业机械化培训学校。1998年3月，内设综合股、农机管理股、事业编制7名。2002年6月，农机局合并到县农业局。

第七节　管理机构

涞水县农业管理机构是涞水县农业局。1987年，农业局设局长1名，副局长2名，内设人秘股、新能源办公室、农村经济合作股、生产股，行政编制16人。下属单位有：技术站、植保站、土肥站、种子监督检查站、种子公司、原种厂。1989年4月设立河北省广播电视学校涞水县分校。1996年机构改革，农业局与农工部合署办公，内设人秘股、综合股、合作经济股、生产股、农经股。2002年6月，农业局与县农机局合并，名称仍为涞水县农业局，合并后行政编制6名，内设股室3个；下属单位8个（场、站），事业编制56名。2009年，内设办公室、农经生产股、农机股，行政编制6人。

第五章　林　业

1979年，涞水林地面积只有20万亩左右。1979—2009年通过承包造林、工程造林、飞播造林、封山育林，涞水林地面积成倍提高。尤其是1986年后国家规划实施的京津周围绿化工程、1996—2000年中德合作造林工程、1987年实施的三北防护林工程、2002年实施的生态环境治理工程、京津周围风沙源治理工程、退耕还林工程等国家级造林项目的实施，推动涞水林业有长足的发展，并取得显著生态效益、经济效益和社会效益，不但为京津地区的生态环境改善做出了重要贡献，而且促进涞水经济的发展，加快涞水产业结构的调整和农民脱贫致富的步伐。据河北省森林资源规划设计调查显示：2009年涞水有林地面积50.4万亩，其中生态公益林37.1万亩（包括国家级生态公益林13.7万亩）；商品林14.1万亩，比1979年增长2.5倍，森林覆盖率达到20.38%。

1991年以来，涞水林业工作多次受到河北省林业厅表彰：1991年，河北省林业厅、共青团河北省委，授予涞水县林业局“河北省百项青年工程建设优秀组织奖”；1991年河北省绿化委员会、省林业厅、省人事厅授予涞水县林业局“河北省造林绿化先进单位”；1992年，涞水县磨盘柿被河北省林业厅评为“1992年度省优质果品”；1994年，河北省林业厅授予涞水县林业局“河北省林业宣传先进单位”；1996年涞水县林业局被河北省林业厅评为“核桃良种繁育先进单位”；1999年，涞水县薄皮核桃被评为“河北省农业名优产品”；2004年，涞水县林业局被河北省林业评为“河北省林业宣传先进单位”。

第一节　林业发展

涞水县是山区县，在丘陵山区有大量的宜林荒山。1978年年底，涞水有林地面积20多万亩。

1979—1984年，在山区进行飞播造林12万亩。但由于干旱和管理不善，成林和保存面积很少。

1982年，实行承包责任制，把大面积可宜林的荒山由当地群众承包造林，所造林归个人所有，并有继承权，一定30年，多至50年不变。

1984年中共中央1号文件进一步肯定承包责任制的做法，掀起群众性的造林高潮。1985年出现1000亩以上荒山承包大户11个，500亩以上的49个。同时带动家庭果园的发展。1985年年底，家庭果园达1105个，原集体经营的果园，也大部分承包到户。

1987年，国家实施京津周边绿化工程，涞水县被列入项目区内。这次造林实行工程管理，即按规划设计，按设计施工，按设计验收，验收合格后拨付经费。当年完成工程造林1万亩，飞播造林4.5万亩、封山育林10万亩。人工造林成活率达到80%以上，改变过去造林不见林的状况。1987—2009年，涞水县先后实施京津周围绿化工程、中德合作造林项目、退耕还林工程、首都周围风沙源治理工程、生态综合治理工程5个工程造林项目。山区造林以生态林为主，主要林种是松、柏、山杏、刺槐。丘陵以经济林为主，主要树种是杏、核桃。平原造林以速生杨为主。

通过实施人工造林、飞播造林、封山育林，涞水林地面积成倍提高。据河北省森林资源规划设计调查显示：2009年涞水有林地面积50.4万亩。其中生态公益林37.1万亩（其中国家级生态公益林13.7万亩）；商品林14.1万亩。森林覆盖率20.38%。生态环境持续好转。

飞机树林防护灭虫

1990—2009年林业生产统计表

表11-5-1-1

年份	林业产值（万元）	建林面积（公顷）	果品产量（吨）	植树（万株）	育苗（万株）
1990	1759	7333	15400	90	200
1991	1804	6300	11220	-	-
1992	1767	5727	16763	-	-
1993	1641	6907	16725	-	-
1994	1894	8053	17260	-	-
1995	3088	10200	22490	-	-
1996	4187	9867	24125	-	-
1997	6245	6000	25860	-	-
1998	6787	3267	27070	-	-
1999	8012	3093	27310	-	-
2000	7075	4827	26600	-	-
2001	8265	3733	25303	-	-
2002	6277	2667	29843	-	-
2003	4361	3267	29768	-	-
2004	4384	2200	32655	-	-
2005	4360	1200	32560	101	200
2006	4403	2400	35015	90	167
2007	4772	1667	36985	110	166
2008	6319	6000	35840	110	166
2009	10889	7333	39088	95	167

第二节 工程造林

1986—2009年，涞水争取并实施国家工程造林项目5个，总投资12055万元。

一、三北防护林工程

三北防护林工程是国家六大林业重点工程之一。它分成多个子项目。京津周围绿化工程就是该工程的子项目之一。1987年，三北防护林工程开始在涞水县实施。至2009年，建设23年，累计完成人工造林92.2万亩；飞播造林62.5万亩；封山育林111万亩；投资8887万元。由于涞水县山区自然条件较差干旱缺水，树木成活率较低，2009年年底实有成活林地50.4万亩。

1987—2009年涞水县三北防护林工程统计表

表11-5-2-1

年 份	人工造林（万亩）	飞播造林（万亩）	封山育林（万亩）	投资（万元）
1987	1.0	4.5	–	215
1988	3.0	5.0	–	390
1989	3.5	7.0	5.0	490
1990	4.5	7.0	–	570
1991	5.0	5.5	–	550
1992	5.0	3.3	1.7	550
1993	6.5	3.7	–	620
1994	7.0	5	20	640
1995	9.0	5	15	720
1996	8.0	5	–	640
1997	7.0	5	10	620
1998	3	–	–	240
1999	3.1	3	10	390
2000	3.2	2	5	300
2001	3.0	1.5	3.0	280
2002—2003	0.9	–	15	72
2004	–	–	5	30
2005	1.2	–	3.0	120
2006	2.6	–	1	200
2007	2.0	–	–	160
2008	3.0	–	–	240
2009	10.7	–	2.0	850
合计	92.2	62.5	111	8870

二、中德合作造林项目

涞水县中德合作造林项目是河北省林业局受省政府委托，负责承办并实施的《中德合作河北省白洋淀上游集水山地生态造林项目》的四个项目之一。涞水县自1996年实施，到2000年结束。该项目共完成人工造林64464亩；封山育林6.9万亩，投资928万元。

三、退耕还林工程

涞水县自2002年实施退耕还林工程，区域主要集中在山区和丘陵区，到2008年结束。共完成退耕5.4万亩；匹配造林9.5万亩；封山育林6.5万亩，投资1574万元。

1996—2000年涞水县中德合作造林项目统计表

表11-5-2-2

年 份	人工造林（亩）	封山育林（亩）	投资（万元）
1996	7278	13499	139
1997	17413	55508	472
1998	4165	-	33
1999	29203	-	233
2000	6405	-	51
合计	64464	69007	928

2002—2008年退耕还林工程统计表

表11-5-2-3

年 份	退耕还林（万亩）	匹配造林（万亩）	封山育林（万亩）	投资（万元）
2002	2.0	2.0	-	320
2003	2.0	2.0	-	320
2004	0.3	3.0	-	264
2005	0.6	-	3	220
2006	0.5	0.5	-	80
2007	-	1	2	200
2008	-	1.0	1.5	170
合计	5.4	9.5	6.5	1574

四、首都周围风沙源治理工程

首都周围风沙源治理工程是为了减少北京的沙尘暴和扬沙，改善首都北京的空气质量而实施的一项风沙源治理工程。2002年，涞水争取该项目资金390万元，完成人工造林1.5万亩；飞播造林1万亩。

五、生态综合治理工程

2002年涞水争取到国家计委生态综合治理项目。该项目总投资500万元，含造林和配套修路、打井、引水工程。由林业、水利等部门分别实施。其中林业部分投资276万元，人工造林23525亩，封山育林14625亩。

1987年后，实施工程造林，每年需要大量的苗木。为此，涞水县于1990年建立育苗基地，年均育苗在2000亩左右，树种主要为山杏、刺槐。2000年以后，年育苗面积增加到3500亩。

由于涞水地处山区，立地条件较差，为提高造林成活率，自2003年开始推广容器苗造林，营养杯育苗迅速发展。到2009年涞水发展营养杯培育苗2200万袋。其中2003年90万袋，2004年270万袋，2005年160万袋，2006年185万袋，2007年200万袋，2008年300万袋，2009年1000万袋。培育树种也由油松、侧柏等单一针叶树种扩大到山杏、刺槐等阔叶树种。

六、封山育林

涞水县自1989年开始，从深山到浅山，从旅游区到其他山区，逐步推进封山育林工作，先在李各庄乡、蓬头乡试行，当年6月，飞播油松71265亩。之后在野三坡旅游区实行封山禁牧，恢复林草植被。至2009年，全县累计封山育林111万亩。

第三节　果林种植

涞水主要果林品种有苹果、梨、桃、柿子、红果。1980年果品总产量915万千克，其中核桃产量15万千克，苹果产量89.5万千克，梨产量109.5万千克，到2009年果品总产量3908.8万千克，比1980年增加2993.8万斤，年均增长5.13%；其中核桃产量114.3万千克，比1980年增加公99.3万斤，年均增长7.25%；苹果产量3732万千克，比1980年增加3642.5万千克，年均增长13.7%；梨产量20万千克，比1980年减少89.5万千克。

涞水结合本地条件，积极培育特色果品，先后建起北洛平、庞家河、淮河、南安庄四个特色果品示范村，形成了串枝红杏、薄皮核桃、麻核桃3个特色果品产业基地。

一、串枝红杏

1988年借首都周围绿化工程实施，引入串枝红杏，在永阳镇北洛平村建起300亩、在娄村满族乡庞家河村建起200亩两个串枝红杏示范园。通过几年的示范试验，取得很大收获。串枝红杏非常适合当地气候条件和环境条件，在本地表现出早果、早熟、价格高、易管理、投资少、见效快、收入高的特点，备受果农欢迎，激发栽植串枝红杏的积极性。自1988年到2005年，北洛平村发展到3000亩。庞家河村发展到1850亩，并带动周围村镇种植。到2005年涞水全县串枝红杏面积达到2.5万亩，形成一个特色产业基地。

北洛平村成立串枝红杏果品协会，有一批素质高的经纪人，通过和外地客商密切合作，以公平、诚信的经营，赢得了外地客商的赞誉，形成一个串枝红杏批发市场，产品远销全国各地。

二、优质薄皮核桃

1993年涞水被林业部首批定为优质核桃示范县。1994年涞水从大连经济林研究所引进优质核桃接穗。聘请刘万生为技术顾问，推广高接换优及核桃冬季温室嫁接技术，均取得成功。特别是核桃冬季温室嫁接达到国内领先水平。1995年涞水县把东文山乡淮河村定为优质薄皮核桃示范村，栽植优质核桃500亩。经过几年的精心管理，树势生长良好，结果早，丰产性能高，坚果质量好，深受消费者青睐，产品一直供不应求，价格稳中有升，从每千克20元升到2005年每千克30元。大大提高了果农收益，激发了群众发展优质核桃的积极性，到2005年淮河村优质核桃面积发展到900亩，其中500亩现已进入盛果期，400亩为初果期，2005年产量12万千克，产值320万元；2008年产量23万千克，产值630万元，成为涞水典型的优质薄皮核桃示范村。在示范带动下，到2009年全县优质核桃发展到1.5万亩，形成一个新的特色产业。

三、麻核桃

1994年经麻核桃普查，发现南安庄、长安庄、上车亭保存几株，然后进行保护开发。通过几年的综合技术管理，取得很大收获。麻核桃具有刻沟刻点深、缝合线突出、壳皮厚、不易开裂、壳纹清晰美观、内壁骨质发达、取仁难（几乎无仁）等特点。历史上常为贵族中、老年人舒筋活络的“手玩物”，

2005与2008年特色果品示范村面积、收入对比统计表

表11-5-3-1

乡镇	村	人口（人）	耕地面积（亩）	果树总面积（亩）	果品总产量（万千克）	2005年人均		2008年人均		主要树种
						总收入（元）	其中果品收入（元）	总收入（元）	其中果品收入（元）	
永　阳	北洛平	1830	1986	3200	500	4300	3000	10500	7500	串枝红杏
娄　村	庞家河	1310	1450	1950	300	3600	2700	10000	6700	串枝红杏
娄　村	北水东	936	1000	700	405	7000	6000	13000	12000	桃
东文山	淮河	870	1060	900	12	3900	2800	10200	7200	优质核桃
娄　村	南安庄	700	401	401	磨盘柿15万千克 麻核桃3000个	3500	3000	12000	11000	麻核桃

故又称“耍核桃”。深受北京、天津、东北等地客商的青睐。娄村满族乡南安庄自2000年开始种植麻核桃，由于市场需求量剧增，出现相互竞价抢购的局面。巨大的经济利益，激发了群众的积极性。当地政府因势利导，在林业技术人员的指导下，2002年南安庄利用当地丰富的实生核桃作砧木，开始大面积高接。品种也由原来的2种发展到现在的5种（公子帽、鸡心、狮子头、虎头、三根筋）。据市场调查，一对上好的麻核桃可卖到13700元，一根狮子头接穗可卖到500元，普通接穗也卖到100-200元。南安庄村现有麻核桃6000株，产果3000个，果产值80万元，接穗产值80万元。

2005年，县政府把麻核桃作为涞水特色产业来抓，组织林业、县社、扶贫办等相关单位协助当地政府成立麻核桃协会，制定完备的组织体系和章程。协会的成立，提高了果农组织化程度，适应了销售市场的新形势，保证了标准化生产的实施，确保麻核桃特色产业的可持续发展。到2009年，全县麻核桃发展到60000株。

第四节　林木防护

一、病虫害防治

2008年美国白蛾入侵涞水，2009年虫害发生总面积达到6.27万亩。其中春尺蠖发生1.13万亩；杨毒蛾发生0.24万亩；杨扇舟蛾发生0.27万亩；美国白蛾发生4.45万亩；棕色天幕毛虫发生0.075万亩。在虫害防治工作中，加大领导力度和资金投入，投入资金115万元。发动群众人工挖蛹，捕捉成虫，有偿收购，收购虫蛹601.6千克，成虫1475.5千克。飞防162架次，喷药防治作业面积11万亩。释放天敌啮小蜂0.3亿头。大大降低了虫口基数。

森林灭虫

二、禁牧

1987年，随着三北防护林、退耕还林等国家重点工程项目的实施，涞水县开始实施生态立县战略，以建设“环京生态旅游经济强县”为目标，以“建设环首都绿色经济圈”生态战略目标为契机，在山丘区逐步实行封山禁牧，采取六项举措开展禁牧工作，巩固了禁牧成果。

三、建立森林保护组织和队伍。

在森林保护区设立3个管理站，并建设保护设施；管理站根据需要设置2-3个管护点，每点配备3-4个管理人员；防护点为森林公安警务区，公安民警定期到保护区巡护，维护治安；组建了两支专业扑火队，做好应急准备；建立县乡（镇）村齐抓共管机制。通过上述措施，1979—2009年未发生大的森林火灾。

第五节　管理机构

1973年5月撤销农林水电服务站，成立林业局，下设林业组、果树组、会计组、赵各庄林场和桑园涧林场。1977年恢复白涧、镇厂两个林业站，在山区交通要道设置龙门、岭东、南款、西角、镇厂、高铺、马各庄、都衙8个林业木材检查站，在赵各庄、桑园涧两个国营林场各设林业派出所。1984年建立涞水县苗圃场，占地100亩。1987年，林业局调整机构，局下设办公室、林业股、工程股、果树资源管理站，增设山前林业派出所，新成立林果技术服务站。1988年建立娄村、北义安两个林业站。在南义安河滩新建果树示范场，占地300亩。1989年在东文山、洛平建立两个林业站。1990年建立庄里、紫石口、蓬头、李各庄、其中口、偏道子、都衙、虎各庄、王村、城关、石亭林业站。1990年气象站归入林业局。1993年，合乡并镇，设东文山、永阳、娄村、石亭、王村、涞水镇、其中口、赵各庄、龙门、三坡、九龙林业站。1996年乡镇机构改革，林业站共核定编制18人。2002年8月机构改革，涞水县林业局改为事业单位，编制16人。下设办公室、财务股、工程股、林政股、防火办、果树站。2002年7月在山前5乡镇建立中心林业站（又称林业站管理站），王村和涞水镇林业站职责归入中心站。2005年改称平原片林业站。2005年9月成立林业技术推广站，与果树站一套人马。2005年9月成立林业综合行政执法大队，编制林业局内部调剂。2006年，涞水县森林防火专业扑火队组建。2008年9月，林业局被批准为参照公务员管理单位。2009年7月，成立涞水县森林公安局，下设赵各庄森林派出所、桑园涧森林派出所，政法编制10人。原山前林业治安派出所、桑园涧和赵各庄林业派出所撤销。

2009年，林业局设局长1名，副局长3名，参照管理人员14人，公务员6人，事业干部40人，技术工人102人。其中高级工程师9人，工程师14人，助理工程师20人。桑园涧、赵各庄林场、苗圃场、良种场、林果技术服务站共有干部9人，林业工人67人。其中工程师1人，助理工程师1人，技术员6人。

第六章　畜牧水产业

1979—2009年，畜牧业的发展实现了从生产队养殖为主向小规模大群体的个体养殖，又从小规模大群体的个体养殖向规模化、良种化、产业化的转变，经过30多年的发展，畜牧业在农村产业结构调整中异军突起，实现了从传统的副业向国民经济相对独立的一大产业和农村经济重要支柱的历史性跨越，1980年，畜牧养殖业产值占农业总产值比重为13.39%，1990年畜牧养殖业产值占农业总产值的比重提高到33.34%，10年增加20个百分点。2009年畜牧养殖业产值占农业总产值比重为40.34%，又提高了7个百分点，比1980年，提高27个百分点。

2000年，围绕新农村建设、畜牧业增效、农民增收三大目标，坚持保护与发展并重的方针，走资源节约型、科技密集型、质量安全型的畜牧业发展之路，实施科技兴牧战略，推行标准化、规模化生产，通过抓龙头、建基地，抓保护、强服务，畜牧业实现了持续、快速、健康发展。

2009年全县肉牛存栏1.18万头，肉牛出栏1.61万头，奶牛存栏2430头；猪存栏15.2万头，猪出栏22.72万头；羊存栏18.94万只，羊出栏20.82万只；禽类存栏78.2万只，禽类出栏102万只；兔存栏11.6万只，兔出栏18.17万只。肉类总产量20557吨；禽蛋产量2872吨；奶产量5798吨。全县畜牧业总产值5.09亿元，占大农业总产值的40.34%。

第一节　畜禽养殖

一、奶牛养殖

涞水县奶牛品种主要是中国荷斯坦奶牛，毛色以黑白花为主，偶见红白花，牛产奶量在个体间差异较大，年产奶量3-7吨，全县奶牛平均产奶量4.5吨，主要分布在涞水镇、义安镇、胡家庄乡。涞水县的奶牛养殖起步较晚，1998年以前存栏一直不足100头，养殖方式为一户一两头。2003年涞水县制订实施“草、牛、奶工程”，奶牛养殖得到了快速发展，年底存栏达到了800头。随后建立了东关奶牛场、现代农庄、富旺达托牛所、佳利双丰奶牛场，养殖方式向规模化转变。2008年三鹿奶粉事件后，省市制订一系列发展规模养殖的优惠政策，奶牛场纷纷扩建，奶牛养殖实现商品化、专业化，产业化。到2009年全县奶牛存栏2430头。养殖场主要有富位现代农庄奶牛场存栏120头，富旺达托牛所存栏650头，佳利双丰奶牛场存栏104头，东关奶牛场存栏80头。牛奶价格由1979年每千克0.15元到2009年增加到每千克3元，现在全县奶产量0.63万吨，主要供北京、保定奶业公司。

二、肉牛养殖

肉牛品种主要为西门塔尔与本地黄牛的杂交后代，其次为中国荷斯坦奶牛的公牛，偶见夏洛莱杂交后代。肉牛主要以家庭养殖为主，多为异地育肥（从外地购进架子牛育肥），基础母牛存栏较少。

随着农业机械的推广普及，牛从耕畜转变为肉畜、奶畜，牛肉价格从原来的每斤5~6元钱，增加到16~17元。市场需求旺盛，激发了农民养牛的积极性。涞水县从1990年开始引进西门塔尔、荷斯坦、夏洛来等品种，推广人工输精技术及秸秆青贮饲喂技术。2003年涞水县政府制订《关于大力发展以肉牛业为主的养殖业发展实施意见》，发展肉牛规模养殖，推广肉牛短期育肥技术，先后建立了王村乡张翠台肉牛小区、永阳镇幸福庄肉牛小区、石亭镇北庄肉牛养殖场、明义乡冀家沟肉牛养殖场等10多个肉牛养殖场，县畜牧局积极开拓销售市场，与北京大兴屠宰厂、顺义屠宰厂、北京卓晨畜牧有限公司签订肉牛购销合同，订单产业初步形成。

2009年全县肉牛存栏1.18万头，出栏1.61万头。大型养殖场有义安镇鹏德养牛场、杨家台肉牛场、南关村石克义肉牛场。

三、蛋鸡养殖

蛋鸡品种主要是由来享鸡、海塞克斯鸡等品种培育出来的品系，分褐壳鸡、白壳鸡、粉壳鸡，褐壳鸡主要是海塞克斯褐、海兰褐，白壳鸡主要有京白鸡、尼克鸡、海兰鸡等，粉壳鸡主要有以京白939为代表的京白粉壳鸡系列、尼克粉壳鸡等品系。此外，还有河北地方品种柴鸡，主要饲养在农户的散养鸡中，存栏量较少，柴鸡生产性能低，年产蛋120枚左右，抗逆性强，适应性强，鸡蛋营养价值高，是发展绿色食品鸡蛋的首选品种。

1989年涞水县养鸡业由个体分散养殖逐步向规模化养殖发展。如养万只鸡以上的蛋鸡养殖户有3户，即悟空寺活佛山养鸡场、南兵上刘晓东养鸡场、南王庄村张卫坡养鸡场。随着人们生活水平的不断提高，人们对鸡蛋的品质要求也越来越高，柴鸡蛋供不应求，因此从2000年后柴鸡规模养殖户也在不断增加。几百只上千只的柴鸡养殖户全县有20多个，其中西龙泉肖金明、悟空寺杨树江等柴鸡有2000余只。柴鸡蛋在春节时每斤价格高达10元以上。

四、羊饲养业

羊分为绵羊和山羊，涞水县绵羊品种主要有小尾寒羊，山羊主要品种有绒山羊、绒山羊与本地山羊杂交种、波尔山羊。

涞水县养羊的历史悠久，有50%以上的农民都有养羊的历史和饲养经验。20世纪50年代至70年代，山区和丘陵地区以养本地山羊为主。当时羊绒不单独作为商品买卖，同羊毛一起剪下，每只羊年均产绒2两。1987年在县政府及上级领导的大力支持下，把涞水县定为河北绒山羊基地县，并投资在娄村乡车厂村建立绒山羊种羊场和人工授精站。当时种羊场从辽宁盖县引进绒山羊541只，从事人工授精及管理人员达20余人。1987—1989年，涞水引进绒山羊1082只，与本地山羊进行杂交改良，进一步推动涞水县的羊只发展。到2000年，涞水县山区5个乡镇及娄村乡、宋各庄乡基本上实现了村村都有绒山羊，全县绒山羊存栏达到28万只，占全县羊存栏的90%，羊绒平均单产由100克提高到360克，效益每只平均提高了150元左右，比饲养本地山羊每年增收7000多万元，绒山羊养殖成为山区农村经济的主导产业。2001年涞水县实施禁牧的政策，绒山羊饲养由放牧改为舍饲，数量逐年下降，2009年全县绒山羊存栏只有14万只。

山前平原地区大部分养羊户以饲养大尾寒羊和小尾寒羊为主。1990年以后从山东鲁西一代引进小尾寒羊2000余只，同本地绵羊杂交。小尾寒羊特点是产羔多，平均产3~4只羔，多的产6只以上；长势快。缺点是育肥慢，骨架大，产肉率略低。2000—2005年涞水县先后建立畜牧局养羊场、民政局养羊场、宋各庄龙安养羊场。

2005年涞水县开始引进南非波尔山羊，在龙安成立了波尔山羊种羊场，存栏200只以上。此羊是肉羊品种，体型大，背平直宽，四肢健壮，背毛白色，头额棕色，耳大下垂，体型雄健，成年公羊体重达100~140千克，成年母羊体重达80~120千克，成熟早，一般7~8月龄可配种，且繁殖效率高，二年可产三胎，产羔率为207.8%，生长快，平均日增0.2~0.35千克，耐粗饲，抗病力强。

五、猪饲养业

猪的品种较多，主要品种为长白、大约克、杜洛克、皮特兰。商品猪主要为长白、大约克等杂交猪。

涞水县养猪业有悠久的历史，猪的饲养量一直居于六畜之首。20世纪50年代至70年代一般农户都要养一两头猪，富裕户养猪更多。进入20世纪80年代后，开始推广四新养猪法及杂交配种新技术，同时，由于乡镇企业的发展，社会的进步，市场开发，使得部分男劳动力到城镇打工，女劳动力到乡镇企业打工，一般散养户减少，出现规模养殖户，存栏50头以上专业养殖户就达100多户。2004年全县存栏达23万头，创历史最高纪录。2009年存栏15.3万头。年出栏300头以上养猪大户47个，其中义安镇帝豪养殖场。年出栏2000头，小丰口康泰养殖场年出栏2000头，店上养猪场年出栏1000头，新风养猪场年出栏1000头。其中，帝豪养猪场、店上养猪场、新风养猪场均为省级无公害产地认证企业。

六、大牲畜养殖

1980年以前，大牲畜是农业主要生产力，农业的耕种运输主要靠大牲畜，大牲畜的饲养是为了使役，不可随意宰杀。1980年以后，农业机械化水平逐年提高，大牲畜饲养量逐年减少。1990年以后，人们的收入水平和生活水平提高，牛肉、牛奶需求量增大，饲养效益高，促使奶牛、肉牛饲养量回升。

1990—2009年畜牧业生产统计表

表11-6-1-1

年 份	畜牧业总产值（万元）	肉类总产量（吨）	禽蛋产量（吨）	奶类产量（吨）
1990	6958	9965	2400	80
1991	8164	11638	2506	82
1992	7116	11625	2384	70
1993	6881	10878	1753	100
1994	10120	11547	2074	94
1995	20825	16668	2946	122
1996	27168	22047	3650	170
1997	29997	20419	4198	171
1998	30595	20785	4269	190
1999	29231	22266	4500	400
2000	29197	19336	4363	131
2001	28869	21509	3573	290
2002	28024	23200	4296	318
2003	27816	22500	3540	712
2004	35507	23665	3988	1116
2005	35355	23803	4186	1656
2006	38735	24536	3914	1743
2007	35924	16485	3325	3600
2008	51696	18483	3943	5387
2009	50863	20557	2873	5798

1989—2009年畜牧存出栏统计表

表11-6-1-2

年份	猪		大牲畜		羊		家　禽	
	存栏（万头）	出栏（万头）	存栏（万头）	出栏（万头）	存栏（万头）	出栏（万头）	存栏（万头）	出栏（万头）
1989	12.7	–	2.1	–	20	–	62.9	–
1990	11.7	–	2.0	–	18.9	–	64.0	–
1991	11.8	10.8	2.1	1.2	18.0	3.8	70.3	29.5

续表

年份	猪		大牲畜		羊		家禽	
	存栏（万头）	出栏（万头）	存栏（万头）	出栏（万头）	存栏（万头）	出栏（万头）	存栏（万头）	出栏（万头）
1992	13.0	11.7	1.9	0.5	14.3	3.1	61.4	24.6
1993	11.5	11.5	1.8	0.4	14.8	3.2	71.7	29.8
1994	12.8	11.8	1.9	0.5	13.5	3.6	78.9	48.0
1995	19.0	12.2	3.3	0.9	19.3	13.0	113.6	188.0
1996	20.0	20.0	3.8	1.3	23.0	16.0	121.0	254.0
1997	21.4	15.3	3.8	1.4	25.0	17.8	129.0	313.0
1998	21.9	16.3	3.8	2.0	27.4	19.3	133.0	267.0
1999	23.0	17.1	3.8	2.0	27.4	20.6	133.3	286.0
2000	17.9	20.3	2.5	1.1	27.8	13.8	96.2	116.5
2001	17.7	20.6	2.2	0.7	23.4	14.5	85.7	232.0
2002	17.0	21.8	2.5	2.2	16.3	14.0	73.6	187.7
2003	23.0	21.5	2.6	1.5	13.4	14.4	67.6	153.0
2004	23.8	22.6	2.1	1.4	13.4	14.2	65.4	148.5
2005	23.6	22.6	1.4	1.4	20.9	16.6	76.0	108.7
2006	12.9	24.7	0.7	0.7	18.4	26.2	71.6	73.4
2007	11.5	16.3	0.5	0.6	17.1	15.6	52.0	54.4
2008	11.4	18.1	0.7	0.5	18.0	17.3	56.3	64.7
2009	15.3	22.7	1.4	1.6	19.0	21.0	78.2	102.0

第二节　水产养殖

20世纪80年代，涞水县水产业适时调整产业结构，改善经营管理和饲养模式，人工养殖中增加物质和技术的投入，引进优良品种，采用先进的精养高产技术，发展速度逐渐的加快，特别到20世纪90年代以后，水产业的发展与其他行业一样进一步加速，在基数很小的情况下，走出一条跨越式的非常规发展之路。到2009年底，涞水县水产品总产量达到510吨，渔业总产值达到584万元。由于受各种客观条件的限制，涞水县水产业的规模仍很小。

一、自然条件

涞水县有中型水库2座，小型水库7座，坑坝69座，截潜流8处，总蓄水量为1550万立方米，蓄水面积常年在1000亩以上。自然坑塘可蓄水面积在800亩以上。20世纪90年代以后，连年的干旱少雨，河流水量不断减少，水库蓄水越来越不足，自然坑塘全部干枯。

二、水生动植物种类

1.水生动物：涞水县水域内的水生动物以鱼、虾等为主，鱼类中以鲢、鳙、草鱼（人工繁殖）鲤鱼（部分人工繁殖）鲫、鲂、鲶、麦穗鱼等为多见，分布于河流、水库、坑塘（人工养殖）中。

涞水县有一家鱼种场（冀家沟）。该场始建于1969年，到2009年，年生产鱼种还能达到40万~80万尾，除能满足本县渔业养殖外，还能对外县、市有一定的贡献。

品种引进方面：20世纪80年代中期，冀家沟鱼种场，曾引进过尼罗罗非鱼，试养获得成功，该品种群体养殖优势明显，但不能常温越冬；20世纪90年代初，该场引进过甲鱼，试养获得成功；20世纪90年代中期，宋各庄水库和垒子水库人工放养过池沼公鱼，产量较高，经济效益明显好于本地品种。

20世纪90年代后期，涞水县曾经在休闲的塑料大棚中少量的试养过革胡子鲶鱼。

随着野三坡旅游景区的开发建设，在景区内的观光水池内放养一些适合冷水中生长的鱼类，有虹鳟、金鳟、罗斯鲟鱼等，既能观光又能部分满足游客的需要。

2.水生植物方面：在自然水域中，只有河流和水库中生长少量榨草、河荷菜等水生植物，莲、藕、芦苇等有较高经济价值的物种，随着水域条件的恶化，已经基本绝迹。

三、水产业现状

2009年，全县养殖面积58公顷，其中水库55公顷，池塘3公顷，水产品总产量510吨，其中养殖产量120吨，鱼种生产量8吨，年生产总值约584万元。

由于连年的干旱少雨，拒马河水量日渐减少，在多处断流数年，特别在平原常年断流。各水库蓄水严重不足，多数小水库已成为季节性小山塘，渔业生产性能很低。除山区拒马河段的两侧有少数池塘能引河水外，其他池塘全部需要地下水作为水源，并且地下水年年下降，一些浅井已丧失使用价值，提水费用大大增加。饲料成本年年增长，养鱼的经济效益明显减少，严重影响农民养鱼致富的积极性。社会性捕捞产量，也随着水域面积的缩小，起捕规格和产量大为减少，对水产资源的损害程度愈加严重。

第三节 饲料生产与供应

随着养殖业的规模化、商品化的发展，养殖经济的不断增长，饲料行业在养殖业的地位越来越重要，饲料工业也随着发展起来。自20世纪80年代以来，涞水县陆续出现一些小型饲料加工厂，尽管那时生产手段落后，技术力量薄弱，产品单一，但与传统的泔水喂养方式相比，也体现极大的科学性。随着农民科学饲养意识的提高，饲料工业不断发展壮大，到2009年先后建立8个饲料厂，但由于生产规模小，缺乏先进的技术、设备等原因，这些小饲料厂多数倒闭，被全国掀起的饲料发展浪潮淹没，一些大厂的知名饲料品牌逐步占据涞水的饲料市场，只有3个饲料厂正常生产，其中有一个钙粉厂。

饲料企业简介

1.畜牧局饲料厂

建于1988年，生产猪全价饲料。在基层建立了销售网点37个，年生产销售饲料300多吨，推动全价饲料在养猪业中的应用，促进养猪业的发展。1995年，饲料厂关闭。

2.兴泰饲料厂

建于1993年，位于涞水县建材路南口，购进北京燕系牧机公司生产的小型饲料加工机组，生产猪全价料、育肥猪浓缩料，已停产。

3.昌盛饲料厂

建于1994年，位于涞水县王村路口，有成套饲料加工机组，生产蛋鸡、肉鸡全价料，年生产量约200吨，已停产。

4.唯大饲料厂

建于2000年，位于涞水县直属库院内，有成套的饲料加工机组，生产蛋鸡全价料，年产量约150吨，已停产。

5.天威饲料有限公司（原北辛庄钙粉厂）

建于1993年，位于北辛庄村西，现正常生产，年生产钙粉1.5万吨。

6.建瑛饲料厂

建于2001年，位于涞水县粟村，有成套的饲料加工机组，日产0.5吨，由北京农大教授负责技术指导。

7.国良饲料厂

建于2004年，位于中水东村，有成套的饲料加工机组，生产猪浓缩饲料，肉松粉，年产量约240吨，已停产。

8.新风饲料厂

建于2005年，位于永阳镇南，是以中国农业大学技术为依托以及新风饲料有限公司多年来的养殖经验而建成的高科技饲料企业，主要生产猪用浓缩料，年生产能力200吨。

第四节　基地及龙头企业建设

1995年涞水县畜牧局重点抓了3个基地建设，即以娄村满族乡及山区五乡镇为重点的绒山羊基地；以王村为重点辐射平原乡镇的肉鸡养殖基地；以石亭镇为主拒马河沿岸的肉鹅养殖基地。因受市场影响，肉鹅养殖发展较缓慢，未形成规模，后肉鹅养殖基地建设取消。1999年建立以王村乡、涞水镇、石亭镇为重点的獭兔养殖基地；2003年建立以石亭镇、明义乡、永阳镇、王村乡为重点的肉牛养殖基地；2004年建立以胡家庄乡、娄村满族乡、义安镇、龙门乡为重点的瘦肉型猪养殖基地。在基地建设中，通过抓龙头企业（协作组织）建设，培育示范户（场）村，发展订单养殖等措施，确保基地的快速发展。

绒山羊基地：以畜牧局绒山羊种羊场为依托，引进辽宁绒山羊1000只以上，加强良种选育工作，推广杂交改良技术，建立常安庄、南安庄、虎过庄、赵各庄、其中口等示范村13个，改良了本地山羊，提高了养羊的经济效益。

肉鸡基地：建立养殖协会1个，养殖服务公司6个，1996年建立日产20吨的肉鸡饲料加工厂1个。通过实施产前、产中、产后一条龙服务，带动了涞水肉鸡产业的发展。

獭兔基地：涞水县獭兔养殖始于1994年，在王村乡张翠台村建立獭兔养殖场，后改制更名为双卫畜禽养殖有限公司。公司占地30亩，是集獭兔养殖、加工、销售为一体的大型养殖企业。总资产400万元，建有年供种兔20000只的种兔场1座，年加工饲料2000吨的饲料加工厂1座，年加工兔肉300吨的肉食加工厂1座。1996年，走公司+农户的合作发展模式，带动养殖户5000多户，从种兔、饲料、疫病防治、产品回收实行一条龙服务，带动涞水獭兔养殖业发展。公司2005年销售收入510万元，其中销售种兔2000多组，加工商品兔5.2万只，兔皮5万张，利润50万元，带动全县獭兔养殖户增收1000万元。后受市场影响养殖量有所下降，但2009年存栏量仍稳定在9.7万只。

肉牛基地：2002—2003年建立示范场、小区10多个，县政府制订发展肉牛业的实施意见，涞水县畜牧局与北京两家公司签订了肉牛销售合同，发展订单养殖，带动基地的建设。

瘦肉型猪养殖基地：养猪业是涞水的传统产业，但自20世纪90年代以来，散养量越来越少，而规模化养殖场开始出现。为使养猪业上规模、上档次，县政府因势利导，重点抓了标准化规模养殖。2005年建立了年存栏100头以上规模养殖场58个。特别是店上养猪场，与北京顺义肉联厂签订常年合作协议，年出栏1000多头，带动养猪户120多户，使涞水山区瘦肉型猪养殖得到发展。

第五节　疫病防治

一、兽医队伍建设

涞水县在设立畜牧局之前就成立兽医站，负责动物疫病的防控工作。1987年全国性兽医体制改革，要求基层乡镇畜牧兽医站三权归县，取消父子站、夫妻站，取消承包制，保留15个乡镇畜牧兽医站。同年成立兽医管委会，在县畜牧局的领导下，负责基层兽医的管理，负责基层兽医公益金的收缴，将基层兽医纳入养老体制。1998年争取到了国家级疫情测报站建设项目，投资50万元建立1个国家级疫情测报站，负责涞水、易县、涞源3个县的动物疫情测报工作。2005年建立6个动物防疫监督分站，负责分管区域的动物防疫、检疫等工作。

建立国家级动物疫情测报站，动物疫病的监测工作有序开展；建立6个基层动物防疫监督分站，完善基础设施；猪瘟、口蹄疫、高致病性禽流感的免疫密度分别达到90%、100%、100%，有效防止动物疫病的发生和流行，疫病死亡率明显下降。标准化生产工作开始起步，建立标准化养殖示范场12个。

二、动物疫病的防治

在动物疫病防治工作中，始终“坚持预防为主，综合防治”的方针，采取春秋两季季节性集中防疫，常年补针的方法。1992年以前春秋季节性防疫以猪、鸡两瘟为主，由畜牧局组织，基层兽医具体实施。1992年县政府下发《关于加强畜禽防疫工作的通知》，推行防疫工作“双轨目标责任制”，防疫工作由区、乡政府负责宣传、组织、发动，畜牧部门具体实施。同年还在王村乡、胡家庄乡推行防疫费统筹试点，大大提高了防疫速度、密度，解决了收费难的问题。1999年实行了动物免疫证制度，将牲畜“五号病”列入强制免疫范围。2004年初，高致病性禽流感疫情全球性爆发，涞水县迅速成立由县委书记任组长的防控领导小组，由政府县长任指挥长的指挥部，积极落实“加强领导、密切配合，依靠科学、依法防治，群防群控、果断处置”的方针，实现“力争不发生”的目标。当年该病列入强制免疫范围。

在做好春秋两季季节性防疫工作的同时，积极开展好猪丹毒、猪肺疫、鸡传染性法氏囊，鸡瘟、狂犬病、布鲁氏菌病、马鼻疽等动物疫病的防治工作。

2009年，列入强制免疫的动物疫病有猪瘟、新城疫、口蹄疫（牲畜5号病）高致病性禽流感、高致病性猪蓝耳病5种，防疫经费全部纳入了各级财政预算。

1979—2009年，涞水没有发生过重大动物疫情。

三、药品供应

1987年畜牧局成立兽药服务门市部，负责全县兽药、兽用器械的供应。2002年兽药市场放开，当时有10个兽药门市部，可零售、批发兽药，动物诊疗机构可备有自己使用的兽药，由县兽医站负责监管。至2009年，全县有15个兽药门市部，103个动物诊疗机构。

全县的兽用生物制品一直由县兽医站负责供应，严禁其他单位经营。

第六节　管理机构

涞水县畜牧水产局于1978年重建，下设畜牧兽医站、兽医院和配种站。1987年进一步细分为畜牧站、兽医站、动物检疫站、配种站及兽医院，并建立畜牧兽医管理委员会，指导全县80多名基层兽医的工作。1993年经批准建立“涞水县兽医卫生监督检验所”，挂靠在动物检疫站，负责动物防疫、检疫的监督管理工作。1996年建立饲料工业办公室，挂靠在畜牧局，负责饲料质量的管理工作，并撤销兽医院和配种站。2005年为加强动物疫病的防控工作，成立6个基层动物防疫监督站。2008年建立动物疫病预防控制中心、动物卫生监督所，撤销动物检疫站。2009年设立畜产品质量安全监管中心。

2009年，涞水县畜牧局设局长1名，内设2个行政股室：办公室和业务股，事业股室有畜牧站、动物疫病预防控制中心、动物卫生监督所、畜产品质量安全监管中心、饲料办、畜牧兽医管委会。建有6个基层动物防疫监督站，15个乡镇畜牧兽医站。有全额拨款的事业编制84个，自收自支编制（乡镇畜牧兽医站）59个。在岗干部职工76人，乡镇兽医站有工作人员74人。

第十二编　工业及建筑业

涞水的工业经济，经过改革的“阵痛”后，在停滞、筛选、适应、发展过程中不断前进，逐步成为县域经济的支柱产业。1979—2009年涞水实施“工业立县”战略，先后建立化工小区、建材小区；动员全县上下开展招商引资，引进项目、技术工作，一批新兴企业在涞水落户。国有工业企业通过改革，重组、拍卖、破产等形式完成改制，非国有工业企业在市场竞争中不断淘汰、优化、提高，培育出电极、玻璃器皿、古典家具、矿产、水泥、建筑等支柱产业，2009年全县完成工业总产值159426万元，实现工业增加值5.27亿元，工业经济总量在三大产业中的比重达31.9%。32个规模企业实现工业增加值3.95亿元，主营业务收入9.18亿元，利税7408万元。河北顺天电极有限公司发展成集自主研发、设计、生产于一体的高新技术企业，该公司生产的节能环保型电极占领全国工业硅冶炼用电极70%的份额，特大规格方石墨电极填补国内市场空白，并占领了东欧、东亚等地的国际市场。工业对经济的带动影响力日渐增强，有力地支撑经济全局。

建筑业持续健康发展。到2009年，全县拥有建筑企业17个，其中资质等级以上企业12个，建筑业个体户310户，全年完成建筑业产值7.12亿元，实现增加值2.66亿元，其中资质等级以上建筑业产值4.09亿元，增加值1.53亿元。

第一章　工　业

本章按照工业总情、工业体制改革、规模以上企业的顺序，介绍了涞水工业企业的基础、发展、改革、改制情况；历年产值、利税情况。

第一节　工业总情

涞水县工业基础差、底子薄。1978年底全县只有工业企业68个。其中，省地属企业3个，县办国营、集体企业22个，乡镇企业43个，全县工业总产值2428万元；工业增加值568万元。继农村经济体制改革以后，1984年开始实行工业体制改革。扩大企业经营自主权，打破铁饭碗，实行聘任制，充分调动企业干部职工积极性，逐步建立起现代企业管理制度，到1986年，全县有工业企业1227个，其中县以上工业企业40个；乡办集体企业28个；工业总产值16211万元，与1978年相比，年均增长26.8%；工业增加值6032万元，年均增长21.76%。乡以上全民集体企业工业总产值11516万元，占全部工业总产值的71%。

20世纪80年代末至90年代初，县办、国营集体企业进行大规模的技术改造。大理石厂引进意大利薄板生产线；装饰布厂引进意大利箭杆织机及配套设备；磁材厂引进美国箱式程控焙烧炉、自动压机等磁芯生产设备；木器厂引进席梦思生产线，组建了华瑞家具厂；水泥厂扩建机立窑，年产达到15万吨；电极厂多次投资扩大生产能力；服装厂搬迁扩建新厂房。企业通过技术改造，扩大生产能力，提高技术水平，但由于企业大部分是贷款改造，负债严重，加重经营负担，更遭遇1998年的金融危机。县办国营集体企业经营困难，亏损严重，纷纷倒闭、破产、改组。进入21世纪，民营企业逐渐发展壮大起来。到2009年，全县实现工业总产值169425万元，比1978年增加166997万元，年均增长14.68%。

1979—2009年涞水县工业经济统计表

表12-1-1-1　　单位：万元

年份	工业总产值	工业增加值	其中：规模以上工业总产值	规模以上工业利税总额
1978	2428	568	-	-
1980	1987	748	1673	80
1985	7801	2194	4824	832
1990	16211	6032	10544	-
1991	16559	6652	12261	779
1992	21127	8032	15589	1602
1993	26812	10512	19032	1809
1994	58960	18867	26662	1601
1995	91816	23911	20886	1678
1996	126211	21619	28058	3316
1997	125685	29805	19428	1706
1998	103350	34595	23610	2099
1999	113312	34486	25895	2298
2000	44019	14018	25154	2207

续表

年份	工业总产值	工业增加值	其中：规模以上工业总产值	规模以上工业利税总额
2001	50992	15694	31034	2312
2002	58000	18150	32427	2975
2003	68572	21474	40037	3538
2004	88038	25102	59593	4788
2005	106607	31777	69378	5547
2006	118358	39750	83698	6530
2007	140590	45306	100594	7782
2008	155480	54077	113728	6385
2009	159425	52657	117901	7408

注：1990年以前用乡以上企业数字代替规模以上企业数字。

第二节　工业体制改革

1984年，涞水县经济体制改革全面展开。

涞水县工业体制改革，其初始阶段是按照计划调节与市场调节相结合的原则进行的，在所有制不变更的原则下，通过多种渠道和各种协作关系，广辟原材料来源，生产适销对路产品，提高经济效益。以对企业进行整顿的形式，来推动各种形式的责任制，调动干部职工的积极性，增强企业活力。对产品质量低劣、长期亏损的县五金厂、农机修造厂、化肥厂等企业进行关、停、并、转。

20世纪90年代初期，涞水县国有及集体工业企业以国有及集体产权为主，民营资本尚未进入。20世纪90年代中后期，涞水县开始企业产权制度改革，于1993—1997年间，先后对长期亏损，扭亏无望的挂毯一厂、挂毯二厂、毛纺厂、印刷厂、高村化工厂、经销公司、木器厂、水净化厂、模具厂等企业实施依法破产，国有资本及集体资本退出，并利用上述企业部分破产资产，吸纳部分民营资本，于1997年组建涞水县东方机械制造有限公司、保定华业环保材料有限公司、工贸总厂；1999—2000年利用保定开源化工厂闲置厂房场地，吸纳部分民营资本和异地国有资本，组建保定卫星化工有限公司和河北开源化工有限公司；1999年对涞水县长城电极厂进行改制，集体资本全部退出，民营资本进入，成立河北长城长电极有限公司。2000年以后，随着企业改革的进一步深化，省、市、县也陆续出台企业改革的相关政策，至2009年底，除供电总公司和涞水煤矿外，县内所有国有及县办集体企业（包括：水泥厂、磁材厂、机械厂、大理石厂、装饰布厂、药材公司、保定开源化工厂、物资总公司、糖酒公司、食品公司、镇厂铸造厂、华艺制品厂、华瑞家具厂、保定华业环保材料有限公司、制衣总厂、太行汽车配件厂、保定卫星化工有限公司、工贸总厂）全部实施破产、改制，国有及集体资本退出，民营资本进入。

进入20世纪90年代后，国有及集体企业仍沿用以前企业承包经营方式，但企业经营自主权进一步扩大，政府管理职能进一步减弱，服务意识进一步强化。20世纪90年代后期，随着企业产权制度改革的进一步深化，国有及集体资本退出，企业的经营制度以企业自主经营为主，服务成为政府的主要职能。

企业产权制度改革前，部分效益较好的企业实行工效挂钩，按企业效益情况确定工资标准，效益较差的企业以包干形式确定工资标准。产权改革后，民营资本进入，工资标准由劳、资双方确定，但不能低于当地最低工资标准。

第三节　规模以上企业

2009年，涞水有规模以上企业32个，分属12个行业。工业总产值117901万元，工业增加值39510万元，主营业务收入91768万元，纳税5785万元，实现利润7408万元。

垒子煤矿办公区

一、煤炭企业

保定市涞水煤矿。企业地址在永阳镇垒子村，性质为国有。建于1958年，占地274亩，建筑面积2.9万平方米。总资产2100万元，净资产500万元。注册资本373万元。职工325人，其中工程技术人员13人，年生产能力6万吨，产值2400万元。

二、矿山采选业

涞水县金华隆矿业有限公司。企业地址在其中口乡南款村。性质为有限公司，建于2002年，占地13亩，建筑面积1250平方米。总资产1374万元，净资产1125万元，注册资本200万元。主要产品：金粉、锌粉、铝粉，年生产能力3万吨，产值1000万元，职工人数40人，其中工程技术人员5人。

北雄钢结构厂

保定恒通水电矿产资源有限公司。企业地址在九龙镇北龙门村，性质为民营。建于2003年，占地面积15亩，建筑面积1200平方米。总资产1243万元，净资产698万元，注册资本50万元。职工26人，其中工程技术人员5人。主要产品铁粉，年产量3000吨，产值727万元。

三、化工企业

河北开源化工有限公司。河北开源化工有限公司前身为保定开源化工厂（原保定地区726厂），是1958年建厂的老国有企业，曾经为国家做出过重大贡献，有过辉煌历史。自20世纪90年代后陷入停产半瘫痪状态，工资不能正常发放，全厂700多职工大部分下岗自谋生路，造成生活困难，成为涞水县上访大户，严重的影响社会的稳定。

2000年以项目建设引导企业改制，组建成多元化股份制公司，成立河北开源化工有限公司。使企业走上起死回生的道路。改制当年引进南京理工大学的先进生产技术，建设了一条全新的乳化粉状炸药生产线，实现了对老国有企业的技术改造和经营机制的转换。2002年生产线通过国家投产验收，2003年产品产销3000吨，当年跨入了本地区百万元纳税大户的行列。2004年产品产销6000吨，达到了设计生产能力，利税达400多万元，效益翻番。2005年产品产销8500吨，利税700多万元，较2004年效益又翻了一番。公司三年三大步，为国家经济建设和民爆行业的发展做出突出贡献。公司主要吸收原保定开源化工厂的职工就业，解决大部分职工的生活困难，保持一方稳定。公司占地面积180亩，总资产7316万元，职工185人。年生产能力8000吨，年产值4289万元。

河北顺天电极有限公司。原名涞水县长城电极有限公司，成立于1999年11月，其前身系1987年底由玛钢厂转产的涞水县长城电极厂，当时为县办集体企业，1999年改制为民营企业。现为中二型企业。总资产2.92亿元。员工450人，其中各类专业技术人员160人。公司被中国企业联合会，中国企业家协会吸收为会员单位。拥有自营进出口权。系河北省优秀企业。公司主要生产炼钢用高碳微硫增碳剂，工业硅专用电极和炭电极三大系列产品六十多个规格品种。年生产能力：4万吨电极，年产值4亿元。产品畅销国内十几个省市自治区，其中直径600毫米石墨电极，直径900毫米炭电极已经进入国际市场。

保定胜达永强精细化工有限公司。企业地址在永阳镇铺头村东，性质为有限公司。建于2006年，占地100亩，建筑面积4500平方米。总资产2200万元，净资产1090万元，注册资本1000万元。职工人数50人，其中工程技术人员3人，主要产品糠醛，年生产能力3000吨，产值3500万元。

涞水县燕南精细化工有限公司。该企业前身为北京市房山燕南化工厂，于2002年迁至涞水县工业小区，永安大街522号。总投资200万元，占地50亩。主要设备：反应釜4套、纯净水设备1套。主要生产高科技、高技术含量的精细化工产品，包括3个系列：1.无机试剂和部分有机试剂，催化剂、医药、荧光粉材料、热敏电阻材料等所需的专用精细化工产品。2.为彩色荧光粉配套的原料。3.为三基色荧光粉（节能灯粉）配套的原料。年生产能力300吨、产值900万元。现有职工244人，其中高级工程师2名，工程师4名。

保定益康制香有限公司。前身为木粉加工厂，成立于1979年。1993年重组为有限责任公司。后多次进行扩建，现地址在112国道南侧，占地面积100亩，建筑面积40000平方米。主要设备：气雾剂生产线3条，蚊香生产线18条。主要产品：蚊香、杀虫剂。年生产能力蚊香100万箱，气雾剂30万箱，电蚊香10万箱；年产值8000万元；职工人数350人，其中工程技术人员15人。

四、供电服务企业

涞水县供电总公司。企业地址在县城涞阳路西，企业性质为国有。建于1958年，占地面积76亩，建筑面积15458平方米。总资产10999万元，净资产7679万元，注册资本4114万元。职工人数494人，其中：工程技术人员59人。年供电能力4.65亿度，产值16324万元。

涞水县供电总公司电气安装公司。公司在永安大街北，企业性质为国有。建于1997年，占地面积10亩，建筑面积1300平方米。总资产1878万元，净资产659万元，注册资本500万元。职工人数48人，其中工程技术人员6人。年产值2840万元。

五、机械电子企业

北雄首建钢结构有限公司。公司成立于2003年，是由北京北雄科技实业有限公司与首钢建设集团公司合作组建的，占地200亩，总投资1.8亿元（2003年实际投入6000万元，2004年投资1.2亿元）；职工总数500人；公司法定代表人高翔鹰。钢结构产品是钢铁工业的后延产品，是工程结构体系中重要的结构之一，其产品广泛用于机场、大型场馆、桥梁、高层建筑、厂房、民用住宅建筑，市场潜力巨大。

公司建筑面积4万平方米，厂房、办公楼、宿舍楼、餐厅、浴室、锅炉房、变电站、氧气站、库房等设备、设施齐全。所有职工入厂均在首钢进行培训。已形成年产钢结构产品3万吨的规模。成为全国规模最大的钢结构加工基地。公司产品销往十几个省市区。

涞水鑫发汽车部件制造有限公司。企业前身为涞水县华北制动毂厂，建于1975年，占地面积6000平方米，建筑面积3000平方米。资产总额1000万元。主要产品有制动毂、轮毂、差、减速器，年生产能力20万吨，产值2000万元。该企业建厂30多年来，全面贯彻ISO~9001~2000标准，培养聘请大批铸造及机加工方面的专家、教授，对生产过程实施全面监控。

涞水县昌盛机械有限公司。企业地址在东文山乡南兵上村，性质为有限公司。建于2008年，占地面积4亩，建筑面积2000平方米。总资产338万元，净资产210万元，注册资本80万元。职工126人，其中技术人员4人。主要生产电脑绣花机配件，年生产能力2万件，产值594万元。

涞水县辰龙铸造厂。企业地址在三坡镇马各庄村，性质为民营。建于1997年。占地面积10亩，建筑面积2660平方米。总资产500万元，净资产260万元，注册资本50万元。职工人数60人，其中工程技术人员2人。主要产品壁炉，年生产能力800吨，产值630万元。

涞水县索仑达尼龙制件厂。企业性质为有限责任公司。建于1997年，占地面积10亩，建筑面积3000平方米。总资产954万元，净资产223万元，注册资本80万元。主要设备20台，产品为尼龙滑轮，年生产能力2万片，产值1000万元。职工人数30人，其中工程技术人员10人。

涞水县工业搪瓷厂。建于1987年，是生产各种搪瓷玻璃设备的专业生产厂，也是原化工部确定的搪瓷玻璃设备维修中心。企业占地面积50亩，建筑面积11000平方米，资产总额620万元，职工人数30人。该企业技术力量雄厚，工艺设备先进，检测手段完善，具备生产7000立升以上BRI级压力容器资格，曾获河北省化工厅金奖。主营50L~700L搪瓷玻璃反应罐；50L~2000L开式储罐；3000L~7000L闭式储罐；各种外标搪瓷设备、各类管道弯头、三通及各种零配件。兼营维修50L~7000L搪瓷反应罐、贮罐（开闭式）及其他各种非标搪瓷设备，年生产能力500个，年产值450万元。

涞水县涞磁凯立特磁业有限公司。涞水县涞磁凯立特磁业有限公司的前身是涞水磁性材料厂，组建于1984年，2001年改制后，成为北京凯立特公司的全资子公司。注册资金1000万元。公司占地20000平方米，拥有员工135人。主要从事锰锌铁氧体磁粉生产和磁芯制造，产品主要以外销为主。涉及通讯、家电、电子设备、移动网络通讯等诸多方面。主要设备从海外引进，包括大型的钟罩式炉、台湾的旋转压机、瑞士的通过式磨床等。公司的管理模式与国际接轨，建立完整的质量体系。2002年8月通过了英国的NQA-ISO9001-2000认证，同时在国内外许多家企业获得产品质量免检供应商资格。

六、水泥制造企业

涞水县永乐水泥制造有限公司。企业地址在胡家庄乡永乐村。性质为有限责任公司。建于1996年，占地117亩，建筑面积6000平方米，注册资本500万元。职工人数100人，其中工程技术人员10人，生产“冲之”牌水泥，年生产能力60万吨，产值6600万元。

涞水县金源水泥厂。法定代表人：李宝生。企业地址在永阳镇西垒子村，性质为民营。建于1995年，占地80亩，建筑面积6000平方米。总资产1300万元，净资产800万元，注册资本755万元。职工270人，其中工程技术人员10人，年产水泥3万吨，产值510万元。

七、建材、构件企业

涞水县建筑构件有限公司。企业地址在永安大街93号，性质为国有企业。初隶属于涞水县建材公司，后隶属于涞水县建设局，主要生产建筑用预制楼板，企业初建于1978年，后经多次扩建生产能力已达年产6万平方米，固定资产33万元，职工27人，年实现产值46万元，利税14万元。

涞水县金明建材构件厂。企业地址在石亭镇高村，性质为民营。建于1998年，占地面积20亩，建筑面积1000平方米。总资产100万元，净资产30万元，注册资本10万元。职工人数20人，其中工程技术人员2人。主要产品水泥制品，年产值300万元。

保定信丰瑞通建材有限公司。企业地址在明义乡冀家沟村北，性质为有限公司。建于2007年，占地30亩，建筑面积3000平方米。总资产2200万元，净资产1800万元，注册资本200万元。职工人数95人，其中工程技术人员3人。主要生产加汽混凝土砌块，年生产能力15万立方米，产值3000万元。

八、蔬菜加工企业

涞水县海华腾食品有限公司。地址在石亭镇高村。性质为有限责任公司。建于2008年，占地19亩，建筑面积1000平方米。总资产575万元，净资产199万元，注册资本50万元。主要产品水饺、鸡柳、馄饨、牛羊肉片。品牌产品“福克思”水饺。职工人数26人，其中技术人员2人，年生产能力540吨，产值510万元。

九、酿酒企业

涞水县野三坡酿酒有限公司。企业地址在野三坡鱼谷洞旁，性质为有限公司。建于1993年，占地10亩，建筑面积10000平方米。注册资本800万元。职工35人，其中工程技术人员3人，年产白酒3500吨，产值1500万元。

十、工艺品企业

保定诚信木制工艺品有限公司。企业性质为有限责任公司。建于1988年，占地面积50亩，建筑面积2.6万平方米。总资产3000万元，注册资本480万元。主要设备150台、生产木制工艺品，年产值2000万元。职工人数150人，其中工程技术人员20人。

十一、玻璃制品企业

北京北雄科技实业有限公司涞水分公司。北京北雄科技实业有限公司涞水分公司是北雄总公司设在涞水县的生产加工基地。占地面积120亩，净资产1.8亿元，职工1245人。是中国规模较大，设备先进，集玻璃器皿生产、储运、产品包装为一体的现代化工业基地。北雄产品主要包括人工吹制的玻璃花瓶、烛台、玻璃餐具等。北雄产品系列全、品种多，产品品种多达2万多个。畅销欧、美等82个国家和地区。“BXGLASS”（北雄玻璃）成为中国玻璃器皿第一品牌并且在海外38个国家和地区进行注册。北雄公司已通过了ISO9000国际质量体系认证；ISO14000环境管理体系认证和ISO18000职业健康安全管理体系认证，并开始准备进行SA8000社会责任体系认证。公司连续扩大生产规模，在原有的3条电熔炉生产线的基础上，又新征土地71亩，投资1.15亿元，新建4条电熔炉生产线，形成整个企业。生产玻璃器皿3.1万吨生产能力，实现产值1.5亿元，创利税2800万元，增加就业岗位2000多个。

保定民兴玻璃制品有限公司。企业性质为有限责任公司。建于2005年，占地60亩，建筑面积10000平方米，总资产3000万元，净资产2000万元，注册资本500万元。主要设备玻璃制品生产线1条，年产值2000万元。现有职工409人，其中：工程技术人员10人。

涞水县信德玻璃制品有限公司。企业性质为有限责任公司。建于2002年。占地35亩，建筑面积8000平方米。总资产2000万元，净资产1300万元，注册资本130万元。主要设备：电熔炉生产线一条，生产玻璃器皿，年产值2000万元。现有职工300人，其中：工程技术人员5人。

保定市保北玻璃制品有限公司。企业性质为有限责任公司。建于1998年，占地80亩，建筑面积32000平方米。总资产3800万元，净资产3600万元。注册资本430万元。建有电熔炉玻璃生产线一条，年产玻璃花瓶4000吨，产值4500万元。现有职工750人，其中工程技术人员10人。

河北泰利玻璃制品有限公司。公司建于2005年，占地50亩，总资产3704万元，净资产282万元。建有电熔炉1台，退火炉一台，年产玻璃器皿6000吨，产值1800万元，现有职工300人。

涞水富民精工玻璃制品有限公司。企业性质为有限责任公司，地址在县城东环路88号。建厂于2001年，占地3.5亩，建筑面积5000平方米。总资产778万元，净资产158万元，注册资本65万元。年生产能力960吨，产值600万元。

第二章　县办国营集体工业

1978年，涞水县县属国营集体企业有10个，生产规模和产品在市场有一定份额，效益明显，是当时县财政收入的主要来源。90年代初期，市场经济快速发展，县属国营集体企业开始走下坡路，市场竞争压力加大。20世纪初，县属国营集体企业相继停产、倒闭、重组、破产，改制，国有资本退出，民营资本进入，实现凤凰涅槃。

第一节　县办工业发展

1978年，涞水有省属企业1个（五一铜矿），市属企业2个（垒子煤矿和七二六厂），县属国营集体企业10个，分别是：化肥厂、磷肥厂、机械厂、农机修造厂、五金厂、砖瓦厂、水泥厂、服装厂、印刷厂、玛钢厂、

省属五一铜矿1980年停产。市属七二六厂，后改名开源化工厂，1996年划转涞水县管理。1999年，利用85#分厂资产与河北卫星化工厂合作，成立保定卫星化工有限公司。2000年利用新84#分厂资产，吸纳民间资本组建河北开源化工有限公司。2003年市属垒子煤矿划转涞水县管理。涞水县化肥厂，磷肥厂由于设备工艺落后，生产成本高，加上进口化肥冲击相继停产，磷肥厂停产后，转产空气变形纱，后引进箭杆织机生产装饰布，改名涞水县装饰布厂。化肥厂停产后，利用部分场地，厂房组建磁粉厂，后改名涞水县磁性材料厂。剩余场地、厂房转产棉布，改名棉织厂。农机修造厂经几次转产，后生产汽车配件，改名新兴机械厂，1992年更名为涞水县模具厂。1997年模具厂破产，利用破产资产组建涞水县东方机械制造有限公司。五金厂转产汽车标准件，后更名为涞水县太行汽车配件厂。砖瓦厂因土源枯竭，转产大理石板材，后引进意大利薄板生产线，生产大理石薄板，改名涞水县大理石厂。挂毯厂曾是涞水产值利税大户。20世纪80年代生产厂点遍布所有平原、丘陵乡镇，1995年，因出口销路不畅破产。利用挂毯厂破产资产组建涞水县工贸总厂。涞水县服装厂于1989年分为2个厂，1个是涞水县制鞋厂，1个是涞水县时装厂。时装厂1989年与外商合资，组建大正服装有限公司，生产出口服装。后公司搬迁到城东工业小区。因外商单方撤资退出，1993年，企业更名为涞水县制衣总厂。玛钢厂1987年转产阳极糊，更名碳素厂，后又改名涞水县长城电极厂。1999年改制后称长城电极有限公司。2008年更名为河北顺天电极有限公司。涞水县木器厂，1988年引进瑞士席梦思生产线，新建华瑞家具厂。老厂于1996年转产水净化材料，更名为保定华业环保材料有限公司。至2009年，涞水县国营集体企业大部分破产、改制，国有资本退出，民营资本进入，企业性质变为民营企业。

第二节　县办工业企业简介

一、煤炭工业

保定市涞水煤矿原为保定地区直属企业，于2003年7月划转涞水县管理，系国有工业企业。企业占地37亩，职工325人，总资产2100万元。该企业曾是保定市利税大户，由于资源枯竭，债务负担沉重，2006年停产。

二、机械电子工业

（一）涞水县磁材厂

始建于1988年，系县办国有工业企业。占地面积27亩，原有职工214人，总资产1800万元。主要产品为锰、锌、铁氧体磁粉、磁芯。20世纪90年代前期曾是涞水县利税大户，后因受市场冲击，经营困难，于2001年8月破产，2003年终结破产程序。企业整体转卖于北京凯立特公司，更名为涞磁凯立特磁业有限公司，企业性质为民营企业。

（二）涞水县机械厂

始建于1958年，系县办国有工业企业。主要从事机械产品加工业务，占地面积50亩，原有职工270人，总资产680万元。企业在20世纪80年代后期至90年代中期，曾为涞水利税大户。后受市场冲击，难以正常经营，于2001年8月破产，已终结破产程序。

（三）涞水县模具厂

前身为涞水县新兴机械厂，系县办国有工业企业，1992年更名为涞水县模具厂，从事模具生产。由于企业债务负担沉重，长期亏损，难以正常经营，于1997年9月破产，现已终结破产程序。

（四）涞水县东方机械制造有限公司

系国有控股企业。1997年利用原涞水县模具厂破产资产改制，成立涞水县东方机械制造有限公司。企业占地面积17亩，职工55人，总资产160万元，主要从事机械加工业务。

（五）涞水县太行汽车配件厂

其前身为涞水县五金厂，系县办集体企业。占地面积10亩，原有职工15人，总资产140万元。企业在20世纪80年代末至90年代初期曾是涞水县利税大户，为县财政做出过贡献。后受市场影响，难以正常经营，于2001年8月破产。

（六）涞水县铸造厂

系县办国有企业，主要从事机械铸件生产。占地10亩，原有职工67人，总资产140万元。20世纪80年代末期至20世纪90年代初期为涞水县利税大户，因企业经营实力弱，难以适应市场，致使经营困难，于2001年破产。

三、水泥工业

涞水县水泥厂　始建于1970年，系县办国有工业企业。占地面积105亩，总资产4500万元。原有职工470人。主要产品为矿渣硅酸盐水泥，20世纪90年代是涞水县利税大户。后因国家产业政策调整及受市场的影响，企业经营困难，于2007年8月破产，已终结破产程序。

四、建材工业

涞水县大理石厂　其前身为县砖瓦厂，系县办国有工业企业。于1985年引进意大利大理石薄板生产线，生产大理石板材。企业占地面积65亩，原有职工85人，总资产450万元，由于市场竞争激烈，难以正常经营，于2001年8月破产。

五、化学工业

（一）涞水县长城电极厂

前身为涞水县玛钢厂，系县办集体企业。自1995年始是涞水县第一利税大户。1999年实施改制，国有资本退出，成立河北长城电极有限公司，2008年又更名为河北顺天电极有限公司。企业改制后为民营企业，占地面积160亩，职工600人，总资产超亿元，主要产品为石墨电极和碳电极，现仍为涞水县利税大户。

（二）保定开源化工厂

原名七二六厂，为保定地区直属企业，于1996年12月划转涞水县管理，系国有工业企业。占地面积400亩，原有职工392人，总资产1800万元。该企业在计划经济期间曾是保定地区利税大户，后受市场经济影响，难以正常经营，于2005年11月破产。

（三）保定卫星化工有限公司

前身为保定开源化工厂85#分厂，于1999年与保定开源化工厂剥离，与河北卫星化工厂合作，成立保定卫星化工有限公司，从事雷管生产。由于国家产业政策调整，企业于2002年下半年停产。

（四）保定华业环保材料有限公司

前身为涞水县木器厂，系县办集体企业。于1990年转产，新上水净化材料项目，1991年投产。企业占地4.7亩，原有职工25人，总资产108万元。由于企业实力弱，难以抵御市场经济冲击，于2005年8月破产。

六、化肥工业

涞水县化肥厂　位于县城西南2千米处，112线国道和高易铁路南侧，占地面积86亩，建筑面积20100平方米，是年产3000吨合成氨的小型氮肥厂。总投资410万元，于1971年动工兴建，1974年底建成投产。

1983年有职工325人，内设生产科、设备科、供销科、财务科、行政科、原料科等7个科室及水气、化工、机修、仪表4个生产车间，该厂主要工艺设备是由上海化工研究院设计生产的3000吨合成氨型设备配套安装的，产品是碳酸氢铵化肥。

1984年生产化肥3590吨，实现产值215万元，上交产品税8.6万元，实现利润20万元。

由于外地化肥充斥本地市场，致使该厂产品积压滞销，加上部分设备老化又缺乏资金更新等原因，于1986年停产。

七、轻纺工业

（一）涞水县装饰布厂

前身为县磷肥厂，系县办国有工业企业。磷肥厂停产后，引进空气变形纱项目生产空气变形纱，1989年引进意大利剑杆织机生产线，从事装饰布生产。企业占地64亩，原有职工247人，总资产3500万元。该企业在20世纪90年代初曾是涞水利税大户，后因受市场影响，难以正常经营，于2001年8月破产，2005年终结破产程序。

（二）涞水县棉织厂

棉织厂是全民所有制企业，利用原化肥厂闲置的场地、厂房，1987年改建，1989年建成投产，主要产品有本色棉织平绒布、本色棉布。主要生产设备有国产15m-44布机40台，280型织布机（宽幅布机）16台，厂内设有3个车间（准备、制造、整理），生产能力为年产本色平绒布60万米。二十世纪九十年代，棉织品出现滞销，企业经营困难，1995年7月，棉织厂被涞水县装饰布厂兼并。

（三）涞水县制衣总厂

其前身为涞水县服装厂，于1989年与外商合资，成立大正服装有限公司，生产出口服装。后因外商单方退出，于1993年更名为涞水县制衣总厂，企业占地24亩，原有职工115人，总资产204万元。因经营困难，于2001年8月破产。

（四）涞水县制鞋厂

前身为涞水县服装厂，于1989年与服装厂分离，成立涞水县制鞋厂，系县办集体企业。占地面积5亩，原有职工35人，总资产78万元。主要从事各种布鞋生产。后因经营困难，于2000年7月破产。

（五）涞水县华瑞家具厂

建于1987年，系县办集体企业。1988年引进瑞士席梦思生产线，生产席梦思床垫。企业占地10亩，原有职工45人，总资产440万元。由于债务沉重，加之市场竞争激烈，于2001年6月破产。目前已完成清算，尚未终结破产程序。

（六）涞水县华艺综合厂

系县办集体企业，主要从事玩具生产出口业务。占地面积5亩，原有职工55人，总资产98万元。由于受1998年金融危机的影响，产品出口受限制，企业经营困难，于2001年8月破产。由于该企业资产变现困难，尚未终结破产程序。

（七）涞水县工贸总厂

是1996年5月利用原挂毯厂破产资产，吸纳部分民营资本改制成立的国有控股企业。占地面积17亩，原有职工40人，总资产150万元。由于实力弱无定型产品占领市场，经营困难，于2002年12月破产，2009年尚未终结破产程序。

第三节　县办工业管理机构

1982年以前，县办全民企业由工业局管理，集体企业由二轻工业局管理。1983年，撤销工业局、二轻工业局，组建涞水县经济委员会，负责县办国营集体企业的管理。1996年，机构改革，职能转变，涞水县经济委员会更名为涞水县经济贸易委员会。除负责原经委职能，增加内贸、成品油、煤炭、废旧物资回收、包装装潢等新的行政管理和执法职能。1999年，涞水县经济贸易委员会更名为涞水县经济贸易局，职能不变。同年，安全生产职能由劳动部门转入经济贸易局。2005年，机构改革，撤销经济贸易局，成立涞水县商务局，下设工业促进局，分管县办工业。

第三章　乡镇集体企业及民营企业

1979—1990年，乡镇集体企业快速发展。随着改革的深入，市场的冲击，乡镇集体企业纷纷倒闭，民营、私企兴起，至2009年，发展到8762个，为财政税收做出重大贡献，为农村剩余劳动力就业提供机会。

第一节　乡镇企业

20世纪80年代是乡镇企业快速发展期，至1990年，全县有乡办集体企业28个，村办企业251家，农村合作经营企业142个，形成工艺品、果品加工、矿产建材三大主导行业。当时较大规模的乡镇企业有涞水镇珐琅厂、高村食品厂、高村罐头厂、永阳工艺品厂、东文山工艺品厂、白涧沙石厂、镇厂水泥厂、镇厂铁矿厂等。随着改革的深入，市场的冲击，乡镇集体企业也纷纷倒闭，部分在乡镇企业工作的能人，于企业倒闭后，自己办起私营加工厂，尤其是工艺品行业，一个集体企业倒闭，几个甚至几十个私营企业建立起来。按当时统计口径，乡镇以下统称乡镇企业。进入21世纪，乡镇企业也大部分停产，改制变为民营企业。

第二节　民营企业

20世纪90年代初，涞水较具规模的民营企业主要有北雄玻璃器皿厂、涞水县工业搪瓷厂、益康制香厂、檀山工艺美术厂等企业。进入21世纪，民营企业迅速发展壮大起来，且规模不断扩大，仅玻璃制品行业，投资1000万元以上的民营企业新建9个，全县达到14个。到2009年，涞水县民营企业总户数8762个，其中规模以上企业35个；实现营业收入177488万元；上缴税金5630万元；实现利润11651万元；完成增加值58823万元；职工总数37989人；资产总额65782万元。

全县民营工业企业总数为1571个，其中规模以上企业14个。全年完成工业增加值30286万元，营业收入90742万元，上交税金3679万元，总产值91455万元，职工总数16888人。

全县民营企业中，股份合营企业46个，私营企业476个，个体商户8240个；全县规模以下工业企业总数为1556个，其中私营独资企业248个，合伙企业12个，有限责任公司46个。主要涉及机械、化工、包装、食品加工、食品制造和饮料等行业。从业人员总数为9990人，完成增加值21154万元，营业收入64745万元，上交税金1364万元，固定资产总额（原值）为9701万元。

全县民营企业主要涉及7个行业：分别为食品加工、工艺美术、建材矿产、服装鞋帽、纸塑加工、机械加工及化工。其中3个相对规模较大的行业分别为：食品加工业就业人数1787人，完成营业收入2921万元，增加值946万元，总产值2979万元，上交税金74万元。工艺美术就业人数4900人，完成营业收入16449万元，增加值5372万元，总产值21994万元，上交税金1263万元。建材矿产业就业人数3627人，完成营业收入8938万元，增加值2945万元，产值9043万元，上交税金238万元。

随着国家政策和法律法规的不断调整完善，社会政治经济的不断进步，民营企业从无到有，从小到大，从弱到强，成为县域经济的支柱，对全县社会发展和经济腾飞起着重要的作用。

2001—2009年涞水县民营企业统计表

表12-3-2-1

年份	企业个数（个）			职工人数（人）	资产总额（万元）	营业收入（万元）	税　金（万元）
	合计	民营	个体				
2001	6550	358	6192	25740	26329	37470	1128
2002	6285	343	5948	26537	33746	44479	1224
2003	6383	357	6026	27290	38499	55879	1632

续表

年份	企业个数（个）			职工人数（人）	资产总额（万元）	营业收入（万元）	税 金（万元）
	合计	民营	个体				
2003	6111	480	5631	25701	45794	67028	1908
2005	7086	539	6547	28701	45126	80941	2344
2006	6856	527	6329	29092	46359	97500	2757
2007	6856	495	6361	30548	49637	125600	3800
2008	7195	516	6679	32524	49921	159000	4260
2009	8762	522	8240	37989	65782	177488	5630

2009年涞水县各乡镇民营企业统计表

表12-3-2-2

年份	企业个数（个）			职工人数（人）	资产总额（万元）	营业收入（万元）	税 金（万元）
	合计	民营	个体				
涞水镇	1942	91	1851	6974	14243	35610	1268
石亭镇	993	57	936	4325	11807	19691	642
义安镇	970	49	921	5984	6165	32214	1885
永阳镇	914	79	835	3558	5440	21990	520
三坡镇	503	18	485	5316	7836	13200	347
九龙镇	330	32	298	590	4040	2514	120
赵各庄镇	652	96	556	2480	1470	7065	101
胡家庄乡	270	17	263	707	1690	2930	128
王村乡	402	40	362	1976	7490	11206	135
明义乡	229	28	221	1352	180	3072	66
娄村乡	411	59	402	849	600	4797	77
宋各庄乡	135	19	126	341	300	4950	152
其中口乡	176	15	171	336	200	1120	50
龙门乡	257	8	249	629	141	2232	22
东文山乡	578	14	564	2572	4900	14897	117
总计	8762	522	8240	37989	65782	177488	5630

2009年涞水县主要民营工业企业一览表

表12-3-2-3 单位：万元

企业名称	企业性质	法定代表人	主要产品	企业所在地	营业收入	上缴税金	职工人数	资产总额	所属行业
河北泰利玻璃制品有限公司	私营	王炳臣	玻璃制品	112国道路南	738	49	850	2310	玻璃品制造
保定民兴玻璃制品有限公司	私营	王贵双	玻璃制品	东环路	20	2	500	275	玻璃品制造

续表

企业名称	企业性质	法定代表人	主要产品	企业所在地	营业收入	上缴税金	职工人数	资产总额	所属行业
保定益康制香有限公司	私营	张宝泉	蚊香、杀虫剂	112线侧	760	4	390	5668	日用化学品制造
索仑达尼龙制件厂	私营	齐雪松	尼龙制品	涞水镇东关村	832	39	40	617	合成纤维制造
涞水富民精工琉璃制品有限公司	私营	王炳臣	玻璃制品	东环路	200	7	35	-	玻璃品制造
安水建筑工程有限公司	私营	安　水	房产	永安大街	180	30	500	2000	工程建筑业
京津房地产开发有限公司	私营	安　水	房产	永安大街	18	1	500	-	工程
宏成建筑工程有限公司	私营	李秀成	房屋建筑	南关	90	3	121	80	工程建筑业
东方机械制造有限公司	私营	方启军	零部件	东关村	178	14	34	126	零部件加工
兴华房地产开发有限公司	私营	郭宝华	房产	涞阳路	1000	20	30	1500	工程建筑业
北方兴旺	私营	张庆水	蘑菇	明义东官庄	72	1	12	65	农副食品加工
涞水明义砖厂	私营	任仕举	砖瓦建材	东明义村	156	5	40	296	砖瓦制造
涞水县西明义砖	集体	李　忠	砖瓦建材	西明义村	173	6	40	289	砖瓦制造
保定朝辉玻璃制品有限公司	私营	刘朝辉	玻璃制品	宋各庄乡王各庄	132	5.2	150	360	玻璃品制造
涞水县华阳包装制品有限公司	私营	王文英	纸箱	宋各庄乡龙安村	0	5	30	122	纸制品制造
涞水县京龙朔料包装厂	私营	王文海	包装工具	宋各庄乡龙安村	82	3	26	95	合成纤维制造
北京长城家具公司涞水分公司	私营	闫喜良	家具	宋各庄乡龙安村	83	6	40	256	木制家具制造
涞水县活佛山科技开发有限公司	私营	杨树江	畜禽深加工	宋各庄乡悟空寺	25	0	7	170	农副产品加工
周家庄砖厂	私营	丁国祥	石灰粉	永阳镇周家村	60	2	30	40	砖瓦制造
檀山三友灰粉厂	私营	纪文田	石灰粉	永阳镇檀山村	70	2	9	30	土沙石开采
东洛平石碴厂	私营	郭茂才	建材	永阳镇东洛平	60	2	6	50	土沙石开采
西垒子青松灰粉厂	私营	李广仁	石灰粉	永阳镇西垒子村	80	3	9	40	土沙石开采
源水泥厂	私营	李宝生	水泥	永阳镇西垒子村	505	23	75	701	水泥制造
涞水县八益水泥熟料有限公司	私营	张青申	水泥	永阳镇檀山村	180	2	35	150	水泥制造
涞水县兴华工贸有限公司	私营	方会玲	经营煤炭	永阳镇铺头村	65	2	15	50	煤炭销售
涞水县二十里铺构件厂	私营	王永增	建材	永阳二十里铺村	80	2	18	38	水泥构件制造
涞水县永阳工艺品厂	私营	李增贵	火锅、珐琅	永阳镇南桥头	90	2	30	50	工艺品制造
保定市华材实业有限公司	私营	刘新华	灰粉	永阳二十里铺村	60	2	9	300	石灰加工
保定新风材料有限公司	私营	刘建华	建材	永阳镇东永阳村	60	2	9	300	土沙石开采
涞水县青山建材水泥厂	私营	赵青山	水泥	永阳镇檀山村	130	2	26	500	水泥制造
涞水绿源工艺玻璃制品有限公司	私营	陈　云	玻璃制品	石亭镇色树村	15	1	120	200	玻璃品制造
涞水县虹贯玻璃制品有限公司	私营	张俊申	玻璃制品	石亭镇色树村	26	1	100	200	玻璃品制造

续表

企业名称	企业性质	法定代表人	主要产品	企业所在地	营业收入	上缴税金	职工人数	资产总额	所属行业
涞水县黎明纸箱厂	私营	史玉柱	纸箱	石亭镇色树村	31	1	22	126	纸制品制造
涞水县友宜食品厂	私营	赵立成	食品	石亭镇高村	18	1	40	150	食品制造
涞水县金明建材构件厂	私营	程文明	水泥制品	石亭镇高村	27	1	50	109	水泥制造
涞水县丰华食品二厂	私营	郭士俊	食品	石亭镇高村	31	1	62	163	食品制造
涞水县富民砖厂	私营	李术俭	机砖	石亭镇士庄	23	1	40	30	砖瓦制造
涞水县石亭鑫源砂石厂	私营	张振广	砂石	石亭镇高村	38	1	20	165	石灰加工
涞水县圣迪开发有限公司	私营	韩月台	砂石	石亭镇八里庄	29	1	42	175	石灰加工
涞水县地材砂石厂	私营	王建生	沙石英钟	石亭镇石亭村	21	1	32	180	石灰加工
上港中源矿业有限公司	私营	张小晶	金矿采选	龙门乡上港村	40	-	24	300	贵金属冶炼
下岗花岗岩石厂	私营	炼秋波	石材	龙门乡下港口村	60	1	30	50	石材制造
龙门乡岭东岭西铁选厂	私营	高翔坡	铁矿采选	龙门乡岭西村	60	1	21	300	有色金属冶炼
龙门乡上港安达金矿	私营	廉书法	金矿采选	龙门乡上港村	40	1	20	400	贵金属冶炼
永乐水泥制造有限公司	私营	刘淑芬	水泥	胡家庄永乐村	178	52	80	2130	水泥制造
娄村砖厂	私营	张　河	建材	娄村乡庞家河村	60	1	45	20	砖瓦制造
娄村砖厂	私营	刘德堂	建材	娄村乡娄村	64	1	50	20	砖瓦制造
京红石泰业有限公司	集体	张建民	矿石	中水东	50	2	60	180	有色金属采矿
晨龙铸造厂	私营	晋永旺	铸件	三坡镇马各庄	69	3	60	500	金属铸、锻加工
野山酿酒公司	私营	于士宽	酒	三坡镇马各庄	200	6	27	300	白酒制造
北京北雄科技实业有限公司涞水分公司	有限公司	张秀平	玻璃制品	涞水城东工业小区	1	0.5	-	3129	玻璃品制造
涞水鑫发汽车部件制造有限公司	私营	李晓玲	汽车配件	义安镇西义安村	513	15	50	265	汽车部件制造
燕南精细化工厂	私营	王　伟	硫化物、硫酸	永安街522号	888	4	50	100	专用化学品制造
涞水县诚信工艺品厂	私营	佟卫东	牌匾制作	义安镇北义安村	696	33	162	610	工艺品制作
北雄首建钢结构有限公司	私营	张巨青	钢结构产品	涞水城东工业小区	2903	63	210	8271	钢结构制造
涞水县英利制品有限公司	私营	张晓平	玻璃制品	王村乡王村	190	5	80	376	玻璃品制造
信德玻璃制品有限公司	私营	刘　杰	玻璃制品	王村乡王村	1848	64	350	1500	玻璃品制造
涞水开源化工有限公司	公司	高爱民	炸药	东文山乡西武山村	3136	291	135	1200	专用化学品制造
波峰水泥厂	公司	李春坡	水泥	南关	501	-	-	-	水泥制造

续表

企业名称	企业性质	法定代表人	主要产品	企业所在地	营业收入	上缴税金	职工人数	资产总额	所属行业
长城长电极有限公司	公司	王金铎	炼钢高增碳剂	涞水县北义安	29683	2127	800	16000	石墨及碳素制造
涞磁凯立特	公司	毕建玉	磁芯、变压器	涞水县育才路西	1746	146	135	1000	非金属矿物品制造
涞水县张翠台珐琅厂	私营	万　辉	珐琅制品	王村乡张翠台村	80	4	30	30	工艺品制造
涞水县东华工艺美术厂	私营	李福军	木座	王村乡东王庄	50	3	30	20	工艺品
涞水县福新工艺美术厂	私营	李福新	木座	王村乡东王庄	40	2	20	16	工艺品涞水县新
涞水县新兴纸箱厂	私营	龚振宇	纸箱	王村乡吴各庄村	50	1	15	20	纸制品制造
安达金矿	私营	廉书法	金矿采选	龙门乡下浆村	40		30	50	贵金属冶炼
东方万泰建筑有限公司	私营	杨爱民	房地产	义安镇工业小区	700	24	98	140	工程建筑业
科鑫电力设备有限公司	私营	杨　福	高压熔断器	义安镇工业小区	300	11	47	50	电气器材制造
涞水县张翠台珐琅厂	私营	万　辉	珐琅制品	王村乡张翠台村	80	4	30	30	工艺品制造
天子电子限公司	私营	曹爱民	高压隔开关	义安镇工业小区	200	6	7	200	电气器材制造
鑫源电力建筑工程有限公司	私营	杨助坤	房地产开发	义安镇工业小区	500	15	80	120	工程建筑业
扶风保温材料厂	私营	孙海涛	保温器材	义安镇下庄村	100	4	70	40	未注明的制造
恒天模型厂	私营	王成民	模型开发	义安镇栗村	30	15	35	40	模型制造
华北制动毂厂	私营	张文新	汽车轮毂	义安镇工业小区	500	25	30	200	汽车部件制造
宏伟玻璃制品有限公司	私营	李新河	玻璃品东文山乡	东文山乡东文山村	15	2	60	500	玻璃品制造
曙光化工厂	私营	张　田	化工产品	东文山乡北兵上村	5	0.5	25	50	其他化学品制造
宏大花炮厂	私营	李桂平	花炮	东文山东长堤	10		176	230	化学产品制造
隆盛达水泥熟料厂	私营	张延俊	水泥熟料	东文山南七山	–	–	67	1000	水泥制造
顺达机械厂	私营	张永臣	机加工	东文山南兵上	300	25	123	217	机械制造
涞水县欣兴器材有限公司	私营	王　倬	印刷材料	义安镇工贸区	350	12	40	100	印刷材料制造
保定盛兰实业有限公司	私营	杨　格	汽车装饰	涞水永安大街480号	500	15	5	100	汽车装饰制造
金华隆矿业有限公司	私营	张　鹏	金精粉	其中口乡南款村	–	–	–	–	贵金属冶炼
保定市环保设备厂	私营	李长江	高纯水伏灵碘	永安大街379号	80	4	15	150	日用化学
涞水县工业搪瓷厂	私营	杨　福	搅拌器	义安镇工业小区	800	27	78	500	专用设备制造
盛鸣物资再生利用中心	私营	杨　恒	废旧物资回收	义安镇工业小区	–	–	–	–	废旧物资回收

续表

企业名称	企业性质	法定代表人	主要产品	企业所在地	营业收入	上缴税金	职工人数	资产总额	所属行业
涞水县和瑞选金有限公司	股份	刘瑞福	金精粉	赵各庄淮河村	70	4	21	160	贵金属冶炼
鑫龍古典家俱	私营	陈　龙	古典家具	东文山乡上车亭	–	–	–	–	木质家具制作
银吉海红木家俱	私营	杜锡银	古典家具	东文山乡杜家庄村	–	–	–	–	木质家具制作
怡和轩	私营	李保录	古典家具	泰宁东街	–	–	–	–	木质家具制作
星晟祥红木仿古家俱	私营	梁全胜	古典家具	泰宁东街	–	–	–	–	木质家具制作
保定古艺坊古典家具公司	私营	刘建国	古典家具	泰宁东街	–	–	–	–	木质家具制作
兴盛明清古典家具	私营	刘小雨	古典家具	泰宁东街76号	–	–	–	–	木质家具制作
红牛红木仿古家具	私营	牛福德	古典家具	泰宁东街	–	–	–	–	木质家具制作
华昆龙红木家具厂	私营	牛福国	古典家具	泰宁东街	–	–	–	–	木质家具制作
泰和居红木古典家具桃木剑展销厅	私营	牛福铭	古典家具	泰宁东街62号	–	–	–	–	木质家具制作
涞水县福勇红木家具厂	私营	牛福永	古典家具	泰宁东街	–	–	–	–	木质家具制作
昌盛雅轩红木店	私营	孙敏章	古典家具	泰宁东街	–	–	–	–	木质家具制作
宏扬家具城	私营	王金烨	古典家具	泰宁东街	–	–	–	–	木质家具制作
涞水艺隆雕刻厂	私营	王克夫	古典家具	泰宁东街	–	–	–	–	木质家具制作
裕丰古典家具厂	私营	王克来	古典家具	泰宁东街	–	–	–	–	木质家具制作
金华隆矿业有限公司	私营	张　鹏	金精粉	其中口乡南款村	–	–	–	–	贵金属冶炼
涞水明清古典家具	私营	王克明	古典家具	泰宁东街	–	–	–	–	木质家具制作
艺宝红木	私营	王淑霞	古典家具	泰宁东街	–	–	–	–	木质家具制作
艺连雕刻厂	私营	王颜辉	古典家具	泰宁东街	–	–	–	–	木质家具制作
清華檀古典家具展销大厅	私营	王艳农	古典家具	泰宁东街	–	–	–	–	木质家具制作
涞水京龙红木家具公司	私营	王振伟	古典家具	泰宁东街	–	–	–	–	木质家具制作
涞水森源仿古家具厂	私营	王志国	古典家具	泰宁东街	–	–	–	–	木质家具制作
奇艺风古典家具展厅	私营	姚建存	古典家具	泰宁东街	–	–	–	–	木质家具制作
艺兴红木家俱展销厅	私营	于瑞军	古典家具	泰宁街16号	–	–	–	–	木质家具制作
精佳红木古典家具厂	私营	于瑞申	古典家具	泰宁东街12号	–	–	–	–	木质家具制作
涞水县永蕊家具坊	私营	于永超	古典家具	泰宁东街	–	–	–	–	木质家具制作
涞水县艺友红木家具厂	私营	张　刚	古典家具	泰宁东街	–	–	–	–	木质家具制作
中国人家	私营	张华星	古典家具	泰宁东街	–	–	–	–	木质家具制作
涞水隆德轩古典家具有限公司	私营	赵会刚	古典家具	泰宁东街	–	–	–	–	木质家具制作
宝生源古典家具	私营	祝永生	古典家具	泰宁东街	–	–	–	–	木质家具制作

续表

企业名称	企业性质	法定代表人	主要产品	企业所在地	营业收入	上缴税金	职工人数	资产总额	所属行业
涞水县红木雕刻博古展销厅	私营	祖连池	古典家具	保野路口	–	–	–	–	木质家具制作
光达红木家具展销厅	私营	祖少文	古典家具	泰宁东街	–	–	–	–	木质家具制作
河北涞水易联升古典红木家具公司	私营	祖绍春	古典家具	泰宁东街	–	–	–	–	木质家具制作
琨鑫明清古典家具	私营	祖泽琨	古典家具	泰宁东街	–	–	–	–	木质家具制作
古典家具公司	私营	祖志华	古典家具	泰宁东街	–	–	–	–	木质家具制作

第三节　乡镇民营企业管理机构

1979—1987年10月称社队企业管理局。1987年10月更名为涞水县乡镇企业委员会，内设办公室、财务科、业务科，编制12人。职责是贯彻党的方针、政策，研究乡镇企业发展路子，对乡镇企业实行指导、监督、管理、协调、服务，维护乡镇企业的合法权益。1988年4月设立计划统计科，5月设立信息科、培训中心。1990年4月，撤销业务科、计划统计科设立生产科、企管科，12月设立征管科。1991年3月设立审计股并将办公室、财务科、生产科、企管科、征管科改成人秘股、财务股、生产技术股、企管股、征管股。1992年7月撤销信息科、培训中心、企管股、征管股、审计股。

1993年乡镇企业委员会设人秘股、财务股、生产技术股。1996年8月机构改革更名为乡镇企业管理局。1998年3月内设综合股、业务股。2002年7月机构改革乡镇企业并入经济贸易局。2003年以前涞水县乡镇、民营企业由涞水县乡镇企业局管理。2003年机构改革，乡镇企业局与经贸局合并，其职能并入经贸局。2005年机构改革撤销经贸局，成立涞水县商务局，下设中小企业局。管理乡镇民营企业。

1987年10月该局下属企业供销公司、建筑工程公司、工艺品公司、建材公司、矿产公司、滑石粉厂、活动板房厂。1987年11月活动板房厂改成装饰装修公司。1988年8月矿产公司划归矿产开发管理局，11月建筑公司划归涞水县建筑总公司。1989年3月建材公司划归城乡建设管理局，12月星火陶瓷厂划归乡镇企业管理局。1992年8月设立装饰中心。

第四章　建筑业

2009年，涞水县有建筑企业17个，其中资质等级以上企业12个，国家2级房地产开发资质2个，国家3级房地产开发资质5个，国家4级房地产开发资质1个；河北省二级房地产开发企业1个；市政工程设备安装专业承包3级资质2个。建筑业个体户310户。全年完成建筑业产值7.12亿元，其中资质等级以上建筑业产值40882万元，建筑施工面积40.4万平方米。实现增加值2.66亿元，其中资质等级以上建筑业增加值1.53亿元。

第一节　重点建筑企业

河北翔海房地产开发有限公司——位于政府街中医院西侧，建于2004年，国家二级房地产开发资质。随着企业发展壮大，组建以房地产开发为核心的企业集团。拥有涞水县圣坤建筑工程有限公司、涞水县盛世国际酒店有限公司、中外合资保定翔海旅游开发有限公司、涞水县顺通热力有限公司、涞水县万通小额贷款有限公司、涞水县兴华工贸有限公司、涞水县恒祥物业管理有限公司等成员企业。形成以建筑施工、房地产开发、商务酒店、金融服务为一体、具有资源共享、优势互补、产业链较为完整的综合性企业集团。该公司先后开发天园小区、时代鑫园小区、阳光鑫园小区、西苑华庭和金月苑小区。新开发建设的涞水县西部新区占地面积135公顷，建筑面积200多万平方米，设行政办公区、居民住宅区、金融商业区和城市公园等项目，总投资50亿元。该公司在天津武清区开发建设的“慧翔龙苑”项目总用地面积56621.8平方米，总建筑面面积151765平方米，集数码港、休闲健身设施、内街型商贸、主题餐饮、商务旅馆、居住项目为一体，是多功能、信息化的建筑群。为服务全县经济发展大局，该公司积极开展招商引资活动，成功引进泰国东南亚风情园投资有限公司投资，共同开发建设拒马河旅游项目，计划投资2.9亿美元。翔海房地产开发有限公司，现有各类人才85名，其中中级以上职称的60人，大专以上学历的占58%。按照现代企业的管理模式，遵循有限责任公司制度的运作方式，组建综合部、营销部、财务部、工程部、开发部、质检部。

——涞水县安水建筑工程有限公司位于涞水县城永安大街226号，成立于2002年9月，注册资金2520万元，房屋建筑工程施工总承包2级资质，公司法定代表人毕建玉。现有高级职称人员3人，中级职称人员150人，初级职称70人。该公司拥有大型装载机5台，8T自卸运输车5辆，挖掘机3台，1T自卸翻斗车4辆，钢筋调直机3台，钢筋弯曲机3台，塔吊4台，63塔吊3台。到2009年来先后建成沁馨家园、靖园居、聚泽园、怡海家园、雅特家园、雅特新居、温馨家园、街心公园、富强小区、顺天宬小区、万家和小区等旧城改造工程40余万平方米。先后承建涞水县水泥厂办公楼、涞水县小学迁建、波峰中学教学楼办公楼、中嘉麦克工业园办公楼、北雄玻璃器皿总厂及分厂工程、北京首钢钢结构分厂、北京现代农装科技工业园、涞水县建设局办公楼、涞水县招待所宾馆、农业银行营业楼、妇幼保健医院门诊楼、涞水县南壕沟市场街道改造、朝阳路街道改造、永安大街人行道改造、涞水县人行家属院、涞水县影剧院改造、电力局家属院5号楼、涞水县法院办公楼、国土资源局办公楼、交通局办公楼、农村信用社涞水县联社营业大厅等大型建筑工程，积累丰富的建筑施工经验。

——圣坤建筑公司建于2005年，注册资金700万元，被省建委审定为四级企业，2006年资质复查时晋升为三级企业，2007年取得公路工程，市政公用工程施工总承包三级，园林建筑、公路路基、路面、起重设备安装专业承包三级。公司现有职工1259人，其中有职称的工程技术、经济管理人员291人，各岗位持证上岗人员245人，有资质的项目经理43人，拥有大中型机械设备942台（件）。动力装备率达到11.3千瓦/人，技术装备率达到以0.8万元/人。年均完成产值12000万元。该公司先后承建的房屋建筑工程有：盛世酒店、时代鑫园、阳光鑫园；公路工程有：西延路、复兴路。工程优良率达到40%，合格率达到100%。2003年被涞水县政府评为涞水县“优秀施工企业”；2007年被涞水县工商局授予“守合同，重信用”的企业称号。

——东方万泰建筑有限公司建于2003年3月26日。现有职工360人，其中：高级职称2人，中级职称45人，一般技术职称的160人，管理人员25人；助理工程师27人，技术人员83人。现有固定资产2700万元，流动资金5476.4万元；主要机械设备75台，机械设施总功率2263.5千瓦。可承揽工业民用建筑、设备安装等工程。

——福盛建筑工程有限公司建于2002年10月。劳务分包1级资质，可承揽砌筑作业、木工作业、抹灰作业、油漆作业、钢筋作业、焊接作业、脚手架作业、水暖电安装作业等8项分包作业工程。2009年公司拥有中高级技术人员130人，初级技术人员130人。该公司是进京劳务输出企业，几年来承揽了“北轻汽冲压车间设备基础工程，凉水河西岸产业配套住宅三区工程、裕龙花园5区9#住宅楼、高井热电厂厂内工程、西南郊粮库、东方雅苑3号、4号楼装修工程、知春里中学教学楼工程、碧波园温泉小区16#楼主体工程、炼钢主厂过跨车基础、三羊小区B区4#楼工程、良乡拍卖大厅、体育大学”等工程。

——佳禾房地产开发有限公司位于县城特价市场北侧，建于2007年，注册资金1000万元，4级房地产开发资质。2009年，公司有职工25人，其中有职称的专业技术人员8人。主要工程：2007年7月至2009年10月，完成嘉兴园小区7栋住宅楼建设，总建筑面积32000平方米。

——鑫超盛建筑工程有限公司位于涞水县开源路东侧，建于2005年7月，注册资金700万元，建筑资质为铁路工程施工总承包3级和房屋建筑工程施工总承包3级，可承担资质允许范围内的工程施工任务。

——凯悦市政工程有限公司成立于2009年，市政公用工程总承包3级企业，注册资金600万元。公司职工600余人，其中中、初级技术职称50名，中、高级技术工人150人，项目经理8名，管理人员50人。可承揽道路、桥梁、公共广场、污水处理、垃圾转运等市政工程。

——福泰建筑工程有限公司始建于1953年，1978年经河北省建设厅审批为建筑二级企业，注册资金2100万元。公司有职工800余人，其中高级工程师2名，中、初级技术职称人员156名，高、中级技术工人200名；项目经理17名，管理人员15名。可承接28层及以下，单跨度36米以下房屋建筑、高度120米及以下构筑物、建筑面积在12万平米及以下住宅小区或建筑群体。

——金瓯建筑有限公司建于2006年8月，注册资金700万元，工程施工总承包三级资质。2009年有职工200余人、其中建筑工程师4人，有职称的工程技术、经济管理人员50人、各岗位持证上岗人员70人。拥有大中型机械设备40多台。公司先后承建了涞水县教师进修学校教学楼（3560㎡）；涞水县求成初级中学教学楼（3610㎡）学生公寓楼（9890㎡）家属楼（9800㎡）；河北祖冲之中学试验楼（2980㎡）教学楼（2200㎡）学生公寓（4850㎡）多功能厅（5260㎡）等工程。

——兴国市政建筑工程公司建于1988年，注册资金2000万元。资质：市政公用工程总承包2级；房屋建筑工程施工总承包3级；隧道工程专业承包2级；桥梁工程专业承包2级；管道工程专业承包3级。2009年有高级工程师4人，工程师59人，助理工程师22人，会计师5人，助理会计师6人，经济师5人。

——宏成建筑工程有限公司建于2004年2月，注册资金800万元，资质：房屋建筑工程施工总承包3级。2009年共有职工127人，其中工程技术人员30人，管理人员50人。

涞水县建筑企业名录：兴发建筑劳务有限公司、环京建设工程有限公司、兴光建材制品有限公司、福泰建筑工程有限公司、安水建筑工程有限公司、福盛建筑工程有限公司、东方万泰建筑有限公司、保北电气安装有限公司、宏成建筑工程有限公司、雅轩装饰有限公司、坤太建筑工程有限公司、圣坤建筑工程有限公司、金超盛建筑工程有限公司、金瓯建筑工程有限公司、少杰建筑劳务分包有限公司、九岳建筑劳务公司、恒瑞建筑工程有限公司、晟泉电力设施安装有限公司、中盛建筑装饰有限公司

第二节　建筑管理

1992年6月，建立涞水县建筑业管理局，为县直属事业单位，编制17名，设局长1人，副局长2人，内设办公室、建筑人才开发中心、建筑业管理处、质量监督站、招标投标办公室。下属单位：建筑公司。1993年10月并入建设委员会，至2009年12月底。

第十三编　商贸服务业与金融业

20世纪80年代，商贸流通领域、国营经济一统天下，实行计划经济。物资全部按计划调拨分配，粮油实行统购统销，城镇非农户口居民粮油凭证供应。紧俏商品如自行车、缝纫机等凭票购买。随着经济体制的改革，引入市场经济，计划经济成分逐步减少，市场经济成分逐步增加，私营经济一步步发展壮大，逐步形成国营经济为主，多种所有制形式共存的局面。物资部门出现计划内、计划外两种价格，即价格双轨制。计划内物资执行国家定价，计划外物资供需双方商定价格，高于国家定价。粮油除凭本定量供应之外，也出现粮食部门自行采购销售的议价粮油。90年代，物资经营全部放开，粮食经营于1993年全部放开。国营经济受到私营经济和其他经济形式的冲击，经营效益日趋下降，举步维艰。首先受冲击的是商业供销系统。2001年8月，涞水县商业总公司和下属9个公司全部宣布破产。供销社系统26个企业中13个破产，9个宣布改制。继商业、供销系统之后，物资系统也受到冲击，同年物资总公司宣布破产。最后受冲击的是粮食系统。粮食政策改革，大体经历以下步骤：1985年以前实行统购统销政策；1985年以后实行合同定购政策；1993年，全国取消粮票，粮食经营全部放开；1994年，恢复粮食定购政策；1997年，实行按保护价敞开收购政策，即国家为保护农民利益，调动农民的种粮积极性，确保粮食生产稳定发展，要求粮食购销企业按国家规定的保护价收购农民的余粮；2001年，小麦定购价与保护价同一价格，玉米退出保护价；2004年，粮价放开、多元化市场收购；2006年以来，小麦实行最低收购价政策，即国家为保护农民利益，调动农民的种粮积极性，稳定市场，规定最低收购价格，市场价格低于最低收购价时，启动最低收购价，国家敞开收购，高时随市场价格。

1980年，全县社会商品零售总额3473万元，1990年，社会商品零售总额达到14358万元，年均增长15.25%；2000年，社会消费品零售总额49557万元，年均增长13.19%；2009年，社会消费品零售总额109442万元，年均增长9.2%。

1980—2009年涞水县社会消费品零售总额统计表

表13-1-1-1　　单位：万元

年 份	社会消费品零售总额	年 度	社会消费品零售总额
1980	3473	1995	26990
1981	4411	1996	35017
1982	4945	1997	44568
1983	5213	1998	53536
1984	6807	1999	59928
1985	8340	2000	49557
1986	–	2001	53918
1987	–	2002	59548
1988	13221	2003	86277
1989	–	2004	76759
1990	14358	2005	64504
1991	14498	2006	74455
1992	16975	2007	86293
1993	19550	2008	107013
1994	22500	2009	109442

注：社会消费品零售总额指标在1990年以前称社会商品零售总额。

第一章　商贸流通

计划经济时代，涞水县商贸流通域主要有国营商业、供销合作商业、粮油物资供应、进出口贸易、生产生活服务公司等部门、负责全县生产生活物资的采购、调配、储运、销售以及各类生产生活服务设施。

第一节　国营商业及管理机构

国营公司：是商业流通领域的主渠道。1989年以前涞水县商业局下辖百货公司、五交化公司、糖酒公司、食品公司、工业品公司、综合供应公司。经管着全县日用百货、五金、交电、糖、烟酒、食品的批发零售业务。百货商场、食品商场是县城的主要商业网点。饮食服务公司的第一饭店、第二饭店是县城主要餐饮单位；涞水浴池是县城唯一洗浴单位；红旗照相馆、三八理发馆是县城主要服务网点。

1989年以后，随着经济体制改革的进一步深化，国营经济受到个体、私营经济的强烈冲击，商业是首先被冲击的领域。20世纪90年代国营商业流通企业，经营效益日趋下降，举步维艰。1997年4月，按县体制改革方案，涞水县商业局更名为涞水县商业总公司，统管百货公司、五交化公司、商业工业品公司、糖酒公司、食品公司、商业综合供应公司、饮食服务公司、食品一厂、食品二厂和合作商店。

2001年8月14日，除合作商店外，涞水县商业总公司并下属的9家企业全部由涞水县政府批复破产，并相继由涞水县人民法院裁定进入破产程序。

烟草公司：1990年11月经涞水县人民政府批准，在商业局烟酒公司和糖业蔬菜公司基础上，分建涞水县烟草公司，隶属涞水县商业局领导。公司有职工38人，设专卖股，由3人组成，实施专卖管理职能。

1991年8月29日，涞水县烟草专卖局（公司）上划，上划人数47人。

2005年4月，涞水烟草专卖局（公司）取消法定代表人，更名为河北省烟草公司保定市公司涞水县卷烟营销部，取消财务科，实行报账制。

涞水县烟草专卖局成立后，主要负责全县烟草专卖法实施，办理烟草专卖零售许可证工作，对全县卷烟市场进行管理，负责打假查私工作。1997年7月3日《中华人民共和国烟草专卖法实施条例》颁布后，烟草专卖管理进一步规范化。

生猪定点屠宰：1997年1月根据国务院、省及上级有关加强生猪定点屠宰及酒类产（商）品监管的有关通知精神，原涞水县商业局经请示县政府批准组织所属食品公司、糖酒公司部分职工成立了执法队，在全县开展了生猪定点屠宰和酒类产（商）品监督管理工作，在抓企业经营的同时，加大执法力度，有效保证了全民吃上"放心肉"，喝上"放心酒"。

2002年12月，原商业局食品公司、糖酒公司及生猪定点屠宰、酒类专卖执法职能，执法人员全部划归涞水县经济贸易局（涞水县商务局），作为独立法人事业单位管理（股级）。

涞水县畜禽定点屠宰管理办公室，负责全县生猪定点屠宰管理执法及全县调味品产销管理工作。其执法依据是1997年国务院令238号及《河北省生猪定点屠宰管理办法》《河北省调味品生产销售管理办法》。

管理机构：1979年，延续计划经济体制，涞水县国营商业管理机构是涞水县商业局。

1997年，涞水县商业局更名为涞水县商业总公司。

2001年8月，涞水县商业总公司经县政府批复破产，行政职能划归涞水县经济贸易局。

2005年，涞水县经济贸易局撤销，设置涞水县商务局。

第二节　供销合作商业

涞水县供销商业管理机构是涞水县供销合作社，负责管理供销系统各企业的生产经营。20世纪80年代，供销社商业网点遍布各乡镇，每个乡镇均有供销社，有的乡镇供销社又有商业网点。负责全县农村的农业生产资料和生活日用品的供应；棉花、烤烟、核桃、杏仁等农副产品及土特产品收购。供销社下属公司有土产公司、农业生产公司、棉麻公司、副食品盐业公司、工业品公司。副食品盐业公司1994年改制撤销，成立副食鲜果公司、副食供应公司、盐业专卖公司，1999年又成立烟花爆竹专营公司。

进入20世纪90年代，同国营商业一样，受个体私营商业冲击，经营困难，纷纷破产改制。土产公司是经营土畜产品的公司，于1998年破产。农业生产公司是经营农业生产资料的公司，于1999年破产。副食鲜果公司2000年破产。工业品公司于2001年破产。副食供应公司2002年破产。乡镇基层供销社8个破产，9个改制，只剩2家在继续运营。

县供销合作社

供销商业全系统26个企业，13个破产，9个改制，只有盐业专卖公司，烟花爆竹专营公司；九龙镇供销社、涞水镇供销社4家在继续运营。在册职工717人，其中：在职职工80人；退休职工479人。

盐业专卖：1994年副食品盐业公司改制撤销后，组建涞水县盐业专卖公司。负责县区内食用盐的运销、供应和盐业管理。公司自成立以来，保证全县食用盐供应。涞水县是碘缺乏地区，公司在保证食用加碘盐供应的同时，大力查处私盐和无碘盐贩卖，保障人民的身体健康。

1994—2009年涞水县食盐经营统计表

表13-1-2-1　　　　单位：吨

年　度	食盐销售	年　度	食盐销售
1994	41	2002	121
1995	64	2003	104
1996	77	2004	123
1997	78	2005	119
1998	70	2006	110
1999	59	2007	122
2000	135	2008	123
2001	153	2009	88

烟花爆竹专营：1999年，涞水县供销社新组建了涞水县烟花爆竹专营公司，负责涞水县烟花爆竹的采购、销售。公司自成立后运行良好，满足全县烟花爆竹的供应，遏制劣质烟花爆竹的销售，保证人民的生命财产安全。

1999—2009年涞水县烟花爆竹经营统计表

表13-1-2-2　　单位：件

年　度	烟花爆竹	年　度	烟花爆竹
1999	60	2005	82
2000	57	2006	95
2001	62	2007	88
2002	65	2008	97
2003	67	2009	126
2004	73	–	–

第三节　粮油经营

20世纪80年代，涞水县粮食局下属各粮油企业是涞水县唯一粮油经营机构，负责农村粮油收购和城镇非农居民、机关、厂矿、学校、部队的粮油供应。1990年，粮食局有7个直属企业和26个基础粮站。1993年全国取消粮票，粮食经营全部放开以后，民营经济开始进入粮油市场，出现个体私营粮油商店。民营粮店以其灵活的经营方式，优质的服务，赢得了市场，而国营粮油企业经营困难，亏损严重。

2004年，粮改前全县有21个粮食企业：直属库、胡家庄粮站、明义粮站、永阳粮站、娄村粮站、东文山粮站、石亭粮站、王村粮站、北义安粮站、301粮库、水北粮站、宋各庄粮站、面粉厂、冲之醉酒厂、饲料公司、都衙粮站、其中口粮站、龙门粮站、粮贸公司、军粮中心、北方食品厂。有干部职工727人。粮改过程大体分三个阶段。第一阶段是在2004年底前，完成了企业撤并和人员分流任务。共分流人员582人（其中解除劳动关系466人）企业保留了131人。通过此阶段的改革，为企业卸掉沉重的包袱。第二阶段是在2006年5月底以前，进行产权制度改革，搞股份制改造。同时为减少包袱，再次兼并1个企业，（娄村粮站）使企业总数减少到8个（王村粮站、胡家庄粮站、明义粮站、永阳粮站、赵各庄粮站、北义安粮站、军粮中心、镇厂粮站）。但在股份制改造过程中，本应保留1个国有独资企业（军粮中心），1个国有控股企业（北义安粮站），其改制为国有参股企业，但因企业职工拿不出资金入股，只能用补偿金和风险金转股，导致国有参股企业没能实现，全部成国有控股，给国有资本继续承担亏损，留下隐患。为此，根据省、市粮食局要求进行第三阶段的改革，从2007年10月开始，对王村粮站、胡家庄粮站、明义粮站、永阳粮站、镇厂粮站、301粮库企业实行租赁承

县粮食局办公楼

包。即将企业的资产对内部进行租赁承包，将原企业的账务、营业执照、公章、土地证、房产证全部收回，原企业应支付给职工的补偿金和风险金等由承租人支付，抵顶部分租赁费，从而减少粮改资金不足的压力。

粮食购销与供应：1985年以前，粮食实行统购统销政策，农民向国家交售公粮，城镇非农业居民凭粮本按定量供应。1985年以后实行合同订购政策。农民按合同向国家交纳定购粮油，城镇非农居民凭粮本定量供应。后随粮油部分放开，粮食部门自行采购议价粮油，居民可不凭本购买议价粮油，调剂余缺。

1993年，粮食经营全部放开，农民取消定购粮，城镇居民取消粮本、粮票，敞开供应。1994年又恢复粮食定购政策。1997年实行按保护价敞开收购政策。

2001年小麦订购价与保护价持平，玉米退出保护价。2001年粮价全部放开，取消定购政策，多元化市场收购。2006年以来，小麦实行最低价收购政策，调控市场粮价。即国家为保护农民利益调动农民种粮积极性，稳定市场，规定最低收购价格，市场价格低于最低收购价时，启动最低收购价，国家敞开收购。

粮食储备：涞水县无大型粮食储备库，仅301粮库有少量的粮食储备。自粮改以来，各乡镇粮站均停止了粮油收购，农村粮食购销主要由私营企业经营。

管理机构：涞水县粮油商业管理机构是涞水县粮食局。

1982年，设局长1名，副局长6名。1987年10月，编制43人，设局长1名，副局长2名；内设购销业务股、财务股、粮油保管股、审计股、人秘股、保卫股。1989年4月将审计股改建为审计监察股，1991年1月建立科技股。1987年10月，下属库站有：直属库、301库、镇厂、赵各庄中心粮站、北义安、张翠台、胡家庄、明义、永阳、东文山、水北、娄村、宋各庄、虎过庄、紫石口、庄里、都衙、蓬头、龙门、其中口、李各庄、偏道子粮站；议价公司、饲料公司、面粉厂、食品厂、粮油服务中心、粮油服务部、招待所。1988年4月建立印刷厂。1989年10月，张翠台粮站搬迁到王村，为王村粮站。1990年1月建立多种经营开发公司。1992年1月建立食品公司，招待所隶属食品公司。1993年1月建立服务公司，取消食品公司，招待所、印刷厂、食品厂、粮油服务部隶属服务公司。1993年3月，设局长1名，副局长4名，内设购销业务股、财务股、粮油保管股、审计监察股、人秘股、保卫股、科技股。1997年4月，县长办公会决定，粮食局与外经贸局合并。1998年3月，成立粮食总公司，设总经理1名，副总经理4名。内设购销业务股、财务股、粮油保管股、审计监察股、人秘股、保卫股、科技股。1998年7月，县委、政府决定，外经贸局与粮食局分开设立。1998年12月，建立粮食稽查执法队。2003年3月，内设办公室、人事保卫股、综合业务股、财务股、监察审计股、事业编制20名。

2009年，编制28人，设局长1名，副局长1名。内设股室6个，即：办公室、人事保卫股、业务股、财审股、执法队、监督检查股。

第四节　物资经营

在计划经济期间，国家统一分配物资，涞水县物资局是唯一经销单位。1978年中共第十一届三中全会以后，工作重心转移到以经济建设为中心，统配物资越来越满足不了市场的需求。1984年以后，金属、建材等紧缺物资的日益丰富，市场需求量越来越大，物资经销开始向市场化转变，设立公司、对外采购，由满足生产供应，向经营牟利转变。

物资供应：1979—1989年，县物资局实行计划内外物资供应双轨制，计划内主要是按计划调拨的钢铁、煤炭、石油、化工、水泥等，以满足县办国营集体企业及单位使用，为满足市场民用乡镇企业需求该局从市场上自行采购，在计划供应之外，购进钢材、管材3500吨，木材4000立方米，汽车40余辆，水泥7000吨，煤炭20万吨，蜂窝煤3万吨，生铁2000吨（供首钢），焦炭1000吨，汽油700吨，柴油1600吨，化肥2500吨（调剂市场），煤油200吨，润滑油80吨，供应县内外市场。

1980年，业务主要面向本县工业、农业、农田基本建设和一些重点基本建设项目；1980年后，业务逐渐向外拓展，到1989年底，与国内大、中城市的20余个企业和50多个县级企业形成长期贸易伙伴关系。

1984年，物资局内部引进市场激励机制，设立公司，实行市场化运作。

木材公司：配合野三坡景区的发展，为苗寨等景区配送供应优质板材、圆木。

贸易公司：配合祖冲之中学建设，在当时大标号水泥紧缺的情况下，从宁夏购运625号水泥300余吨，保证了建筑水泥的质量。

金属加工厂：经营自动供水压力罐和各种炉具。

生产化轻公司：是县内唯一一家经营炸药、雷管的供应单位。

金属公司：与首钢等几个大钢厂建立贸易关系，在国内钢材紧缺的情况下，保障了涞水建筑钢材的数量和质量。

20世纪90年代，民营资本开始进入物资流通领域，而国营物资企业出现经营困难。2001年8月涞水县物资局（1993年改为物资公司）破产，下属公司同时破产。

煤炭供应：涞水县煤炭供应由煤炭公司负责。1979—1985年，涞水县煤炭公司隶属于商业局，其业务主要是供应化肥厂、水泥厂等工业企业用煤和农业烤烟用煤，城乡居民生活取暖用煤主要由当时垒子煤矿供应。经营方式是计划调拨、计划销售，1985—1990年，煤炭公司归属物资局管理，经营方式由单一计划调拨变为计划调拨、市场采购双轨运行。1990年，取消计划调拨，全部实行市场化经营，随着城乡建设的高速发展，用砖市场加大，煤炭公司下乡找砖厂联系定点供应烧砖用煤，一度占有涞水、房山、定兴、易县4县的砖厂用煤市场。

20世纪末，煤炭市场出现私营经销摊点，国营煤炭公司经营困难，连年亏损。2001年8月，煤炭公司随物资公司一同破产。

成品油供应：涞水县成品油供应由涞水县石油公司负责，该公司前身系县燃料公司石油小组，成立于1963年。1980年从燃料公司分出。正式组建涞水县石油公司，隶属涞水县商业局领导。1981年，涞水县储运公司并入石油公司。1985年，石油公司上划归口，隶属石油公司领导。1986年7月，更名为“河北省石油公司涞水县公司”。

1988年公司升格为科级企业，公司设有办公室、会计室、业务组、保管组、汽车组、警卫组和加油站，干部职工40人。

管理机构

1974年，设立涞水县物资局。1988年，内设三个股：财务股，人秘股、安储股；下属煤炭公司、综合公司、金属公司、建材机电公司、木材公司、生产化轻公司、再生利用公司、贸易公司8个公司；下辖金属加工厂、白涧物资服务处、镇厂物资服务处。物资系统职工总数195人，固定资产200万元，年创利税70万元。1993年，按县体制改革精神，县物资局更名为物资总公司。经管下属8个分公司和金属加工厂、白涧物资服务处、镇厂物资服务处。

2001年8月，县物资总公司破产。

第五节　进出口贸易

涞水县对外经济贸易局是外向型经济的宏观综合管理指导部门，负责全县对外经济贸易的宏观管理工作。

1979年，涞水县对外经济贸易局由收购出口产品的“收购站”发展成为自营进出口权的专业公司。2001年12月年中国加入世界贸易组织后，改革步伐不断加快，国家对出口产品实行备案登记制，简化出口商品的程序。涞水县各类出口产品走出国门，进入国际大市场，为涞水县出口创汇做出了贡献。1979至2000年，涞水县出口商品全部由省外贸公司经办，本县提供货源，传统出口商品是核桃、杏扁、中药材、地、挂毯和硬木家具。2000年创汇7.5万美元。2008年出口创汇2079万美元。2009年受亚洲金融危机的影响，涞水县出口创汇仅完成232万美元。

出口创汇情况：涞水县出口业务，主要品种是大杏扁、中药材、核桃仁、花椒、皮草、红小豆等土畜产品和农产品。后来逐渐增加工艺品类的珐琅、硬木雕刻家俱、刺绣、地挂毯、服装、矿产类的海泡石。20世纪90年代，增加了工业品类的磁粉、磁芯、石墨电极、玻璃器皿、杀虫剂、蚊香等。出口品种及出口数量逐年有所增加。

外贸商品：

土畜产品：山羊板皮、羊绒羊毛、鸭鹅羽绒、白蜡、兔皮兔毛

粮油食品：红小豆、芸豆、花生仁、玉米、核桃、核桃仁、苦杏仁、香菇、花椒、辣椒、猪肉、冻兔肉

工艺品：木雕、景泰蓝、美术陶瓷、刺绣、东方式地毯、装饰挂毯

轻、化工：玻璃器皿、红木家具、杀虫剂、蚊香、木制品、健身用品

其他工业品：石墨电极、磁芯、磁粉、海泡石、石英石、石灰石、氰脂碳酸钙

创汇企业：到2009年底，涞水主要创汇企业有15个，其中：玻璃企业5个、硬木家具企业6个、石墨电极1个、杀虫剂、蚊香1个、食用菌1个、磁材1个。企业名单如下：涞水县长城电极有限公司、保定益康制香有限公司、涞水县磁性材料厂、北雄玻璃器皿有限公司、保北玻璃制品厂有限公司、民兴玻璃制品厂有限公司、富民玻璃制品厂有限公司、宏利玻璃制品厂有限公司、华艺食用菌公司、精佳红木家俱有限公司、涞水县红木家俱有限公司、涞水县明清古典家俱有限公司、保定利来门仿古家俱有限公司、河北省涞水县良利工艺品雕刻厂、涞水县艺隆雕刻厂

进口贸易：1979—2000年以前，涞水县无自营进口业务。2000—2009年，县进出口贸易公司开始经营进口业务。进口商品主要有：手动工具、油嘴、油泵、机械配件、防油纸、新闻纸等，截至2009年底，对外付汇40万美元。

管理机构：1988年2月，县委、政府批准设立具有行政职能的涞水县对外经济贸易公司。1990年2月，设立“涞水县对外经济贸易局”和“涞水县对外经济贸易公司”一套人马两块牌子。1992年3月，外经贸局列为事业单位，编制8人。是年，经县长办公会研究决定，县对外经济贸易公司降为股级经营公司，隶属外经贸局领导。1993年，批准设立“河北省保定地区进出口贸易公司涞水县分公司”。1995年，内设一室两股，即办公室、综合业务股、财务统计股。1997年4月，外经贸局与粮食局合并。1998年7月，外经贸局与粮食局分开设立。1999年3月，成立“河北省涞水县进出口贸易公司”，隶属外经贸局，经理由局长兼任，具有进出口贸易权（放权企业）。2001年，由涞水县人民政府申报，经河北省国际商会批复，同意成立“中国国际商会涞水商会”。简称“涞水县国际商会”。名誉会长由涞水县政府副县长兼任。会长由县外经贸局局长兼任。县国际商会成立后，行政及人、财、物等受县人民政府领导

2000—2009年涞水县出口创汇统计表

表13-1-5-1　　单位：万美元

年份	创汇额	年份	创汇额
2000	7.5	2001	32.8
2002	70	2003	130
2004	220	2005	450
2006	756	2007	1681
2008	2079	2009	232

和管理，业务受河北省贸促分会保定市贸促支会和涞水县人民政府双重领导。

2006—2009年，外贸总公司设总经理、副总经理各一名，内设办公室、综合业务股、财务股

第二章　运输服务业

涞水县服务业主要是客货运输、餐饮住宿，各种维修、家政、保安以及房地产业。经营比较好的是客货运输和房地产业，餐饮住宿、家政保安等行业起步较晚，相关部门对这些行业管理松散，缺乏统一的行业规则，基本处于自由发展状态。

随着时代的进步，客货运输发展较快，效益明显。涞水县15条省际线路、2条市际、29条县际，县内包括公交在内的24条线路、130辆班车和3000辆货车，2009年客运人数200996人，货物运输达101745吨千米。

房地产业是新兴起来的朝阳产业，1994年取消福利分房，房地产市场逐渐形成，并日渐繁荣、发展迅猛，成为涞水经济发展突出行业。

汽车站班车

第一节　客货运输业

客运

涞水县省际线路15条经营车27辆；市际线路2条，经营车辆2辆；县际线路29条，经营车辆44辆；县内线路8条，8辆。县内公交共计16条线路，经营车49辆。客运企业5个，其中公交公司1个，城内公交1个，班线客运公司2个，汽车客运站1个。县内已建设简易客运站7个，分别是石亭客运站、娄村客运站、明义客运站、王村客运站、赵各庄客运站、镇厂客运站、三坡客运站。

货运

2009年，县境内有危货运输公司1个，(即涞水县通达运输有限公司)，有货运车25台。县内普通货车共计2421辆，低速农用车1212辆，其他车321辆。

1979—2009年涞水县客货运量统计表

表13-2-1-1

项目 年份	客运量	货运量	
	发送人次（千人）	发送吨数（千吨）	周转量（千吨千米）
1979	173100	373284	10109
1980	134400	252034	6627
1981	146400	232902	6523
1982	145700	254781	7221
1983	182000	250433	7007
1984	219000	253000	6990
1985	169000	251000	6280
1986	131482	169425	4239
1987	143184	156549	3917
1988	143065	171265	4285
1989	178688	168353	4212
1990	214961	170037	4254
1991	165950	168677	4220
1992	129109	113857	2849
1993	140600	105204	2683
1994	139897	115093	2710
1995	174731	113136	2689
1996	210201	114268	2716
1997	182205	104763	2711
1998	162275	113354	2694
1999	126250	76514	1819
2000	137486	70699	1680
2001	136799	77345	1838
2002	170862	76030	1807
2003	205547	76790	1825
2004	158682	76176	1810

续表

年份＼项目	客运量	货运量	
	发送人次（千人）	发送吨数（千吨）	周转量（千吨千米）
2005	123455	83337	1980
2006	134442	84170	2000
2007	133770	92082	2188
2008	167079	93003	2210
2009	200996	101745	2418

第二节 房地产业

20世纪90年代末，随着住房制度改革工作的开展，福利分房等计划经济时期的房地产体制逐渐退出历史舞台，房地产市场化初步形成。涞水县房管局的主要职能也从公房管理向产权登记管理过渡，自1998—2009年，累计登记房产9014宗，涉及建筑面积284.38万平米，其中住宅面积102.93万平米，商业等面积181.45万平米。1998年登记房产125宗，之后随着房地产市场化日益完善，登记宗数逐年上涨，到2003年、2004年达到一个最高值，之后逐渐回归平稳。

1998—2009年涞水县房屋登记情况统计表

表13-2-2-1　　单位：平方米

年份	宗数	面积	住宅	商业
1998	125	51404.58	4609.82	46794.76
1999	748	246523.86	8849.22	237674.64
2000	873	206308.77	59439.50	146869.27
2001	807	181461.31	67380.91	114080.40
2002	649	205780.59	68473.69	137306.90
2003	1198	310110.61	102203.75	207906.92
2004	1053	196253.94	111624.35	84629.59
2005	707	283891.38	133190.40	150700.98
2006	582	159589.61	36956.53	122633.08
2007	786	447762.84	144747.80	303015.04
2008	613	312979.90	183047.90	129932.00
2009	873	241760.57	108797.50	132963.07
合计	9014	2843827.96	1029321.37	1814506.65

第三章 金融业

1979年6月，设立中国人民建设银行涞水县支行；1979年8月，恢复中国农业银行涞水县支行；1984年9月，涞水县人民银行撤销，改为涞水县工商银行，人民银行业务由工商银行代理；1985年6月，恢复涞水县人民银行，自此涞水县金融机构形成由人民银行、工商银行、建设银行、农业银行、保险公司组成的格局；1996年，成立涞水县农村信用合作联合社；1996年11月，设立中国农业发展银行涞水县支行；1997年，涞水县建设银行撤销，人行撤销县支行发行库；1998年，涞水县工商银行撤销；1999年，中国人民保险公司涞水支公司分设为中国人民财产保险公司涞水支公司和中国人寿保险公司涞水支公司。

1984年以前，人民银行既履行人民银行职能又办理存贷款业务；1984年，国家建立中央银行体制，中国人民银行开始专门行使中央银行职能，逐步实现了直接调控和间接调控相结合的金融宏观调控，人民银行的主要职能是贯彻执行国家货币信贷政策、监督管理辖内金融机构和金融市场、负责辖内金融业调查分析和预测、发行人民币和管理人民币流通、经理国库、维护辖内支付清算系统的正常运行；1992年，证券监管职能从人行分离；1998年，保险监管职能从人行分离；2003年，银行业监管职能从人行分离。

第一节 银行业务

存贷款业务

1978年底涞水县各金融机构储蓄存款余额451万元。到1990年底达到11804万元，年均增长31.27%；到2000年底各项存款金额达到90607万元，年均增长20.7%，其中个人储蓄存款14727万元，年均增长33.7%，其中城乡居民个人储蓄存款89304万元，年均增长22.43%；到2009年底各项存款金额达到424235万元，年均增长18.7%，其中个人储蓄存款348209万元，年均增长16.32%。1978年底涞水县各金融机构各项贷款余额1659万元，到1990年底达到13542万元，年均增长19.12%；到2009年底达到174123万元，年均增长12.18%。

1989—2009年涞水县存贷款统计表

表13-3-1-1　　单位：万元

年份	存款		贷款余额
	年末余额	其中居民储蓄存款	
1989	6286	4168	12085
1990	14727	11804	13542
1991	17848	7774	21394
1992	24050	9403	24730

续表

年 份	存 款		贷款余额
	年末余额	其中居民储蓄存款	
1993	32000	13020	20230
1994	38550	18146	23085
1995	51327	47220	42997
1996	62291	57807	48894
1997	72107	66701	58682
1998	83907	78400	62075
1999	89605	83887	61361
2000	96807	89304	61913
2001	111864	102075	68121
2002	124272	110773	75139
2003	135867	125535	82020
2004	147923	132109	95435
2005	168664	148082	95475
2006	220811	185773	101681
2007	263176	226355	112523
2008	341239	281742	133363
2009	424235	348209	174123

现金管理

1986年中国人民银行涞水县支行与工商银行涞水县支行分设，中国人民银行涞水县支行正式办理国库业务。1995年3月18日《中国人民银行法》颁布和施行，其中一项职责是经理国库，2003年12月27日《中国人民银行法》修订，但经理国库的职责没变。

同城结算

涞水县同城票据所成立于1986年12月，票据交换工作由县人民银行于1987年1月1日正式组织实施。当时，涞水县有3家金融机构参加票据清算。即：涞水县工商银行、涞水县农业银行和涞水县建设银行。同城票据交换工作，解决各金融机构跨行资金清算问题，加速企业资金周转，对涞水经济的发展和资金安全起到一定的积极作用。

随着金融体制的不断改革，1997—1999年先后撤销涞水县建设银行和涞水县工商银行，两家金融机构停止票据交换工作。1996年农业银行改组，先后分设出农村信用合作联社和农业发展银行。这两家金融机构先后在人民银行开立账户，参加同城票据清算。2008年9月中国邮政储蓄银行涞水县支行正式在人民银行开立存款账户，参加同城清算。

近几年来，大额支付系统、小额支付系统和支票影像交换系统陆续上线运行，各金融机构有自身的支付网络。按照石家庄中心支行统一安排，2009年3月31日取消县支行同城票据交换业务。县域内跨行资金清算，通过大、小额支付系统或人民银行柜台交易完成，涞水县同城跨行资金清算主要靠人民银行柜台交易完成。

1980年的银行结算种类主要有：转账业务、汇兑业务（信汇、电汇）托收承付和委托收款方式。

1993年7月1日起，涞水县辖区内推行“两票”结算。即：县辖通转支票、银行汇票。为确保划拨资金的安全，县人民银行统一制订《县辖两票密押管理办法》和密押代号表。随着金融体制改革、结算种类增加，县农业银行先后撤销了乡镇营业所，农村信用联社有自己的支付网络，于2000年1月取消县辖两票业务。

2007年7月1日支票影像交换系统在全国正式上线运行。支票影像交换业务的开展，减少大量的现金流通，此结算方式既方便又安全，涞水县支票影像业务量不断增加，逐年呈上升趋势。

第二节　金融机构

1979年6月1日中国人民建设银行涞水县支行设立，人员由人行分出。1979年8月13日中国农业银行涞水县支行恢复。1984年9月30日涞水县人民银行撤销，改为涞水县工商银行，人民银行业务由工商银行代理。1985年6月17日恢复涞水县人民银行。1985年人民银行、工商银行两行分设，涞水县金融机构由人民银行、工商银行、建设银行、农业银行组成。1996年涞水县农村信用合作联合社成立。1996年11月7日中国农业发展银行涞水县支行设立。1997年涞水县建设银行撤销。同年人行撤销县支行发行库。1998年涞水县工商银行撤销。2008年4月邮政储蓄银行涞水县分行成立。2009年涞水县金融机构有：

中国人民银行涞水县支行。

保定银监分局涞水办事处。

中国农业银行涞水县支行，下辖：南大街储蓄所、朝阳路储蓄所、营业室。

农业发展银行涞水县支行。

邮政储蓄银行涞水县支行，下辖：涞阳路支行、永阳营业所、白涧营业所、石亭营业所。

涞水县农村信用合作联合社，下辖：城关信用社、东文山信用社、胡家庄信用社、涞阳路信用社、北义安信用社、王村信用社、永阳信用社、明义信用社、石亭信用社、宋各庄信用社、娄村信用社、赵各庄信用社、北庄信用社、城关第二分社、城关第三分社、洛平分社、三坡分社、府前街储蓄所、开源路储蓄所、西关储蓄所、义安储蓄所、南桥头储蓄所、水北储蓄所。

一、中国人民银行涞水县支行

中国人民银行涞水县支行是中国人民银行总行的派出机构。1984年以前人民银行是大一统的银行，既履行人民银行职能又办理存贷款业务。1986年中国人民银行涞水县支行、中国工商银行两行分设，开始专门行使人民银行职能。其主要职责是：贯彻执行国家货币信贷政策、监督管理辖内金融机构和金融市场、负责辖内金融业的调查统计分析与预测、发行人民币、管理人民币流通、经理国库、维护辖内支付清算系统的正常运行。1986年人民银行分设时仅有8人，到1990年底发展到34人，1992年最高时达到36人。2003年银行监管职能分离时划转银监会4人，到2009年底人员编制数为26人。1992年证券监管职能从人行分离，1997年撤销县支行发行库，1998年保险监管职能从人行分离，2003年银行业监督管理职能从人行分离，人民银行职能做出调整。主要承担货币政策、金融稳定、金融服务三大职能，具体职责是：贯彻执行国家货币信贷政策、监督管理银行间同业拆借市场、负责金融业的调查统计分析和预测、负责征信管理、经理国库、维护支付清算系统正常运行、管理人民币流通等。

二、中国农业银行涞水县支行

中国农业银行涞水县支行于1979年恢复成立，隶属中国农业银行保定地区中心支行，定编109人。1987年10月内设秘书股、人事股、计划股、农业信贷股、工商信贷股、会计股、存款股审稽股、信用合作股、工会。1988年5月建立保卫股、监察室。1989年设立营业室，9月建立政治处。1991年建立储蓄服务部。

1987年10月，下设城关、石亭、永阳、镇厂、白涧、娄村6个营业所和支行。石亭、市场、第二、四储蓄所，及城关、东文山、胡家庄、水北、西义安、北义安、王村、永阳、明义、洛平、石亭、北义和庄、宋各庄、虎各庄、娄村、赵各庄、其中口、李各庄、蓬头、龙门口、偏道子、北庄、庄里、罗古台、紫石口、都衙26个信用社。1988年8月增设南大街储蓄所。1990年增设支行第一储蓄所，3月撤销第二储蓄所。

1996年10月，农村信用社于中国农业银行涞水县支行脱离隶属关系，独立运行，隶属涞水县人民银行监管。1996年，中国农业发展银行涞水县支行从中国农业银行涞水县支行析出。中国农业银行2009年整体改制，中国农业银行涞水县支行随之正式更名为中国农业银行股份有限公司涞水县支行，简称中国农业银行涞水县支行。

2009年12月，中国农业银行股份有限公司涞水县支行，设行长1名，副行长2名，内设客户经理部、综合管理部、财会运营部；下辖支行营业室、南大街储蓄所、朝阳路储蓄所三个营业网点。在岗员工50人，其中大学本科学历4人，大学专科学历20人，中专学历17人，高中学历9人；中级职称5人，初级职称40人。

中国农业银行涞水县支行积极支持县域经济发展。发展“三农”业务，至2009年年底，累计发放惠农卡8506张、小额农户贷款2250万元。发放住房按揭和住房公积金贷款，支持房地产开发，到2009年底，已与八家房地产公司合作，发放住房按揭贷款和住房公积金贷款，支持房地产业的发展。支持县域重点项目建设，倾力助推经济发展。发展网上银行等电子商务，方便客户结算，至2009年底，发展企业网银30多个，POS特约商户近40个，开通首家自助银行，提供24小时全天候服务。农行在县城的自动存取款机达到7台，方便客户。

中国农业银行涞水县支行1980、2005、2009年度经营情况统计表

表13-3-2-1　　单位：万元

项目/年份	各项存款	存款		各项贷款	贷款		损益
		对公	储蓄		正常	不良	
1980	177	86	91	985	-	-	11
2005	3921	7097	31924	14613	2441	12172	1433
2009	83236	21959	61277	4029	4029	0	330

三、中国农业发展银行涞水县支行

中国农业发展银行涞水县支行成立于1996年11月7日，隶属于中国农业发展银行保定分行。1998年3月内设计划信贷部、营业室、办公室、编制21人。2003年4月，内设计划信贷股、营业室、办公室。2006年4月，内设会计出纳部、客户部、营业室、办公室，编制19人。2009年，该行在职员工17人，设行长1名，副行长1名。其中：经济师5人，会计师1人，助理经济师2人，助理会计师3人。

该行主要业务职能是：办理由国务院确定，中国人民银行安排资金并由财政予以贴息的粮食、棉花、猪肉、食糖等主要农副产品的国家专项储备借款；办理粮、棉、油、收购和调拨贷款；办理棉麻系统棉花初加工企业的贷款；办理政府财政支农资金的代理拨付；为政府设立的粮食风险基金开立专户并代理拨付；办理业务范围内开户企业事业单位结算；办理家庭财产保险、企业财产保险、人寿保险、健康保险、人身意外保险、建筑工程保险，安装工程保险、货物运输保险、机动车辆保险、责任保险，办理经中国银行业监督管理委员会批准的其他业务。2005年增加保险中间业务，2007年增加城镇建设贷款。

农业银行营业厅

四、涞水县农村信用合作联社

涞水县农村信用合作社联合社，成立于1984年，隶属农业银行管理。1996年10月正式与农行脱钩，实现组织自律。脱钩后，于1998年迁址到涞阳路52号，是涞水县唯一一家股份制合作金融企业。1999年12月，涞水县农村信用合作社联合社接收原中国建设银行涞水县支行各项存款业务，并接收保留三个储蓄所（涞阳路储蓄所、正阳街储蓄所、城南储蓄所）。2006年11月14日涞水县农村信用合作社联合社召开创立大会，报经河北省银监局批准，挂牌开业，成为一级法人机构。2007年1月31日更名为涞水县农村信用合作联社，将全县信用社营业网点统一规范管理。2008年6月30日，河北省农村信用合作联合社统一法人。2009年11月涞水县农村信用联社成立第一届党委会，94名党员关系转入涞水联社党委。

县联社营业厅

涞水联社不断发展壮大，自2000年起，规模发生翻天覆地的变化。

2000年8月25日，涞水县农村信用合作联合社接收原工商行各项存款及小额质押贷款业务，并接收保留工行三个储蓄所（府前街储蓄所、西关储蓄所、广场储蓄所），继续开办农信社各项业务。

2000年12月18日，接受涞水县工商银行、银兴信用社和人行中心城市信用社。原涞水县工商行银兴信用社变更为涞阳路农村信用社；原涞水县中心城市信用社并入涞水县城关农村信用合作社，变更为涞水县城关信用合作社西环分社。

2001年来，所辖农村信用社、分社、储蓄所业务全部实现电子化办公。

2001年12月，涞水联社接受原涞水县农行镇厂营业厅的存款业务。

2002年7月21日，涞水联社接受原农行石亭营业厅业务，并入石亭信用社；接受农行白涧营业所业务，并入赵各庄信用社。

至2009年年底，涞水县农村信用合作联合社共辖24个营业网点。其中：13个信用社、1个营业部、4个分社、6个储蓄所。机关内设9个科室：综合办公室、客户经理部、授信审批部、风险监控部、风险资产管理中心、计划财务部、会计结算部、稽核监察部、安全保卫部。涞水县辖内每个乡镇都有涞水联社的网点机构，其中龙门乡、其中口乡为定时定点服务网点。

涞水联社共有员工210人，其中在岗199人。大专以上学历109人，占54.7%；高级经济师1人，会计师3人，经济师17人，助理会计师13人，助理经济师21人，获得职称的员工占在岗员的27.6%。涞水联社设理事长1名，监事长1名，主任1名，副主任2名。

涞水联社坚持“风险可控、效益优先、服务三农”的经营理念，以“完善内控制度，规模经营管理求真务实，开拓进取，推动业务发展”为工作重点。截止到2009年底各项存款金额316097万元；股金余额17982万元。其中：企业法人股49万元，自然人股17542万元；资格股8510万元，投资股9472万元。各项贷款余额178791万元，存贷比例45.56%。不良贷款余额20908万元，占11.68%。

加大对地方经济的支持力度，挖掘优质信贷企业，提高联社的经营效益，满足不同客户、不同行业对金融服务的需求。树立立足“三农”，为“三农”服务的思想，坚持支农便民的信贷原则。开展小额农贷以来，全县创建信用村114个、信用户3200户，发放小额信用贷款3367笔，金额4450万元。支持农业产业化结构调整。以小额信用贷款为基础，集中资金支持农业产业化调整，支持有市场、有效益的农业产业化重点项目。支持起点高、科技含量大、效益好的项目和骨干民营企业。重点支持了玻璃制品、电极厂、益康蚊香等重点民营企业。支持野三坡旅游业发展。联社先后向野三坡投资2.78亿元，使一个基础差、底子薄的野三坡旅游区发展成为国家重点风景区、4A级景区、国家森林公园、世界地质公园。

五、邮政储蓄银行涞水县支行

邮政储蓄银行涞水县支行成立于2008年4月20日。下设涞阳路支行、永阳营业所、白涧营业所、石亭营业所4个分支机构。邮政局在储蓄银行成立之前于1998年就开展邮政储蓄业务。

六、中国人民建设银行涞水县支行

中国人民建设银行涞水县支行成立于1979年1月，隶属中国人民建设银行保定中心支行和涞水县人民政府双重领导。其职责是：办理基本建设拨、贷、吸收存款，审查基建工程预、决算。1987年10月，内设人秘股、业务股、会计出纳股。1989年2月建立储蓄股。1992年7月将人秘股改称办公室，增设了保卫股。1987年10月时，下设野三坡储蓄所。1988年11月，成立涞张路、三里铺储蓄所。1989年建立城南储蓄所，10月建立政府街储蓄所。1990年4月将野三坡储蓄所改为代办所。1993年后，县建设银行成为管理固定资产投资和贷款业务的专业银行。在业务和干部管理上，受上级银行的垂直领导，同时在业务上接受县人民银行的协调、指导、监督和检查。主要职责是：贯彻执行国家的金融政策，在固定资产投资领域里，及办理财政业务，又办理银行信贷业务，制定基本建设财务管理制度，管理基本建设拨款和更新改造资金及吸收和组织利用固定资产领域里的各种存款、呈报信贷业务；发放固定资产投资性贷款和流动资金周转性贷款业务，具有财政和银行的双重职能。1997年更名为中国建设银行涞水支行。1999年8月中国建设银行涞水县支行撤销。

建行涞水县支行在存续期间，筹措资金支持涞水县装饰布厂引进箭杆织机；涞水县大理石厂引进切割设备；涞水县水泥厂改造为机立窑，扩大生产能力；高易铁路扩轨改造工程，为涞水经济发展做出贡献。

七、中国工商银行涞水县支行

中国工商银行涞水县支行1984年建立，隶属中国工商银行保定支行和涞水县人民政府双重领导，在业务上和干部管理上受上级专业银行的垂直领导。主要职责是：办理工商企业存款、贷款业务；负责本系统的资金调度，实行信贷监督和结算监督；根据人民银行的授权，管理企业流动资金；办理联行结算和出纳业务；筹集社会闲散，吸收居民个人储蓄，按照国家规定，对开户单位实行工交基金监督。1987年10月，内设：人秘股、计划股、信贷股、会计股、出纳股、储蓄股、工会、信用社。1989年9月增设保卫股，12月设立政工股。1990年10月将信贷股分设为工业信贷股、商业信贷股。2000年8月撤销。

八、中国人民保险公司涞水支公司

中国人民保险公司涞水县支公司1985年7月建立，内设经理室、业务部，定编15人。主要经营车险业务及人身意外伤害保险业务。1987年10月内设财务股、业务股。1995年3月设立中国人民保险公司永阳代办处、石亭代办处、城关代办处、镇厂代办处、北义安代办处，公司内设：办公室、计财科、业务科、理赔科、营业室。1996年7月，人寿保险公司从人民财产保险析出，机构设置和业务发生变化，内设：经理室、业务科、理赔科及营业室。2003年3月，公司内设：办公室、理赔科、营业室、业务科；7月19日更名为中国人民财产保险股份有限公司涞水支公司。设置经理室、综合部、业务科、理赔科。到2005年12月底，经营险种由5个增加到30个，共承保5万余笔，承担风险总额100亿元，保费收入6000万元。赔款件数5600件，赔款金额4000万元。2005年一年保费收入890万元，承保15503笔，承担风险总额18亿元。赔款件数1070件、赔款金额696万元。为社会稳定和企业灾后重建做出积极贡献。

人保财产公司

1985—2009年涞水县财产保险公司业务量统计表

表13-3-2-2　　单位：万元

年 份	保费收入	赔付总额	年 度	保费收入	赔付总额
1985	39	20	1998	559	335
1986	65	37	1999	602	363
1987	102	58	2000	651	390
1988	138	85	2001	699	419
1989	163	99	2002	750	451
1990	198	120	2003	799	480
1991	237	142	2004	849	521
1992	279	170	2005	890	696
1993	312	189	2006	934	444
1994	361	215	2007	1089	522
1995	407	247	2008	1300	689
1996	455	273	2009	1536	921
1997	508	300	–	–	–

九、中国人寿保险公司涞水支公司

2000年1月中国人寿保险公司涞水营业部成立，办公地点设在财产保险公司办公大楼内。2000年9月1日迁至涞水镇永安大街185号。2003年6月30日更名为“中国人寿保险股份有限公司涞水支公司”，公司内设营业室、营销部。

2009年底，中国人寿涞水支公司有员工及营销员340人，有十支保险业务丰富的管理团队，建成覆盖全县的客户服务体系，可为客户提供周到全面的服务。

中国人寿向个人及团体提供人寿、意外和健康保险产品，涵盖生存、养老、疾病、医疗、身故、残疾等多种保障范围，全面满足客户在人身保险领域的保险保护和投资理财需求。

中国人寿秉持“专业、真诚、感动、超越”的服务理念，依托覆盖全国城乡的服务网络，致力于为社会最广泛的大众提供优质的保险产品和服务。截止2009年底，保费收入达到6063万元，为60000多人提供人身保障，并成为忠实客户。

人寿公司涞水支公司设经理1名，副经理、经理助理2名。内设综合、客户服务部、银保部、团险部、个险部。个险营销设5个独立营销处或营销分处。另设永阳、石亭、野三坡、赵各庄4个农村营销服务部。

第十四编　旅 游 业

涞水县旅游资源丰富，涵盖山区、丘陵、平原，既有地质构造、河流、植被形成的自然景观，又有宗教、战争、古代墓葬、影视拍摄形成的人文景观，尤其是丘陵区的宗教场所灵泉寺、金山寺、庆化寺、玉泉寺、遵化寺等，自古以来就是游僧逸士、香客、文人墨客驻锡、朝拜、游览的圣地，是涞水人民的宝贵精神财富和物质财富。

涞水山区的旅游，起步于1984年，风景区位于县城西北部野三坡，地处太行山、燕山交汇处，距北京市中心120千米，距天津230千米，区位优势明显，旅游资源丰富，景区规划总面积520平方千米，1988年被国务院批准为国家重点风景名胜区。经过20余年的精心打造与培育，旅游产业迅速发展壮大，旅游业已成为县域经济中的特色支柱产业。尤其进入21世纪，涞水县委、县政府制定旅游富县战略，实施旅游二次创业，改革旅游管理体制，成立野三坡风景名胜区管委会，以科学发展观为指导，围绕打造国内精品景区的发展思路，高起点谋划，高标准建设，大力改善基础设施、服务设施，加快景区晋档升级，打造精品，创建品牌，成功开发建设百里峡、龙门天关、白草畔、鱼谷洞、拒马河五大旅游景区，打造了民族园少数民族风情演出、大型历史舞蹈史画《印象野三坡》两大文化品牌，经济效益、社会效益与环境效益显著。

1985—2009年间，先后被国家旅游局评定为：国家重点风景名胜区、国家4A级旅游景区、中华环保生态示范区、国家地质公园、国家森林公园、全国创建文明风景旅游区工作先进单位、世界地质公园、首批国土资源科普基地、全国科普教育基地、国家5A级旅游区。良好的旅游生态环境，丰富的文化内涵，使野三坡景区成为众多游客外出休闲度假的首选目的地之一，成为环京津休闲旅游产业带上一颗璀璨的明珠。

第一章　旅游资源

涞水历史悠久，人文资源丰富；涞水有山区、丘陵、平原3种地貌，地质、自然旅游资源相当丰厚，自古以后就有不少文人、逸士、香客来此游览、朝拜。拒马河流域两岸山水相映、风光秀丽、引人入胜。1985年以后，野三坡旅游开发，把当地的人文、地理、河流、动植物、革命纪念地等资源综合开发利用，在提高涞水知名度，引领山区群众脱贫致富方面发挥巨大的作用。

第一节　自然资源

一、三坡地区

（一）地质资源

“野三坡”是一处以自然风景资源为主的风景区，位于太行山北端，从地质构造体系上看，处于新华夏系与“祁”“吕”“贺”山字型构造体系的交接部位。地质构造格局上，以纵贯中部的蓬头——紫荆关断裂带为界，西北盘上升，属于山西断隆的东北隅；东南盘下降，属于燕山台褶带的西段。东西构造迥然不同，西高东低，该区正处于中低山过渡地带，向西远眺2700多米的小五台山，东望河北大平原，区内各时代地层出露比较齐全，西部集中出露太古界的变质岩系，东南部为震旦亚界地貌，主要为迭层石灰石、燧石条带白云岩等形成岩溶地貌的物质基础；中部有寒武、奥陶系地层出露；北部以侏罗系火山岩为主；第四纪沉积则主要分布在拒马河及各支流谷地两侧。次级构造和岩性导致了中小型地貌类型和造型地貌的形成，南部的拒马河和百里峡景区分布较厚的白云岩。在第三纪暖湿气候条件下形成岩溶地貌和峰林。第四纪强烈上升，河流下切时，受节理方向的控制形成“之”字形嵌入曲流，两岸陡直数十米到百米以上，形成深谷。拒马河各小支沟也同时下切成为十分狭窄的“V”形谷或“箱状峡谷”，百里峡即是其典型者，而原来的岩溶地貌、溶洞和峰林则悬于半壁或高高突兀于峰顶，形成峰峦叠嶂的宏观景色，或栩栩如生的造型地貌，有小桂林之秀，又具三峡之险。

百里峡天生桥

佛洞塔风景区，岩性以奥陶系灰岩为主，因而在山顶上发育了丛丛峰林，在山腰发育了若干座溶洞。

龙门峡、金华山两个景区，主要为花岗岩类分布区，因其球状风化不明显而显得更加陡峻劈立，龙门峡谷尤为雄险。

白草畔景区主要岩性为侏罗系安山岩和砂页岩，其主峰位处单斜山最顶处，海拔1983米，与相邻的姊妹峰——百花山（隶属北京市，海拔1991米）并立为京西最高峰，成为一个自然垂直带谱明显、森林保护良好、野生动物繁多的高山避暑景区。上述原因形成了野三坡雄、奇、幽，险的自然地貌。

地质基础构成风景区的基本骨架，而地貌形态就成为风景资源的关键要素，它明显地从大型地貌特征、地貌构景和造型地貌三大方面反映出来。

1.地貌特征：龙门峡岩性全部为燕山运动时期花岗岩侵入体，经长期抬升、剥蚀和小西河深切而形成，犹如刀削斧劈之雄险峡谷，成为历代兵家必争之地，历代名人骚客也利用这坚硬的悬壁，留下了20多处规模宏大的摩崖石刻。

拒马河曲流绝妙，两岸绝壁悬崖连绵不断，间或河滩阶地，大小支沟，远处山峦，构成上、中、下三个明显的景观层次。近、中、远景相互映衬，游人沿着拒马河谷游览，峰回路转，奇丽的景色时而涧谷浅滩，时而峻峡急流，三里一小变，五里一大变，正如《光绪县志》形容山谷风貌所说："峭壁悬崖，形如巫峡"。

2.地貌构景：下庄度假村以拒马河曲流为主要活动场所，是一处山影、水石、沙丘三位一体的河弯型游乐区。不仅河水弯曲，水面宽阔，滨岸更有长330米、高25米的巨大沙丘和百米宽的沙滩，是游人进行水浴、沙浴、日光浴最理想的场所。流畅的线条，金黄的色彩，沙丘顶上稀疏的沙枣林，伴有巍峨的悬崖绝壁，在晨曦或夕阳的照射下更显得绮丽多彩，成为京畿奇景之一。

百里长峡由蝎子沟、海棠峪、十悬峡组成，全长约百里，从崖头到沟底高差在百米以上，谷底时宽时窄，最窄处不过1米，宽处十数米，有开有合，时上时下，整个沟谷呈现蛇形弯曲状态，变幻莫测。蝎子沟中的"摩耳崖"、海棠峪中的"一线天"，十悬峡中的"不见天"，使人犹如进入了神奇世界；蝎子沟中的"铁索崖"、"龙潭映月"，海棠峪中的"下天桥"、"上天桥"等都给人以奇险绝妙之感。向这样规模之大的天生胜景，在中国北方十分罕见。

老虎嘴

3.造型地貌：野三坡风景区怪石林立，有许多栩栩如生、千姿百态的造型地貌。如百里峡中的老虎嘴、仙官引路、牛角峰、擎天玉柱、雄狮出世、观音回首、金线悬针、五老峰、三星洞、飞来壁等；拒马河景区的海螺峰，石勒拴马桩，松塔山、万象更新、五指山等；还有龙门峡的青蛙石、王母回头等等。它们分布于地势较高之处，多为可望景物，有的可以供游人攀登、穿越，有的是可触景物，如老虎嘴、下天桥等。

百草畔景区，主峰高达1983米，山巅可观云海和日出，还可远眺北京城区夜景。

河边牧马人

金华山是三坡景区的第二高峰，海拔1750米，山上积雪在一定条件下，可出现“金华山放光”的奇异景象。

（二）水景资源

风景区内水系并不复杂，由北向南流的有两条小河，小西河和蓬头河。它们在风景区南部注入拒马河。由于两条小河处于太行山第二多雨高度，常年有水，因而使拒马河水量丰富，拒马河紫荆关段，多年的年均径流量为3.69亿立方米。

主要有以下三大类型：

（一）天然泳场和水上游乐区，拒马河曲流和小西河在野三坡风景区内绵延数十里，与青山相绕，与游路并进，为旅游区增添了新的活力。

紫荆关拒马河水7—8月平均水温在20~22℃以上，在风景区内的河湾缓流，水温相对高些，适宜做天然浴场。

下庄景区是一处山影、水面、沙丘三位一体的河湾型水景游乐区，它的主要功能为水浴、沙浴和日光浴。这里有长达500米的沙水线，河水清澈，水面宽度达120米，水由浅渐深，安全可靠。7—8月份平均水温在20~22℃以上，是一个理想的天然泳场，开展水上碰碰船、激流探险、划船、漂流等多种水上运动和游乐活动，沿途观赏两岸的自然风光，非常惬意。

苟各庄车站（百里峡车站）附近的拒马河段、百里峡沟口（水电站尾水），水面宽阔，水量丰富，适宜开展水上游乐活动。另外，镶嵌在高山峡谷中的庄里水库、峨峪水库和大泽水库等，也可结合周围其他风景资源开展水上活动。

鱼谷洞标示牌

（二）观赏性水景资源和矿泉水，距紫石口村2千米的小西河东岸有一鱼泉，亦称“鱼谷洞泉”。泉水清澈，长流不息，平均流量0.42立方米/秒，因每年谷雨节前后，从泉眼向外涌鱼，这种情景一般要延续8~10天。这种鱼的学名是“多鳞铲颌鱼”，俗称“石口鱼”，每尾300克~350克，黑脊白腹，鲜美可口，居民常用筐篓在泉口捕捞，每年捕捞在1000千克以上，可称野三坡一大奇观，也是人们公认的全国八大怪泉之一。

由于野三坡风景区没有工业污染和城市噪音，因此大气和水体等环境质量均属上乘。据紫荆关和张坊两监测网点资料报告，风景区内拒马河段所含酚、砷、氰、硫化物等有毒物质都在标准以下，pH值为7.6~8.0，据水文资料记载：水体无色、无味、透明、总硬度9.55，达到国家饮用水1级标准。

（三）鱼谷洞的矿泉水清凉甘甜，口感好，清洁度高，无味无菌，温度适中，流量稳定，有害元素极少，经化验分析，全部符合卫生标准，14种微量元素全部在安全范围内，符合国家饮水标准。其总硬度171毫克/升，钙质59.3ppm。对降低心脏病发病率有利；含有硒，有防止心脏病和抑制癌细胞生长的作用；含有锌，对慢性病康复有益；此外还含有钠。与国内外矿泉水比较，质量是相当高的。

从鱼谷洞上行200米山洞中，有一泓池水，有小鱼游弋其中，每逢雨季，洞中平静的碧水，变成咆哮的巨龙，从洞口倾泻而出，形成“白龙出洞”的奇观。

（三）动、植物资源

动物资源

野三坡有很多野生动物。据调查，庄里，罗古台、北庄、都衙均有豹子出没；庄里、罗古台、北庄、都衙、紫石口有狼、野猪、狐狸、野羊、狍子及多种小兽类；还有雕、鹰、猫头鹰、野鸡、寒号鸟、喜鹊、山鸽、乌鸦等多种飞禽；水禽有鹤、鹳、鹭鸶、水鸭等。70年代以来，大兽类（如野猪、豹等）大禽类（如雕等）及部分小兽类（如黄鼠狼）呈减少趋势；小兽类如松鼠、兔子、老鼠、野鸡、麻雀等呈增加趋势。

植物资源

植物资源分布集中、种类丰富、垂直分布明显的地域应属白草畔景区。800~1000米的低山区，为人工、半人工植被带，成片林已绝迹，只有残留和人工栽植的山楂、山核桃、椿、杨、柳、榆、槐树，荆条、三裂绣线菊等灌木。

1000~1300米处为低山灌丛带。主要为毛榛—丁香灌丛、绣线菊—丁香灌丛、丁香灌丛、绣钱菊一毛榛灌丛等。

1300~1600米处为中山杨、桦木、栎林带。阳坡以辽东栎为主，伴有少量黄花柳、色木、山核桃等；阴坡以杨、白桦、黑桦、坚桦混交林为主，伴有少量色木、椴树等。该带灌丛繁茂、种类丰富，带有毛榛、绣线菊、六道木、溲疏、红山柳、山刺梅等。地被植物丰富，覆盖度达50%。

杜鹃花开时节

1600~1850米处为中山桦树林带。属针叶林砍伐后形成的原始次生林。主要有红桦、坚桦、枫桦、黑桦等，还有色木、山杨、黄花等，灌木有丁香、六道木、杜鹃、毛榛、刺五加和地被植物黄花、地榆等。

1850米以上地势比较平坦，为山顶草甸带，组成种类有苔草、花菜、黄花地丁、金莲花、紫色鸢尾、龙胆和矮小的黄花柳、红桦等。

每逢6—8月，坡上粉红色的杜鹃、紫红色的丁香、雪白的溲疏、浅白色的绣线菊，映衬着繁茂的林木。山顶上更是紫红色的、金黄色的金莲花、蓝紫色的龙胆、淡紫色的老獾草相互交织，但见一片花海世界。

拒马河沿途及百里峡景区拒马河谷蜿蜒曲折，两岸春季繁花似锦，夏季青翠葱茏，秋季果实累累，冬季白雪皑皑，起伏跌宕，使人如置身于山水画中。河谷中多为杨树、柿树、洋槐、大杏扁、酸枣、灌木等。

各景区内植物分布各有特色，如下庄度假村崖头的古柏，与沙丘、水景相映成趣；百里峡谷中的海棠峪，以满沟海棠丛生而得名，每逢夏末秋初，芳香四溢，苍崖生辉。配以海棠女打虎的美好传说；蝎子沟因特有的蝎子草而取名，为景区增添奇异之感。

除了观赏植物外，还有经济价值较高的果品、药材植物资源，如猕猴桃、青檀、刺五加、小黄连、远志等。

二、丘陵地区

（一）釜山　位于县城西北12千米娄村西，海拔460米，因山形如覆釜而得名。涞水古八景之一——“釜山晴云”即指于此。山上寺观为涞水胜迹。

该山东面为正面，从山顶向两侧延伸，坡度渐缓，坡上荆棘杂草丛生，间有林果梯田，山林茂密，

釜山主峰

山顶松柏成荫，浓荫蔽日。往下两边沟涧，悬崖峭壁，怪石嶙峋，二龙潭长年不涸。沿山坡石阶盘旋而上，至山顶，平顶方岩，气象崇隆。半山平缓处原有灵泉寺，《涞水县志》载建于唐代。寺产百余亩，寺随山筑，寺左有金大定二十年（1180）釜山祖公禅师寿塔。阶下有明重修诸天大殿碑《伽蓝祖师殿记》。寺内正殿五间，南北禅房各三间，两厢为僧室，另有菩萨阁及钟鼓楼等建筑，菩萨阁重楼绀宇，壮丽缥缈，如入化域。四周红墙环绕，山门面东。双泉从后殿左右流出，气势磅礴。登山远眺，东临沃野，西连群峦，釜顶岚气熏蒸，烟云缭绕。诗云："形似覆釜势凌霄，万点晴天缀翠峣。中有龙潭深莫测，兴云长在半山腰。"历代为游僧逸士、文人墨客流寓或游览之地。司马迁所著《史记》记载，中华始祖黄帝、炎帝、蚩尤大战涿鹿之野，合符釜山，意指于此。釜山顶部，有抗日烈士墓1座，24名八路军指战员，在1939年5月6日阻击日本侵略军时，掩护部队转移壮烈牺牲，合葬于此。

（二）金山　位于石亭镇东龙泉村北，北京市张坊镇与本县石亭镇接壤处，此地为太行山与华北平原交汇处。金山半山腰的平台上，原建有寺院一座，名金山院。该寺坐西朝东于陡峭悬崖绝壁处，三面群山环抱，林木葱郁，风景秀丽，身临其境，视野开阔，心旷神怡，寺居其中。金山寺始建于元成宗大德初年，兴于元朝，盛于清朝，毁于战火。金山寺是当地最早、最大的佛教禅院，晋朝高僧道安、慧远禅师及近代虚云和尚，都曾在金山地区驻锡，是一处多次受到元、明两代皇帝册封的皇家寺院。古碑记载"殿宇宽而容众，开设上下、东西两坛，受戒数计十万，居僧七百。大德四年三月十五日作龙华盛会七昼夜，并立白玉石塔十三级，同年立碑颂其功德"。自元之后，金山寺几经兴衰，至明天顺年间，寺废僧残，仅存千佛浮屠一十三级（即舍利塔）。幸得板城大檀越施主施家资，从广昌购木为筏，顺流运料，重建寺院。"金山寺倚于金山之阳，左列崇峰，右列峻岭，东瞰拒马之河，殿内重塑佛像五尊，伽兰堂七间，方丈三间，造一百零四颗塔铃，铸千余斤铁钟，寺院颇为壮观……"。明、清的多次重修，使金山寺成为盛极一时的游览胜地。清顺治十六年，涿州儒生董士昌所书金山寺碑记曰："大都迤西涞易正北有金山，乃太行之支龙，崇岗峻岭，翠柏苍松，山木亟岭，而清泉湛溢，诚哉燕山之胜景也。"其中刻记的"清泉湛溢"即指金山寺最负盛名的"龙潭"。龙潭清泉水碧甘润，据当地人说，喝此泉水能去病强身，益寿延年。

金山寺

金山寺几经兴衰，饱经风霜和战火的洗礼，倾圮凋残，仅存山门1座、碑刻7通、"圆融广慧"禅师塔1座（已倒塌）"无量寿千佛舍利塔"1座。2006年6月

16日，该寺遗址被列为河北省文物重点保护单位，并被批准为合法的宗教活动场所，修复、重建工作已启动。

该山有龙潭晓月、悬崖侧柏、山峰城墙、巨龙拜佛、炮台眺望、四娘劈山、金山灵芝等8大自然景观。金山寺东南300米左右，有奶奶庙一座，庙宇三间，内有雕塑一尊、男女神童雕塑一对，与易县的洪崖山“奶奶庙”同一渊源，周围数十里村民每年农历三月十五到庙里烧香上供，祈求平安。

金山寺西侧主峰下300米左右有一峡谷，俗称庞家寺大洼沟，沟内有庞涓寺旧址；北庄村西有孙膑山，山上原有孙膑庙，孙膑塔，还有一块一平方米大小的平面大石头，上面刻有棋盘，传说是孙膑与庞涓下棋用的。

（三）玉泉山　位于娄村满族乡木井村北，距县城西北15千米。玉泉山山高谷深，林木荫翳，谷口柿林如海，涧内溪水潺潺，南有一泓清水（木井水库），东有古寺华严（该寺千人邑记碑记载：“山寺年深，肇自隋唐，额赐华严，山号紫凉。”）北有活佛山寨，西有悬崖氿泉。此为涞水古八景之一——水峪瀑布。氿泉北侧有玉泉寺遗址和玉泉寺禅师塔一座（已倒塌），元代石碑两通。据重修玉泉寺碑记载：此寺创于东汉再造于唐、宋之间，毁于元末。

（四）龙宫山　位于永阳镇北洛平村北2.5千米处，距县城18千米，东侧是九泉山，又名灵山，俗名大肚子山。北侧是车厂村，西南是慎郡王陵寝遗址，龙宫山腰有建于汉代的庆化寺，寺正南百米左右有庆化寺花塔，西南有一深潭，其深莫测。

寺周围峰峦环抱，松柏苍翠，景色优美，置身之中，恰似仙境。龙宫山顶有一片奇石，当地人称“支锅石”，传说是女娲炼石补天支锅所用。这些奇石有的大角度倾斜，有的头重脚轻摇摇欲坠，有一定的观赏价值。

庆化寺花塔

庆化寺花塔，俗称万佛塔，位于庆化寺山门外，正南约100米的山崖平台上。为辽代（916—1125）建筑。该塔通高13米，围长19.2米，平面正八边形，砖木结构。塔下端是塔基，各角均雕塑力士一尊，每面各砌两个壶门，雕有形态各异的乐伎和人物故事像。塔基之上是塔身，四正面砌拱门，上用120个佛龛，排列为上下八层环绕塔体，数目自下而上逐层递减，使塔的外观呈弧形。此塔风格独特，结构精巧，工艺精湛，是中国古塔建筑中的精品，2001年6月被列为国家级文物保护单位。

（五）三皇山　位于宋各庄乡沈家庵村西北，地处野三坡、十渡百里画廊的入口处，总面积9.9平方千米。此地有百年的柿树林；有清朝江宁巡抚正一品加二级韩世琦墓，墓碑、石牌坊、望柱等古建筑；有大文豪曹雪芹先人的茔地、祭祀用的驿馆；有唐代名妃沈珍珠，出家修行的珍珠庵等历史遗迹。

三皇山自古以来被誉为三皇圣地，是中华民族祖先伏羲（天皇）神农（地皇）轩辕（人皇）的圣地，先人在这里修建三皇庙，将开天老祖天、地、人三皇供奉于此，祈盼天皇让大地五谷丰登，人皇保佑人口平安。上下五千年的历史文化，使这块风水宝地充满了神奇。到三皇山寻根拜祖，寻找中华民族的历史渊源；置身于原始部落，领略古朴的民俗文化；爬山戏水，寻访历史遗迹，赏田园风光，享受大自然的恩赐，可说是历史、人文、自然风光相互交融，相得益彰，别有一番意境和情趣。

第二节　人文景观

一、古建遗迹

（一）*蔡树庵长城（明代的内长城）*　位于金华山西侧，南北走向，城墙依山势而建，现存南北两段，共长2千米，高5~IO米，宽4米，沿长城有6座敌楼、3个马墙，保存尚好。城楼结构精巧，建筑特点各异。如果站在第四层楼高呼，回音缭绕，当地人称之为“回音楼”。蔡树庵以其特产的蔡树（即栎树）而得名，每逢秋末树叶变红，其景致可与京西枫叶相比美。该长城已列为河北省重点文物保护单位。

（二）*大龙门城堡*　是明代内长城上的重要城堡之一。地处阳明山麓，高峰叠嶂，峭壁峡谷，为涞水与涿鹿的交通要道、军事要冲之地，城堡南面以山峰为天然屏障，东、西、北三面环水，紧靠拒马河支流小西河。城墙周长2千米，有东、西两个门。东城门保存尚好，门额镌有“屏翰都寿”四字，西城门上原有“镇宣威武”四字匾额已被损坏。城内原有衙门1座，教场、军械库各1处。现存有明朝隆庆年间重修时所立石碑一幢。明代，该城堡由大龙门守口把总驻守，相沿至清末。城堡内现为大龙门村。

摩崖石刻

大龙门城堡现存一块汉白玉石碣，刻有明朝隆庆二年（1568）书写的大字草书诗句：

石壁千仞万壑幽，鲸波愁见接天流。

敦勤三老空相问，圭壁谁从巫史谋，

大龙门城堡是河北省重点文物保护单位，也是龙门峡地区重要人文景观之一。

（三）*龙门峡摩崖石刻*　地处大龙门城堡西北0.5千米，沿河一侧高峰耸立，峭壁如削。崖壁上刻有20余处自金代以来，名人书写并篆刻的诗词、对联和摩崖刻字。绵延0.5千米。石刻内容可分为两类：一类是描述山势雄险的；一类是描述山水秀美的。其中最为醒目的是明代万历乙酉年（1585）都尉使兵部右侍郎贾三近题写的“万仞天关”，字高2.7米，宽1.8米。其余各处字有二、三、四、五、六尺者不等，多用楷书写成，遒劲有力。这些题诗、词都是明代在这里屯兵修筑长城时镌刻的，这些刻字为研究明代书法艺术提供了可靠佐证，是河北省重点文物保护单位之一。

（四）*金水口城及古长城*　位于其中口乡其中口村，该城始建于战国，明万历年重修，背山面谷，三面为城，周长二里，有东、西、南三门，现东、西城门尚在。城内原有衙门一座，城西南有校场一处，城东北有二十里峡谷一条，峡谷两侧，陡壁险峻，林木茂密，直通涞源箭杆河。该城以豆渣石垒之，垛口以砖砌，周围240丈。设金水口总戍守，辖赭罗沟口、北齐仲口、新龙潭口；管带边城八处，总长116丈，敌台1座。金水口长城自西门沿山谷蜿蜒而上。

（五）*清禅寺*　位于金华山南麓清泉寺村后，始建于辽寿昌二年（1096），是一座近千年古刹。原寺院规模较大，现保留正殿（3间，约面积100平米）和山门，殿内塑像已无。正殿为木框架结构，东西墙壁壁画残存各20平方米，（部分损毁），房梁上均有彩绘。寺院周围峰峦耸立，苍松翠柏，郁郁葱葱。大殿左侧西北角有株千年银杏树，高30米，腰围4.67米，直径1.4米左右，现仍枝叶繁茂，果实累累，是全国罕见的银杏树之一。据知情人介绍，该寺原有大钟1口，重约9999斤，抗战时期被日军炸毁；另有功德碑1通，已破碎散存于村民建筑之中。

（六）佛洞塔　位于紫石口村西，是一座孤立山峰，因遥望似塔而得名。山顶部为一大平台，面积约200亩，四面悬崖峭壁。平台中部原是一处较大的寺庙群，现仅有玉皇阁、娘娘庙、圣母行宫遗址。庙前有一通长11米的穿山洞——罗汉洞。洞内原塑有十八罗汉和观音大士像。解放前，在这里每年农历正月十五日有盛大庙会，为当地一胜景。

佛洞塔

（七）二圣祠　建于明朝嘉靖三十六年至三十八年。位于大龙门村北约500米，海拔531.9米，114线省道路北明阳山山凹。遗址东、西、北均为山，南临山沟，东西最宽20米，南北最长30米，分布面积600平方米。1947年前后被毁。

断河岭指挥部旧址

（八）民俗旅游资源　岭南台村明清时期建筑的四合院，古老的街道，古老的砖雕、木雕、石雕，饱含着它的历史记忆，让人感受到岁月给它带来的沧桑，蕴含着古老灿烂的文化基因。

解放战争时期，冀察晋第二野战军司令员萧克的司令部，就驻在该村向阳街北街26号吴怀川家，指挥了断河岭战役。

（九）“老人官”故居　三坡地区，自元代始归涿州代管，直到民国初期，从未设置官署，朝廷政令也不施予野三坡，野三坡的一切事物，均由老人统理，此“老人”亦即所谓“老人官”。最后一任老人官住所，基本保存完好。

（十）怡贤亲王允祥园寝遗址　位于石亭镇东营房村西南，为清代最大王爷墓之一。怡贤亲王爱新觉罗·允祥，康熙十三子，生于康熙二十五年（1686），卒于雍正八年（1730）。康熙六十一年（1722）十二月，雍正即位后，封怡亲王，管理宗人府事务，总理户部，总管圆明园八旗兵丁，管理四译馆和汉军侍卫。雍正三年（1725），擢任议政，总理京畿水利，办理西北两路军机。雍正八年（1730），任统领军机大臣。允祥精于骑射，擅长诗文。其园寝处于丘陵地带，三面环山，依山近水，地称云溪水峪，自然环境十分优美。园寝坐西面东，周长20千米，自东向西建有神道碑、火焰牌坊、五孔石桥、“四柱七楼”石牌坊、石平桥、华表、罗锅桥、三孔石桥、神厨库、功德牌楼、朝房、仪门、焚帛炉、太庙、明楼、宝顶等，这些建筑由一条宽10米、长1.5千米的神道贯穿起来。形成一组气势恢弘的建筑群。西、南、北三面，有一圈复墙，外围墙与大门外月台相连。围墙内国槐成林。墓址均用方砖墁地。围墙内除卡墙、中门之外各有一门，供查巡人员往来。围墙外有宽近两米的讯道，由城砖砌成。原神道碑两侧植有松柏，古木森森，庄严肃穆。雍正八年（1730）建成后，为守卫此陵，清朝廷在此设水东营，驻守备一员、千总二员、把总二员，并置园寝护卫军，设东、西二营房，东营房驻守步马兵，西营房为护灵旗人所居。清朝盛期，园寝范围皆为禁地，护卫森严。辛亥革命后，园寝护卫撤走，只剩下旗民守护。约在1934~1936年，园寝被当地旧军阀和地方官吏破坏，墓葬全部挖空，葬品及珍贵文物全部被盗。日军侵占时期，园寝地面建筑大部被毁。现仅存神道碑、火焰牌坊、五孔石拱桥、石牌坊、石平桥、华表、罗锅桥、三孔石桥等单体建筑。神道碑正面阴刻满汉文“忠敬诚直勤慎廉明和硕怡贤亲王神道碑”，边刻龙须一周；火焰牌坊通高9.3米，四柱三门，双梁上托三个火焰宝珠，柱下端施石鼓抱柱，上端设三幅云朵和立体蹲兽一尊；石牌坊通高11.4米，四柱三间七楼，全部用青白石料雕成，升降龙一对；矗立神道两边的一对华表，下部是由一块巨石雕成的须弥座，上承柱体为八棱形，每面凸雕降龙和浮云水浪，再上为云板，上有望天吼一尊，通高11米；上述石刻雕工精湛、造型优美，有较高的文物价值。被列为全国重点文物保护单位。

二、红色旅游资源

抗日战争时期，三坡地区是平西抗日根据地的核心地区，英勇善战的三坡人民与八路军一道在共产党的领导下，为了捍卫民族的尊严，拯救国家危亡，依托太行山脉与日寇展开殊死的搏斗，用献血和生命谱写感天动地的壮丽史诗，涌现出鸡蛋坨五勇士等众多的抗日英烈。

（一）刘家河烈士陵园　位于三坡镇刘家河村西，距离百里峡2千米。陵园内埋葬着平西抗日战争时期，刘家河兵工厂（察哈尔军区生产管理处、挺进军供给部第十一军分区供给处）以及三坡地区牺牲的多位烈士。

（二）鸡蛋坨五勇士纪念碑　位于九龙镇紫石口村西。1942年12月27日，大批日本侵略军分三路向驻扎在蓬头村的军分区司令部和平西抗日行署机关扑来，为掩护主力部队、机关和群众转移，八路军一个排（连）奉命御敌，打退敌人多次进攻后，弹药、石块用尽，与敌人展开肉搏战，终因寡不敌众，五勇士视死如归，在排长李连山的带领下，摔碎枪支，纵身跳下悬崖，用鲜血和生命谱写了一曲狼牙山五壮士式的英雄凯歌。烈士姓名是：李连山（排长）王文兴、刘荣奎、宋聚奎、邢满贵。2006年，县政府为五烈士树碑建亭，供人们瞻仰，并辟为革命传统教育基地。

（三）大龙门烈士陵园　位于大龙门城堡东200米处，占地2亩左右。

1947年县政府在大龙门村东建立烈士陵园，安葬革命烈士113位，包括：

1940年春，平西八路军七团二营夜袭谢家堡（营长为红军抢渡大渡河的英雄连长熊尚林），九团伏击齐家庄敌人战斗中牺牲的烈士；

1940年10月，八路军九团三营九连在八里塘阻击战中牺牲的烈士；

1941年8月，八路军七团一连在七米塔阻击战中牺牲的烈士；

1942年12月，八路军七团二连一排，在佛洞塔阻击战中牺牲的烈士，其中有从鸡蛋坨主峰跳崖殉国的五勇士李连山、刘荣奎、宋聚奎、邢满贵、王文兴；以及在其他战斗中牺牲的革命烈士。

抗日战争时期，八路军高级将领聂荣臻、杨成武、肖克等，指挥第十军分区九团、七团在平西一带迂回作战，先后组织开展了上河围攻战，岔河进攻战，谢家堡夜袭战，佛洞塔、双径涧阻击战；巩家堡、金水口战斗；小龙门、清水、斋堂伏击战。在历次战斗中牺牲的革命烈士，就近葬埋在大龙门烈士陵园。

除此之外，设在北龙门、太平村（距大龙门1华里）的八路军卫生处第2后方医院中，治疗无效牺牲的伤员，也埋葬于此。

1959年，县民政局组织当地村民，把附近零散烈士墓120余座，迁到陵园，园中革命烈士总数达700余人。后经烈士家属寻找、认领，有名姓的烈士遗骨已迁走，余下的多为无名烈士墓。

每年清明节、“七一”“八一”等重要节日，周围学校的学生、当地驻军、机关干部职工、村民来此处悼念，开展革命传统教育和爱国主义教育。

（四）板城村革命烈士陵园 位于石亭镇板城村西北约400米，保野公路西侧坡地上，保野路以西十米左右建有烈士碑亭，西去约500米处为阵亡烈士墓群。烈士碑立于民国36年（1947）9月28日，为独立1团涞房战役阵亡烈士纪念碑，碑阳刻有“阵亡烈士纪念碑”，碑阴刻61名烈士姓名。碑体为艾叶青大理石，高1.88米，宽0.77米，厚0.2米，长方形大理石碑座。1983年，县民政局建碑亭于上，砖石结构，高约6.5米，壁四向横行券门，造型庄严秀丽。碑亭建成后，在碑阴右侧添加了重新树碑和再建碑楼的说明。此处为革命传统教育和爱国主义教育基地。

（五）木井村革命烈士陵园 位于娄村满族乡木井村北大柿子树园。园中有86名烈士，其中抗战烈士16名、解放战争烈士69名、贫民团长1名。园中抗战烈士是在侦察敌情、“反扫荡”掩护群众转移作战中牺牲的；解放战争烈士是1948年3月12日，华北军区3纵7旅和独立4旅与敌16军、94军在大赤土、秦家岗战斗中牺牲的战士。该园为革命传统教育基地，每到清明节，周围各村学校就组织学生到园中扫墓。

除此此外，涞水平原和丘陵地区，还有西岗塔（辽金），镇江塔（唐朝），皇甫寺塔，遵化寺遗址（石圭村西），城隍庙（县城城隍庙街），三义庙（娄村）等多处历史遗迹和人文景观。改革开放后，县城西部、北部丘陵地区相继规划建设了薄皮核桃基地、麻核桃基地、富士苹果基地、磨盘柿基地、串枝红杏基地、杂果干果基地，还发展了设施蔬菜、特色种植等经济项目，如果把山上山下、丘陵平原、历史现代，自然人工等诸多资源整合起来，综合开发，利用环京津的区位优势，发展休闲、观光、采摘旅游，对促进这一地区的经济发展，必然起到事半功倍的作用。

第二章　旅游开发

野三坡旅游开发，从1984年5月提上县委的议事日程，到成为国家5A级景区，涞水县委、政府始终，把旅游工作作为一项大事来抓，克服各种困难，不断完善基础设施和服务设施，不断完善管理机制和措施，不断推出新的旅游产品，不断加强旅游宣传推介力度，使野三坡旅游的知名度迅速提高，客源市场逐年扩大。至2009年，野三坡旅游成为招商引资重要窗口，涞水经济发展特色产业之一，山区群众致富奔小康的重要载体。

第一节　旅游规划

1984年5月，县委书记刘俊生、县文化局副局长王宝义陪同北京电影厂编导谢蓬松到野三坡考察旅游资源情况。6月，县政府成立旅游资源考察小组，副县长夏景源任组长，文化局副局长王宝义任副组长，文物保管所所长朱学武、地名办曹一鸿、政府办秘书张子龙为成员，对紫石口、蓬头、都衙、罗古台、庄里、北庄6个公社进行旅游资源普查。7月，县政府成立旅游工作办公室，具体负责旅游开发筹备工作。9月份，在对三坡旅游资源全面深入考察的基础上，考察组写出涞水县旅游资源考察报告《太行深邃睡美人》，初步提出野三坡六大景区，72个景点的初步规划。11月，由中国经济信息公司、北京师范大学地理系、清华大学环保系、北京东方旅游发展公司的卢云亭、王占元、陈东威等7位专家学者组成的考察组，对野三坡旅游资源进行为期10天的考察，写出《野三坡风景旅游区旅游资源开发考察报告》和《野三坡开发可行性报告》，认定野三坡旅游资源的开发价值。

5A级景区野三坡百里峡

1985年1月，县政府起草《关于野三坡旅游区总体规划的实施方案》，报县委常委会审批，是月，县委召开常委会审批通过了县政府《关于野三坡旅游区总体规划的实施方案》，决定开发野三坡旅游。

规划范围：野三坡总面积为520平方千米，根据三坡的地理位置和旅游资源分布将三坡全境，划分为六大景区，初步确定72个景点。分别是：

拒马河景区：拒马河流经三坡景区近四十千米，两岸群峰耸立，怪石峥嵘，河水潺潺，清可照人。可以开发中流泛舟，击水畅游；两岸沙丘是滑沙、沙浴、日光浴的理想场地。

百里峡景区：峡谷如刀削斧劈，奇石突兀，海棠满沟，花草遍山；主要开发观光旅游、登山、攀岩等项目。

佛洞塔景区：该区分布着众多的奇泉怪洞，其中以鱼谷洞景点最为著名。因每到谷雨时节，就从洞中出鱼而得名。上海出版社出版的《十万个为什么》中有一篇关于它的专门介绍。

百草畔景区：此地上是挺拔，奇峰怪石林立，春夏满山野花盛开，野生动物成群，森林遮天蔽日，堪称太行“绿色明珠”。开发项目主要是：石城岭上观日出、赏云海，探蚂蚁岭上的红蚁巢穴，听风动石畔的松涛，赏千亩杜鹃、万顷林海。

龙门关景区：有明代大龙门城堡、蔡树庵长城和华北地区最大的金、明、清历代摩崖石刻群等历史遗迹和人文景观。其中“万仞天关”“千峰拱立”字体高2.15米，笔力遒劲有力，堪称绝妙。

金华山景区：有葱茏黛绿的林海，飞流直下的拉拉湖瀑布，高耸云端的千年银杏，风格别致的古建筑清禅寺。可以开发野三坡民间的独有的传统服饰，领略古朴的民风习俗。

此外据县区划办公室勘察，野三坡原生态的自然环境，孕育异常丰富的动、植物资源。据专家考察，野三坡共有种子植物92科713种，蕨类植物15科65种，药用植物200余种，与植物相伴栖息的野生脊椎动物达184种，其中国家重点保护动物15种，如褐马鸡、黑鹳等，堪称“天生植物园”和“野生动物王国”。

1993年10月，野三坡风景名胜区总体规划评审认证会由河北省建委主持召开，建设部及国家、省市有关领导专家、学者参加，原则通过了总体规划方案。

2007年3月21日，野三坡风景名胜区总体规划通过了国家建设部审批。

2009年，与北京市房山、门头沟区共同编制《北京—保定旅游发展战略区域合作规划》。

第二节　基础设施

一、交通

（一）公路

1985年春季，镇厂区组织全区劳力，利用镐头、铁锹、铁锤、钢钎等简易工具，半年时间修通了上庄至苟各庄的15千米石子路和沟通百里峡的简易公路，路宽4米左右。

1986—1994年，修建娄紫路等旅游路40千米，景点之间游览路20千米，建永久性漫水桥6座，国家投入资金1800万元，当地群众修路投入劳力108万多个工日。

1997至1999年，对罗北路（原罗古台至北边桥林区石渣土路）进行了改扩建，全长11千米，景区游览路30千米，投资100余万元。改建后路面宽4.5米，水泥混凝土路面。随着白草畔景区游客的逐年增多，景区管委会不断对该路进行整修。2009年该路段7千米改建为沥青砼路，路面宽大部分达到了6米；其余4千米为水泥路面，加上硬化路肩，宽度大部分达到了6米，除了大泽岭路段外，基本达到了三级路标准。

1999年10月，修建苟各庄-蓬头公路15.5千米，投资10万元。

2000—2001年建成拦紫路，全长23.8千米，沥青砼路面，宽6米，修建大桥3座，全长688.4米。该路段南起都衙村的拦河儿（北京界），经南峪、都衙、下庄、上庄、紫石口至交界口村与国道108线相接。

罗北路一部

野三坡火车站

2000年，投资40万元修建百里峡水泥路和停车场；

2002年，修建蓬头至湖峪滩路，沥青混凝土路面，路面宽6米，全长15.5千米；新建漫水桥两座，全长171.4米，由县交通局承建。修建苟各庄至湖峪滩路，水泥砼路面，路面宽7米。修建龙门天关车行路、停车场，投资80万元；修建苟各庄至蓬头旅游专用公路，与108国道连接，使入境游客能够方便快捷的直达百里峡景区，投资400万元。

2003年，改造拓宽罗古台—北庄公路11千米。

2006年，对金三角至百里峡旅游路进行升级改造、绿化、美化、畅化工程。2007年完工，总投资1400万元。

刘家河客运索道

三坡输变电站

（二）铁路

1987年7月16日，永定门火车站开出第一列直达野三坡苟各庄站的旅游专列。

1989年5月，铁道部批准，将京原铁路野三坡境内的“上庄站”改名为“野三坡站”

1999年7月，北京铁路分局北京南站推出北京—野三坡—十渡—涞源的假日旅游专列。

2000年，北京南站开通通往野三坡的“游7”“游8”次旅游列车。

2009年12月15日，野三坡苟各庄火车站正式更名为百里峡火车站。

（三）公共交通

1987年，开通县城至都牙、镇厂、庄里的班车。

2002年，北京八方达长途巴士有限公司北京天桥分公司，开通917路野三坡旅游专线车。

（四）景区内交通

1987—2000年，以马车、驴车、马为主要交通工具。

2000年，北京煤矿机械厂在野三坡苗寨建成滑索项目，投资20万元；北京联通晖机械有限公司在百里峡灵芝洞处建设索道、滑索项目，投资700万元。

2001年，百里峡景区，增设景区内交通工具电瓶车、双人自行车。

2002年、2005年分两期建成百里峡旅游观光索道，形成一条贯穿“海棠峪”“十悬峡”的“空中走廊”。

2009年4月19日，百草畔蚂蚁岭观光索道投入使用，总投资520万元。

二、通信

1986年运营初期，旅游公司有电话1部。

2002年，建设百里峡、龙门天关、百草畔等景区的移动通信基站，网络覆盖整个旅游景区，总投资200万元。

2002年初，建立野三坡官方网站，注册域名ysp.gov.cn。网站主要内容包括旅游动态、为您服务、宾馆饭店、野三坡文化、精品线路、野三坡特色等内容。

三、电力

1985年野三坡景区开发初期，电力由下庄35千伏安电站供电。

1997年12月1日建成三坡变电站，设有1台2500KVA主变，主变为有载调压，满足野三坡旅游区的用电需求。

第三节 服务设施

一、接待设施

1985年5月，野三坡度假村首期工程在下庄村沙岭台破土动工。建200多平米餐厅和35间石头客房，同年8月试营业。

1986年，百里峡景区周围建起家庭旅店、饭店600余个。

1990年，野三坡影视中心建成投入使用。

1992年，由赵广泉投资兴建的聚源楼始建，1995年落成营业，酒店属于中式楼房风格，占地1200平方米，建筑面积583平方米，可同时接纳游客30人，设有卡拉OK歌舞厅、餐厅等。

1993年5月8日，中非合资兴建的野三坡宾馆落成开业，宾馆占地36亩，建筑面积4098平方米，设有餐厅、歌舞厅、游泳池、桑拿浴，功能齐全，设施完备，客房可同时容纳游客300余人，建筑风格属于中式楼房。

金盾宾馆

1993年，由铁道部十八局投资的恒业宾馆始建，建筑面积1300平方米，建筑风格以中式楼房为主。环境优雅，舒适，内设卡拉OK、歌舞、桑拿等娱乐项目，食宿方便，客房容纳50人。

1993年，由保定公安警察大队出资修建的金盾宾馆始建，位于百里峡入口处，建筑面积2000平方米，其内设施齐全，娱乐项目丰富多彩，歌舞、卡拉OK、餐饮、垂钓、桑拿等一应俱全，日接待能力达200人次，是百里峡景区规模最大的接待单位。

1994年，郭宝新与港商邝庆梁合资兴建风情苑民族文化村，占地43亩，建有傣族、白族村寨。建筑承袭白族、傣族的建筑风格与布局，具有典型的民族特色。园区内建有民族风味餐厅、歌厅、游泳池等，是一处集观赏、娱乐、住宿于一体的综合性旅游服务单位，日接待能力为200人次。

1994年，由天津大港建委投资兴建的天津建筑业野三坡培训中心始建，占地24亩，以中式楼房建筑为主，其内有会议厅、卡拉OK歌舞厅、餐饮厅、客房的等，可同时容纳100人食宿。

1994年，由张生良修建的鱼谷洞酒店，坐落在鱼谷洞前侧，建筑面积近600平方米，为中式四合院建筑。内设有歌舞厅、餐饮厅等设施，客房可同时容纳30人。

1995年，由波峰工贸集团投资兴建的波峰假日酒店动工陆续建成，总投资3000多万元，占地12亩，以现代楼房及仿古建筑风格为主。设有卡拉OK、歌舞表演、滑沙、游泳、垂钓等游乐项目，可同时接纳560人食宿。以清代作家李汝珍创作的小说《镜花缘》为原型，修建大型雕塑观赏园区——镜花

三坡农家院

缘宫，采用现代声光技术及造型艺术，再现小说中的各种场景。

1996年，由涞水县电力局投资兴建的电力宾馆竣工营业，占地3300平方米，建筑面积2200平方米。建筑采用现代中式楼房风格，食宿、娱乐设施齐全，有卡拉OK厅、会议厅、餐饮厅等，日接待能力80人。

1997年，由马树起投资兴建的野三坡玉龙投资旅游有限公司正式营业，占地2.6亩，中式楼房风格与仿古建筑风格融为一体，其内设有卡拉OK歌舞厅、餐饮厅等，日接待游客能力80人。

1997年3月，王宝义等与吉林省吉林市永吉县星光朝鲜村合作，引进朝鲜民族村项目。1998年8月12日，由王宝义出资并主持兴建的朝鲜民族村落成营业，占地120亩，投资360万元。建筑呈马尾式，红瓦白墙，颇具朝鲜民族特色。村内集朝鲜歌舞表演、游客食宿于一体，日接待能力120人。

1999年，县财政局在野三坡度假村兴建金鑫山庄，投资300万元；县水利局在度假村上游修建水上乐园，投资200万元。

是年，野三坡旅行社被保定市旅游局授予“十佳旅行社”；景区内5个家庭旅馆被保定市人民政府授予“模范家庭旅馆”。

2007年，保定华正旅游集团，按照四星级标准投资建设山水一方度假村大酒店。酒店占地近300亩，主区建筑面积22000平方米，总投资6000余万元。度假村功能齐全、配套设施完善，提供专业的野三坡旅游、野三坡宾馆、野三坡住宿等服务，是集住宿、餐饮、会议、康体、体育运动、拓展基地、水上乐园为一体旅游经营单位。8月18日，山水一方度假村开始对外营业。

2009年，景区有四星级酒店两个、三星级酒店2个，二星级酒店2个，一般宾馆504个，农家院130个，床位22000张。

2009年涞水县星级旅游酒店一览表

表14-2-3-1

酒店名称	星 级	评定时间
涞水县天硕大酒店	三星级	2004年
涞水县电力宾馆	二星级	2005年
涞水县交警培训中心	三星级	2007年
涞水县山水一方度假村	四星级	2008年
涞水县盛世国际酒店	四星级	2009年
涞水县三坡客栈	二星级	2009年

二、购物场所

野三坡旅游区开发之初，没有固定的旅游购物场所，随着游客的逐渐增加，在下庄街道两旁及景区周围相继建起商店、超市、饮食摊点、加油站等购物服务设施，出售各种特产和农产品。2001年，对下庄大街进行拆迁改造，扩宽路面，铺设人行路，安装路灯，规划店面。2003年，为满足游客需求，提升旅游区档次，百里峡商业街项目开工建设，次年竣工，总长200余米，店面50间，营业面积2500平方米，总投资2600万元。

特色旅游商品：

野三坡地区盛产核桃、杏扁、伏花椒、俗称野三坡的三件宝。

绵核桃：常年产量100万千克，是纯天然绿色食品，其质地纯正、果仁饱满、色泽黄白，富含多种氨基酸和微量元素，有益智健脑、养颜养美容之功效。对心脑血管和高血压病人群有调节机能，解除疲劳等保健作用。

杏扁：年产量100万千克，生产面积1万余亩。杏扁为喜光树种，在山区土地瘠薄的情况下也能生长，具有较高的营养价值，富含蛋白质及脂肪、维生素、微量元素等，有止咳、润肺、养颜、生津、促发育、抗衰老的功效。

伏花椒：常年产量80万千克，是纯天然绿色有机食品，以其麻味充裕，香气浓郁而闻名，其本身除含有大量的芳香油外，还含有柠檬稀，固醇化等。是家庭、宾馆、餐宴的上乘佐料。还可作为衣物、粮食的防虫剂。

上述这三种农产品，在旅游开发前是涞水县外贸出口主要品种之一，在国内外享有盛誉。旅游开发后，这些产品以纯天然绿色食品的特点深受游客欢迎，需求的扩大，推动了产业的发展。

第四节 景区建设

一、建设历程

野三坡景区景点开发建设，采取的是循序渐进，国营、集体、个人投入一起上的办法，从百里峡开始，逐步开发建设，不断完善升级，到2009年末，百里峡、龙门天关、百草畔景区，鱼谷洞景区、民族园已对外开放，并达到国家级AAAA标准。

1985—1986年，开始对百里峡景区进行开发；1986年6月开始接待游客。

1991年6月，野三坡苗寨始建，1992年6月落成。占地3公顷，建筑面积2400多平方米，

1993年7月，投资15万元，引进沈阳高空表演团的空中飞度表演项目。

1995年，白寨、傣寨两个民族村寨在拒马河畔建成，占地3公顷。

1997年4月，经过多次实地考察，制订百草畔开发详细规划，投资100余万元，对百草畔景区进行初步开发，修通罗北路11千米，景区游览路30千米。

2000年在拒马河修建拦河坝8座，蓄水成湖，增加了景观价值，投资10万元；修建百里峡水泥路和停车场，投资40万元。北京联通晖机械有限公司在百里峡灵芝洞，建设滑索项目。

2001年，对百里峡景区进行了晋档升级，共计修栈道1120米，2705步阶梯，卵石甬路2829米，修路面12769米，修条石台阶600米；建探野山庄一座，售票亭一处，建筑面积1004平方米，用工2.5万个，投资333.5万元。

在原野三坡苗寨的基础上，进行扩建、改造，仿侗、独龙、傈僳、摩梭、爱伲等少数民族民居样式，建造造型各异的民居。兴建大型户外表演场，安装一流的户外灯光、音响，投资200余万元。苗寨改称“民族园”。

2002年，对“龙门天关景区”进行全面开发建设，自主投资500万元开发建设上天沟和历史文化长廊；引资700万元建设“猿人谷”景点，实现了自然景观与古代军事文化的完美结合。

修建了龙门天关车行路、停车场，投资80万元；修建苟各庄至蓬头旅游专用公路与108国道连接，使入境游客能够方便快捷的直达百里峡景区，投资400万元；修建野三坡火车站站前广场，投资400万元；对刘家河大街进行拓宽改造，投资100万元；建设百里峡、龙门天关、白草畔景区的移动通信基站，网络覆盖整个景区，投资200万元。

2002年底，野三坡管委会自筹资金1200万元，对百草畔景区进行全面开发建设，修建游览环线、门区、游客服务中心、办公区、环保公厕，改造拓宽了罗——北公路11千米，2003年7月9日对外接待游客，同年年初成立百草畔景区管理处，对百草畔景区进行全面经营管理。

2003年，新加坡伟佳投资公司，投资1000万元，建设百里峡旅游观光索道项目，3月6日签约，10月中旬开工建设，次年竣工投入使用。投资65万元完成百里峡“老虎嘴”工程；投资60万元完成龙门天关停车场、上天沟防渗、行车路路肩加固工程。

2004年，由邢台客商承揽的龙门天关资源整合工程开工，将上天沟、猿人谷两个独立景区连接起来，投资100万元；由河北省高园实业有限公司与涞水县交通局道桥中心开发建设的大型水上综合性项目开工建设，投资1000多万元，为拒马河阶梯开发和冬季水上项目的开展提供了范例。北京投资商独资建设百里峡蹦极项目，为野三坡增添新的旅游产品。

激情广场灯光秀

2005年，对鱼谷洞景区深度开发建设，投资500万元。百里峡旅游观光索道二期工程完工，形成一条贯穿海棠峪、十悬峡的“空中走廊”，为望京坨及大环线的开发创造有利条件，总投资1200万元。金三角水上游乐园工程竣工，形成一处集水上游乐、餐饮、运动健身于一体的多功能活动场所，为拒马河梯次开发提供了样板，总投资1500万元。河北正大乒乓球培训中心工程6月中旬开工建设，总投资1.3亿元，是景区一处集体育健身与旅游休闲于一体的多功能活动中心。对庄子大街进行了改造。

2006年完工总长1295米，主路宽10米、人行道宽6米，铺设彩砖，总投资1100万元，景区内的道路交通得到进一步改善。

6月19日，县政府与中央电视台联手摄制了反映野三坡“三个文明”建设的专题节目《激情广场——神奇三坡》，游客、公务员、部队战士、导游员、学生等广泛参与互动，向国内外观众展示了神奇三坡的新形象。

2006年，投资1500万元完成百草畔景区晋档升级一期工程；在三坡大街广场建成一座面积110多平方米的四星级公厕，投资30万元。完成百里峡内十悬峡提水工程、停车场四星级公厕、城堡修复、老虎嘴2号洞工程、停车场整修工程等，投资300万元。完成龙门天关景区游客服务中心、上天沟防渗、天梯维护、保养，投资200万。对野三坡民族园表演场、后山宾馆进行改造升级，投资250万元。完成野三坡百里峡景区十悬峡、海棠峪防洪蓄工程，投资300万元：11月，对金三角至百里峡旅游路升级改造工程，投资1200万元。

2007年，引资3000万元完成百草畔、鱼谷洞景区深度开发工程；投资100万元完成了百里峡景区电子门禁系统，提升景区档次，规范门票管理。

2008年，野三坡大剧院建设完工，并投入使用。剧院占地面积11000平方米，舞台面积1200平方米，可同时容纳3300人观看；打造了以涞水、野三坡悠久历史及厚重文化为主线的大型舞蹈史话《印象野三坡》，投资5000万元，9月4日开始演出。《印象野三坡》以太行山脉为背景依托，用极具震撼力的音乐和充满感染力的舞蹈动作，演绎野三坡及黄河流域灿烂的历史文化。全剧分为远古的记忆、文明的始祖、历史的铭记、岁月的变迁、辉煌的未来五章21节，从远古人类到华夏始祖，从古代的名人志士到近代的抗日英烈，鲜活地表现野三坡的历史文化精髓，时间跨度数万年。该剧获得河北省2008年度“五个一工程”奖，成为河北旅游文化产品的重头戏之一。

扩建了百里峡景区门区广场，铺设大理石地面，投资500万元；新建百里峡3万余平米立体生态停车场，可容纳大小车辆2000余辆，投资800万元；

扩建了游客中心、地质博物馆；完善景区内标志、标识牌300余处，均采用中、英、日、韩文字对照，投入300万元；改善景区卫生设施，新增仿生态分类垃圾桶300余个，新建水冲厕所3处、微生物发泡式生态环保免冲厕所1处，改建生态环保免冲厕所12处，均达到三星级以上标准，投入500万元；景区宾馆、饭店的建设，坚持“抓两头、控中间”，限制中小规模家庭旅馆的发展，促进星级酒店及农家乐的开发建设，继两个三星级酒店之后，山水一方度假村四星级酒店通过评定，两家二星级酒店正在申报评定；规范发展农家乐，年末已拓展到7个村，420户。

2009年，委托河北省地勘局石家庄综合地质大队，对河北铜矿龙门峡上天沟景点老矿区地质环境恢复治理项目进行了规划设计，总投资125万元。按照AAAAA标准，完成百里峡门区广场工程和“野生动物情趣园”工程，更新充实地质博物馆和标示系统，景区的品位和档次进一步提升。

二、景区、景点

涞水旅游从1985年提上县委政府议事议程，重点集中在野三坡地区，经过二十几年的开发建设，先后建成百里峡景区、龙门天关景区、百草畔景区、鱼谷洞景区、民族园等。

（一）百里峡景区

位于县城西北75千米，三坡镇境内。百里峡由十悬峡、海棠峪、蝎子沟三条“嶂谷”组成，全长52千米，总面积110平方千米。该地群山巍峨，峡谷幽深，生态环境原始自然。十悬峡、海棠峪、蝎子沟三条峡谷形如鹿角，谷内奇峰耸立，绝壁万仞，草木横生，曲折幽深，千姿百态的岩溶壮景，集雄、险、奇、幽于一体，堪称奇绝的大自然“百里画廊”。另有海棠花、蝎子草等植物景观。

区内主要景点有：老虎嘴、一线天、金线悬针、回首观音、天生桥、五子登科、抻牛湖、不见天、望京坨。

（二）百草畔景区

百草畔位于野三坡的上坡，是野三坡景区的最高点，海拔1983米，林地面积10万亩，覆盖率95%以上，与京西百花山为姊妹峰。这里地形、地貌复杂多样，山势刚劲挺拔，泉水清澈，草木丰盛，异石

奥运碑林

林立，野生动物成群。自然生态保护较好。十余万亩天然林地密密匝匝，郁郁葱葱，形成京西太行山脉中一颗“绿色明珠”。每当春夏秋时节，都有应时的山花开放，紫丁香、野玫瑰、杜鹃花等漫山遍野。景区内有各种自然景观处，各种野生植物有油松、火炬、硕桦、五角枫、鼠李、刺玫蔷薇、棘皮桦、胡枝子、东陵八仙花、白桦、大叶白蜡树、映红杜娟、暴马丁香、照山白、甘肃山楂、核桃楸、蒙古栎、大花溲疏、山杨、硕桦等20余种；有野生动物蛇、松鼠、獾、野猪、袍子、雉鸡、黑鹳、褐马鸡等10余种，有刺五加、五味子、知母、柴胡等多种野生药材。

每年五一前后，山下春意融融，鸟语花香，山上仍有长达100多米的冰川，这种奇特的“五月冰川”景观，令许多旅客赞叹不已。形成“一山有四季，上下不同天”的气候。春夏秋时节，紫丁香、野玫瑰、杜鹃花等漫山遍野，清香扑鼻，沁人心脾。

主要景点：蚂蚁岭、高山草甸、一览三山、万年泉、风动石。

（三）龙门天关景区

龙门天关景区是集自然、历史、民俗文化于一体的旅游胜地。上天沟内有九瀑十八潭和万亩次生林，步游其中，瀑布清泉、古树盘石，如入仙境。此外还有明清代摩崖石刻30余处，被誉为华北地区最大的“历史文化长廊”。龙门天关是京都通往塞外的重要关隘，是历代兵家必争之地，素有“疆域咽喉”之称。明清均有重兵把守，因而留下了大量人文历史遗迹，有“文化长廊之称”，如大龙门城堡、摩崖石刻、蔡树庵长城等，三处均被列为河北省重点文物保护单位。此外，还保存有明代嘉靖年间修建的，供奉玄武大帝和碧霞元君的二圣祠、古炮台等。龙门天关主峰天柱峰海拔1099米，气势磅礴，草木茂盛，百花齐放，百鸟争鸣；谷内山泉涌出，飞泻群峰，玉龙飞舞，银花飞溅，有九瀑、十八潭之自然美景，形成多台阶跌水景观，瀑布清流给峡谷带来无限生机。峡谷中奇峰林立，花岗岩地貌景观壮美，奇特，有龟身蛇头的“玄武”、“鱼鳞石”、“千层岩”等地质景观。

主要景点：天犬待月、思过瀑、天梯瀑、大龙门城堡、摩崖石刻、奥运碑林等。

（四）鱼谷洞景区

鱼谷洞景区位于野三坡中部，是以奇泉怪洞为主体的自然风景区。景区山清水秀，泉洞奇幽，四季皆游，是理想的休闲、探险旅游胜地。鱼谷洞纵深开发1800米，分五层，每层分布着不同景观，极具观赏和科考价值。

苗寨

鱼谷泉清澈见底，常年奔流不息，

流量为0.42立方米每秒，每逢农历谷雨节前后向外大量喷鱼，其因至今尚属未解之谜，堪称世界奇泉。

为适应旅游发展形势，打造多元化景区，景区内还设有既安全又刺激的滑草、仿真式蒸汽观光小火车、鱼谷泉展馆等项目，达到了集观赏、休闲、娱乐为一体的综合性景区，以神、奇、美吸引着八方游客和科学爱好者前来游览与探索。

高山滑草，是景区唯一一处带有刺激性的娱乐项目，广受游人喜爱。

主要景点：钟乳石、石笋、石柱、石旗、石幔、石盾、石晶花：月奶石、石瀑布、云盆、鲤鱼厅、神话天国、宝塔迎宾、砾岩、天锅等。

（五）民族园

民族园度假村，坐落于拒马河畔，是整个野三坡景区内建设最早、规模最大、设备最完备、功能最齐全的休闲观光、旅游度假胜地。该地四面环山、三面绕水；风景秀丽；气候凉爽。鲜明的少数民族风格建筑与优美独特的自然景观完美、协调的融为一体。

民族园前身为苗寨，1992年根据全国政协22位少数民族委员关于在北京周边兴建56个少数民族村寨的提案修建。占地150亩，建筑面积2400多平方米。游人在此可聆听动人的民族山歌，悦耳的芦笙、葫芦丝吹奏，铿锵的花鼓演奏，观赏具有浓郁民族风情的瑶族服饰展，领略惊险刺激的上刀山、下火海，参与欢快的竹竿舞板鞋舞，也可与8个少数民族的演员手拉手一起跳起欢乐祥和的民族团结舞。

1995年进行升级改造，形成吃、住、行、游、购、娱于一体的少数民族文化村寨。2001年，在苗寨的基础上，进行大规模扩建，仿照侗、摩梭、傈僳、独龙、爱伲村寨，建设造型各异的少数民族民居，形成六个少数民族村寨，由苗寨改称“民族园”。

三坡水上蹦极

第五节 特色旅游

一、旅游项目

开发之初，旅游项目比较单一，主要是游览百里峡、观赏拒马河风光、骑马、滑沙、划船等。随后逐步开发龙门天关、百草畔、佛洞塔、拒马河等景区，建立野三坡“民族园”，游客既能游山，也能玩水；既能览名胜古迹，也能跻身于大自然，尽享天然美景；既能了解少数民族风情，也能观赏少数民族表演。

90年代以后，景区管委会采取公办、民办一起上的方法，不断扩大旅游服务范围，增加服务项目，提高服

三坡水上漂流

务品味，满足游客多种服务需求。先后增加了民族风情演出、骑马、滑沙、滑草、漂流、竹排、卡丁车、小火车、高空单杠、断桥、蹦极、篝火、燃放烟火、空中飞人、巨人梯、无敌风火轮、“印象野三坡”大型文艺演出等25个娱乐项目。尤其是大型剧目“印象野三坡”，演出采用国际顶级的声光电舞台设备，由300多位专业演员倾情演绎，以恢弘的场面，动人的舞姿，诠释野三坡人民两万八千年文明发展史中不屈不挠抗的奋斗往事。从炎黄始祖到祖逖北伐，从祖冲之数算到明皇室之乱，从远古的渔猎到平西的抗日烽火，扑朔绚丽的灯光焰火，给游人了解野三坡古往今来的打开了一扇窗口。

三坡特色饮食

二、特色食品

野三坡的特色食品主要是：

动物类：烤全羊、炖柴鸡、压肉、煎腊肉、炸拒马河鱼、河虾、野兔；

山野菜：水芹菜、花椒芽、河花菜、山韭菜、山黄花、苦麻菜、柳蒿等；

食饮类：贴饼子、玉米碴粥、窝头、小米焖饭、黄米年糕、三坡美酒、三坡茶叶、三坡杂粮。

三、工艺品

山木拐杖、烙画、山核桃手链、项链、根雕、木珠鞋、桃木剑等。

第六节　宣传推介

旅游开发初期，野三坡制定“立足河北、依托北京、逐步完善、服务天津”的宣传战略，二十几年来，通过各种宣传媒体、会议，举办各种活动，宣传推介野三坡旅游产品，提高知名度，使野三坡客源市场，由近及远，逐年扩大。

开山节

1986年6月16日，河北省人民政府批准野三坡旅游区对国内开放。7月，《旅游时代》杂志社记者刘垣生《北京晚报》记者任欢迎，在深入采访野三坡旅游区后，于7月11日在北京晚报发表第一篇消息《京西野三坡对游人开放》。13日之后，北京游客蜂拥而至，高峰日客流量近万人。

1988年8月1日，国务院审定野三坡为第二批国家重点风景名胜区。8月9日，王宝义作为旅游工作的先进代表，在珠海白腾湖召开的首次中国农民旅游协会大会上作典型发言。

1989年6月，县旅游局与天津电视台联合摄制音乐风光电视剧《情醉野三坡》。

1992年，《三国演义》剧组，把野三坡“民族园”定为外景拍摄基地，并开机拍摄“空城计”“华容道”等，吸引大批游客围观。

涞水县在天津召开推介会

2000年后，先后深入京、津、冀、辽、鲁、豫、晋、蒙、宁及长三角地区的36个客源城市，举办旅游产品说明会，推介野三坡异彩纷呈的旅游产品。通过中央电视台、中央人民广播电台《人民日报》《光明日报》《中国旅游报》《北京晚报》等媒体，塑造野三坡品牌；通过河北、天津、内蒙古、山东、辽宁等客源城市的卫视、晚报、新浪、搜狐网络等媒体推介野三坡旅游资源、产品。同中央电视台及地方等媒体共同举办“激情广场魅力野三坡”“五一七天乐”“大学生越野三项邀请赛”“绿色音乐汇”“魅力野三坡由你来代言”“野三坡摄影大赛”“校园行社区行野三坡风光展”等主题活动，连续举办了“野三坡开山节”“端午节”“野三坡民俗游”“海棠花节”“红叶节”等节庆活动。

2001年7月16—18日，由第21届世界大学生运动会组委会、中国国际体育旅游公司、河北省体委、河北省涞水县人民政府共同主办，野三坡风景名胜区管委会、县体委、县旅游局，联合承办的“益康杯‘迎大运’大学生越野三项邀请赛”在野三坡景区隆重举行。

2002年10月7—9日，由中国国际体育旅游公司、河北省体育局、涞水县人民政府主办，野三坡风景名胜区管委会承办的第二届大学生越野三项邀请赛，在野三坡风景名胜区举办。

2003年9月20日，由涞水县人民政府、野三坡风景名胜区管委会主办，野三坡旅游集团公司、中联新视界广告有限责任公司承办的“青年体育报”杯首届双人骑自行车赛在野三坡举行，有100余名运动员参加了比赛。

2004年9月25—10月25日，举办首届野三坡健身旅游节，大型文艺演出、集体婚礼及摄影大赛、大学生越野挑战赛三项活动穿插进行，历时一个月时间。

2005年8月1—14日，由国家体育总局、教育部、共青团中央、全国妇联、中国科协等五部委举办的2005年全国无线电测向锦标赛、全国青少年无线电测向锦标赛、全国青少年模拟探雷锦标赛在野三坡举行，来自全国30多个省市的近两千余名运动员、教练员参赛。中央电视台在内的近三十家媒体做了全方位报道。是年，野三坡管委会与中央电视台少儿频道合作，举办“快乐体验——野三坡”主题活动。

2006年4月8日，由北京电视台和北京十家汽车俱乐部共同组织，野三坡风景名胜区管委会主办的“一路同心，一路同行，相约红绿灯林”大型公益植树活动在野三坡百里峡隆重举行，来自首都的100台自驾车300多车友参加此次活动。5月9日，在野三坡成功举办了迎接联合国教科文组织检查既国家地质公园揭牌开园活动。

2007年，野三坡管委会制作了生态且与环境相协调的导游图；设计制作了百里峡网站；对景区进行航拍、摄影，印制导游图、野三坡世界地质公园等宣传材料。3月31日，由北京电视台公共频道《红绿灯》栏目组织、野三坡风景名胜区管委会主办的“相约红绿灯、绿化革命老区”大型公益活动在野三

高洛古乐演奏

坡百里峡景区举行。来自首都的280余自驾车、500余名车友参加活动。

4月23日，中央电视台“五一七天乐”摄制组到野三坡民族园拍摄外景。

2008年3月29日，首届野三坡开山节在野三坡百里峡景区举行，来自北京、天津、山东等省市的2000多名游客参加活动。活动由祭山仪式、民俗表演、百里峡穿越、植树、大型焰火晚会组成。开山仪式，突出野三坡地方文化特色和时代气息，采用涞水世界非物质文化遗产“高洛古乐”为背景音乐，由野三坡“老人倌”（扮演）主持。

2009年，推出“魅力野三坡、神奇百里峡”为主题宣传口号，着力打造野三坡品牌。3月28日，“2009魅力河北游启动仪式暨野三坡第二届开山节”在野三坡百里峡举行。同日，野三坡百里峡第五届红绿灯林植树活动举行，北京电视台领导、红绿灯林栏目组及北京多家车友俱乐部300多台自驾车出席活动。

经过二十几年的不断的精心打造、宣传推介，到2009年末，野三坡客源市场范围，已经扩展到周边半径1500千米。

第七节　认证评定

1986年景区开放至2009年，县委、县政府不断加大投入，改善景区环境，提升景区品位；不断完善管理机制，提升管理水平；不断提高接待能力和服务水平，促进景区的晋档升级，扩大知名度，被中央文明办、建设部、国家旅游局等部委评定为先进单位，与国家有关部委（局）河北省有关厅局联手建立科研、科普基地，延伸野三坡旅游的文化内涵。

1988年被国务院审定为国家重点风景名胜区。

2001年11月，国家旅游局旅游区（点）质量等级评定委员会，将野三坡百里峡景区，评定为全国第二批4A级旅游区，同年，被中华环保基金会确定为生态示范区。

2004年1月被国土资源部批准为国家地质公园，11月被国家林业局批准为国家森林公园；

2005年，龙门天关、百草畔被国家旅游局评定为AAAA级旅游区。

2006年1月，野三坡景区被中央文明办、建设部、国家旅游局评定为全国创建文明风景旅游区工作先进单位；4月27日，河北省科学技术厅批准“野三坡地质公园”称为“河北省地学科普教育基地”。9月，野三坡风景区与北京房山十渡风景区、涞源白石山风景区联手，申报世界地质公园，被联合国教科文组织评定为“世界地质公园”；11月26日，经国家林业局评审，野三坡被列为“国家森林公园”。12月，被评为河北省旅游强县。

2007年8月，野三坡景区被河北省精神文明建设委员会确定为“引领文明、服务奥运”示范单位；9月被河北省旅游局评为“百姓最喜爱的河北魅力景区”；11月，被建设部评定为“国家级风景名胜区综合整治优秀单位”；11月，被河北省文明办、河北省建设厅、河北省旅游局评定为河北省“文明风景旅游区”；12月，获河北省质量奖审定委员会、河北省质量技术监督局评定为河北省“服务质量奖”。

2009年3月24日，野三坡景区再次获“全国创建文明风景旅游区工作先进单位”称号。5月，被国土资源部确定为第一批国土资源科普基地；同月，被国家质检总局国家标准化管理委员会批准为国家级服务业标准化试点；9月25日，在野三坡百里峡举行“河北省野三坡世界地质公园国土资源科普基地揭牌开园仪式”。12月，被中国科学技术协会评为“全国科普教育基地”。

第三章　旅游管理

旅游管理涉及市场管理、安全管理、卫生管理、文化管理、土地管理、规划管理等方面，需要县委政府协调、统一；需要诸多部门相互配合，通力协作。在野三坡旅游开发过程中，涞水县委、政府协调各职能部门关系，与野三坡旅游开发建设者一道，在没有管理经验的情况下，边创业，边向游客开放，在实践中不断探索，不断学习，不断总结，不断完善，逐步形成一套符合市场规律的管理机制和管理方式。在短短20年间，把一个昔日的荒坡野岭，打造成闻名于世的国家AAAA级景区，成为提高涞水知名度的名片，宣传涞水的重要窗口；成为山区脱贫致富奔小康的主导产业和重要引擎。

第一节　市场监管

野三坡开发初期，蜂拥而至的游人打破了山村的宁静，百姓因没有经营意识，不愿开门迎客，经再三动员，村民腾出房子接待游人，不收取任何费用。1986年7月，野三坡主管部门，向保定地区行署反映了旅游接待告急的状况后，保定行署专员率外事办、粮食局、公安处、物资局、水利局等16个部和单位到野三坡景区现场办公，解决游人食宿接待及物资供应问题。1990年，为了加强对景区的管理，涞水县人民政府发布《关于野三坡景区实行统一管理的通告》，成立百里峡、拒马河管理所，对景区实行统一领导，分级管理，并统一价格，统一收费。

进入20世纪90年代中期，随着旅游从业人员增加，竞争增强，当地部分年轻经营者中，出现采取不良方式谋利的做法，侵害游客的权益，损害野三坡形象，经过旅游局坚持不懈的加强管理，培训教育，从业者经营行为得到好转，但仍存在欺诈游客的行为。

2001年，为了推动野三坡旅游业健康发展，规范景区的经营管理秩序，野三坡管委会出台了《野三坡风景名胜区经营管理规定》，内容涵盖旅馆业、饮食业、娱乐业、商业服务业、导游业、客运服务、乘骑服务、户外广告、游泳划船、建设用地、烟花爆竹、环境卫生、交通运输等，并由相关部门进行具体管理，景区秩序当年明显好转。在旅游市场的管理中，将强化管理，提升服务，优化景区环境作为重点，由管委会牵头，成立由工商、物价、质监、公安、交通、卫生防疫等部门人员组成的联合执法机构，形成“政府主导、行业自律、企业和从业人员参与”的工作机制，对乘骑服务、客运车辆、宾馆饭店、水上游乐等进行专项治理，结合日常监督检，严厉打击各类违规经营行为，维护旅游市场正常经营秩序，有效净化旅游市场环境，保障游客的正当合法权益。

在加强管理的同时，提升从业人员服务意识，提升经营业主的服务质量，提高景区整体接待水平，营造文明诚信的旅游环境列上野三坡管委会重要议事日程。野三坡管委会重点对景区内宾馆饭店、商业摊点、水上娱乐及其他旅游经营业主、导游服务及其他从业人员，开展专业技能培训，强化从业人员规范服务、文明经营、诚信待客的意识。同年，成立旅游信息服务中心，开通野三坡景区官方网站，开始上网发布旅游信息和旅游动态，为游人提供更加方便快捷的服务。

2001年，涞水县实施旅游二次创业，重点对百里峡、民族园、野三坡大街、保野路进行升级改造，完善服务功能。

2002年，进一步完善野三坡官方网站内容，包括旅游动态、为您服务、宾馆饭店、野三坡文化、精品线路、野三坡特色等内容，使广大游客足不出户就能对野三坡的旅游产品进行详尽的了解与选择。

2003年，野三坡管委会与物价局对景区内的宾馆、饭店实行等级管理，并挂牌公示。

2005年8月，野三坡景区通过ISO9001质量管理体系和ISO14001环境管理体系认证，并以此为依据，建立了科学有效管理服务体系，健全了旅游投诉处理、消防防火安全、环境卫生管理、职工培训、质量承诺等各项制度。同年5月，省委书记、省人大常委会主任白克明到景区视察，对景区管理工作给予了充分肯定，号召全省学习野三坡景区管理经验。

2007年，涞水县举全县之力，争创国家AAAAA级旅游景区。2007年5月，县委、县政府成立了由县委书记、县长挂帅的领导小组，围绕AAAAA标准，制订《野三坡创建AAAAA级旅游景区实施方案》，将创建任务分解到野三坡管委会等22县直部门创建成员单位，周密部署，精心组织，扎实推进。野三坡管委会坚持以人为本的兴旅战略，树立“不让一个游客在景区受委屈”的服务理念，坚持人性化、细微化服务，由专职部门进行现场服务督导检查，及时听取游客意见，促进部门工作改进，着力构建文明诚信景区。为了第一时间解决游客遇到的困难与问题，设立专职投诉处理机构，及时处理投诉，并按时回访；设置岗位监督台、游客意见箱，公示服务承诺及投诉电话，接受游客监督，咨询、投诉电话24小时畅通，当年游客满意率达到100%。

2008年，加强景区餐饮业市场准入管理，对景区内餐饮业、农家院、宾馆等公卫场所、饮用水单位进行拉网式摸底调查，突出“迎奥运、保安全”的主题，严把市场准入及卫生许可准入关，大力推行餐饮业的量化分级管理，在景区树立试点单位，推出20个旅游定点接待单位，充分发挥重点单位的作用，积极引导，全面提高整体接待水平。实行服务承诺制，推行规范化服务，与景区乘骑经营户签订乘骑经营责任书，与餐饮住宿单位签订规范服务承诺书，与水面经营单位签订责任书，并由综合执法、企业管理、拒马河管理等部门进行监督检查，有效的推进诚信文明、规范服务的水平。

积极推进景区相关服务标准的制定。2009年8月由野三坡管委会和涞水县质量技术监督局起草的《农家院服务质量规范》，经河北省质量技术监督局批准通过，在全省范围内推广，为促进乡村旅游发展，加强农家院的规范管理，提供地方标准与依据。

2009年景区有旅行社9个、四星酒店1个、三星酒店2个，二星酒店2个，一般宾馆504个，农家院130个，床位22000张。

乘骑经营户242户（其中驴车50户）水面娱乐经营户24户。

第二节　安全管理

野三坡景区开发建设以来，把“安全第一、预防为主”作为发展旅游事业的方针，一直把保护景区、旅游者的人身、财物安全作为第一要务来抓。

旅游开发初期，由于没有足够的宾馆为游客提供住宿服务，暑期数以千计游人露宿拒马河畔，此时正值汛期，为了游人的安全，旅游管理人员敲开老乡的家门，让老乡腾出房间给游人提供服务，初步解决游人住宿问题，保障游客人身安全。

随着旅游业的快速发展，1997年景区建立健全安全生产管理机构，完善各项安全生产管理制度，牢固树立“没有安全就没有旅游，安全是旅游的生命线”的思想。通过制定安全生产工作实施方案，与所属景区签订安全生产责任书，层层签订责任状，健全事故隐患排查整改制度、安全生产考核制度，安全生产责任机制形成。

对安全管理工作，景区从细节入手，坚持从严管理，常抓不懈，做到防患于未然。

搞好宣传发动，加强职工安全知识培训。定期组织干部学习安全生产法规，将思想认识统一到“安全生产重于泰山”的高度上，强化全员安全意识，充分认识到安全生产的长期性、艰巨性，牢固树立安全生产常抓不懈的思想。

强化景区餐饮业的安全管理意识。通过开展安全生产培训班，强化经营业主的安全管理意识，强化安全设施配置，增强安全生产的责任感。

第三节 卫生管理

野三坡风光秀丽，原生态的山水景观、凉爽的气候、清幽的环境吸引大批中外游人来此观光度假。

随着野三坡旅游业的快速发展，宾馆、饭店在旅游公路沿线林立，如织的游人给野三坡带来繁荣，同时对景点原始的自然环境和环境卫生带来一定影响。

为保持野三坡山清水秀、纯净自然、卫生的旅游环境，野三坡管里者在环保方面建立了一套科学有序、责任明确、奖惩严明的管理机制。开发建设采用原生态或仿生态材料，建设格调力求与周围环境相协调，已建成的基础设施进行仿生态改造。坚持生态环保理念，景区内用鹅卵石铺设步游路；安装仿生态扶手、栏杆、仿生态垃圾筒；修建仿生态停车场、环保厕所、配备无污染电瓶车。实现景区内绿化、亮化、美化。景区内实行卫生质量保洁责任制和工资“倒扣”制度，每100米就配备1名保洁员，每个路段都要达到“三无”：无一个烟头、无一片废纸、无一个垃圾袋标准；以一个烟头、一张纸屑为一个单位，如三分钟内未捡走，按一个单位倒扣一元钱。旅游路沿线环境卫生维护由专职环卫队伍负责，做到日产日清，同时，每个管理人员都是保洁员，随时随地开展保洁工作。在商业服务区，严格实行“门前三包”责任制，沿街单位、门店对门至马路中心线的责任区实行三包。2000年3月，县政府下发《关于加强野三坡风景名胜区环境保护的通知》。2005年5月，省委书记白克明到野三坡考察，对野三坡管理工作给予肯定。5月25日，在保定市旅游管理工作现场会上，保定市委书记王铤玖要求保定全市学习野三坡管理经验，建立环境卫生管理长效机制。

自2007年，创建国家AAAAA级旅游景区以来，野三坡不断加大环境管理力度。多次开展环境卫生大整治，对野三坡景区拒马河、旅游路沿线进行环境卫生进行专项治理。重点对“四边”（山边、河边、村边、路边）环境卫生，做到无生活垃圾、白色垃圾。开展绿化工程，春秋季进行植树造林，绿化荒山、荒坡。经过多年来的努力，景区森林覆盖率提高20个百分点，拒马河水质持续好转，蓄水保水成效明显，从而为游客提供天蓝、水清、空气新鲜的游览环境。

第四节 旅游效益

一、社会效益

野三坡旅游业的发展，转变景区人民发展的理念，带来多方面的变化：

风景区内群众的思想观念发生显著变化，保护地质遗迹的意识普遍增强。环境保护意识由被动转为主动，在当地政府的运作下，景区农民自觉卖掉山羊10万余只，加大封山育林力度，切实保护生态环境，防止泥石流等地质灾害的发生。

旅游区的建立，促进了产业结构劳动力就业的调整，2009年末，景区内常住人口3.5万人，直接或间接从事旅游服务的人员有1.5万人；有宾馆、饭店450个；旅行社6个；旅游商店35个；水上游乐场、跑马场20个；建筑公司5个；出租车公司1个，以种植业为主的劳力结构得到根本改变

促进了区域经济的发展。2003年，景区群众年人均纯收入783元；景点门票收入800万元。2005年人均收入达到6120元；门票收入1200万元。2007年人均纯收入达到了1.2万元；门票收入3600万元；2008年因受汶川地震和北京举办奥运会的影响，门票收入3520万元。2009年野三坡接待游客202万人，景区门票收入4580万元，旅游总收入5亿元。

二、经济效益

1985年以来，随着景区景点的不断开发，升级改造；基础设施、服务设施、的逐步改善；宣传力度的不断加强，知名度的不断提高，景区经济效益一年比一年好。到2009年，景区客源半径逐渐由原来的200多千米扩大到现在的1200千米，辐射北京、天津、辽宁、黑龙江、吉林、山东、内蒙古、山西、河南等9个省市。游客由1986年的20万人次达到202.1万人次，增加10倍以上。门票收入从1986年的26万元，达到4580万元，增长16.6倍，年均增长13.28%。农民人均纯收入从开发初期的不足70元，增加到6000元，增长84.7倍，核心景区农民人均纯收入高达3万元，带动直接就业1.5万人。景区成为全县最富裕的地区，景区人民的居住条件和生活水平均有了显著提高，

三、产业结构

农业：景区地处山区，独特的土质和气候适宜小米、玉米、杂豆生长，周边村民以种植这些杂粮为主，加工包装销售给游客，取得良好的经济效益。

畜牧业：周边村民发展柴鸡养殖，将柴鸡和柴鸡蛋向游客销售，效益倍增。

林业：周边村民将荒芜土地栽种核桃树、花椒树、杏树等，既美化绿化了景区，也获得良好的经济效益。

手工业：景区手工艺品加工快速发展，主要产品有山木拐杖、烙画、山核桃手链、项链等，经济效益可观。

地方特色产品：三坡美酒、三坡茶叶、三坡杂粮、根雕等深受游客的喜爱，发展前景广阔。

2001—2009年野三坡旅游门票收入统计表

表14-3-4-1

年 份	旅游总收入（亿元）	接待游客人数（万人次）	门票收入（万元）
2001	1.2	52	800
2002	1.5	62	1000
2003	1.2	46	800
2004	1.5	100	1525
2005	2.2	120	1800
2006	2.5	138	2200
2007	4.2	178	3660
2008	4	152	3450
2009	5	202	4580

第五节 规划管理

野三坡景区自开发建设以来，一直注重旅游规划的编制和实施，根据野三坡景区在不同时期的发展状况和旅游行业“吃、住、行、游、购、娱”六要素，制定不同时期的规划目标体系。1985年1月，县委批准县政府《关于野三坡旅游区总体规划的实施方案》，为野三坡开发建设奠定基础。为了完善各旅游景区的相关规划，整合旅游资源，突出旅游资源优势，强化旅游资源特色，加强景区开发建设管理，1993年10月，由河北省建委主持召开野三坡风景名胜区总体规划评审认证会，建设部及国家、省市有关领导专家、学者参加，原则通过总体规划方案。

2000年以来，进一步加强旅游规划的编制、管理和实施工作，委托天津大学修订完善《野三坡景区发展总体规划》。2007年通过国务院审批。在此基础上，按照“第一、唯一”的要求，瞄准游客的消费需求和旅游业的走向趋势，突出差异化、特色化，体现前瞻性、指导性和可操作性，站在更高层次，更高水平、更高质量，做好相关规划编制工作。委托中科院地理研究所编制《涞水县旅游发展总体规划》、委托河北省旅游研究院编制《野三坡百里峡转型升级规划》《野三坡红色旅游基础设施配套项目规划》。委托北京创景天下规划设计院，编制《野三坡龙门天关景区总体规划暨重点项目修建性详细规划》。在编制、完善旅游规划的同时，景区资源管理和保护工作进一步加强。景区范围内实行严格的三级保护和管理。一级保护区（核心景区）内严禁建造宾馆、酒店、疗养院、度假村和与旅游无关的设施；二级保护区为严格控制区，该区域内的所有建设性项目必须严格按规划进行；三级保护区为环境协调区，主要为培育生态保育区和合理控制村镇建设用地。

在服务接待设施建设上，坚持“拓两端、限中间”，鼓励、支持修建四星级以上高档宾馆、饭店等餐饮娱乐设施，引导景区农户改造修缮农家院，发展“农家乐”，限制中低档宾馆、饭店建设，在发展乡村旅游的同时，有效控制景区容量。

景区建设的每一个环节，力求体现“环境为先”的理念。在景区开发上，坚持专家不论证不开发，景区特色不明显不开发，严格按照景区规划和生态要求遴选，坚持不符合景区规划的不上、破坏自然资源的不上、与生态环境不相融合的不上、低水平重复建设的不上，避免盲目发展、无序开发、粗制滥造，保证了景区的和谐发展。

最大限度地降低开发对环境带来的负面影响，从景区内的环保厕所、电瓶车、仿生态标识牌到宾馆饭店推广太阳能、三级沉淀排污；景区内严禁开山、采石、挖沙；全县范围内的禁牧，封山育林、植树造林；对拒马河的进行综合整治，治理。为保护景区生态环境，2001年，涞水县人民政府制订《关于在野三坡风景名胜区禁止放牧的管理规定》，要求野三坡风景名胜区内及通往风景区的公路、铁路沿线禁止放牧；明确林业局负责对乱牧行为的查处，以及禁牧的督导检查和信息传递。规范建筑市场秩序，加大监督检查力度，对私搭乱建和低水平重复建设的违章建筑和服务设施予以拆除。

第六节　管理机构

1984年7月，县政府在文化局成立旅游工作办公室。1985年3月，县旅游事业开发总公司成立，5月，招收职工15名，这是第一批旅游职工队伍。1986年旅游盛况形势喜人，但也暴露出投入不足，秩序混乱，管理不规范等问题。1987年1月，成立县旅游局及景区公安派出所、管理所。县政府颁布加强景区管理的布告，管理机制走向健全，秩序走向稳定。1989年成立了野三坡风名胜景区管理处，与涞水县旅游局两块牌子，一套人马，下设办公室、规划基建科、外联宣传科、环保绿化科。

1990年百里峡影视中心落成，1992年，度假村苗寨剪彩，职工达到260人，一支稳定的专业旅游队伍基本形成。1993年，为了加强风景名胜资源的管理和保护，野三坡风景名胜管理处更名为野三坡风景名胜区管理局。1994年，为了转换经营机制，实行政企分开，在企业性质不变、隶属关系不变、职工队伍不变的原则下，涞水县旅游局与李春波达成承包野三坡度假村的协议，承包期为5年。

2001年，县委、县政府为进一步理顺管理体制，有效整合管理资源，加快旅游业发展步伐，对野三坡管理体制进行改革，成立野三坡风景名胜区管委会，代表县委、县政府行使旅游管理、开发职能，管委会与旅游局合并，一套人马三块牌子，对外称旅游局和野三坡景区管理局，对内属野三坡风景名胜区管委会。管委会主任由副县长担任，旅游局局长任管委会常务副主任，协助主持管委会日常工作，三坡镇党委书记、白涧公安分局局长和政府办1名副主任担任管委会副主任，形成领导层。九龙镇党委书记、宋各庄乡党委书记兼管委会副主任。管委会下设办公室、财务科、规划建设科、企业管理科、市场营销科、计划招商科、综合执法科、百里峡管理处、拒马河管理处、三皇山景区管理处（撤销三皇山管委会）和涞水办事处，同时组建野三坡旅游集团公司，除百里峡景区外的各企业、景点，有国有股份的都纳入旅游集团公司管理。管委会负责制定景区开发规划，并监督规划实施，对景区（点）进行管理，制定开发政策，优化发展环境，实施风景旅游一体化管理。旅游集团公司代表野三坡风景名胜区管委会行使国有股权管理职能，在管委会领导下负责各企业改制、招商、管理等工作，并招募股份成立独立经营、自负盈亏的有限责任公司。同年，管委会面向社会公开招聘19名业务精、能力强的中层干部，先后引进20余名管理、规划、营销等方面的专业人才，充实景区管理队伍。在开发管理过程中，本着“有利于优化旅游环境，有利于招商引资，有利于加快旅游开发”的原则，探索实行了景区封闭管理体制，景区内执法执纪部门归管委会统一调度，实现人才、资源、管理上的统筹调配，合理使用，为旅游业的发展创造良好的内部环境。

附：

中共涞水县委涞水县人民政府
关于对王宝义等同志开发野三坡有功人员进行表彰的决定

各乡镇党委、政府、县直各部门：

今年是野三坡开发十周年。十年来，县旅游局全体同志，在党的正确方针指导下，在各级党委政府的支持下，和三坡人民一道，卧薪尝胆，艰苦创业，矢志图强，使野三坡的旅游业从无到有，野三坡的风景资源迅速得到开发并成为蓬勃发展的国家级风景名胜区，成为涞水对外开放的窗口和新的经济增长点，为山老区人民脱贫致富奔小康开辟了一条捷径。十年来，野三坡共接待游客300多万人次，野三坡旅游业的固定资产已达到4000多万元，苟各庄、下庄两村人均收入达到小康水平，创造了当代中国农民创办旅游的奇迹。特别是原旅游局长王宝义同志，自1984年以来踏遍了野三坡的山山水水，历经磨难，矢志不移，为野三坡旅游开发和国家旅游风景区的确立，立下了汗马功劳。为表彰王宝义同志为野三坡开发做出的杰出贡献，县委、政府决定：

一、为早期参加旅游开发的旅游局全体同志集体记大功一次。

二、授予王宝义同志野三坡风景旅游创业者荣誉称号，并颁发证书。

三、聘请王宝义同志为县委、政府风景旅游事业终身顾问；晋升一级工资。

四、将王宝义同志开发野三坡的事迹写入涞水县志。

中共涞水县委员会
涞水县人民政府
1995年7月28日

第十五编　教育科技

改革开放30年，历届县委县政府，坚持把教育置于优先发展的战略地位，不断加大教育经费投入，教学条件、环境不断改善，教育成果显著提高。涞水县连续6年被保定市教委命名为“贯彻党的教育方针，提高教育教学质量先进单位”；1996年省政府授予“普及九年义务教育先进集体”称号；1997年市政府授予“农村成人教育先进单位”称号；1999年市教委授予“教育工作先进单位”称号。1997和2000年分别顺利通过“普及九年义务教育”省级验收和第一轮复查。1995年实现“普初”，1997年实现“普九”，并通过省政府验收。1999年获教育部“两基先进县”称号。1999年通过“普及实验教学”省级验收。2000年通过省政府“普九”第一轮复查。

涞水科技创新能力不断提升。1990—2009年，全县实施省、市科研项目50多项，获得省、市级科技进步奖13项；全县拥有民营科技型企业12个；农作物良种覆盖率稳定在98%以上。

第一章　教　育

1979—2009年，涞水教育历经多次改革，教育结构渐趋合理，教育门类日趋完善，教师队伍整体素质进一步提高，结构优化。政府的教育投入逐年增长，教师政治、经济待遇的提高，促进教学设施、环境的改善，教学质量的提高，入学率、升学率、高考录取率连年有所突破，呈总体上升趋势。

第一节 教育结构

一、幼儿教育

（一）园、班设置

1.幼儿园

涞水县正规的幼儿教育起步于1958年，“文化大革命”中一度中断。到1979年已基本恢复到“文革”前水平。1980年，全县只有县幼儿园1所幼儿园，3个班，75人。1985年增至3所，在园幼儿394人。1987年县政府拨款25000元，社会集资50652.62元，在县体育场建起一所新型幼儿园，占地3080平方米。2004年，以布局调整为契机，加快乡镇中心幼儿园建设，下大力取消学前班，全县新、改、扩建乡镇中心幼儿园39所，乡镇幼儿园总数达到50所，其中规范化幼儿园30所，校中园20所。农村幼儿入园5366人，幼儿入园率67%。2005年乡镇中心幼儿园达到73所，在园幼儿6534人，入园率86%，基本普及学前三年教育，并顺利通过市级验收。2006年，新建改建幼儿园11所，全县幼儿园达到75所。在园幼儿8490人，入园率92.5%。2007年，新建改建乡镇中心幼儿园35所，并顺利通过省级“普三”验收。到2009年全县幼儿园73所，在园幼儿8174人，入园率93.8%，普及率96.1%。

2.学前班

80年代幼儿教育主要以学前班为主，附设于小学内。1980年，学前班78个，幼儿2453人。1985年学前班108个，幼儿数3788人。1987年，学前班126个，幼儿4530名。1989年学前班129个，幼儿5287人。2004年通过加快乡镇中心幼儿园的建设，学前班数量大幅减少。到2009年，全县仅剩10个学前班，都集中在山区。

（二）教育教学

1980—2009年，涞水幼儿教育沿袭国家教委制定的三年学制，按年龄段依次设置小班、中班、大班。入园幼儿年龄定为4~6周岁，2006年后改为3~5周岁。幼儿教学，按照《全国幼儿教育纲要》设语言、常识、计算、音乐、美术、体育、游戏等课程，不进行识字教育，不进行测验考试，用游戏、观察及手工劳动等方式开发幼儿智力，培养幼儿的能力和个性。同时，通过上课、运动、娱乐、卫生和日常生活认识等，对幼儿实施德、智、体、美、劳“五育”并举的教育。

（三）管理

全县幼儿教育的行政和业务管理归教育局普教股负责，设一名幼教专干。2008年各学区配备一名幼教副校长，负责指导各乡（镇）幼儿教育和组织经验交流、观摩教学、幼儿教师培训等。

附：县幼儿园选介

涞水县幼儿园

涞水县幼儿园创建于1963年，位于涞水县城东大街。有4栋教学楼，占地面积10306平方米，建筑面积8317平方米。幼儿园现有教职工134人，其中本科学历66人，专科学历52人，专职教师学历达标率100%。幼儿园收托3-6岁幼儿，有小、中、大三个年龄班，共36个班级，在园幼儿1350人。

近年来，在各级领导亲切关怀和社会各界的大力支持下，不断发展进步，1998年该园被评为省级一类幼儿园。先后被评为河北省语言文字规范化示范校；保定市绿色幼儿园、保定市学前教育工作先进单位、保定市师德建设先进单位、保定市安全稳定工作先进单位、保定市食品卫生A级单位、市级教师专

涞水县第一幼儿园

业发展学校；2006—2009年连续获教育局“工作实绩优秀单位”。

以“人文、民主、和谐、创新”为办园理念，鼓励教师特色发展，提高教师工作积极性，同时“以科研兴园，以科研促教研，以教改促发展”为管理原则，分层次、分阶段、多角度进行园本培训，形成鲜明的办园特色，提升园所品牌。通过不断实践，形成了儿童绘画、区域活动、蒙氏教育、奥尔夫音乐、绘本教学等鲜明的艺术特色，其中幼儿创意美术、绘本教学及蒙氏教育影响较大，得到家长的好评。

二、小学教育

（一）学校设置

1979年，涞水县小学教育基本恢复正常教学秩序。涞水县教育系统按照河北省教育厅制定的普及小学教育规划，并按照地理位置和行政区划合理调整了小学布局。当年全县有小学304所，在校生39796人，教师1483人。1989年，全县小学减至287所，教学班1223个，在校生38578人，儿童入学率达97%，毕业率为96%，专任小学教师1563名。1996年，“普及九年制义务教育”工作的全面深入，全县小学适龄儿童入学率已达到100%，巩固率99.72%，毕业率100%，15周岁初等教育完成率98.3%；1997年顺利通过“普九”验收。

2005年，通过合理布局，优化资源，小学由上年的111所调减为101所。

2009年，随着城镇化步伐加快，人口流动增加，很多农村小学生源不足，因此学校布局进一步调整，全县小学77所（完全小学50所，15个教学点，12所初小），其中九年一贯制学校4所，在校生18306人，适龄儿童入学率、在校生巩固率均达到100%。

2009年涞水县中小学学区布局一览表

表15-1-1-1

单位	小学			初中	高中	职中	特教
	完小	初小	教学点				
三坡	爱心、庄里、桑园涧、紫石口	京涞、都衙、马各庄、苟各庄	–	–	–	–	–
赵各庄	其中口、赵各庄、龙门	蓬头、玉斗、偏道子	金水口、李各庄、汤家庄、福山口、岭东、野狐	–	–	–	–
石亭	龙安、板城、石亭、大赤土、义和庄、集贤、王各庄、陈家庄、	八里庄、高村、东龙泉	–	–	–	–	–
涞水镇	南关、西关、北关、南王庄、瓦寨、东租、水北、南兵上、东文山	–	七一、魏村	–	–	–	–

续表

单位	小学			初中	高中	职中	特教
	完小	初小	教学点				
义安	北白堡、栗村、下庄、寺皇甫、西义安、南义安	-	高洛	义安中学	-	-	-
永阳	南桥头、北秋兰、洛平、西垒子、檀山、永阳九年一贯制	-	-	永阳中学	-	-	-
王村	辛庄头、吴各庄、王村九年一贯制	-	王村、赵各庄、张翠台	王村中学	-	-	-
胡家庄	富位、胡家庄九年一贯制学校	-	姜各庄、西武泉、胡家庄	胡家庄中学	-	-	-
明义	司徒、南封村、冀家沟、南北庄	-	-	明义中学	-	-	-
娄村	虎各庄、娄村九年一贯制学校、安阳、中水东	车厂、木井	-	娄村中学	-	-	-
直属	涞水小学	-	-	二中、三中、四中、求成、镇厂、林清寺、波峰	祖冲之中学、波峰中学、石亭中学、林清寺中学	职教中心	-
合计	50所（含四所九年一贯制学校），16891人	12所，926人	15所，489人	13所（含4所九年一贯制学校和波峰中学），8456人	4（含林清寺中学）	1	1

（二）课程与学制

课程计划由省教委制定。1979—1996年，每学年初均制定课程计划。1997年经修订后沿用至2000年。课程包括学科课程和活动类课程。1988年，学科课程有政治、语文、数学、音乐、图画、体育、自然、地理、历史等9门。1992—1993学年，学科课程有思想品德、语文、数学、自然、地理、历史、体育、音乐、美术、劳动10门。1988—1994学年，每周上课五天半，低年级每周29课时，中年级每周31课时，高年级每周32课时。学科课每节一般安排45分钟。1993年2月修订的课程计划，删去"历史、地理"课程，增设"社会"课程。新课程计划于1993—1994学年在小学一年级开始施行，以后逐个年级类推。新课程计划一年级每周30课时，二年级每周31课时，三年级每周32课时，四年级以上每周33课时。1994年国家教委调整小学教学大纲，省教委相应调整学科课程。当年秋季开始，小学实行每周5天课程，一、二年级周教学时数分别为27、28节，三年级以上为30节。1997年后，国家实行新工时制，小学仍然执行省教委下发的课程计划。

小学学制于1984年逐步由"文革"中普遍实行的五年制恢复为六年制。1988年开始县内小学改为全日制六年制学制，使用人民教育出版社出版的全日制六年制小学教科书。

2001年河北省教委调整课程（教学）计划。一、二年级学科课程有：品德与生活、语文、数学、体育、音乐、美术、地方与学校等7门，每节课分钟，每周26节课；四、五、六年级学科课程有：品德与社会、科学、语文、数学、外语、体育、音乐、美术、综合实践活动、地方与学校等10门，每节课45分钟，每周30节课。

附：涞水县第一小学选介

涞水第一小学

涞水小学始建于1948年，原名城内小学。2009年9月迁入新校址，更名为涞水小学。学校占地面积108亩，一期工程教学楼、行政楼建筑面积17008平方米，二期工程综合楼及操场正在建设中，于2010年9月竣工投入使用。现有64个教学班，在校生3290人，教职工184人。2009年被保定市教育局授予教育系统“和谐校园”荣誉称号，被县文教局授予“教育教学工作先进单位”、“德育工作先进单位”、“先进党支部”等，顺利通过市标准化学校验收。

德育工作，施行学生“星级”管理和班级“星级”管理，探索出德育管理新模式。荣获“改革开放三十年”读书教育活动优秀组织奖；荣获涞水县第六届“邮政杯”青少年书信绘画大赛优秀组织奖；学生表演的快板《文明礼仪伴我行》参加保定市比赛；杨霞老师被评为保定市“德育与思想政治工作先进个人”。

涞水一小2008年奠基仪式

教学工作，在全县“全员作课赛”中，王学辉、李颜、关月颖、赵红艳、土晓艳、土曙光分别获得语文、数学、思品、科学、美术、微机等学科一等奖；在举办教师基本功比赛中省级课题《学生个性、特长的培养与全面提高学生素质的研究》顺利结题；2009年9月自主开发完成《涞水小学校本课程教材》。

1979—2009年小学教育发展状况统计表

表15-1-1-2

年 度	学校数量（个）	小学生人数（人）	入学率（%）	巩固率（%）	毕业率（%）
1979	304	39796	–	–	–
1980	304	39102	–	–	–
1981	304	38743	–	–	–
1982	296	37234	–	–	–
1983	291	35013	–	–	–
1984	291	34501	95	97	92
1985	290	33224	95	90	88
1986	285	32429	95	91	88
1987	287	32499	–	–	–
1988	287	33521	–	–	–
1989	287	36102	–	–	–
1990	288	39487	–	–	–

续表

年 度	学校数量（个）	小学生人数（人）	入学率（%）	巩固率（%）	毕业率（%）
1991	288	39904	-	-	-
1992	288	42024	99.9	99	99.9
1993	288	43635	100	99.3	99
1994	288	45342	100	99.8	100
1995	288	47959	100	99.9	100
1996	288	49755	100	100	100
1997	288	40913	100	99.7	100
1998	313	47366	100	100	100
1999	283	43702	100	100	100
2000	235	41375	100	100	100
2001	146	34386	100	100	100
2002	144	30163	100	100	100
2003	142	25816	100	100	100
2004	111	22259	100	100	100
2005	101	19822	100	100	100
2006	96	18371	100	100	100
2007	83	17854	100	100	100
2008	77	17820	100	100	100
2009	65	17666	100	100	100

三、中学教育

（一）学校设置

1979年，全县中学教学班有400个，学生17646人，教师1140人。

1981年，县教育局对中学进行整顿，调整中学布局，将社办高中全部撤掉，并按照地理位置和行政区划乡村中学合并。

1989年，全县共有中学32所，教学班216个，在校生8043人。

1992年，举全县之力建设的“河北涞水县第一中学”新址正式启用，并经河北省教育委员会批复，更名为“河北祖冲之中学”，仍列为全省162所重点中学之一。新的教学环境促进了教学工作迈上新的台阶，在以后的高

第二中学教学楼

考冲刺中，涞水县中学教育迎来新的发展。

1997年，共有初中27所，在校生19201人，适龄少年入学率达到了97%，在校生巩固率达到了97.2%，顺利通过省普九验收。

1998年，民办波峰中学创建。

2004年5月9日，祖冲之中学通过省级示范性高中验收。

2006年，民办求成中学建立。

到2009年，中学的布局得到了进一步调整，保留初中13所，普通高中4所。初中在校生9700人，普通高中在校生6966人。

1994—2009年初中教育发展情况统计表

表15-1-1-3

年度	学校（个）				班数（个）				在校生（人）				毕业率（%）	巩固率（%）
	合计	公办	乡镇办	民办	合计	初一	初二	初三	合计	初一	初二	初三		
1994	26	8	18	–	–	–	–	–	9298	–	–	–	92.10	96.90
1995	28	7	21	–	–	–	–	–	13047	–	–	–	93.40	95.80
1996	28	7	21	–	–	–	–	–	13680	–	–	–	94.60	97.30
1997	27	7	21	–	–	–	–	–	19021	–	–	–	95.20	97.20
1998	26	7	18	–	–	–	–	–	19347	–	–	–	94.20	97.60
1999	26	7	18	1	312	126	102	84	19651	7374	6285	5992	93.10	98.20
2000	26	7	18	1	325	131	108	86	19782	7565	6237	5980	95.30	98.70
2001	24	8	15	1	346	132	119	95	20414	7898	6965	5551	94.60	99
2002	24	8	15	1	348	130	110	108	19286	7738	5923	2625	96.50	99
2003	24	6	17	1	340	115	113	112	19158	6624	6443	6091	98.70	99
2004	24	6	17	1	316	100	110	106	17335	5749	6027	5559	99.10	99
2005	24	6	17	1	291	90	100	101	15474	4925	5278	5271	99.30	99
2006	16	14	–	2	256	66	90	100	13854	3651	4925	5278	99	99
2007	16	14	–	2	221	65	66	90	11652	3801	3648	4203	97	99
2008	15	13	–	2	193	62	65	66	10734	3279	3801	3642	99	98
2009	13	11	–	2	186	59	62	65	9700	2897	3277	3526	98	98.20

1999—2009年高中教育发展情况统计表

表15-1-1-4　　　　单位：人

年　度	小　计	一年级	二年级	三年级
1999	3457	1355	1062	1040
2000	–	–	–	–
2001	–	–	–	–

续表

年 度	小 计	一年级	二年级	三年级
2002	–	–	–	–
2003	6336	3063	1899	1374
2004	7636	3140	2670	1826
2005	8199	2875	2797	2527
2006	7156	2531	2421	2625
2007	7308	2949	2489	2370
2008	7011	2365	2409	2237
2009	6966	2389	2290	2287

（二）课程与学制

1979年，全县高中课程执行国家教委颁发的《高中课程（教学）计划》，每周总课时为：高一年级31节，高二年级32节，高三年级33节；高中课程设：思想政治、语文、数学、英语、物理、化学、历史、地理、体育、劳动技术。初中每周总课时为：初一32节，初二33节，初三32节；设有思想政治、语文、数学、英语、物理、化学、历史、地理、生物、生理卫生、体育、音乐、美术、劳动技术等学科。每周上课5天半。1997年，国家实行新工时制，中学每周上课5天。

1994年，国家教委调整课程（教学）计划。高中开设政治、语文、数学、英语、物理、化学、生物、历史、地理、体育、艺术、社会实践等学科，学科周总课时分别改为，高一年级29节，高二年级28节，高三年级29节。初中设：思想政治、语文、数学、英语、历史、地理、物理、化学、生物、体育、音乐、美术、劳动技术等学科；周学科总课时分别改为：初一29节，初二29节，初三25节。2001年，河北省教委调整初级中学课程（教学）计划。初一学科课程有：思想品德、历史、地理、生物、语文、数学、外语、体育与健康、音乐、美术、综合实践活动、地方与学校课程共34门（课程）；初二在原有课程基础上增加物理课，对生物、数学课，各调减一个课时；初三取消了地理、生物课，增添化学课。每周34节课，每课时45分钟。高中每月休息4天；初中每周休息2天，遇节假和特殊情况调休。

（三）高考成绩

1988年，高考升入全国重点5人，一般本科17人，省属专科9人，地属专科18人，地专降20分37人，地专山区降40分8人，第四批2人，农职中上线3人。

1994年，高考上线260名，上省专线89人，较上年增加21人，上线率63%，创历史新高；中专录取80名，职教中学录取90人，师范录取47人，师范录取线居全区第二。

1995年，高考上省专线85名，市一般院校294名，中考位于全市中上游，中专上线247人，中师63人，音体美幼录取63人。

1996年，高考考生462人，一般院校上线249人，其中重点23名，本科58名，省专29名，万人比和上线率均居全市第10位。

2001年，普通高考全县上本科线人数341人，上专科线439人，上线率73%，录取707人，祖冲之中学上线率达90.15%，在全市排位中游。

2002年，高考创历史最好水平，上专科线以上1145人，祖冲之中学上线率93%，其中本二以上242人，超出市核目标22名，升入清华大学、北京大学各一名。

2003年，全县1762名高考考生，本科二批以上304人，比上年增加68人，增幅达25.6%，超过市核目标40人。

2005年，参加普通高考的考生中共有315人，上本科二批分数线，上线率为13.9%；总上线人数1896人，总上线率为83.8%；理工类最高分627分。文史类最高分564分。

2006年，本科二批上线375人，比上年增加52人，其中本科一批上线首次突破百人大关。祖冲之中学获市教育局“培养拔尖优秀高中毕业生先进单位”，波峰中学获“全面实施素质教育提高教育教学质量先进单位”。

2007年，全县2904名高考考生，本二以上上线421人，首次突破400人大关，比上年增加72人，其中本科一批上线187人（含对口招生3人），比上年增加75人。

2008年，本二以上上线504人，比上年增加45人，列全市第16位；本科一批上线249人，比上年增加62人，本二、本一上线人数双双首次突破500和200两个整数关口。由于教育教学成绩突出，县教育局被市教育局授予“教育工作先进单位”、“实施升级进位工程，提高教育教学质量先进单位”称号，祖冲之中学高考位列全市32所重点中学第23名，各学科位次较去年均有大幅提升；波峰中学位列全市普通中学第六名，被市教育局授予“全面实施素质教育，提高教育教学质量先进单位”，文科数学、文科综合获市普通中学学科优胜奖。

2009年，高考本二以上上线523人，比上年增加55人，教育局再次获得“全市高考先进单位”荣誉称号。

附：县中学选介

河北省祖冲之中学

河北祖冲之中学的前身是河北省涞水县初级中学。1951年10月25日，涞水县初级中学建立。校址位于原涞水县城内东侧，占用庙宇和几间民房改建起校舍，设2轨制初中，为1班，2班。1958年开始增设高中2个班，涞水初级中学易名为涞水县完全中学，简称涞水中学。1966年“文化大革命”开始，军队工宣队进驻学校。教学工作停滞，图书、仪器等教学设施遭到破坏。1970年1月复课。1977年，学校扩为4轨制高中和2轨制初中，更名为河北省涞水县第一中学，简称涞水一中。1978年涞水一中被省教委列入省属重点高中。1986年12月县委政府确定以“祖率”为主题规划设计新涞水一中，占地面积111.5亩。1987年3月27日完成教学楼设计图，建筑面积2787平方米，第二年10月教学楼工程动工。1989年5月，涞水一中更名为祖冲之中学迁入新址。

祖冲之中学运动会

该校现有在校生3565人，住宿生2875人。教职工342人。占地面积80040平米，生均21.9平米，建筑面积46456平米，生均12.69平方米，宿舍楼建筑面积16546平米，生均5.76平方米。专任教师278人，占教职工总数的84.8%，本科及以上学历252人，达到91%。中高级职称占57.62%，教师全员参加新课程培训，90%以上的教师参加各级各类培训，有县级骨干教师32人，市级骨干教师8人。

该校现有10个实验室，其中物理4个，化学4个，生物2个，实验室设备达到标准。有2个通用技术教室，5个音乐美术教室，1个舞蹈房，相应设施较为完备。有2个微机教室，学生电脑182台，另外教师笔记本电脑260部，台式机100台。图书馆有藏书82300册，属省一类图书馆，生均图书22.5册。学生食堂2个，共有2550个座位。有400米跑道的标准塑胶运动场。

学校坚持“厚德崇文，励志博学，求真创新”的办学理念，坚持“面向全体，全面发展，优化个性”的育人方向，确立了“人人升学，个个成才”的培养目标，积极推行新课程改革，全面提高学生素质。改革管理体制，教育教学常规管理日趋科学规范，建立了较为科学的评价考核体系。课堂教学注重面向全体，分层施教，近三年会考合格率保持在93%以上，毕业率保持在93%以上，学生体育测试达标率连续达到100%，本科上线率保持在70%以上，专科以上上线率保持在90%以上，连年获得县级高考成绩优胜奖。务实开展教科研工作，承接的国家十五计划研究课题已经通过验收，十一五计划研究子课题正在论证结题。2007—2009年，中有164篇教师论文在省或国家级刊物上发表交流，有135名学生在国家级作文大赛中获奖，有126名学生在奥林匹克竞赛中获奖。

经过多年积淀，学校形成了以祖冲之文化为核心的校园文化，办学特色日益鲜明，办学效益逐年提升。先后荣获河北省依法治校示范校、“全省中小学德育工作先进集体”、保定市“文明单位”、保定市“和谐校园”、涞水县“民主评议先进单位”及“德育工作先进单位”等多项荣誉。

四、职业教育

涞水有职业学校1所，是在原有“涞水县农业技术中学”的基础上发展而来，1994年更名为“涞水县职业技术教育中心”。1983年，在原居士中学的基础上建立县农业技术中学，从农、林聘请兼职教师授课，主要开设林果、农学和畜牧3个专业。随着时代的发展，职业教育日益壮大，专业设置也随之增加，幼师、电工电气焊、摄影、动漫等专业成为现在学校教育的特色专业。

涞水职业教育以“瞄准市场、服务经济、立足涞水、对接京津、面向未来”为办学宗旨，通过联合办学、校企合作、“定单”培养等多种形式，培养时代技术人才，每年就业学生700人左右，就业率100%。毕业生深受用人单位的欢迎。

涞水县职业技术教育中心是本县唯一一所职业教育学校。1994年经原保定地区行署批准为“涞水县职业技术教育中心”。2003年经省教育厅验收，被评为“省级合格职业技术学校”。2007年被评为“省级重点中等职业学校”。学校占地面积110556平方米，建筑面积40146平方米。实训楼3栋、教学楼2栋、办公楼1栋、宿舍楼2栋、餐厅建筑面积2200平方米。配有微机室7个，微机350台，其中教师用机80台，多媒体教室3个，省级图书馆1个，图书6万册。2004年建成校园网，并广泛用于教学中。至2009年12月，学校有教职工187人，其中专任教师137人，专业教师65人；在校生2263人；55个教学班。学校开设学前教育、摄影、动漫、畜牧、航空服务、数控、电工电子、汽修、电子商务等9个专业。形成以自主办学为主，长短班相结合、半工半读兼顾的多元化办学模式。

1983—2009年职业学校基本情况一览表

表15-1-1-5

年度	学校	班数（个）	学生数（人）	开设专业
1983	涞水县农业技术中学	-	63	农学
1984		-	45	农学
1985		-	121	林果、农学和畜牧
1986		-	264	林果、农学和畜牧
1987		-	167	林果、农学、畜牧、医士、服装和建筑
1989		-	201	林果、农学、畜牧、医士、服装和建筑
1990		10	435	林果、体育、财会、医士、服装、建筑、幼师和家电
1991		18	756	林果、体育、财会、医士、服装、建筑、幼师、家电、工艺美术
1992		-	365	林果、体育、财会、医士、服装、建筑、幼师、家电、工艺美术
1993		-	176	林果、体育、财会、医士、服装、建筑、幼师、家电、工艺美术
1994	涞水县职业技术教育中心	-	300	医士、微机、建筑、林果、财会、教育专业、音美师资、民师、旅游、服装10个专业
1995		-	1179	医士、微机、建筑、林果、财会、教育专业、农教师资、音美师资、民师、旅游、服装11个专业
1996		-	927	医士、微机、建筑、林果、财会、教育专业、农教师资、音美师资、民师、英语、体育、旅游、服装13个专业
1997		-	1247	医士、微机、建筑、林果、财会、教育专业、农教师资、音美师资、民师、英语、体育、旅游、服装13个专业
1998		-	1452	医士、微机、建筑、林果、财会、教育专业、农教师资、音美师资、民师、旅游10个专业
1999		-	1386	微机、建筑、林果、教育专业、农教师资、音美师资、民师、英语、体育、旅游11个专业
2000		-	987	医士、微机、畜牧兽医、电工电气焊、建筑、林果、英语、体育、音美、旅游10个专业；
2001		-	368	医士、微机、畜牧兽医、电工电气焊、建筑、林果、英语、体育、音美、旅游10个专业；
2002		-	317	医士、微机、畜牧兽医、电工电气焊专业、旅游。
2003		-	434	软件开发、林果、旅游、微机、畜牧兽医、电工电气焊专业。
2004		-	545	软件开发、林果、旅游、微机、畜牧兽医、电工电气焊专业。
2005		-	443	软件开发、旅游、微机、畜牧兽医、电工电气焊、机电一体化、数控、电子技术及应用专业。
2006		-	1050	软件开发、旅游、微机、畜牧兽医、电工电气焊、机电一体化、数控、电子技术及应用专业。
2007		-	841	软件开发、车辆焊装、旅游、微机、畜牧兽医、电工电气焊、机电一体化、数控、电子技术及应用、酒店管理、机械加工专业。
2008		-	598	软件开发、车辆焊装、旅游、微机、畜牧兽医、电工电气焊、机电一体化、数控、电子技术及应用、酒店管理、机械加工专业。
2009		-	1870	软件开发、车辆焊装、航空管理、苏宁电器售后服务、电梯安装与维修、微机、畜牧兽医、电工电气焊、机电一体化、数控、电子技术及应用、酒店管理、机械加工专业。（双带：农村经济管理、现代农艺、家禽养殖与疾病防治）。

五、成人教育

（一）扫除文盲

1984年修订印发《普及小学教育的规划（草案）》，重点排查15周岁以下的校外儿童，凡未达到扫盲结业要求的一律由全日制小学包干，动员回校复学，或举办业小班等形式让他们尽快完成小学课程。排查出15~40周岁的文盲11300人，扫盲2500人。1991年全县青壮年文盲2011人（其中妇女文盲1319人），脱盲1170人。

1995年成立扫盲工作领导小组，全年扫除青壮年文盲1838人。1996年全县青壮年167768人，文盲9975人，全年脱盲6914人，非文盲率达到98.7%。通过国家级“扫除青壮年文盲”验收，并分别获得“全国扫盲先进县”和“省扫盲先进县”称号。1997年省政府授予“扫盲工作先进单位”。市政府授予“农村成人教育先进单位”。2001年全县扫除青壮年文盲6914人，非文盲率达到98.7%。

（二）实用技术培训

1996年，在职教中心成立成人总校，15个乡镇设立分校，共举办培训班312期，培训农民27892人次，技术咨询57613人次，发放明白纸86520张，成人教育工作列全市第一。

2001年，举办培训班188期，培训农村劳动力76700人次。

2003年，举办各级各类培训班188期，扶持示范村68个，示范户288户，培养科技致富带头人980人，培训劳动力130858人次。举办两期成人高中补习班，参加培训的68人均取得了成人高中毕业证。

2004年，兴办各类农民培训班160期，扶持示范村56个，示范户245户，培养科技致富带头人966人，培训劳动力131800人次；举办成人高中补习班两期，60人取得成人高中毕业证。

2005年，全县举办各级各类培训班165期，扶持示范村60个，示范户255户，培养科技致富带头人976人，培训劳动力121800人次。举办了两期成人高中补习班，共45人参加培训，并取得了成人高中毕业证。

2006年，举办各级各类培训班158期，扶持示范村65个，示范户254户，培养科技致富带头人956人，培训劳动力107441人次。

2007年，加强乡镇成人学校办学建设，广泛开展农村实用科技培训，全县举办各类培训167期，扶持示范村65个，示范户375个，完成农村实用技术培训11.9万人次，“三加一”培训3800人，服务实体收入3200元。

2008年，聘请河北农大教授到本县就大棚西红柿、大棚草莓、麻核桃管理等技术进行3期培训；县成人学校与乡镇、村成人学校先后开办家电、电脑、林果、畜牧、农学、养殖、食用菌栽培等多种专业的培训124期，发放明白纸56000张，扶持示范村65个，示范户254户，培养科技致富带头人956人，培训农村劳动力89658人次。

2009年，充分利用成人教育阵地建设，大力培养科技示范户。4所成人学校达到了省示范性成人学校标准，其他6所成人学校均达到市级规范化成人学校标准，10所成人学校均按照乡镇人口万分之二的比例配备成教老师，全县配备专职教师77人，开展农村实用技术培训、劳动力转移培训、“阳光工程”培训。全县举办各类培训班102期，培训8676人次，办科技知识宣传栏12期，发放明白纸8000多张，传授农村实用技术，正确引导农民科学种植、养殖。

六、特殊教育

1990年，涞水县特教学校正式建立，标志涞水县特殊教育事业起步。特教学校附属于县幼儿园，开设学前语训教育专业，有1个教学班，教职工3人。次年9月，调整开设聋哑和学前语训教育专业，有两个教学班，教职工增加到5名。

2003年，特教学校有了较大的发展，特教专任教师10名，学历达标率100%。残疾儿童213人，入学181人，入学率85%。2004年9月，开设聋哑和培智两个教育专业，有两个教学班，在校生20人，有教职工8人。

2008年，建立涞水县特教中心，形成了以县特教学校为骨干，以随班就读为主体的特殊教育体系的基本框架。全县三类残疾儿童共计80名，其中智力残疾59名，听力残疾20名，视力残疾1名；三类残疾儿童入学77名，其中特教中心在校生27名（智力残疾18名，听力残疾9名），保定特教中心就读3人，随班就读47人，分布在全县32所学校，未入学3名（丧失学习能力），入学率96.25%，巩固率100%。

2009年，全县有三类残疾儿童80名，在校生77名，入学率96.25%。在校生由23人增加到48人，在校生与随班就读的三类残儿比例达到了3∶1，特殊教育健康发展。

七、民办教育

1998年7月，李春波自筹资金聘用退休老师和师范类毕业生，创办波峰中学。

2003年，兴办二所幼儿园：蓝天幼儿园和冉冉幼儿园；2005年，红黄蓝幼儿园和九龙镇幼儿园被审批为合格园；2006年，保定市教育局同意筹建求成初级中学；2009年，文教局制订《关于规范民办教育办学行为的通知》和《涞水县民办幼儿园年度评估标准》。

2009年涞水县民办幼儿园、中小学情况一览表

表15 1 1 6

名　称	所 在 地	创 办 人	审批时间
波峰中学	义安镇	李春波	1998.7.28
求成中学	县城遒城街62号	范宝江	2007.7.19
爱心幼儿园	县城遒城街97号	张翠珍	1998.9.16
小太阳幼儿园	县城府前街91号	孙立梅	2000.6.6
冉冉幼儿园	永阳镇南桥头村	黄玉荣	2004.4.2
蓝天幼儿园	永阳镇南洛平村	于进存	2004.9.21
红黄蓝幼儿园	县城德诚路81号	董凤江	2005.10.12
九龙镇幼儿园	九龙镇	王海涛	2005.10.20

附：波峰中学简介

波峰中学

波峰中学始建于1998年7月，占地180亩，建筑面积65000平方米，有标准的教学楼、运动场、图书馆、宿舍楼、食堂、超市，微机电教和理化生实验设备一应俱全，能充分满足教学和师生活动及生活的需要。

历经十五年发展，波峰中学已成为初具规模的民办完全中学。2009年有教学班66个，学生4019人，教职工282人，其中专任教师211人。初中部有教学班28个，专任教师84人，学生1578人，年巩固率98.2%，学历达标率100%。高中教学班38个，专任教师127人，学生2441人，学历达标率86%，本科升学率占39.8%。

该校办学理念是：以促进学生全面发展为核心，以“教会学生做人，培养学生成才”为目标，推行

波峰中学

全面质量管理，实施素质教育。抓实常规，勇于创新，努力抓好德育与学生管理、教学与教师管理、服务与校园建设。实现“学校管得严，教师抓得紧，学生学得好，文明程度高”的办学要求。努力树好“管理”和“质量”两个品牌，赢得了全社会和广大家长的赞誉和信赖。

学校先后被评为“河北省民办教育明星学校”、保定市“规范化学校”；涞水县“教育教学管理先进单位”、“德育工作先进单位”、“教育科研先进单位”，连续五年被保定市教育局评为“全面实施素质教育，提高教育教学质量先进单位”；高考升学排名在全市70多所普通中学中名列前茅。初中部管理规范，致力课改，质量一流，基本实现了区域领先、争创名校的目标。

八、继续教育

教师进修学校为弥补农村合格教师力量的不足，1983年，涞水县建立县办师范学校，校址设在教师进修学校，校长曹一铁。

1983—1987年，教师进修学校招生5届。1983年56人；1984年33人；1985年39人；1986年30人；1987年23人，五年累计招生181名。

1988年开始，举办小教大专班和专升本培训班。1989年65人；1990年34人；1991年120人；1993年85人；1994年115人；1995年83人；1996年96人；1997年28人；1999年239人；2000年189人；2001年304人；2002年203人；2003年209人；2004年68人，累计招生1383人。之后未招生。

1991年开始，采取自学为主，自学与辅导相结合的方法，对全县中小学校长进行学历教育和教育理论培训。成立以人事、普教、计财、教研进修学校为成员的领导小组，由阎庆山主抓。培训中小学正副校长81人，其中重点中学正副校长3人，学历达标率33%；完中3人，达标率33%；初中17人，达标率17.6%；培训中心及小学校长54人，达标率74%。培训方式：自学为主，自学与辅导相结合。

1994年，开办94级高培班，招收高中毕业教师113名，学制两年，采取自学为主、面授为辅的学习方式，学习中师全部23门课程，学员毕业颁发中师毕业证书。办培训班21期，培训889人次，中小学培训班82期，培训6000余人次。

1996年12月22日，任命阎庆山为教师进修学校校长。县教师进修学校被命名为“三沟通”省级优秀辅导站。保定广播电视大学涞水分校。面对社会青年对知识的渴求和“文凭热”的升温，涞水县1983年创办“多渠道办学委员会办公室”（成教办的前身）办公地点设在文教局办公，同时负责保定广播电视大学的招生、管理和服务工作。1992年涞水县开始单独设立“电大”工作站，隶属教育局行政股室。2008年3月，根据招生、教学等实际情况，工作站更名为保定广播电视大学涞水分校。

1983—2009年涞水电大招生人数统计表

表15-1-1-7　　单位：人

时间	招生人数	时间	招生人数
1983	10	2000	38
1984	40	2003	12
1985	76	2004	14
1986	13	2005	178
1987	7	2006	261
1988	1382（其中非学历教育998人）	2007	208
1991	7	2008	227
1993-1999	1366	2009	172
年合计			4011

第二节　教　师

一、教师构成

从1979年到2009年，随着我国人口政策的改变，在校学生也发生着不同的变化。1979年到1995年，随着在校学生人数的不断增加，中小学核定教师编制数也不断增多，尽管每年都有一定数量的大中专师范类毕业生补充进教师队伍，但是仍然不能满足全县中小学及幼儿园教育的实际需要，只得采取招聘民办、代课教师的办法来缓解。从1996年起，随着人口出生率的逐年下降，小学在校生开始逐年减少，小学教师开始趋于饱和。

（一）教师来源

公办教师。公办教师来自于各类师范院校的毕业生。1980年大、中专毕业生、师范生分配，大专生24人，中师2人，师专9人，中专45人，其中师范类29人。1983年中师毕业生分配37名。1991年分配师范类毕业生112人，其中大专33人，中师79人。1992年分配大中专毕业生115人。1995年，根据市人事局、计委、教委文件，选招“民转公”教师46人。1996年分配师范类毕业生137人，其中本科10人，专科26人，中专及职教类101人。1997年分配师范类毕业生就业167人，其中本科10人、专科28人、中师及职教类129人。2000年后大中专学校实行“双向选择”，终止大中专毕业生分配制度。

2000年以后，为了缓解政府经济压力，保证正常的中小学教育教学，涞水县职教中心开办师资班，招收初高中毕业生，通过培训充实到教育队伍。先后有968人充实到教师队伍。

民办教师。民办教师是教师队伍的重要组成部分。1988年，教育行政部门对1986年底以前任教的非国办教师进行整顿，全县在册民办教师共885人，到2000年底全部转为公办教师，结束民办教师这一历史的产物。

（二）教师编制

1986年前，师生比例平原为31：1，山区为28：1.1986年在此基础上，山区上升到25：1；并适当增加山区教师待遇。

1988年6月，县委、县政府下发《关于确定县直机关下属事业单位人员编制的通知》，教育局编制合计568人，教研室22人，教师进修学校（含县师）28人，七所公办中学445人，城内小学45人，幼儿园28人。

1990年6月，县编委、教委、联合下发《关于校订各乡、校教职工编制的通知》，通知中明确：中学师生比例为1∶12，小学师生比例为：1∶24，并附有教育系统各单位人员编制表。

（三）人事制度改革

1979年，根据教师自然减员补充的原则及办法，对全县教师进行考核、招聘全县原有教师1977人，考核1921人，共招聘1790人，187名落聘；整顿后，教师缺额128人，除从应届中专毕业生补充23人外，其余从社会上高中毕业生中统一考核招聘，考核合格定为民办教师。

1984年，教育部门体制改革，开始了招聘学校行政领导的探索与实践。职教中学校长首次实行竞争上岗，11月23日，通过竞选，张宝义批准为职业中学校长。

1988年6月17日，县委县政府下发《关于确定县直机关下属事业单位人员编制的通知》，教育局编制合计568人，教研室22人，教师进修学校（含县师）28人，七所国办中学445人，城内小学45人，幼儿园28人。

1999年涞水县教育局在直属园校及乡镇中学实施教师聘任制。

2002年加大人事制度和教师管理制度改革，打破教师铁饭碗，推广教师聘任制和待岗、分流制度，全面实行按需设岗、公开招聘、平等竞争、择优上岗、严格考核、精简分流的用人制度，最大限度地调动教师的工作热情和积极性。

2007年，深化中小学人事制度改革，全面推行教职工聘用制，全县3696名中小学教师全部与学校签订聘用合同。

2008年，重新修订对《乡镇（园）校评估方案》，印发《股室评估细则》，进一步细化校长任期目标管理责任制。

2009年，完善考评机制。进一步修订、完善《涞水县中小学教师考核评价方案》，强化了过程管理和评价，并以此严格对“四类人员”考核，考核结果作为教师评优评先的重要依据。

二、教师待遇

（一）经济待遇

1985年，夫妇双方一方为连续任教五年教师，另一方为国家正式职工、女教师转公办、男教师丧偶未再婚、部属和省属厂矿、企事业单位以及高等院校附属学校的教师子女可办理“农转非”。根据地区《关于补充中小学教师自然减员通知》，涞水19名指标。

1994年，全县有公办教师2968人，民办教师588人，国办教师月均工资321.79元，民办教师工资月均131.78元。

1995年，公办教师2968人，月工资额1096631元（扣发43元），全年拖欠工资2654040元；民办教师588人，月工资额86677元，全年拖欠工资额225908元。是年，全县3696名中小学教师全部与学校签订聘用合同。

自2009年起，义务教育阶段，教师全面实行绩效工资制度。

（二）政治待遇

1979—2009年，县委、县政府把关心教师的工作、学习、生活列入日常工作，全县尊师重教的风气日臻浓厚。每年9月10日教师节，县委、县政府坚持开展庆祝活动，拨出专款慰问教师，给全县教师送节日礼品，县领导亲临医院慰问生病住院的教师。每年教师节期间组织电视讲话、文娱活动、表彰先进等活动。每届县人大代表、县政协委员，教师都有一定比例的名额。同时，利用教育工会，组织广大教职工参政议政、民主管理、民主监督，发挥主人翁的作用。

三、教师培训及成果

1993年教师培训：第一批初中教师参加保定地区组织的“三沟通”培训。

2004年，按《涞水县中小学教师提高业务素质三年规划》，举办计算机教师以及计算机教室、语音室、电教室、图书管理员等专任教师培训班两期，培训126人；举办中学语文、数学、外语三科教师培训班两期，培训257人；幼儿教师培训班两期147人；聘请国家、省、市专家教授进行新课程标准培训共15期，培训中小学教师1671人，所有起始年级教师和学校负责人都参加了培训。通过多途径的学习进修，全县教师学历水平得到提升，小学、初中、高中专任教师学历合格率分别达到100%、71.4%、56%。教师队伍业务素质也有明显提高，高素质的骨干教师队伍初具规模，全县共有国家级骨干教师1名，省级骨干教师6名，市级骨干教师51名，县级骨干教师252名，县级学科带头人100名，教学能手100名，名师9名，市级学科教学标兵4人。

2005年对幼儿、小学、初中和高中以及专任教师进行分层次培训，培训信息技术骨干350人次，幼儿园园长68名，转岗教师100人，小学教师提高培训231人，继续教育培训2570人。乡镇辅导站举办业务辅导90次，所有教师均参加辅导。

2006年按照《幼儿教师培训方案》、分年批次完成对68名园长和251名教师的理论和业务培训。

2008年2795名中小学教师参加了继续教育职务培训，对285名小学音、体、美、英教师进行培训，组织115名中小学后备干部和小学科学实验教师进行小学理科实验教学培训，98名中小学图书管理员参加了全县中小学图书管理员培训，对996名教师进行综合教育技术培训。

2009年全县教师参加了各级骨干教师培训和其他各级各类培训，900多名中小学教师参加综合教育技术应用能力培训，2073名中小学教师参加了《现代教学艺术理论与实践》培训，253名小学音、体、美、英专任教师参加第三轮培训，793名初中教师参加新一轮教师文化知识调研考试，1236名小学教师参加了教学基本功考试，教师的理论素养和专业技能有大幅提高，促进教师专业成长，一大批省、市、县级骨干教师和各级优秀教师成为各项工作的楷模，22名教师获得市级以上表彰奖励，龙门小学教师苗文玲被评为“全国模范教师”；招聘“河北省特岗教师”36名，并对其进行岗前培训；20名师德高尚、教学成绩优秀的自聘教师纳入财政编制，择优选聘12名教师充实高中。

1979—2009年涞水县教师来源及构成统计表

表15-1-2-1

年度	教师总数	其中		小学		初中		高中		职中国办	进修国办	其他国办
		国办	聘任	国办	聘任	国办	聘任	国办	聘任			
1979	2949	1352	1559	–	–	–	–	–	–	–	–	–
1980	2789	1290	1388	513	–	795	–	–	–	–	17	34
1981	2379	1240	1190	528	–	712	–	–	–	–	14	50
1982	2213	1359	997	557	–	742	–	–	–	–	–	60
1983	2174	1387	899	675	–	608	–	–	–	42	–	62
1984	2157	1378	832	674	–	613	–	–	–	–	–	91
1985	2352	1511	928	679	–	705	–	–	–	–	11	116
1986	2568	1575	955	690	–	714	–	86	–	45	12	114
1987	2701	1991	896	858	–	916	–	–	–	50	20	147

续表

年度	教师总数	其中		小学		初中		高中		职中国办	进修国办	其他国办
		国办	聘任	国办	聘任	国办	聘任	国办	聘任			
1988	2787	1943	885	1021	–	922	–	–	–	50	21	119
1989	2893	1964	740	967	–	997	–	–	–	42	32	113
1990	2928	2213	714	1118	–	899	–	–	–	50	28	118
1991	2682	2003	679	1187	–	864	–	–	–	62	28	122
1992	2939	2314	625	1214	–	873	–	–	–	70	27	130
1993	3017	2340	677	1307	–	692	–	185	–	76	–	156
1994	3061	2486	575	1297	518	934	57	149	–	76	23	–
1995	2896	2547	518	1282	463	861	55	186	–	81	24	113
1996	3081	2769	312	1370	–	913	–	191	–	135	–	160
1997	3436	3335	101	1722	–	1050	–	251	–	159	–	153
1998	3516	3228	–	1566	–	1365	–	–	–	153	–	118
1999	3522	3277	–	1851	–	1476	28	185	14	163	–	145
2000	3632	3464	168	1973	163	1659	5	–	–	–	–	–
2001	3743	3601	142	1985	12	1723	23	–	–	–	–	–
2002	4039	3786	253	2109	–	1977	–	–	–	137	20	96
2003	3728	3591	137	1857	–	1734	137	–	–	–	–	–
2004	3632	3502	130	1777	2	1691	161	–	–	–	–	–
2005	3776	3678	98	1827	–	1693	256	–	–	–	–	–
2006	3745	3754	–	1796	–	1582	210	–	–	166	–	–
2007	3667	3667	–	1753	–	1538	208	–	–	166	28	–
2008	3617	3617	–	1737	–	1506	205	–	–	169	–	–
2009	3549	3549	–	1687	–	1476	210	–	–	176	31	–

1988—2009年涞水县教师职称评定情况统计表

表15-1-2-2　　单位：人

年 度	评 定 资 格 及 人 数							
	中高	中一	中二	中三	小高	小一	小二	小三
1988	23	269	381	265	259	835	360	21
1989	0	0	0	0	1	6	2	0
1990	0	0	154	53	0	22	72	0
1991	1	7	0	0	3	10	6	0

续表

年度	评定资格及人数							
	中高	中一	中二	中三	小高	小一	小二	小三
1992	0	0	6	0	0	0	66	0
1993	12	42	151	0	100	245	50	0
1994	2	42	30	0	0	0	51	0
1995	0	0	48	0	30	167	52	0
1996	4	18	72	0	29	107	191	0
1997	10	25	25	0	48	47	62	0
1998	8	24	52	0	27	41	69	0
1999	5	64	125	0	152	225	272	0
2000	0	144	48	0	363	481	85	0
2001	10	93	100	0	211	74	198	0
2002	32	117	101	2	216	181	86	0
2003	29	119	135	7	77	290	81	0
2004	19	25	39	8	31	248	9	0
2005	29	74	29	8	90	66	4	0
2006	14	147	111	3	156	59	1	0
2007	12	81	88	9	130	25	1	0
2008	30	86	48	8	55	8	0	0
2009	39	66	0	0	48	0	0	0
合计	279	1443	1743	363	2026	3137	1718	21

1979—2009年涞水县在校师生统计表

表15-1-2-3　　单位：人

年度	小学		初中		高中		职专教师	各类学校在校生总数	各类学校教师总数	师生比
	在校生	教师	在校生	教师	在校生	教师				
1979	39796	1483	17646	1140		–	–	57442	2949	1：19
1980	39102	1392	12709	795	2479	–	–	54290	2810	1：19
1981	38743	1175	9206	712	1646	–	–	49595	2378	1：21
1982	37234	1088	11014	742	–	–	–	48248	2213	1：21
1983	35013	1304	11019	766	108	–	–	46132	2174	1：21
1984	34501	1295	11284	771	222	–	–	46007	2157	1：21
1985	33224	1306	12332	919	927	–	–	46483	2352	1：20

续表

年度	小学		初中		高中		职专教师	各类学校在校生总数	各类学校教师总数	师生比
	在校生	教师	在校生	教师	在校生	教师				
1986	32429	1308	10180	911	1099	96	45	43708	2038	1：21
1987	32499	1357	11618	1102	–	–	50	44117	2701	1：16
1988	33521	1504	11533	1093	–	–	50	45054	2787	1：16
1989	36102	1554	9978	1150	–	–	42	46080	2893	1：16
1990	39487	1708	8437	1024	–	–	50	48697	2928	1：16
1991	39904	1778	9029	952	–	–	62	49877	2942	1：17
1992	42024	1775	9950	948	–	–	70	52968	2939	1：18
1993	43635	1846	10071	754	1112	185	76	54527	3017	1：18
1994	45342	1815	10780	991	1482	149	99	57195	3061	1：19
1995	47959	1745	14559	861	1512	186	104	62518	2896	1：22
1996	49755	1632	15485	963	1805	191	135	66575	3081	1：22
1997	50077	1801	18027	1072	2229	251	159	62163	3436	1：18
1998	47366	1566	19347	1365	1113	–	153	67826	3516	1：19
1999	43702	2003	19651	1504	3457	199	163	66810	3522	1：19
2000	41375	1973	19782	1659	–	–	139	61157	3632	1：17
2001	34386	1997	20414	1746	–	–	151	54800	3743	1：15
2002	30163	2109	19286	1677	4292	181	137	53741	4039	1：13
2003	25816	1857	19158	1871	6336	196	141	44974	3728	1：12
2004	22259	1780	17335	1852	7636	–	156	39594	3632	1：11
2005	19822	1827	15474	1949	8199	–	148	43495	3776	1：12
2006	18371	1796	13854	1582	7156	210	166	39381	3754	1：10
2007	17845	1753	11652	1538	7308	208	166	36805	3667	1：10
2008	17820	1737	10734	1506	7011	205	169	35565	3617	1：10
2009	17666	1687	9700	1476	6966	210	176	34332	3549	1：10

第三节　教育管理

教育局是涞水县教育管理机构，1979年~2009年，其名称多次改变，但其工作重点仍然是侧重全县中小学教育管理。在上级教育部门和县委、政府领导下，根据国家政策和规定，抓教育体制改革、教师队伍建设、普九达标、学制改革等方面。

一、管理机构

机构名称

1979—1984年，称涞水县文教局；1984至1989年，称涞水县教育局；1989至1996年，称涞水县教育委员会；1996至2003年，称涞水县教育局；2003至2009年，称涞水县文化教育局

机构设置

1979—1987年，设局长1名，副局长2名，编制31人。1987年10月至1989年8月设局长1人，副局长3人；内设秘书股、人事股、计财股、教研室、多渠道办学委员会办公室、普教股、勤工俭学股、涞水县招生委员会、教师职称改革办公室。1989—1993年3月，设主任1名，常务副主任1名、副主任6名。1989年增设督导室。1990年2月秘书股改称办公室。1991年6月勤工俭学股改称勤工俭学办公室，1993年3月更名为校办产业办公室。1993年10月，县体委并入教委，与教委合署办公。1996年，局内设秘书股、人事股、计财股、普教股、行政编制12人。2002年，县文体局和教育局合并，组建为文化教育局，下设6个职能股室，综合股、人事股、计财股、普教股、德体卫股、文化股。2005年12月文化教育局更名为文体。2006年4月至2009年12月，局内设办公室、人事股计财股普教股教研室、招生办、职改办、校产办成教办思政体卫办、综合股文体股文化馆、文体所、版画实、文化市场、电影院、指导室工会、纪检室、党委办。

党建、政府直属机构

1982年，文教局、进修学校、幼儿园建立党支部；1990年,成立教育委员会党委，政协副主席张永任党委书记；1993年3月，任命副县长夏景源为教委党委书记。

1983年，建立县办师范学校。1984年，建立县办农业技术中学。1985年，建立县政府招生委员会。1988年，建立“县多渠道办学委员会”，“涞水县多渠道办学委员会办公室”后改称“县成人教育委员会”和“县成人教育办公室”。1989年，县委决定成立教育委员会；1990年，县人大第十届常委会第一次会议任命张永为县教育委员会主任。1994年，成立县普九工作领导小组，下设筹资办公室和督查办公室；是年成立县语言文字工作委员会。1995年，成立县扫盲工作领导小组。

二、教育改革

（一）办学体制改革

1984年，制订《涞水县人民政府关于普及小学教育工作规划（草案）》，要求全县要在1985年普及或基本普及小学教育。

1984年，修订印发《普及小学教育的规划（草案）》，重点查15周岁以下的校外儿童，凡未达到扫盲结业要求的一律由全日制小学包干，动员回校复学，或举办业小班等形式让他们尽快完成小学课程。

1984年3月起全面实施中小学改革实行分级办学，分级管理体制。各区、乡党委政府抓群众集资和乡、村教育委员会的建立；教育部门抓体制改革和教师考核、招聘。整顿后，教师缺额除从应届中专毕业生补充外，其余从社会上高中毕业生中统一考核招聘，考核合格定为民办教师。

是年，小学学制在条件允许的情况下逐步由五年制改为六年制。

1991年，秋季入学的普通高中学生开始实行会考；根据规定，中、小学教师工资标准提高10%；机关事业单位在职的正式工作人员，工龄津贴标准由每工作一年1.5元调整为1元，工龄津贴按本人实际工龄计发；职工遗属生活困难补助每人每月增加6元。

（二）收费制度改革

1986年，国务院国发〔1986〕50号文件发布《征收教育费附加的暂行规定》。同年，河北省人民政府颁发《河北省征收教育费附加实施办法》。

2003年实行“一费制”改革。政府规定“一费制”标准为小学各年级每年160元，初中各年级每年

260元（可根据实际情况上浮15%和20%）。

2004年，省财政厅、教育厅制定农村中小学生均公用经费标准定额，分两档，一档标准为：农村小学每生每年160~230元，农村初中每生每年240~350元；二档标准为：农村小学每生每年100~160元，农村初中每生每年为160~240元。

2006年，根据《国务院关于深化农村义务教育经费保障机制改革的通知》（国发〔2005〕43号）精神，河北省决定从2007年起实施农村义务教育经费保障机制改革。

2006年11月29日，省财政厅、省教育厅印发《河北省农村中小学公用经费支出管理暂行办法》。

2007年，涞水县积极落实农村义务教育经费保障机制，加强和完善了教育集中支付中心建设。

2008年春季学期起，全部免除城市义务教育阶段公办学校学生的学杂费。

三、教育督导

1989年9月，涞水县政府教育督导室成立，核定编制5名。督学由科级或具有高级、中级职称教师职务的人员担任，负责监督政府行为以及对全县教育工作的检查、监督、评估和指导。

1989至1990年，督查全县教育“一无两有”工作；1990~1993年督查全县教育“八配套”工作。1995年10月接受省“普初”验收，认定涞水县基本普及初级义务教育；普及九年义务教育工作从1996年开始组织实施，1997年11月，通过省“普九”验收，随后每三年一轮复查（历经2000年、2003年两次）；2006年，高标准通过省县域综合督导评估。

四、招生考试

中考：中考工作由县招办具体负责，组织全县统一的初中毕业与升学考试工作，录取时按着普高、中专、中师、职教、职高分别录取。1995年参考人数为2321人，以后每年逐年增加，2003年参考人数达到最高峰，为5182人，然后逐年减少，2013年为2509人。2007年开始高中录取实行指标到校，比例为50%，2008年提高到60%，2009年为70%，2010年到今年为80%，其余指标统一录取。

高考：自高考恢复后，考点设在涞水一中，1992年后，开始设立高考考区，考点设在祖冲之中学和涞水第二中学。具体业务由县招生委员会办公室（简称“招生办”）负责。设考区工作委员会、考试纪检巡考组、试卷保密组，各考点设考点办公室、保密组、考务组、监察组、后勤组、保卫组、医疗组。省、市派巡视员，主考员由外县担任。分理科、文科两类。考生录取分为提前批、本一批、本二批、专科批，2002年增设本三批。高考录取率逐年提高。2006至2008年考生达到顶峰。

成人高考：成人高考工作由县招办具体负责，考生现场报名、缴费、确认。2009年后考生须网上报名、缴费、现场确认。每年8月份报名，10月份考试，分设高起专、高起本、专起本，专科和本科均分理科、文科两类，录取后院校直接通知考生本人。涞水每年有近百人报名考试。

自考：1984年10月，成立涞水县自考办，设在县招生办，隶属于县教育委员会，具体管理自学考试业务。1998年，核定自考办编制1名。涞水县自学考试报名工作始于1985年上半年，有汉语言文学、英语、党政干部管理等专业。当年，全县有104人次报考，取得单科合格证书263张。以后，专业逐渐增多。考生须往保定参加考试。设有专科、本科多个专业，全县参加自学考试的考生逐年增多。1999年，有1017人次参加43个专业考试，是首次考试人次的10倍。1998~2013年，全县累计自学考试毕业1334人，为涞水发展起到积极作用。

五、德育工作

1979—2004年学校德育工作由县教育局普教股负责管理。2004年9月，由于保定市教育局成立思政体卫处，为了与市教育局保持一致，县教育局将体卫办更名为思政体卫办，同时将学校德育工作纳入到思政体卫办分管，负责对全县中小学生进行德育管理及评价，并指导各校德育管理人员具体工作，并成立以局长为组长、主管副局长为副组长，思政体卫办全体工作人员为成员的德育工作领导机构。自2004年来，制订《德育工作手册》《涞水县教师十不准》《涞水县教学行为十不准》等德育工作规章制度。建立健全学校德育工作评价体系，制订《涞水县学校德育工作半年考核细则》及《校长、副校长德育工作考核细则》，每年两次德育工作考核，并将考核结果纳入到教育局评价体系中。

自2000年后，县德育工作曾多次获得省市表彰，每年均有30余人次获得保定市表彰，5人次获得省级表彰，大大鼓舞了德育工作者的士气，激励德育工作者更好的投入到工作中。

成立思政体卫办以后，学校德育工作得到加强，每年举办爱国主义读书教育活动，积极参加省市举办的相关活动，每次活动荣获较好的成绩；另外，把每年的班主任大赛作为一次重大活动来抓，既考察班主任的素质，也给广大教师提供一个学习交流的平台。

学校德育工作得到社会各界的支持和关注。县关心下一代工作委员会领导，每年选择合适的机会，组成宣讲团进校宣讲，对广大学生进行革命传统教育和爱国主义教育，让学生知道今天的幸福生活来之不易、增强责任感和使命感。团县委对学校德育工作提出明确要求，每年组织开展多次具有指导意义的德育活动，丰富学校德育教育的内容。同时，上级部门经常为学校德育工作者提供学习交流机会，为德育工作的深入开展创造条件。

第四节　教育保障

改善办学条件，抓好校园建设，是提高教育质量的基础和保障。1979年~2009年涞水县在财政状况十分紧张的情况下，不断加大对教育的投入，每年拿出30%的经费，用于学校教学楼的建设，仪器、图书、文件器材购置。祖冲之中学、第二中学、第一小学、进修学校先后迁入新校址，职教中心、幼儿园进行扩建，涞水教育的基础设施总体水平空前提高。

教育经费从1987年的144.5万元增加到2009年的1721.5万元，增长12倍。到2009年，全县中、小学都有教学楼、操场、实验设备、图书室、微机室、宿舍等设施，网络视频，多媒体进入校园。农村小学结束了煤炉取暖的历史；山区偏远地区小学全部实行寄宿制。

一、教育经费

县教育经费主要应用于教师工资、职工福利、离退休费、公务费、设备购置、修缮费、业务费和助学金。

1979年，国家下拨的预算经费144.5万元，占县财政收入的37.3%。

1985年，国务院下发《关于筹措农村学校办学经费通知》，实行财政包干，除县直属学校外，其他学校统由县一次性的拨给乡镇管理。

1985年，教育经费预算支出为310.3万元。1989年增加到564.3万元，占全县财政总收入的27.8%。除国家拨经费外，还有一部分来自群众集资和勤工俭学。

1986年，县委做出《关于对山区教育实行特殊政策的决定》，适当增加山区教育经费。是年增加教育经费3.4万元，拨付6600元用于山区教育办公费；山区师生比例由28∶1，提升到25∶1；山区教师待遇也有所提高。

1989年国家下拨564.3万元，占县财政收入的38.5%。

1992年国家下拨785万元，占县财政收入的53.8%。

1994年国家下拨1190.6万元，占县财政收入的51.6%。

2002—2005年全县财政经常性收入：分别为3053万元、3488万元、3888万元、4218万元，同比分别增长3.7%、14.75%、11.5%、8.49%；财政对教育的拨款分别为4160.6万元、5375.5万元、6282.8万元、8026.9万元，分别比上年增长30.5%、30.9%、16.9%、27.8%。

2003年，秋季新学年起农村中小学全面实行“一费制”，城镇中小学暂不执行“一费制”，严格执行省立项目和收费标准。规定收费标准小学在国家规定每生每学年160元的基础上，上浮最高不超过15%，为184元，初中收费标准在每生每学年260元的基础上，上浮最高不超过20%，为312元，其中包括教科书费、课堂作业本费、取暖费和学杂费。

2002—2005年生均教育事业费：小学分别为772.4元、1134.33元、1472.57元、1964.93元，初中分别为566.11元、795.26元、892.57元、1451.18元，高中分别为503.99元、731.38元、656.42元、1228.82元，职中分别为825.16元、877.14元、740.74元、1155.38元，做到了逐年增长。公用经费占教育事业费支出的比例：分别为1%、0.3%、1.02%、6.9%。

2002—2005年生均公用经费：小学分别为105.73元、92.61元、90.66元、122.65元；初中分别为197.93元、163.95元、140.77元、192.68元，高中分别为751.96元、1155.19元、636.63元、843.22元；职中分别为1186.06元、884.76元、927.40元、1121.92元。

2004—2006年，完善了教育政策性经费投入机制。

2004—2006年，完善了教育政策性投入机制。2004—2006年分别征收117万元、200万元、228.6万元，按7%的比例分别提取8.19万元、14万元、16万元用于中小学校舍修缮。三、农村税费改革专项转移支付资金。2004—2006年均为1458万元，按20%的比例应用于中小学改善办学条件和补充学校公用经费292万元；2004年拨付20万元，2005年、2006年全部拨付到位。四、财政预算内生均公用经费。2005—2006年，小学每生每年15元、初中25元，全部落实到位。五、“两免一补”配套资金。2004—2006年分别配套0.05万元、1.4万元、2.9万元。六、中小学教师培训经费。2005—2006年财政预算内安排用于中小学教师培训经费各10万元，每年人均达到33.84元。七、建立了县级教育支付中心。从2006年9月1日起正常运转，对中小学办公经费实行统一管理、统一支付，确保了各种教育经费的规范使用。

2006年9月，县文教局建立县级教育支付中心，对中小学公用经费和专项经费实行集中管理，严格按照收支两条线的管理规定，做到了专款专用。

2006—2009年，教育经费做到“三个增长”。2009年全县财政经常性收入9478万元，比上一年增长11%，财政对教育拨款16387.3万元，比上一年增长14%；2006—2009年生均教育事业费、小学从2413元增加到4528元，初中从1276元增加到5326元，高中从658元增加到1854元，职中从267元增加到1804元，做到逐年增长，公用经费从占教育事业费支出的11%增加到22%；生均公用经费小学从450元增加到2040元，初中从490元增加到1230元，高中从432元增加到1171元，职中从124元增加到759元，实现逐年增长；财政预算内生均公用经费标准、小学从210元增加到584元，初中从97元增加到373元，全部落实到位。

2007—2010年义务教育阶段经费保障机制改革资金分别是999万元、1405万元、1891万元、1680万元，改革资金实行专户管理，各项资金按负担比例全部落实到位，并及时拨付到中小学校。广泛开展贫困生救助活动，补助义务教育阶段贫困寄宿生生活费4183人次，总金额114万元；开展“兴大助学”“金桥助学”结对帮扶等活动，多渠道筹措资金，救助贫困生1041人次，受助资金234.4万元。

2006—2009年，农村税费改革专项转移支付资金，2006—2009年平均为1458万元，按20%的比例拨付292万元；城市教育费附加，2006—2009年分别足额征收339万元、345万元、321万元、278万元，全额拨付教育部门；城市建设维护税，2006—2009年分别征收238万元、238万元、321万元、355万元，按7%的比例分别提取16.6万元、16.6万元、22.4万元、24.8万元用于中小学校舍修缮；教师培训经费，2006年安排10万元、2007—2009年各12万元，每人每年达到30元。

1979—2009年教育经费收入统计表

表15-1-4-1

年度	合计（万元）	国家	农村教育费附加（万元）	勤工俭学（万元）	社会捐助（万元）	学杂费（万元）	其他（万元）	占全县财政收入（%）
		下拨（万元）						
1979	–	144.5	–	–	–	–	–	37.30
1980	–	174.8	–	–	–	–	–	49
1981	–	188.7	–	–	–	–	–	70.40
1982	–	208.8	–	–	–	–	–	67.40
1983	–	226.7	–	–	–	–	–	67.50
1984	–	226.1	–	–	–	–	–	43.80
1985	–	310.7	–	–	–	–	–	38.60
1986	–	367.8	28	–	–	–	–	37.90
1987	–	436.3	38	–	–	–	–	40.30
1988	–	547.1	47	–	–	–	–	46
1989	–	564.3	62	–	–	–	–	38.50
1990	–	652.1	243.2	–	–	–	–	43
1991	–	715.9	243.8	–	–	–	–	50.20
1992	–	78.5	258.1	–	–	–	–	53.80
1993	–	846.6	220	–	–	–	–	49.70
1994	2001.9	1190.6	130	24	257	388.7	5.6	51.60
1995	1701.6	1467.4	–	–	–	–	–	52.80
1996	–	1667.1	–	–	–	–	–	55.70
1997	–	–	–	–	–	–	–	–
1998	2874.6	2051	–	–	–	–	–	–
1999	–	–	–	–	–	–	–	–
2000	–	–	–	–	–	–	–	–
2001	–	–	–	–	–	–	–	–
2002	5520.6	4170.5	1247.8	–	–	–	60.2	–
2003	–	–	–	–	–	–	–	–
2004	–	–	–	–	–	–	–	–
2005	9413	7581.5	386	–	–	752.3	–	–
2006	9523.2	8387.5	–	–	–	1135.7	–	59.80
2007	10360.2	8938.9	934.8	–	–	486.5	–	–
2008	16864.6	13505.5	379.8	–	0.3	1685.3	119.7	–
2009	16933.1	15643.6	212	–	400	570.2	107	–

1979—2009年教育经费支出统计表（预算内）

表15-1-4-2　　　　　　　　　　　　单位：万元

年度	合计	工资	补助工资	职工福利	离退休费	助学金	公务费	设备购置	修缮费	业务费	其他
1979	144.5	81.2	23.2	5.6	3.2	0.5	13.4	1.1	11.6	3.9	0.8
1980	174.8	93.2	37.1	8.9	3.4	0.9	14.9	1.3	13.8	4.1	0.7
1981	186.1	93.8	45.6	14.2	8.8	1.2	17.7	2.0	6.2	4.0	1.4
1982	208.7	96.3	59.5	15.7	2.2	2.0	14.2	2.6	12.5	3.1	0.6
1983	226.7	94.2	60.1	18.9	4.5	2.3	15.5	8.4	17.1	4.9	0.8
1984	272.4	96.5	72.6	17.3	19.4	3.8	17.1	6.0	31.3	5.2	3.1
1985	377.6	161	92.6	18.3	26.8	4.6	24.5	6.6	26.6	10.3	2.7
1986	376	166	71.1	24.1	18.6	5.6	22.4	1.7	53.6	7.2	5.7
1987	444.8	194.4	83.6	26.1	24.3	5.1	26.6	8.5	61	9.6	5.6
1988	561	263.9	116.8	33.1	17	3.9	32.8	11.7	41.6	14.2	14.9
1989	573.7	244.9	118.6	39.5	24	1.9	32	11.9	41.5	17.2	21.3
1990	662.1	289.5	120.7	48.4	34.3	5.5	31.7	14.8	51.5	22.7	21.5
1991	719.2	336.6	128.9	46.9	41.9	2.1	27.9	11	60.5	18.7	22
1992	796.5	382.4	163.1	54	73.5	2.3	26.9	12.3	21.8	14	22.9
1993	843.1	371.1	119.5	52.3	93.7	–	13.2	6.9	22.2	25.7	326.5
1994	1190.6	638.2	130.4	19.1	177.8	–	8.3	21.7	10	31.2	354.2
1995	1437.4	946	182.6	46.4	257.2	–	17.6	32.1	39.3	60.9	177.3
1996	1671.1	984	253.4	51.8	279.7	–	26.4	41.5	196.5	81.2	32.9
1997	2534.9	1227.8	282.7	47.9	322	–	16.2	46.1	590	100.3	65.4
1998	2734.2	1293.5	300	42.9	383.6	–	239.2	120.8	185.2	140.7	25.8
1999	3718.9	1877.1	372	48	464.9	–	377	110	225	85	122
2000	5015.2	2006.5	310.9	34.8	595.4	–	479.1	60.1	1308.4	94.2	125.8
2001	5000.6	2132.5	260.4	40.1	577.8	–	494.9	213.6	995.8	125.9	156.7
2002	5429.8	2454.9	599.1	67.8	832.3	–	952.5	100.8	415.6	228.8	266.1
2003	6924.7	3286.9	713.9	24.5	1018.2	–	1686.7	243.5	456.8	139.6	177.6
2004	7308.1	3511.1	605.6	14.3	1342.4	–	1775.3	216.7	863.9	134.1	240.4
2005	8792.1	4214.2	874.1	80.7	1509.9	–	461.6	144.7	936.1	113.2	157.4
2006	9535	3737.4	1608.3	96.2	1413.4	14.4	739.7	309.9	1094.9	41.4	479.4
2007	9954	4861.5	1451.9		1691.2	116.9	675.6	400.6	414.4	88	433.9
2008	16442.3	5443.7	4469	134.1	2327.3	149	1545.3	375.7	1137.8	155.5	704.9
2009	17212.5	5527.5	5072.7	138.8	2081.3	166.6	1101.5	905.2	1484.6	136.3	598

1979—2009年教育经费支出统计表（预算外）

表15-1-4-3　　单位：万元

年度	合计	职工福利	民师补助	改善办学条件						其他支出
				公务费	设备购置	修缮费	业务费	自筹基建	其他	
1979	–	–	–	–	–	4.63	–	–	–	–
1980	–	–	–	–	–	9.14	–	–	–	–
1981	–	–	–	–	–	10.4	–	–	–	–
1982	–	–	–	–	–	12.45	–	–	–	–
1983	–	–	–	–	–	16.74	–	–	–	–
1984	–	–	–	–	–	31.5	–	–	–	–
1985	–	–	–	–	–	26.6	–	–	–	–
1986	–	–	–	–	–	35	–	–	–	–
1987	154.8	1.5	30	–	3	120.3	–	–	–	–
1988	167	20	30.5	–	25	109.2	27	–	–	201
1989	303.7	18	86.5	–	119	415	172	–	–	213
1990	491	17	35	–	57.5	325.4	48.7	–	–	–
1991	448.1	25.5	21.7	–	61.3	273.6	33	–	–	33
1992	485.5	23	22.9	–	77.5	271.7	45	–	–	45.4
1993	–	–	–	–	–	–	–	–	–	–
1994	811.3	–	–	–	–	–	–	–	–	–
1995	388.5	–	–	–	–	–	–	–	–	–
1996	–	–	–	–	–	–	–	–	–	–
1997	–	–	–	–	–	–	–	–	–	–
1998	140.4	–	–	–	–	–	–	–	–	–
1999	–	–	–	–	–	–	–	–	–	–
2000	–	–	–	–	–	–	–	–	–	–
2001	–	–	–	–	–	–	–	–	–	–
2002	–	–	–	–	–	–	–	–	–	–
2003	–	–	–	–	–	–	–	–	–	–
2004	–	–	–	–	–	–	–	–	–	–
2005	–	–	–	–	–	–	–	–	–	–
2006	–	–	–	–	–	–	–	–	–	–
2007	–	–	–	–	–	–	–	–	–	–
2008	–	–	–	–	–	–	–	–	–	–
2009	–	–	–	–	–	–	–	–	–	–

二、学校建设

（一）教学设施及配套器材

1979~2009年，涞水县在财力比较紧张的情况下，逐年加大对教育的投入，努力改善教学条件，加强硬软件建设，先后新建改建校舍248504平方米、386间，维修加固校舍293700平方米、256间，添置桌椅14094套、仪器29507件，其中电脑1465台、文体器材15277件、图书171139册。

1979—2009年教学设施及配套器材统计表

表15-1-4-4

年度	校舍新建、改建（平方米）	校舍维修（平方米）	教学器材添置				
			桌椅（套）	仪器（件）	图书（册）	文体器材（件）	其他
1979	5240	298	-	-	-	-	-
1980	5060	5700	-	-	-	-	-
1981	6360	5270	-	-	-	-	-
1982	5877	5704	-	-	-	-	-
1983	1000	2000	-	-	-	-	-
1984	6008	7449	495	-	-	-	-
1985	1308	2358	170	1335	4414	69	-
1986	11340	7992	251	1560	5380	153	-
1987	2050	12000	49	794	2823	122	-
1988	9100	12000	503	486	628	91	-
1989	27270	12078	2340	1800	5100	450	-
1990	10200	20960	3900	2460	8900	6400	-
1991	6900	14100	1586	5400	14500	2123	-
1992	6590	10080	-	-	-	-	-
1993	5780	7612	-	-	-	-	-
1994	334间	256间	-	-	-	-	-
1995	21040	9660	-	-	-	-	-
1996	13045	-	2610	3972	5484	2187	-
1997	46000	-	-	6747	22000	3138	-
1998	-	-	-	-	-	-	-
1999	-	-	-	-	-	-	-
2000	-	-	-	-	-	-	-
2001	22819	37783	-	3857	86910	544	-
2002	25452	-	-	-	-	-	-
2003	-	-	-	1465台	-	-	-

续表

年度	校舍新建、改建（平方米）	校舍维修（平方米）	教学器材添置				
			桌椅（套）	仪器（件）	图书（册）	文体器材（件）	其他
2004	10065	17755	2190	1096	15000	-	-
2005		13061	-	-	-	-	-
2006	26所 5104	20471	-	-	-	-	-
2007-2009	52所 104297	80849	2007—2009年投入150万，为36所学校安装了监控录像设备；投入772.3万，为全县96所中小学安装了取暖设施。				

三、校园文化建设

2003~2009年累计投入944.7万元，对全县中小学校进行硬化、绿化、美化，总面积15万平方米。各学校从各自地域、历史、经济等实际出发，开展校园文化创建，校园文化蕴含丰富，形势景染，景景育人。林清寺中学革命历史文化、镇厂中学三坡景区文化、娄村学校民族文化等各具特色。

四、捐资助教

1984年，娄村乡西营房村民吴小山、鲍永利、李德润，捐红砖12万块，水泥2吨、苇箔400片，折款5000多元，为本村维修和新建校舍；王村乡赵各庄村宗庆春捐献105吨优质煤。

1985年，紫石口乡中教师刘兴明、李占贤夫妇自筹资金1100多元，牺牲20多天节假日，为本校修缮9间教室，并安装门窗，粉刷墙壁；西义安修配厂厂长张大财，向西义安乡中学捐赠单人课桌160张，价值1000元。

1986年，西义安乡北白堡村民刘福，为本村学校捐款捐物、义务施工，折合5300余元；西义安修配厂厂长张大财，为本村小学捐赠桌凳，价值1000余元；帮助村里建幼儿园，捐款5000元；娄村乡西营房村民吴小山，为本村小学捐款5200元。

1994年，石亭镇陈家庄村民集资21万余元，兴建高标准教学楼；5月27日，九三学社中央委员会副主席郝怡纯等7人到九龙镇救助失学儿童，捐款32200元，另捐赠价值近千元的图书和学习用具。11月23日，北京市政工程局到涞水实施“希望工程”，向三坡镇中学捐款30万元，省教委副厅级督学许梦申、普教处长谷进成、地教委第一副主任陈新堪、地区行署办公室副秘书长周仲明参加捐赠仪式。

当地驻军51033部队捐资兴建三坡镇希望小学；另捐款4.3万元给三坡镇下庄小学。

1995年，义安镇捐资集资218万元、其中口东河山村集资3.6万、永阳镇东垒子村集资22万用于改善办学条件。海南集贤公司董事长史静宽捐款46.3万元，兴建沈家庵集贤小学；建筑公司经理刘福，个人捐款4.9万元，建小学教学楼；石亭镇个体户刘柱、刘杰捐资11万元新建东水峪小学；北雄玻璃器皿厂厂长高翔鹰捐款12万元建庄儿小学。

1995年，涞水县集贤教育奖励基金会正式成立，海南集贤实业有限公司总经理史静宽倡议并提供100万元基金，将每年收益作为奖金，奖励高考优秀师生；海南实业有限公司财务总监罗士坤个人出资3100元，资助两名同事考入重点大学。

2000年，由市扶贫办、保定商场、519地质队援建的其中口乡南款希望小学落成剪彩，该校占地1.4亩，总投资9.8万元。剪彩仪式上，保定商场除资助价值6万多元财物外，还向该校赠送一台电视机和部分学习用具。

五、信息技术教育建设

1999年投入10万元配备中小学实验器材；2001年投入82万元配备中小学实验器材。2003年投入100万元配备中小学实验器材，投入330万配备电脑、校校通；投入111万元，建语音室56个。2009年投入34万元配备中学理科实验室设备，装备11个实验室；投入44万元配备教学仪器；投入84万元安装固定多媒体设备101套（含波峰中学32万元）；投入40万元配备电脑48台，投入80万元配备中学理科实验室设备装备39个实验室，投入97万元配备教学仪器与药品。投入11万元为13个学校开通教育直通车。至2009年底，全县有学生电脑2137台，教师备课用电脑641台，总价达到1120万元。自1995年以来图书购置累计投入1350万元。

2003—2009年，实施中小学信息技术教育工程。投入1314万元，新建微机教室35个，总数达到80个，新增或更新微机1419台，微机总台数3197台；新建多媒体教室119个，总数达到329个；新建电子备课室34个；语音室60个；78所学校实现“校校通”，492个班实现“班班通”，17所学校实现网络视频互动教学研修，基本普及信息技术教育。

六、实验教学、图书

教学仪器设备进档升级，2003至2009年，投入1693.79万元，为46所中小学新建高标准实验室85个，新增教学仪器197205件套；广大教师自己动手，就地取材，自制教具300余件，节省资金7.3万余元。改扩建图书阅览室55个，新增图书36.71万册，实行“开架式”阅览；新增音体美劳器材16404件套；购置课桌凳1.2万人套；全县按标准统一配置，各功能室齐全，并适度向薄弱学校倾斜，教育装备实现了城乡、校际间的均衡配置。

七、教学研究

1985—2009年，县教研室有教师24人，设有初中组和小学组，其中专职教研员15人。主要负责全县教学研究和教学管理工作。

1985年5月，在城内小学搞教改实验，内容是小学语文进行“整体识读、提前读写”，试验成功后在全县进行了推广。1986年9月，举办“青年教师大奖赛”，促进青年教师教学水平普遍提高。1988—1992年，为推动教学活动的开展，全县小学、初中各科教学开展“一节最佳课”活动。各乡、校领导深入课堂，教师人人做课，评选出优秀做课教师，经教研室审查后在全县集中做课。这一活动不仅提高课堂教学水平，同时还培养一批骨干教师。利用每年秋季举办教师培训班，聘请地区教研所教研员进行辅导，提高了教师教学水平。1990—1991年，采取走出去、请进来的方法，提高高中教学水平。教研室先后组织高中骨干教师到辛集市中学、北京四中参观学习，并邀请北京四中教师到涞水县进行对口辅导，请地区教研所高中教研员对高中教师进行培训，使高中教学水平显著提高，高考升学率逐年上升。2000年，在小学义务教育阶段全面实施美国教育家布鲁姆的“掌握学习策略”，打破了以往传统的教学模式。通过确立教学目标、教学反馈和教学矫正等环节，充分发挥学生的主观能动性，挖掘学生的内在潜能，增强学生的学习信心，收到较为理想的教学效果。

2003—2005年，对全县中小学教师连续3年进行文化知识考试。考试内容为：教师所任学科的教学目标、教材分析、教学方法和学科知识等。旨在提高全县中小学教师的知识水准、教学水平，进而推进素质教育的全面实施。2006年9月，本着“研训一体化”的原则，为快速提升教师的知识水平和教学技能，建立涞水二中、涞水镇中学、石亭镇中学、林清寺中学、镇厂中学，5个研究训练基地（高中以祖冲之中学为基础）。研究训练活动每两周活动一次，通过讲座、教材辅导、公开课等多种形式对教师进行全方位培训。2007年，为尽快适应新教材，对实施新教材的年级学科教师进行大规模培训活动。通过专家讲座、名师做课、观看录像等方式，对3000多名教师进行系统培训。

2008年，建立和完善校本教研制度，即将教学研究的重心下移到学校，以课程实施过程中教师所面对的各种具体问题为对象，以教师为研究主体，理论和专业人员共同参与的研究。学校是教学研究的基地，教师是教学研究的主体，促进师生共同发展是教学研究的直接目的。校本教研的3个基本要素是：自我反思、同伴互助、专业引领。自我反思是提高教学水平的内在力量，同伴互助是提高教学水平的基本条件，专业引领是提高教学水平的重要保证。创立集课题研究、课例分析、案例生成、活动与交流一条龙的教研模式。

2009年，构建并完善富有涞水特色和实效的“以校为本、片区协作、网络支持”的教研模式。将校本教研工作向纵深推进，强化研训基地和学区作用，建立网络教研平台，使校本教研的针对性、实效性更为突出。同时，在全县中小学全面实施“三个一”工程（树立一个中心意识——学生为中心；践行一个核心理念——以学定教、以学论教、有效愉悦；提高一项基本能力——组织、引导、促进学生学会、会学、好学、乐学的基本能力），进一步推进课堂教学改革。

第二章　科学技术

1979~2009年，涞水县科技局认真贯彻党和国家的科技方针、政策，坚持科学技术是第一生产力原则，实行科技同农业及其他领域科技相结合方针，广泛协作，共同制定全县科技发展战略，指导全县科技活动，让科研成果走出实验室，并广泛在基层应用，圆满完成省、市下达的科研任务。农作物育种、果树栽培、畜禽防疫、病虫害防治、生物肥料、中低产田改造、小流域治理、环境保护、碳电极开发、玻璃器皿等17项新技术得到了应用推广，促进涞水农业、工业科技推广和技术进步。

涞水县委、县政府十分重视科技人才的选择、培养、使用，在技术职称评定，家属子女安置，住房困难等方面，给予照顾和政策倾斜。1990年，县政府设置了科技副县长，乡镇配备了科技副乡长，各村选配科技员，形成县、乡、村三级科技管理、科技人才网络。

第一节　科研项目　科技成果

一、科技事业

涞水县贯彻党和国家的科技方针，结合本地实际研究制定全县科技发展战略，指导推动全县科技开发活动，指导协调各乡镇各部门科技工作。在承担省市科研项目的同时，自定开发一些项目，不断提高自主创新能力，促进县域经济健康快速发展。

（一）科技推广及应用

1990年以来，涞水县加快先进适用技术推广及新技术、新品种引进，力争将科技成果尽快转化为生产力。

1991年，全县推广玉米掖单4号新品种、地膜覆盖、配方施肥、吨粮田栽培、苹果早熟丰产栽培技术、果树病虫害防治、畜禽防疫灭病技术、黄牛改良技术、机械控潜灌溉技术、小麦半精量播种、机械玉米秸秆还田技术等14项先进适用技术；引进太和一号、冀白一号、掖单12号等玉米新品种，引进了“铁系列絮凝剂”新成果。

1993年，推广小麦、玉米病虫害综合防治技术、生物钾肥、棉花全程化控制等新技术。

1994年，推广日光温室大棚蔬菜种植等17项新技术，引进灵芝食用菌栽培技术及县模具厂的高合金磨球技术。

1995年，引进小麦、玉米、旱高粱、52-7高产甘薯、霜仙红桃、京亚葡萄、美农苹果、大杏扁、毛眼黑豆、大铃棉花、7505玉米等新品种。

1996年，以娄村乡包家坟村为示范，对苹果轮纹病防治进行了综合防治，使示范村的轮纹病发病率为零。

科技局培训班颁奖

1997年，推广小麦高产栽培、小麦中低产田综合增产、中低产田夏玉米增产配套、水稻旱育稀植、大豆优种配套增产、秸秆发酵活干菌微贮、小麦精量半精量机播、优化配方施肥、玉米铁茬播种、种子包衣、涞杨“垦易”生物有机肥应用等新技术18项。

1998年，引进推广精选一号油用向日葵新品种。

1999年，推广日光温室科学管理、大棚应用二氧化碳气肥、病虫草害综合防治、配方施肥、玉米铁茬播种、玉米优良品种涞育2号、新宝1号、草莓新品种法国土特拉、蜜宝、柿蒂虫防治、红富士苹果高产栽培、薄皮核桃科学管理、葡萄优质栽培、畜牧疫病综合防治、小尾寒羊科学养殖、绒山羊改良、獭兔饲养、八一高蛋白饲料精养猪等新技术30项。企业技改项目重点抓了电极厂恒功率大直流石墨化技术推广应用、信使焙烧炉、水泥厂烘干设备、电极厂新浸渍车间项目等。

2000年，引进农大108、鲁单50玉米新品种、冀豆10号、冀豆12号等大豆新品种等。

2001年，引进大棚蟠桃种植、凯特杏、梨枣、冬枣、安哥诺及圣玫瑰李子以及小麦新品种中优9507等，并在石亭镇陈家庄村引进金丝垂柳种植。

2002年，推广日光温室高效栽培、无公害蔬菜、水果栽培、沼气池建设、酸枣嫁接、牧草栽培、肉牛饲养等农业新技术。

2003年，全县主要农作物良种覆盖率达到96%。引进美国黑核桃、杏莓、龙须枣、葫芦枣、胎里红枣等新品种。长城电极有限公司的技术创新成果“超大规格炭电极”石墨化项目，均完成生产线建设。

2004—2009年，在工业方面重点推广企业信息化管理技术、节能降耗技术等，农业方面对优良品种、节水与旱作农业、新能源综合利用、食用菌种植与深加工、秸秆综合利用、冬枣种植技术、串枝红杏管理技术、肉牛快速育肥技术等项目进行了推广。2004年引进了杏孢菇和白灵菇种植技术。2004年长城电极有限公司的技术创新成果“黄磷专用电极”投入生产。2008年，河北顺天电极有限公司天然气成功替代燃煤、焙烧炉单层改双层、填补碳素行业空白的糊料自动多级凉料机等一系列科研成果问世，2008年11月，914×762×3556毫米特大规格方石墨电极被国家科技部、环境保护部、商务部、国家质量监督检验检疫总局批准为国家级重点新产品。

（二）科技宣传与普及

1990年以来，涞水县依据“科教兴县”战略，大力开展科学技术普及活动，把科普宣传和多种形式的技术培训作为主攻方向广泛开展“科技示范村”“科技示范户”活动，采取以点带面、普遍开花的方法，科学技术普及收到明显效果。1990—2009年，县科技局采取聘请专家举办培训班、乡镇农技校培训、下乡指导、电视讲座、设立“工程师义务咨询服务处”、赴科技大集等多种形式普及科技知识，提升全社会科技素质。每年培训农民和技术人员3000人次以上、发放技术资料5000余份、咨询超过万人，深受农民欢迎。1990年，建设胡家庄乡科技示范乡，推广模式化栽培、地膜覆盖棉花、配方施肥、棉花西瓜间作等新技术。涞水县逐年建立科技示范村和示范户，以点带面推广普及先进技术，到2009年，涞水县建立科技示范村10个，科技示范户300户。

二、科研项目

1990—1995年，承担省市山区农业经济技术开发项目13项，即：柿树的集约化栽培技术开发研究项目、绒肉兼用山羊改良项目、荒山综合开发治理项目、人均半亩口粮田、山区粮食作物稳产高产技术开发、滩地开发利用、中低产田改造、柿树生产基地建设、绒山羊基地建设、畜产品加工车间建设、皮革生产线技术改造、北庄铁矿开采及加工、小康村建设项目等，共落实省贴息贷款937万元，贴息39.1万元。

1990年，采用劣质煤烧制水泥新技术、直径400-500毫米大规格石墨电极项目获得保定地区科技成果奖。涞水县化工厂开发了新产品酮酸树脂。

1991年，县磁粉厂R10K磁材列为国家新产品开发项目，绞胎瓷项目和RM型及EP型磁芯项目列为省级科研项目，血液变化对急性脑血管病研究项目列为地区级科研项目。

1992年，低产板栗技术改造项目、蔬菜丰产栽培技术项目列入省市科研计划。

1993年，县磁材厂的R12K高导磁率产品的研制被列为省重大攻关项目，获得科研经费5万元。磁材厂的EP型磁芯等4个项目分获保定地区科技成果一、二、三等奖。

1994年，电极厂采用延迟石油焦生产大功率石墨电极项目被列入省科研计划。前进联营食品厂健脑核桃乳、县医院的血液变化对急性脑血管病研究、长城电极厂高碳微硫催化剂获得地区科技进步奖。

1995年，镇厂水泥厂机立窖技术改造和涞水县镀膜玻璃研制开发项目列为国家科委科技开发贷款项目，下达科技贷款规模300万元。无铅景泰蓝釉料项目、R2KP高频高功率铁氧体材料项目列入省市科研计划。

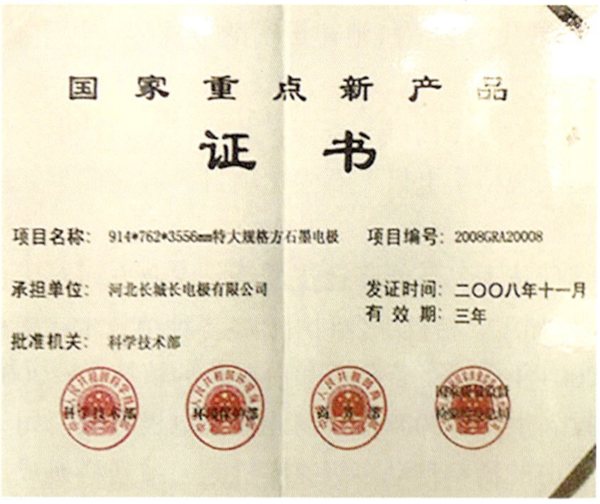

长城电极厂获国家新产品证书

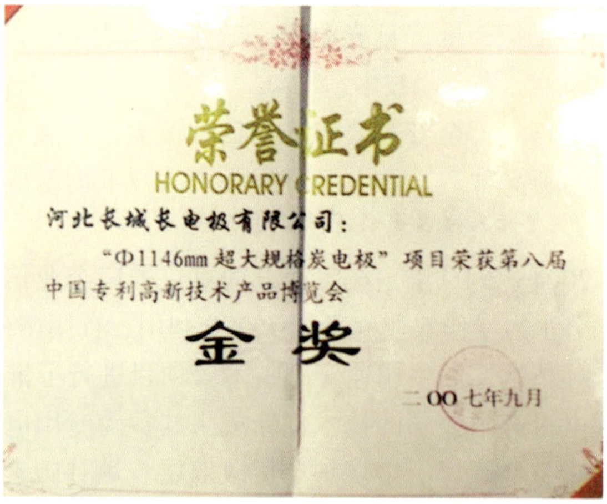

长城电极厂获国家高新技术产品荣誉证书

1996年，涞水长城电极厂、涞水县磁性材料厂经省科委认定为高新技术企业。

1997年，由保定市百灵生物制品厂（涞水县生物制品厂）开发研制的BT生物杀虫剂经专家鉴定，达到了国际领先水平；其生产的垦易生物有机肥被列入省市科技成果推广计划。

1999年，芦荟种植与加工项目被列入省山区经济技术开发项目，获得贷款贴息10万元。

2000年，河北华美芦荟生产示范园被市科技局确定为农业产业化示范基地。开发省级以上新产品2项：一是长城电极厂的直径900~1200毫米超大规格炭电极，二是活佛山养殖场开发的智爱生态蛋。

2001年，活佛山养殖场的高DHA、EPA、Cr鸡蛋研究与雌性梅花鹿产茸技术研究项目分别被列入省市科研计划。

2002年，活佛山生态经济沟开发项目列入省科研计划，获得贷款贴息10万元。长城电极有限公司细颗粒高强度石墨柱材项目和太行山鲜食枣旱作优质丰产栽培技术项目被列入保定市科研计划，共拨付经费3万元。长城电极有限公司新开发了直径900-1250毫米超大规格炭电极，属绿色环保产品，国内首创。

2003年，酸枣嫁接鲜食枣丰产栽培技术推广项目和煤与煤矸石饲料的研制项目被列入市科研计划，拨付经费7万元。其中酸枣嫁接鲜食枣丰产栽培技术推广项目获得保定市科技进步三等奖。

2004年，涞水县工业搪瓷厂“开心果”科技专家工作站，被认定为保定市科技专家工作站。食用菌标准化栽培技术示范项目被列入保定市科研计划。

2005年，串枝红杏一县一业技术开发项目被列入省计划，黄连木嫁接美国开心果栽培技术研究项目被列入市科研计划，共拨付经费15万元。

2007年，涞水县林业局承担的超“钻石”品质核桃新品种选育及集成技术标准研究项目被列入保定市科研计划，拨付经费20万元。河北长城长电极有限公司开发的超大规格方石墨电极和超大规格炭电极新产品年内均通过了专家鉴定，达到国内领先水平，并获得保定市科技进步一等奖一项。

2008年，涞水县林业局承担的串枝红杏无公害栽培管理技术研究项目列入省科研计划子课题，拨付经费5万元。河北顺天电极有限公司（原河北长城长电极有限公司）的涞水炭电极数控加工技术研究项目列入河北省科研计划，拨付经费20万元；涞水县医院的血液透析和腹膜透析对尿毒症患者的不同疗效分析项目，被列入2008年保定市科研指导性计划。2008年，成立了涞水县泓泉高新技术应用研究所，该民办非企业研究所主要研究纳米高新技术产品。

2009年，涞水县林业局承担的超“钻石”有机核桃新品种选育及集成技术标准研究项目、涞水县科技局承担的地质遗迹科普游与天然次生林风光游融合模式的研究与示范项目分别作为河北农大的子课题列入了河北省2009年科研计划，各拨付经费5万元。河北顺天电极有限公司的多纯硅用新型炭材料的研制与开发项目被评为河北省科技进步三等奖；涞水县医院科研课题血液透析与腹膜透析对尿毒症患者的不同疗效分析获保定市科技进步二等奖。

第二节 科技人才

一、科技人员管理

为加快涞水县经济，科技发展和贫困乡村脱贫致富的步伐，加强乡村科技力量，在全县各个乡镇选派科技副乡镇长和科技助理。

1990年9月15日，涞水县人民政府下发了《科技副乡镇长和科技助理主要工作职责、管理和待遇的规定》。

1990年9月15日，涞水县人民政府下发《开展乡镇科技达标活动的方案》。

1992年1月15日，涞水县委、涞水县人民政府《关于进一步调动科技人员积极性，推动科技兴农事业发展的若干规定》规定了科技人员的工作任务、优惠政策和奖惩措施。

1993年7月，科技干部管理职责由科委划归劳动人事局。

1997年6月6日，涞水县人民政府印发《涞水县专业技术人员管理办法》。规定了高、中、初级专

涞水县与中关村科技园签订合作协议

业技术人员应履行的岗位职责、考核、奖惩的管理规定。

1998年7月7日，县政府批准劳动人事局《关于选拔培养县级跨世纪学术和技术带头人的意见》规定了选拔条件、程序、培养措施和管理办法。

1998年10月16日，涞水县人民政府批转劳动人事局《关于科技扶贫解困工程实施意见》，主要内容是贯彻“科技兴县”的战略部署，选派专业技术人员深入工农业生产第一线，帮助农民脱贫，企业解困。

二、专业技术评定

1989—2005年，按年度组织了对专业技术人员的继续教育培训，每年接受继续教育培训人数占专业技术人员总数的78%以上，培训内容：一是公共课培训，二是专业课培训，培训形式主要有送出学习，请专家讲课，技术讲座，外出考察，集中培训等形式。

根据1996—2000年保定市专业技术人员继续教育规划，立足本县实际，大力抓了专业技术人员的继续教育工作。1997年，全县5380名专业技术人员参加公共课《现代科学简论》培训，采取自学与面授相结合的办法，8月布置自学，10月请涞水县中学、党校7名教师用一周时间，各部门集中培训辅导教师128名，11月由各主管部门组织本部门培训，印发辅导提纲，每个专业技术人员都有学习笔记和作业本，1998年1月10日，劳人局组织统一考试，设考点43个，考场104个，考试结束统一判卷，分数记入继续教育证书。

1998年用相同的培训办法，组织公共课《学法用法》培训，共培训5096人，1999年6月6日全县组织统一考试，设考点39个，考场102个，考试合格率100%。

1998年、1999年、2000年组织专业技术人员计算机培训，劳人局统一组织，在劳人局和教育局职教中心设两个培训点，15天培训一期，按期到保定市参加全省统考，由省人事厅颁发培训合格证，考试合格率100%。

专业技术人员家属农转非：根据省、市文件精神，1983—1994年，为中级以上技术职称的专业技术人员家属办理农转非，由农村转为城镇户口。

浮动工资：根据国务院《加强农林第一线科技队伍的报告》的通知。1983—2000年对在县以下基层单位，农业生产第一线的科技人员上浮一级浮动工资，连续在基层工作8年以上的转为固定工资。

三、农民技术人员

1989年，根据文件，涞水县开展农民技术人员职称评定工作。截止2005年全县共评定农民技术人员1117人，其中：中级61人，初级1056人。农民技术人员职称评定工作先后由科技局、人事局负责，2006年结束。

1990年，农民技术人员总数226人，其中：中级14人，初级212人。

1995年，农民技术人员总数992人，其中：中级32人，初级960人。

2000年，农民技术人员总数1014人，其中：中级54人，初级960人。

2005年，农民技术人员总数1117人，其中：中级61人，初级1056人。

四、气象与地震

（一）气象

涞水县气象观测机构为涞水县气象站。1990年以前，涞水县气象站为县政府独立机构，业务上受市气象局领导。1990年，机构改革，涞水县气象站并入林业局，为林业局下属事业单位，专职进行气象观测。

（二）防震减灾

涞水县地震办公室是地震预测预报、防震减灾主管部门，1983年12月，县第一次机构改革，地震办公室同科学技术委员会合并，地震办公室属科学技术委员会下属事业股室。2007年，在科学技术局挂地震局牌子。

2000年涞水县列入首都圈防震减灾工程县，王村地下水位观测点列入首都圈地震观测站点，2000—2001年从国家地震局争取资金28万元整修王村地震观测点；2001年完善了首都圈地震应急快速反映系统及首都圈地震网络建设；2002年观测点数字化改造工程建设顺利通过了省市验收，实现了台站数据的遥测遥传，为国家、省、市地震部门观测地震提供基础数据。

2009年开始逐步加大建设工程的地震安全性评价和抗震设防要求的监督管理工作，2005年纳入基本建设管理程序，实现地震行政审批作为行政许可进入政府项目审批大厅，为建设项目抗震设防落实行政许可走上规范化管理轨道奠定扎实基础。

2009年，初步建设全县“三网一员”防震减灾监测网络，加强群测群防，提高公众防震减灾意识；2009年，完善县、乡两级及相关部门地震应急预案制度，建立了信息管理系统。

县地震局在每年在“7.28”法定宣传日和“5.12”防灾减灾日举办宣传活动，宣传防震减灾知识，提高全社会防震减灾意识。

五、新能源开发应用

新能源开发应用工作由新能源办公室负责。新能源办公室最早属涞水县科委，后归属涞水县农业局。主要工作是在农村推广沼气池。特别是20世纪末结合改厕、改圈修建的新型沼气池，干净、卫生，深受农民欢迎。21世纪初，涞水县形成沼气池建设高潮，每年建沼气池1000多个，受到了省市主管部门的表扬。2004年全国新能源建设现场会在涞水召开，肯定涞水县沼气池建设工作。

第三节　管理机构

1972年，涞水县成立科学技术小组，由计划委员会兼管。1973年成立涞水县科技局，1977年改为科学技术委员会（简称科委），内设科研股、科干股、地震预测预报股和办公室。1988年2月，成立科学技术服务中心；1990年8月，设立涞水县技术合同登记站，1991年11月，设立涞水县技术市场管理办公室；1994年3月成立涞水县山区技术开发办公室，均为科委下属事业单位。1996年10月机构改革，科学技术委员会更名为科学技术局，内设行政股室3个：综合股、工业科技股、农业科技股，局机关行政编制8名；下设事业股室3个：地震办公室（全额事业编制3名），山区开发办公室（全额事业编制3名），科学技术服务中心（事业编制2名，自收自支）。2002年机构改革，科学技术局内设行政股室调整为2个，办公室和业务股，机关行政编制6名，设局长1名，副局长2名。下设事业股室3个：地震办公室（全额事业编制2名），山区开发办公室（全额事业编制2名），科学技术服务中心（事业编制2名，自收自支）。2005年12月，科学技术局挂信息产业局、信息化领导小组办公室的牌子。2007年，科学技术局挂地震局牌子。

第十六编　医药卫生

1979年，涞水县卫生系统从事医疗服务和预防保健的县、乡卫生技术人员不到500人，医疗使用面积不足1万平方米，大型医疗设备为零。改革开放以来，全县卫生事业，以增强发展活力为目标，积极进行改革，挖掘资源潜力；调动全体卫生人员的积极性和创造性，扩大卫生服务范围；积极实施各类卫生建设项目，夯实卫生事业发展基础；全面加快卫生事业的发展步伐，使全县人民群众的卫生需求得到了不同程度的满足，健康水平进一步提高。至2009年年底，全县有各级各类医疗卫生机构510家，其中县直医疗卫生机构5个（分别是县医院、县中医院、县妇幼保健院、疾病控制中心、卫生监督所）；乡镇卫生院15个；社区卫生服务中心4所；村卫生所430个；个体诊所54个，民营医院2个。各级各类专业技术人员1557人，其中县直740人，乡镇、村817人，其中，本科56人，专科456人，中专811人；有专业技术职称的1003人，其中：副高级22人，中级186人，初级795人。每千人口医师数1.7人，每千人口床位数1.2张。急诊急救水平明显提高。县医院120急救中心、妇幼产科急救中心的建立，提高了危重病人的抢救成功率；全县有20辆救护车，集中在中心卫生院以上的医院发挥着急救作用。2002—2009年年底，全县添置10万以上大型医疗设备20余台，100万元以上的医疗设备5台。在外科、妇产科、新生儿、急诊急救等专业接近地市级医院，开展颅底肿瘤切除、膝关节置换、横切口剖腹产、阴式子宫切除等大型手术。对糖尿病及高血压等慢病管理及治疗更趋规范化。住院病人治愈率达90.5%，住院危重病人抢救成功率达89.6%。县、乡两级医疗卫生机构业务用房面积达到50000多平方米，医疗卫生事业总投入达4000余万元。

第一章　医　疗

1979~2009年，伴随改革开放的进程，涞水县的医疗机构从单一向多元体制发展，全县国营、集体、个体、民营医疗机构迅猛增加，遍及城乡，人民群众对医疗的选择性增强，就医的需求基本得到满足。医疗队伍逐年扩大，中、西医、医护人员结构渐趋合理；医护人员的学历及专业技术水平逐年提高。大型医疗设备的购置和引进，提高诊断、医疗的水平，小病不出乡（镇），大病不出县的目标初步实现。

第一节　医疗机构

一、县属医疗机构

（一）涞水县医院

涞水县医院前身为新民医院，建于1941年，院址设在县城魁升号。1947年，建立县卫生院，院址在县城角北路东，全院职工6人。1949年秋，建立县医疗所，有医务人员3人。1951年夏季更名为县卫生院。卫生院有房40间，占地2000平方米，有职工10人，床位10张，设有卫生股、医疗股、中药股。1957年县卫生院改称县医院，职工增至50人，床位增加到80张，同时添置30毫安X光机一套。

县医院门诊楼

1977年，涞水县医院迁至县城泰安路28号。

1979年，涞水县医院在职职工78人，临床科室设置5个，开放床位110张，设内科、外科2个病区。1983年，二层住院楼建成投入使用，儿科病区由内科分出，五官科、妇产科病区由外科分出，成为独立病区，共设5个病区。1984—1985年新增设了病理科、门诊部、脑电图室、B超室、理疗科，建立老干部病房16间，设床位22张。1989年，全院科室设置12个，职工250名。

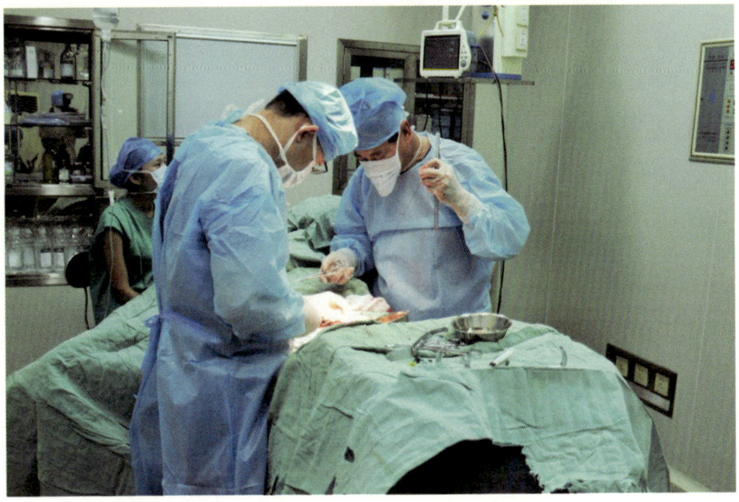
县医院为病人实施骨科手术

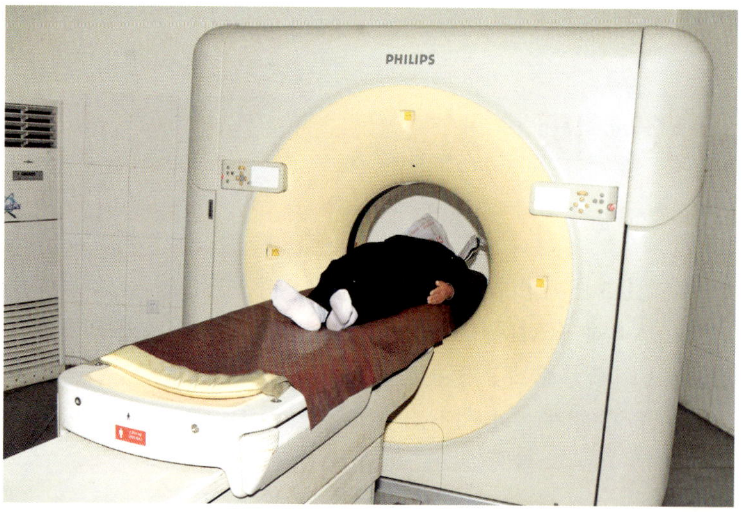

县医院CT室

1994年，升级为二级甲等医院。1995年被评为“爱婴医院”。1997年成立“120”急救中心。2000年急救中心楼竣工。

2003年在职职工356人，其中副高级职称8人、中级职称83人、初级职称159人；卫生专业技术人员230人，其中医生110人（包括中医医生4人）医技34人、护士86人；成立血液透析室。同年被确定为非典型肺炎定点医疗单位，确诊非典患者3人，排查疑难患者6820人。2004年重点发展心内科，成立心脏重症监护室，使心脏病患者得到及时救治。

2005年传染病楼建成，建筑面积1890.75平方米。2006年住院病房楼落成，六层，建筑面积5911平方米，是集电梯、中心供氧、中心负压吸引、中心呼叫系统为一体的现代化新型医用建筑，建成净化手术室，能够同时开展多台手术。

2007年10月住院病房楼正式投入使用，外科分为以骨外科、脑外科、普外科为主的三个专科科室，各专科在自己的专科领域快速发展。骨科的关节置换术、脑外科的显微镜手术、普外科的胃部切除手术、肺叶切除等多项技术填补了医院空白；并增设了康复理疗科。2008年6月，内科分科，分为以神经内科、心内科为主的两个专科科室。医院科室设置达到37个。

2008年，三聚氰胺奶粉事件排查5411人次。根据医疗的需要，6排螺旋CT、CR等设备。

2009年，全院在职职工359人，其中副高级职称10人、中级职称100人、初级职称187人；卫生专业技术人员269人，其中医生123人（包括中医医生6人）医技41人、护士125人。医院编制床位增加到300张。购置了血气分析仪、全自动血细胞分析仪。增加了新生儿洗浴、抚触、游泳项目。

县医院逐步发展成为本地集医疗、教育、科研、急救、预防、保健等多项功能于一体，科室设置齐全，设备先进，医疗技术领先，综合实力、应急能力最强、规模最大的二级甲等综合医院。

（二）涞水县第二人民医院

1980年6月，妇幼保健科从县医院析出，成立涞水县妇幼保健站。

1990年在政府农行西侧新建妇幼保健站，1992年2月正式投入使用，面积1642平方米。

1996年12月，由涞水县妇幼保健站更名为涞水县妇幼保健院，职工66人，床位40张。同年被卫生部授予“国家级爱婴医院称号”，被卫生部、省卫生厅分别授予“国家级妇幼卫生工作先进单位”和“省级妇幼卫生工作先进单位”。

2000年接受《基层卫生与妇幼保

妇幼保健院门诊楼

健》项目终期评估，市卫生局在涞水县召开现场会。

2001年荣获“全省落实两纲要工作先进集体”和“市级青年文明号”荣誉称号。获得全市《母婴保健法实施办法》有奖竞赛第三名。是年，增添惠普彩超、围产期保健仪和胎心监护仪、新生儿高压氧舱等设备。

自2003年始，可以独立开展乳腺癌改良根治术，无痛分娩术。完成县政府交办的非典防控任务。

2004年，与北京大学公共卫生学院合作，开展《妇女疼痛疾病与产褥期行为调查》项目，并被北医大列为项目基地，并启动降低和消除项目。

2005年引进化学发光免疫仪。

2006年9月，在原址扩建，扩建后的建筑面积达4141平方米，设立内、外、妇、产、儿等15个临床科室和3个保健科室，职工达到100名，其中，高级职称3人，中级职称13人。开放床位达到80张。2006年12月，经市卫生局批准，冠名涞水县第二人民医院，该院前身是涞水县妇幼保健站。

2006年被确定“三网合一”监测项目国家级监测点。

2007年，开展新生儿疾病筛查项目；派出儿科、妇科骨干医生援助新疆。是年，引进日立全自动生化分析仪。年终被保定市卫生局评为“降消”项目先进县。

2007—2008年连续两年被保定市卫生局评为“妇幼卫生工作先进县”。

2008年，成立新生儿科，引进美国产GE双排螺旋CT、钼靶X光机等高新设备。年终，被保定市卫生局评为保定市绿色医院。

2009年，在全市第一个启动“农村妇女两癌检查工作”；新增腔内彩超业务；委派儿科、妇科骨干医生援助新疆。是年，添置日本全自动生化分析仪。

（三）涞水县中医院

该院前身是城关镇卫生院，是以县城内“德泰恒”药店与几家私人药铺、诊所联合而成的公私合营医院。

1958年5月改称城关乡人民医院，全院有医务人员13人，只门诊治疗，不收患者住院。同年，随建制变动改称涿县涞水镇医院。

1962年，恢复涞水县建制后，改称卫生所。

1972年又改称为城关公社卫生院。1984年公社改乡，改称城关卫生院，设有内科、外科、中医科、妇科、X光室、化验室等。

为方便群众就医，1984年9月在西关设立门诊部一处。1989年，城关镇卫生院有职工21人，全年门诊量平均在11000人次，营业面积达到539.07平方米。

1996年，在府前街与开源路交叉口东北侧，建设两面临街的三层转角楼房，占地面积3600平方米，建筑面积3100平方米。涞水县中医医院与涞水镇卫生院两块牌子，一套人马，合署办公。是年，从县内外大量引进人才，在职职工达到108人，专业技术人员达80余人，其中医师30余人、护士近20人，医技人员达30余人。院内设立针灸、疼痛专科、脑血管专科、心血管专科、糖尿病专科、哮喘专科、

涞水县中医院

精神病专科、肝胆专科、骨伤科专科、内科、外科、妇科、儿科、骨外科、泌尿外科、肛肠科、急救科、防保中心、社区卫生服务中心、体检中心等18个专业科室。医技科设有CT室、胃镜室、化验室、B超室、心电图室、颅脑超声室、放射科。有开放床位80张。

2005年，引进微创电脑腹腔镜设备。

2006年，与北京二炮联合办院，多名教授专家来院会诊、手术、讲学，使中医院的诊疗水平大幅提高。

2007年，中医院被定为县级新型农村合作医疗定点机构，参合农民报销比例享受乡（镇）级待遇，报销80%。

2009年，县中医院有职工54人，其中医务人员45人；有万元以上医疗设备17台（件）；有开放病床60张。

2009年涞水县属医院情况统计表

表16-1-1-1

单位名称	职工总数（人）	医务人员数量（个）	病床数（台）	万元以上医疗设备数（台）	建筑面积（平方米）
县医院	351	317	300	28	27377
县第二人民医院	119	76	75	7	5641
县中医院	54	45	60	17	3100

二、基层卫生院

1979年至1993年6月，全县有26所乡镇卫生院。1993年7月，撤区并乡建镇，设立7镇8乡，乡镇卫生院随之调整。1996年，白涧地段医院（现赵各庄中心卫生院）石亭地段医院（现石亭中心卫生院）被省卫生厅评为一级甲等医院。乡镇卫生院有各类医务人员341人，其中，技术人员296人，其他人员45人；共有病床742张。

明义乡卫生院

2009年涞水县乡镇医疗机构基本情况统计表

表16-1-1-2

单位名称	职工总数（人）	医务人员数量（个）	病床数（台）	万元以上医疗设备数（台）	建筑面积（平方米）
石亭中心卫生院	32	29	30	2	1123
赵各庄中心卫生院	53	47	35	4	1900
九龙中心卫生院	39	35	30	4	872
涞水镇卫生院	32	28	10	1	320
永阳镇卫生院	10	9	20	3	1000
义安镇卫生院	12	11	20	2	1000
胡家庄乡卫生院	10	10	6	2	423
明义乡卫生院	12	10	25	2	900
王村乡卫生院	10	10	25	2	660
宋各庄乡卫生院	6	6	8	2	450
娄村乡卫生院	14	12	19	2	1100
东文山乡卫生院	8	7	12	2	700
三坡镇卫生院	15	13	16	2	800
龙门乡卫生院	10	9	38	5	800
其中口乡卫生院	10	9	28	2	400

三、农村卫生所

全县有村级卫生所451个。全县卫生所共有卫生技术人员634人。其中，男性514人，女性120人；中医90人，西医541人；有技术职称的146人。

四、私立医疗机构

全县有私立医院两所，分别是，门墩上精神病医院、涞水骨科医院，两院有卫生技术人员34人，其中，中医4人，西医30人。

五、社区门诊

县城有社区卫生服务所4个，分别挂靠涞水县医院、涞水妇幼保健站、涞水防疫站、涞水中医院。

涞水普泰医院

第二节 医疗队伍

一、中西医结构

全县有中西医药技术人员1117人，其中，中药技术人员258人，西医、西药技术人员859人，中、西药技术人员比例为23∶100。

二、专业职务结构

全县有中医、中药人员42人，其中，中药员5人，西药员19人。全县有执业医师202人，其中，中医执业医师20人，中医助理医师5人；中西医结合执业医师2人，中西医结合助理医师22人。

三、医护人员结构

全县拥有卫生技术人员1557人，其中，县直740人，乡镇、村817人。学历状况：本科56人，专科456人，中专811人。

四、医务人员分布

县级以上医疗单位专业技术职称人员1003人，其中副高级22人，中级186人，初级795人。

第三节 医疗技术和设备

一、中医

全县有中西医医疗机构130个，其中县级中医机构1个，中西医结合村卫生所124个，中医中西医结合个体诊所5个。乡镇卫生院设有中医门诊。

1996年，涞水县中医院成立，迎诊大量求治患者。院内设有针灸、疼痛专科、脑血管专科、心血管专科等18个专业科室。2006年，中医院与北京二炮联合办院，多名教授专家来中医院会诊、手术、讲学，使中医院的诊疗水平大幅提高。

二、西医

2006~2007年，县医院逐步完成内科、外科的分科工作，细分为神经内科、心内科、骨外科、普外科、脑外科等科室。

三、中西医结合

随着中医院规模的不断扩大，门诊量、住院量不断上升，先进设备不断扩充，在积极探索传统医学的临床研究基础上，采用西医的先进技术，配合对症服用中药，不仅缩短了治愈时间，还减轻了患者的经济负担。特别是在急救、心脑血管病、妇科疾病、儿科疾病的诊治过程中大量使用中药治疗，不断开发中药的新用途，中药饮片达五、六百种，中草药和中成药门类齐全、质优价廉。2004年，中医中药进病区，中医参与内科、妇科、儿科会诊已成常规。县医院医师大部分参加过中医学习，能西会中。理疗科针灸、按摩治疗独具特色，特别是在脑血管病人的康复方面有独到之处。卫生院设置中医科，每年乡村医生业务培训中设有专门中医培训科目，中医药参与治疗率呈逐年上升态势。中医、中药的应用提高慢性病、常见病的治愈率，同时减轻患者的负担，得到广大人民群众的好评。

四、医疗设备

2009年底，全县有1万元以上大型医疗设备89台（件），其中，县医院28台（件），涞水第二人民医院7台（件），涞水县中医院17台（件），15所乡镇卫生院37台（件）。

2004—2009年涞水县卫生系统情况统计表

表16-1-3-1

指　标	2004	2005	2006	2007	2008	2009
县乡两级医疗卫生机构数	19	19	20	20	20	20
县	4	4	5	5	5	5
乡	15	15	15	15	15	15
医护人员总数	398	424	474	528	533	624
医生数	276	294	330	348	356	416
执业医师数	131	152	182	202	202	208
高级职称医生数	16	17	18	16	14	16
中级职称医生数	72	74	79	75	79	81
初级职称医生数	180	203	233	257	263	281
个体诊所数	442	449	51	56	56	58
个体诊所从业人员	696	755	85	115	96	118
村卫生所数	-	-	394	469	432	420
村卫生所从业人员	-	-	472	539	516	671
年末全县实有病床数	489	489	489	489	615	742

第四节　管理机构

卫生局是县政府设立的医疗卫生管理职能部门。1979~1987年，该局内设办公室、劳动人事股、医政股、计财股4个股室，编制15人。下属机构有卫生防疫站、妇幼保健站、县医院、石亭、白涧、镇厂地段医院，26个乡镇卫生院。1989年11月设立药品检验所。1992年1月紫石口、都衙两乡卫生院合并为三坡乡卫生院。1996年机构改革，内设人秘股、医政股、药政防保股、计财股，行政编制8人。2002年7月机构改革卫生局挂爱国卫生运动委员会牌子。2003年3月内设办公室、业务股，行政编制6人。2006年4月增设财务股。2007年12月增设新型农村合作医疗管理中心。2009年，该局内设办公室、业务股、财务股、新型农村合作医疗管理中心，编制6人。下属机构有：县医院、妇幼保健院、涞水第二人民医院、疾病控制中心（原卫生防疫站），15所乡（镇）卫生院。

第二章　保　健

从1990年开始，卫生保健提上县政府工作的议事日程，并制订规划，建立县乡村三级领导机构。通过开展初级卫生保健、农民健康工程、妇女儿童卫生保健，全民健康意识和健康水平得到普遍提高。

第一节　农村卫生保健

一、初级卫生保健

1990年制订《涞水县初级卫生保健规划》，提出八点实施意见，即1990~1991年为基础试点阶段；1992~1995年为全面普及实施阶段；1996—2000年为加速发展全面达标阶段。1990年成立了涞水县初级卫生保健委员会，县长任主任，政府办主任、卫生局长任副主任，财政、卫生、计生、民委、教委、科委、经委、农业、林业、爱卫委等单位主要负责人为委员，下设涞水县初级卫生保健办公室，办公地点在卫生局。要求乡镇成立初保领导小组，由乡镇长任组长；政府办主任、财政所长、教育组长、民政所长、妇联主任、团委书记为领导小组成员；下设办公室，办公地点在乡镇卫生院，院长兼任办公室主任。行政村成员初保领导小组，村长任组长，村支书、村团书、村妇联主任、村卫生员为成员。规划对各部门的主要工作责任及经费投入提出要求，实行“半年一检查、一年一评价”，确保初保工作顺利完成。县、乡、村三级初保机构按照规划的要求，全县初保进入全面实施阶段。着力抓县、乡、村三级医疗保健网的基础设施建设，治理城乡脏、乱、差，改水改厕；培训、配置村卫人员、接生员，加强乡镇卫生院建设，充实技术力量，更新设备。涞水县初级卫生保健工作，1999年经省市验收，达到基本合格标准。2000年以后，工作力度不断加大，向新一轮初级卫生保健的目标迈进。

二、农民健康工程

1995年，在全县农村范围内，实施重点人群强化补碘工作。

1996年，在全县农村范围内，实施卫生“鱼水工程”，进一步增强党和政府同人民群众的联系。

1997年，组织开展霍乱防治工作，严防霍乱的传入和流行。

1998—1999年，贯彻落实社区及家庭健康促进项目主要内容为“社区动员，社区诊所，社区工作计划，社区监督指导”等。

2005—2007年，开展“农民健康保健工程”，对慢性病患者进行随访，给予相应的治疗和健康指导；开展专题健康教育讲座，开展现场咨询；对就诊患者进行必要的辅助检查，并减免相应的检查和治疗费用。

2008年，在全县范围内开展社区慢性病综合防治工作。

2009年10月，在全县开展国家基本公共卫生服务项目工作。

第二节　妇女儿童卫生保健

2005年后，全县妇幼卫生工作坚持“以保健为中心，以保障生殖健康为目的，实行保健和临床相结合，面向群体，面向基层和预防为主”的妇幼卫生工作方针，积极落实各项妇幼保健工作任务，很好的履行了辖区妇女儿童健康相关的公共卫生职能，并实施项目带动战略，积极争取妇幼公共卫生项目落户涞水，保障了全县妇女儿童健康水平持续提高。

2007年手拉手工作会议

2005年5月，启动以降低孕产妇和婴幼儿死亡、消除新生儿破伤风为目标的国家“降消”项目；2006年1月，启动国家“三网监测项目”；2009年启动了以提高住院分娩率、提供人性化服务为主题的“农村住院分娩补助项目”；2009年10月，启动以“降低出生缺陷”为主要目标的农村孕产妇增补叶酸，预防神经管畸形项目，以及农村妇女宫颈癌、乳腺癌检查项目。

2009年全县儿童系统管理率88.6%、孕产妇系统管理率97.5%、住院分娩率99.9%、5岁以下儿童死亡率7.4‰、婴儿死亡率6.4‰、新生儿死亡率5.04‰，孕产妇死亡率为0，出生缺陷率145.5/万、新生儿破伤风发病率为0。

第三章　卫生防疫

涞水县卫生防疫站是卫生局直属事业单位。中华人民共和国成立前，没有专门的防疫机构，只有部分个体医生为群众接种牛痘疫苗。中华人民共和国成立后，由于党和政府的重视，预防医学迅速发展，建立专门的机构。1957年前在县医院设防疫股；1970—1971年，县民政、卫生合并为民卫站，下设防疫队；1971年建立党支部，1973年迁往南关大街路西，建立防疫站；1983年有职工30人，分7个科组，即防疫组、卫生组、检验组、地方病组、地办室、宣传组、后勤组（包括办公室、会计室），拥有房屋21间；1985年10月，根据工作需要，经县政府批准，在县城西门外（即现涞水县泰安路9号），征地8亩。1986年、1987年省卫生厅支持12万元，建330平方米二层办公楼，1986年6月迁入新办公楼。2003年“非典”，利用国债项目资金110万元，建设疾控实验楼，总面积710平方米。建立健全了各种传染病病原检测化验室，慢性病、职业病防治体系，配备专职卫生信息网及突发公共卫生事件管理人员，成为集卫生监督与监测、疾病预防与控制、应急预警与处理、疫情收集与报告、检测检验与评价、健康教育与促进、技术管理与服务等多种功能于一体的突发卫生公共事件监测中心、数据汇总中心、处理和指挥中心，为保障全县34万人民群众身体健康，促进经济和社会的和谐发展，发挥越来越重要的作用。2009年，防疫站在职职工72人，其中专业技术人员42人。

2004年12月，卫生体制改革，经县编委批准，撤销涞水县卫生防疫站，成立涞水县疾病预防控制中心和卫生监督所，实行“一套班子、两块牌子、合署办公、统一领导”的工作方式。县疾病预防控制中心下设12个科室；卫生监督所下设5个科室。为有效应对和处置突发公共卫生事件，县疾控中心和卫生监督所组建专业应急队伍，主要承担传染病疫情暴发、食物中毒和食源性疾病，急性职业中毒、放射事故等突发公共卫生事件的应急处置和卫生安全保障。

第一节　传染病防治

计划免疫：1949年以前，年年有天花、麻疹等传染病发生，儿童死亡不计其数。新中国建立后，在党和政府的领导下，卫生事业大发展，卫生人员逐年增加，通过努力，天花在20世纪60年代绝迹，但牛痘疫苗接种延续到80年代。1972年起开始实行预防接种；1978年开始为学龄前儿童实行有计划的接种。80年代以来，政府进一步加强传染病的防治工作，预防接种工作继接种天花、麻疹疫苗之后，逐步开展百白破、伤寒、卡介苗、脊髓灰质炎、流脑、乙脑、病毒性肝炎、流行性出血热、流行性腮腺炎等疫苗的预防接种。1985年，成立涞水县计划免疫领导小组及预防接种异常反应诊断小组。进入90年代后，计划免疫工作逐年加强，“四苗”接种率连年保持95%以上。1996年3月19日，疾病预防“卫七”项目启动，总投资为96万元人民币，2000年年底完成，2001年6月30日终止。通过实施该项目，巩固和发展了全县的计划免疫工作，有效的预防和控制了传染病，降低了儿童发病率、致残率和死亡率。1998年4月，顺利通过国家级初级保健达标。从2006年开始，实施国家扩大免疫规划，甲肝、乙肝、流脑、乙脑等疾病，均已纳入儿童计划免疫。对适龄儿童进行免费接种。2000年实现了消灭脊髓灰质炎。2005年，开始落实麻疹强化免疫工作，计划在2012年将麻疹发病率降到百万分之一以下。

乙肝防治情况2000年，乙肝疫苗扶贫项目在涞水县实施。该项目由中国肝炎防治基金会发起的，旨在通过为贫困地区的新生儿注射乙肝疫苗来降低肝炎的发病率。此项目县在河北省仅有两个，涞水县是其中之一。具体实施时间是2000年1月1日至2005年12月31日。通过此项目的实施，大幅度降低全县乙肝的发病率。2002年乙肝疫苗开始纳入计划免疫，2006年6月，由吴阶平医学基金会发起的“全民乙肝防治宣传教育专项活动”在涞水县正式启动。该基金会组织多名专家亲临涞水县进行现场义诊，为患者捐赠乙肝防治宣传品和消毒药品，还为患者赠送乙肝治疗药物。

艾滋病防治：2004年，涞水县卫生防疫站设性病艾滋病科。2005年12月涞水县出现第一例艾滋病病人，涞水县防疫站性病艾滋病科对患者进行访谈，开展流行病学调查、家属检测及依从性教育等工作，开展全县高危行为干预、自愿咨询检测、防治知识宣传等一系列防治工作。

结核病防治：结核病是一种传播较为广泛的传染性疾病。县防疫站设立结核病防治科，对结核病人进行调查登记、管理治疗。世界银行贷款结核病防治项目（简称“项目卫五”）于1994年10月在涞水县启动，2002年底结束。该项目核定的贷款额度为23383个特别提款权，配套资金2.69万美元，通过实施该项目，有效控制结核病的发生和传播，使结核病患者得到及时有效的治疗。2002年12月，利用世行贷款/英国政府赠款项目开展的结核病项目，在涞水县正式启动。世行银行贷款结核病防治项目（简称“卫十项目”），于2002年12月在涞水县启动，计划于2010年3月结束，到2010年7月终止。该项目核定的贷款额度为3.64万美元。通过实施结核病防治规划，提高了结核病人的发现率和病人的管理工作，减少结核病的发病和死亡，遏制了结核病的流行，使结核病得到了有效的控制，提高了全县人民的健康水平，促进经济和社会的发展，此项目旨在利用世行贷款和英国政府提供的赠款在贫困地区的人群中开展免费痰检，及时发现传染性肺结核患者并提供全程负责督导化疗，最大限度发现并治疗传染性肺结核病人，以达到控制结核流行的目的。

第二节　地方病防治

涞水县地方病主要是“地方性甲状腺肿”（简称“地甲病”），其次是布鲁氏菌病（简称“布病”）氟中毒等。

1972年，根据上级精神，全县对地甲病进行初步普查、普治工作，1973年查出病人13150人，占总人口5.26%，对永阳等7个公社5208人全部投药，半年观察一次。建立加碘点，全县吃上碘盐。1978年，建立防治地方病领导小组，由副县长郑义珍任组长，下设办公室，主任由卫生局长兼任，各公社建立领导小组。同年，根据地甲病防治工作标准，对全县人民进行普查，对药物治疗无效者进行手术治疗。1983年，全县26个病区，从原有的39802名现患降到7187名，患病率由17.8%降到2.55%。经过几代地方病防治工作者的不断努力，涞水县的“地方性甲状性肿大”得到了有效控制，2000年以后，人群甲肿率降到2%以下。

1983年3月，永阳镇西垒子村发现一名氟中毒病人，为摸清该村氟中毒特点，流行规律、氟源与介质，提高预防对策，防疫站配合地区防疫部门开展调查。根据结果分析，初步认为煤是氟源，食物是介质。此项工作1987年被省科委组织的专门会议讨论，认为达省级先进水平，定为地区级科研成果，评为三等奖。地方性氟中毒已得到根治。

第三节　疫情防控

2003年，发生传染性非典型肺炎疫情，涞水县出现3例病人，其中1例死亡。在抗击“非典”过程中，全县各级卫生防疫工作者，依法有序、科学防控。“非典”疫情以后，国家对传染病防控工作的投入不断增加，传染病监测报告开始纳入网络信息化管理。2004年初，县乡镇卫生院以上医疗机构全部实现了疫情网络直报，传染病疫情监测报告更加及时准确。2000—2009年以来，未发生过传染病疫情。

2003年4月中旬，发生非典疫情，迅速组建了以卫生局主要负责人为主体，以乡村两级卫生组织主要负责人为一体的领导和指挥体系；并及时起草了防治工作紧急预案；同时迅速组建并启动以县防疫站为龙头和骨干，以乡村两级防疫人员为成员的流动调度消毒工作体系；建立以县医院为龙头，以县直属医疗单位为主体，以乡村两级医务人员为成员的医疗救治体系；启动县乡村三级预防保健网络，构建了三网合一疫情监测反馈体系。受非典型肺炎影响，全县各级各类医疗机构直接损失经营性收入约250万元，间接损失2000万，增加支出200余万元。县医院诊断出非典型肺炎疑似病例3例，被市级专家全部确认，诊断符合率达100%，发热门诊接诊发热病人373例，进行留观72例。历时两个多月，全系统干部职工团结一致、同心同德、知难而上，以苦为乐，知危而上，挑战死亡，用辛勤的汗水和血肉之躯与全县人民共同铸就防疫大堤，有效控制疫情蔓延，最大限度保护了全县人民群众的根本利益和生命安全，取得第一阶段遭遇战、第二阶段攻坚战、第三阶段保卫战的决定性胜利。全系统有90余名先进个人、4个先进单位先后受到省、市、县表彰。卫生局先后被市卫生局授予“抗非工作先进单位”，被市委授予“先进基层党组织”，被省卫生厅授予“先进集体”荣誉称号。

手足口病是世界范围广泛流行的传染病，多发生于5岁以下婴幼儿，重症病例死亡率较高，危害严重。2008年5月，卫生部决定将手足口病列入《中华人民共和国传染病防治法》规定的丙类传染病进行管理。为了落实省卫生厅、省教育厅《关于切实加强学校和托幼卫生防病工作的通知》精神和县卫生局下发的《涞水县手足口病防治工作方案》的工作要求，疾病预防控制中心做了安排部署，流行病科在主管领导的带领下，4月份对辖区的医疗机构、县直幼儿园和小学、山前10乡镇抽1所较大的幼儿园，进行以手足口病为重点的传染病防控和疫情报告管理工作，进行了督导检查。

2009年，国家将甲型H1N1流感纳入法定传染病管理，世界卫生组织宣布进入预防流感大流行5级警戒，各级医疗机构完善组织预案，做好人员、物资准备，加强培训，做好甲型H1N1流感防控工作，防止人群聚集场所暴发疫情。同时加强人感染高致病性禽流感、季节性流感等重点传染病防控工作。

第四节　卫生许可证制度

1983年7月1日起，在全国试行《中华人民共和国食品卫生法》。该法的颁布，对食品卫生状况改善和促进整个卫生监督和防病保健工作的发展有重大作用。同年，河北省人民政府关于《河北省食品卫生许可证发放管理试行办法》下发，凡从事食品生产经营活动的企业和商贩，以及卫生防疫站认为需要发证的其他单位，均应申报办理食品卫生许可证。在《中华人民共和国食品卫生法》实施阶段，防疫站负责食品卫生监督和卫生许可证发放工作，开展食品从业人员预防性体检和健康证发放，通过不断加强监管力度，全县食品卫生监督水平不断提高，全县多年未发生群体性食物中毒事件。2009年县卫生监督所办理卫生许可证1573个，办理从业人员健康证明2325个，按照县政府关于下岗再就业人员的优惠政策，全年减免办理卫生许可证70个，健康证70个、累计减免金额4万余元。

第五节　卫生监督

按照省卫生厅、省教育厅《关于切实加强学校和托幼卫生防病工作的通知》《河北省食品卫生许可证发放管理试行办法》要求和市级卫生监督与疾病预防控制工作会议精神，县级卫生监督机构逐步建立。为提高卫生监督机构硬件设施和工作能力，2006年10月，中央财政转移支付地方公共卫生建设资金的中西部地区卫生监督机构能力建设项目把涞水县列为项目单位，为涞水县卫生监督所配发卫生执法车辆、办公与信息化设备、快速检测设备和取证工具等。这些设备的到位，大大提高了卫生监督机构的办公水平，推动工作快速发展。

野三坡景区每年有大量国内外游客，作为配套服务的餐饮业、旅客服务业以及生活饮用水的卫生监督检测任务，是一个重中之重的内容。县防疫站积极谋划，从每年5月开始，就派驻卫生监督员轮流驻守景区，特别注意做好重大外事接待任务期间的卫生监督工作。仅2002年，便承揽中央军委副主席迟浩田、新加坡理工大学校长的接待任务中的卫生监督工作，未出现任何差错。

第四章　爱国卫生运动

涞水县爱国卫生运动委员会（简称爱卫办）是专职负责普及健康教育、防病灭害、农村环境卫生综合整治，开展卫生城市创建的专门机构。1979—2001年为政府单列机构，正科级。2002年划归卫生局，在卫生局设爱卫会日常办事机构爱卫办，由卫生局局长兼任办公室主任。2003年县爱卫办进行调整，设立正科专职主任，至2009年未变动。

第一节　公共卫生

2002年以来，爱卫办认真组织实施周六义务劳动日和每年4月以环境治理为主题的爱国卫生月活动。积极履行世界《烟草控制框架公约》，开展世界无烟日活动。2008年配合奥运年，完成全县大规模的“清洁城乡、保护健康”活动和手足口病的健康教育以及预防性消毒工作，受到上级领导的好评。

为进一步提高全县公共场所卫生监督水平，按照保定市公共场所专项重点检查工作方案要求，县卫生监督所重点对旅店业、美容美发场所、洗浴场所卫生管理情况、公共用品消毒效果进行监督检查，重点查处未取得卫生许可证经营、公共用品消毒及保洁设施运转使用情况、从业人员无健康合格证明及供顾客使用的化妆品、食品、饮用水卫生状况等违法行为，加强公共场所卫生监督检查。开展托幼机构消毒效果监测，指导托幼机构建立起正规完善的消毒管理制度。

第二节　防病灭害

1979—2009年间，涞水疾病预防控制中心，坚持贯彻上级关于病媒生物防制工作的指示精神，坚持广泛宣传、标本兼治，狠抓病媒防治工作，加强疟疾防治，进行鼠密度监测等，每年春季和秋季开展除“四害”活动。

2008年，配合奥运年，完成全县大规模的“清洁城乡、保护健康”活动和手足口病的健康教育以及预防性消毒工作，受到上级领导的好评。

2009年，完成农村改厕国债项目1038座，提高农村居民的卫生意识，改善农村环境。

第三节　健康教育宣传

1979年后，县卫生防疫站主要利用板报、广播车、放映电影等形式，深入广泛开展《中华人民共和国食品卫生法》和伤寒、痢疾、肝炎、计划免疫等知识宣传，达到预防食物中毒、促进预防接种工作开展的目的。仅1984年就宣传食品卫生及灭鼠知识169次，先后到12个乡镇放映地方性甲状腺肿病的防治及农药中毒预防等知识的电影31场，受教育人数约9万余人，发放大量宣传材料。随着社会的发展，健康教育与健康促进手段不断更新，主要利用报纸、网络、电视媒体、短信、标语、讲座、展板、折页等多种形式将健康知识传播给广大群众。同时通过下发控油壶、控盐勺、避孕套等用具，直接进行人群干预，促进人群远离危险因素，达到健康生活的目的。

第四节　卫生城市创建

2007年，涞水县被命名为市级卫生城市。2009年，涞水镇北关村被命名为省级卫生村；娄村满族乡福山营村、义安镇西义安村、三坡镇马各庄村等被命名为市级卫生村；卫生局、文教局、财政局、农业局、建设局等被命名为市级卫生单位。2008年涞水县申报创建省级卫生县城。

第五章　合作医疗

涞水县合作医疗由3部分组成：城镇职工医疗保险、新型农村合作医疗、城镇居民合作医疗，分别于2001年、2007年、2008年起执行。城镇职工和城镇居民医保隶属于人劳社保局管理，新型合作医疗隶属于卫生局管理。起初人们对合作医疗的认识不足，尤其是农村，个别地方参保率低于规定标准。随着宣传和合作医疗作用的发挥，国家对医保资金的投入加大，报销比例的提高，人们的参保意识增强，参保率逐年提高，因病致贫、因病返贫的现象得到控制。

第一节　城镇职工医疗保险

一、机关事业单位医疗保险

1979年以前，国家干部职工实行公费医疗制度。1980年以后，享受公费医疗的人员逐年增加，医疗经费连续几年超支。1983年，县政府对公费医疗报销作了新的规定，对新中国成立前参加工作的国家干部、离退休人员和二等乙以上残疾军人，执行实报实销，对新中国成立后参加工作的一般干部实行医疗费用包干，每人每年36元，超支部分报销70%；对病重住院的仍实行实报实销。1985年，进行就医制度改革，实行定点就医，即干部有病需到指定的医院或卫生所就诊，否则不予报销。1994年，在继续实行定点医院就医的基础上，将离休干部医药费报销由卫生局转至县老干部局负责，离休干部就医费用先自行垫付，再交由老干部局实报实销。1998年12月，国务院颁布《关于建立城镇职工基本医疗保险制度的决定》，以“低水平，广覆盖，双方负担，统账结合”为原则

涞水县新农合大厅

的城镇职工基本医疗保险制度确立。涞水县于2000年正式实施医疗保险制度改革，除离休干部原医药报销渠道不变以外，将在职及退休人员全部纳入城镇职工医疗保险范畴。

二、城镇职工基本医疗保险

根据《涞水县城镇职工基本医疗保险实施方案（试行）》（涞政〔2000〕36号），城镇职工基本医疗保险工作于2001年12月正式启动。城镇职工按照个人缴纳工资总额2%，单位缴纳工资总额4%的比例征缴，个人缴纳部分存入个人账号。当年参保职工1285人，征缴基金3.91万元。从2002年开始，实行大病住院医药费按比例报销和报销最高限额制度，报销起付线800元，报销最高限额3.2万元，起付线以上梯次报销，起付线至5000元报销55%、5000~10000元报销60%、10000元以上报销65%、外转住院报销比例降低6%、退休人员报销比例增加3%。2007年，报销起付线降至500元，报销最高限额4.5万元，起付线以上梯次报销，起付线至5000元报销65%、5000~10000元报销70%、10000元以上报销75%、外转住院报销比例、退休人员报销比例不变。截止2009年，全县参保职工15725人，累计征缴基金5146.95万元，累计报销支出3009.10万元，累计结余基金2137.85万元。

2001—2009年涞水县城镇职工医疗保险报销政策明细统计表

表16-5-1-1

<table>
<tr><th>年份</th><th>参保人数（人）</th><th>缴费比例（%）</th><th>征缴（万元）</th><th>报销支出（万元）</th><th>累计结余（万元）</th><th>起付线（元/次）</th><th>起付线以上报销比例</th><th>报销最高限额</th></tr>
<tr><td>2001</td><td>1285</td><td>单位4%，个人2%</td><td>3.91</td><td>0</td><td>3.91</td><td rowspan="3">800</td><td rowspan="8">起付线以上至5000元报销55%，5000元至1万元报销60%，1万元以上报销65%。外转住院报销比例降低6%，退休人员报销比例增加3%</td><td rowspan="7">医疗消费至3.2万元</td></tr>
<tr><td>2002</td><td>4141</td><td>单位4%，个人2%</td><td>75.33</td><td>18.59</td><td>60.65</td></tr>
<tr><td>2003</td><td>4006</td><td>单位4%，个人2%</td><td>107.11</td><td>39.44</td><td>128.32</td></tr>
<tr><td>2004</td><td>4115</td><td>单位4%，个人2%</td><td>132</td><td>63</td><td>197.31</td><td rowspan="6">500</td></tr>
<tr><td>2005</td><td>10000</td><td>单位4%，个人2%</td><td>325.68</td><td>139.22</td><td>383.77</td></tr>
<tr><td>2006</td><td>10500</td><td>单位4%，个人2%</td><td>650.61</td><td>463.64</td><td>570.74</td></tr>
<tr><td>2007</td><td>13200</td><td>单位4%，个人2%</td><td>757.16</td><td>592.49</td><td>735.41</td></tr>
<tr><td>2008</td><td>13540</td><td>单位4%，个人2%</td><td>990.17</td><td>730.24</td><td>995.34</td><td rowspan="2">医疗消费至4.5万元</td></tr>
<tr><td>2009</td><td>15725</td><td>单位4%，个人2%</td><td>2104.98</td><td>962.48</td><td>2137.84</td><td>起付线以上至5000元报销65%，5000元至1万元报销70%，1万元以上报销75%。外转住院报销比例降低6%，退休人员报销比例增加3%</td></tr>
</table>

第二节　新型农村合作医疗

2006年10月，县政府建立涞水县新型农村合作医疗办公室（简称农合办），属全额拨款事业单位，隶属卫生局，定编6人，内设审核、稽查、统计、信息管理、财务等科室。2007年1月1日，开始实施新型农村合作医疗制度。

2007—2009年涞水县新型农村合作医疗收支情况统计表

表16-5-2-1　　　　单位：万元

年度	参保人数	缴费金额	总收入	总支出	余额
2007	209402	209.4	1049.11	771.27	277.83
2008	247746	247.746	2359.83	1761.35	598.48
2009	269094	538.188	2847.99	2507.81	340.18

第三节　城镇居民合作医疗

根据《涞水县城镇居民基本医疗保险暂行办法》（涞政〔2008〕17号），城镇居民基本医疗保险工作于2008年10月开始启动，动员城镇居民参保，并缴纳保险费。至2008年年底，参保人数7617人，2009年征缴医疗保险费88.43万元。到2009年底，报销支出61.22万元，结余27.21万元。

2009年涞水县城镇居民医疗保险报销政策明细一览表

表16-5-3-1

人员类别	政策规定的起付线(元/次)			起付线以上报销比例			报销最高限额
	一级医疗机构	二级医疗机构	外转医疗机构	一级医疗机构	二级医疗机构	外转医疗机构	报销最高限额
成人	500	800	1000	起付线以上至2万元50%,2万以上55%。	起付线以上至2万元50%,2万以上55%。	起付线以上至2万元44%,2万以上49%。	2.5万元
学生儿童	200	500	700	起付线以上至2万元55%,2万以上60%。	起付线以上至2万元55%,2万以上60%。	起付线以上至2万元49%,2万以上54%。	4万无

第六章　医　药

涞水县药品监督管理局成立于2000年，2001年5月挂牌办公，隶属县卫生局，卫生局长兼任药监局局长。2005年，药品监督管理局上划到市，工作范围扩大，将原来防疫站的食品监督职能并更名为涞水县食品药品监督管理局，编制7人，属双重管理单位。

2005~2009年，涞水县食药局认真贯彻国家有关食品药品监督管理的法律、法规和规章，严格按国家政策履行工作职责，并与县卫生局配合，协同开展工作，结合涞水实际，共同制订《乡镇卫生院代购药品管理办法》《药品养护管理制度》《药品发放与服务质量》等文件，及时组织人员对违法经营食品药品行为进行查处，逐步理顺全县食品、药品供应，销售渠道，保障全县人民食品药品安全。

第一节　药品管理

依据法律授权和政府指示，该局负责全县行政辖区内药品（包括中药材、中药饮片、中成药、化学药品原料及制剂、医疗器械、一次性使用医疗器械、药品包装材料、药用辅料、血液制品、生物制品、医院制剂等）的研究、生产、流通、使用全过程的行政监督管理执法和技术监督工作。面对90个药品经营单位，24个乡镇卫生院以上医疗单位和500余个农村卫生所及个体诊所，涉及全县15个乡镇284个行政村。

麻醉药品管理：按照1987年《中华人民共和国麻醉药品管理办法》要求，加强对麻醉药品的管理。规定在设有病床并具备进行手术和一定医疗条件的卫生院以上医疗单位中，具有医师以上职称、经考核能正确使用麻醉药的医生，方可申请使用麻醉药品。危重病人使用麻醉药品，须办理麻醉药品专用卡，同时持有县以上医疗单位诊断证明书和本人户口证明，方可凭卡取药，并限5日量。第二次取药时，要求交回原批号的麻醉药品空瓶。2005年11月后，此项工作由卫生局管理，并按原规定执行。

第二节　药品执法

2003年4月22日，涞水县人民政府制发《关于加强防治非典型肺炎用药监督管理的紧急通知》。县药监局出动执法人员对县城附近近百家涉药单位进行拉网式执法检查，对环京周边乡镇等重点部位进行突击检查。与工商、技术监督部门配合，查处两起制售不合格药品和消毒用品案件。与公安部门密切配合，出动执法人员795人次，车辆231台次，监督检查涉药单位751户次，立案查处37起，结案31起。查获假劣药械189种次，折合正品价值21759元，收缴罚没款63380元。

2003年，受理申办零售药店申请15份，批复筹建9份。10月下旬组织药品经营从业人员参加保定市药监局举办的上岗培训。

2004年结合药品从业人员健康体检，以乡镇为单位对药品经营单位、农村卫生所、个体诊所负责人等，进行《中华人民共和国药品管理法》《中华人民共和国药品管理法实施条例》等法律法规培训，传达省市局关于《规范药品购销行为，加强药械质量管理》等文件，同时下发药监局公开承诺书，公布了监督举报电话。全年办班15期次，受训人员607人次。6月下旬印发《关爱健康、合理用药》《如何识别假劣药品》等宣传资料12000余份。

全年出动执法车辆265台次，人员779人次，对721个医疗机构、农村诊所、药品经营企业进行了监督检查，对89家违法购进药品、无真实完整的药品购进记录等违法行为进行了处罚，当场处罚132个，立案查处11个，查获无证经营、制售假劣药品437种次，折合正品价值79801.20元，收缴罚没款145715元，全部按规定上缴国库，实现平原乡镇监督检查覆盖面100%、山区95%的目标。涞水县药品监督管理局、涞水县监察局制订实施《关于进一步开展整顿规范药品市场秩序工作实施方案》，依法查处制假售假的犯罪分子，铲除制售假劣药械违法犯罪的根源；有效遏制制售假劣药品、医疗器械的违法犯罪活动；建立完善药监、监察长效协作机制，强化药品、医疗器械的监督管理工作，及时查处违法、违规行为。选聘15名乡镇领导、284名农村干部作为药品监督联络员和药品监督信息员。

查处典型案件4起：

1.高碑店某医药门市部非法经营（批发）药品案查获没收非法经营药品65种，价值3000余元，罚款10000元。

2.赵某无证经营药品、暴力抗法妨碍执行公务案公安机关依法于2004年6月15日对赵某父子暴力抗法、妨碍执行公务行为进行治安拘留7日的处罚。依法给予赵某没收假劣药品及非法经营药品货值金额2701.20元，并处13508.5元罚款的行政处罚。

3.定州市无证药贩某某非法经营贩卖药品案查获收缴养血荣筋丸三件，180盒，山萸肉、白附子等14种中药饮片，价值金额1714元。

依法予以：（一）责令其立即改正违法行为；（二）没收全部药品，价值1714元；（三）扣押其所存非法经营药品欠款条5张，金额5540元，作为非法所得予以追缴；（四）处罚款8000元。

4.张某非法销售（邮寄）假药案

张某自2003年6月3日至2004年7月9日盗用“北京市房山区红十字华盛医院”名义，向河北、北京、山东等地以邮购的方式非法销售自制假药“祛糖胶囊”714瓶，“补肾胶囊”57瓶，非法经营金额61680元。依法取缔；没收违法所得61680元；并处罚款60000元。

2005年，药监局与卫生局共同制订《乡镇卫生院代购药品管理办法》《药品养护管理制度》《药品质量验收管理办法》《代购发放与服务质量》等一系列保障措施，规范农村医疗机构的进货渠道。延伸监管触角，建立了县、乡、村三级监管网络。制订《乡镇药品监督协管办公室职责》和《涞水县药品联络员、信息员管理办法》，由乡镇政府推荐，从各乡镇及村“两委”班子中聘请了24名联络员及284名驻村信息员。从人大代表、政协委员中聘请30名社会监督员。

2005年，出动执法人员628人次，车辆226台次，查处涉药违法案件264起，收缴罚没款15万元。

2006年，3月10日，查处一起以保健食品宣传疗效坑骗群众的非法经营案件，并按规定及时移交卫生行政部门；2006年4月25日，接到举报，查获无证药贩马某某无证贩卖的严迪等59种药品，涉案货值6500余元，是年10月18日马××以销售假药罪被依法宣判。

2006年5月13日，对本辖区内医疗机构制剂室涉及齐齐哈尔第二制药有限公司的产品进行检查，共查出标示齐齐哈尔第二制药有限公司生产的“双黄连注射液”3批次，计220盒，予以就地查封。年内出动执法人员628人次，车辆314台次，查处药械违法案件287起，结案287起，罚没款合计金额180040元。对药品经营企业、乡以上医疗机构的监督检查覆盖率达到100%；农村卫生所、个体诊所的监督检查覆盖率达95%。

2007年，开展“3.15健康维权”、“6.11安全生产月”、“五五普法”等宣传活动，利用展板、散发宣传材料、现场咨询等多种形式，宣传药品、食品安全知识和法律法规，发放宣传材料10000余份；采取集中公开销毁假劣药品方式，增强人民的法律意识。

2007年查处销售假药“小金丸”案、邮购假药“高效风湿定胶囊”案和“人用狂犬病疫苗”等案，有效的打击了药械违法犯罪行为。抽验药品30批检出不合格药品10批次。9月27日召开全县药械专项整治动员大会，部署药械专项整治。为保证药械专项整治顺利进行，重新划分责任区，施行责任到股、责任到人；与药械经营、使用单位签订了药械专项整治责任状，使企业法人树立药械安全第一责任人意识，加大自查自纠的力度。在春节、“五一”、高考、中共十七大期间等重要时段，对个体诊所、村卫生所、乡镇卫生院、药品零售企业等药品经营、使用单位进行了重点整治。年内出动执法人员560人次，车辆280台次，查处涉药违法案件235起，收缴罚没款18万余元。药监局同卫生局、物价局共同参与，自9月1日起，在全县各乡（镇）村新农合定点医疗机构实行药品及一次性医疗耗材招标采购，由涞水县医药药材有限责任公司实行统一配送，理顺新农合定点医疗机构用药、用械的供应渠道。

2008年针对“五一”、“端午节”等重点时段，对个体诊所、村卫生所、乡镇卫生院、药品零售企业，特别是野三坡景区的药品经营、使用单位进行兴奋剂专项治理，迎奥运医疗器械专项整治。检查中发现药械违法违规案件8起，分别进行了严肃处理；对3个药品经营企业下达限期改正通知书。在全县范围内集中开展对“完达山刺五加注射液”、“终止妊娠药品”狂犬病疫苗等专项检查，责任到岗到人，并签订专项整治责任书。对以“义诊专家教授”的名义为幌子，变相向老百姓销售药品等违法行为，加大查处打击力度。查处2起，行政处罚4000元。对医疗机构的药械购进、储存、使用实行全程监管。对重点区域医疗机构进行拉网式排查，实现无缝隙监管；同时对药品批发企业的配送车辆进行了专项监督检查，查处未按规定低温储运药品案件5起。加大违法药械广告的监测力度，明确专人对本辖区内的电视、广播、报纸上的药品广告进行监听、监看、监录，与工商等部门协调联动，对风湿马钱片违规宣传、违规销售的行为，给予4000元的行政处罚。对药品从业人员进行健康体检，建立药品从业人员健康体检档案。

全年检查药品经营企业412个次，医疗机构720个次，出动执法人员2000余人次，车辆1000台次，查办案件233起，累计罚没款19万余元。

2009年，全年出动执法人员1647人次，检查单位549个次，立案47件，罚没款到账54.74万元；移送工商部门查处违法广告101个品种。

第三节 管理机构

2000年，设立涞水县药品监督管理局，2001年5月正式挂牌办公，名称涞水县药品监督管理局，属县政府直属机构；2001年卫生局局长兼任涞水县药品监督管理局局长，内设办公室、市场稽查股、综合管理股、监督稽查所4个职能科室，聘任了4名股（所）长，定编16人。2005年增加食品管理职能，改称涞水县食品药品监督管理局，人员编制未变。2003年8月，上划3名工作人员。当年其他职工参加省人事厅组织的公务员考试。通过考试，5位职工进入县药品监督管理局工作。2003—2009年，该局有工作人员8名，内设办公室、市场监督股、稽查股3个股室。

第十七编　文化体育

1979—2009年，涞水的文化体育事业得到长足发展。随着人们的文化意识的不断提高，人们对文化的追求和参与越来越多，为满足城乡人民的文化生活，县委政府先后投资建立电影院、文化楼、新华书店楼、文化广场、涞水宣传文化中心，使城乡人民的文化生活得到提高。1978—1980年架通全县广播专线，实现村村通广播；1980年，各区乡镇相继建立文化站；版画创作成绩卓著，获各种奖项40余种，60余幅作品被国内外馆室收藏。1988—1989年先后在白涧、镇厂建成地面卫星接收站和差转台；电影事业以电影发行公司、县电影院、县三姐妹放映队为骨干，逐渐辐射到各乡镇、企业，逐步解决群众买书难、看电视难、看电影难的问题，丰富城乡居民的业余文化生活。1989年10月县电视差转台，开始向山前转播电视节目；1992—1993年先后在镇厂和白涧两个区建立新华书店；2003年，涞水县被文化部授予“中国特色艺术之乡”称号。县内文学、书画、摄影、戏曲、歌曲、舞蹈、民间艺术人才茁壮成长，民间文化团体不断建立和发展，促进了全县文化事业的繁荣。

体育事业健康发展，群众体育活动丰富多彩；学校体育活动持续开展，全县人民的健康水平持续提高。

第一章　文　化

1979—2009年，文化管理体制进行多次改革，文化实体改变财政供养大锅饭的格局，逐步走向市场，增强了竞争意识和活力。随着改革开放经济发展收入的提高，人们越来越重视精神方面的需求，广播电视、图书阅览、报刊杂志进入每个家庭；各种形式的文化活动在城乡普遍展开，改善人们的精神面貌，提高人们的文化素质。政府逐年加大文化建设方面的投入，建设和改善文化场所、文化设施，为各项文化活动的开展搭建平台。文学艺术创作、新闻出版，日益繁荣；文物、非物质文化遗产保护和利用工作得到高度重视。

第一节　文化体制改革

一、机构改革

1982年县政府设文化教育局；1983年设广播事业局；1984年文化局从文化教育局析出，1987—1993年文化局下属单位有：文化馆、图书馆、文物管理所、电影公司、电影院、礼堂、版画创作室（1990年8月建立）河北梆子团及白涧、镇厂和26个乡镇文化站，1990年7月撤销白涧、镇厂区文化站和紫石口、都牙、北庄、罗古台、庄里、蓬头、赵各庄、龙门口、偏道子、李各庄、其中口乡文化站，建立镇厂、白涧中心文化站；1989年县体委合并到文化局；1991经县编委批准，文体局下设文化市场管理办公室，为股级单位；2002年5月，文化、教育合并成立文化教育局，至2009年年底；2009年7月，电影公司、电影院从文化教育局析出，并入到县广播电视局。

二、文企合作

1997年为帮助县文艺团体解决生存危机，为宣传涞水私营经济，县工商业联合会与文化局下属单位涞水县歌舞团合作，成立涞水县工商联红叶歌舞团，1998年底解散。存续期间为会员企业开业、庆典活动和山区乡镇村群众演出，扩大企业知名度。

第二节　文化实体

一、文化馆

涞水县文化馆始建于1949年8月初，称“涞水县人民文化馆”，当时仅有两名工作人员，后逐步增至9人，原馆舍坐落在中远电器对面（原新华书店对面），已建为文化广场，2001年搬入文化大楼，2006年8月新建文化馆竣工，总投资260万元，建筑面积3384平方米，馆内设有音乐室、培训室、多功能展览厅。文化馆设馆长1人，副馆长1人，在职人员10人，其中大专以上学历4人、中级职称1人。

文化馆是全县群众文化的龙头，在公共文化服务体系中占主导地位，其主要职能是组织全县群众文化活动，开展各类文化艺术辅导培训，以及组织开展文学艺术创作等职能。2003年10月30日，河北省群众艺术馆、河北省社会音乐研究会联合发文决定在涞水县建立“河北省群众文艺创作基地”。2004年2月20日，省群艺馆、省社会音乐研究会、县文教局在县文化广场举行省文艺创作基地揭牌仪式，省群艺馆馆长张润，副管长靳鸿书，省社会音乐研究会会长王为民，副县长王士芳出席了挂牌仪式，基地刊物《群星文艺综刊》正式创刊出版。

二、基层文化站

1980年，镇厂、石亭、娄村、永阳、北义安等乡相继建立文化站，各站管理人员不列入编制，所需资金由各区、乡自筹。1983年，全县2个区26个公社建起文化站，每站编制1人，经考试录用，按民办教师待遇。1984年，根据国发〔1984〕21号文件精神，将管理人员的二分之一转为正式干部，二分之一为聘用干部。1990年7月撤销白涧、镇厂区文化站和紫石口、都牙、北庄、罗古台、庄里、蓬头、赵各庄、龙门口、偏道子、李各庄、其中口乡文化站，建立镇厂、白涧中心文化站。

三、图书馆

1983年，经县政府批准，图书室从文化馆析出，建立涞水县图书馆，编制5人。馆址在朝阳路文化广场，书库、阅览室面积3602平方米，原有藏书2000余册，馆藏图书增至8000余册，期刊从40种增至160余种，报刊23份。1985年，图书馆工作人员编制由5人增至7人，藏书种类日趋齐全，藏书量达12000余册。

县图书馆大楼1992年立项，1993年底竣工，1994年正式投入使用，总建筑面积2000平方米，位于朝阳路文化广场东北角。

2009年，图书馆有工作人员7名，其中：研究生学历1名、本科学历2名、中专学历3名、高中学历1名。专业职称为副研究馆员1名、会计师1名、政工师1名、技师2名、高级工1名。馆内设7个服务窗口，即：外借处、报刊阅览室、科技阅览室、少儿阅览室、电子阅览室、中文开架书库、工具书资料查询室及地方文献室。

县图书馆建馆晚、基础差、底子薄、财政困难，政府拿不出更多的资金发展公益事业。面对市场经济的快速发展和广大群众对各种知识信息的迫切需求，1994年，馆领导带领全体员工开动脑筋，采取上门求助、书信等方式，向县内外各界呼吁求援，收到良好的效果，国内几十个单位先后县图书馆联系伸出援手。1996—2006年国家图书馆两次捐赠各种文献9000余册、中国人民大学捐赠3200册、清华大学捐赠2000册、中国社会科学院捐赠5000册、保定华电1000册、农大1000册、对外经济贸易大学捐赠1800册、北京科技大学捐赠1000册、大连图书馆捐赠600册、中国矿业大学捐赠5000册、全国妇联捐赠2000册、科技出版社捐赠2000册、少儿出版社捐赠2000册，浙江大学捐赠2000册、金盾出版社捐赠最新农业科技资料10000册、航空航天大学捐助镀锌板书架60个、农业科学院文献中心捐赠微机两台及书架等办公设备、中央电视台《农村书架》栏目组织12个出版社，联合向图书馆捐赠图书3万册，还有微机，书架等办公设备。藏书匮乏的局面得到根本缓解，办公设备设施得到极大改善。到2009年底，图书馆已拥有图书70000余册，计算机25台。1999年被文化部评定为“国家二级图书馆”；2000—2009年，连续被市委、市政府评为“市级文明单位”。2001年评为县级“巾帼建功示范岗”。

四、其他图书室

1.社区图书室

塔岗社区图书室，东大街社区图书室，府前街社区图书室，涞阳路社区图书室，永安路社区图书室，泰安路社区图书室，建于2005年，各图书室面积50平方米，分别藏书700余册、500余册、400余册、500余册、300余册、300余册。

2.乡镇图书室

涞水镇图书馆藏书13300册；义安镇图书馆藏书16000册；明义乡图书馆藏书1700册；其中口乡图书馆藏书1500册；永阳镇、石亭镇、三坡镇、九龙镇、胡家庄乡、娄村满族乡、王村乡、东文山乡、宋各庄乡、赵各庄镇、龙门乡图书馆藏书1000册。

3.农村图书室

至2009年年底，全县农村建成标准化图书室23个，平均占地面积80平方米，其中：城内村、北关村、西关村、南王庄村、西租村、西水北村、南涧头村、刘皇甫村、北白堡村、北义安村、温辛庄村、西义安村、栗村、庄村、南高洛村藏书1000余册；东关村、三里铺村、南关村、蔺家庄村、寺皇甫村、北高洛村、下庄村藏书1200余册；南瓦宅村、聂村藏书1300余册。

五、新华书店

涞水县新华书店成立于1951年，人事、财务、业务隶属于河北省新华书店，由保定市新华书店直辖管理，2006年1月随河北省新华书店系统由事业单位统一转制为国有独资企业、独立法人。作为党的文化宣传阵地和国营发行主渠道，涞水县新华书店以宣传马列主义、毛泽东思想、党的方针政策，传承先进文化为宗旨，为涞水传播文化科技知识，繁荣涞水文化市场，同时肩负着全县百余所中小学、近4万名中小学生课本的统筹发行任务。

2009年，县新华书店有固定资产500万元，营业面积3000余平米，图书品种一万余种，拥有一座大型图书城，十几个城乡营业网点，以销售图书、音像、电子出版物为主。在职员工18人，其中经理1人，副经理1人；党支部书记1人（经理兼任），副书记1人；内设党政办公室、计划财务科；下设教材用书部、图书经营部。

朝阳路营业楼建于1979年1月，投资30余万元，建筑面积641平方米，占地面积1300平方米。

九龙镇综合楼建于1993年6月，投资60余万元，建筑面积1390平方米，占地面积3000平方米。

赵各庄分店营业楼建于1997年10月，建筑面积412平方米，占地面积640平方米。

东大街门店营业楼，2002年1月开工，2004年10月竣工投入使用，总投资330余万元，建筑面积2321平方米，占地面积1020平方米。

六、文物保护管理所

涞水县文物管理所属事业单位，1983年5月从县文化馆中析出。负责全县文物事业的管理工作。文管所（馆）原址位于祖冲之中学西侧、西岗塔西北角院中，1994年县文化楼建成后迁入文化楼四层，有干部、职工7人。文物库房面积30平方米，配有“三铁（防盗门、铁皮柜、防护窗）两器（灭火器、监控器）”有3名库房管理员，24小时不间断轮流值班，安保设施齐全。馆藏文物有1110件，其中国家二级藏品6件、三级藏品98件。

第三节 文学艺术

自黄帝时代，伶伦在县西乐平山创制乐律、发明乐器、培训乐工舞伎、祭祀黄帝家庙以来，便在涞水、易县一带营造经久不衰的艺术氛围。从檀山村“大舜庙遗址”出土的古编钟可以得到证实。至夏商周秦汉隋唐，地望在涞水乐平山附近的伶伦余脉祖氏一族，传承伶伦衣钵，仍在各朝各代宗庙从事研究乐律、制造乐器、主持祭祀事宜。及至宋元明清，古乐舞渐渐衍变成诗歌、戏曲、舞蹈、音乐、曲艺、杂技、武术等艺术形式，以社火（也称花会）的形式存在于民间。其中祭祀类社火，涞水人依然保持着较高水平，如高洛古乐。

据统计，中华人民共和国成立后在民间广泛流传的各类艺术形式有：

戏曲类：京剧、河北梆子、评剧、老调、蹦板、诗赋弦、上四调、横歧调、丝弦、哈哈腔等；

歌舞类：高跷、旱船、小车、龙灯、狮子、扇鼓、海市、张老背张婆、竹马、跑驴、大头和尚斗柳翠等；

体育健身类：少林、钢叉、踢石球等；

器乐类：南乐、音乐、十幡、吵子、吹打、铜管乐等；

杂耍类：中幡、二鬼摔跤、抬皇箱、杠子、十不闲等。

全县花会总数有197道，几乎每村都有。有的大村则有数道花会，如娄村，有高跷、旱船、小车、中幡、狮子、龙灯、音乐、抬皇箱等8道花会。

一、戏曲

（一）专业剧团

涞水县河北梆子剧团是县属唯一一家专业剧团，其前身为邯郸专区永年县河北梆子剧团。1958年秋，该团由河北省文化局配属给涞水。同年10月，涞水县建制被撤销，该团与雄县剧团合并为涿县河北梆子剧团。1961年上调，改称保定地区河北梆子二团。1962年，涞水县恢复建制，该团于年底复归涞水县，仍称涞水县河北梆子剧团。

1989年有演职人员70多人，生、旦、净、丑行当齐全，文唱武打均有较高素质，既精于传统剧目，又创作编排配合中心工作的小剧目，在县内各乡镇巡回演出，深受群众欢迎。

演出剧目主要有：传统戏《玉棋子》《呼延庆打擂》《蝴蝶杯》《荀灌娘》《杨门女将》《穆桂英大破天门阵》《回龙传》《狄杨合兵》《陶三春》等；新编历史戏《刘公案》《半夜夫妻》《武当山》。现代戏有《夺印》《朝阳沟》《红嫂》《社长的女儿》《会计姑娘》《红灯记》《红色娘子军》《沙家浜》《奇袭白虎团》《智取威虎山》《杜鹃山》《大渡河》《执法如山》等。

自建团至1989年底，该团排演过大、中、小各种剧目总计60余出，其中生命力较强，演出场次多、舞台效果好、影响范围广的是《穆桂英大破天门阵》《武当山》和《执法如山》。期间，该团培养出了一批具有一定艺术造诣、深受群众喜爱的演员，主要有杨凤仙、张凤仙、翟老四、吴荣堂、张宏泰、寇俊英、张春花、王淑琴、陈小英、吕瑞良、王德山、刘焕江、杨当义、崔桂兰、宋秋霞、王爱琴、谢洪义、李淑琴、袁雪梅、赵金楼、梁小更、裴珺、孟红玉、邢小兰、张淑琴、田慧聪、卢占甫等。

至1985年，该团编剧刘焕江（省戏剧家协会会员），著有各种剧本40余部，其中《有万回头》剧本曾先后获得五个奖项。

（二）业余剧团

1978年改革开放之初，涞水县农村业余剧团有80余个，有10个剧种，其中河北梆子剧团43个，京剧团11个，评剧团9个，其他则为老调、蹦蹦儿戏、丝弦、横岐调、哈哈腔、诗赋弦、上四调等，分布在县内77个村。改革开放以后，土地承包到户，外出务工农民增多，排演时间越来越少；电视、录像等传播媒体增多，影响农村剧团的发展，20世纪80年代中后期逐步解散。

（三）京剧

京剧传入涞水有80余年的历史，新中国建立之初最为活跃。较有影响的民间业余京剧团有南关、北关、西洛平、西营房、魏村、西义安等。

1950年5月，南关京剧团在原南关同乐会的基础上成立。该团招收本村50余名青年学唱传统京剧，聘请北京老艺人著名琴师白寿辰执教，先后排演《龙凤呈样》《木兰从军》《打渔杀家》《法门寺》《将相和》《野猪林》等大小剧目30余出。1950—1957年，该团经常应邀到集镇庙会演出，并且在县文艺汇演中均获好评，是涞水县一家较有影响的业余剧团。

该剧团培养李德富、刘永增、胡天永、卢士征、刘淑花、刘永全、朱振兰等专业优秀演员。

1953年，西营房满族聚居村，卖掉原有的一座“档子房”（清时处理公共事务的机关），筹款在村里盖起戏楼，成立起一家京剧团，排演过《逼宫》《天水观》等剧目，先后在涞水、大兴、北京等地演出，好评如潮。

1966—1975年，全国出现大唱革命样板戏的热潮。涞水县城乡到处掀起群众性大唱样板戏的运动，无论田间地头，还是街道家庭，到处学唱京剧样板戏《沙家浜》《红灯记》《智取威虎山》等剧目。带有业余剧团性质的“宣传队”普及到每个生产大队甚至小队。期间，西洛平村京剧团编演的现代京剧《一块银元》深受观众欢迎。

最为活跃的当属县老干部局戏迷协会京剧团。该团成立于1998年，主要剧目为《钓金龟》《坐宫》《武家坡》等，颇受观众欢迎。

（四）河北梆子

山后板城村、汤家庄村的“山梆子”久负盛名。抗日战争时期，山后板城村张亭喜，根据本村的一个真实故事，编写一出反封建压迫的近代戏《一根羊毛绳》，演出后引起轰动，成为该团保留剧目。主要演员有：曹恒凤、曹恒宝、曹恒田、孟宪怀等。山前的从西村、燕翎村、南高洛村、石圭村、张翠台村、南王庄村、王各庄村、曹家庄村、杨家庄村、南封村、魏村的河北梆子剧团，也有较好口碑。

1998年7月，离退休干部张金德、李殿河等牵头组建了老干部局戏迷协会河北梆子剧团。初建时只有五、六个人，自带乐器，自拉自唱，自娱自乐。随着时间的推移，人员不断增加，规模不断扩大，发展到三十余人，服装10箱，音响、乐器齐全，能够演出古装折子戏《武家坡》《大登殿》《蝴蝶杯》《杀庙》《大堂》《断桥》《罢宴》《辕门斩子》《鞭打芦花》等10余折；还自编自演一些新节目，活跃城乡群众文化生活，事迹被《群星文艺综刊》报道。多次参加保定市组织的戏曲比赛活动并获各种奖项。

（五）丝弦

丝弦流行于石家庄、保定一带，1949年前夕传入涞水。该曲调在发展过程中，受昆曲、河北梆子、京剧影响，分为东、南、中、北、西五路，南路也叫弦子戏。

改革开放后整理《打金枝》《空印盒》等传统剧目，给观众留下深刻印象。

义安镇下庄村丝弦剧团在县内水平最高，口碑最好。

（六）老调

该剧种流行在保定地区，分东、西、南三路。经考证，老调系山西梆子流传到河北，与当地丝弦调相结合的产物，已有100余年历史。唱词以七字句、十字句为主，兼唱丝弦戏的曲牌。1949年已绝迹，1949年后得到重生。改革开放初期整理、排练的《潘杨讼》《忠烈千秋》等传统剧目，演出较为成功。

涞水剧作家延辰龙，根据县民间故事创作的大型老调剧《拒马令》《乡间怒火》，由保定老调剧团搬上舞台，并被拍成戏曲片，影响广泛。

宋各庄乡宋各庄村老调剧团，得保定老调剧团表演艺术家王冠英亲授，能演出《潘杨讼》《呼家将》等50多出戏，是当地有名的农村演出团体。

（七）哈哈腔

清末民初传入涞水县南桥头村，剧团演员表演大气考究，演唱字正腔圆，韵味十足，多次到北京、天津等大城市演出。传统剧目大多为生活小戏，主要有《小过年》《拴娃娃》《李香莲卖画》等。

（八）横岐调

从涿州市南横歧村传入娄村、北涧头等村，主要剧目有《闯山》《拦路》《白素贞》《智取威虎山》《沙家浜》《红灯记》等，在当地影响大，很受观众欢迎。

（九）上四调

从高碑店市、撞河村，传入涞水县南秋兰、北义安村，农闲时间排练，节庆期间为村民演出，附近各村村民蜂拥而至，鼓掌声、叫好声不绝于耳，许多家庭主妇常常因看戏而耽误家务，因此，“上四调”又称“拴老婆调”。相传为明万历年间，有兄弟二人逃荒至高碑店市撞河村，其中一人在该村定居，教村人学此曲调。因曲调只有平调、仄调、尖调、悲调四种，故名“上四调”。传统剧目多取材于评书、鼓词，主要剧目有《无底洞》《小三元》等。因唱腔质朴舒畅，极易上口，表演轻松活泼，深受群众欢迎。

2002年8月，涞水县戏迷协会成立，内设京剧班、河北梆子班两个班。

二、民间曲艺

涞水县民间器乐演奏种类有音乐会、南乐会、“十幡”会、吹打班、吵子、铜管乐等，遍及平原山区，最多时达到48道。较有影响的音乐会有南高洛、北高洛、孔村、东明义、东文泉、赵各庄（山前）渐村、下庄、栗村、娄村、福山营、车厂、北辛庄、张翠台、檀山、永阳、从西、南瓦宅、司徒、南封村、胡家庄、北汝河、赵各庄（山区）黑儿口、李各庄等。拥有蔡玉润、李永强、阎富才（音乐）胡大海（南乐）刘坦（十幡）李振金、马汉书、张克宁（吹打）等一大批民间器乐演奏家。其传承及表演形式主要是：

（一）音乐会

音乐会是以社火形式在民间传承的一种器乐演奏团体，历史悠久。起源于秦汉时期的民间鼓吹乐，汉初进入宫廷，鼓吹乐与雅乐、燕乐称三大宫廷音乐，兼具祭祀功能和娱乐功能。

音乐会由一村或一街的民间乐器演奏者自愿组成，以自娱、互娱为目的，业余排练，义务演出。

高洛音乐会最具盛名，最早见于定兴县北侯村延寿寺保存的明永乐年间（1422）的古碑碑文（今藏中国国家图书馆），说明该会距今至少有589年的历史。

高洛音乐会有严格的会规，固定的演奏方式，曲目庄重、深沉、典雅、规整，被称为古代传统音乐的“活化石”。因此，引起国内、国际专家学者的注意。中国艺术研究院音乐研究所的许多专家和英国学者钟思第先生，多次到高洛村对其进行全方位考察，在国内外发表多篇著述，影响很大。

（二）南乐会

南乐会是在音乐会的基础上发展起来的一个年轻的民间器乐演奏乐种。

南乐会较为开放，善于吸收其他乐种的演奏技巧，曲目吸收不拘一格，各种民间小调、地方戏曲、曲艺、流行歌曲等。故而形式活泼，不断出新。如唢呐吹戏；唢呐、海锥对吹；口噙子卡戏；双唢呐对奏；口中吸烟、鼻吹双唢呐；唢呐上转碟子等，很受群众喜爱。

南乐会经常演奏的传统乐曲有《大二番》《小二番》《小磨坊》《八仙庆寿》《红绣鞋》《得胜令》《备马令》《扯不断》《万年欢》《一支花》《秧歌调》《种棉花》《放驴》《打枣》等七八十首。

（三）十幡

“十幡”乐起源于浙江、福建一带，形成于明朝万历年以前，后来辗转传到北方，是涞水县重要的民间器乐演奏乐种之一。“十幡”乐演员阵容庞大、乐器种类繁多，规模齐全的“十幡”乐队，有一百零八人。除有文武场以外，还有一个其他乐种没有的“仪仗队”。“仪仗队”由各色旗帜组成，其中：两面门旗、两面凤旗、两面飞虎旗、两面清道旗、四面标枪旗、外带十面幡旗。“十幡”也是由它的十面幡旗而得名。幡前有：开道锣、三眼铳、提炉、宫灯、八角灯等各色执事，约四、五十人。

“十幡”乐分文场曲和武场曲，武场曲又分粗曲、细曲。所谓粗曲，是指只用打击乐器演奏的曲目，称为“十幡”乐。“十幡”的曲目很多，分套曲和支曲，从明义乡曹家庄“十幡”会笛子演奏者刘坦保存的残破乐谱本看，就有文场套曲五套，分别是：《风池春鹧鸪》《四季》《乱弹》《将军令》《宴乐》；文场支曲10首，分别是：《万年欢》《柳摇金》《柳青娘》《晴天放歌》《荷花开放》《浪淘沙》《灯月交辉》《小水龙吟》《大水龙吟》《大朝天子》；武场套曲两套，分别是：《跳神》《蜈蚣岭》。武场支曲17首，分别是：《叠落金钱队》《雁过南楼》《桃李争春》《蓬头刘海》《玉芙蓉》《吵子》等。

“十幡”乐的特点是典雅庄重，细腻委婉，意味隽永，具有江南丝竹乐的特点。

（四）吹打班

县内以“吹打班”形式，存在于民间的商业文艺演出团体约有十余个。吹打班多数来源于音乐会、南乐会，或脱胎于剧团乐队。演出形式主要是齐奏，唢呐为主奏乐器，另有笙、笛、海锥、口噙子、龙头胡等。吹奏的乐曲多来源于音乐、南乐、民歌、戏剧曲牌或流行歌曲。常用传统曲牌《花打胜》（又称《旌鼓》）《小开门》《满堂红》等。吹打班的一个特点是表演民间歌舞，如《小放牛》《邋遢老婆》《逛新城》等。也唱“坐台腔”，即不化妆、不穿戏服、不加表演的戏曲清唱。为取悦观众，近年开始化妆表演，唱折子戏。生动活泼，短小精干。

吹打班是专为婚嫁喜事有偿演奏的一种民间器乐乐种，年节时也以花会形式演出，或参加各种义务演出活动。

该县有名气的吹打班主要有：王各庄村李振金班、祖各庄村马汉书班、魏村村马才班、北瓦宅村苏玉坡班、西长堤村许洪录班、高村村戎友班等，后起之秀有南瓦宅张干华班、石亭张克宁班、北辛庄刘振军班，从溪村徐贵敏班，还有脱胎于县剧团的庄世清班等。

（五）铜管乐

1988年，石亭村民宋朋文倡议、组织本村和周围各村铜管乐爱好者，自购长号、圆号、小号、萨克斯、中音号等铜管乐器，定时到京郊解放军某部铜管乐队学习，风雨无阻。学会《歌唱祖国》《运动员进行曲》等20余首乐曲，为亚运会及县、乡村的各种活动演出，也以花会形式到各村巡回演出。

三、歌舞

涞水县歌舞团，成立于1989年末，隶属县文化馆，张东升、倪宝强、张玉宝先后任团长。主要演员为县文化馆、文化站的工作人员。声乐演员为刘晓华、倪宝强、张玉宝、王菊青、徐少华、岳金、林小文、赵舒艺、李献红；舞蹈演员耿青青、刘闯、隗华；评书、小品演员靳晓静等。由团长带领在：北京、河北、陕西、内蒙、宁夏、甘肃、山西、青海等地演出。主要节目有：舞蹈《神秘女郎》《夏威夷草裙舞》《魔鬼迪斯科》《太空柔姿舞》等；小品《相亲》《三赌徒》《冰糖葫芦》等。

因观众兴趣转移，1994年涞水县歌舞团解散。

2005年3月，义安镇寺皇甫村文化传承总会成立。

2009年9月，涞水县舞蹈协会成立。

2009年12月，涞水县红歌会成立。

刘阜创作的女声独唱歌曲《欢乐的山村》(邢籁词),1985年5月获河北省政府首届文艺振兴奖;《心血浇灌栋梁材》(李如会词)1986年获上海通俗歌曲创作大赛银牌;《民心似水水长流》(李如会词),1997年获湖北省廉政歌曲征集评选一等奖。

张东升创作的歌曲《山乡酒歌》,1983年获首届河北省“音乐之春”创作一等奖;《收下我的赤诚》《心连心》《同志,愿你心灵美》《我家住在梨花沟》等分别获保定市一、二等奖和优秀奖;《幸福谣》一歌发表后,被河北《燕赵新歌》、北京《音乐周报》等专业刊物推介。

附:歌曲创作人员:

刘阜:涞水县东明义村人,中国函授音乐学院理论作曲系毕业,副高级职称,1987年10月任涞水县文体局副局长,河北省社会音乐研究会副会长,《河北音乐教育》杂志主编。受聘为中国社会音乐研究会会员,河北省音乐家协会创作委员会委员。

张东生:涞水县南郑各庄人,曾任县文化馆馆长,河北省音乐家协会会员。

四、文学

1985年6月10日,涞水文学艺术界联合会成立,文艺创作活动逐渐活跃,在较短时间内,各乡村、厂矿、学校相继自发成立25个文学社团,有社员200余人。其中较有影响的有原县第一中学“启明文学社”,创办《启明》社刊;石亭中学“华蕾文学社”、镇厂区“三坡民间文学社”、洛平乡“新风文学社”、义和庄乡“火焰文学社”、王村乡“绿原文学社”、第二中学“苗圃诗社”、龙门乡龙门村“山乡女子文学社”,成员80%以上为青年业余作者、文学爱好者。刘宝营、王旭营、王同敬、胡彩霞、靳凤羽、李永生、王秀宽等一批新秀,成为省内外有影响的作家。

(一)涞水文学艺术界联合会

简称县文联,成立于1985年5月,隶属县委宣传部,会长由副部长延辰龙兼任。县文联下设文学、戏剧、美术、音乐舞蹈、书法摄影、曲艺杂技6个专业协会。

(二)涞水县楹联学会

涞水迎春楹联征集活动始于1987年发起人是原图书馆馆长杨绍源先生,顾问贾殿卿、成员有崔振海、曹一鸿、邢友天、付东华(女)、孙鹏。

1991年成立楹联学会,会长崔振海,副会长:郑有明、边鸿志、杨俊桥、祖景新,祖景新兼秘书长。1996年,李情怀任第二任楹联学会会长,祖景新任常务副会长兼秘书长,郑有明、边鸿志、杨俊桥任副会长。2000年,付东华(女)担任第三任楹联学会会长;常务副会长苗云泽、秘书长赵训铃,副会长:孙鹏、杨俊乔、曾维新、吕淑清。至2009年底,会员发展到500余名。1987至2009年,举办征联活动22届。1990年由杨绍源主持出版《春联集萃》一册;2007年,整理历年征集作品,编辑出版《遒屏联萃》一书,主编付东华、副主编苗云泽。

(三)河北省群众文艺创作基地

2003年10月30日,河北省群众艺术馆、河北省社会音乐研究会决定在涞水县建立“河北省群众文艺创作基地”。

2004年2月20日,省群艺馆、省社会音乐研究会与涞水县文教局共同在县文化广场举行河北省群众文艺创作基地揭牌仪式。基地刊物《群星文艺综刊》也正式创刊出版,32开本,彩色封面,内文2印张,每期印数4000册。

河北省群众文艺创作基地创作及出版情况:

2004年12月底,出版《群星文艺综刊》10期,共计4万册;刊登涞水及全省业余作者创作的戏曲、曲艺、歌曲、美术、诗歌、小说、散文、故事等作品423件。

自2005年开始，《群星文艺综刊》改为报纸出版，四开四版，旬报，每月逢5、15、25日出版。到2009年底，连续出版155期，发表各类文艺作品1706件，科普知识类稿件402件，26.5万字。

帮助单位及个人编辑出版了《涞水书法作品选》（涞水县书法协会辑）《遒屏联萃》（涞水县图书馆辑）《千古英杰——祖逖与刘琨》（作者边鸿志）《高洛音乐会》（主编刘阜）《野三坡故事精选》（三坡管委会、涞水县文体教育局辑）《平西抗日根据地抗战民歌》（涞水县档案局）《涞水历史文化辑萃》（涞水县政协编辑）《当代书画名家艺术》（祖冲之书画院辑）《不朽的精神　永恒的力量》（于仲清辑著）《易水放歌》（易县文化馆编）等图书。

（四）戏曲、影视剧创作

涞水戏剧影视创作起源于1984年，县文联主席延辰龙根据本县历史故事以清代涞水县令甘汝来为原型，编写的历史剧《拒马令》剧本，由保定地区老调剧团编排演出，获得圆满成功。1986年该剧由河北省电视台拍成戏曲片。1987年5月获得了省政府第2届“文艺振兴奖”，首开涞水戏曲编剧先河。随后又于1991年创作大型近代老调戏剧本《乡间怒火》和三集电视连续剧剧本《野三坡传奇》。县河北梆子剧团编剧刘焕江，于1992、1993年先后创作新编古装剧《巧借乌纱》和《执法如山》；根据传统连台本改编剧本《刘公案》，被县内外剧团采用演出。何方创作的独幕歌剧剧本《三换石头猪》、边鸿志创作的影视剧本《千古英杰——祖逖与刘琨》，均在有关杂志刊物上发表，在繁荣涞水文艺创作方面发挥带头作用。

《拒马令》　该剧1984年创作于涞水县文联，作者延辰龙（与谢美生合作），为大型古装老调剧剧本。拒马令（甘汝来）由原保定老调剧团国家一级演员王冠英饰演。

《乡间怒火》　该剧创作于1991年，作者延辰龙，为大型近代老调戏剧本。他以清朝末年，发生在本县高洛村义和团火烧洋教堂，镇压义和团的清军直隶练军分统领杨福同，被毙杀为原型编创的。保定地区老调剧团排演，1991年赴北京演出。1992年被河北省电视台拍摄成电视戏曲片。

《刘公案》　由同名传统连台本戏改编，改编者刘焕江。本县河北梆子剧团及保北数县剧团采用该剧本演出。

《巧借乌纱》　该剧本1992年发表在《保定戏剧》，作者刘焕江，为新编古装戏。县河北梆子剧团演出。

《执法如山》　该剧1993年在保定市戏剧会演中获一等奖，作者刘焕江，为新编现代戏。县河北梆子剧团演出。

《野三坡传奇》　三集电视连续剧剧本，编剧延辰龙。由张家口电视台拍成电视片，导演李金波。河北音像出版社出版发行。

《三换石头猪》　该剧本在保定地区群艺馆《雁翎》杂志1985年第2期发表，作者何方，为独幕歌剧。

《千古英杰——祖逖与刘琨》　影视剧本，作者边鸿志。

（五）小说创作

20世纪80年代中期，是涞水小说创作的高潮期，以王旭营、刘宝营、靳凤羽等一批年轻文学爱好者，以在部队的亲身感受为原型，先后撰写《二月硝烟》《沉重的枪声》《蓝盾》等小说，受到广大读者好评。随后靳凤羽、李永生等一批新秀也相继创作以人物传记为原型的小说《旷世奇才祖冲之》，短篇小说《谁让我受伤》《我是谁的流星》小说集《匪儒》等。

小说创作人员

刘宝营　1956年生，涞水县赵各庄镇板城村人，大学学历，编审（正高）职称。河北省作家协会会员。1984年，作为向中华人民共和国成立35周年献礼书目，河北人民出版社出版中篇小说《二月硝烟》，同年荣获首届河北文艺振兴奖。1989年，长篇小说《啊，野莓谷》由河北少年儿童出版社出版，获河北省作家协会“金牛文学奖”。1991年，短篇小说集《野三坡九记》，由花山文艺出版社出版。1993年，《刘宝营诗集》由花山文艺出版社出版。

王旭营　1956年生，涞水县龙门村人，河北省作家协会会员。主要作品有：中篇小说《沉重的枪声》刊登在1986年《蓝盾》首期头条；短篇小说《老咸菜轶事》刊登在1987年《小荷》6月号；短篇小说《黑痣》刊登在《河北文学》1988年9月号；《小说二题》刊登在1989年3月号《河北文学》等，并有大量报告文学、杂文、电视专题片等面世，获国家电视协会三等奖及河北省、北京、天津、上海等地文学类奖项多次。

靳凤羽　1962年生，涞水县祖各庄人，女，毕业于保定师范专科学校，在祖冲之中学任教。1986年开始发表作品，先后在《荷花淀》《青年文学》《河北文学》《当代人》《长城》《青春》《萌芽》《巨人》《少年文艺》（江苏）《少年文艺》（上海）《中国校园文学》《广西文学》《野草》等杂志发表文学作品计120万字。代表作有：长篇人物传记小说《旷世奇才祖冲之》短篇小说《谁让我受伤》《我是谁的流星》等。

李永生　1968年生，涞水县蓬头村人，河北省作家协会会员。中学时期开始文学创作，1989年开始发表作品，以创作《故里奇谭》和《故里小牍》两个系列小说为主，已在《章回小说》《小说月刊》《短小说》《通俗小说报》《文学港》《椰城》《河北日报》《传奇故事》《山海经》《微篇文学》等发表百余篇。曾获第二届“吴承恩文学艺术奖（短小说奖）”；保定市“五个一”工程奖；《保定晚报》“当代杯”全国微型小说大赛一等奖；上海“梅园杯”全国小小说大赛三等奖等。部分作品被《读者》《意林》《新小读者》《最文摘》《阅读世界》《传奇传记文学选刊》《小小说选刊》《微型小说选刊》《课外阅读》等选载或收入文集。小说集《儒匪》，2007年8月由长江文艺出版社出版。

（六）诗词

诗词创作主要人员简介：

王同敬　1948年生，河北唐县人，号青虚散人、青虚樵。毕业于保定师专中文专业。担任《涞水县志》编辑部主编。现为河北省诗词学会理事、保定诗词楹联学会常务理事。1999年出版个人诗词集《雨敲窗》。2001年，任《党旗颂诗词联大观》副主编；2002年，主编《当代吟坛风韵类编》首集；2004年主编《中华历代名诗品鉴》和《当代吟坛风韵类编》续集。在《中华诗词》上发表，《赏同题诗的别裁别趣》，被许多学术刊物列入相关文献；《风格臆说》一文，从微观、宏观两方面进行艺术历史和哲学的理论探讨，有一定理论深度。

王秀宽　1948年生，涞水县山南村人，1974年毕业于清华大学。经常在报纸和杂志上发表诗歌和散文。诗集《三坡牧歌》，2007年8月由保定市作家协会编辑，湖北长江文艺出版社出版，收入作者创作的各类题材诗作308首。

刘　浏　1954年生，涞水县东长堤村人，本名刘瑞凤，号长堤山人。现为中国诗歌学会会员，河北省作家协会会员，北京东方收藏家协会会员。1978年开始发表诗歌、散文等，作品见于《人民日报》《儿童文学》等报刊。为自然景观题诗、摄影的专辑《进画入诗佛祖山》一书由香港银河出版社出版。

胡彩霞　涞水县石圭村人，笔名星儿叶子，女，毕业于河北师范大学中文系，文学学士，中学高级教师。现为中国诗歌学会会员，保定市作家协会会员，涞水县历史文化研究会研究员，涞水县青年联合会第一届委员会委员。2009年由黄河出版社出版诗文集《轻轻走过》一书。自2006年开始从事诗歌创作和文艺评论，在《文艺报》《河北作家》《大众阅读报》《新诗》《河北自学考试》《河北农民报》《当代教育》《左诗苑》《精彩阅读》《诗词报》《四季风》等多家报刊杂志发表各类文学作品300多篇（首）。

有作品入选《我们以诗歌的形式在这里相聚》《新保定诗群作品选》《喀斯特经典诗歌选》《和你在一起》《百味汉语诗人诗选》《嘉陵江优秀作品选》等多种诗歌选本。2007年荣获第二届中国网络爱情诗大赛“爱情诗人”奖；2008年荣获“振翔杯”中国诗歌大赛优秀作品奖。

张桂才（1948—2014） 涞水县其中口乡人，毕业于张家口大学哲学系，曾任县政协主席、县委宣传部长。2006年由香港银河出版社出版个人诗集《山歌水吟》32开本，9印张，20万字。

（七）散文

1979—2009年，涞水的散文作者较有成就者主要有杨春燕、王敬尧、赵敏、靳凤羽等人，他们的作品在各种书报刊物发表，或辑录成集。通过散文这种形式，阐述自己的世界观、人生观、价值观和对人生的态度，具有一定的教育意义和现实意义。

部分散文作者

杨春燕 涞水县大泽村人，女，朝鲜族，大专学历。现为中国微型小说学会会员，河北作家协会会员。1988年开始发表作品，在保定市作家协会主办的《荷花淀》创刊号发表诗歌《七月田野》《黄昏》；在上海人民出版社主办的《小说界》，发表小说《卖瓜子的女孩》《李四其人》；2003年在《人民日报》发表征文《豌豆花》；在《北京晚报》发表诗歌《不知为什么》；在《石家庄日报》发表小小说《卖蟹女》；在天津《新作家》发表诗歌《为什么你还不来》，小说《接吻者》等。

王敬尧 涞水县上车亭村人，笔名王尧。20世纪80年代以来，先后在《人民日报》《杂文报》《工人日报》《北京日报》等报刊杂志发表散文、杂文、散记等100多篇。杂文集《钉碟录》，1992年12月由团结出版社出版。

赵 敏 涞水县村人，田某村不详，原名赵中民，女，1991年毕业于西北大学中文系。现任平顶山市作协副主席。20世纪80年代中期开始发表作品。2004年加入中国作家协会。共出版文学作品4部：散文、报告文学集《远野》、散文集《尘缘》、散文随笔集《长天秋水》、中篇小说集《梦为远别》。散文《儿子，妈妈对你说》《学会放弃》被收入2003、2004年中国散文年选本；散文随笔集《长天秋水》获2005年河南“五个一”工程奖，散文《岁月心笺》获2003年《莽原》文学创作奖。

楹联主创人员简介：

苗云泽 1963年9月出生，涞水人。就职于县教育局。受聘为中国楹联学会会员，河北省楹联学会理事、教育委员，县楹联学会常务副会长。自80年代末从事诗词联创作，作品散见于《对联》《中国楹联报》《北京晚报》等报刊和多种对联书籍，在《中央人民广播电台》《北京晚报》《河北电视品台》《燕赵都市报》等举办的全国性征联中多次获奖，其辞条收入《中国当代楹联艺术家大辞典》等多部辞书。

祖景新 1935年生，涞水县下车亭村人。详见640页辞条。

赵训岭 1959年生，涞水县北郭下村人，大专文化，就职于县公安局。受聘担任中国楹联学会、河北省楹联学会会员；保定诗词楹联学会理事、县楹联学会秘书长。1996年开始诗词和楹联创作，尤以对联见长。作品散见于《中国楹联报》《中国楹联》《河北日报》《北京晚报》《保定日报》《保定晚报》等10余家报刊，部分作品入选《新中国楹联大观》《中国对联作品集》《世纪龙吟》《黄河魂》等30余部书刊。参加全国各类大赛60余次并获奖。

边鸿志 1931年生，河北顺平县人，县离休干部，受聘担任河北省楹联学会会员、县楹联协会副会长。早年曾从事部队文艺工作，在军内外发表诗歌、小说、散文等作品百余篇（首），并数次获奖。转业后，参加全国性楹联、诗词大赛、并曾多次获奖。作品入编《新中国楹联大观》《中国楹联廿年作品精选》《党旗颂诗词楹联大观》等多部典籍。

杨俊乔 1946年生，涞水县南瓦宅村人，受聘担任河北省楹联学会会员，县楹联学会副会长。对联作品收录于《中国对联作品集》《对联杂志》等20余种联集中；诗词刊于《当代吟坛》《风韵类编》《清风雅韵》《盐湖诗联》《保定吟坛》等。

李情怀　1947年生，涞水县孔村人，受聘担任中国楹联学会会长、河北省楹联学会理事、县楹联协会会长等职。有百余幅作品先后在全国和省级大奖赛中获得奖励。

（八）其他著述

《涞水县民间文学集成》1986年7月由涞水县民间文学艺术联合会编辑出版，32开本，收入民间故事166篇，民间歌谣81首。主编延辰龙。

《野三坡的故事》1988年5月由中国民间文艺出版社出版，32开本，4印张。收入流传在野三坡的民间故事33篇。主编延辰龙。

长篇人物传记小说《祖冲之》1999年12月由中国文联出版社出版，大32开，13印张，33万字，作者靳凤羽、张泽。

革命回忆录《金山英烈》2006年出版，大32开本，9.5印张，20万字，辑著者张文生。

《涞水县大事记》2005年印刷成册，精装16开本，33印张，20万字，编辑单位为涞水县档案局。

《高洛音乐会》，2007年由中国文联出版社出版，内容含高洛音乐会所保存的乐谱、乐器、图、碑等文物资料和中外专家学者对高洛音乐会的考察、研究文章。精装大32开本，50万字，30印张，编辑单位为中共涞水县委宣传部、县文体教育局。主编刘阜，副主编齐易、王小民、张文启。

《平西抗日根据地抗战民歌》2007年8月由河北省群众文艺创作基地出版，河北省音乐家协会主席王玉西作序。大32开，7印张，印数1000册。收入抗战时期流传在涞水民间的抗战歌曲108首，珍贵历史照片数十幅。该书由涞水县档案馆编辑，主编赵开英。同年底，该书获河北省文化厅“非物质文化遗产保护资料”三等奖。

回忆录《我的一生》2008年出版，大32开，7印张，30万字，作者张文生。

《首建祖冲之纪念碑廊书法作品集》2008年12月出版，A4开本，10印张，收入涞水县及外地书法名家入碑入展作品300幅。主编夏景源，执行主编祖景新、焦宝堂。

《涞水山川古韵》2009年12月由中国文联出版社出版，作者雷连城，大32开，11万字，7印张。

五、艺术

涞水有国画、版画、指画、素描、油画、剪纸、烙画等各种艺术形式，进入20世纪80年代以后，版画创作一枝独秀，成绩斐然，誉满国内外，2003年被文化部授予“中国特色艺术之乡”称号。在其他各种艺术形式中，也有不少优秀人才脱颖而出。随着经济条件的不断改善，人们的审美观念、收藏意识不断变化，促进艺术人才的培养和艺术事业的繁荣。

（一）版画创作

1985年，县文化馆美术干部刘泳、王杰斌、苗桂新等发起，成立“土坷垃版画会”。次年，保定地区群众艺术馆为该版画会举办“土坷垃版画展览”，展出6名会员85幅作品。1987年4月，由省美协、省版画研究会、省群艺馆和涞水县文化馆联合主办，在石家庄群艺馆举办“土坷垃版画展览”展出2名作者、95幅作品受到中国著名版画家的鼓励和赞赏，省电视台、电台等8个新闻单位进行了报道，在报刊上公开发表版画作品47幅。1988年在协展览馆土坷垃版画中国美举办展览，展出6名作者100幅新作，参观人数达6000余人，外宾购画17幅，美术馆收藏12幅，《版画世界》留用35幅，取得圆满成功。1989年9月，日中艺术研究会和佐岛美术馆精选“土坷垃版画会”会员30幅作品，在日本佐渡岛美术馆共同举办中国涞水“土坷垃版画”展览。此后在京都、大阪等地举办画展，均获得圆满成功。

1990年经县政府批准，将美术干部从文化馆析出，建立版画创作室，具体负责全县的版画创作和辅导，地址在县文化馆。至2009年有40余件作品获全国、省、市美展奖；国内外几十家电台、电视台、报刊、杂志进行300余次宣传报道；有60余件作品被国内外收藏界收藏。2003年被文化部授予“中国特色艺术之乡”称号。2009年，版画创作室有创作人员6名，其中中国美术家协会会员1名，省美术家协会会员5名，大学艺术系毕业生3名；副高级职称1人，中级职称4人。

版画主创人员：

刘　泳　1942年生，涞水县石亭村人，大专文化。原任县土坷垃版画会会长，县文化局版画创作室主任，县文化局副局长。现为中国美术家协会会员、河北省美术家协会创作委员会副主任、河北大学艺术学院客座教授、保定画院画家、副高级职称。国画由中央美术学院许仁龙开庐，深造于清华大学美术学院国画创作研究生班，作品多次入选国际国内大型展览。在中国美术馆、日本、中国香港、甘肃、青海、广东、山东等地多次参加联展和举办个展。荣获日本女神金奖、鲁迅金奖和国家级美展佳作奖、创作奖和省一等奖。其作品曾发表在《江苏画刊》《中国画家》《美术之友》《中国画研究》《艺术与收藏》《香港书画报》《鉴赏收藏》等杂志和大型艺术画册，并出版了《刘泳画集》《刘泳画展精品选》等画册。部分作品被中国美术馆、人民大会堂、天安门大厅、鲁迅博物馆、江苏美术馆和中国香港、日本、比利时、德国等国内外多个单位收藏。传略收入多部大型艺术家辞典。

王杰斌　1957年生，河北高阳人。1990年毕业于中央美术学院版画系。原就职于涞水县版画创作室，河北师范大学美术学院副教授，硕士研究生导师，中国版画家协会会员。作品参加第八届、第九届、第十届、第十一届全国美术展，《日本高知国际版画展》《云南国际版画展》；曾荣获《全国建军美术展览》佳作奖、《全国第十届版画展》银奖、《全国第十四届版画展》铜奖、《全国写生展》佳作奖、《全国青年版画大展》鼓励奖、鲁迅版画奖章。传略收入多家大型艺术家辞典。

苗桂欣　1956年生，涞水县龙门乡野狐村人。1989年结业于中央美术学院版画系，现任涞水县版画创作室主任、中国美术家协会会员、中国版画家协会会员，河北大学艺术学院客座教授。作品《笛声》，参加全国第十二届版画展获铜牌奖、《惊惧》参加全国第十三届版画展获铜牌奖，同时获得人民美术出版社1990年度《版画世界》奖和鲁迅奖章，并获河北省版画创作一等奖。另有多件作品参加全国版画展览及省、市美术作品展，并获奖。数十件作品到日本长野、佐渡、京都、信州、鸟取、大阪和中国香港、中国台湾地区展出。多件作品在国家、省报刊杂志及大型艺术画册发表。部分作品被江苏、深圳、广东、安徽、四川、河北画院等多家美术、博物展馆及个人收藏。传略收入多部大型艺术家辞典。

柳泽江　1957年生，涞水县董家庄村人。原任涞水县版画创作室主任、保定市第九届政协委员、中国美术家协会会员，旅游联谊中心理事、中国版画家协会会员、保定市拔尖人才。2007年被评为保定市市级学术带头人。作品多次参加在中国美术馆、中央美院画廊、港澳地区和泰国曼谷、日本东京等地举办的国内外美术展览，多次获奖。其中版画《房前屋后》获全国第十一届版画展铜牌奖；《蓝月亮》获第二届世界华人艺术大展金奖；《田园情》入选文化部庆祝香港回归中国艺术大展；《草垛与鸡》等多幅作品被中国美术馆、江苏省美术馆、河北省画院、日本信州版画会、泰国国际文化交流中心等艺术机构收藏；荣获人民美术出版社1990年度鲁迅奖章；书法作品《柳》获首届全国唐诗宋词元曲书画大赛金奖。传略收入多部大型艺术家辞典。

张京海　1958年，涞水县西角村人，1993年进修于中央工艺美术学院（现清华美院），大专学历。河北省美术家协会会员、中国版画家协会会员、国家二级美术师（副高职）县版画创作室，专职美术创作。其作品入选“中日版画联展”、“92深圳中国风情画展”、“河北—日本长野版画联展”，“全国第三届‘三版’展”、文化部“情系西部国际书画大展”（获银奖）“全国第十八届版画展”“首届职工艺术节全国美术作品展”、第十届全国美展入围“获河北省美术作品优秀奖”。“重温经典古典油画作品展”，其作品被首都师范大学美术学院收藏。有近百幅作品在《版画艺术》《中华文化画报》《中国青年报》《装饰》《青年文摘》《青年文学》等国家级刊物发表。

刘　昊　1976年生，涞水县石亭村人，笔名刘淏，女，县版画创作室专职美术创作，河北省美术家协会会员。1996年创作的版画《荷塘》，获1995—1996年河北省版画展览三等奖，入选第十三届全国版画作品展览；1997年创作的油画《生命》，入选《世纪之梦》迎香港回归京津沪港书画展；油画《花瓶系列之二》，入选第二届中国静物油画展；1998年创作的版画《沉寂》，入选第十三届全国版画作品展览。

马　琳　1964年生，河北张家口人。1982年毕业于河北保定工艺美术学校雕塑专业，2001年赴欧洲考察学习，2003年毕业于中央美术学院油画系首届高级研修班。中国美术家协会会员、河北大学艺术学院美术系教授。作品入选第二届、第三届中国油画展精品作品展；首届、第二届当代中国山水、油画风景展；首届、第二届中国北京国际美术双年展；第八、九、十届全国美展优秀作品展；并获优秀作品奖，河北省金奖等奖项。传略收入多部大型艺术家辞典。

（二）野三坡烙画

烙画亦叫“烫画”“火笔画”“烙花”是由古代的一种烙刑演变而来。起初，只是在触犯刑法的罪犯脸上或身体上烙字或烙图案。西汉年间，武帝刘彻的宠妃卫子夫因受皇后陈阿娇陷害，脸上被烙以花形，容貌非但未受丝毫损害，竟然凭添三分妩媚，更觉娇俏，武帝爱之若狂，不惜废掉陈阿娇，立其为后。一时间，民间争相效仿。后来逐渐发展到烙画，在东汉时期盛极一时，当时光武帝刘秀曾下诏旨定烙画为朝廷贡品，史称“火针刺绣”。烙画作品一般呈深浅褐色，古朴典雅，清晰秀丽，其特有的高低不平的肌理变化具有一定的浮雕效果，别具一格，经渲染、着色后，可产生更加强烈的艺术感染力。烙画的制作过程极其讲究，且要求严格遵守每一个步骤，一幅优秀的烙画作品必须具备以下标准：线条流畅、着色均匀、搭配过渡色彩合理、明暗浓淡层次分明。同时，需要画师根据作品的内容、题材和所要表达的意境不断改变深浅变化，以达到和谐、完美的地步。由于烙画绘制程序复杂，火候不易掌握，且因其颜色单调，多数人不懂得欣赏，所以迄今为止，从事烙画工艺的人寥寥无几，2000多年来，留下的烙画佳品及传世之作更是绝无仅有。据考证，历史上曾形成以燕山、金陵、南阳、山丹、蓬莱为代表的烙画流派，野三坡烙画属于燕山烙画派。

据传：李闯王攻陷北京，明崇祯帝于煤山自缢后，一些皇亲贵胄逃亡到野三坡，当地的村民因感念明朝的恩典，组成护卫队，保全皇族，自此，他们便在野三坡定居下来，派随身逃亡的画师、工匠教习村民纺织、印染、烙画等工艺。由于烙画新颖、含蓄、气派、典雅，颇受当地村民的推崇，但因其烙制过程比较复杂，对画师本身的绘画知识要求比较全面，以致于学成的人凤毛麟角。经过300多年的沧桑岁月和战火洗礼，烙画在野三坡逐渐失传，直到被工艺美术师李大伟先生重新发掘出来，才赋予了野三坡烙画新的生命。李大伟从事绘画事业30余载，将素描、工笔、国画等绘画技巧充分运用于烙画的绘制过程中，经过多年尝试，首创在纸上烙画，其工艺性及艺术价值较普通材质烙画更胜一筹。

烙画是中国传统工艺画之一，属于一种自然的绿色的画种，也是国内工艺界正在开发挖掘的一种民间传统工艺品，它汲取绘画艺术之长和火笔的运用技巧，代表中国的绘画艺术。因其题材广泛，画面丰富而精细，清晰秀丽，赋有极高的艺术表现力和艺术价值，加上作品本身的艺术内涵又具有极高的收藏价值。烙画神秘悠远，古朴庄重，高贵典雅，新颖脱俗，具有浓厚的文化气息，大可装饰厅堂，小可布置雅室，深受国内外工艺品收藏界人士青睐。近年来，作为野三坡民间传统工艺中的精粹，烙画在全国得到了工艺美术界知名人士的瞩目，他们主张：“保护文化遗产、发扬烙画工艺”，使烙画在国内工艺美术界的地位备受推崇；在国际市场上，博得美、日、韩等国家收藏人士的厚爱。

（三）河北省画家写生基地

2007年8月，“河北省画家写生基地”在永阳镇龙宫山庆化寺挂牌成立。挂牌单位为河北省燕赵书画院和河北省社会音乐研究会，基地负责人为庆化寺主持释隆发。

首批入驻的是中国艺术研究院中国美术研究所研究生班的11名画家，在石林和峡谷内写生15天。

六、书法与绘画

（一）书法

1.书法组织

涞水县书法协会　建于1985年，由省书法协会会员朱学武等发起组成，为涞水县文学艺术界联合会分会。首任主席朱学武，副主席刘卓亭、秦秀福、阎贺鸣、杨春花、李清怀，常务副主席刘卓亭。涞水书协带领广大书法爱好者，紧跟时代步伐，以其特有的艺术形式，多次举办各种形式的书展，并积极配合省、市书协工作，认真选送优秀作品参加上级举办的各种大型展览。同时在全县范围内举办书法培训班，进行书法艺术的探索和交流，解决书法艺术的传承和创新、普及与提高，成为发现人才、培养人才的书法艺术摇篮。

祖冲之书画院　建于2006年5月19日，由祖景园（已故）和祖景新先生共同发起成立。该院是一个集书画艺术研究、创作、交流、展览、拍卖、收藏为一体的学术机构。具有独立法人资格。旨在弘扬祖冲之文化，发扬祖冲之精神，宣传祖冲之的伟大贡献。祖冲之书画院拥有成员99名，既有当地书画艺术名家，又有来自保定、北京、上海、安徽、四川、黑龙江等省市的书画艺术家。祖冲之书画院继承和发扬中国书画艺术的优秀传统，适时组织各类书画展、联展、个展和名家作品观摹展，举办书画艺术研讨会和名家学者艺术讲座。把祖冲之书画院办成传承祖冲之文化的基地，培养书画艺术人才的学校，展示书画家艺术才华的大舞台。

石亭镇高村书画协会　建于2009年8月，名誉主席刘金树，主席张术军，副主席戎绍清、陈廷铎，秘书长赵辉；艺术顾问朱学武、焦宝堂、李清怀。该协会旨在推动该镇精神文明建设、提高农村居民文化素质，组织书画爱好者开展活动，培养书画人才。

涞水九龙书画协会　九龙书画协会建于2006年6月，名誉主席李大伟、刘威、张志祥；主席马德文，副主席晋朝一、郑明月、刘久城、杨春亮，秘书长杨春亮（兼）。艺术顾问刘泳、朱学武、苗桂欣、刘卓亭。该协会位于国家重点风景名胜区野三坡，会员作品多次参加全国及各省市书画展览获奖，为推动旅游、活跃农村文明建设起很大作用。协会建立以来，通过举办培训班、组织书法展览、开展对外交流活动等多种形式，在老中青年人群中，培养出一大批书画爱好者和书画人才，有不少人成为县内外、省内外书法名家。

部分书法家：

朱学武　县书协主席；受聘为中国翰墨文化促进会会员，河北省书协会员，保定市书协名誉理事。书法以隶书、行草见长，作品多次参加国内外大展，多次获奖。数年来应多家出版社约稿，发表中堂、对联多幅。多件作品在新加坡、中国香港等地展出。书作被《百年经典中国书法全集》和《书画长卷精品画册》等多部大型艺术画册收录。被《当代文艺家词典》《世界华人文艺界名人录》收录。

夏景源　高碑店市新城镇大屯村人，县老年书画研究会会长、祖冲之书画院名誉院长；受聘为中国书法艺术研究院教育委员会委员、保定市老年书画研究会理事。书法以行书见长。其作品曾多次参加全国及省、市书画展，多次获全国大赛金奖和银奖；其作品入编《中国当代书画名家妙笔集锦》《当代杰出书画艺术家新作博览》《中国当代书画名家名作选萃》《民族魂、夕阳情》《翰墨夕阳中国老年书画群贤荟萃》《河北省老年书画优秀作品集》等。2003年编辑《涞水书法》、2006年出版《夏景源书法与收藏》《诗情画意野三坡》书法、摄影集；2008年主编《首祖冲之纪念碑廊书法作品集》。

祖景园　祖冲之书画院名誉院长。受聘为中国书画家协会常务理事，河北省美协、书协会员，河北大学工艺美术学院教授。在书法、绘画方面有一定的造诣。1994年其艺术简历编入中国现代文学会主编的《国际现代书画篆刻家大辞典》；1997年其书法作品编入《世界华人书画作品集》；2003年其书法作品参加河北省委宣传部主办的“迎重阳中脉杯河北省首届老年书画展”获二等奖；2005年其书法作品参加由文化部中国画研究院举办的“国际华人诗书画印艺术大展”获优秀奖，编入《国际华人诗书画印艺术大展作品集》，被誉为世界华人杰出艺术家；1993年书作《兰蕙同馨》参加由中国美协、中国书协联办的“全国教育系统红烛颂书画大赛”获金牌奖；1999年书作《咏兰》参加由文化部、中国书画家协会主办的“澳门回归书画精品展”获和平金牌奖。部分书法作品被日本、新加坡、美国、中国香港、中国台湾地区的收藏家收藏。出版物有《祖景园书法集》《祖景园山水画集》。

刘卓亭　县书法协会常务副主席。受聘为中国翰墨文化促进会会员，河北省书法家协会会员，保定市书法家协会理事。书法以隶书、行草为主。作品1992年入选省书法家协会主办的河北省首届中青年书法展；1993年参加河北国画书法作品大展，荣获书法作品一等奖；1994年在保定地区庆祝中华人民共和国成立书展中获全区一等奖。部分作品收录在《泰山杯全国书画大赛作品精选集》《当代书画家福寿作品大观》《中国书法美术赴澳展》《红色之旅·走进狼牙山国际书画大展作品集》《奥运的纪念·2008庆祝北京奥运纪念碑林书法作品集》《鸿蒙杯·三国文化名家书画大展精品集》《盛世颂·纪念中国改革开放三十年书画展作品集》《首建祖冲之纪念碑廊书法作品集》等书画集中；传略入编《中国当代文艺名人辞典》。

秦秀福　字一峰，涞水县东水北村人。涞水书协副主席，受聘为国际ISQ9000A书画艺术家认证中心专家委员会委员、中国国画院院士、北京京华兰亭书画院名誉院长、北京道教书画艺术委员会委员；被授予中国书画界艺术创作金笔奖、中国公众影响力艺术家荣誉称号。他楷以颜柳，行以王羲之为范，追求瘦、硬、雄、奇风格；曾拜朱学武和中国著名书法家侯双亭为师。擅长行草和板桥的六分半书。1998年书法作品入选第二届国际书画艺术交流展，先后在汉城、圣保罗、东京等城市轮回展出，被有关单位收藏。2006年行书作品《杜甫诗词~望月》，在日本东京展出。其多部作品被收录《世界艺术名人录》《中国当代书画家大辞典》《促进中国海峡两岸和平统一大业书画长卷精品集》。

李清怀　县书协副主席。受聘为中国当代书画研究会副会长。书法以草书见长。2000年，草书“独怜幽草涧边生”入编《中国书法家》选集。2005年草书“昔闻洞庭水”获中国文人书法家协会、中国文人美术家协会、华夏国艺书画院全国大赛金奖。2005年行书“明月松间照，清泉石上流”入编《21世纪中日书画名匠全集》“山静松声远，秋清泉气香”入编由中国书画收藏研究院编辑的《当代书画精品集》，获特别金奖。其书法作品在国内大赛中，获等级奖100余次。其作品被国内外多个单位和个人收藏或展示。

焦宝堂　号书仁，字春华。自幼喜诗文，爱书法。退休后，专事书法，各体兼工，尤善毛体。现任县书法协会副主席、县老年书画研究会常务副会长兼秘书长、祖冲之书画院常务副院长兼秘书长、百里峡画院顾问。受聘为中国书法艺术研究院教育委员会委员；中国毛体书法家协会会员；湖南省毛体书法研究会会员；中国老年书画研究会会员；河北省老年书画研究会会员；保定市老年书画研究会创作员等。书法以毛体书法见长。2006年，作品《清平乐·六盘山》，在湖南省毛体书法研究会主办的全国首届毛体书法邀请赛评选中获金奖；是年，作品《唐·王昌龄·从军行》入展国际书道连（联）盟日本东京都美术馆34回连（联）展，获优胜奖，被日本东京都美术馆收藏。2007年，作品《满江红·和郭沫若同志》，在香港书法研究会主办的庆祝香港回归十周年全国书画大赛评选中荣获金奖，入编《书画名家经典大典》，并被授予“中国当代优秀书画家”称号；是年，作品《七律·长征》，在纪念延安文艺座谈会上的讲话发表65周年毛泽东诗词全国书画大展评选中获金奖；2009年，书写的毛泽东诗词11首，30米书法长卷，在大众阅读报—都市周刊头版发表。2008年、2009年又有多幅书法作品参加国内、外大展，并获金奖、一等奖，并被授予“中国书法百杰”、“全国毛体书法家百佳”等称号。作品被多所文博馆、学校及社会各界人士收藏；入编多部书画典籍。

祖景新 祖冲之书画院院长。受聘为中国楹联学会会员，中国楹联书法艺术委员会委员，中华文人艺术家协会副会长。书法以楷书和篆书为长。其书法作品入选大型图书《毛泽东诗词书法精品集》和《中国书法家作品选集》第二卷。1998年在河北省书法家协会，河北省楹联学会联合举办的“迎春楹联书法大赛”中获三等奖；2003年“纪念毛泽东诞辰110周年全国《毛泽东诗词》书法大赛”获优秀奖。2004年“纪念邓小平诞辰100周年全国书画大赛”获铜奖，作品入编《纪念邓小平诞辰100周年中华当代书画艺术精品荟萃》一书；2004年对联书法作品入展“中国楹联界首届自撰楹联书法大展”。2009年楹联书法作品入编《新中国书法家选集》(1949~2009)。

高亚仑 号抱清堂主，斋号野韵草堂石亭镇石亭村人。受聘为中国文人书法家协会会员、香港中华艺术家协会常务理事、中国古文化艺术研究会学部研究员。诗书画并举，师从台湾师范大学教授、著名爱国文化大师陈大洛。作品被国内外多家机构收藏，编入多部作品集，数十部艺术家辞典录入其艺术生平辞条。其书法集诸家而大成，唯求天真朴素，在书坛独树一帜，深得书法界同道瞩目。

2008年7月，大型书画名家专辑《华夏精英》总第55期刊发陈大络、刘炜华、高亚仑师生三人专辑。2009年10月，书法作品入展加拿大中华诗书画大展，在北京大学和加拿大温哥华展览。

阎鹤鸣 笔名鹤鸣，县书协副主席、祖冲之书画院院士兼顾问。擅长楷体书法。2004年，在保定市老年书画展中，书法作品获一等奖；2005年12月，在“中国电影百年书画大展”中，书法作品获佳作奖；2006年，书法作品赴日本参加第34回国际书道展。

王荫民 祖冲之书画院顾问。受聘为中国书法艺术研究院教育委员会委员，北京华夏国艺书画院院士，2007年在江西省举办的“纪念八一南昌起义和建军80周年”书画展中获金奖，授予“德艺双馨艺术家”称号；2008年在北京纪念中国改革开放30周年“全国书画作品邀请展”中获金奖。其作品入编《当代中国美术家书法家作品集》《庆祝建国60周年香港邀请展经典博览》。

刘涵清 受聘为北京中国康复研究中心职员，北京书协会员，北京残疾人书协会员。自小喜爱书法，先后拜著名书画家臧岚光、富察庄净、钱鹤汀三位先生为师。其书画作品多次参加北京市及全国各级各类书画展（赛），获金奖5次，银奖3次；参加中日文化交流书画大展，荣获优胜奖。

刘 涛 县书法家协会秘书长；祖冲之书画院艺术总监。受聘为河北省书法家协会会员，当代书画艺术研究会会员，中国画研究院冀北分院副院长。以行书和国画见长。其书法、国画作品多次在全国各类书画比赛中获奖，作品入编《情系国魂中华书画精品大成》《中华古今书画家吉祥福寿作品大典》等大型图书。另有作品赴香港展览。被聘为浙江丽州书画社、内蒙古书画事业发展服务社特约书画师，传略收入多部艺术家大辞典。

张术军 祖冲之书画院院士，高村书画协会主席。受聘为中华硬笔书法家协会会员。1989年12月国画作品《拒马河畔》在广西教育学院主办的《中学生优秀作文选刊》(1989年第12期）封底发表。1990年11月，书法《马》、国画《猫石图》在河北师范学院主办的《语文周报》(1990年第10期）同时发表。1991年在上海大学生联合会主办的“上海市大学生永生杯书法篆刻大赛”中书法作品获佳作奖。2008年参加“庆祝北京奥运会纪念碑林书法征稿”作品入刻碑林，入编《作品集》，入选全国精品展。2009年参加《中华文人第三届书法碑文征稿》作品入选大展，入编《作品集》。2008年10月书法作品在湖南省机关书画家协会创作中心举办的“纪念彭德怀诞辰110周年”全国书画大赛中获金奖。2009年3月书法作品在菲律宾亚洲文化交流协会，石狮东南书画院，日本TSK国际学院联合主办的《中、日、菲国际书画大赛》中，获青年组三等奖。是年9月，作品在中央电视台、北京华艺书画对外发展促进会联合举办的《庆祝中华人民共和国成立60周年江山多娇大型书画展》展出。

龚孝卿 字振山，号宓雅居士、雅心轩主，清风文苑会会长、祖冲之书画院副秘书长。受聘为河北省书法家协会会员、收藏家协会会员。擅长行草和篆刻。其作品在第三届中国青少年书法美术大赛中获优秀奖、在盛世中华杯大赛中获银奖；并多次参加省市县各级举办的书画活动。

2.书法作品出版

自2003年以来，县老年书画研究会会长夏景源，先后主持编辑出版了《涞水书法作品选》（2003年由河北省群众艺术馆编辑出版）；《诗情画意野三坡》书法摄影集（2004年由三坡管委会出版）《夏景源书法与收藏》（2006年由河北省群众文艺创作基地编辑出版）；《首建祖冲之纪念碑廊书法作品集》（2008年出版）；《当代书画名家艺术》（2009年由中国文联出版社出版），记录了涞水书法的发展历程，为广大书法爱好者和研究者留下一笔宝贵的精神财富。

（二）绘画

涞水的绘画创作由来已久，人才辈出。清代有宫廷画师黄洁明，一生专攻山水画的杨惕庵，指画、柳条画大师月舟和尚等；新中国成立后，绘画艺术传统得到发扬光大，涌现刘泳、王杰斌、阎鹤鸣、柳泽江、苗桂欣等一批经过正规美术院校培养的，在国内外知名的版画、国画画家。改革开放以来，郭铁、李大伟、单永辉、刘自中、刘涛、王德福等一批画坛新秀茁壮成长；工艺美术界杨文会；雕塑界张保军；剪纸界吴克俊、尹德元；铜板雕刻大师苏喜华等艺术名家在国内外知名，深受业内外人士喜爱。

附：绘画、工艺美术、剪纸艺术人士

绘　画

黄洁明　涞水城内人，清代画家。曾被选入宫廷充任御用画匠。据传，北京颐和园的阁扇彩画即为其所作。

月　舟　20世纪20年代京南名僧，涞水釜山灵泉寺主持，抗战时期在北方佛教界有一定威望。精于指画和柳条画，所画人物，笔力深厚，独具禅理。在京畿附近享有很高声望，有《二十五国画变相图》流传于世。

杨惕庵　清代水北村人，一生专攻工笔山水，民国年间曾在上海、南京举办过个人画展。

祖景园　涞水县下车亭村人，1965年毕业于天津美术学院，师从中国著名美术教育家孙其峰，受聘为中国书画家协会常务理事，河北省美协、书协会员，河北大学工艺美术学院教授，祖冲之书画院名誉院长。1993年书作《兰蕙同馨》获中国美协、中国书协金牌；书作《咏兰》1999年获文化部、中国书协“和平金牌奖”。数幅美术作品获河北省和文化部优秀奖；书画佳作被日本、新加坡、美国及中国香港、台湾地区收藏家收藏。2008年1月，由天津美术出版社出版了《祖景园山水画集》《祖景园书法集》专辑。

郭　铁　涞水人东长堤人，1981毕业于河北大学工艺美术学院。受聘为中国公共关系协会艺术委员会会员，河北省花鸟画研究会会员，保定市中老年书画研究会会员，祖冲之书画院副院长。1999年国画《菊酒献国寿》参加保定市庆祝全国政协成立50周年暨澳门回归书画展、2000年国画《暗香浮动》参加河北省庆祝省政协成立50周年大型书画展并分别获佳作奖，作品被国内外和友人收藏。

李大伟　涞水人南关村，大学文化，河北省美术家协会会员。版画作品多次在《河北日报》《中国版画报》《河北美术家》等报刊和大型画册发表。版画《孵小鸡》被中国美术馆收藏。多件作品在中国美术馆、日本东京、长野、京都、大阪、佐渡和中国香港及国内各级展览馆展出，多次获省市级奖项。传略收入多家大型艺术家词典。

单永辉　1969年生，涞水县南高洛村人，先后毕业于定州师范学校美术班、邯郸教育学院美术系、河北师范大学美术系。现就职于涞水县文教局版画创作室。受聘为保定市艺术教育会员。1990年版画作品《晒豆角》《春燕》在日本神户展出及在《保定日报》发表；1992年版画作品被《河北省教师画集》

收集发表；1999年国画系列作品在《保定晚报》连续发表；2002年国画作品《太行高秋》获全国美术教师比赛一等奖；保定"艺缘杯"书画精品展优秀奖；2008年"源水情"书画大赛金奖。有多篇论文在省、市报刊杂志上发表。

刘自中　1969年生，涞水县人，自幼酷爱书画，1991年毕业于保定师专美术系，现为涞水县版画创作室专职创作员。自1988年以来，版画及国画作品多次参加各种展览，《新枝》《老树墩》等版画作品在中国美术馆展出，在《中国文化报》发表。另有多件作品被国内外艺术展馆及个人收藏。2008年获"源水情"书画大展银奖，2009年参加第11届全国美展及保定市"中国画大展"。

工艺美术

杨文会　1954年生，涞水县人，毕业于天津美院雕塑创作及理论研究、艺术设计专业。任河北大学艺术学院院长、教授、硕士生导师。受聘为教育部全国高等艺术类专业教学指导委员会委员，中国工艺美术学院、雕塑专业委员会副会长，河北省第一届地方教材审查委员会委员。获全国第二届室内设计大展铜奖；三届室内设计大展奖；四届室内设计大展银奖；河北省教育成果二等奖。出版有《环境艺术教育》《环境艺术概论》《装饰艺术》等。

张保军　1958年生，涞水县六顺村人，毕业于中央工艺美术学院陶瓷艺术系毕业。黑陶艺术家。受聘为河北省政协委员，河北大学客座教授，河北省工艺美术大师。1986年到河北易县开始纹胎瓷的研制，并获得成功。传统的纹胎瓷得以恢复生产，开创现代纹胎瓷艺术新体系，获得13项国家专利，作品被多次作为国礼赠送外国元首和友人。

苏席华　1933年生涞水县温辛庄村人，1955年毕业于河北省保定银行学校，同年到北京印钞厂设计室从事手工雕刻钞票钢凹原版专业技术工作。1955年加入中国共产党，1994年退休后任中国印钞造币总公司制版中心顾问。60年代他完成中国第二套人民币的主要票面的文字雕刻任务；80年代完成了第四套人民币拾元券正面主景蒙古族老人和汉族农民、伍拾元券正面主景工、农、知识分子和壹佰元券正面主景毛泽东、周恩来、刘少奇、朱德4位伟人的浮雕人物像的雕刻任务；刻制的《毛主席在工作》巨幅雕刻人物像被毛主席故居、毛主席纪念堂等单位收藏；他为宋庆龄基金会雕刻的宋庆龄肖像，被选为该会的标志，镶嵌在基金会证书上。他为瑞士奇奥利公司刻制的英国女王伊丽莎白二世肖像得到对方赞赏。他撰写的《论手工雕刻凹版人像技艺》的论文，在1989年第九届太平洋沿岸国家的印钞会议上进行宣读。1983—1989年先后6次被授予北京印钞厂先进工作者。1987年晋升为高级工艺美术师，被授予中国印钞造币总公司先进工作者称号；1990年获北京市"五一"劳动奖章；1992年被批准为享受国务院颁发的政府津贴的专家；1999年中国印钞造币总公司党委确定他为印钞造币行业有重大贡献的专家。

剪　纸

尹德元　（1895—1965）涞水人。早年入天津进宝斋随师学剪纸技术，学成后兑下师傅的店铺，店名依然沿用进宝斋。风格技艺上师承老店古风，兼有个人的创造。

进宝斋的剪纸，主要供民间在衣、帽、鞋、包上绣花使用，不同于一般的民俗剪纸。无论在材料、构图、结构、选材、造型，还是刀法，都要适合于衣物的装饰与刺绣工艺。是多用素白的宣纸，以便贴在有色的衣料上，只有用在浅色衣料的花样才用有色剪纸，这样易于分辨，便于刺绣；这种剪纸必须与绣品是1∶1大，所以尺寸很小，有的小如花生，但十分精致，当今看来，张张都是艺术品。在题材上，除去象征多子多福的胖娃娃，很少有历史故事和神话人物，一般多是惹人喜爱的花鸟鱼虫和吉祥图案。在构图上，讲究有姿有态，疏密有致，以求近看精美，远看明快，这也都是服饰的需要。天津是大都市，服饰图案崇尚雅致，这种城市审美便是尹德元地域风格的成因。尹德元本人天性灵巧，颇多情趣，他剪刻的形象清新灵透，意趣盎然，颇受市井大众尤其是妇女的喜爱。在刀法上，为方便刺绣，从不使用各地剪纸常用的“锯齿”和“月牙”纹，而是自创一种十分细小的镂空的纹孔，用来刻画形象生动的细节。尹德元还善于使用连结各部分的“阳线”，独出心裁地把这种功能性的线条，变成优美流畅、婉转自如的装饰性的曲线，使画面具有特殊的、生动的美感，绣在衣服上便分外优美和爽眼。尹氏的剪纸具有天津这种大城市的气质，崇尚丰富又追求雅致，特色十分鲜明，市井中人亲切地称之为“尹德元剪纸”。他的绣样传入京城，对老北京扎花产生深远影响。

尹德元剪纸2003年被列入“中国民间美术遗产保护与研究中心”的抢救项目之一。

张克俊　涞水县富位村人。从小喜欢美术，20世纪80年代以来，开始潜心钻研剪纸艺术，经过20多年钻研锤炼，创作出一张张形态各异、栩栩如生的剪纸作品，颇受大众喜爱。创作题材多以吉祥喜庆、五谷丰登、年年有鱼（余）等民间题材为主。其中独创的“竹、梅、兰、菊”四君子图剪纸，极富观赏和收藏价值；创作的《百里峡回首观音》，以其巧妙的构思，逼真的形象，受到各界好评。

第四节　电　影

一、影片发行

1980年9月1日，涞水县电影事业管理站改称涞水县电影发行放映公司。负责领导管理所属区域的电影发行、放映工作，直接经营管理所属的电影院和公办放映队。业务上受保定地区电影公司和县文教局的双重领导，公司正、副经理由县政府任命。公司下设发行组、放映管理组、财会组、宣传组和技术管理组。

1983年以后，社办电影队有的转为个体，有的实行承包，加之个体电影放映队的崛起和发展，发行办法改为以日定场，以场定租，即根据拷贝的质量和节目受欢迎的程度，规定每天映出的场次，实行浮动价格，确定片租。片租标准：16毫米5~40元；8.75毫米3~20元。按放映单位预约和片租多少商定排映。

二、放映场所

县电影院、县礼堂

涞水县电影院自1958年开始在涞水县人民礼堂售票映出，直至1982年9月。1980年初，河北省电影公司、保定地区电影公司和涞水县人民政府，联合投资62万元，于当年3月动工，在县城政府街西段路南修建电影院一座。1982年9月底竣工，10月1日投入使用。

电影院占地面积5700平方米，主体工程建筑面积1730平方米，均为钢筋混凝土和砖石结构：前厅四层，地下室一层，地上三层，观众厅顶部为钢筋混凝土预制骨架，木质船形天花板，厅南端有50×20米弧形舞台，西面有观众休息厅。共有座位1144个，配备FG型35毫米松花江座机（弧光光源）一套，1984年改为氙灯光源。1985年11月配备55马力30千瓦柴油发电机一套。2005年，电影院重新装修，可承揽大型会议、文艺演出等活动。

农村电影放映场所

农村电影队的放映场所，大多是露天场院，只有庄里乡高铺村、罗古台乡山南村、东文山乡西武山村有简易礼堂可供放映。1985年1月，石亭乡放映员王锡友自筹资金5000元，在石亭村自家院内建起一座简易露天售票点，组织售票放映，效果很好。之后，许多村镇相继建立简易露天售票放映点。

机关、厂矿放映场所

机关厂矿拥有放映场所的单位主要有河北第一区域地质调查大队、保定地区垒子煤矿、煤田建井队、七二六厂、电力局、化肥厂、卫生防疫站、计生办公室、第一中学等。其中绝大多数与机关食堂、会议室并用，以为单位内部职工服务为主，一般不从事经营。

三、电影事业发展

涞水县的电影事业是新中国成立后发展起来的，1952年10月30日，河北省中苏友好协会电影放映队在涞水城内小学操场上，放映故事片《葡萄熟了的时候》。这是涞水县第一次放映电影。随后，河北省电影队和保定专区电影队每年都到涞水城关和重点乡镇放映电影。

1955年5月，涞水县成立了历史上第一个公办电影放映队，取名“涞水县电影放映队”，隶属县文化科。当月12日晚，在当时工会体育场内放映了苏联故事片《山中放哨》，这是涞水县电影队放映的第一场电影。之后，全县城镇乡村开始普及放映电影。涞水县电影队充分利用放映电影的机会，制作幻灯片配合党的中心工作，表扬好人好事，收到较好的宣传效果，受到人民群众的欢迎。1956年，该队被省文化局评为先进电影队。队长王宝义被评为全国电影先进工作者，出席1957年4月全国先进工作者代表大会，受到毛泽东、周恩来、邓小平等党和国家领导人的接见并合影留念。

1957年7月，河北省文化局在涞水县西水北村召开全省电影宣传工作现场会，涞水县电影放映队成为全省电影战线的一面红旗。

1958年8月，根据地理、交通等情况，组建白涧、石亭、北义安等3个公社电影放映队。3个队投入放映活动后，涞水县电影放映队停止活动。其工作人员转为管理辅导工作。

1958年9月，涞水县购置第一套“八一103型”35毫米移动式电影放映机，组建“涞水县电影院”。10月1日，在涞水体育场放映故事片《翠岗红旗》，以后在县人民礼堂售票映出，涞水县第一座电影院即宣告诞生。

1958年10月，涞水县平原地区划入涿县，山区划入易县，涞水县电影院亦随之解散。1962年1月7日，涞水县恢复建制，电影院也重新组建。1965年1月，镇厂电影放映队成立。至此，涞水县拥有4个公办电影放映队，1家电影院，初步形成一支放映队伍。

1971年，电影放映队由单纯公办发展为国办与社办相结合。当年3月，白涧、石亭、镇厂等三个区，社办电影放映队成立。区、公社电影放映队属于集体所有，业务上受县电影管理站领导，由当地行政主管部门负责招考任用放映员。根据上级电影管理部门的规定，由当地行政主管部门确定，以工资形式发放报酬。1973—1976年，3年时间发展到23个社办电影队。

1976年3月，王村乡北辛庄第一个建立起队办电影放映队。之后，一些有条件的生产队也相继自筹资金，办起电影放映队，队办电影放映队属生产队集体所有，是业余兼营性质，放映员由生产大队安排，给予误工补贴和一定补助。

1980年4月，永阳公社由社副业办公室筹资9000元，购置8.75毫米放映机15台，使该公社15个生产大队全部办起队办电影放映队。1982年7月，中影公司捐赠给涞水县20台8.75毫米电影放映机。据1987年统计，全县建立各种类型队办电影放映队57个。

1984年10月，王村乡沈家台村沈占，提出建立个体电影放映队的要求，县电影公司开始支持、扶植发展个体电影放映队。至1987年底，个体电影放映队发展到17个。

在农村电影放映网发展的同时，涞水县部分企事业单位和驻涞的省、地厂矿也相继办起电影队。如河北省第一区域地质调查大队、保定地区垒子煤矿、煤田建井队、七二六厂、电力局、化肥厂、卫生防疫站、计划生育办公室、第一中学、宋各庄水库指挥部等。

20世纪80年代，涞水县电影事业发展迅速，很快形成遍布城乡的电影放映网络。自90年代后期开始，受电视及其他传播媒体普及的冲击，农村电影市场逐渐萎缩。

四、“三姐妹”电影队的延续和发展

“三姐妹”电影放映队成立于1958年6月，由郑义珍、李景贤、张步荣3个农村姑娘组成，该队工作一直在保定地区名列前茅。1959年9月，地委副书记张鹤仙在《东风日报》撰文号召全区电影工作者向“三姐妹”队学习。从此，“三姐妹”先进事迹很快影响全国。“文革”中，“三姐妹电影队”被打成“假典型”“黑线人物”。

1978年9月，在文化部支持下恢复“三姐妹”名誉，王宝义复出组织第三代“三姐妹”于晓霞、张丽梅、柳树香电影队。王宝义编导的《怀念周总理》《愚公大战》《祖冲之》《军民共建精神文明村——东义和庄》多次在各地汇报映出。

1979年10月，李景贤代表该队相继参加省第四届文代会、全国第四届文代会，在全国文代会上，受到党和国家领导人的亲切接见，并合影留念。

1979年，该队先后被省、妇代会授予“三八”红旗集体和“三八”红旗手的称号。同年，被中华全国总工会授予“三八红旗集体和三八红旗手”的称号。

1982年6月，参加省计划生育幻灯汇映，幻灯片《要一个》获一等奖。

1982年8月，参加在秦皇岛市举行的“三北”华北、东北、西北和鲁豫大区计划生育幻灯汇映，幻灯片《要一个》获最佳节目奖。

1983年4月，在驻军51033部队招待所向中央军委副主席杨尚昆、北京军区司令员秦基伟汇报放映出。

该队多次应全国各省、市、自治区有关部门之邀参加经验交流活动，先后赴山西、河南、山东、江苏、湖北、广西、四川、西藏、福建、甘肃、青海、陕西、辽宁、黑龙江以及北京、天津、上海等地映出。中宣部、文化部、教育部及一些电影制片厂，各大军区电影、幻灯放映单位也来涞水县“取经”。《人民日报》《解放军报》等10余家报刊，多次报道“三姐妹”的模范事迹和有关活动，在全国影响很大。

附：王宝义、阎鹤鸣资料

王宝义　定兴县西城村人，1932年9月生，原县电影公司经理。

1955年，涞水县成立电影放映队，王宝义担任放映员。他不辞辛苦，常年和同事们上山下乡放映电影。全县302个山村的农民都是第一次看到电影，当观众看到伟大领袖毛主席在银幕上出现时，全场沸腾起来，观众雀跃高呼口号：“毛主席万岁！共产党万岁！”那激动人心的场面更加鼓舞他的工作热情。为满足广大群众看电影的要求，他抓晴天，抢阴天，麻风细雨是好天。在不到一年时间，在全县实现村村挂银幕、人人看电影的要求。每到一村立即找到村干部，了解好人好事，现场编写绘制成幻灯片，晚上结合放映电影宣传出去，这套即现实又快速的宣传方法，被他总结为“前中后结连，正深美通点，快实多精准，奇趣艺真全”，省文化局在涞水召开的农村电影宣传工作现场会议，推广他的做法。1956年王宝义被授予全国电影发行放映先进工作者称号，于1957年4月在北京中南海受到毛泽东、周恩来、朱德、邓小平、陈云、彭真等党和国家领导人的亲切接见，合影留念。

1958年，涞水县平原区划归涿县，王宝义调保定地区电影公司工作。涞水镇成立电影队，队长郑义珍、放映宣传员李景贤、发电员张步荣，3个女孩子组成“三姐妹电影队”。涿县文教局为“树标兵、保红旗”，经地区电影公司同意，将王宝义调回涿县电影管理站任副站长，重点辅导三姐妹电影队。

1959年2月，涿县举办电影幻灯汇映，16个单位参加，三姐妹队初露锋芒，被选为参加保定地区汇映的代表队。

保定地区电影幻灯汇映时，三姐妹队使用的幻灯机，是他与三姐妹电影队集体研究试制成功的单光源、双镜头幻灯机，增加了活动特技。幻灯片《江山多娇》《养猪积肥》《大实话》，将死幻灯变成了活影像，大家拍手叫绝。他发挥美术特长，精心绘制的幻灯片“小岳仙”，观众看后都说“画活了”。三姐妹电影队在汇演中旗开得胜，评为全区第一名。

1960年10月，他作为特约代表去北京参加文化部召开的全国电影发行放映工作会议，在大会发言时介绍了“三姐妹电影队”的工作情况，大会领导立即决定调三姐妹电影队进京汇报。三姐妹进京的上午展示试制的“白昼电影”装置，供代表参观，晚上向大会做汇报演出。文化部沈雁冰、夏衍、陈荒煤等领导观看演出。演出使用的幻灯机是单光源、三镜头的幻灯机，增加特技，幻灯片“跃进马奔腾”、“东方红放光芒”、李景贤演唱的“模范社员夏普”快板书，观众掌声不断，领导观看后给予充分肯定。

1962年，在三姐电影队影响下，全国电影放映单位对幻灯机的改造如雨后春笋般的出现，为了提高“三姐妹”放映队的放映质量，他带领大家通过上百次试验，研制成功了单光源、四镜头幻灯机，使幻灯特技有了更广阔的展示空间，他们利用视觉暂留原理绘制成“跃进马”、利用电影渐隐渐显手法制出“红梅花儿开”、利用曲线切割手段制出“东方红放光芒”，提高幻灯宣传质量和效果。

1963年，文化部和中影公司领导，为满足全国的要求决定以全国大区为单位，有计划的巡回映出。除东北大区外，三姐妹演遍全国各大区重点省市。

1964年三姐妹电影队作为先进集体代表，出席全国第三届文教群英会。

1965年，三姐妹电影队在天津宾馆，为周恩来总理做了专场汇报演出。

1966年7月，第二代三姐妹电影队，荣获四川省三线建设指挥部奖状。

1982年，第三代三姐妹电影队，在高碑店驻军51033部队为杨尚昆主席、秦基伟部长演出了幻灯片《军民共建文明村》，受到首长的肯定和表扬。

闫鹤鸣 笔名鹤鸣，涞水县南关村人，1985年任涞水县书协副主席兼秘书长、美协理事，“祖冲之书画院”院士兼顾问。

1962年参加工作，从事电影宣传，为三姐妹电影放映队绘制幻灯片。他绘制的幻灯片，随三姐妹电影放映队映遍全国各地，在天津为周恩来总理作过汇报映出。

1965年2月，他同三姐妹电影队一起，随文化部组织的慰问团，赴四川省重庆、成都、成昆铁路施工沿线、金沙江至西昌、攀枝花等“大三线”建筑工地慰问演出，在成都受到彭德怀总指挥的亲切接见。8月初回到北京，在中南海“怀仁堂”内，为刘少奇、朱德、董必武、邓颖超等党和国家领导人汇报放映出了幻灯，受到领导的接见和称赞。

1966年2月18日，在北京为华北年画、版画展览会作幻灯片绘画介绍期间，在人民大会堂，受到党和国家领导人刘少奇、周恩来、李先念、李富春、薄一波等亲切接见，合影留念。

第五节 新闻出版

涞水最早的出版物为《先锋报》，该报1939年夏创刊，为中共涞水县委机关报，由当时的县委宣传部主办，七天一期，公开发行，主要是报道国内外形势，宣传抗日救国道理，宣传共产党的主张和统一战线政策等。《拒马河报》1939年夏创刊，为中共涞水县委机关报，由县委宣传部主办，每半月一期，下发党支部，为党内秘密报纸。主要是围绕县委中心任务教育党员做好工作，刊登党的基本知识，报道党内好人好事等。以上两报均为8开，1944年终刊，负责人和主要编辑有吕达、王秀坤、梅洛、连伯英、刘祥庆等。其后《黎明报》，1943年1月创办，中共平西地委机关报，该报为四开四版石印三日刊，每期发行千份左右。社址驻地先后在涞水县山区的计鹿、小峰口、上庄、赵各庄、下明峪等村。1944年9月1日，冀热察区党委创办《挺进报》，报社社址在涞水县三坡地区。该报为三日刊，八开石印，在所属各县、区、村发行，政治影响很大。《支部生活报》，1946年4月由中共涞水县委创办，主要内容是

涞水出版书籍展

刊登党组织活动情况、党的基础知识及国内外形势，每半月一期，8开油印。1947年10月终刊。负责人和主要编辑为曹汉章、高瑞林、孙玉章等。

《涞水火箭报》1958年7月由中共涞水县委创办，1958年9月终刊。负责人杜宏林、王秀富。

一、报刊

1986年，县文联创办《细草》刊物，4开4版报纸，发表本县作者创作的各类文艺作品，每年4期。1990年因经费短缺而停刊，共出版10期，发表各类文艺作品156件。

1986年9月，涞水县教育局创办《涞水教育报》，出版一期，主要宣传教育方面的方针、政策及教改信息，主编李波。

2001年9月18日，涞水县委宣传部创办《涞水报》，旬刊，四开四版，主编王旭营，2002年改周报，2003年6月份停刊。

2003年3月，涞水县文联创办《遒城艺苑》综艺类刊物，该刊为双月刊，32开，2印张，每期2000册，免费赠送。主要刊登本县作者创作的文学艺术作品。编委会主任张桂才，主编刘阜，副主编张树奇。出版5期。

2004年，《遒城艺苑》更名为《群星文艺综刊》，综艺类刊物，双月刊，2印张，每期2000册，免费赠送。作品以本县为主，选登外市县作品。该刊由河北省群众艺术馆、河北省社会音乐研究会、涞水县文体教育局主管，河北省群众文艺创作基地主办，《群星文艺综刊》编辑部编辑出版。编委会主任张润（河北省群众艺术馆馆长），副主任张桂才（涞水县政协主席）张克民（涞水县文体教育局局长），编委：曾耀光、王伟华、王小民、刘阜。编辑部主编刘阜。河北省新闻出版局批准号：冀出内准字〔2004〕第A097号。

2005年，经河北省群众艺术馆、河北省社会音乐研究会批准，《群星文艺综刊》由刊物改为报纸，综艺类，旬报，4开4版，每期4000份，免费发至全县机关、厂矿、农村及工商户。另由省群艺馆免费赠发至全省各市、县文化馆、图书馆。编委会主任马维彬，副主任：张桂才、张润、张福利，委员：曾耀光、王伟华、杜云生、刘阜。总编：王小民；主编：刘阜，副主编：张树奇、边鸿志、雷连城。2008年3月，增补涞水县图书馆馆长傅东华为副主编。2009年，图书馆馆长傅东华任主编，刘阜为副总编。至2009年年底，《群星文艺综刊》连续出版155期。发表各类文艺作品1706件，科普知识类稿件402件。

2002年，涞水县波峰中学创办《波峰校刊》，初为季刊，16开4版，2003年改为月刊，4开4版，每期4500份。

2007年2月，长城长电极有限公司创办《长城长报》，该报为月报，4开4版，每期1000份，当年年底休刊，出11期，主编杜茂奇。

二、图书

《涞水县民间文学集成》1986年7月由涞水县民间文学艺术联合会编辑出版，32开本，收入民间故事166篇，民间歌谣81首。主编延辰龙。

《涞水文史资料选辑》1987年由政协涞水县委员会创办，1988年出版2期。主要编辑：贾殿清、张国兰、李清怀。

《野三坡的故事》1988年5月由中国民间文艺出版社出版，32开本，4印张。收入流传在野三婆的民间故事33篇。主编延辰龙。

《涞水文史资料选辑》第3辑，政协涞水县委员会于1989年出版。

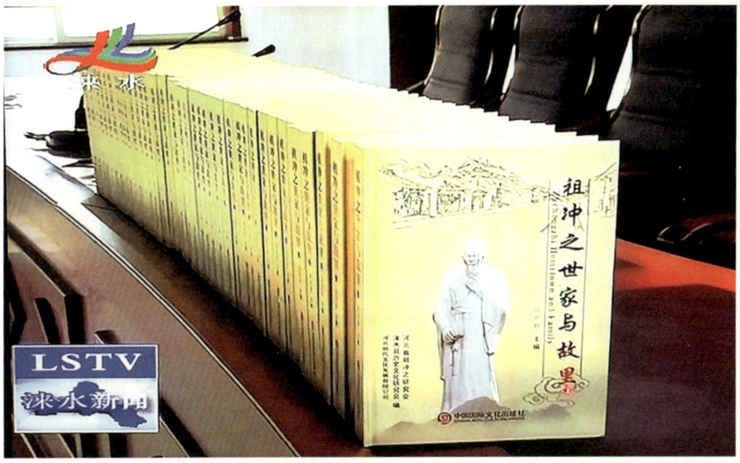

祖冲之世家与故里一书出版

1990年春节前，县图书馆将1987年以后，本县作者创作的优秀楹联作品集印成册，书名《春联喜联萃集》，48开本，印数3000册。主编：韩德明，副主编崔振海、杨绍元。

《涞水文史资料选辑》第4辑，政协涞水县委员会于1990年出版。

《中国共产党河北省涞水县组织史资料》（1938—1987）1991年印刷成册，编辑单位为中共涞水县委组织部、中共涞水县委党史资料办公室、涞水县档案局。

《涞水县民族志》，由涞水县民族委员会于1991年8月编辑出版，涞文印管字2号。大印张32开本，插图25张，12万字，主编吴兴彬、王同敬、边鸿志。

杂文集《钉碟录》，1992年由团结出版社出版，32开本，15万字，11.75印张，作者王尧。

科普读物《健康环境气象》，1992年由气象出版社出版，32开，5印张，作者王金宝。

科普《十万个为什么》，1992年由上海少年儿童出版社出版，作者王金宝。此书1993年获全国优秀科技图书奖。

民间故事集《野三坡传说精选》1992年由中国民间文艺出版社出版，大32开，19.6万字，7.6印张，主编陈志娥。

科普读物《雷公公送肥》（童话），1993年由湖南教育出版社出版，作者王金宝。

科普读物《十万个为什么》（地球科学分册），1999年上海少年儿童出版社出版，作者王金宝。

《中国共产党河北省涞水县组织史资料》（1987—1993）1994年印刷成册，编辑单位为中共涞水县委组织部、中共涞水县委党史资料办公室、涞水县档案局。

长篇人物传记小说《祖冲之》，1999年12月由中国文联出版社出版，大32开，13印张，33万字，作者靳风羽、张泽。

诗词集《雨敲窗》，1999年12月由中国文联出版社出版，大32开，8印张，作者王同敬。

《涞水县志》由涞水县地方志编纂委员会编辑出版，2000年11月北京燕山出版社出版发行。名誉主编陈河，主编王同敬，主审雷连城。16开本，65印张。

科普读物《奇异的智慧移植术》2001年由台湾大华风采纲路科技股份有限公司出版，作者王金宝。

民间故事集《金山院的故事》（合著），2001年由中国文联出版社出版；

科普读物《气候：塑造人类的艺术家》2001年由上海科技教育出版社出版，同年入选“中国科普佳作百年选”，作者王金宝。

《中华历代名诗品鉴》2004年12月由作家出版社出版发行，主编王同敬，大16开，81印张。

革命回忆录《金山英烈》2006年出版，大32开本，9.5印张，20万字，辑著张文生。

《涞水县大事记》2005年印刷成册，精装16开本，33印张，20万字，编辑单位涞水县档案局。

《山歌水吟》诗文集，2006年由香港银河出版社出版，大32开本，9印张，20万字，作者张桂才。

民间故事集《金山院传说》2006年出版，大32开本，10印张，25万字，编辑张文生。

《涞水历史文化辑萃》政协涞水县委员会编辑，2006年3月由中国文史出版社出版。16开本，33.5印张，70万字，印2000册。主编孙志余。

2007年1月20日，县图书馆把历届获奖楹联作品汇集成册，交河北省群众文艺创作基地编辑出版，书名《遒屏联翠》，大32开本，5.815印张，15万字，印数3000册。主编傅东华，副主编苗云泽。

《高洛音乐会》2007年由中国文联出版社出版，内容含高洛音乐会所保存的乐谱、乐器、图、碑等文物资料和中外专家学者对高洛音乐会的考察、研究文章。精装大32开本，50万字，30印张，编辑单位中共涞水县委宣传部、县文体教育局。主编刘阜，副主编齐易、王小民、张文启。

《平西抗日根据地抗战民歌》2007年8月由河北省群众文艺创作基地出版，河北省音乐家协会主席王玉西作序。大32开，7印张，印数1000册。收入抗战时期流传在涞水民间的抗战歌曲108首，珍贵历史照片数十幅。该书由涞水县档案馆编辑，主编赵开英。同年底，该书获河北省文化厅“非物质文化遗产保护资料”三等奖。

《千古英杰——祖逖与刘琨》18集电视连续剧剧本，2007年8月由河北省群众文艺创作基地出版，大32开，4.75印张，7万字，印数1000册。涞水县档案局编辑，作者边鸿志。

诗集《三坡牧歌》2007年8月由保定市作家协会编辑，湖北长江文艺出版社出版，大32开，收入作者近年创作的各类题材诗作308首。作者王秀宽。

小说集《儒匪》2008年由湖北长江文艺出版社出版，作者李永生，大32开，18.2万字，8.25印张。

《祖景园书法作品》2008年由天津美术出版社出版，作者祖景园，大16开，1印张。

《祖景园山水画集》2008年由天津美术出版社出版，大16开，1印张，作者祖景园。

《涞水县革命斗争史略》，政协涞水县委员会编辑，2008年由中国和平出版社出版。

回忆录《我的一生》，2008年出版，大32开，7印张，30万字，作者张文生。

诗歌摄影集《进画入诗佛祖山》，2008年9月出版，B5开本，23.75印张，作者刘浏、柳泽江等。辑著刘浏、刘俊、杜金刚。

《首建祖冲之纪念碑廊书法作品集》，2008年12月出版，A4开本，10印张，收入本县及外地书法名家入碑入展作品300幅。主编夏景源，执行主编祖景新、焦宝堂。

《野三坡故事精选》及《野三坡故事精选·续集》，2009年5月由远方出版社出版，两册共53字，16开，分别由中共涞水县委宣传部和县文体教育局编辑。

《绝巘幽兰诗文集》，2009年8月由大众文艺出版社出版，大32开，12印张，作者王同敬。

《贾休奇诗词选》，2009年由华夏翰林出版社出版，大32开，9印张，作者贾休奇。

《当代书画名家艺术》，2009年10月由中国文联出版社出版，A4开本，2印张，祖冲之书画院编，总编祖景新、副总编焦宝堂；主编郝玉柱。

《涞水山川古韵》，2009年12月由中国文联出版社出版，作者雷连城，大32开，11万字，7印张。

三、文化市场

图书发行　1983年，拆除1953年建的新华书店五间门市部，盖成楼房，共2层，面积633平方米，职工增至17人，资产总额达到114145元。1989年，在白涧买地1亩建立分店，门市部3间，宿舍1间，库房2间。除县书店和白涧书店之外，还建立发行网点26处。1982年，新增个人书摊10处，个体发行员3人。1985年又建库房3间，至1989年底固定资产总值116243元，职工17人。到2009年，书店共有员工20余人，总资产500余万元，营业面积3000余平方米，经营图书一万余种。下设十几个城乡营业网点，以销售图书，音像，电子出版物为主，集文化，体育，娱乐休闲为一体。

县内有沁园春等10余家图书零售单位，分布在中小学校周边，为中小学生服务。

报刊发行　涞水县报刊发行单位为县邮政局，零售单位为邮政局报刊亭。

1950年，全国实行邮政和报刊发行合一，期刊和报纸由邮局统一收订投递。1952年，涞水县邮政局发行《人民日报》《河北日报》《文汇报》《大公报》等15种报纸，每期发行2235份。期刊杂志每期发行1942份。1953年5月，中华人民共和国邮电部、国家出版总署联合发出《关于改进发行工作的具体办法》，废除报纸、杂志随时起订制度，实行计划发行。规定凡定期出版物归邮局发行，不定期出版物由新华书店零售。

音像制品销售　全县音像制品零售单位共9家，其中县城5家，较大的为百灵音像。乡镇4家。主要经营项目为音像制品出租，零售。

第六节　非物质文化遗产

涞水县有非物质文化遗产保护项目14项，其中国家级1项，省级3项，市级2项，县级10项。涞水县委、县政府充分利用丰富的县域文化资源，通过多种形式开展非物质文化遗产的发掘、保护和利用工作，取得良好的社会效果和经济效果。

一、国家级非物质文化遗产保护项目

涞水县高洛古乐被列入国家级非物质文化遗产保护名录。涞水县义安镇高洛村位于县城东南9千米，南与定兴县相邻，东与高碑店市相接，属3县交界处。该村距北燕侯国的初都——明义乡张家洼村村西6千米；距《史记》中记载的古矾山“地祇庙”——涞水与易县交界处的后土皇帝庙（俗称“后山奶奶庙”）20千米。

古道城遗址一角

据旧县志记载，南、北高洛两村原为一村，名高乐（luō）。传说战国时期著名乐师高渐离之侄（定兴县高里店人）曾来此地教授宫廷音乐，故得此村名。解放后按谐音改作高楼村，1955年改为高洛村。高洛蓝旗音乐圣会（俗称高洛音乐会），是当地久负盛名的民族器乐演奏团体。演出形式、演奏方法、使用的乐器、乐谱等，基本保持了秦汉时期鼓吹乐的原貌，因此，专家认为是一种原生态的民间音乐。

高洛古乐有四种表演形式：

“奏”　指以小管（古称觱篥）为主奏乐器，以笛子（古称横吹）旋律乐器、笙（古称竽）为和旋乐器、云锣为特色乐器，以鼓（一大一小）板（小镲）铛子为节奏乐器来演奏乐曲。“奏”乐曲用古“工尺谱”记谱。高洛音乐会保存的“奏”乐曲曲谱86首。内容含唐宋宫廷歌舞大曲、词牌、元明时期的民间器乐曲及涞水民间小调。

“打”　指以大铙、大钹为主奏乐器，以鼓、板、铛子为节奏乐器来演奏打击乐套曲或支曲。“打”乐曲用唐代“燕乐半字谱”来记谱。高洛音乐会保存的“打”乐曲曲谱有10首，其中的套曲《粉蝶》

与古军乐有关。

“唱” 指宣唱各种宝卷。高洛音乐会宣唱宝卷时所使用的曲调，全部为唐、宋古词牌曲。该会保留使用的古词牌共23首。

个别宝卷在宣唱时有化妆表演，如举行丧葬仪式时的“放焰口”。

“舞” 即演奏“打”乐曲时的“钹式”（俗称“舞钹式”）。

高洛音乐会表演时队伍排列形式有两种：

排街 指出会或送殡时的列队行走。由两架云锣并排打头（领头），头管列第二，两欑笙并排第三，二管居第四，又两欑笙并列第五，笛子位第六，钹第七，双铙分列钹左右。鼓列最后，板（小镲）和铛子分列鼓左右。

坐坛 指围桌坐定演奏。排列位置一般是鼓在中间，板、铛分列鼓左右；两支管子与两架云锣对坐；四欑笙分成两组，一组在管子旁，另一组在云锣旁，两组形成对坐；四支笛子分列四个桌角。

为丧事“坐坛”（俗称办法会）时，要在演出场地悬挂各种画像，如“奶奶像”、“功曹像”、“诸神像”、“十殿阎君像”以及“吊挂”、围帐、碑文等。

出会互娱时，有会旗两面，彩色仪仗旗幡数面。

高洛古乐的价值：

高洛音乐会含有的“奏”、“打”、“唱”等表演形式，与汉代初期进入宫廷的民间“鼓吹乐”基本相同，因此，高洛古乐是古“鼓吹乐”在民间的变存。因它有“不准增添乐器种类、不准吸纳新曲目、不准改变演奏方式”的严格会规，从而保留了原汁原味的原生态音乐，故此被中外专家学者誉为“活化石”。

高洛古乐演奏

由于种种原因，许多传承下来的古词牌、古乐曲只有歌词而无曲谱，因而出现了中国音乐史“有史无声”的现象。这些丢失的曲谱，在南高洛音乐会保存的古《工尺谱本》中被记写，且还能演奏（唱）出来，因此，中国艺术研究院音乐研究所的专家称：南高洛音乐会填补了中国音乐史“有史无声”的空白。

高洛古乐历史上主持过各种民俗仪式，如祭祀后土、祭奠伶伦、祭悼亡灵、求雨、迎喜神、驱祟、净宅、祈福、祈祥、祈平安、祈和平、祈风调雨顺、六畜兴旺、消弭灾祸、祈平息洪涝等，并保留有《后土宝卷》《禘祖经宝卷》《科仪》《灶王宝卷》等丰富的经、卷、赞等演唱文学资料，因此，是研究当地古代政治、经济、宗教、文化、特别是音乐的重要资料。

2003年因为南高洛音乐的传承，涞水县被河北省文学艺术界联合会、河北省音乐家协会共同命名为“民俗古乐之乡”。

2006年国务院批准高洛音乐会为国家级非物质文化遗产代表作。

2006年河北省政府批准高洛古乐为河北省非物质文化遗产代表作。

2007年2月28日，蔡玉润被文化部确定为高洛古乐国家级传承人。

2008年6月，李永强被河北省文化厅批准为高洛古乐省级传承人。

二、省级非物质文化遗产保护项目

（一）涞水踢球

涞水由山区、平原两部分组成。世代居住在这里的人们闲暇之时，便踢球状的鹅卵石嬉戏消遣。久而久之，便形成一种集运动、技巧、娱乐、趣味于一体的体育竞技游戏——踢球。

非遗项目——涞水踢球

2006年4~6月国家博物馆、河北省文物保护中心考古队、内蒙古考古队等单位在石亭镇大赤土村村东南1千米处的“雪山一期”遗址内，发现73粒石球，每粒球的球面上都遍布撞击痕，说明这些球除有狩猎的功能外，还有踢弄或抛掷的游戏功能。另外，考古部门曾在东文山乡西长堤村春秋古墓中，发现了球形随葬品——陶制花球，说明早在2700年前，涞水人对球类活动就相当的喜爱。

踢球是一种由多人聚在一起进行的活动。“逑”字在古文里有“聚众”之意。涞水人踢球成风，多人聚在一起的“逑”现象成这里的一道独特景观。明义乡东明义村出土的晚唐张佑明石棺墓志文中记述他“有隙弓逑，世袭不绝门风”等字样，就是“逑”现象在当地广泛存在的证据。出土文物证明，受限于石球制作的繁杂工艺，踢球活动的开展一直以涞水平原地区为主，京郊房山、涿州、高碑店、定兴、易州等相邻县、市、区次之。直到晚唐时期，明义乡东官庄村人张佑明进皇宫做太子宾客，才将踢球带进了京城，很快受到京城官宦、庶民的喜欢。同样囿于石球的制作工艺，人们渐渐用布球或革球取代石球，“逑”的名字也演化成“毬”。而在踢球的发源地涞水，人们仍然使用石球。

涞水自古以来就是石球的生产地。到解放初期，娄村、洛平一带的农村仍有几十家磨制石球的作坊，产品销往周围各县。石球分3种：大球，直径约7厘米，用于坑洼松软的场地；中等球，直径约3厘米，用于稍为平整、坚实的场地；小球，直径约2.5厘米，用于平整坚实、较为宽绰的场地。每种球5颗为一副，集市或庙会中能买到。

涞水踢球使用的器具除石球之外，还要用到量具“志子儿”。志子儿用树棍或者竹竿、高粱秸做成，大拇指粗细，长约70~80厘米。它的作用是测量球距，划球场边界（俗称“搂”，音lōu）。

涞水踢球游戏技巧性、娱乐性强，费用低，参加人数不限，对场地要求不高，男女老少都适宜，是开展全民健身活动的好项目；同时也印证涞水踢球是世界上最早的用脚踢的球。

2006年7月，涞水踢球被河北省批准为非物质文化遗产保护项目。

2008年6月，南高洛村单玉田被批准为该项目省级传承人。

（二）涞水洛平山伶伦祭典

乐平（今称洛平）山，古名伦山，位于县西北15千米的北洛平村北，古籍《山海经》中有记载。

传说黄帝乐官伶伦一生都在此山居住，留有大量与伶伦有关的古遗址，如伶伦洞、伶伦祠、听凤台、伶伦音乐花塔及传说伶伦铸钟的钟模坑等，山半腰的乐平平台，阔约十亩，传说曾是伶伦当年研创乐律，制造乐器，训练乐工的地方，因此，这里被民间誉为华夏音乐的发祥地。

乐平山伶伦祭典活动是在伶伦塔前进行的。每年正月初三，由自称是伶伦传人的高洛音乐会及周围各县民间音乐会自发前来参加祭典。

祭典时，音乐会的会众与音乐花塔上的砖雕乐工“点笙对调”、行“拜祖谢师”之礼。形式独特，影响广泛。故此，被列为涞水县重点研究、考察、保护的非遗项目，向上级申报，将其列为国家或省、市级非物质文化遗产保护项目。

（三）南高洛古建材料制作技艺

涞水县义安镇南高洛村位于涞水县城东南方向9千米处。拒马河从村东奔流南去，留下大面积的冲积平原，土质细腻无杂质，黏度非常适合烧制砖瓦。据考证，远在宋、元时期，这一带就有很多烧制砖瓦的土窑。南高洛村的天马古建砖瓦厂，前身是清代雍正时期的老厂，距今约有300多年历史。据该村衡氏族谱记载，雍正年间，备受重用的十三王爷允祥去世，雍正皇帝为彰其忠义，敕命在涞水县云溪山下为其大建陵寝，这就是清代建筑规模最大的王爷陵寝——十三王爷坟。

南高洛天马砖瓦厂厂长衡桂军的先祖系满人，原本是奉命为建陵采购砖瓦木料的小官吏，后来看到商机，便亲自来南高洛立窑设厂，他在选料、成型、烧制等工序上秉承传统，匠心独到，因此产品型制规矩，质地瓷实细腻，很快为宫廷或京城寺院建筑采用。随着历史的变迁，该厂数度兴衰起落，传承至今。衡桂军是该厂关键生产技术的拥有者和传承人。

南高洛天马古建砖瓦厂生产的砖分墙砖和地砖（方砖）两种，均为灰质。瓦则分琉璃瓦和灰瓦两类，其中每一类又分顶瓦和脊瓦。此外还有装饰性砖雕和瓦雕，用于古建筑构件或大门、照壁、墙面。

砖雕是在青砖上雕刻出人物、山水、花卉等图案，分博砖缝、窗花、脊花砖、角花、盘头砖等。天马古建砖瓦厂雕刻的山水花卉，线条流畅准确，美轮美奂；人物造型丰满生动，栩栩如生，极具审美价值。题材上有龙凤呈祥、和合二仙、刘海戏金蟾、三阳开泰、郭子仪做寿、麒麟送子、狮子滚绣球，以及松柏、兰花、竹、山茶、菊花、荷花、鲤鱼等。

在雕刻技法上，主要有阴刻、压地隐起的浅浮雕、深浮雕、圆雕、镂雕、减地平雕等。形象简练，风格浑厚，不盲目追求精巧和纤细，以保持建筑构件的坚固，能经受日晒和雨淋。

瓦雕除了正脊两端用的兽之外，垂脊或戗脊的脊端还有11个走兽类装饰，俗称“神兽”，分别是仙人、龙、凤、狮子、天马、海马、狻猊、押鱼、獬豸、斗牛、行什。垂脊和戗脊的末端还有具滴水用途的瓦当。

2008年10月，南高洛天马古建砖瓦厂被评为国家AAA级重质量、守信用企业。

涞水县南高洛天马古建砖瓦厂传承正宗，是京南保北古建材料关键生产技术的拥有者和最大生产厂家。天马古建砖瓦厂的产品及其施工队，先后参与修缮全国重点文物保护单位保定直隶总督署的古建工程、承建北京市国家森林公园北宫山庄、保定陆军军官学校纪念馆、保定留法勤工俭学纪念馆、保定市前屯清真寺、保定关岳庙、涞水广华寺、唐县白求恩纪念馆、高阳县普慧寺大雄宝殿工程，参与了北京市百花山寺庙古建工程、北京市怀柔区四合院古建群工程、北京市丰台区新农村改造工程等。在建项目有涞水县野三坡四合院古建群工程以及散放在县城、农村的古建修缮再建工程。

2009年，天马古建砖瓦厂拥有固定职工130余人，其中23人具有中等技术以上职称，有熟练烧制砖瓦的老艺人21人，砖雕艺人20人，固定资产1500万元。

南高洛天马古建砖瓦厂持有的古建材料生产技艺，不仅对当地的经济建设有促进作用，而且有古代建筑艺术和古代美学的研究价值，尤其对明清时期京郊一带的民风民俗、生产生活研究很有参考价值。

三、保定市非物质文化遗产保护项目

（一）涞水版画制作技艺

涞水系千年古县，历史文化底蕴丰厚，版画制作是其中的杰出代表之一。版画制作技艺源远流长，到唐代中叶，木板雕刻印刷技术已经在全国各地风行，传承至今，已经有1200年的历史。

版画制作，是一种将图案用刀或化学药品在木版、石版、麻胶版、铜版、锌版等版面上雕刻或蚀刻，制成印版，然后印刷复制成黑白或彩色印刷品的工艺流程。

涞水版画以木板制作印刷为主，制作方法简捷，画面质朴夸张，色彩绚丽明快，雅俗共赏。内容多与当地人们的生产生活、风俗习惯、宗教信仰有关。

年画类版画包括《秋收时节》《大年三十》《高脚会》《金牛报春》等。家宅常供神类版画包括门神、灶神、财神、福禄寿神（寿星）钟馗等。年节类版画包括对联、福字、长签（毛三）双喜字等。商用类版画包括店铺商品包装盒、纸牌、绣样等。丧葬用品类版画包括纸灵牌（包袱）冥器印件、冥纸币、功德碑等。

新中国成立以后，涞水县的版画创作主题以歌颂新社会，反映新生活为主。1985年6月，由美术干部刘泳、王杰斌发起，成立“涞水县土坷垃版画会”，为全县版画爱好者提供一个定期交流研讨、携手共同提高的平台，使涞水的版画创作很快有了质的飞跃。1990年正式建立版画创作室，具体负责全县的版画创作和辅导。版画作者以“繁荣创作、推出精品”为目标，使创作水平不断提高，佳作迭出。苏席华（中国第三、四套人民币手工雕刻原版票面文字、画面专家）杨文会（河北大学艺术学院院长）刘忠（保定市群艺馆）刘泳（河北美协创作委员会副主任）苗桂欣（中国美术家协会会员、河北大学艺术学院客座教授）张京海（中国版画家协会会员）柳泽江（中国版画家协会会员）王杰斌（河北师大美术学院教授）马琳（河北大学艺术学院教授）等一大批版画家。他们的作品于1988年分别在河北省群众艺术馆和中国美术馆举办展览后，又5次到日本佐渡、京都、大阪及中国香港、澳门、新加坡等地举办专题展览。至有40余件作品获全国、省、市美展大奖，国内外几十家电台、电视台、报刊、杂志300余次进行宣传报道，国内外收藏60余件。涞水县于2003年被文化部命名为“中国特色艺术之乡”。

涞水版画是民族美术园中的一朵奇葩，不但具有历史文化研究价值，也有促进精神文明建设的现实意义，对当地的经济建设有推动作用。

（二）南桥头村景泰蓝火锅制作技艺

南桥头村位于县城正西偏南10千米处，地势平坦，有1500人，李姓居多，均为汉族。有耕地1523亩，以农业种植为主。该村地处易县至涞水两县交界处的“官桥”南头，故此得名。

紫铜火锅在涞水称“火锅”，在北京则称为“涮锅”。清末民初，原在北京“火锅作”制作火锅的南桥头村村民李自年，为躲避战乱，返回家乡。迫于生计，开了一个家庭作坊，专门制作铜火锅，将制作技术传给儿子李润，1970年，李润传技其侄李增贵，李增贵又传多人，至2009年已传五世。

南桥头火锅的种类繁多，有普通火锅、景泰蓝火锅、“楼上楼”多层火锅、鸳鸯火锅、温酒壶等。纹饰有草龙纹、回纹、云头纹、万字不断头、草凤纹、瑞兽头纹等，或色彩华丽夺目，或素雅恬淡，或庄重沉稳。制作工艺流程为：选择铜板-将铜板冲压成毛料-用拉抻机拉抻-用卷边机卷边-用冲床将铜板镂空-里子镀锡-组装-抛光机抛光、打磨，进一步精细加工。

南桥头火锅厂

紫铜火锅在涞水初步形成了产业规模，产品主要销往京津市场、饭店；国外有美国、加拿大等20多个国家和地区的订单。代表作品是为北京丰泽园饭店门口制作的高3米的景泰蓝火锅。

四、县级非物质文化遗产保护项目

（一）平西抗日根据地抗战民歌

抗日战争爆发后，中国共产党领导的八路军邓华支队挺进野三坡，开辟平西抗日根据地。由于野三坡民众普遍不识字，用书、报或标语进行宣传不易起到作用，较为有效的方法就是唱歌。群众喜闻乐见，于是，编唱抗战歌曲成了当时野三坡一带的一种特殊的文化现象。上级布置任何工作，都编成歌来进行宣传，逐渐形成风气。当时的野三坡，不管是党政军学，还是普通百姓，人人编歌、人人唱歌，对激励军民士气，巩固和扩大抗战成果，起到很好的推动作用。即使在最为残酷的日伪军大扫荡时期，平西根据地所属12个县先后陷落，唯有野三坡地区的政权一直掌握在共产党手中。究其原因，抗战歌曲的认识作用、教育作用和激励作用不容忽视。

在编歌唱歌活动推动下，野三坡诞生影响巨大的红色经典歌曲《没有共产党就没有新中国》和红色经典歌剧《白毛女》雏形——《白毛仙姑》。

1984年野三坡开发旅游以后，三坡人更加热爱自己的家乡，他们编词作曲，尽情抒发喜悦情怀。一批批京、津、冀的专业词、曲作家也先后加入到野三坡歌曲创作行列中，使三坡歌曲的质量有进一步提高，先后走上中央电视台及中国唱片社。2008年，三坡管委会投入5000万元，遍邀全国200多名流演员，和野三坡人民一起，共同排练、演出大型歌舞剧——《走进野三坡》；2009年，由北京东方影音公司出版了《唱响野三坡》MTV专辑，使野三坡的歌唱活动达到新的制高点。

（二）东文山乡仿古红木家具制作工艺

涞水县东文山乡，位于县城西北4千米处，其中的上车亭、下车亭、东文山等村有做仿古红木家具的传统。

该乡的上车亭村曾有人在宫廷家具作坊中做工匠。清朝末年，随着清廷末代皇帝溥仪宣告退位，撤离皇宫，原在京城红木家具作坊学艺的王振刚、王克昌等人返回故里，种地谋生，将宫廷红木家具的制作技艺传给村民。发展到如今，东文山乡的仿古红木家具制作成为该乡创汇型骨干企业，有大、中型红木家具制作企业31个，年创汇3亿多元。

车亭红木家具，保持正统明清古典风格，古朴典雅，庄重大气，是业内公认的中国传统红木家具的代表。它的优点是：颜色浑厚，多体现出古香古色的风格。木质凝重，给人稳健大气的感觉。木材本身有自身所散发出的香味。材质强度高，耐磨，耐久性好。

东文山乡仿古红木家具制作工艺流程：选料——开料——烤料——木工选材配料——雕刻——木工组装——打磨、打蜡

为把东文山乡的明清古典红木家具行业做得更大更强，县政府成立专门班子，引导各企业强强联手，共闯市场。在县城北环路建立红木家具制作、销售一条街，上规模，上水平，上效益。

（三）三坡花椒油项目

野三坡位于京郊西部，涞水北部，古称南矾山。因山高水险林密，交通阻塞，与世隔绝，历来不为人知，也不隶属任何州、县、郡、乡管辖。直到1939年八路军进驻以后，才开始建立政权，隶属涞水县。

由于与世隔绝，野三坡历史上缺医少药，但是，三坡人体质健康，很少得病，在其他山区常见的聋哑呆傻等患者这里更少见，一些医学专家认为当地人常食花椒油是重要原因之一。三坡花椒产量较大，质量好，历史上当地人有用花椒油佐餐的习惯。据《辞海》“花椒”条解释：“……用作调味料，亦供药用，性热，味辛，功能温中止痛、杀虫，主治脘腹冷痛，吐泻及蛔虫病等。证明花椒油确实有治病、健

体的作用。”

食用花椒油是三坡地区民间世代流传的习惯。生产过程也很简单：将花椒籽（黑色圆粒）晒干，用碾子碾压成糊状；放进锅中加适量清水，加热，油、水自然分离，水下沉，油上浮，取出油；将油再次放入锅中，温火加热，熬去其中的水分后，将油装入瓶、罐等容器中贮存，即为成品花椒油。

成品花椒油油汁清亮，味道微麻香浓。

野三坡花椒油其实是花椒籽油。经现代科学方法测定：花椒籽油中的油脂含量27%~31%，其脂肪酸成分中，90%以上为不饱和脂肪酸，而人体不能合成的必需脂肪酸（亚油酸、亚麻酸）含量达45%以上。因此，花椒籽油应是一种比较理想的食用植物油，而花椒籽中蛋白质含量也占18.7%，且氨基酸成分比较合理，是一种较好的饲料蛋白原料，很有开发价值。

花椒是野三坡的特产。由于出口量的增加，种植面积猛增。经调查，涞水及易县、涞源等山区和丘陵地带，每年花椒籽产量达0.8万吨以上，估计全国约有10万吨的花椒籽有待加工利用。

涞水平原地区熬小盐工艺“熬小盐”始于古代，贫苦人家为解决吃盐的问题，经过长年探索，发明了用河边盐碱土熬制小盐的工艺。小盐的熬制过程简单：收集含盐分较多的河边土；将盐土倒入大容器中，加适量清水，使土中盐分溶解到水中；将含盐分的水放入锅中，加热，熬去水分后，盐即生成。为区别海盐，当地人将熬制的盐称为“小盐”。小盐色白，咸中带涩、苦。用小盐腌制萝卜、蔓菁等咸菜，涩、苦味道会消失。食用小盐是涞水人民特殊时期创制的工艺，被当地民众誉为“民生三宝”（小盐、大取灯、土布）之一。时至今日，熬制小盐的工艺仍有一定的保护价值。

涞水平原地区大取灯制作工艺　涞水县自古战乱频繁，民众生活物资常遭对方控制。近代以来，火柴这种生活必需品就经常遭封锁。为解决做饭、取暖的问题，涞水人民经过长年探索，发明土火柴的制作方法。这种土火柴当地人称之大取灯。大取灯的制作方法：将干燥、易燃的杨、柳木做成长10厘米左右、宽1厘米左右，厚1毫米的木片；将木片的一头沾取适量的磷（硫磺），即为大取灯成品；用时，取一片用石片敲击火石，火石发出的火星既能引燃大取灯。成品大取灯20片扎成一捆，外卖或自用。使用大取灯是涞水人民特殊时期的一种创造，因此，大取灯被当地民众誉为“民生三宝”之一。大取灯的工艺虽然简单，但它反映特殊时期涞水人民的创造力和文化现象，被列为本县非物质文化遗产保护项目。

涞水平原地区织土布工艺　自古以来，涞水人民经过长年探索，发明了织土布的方法。织土布的方法：将木纺车纺成的棉线顺木制织布机的经线眼穿过放好；将木梭绕上一定长度的棉线作纬线；双脚分别踏动织布机踏板，使经线眼单数带动相关棉线上升，双数眼带动相关棉线下降，同时双手将木梭适时在经线中带线穿过，反复同样动作，即织出棉布。棉布结实耐用，做衣服做鞋袜均可。织土布是涞水人民世代相传的技艺，是涞水人民保证正常生活的有效方法，被当地民众誉为“民生三宝”之一。

虽然纺织技术以高度发达，但从研究古人如何解决穿衣吃饭问题的角度，土布制作工艺仍有一定的研究、保护价值。

涞水平原地区手工抄纸工艺　涞水县民间保存的手工抄纸技术，与史书中记载的东汉时期蔡伦的造纸方法基本相同。将棉、麻类纤维及废旧书报纸张放进石沟里碾压成浆；将纸浆放入一米见方的水池中，加入适量胶性物质；用抄纸盘从池中捞取适量纸浆于盘中，端出，轻轻揭下盘上已初步连成一片的薄纸浆，放在另一个托盘上，第一张纸即初步制作成功。再用抄纸盘去池中捞取适量纸浆，制作第二张纸……将潮湿的纸张一张张贴到平整的灰墙上晾干，再一张张取下码放整齐，50张为一令。手工抄纸是古人造纸技术在涞水民间的变存，有一定的保存价值。被将其列为涞水县非物质文化遗产保护项目。

（四）野三坡“老人官”选举制度调查

野三坡位于涞水县北部深山区，北和东部与北京市接壤，西与涿鹿相连，南与涞水县赵各庄镇毗邻，面积300平方千米，总人口4万人。

因山高水险，交通阻塞，野三坡处于与世隔绝的状态，历史上不属任何州、郡、县管辖。历朝历代从没有向三坡派驻官吏，也没有任命过当地人为当地行政管理官吏。三坡一带的行政管理实行的是古代遗留下来的“老人官”选举制度。直到抗战爆发后八路军进驻野三坡，开辟“平西抗日根据地”以后，才正式由边区政府在此建政，结束了千年的“老人官”管理三坡的制度。

据查，“老人官”由三坡中“家道殷实、颇孚众望”者担任，负责处理三坡境内的政务。该制度一般为终身制，年老力衰后可提名下任人选，经“五老”同意，民众赞成以后，即可接任。没有父传子现象。

“老人官”选举制度起于何时，没有资料记载。据传，可能传承于“三皇五帝”时期的古“禅让”制度。若果真如此，“老人官”选举制度当是尧舜古制的活化石，很有保存、保护价值，被其列为涞水县保护项目。

（五）祖冲之世家与故里项目

涞水县东文山乡下车亭村，位于县城西北3千米处，丘陵地貌，人口2100人，90%为祖姓，属于原住民，均为汉族。有耕地2049亩，山场三万亩。

据考，该村西南1千米处的“祖家坨”，是南北朝时著名数学家、天文学家祖冲之的茔地，也是祖氏祖先的发祥地，占地100多亩。

据《二十四史》中的有关记载，全国各地的祖姓人祖籍一律记为“范阳遒郡”（既今涞水县）。而散居在涞水县各村祖姓人则一致认为，下车亭村是其“老根儿”（故里）。这里是他们祖先生前的栖息地，又是他们祖先故去后的安葬地。下车亭村自古传下风俗：每逢清明佳节，无论本县、外县甚至外省、国外的祖姓后裔，均不约而同地回下车亭祖家坨扫墓祭奠，认祖归宗，续写族谱。下车亭村人作为香头，不管与来者互相认不认识，一律设宴款待，费用从祖茔官地的收入中支出。

下车亭祖姓人认为：自己的姓始于商王族。在殷商历代国王的名字中，有祖字的便有祖乙、祖辛、祖丁、祖庚、祖甲、祖巳等人，中宗祖乙是上述几位商王中最有作为的帝王，所以今天的祖姓人多奉祖乙为始祖。

此外，商朝开国君主商汤的左相仲虺，其后代中有人名叫祖巳、祖伊，二人的后世子孙也有人以祖为姓。

据《姓谱》记载：“系出（黄帝）子姓。殷祖甲、祖乙、祖丙、祖丁，支庶氏焉。”望出范阳、京兆。古之范阳，其范围含今河北省涿州、涞水及北京市昌平县，房山县一带。

据有关专家考证，祖氏远祖世系为：少典公——轩辕公——玄嚣公——蹻极公——夋公〔夒〕——契公——昭明公〔王吴〕——相土公〔土〕——昌若公〔羔〕——曹圉公〔粮圉〕——冥公〔季〕——亥公〔王亥〕——微公〔上甲〕——丁公〔报乙〕——报乙公〔报丙〕——丙公〔报丁〕——主壬公〔示壬〕——主癸公〔示癸〕——履公（又名天乙、成汤）——太乙〔唐、成〕——丁公〔太丁〕——至公〔太甲〕——辨公〔太庚〕——密公〔太戊〕——整公（河亶甲）〔戋甲〕——滕公〔祖乙〕——旦公〔祖辛〕——新公〔祖丁〕——敛公〔小乙〕——昭公〔武丁〕——曜公〔祖庚〕——戴公〔祖甲〕——？公（孝巳）〔祖巳〕（注：〔〕内的文字是甲骨文所记的商王庙号，而商王之名则从竹书纪年中得知，更正了史书的错误。）

祖氏诸名人的辉煌业绩，是中华民族的宝贵财富，也是涞水人的光荣和骄傲。

（六）涞水民间文学

涞水县民间文学的发掘整理工作起步于20世纪60年代，由县文化馆负责，成果散见于各级报刊。1985年，由县文联主席延辰龙负责，动员全县民间文学爱好者、民间文学社团，分片包干，对全县山区、丘陵及平原地区流传的民间故事、民间歌谣、民间谚语等进行全面收集整理，遵从“忠实记录，慎重整理”的原则，整理民间故事1052篇，民间歌谣243首，民间谚语2000余条。经过精选加工，撷民间故事166篇、民间歌谣81首，于1986年7月出版《涞水县民间文学集成》。1988年5月，县文联精选33篇故事，出版《野三坡的故事》（中国民间文学出版社出版）。

1992年，原县广播局编辑记者陈志娥，出版了专集《野三坡传说精选》（中国民间文艺出版社）。2001年，涞水籍离休老干部张文生，先后出版了《金山院的故事》（合著，中国文联出版社出版）；《金山英烈》和《金山院传说》（香港银河出版社出版）。

作为涞水县非物质文化遗产保护项目，2007年3月成立涞水县民间文学编纂委员会，由涞水县委常委、宣传部部长刘晓梅任主编、县文联负责人李树泉、原县文化局副局长刘阜、原县广播电视局党支部书记陈志娥任副主编，聘请杨春燕、张珊珊、农乐（钱锋）李冬霞、祖士勋、边鸿志、雷连城、胡武侠等为编辑，共同对已有作品进行筛选编辑，面向社会征集新作品。至2007年7月底，征集民间故事约11万字。从所收集到的61万字中，筛选出优秀民间神话16篇、传说172篇、故事76篇、笑话70篇、总计52万字，交保定市民间文艺家协会统一出版。为展示编选成果，扩大作品影响，把涞水县民间文学的保护传承工作做得更好，2009年5月，由中共涞水县委常委、宣传部部长刘清源任主编，从中精选143篇作品，计21万字，编纂为《野三坡故事精选》（内蒙古远方出版社出版），其余31万字，结集为《涞水民间故事大全》，由涞水县文体教育局出资出版。

第七节　文　物

涞水历史悠久，文物丰富，但在新中国成立前，大量文物遭到破坏，如庆化寺（1900）怡贤亲王园寝（1935）娄村上清观、天行宫（1942）等遭到八国联军、国民党军队和日本侵略者破坏及偷盗。新中国建立后，党和政府重视文物保护工作，安排专人管理文物。20世纪五六十年代，先后对部分地区进行了普查，从民间搜集到一部分金银首饰、古铜钱、玉器、陶器和古人字画，但在“文化大革命”期间被洗劫一空，同时全县所有名胜古迹也有不同程度的破坏。

1982年，涞水建立文物保管所（以下简称县文管所）。1984年县文管所对全县文物开展全面普查，截至1989年年底，发现古建筑16处，古遗址63处，古墓葬18处，窑址3处，城址4处，革命纪念物及遗址5处，普查长城35华里。其中最重要发现是，1985年5月，在镇厂区罗古台乡北边桥村发现的人类骨骼化石，经鉴定系旧石器晚期“北京人”和“山顶洞人”之间，距今约27500年，被称为智人化石，填补中国古人类发展史研究方面的一项空白。

馆藏重点文物督统之印

北边桥古人遗址

大赤土出土的石球

1979—2009年涞水县各级文物保护单位一览表

表17-1-7-1

单位名称	时 代	位 置	级 别	公布时间	公布批文号
庆化寺花塔	辽	永阳镇北洛平村北	国家级	2001.6.25	国发〔2001〕25号
西岗塔	辽	县城涞阳路塔南街	国家级	2006.5.25	国发〔2006〕19号
怡贤亲王墓	清	石亭镇东营房村南	国家级	2006.5.25	国发〔2006〕19号
金山寺舍利塔	元	石亭镇东龙泉村北	国家级	2013.3.5	国发〔2013〕13号
皇甫寺塔	金至明	义安镇寺皇甫村	国家级	2013.3.5	国发〔2013〕13号
北边桥遗址	旧石器	九龙镇北边桥村	省级	1993.7.15	冀政〔1993〕72号
北庄遗址	新石器	九龙镇北庄村	省级	1993.7.15	冀政〔1993〕72号
富位遗址	商	胡家庄乡富位村	省级	1993.7.15	冀政〔1993〕72号
张家洼遗址	西周、战国	明义乡张家洼村	省级	1993.7.15	冀政〔1993〕72号
镇江塔	辽	娄村满族乡中水东村西	省级	1982.7.23	冀政〔1982〕157号
城隍庙	明	县城城隍庙北街	省级	1993.7.15	冀政〔1993〕72号
三义庙	清	娄村满族乡娄村	省级	1993.7.15	冀政〔1993〕72号
大龙门城堡及长城	明	九龙镇大龙门村	省级	1993.7.15	-
大龙门摩崖石刻	明	九龙镇大龙门村	省级	1982.7.23	冀政〔1982〕157号
清禅寺	明	九龙镇清泉寺村	县级	1980.10	-
东租灵佑观	清	涞水镇东租村	县级	1980.10	-

一、古建筑

涞水县境内有塔、庙、观、城堡、古长城、古戏楼、明清民居、陵寝等古建遗迹，其中国家级保护单位4处；省级文物保护单位6处；县级及一般文物保护单位5处。

庆化寺花塔

该塔位于永阳镇北洛平村北龙宫山腰，与庆化寺相峙，矗立在庆化寺山门外正南约100米处的山崖平台上，海拔高度382米，建于辽代，2012年被列为省级非物质文化遗产，为国家级重点文物保护单位。

庆化寺建于乐平里龙宫山，相传始于汉代。此地峰峦环抱，两岩对峙，左瞰深谷，右临石洞，口有清泉，其罅莫测，四周苍松翠柏，林木葱郁，真乃有道栖身之地。此寺在明洪熙元年、成化十四年、成化十八年（1482）嘉靖三十九年（1560）万历二十九年皆曾重修。由于晚清政府的腐败无能，外国列强蜂拥而至，瓜分中国。英、德联军更以“追剿”义和团为名，闯进庆化寺，一把火将这座千年古刹和上万亩森林烧个精光，寺院只剩残垣断壁、几通残碑断幢及一座较为完整的砖砌花塔。

该塔通高15.5米，围长19.2米，砖木结构，塔基呈八角形须弥座状，高3.4米，束腰各角，皆雕刻力士一尊，面目狰狞可畏，每面中间各凿壸门两个，内雕吹箫、弹琴、跳舞等形态各异的乐伎雕像；束腰以上，采用双抄五铺作斗拱，承托几何纹雕成的栏板和素面平座，束腰以下即采用叠涩手法砖砌基底。

塔身第一层高3.6米，辟东、西、南、北拱门，每门高1.4米，宽0.66米，门外拱顶的两角处，各雕飞天一个，形态优美，飘逸自然；门内塔心是一方形柱体，直接承托第一层塔檐，在其体内辟南北、东西垂直相交的二个方孔，起采光通风的作用，其余四隅各置竖型假窗，八角处皆为半圆形倚柱，直顶第一层塔檐的斗拱，斗拱以上是砖作檐椽和飞子，在其上覆瓦，形成第一层塔檐，塔檐各角各伸出一根带铁环方木，系挂风铎之用。

第一层塔檐至檐顶，是由八层砖砌小佛龛构成的圆形塔身。每个小佛龛上部雕有3个寿桃，列成三角形，自第一层到第七层，每层16个佛龛，第八层缩减为8个，共计120个小佛龛，再往上逐渐收敛，形成圆形塔刹。

此塔具体建筑年代，没有文字记载，从结构和造型分析，与北京市房山区磁家务万佛塔颇为相似，具有辽代特点。纵观全塔，风格独特，结构精巧，造型华美，工艺精湛，是中国古塔建筑艺苑中的一朵奇葩。

2001年6月，该塔被列为国家级重点文物保护单位。

保护范围：以塔基外缘为基线，向东、南、西三面，各外扩30米，向北面外扩130米；

建设控制带：以保护范围边线为基点，向东、南、西、北四面，各外扩100米。

21世纪以来，随着庆化寺重修和宗教活动的开展、植树造林、禁牧、荒山承包各项政策的有效实施，龙宫山的人文环境和自然环境不断改善，已逐渐成为游人驻足的胜地。

西岗塔

位于县城北一千米的西岗，县电视台北侧，原名已佚，因塔建在西岗之上，后人便称其为西岗古塔。

该塔西控群山，东瞰拒马，登临俯视，涞水古城尽收眼底，占尽一方形胜。清代诗人陆宸箴有“秀入西山疑暮霭，影横北斗贯长虹”之句。这正是人们对宝塔景色的真实写照。相传，此塔为瞭敌塔，除做佛教浮屠外，兼做军事瞭望之用。所以，清代诗人有“藏身尽静渔阳鼓”之句，描述此塔的瞭敌功能。

该塔平面呈八角形，十三层，密檐式，砖结构，通高36米，须弥座式基座（由须弥座、斗拱、勾栏与平座构成），下有八角形砖砌台基，须弥座束腰八角及八面各立雕有腾龙图案的角柱和间柱，各柱之间为素面弧门，上施普柏枋承托平座斗拱；平面每面补间，施二朵计心造重拱五铺作斗拱，转角铺作除于正侧两面各出45°斜拱两缝外，与补间相同。齐心斗承托勾栏的地栿，平座勾栏华板浮雕亚字和曲尺形几何花纹。寻杖和盆唇之间，雕有图案化的缠枝西藩莲、牡丹、卷草、莲花等花纹，形制都十分精美，花纹之间各置小斗承托寻杖，显得勾栏更加繁缛华丽，平座以上用莲瓣三层承托塔身。

第一层，塔高5米，八角施塔柱，做经幢形，下承须弥座式台基，上覆两段幢身和刹顶。塔身上部浮雕云头垂帐用以代替栏额，其上，置薄而宽的普柏枋，在转角处出头，其断面垂直截齐。檐下面每面施60°斜拱，五铺作一朵，上托撩檐榑，华拱上，出批竹耍头，转角铺作与平面铺作相同。塔的正向四面辟设拱形券门，其余四隅置扁方形假窗，内设竖格式窗棱，显得明快简朴。塔身上，出檐十三层，除第一层施木制椽檐和砖制飞子以外，其他各檐，均为砖制，第二层至十二层皆矮，各檐之间，距离相等，无斗拱装饰，均用叠涩手法向外砌出七层，代替斗拱，檐椽出檐长度逐层递减，各层檐的转角处均用木质角梁，便于悬挂风铎。十二至十三层，檐与檐之间距离较高，辟正向四拱形券门，八角各施圆形倚柱，下承覆盆式柱础。第十三层檐，除补间为五铺作外，其余栏额、普柏枋及转角斗拱等与第一层檐相同，但形制略小，檐上部为素瓦盖顶的八角攒尖屋脊，各有脊兽多尊，最顶部为塔刹，绝大部分被毁掉，仅留八角形基座和仰莲（绶花）双重。

该塔造型挺拔俊秀，特别是第一层和第十三层塔门上下呼应，中间塔檐相衬托，结构精巧雄伟壮观。

该塔建筑年代无法确考，从造型风格，结构特点来看，应属辽金时代遗物。这一文化遗产距今已有八百年历史，为研究辽金古塔建筑艺术提供了有价值的实物资料。明清时列为“涞水八景”之一。

1982年7月23日，该塔被列为河北省省级文物保护单位。保护范围：以塔基外缘为基线，四周各外扩110米，东至部队院内；南至电视台南围墙；西、北至祖冲之中学院内。建设控制地带：以保护范围边线为基线，周围各向外扩30米。2006年5月，该塔被列为国家级文物保护单位。

千佛舍利塔

位于石亭镇东龙泉村北金山上中部，距县城北17.5千米处，建于元代，国家级重点文物保护单位。

该塔坐落于金山寺山门外（金山院）13米处，海拔高度375米。元大德四年（1300）由该寺都功德主光禄大夫阿尼哥（系尼泊尔人）资助，由圆融广慧禅师创建，矗立于高1米、边长6米的方形石砌平台上。塔北面是山门，塔西侧10米处是山的主峰，塔的周围有山泉、山林、花草，环境秀美。

全塔通高8.18米，平面呈八角形，为十三层密檐，白玉石结构。须弥座塔基高约1米，束腰部分浮雕海兽环列八面，上下雕有精致的海马、海狮、缠枝牡丹、海石榴和各种几何纹图案。塔基之上是八棱塔柱，高1.55米，其南向正面中间浮雕无量寿佛三尊，上刻“无量寿千佛舍利宝塔记”，下刻“皇太后万寿无疆，当今皇帝圣寿万安，东宫位福寿千秋，相哥、公主寿等千秋”，铭款刻“大元时大德十一年重阳日作太平会铭记”等字样。左右两边，刻三爪云龙戏珠图案，上下两端刻双钩蔓草纹，最下边刻莲花，作为承托图案。其余各面是浮雕和840多个形态各异的佛像图案。第一层塔檐雕有斗拱和檐椽，塔檐之上，置仰莲刹座和葫芦形塔刹。该塔结构合理，造型古朴典雅，是不可多得的艺术珍品。

1993年7月，该塔被列为河北省重点文物保护单位。保护范围以塔基外缘为基线，向东、南、西三面各外扩10米，向北面外扩50米。建设控制地带以保护范围边线为基线，向东、南、西、北各外扩40米。

2006年3月15日的凌晨，金山寺千佛舍利塔被不法分子破坏，给涞水的文物事业带来极大的损失。

县委、县政府对金山寺千佛舍利塔被破坏一事十分重视，保定市相关部门多次召开调度会，专门研究、指示修复该塔。在上级主管部门的支持下，县文物管理所与涞水县宏成建筑工程有限公司达成承建协议，经省、市文物局的批准，县政府投资，于2006年6月4日开始实施修复工程。施工过程中，严格按照《千佛舍利塔复原修复方案》进行，由保定市文物旅游局古建所所长甄国谦监督指导。6月8日上午，施工人员吊装塔身时，意外发现塔身顶部有一石函，经请示上级文物主管部门同意，在场的保定市旅游文物局甄国谦、县文管所的翟士英、钱树生、胡鹏等协商将其打开，发现里面装有骨灰、丝织物碎片（已朽）舍利子若干粒、佛牙两颗（其中一个已裂为两瓣，现为三件）银匙一件，并及时进行清理，带回后，交给文管所妥善保管，同时向有关部门作了文字汇报。舍利子属于哪位高僧，还有待专家考证。2006年6月16日，修复工程圆满完成。

皇甫寺塔

位于义安镇寺皇甫村东0.5千米处，距县城东偏北7.5千米，建于金代，已列为国家级重点文物保护单位。

该塔原为毗卢寺内的一座舍利塔，后因寺毁，便以该地村名称皇甫寺塔。皇甫寺塔地处涞水、涿州、高碑店市交界地带，此地平畴绿野，一望无际，处处烟村，田连阡陌，该塔突于千里平芜当中，有“千畴稻浪平如水，一峰崛地插中天”的感觉。

该塔平面呈八角形，为十三层密檐式，砖结构实心塔，通高22米，塔身直径5米，塔下有方形台基，塔基上置八角形须弥座两层。第一层塔身较高，约4米，八角施经幢式塔柱，塔身南向辟一拱形券门，东、西、北三面为砖砌假门，其余四隅为假窗，塔身上部，饰浮雕云头垂帐代替阑额，其上砌普柏枋至转角处，相交出头，断面为垂直截齐，檐下每面施重拱五铺作斗拱一朵，华拱上出批竹要头，转角斗拱也为重拱五铺作，其上是五层檐和塔刹，第一层檐施砖檐椽和飞子，其他各层塔身较短，无斗拱承托，采用叠涩手法砌出四层形成塔檐，出檐长度基本相等，收分较小。塔刹比较完整，下有八角刹座，中有仰莲二层，上置覆钵（宝珠）和铸铁葫芦形塔刹。全塔上丰下锐，端庄秀丽，是金代建塔艺术中独具风格的范例。

1982年7月，该塔被河北省列为省级文物保护单位。保护范围：以塔基外缘为基线，四周各外扩66米，东至涿州市孙家疃耕地，南、西、北三面至李皇甫村耕地。建设控制地带：以保护范围边线为基线，四周各外扩80米。

2006年5月17日，对该塔地基进行抢救性加固修复工程。

镇江塔

位于娄村满族乡中水东村村东，清水河东岸，俗称水东塔，距县城北偏西11千米处，建筑年代无确考，已列为河北省重点文物保护单位。

传说，古时此地清水河常有洪水泛滥，淹没农田，为竭其患，筑塔镇之，故名镇江塔。古时此地山围青翠，水度弯环，杨柳含烟，风景如画，塔立其中，景色宜人。自20世纪90年代起，清水河出现季节性断流。

该塔肇建年代无资确考，据民国初年，傅增湘、周兆庠所著《涞水游记》考证，为唐代先天二年(713）建，不知依据何在。根据塔形，建筑用料，结构特点，此塔与房山县云居寺唐玄宗（李隆基）第八妹金仙公主塔极为相似。近年通过众多古建专家考证，确认为唐塔无疑，如确实，此塔当为涞水县现存古塔中年代最久远之一。

此塔平面呈正方形，边宽2.7米，身呈棱台式，上下收分较小，为七层密檐式空心砖塔，塔高14米。从地平面至第一层檐辟一个南向拱形券门，由汉白玉石雕刻而成，其上减地浮雕蔓草纹花边，内刻楷书“南无十方诸佛，南无万万尊菩萨，南无西方极乐世界”等字，券门内再置简易青页岩槛框，其右框上阴刻“万历二十三年重修”字迹。塔内原有佛龛，但佛像已无。塔檐没有斗拱承托，采用叠涩手法，托砌而成。塔刹由八角形刹座，及砖雕双层仰莲花瓣承托，葫芦形刹顶。该塔造型普雅，小巧玲珑，有很高的保护价值。

1982年7月，该塔被河北省列为省级文物保护单位。保护范围：以塔基外缘为基线，四周各外扩50米，东至民居；西、南、北面均至耕地。建设控制地带：以保护范围边线为基线，四周各外扩30米。

玉泉寺禅师塔

位于娄村满族乡木井村西北2.5千米左右的云溪山中部，玉泉寺遗址西侧，矗立于山门外西侧半山腰的密林深处。

该塔通高5米，为八棱九层密檐式石塔，塔基高0.8米，须弥座式，束腰八面各雕衔环狮头像一个，平座，八面各刻一只瑞兽图案，上置浮雕仰莲承托全塔。第一层塔体高1.13米，平面呈八角形，各棱雕成半圆柱状，塔身南面雕刻金刚力士，手执金刚杵护卫前门，门顶部刻有“朔州清源略禅师塔”八个大字。东西两面各雕刻竖棱假窗，北面饰假门，东北、西北两隅亦各阴刻力士像一尊，与前述力士像造型一样。

塔体第一层檐下补施斗拱，其余塔檐向上逐渐收缩，塔顶设置仰莲刹座，承托覆钵和相轮，构成塔刹。

此塔雕刻精细，造型生动，结构合理，具有较高的工艺水平。此塔的造型特点、风格与元大德年间建造的金山寺千佛舍利塔相似，推断建筑年代不会晚于元代。2001年春，遭到不法分子盗掘破坏，将塔推倒，将部分构件盗走。

城隍庙

位于涞水县旧城东北角，县自来水公司东北侧300米左右，建于明朝，1993年7月15日，列为河北省第三批重点文物保护单位。

该庙现存建筑有大殿、后殿、西厢房三座建筑。大殿面阔三间，进深两间，悬山布瓦顶；后殿面阔三间，进深三间，前面出廊，硬山布瓦顶；西厢房面阔三间，进深一间，前后廊式单檐，硬山布瓦顶。

据清光绪二十一年《涞水县志》载：“城隍庙县治东北，明洪武八年，知县董孟宗建正殿三间，后寝三间，前厦四，东西厢房各一间，大门一间。弘治间，知县于铺建、嘉靖间贾士廷、陈郭景等率众修”。

城隍庙正殿在最南端，是庙内用材规范，结构完整、体量较大的一座建筑。正殿面阔三间，进深二间，前后廊式单檐悬山布瓦顶，施吻兽，两山梁上用瓜柱、月梁又构成卷棚式屋架，从结构上来说，增加月梁和罗锅椽、檩，但未起到多大的承重作用，而是对前檐进深较大的廊步，起到重要装饰作用。它的构架方式就是利用双步梁，在双步梁上立瓜柱托月梁，月梁上安放檩和罗锅椽，罗锅椽是在殿的前花架椽之下另设的，不受城隍庙西厢房结构的限制，在罗锅椽和花架椽上铺设望砖，就形成卷棚式屋顶。梁架中三架梁、五架梁用材较大，明间两缝五架梁因材料不够，施用了拼合梁，用材高0.53米，宽0.48米。檩下是明清常见的檩、垫、枋三件，用材较规整，梁枋上隐约能辨有彩画。梁架保存较好，但个别檩枋糟朽、椽飞折断，屋面漏雨，檐部椽飞折断较为严重。前檐明间廊步露天，后檐明间檐部下沉，正、垂脊残破，吻兽残缺。地面用条砖铺墁，柱顶石保存完好。

西厢房位于后殿的西侧与之并列。面阔三间，进深一间，七檩，前后廊式的构架方式，前后椽飞，前檐施金里装修（现全无），其余三面均用条砖砌筑。建筑为单檐硬山布瓦顶，施吻兽。

新中国成立后，城隍庙曾被县立幼儿园、粮食局占用。20世纪70年代，民居占用部分庙地。据调查：因年久失修，屋顶杂草丛生，瓦陇脱节，屋面大部分漏雨，椽飞、檩枋糟朽、折断，尤其檐部椽飞、檩枋糟朽严重，勾头、滴水全无，吻兽、脊等构件残缺。东西两山墙均有不同程度裂缝、倾斜现象。东山墙前段（南）从底部始至顶部，裂缝达2厘米之多，西山墙向西倾斜达5厘米之多，因墙体倾斜，从脊部至檐部，裂开通缝一道。从裂缝、倾斜的情况分析，可能是因多年院内地面排水不畅、台基四周杂土堆积、雨水浸泡冲刷，导致地基受损，地面受力不均衡所致。

2004年，县政府落实党的宗教政策，将该庙交由道教界管理使用。2006年11月重修，奶奶殿等部分殿堂和神像得到恢复。2008年农历十月初一举行殿堂落成及神像开光典礼仪式。

大龙门城堡及长城

大龙门城堡位于涞水县九龙镇大龙门村，建于明代中叶，是涞水县通往涿鹿的咽喉孔道和军家必争之要塞。城堡西南以山为嶂，东南、东北、西北三隅有拒马河支流小西河急流环绕。城堡四周城墙全长2千米，有东、西二门，城门尚完好，但亭阁无存；西门原有“镇宣威武”门额（已毁）；东门嵌有明万历十年卯镌门额，“屏翰都寿”保存尚完好。城墙多以条石、青砖及石灰、石渣垒砌，高约5~8米，宽4米，上筑战台和垛口。

大龙门口长城，位于县城北偏西金华山北侧，建于明代中叶，全长约22.5千米，西连涿鹿县马水口，中经涞水大龙门、蔡树庵、柏林城、岭南台，东接北京市的小龙门，沿城共有敌楼7座、战台5个、烽火台4个、城堡1座。

大龙门口长城可分东、中、西三段，其中东、西两段，峰峦叠嶂、峭壁悬崖形成天然屏障，多以山脊代墙，只在山凹或人马通行方便处筑墙；中段地处金华山脚下，山势较缓，多以筑墙为主，形成一道人工筑成的防御屏障。

城墙一般依山而筑，高低不一，皆用不规则的石块垒砌，墙壁内外整齐，内填石渣和黄土，墙顶用片石垒砌，一般高度为5~10米，墙下脚宽4.5米，顶面宽4米，靠外侧还置1.6米高的垛口，每个垛口设置瞭望孔1个，射击孔1个，内侧垒1.1米高、0.4米厚的女儿墙。

敌楼一般高达12~13米，长宽各为11~12米，多数为一楼二门，辟12个箭窗，分上、中、下三层，上层原有瞭望用的垛口、射击孔及避雨用的楼槽，均已毁；中层是砖砌券室，是住宿和贮存物资的地方。内部结构不一，此段6个敌楼无一雷同，楼内方砖铺地，有砖木结构的楼梯通向楼顶，楼门顺墙走向而开，有砖券和石拱券两种，下层为一实体台基，多为条石垒砌。另有战台、烽火台多处，是一段较完整的防御体系，现在墙体、敌楼、战台保存基本完好，只有个别部位破损。

1993年7月15日，城堡和城墙被河北省列为省级重点文物保护单位。

岭南台村明清民居

位于九龙镇西北15千米左右，黄潭岭南山腰的高台上。全村160余户，600余人。据该村吴家坟中古墓碑考（碑立于元泰定三年十一月十三日，即公元1326年），该村应建于金末元初。村内现存的几处明清宅院，虽有残损，但风骨犹存，建于何年已无法考证。

岭南台村明清宅院，以四合院为主要特征，由宅门、倒座、院落、厢房、正房等几部分构成。垂花门楼大门两侧的墙中央设有奉祀土地的小龛。进门后，有靠山影壁，影壁中心镶（方砖）磨砖对缝的方砖，四面饰有精美的砖雕。四合院内的柱石、樨头、门楣都有木、石、砖雕艺术品，做装饰和点缀，使整个院落古朴典雅，生动活泼，绚丽多姿。

雕饰作品分布以门楼和正房门楣为主，其主要作品有福禄寿门楣，牡丹、荷、菊、梅四季花卉门楣，牛马年好种田，三羊开泰，鹤鹿同春等。砖雕，以樨头、飞檐斗拱、中脊平草、影壁檐为主，主要作品有犀牛望月、天马行空、鹤鹿同春、狮子滚绣球、麒麟双环、麒麟双胜、喜鹊登梅、正房清水脊上的“平草”等。石雕，以角柱石为主，作品有瓶花等。另外主厢房房檐使用的模烧兽头滴子、瓦挡，也是整个建筑的一条亮丽风景。

怡贤亲王园寝遗址地面建筑

位于石亭镇东营房村村西南，当地俗称“十三王爷坟”，距县城北十千米，始建于雍正八年(1730)，园寝建筑规模恢宏，是清代王爷园寝规模最大的王爷陵寝之一，具有很高的历史、艺术、科学价值，是研究清代园寝等级制度的实物资料，2006年5月25日，被列为国家级重点文物保护单位。现存神道碑、火焰牌楼、华表、三孔石拱桥等建筑。

该园寝坐西朝东，方圆41.5华里，占地面积六百余亩，南到高铺（今涞水高庄），西到西铺（今水东村东北角），北到北铺（今涞水沿庄），东到东铺（今涞水寺庄）。原怡贤亲王园寝陵东神道两旁植有松柏，参天入云，可数人合抱。陵东有井亭一座，井水清澈深邃。大殿、朝房、围墙等皆为绿色琉璃瓦，雕梁画栋。往北有下库一所、房三间，为盛祭祀用品之所。西则月台峙立，广达数亩。台下东面矗一碑楼，材料为汉白玉和城砖所砌。碑楼四壁留有敞门，中间矗立龟驮石碑，高约丈余，上刻满汉对照碑文。碑楼台阶约十层，往西为月台，南北朝房各三间，狻猊一对分列南北。正西面门楼三间，门皆红色，门前有数根合抱粗的明柱。门扇之上门钉盈拳，外铜内锡，门锁尺余。进入大门，路正中由汉白玉方砖铺地。南有茶楼一座，北有焚纸炉房一座。殿后有南、北房各三间，房内储藏有刀枪盔甲等兵器。西大殿台阶为汉白玉所砌，刻有“丹凤朝阳”图案，两旁另有台阶供祭祀人员往来。大殿正中设金黄色宝座一具，大于平常椅子两倍多。殿内西南角有寝室数间。正中门楼一间；沿台阶层层而上则见宝顶，底座用石砌成。上用三合土铸成，宝顶高丈余，直径两丈余，用黄色土铺地。南、西、北三面有围墙一圈，外围墙与大门外月台相连。围墙内栽植国槐，密植成林。陵区内皆方砖漫地。围墙内出卡墙、中门之外各有一门，供查询人员往来。围墙外巡道，宽达五尺左右，皆城砖砌成。

自东向西有三华里的神道，沿神道依次建有神道碑楼、火焰牌楼、五孔石拱桥、四柱、七楼牌坊、一路三孔、石平桥、小碑亭、井亭、神府库、南北朝房、南北班房、宫门、南北焚帛炉、享殿、圆宝顶。主要建筑布局以中轴线贯穿东西，配属建筑左右对称，形成前朝后寝格局，布局严谨，高低起伏，层次分明，庄严宏伟，特别是其山水形胜被认为是“形势理气，诸古咸备”“山水脉法，条理详明”的平善之地。园寝南、北、西三面环山；圆宝顶之西300米之外一条丘陵延绵，山形成龙椅状，在龙岗丘陵以西30华里以外的太行山脉，山形也是三面环抱，于丘陵走势遥遥相对，加之陵区桥下潺潺流水，型似玉带，四处苍松翠柏。陵寝建成后，陵区内除东、西营房的守卫外，百姓均被清除，整个陵区人迹稀少。

1925年，镇威第一军副军长马瑞云，强行砍伐怡贤亲王园寝龙岗上的松柏树。抗日战争时期，又遭日军破坏，怡贤亲王园寝，地面建筑几乎全部平毁。“文化大革命”期间，残存部分文物建筑再次遭到破坏，现存只有一些石质的建筑。

1935年，涞水县长王作舟，带领一个营的军队，监押80多名盗墓犯，公开施工，将规模宏大的怡贤亲王园寝陵内所有随葬珍宝洗劫一空。现存文物主要有：神道碑、赑屃、火焰牌楼、四柱、七楼牌坊、一路五孔石拱桥、一路三孔石平桥、华表一对、一路三孔侚偻桥、一路三孔石桥、神道。

建筑形制

神道碑、赑屃、神道碑及赑屃碑座保存较好，矗立在原位，碑亭台基为后人所砌。

火焰牌楼　神道碑亭西行81.9米为火焰牌楼。火焰牌楼为四柱、三门石牌楼，台明面阔23.7米，进深7.94米，用10块抱鼓石围护四柱，石牌楼显得稳健，每个门洞上都有一个石雕火焰。

五孔石拱桥　火焰牌楼西行59.2米为五孔石拱桥。五孔石拱桥桥身长36.7米，宽11.8米。桥面用条石铺墁，上置栏板望柱，做工细致。券洞上施券脸石，券脸石上座戏水兽，雕刻精美；券与券之间做金刚墙，前置分水尖，桥与河岸做雁翅、雁翅上泊岸。

四柱、七楼石牌坊　在五孔石拱桥西222米是一座四柱、七楼石牌坊。四柱、七楼石牌坊，台明面阔22.9米，进深8.4米，通高11.8米，为清白玉石雕刻，仿木结构，各构件卯榫凿打而成；楼顶雕有屋脊、吻兽、瓦垄、勾头、滴水、椽飞、斗拱、梁枋等。四根石柱下部做夹矸石，石上雕有双狮戏绣球的图案，夹矸石顶雕有卧兽。此外，石梁枋、柱头均仿旋子彩画雕有花纹，线条流畅，工艺精湛。

三孔石平桥　距离四柱、七楼牌坊157.5米，是一路三孔石平桥，桥长10.82米，宽7.82米，桥面用青白条石铺墁，桥面两头施如意石，上置栏板望柱，下有陶当压面及陶当桥面；桥下分水尖，用花岗岩制作。整个桥桥身平直，桥洞为长方形，栏杆式样简单。

华表　距离三孔石平桥122.55米，神道两侧分别有一对华表。华表相对耸立，气势雄伟。华表通高10.52米，云板头尾总长3.7米；华表底座为莲花须弥座。柱身为八边形，每边都有高浮雕的技法雕刻，有双龙戏珠，龙首均向上；华表顶为莲花纹圆盖，云板突出，上置放望天吼一尊，昂首翘尾，造型生动，灵动如生。

三孔侚偻桥　华表西122.11米为一路侚偻桥。桥长11.45米，宽7.75米，罗锅高0.8米。桥面两侧有望柱栏板，桥两头为抱鼓，下置罗锅地袱、仰天，仰天之下为蹬券、石券脸；分水金刚墙前施分水尖，桥两边做雁翅及雁翅上泊岸。

三孔石拱桥　三孔侚偻桥向西313.25米为一座三孔石拱桥。石拱桥长22.8米，宽10米，拱高0.9米。桥为三孔，桥面两侧有望柱、栏板、抱鼓，其下为地袱、仰天、蹬券、券脸，龙门石上有戏水兽。桥下置金刚墙分水尖。整个桥身俊秀小巧，属清代较典型的官桥做法。

墓室　墓室部分已全部被毁，只剩一个冢坑和大量建筑垃圾。

神道　原神道全长1500米，宽6.2米，用砖石铺墁，贯穿整个陵区。神道两侧种有数排苍松翠柏，整条神道显得庄严肃穆。现神道仅残存125米，其余被农田占用，现为连接村镇的道路。

2006年4月18日夜，不法分子潜入陵寝，偷走华表顶部望天吼一尊。村民举报后，县公安局出动警力，在48小时内破案，在天津海关仓库起获被盗文物。

三义庙

位于娄村满族乡娄村中央西大街路北，距县城西北15千米，建于清朝，1993年7月15日，被河北省列为省级重点文物保护单位。

娄村三义庙大殿坐北朝南，东、西、北三面邻居民，南面临街。大殿面阔三间，长10.9米；进深二间，宽9.45米。屋脊呈“五脊四坡庑殿式”上部筒瓦，檐饰勾头和滴子，正脊两端饰正吻，四个垂脊各置垂兽一个，檐略上翘，通高约7.5米，占地面积约110平方米。

娄村三义庙始建年代无确考，现仅存三义庙正殿三间，其余古建皆毁。从三间正殿考证，应属清代建筑。三义庙大殿的结构形式在古建中具有独特风格，在建筑形式上注重材料选择，“因材施用”，使这所古建筑外貌多姿多彩，是涞水县现存唯一一座庑殿式建筑，在古建工艺中具有很高的保护价值和一定的参考价值。

灵佑观（东租）

位于涞水镇东租村东，距县城2千米，建于清朝，1980年10月，被涞水县列为县级重点文物保护单位。

此观起初规模较小，道光六年，和硕礼亲王圣母王佳氏重新修缮。该观坐东朝西，前殿三间，正面塑佛祖像，两侧为四大天王像。后殿一间塑三尊菩萨像，两侧并列十八罗汉。菩萨像高达三米有余。后殿两侧有南北禅房各三间。前殿南端有一间过道，塑有药王神像。前殿和后殿之间，有一石糟，糟内放着长有花草的大块上水石。上水石上立有石碑。

该道观占地面积三亩，观内原有古柏四株，塔松一株，1937年战乱中柏树松树被乱兵砍伐；1947年县政府将南北禅房拆除。

灵佑观在北京白塔寺还有三清观一座，其主持道人，由灵佑观派遣。

辛庄头戏楼

位于王村乡辛庄头村中部偏西的低洼地上，四面皆为高台，戏台南侧有一泻水沟，据传，始建于明朝末年，由该村冯阁老主持修建。

该戏楼坐南面北，砖木结构，前后两台，中间由隔墙和出入门分开，通高约7.5米，台基高1.8米，面阔8.75米，进深8.48米，台面由条石镶边，台身由毛石垒砌而成，梁架分二、四、六、八，四层梁架结构，各支撑屋脊的檐檩，屋顶成园山卷棚式，上布筒瓦，屋檐饰兽面勾头和花纹滴子，两山设置“银锭”花瓦垂脊，显得玲珑剔透，雅致秀丽。戏楼前台有明柱六根，后台设暗柱八根，高3.20米，彩绘因年久失修已难辨认。据当地居民介绍，此楼在明正德三年、清咸丰年间、1946年前多次维修，虽有少量构件更新，但仍保持原建风貌，是涞水县现存古戏楼之一。对研究明清戏楼古建艺术很有价值。

聂村戏楼

位于义安镇聂村西部，坐东面西，面对药王庙，通高约7.8米。该戏楼分前后两台，前台面阔三间，明间宽3.4米，两侧次间宽1.85米，台高1.86米，前台面宽8.16米，进深5米，有明柱4根，明柱下部有腹盆式石柱础，上置三幅云雀替支撑额枋，额承大梁（梁头伸出阑额以外）和一斗三升斗拱六朵（其中明间4朵，次间各1朵），上撑檐枋和檐檩。

后台面宽10.22米，进深3.35米，设暗柱14根，承以梁架。

前台大梁承6檩，后台小梁承3檩，并低于大梁之下约40厘米。

屋脊呈园山卷棚式（即在正脊的位置上只用瓦连接成过陇脊），屋顶布筒瓦，檐饰兽面勾头和花纹滴子，两山各饰“银锭”玲珑垂脊。两山墙各辟砖券园窗（直径80厘米）一个，作采光用，后檐墙中间开一后门，前台两侧置南北二门可出入后台。

整个建筑造型结构合理对称，雕工精细，是涞水现存最为优美的戏楼之一。

此楼始建年代已无确考，据清乾隆五十一年重修碑载，当时已残破不堪，可见始建年代不晚于乾隆初年。

二、古遗址

涞水境内文化层、城池等古遗址文物，经普查发现有65处，其中旧石器时代1处；新石器时代5处，龙山文化时期3处；先商至汉8处，西周至春秋战国时期48处。

（一）旧石器时代遗址

表17-1-7-2

名　称	位　置	面　积	简　　述
北边桥遗址	九龙镇 北边桥村	面积约 2000平方米	文化层距地表3.3米，厚约1米。1983年7月，当地村民任正清挖菜窖时，发现部分骨化石，被县退休干部杨洪章收藏。为查证化石，他到北京有关部门寻求帮助。经北京大学考古系鉴定，认定该骨骼为智人化石，化石为腰椎以上的各个部位，后经北京大学根据放射性同位素测定，该人骨化石年代距今已有2.8万年。1988年暑假期间，北京大学考古系古人类考古学家吕遵谔教授及动物考古学家黄蕴萍教授，配合保定地区文物管理所、涞水县文物管理所，对任正清家的菜窖进行扩大清理，出土同属一个人的盆骨及下肢骨。吕遵谔说：这是迄今中国发现的第一具完整的智人化石，这样完整的化石，对研究旧石器晚期智人文化提供一项新的、具有重要价值的实物，其影响和对科学界的价值，不可估量。 挖掘中，发现炭粒、鹿角、啮齿类牙齿化石和打击石器，这些伴随物为确定化石年代提供了依据。 北边桥遗址人骨化石属智人、蒙古人的祖先，被考古界命名为“涞水智人”。他的发现，对于寻找北京猿人的后裔有着极为重要的意义，否定了国际人类学界关于“中国的古人类发展到猿人以后就灭绝了，中国智人都是从非洲迁徙而来”的观点，为探索中国人类祖先的进化提供了有力证据。北边桥遗址尚未大面积发掘。 1993年7月，该遗址被河北省列为省级重点文物保护单位。保护范围以标志为基点，向南15米，向西15米，向东25米，向北20米。

（二）新石器时期遗址

新石器遗址主要分布在遒澜河（秋兰河）沿岸的东长堤、西十里铺、司徒、富位等；此外还有士庄河西侧的石亭岗遗址，小西河东侧的北庄万岁山遗址。

新石器时期的器物特征：夹蚌深褐陶盂口沿（口微侈腹直）夹砂红陶片、泥质红顶钵、碗，石斧、细石器、磨捧，陶釜（质松呈深褐色）磨光细泥红陶碗、盆、鉢、直颈小口壶等，器物皆为素面，火候较低，质地松软，皆为手工制作，具有原始性。

表17-1-7-3

名　称	位　置	面　积	简　　述
司徒遗址	司徒村北	5000平方米	位于村北偏西约200米处的砖窑东侧，西去200米为北易水支流秋兰河（古称遒澜河），北边为耕地，东去50米为司徒通往张家洼的大道。遗址南侧边缘为2.5米高的断崖，面积约5000平方米（50×100）。地势较平坦，土呈黄褐色，硬而粘。

续表

名　称	位　置	面　积	简　　述
富位遗址	富位村南	40000平方米	位于村南偏西，北距富位学校约200米，南去500米为易水河，东西为台地断崖，高约3米，面积约40000平方米。地形北高南低，呈缓坡状。遗址处于台地之上，地势平坦。
东长堤遗址	东长堤村南	15000平方米	位于村南约50米处的台地上，遗址西侧和北侧为3米高的断崖。遗址西距秋兰河约1千米，南至高易路约1.5千米，东距南兵上村约1.5千米，遗址面积约15000平方米，东西长150米，南北宽100米，地势平坦，土呈黄色。
石亭岗遗址	石亭村西南	5000平方米	位于村西偏南300米左右的土岗上，中高而四周低下，呈阶梯状地势，西部距离士庄河500米左右，南去200米为东西向沟壑凹地，北邻石亭村至士庄村的大道。遗址面积约5000平方米，东西长100米，南北宽50米，土呈黄褐色，间有砾石。
北庄万岁山遗址	北庄村北	6000平方米	位于村北万岁山的半山腰处，面积约6000平方米，东西长100米，南北宽60米，土呈黄色，地形呈阶梯状台地。

（三）龙山文化时期遗址

龙山文化是新石器时代的一种文化，通过文物普查和发掘，在遒澜河沿岸发现从溪、北封村、姜各庄、大赤土等多处文化遗址。

龙山文化时期的器物特征：鬲足、甗腰、器耳、罐和盆的口沿及器底、饕餮瓦当、陶环、陶纺轮、石斧、石球、石棒、石刀、石镰、石轮、蚌器、鹿角、细石刮削器、陶器多为泥质灰陶、加砂灰陶和磨光黑陶，素面或饰以绳纹、篮纹、方格纹。制陶方法多为捏制或为泥条盘制，器壁薄而坚硬，盆罐类器皿底小而平，并多附有鸡冠耳和宽大的器耳。

表17-7-1-4

名　称	位　置	面　积	简　　述
从溪遗址	从溪村小学北	40000平方米	位于村小学北侧的一个二阶台地上，北面是西向东流的秋兰河，南侧与从溪小学、民宅相连，东西皆为耕地。遗址东西和南北各200米见方，总面积约40000平方米。遗址高于河床约3米，地势较为平坦。
北封村遗址	北封村东	30000平方米	位于村东秋兰河东岸的第一阶台地上，东西宽150米，南北长200米，东侧边缘是2.5米高的断崖，北侧断崖为取土坎，高3米，西临北向南流的秋兰河，南为耕地。遗址地势平坦，土呈灰黄色。
大赤土遗址	大赤土村东南	3000平方米	位于村东南1千米的丘陵台地上，灰褐土层，处于南水北调明渠中间。2006年4~6月份，河北省文物保护中心考古队、国家博物馆、内蒙古考古队等单位，对遗址进行了考古发掘，发掘总面积3000平方米，深度1~1.5米，出土大量陶片和部分石器。

（四）先商至汉遗址

涞水县先商至汉遗址有8处，分布在山前的周家庄、庞家河、檀山、渐村、东官庄、西义安、姜各庄、秦家岗村。

商周至汉时期遗址出土的主要器物有：尖状鬲足、鬲裆、鬲口沿、豆把、甑底、尊口沿、绳纹砖、板瓦、筒瓦、圆瓦当、鹿角、马牙、铁甲叶、铁刀、铁箭镞、铁锄，夹砂陶器有鬲、甗、盆、罐，泥质陶器有鬲、尊、盆、瓮等。

表17-1-7-5

名　称	位　置	面　积	简　　述
周家庄遗址	周家庄村西南	60000平方米	位于村西南约500米的台地上，面积60000平方米，东西长300米，南北宽200米，北面断崖距地表0.5米以下是文化层，深约1米。地势较平，四周皆为断崖，土呈黄色且粘。
庞家河遗址	庞家村村西	10平米	位于村村西500米隆起的高地上，被一条土路分作东西两部分。普查时在遗址西部断崖边缘清理了灰坑一个，为圆形、斜壁、平底坑，口径3.8米、底径2米、深1米。
檀山遗址	檀山村南	4000平方米	位于村南50米处的台地上，南北长100米，东西宽40米，距地表0.5米即为文化层，深约1~1.5米。遗址处于第二阶台地，四周是断崖，遗址地势较为平坦，土呈灰褐色，粘而坚硬，
渐村遗址	渐村东北	3万平方米	位于村东北约200米的高岗上，面积约3万平方米，南北长200米，东西宽150米，文化层距地表约0.2米，厚约1.2米。地势北高南低,呈缓坡状，土呈黄褐色,夹有石砾。
东官庄遗址	东官庄村东北	2万平方米	位于村东北约400米处的二阶台地上，南北长约200米，东西宽约100米，地表以下0.3米即有文化层，厚约0.5~1米。西南300米是遒澜河，东临乡间土道，北去500米是司徒村，地势东高西低，呈缓坡状，土呈黄褐色较粘。
西明义遗址	西明义村东北	1200平方米	位于村东北约200米处独山寺（俗称高台寺）高台上，台高达6米，东西长40米，南北宽30米，文化层距台顶约3米，厚2米。高台上原有寺庙，已毁，瓦砾遍地，仅存碑座。此台土呈灰色，四面皆为断崖。
姜各庄遗址	姜各庄村南	4万平方米	位于村村南400米，南北长200米，东西宽200米，文化层距地表约0.4米，厚约0.8米。遗址西去200米是遒澜河，西北1500米是东官庄村，北面地势较高，南部和西部为阶梯状台地，北部较平坦，土呈黄色。
秦家岗遗址	高庄村秦家岗南	4800平方米	位于村秦家岗南100米的岗地上，东西长60米，南北宽80米，文化层深约1米。遗址为东高西低的阶梯状台地，土呈黄褐色。

（五）西周晚—春秋—战国遗址

涞水县西周晚期至春秋、战国遗址48处，其中山前46处，山里2处。主要分布在拒马河沿岸、秋兰河沿线、清水河两岸，这一布局，清晰地反映出，古代祖先逐水而居的特点，这些遗址出土的器物，反映了涞水先人们的生产、生活状况，以及他们创造的悠久的历史文化。

该时期遗址出土的器物，陶器：鬲、豆、深腹盆、钵、甑、釜、罐、鼎足、纺轮、陶拍、圆陶片、筒形泥质灰陶井，陶质为夹砂陶、泥质陶两类。纹饰有粗绳纹、细绳纹；建筑材料：瓦当、板瓦、筒瓦，质地为夹砂灰陶，器物表面有竖绳纹，内面有手抹的痕迹。石器：石壁、砺石、磨制石斧、研磨器、石片；铁器：削、斧、铁片等；铜器：镞、锥、铜镜等。

表17-1-7-6

名　称	位　置	面　积	简　　述
西水北遗址	西水北村西北	75000平方米	位于村西北，遗址南北长300米，东西宽250米。遗址由两道浅沟分割，分为北区、中区、南区、西区4个部分。南水北调工程中线干渠横穿遗址中部，西北大学考古队2006年5月-7月，对干渠占压部分，选择重点进行抢救性发掘。
中水东村遗址	中水东村西南	3万平方米	位于村西南约100米处的二阶台地上，东西长200米，南北宽约150米。西去200米为清水河，南靠东西向大沟，北邻京赞公路。地势平坦，四周皆为1~3米高的断崖，土呈灰黄色，质软。
士庄遗址	士庄村村东	20000平方米	位于村村东100米的台地上，南北长200米，东西宽100米，面积约20000平方米，距地面0.5米，为厚约0.5米的文化层。遗址地势较平坦，土呈灰黑色。
西官庄遗址	西官庄村北	2万平方米	位于村北100米的二阶台地上，南北长200米，东西宽100米，文化层距地表1~1.5米，厚约0.6米。东去300米是遒澜河，西连平坦耕地，北去500米为西明义村，东侧边缘是2.5~3.5米高的断崖，遗址地势较平坦，土呈黄褐色，硬而粘。
紫凉寺遗址	木井村东北	2500平方米	位于村东北约2千米的华严寺旁，北侧断层有厚约0.5~1米的文化层。南侧约300米有条东向西流的泉水河，西去200米有一溪流从北向南流，往北200米是紫凉山，东为狭长的峡谷。
墩台村老龙岗遗址	墩台村东北	6万平方米	位于村东北约400米处的高台地上（当地人称“老龙岗”或“城子坎”），南北长150米，东西宽40米，地势较平坦，土质黄褐色，距地约0.5米即为文化层，厚1~2米。东南两侧为3米高的断崖，其下是平地。
东洛平遗址	东洛平村东北	12000平方米	位于村东北约100米处,东西长150米，南北宽80米，文化层距地表2~3米，深度约1米。遗址地势北高南低，呈梯田状，土呈灰褐色且粘。
辛庄头遗址	辛庄头村西	37500平方米	位于村西200米处的台阶地上，东西长250米，南北宽150米。西、南两面是3米高的断崖。台地西、南两面，为拒马河冲积平原，北邻涞涿公路，南去300米是东西向土路。地势较平坦，为黄沙土。
南封村遗址	南封村东南	2万平方米	位于村东南约300米的台地上，南北长200米，东西宽100米，文化层距地表约0.5米，厚约1米。 东距秋兰河约150米,南接张家洼，西为耕地，地势平坦，土呈灰黄色,较松软。
张家洼遗址	张家洼村西	10000平方米	位于村西约200米的台地上。台地高于河床约3~5米，台地东、南、北三面被秋兰河环绕，西连耕地。总的地势为北高南低，呈缓坡状，遗址中部稍高，东、北、西三面皆为断崖，据《保定地名文化丛书》记载，张家洼遗址是易县燕下都之前的战国时期燕国都城遗址。
下庄村遗址	下庄村西北	37500平方米	位于村西北约30米的高台地上,南北长250米，东西宽150米。遗址地势北高南低，起伏不平，被沟壑割裂成若干块台地，土呈黄褐色。
东赤土遗址	东赤土村东南	10000平方米	位于东赤土村东南约100米的高台地上，东西长200米，南北宽50米。原有兴善寺，已损毁， 为拒马河西岸的一阶台地，高于河床8米。地势西高东低，较平坦，土呈黄色，夹有火山岩碎石。
西义安遗址	义安村东南	7500平方米	位于村东南，拒马河西岸第二阶台地上，南北长150米，东西宽50米，文化层深度约0.3~0.5米。地势较平坦，土呈黄色。遗址四周皆为1~3米高不等的断崖，
富位商代遗址	富位村村南	6万平方米	位于村南约200米处的台地上，南距北易水河，约500米，西南和东侧皆为道沟，两沟相交成45度角，遗址被夹其间，道沟两侧为高约2.5米的断崖，地势较为平坦,土呈灰黄色，质地松软。

续表

名　称	位　置	面　积	简　　述
永乐遗址	永乐村南	–	位于村南200米处的二阶台地上，遗址中部有两条南北向道沟，沟两侧为高1米的断崖，遗址西部距北易水河约200米。地势北高南低，呈缓坡状，土呈黄色。
娄村遗址	娄村西南	12万平方米	位于村南偏西约1千米的台地上，遗址东侧断崖下为南北向大道，北侧崖下是庞家河，西面为耕地，南为庞家河村通往三义村的东西向便道，地势平坦，黄灰土，质地松软。文化层距地表0.5米。
南桥头遗址	南桥头村西	12500平方米	位于村西附近的第二阶台地上，北有一条东西向小河（马头河），南北两侧各有约0.5米的断崖，地势较平坦，靠北侧有一高达5米的土台（传说是烽火台遗址），土呈灰黄色。
雁翎村遗址	乡雁翎村西北	50000平方米	位于村西北200米，东西长250米，南北长200米，文化层深1米。遗址为丘陵台地，北高南低，东西两侧有季节性小河。
聂村遗址	聂村西南	4万平方米	位于村西南100米处的一阶台地上，西面为5米高的断崖，崖下为拒马河，东面、南面是土道，北面是耕地，地势较平坦，土呈黄灰色较粘。
西水北陶窑遗址	西水北村东南	–	位于村东南的高地上，距村小学基址约300米，南去400米为清水河，高地两侧约100米，有一条东南到西北方向的沟壑，断崖相对高度约2.5米，窑址暴露在断崖两侧。
杨家台遗址	杨家台村西	5.2万平方米	位于村西约50米的高台地上，西去350米是拒马河河床，南北两侧是土道，东50米是村民住宅，地势较高，呈高台状，地表较平坦，北面是6米左右的断面，西是陡坡，距地表约0.5米为文化层，厚约0.5~1米，土呈黄色且粘。
北义安遗址	北义安村北	6万平方米	位于村北，西去100米是拒马河，遗址高于河床近5米，西北角是扬水站，东和北侧是耕地，112国道横贯之中，分为南北两段，地势较平坦，土呈黄灰色，较松软。
南庞遗址	南庞村北	3万平方米	位于村北约300米的高台地上，地表较平坦，西侧有3~5米高的断崖，其下为沟壑，西北距周家庄村约500米，北去600米为秋兰河，东临平坦耕地，遗址中部有一条南北向乡间土路，土呈黄色，较为松软。文化层距地表约0.5米，厚约1米。
孔村遗址	孔村村南	5万平方米	位于村南1千米拒马河东岸的台地上。西面为高于河床5.6米的断崖,东侧是2.5米高的断崖,往东25米为南、北向大道,南去700米为112国道。遗址南北长250米，东西宽200米，地势西高东低，起伏不平，土质黄色较黏。
板城村南遗址	板城村南	4万平方米	位于村南100米的台地上，北西两面为石砌灌渠，东为保—野路，南去500米是石亭村，遗址处在石亭和板城两村中间偏北。
南水东窑址	南水东村南		位于村南，在双水路南侧，窑址因砖厂取土被破坏。文化堆积两层，上层多为汉代，下层多为战国。
计鹿遗址	计鹿村东	9000平方米	位于村东偏南1千米处，拒马河东岸的山坡上，高出河滩20米，地势东高西低，呈梯田状，南北两侧为沟壑，遗址东西长150米，南北宽60米，文化层距地表0.2米,厚1米，土为黄色。
安阳遗址	安阳村北	2万平方米	位于村北约300米的耕地上，北去400米为土岗，东西皆为耕地，南侧有一条南北向2.5米深，10米宽的大沟，沟两侧断崖暴露3处陶窑遗址，文化层距地表约0.3米，厚约1米。
史姑庄遗址	史姑庄村东北	5万平方米	位于村东北约200米处的高台地上，东距拒马河约350米，北去500米为西义安村，西侧有一条史姑庄通向西义安的乡间小路。平均高度约2.5米，周围皆是断崖,土呈黄褐色。

续表

名　称	位　置	面　积	简　　述
北白堡遗址	北白堡村东南	6万平方米	位于村东南约250米处的二阶台地上，台地高于河床约2米，东西长约300米，南北宽约200米，总面积约6万平方米，距地表0.4米，有0.3米左右的文化层。遗址地面较平坦，土质为黄灰色，较松软。
大赤土遗址	大赤土村西北	4万平方米	位于村西北500米处的耕地上，遗址中部有一条南北向土路，四周皆为耕地，地势平坦，土质较松软，呈黄褐色，成矩形分布，文化层距地表约40厘米，被渠水冲刷暴露深度约1米。
东水北遗址	东水北村西	1万平方米	位于村西约200米处的台地上，文化层约1米。南去300米为拒马河支流清水河，北靠双水路，西去300米为西水北村，台地相对高度约4米，地势较平坦，黄褐土。
辛庄头村东遗址	辛庄头村东南	3000平方米	位于村东南约200米处的砖厂东侧，东临古河道，南有一条东西向乡间土道，隔道往南为低洼地。遗址地势凸凹不平，四周皆为2~3米高的断崖，土呈黄色夹有细砂。文化层距地表约0.5米，厚约0.2~0.5米。
罗府窖陶窑遗址	都衙村南	1.5万平方米	位于村南400米处，北侧100米为山坡，其他三面为1~2米高的断崖，处在拒马河三阶台地上，土呈黄色。遗址东部有一段南北长60米，残高20米的土城墙。
东洛平遗址	东洛平村东北	1.2万平方米	位于村东北约100米的台地上，台地高于河床约4~5米，西面和北面都为断崖，东西长150米，南北宽80米。文化层距地表2~3米，深度约1米，遗址地势北高南低，呈梯田状，土呈灰褐色且粘。西断面有窑址2处，南断面暴露灰坑多处。
福山营遗址	福山营村西北	3万平方米	位于村西偏北约50米的台地上，遗址东西长200米，南北宽150米，面积约30000平方米，距地表约0.4米，有厚约0.5~0.8米的文化层。地势东南高，西北低，呈缓坡状，土呈黄色。
西永阳遗址	西永阳村北	6万平方米	位于村北250米处的高台地上，遗址面积6万平方米，东西长300米，南北宽200米，文化层厚约1~1.5米。遗址四周皆为3米高的断崖，地势平坦，为长方形台地，土呈黄色且黏。
东永阳遗址	东永阳村南	2万平方米	位于村南的高台地上，南北长200米，东西宽100米，距地表0.5米左右为文化层，厚约0.5~1米。西和北侧为2~2.5米高的断崖,土呈黄色。遗址南侧原有永居寺，已倾毁，仅存殿舍石柱础和基址。
西车亭遗址	西车亭东南	1万平方米	位于村南约200米处的高台地上，西侧和北侧为3.5米高的断崖，面积约1万平方米，南北长约200米，东西宽约50米，地势北高南低，呈缓坡状，土呈黄色。
居士遗址	居士村北	1.5万平方米	位于村北约100米处的台地上，东、北、西三面皆为2~2.5米高的断崖，东西长150米，南北宽约100米，面积约15000平方米，距地表约0.4米文化层，厚约1米。土呈黄色，质地松软。
西租村西遗址	西租村西	–	位于村西，距离保—野路200米左右处。遗址地势平坦，水冲及群众挖土形成高约3米的断面，暴露有深1.5米的文化层及灰坑，南北长300米。
板城冶铁遗址	板城村东北	4000平方米	位于村东北800米处,遗址以东300米是拒马河,北距古城址约100米,南北均为平地,地势西高东低,呈梯田状。遗址南北长87米，东西宽45米，面积4000平方米。由于造田取土，遗址已被破坏。
曹家庄遗址	曹家庄村东南	5000平方米	位于村东南附近的第二阶高地上，南北长100米，东西宽50米，距地表约0.4米，为厚约0.6米的文化层。遗址地势较平坦，东北两侧为2—3米高的断崖。

续表

名　称	位　置	面　积	简　　述
庄里遗址	庄里村北	–	位于村北偏东约100米处的山顶部。该山相对高度近100米，山的东南侧峭壁下，有南北向公路，公路东侧有一条由北向南流的小河，西北与山相连，西南是陡坡石壁，下面是庄里村。遗址地势四面低，中间高，呈倒置釜底状。由于雨水冲刷，文化层已近地表。
遒城遗址	北关村北	–	位于村北300米处，城址东北部为拒马河及其支流清水河。因多次河水泛滥冲刷，旧城址已经湮没，只存西部城墙残址依稀可辨。另有一些窑址、墓葬和古文化遗址等。据史料记载，该处为西汉高祖时所建的遒城遗址。
板城古城址（山前）	板城村北	6.5万平方米	位于村北一千米处，拒马河西五阶台地上。东西长327米，南北宽220米，面积达65000平方米。现存东西南三面残墙，墙体残高1.5~3米，底宽5~7米。
板城古城址（山区）	板城村	–	位于该村拒马河南岸，为山区宽谷地貌。据光绪版《涞水县志》记载，板城为汉高帝征匈奴时所筑。唐开元五年（717）置板城县，属易州，天宝年间废。据传，当时城墙和城门系用木板构成，故称板城。

三、古墓葬

（一）古墓

表17-1-7-7

墓　主	坐落位置	简　　介
郭　隗	王村乡东十里铺	燕国名士。燕昭王时任相国，献“纳士”之策，广招贤士中兴燕国，使之由弱变强，历朝统治者敬重其名德，在郭隗墓附近竖“下马禁樵”标志。
祖　逖	王村乡祖各庄村	名“祖逖大将军墓”，墓呈圆型，墓顶圆平，面积15平方米，高二米，有石碑一通，墓地周围原有养鱼池浇花井等古迹。祖逖生前为东晋奋威将军，豫州刺史。
张佑明	明义乡东明义村	卒于开成五年（840），享年53岁，会昌三年（843），葬于先茔西北（即今涞水县东明义村）。墓志记载了墓主人的简历及家族情况。墓主张佑明，夏后氏之胤，先祖乙失活，世居阴山，开元中全部归阙，建中时赐张姓，封上谷郡，官至朝散大夫检校太子宾客易州都押衙。
李德成	义安镇庄疃村	明洪武年间孝廉。他生逢乱世，因战乱与母走散，百寻不得。后于冬季梦见母亲在拒马河冰下喊冷，遂裸上身，化冰救母。李德成孝行感动乡人，被推举为孝廉，曾任光禄寺大官署丞、太常赞礼郎；永乐初任陕西布政使，死后归葬故里。
陈　杰	娄村满族乡木井村村东	陈杰，字华柱，浙江秀水县人，清朝光绪年间任涞水县令，书画家，民间多有其墨宝收藏。陈杰为官清廉，治县有方，在任期间，涞水夜不闭户，路不拾遗。晚年与其妻女落户木井村，曾卖画接济受灾村民。死后葬于该村。墓碑上镌有“永昭久飨”四个大字。
董资建	赵各庄镇玉斗村北	当地居民称董家坟。墓地面积约3000平方米，南北长60米，东西宽50米，地势北高南低，呈缓坡状，西北靠京—源公路，东临烈士墓群（修公路时牺牲的），南为沟壑，有石羊、石人和墓碑一通。墓碑记载：董资建涞水县人，曾授“明威将军都领提控遥授同知通州军州事，右超迁安远大将军元帅右监军改遥授中州刺史，恩悬带虎符金牌行河北东西等路元帅便宜行事右监军，黄河以北城池选注便宜行事，镇国上将军，燕宁府元帅右监军，右可迁辅国上将军”等职。
韩世琦	宋各庄乡沈家庵村西北	陵墓座西向东，墓室西侧有山丘影照，向东依次列有墓碑、牌坊、望柱等石刻建筑。墓碑记载，韩世琦在大清康熙六年前曾任巡抚江宁等处，地方工部尚书，兼都察院右副都御史等官职，正一品加二级，授光禄大夫。墓碑有龟座、螭首，碑额篆书“奉天诰命”4字，碑高3.65米，宽1.08米，厚0.45米。立碑时间：康熙六年十一月二十六日。石牌坊（火焰牌坊）为四柱三门，中门牌坊中间楷书“大中丞韩公之墓”字样，额坊之上，雕有三颗火焰宝珠，望柱已倒。

续表

墓　主	坐落位置	简　介
张　鹏	东文山乡 徐家庄村东南	该墓早年被掘，出土文物已散失，仅存一盒墓志，由县文物保管所收藏。张鹏生前曾任明成化年间兵部尚书、太子少保。《明史》记载："张鹏，字腾霄，涞水人，景泰二年进士，授御史。成化四年以右佥都御史巡抚广西，剿蛮寇有功，其冬罢巡抚官，命还理南京都察院事，改督漕运，兼抚淮扬四府，寻解漕务，专理巡抚事，复还南院进副都御史巡抚宁夏，召还，历兵部左右侍郎，十八年代陈钺兵部尚书寻加太子少保。该人刚直尚气节，有盛名。弘治四年卒，谥懿简。"
怡贤亲王 允祥园寝	石亭镇 东营房村西南	清代最大王陵之一。雍正八年建成后，为守此陵，清廷政府在此设水东营，驻守备1员、千总2员、把总2员，置园寝护卫军，设东、西营房，东营房驻步马兵，西营房为护陵旗人所居。1934–1936年，园寝被旧军阀和地方官吏所破坏，现仅存冢坑一个、石牌楼2座、神道碑1座、华表1对、五孔桥1座，以上建筑均为汉白玉石料，保存尚完好。园寝及现有文物收录于《中国名胜大辞典》
怡僖亲王 弘晓	娄村满族乡 福山营村	该墓位于村南侧，称东营。此墓坐西朝东，地面原有建筑有：月河、神桥、碑楼、宫门、朝房、守护班房，红墙、享殿（5间）、琉璃门、紫墙，红宝顶。陵寝为禁地，设护卫章京、副章京和守陵人守护，朝房住护卫人员看守。地表建筑已平毁。
怡亲王 锦标陵墓	娄村满族乡 福山营村	位于村北，俗称"大老爷墓"，起初为土坟一座，追封怡亲王后，修了宝顶，地表建筑已平毁。
怡亲王 载坊墓	娄村满族乡 福山营村	该墓距绵标墓西北数十米，俗称"花墙子"。原有月台一座，上为直径五尺多的宝顶。
怡亲王 载垣墓	娄村满族乡 福山营村	该墓位于村南，称南宫，又称东福地。
慎郡王 允禧园寝	永阳镇 西洛平村	该墓位于村北的西福地，称西宫。园寝原建筑形制为：坐北朝南，东西两侧为大道，南端是月牙河和神桥，过桥百米有碑楼一座，中间矗立6米高的驮龙碑。向北依次为东西朝房，宫门3间，宫门以里环以红墙，红墙以内占地5亩，中为月台，月台之上享殿5间，后为宝顶，高6米，地宫为砖券，青石门，地宫内停灵3口，中为允禧灵柩、两侧为嫡福晋祖氏和一位侧福晋灵柩，整座园寝广植柏树，直径均达半尺。清廷在此设园寝护卫等官员管理园寝事务，时任护卫为四格。地面建筑已平毁。
质亲王 永瑢陵墓	永阳镇 北洛平村北	该墓位于村北，称东宫，当地称六王坟。此墓原坐北朝南，陵区面积连接耕地、坡地共三顷。背靠龙王坡，东临溪水，陵墓依次建有碑楼、宫门、宫墙、月台、享殿、宝顶、碑楼、宫门、中间是一片松林。溪水之上建有神桥（称大白桥）。清廷在北宫设护卫章京和守陵人守护陵寝。地面建筑已平毁。
质郡王 绵庆陵墓	永阳镇 北洛平村	该墓位于村北宫东南，称下陵。规制与质亲王永瑢陵墓基本相同，占地10亩。地面建筑已平毁。
贝勒奕绮陵墓	永阳镇 北洛平村	该墓位于村东，称东宫，当地称六爷坟。占地2亩，周围栽种柏树，中为坟墓一座，高2米，墓穴由板石构筑。地面建筑已平毁。
鲁毅斋	娄村满族乡 娄村	位于村东偏南约1千米处的原野上，东距清水河约500米，南距庞家河约400米，北距福山营约700米，墓地西侧有用灰土夯打成半圆形的墓山，高约5~7米，墓室在山内早已被掘，只剩墓志铭1盒，存放在吕德明家中。
曹德先	宋各庄乡 沈家庵村	曹德先、字牧民。从龙授阿思哈呢哈番，汉文男爵。梅勒章京，汉文副都统。右翼总兵、右将军。 顺治九年壬辰七月初七日同定南王尽节广西省城，特恩加一等精奇呢哈番，赐祭葬，派员奠醊。诰授光禄大夫。
曹仁先	宋各庄乡 沈家庵村	生于明万历四十五年丁巳十二月十八日辰时，从龙累功授甲喇章京，汉文参领。晋梅勒章京，汉文副都统。封世袭阿思哈呢哈番，汉文男爵。前锋将军。顺治六年己丑五月，特命驻镇广东总兵都督同知，诰授荣禄大夫，分隶正黄旗汉军。殁于大清顺治十六年己亥七月初六日辰时，葬涞水县沈家庵村北之铁固山阳，

续表

墓　主	坐落位置	简　　介
曹义先	宋各庄乡 沈家庵村	生于天聪元年戊辰十月二十日子时。殁于康熙二十八年己巳七月二十四日申时。从龙入关，授梅勒章京。汉文副都统。顺治十年癸巳，奉旨袭胞兄德先一等精奇呢哈番，汉文子爵右将军，特命驻镇福建征剿各处。康熙十三年甲寅，平定福建，历年进剿，各路军事告竣，二十一年壬戌，奉旨入觐，晋昂邦章京，汉文都统 在内大臣行走。分隶正黄旗汉军，诰授光禄大夫。
曹耀祖	宋各庄乡 沈家庵村	生于顺治四年丁亥七月十三日酉时，殁于康熙四十四年乙酉七月二十九日午时。荫生，刑部员外郎、户部郎中，诰授议大夫。
曹封祖	宋各庄乡 沈家庵村	荫胞伯男爵，荫生，直隶涿州知州，有惠政。州北门留有："日边冲要无双地，天下繁难第一州"联。贤明廉简，治有循声，民无系狱。诰授朝议大夫。
曹应祖	宋各庄乡 沈家庵村	庠生。配刘氏，封孺人，合葬。生二子：长之铭，次之锡。敕封奉政大夫。
曹兴祖	宋各庄乡 沈家庵村	骁骑校印务章京，诰授奉政大夫。曾孙贵，晋赠武显将军。葬涞水县沈家庵村北之铁固山老茔。
曹仁先	宋各庄乡 沈家庵村	生于明万历四十五年丁巳十二月十八日辰时，从龙累功授甲喇章京，汉文参领。晋梅勒章京，汉文副都统。封世袭阿思哈呢哈番，汉文男爵。前锋将军。顺治六年己丑五月，特命驻镇广东总兵都督同知，诰授荣禄大夫，分隶正黄旗汉军。殁于大清顺治十六年己亥七月初六日辰时，葬涞水县沈家庵村北之铁固山阳，
曹义先	宋各庄乡 沈家庵村	生于天聪元年戊辰十月二十日子时。殁于康熙二十八年己巳七月二十四日申时。从龙入关，授梅勒章京。汉文副都统。顺治十年癸巳，奉旨袭胞兄德先一等精奇呢哈番，汉文子爵右将军，特命驻镇福建征剿各处。康熙十三年甲寅，平定福建，历年进剿，各路军事告竣，二十一年壬戌，奉旨入觐，晋昂邦章京，汉文都统 在内大臣行走。分隶正黄旗汉军，诰授光禄大夫。
曹耀祖	宋各庄乡 沈家庵村	生于顺治四年丁亥七月十三日酉时，殁于康熙四十四年乙酉七月二十九日午时。荫生，刑部员外郎、户部郎中，诰授议大夫。
曹封祖	宋各庄乡 沈家庵村	荫胞伯男爵，荫生，直隶涿州知州，有惠政。州北门留有："日边冲要无双地，天下繁难第一州"联。贤明廉简，治有循声，民无系狱。诰授朝议大夫。
曹应祖	宋各庄乡 沈家庵村	庠生。配刘氏，封孺人，合葬。生二子：长之铭，次之锡。敕封奉政大夫。
曹兴祖	宋各庄乡 沈家庵村	骁骑校印务章京，诰授奉政大夫。曾孙贵，晋赠武显将军。葬涞水县沈家庵村北之铁固山老茔。

（二）古墓群

表17-1-7-8

古墓群	位　置	简　　介
西义安墓群	义安镇 西义安村	位于村东南卧龙岗，东距拒马河200米，南去500米为史姑庄村，墓地地势平坦，四周因取土形成3-6米的断崖。东侧崖下居民，以挖出多处墓葬，墓地南北长150米，东西宽50米。已发掘随葬物品主要有：陶罐、玉器、串珠、贝币等。
富位战国墓	胡家庄乡 富位村	位于村南约150米的第二阶台地上，,面积约15000平方米,南北长150米,东西宽100米,皆是土坑竖穴墓，因居民取土，墓群破坏严重，暴露地表和路旁的残陶片俯视可见，皆为泥质灰陶，以轮制和模制为主，征集到的九件器物有鼎、豆、盘等，从随葬器物组合分析，此墓为小型战国墓。

续表

古墓群	位　置	简　　介
西水北战国墓	涞水镇 西水北村	位于村东北1000米的台地上，东临保野路，南靠双水路。墓地破坏严重，面积不详。墓葬多为土坑竖穴墓。征集到的主要器物有陶壶、陶豆、陶鼎、陶盘、陶鬲等，出土器物大部分被破坏，少数较完整。制法多为轮制和模制，以泥质黑灰陶为主。从陶壶上阴刻的鹿、鱼、虎图案和模制的三羊器钮看，当时制陶工艺已有较高的水平；从器物造型和随葬陶器的组合看，属战国燕文化范畴。
东营房战国至西汉古墓	石亭镇 东营房村	位于村南约50米的高地上（清怡贤亲王园寝的神道北侧），南北长约200米，东西宽约100米。从地表采集的标本以夹砂（蚌和滑石）褐陶为多，占70%，灰陶次之。器形有釜、罐、盆、甑等。多为轮制，纹饰以细绳纹和附加堆纹为主，素面少见。从器形特征分析，此墓区上限为战国晚期，下限为西汉初年。
南兵上汉墓	东文山乡 南兵上村	位于村南400处的耕地里，南北长200米，东西宽100米，原地表有1~1.5米的高封土堆多处，平整土地时被夷平。出土的的器物有：陶楼、陶灶、陶俑、陶磨、陶井（由燕下都文管所收藏）等，从出土器物分析，属西汉晚期至东汉初期的中小型墓地。此外，在墓地以北100米处，曾出土过敛口广肩折腹小平底铁釜一口，为西汉遗物。
西义安东汉墓群	义安镇 西义安村	位于村西150米的高地上。墓地面积约120000平方米，东西长400米，南北宽300米，地势较平坦,土呈黄色。南侧断崖面上暴露有残砖墓室，土坑竖穴墓的遗迹，地表散布有大量的绳纹砖和陶器残片。大部墓葬有木棺，多数已腐朽。据当地群众介绍，曾出土过陶灶、陶壶、陶鸡、陶狗、陶猪，以及舂米的陶俑、五铢钱等，均被砸毁。
色树东汉墓群	石亭镇 色树村	位于村北约20米的平地上，东西长200米，南北宽50米，面积10000平方米。因居民取土，墓群破坏严重。地表发现的遗物有泥质灰陶灶、陶井、红陶盆、夹砂红陶瓮、夹砂灰陶罐、泥质灰陶豆把、甑底、硬陶罐等残片。据群众反映，此墓出土过铜镜、陶猪、陶狗、陶鸡、五铢钱、货泉钱、剪边五铢等器物，大部分被破坏和散失。根据遗物和墓葬形制分析，此墓群为东汉末期墓葬（147—189年）。
安阳古墓群	娄村满族乡 安阳村	位于村东南150米，处于南水北调明渠中间。2006年5到6月底由中山大学人力学系考古专业考古队进行了考古发掘，发掘面积1500平方米，发现3处汉代儿童瓮罐葬，18处战国儿童瓮罐葬。多为两个瓮罐一组，两罐对口。也有少数3罐、4罐葬，出土45个瓮罐（其中3个残缺）。瓮罐质地为夹蚌砂陶，口径0.34米，高0.35~0.38米。经鉴定此墓群为战国至汉儿童墓葬群。
福山营隋唐及金代晚期墓	娄村满族乡 福山营村	位于村西北近旁的台地上，面积为80000平方米，东西长400米，南北宽200米，地势南高北低，呈缓坡状，中部微突起，西部较平坦，土呈黄色，地表散布大量陶片，出土物有红陶长颈瓶、青瓷碟、三耳青瓷罐等，铁焦斗、黄釉、三足陶炉和红陶敛口罐等。
板城元代墓群	石亭镇 板城村	位于村北约1千米处，存墓葬多处，封土高约1米，供桌、墓碑皆有，碑高1.95米,宽0.97米，厚0.26米，方形碑座。立碑时间：泰定元年（1324）岁次甲子二月八日。撰文、书丹、题额：新安李蒙。立碑者：刘公之嫡孙刘思正。此墓有墓碑两块，年代确切，墓群封土尚存，未发现破坏现象，为研究元代墓葬结构、经济状况、生活方式提供了一处有考察价值的墓地。
西龙泉元、明古墓群	石亭镇 西龙泉村	位于村东北500米的山地角下，面积约10000平方米，地表散布大量陶瓷残片和骨骼，普查时墓地中心散存八棱幢一个（长1.5米,直径0.4米）、八棱幢座和顶盖三块(直径0.8米，厚0.6米)、屋脊式石函盖(长1.5米,宽0.6米)，另有长方形石供桌一块。另一墓地位于西龙泉村西北100米的丘陵地上，西边靠近高山发现一残墓，清理出青瓷碗一个，唐、宋、元、明各代铜钱23种，60枚，钧釉圈足，足边被刀削去，双耳青瓷碗，泥质灰陶罐各一个，此墓地上限可至元代，下限为明代。

续表

古墓群	位　置	简　　介
孔村元代墓葬	王村乡孔村	位于村西北约200米处的高台地上，封土已夷为平地。文管部门曾清理一座砖室残墓，墓室呈正方形，长2.2米，高1米，其上逐层收敛，最后成一园拱顶，南辟墓道，砖砌券门宽0.7米，用砖堵塞，北置砖砌棺床，上放两具尸骨，为仰身直肢夫妇合葬墓。出土物有绿釉双龙鼎形香炉、绿釉小碗、钧窑兰釉大碗、磁州窑系白釉酱色鸟形图案四系瓶、黄绿釉鸡腿瓶，佛鹿、圆钮铜镜，泥质灰陶瓮盆、砂锅、铁灯盏及宋金铜钱等。其中四系瓶、香炉、铜镜等器物造型美观，图案生动。从器物造型和特点看，为元初遗物，对研究元代墓葬结构形式以及器物断代方面，有较高的参考价值。

四、碑刻铭文

（一）古代

涞水历代贞石之作，时代自唐至民国均有遗存。内容主要有墓碑、上喻碑、寺庙碑、修桥补路碑、歌功颂德碑、宫观修葺碑、庙产、学产租界碑等。除此之外，还有抗日战争、解放战争和新中国建立后，为革命烈士树立的纪念碑。撰文和书丹，多由当地名人或请有政治地位的名家执笔，对研究历史文化和书法艺术是一部不可多得的教材。

唐：

张佑明墓志铭

唐易州都押衙朝散大夫检校太子宾客上谷郡故张府君墓志序

公讳佑明，其先夏后氏之胤，夏季失国而有阴山焉。公之先祖乙失活，开元中已全部归阙。建中中赐姓张，封上谷郡公，伯考讳孝忠，自，易州牧。国步，多虞藩臣背化，有诏除恒冀易定沧等五州观察处置等使，所向郡县未不尅从。皇考讳庭光寻除易州刺史，守政十稔，字人之德唯天降之可以秉钧轴，可以为陶师，故太师兵权寄半公即。使君公之令子公，器宇刚毅，言辞洒正，彩曜锦绮香郁之术，弱冠之岁秀而且温总，戎任公署以节度要。籍万里长途，起乎跬步，有隙弓逑，是袭不绝门风。寻署同十将佩跨之间，便当足武长庆中节将。柳公审以门望，度以清通，改经略副使易州都押衙出入，公门自然肃肃，守职不渝，仅十五霜矣。开成初，州将李公侦公之公，特状论举元戎即公之从兄依状改署都押衙济弱苗而女萝凌空，释锋芒而吴钩敛锷。奈何鲲欲化而鬐折，鹏正搏而翼坠。开成初五年四月染疾，月内终于慈善房之私第，享年五十有三。

呜呼，公之在也弁，绂朱紫料其盈门；公之去矣，蓬茨生皆可哀哉。有了守行守礼，号诉过制夫人北平田氏躬亲播种，以具涂菖即以，会昌三年九月四日，礼窆于先茔西北就其礼也，乃刊石铭之。木中之梓，玉中之英，为林可栋，为器可京。王孙公子，铮然有名。忽矣，朝波冥然夜黯黯，白日兮何无晶萧陇树悲风生。

金：

大金易州涞水县大明寺碑文（李构）

佛道教人迁善远罪，盖有通于世治，前代以来未知或抑也。由是都府郡邑虚墅山林之间，在在处处，靡不崇俊庐宇，以栖其徒，然亦有隆替之异者，何哉？由得人不得人，而得人倡导，则众伴能协基本能，固道教能弘。苟非其人虽欲切求，三□之集恶可得邪？从来又多种自营创淆混相伴，莫得而正焉。

国朝爰立新法，有能匡摄而非官达，及无旧据所授名者，计立屋楹数若干，以为院若干，以为寺□等第输镪以给新额，用正其名要之，非特设此务，益公调。盖以甄别人材。俾弘教法，而有助于世治也。惟是邑有世道场者，由来远矣。经始之迹，莫祥所自。按唐开元五年所造石像记刻，乃开利寺之遗绪也。五代兵火之余，更为残缺，赖不乏人保护增完，延历天兹开利之名，久而无闻。由阙地得名罗汉像，凡十有六躯，故是院也，以罗汉名之因，莫更先是祖德讴克尽纪。自去辽大安间，有耆□□德敬作新佛宇，若厥劳绩。

本朝有传戒悟，寂大德善常，勘校大师思侃清源长老圆略，讲论法师归成。此四人者号称龙象，造为持护，由兹以降，迄今上首善聪，自余尊德善琪、善才率诸居徒，一乃心力，共济美利土木之功，绰有加焉。故毗卢、释迦二大殿南北对峙，观音堂贤圣位列为肘掖，飨厨宾次以居于左，钟阁门栏以处乎右。至于徒侣宴息之寰，钱榖弃藏之室，檐檩相接，翼巽周环，计之足及为寺之格。众论佥谐，应数飞蚨，往以上□□锡是号。又请礼部尚书王公兢为书其额，制榜高揭，振耀一时，非特彼徒庆快荣光□，大为十方信士欢喜赞叹，滋归响意，然后之佛知为道长明而不暄也。具道始末，属余志之不独衒其空言，为之夸诧又将俾尔儆戒自惧，守而勿替，命工镵石以永，昭示其词曰：天悬日月，是谓大明。张皇宝刹，取象碣石。惟佛之道，可两耀并。宜为徒者，力赞运行。兹宝得人，居上首位。与众协心，同修善利。制作增新，庄严壮丽。未媿前□，衡山所置。佗山之石，砻之作俾。载宝其迹，□□□辞。既夸荣幸，亦儆修持。缈绵作炳，垂示无期。

大定三年四月八日寺主沙门善定等建

朝奉大夫前行代州五台县令骑都尉陇西县开国男食邑三百户，赐紫金鱼袋李构撰文；中散大夫行尚书刑部员外郎上骑都尉弘农县开国子食邑五百户赐紫金鱼袋杨邦基书丹；中奉大夫礼部尚书兼翰林学士承旨知制诰修国史、上护军太原郡王兢篆额。

大明寺碑原在县城内东南隅大明寺内，因寺毁已改建为涞水第一小学，将碑移至县文管所。该碑高2.18米，宽0.87米，厚0.18米，青石质料，碑身无雕刻花纹，碑额由礼部尚书王兢书丹，阴刻篆书四行“大金涞水大明寺碑”。碑文由杨邦基用行楷书丹，字体结构俊逸，潇洒倜傥，有较高的书法价值。

元：

大朝国紫凉山华严寺千人邑记（惠明）

夫京师之西南，距涞水县北一舍之地紫凉山，有大佛刹。兹者，元自隋唐开皇年间，赐额华严寺。绵历岁月乃数百祀，古之圣迹也。龙山风岭，彪岗蚪口，溪涧掩映，东有马龙之奇山，南有石龟之圣水，西有云溪之古刹，北有悟空之金地，故此华严占中央焉。盖为四方多具明山秀水，僧高道德，隐于其中，仁者智者无不乐此。今经兵火，寺化灰烬。自古常住田产，东至马龙山分水，南至南岭坡脚下，西至堦前谷，北至山后分水岭。诸人占至三门唯留朽堂三间，见者无不乌呼哀哉！惠明遂发心镂骨铭肌，特建碑文，便将自己衣盂置到当里庄窠一所，上下田地见有顷余。久充常住者欤！惠明祖乡天党郡上党县丘村人也。俗姓张氏，自小出家，去本县城西关大佛寺。时因世乱父职进忠随使而来仙里金田。师资相迂，针芥之因，礼本寺僧智演为师，法名惠明。乙未年间，奉上供攒僧部受业净戒之寺。今者，上寺住持征南军马春来秋往二十余年，游翫僧俗，常时接待，数载旱涝不均，五谷不登，五岁蝗蝻吃禾，寸草不收，科差大小，不测而有之哉？惠明自始纠集乡闾，奉佛子弟三十余村，作千人邑。每人自助粟米一升，以给寺僧斋粥之费，免为头陀添钵之劳耳。将斯功德上祝皇帝万岁，重臣千秋，国泰民安，法轮常转，法界众生，仝登觉岸者，铭曰：

山寺年深，肇自隋唐。额赐华严，山号紫凉。峦明秀水，阡陌风光。
龙山风岭，左遮右藏。木井人义，花木非常。天都惊说，古佛道场。
外列八卦，九宫中央。猿啼鹤唳，僧顶雪霜。月练禅帷，百衲胡床。
松风泉韵，琴瑟悠扬。樵唱渔歌，嵓答笙簧。苔藓茵褥，云霞霓裳。
松子碁声，两下猜详。猿偷残果，云入龛房。草衣不食，野卉林香。
敉退荼毕，万虑俱忘。名利不关，天供谈扬。聚石说法，解虎龙降。
诸天散花，万代为祥。

诗曰：

屋上春峰佛髻青，殿前松桧斗蚪形。安仁解散愁千斛，袁志唤回梦几生。
四壑烟霞夕客语，一川云雨晚钟声。三竿红日山僧睡，识破南柯梦不惊。

檐簦信骑玩春光，命我闲游到紫凉。岩溜龙涎侵客冷，溪花凤蕊向人芳。
猿啼老桧三更月，鹤唳枯松一柱香。大睡十年花胥寐，何时梦见佛家乡。

一住华严二十年，岩崖松桧冷生烟。阶前柏树解说法，墙里桃花能悟禅。
半岫夜云从去住，一天山月任亏圆。我来莫讶盘桓久，消尽人间种种缘。
紫凉白鹤净戒尊宿劝缘提点僧惠明撰文
河东北路太原汾州大安国禅寺大明禅师传法嗣祖沙门　智忠篆额、书丹
华严寺主僧道真、副寺僧道正立石

此碑位于娄村满族乡木井村东北约2千米的华严寺南侧，艾叶青大理石质料，通高2.20米，其中碑首高宽各0.8米，厚0.16米，浮雕螭首圭形，碑额楷书“千人邑记”四个大字。此碑保存完整，字迹清晰，书体有魏晋风格，掺以篆隶，笔意显得苍劲古拙，很有书法价值。

董资建碑

□□□□易州涞水县籍，居元戎将相，董资建知壬

遁而识进退，□□易而见天心善整朝刚，安百官府库知粮道，宾四夷镇八方，调和鼎鼐恋理阴阳，正直元戎也。通三才，晓二仪，识四时，辨八方，查五云，别九地，解虚实。号令精专，赏罚明准，临阵不损其兵，宿农不扰其民。多不畏，少不欺，军幕未辨，将不言歇；军井未达，将不言渴。军灶未炊，将不言饥。冬不重裘，夏不摇扇，雨不张盖。先在矢雨之前，与军同分劳苦。坐等帷幄之中，决胜千里之外。边将之首，守镇坐虞，外国不敢侵疆。开旗取胜，万邦拱手而扶，四夷望风而怕。安社稷之功勋，立江山之勇将。取邻境之和，揖同伴敌躯心服，盗贼息，雨泽均，民讼稀，田畴开，赋役均，邻民军，咱贺商。旗扬名，可以立石。人民鼓腹讴歌，乃一齐之肃正也。上授：明威将军都领提控遥授同知通州军州事

右超迁安远大将军元帅右监军改遥授中州刺史
恩悬带虎符金牌行河北东西等路元帅便宜行事右监军
黄河以北城池选注便宜行事镇国上将军燕宁府元帅右监军
右可迁辅国上将军职如故
元至正八年立石　匠人　刘元成
撰书人：周永义

云溪山玉泉院龙安长老正云德行之碑记

窃闻祖佛出世，法轮常转于东土，金口亲宣，教演三乘，说五派禅宗之古典，讲如来□□，真诠西天胜观出现，达摩立祖根源，分宗门之伐，撒手空拳，云门糊饼，雨笠孤舟，钓青州，布衫各别，□重□固消息，一无来二无去，善财童子五十三，参南方为诣文殊师刹，右达三币普贤出现，大智居士对谈□座前三不见后三，赵州茶侍者知味，庭前柏树几度花开，遍地结果方成逢场作戏，放大光明，普照乾坤，万法题后，则系济南府济阳县仁化乡东孙井人朗母亲李氏，将长男投礼到虹螺山禅院，礼拜尊公长老松溪为师，训到法正云习学佛法，独立宗门，於丁己年就弘州大禅寺主僧开堂修造洒扫，右于已卯年住刹中山府先圣院寺三年，今有保定路易州涞水县水门乡云溪山玉泉寺请龙安云公长老，在住二十余年，于至元二十三年二月十五日皇恩诰赐省疏请住大觉开山传道，于至元二十六年四月二十九日亡化□超昇青云紫迎这龙安禅老戒律清高，心见性，来去分明，悟道真空，老衲归去，火焚浪香之声。舍利入地朝天，作俗识之不足还海，云水禅客，丛林衲僧，精息便是苦志修行。□□□□□古记□云公辞世颂

□生死涅磐，一路昼，瓶打破，归去夜深，明月清风，天晓，崑□□□□本不□□今朝无去无住，翻身踢倒，灵空火里，花开铁树。

大元□大德五年七月十五日玉泉院　立石；刊石　迈秀川。

重建金山寺记

如来化千百亿身於天下，誓愿弘深，大士现三十二应于人间，缘法甚重，如来之愿，大士之缘，皆以化诱凡愚，同归于善，以致在在处处，无不有其说法道场传之于后者也。直隶保定府易州涞水县金山寺主持祖明，一日请予过其山中，延留信宿。乃审其寺，大德年间，圆融恩公禅师之所创也。禅师肇建之时，构架殿宇，宽而宽容众，开设上下东西坛场，受戒缁白数计十万，惜乎世远僧残，寺已废弛，止存千佛浮图一十三级于草莽之中，迨今皇朝正统初，云水比丘慧慎，意欲重为葺理。其愿弗果，幸得板城村檀广为大檀越与子彝伦永全，同施家资。寻往广昌购木为筏，顺流而下，贮积於东檀场演教寺，其主持悟准尤能协力赞囊，化募斋粮，俾匠氏造成材料，劝诸乡耆，载运至山，而广观其旧址，面向不宜，以南易东，盖佛殿倚于金山之麓，左列崇峰，右排峻岭，东瞰拒马之河，白浪滔滔，如在欄楯之下。已而，住山本师继安顺檀越，意米庄塑圣像五尊，及修方丈三间于殿之侧，而又栽培果树松柏，郁郁葱葱。今主持祖明新建选佛场香积厨、伽兰堂共七间，法弟祖清，置造塔铃一百四颗，展拓其基，遶旋参礼。景泰间，彝伦同男檀宏等，命丹青绘画二十诸天于殿之壁，复捐己帑，铸造铁钟一千余斤。寺之东偏百步许，僧曰道景，建一寮舍，以为憩息之所，且知檀越广年逾八十康宁无恙。其子彝伦善阴阳术，公卿大夫咸为拭目，不独重葺是山。正统九年，造作舆梁，以便柴夫之供应，六稔经营不怠不倦。其母张氏，妙贤同姑比丘尼广祥，乃于河滨捨饭三冬，以济役夫之饥困，人皆称其一门好事者若此，主持等拜请记之。予惟祇陀施圆给孤，盖寺以法为重不若黄金，盖欲以求如来传其无上正寺之道，觉悟於群生也。方今在位时和岁稔乐善者多，檀门父子悉能锐意金山，一新完美而又得乎祖明，行业可称，焚修为事，祝延。

承嗣千年常住於永久也，兹重其请，姑记寺之始末，以刻贞石焉

天顺七年岁次癸未仲秋月吉日主持祖明立石

大宁都司纂修志书儒士云间陈昊撰文

赐智化禅寺兼僧錄司右觉义然胜篆

智化都寺了然书丹

千佛舍利宝塔记

时大元国保定路易州涞水县金山寺淳德苦行□□□恩公衲衣禅师创修白玉石千佛舍利宝塔记

林泉老人□□□□

□□公　波者形兴未质，名起无名，古今咸然。圣凡□□，千佛出世，亦不曾增，千佛入灭亦不曾减，孤迥迥、圆陀陀，非智识之可知，非人力之可作，圆炯太灵□□无余，此之所谓不可称、不可量、无有边、不可思议之功德主也。虽然如□理无一，向事有千差。爰有涞阳金山寺修道衲衣禅师，名曰庆恩，乃辽京东京人。俗姓陈氏，自从六岁出家，礼本京西会大惠安禅寺月峰长老为师。自中统五年，云游至大圣安寺，令掌瑞像殿职。革故鼎新，不无其补。一日猛省，曰：人之处世，四大本空，五阴非有一切，所须悉皆长物，于身何益？遂罄其所有，尽皆货鬻，为供佛筵，僧之资以至设贫设牢之资，尽在其中。持往五台山礼文殊大士，于资戒大会，顶门出血，印弥陀经十万卷，普皆散施。后居岩结草为庵，住二十五载，日唯一食，不衣蚕衣，每岁从春至十月之初，跣足十载。钱物不触于手，度□俗十万有余。□□讲十次斋僧，花果供佛三千，壁画三千，诸佛并诸圣像，作大小会百十有余。至大德三年七月，由供长讲，直至大德四年三月十五日，作大龙华盛会七昼夜，创立白玉石宝塔十三级，画水陆佛事一百二十轴。末后，圆满资荐十方法界、有主无主孤魂，同生净土者。呜呼！人之住世，作有□功德，具述于前。□□作一切福利益一切有情将□。无上正等正觉菩提者欤！

大德四年三月十五日立

武节将军诸路杂造局总管府同知赵□□、外护功德主龙府宫都尉相公董□、

本寺都功德主光禄大夫大司徒呵尼哥

明：

重修南山观音堂碑记

紫凉之阳，刹利华严，岿然雄建。其面山崖下，则大士庵对峙焉。庵之山门外，深谷环带，清流潺潺。上亘长虹，通济南北。□□午，春萍潜此地，每吟披之。余踞石松荫，以询老衲。始知华严寺传自隋唐，大士庵起於嘉靖末季。实本寺僧常通□□□外石桥，系万历庚辰木井刘君聚、孙君士良，王君□□供会造之。但华严寺大雄等殿，台阶、山门，嘉靖壬子岁重修于□□君玺。其鹤列□樵开基於□□孙孝廉、基公德润而完修于本寺住持性珠，今固巍□焕然，只无两矣。惟大士庵历年既僧住靡常，风雨刹落，溪宇倾圯，桥岸颓坏，性珠心愍之，祈祷檀越犹未进也。乙卯岁，值本乡孙门李氏。偶兹瞻礼睹圣像无介。然实怀既归乃聚室而谋曰，适步目紫凉，见观音堂崩塌特剧。吾不忍大士摧残，尔曾能阿母善事乎？其子廷相唯唯，教遵慈命。遂纠众上会攒资修葺。工起于丙辰，成于戊午。凡三易空署，于是殿宇鼎新，塑像绘饰，添修山门，创制碑筑，而石桥永固矣。煌煌乎千古盛举哉，太慈□□佥议勒石，以垂不朽，乃丐予以记。予低回久之。云吾侪素睐葱岭钵□□若振乾竺铎耶，众复肯之再四。予飏□日善。□□抑知释迦在西域，大士果在南海窃意之人人灵性即真□府慈悲即真大士也。世人不知帚除尘□□□□思常缠□□□□如来观而相失，即朝夕参礼，倾储修建，祇假相幻缘。□□□岸而证最最菩提也。其何能几？故此一举李氏□捐赀□起功德，罔极无觉诚使善念充扩处处，园满遇随迁，皆释迦□□士将果报又不俟来世矣。噫嘻，此吾祈深愿於善如我者乎？至若住持性珠于是举，尤多拮据不悭□以圣事□者，辄合掌曰大士之感，檀越之功，贫僧无□焉。□□□□不居□性□可于晚进禅林中求哉，性珠则号竺庵，系永□□动拔剃於本寺，五戒精严，堪传半□之衣钵者□常□□之三世□云时。

万历四十六年年岁次戊午夏前四月十三日立。

重建玉泉寺碑记

玉泉寺在保定府易州涞水县水门乡木井社云溪山中，创于东汉再造于唐宋之间，毁于元末。盖古刹也，我国家富有四海而寺之基址尚存。其邑之龙安僧悟明，号古心者，出自望族。夙植善本。当髫年时，辙知好善恶恶，喜释宗兼读儒书，颇通文义。永乐初，父母爱其有出尘拔俗之志，即命投礼师广增，号翠严，究禅宗得三昧旨。宣德甲寅邑人王辅率诸耆老，请住其寺。悟明既卓锡于此，晨香夕灯，领众焚修，无间寒暑。未几见其层峦列嶂，流泉瀑布，修竹茂林，环绕左右。虽五山十刹之盛，亦不多让，实胜境也。乃鄙所以修饰之不数载，功用告成。于是供佛有殿，而金碧庄严，辉映霄汉，伽兰有堂，钟鼓有楼，藏经有阁，饭僧有厨，居僧有舍。至若嘉蔬异果，则布列墙垣、曲槛、危桥则周旋径路，可谓焕然一新者矣。乡之人归依者无间远迩，不啻子之趋父。然其诚如此，可谓千百之十一见也。天顺癸未，悟明以年耄退院。特简衣钵弟子本聪，主持其寺。本聪亦超逸群众之贤者也，乃不忍昧师修饰之劳，必欲有以阐扬之。爰率诸法眷，请予文为记。其始末予惟士生子，世受官守言责，食天之禄，而不能尽厥职者，往往有焉。茕然悟明乃能苦心修持，上裨圣寿，下利群生，以鄙尽厥职如此，其贤为何如哉？书之贞珉垂之永久，以为人人劝，不宜，宜乎不辞而为之记云。

大明成化六年岁次庚寅仲夏日住山比丘僧本聪等立石

赐进士奉政大夫通政右参议知制诰国史编修广阳赵昂撰文

赐进士出身承直郎刑部广西司主事广阳朱铎书丹

赐进士出身翰林院编修文林郎长沙李东阳篆额

此碑位于娄村满族乡玉泉寺山门以内，碑通高1.95米（其中蟠龙碑首高0.7米），宽0.75米，厚0.21米。方形碑座高0.65米，皆为青石质料。书丹者是明代著明书法家李东阳（1447—1516），他的篆书清

劲入妙，楷书用笔圆润，遒劲有力，具有很高的书法欣赏价值。

佛洞塔碑记

盖闻山不在高，有仙则名，良志异也。余每揽古□迹，即动古心，期以崇不泯焉。囊奉钦命提督矿□，兹谒佛洞塔，奇其地势幽旷，山□□秀苍，崖深、石怪、岭峻、岚长，谓必有仙，询之洞叟闻六□得道之□□□其事，遂建殿□□三楹，乃道人刘景在所创，且崇禅教，□此脱化。厥后，山□人寂。岁久，日烟佛洞。□□□□□雅，有慨于中，遂捐俸重修。□是展，规模禅堂则高耸矣，佛境则渊邃矣。旁观此□□□□联深，入则阙楼三起，穿□则石圈玉皇宝殿，建造关王庙暨娘娘行宫，观音圣□□□□琼楠勾缬，金碧辉煌，焕然□□□□军民来祷者，莫不有保障皇图肃清边陲之祝地，秀神聪庇佑，弘远则又宁直，志其异乎哉，时而政瑕，凭临四眺东紫荆，涞水向其南，马水压其北，流长林密，云水飘飘□，令人有羽化之意。美哉！佛洞□修之人性，贵住持之香火绵绵千秋，何纪前矢，勒碑未果。今用补镌，爰完素志。

乾清宫□□□承运署库事御马监太监王忠立石

万历戊申孟冬吉旦谨题

钦依大龙门把总指挥使戊戌武进士何继文书丹

大旱碣记

万历乙卯亢旱异常，六月不雨。小民憔悴，父子不能顾，夫妇不能守，强壮者饿死于道路，幼弱者弃置于市井，鬻妻女子者充满于途，啼饥泣乞者遍野遑遑。延至六月初相□告粮者纷纷抢粮者丛起。至念八日良乡以下半边店以上三二百人鸠成群党，抢掳粮米，乱世可畏。至七月初一日下雨，至初三日方透。黍谷干种等雨者实收六七。雨后下种者十收四五。豆田止收少半，荞麦全收。小民少□惟有此隅未经抢掳，未见大乱。有香头庞鹿、付友卿、曲桐、曲邦各捐己财，邀众施财，于三义庙立坛修醮，答报天。镌石立碣，以广流传。以后如遇丰年，当兢兢业业，思患预防。如遇荒年，当安分守己，勿生妄念，以传留后世云。

万历四十四年岁次丙辰十一月吉旦立石

本庙道人杨常安　徒郑守德　匠人杜保安立碣。郭世芳书丹，杜宝安刻石，

此碣记原位于县城西北15千米处的娄村满族乡娄村中央的三义庙内，汉白玉石质料，高1.21米，宽0.6米，厚0.2米，无碑座，碑体保存完整，阴刻楷书，字迹清晰，现存于西冈塔下。此碣记为考证大明万历四十三年京畿大旱和民间饥苦灾情，提供一个可靠的资料，具有较高的考古价值。

大明礼部榜文

礼部钦依出榜晓示郡邑学校生员，为建言事理，本部照得学校之设，本欲教民为善，其良家子弟入学，必志在薰陶德性，以成贤人。近年以来，诸府州县生员，父母有失家教之方，不以尊师学业为重，保身惜行为先，方知行文为意藐视师京师，以惑圣听，或又暗地教唆他人为词者有之，似此之徒，纵使学成文章，后将何用，况为人必不久同人世，何也，盖先根杀身之祸于身，岂有长生善终之道，所以不得善终者，事不为已，而许人过失，代人报仇，排陷有司，此志一行不止于杀身，未知止也，出榜之后，良家子弟，归受父母之训，出听师长之传，志在精通圣贤之道，务必成贤，外事虽入有干于已，不为大害亦置之不忿，固性含情，以拘其心，待道成而行行，岂不贤人者欤！所有事理，条列于后：

一、今后府州县学生员，若有大事，干于家已者，许父、兄、弟、侄，具状入官辩别，若非大事，含情忍性，毋轻至公门。

二、生员之家，父母贤志者少，愚痴者多，其父母贤志者子自外入，必有家教之方，子当受而不违，斯孝行矣，何愁不贤者哉。其父母愚痴者，作为多非，子既读书，得圣贤知觉，虽不精通，实愚痴父母之本，独生是子，若父母欲行非为，子自外入，或就内知，则当再三恳告，虽父母不从，致身将及死地，必欲告之，使不陷父母于危亡，斯孝行矣。

三、军民一切利病，并不许生员建言，果有一切军民利病之事，许当该有司，在野贤人，有志志士，质朴农夫商贾技艺，皆可言之，诸人毋得阻当，惟生员不许。

四、生员内，有学优才赡，深明治体，果治何经，精通透彻，年及三十，愿出仕者，许敷陈王道，讲论治化、述作文辞，呈禀本学教官，考其所作，果通性理，连佥其名，具呈提调正官，然后亲赍赴京奏闻，再行面试，如是真才实学，不待选举，即时录用。

五、为学之道，自当尊敬先生，凡有疑问，及听讲说，皆须诚心听受，若先生讲解未明，亦当从容再问，毋恃己长，妄行辩难，或置之不问，有如此者终世不成。

六、为师长者，当体先贤之道，竭忠教训，以导愚蒙，勤考其课，抚善惩恶，毋致懈惰。

七、提调正官，各在常加考较，其有敦厚勤敏，抚以进学，懈怠不律、　顽狡诈，以罪斥去，使在学者皆为良善，斯为称职矣。

八、在野贤人君子，果能练达治体，敷陈王道，有关政治代失，军民利病者，许赴所在有司，告给文引，亲赍赴京面奏，如果可采，即便施行，不许坐家实封入。

九、民间凡有冤抑，干于自己，及官吏差贪，重科厚敛，巧取民财等事，许受害之人，将实情自下而上陈告毋得越诉，非干己者不许。及假以建言为由，坐家实封者，前件如已依法陈告，当该府州、县布政司，按察司不为受理，及听断不公，仍前冤枉者，方许赴京伸诉。

十、江西、两浙、江东人民，多有事不干已，代人陈告者，今后若有此等之，治以重罪，若果邻近亲戚人民，全家被人残害，无人伸诉者，方许。

十一、各处断发充军，及安置人等，不许建言，其所管卫官员，毋得容许。

十二、若十恶之事有干朝政，实迹可验者，允许诸人密窃赴京面奏。

十三、前件事理，仰一一讲解遵守，如有不遵并以违制论。

十四、钦奉敕旨榜文到日，所在有司，即便命匠置立卧碑依式镌勒于石，永为遵守。

右榜谕榜众通知

洪武十六年四月

该碑是大明洪武十六年（1383）明朝礼部榜文，全国各郡邑奉敕旨按统一式样镌刻，具有法律性质。对了解明初教育形势、科举制度有较高的参考价值。

直隶保定府易州涞水县玉峰禅寺重修碑记（授僧录司右觉义兼万寿禅寺戒壇住持金台　沙门行中德令撰文）

涞阳去邑四十里余，水门乡龙安社有寺名玉峰，荒废已久，几湮而不传。正统改元间，性空禅师尝游方外，即归里中，因止是寺目其岗峦回合林木交阴，惟惜殿堂廊庑已榛莽矣。而禅师有感世数之佛赞也，于是首谒乡人林公马景初檀彝伦、梁信等禅师，遂语吾佛法身之广大，亘十虚穷三际，无往不在，而必为之祠像者，非局也。盖以世人因睹祠像，而生乎敬诚。敬诚既生，则善根福基，由是而植焉。且神僧大士往往乘方便，力示有为法，于一毫端。观宝王刹座，微尘里转大法轮，亦俾观感，而兴起超然悟入乎？不思议法门者，良由此也。而诸公既聆之，奋然有赞襄之意，诚惟禅师善导于人者，未之有也。于是率徒众等，亦相力助之，广募缁白，富者施财，贫者施力，翕然相与经营，由是殿宇、廊庑、山门、僧舍俱功告讫。凡大力所宜有者，无不备俱。殆不年载遂成宝坊。可谓中兴于兹刹者矣。复以寺之四界：东到高山顶，南至横岭山，西至小□安，北至拒马河，盖用垂绵远而不紊爽矣。禅师以道场之成，房涞众置买田土，栽培松柏树木花果，郁茂葱葱，盖裕其供奉之不乏矣。噫！非禅师□□高山恶水□□□向化而乃业之有成，若是耶，今年孟冬禅师请予为记，予添承。

上命备员僧录弗□于文，再辞莫获，强为之，记禅师讳德□□空迺本郡□氏之望族，尝游盘山，发明性地，受业前僧。前僧录左街讲经，承□筑坛传戒，坛主□□大师之乎度云耳

成化十二年岁在丙申孟冬十月望后五日

重修乡衢、修路工程记

尝闻一毫之善，与人方便。一毫之恶，劝人莫作。修理道途，虽关细事，其济人利物甚弘，何也？夫路者，所以便攸往之利也。乡间尤利坦途，为沟、为渠无论，往来不便。而秋水之汛溢、陷溺为一乡之害不浅，尤恐后之不止于沟□也。蒿目而忧者，十常八九。适有近溪王君督同志善人□□□等，相与聚首而形诸，叹曰：吾与汝居此乡忍坐视此？北坎偏坡而不为之葺，治也。念及于此，而善心勃兴。于是各捐资财，积少成多，协力合作，将几数载而功成马土，功之不易易也。如此，今之荡荡平平，非复昔之崎岖哓埆者，比虽不及周道之如砥，亦所称往来之便也，心甚欢然，而相与语曰：涉历艰辛，始构此功，倘无以记之，而一时之善，人后则寂寂□闻，且无以启后人。兴善之心，非以励人心也。吾闻有以喜雨记，有以醉翁记，均之志不忘耳。而刻铭勒石，亦欲传诸□祀，永永不忘也者。然此非以贪成功也！又欲俟夫后来同契之人，或踵而修之，或坏而葺之，未始不为一小补云。

万历三十二年岁次甲辰七月吉旦立石，本村廪膳生员张其纲撰文。

二圣碑记

真武庙行宫碑记

祈建

泰山天仙碧霞元君

北极真武玄天上帝

夫以宫室之兴，创自轩辕之代。栋宇之侈，遂及今古之繁，虽称谓有不同，悉皆为风雨之庇。大龙门北山之巅，号曰明阳山，峻而崎岖，高而幽静。前把总李公讳著，号望山，于戎务之暇，下诣此山，左顾右盼，仰而叹之，乃约本村善人付崇、刘钺而语之曰：美哉！此山之上，可以建神祠也。于是经之营之，因山势之广狭，建玄帝行宫一所，禅堂三间厢房两间，始于嘉靖三十六年也，其心犹未足焉。至三十八年，李公又督同善人崇、钺等修建圣母神祠一所，塑像周完巍然，足以为四方之观瞻。殿阶全备凛然足以起万人之敬畏。仰视之下，为善者益，以奋为善之心而有所感发；为恶者潜以消为恶之志，而有所恐惧。则二圣行宫之建，不大有益于龙门也哉。虽然望山之功固伟矣，使继之者无其人，则功烈未必如此之盛也。自是而后，继把总者杨公厚泉，刘公成庵，贺公双岗，尹公磻溪，王公定轩，诸公者虽先后任事之不同，或内帑之施，或工役之助，均用意以成今日之典也。然又虑夫朝夕香火之焚无其人，而遂请金华山之僧人元成、元能、明清、明山以为主持。恐养赡之不及也，又纠同众善人等出银四两三钱，买涿州民焦世隆一段，给予本庵主持承种，以为永远香火之资。呜呼，是举也，虽起于望山一人之心，而实有赖诸公、乡资之扶持，诸公固可也。而付崇、刘钺心机之费，龙门男女施舍之劳，闻之者无不感也。用是观之，则知李公等倡始于上，崇、钺等乐成於下，上下同心，神人胥悦，语曰：积善之家必有余庆，安知若等不获福于冥冥之中也哉。予重友人许公讳仲仓，号松泉，孙公讳铭，字君全，刘公讳朝抬，号义庵之请，又感诸公用心之诚，故为是以识。时钦依大龙门等口把总李著、刘继先、尹志□、杨中丞、贺慎、王立极、守口□□□□□□□石进忠、刘武、韩清、李芥、纪进文、邹万良、陆樊仓大使、曹良知、朱嘉成、武永秀

攒典　张尚忠

隆庆四年岁次庚午五月壬午仲夏吉日　林泉书丹，中山郡石匠、王廷臣、杨和、高廷艾刻石

重修二圣神祠记（赐进士及第行人左司副陈士章撰文）

盖尝闻之国典云，非法施于民，不祀；非以死从事，以功定国，不祀；非能为民御大灾□□□岂漫然哉？今按龙门虽负危峰绝壁之险。然其地接宣云，去胡落仅数十舍。嘉隆间□□□祠以来，边塞绝烟尘之警，军民获安堵之休，今四十余年矣。非仗二圣神威，翊我皇明，护我疆国，伏魔驱怪，善善恶恶，乌睹此哉？其祀之遍天下及后世，询非渎也。目幸□□□钦总张公慈祥恺悌以为心，宽大精明以为歧。复有孝友兼全，恩威并济，若爰总王公者为□弘敷德意，百废俱兴，一时龙门兆姓感□厦之庇，咸

□□□之名，想亦二公居恒明信，存馨神明，故冥冥中之锡福于一方，固若斯之响应也。顾于谒庙初，即谓其祠垣之就圮，非所以口妥□灵崇祀而正祀之□典，是亦政事之弗完，乃于戎务之暇，才能俸鸠工，先有葺修之志而口□□□□不独慷慨□□□□趋事，是以其功始于是岁。将垂成，□□□□故今瞻眺间非惟乌革，矢直第以壮之时，伟焕之色，竹蓬抬茂，实此贻方年越远，二圣无非为斯地斯民御灾捍患，计而不徒，感蒙辈徼福免之□矢也。且也令□□观感□庙貌之森严，潜消其不忠不孝之萌，而默鼓夫□□亲亲之念，荣□之陋习，成楫让之善□，依稀乎醉酒□□之风者，又二公所听，不言而默富之微意耶？二公遗泽，宁独在今日已哉！

钦依大龙门把总天津左卫指挥同知张文学、京都提塘把总李国祯、把总守□官郝茂勋、田泽民、王继先，陆樊仓大使　刘仲　刘章监工。

大明万历四十八岁庚申仲夏吉日立

釜山顶龙泉寺为重修诸天大殿碑记（廪膳生员张显宗诰书）

娄村西有山，名曰釜，顶有名，曰灵泉寺。独有一景焉，传曰釜山霭云。不知非云也，即周朝所现之祥光，汉帝所梦之金身，猗欤盛哉，真佛祖之妙境也！内有诸天大殿，其建立不知创于何代，其来所之久矣。但经年久远，风雨飘摇，遂有栋宇圮垠之。渐有村寺主持僧人性宽，自削发以来身受五戒，悟入三昧，诚得不二法门之真印也。每睹大殿，不胜日夜焦思。有本村善人祖广居等，发心捐资，协力修举。但工程浩大，目赌神惊，惟僧人性宽□□□资收功结果，及殿宇甫完，桩缘随奉，金碧交辉，丹霞争灿，焕然一新，令游睹者玩釜山风景，优钵花香，菩提林茂，又何异西方世界哉！自是而僧众鳞集阐经演法，上保皇图之巩固，下佑黎庶之安康，其功德固无量也。故伐石勒碑，以垂不朽云。

时　大明崇祯拾年岁次丁丑季秋谷旦立

创建名宦乡贤祠记碑（知涞水县事金坛唐治撰）

乡贤名宦祠非古也，后有作者礼以义起，亦犹行古之道也。盖自古圣人虑斯人之忘本，至此拴豺獭而弗若也，估制为报本之典，使凡有功德于世者皆得以庙食，且以从门风而奋思，所以树德与功而□□焉是。祭祀之礼，以彰往，以劝来，以扶世，教以淑人心，其意深矣。帝王皆隆之，惟我明兴扫膻腥，以清天下，制度一新，尤重祀典。故乡有哲人，邑有良吏，惟其所在，咸得建祠。肖者见之，其心恍以悟；不肖者见之，其心愧以惕。贤不肖之间者见之，其心动以节，二百年间天下民风吏治飒飒乎！有隆古风所感，盖有不可诬者？涞水东连畿甸，北控山关，为国家重地，宜示之以崇尚之意，植之以观望之准，而此典不修岂义有所否？时有所禁，生于斯、官于斯者无人耶，不然有司一欠事耳。后有议者，其谓今何哉？余视篆之，次年以此储材，以此鸠工，度学宫仪门两旁隙地，左建屋三间以祀名宦，右建屋三间以祀乡贤。周□以垣，中设以门，制如专祀，议以春秋随释奠以祭，用主别名氏也，用木豆锡爵尚质也，用鸡鲜荐尚土产也，用灌尚臭也，用说尚洁也，用跪拜升降尚敬也，议方上图卜旦奉神入祠，而余乃以流言政官仓卒成行，有儒一生揖余而进曰：数百年旷典今举之，他日居乡者视此以立德，居官者视此以立功，涞阳一变而至通者，侯启之也。安可无记？与此祠相不朽于穹壤间，先是余例当入。觐邑士卢荣与其弟惠暨李君汝桂郑生如□孙生世崇平熙，余约可五六缗余口之，不得□□修建西祠时何如佥唯唯而退，及肇工果如数捐资以助，不数月，□□姑此以志颠末云。

嘉靖庚申夏五月吉立石

东洛平重建东溪观记（直隶保定府易州涞水县儒学教谕胡瑾撰文）

涞水东溪观历经沧桑，年久失修，殿宇倾颓。正统五年春季，有长堤社之杰者，因过乐平，观其境界荒凉，香火熄灭，遂慨然发心劝募，四方出资，以共助之。揆时方选庀，建有玉宣阁、四灵殿、玄坛、真官山门等建筑。丹垭鲜治，金壁辉炫，胜塑壮观，祝善百倍，乡人相与叹羡。皆曰观以建成，虽不该旧址，规模则焕然一新，晨香夕烟，祝釐讲道，此地山崇林茂，泉甘土肥，仙客高士多聚于此。

天顺四年岁次庚辰

重修毗卢禅寺碑记（建大慈恩寺沙门德达撰文）

如来之道洋洋乎，自流入中华者，以其道即体之用，至广大而尽精微，极高明而该巨细。其力物则不移幽显，其度生则不择飞潜，而尤所以编乾坤，弥六合，均宇宙，彻十方，上可以翊□□之永固，下可以保社稷之安宁，凡昔之有国者，莫不崇奖以厥其教也欤！我朝富有四海，垂拱万邦以来，亦尝光阐，以翼风化，则于在处之古刹，皆无鼎而新之。及累度僧数十万众，以弘斯道，以劝斯民乐善而咸臻于仁政之域也。其盛矣乎。直隶保定府易州涞水县东北思孝乡力村社皇甫村屡遭兵燹，古毗卢寺，廊殿缗歇。景泰五年，终南山禅人江增，乃本邑张氏之子也，因赴京受具，经过原籍，寄居毗卢寺。有富民王普广，原其寺荒芜尤甚，实乃酸心，奚忍坐视，挟同乡人数辈，延请增公重修起盖，不逾数载，修盖正殿伽蓝祖师二所，颇以完备。增公复请弥陀寺僧人继才，充为主持，其后同才公起盖廊房。方丈置卖田地若干，墙垣树林尽皆完美。自才公圆寂之后，相继嫡徒祖伦、祖瑞主持数十余年。兹今弘治七年，又请安上人掌管院事，乃与增共相议，如今寺院多蒙尊师修盖已完，缺于碑记，恐其年深日久无所凭证，乃舍己资，兼化众缘，竖石立碑，以垂永久云耳。

弘治八年十月十五日立石

明府唐翁政绩碑（涞水县儒学教谕莱芜吕学仁撰文）

平翁，金坛人，道德文章伏一世，乡评推望称为三吴二唐，谓其不下荆川先生也。以嘉靖三十有七年出牧兹土，兹民仁爱满腔，气冲牛斗，拜命而轸念流移，比下车而鞠征顿释，民有颂者，礼义开道之；约以省费闾无横征，惟以民得其所为极致。虽干怒执政搆谗，使臣弗恤也。流□□□有复业兴焉。公余造学，启迪诸生，开示蕴奥，人虽不能尽领解，而切切□□，无倦志也。故事水曹税入十余缗，尽入官橐。又年征大户百十三，缗以备炭价，翁推磨税补之，而民方宽矣。乙未春不雨，翁祈于上下神祇，三旬更率僚审士民徒步日下迎龙于乐平山上，竟三十里。足穿，夜归而为民之恳。愈笃，继而果大雨。域中是惟神龙灵异，而翁之诚敬，格天子可一端见矣。时起来税夫匠三百余名，修塔崖驿驿坐，紫荆关外去县二百余里，劳费日以千计。翁为之区划中免。是年冬云总戒游应西路军机严重，士兵毒民，有司不敢推勘，卒多凭势凌人。时驻于涞有六主人壁伪亡马匹引，主人去，以赫财者。我翁闻之，如俑子之入围，令隶人追捕，卒返谢众。莫能近翁。自促肩舆往逐之，得解其人王文古。因卒诬以盗，姑下诸狱而遣其卒，摁戎施翁选麾下抗礼之词以辩，而诬始□□□则文古无免于死矣。有老人死，无力以葬者，翁与之棺；有鬻其子女以克贼者，翁偿其赋而完聚之……嗟夫！迎就得两城之应也，流移旧业仁之招也；推税宽民，德之惠也；辩捍卒之诬，树之智也；抗渠帅之庭，武之度也；周人以棺者，枯骨之泽也；完人子女者，二天之恩也。□于建贤祠，以作太别邑忘以昭世，又垂仁立教于不朽之典也。翁之政岂时俗之政哉！宜其不次显庸，以仁天下。可教官无根之论，改官树圹元元，扼腕不能致仕举监生儒乡耆野老等，以学校公论之，所自出也。乃托始于林庠于去之日立石，肝裳之恩，云公名治字□雍平斋其号也。

嘉靖庚申秋孟月

重修三义庙记（石亭）（涞水县儒学二生康赋撰文）

汉有刘关张，名之曰三义，昭烈以帝室之胄清中原，此其大志也。时当三国鼎峙，未及混一区宇，然三代而下，惟汉得天下焉。正关张骁勇，守荆州而威震华夏，膺骠骑而英气袭于人。得孔明，羲皇人才为之辅，君臣协心，睥睨吴魏，恢复汉室。此三人真义士也！身虽死，英风高节流传不泯，天下后世建祠以享之洪。惟我太祖高皇帝扫清海宇，祀典详明。三义祠在在有之，非淫祠也。石亭去治南三十里，环外名山大川，村左有亭山孤峙高拱，帝极屹然表镇出秀奇，风景超然，王公曰瑞，口瑄为市，于前后二街三义庙，坐当路之冲，四方纷纭，际遇之处，王族先公当代武臣也，锦衣品秩第一，御遣官祭子孙绍其余荫，上之有中书，下之有县尹，此乡贤名宦风裁，不类于长。但是祠之设古有旧址，而规模卑狭，既为集市之要奚，足以壮观哉。遂有本邑王通等捐资缗为之革故鼎新，庙貌轩昂台基巍然，神像绘垩，题榱门坦二壁图画及供器一一起之善士之意，以为先人立集，以便交易。思念古人之迹，为吾后人者独不能修，乙业而继其志者乎，三义者，未必无励于风俗也，人人肯学三义，何身之不修！何家之不齐！何患天下国家之不治者耶！乃若石亭众士以一人而纠众，以众人而仝志，共起洪址，以碑荫列序，朗然以旌其善也。来征余文以寿诸石，耿耿不磨，愿乾坤清夷，八方宁谧，共祝圣寿无疆，后人宗而不眩，神依人而血食，人敬神而知礼，三义之御灾捍患，乌可亵乎哉！

时嘉靖十九年岁次庚子春三月吉日立

清：

天仙宫碑记（清兵部户部侍郎刘墉撰文）

太上立德，其次立碑。功者何？济物立人之谓也。济与利相济，阴阳之妙用，弥彰人与物同归圣贤之精能，独至我深仁厚泽百数十年，涿郡附隶王畿得化，最近凡士夫童叟亦孰不存一济物利人之志也耶。长西山一带远据太行龙门之势，近挹香山秘魔之灵，与夫古寺名刹，指不胜屈其一邱一隅一寺一院之无关典要者。距州治一百余里，龙泉山高阶金华龙脉后倚吉集清泉，故名曰龙泉山。山上建立菩萨宫一所，殿宇倾颓，神像坏，草苇甚嗟。里人杨宗岱、杨玉万慨然倡修葺之议。于是捐己资，募同志十人告于各村善信，施舍金钱，共成圣事。材物既集，构厦鸠工，不避寒渴，身督其事。自乾隆辛亥卯月兴工至壬子孟秋申月望日工程告竣。神像、殿宇焕然一新。当斯时也，杨子等之大功，大矣。是功也，何功也？古圣贤济物利人之功也。然非众善信之倾囊泻橐以禅杨子之功，非杨子等之辛苦勤劳，无以成众善之志。然非我国家深仁泽厚，久道化成有，何以广乐善于斯同是后也，灵修等百事焉？事为记。

大清乾隆五十七年岁次壬子孟秋吉日

重修普济庵及石桥碑记

邑治之北三十里许，有石亭山，岿然一巨镇也。附山之村曰石亭。其西北偏数十武，有古刹崇祀释迦牟尼佛一尊、文殊普贤二圣，建于明之中叶。颜曰：普济庵。庵之前有石桥，上通拒马河支流，下逾燕山大道。居人引其水以灌田园，盖享其利者，已三百余年矣。顾其间废兴不一，虽令斯土者，亦时葺而新之，而日月之所暴烈，风雨之所剥蚀，丛榛灌莽之所蔓延而梗塞，残碑仆道，文字漫灭不可别识，吾惧。其庙且为墟，而勺水微波不转，目寅□□□□□□而为绝断港也。岁在戊子，邑之绅耆建议重修，有力者争先解囊。于鸠工庀材，剥落者黝恶之，湮塞者疏淤之。瀹不数旬，而庙貌如新，清泉可掬。观成者以手加额焉。工既竣，将伐石以纪其事，而乞言于余。余黍守兹土，不容以不文辞。窃谓：事神治人，固有司之责，而修废举坠，则资于邦人之力居多。粤自汉魏而后，象教曰兴，兰若招提遍于天下，率皆云构，藻饰以壮其观瞻。蕆雨涞诚，不足妥以神灵。而福庇民生，功宜庙食，斯民自有不能忘者，余嘉其乐善之诚，蒇事之速，而神庥之应，民利之普，具藉以垂诸永永无穷也。遂援笔而为之记

赐进士出身知涞水县事前翰林院庶吉士充、武英殿协修官褚登撰文，马俊、蘧淑、郭平、崔岱同合村绅士旗民铺商敬立，大清道光年岁次戊子四月初八日。

此碑原位于石亭镇石亭村西北，汉白玉石质，碑高2.35米，宽0.77米。现保存在县文保所。碑文由祝轮元书丹，笔力苍劲，端庄秀丽，具有较高的书法价值。

重修高明古寺碑（定兴县庠生史瑞书撰文）

稽古以来，高明寺之创造不知所自矣。而重建矣明朝成化十四年，神灵昭感，殿宇重修。迨清朝代远，年湮难免残坏，至乾隆四十四年，地基开展前后□傍，皆为葺补。遂不畏乎风雨矣。迄今百有余岁，周围之殿宇，时未坍塌，亦宜整饬。遇光绪五年，主持僧募化，幸本村善人不吝财，乐于捐输。于是，请匠置料工始兴焉。周岁之间，前毗庐，后释迦，左迦蓝，右祖师，以及药王、八腊，钟、鼓二楼，山门、台阶，内外焕然聿新。上而神灵，喜其了可安□矣；下而人民，悦其不失创作矣。及陆年工程告竣，专立石碑，以□其不朽也。

主持僧觉达、觉祥　徒　昌文立石，大清光绪六年岁次庚辰孟秋。

拓修灵佑观碑铭（赐进士出身翰林院编修、武英殿，国史馆、功臣馆三处纂修官、前实录馆纂修，议叙一等随带加一级纪录二次李昭美撰并书，涞水县儒学廪善生祖际昌代书。）

释教之流传中国也，自西汉始。当时白马驮经，厥后濯龙祠佛宝刹由是建焉。繄古帝王怀柔，百神万灵，效命亦藉神道，设教以佐治法之所不及，我因之不废祀事，畿辅以内崇奉尤隆。涞水县东租村灵佑观者，不传创始何年，其署名亦不得而考矣。基地不过数弓，萧寺三间，佛龛僧室在焉。村中春祈秋报亦在焉，风雪兵燹，榲桲摧颓于此，而欲恢宏祇园广宣大乘，是引一世于慈航，纳斯民于福林之意也。夫一术之力安能支厦？鸠工庀材或赖集腋。今礼亲王生甫支持髫年，心通慧海，自愿舍地分俸，广结福缘。王母喜其幼有善心，遣人缔造，遂使荒垣寂寞之区，顿成金界，非复前时龌龊旧观矣。是观也，拓修于道光丙戌正月，落成于季夏六月。署之曰灵，崇祀典也，曰佑，广慈教也。予固嘉王之为民造福，而非有自为获报之意，且深服王母之慈惠为心，赞助是举也，乐为之序。遂制以铭，其词曰：

惟佛应世，说法大千。王则慧通，心参大圆。精舍云荒，禅灯谁读？佛失皈衣，增兹感触。徘徊鹿苑，惆怅鸡园。黄金布地，甘露开门。轮奂俄崇，琼琚增饰。莲界生香，檀林翦棘。法宫深邃，宝相庄严。龛重佛影，□卷吴缣。布护慈云，同□法雨。淄流被阴，村黎歌舞。佛号广大，王恢宏之。王号幼冲，母赞成之。慈教聿宣，真灵攸感。永保屏藩，勒兹翠□。

和硕礼亲王全龄之生母王佳氏修建

道光六年岁次，柔兆阉茂夏六月监修

韩世琦碑文

奉天诰命

奉天承运皇帝制曰：国家思创业之隆，当崇报功之典，人臣建翊运之绩，宜施锡爵之恩，此激劝之鸿规，诚古今之通义。尔巡抚江宁等处地方，工部尚书兼督察院右副督御史、正一品加二级韩世琦，性姿端谨，才识渊通，简任巡抚，恪慎无惭于职守，宣劳政务，夙夜克矢乎寅恭。任用有年，小心益励，崇阶洊涉，历试能勤欣兹庆典之逢，宜沛恩纶之宠，爰颁新命，以示褒嘉。兹以覃恩，特授尔光禄大夫，锡之诰命。于戏，推恩申命，爰弘奖于忠贞，树德懋勋，尚益勤于笃棐。祇服朕命，勉尽乃心。

康熙六年十一月廿六日

演教寺重修碑记

涞阳邑郡西北有名山，号曰金山，其山之又有古寺，名曰演教。涓泉滴沥，疑俯近於鹭池丹；嵩巍峨，□旁临於鹫岭。自古名僧、上士在此隐栖，有难以俱述者也。日积月累，流芳百代，遗至乾流岁次，其中隐居众僧真有不计其数者矣。但至康熙、雍正、乾隆、祖孙三帝年间。其寺遂有海光、朗月、照省、照贤祖孙四人栖居其中，聚石成垣，葺茅成舍。独至僧照省，广积田土以供饔飧、勤修林木，以为果实，且又菲饮食而致教乎陀弥，恶衣服而致美乎禅林。于是重修大房三间，客房六间，禅房六间，厨房二间，牛马棚四间，山门墙院，碾磨俱全，寺东空基一段，南至方姓，北至方姓，并至方姓，西至寺院，记地一□□东至官沟，北至官沟，西至山神庙，南至耿姓，东至方郭二姓，又地一段，东至官沟，北至李姓坟，四至官沟，东至方姓，南至阎姓，共地四段，四至分明，又能渡化徒生、普明普安世世香烟不绝，虽不能诵百千之妙语，洞究源渊，读千万之真言，深穷报底，亦可谓仰师德之道范，体祖行之尊严，声名洋溢乎涞邑，家传户颂；德音名扬于村庄，男颂女称。有如此者焉。

龙飞三十七年岁次壬午七月戊申初二日壬戌建造

重修涞水文庙暨武庙文昌宫碑记

汉光和元年置鸿都门学，画孔子暨诸弟子像，是为庙祠之始。而州郡立学，实肇明初嘉靖间。张总议改木主徐文贞公皆驳之，于是旧奉像者仍焉。涞水庙奉木主，其建于嘉靖后可知已，庙碑可考者，莫夙於隆庆一记。由是而乾隆，而嘉庆，而咸丰，而同治，阅时久暂不同，工费纤巨不同，而以时修葺，罔敢废坠之意，无不同。岁己丑秋，余来宰是邑，见瓦壁、户牖多颓，lai而其西武庙，东文昌宫亦然，思补之，以事去。未果，越明年复来，则倾败殆胜于前，爰集荐绅士而告之曰：事既坏而兴之则难，未坏而谋之则易。即坏而幸未大坏，其为之也，虽不如未坏之易要，亦胜于大坏之难。夫未坏而召民从事，未有不哑然笑者，不知惜小费而酿大费，感孰甚焉。陈文恭公曰：观庙祠之修废，可验有司之品，夫竭脂膏以博景崇圣道之名，非予所敢出也。即谓有益文教，藉以鼓舞斯士而置实学不问，尤非余所能信也。惟及今易为而为之，不待难为而始图焉。忍目前之小费，即省将来之大费，此则区区之志也。役，始光绪十八年九月，竣二十年五月，董之者方君宝善、高君丽堂、黄君景源、赵君曾榜，张君近仁等，其余姓名资费刊于后。

丙子科弟兄同榜举人、议叙同知直隶州衔，特授易州涞水县知县泸州高楷，薰沐恭撰并书丹。

监修官都司衔守备清苑唐□、教谕正定袁国政，训导壬辰科进士新分山西即用知县滦州梁于汶、典史山阴杨赞清，募捐邑绅候选知州方宝善、廪贡高丽堂、赵曾榜、附生段名彦，黄景源，武生张进仁，六品衔孙继祖武衡。

光绪二十年岁次甲午五月　吉立

重修四圣庙记（赐进士出身江西道监察御史汉阳菜结国凝撰）

涞水下庄旧有四圣庙，里人崇之。此圮而思葺，里之人有同然也。内相刘君富乃首其事，率众成之。惟时堕举废修，翚飞离立。眷言故字翕然，改观乃征予为记。予惟国宝于民，民骘于神。兹四圣庙修俎豆，有地则神安。下庄岁时水旱疾疠，祷必辄应则民安。兹修者志也，区邀福之私不与焉。昔曼硕侈而万民著。然则刘君或尝诵诗而触其义者，其志固可嘉，其事则可纪，其经始以三十七年三月之吉，而是年十一月明吉告成云

封村重修石桥记碑（道光壬午科举人候选教谕赵文涵撰文）

距县十余里曰封村，地当要冲，为往来之孔道，自易赴都者，咸于是取径焉。而遒澜河径其村之东，考是河发源乐平诸山，流入定兴曰沙河，东至河阳渡入拒马河，泉脉微细，河身逼仄，春夏之交水不盈尺，而当伏秋盛涨大雨时，行会萃诸山之水建瓴而下，次河适当其冲，巨浪惊涛，日相撞击，汪洋泛溢，行者每病涉焉。

旧有石桥一座，以济往来。康熙五十六年重修之，乾隆二十六年因河东涉，又重修之。迄今七十五年矣。河流吞啮，倾圮时形。道光癸未甲午迭经异涨，桩召剥落，情形危险，远近过者咸懔懔焉。此诚不可缓之可也。

乙未三月，屯之人谋新之。鸠工伐石，择日兴工，逾两月余而工告蒇。又以其余资修桥之东西码头，以资巩固。料坚工实完整，较胜于昔，行于便之。

即成，因余门人隗荣请余记其事，余佳其急公好义，不日成之也。因援笔为之记。

大清道光十五年岁次乙未闰六月谷旦立石

重修弥陀寺碑记（候选从九品吴德文撰文）

世之古刹禅林，废极心兴。其再通都大邑、山川城郭、名胜之区皆然。即村墟寺院有废，经营谋画，始复其初，或较胜其初者，亦无不然。故废不自兴，必待其人。人之能应时而成功者，往往不易。观涞水城东十余里，有皇甫村，村有毗卢寺，为释子真法世传之地。真性俭素、勤功修，岁有盈余，辄增修佛地，以故其所居寺灿宏壮，村人素钦之。村有龙神庙，乡人祈报恒于斯。废甚，真伤庙貌剥蚀，出其香火余资，已重新之。由是，村人之钦真者益甚。庙之西有弥陀寺，其废圮亦如龙神庙，旧有香火地四十八亩，无山主。村人相与议曰：真法佛事功臣也，盖以弥陀寺并地归之，因商之真，真不欲私受。于是，众呈请于官，定为成案。噫！众谋可谓善矣。使别延僧徒讵能精修，若真耶。虽然予窃为真虑，不有其寺则已，今既有之，不能不仔肩其事，使梵宫仍零落，布金之地，恒为瓦砾场，是贻莲社羞也，是辜村人意也。真专诚不懈，自嘉庆癸酉兴工其间，鸠工庀材，刻斫丹雘，悉殚心力，神路故狭隘，村人王自成施地三亩余广之，仍不开阔，真复购地二亩益之。迄今九易寒暑而功始成。其费盖不逾

巨万。予所谓废极必兴，必待其人。若真看，可谓应时而成功者矣。予尝为邑之黄花菴作记，已予不妄言，真故乞余言，以志其事。因援笔而为之记。

大清道光元年岁次辛巳二月谷旦

清真寺碑文（正面）

存诚主敬置地小记吾教之流于中国也，由来久矣，唐宋而后，渐衍渐繁。至我朝而更盛，收入版图登名仕籍，声名文物，亲炙圣天子之光华、鉴井耕田，沐浴。圣天子，福泽。一道同风，亦孰别其为汉，而孰别而其为回耶，独是经书之垂五人所宜服赁而勿失者也。斋拜之典吾人所宜持，循而冈癖者也。而非有一定之所，以为之□明远之。士以为之宗言，尤事易不贰委，成恩于早莽平先大父永安避心内境悲止法之陵艳栖虑做言，慨深文之泯没，爰购基建寺，访遒求贤，朝夕诵习，按时斋拜，祝君赞圣如冈如陵涤虑洗心，不欺不二，方异兹教流施，将日月而无穷，斯福遐敷，与乾坤而永久，特念资口维艰难平。为继购地拾亩，少给公费，后之人乃相与踵行而不口然，地微不足以养廉，未必其久而不废也。(宗明）后捐口置地拾亩，合前地共计贰拾亩，永为寺中恒业。掌教者收其租赋，族人不得妄生觊觎，后人无得私相至口庶习，有赖斋拜无愆不苟虑动中材者，既得遵之，以寡过优而淤之，渐而渍之，高明者且以悟道于精微，与儒教之戒慎乎？其所不睹恐惧乎？其所不闾内肖，不疚无恶于老，不有互相发明者平则地之所，繁匪浅鲜也，爰勒石而为之记。凡属吾教同鉴口言。

皇清雍正拾年柒月　谷旦同宗敬立

西义安村永禁赌博碑（摘录）

“……父母禁之而不能，朋友劝之而不顾，设局开场，昼夜不已。田园任其不修，饥寒甘于不计，甚至败产倾家，质儿鬻女，淫盗之谋、廉耻之丧，莫不自赌中来也”。

清朝咸丰二年全村109户立。

大龙门摩崖石刻

大龙门摩崖石刻，位于大龙门村（城堡）西北0.5千米处，两侧高峰耸立，峭壁如削，是一处“一夫当关，万夫莫开”的军事要塞。龙门峡摩崖峭壁上刻有许多古代名人的题诗题词，最为醒目的是明万历己酉年（1585）都尉使兵部右侍郎山东峄阳进士贾三进题写的“万仞天关”四个大字。字高2.7米，宽1.8米。其余各处题字均为0.6~2米不等。字多以楷书刻成，遒劲有力，形成于明、清两代。1982年7月23日，被河北省列为省级重点文物保护单位。选录如下：

天成形胜——都门守口把总指挥使何继文题（明万历年间）

峭壁千重——明万历四十六年岁春二月十五日都门王世兴题

金汤万仞，玉垒千寻——明代钦依守马水口总兵吕志如题

此外还有：“龙行虎踞，玉壁金汤”“峰环万叠，险胜重围”“疆域咽喉”“千峰拱立”“清泉泻间”“翠壁奇峰”“风舞大中，云飞眼底”“龙门峡”“两山壁立青宵近，一水中行白练飞”。

七　律

万山深处见龙关，石壁嵯峨俯塞垣。
下有清流常不竭，上无从蔓可能援。
鸾翔绝顶青霄近，豹隐重岩紫雾繁。
应是宝符曾无秋，金城千里壮京原。

（二）现代

1.烈士陵园碑文

刘家河烈士陵园（陆军第八路军挺进军供给部撰）

“敬爱的先烈将士们：用你们的头颅创造了这个不可摧毁堡垒——平西抗日根据地，挽救了千百万同胞；用你们的热血灌溉了自由幸福的新中国——这朵永远开放在世界的花朵。你们伟大而崇高，你们

的精神不朽，你们的名字将万古流芳！安睡吧——我们将踏着你们的血迹，誓为完成你们的未完事业而奋斗到底！”后面碑文刻着：“历史上有许多为国家、民族而英勇牺牲的英雄们，如文天祥、史可法等。他们的英名一直留到现在以至无限的将来。你们处在这国家、民族危亡的时候，也和他们一样的为国家、民族而英勇牺牲。你们不愧为他们的优秀子孙。你们也是全民族的楷模。你们的英名也会和他们一样千秋不朽！”。

挺进军三周年纪念日立

西岗塔烈士陵园

四海翻腾，五洲震荡，革命烽火，遍地燃烧。中华英雄儿女，为拯救民族危亡，人民的解放，实现共产主义的远大理想，在伟大、光荣、正确的中国共产党的领导下，南征北战，气壮山河，奋勇杀敌，前仆后继，英雄事迹，可歌可泣。历经八年抗战，打倒日本帝国主义，三年解放战争，推翻蒋家王朝，砸烂千年桎梏，搬倒三座大山，赢得中华人民共和国的建立，伟大民族永屹世界东方。

溯战火纷飞的岁月，太行山麓，拒马河畔，涞水古城，处处洒过革命烈士的鲜血，比比皆是英雄壮烈的诗篇。时过二十有二年，英雄精神犹太行山峦巍然耸立，似拒马河川奔流不息。为革命传统代代相传，使革命人民永不忘记，特树此碑，以志纪念。

中共涞水县委员会
涞水县革命委员会
1953年立

山前板城阵亡烈士纪念碑

独立一团全体指战员于涞房战役阵亡烈士纪念碑。1947年秋，涞房战役后，独立团立碑纪念烈士。

翌年又被蒋匪破坏推到。忆革命先烈，为了人类解放，艰苦奋斗，不怕流血牺牲，换来了今天的伟大胜利。故此，由政府领导，板城村村干部及群众，热心重新树碑，在建碑楼，永垂不朽。

第三区区长　傅长庚
区　　　书　张　玲
1951年5月1日

车厂村玉泉陵园纪念碑

1940年4月二日，八路军冀中第五分区27团与日伪军作战时76名将士英勇牺牲。为铭记先烈立碑以祭。数年中车厂村民自觉维护并频频吊祭。1995年经涞水县人民政府批准重修烈士陵园，并命名为玉泉陵园。重修中车厂村民又出大量义务工，此情堪表，足慰烈士。

涞水县人民政府
1996年4月4日

南桥头烈士陵园碑

人民解放烽火连天，涞水大地捷报频传，
庄坛战役酋授首，门墩山前蒋匪胆寒，
英雄为国奋不顾身，烈士血洒拒马河畔，
巍巍太行处处丰碑，殷殷后人时时怀念，
承志创业谱写新篇，勒刻金石流芳永远。

涞水县民政局
2005年8月

鸡蛋坨五勇士纪念碑

1942年12月29日，驻宛平、怀来、房山等据点的日伪军千余人，侵犯我平西根据地，从杜家庄出发沿庄里、罗古台向晋察冀七团团部曹坝岗逼近。时七团主力正在外线作战，团部只有二连和特务连留守，为掩护团机关和群众转移，团部命令二连占领松树岭，阻击敌人。上午八时许，日军在猛烈炮火的掩护下，向松树岭发起冲击，我利用有利地形，奋力阻击，打退敌人多次冲锋。敌正面进攻受阻，改从鸡蛋坨背面迂回，包抄二连阵地。防守鸡蛋坨阵地的二连一排八班战士刘荣奎、宋聚奎、邢满贵、王文兴，在副排长李连山指挥下，顽强抗击南北夹击的敌人，一直战斗到下午四时，子弹、手榴弹全部用光后，五战士砸坏枪支，纵身跳下悬崖。

为此，晋察冀军区聂荣臻司令员萧克副司令员，特颁发通令，号召全体指战员向勇士们学习。为缅怀烈士，激励后人，特立此碑。

中共涞水县委
涞水县人民政府
2007年8月1日

木井村革命烈士陵园碑

本陵园共有86名烈士，其中抗日烈士16名，解放战争烈士69名，贫农团长1名，由木井村大柿子树园等原烈士埋葬地迁移至此。园中抗日烈士是在侦察敌情、反扫荡掩护群众转移作战中牺牲的。其中有八路军某部连长杜雄飞、排长张大威、杜山尧；房涞涿三区武装大队长郭志汉、区长吴继余；抗大女生1名；其余为八路军战士。

园中解放战争烈士是1948年1月1日，我华北野战军三纵七旅和独立四旅与敌16军、94军在赤土、秦家岗战斗中牺牲的战士。

贫农团长王存，1947年3月12日被国民党军队枪杀于木井村北长水涧路边，遗骨移葬于此。

为告慰英灵，建陵园并立碑于此，以为念。

中共涞水县委
涞水县人民政府
2007年8月1日

娄村釜山抗日烈士纪念碑

1940年春，八路军冀中五分区27团2营驻车厂村休整，派4连在釜山和车厂南山布哨。由于汉奸告密，5月19日凌晨，日伪军千余人在汉奸金大洋带领下，分别对我两处岗哨发动了突然袭击。坚守釜山塔岭阵地的我八路军4连一个排奋勇还击，打退了敌人多次疯狂进攻，傍晚，一小股敌人绕道小羊口，从塔岭后侧进行包抄，致使我军腹背受敌，弹尽后与敌展开肉搏战，终因寡不敌众，全排24名指战员全部壮烈牺牲。

战斗结束后，娄村农会干部和民兵将烈士遗体合葬于釜山塔岭。为缅怀先烈，教育后人，特立此碑。

中共涞水县委
涞水县人民政府
2007年8月1日

白涧烈士陵园

抗日战争时期，涞水县赵各庄镇地处平西抗日根据地腹地，1939年初，八路军冀热察挺进军卫生部驻赵各庄，后方医院设在白涧村，1947年华北解放军某部八分院也迁到白涧村。在抗战时期，平西八路军历次反扫荡战斗中的伤病员和解放张家口战役中的伤病员转到此医院治疗，医治无效牺牲的烈士都埋葬在白涧村东的荒滩上。全国解放后，县政府将附近散葬的烈士墓都迁于此，1963年又将白涧村东埋葬的烈士遗骨全部迁到此地安葬，并建白涧烈士陵园，占地面积5146平方米，安葬烈士384名。1993年被列为市级重点保护单位。2001年8月县民政局又将散葬在三坡镇上庄村北的6名八路军烈士遗骨迁葬于陵园内，由政府投资重修白涧烈士陵园。为抚慰烈士英灵，教育激励后人，特立此碑，以示纪念。

涞水县人民政府
2012年8月

北白堡惨案纪念碑

此碑位于义安镇北白堡村内，1948年由村农会建，2005年4月由村党支部、村委会组织重建。

北白堡惨案革命烈士纪念碑阴书革命烈士名单：

许　生　许　富　白春花　薛德华　王殿才　王殿录　卢小篇　卢志芳
张德贵　卢殿堂　王老和　卢殿花　张老巨　卢　香　张　德　王殿福
卢洪江　卢俊德

附：北白堡惨案始末

1946年，涞水县北白堡村成立农会组织，在开展减租减息运动中，对本村地富恶霸进行清算斗争。为保卫翻身农民的胜利果实，村里建立民兵武装部。地富恶霸张积仓、卢俊、卢士福、卢宗、卢宝才等，投靠了国民党义安乡乡长王树德，伺机反攻倒算，消灭北白堡村的民兵武装。但村人民武装部既有武器，又有地道工事，张积仓等知道硬打硬拼不行，于是就分化民兵队伍，采取里应外合的办法，他们选中当时村民兵武装部民兵中队长王廷桂为对象，着手实施他们的反革命计划。

民国36年（1947）11月6日，张积仓、卢俊二人派卢彬（王廷桂的堂舅父）把王廷桂的舅父卢保玉、卢保禄和王廷桂的表弟卢焕兰（均为北白堡村人）招呼到西义安村进行拉拢、利诱，并让他们去约王廷桂次晚到西义安村西的大坑里参加秘密会议。

11月7日夜，已叛变的王廷桂由其舅父卢保玉带到指定地点参加张积仓等主持的密谋策划会议，确定采取外攻内应的战术，决定在11月8日晚一举消灭村人民武装部。11月8日晚，卢炳跃、张积仓、卢俊、卢士福等带领国民党玉泉乡、义安乡反动武装100余人，包围了北白堡村人民武装部。但匪徒们在墙外靠梯子时，被站岗的民兵发觉，全体民兵立即投入战斗。

9日上午，王廷桂急忙去找张积仓等策划新阴谋，商定当天午夜12点，由王廷桂亲自放哨，趁全体民兵睡觉，然后开门以划火柴为号展开行动。

是日夜，卢保玉从西义安引来早已集结的各乡、保和县警备队等300多名反动武装匪徒，由张积仓、卢炳跃等带领窜入北白堡村。王廷桂按时扣开武装部大门，匪徒们一涌而入。除民兵卢殿祥尚未睡熟听见动静，机警地从炕上滚入有地道口的炉坑里，顺地道跑脱外，其余民兵被惊醒尚来不及拿武器，都被匪徒俘虏捆绑起来，押往西义安村。同时，西义安村国民党反动武装“自卫队”队长廉奇，将民兵王殿禄、王殿福的父亲王洛和关进房屋，纵火活活烧死。卢士福借机枪杀了农会干部卢志芳和他三、四岁的儿子卢小篇。

10日上午，被抓捕的民兵，凡有关系与匪徒们通融的保住了性命。村农会副主任张德桂、农会骨干张得、民兵王殿录、王殿福、王殿才、王殿华、卢毁堂等7人惨遭杀害。

村农会骨干卢香躲进地道里，事发后第二天，刚走出地道。就被张积仓抓住，乱枪打死在村南。

村妇联主任白春花，藏在地道里，事发后第三天，试探着出来找点饭吃，被匪徒张德武发现而遭枪杀。

已转移到邻村的农会骨干卢俊德。三天后回村探听情况，被匪徒卢宗抓住枪杀在村西。

村农会骨干徐富，原被拘押到涞水城里，第四天，张积仓将其从城里解回，枪杀在西义安村西。农会会员王洛臣，曾悄悄给躲在地道里的村治安员张文送信，帮助张文从地道里转移他村。事发后第四天，张积仓得知此事，便将王洛臣捆到村东枪杀。

农会骨干薛得华、许生，曾转移到定兴县长安城村。后被张积仓、卢宝探知消息。张、卢二匪带人去长安城将薛、许抓住，捆到定兴县城，用铡刀将二人铡死。

村民卢庸不务正业，儿子卢洪江曾进行多次规劝。这次事件发生后，儿子卢洪江躲在邻村，卢庸竟然勾结张积仓将卢洪江抓回，枪杀在村北。

这起震惊全县骇人听闻的惨案，共有18人惨遭匪徒杀害。

1948年春，卢炳跃、张积仓成为国民党政权胡家庄乡正副乡长，一直从事反革命活动。

新中国成立后，人民政府将畏罪潜逃的卢炳跃、张积仓、卢士福、王廷桂、卢宗等人一一逮捕归案，依法惩处。卢保才、卢俊等新中国成立前即已被击毙。

根据北白堡村党支部村委会提供资料整理

2.革命烈士碑文：

王　康（？—1939年12月，河北滦县人）

王康（原名安令，亦名楠令），13岁入中学，毕业后入大学，肄业二年。当时，正值中国大革命失败后，痛中华政治未入轨道与民族受凌夷，他决心从戎，冀求军事知识以报国。而后，他在山东郯城任统税局长，因不忍军阀剥削民众，未及三月，弃职赴津，找政治上之出路。他加入中国共产党后，忠实执行党的命令，在秘密工作环境中数次突破危险完成任务。因操劳过度，转脑膜炎，于1939年12月30日上午在赵各庄逝世。遗骨葬于白涧村西山。

1940年4月21日，由挺进军陆营学校敬立。

周华山（1900—1942年3月，湖北监利县人）

周华山，性直而刚，素少言，幼年失恃，家贫。常愤旧社会的剥削欺侮。1930年自动参加红二方面军，入共产党后革命意志更强。在开辟红湖，创造湘鄂西，坚持湘鄂黔各根据地的艰苦残酷斗争，莫不英雄坚决，埋头苦干。后经过史上空前之二万五千里长征，翻过雪山，越过草地，涉渡过不可数的天险江河和一切敌人，与夫穷凶极恶的野兽气候狼烟作过无情的苦斗。“七七”事变，东夷横行。民族惨遭大患。华山同志不以身体曾伤害于数万里的转战中而萌退志，红军改名仍继续奋发，抱定鞠躬尽瘁死而后已的决心。华山同志在革命队伍中历任科员、科长、供给部主任，1939年春随肖克司令员到平西，任军供出纳科长。由于华山同志服务革命，一生朴素，一生努力，不怕困难，不避艰苦，视个人利益若鸿毛，视革命事业为重，因此积劳成疾，不可复康，竟于1942年3月在刘家河村军工本部因病逝世，时年42岁。

挺进军供给部十一分区供给处同立

1942年3月7日

白贵云（1901—1941年6月，山西五台县东冶镇人）

白贵云，中国共产党党员。他年幼聪明好学，家贫无力仅入高小，为生活计入太原兵工厂学徒。“七七事变”后，倭寇肆进，蒋军闻风南窜。太原失守，我军挺进晋察冀边区。是年秋，他以民族正义，自动组织工会，积极支援战争。自此献身革命，从事首创军火生产。1938年春，他曾奉命开辟与坚持根据地，建立丰功伟绩，在扫荡反扫荡艰苦残酷斗争中，坚持与发展兵工生产莫不英勇，埋头苦干，工厂由无到有，由小到大，有而复散，散而复建的变迁中，历尽千辛万苦，奋斗不懈，十年如一日，抱定鞠躬尽瘁死而后已，确定为人民服务到底之决心。军区通令表扬，特计大功一次，我党之模范共产党员。他在革命军火部门历任平西弹厂工务主任、厂长及察哈尔省生产管理处处长等职。乃工人阶级之旗帜，军火生产之巨星。由北岳到平西，而塞北而察区，走遍晋察冀。一生未曾离开兵工生产战线一步，服务革命半生，团结和气，虚心努力，苦干不怕困难，不避艰辛，亲自下手，不幸竟于1941年6月30

日下午，亲试炮弹有误，惨遭爆炸，光荣牺牲于拒马河畔。时年41岁。

察哈尔军区生产管理处同立

1947年8月1日

李恒臣（1905—1942年，辽宁人）：

李恒臣烈士，1905年生，原籍辽宁人。生前任晋察冀军区第七团第一营营长，奉命率所部在房涞涿一带创建平西根据地，日伪多次扫荡蚕食平西根据地，斗争非常残酷，根据地军民英勇开展阵地战、游击战、地雷战，多次粉碎了日寇的疯狂扫荡。一九四二年秋，为解决后方党政机关的粮食问题，李恒臣烈士率所部二连越过板城封锁沟到敌占区筹集公粮，在返回途中，夜宿满金峪西山北阴寺沟。石亭山日寇接到汉奸密报后，纠集兵力于拂晓前包围北阴寺沟，李恒臣烈士率众突围，高喊誓死保卫粮食，誓死保卫房涞涿与敌死战，子弹打光后用刺刀拼，与敌重创，由于寡不敌众，30多名官兵在激战中壮烈殉国。李恒臣牺牲时年仅37岁。李恒臣烈士生前曾宿营东龙泉村北山石塘，他豪迈地说（在石壁上作诗一首）：“小米加步枪，石塘当营房，打倒日本鬼，人民得解放，青山有幸埋忠骨，英雄碧血化杜鹃。”广大群众将永远怀念在满金峪战斗中牺牲的革命烈士们。

李恒臣烈士永垂不朽

涞水县人民政府

1992年2月

邓更礼（？—1942年，河南人）

邓更礼，河南人，历任八路军晋察冀军区平西挺进军第七团班长、排长、连长等职，1942年秋牺牲。

1941年，日寇在平西抗日根据地边缘修炮楼挖封锁沟，对山区实行经济封锁，企图阻断山前与山区各种物资和人员的来往。1942年秋，为解决根据地粮食问题，八路军七团一营营长李恒臣和二连连长邓更礼率领二连和民兵共80余人，越过板城封锁沟，到敌占区征缴公粮，返回途中夜宿满金峪西山北阴寺沟，被汉奸告密。驻扎在石亭、板城、士庄、东铺等据点的日伪军300余人，拂晓时包围了北阴寺沟，敌人在山顶和北沟口架起机枪，集中火力向我营地围击。李恒臣、邓更礼带领干部战士，高喊誓死保卫粮食，奋勇向外突围。子弹打光后，与敌人展开了白刃战，最后终因寡不敌众，营长李恒臣、连长邓更礼及30余名官兵在激战中壮烈牺牲。战斗结束后，村干部将李恒臣和邓更礼烈士安葬在宋各庄村外，后又迁移到东龙泉村金山寺山沟，二零一二年十月将烈士遗骨迁到此地。

为缅怀烈士，特立此碑以为念

涞水县民政局

2012年10月

何鸣歧（1915—1941年9月，辽宁省海城县人）

何鸣歧，是一模范的共产党员。他幼勤而好学，惟家不丰，肄业于东北宪兵学校，后在东北宪兵队工作，平素深晓大义，富有民族气节。“九一八”祸起，东北沦陷，即随队入关。“七七事变”后，平津战乱，宪兵队散，处势孤，数越月，竟被日寇控制。但鸣歧同志气节益坚，不甘屈服示威。八路军至而暴动开赴平西，旋即投入挺进军随营学校。1936年夏任军供军械科员，不久率工人到军区学制炸弹。短时学成后，既来建立最前线冀热察唯一炸弹厂。并任厂长，于是奠定了冀热察区爆炸工业的根基，打开了山地抗战军工部门的局面。在整整一年九个月的工厂创造工作过程中，特别是在极其残酷的战争环境下，发扬英勇的革命精神，完成了光荣伟大的生产使命，胜利地开发了自给自足的炸弹来源。1941年在反扫荡中奉命收拾坚避于山洞中被敌摧毁的残余弹械。当时，敌气焰嚣张，环境恶劣，派遣他人恐难完事重任，他亲自率工人，抱病戎装，毅然而至。是年9月27日，他与同厂部学员李金英、刘振亭、梁增印、杨立凯等同志惨遭爆炸，光荣牺牲于拒马河畔山洞中，时年26岁。

挺进军供给部十一分区供给处同立

1942年3月7日

蒲云照（1919—1940年，四川人）

昔甘罗、周瑜之辈，以青年而窃居冲要，人誉之曰有为。然彼有者何为哉？媚君王而显赫之位，致枯万骨而个人之名成，有为于个人，有为于统治阶级。而贻大害于兆民。其视我青年革命家蒲主任云照同志，何以蠡计也。蒲主任，川人，童稚之年，参加革命，随军长征，广受艰苦，而志愈坚，抗战军兴，活跃于冀热察，转战两载，数建奇勋。为人所艰，居人所苦，以艰苦好学，英勇果敢，见称于全军，备受全体指战员之爱戴，不幸于1940年，韩村战斗，壮烈牺牲，年仅廿有一岁。抗战三载，敌我相持，而奸顽肆虐，我责炬艰，瞻望前途，痛君之邈，立石以志意焉。

平西挺进军第九团全体指战员敬立

史文柬（1923—1942年宛平县人）

史文柬，北京市门头沟区人（原宛平县）。1940年调涞涿县三区任青救会主任、青抗先游击队小队长，1942年秋牺牲，时年19岁。

1941年冬，史文柬和县青救会主任陈辉在沈家庵村负责培训青抗先队员和民兵骨干，培训期间他尽职尽责，言传身教，努力提高队员和民兵的政治觉悟和军事技能。1942年秋，石亭炮楼的日伪军300余人，囤积大批粮草，准备进山扫荡，为拖住敌人，史文柬和陈辉奉命带领青年游击队，以机动灵活的战术，骚扰打击敌人，为山区军民转移赢得了五天时间。由于叛徒告密，敌人包围了游击队驻地北龙泉，史文柬、陈辉组织队员分头突围，一场拼杀后，陈辉突出重围，史文柬英勇牺牲，由其战友张文生和村干部，将史文柬安葬在东龙泉村北山坡上，2012年10月将烈士遗骨迁至此地。

为缅怀烈士，特立此碑以为念

涞水县民政局

2012年10月

少年抗日烈士崔克勤（1925—1941年，宛平县田庄村人）

崔克勤，女，1925年生，北京市门头沟区田庄村人。38年于高寺高小报名到抗大四分校学习。41年3月她被派驻木井村宣传抗日。26日，日伪军对木井村扫荡，她在组织群众向村北长水涧转移途中被敌发现，为掩护群众，她只身奔向桃园西沟将敌引开，面对四面包围步步逼近的敌人，她毅然拉响手榴弹，与敌人同归于尽，牺牲时年仅16岁。为缅怀先烈，激励后人，特立此碑。

涞水县人民政府

2013年10月

第八节　管理机构

1978年2月至1982年3月，称文化教育局。1984年1月，文化、教育分设，建立文化局，设局长一名，副局长3名。1987年10月，文化局定编8人；下属　单位有：文化馆、图书馆、文物管理所、电影公司、电影院、礼堂、河北梆子剧团。1989年5月，县体委与文化局合并，组建文化体育局。1990年8月建立版画创作室，隶属文化体育局。1990年，成立县文化市场管理委员会，主任由县委副书记兼任，下设办公室，办公室主任由文化体育局副局长兼任。1991年，文化市场管理办公室增设文化稽查队，经县编委批准，文化市场管理办公室设为文体局股级单位。2002年5月，文化、教育合并，成立文化教育局，由一名副局长分管文化工作，至2009年底。2009年7月，电影公司、电影院从文化教育局析出，并入到县广播电视局。

第二章 广播电视

涞水县的广播事业始于1958年，由县委宣传部筹建“涞水广播站”，8月初正式开播。一直到1992年，之间几经周折，时断时续。2008年，涞水人民广播电台正式开播。

1984年11月成立广播电视局，属县政府直属事业单位。1989年11月建立涞水县广播电视台，实行局台合一体制，编制29人。下设办公室、宣传股、广告部、事业股、总编室。1994年开始发展有线电视，2006年2月有线电视划归省有线电视网络公司。2009年4月涞水旅游频道正式开播。2009年4月电影公司划归广播电视局。

涞水电视台

建台以来，一直坚持把社会效益放在第一位，充分发挥党和政府的喉舌作用，宣传党的路线、方针政策。做好政府与群众之间的桥梁和纽带，反映群众心声。2009年自办节目有《涞水新闻》《平安涞水》等，由于工作成绩突出，多次受到市、县表彰和奖励。

第一节 电 视

1984年11月，涞水县广播电视局建立，与涞水县广播站一套人马，两块牌子。1986年6月，1987年2月，先后在龙门、下庄建设一瓦电视差转台各一座。与之相配套，在龙门、庄儿上建电视村2个，两座差转台覆盖范围内的农户掀起购买电视机热。1986年7月，电子工业部在哈尔滨召开的一次会议上介绍了涞水县建电视村、发展电视事业的经验。

1989年4月，通过财政、集体、个体多方集资的方式，筹建县电视转播台。9月底建起地面卫星接收站，安装一台50W彩色电视差转机。10月1日，播出了第一组电视新闻，并转播中央台节目。之后，又先后购入M7摄像机3架，录像机5台，培养了摄像、编播人员。1988年和1989年，白涧、镇厂两区集资近20万元，各建成一座地面卫星接收站和50W电视转播台。至1989年底，全县有地面卫星接收站3座，50W电视转播机3台，收看中央电视台的人口覆盖率达80%，收看河北电视台的人口覆盖率为60%。

1994年由河南一公司投资，开始在县城区域发展有线电视，双方约定由投资方经营三年或达到3000用户，即把经营权转让给涞水广播电视局。1997年冬合同终止，广电局接手有线电视经营权。一直到2006年共发展用户8000多户，经网络整合，有线电视以资产入股的方式正式并入省百世开利网络公司。

由于（50瓦）发射功率小，发射塔（48米）高度不够，覆盖半径明显不适应新形势需要，1995年春开始谋划建设新发射塔。当时广电局没有资金，除县财政拨款十万元外，其余资金主要靠社会各界捐款和自筹。为节约资金，发射塔身油漆工作，全部由广电局职工自己动手完成。是年12月，105米的新广播电视发射塔建成剪彩，覆盖半径75千米，发射功率1KW，占18频道发射，在全市各兄弟县市中处于领先水平。同年引进非线编，在全市处于领先地位。1995年夏，涞水县山区蓬头乡发生泥石流灾害，时任县长石海林赶赴现场视察灾情，为稳定灾民情绪，部署工作任务做了电视讲话，电视台通过技术手段进行了直播，这是现场直播的第一次尝试，收到了较好效果。

国务院广播电视村村通工程，是一项民心工程，1998年启动，由省、市、县三级财政分别负担，通过安装地面卫星接收机接收信号。涞水县是全市工程实施重点县，到2009年底，基本解决了收看电视难问题。涞水因该项工作突出，代表保定市接受省级验收，并被评为市级先进单位。

2004年，与波峰集团合作，成立涞水野三坡波峰有线电视网络有限公司，由波峰集团投资在三坡景区建设有线电视站，结束了国家级风景名胜区收看电视难的历史。

2005年7月开办广电网，2007年6月获得新闻资格。2009年4月，涞水新闻登陆互联网，加入河北省新闻联盟。2009年1月，广电局成为保定市影视家协会会员。

2006年实现硬盘播出，2007年局域网联网，传统磁带被淘汰，2007年实现数字化播出。现有摄像机14台，索尼S2702台，索尼250P3台，佳能XL-1 1台，索尼HD1000C 2台，索尼HVR-A1C 4台，松下AG-DVC33 MC 2台，发射机为北广3KW全固态，非线性编辑机5套，硬盘播出2套，节目编审工作站2套，北广3KW全固态发射机一台。

2008年，引进资金近百万元，建成无线数字发射基站，农村群众也能收看到丰富多彩的电视节目。

为解决娄村满族乡、宋各庄乡、永阳镇看不到县电视节目问题，2009年，县政府将解决丘陵地区群众收视难问题列入民心工程。是年10月由政府投资的丘陵地区第一座转播站——石圭山电视转播站正式建成。转播站有20平米机房一间，20米电视转播塔一座，300瓦18频道电视发射机一套。计划2010年继续筹建永阳转播站、宋各庄转播站，彻底解决丘陵地区接收涞水电视信号难问题。

第二节　广　播

涞水县的广播事业始于1958年，由县委宣传部筹建“涞水广播站”，8月初正式开播。全站工作人员4人，站长、编辑、机线员、播音员各一人，每天早、中、晚三次播音，共4小时30分钟，以转播中央和省台节目为主，自办节目有“本县新闻”。主要设施、设备有4间坯房，1台TY~1000型扩音机，2台桌式金钟牌录音机。县城大街安装了10只25W高音喇叭，各乡接收设备是0.1W舌簧喇叭，利用邮电通讯线路在广播时间传送县站信号，收听范围仅限乡大院。1958年10月，

老广播局工作人员合影

电视台105米高发射塔

涞水县建制取消，县广播站降格为涿县广播站“涞水分站”。1962年随着涞水县建制的恢复，重新启用“涞水县广播站”的称号，后因三年自然灾害，人员设备缺乏，广播时断时续，直至瘫痪，人员全部调出。1964年，生产形势好转，涞水县广播站恢复播音。人员、设备、播出时间内容均同建站之初。

1966年“文化大革命”开始后，广播站几经砸抢，易手，1968年1月被捣毁。

1970年3月，在原址重建“涞水县广播站”，人员仍配置4人，购置500W、250W扩音机各一台，“601”录音机3台，县城配20只高音喇叭，自办“本县新闻”、“文艺节目”，并充实了技术人员。同年8月，开始研制利用电话线传输的电波广播。10月，在平原试机成功。1971年，白涧、镇厂两区广播站相继建立，并开通从县城到山区各乡的载波广播。乡、镇广播放大站每站1人，1台扩音机，部分乡配备了录音机，形成载波广播网络，建立了一支相对稳定的广播队伍。

1972年，县站迁往新址，有房13间。1973年建播音室和机房4间，添置GY-2 x275扩音机2台。

1972年5月，县站技术员岳玉珍利用电力火线安装入户喇叭试验成功，引起省、地广播部门领导的重视，省广播局在保定召开现场会并到涞水参观火线广播喇叭入户。中央广播事业局副局长董林和地播处的领导，听取涞水县广播站的汇报后，向全国介绍、推广了这一做法。

1974年9月开始，到1977年建成县城到平原15个乡水泥杆广播专线。1978年到1980年，建成县城至白涧、镇厂两区间的广播专线，使全县广播专线达到120杆千米。各乡镇也分别架设由乡到村的广播专线，通播率达80%，入户喇叭达4万只。县站工作人员发展到15人，并先后配备小拖拉机1台，跃进130型汽车一辆。

1984年，建公用房11间，1986年购进“653”录音机2台，自办节目内容、时间都有所增加，编播质量提高。全站分编播、机线、后勤三个组，共26人。每天自办节目5小时15分钟，有“本县新闻”、“专题”、“听众信箱”、“法制园地”等。

1988年开始，先后为没有扩音机的村配扩音机20台。截至1989年底，全县共有扩音机265台，在一定程度上弥补了有线广播通播率下降所造成的损失。

1993年以后，随着城镇拆迁改造，县城区域内广播线路基本瘫痪。

涞水县广播站自办节目取得显著成绩。王旭营、张佃林合写的《结扎手术好》，获1983年地区广播局好稿

电视台编辑工作室

奖；张昌波写的《涞水妇女进京做家庭服务员》，获1985年省好新闻二等奖；王旭营写的《喜看巨龙跃海天》、廖瑞斌、廖术生合写的《山区掀起育菌热》，获1984年地区广播局好稿奖。同时，杨宝会、李阜英，获优秀播音奖。张佃林写的《要看贼挨打》，获1986年省好新闻、评论三等奖；刘春果、廖伟等5人合写的参加地区台国庆四十周年展播节目稿被评为好稿件，编辑王旭营获1985年度省广播系统先进工作者称号。

2008年5月，经县政府批准，正式成立涞水人民广播电台，频率为94.7赫兹，现有1千瓦全固态调频广播发射机，94.7mhz，数字音频播出系统1套，节目设置：6：00开机播放歌曲，6：30转播新闻《中国之声》，7：00转播《涞水新闻》，7：20播放评书、歌曲等综艺节目，11：00信息互联网，提供信息服务，14：00~17：00直播互动节目，17：00综艺节目，18：40重播《涞水新闻》，19：00转播《新闻联播》，19：30播放歌曲，插播广告，20：00空中书场，23：00重播信息互联网。

第三节　新闻报道

新闻类节目主要有《涞水新闻》《特快专递》《涞水新闻》节目由最初的不定期播出到定期播出每周一组，1993年改为每周三组，时长不固定。首播时间每星期一、三、五日19点30分，二、四、六重播。《特快专递》主要播出时政类要闻，每天制作播出。栏目类节目曾经有法制节目《金盾》《农村天地》《记者观察》《人间重晚晴》《人口与计划生育》等，文艺类节目《七彩虹》，现有法制类节目《平安涞水》，旅游频道有《旅游风向标》《景区直通车》等。专题节目不定期播出，广告节目按规定插播。除做好本县内部新闻报道外，对上级媒体设有外宣部，在人员、设备上优先保障，专门负责对上级媒体新闻稿件的采编。由于外宣工作成绩突出，连续几年获得对省供稿先进单位，和全市外宣工作先进集体奖。

第四节　管理机构

1984年11月成立广播电视局，属县政府直属事业单位。1989年11月建立涞水县广播电视台，实行局、台合一体制，编制29人。下设办公室、宣传股、广告部、事业股、总编室。1994年开始发展有线电视，2006年2月有线电视划归省有线电视网络公司。2008年，涞水广播电台成立，2009年4月涞水旅游频道正式开播。2009年4月电影公司划归广播电视局。

第三章　档案史志工作

涞水档案馆系综合性地方档案馆，是涞水县永久保管档案的文化事业机构。负责接收、征集和集中统一管理党政机关、人民团体及企事业单位的各种档案和有关资料，科学地进行整理、编目，维护档案的完整与安全，开展档案史料的编辑与研究，为社会主义现代化建设服务。

第一节 档 案

一、设施及防控措施

2005—2009年，先后添置复印机、计算机、打印机、扫描仪、传真机等。

涞水县档案局

2006年9月，县政府投资100万元，建砖混结构馆库一幢，建筑面积2000平方米，其中档案库房面积1000平方米；办公室、整理室、查阅室、资料室面积800平方米。库房内配备档案密集架100门，铁皮柜66套，资料柜30个，灭火器4件，吸尘器1台，温湿度记录仪4个，裱糊桌1张。库房门口安装视频监控设备，加装防盗门、铁窗；办公室、资料室、整理、查阅室，安装了电风扇、空调和除湿设备，防虫防霉药品每年更换一次。库房内无鼠、无虫、无新霉、无积尘。至2009年年底，库房内未发生火灾、水浸、失窃、泄密的事件。

二、征集与利用

档案局被确定为政府信息公开查询和受理点，集政府信息公开查询、档案查询利用功能为一体，三十年来，接待利用者500余人次，提供利用档案资料438卷。为涞水县经济建设、编史、修志、机关查考、调解纠纷、核实工龄、工作调动、户口迁移等方面提供了大量翔实的第一手资料，为广大群众解决了大量的实际问题。还利用资源优势充分发挥社会宣传教育功能，举办了改革开放30年、高洛古乐珍贵资料等专题展览，内容丰富，富有地方特色，受到了县领导的高度评价，在涞水引起了轰动，收到了很好的社会效果。

涞水县档案局大型橱柜

三、档案来源

涞水县档案馆馆藏档案的来源主要是涞水县各乡镇、机关、团体、企事业单位，包括清代及国民党涞水县政府，涞水县政府机关及企事业单位。档案进馆方式以接收方式为主。现存档案19026卷档案，9500册资料。2006年，组织人员清理接收各部门档案，新增档案3万余卷，奠定了馆藏基础。2007年开始，县档案馆深入贯彻《中华人民共和国档案法》和《中华人民共和国档案法实施办法》，坚持改革、开放、资政惠民的方针，努力把这座综合性档案馆建设成为馆藏丰富、门类齐全、机构合理、管理科学的开放型档案馆。

四、管理机构

1960年5月建立县档案馆，配有专职干部2名，隶属县委办公室。“文化大革命”期间，档案工作受到一定冲击，陷于瘫痪。1980年7月，恢复档案馆，隶属政府办公室管理。1980年6月升级为档案科，设科长1人，实行科、馆两块牌子一套人马。1980年7月，改档案科为档案局（二级局），定编8人，实行局、馆合一，列为县政府的事业单位，行使档案行政和档案事业管理两种职能。1987年，设局长1名，副局长2名，专职干部5名。1993年3月任命馆长1名，内设文秘股、业务指导股、综合股、业务股、事业编制6人。1995年机构改革，撤销了档案局，保留档案馆，隶属政府办公室管理。2002年7月7日，县委、县政府下发“关于县乡机构改革的实施意见”，该局列为县政府直属事业局，至2009年12月机构　、编制未变。

第二节　志史编修

一、志书编修

1985年1月，涞水县地方志办公室成立，与地名办公室合署办公。5月，地方志办公室开始搜集资料，侧重于义和团、地道战和三坡史料的搜集、整理。

1986年4月，《涞水县三坡志》完成，印行5000册。6月30日，涞水县地方志编纂委员会正式成立，县长李瑞昌任编委会主任，副主任5名，委员17名。8月9—13日，县地方志编纂委员会举办地方志业务培训班，县直57个单位，每个单位抽选1至2人参加培训，研讨编写各部门志问题，为编纂《涞水县志》培养人才，打好基础。是年秋，完成《太行侍卫》（地道战）初稿。

1987年6月12日，县地方志编纂委员会召开第二次会议。会议调整了部分编委会成员，由副县长夏景源任副主任主管方志工作。部署《涞水县志》各部类编写工作，实行分工承包责任制，将任务分解给各相关部门。同时制订方志工作守则。是年底，动手较早、修志力量较强的县交通局率先完成交通志稿，《涞水县公路交通史》印行。同时，《地理编》《人口编》试写完成第一稿。

1988年3月，《烈士英名录》打印成册。

1988年6月，《涞水县志》政治、经济、金融、教育、民俗、大事记等，完成第一稿。县志编委会聘请离退休老干部和社会名流，对第一稿进行初审。

1988年7月，保定行署在雄县召开地方志工作表彰会议，涞水县被评为“修志先进县”，获锦旗一面。

志书出版

1989年9月12日，县志编委会进行第三次调整，主任由县长杨铁军担任，副主任4名，委员17名，王志成任办公室主任。年底，《涞水县志》第一稿全部完成，并进行了初审。

1990年1月，《涞水县志》总纂办公室成立，开始组织总纂力量。1990年6月12日，县志编委会进行第四次调整，常务副县长陈永久任主任，副主任4名，委员11名，方志办主任王志成。9月，从各单位抽调的编辑人员全部到齐，由县财政拨款3000元作为办公经费，开始进行紧张的总纂工作。

1991年3月25—30日，地方志办公室一行5人到保定行署档案馆查阅资料，以充实总纂稿的内容。

1991年8月，《涞水县民族志》印行，成为保定地区第一部民族志书，受到地区民族事务委员会的表彰。

1991年8月15日，县志编委会进行第五次调整，县长杨铁军任编委会主任。

1991年底，《涞水县志》总纂初稿全部完成。

1992年3月23日，县志编委会进行第六次调整，县长陈胜英任主任，常务副县长张喜奎、副县长夏景源为副主任，委员12名，办公室主任王志成，副主任吴德生。开始《涞水县志》总纂初稿的打印工作。

1994年3月23日，县志编委会进行第七次调整，由常务副县长张喜奎任主任，县委宣传部长张桂才任副主任，委员11名，办主室主任陈河，副主任吴德生。县志稿继续打印、校对整理。

1997年9月下旬，涞水县志编纂委员会重新组织编辑力量，进行《涞水县志》评稿、修改和出版工作。

1997年11月5—7日，《涞水县志》评稿会召开，由省、市主管部门领导和有关专家对《涞水县志》总纂初稿进行认真的评审、研讨，初步通过评审。因初稿从形成至评稿，时间相隔过长。期间，方志理论发展迅速。因此，初搞形式和内容便显得过于陈旧，为避免造成历史的遗憾，领导和专家一致建议应重新设计篇目进行全面修改、补充使之尽可能完善。

1997年底，《涞水县志》修改工作正式开始。

1998年11月，《涞水县志》修改稿，开始录入微机。

1999年4月初，组织10个有关科局撰写“近年来经济发展”部分中的重点企事业单位发展情况的内容。

1999年9月，《涞水县志》送出版社出版印刷。

2007年10月9日，县志编委会进行第八次调整，由县委书记孙金博任名誉主任，县长田庆柱任主任，常务副县长连书君任常务副主任，任生桥、李福生、郑晓先、刘树斌、高连军任副主任；委员14名。

二、年鉴编纂

2007年，编纂出版《涞水县年鉴》，设特载、专文、概要、政党、政权、政协、农村经济、工业经济、交通邮电城乡建设、国内贸易对外贸易、财政税收、金融保险、经济管理、群众团体、政法民政军事、劳动人事机构编制、外事侨台旅游、科教文卫体计划生育、乡镇概况、重点工程市属厂矿、人物、附录、后记等部类，130个分类，500~600个条目，70万字左右。

第四章　体　育

涞水人习武历史悠久，名人辈出，远可追溯到东晋“闻鸡起舞”、“中流击楫”的豫州刺史、镇西大将军祖逖；明、清时期，西义安村张广仁、张德元父子二侠，西武山村邢老乙、邢德禄、邢老开祖孙三代拳师，南汝河村刘焕恭，祖各庄靳志和；近代武林巨杰孙禄堂、“神拳”王和等知名武林人士，在保家卫国，抵御外敌，健康国人体魄方面发挥了巨大的作用。1972年建立涞水县体育运动委员会，具体负责赛事组织、体育团体管理、项目培训、人才选拔推荐、交流等，1998年体委职能文体教育局。

第一节　群众体育

新中国建立后，各项体育活动方兴未艾，武术、气功、棋类、球类、田径、体操等运动项目在县乡村普遍开展。1980—1989年，体育活动的场地逐渐增多。据1989年统计，全县有较正规的田径运动场7处，篮球场111个，排球场21个。随着体育场馆的增加，因地制宜开展体育活动，学生运动会、中老年健身操、秧歌队、篮球、乒乓球、棋类、游泳、登山、短跑、太极拳、武术、龙灯、拔河、跳绳等各类体育活动广泛开展。

第二节　人才培养

1977—1989年，县体委为省体工队输送优秀运动员1名；为地区体工队输送运动员8名；培训各类裁判员120名，其中篮球裁判30名，排球裁判2名，乒乓球裁判32名，田径裁判56名。考入大、中专院校体育系的学生36名（中专29名、大专7名）。

第三节　体育比赛

一、武术举重

新中国建立后，习武健身运动得到传承和推广，农村少林会、武术会达到28个，参与人员众多。

1979年，涞水武术界领袖康群、杨林、张荣，正式公开教习武术，收徒100多人。

1981年，涞水武术代表队参加地区组织的武术比赛，男队获团体第6名。

1985年2月，涞水县体育运动员代表保定地区参加省青少年体育运动会，获枚举重金牌，1枚银牌。

1988年，冀云彪开始在县城和附近村办班，教授孙氏太极拳和太极剑，培训学员400多人

1989年，涞水少年自行车代表队，参加地区少年自行车比赛，荣获团体第一名；队员获得金牌9块、银牌8块、铜牌1块；8月参加河北省少年自行车集训赛，获团体第四名。

1997年涞水奥峰武校成立，由谢卫东、谢伟兄弟二人主办。谢伟受名师指点自幼习武，1990年参加保定地区中国式摔跤获得冠军，被选入保定地区体校练习柔道，在校期间获得五次河北省柔道冠军；

1995年获得全国柔道比赛第七名。武校成立以后，学员多次参加保定武术、柔道、跆拳道比赛，曾获得团体冠军、个人比赛前三名等成绩；向省、市输送多名优秀人才，其中王广帅获得全国跆拳比赛冠军、世锦赛第三名。奥峰武校与涞水县青少年活动中心合作，培养大批武术、柔道、跆拳道优秀人才，为涞水武术事业做出突出贡献。

2005年，北京孙氏太极拳第三代传人张振华，到涞水传拳授艺，前后收董术先、任义鹏、张林杰9人为徒。其中张林杰自幼学习传统武术，多年如一日坚持勤学苦练，成为涞水武术界的佼佼者。张林杰传授弟子30多人，与李连杰太极禅接轨交流。

2006年，冀云彪率领涞水太极拳代表队，参加全国孙氏武学交流比赛，取得了八个一等奖，四个二等奖。

2007年5月，董术先带领17名队员，参加保定市首届全国孙氏太极拳研讨会，并进行了传统武术比赛，获得4个太极拳一等奖，7名队员获八卦掌和形意拳二等奖。是年，涞水县武术协会成立，冀云彪当选武术协会主席，董术先当选副主席。9月，在野三坡水石堂宾馆组织承办了保定市传统武术比赛，推动了野三坡旅游和涞水县武术事业的发展。

当年，武术协会在文化广场举办孙氏太极拳培训班两期，培训学员90多人。10月份，县武术协会在文化广场举办首届“庄町杯”传统武术比赛。在定兴“五合窖杯”全国第二届孙氏武学交流会上，涞水代表队取得六金六银的好成绩。

2008年，县武术协会组织南关武术队参加了保定市传统武术比赛，平德才获得传统棍术第四名，张宝安获得查拳第五名，孔令杰获得形意拳第五名，被评为精神文明队。

2009年8月8日，涞水武协在文化广场组织了百人太极拳表演；60人太极剑表演。10月17日至10月20日，武协在野三坡圣迪宾馆，召开首届“中国——涞水孙氏武学研讨交流会”，与会人员是来自全国各地孙氏武学的高手和门人弟子。交流会取得圆满成功，被孙氏同门赞美为“涞水太极小天下”。涞水孙氏太极拳从此知名全国。

二、棋类

1986年，参加保定地区中国象棋比赛，涞水队获（团体、个人）第六名；1989年，参加保定地区中国象棋比赛，荣获第一名。

1990年创办涞水棋社，社长董术先，名誉主席夏景源（副县长）。棋社以城内小学为平台，举办了多期国际象棋培训班，培养大批优秀学生，是年，在河北省行业系统比赛中获得第三名。

1995年，涞水代表队代表保定市在全省第八届运动会上，夺得男子团体第五名，女子团体第八名的好成绩。学生许天伟、刘梓明获得河北省国际象棋等级赛团体冠军。其中，郑晓燕、王笑音、孙喆、孙磊四名国际象棋学员先后考入北京大学和清华大学。

1995—2000年，先后在石亭乡、娄村乡、城关镇举办了中国象棋比赛，推动了中国象棋在城乡的健康发展。

1995—2000年，连续六年承办保定市“华瑞杯”象棋比赛。2003—2009年，连续7年举办涞水县“健康杯”中国象棋比赛。2003—2009年，在野三坡承办保定市“野三坡杯”国际象棋城市公开赛7次，吸引全国各地棋手前来参赛。同时，多次组织涞水棋手参加全国各省市级比赛。1992年、1993年、1994年，由郑晓燕、王笑音、杨玉涛、孙喆等组成的涞水代表队，连续三届荣获保定市国际象棋赛男女团体冠军。

二、气功

气功，有文字记载已有3000年的历史。1978年前涞水县就有许多人从事气功锻炼，但没有组织。

1978年后，县体委派教练康群先后举办10次气功培训班，参练者达2000人。

1986年3月，县老干部局为普及气功，成立了气功协会（后改为中国传统人体工程协会）。11月，举办气功骨干培训班一次，培训150余人。1988—1989年，举办培训班3期，培训人员100余人。通过气功锻炼，大多数人受益匪浅。

第四节　管理机构

1972年，建立涞水县体育运动委员会。1979年体委设主任一名，副主任两名，内设办公室、群体组、竞赛组三个股级机构，编制5人。1998年撤销体委建制，职能合并到县教育局。

附：部分武术代表人物资料

李魁元　字殿英，涞水县山区店上村人，嗜拳术。幼从易州许二把学弹腿八极拳，功夫极纯，常为人保镖护院。之后，又拜形意拳名家祁云深为师。他平生授徒不多，传其衣钵者为近代武林世杰孙禄堂。形意拳按字排辈份，依次是10个字：武、尚、汉、疆、新、穆、元、黄、族、强，李魁元为尚字辈。

张广仁　字善元，涞水县西义安村人，清咸丰已未科，武进士。咸丰九年（1859），钦点御前侍卫，赏戴花翎。曾任广东省惠阳府前营游击之职。因捕海盗，被匪怀恨，后终遇害，卒于任所。府人因感其德，为他建立祠堂一座。张广仁力大无穷，俗称“老武侠”。

张德元　字润臣，涞水县西义安村人，系“老武侠”张广仁长子，俗称“少武侠”。清光绪丙子科，光绪二年（1876）武进士，钦点御前侍卫，赏戴花翎。历任福建省建宁游击，浙江省杭州参将，诰授武义都尉，晋封武功将军。

刘焕恭　南汝河村人。自幼练功习武，十八般武器件件精通。祖上秘传的一套岳家拳和武术界久负盛名的“风魔棍”、“滚堂刀”，称为当世一绝。据传，一次他去北京做小买卖，被城内爱好武功的某王爷发现，邀请他到王府演习拳术。刘进府后，命人将装满200斤重黑豆的布袋立放于地，不扎袋口，施展“提领点爬”绝技。一个飞脚，将布袋踢出二丈五尺远，布袋稳立当场，黑豆一粒没洒。王爷赞叹“罕见的绝招”。即令其子向刘磕头拜师傅，刘当即谢绝。光绪二十六年（1900），刘焕恭参加本村的义和团，参与烧毁南高洛天主教堂和赤土毙杀清将杨福同之战。同年，涞水义和团在良乡一战失败后，刘凭借武功，率10余人撤归本村。10月下旬，英、德联军从保定出发进犯涞水，洋枪马队途经南辛庄刘家坟，进入刘预设的伏击阵地时，团众蜂拥而上，刀劈枪刺，刘焕恭手持丈长的大白蜡杆，在敌营中大显身手，联军死伤多人。最后，躲在坟丘后的洋人头目，乘隙用枪将刘杀害。

卢华亭　涞水县东关村人，系北派形意正宗传人。自幼酷爱武术，及长投师北京耿长信，学得一身绝技，精于五行拳、大杆、三节棍、八卦掌。他有一手绝技，即“崩拳”，能打穿7领席。在北京声望颇高，被称为“快手卢”。开始与师傅在东北保镖，后在石家庄铁路局教拳。1945年，死于伪军的枪下。

李　菡　人称“杆子李”，本县东关村人。自幼喜爱武术，拜北京某镖局总镖头为师，后又去湖北省九宫山拜林运人为师，学得一手长杆绝技。其师曾称赞他说：“大江以南可以过半，大江以北无敌手”。民国初年，李在本县任巡捕官时，本外匪盗无一犯境。

李老太　涞水县城内人。清末期间，向在县栗村设教场的山东省拳师黄洛荣、王洛东、王武学拳五年。精通“盘腿”，号称“铁扫帚”。外地多名武林高手来县与之较量，众皆败服。

邢老乙　涞水县西武山人，精拳械，为少林派功力门拳师。清乾隆年间，在北京任五营八旗总教头。

邢德禄 邢老乙之子，幼从师山东蓬莱赵某练武，精功力门、岳家枪、岳家拳、大小六合掌。据传，在大莫州庙会上遇到东租村高某被当地人欺辱，他只身一人打败三四十人，高某得救。高某看邢德禄武功高强，品德兼优，就荐邢于朝，授御前四品护卫，兼作五营八旗总教头，并兼北京至保定段之镖。光绪中叶，邢德禄退居乡里。

邢老开 邢德禄之子。继承祖与父之武功，精铁砂掌。清咸丰、同治年间，曾在易县授徒。其父退职，即袭父位，任五营八旗总教头，兼充镖客。光绪二十六年（1900），邢老开在北京参加义和团，为大师兄，宣统年间还乡授徒。

注：邢老乙在武术界为功力门的第一代，该门亦规定按字排辈。字辈为“振武英雄功，仁义标榜全”。

王　和 涞水县南郭下村人，生于清宣统年间，家境贫穷，为人淳厚，品德高尚。幼年从师于云梦山一道士。练就锦掌八手，并精于正骨推拿医术。先后在涞水、定兴、新城设教场。在定兴、新城两县授徒期间，名望甚高，因他出拳神速，两县武林界人士称之为“神拳王和”。抗战前，王和在定兴县担任护卫之职。一次与外地拳师较量，外地拳师趁王和不备开了黑枪，王当即丧生。

王　江 王和之弟，精通“八方刀”“看门刀”“七昌枪”“迷踪拳”“狼牙拳”“弹腿”等，南郭下村武术会由他传授武功，在县内享有盛名。

徐祥斋（1900—1965） 原籍文安河儿湾村人，抗战前迁居涞水县，在同心街定居。他自幼爱好武术，从师于少林正宗山东省一僧人，属于截脚翻子门派。徐对拳术、器械样样精通，拿手的是五步十三枪、十二趟弹腿、翻子掌、绵掌拳。拿手绝技是“木刀套”、“五阴锤”。民国年间，先后在文安、定兴、新城等县授徒。门徒中出了不少知名武林人士。

冀云彪 南秋兰村人，自幼热爱武术，13岁时学习戏曲武打基本功；19岁开始学习武术；1979年拜杨林为师，学习查拳和枝子腿；1981年跟随袁平老师习练三皇炮；1984年拜康群为师，学习三拳三剑（孙氏太极拳太极剑、形意拳形意剑、太极拳太极剑），经30余年潜心研习，功底逐渐深厚。

2007年担任武术协会主席后，多次组织培训班，培养新人，多次组织境内外比赛、交流，使涞水武术队伍不断扩大、武术水平不断提高，学习、交流范围不断拓宽。

董术先 小丰口村人。自幼喜爱象棋、武术，参加工作后，多次参加县内外象棋比赛，逐渐脱颖而出，成为棋界高手。1990年创立涞水棋社任社长，依托城内小学，培养棋类人才；组办、承办、参与各级象棋比赛。2008年、2009年先后被保定市武术协会授予武术工作先进个人。他连续20届蝉联涞水县中国象棋比赛冠军。1990年，获保定市中国象棋个人冠军；1995年获河北省中国象棋第三名。曾代表保定市参加全国国际象棋比赛，获得成人组亚军。2005年当选保定市中国象棋和国际象棋协会副主席，武术协会委员。2008年，晋升国际象棋一级棋士。1990年任国际象棋棋协大师、中国象棋二级裁判员。

第十八编　地域文化研究

涞水县有近2000年的历史，历史文化丰富、底蕴深厚。多年来朱学武、雷连成、王同敬等热爱涞水历史文化老干部，对涞水历史文化的研究，一直没有间断过。2006年，县政协邀请朱学武、王同敬、雷连成、孙志余、阎鹤鸣、焦宝堂、翟士英、刘阜等编写出版《涞水历史文化辑萃》；祖氏后人祖世勋从20世纪80年代开始，搜集、整理祖冲之家世与故里方面的资料，并与全国祖氏文化研究机构和专家联系，2000年10月10日在涞水祖冲之中学召开纪念祖冲之诞辰一千五百周年国际学术研讨会，中国科学院院士著名数学家参加大会并发表讲话，中科院院士吴文俊、林群、杨乐发表论文。是日，祖冲之纪念馆在祖冲之中学落成。2011年11月26日，涞水成立祖冲之历史文化研究会。

抗日战争期间，晋察冀军区在三坡地区创建的平西抗日根据地，在巩固自己开辟冀东、平北抗日根据地，抗击华北日军侵略者的斗争中，发挥了重要作用，为赢得抗日战争的胜利做出卓越的贡献。但是，由于新中国建立后，行政区划变动，原平西抗日根据地没有整建制保存下来，平西根据地存续期间的各种资料，一直没有系统地搜集整理。为把这段历史完整地留给后人，继承和发扬革命老区抗战精神，王旭营、雷连成、曹瑞章、王宏艳、刘阜、李大伟、李文福等，联系原平西各县和部分平西的老干部及原驻军部队，多方搜集资料，编辑出版《平西抗战史录》《平西抗战歌曲》《平西抗战戏曲》等专著。

2011年，在刘阜、雷连成、朱学武、王旭营等的倡导下，以涞水县图书馆为平台，吸收孙志余、王同敬、胡彩霞、曹瑞章、杨大伟、祖世勋、王宏艳、杨大伟、李占巨、王秀宽等十多位热爱涞水历史文化的离退休老干部，成立涞水历史文化研究会。研究会选举付东华为会长，刘阜为副会长兼秘书长。研究会先后搜集整理了涞水历史文化、祖氏文化、平西抗战文化、涞水地名文化、黄帝文化等资料。先后整理出版《警号与战鼓》《故遒钩沉》《平西抗战史录》《平西抗战歌曲》《高楼古乐》《历史文化研究文集》《黄帝文化与涞水》等书籍。《祖冲之世家与故里》一书的书稿完成，进入编辑印刷阶段。祖氏文化、平西抗战文化对涞水影响深远，意义重大，一直是涞水历史文化研究的重点。

第一章　祖氏文化研究

祖氏后裔、涞水历史文化研究会成员祖世勋，自20世纪80年代以来，一直从事祖氏文化研究，搜集整理大量资料，取得大量的成果，他2009年撰写的《祖冲之世家与故里》一书，已审稿进入编辑出版阶段。现将该书中家族渊源、祖冲之故里、祖冲之生平、祖冲之家族名人四部分研究内容，摘要收入本志，以飨读者查阅。

一届一次祖冲之研究会成立

第一节　祖氏家族渊源

据唐代林宝撰《元和姓纂》记载："祖，子姓，殷后。殷王祖甲、祖乙、祖丁，支庶因氏焉"。又据《史记·五帝纪》《殷本纪三》记载，轩辕黄帝曾孙帝喾高辛之子契（音谢，亦是尧帝之弟）因佐尧、舜、禹治水有功被舜帝封于商，赐子姓。所以说契为殷商首祖。契的第14代子孙汤建立商朝，帝商汤的6代孙、第13位国王是为帝祖乙，被称为中华祖姓的始祖。

祖乙，商汤的第6代孙，商代第13个中兴帝王，在位75年，系帝仲丁之子，甲骨文称为中宗祖乙，并以大乙、大甲、祖乙合称"三示"。他继位时，商代已很衰落，但他重用贤臣巫贤为相，励精图治，勤政爱民，发展生产，使商朝复兴。他死后，儿子祖辛继位，祖辛的后代祖丁、祖庚、祖甲先后为帝，《元和姓纂》称"支庶因氏焉"。他们的后世子孙就以其名字中的祖字为姓，称为祖姓。

祖巳为祖乙之后（一说为商汤左相仲虺之后），商代第22位国王帝武丁时的宰相。帝武丁祭祀成汤，第二天，有一只野鸡降落在鼎的耳上鸣叫，帝武丁以为是不祥之兆，非常恐惧，祖巳对帝武丁说："君主无需忧虑，先下手修明政务"，帝武丁听从祖巳的建议，修明政治，励行德行，天下百姓都欢欣鼓舞，殷家的政治威望得以重塑，这便是有名的《祖巳训王》的故事。

祖伊，祖巳之后，商纣王帝辛时的著名贤臣。商纣残暴无道，国运日衰。西伯侯姬昌势力日渐强大，欲发动讨商灭纣的战争，祖伊听到这个消息后很害怕，跑去劝谏纣王。纣王不听劝谏，说："我生为天子不是有福命在，可以得到上天保护吗?"祖伊返回说："纣王已经不可谏了。"

周武王灭商后，善待纣王旧臣，"以存殷后"，把微子封于宋。传说，祖伊随召公奭到北燕，奭为燕国第一位诸侯。祖伊的后代在幽燕（后为范阳）生息繁衍。

据考证，中国祖姓分为两大支脉，范阳支脉。京兆（西安）支脉，《元和姓纂》说："京兆，状称与范阳同出沂后"。由此可见，范阳祖氏与西安祖氏同为汉代太守祖沂（又称祖太沂）之后，是同祖同宗。所以说："天下无二祖，祖氏皆同宗"。

福建莆田祖氏和辽宁兴城祖氏都是当地的望族，先后涌现祖士衡、祖无择、祖无颇、祖秀实、祖大寿、祖之望等历史名人。两地的《兴城祖氏谱》《莲湖祖氏谱》都说先祖是由范阳涞水迁出，是祖逖、祖道重（祖逖之子）之后。他们在文章中有时自称为范阳人，称范阳是“祖氏之郡”、“根在涞水”。《莲湖祖氏族谱》又称《范阳祖氏族谱》。

河南洛阳一带的祖姓，一部分由西安迁来，如唐代大诗人祖咏等；一部分是祖逖率领家族部众“避地江南”和率师北伐时滞留在河南一带的。西安的祖姓历史名人中有北魏武州刺史祖平、唐撫州刺史祖德讳、唐殿中御史祖夙成、唐叠州刺史祖元軏等。

全国第6次人口普查统计，祖姓在全国为小姓，宋版百家姓排249位。然而名人众多，大部分分布在河北、北京、河南、陕西、辽宁、福建、安徽等地，最多的是河北涞水、高碑店、定兴等地。河北涞水仍为祖姓较多地方，逐本溯源，涞水祖姓一部分自汉代以来从未迁徙，一部分为随祖逖南渡后又回到北方的。据武汉音乐学院教授孙晓辉考证说：“祖氏于东晋苏峻（？—328年）之乱后回到北方”。如我国著名文学家祖莹、祖珽、祖孝孙、祖鸿勋等都属此种情况。

据考证，祖氏郡望为范阳（涞水），发祥地为涞水县下车亭村祖家坨。

商部落领袖契因佐夏禹治水有功，被舜帝封为“司徒”，在涞水一带行政（古籍《周礼》中有“涞……古司徒所掌职”之记载），商族从此成为舜帝时期的重要部落之一。后来商族取代夏王朝而一统华夏，便“祖契而宗汤”。作为商祖契的受封之地“祖家坨”，顺理成章地被其后裔奉为本族的发祥地。作为商族的“望地”，循古制，要派人守护祭祀，于是商王朝的一个“支庶”——祖姓人被派到了“祖家坨”。这就是祖姓人视下车亭“祖家坨”为发祥地的原因，也是各地祖姓人每逢清明到“祖家坨”扫墓祭祖、续写家谱的原因。

魏晋南北朝时期，范阳遒县（涞水）的祖姓已成为“北州旧姓”“北方大姓”，和涿州卢姓等一起称为“燕赵八大名门望族”。此时的遒县祖姓在外为官者很多，名人辈出，影响甚广，其兴旺发达达到鼎盛时期。

第二节　祖冲之故里

《南史·祖冲之传》称祖冲之为范阳遒（涞水县）人。《南史》作者李延寿是北方人，该书成于统一的中国隋唐时期，他对北方的地理区域划分是非常清楚的，所以他否定《南齐书》作者肖子显（489—537）称祖冲之为范阳蓟（今大兴县）人的明显错误。《魏书·地形志》上称“范阳郡领县七：涿、固安、范阳、苌乡、容城、遒等，燕郡领县五：蓟、广阳、良乡、軍都、安城”。范阳郡只有遒县，而无蓟县。且蓟县属燕郡，所以说祖冲之为范阳蓟人是不合乎逻辑的。肖子显当时在南方为官，对北方的状况可能不了解，更主要的是当时处于南北对峙的敌对状态，出现明显的错误在所难免。而且涞水县曾一度改名为范阳县，所以也造成了“涞水”“范阳”在称呼上的混乱。清乾隆、光绪十八年（1892）版《涞水县志·人物志》均记载祖冲之、祖暅之、祖皓祖孙三代的传记。涞水人对报国殉难的祖冲之的孙子、梁朝广陵太守祖皓亦崇敬有加。把祖皓等8名忠臣烈士的牌位供奉在县署旁

祖冲之故里鄗子灵山

忠义孝悌祠内，每年春秋两季上丁日由“主印官（县令）”带领乡绅进行拜祭。

1955年9月28日，中科院派人到涞水县下车亭村进行实地考查，写下《访查涞水县祖冲之家乡考察报告》。其中提到：“原先涞水县叫古遒城，又叫遒县。城西是一个遒亭乡（古代名称），祖冲之系遒人，又按遒亭乡在城西，据原来遒亭乡流传下来的，可以研究。”（按：1955年时，下车亭村是乡级建制，名为“古亭乡”，与“遒亭乡”称呼相近）。同时，涞水县有三个村有祖姓聚集，上溯源流，最古老的应是下车亭村；且涞水县西北十里处有高地名为“祖家坨”，距下车亭村西南二里，并有祖家老坟茔地，相传为祖逖墓。祖冲之传说是祖逖的后代，坟茔中曾有汉白玉石碑一块，碑文系创立祖氏祖茔祀田碑记。考察报告记载：据下车亭村姓祖的医生（按：为当时80多岁的祖鹏文）说：“古代祖家做大官的很多，亦造过木牛流马”。

涞水县东文山乡下车亭村，位于县城西北4千米处，村西1千米有西山（古称雕山），村北1千米有北山，村东有东坡和云溪山（俗称磨盘山），旧县志称“云溪山涞之镇也”，村北沿村一条小溪自西向东经由南、北涧头村流入拒马河，属丘陵地貌。祖居该村的北魏末期著名文学家、高阳太守、祖冲之的族侄祖洪勋（？—550）在他所著的《与阳休之书》中说：“时还故郡，在本县之西界，有雕山焉。其处闲远，水石清澈，高岩四匝，良田数倾，家先有野舍于斯……即石成基，凭林起栋，萝生映宇，泉流绕阶。月松风草，缘庭绮合；日华云实，傍沼星罗。檐下流烟，共宵气而舒卷；园中桃李，杂椿柏而葱倩，时一褰裳涉涧，负杖登封。心悠悠以孤上，身飘飘而将逝。杳然不复自知在天地间矣。……孤坐危石，抚琴对水，独咏山阿，举酒望月。听风声以兴思，闻鹤唳以动怀……”详细描写自己故里的风貌和归隐后的乐趣，其描述与下车亭村地貌和风物是一致的。

桃花小园

下车亭村现有480户，2042人，其中祖姓408户，1735人，占全村人口的85%。据涞水县地名办考察，根据出土文物，该村建村于汉代以前，其中祖姓居民最多最古老，祖冲之应系下车亭村人。史籍虽无明确记载，然而下列事实完全可以佐证：

全县5个村祖姓638户，2822人。而下车亭村祖姓最多，其他几个村的祖姓都说是一个老祖宗，或者说是由下车亭村搬出（南关村和娄村祖姓均是如此说法）。

村名的改变与祖冲之有一定关系。在下车亭村西北二华里处有一座小山，名叫严子陵山，山上在明代前有一座寺庙，乾隆六年《涞水县志》卷八（下）艺文志称为“祖村寺”，记载明嘉靖年知县、举人唐治写的《题祖村寺》诗一首：“独坐禅房静，居然似古灵。槐阴团午绿，草色逗青青。几阵风传磬，一群鸽获经，何期逢野老，共话入沧溟。”在庙前还有一个“严子陵祠”，为纪念东汉刘秀的同窗好友、隐士严子陵而建。故沿此山自西北排列至东南方向3个村名叫上古亭、中古亭（后又改为东古亭、西古亭）下古亭，现在亦有人称上述几村为“一溜古亭村”。据传说，在隋唐时为纪念祖冲之父子回到故里试验指南车而改变为车亭村，一直沿用至今。

1999年10月31日，我国著名科学史家、全国科学史学会原理事长李迪听到介绍并考察后说：“全面看，祖冲之故里只能定在下车亭村。”

第三节　祖冲之生平

一、祖冲之家族世系

吴、东晋、宋、齐、梁、陈，相继建都在建康（今南京市），其中4个朝代又称南朝。根据史书记载，西晋永嘉之乱后，祖逖（266—321年）带领范阳遒县（今河北省涞水县）祖氏宗族部曲数百家，渡江避难寄居京口（今江苏镇江市），其中就应包括祖冲之先祖。

祖冲之的直系至亲，史书上载明的有六代：

祖台之：祖冲之曾祖父，东晋末年任侍中、光禄大夫、尚书左丞、御史中丞等职，善撰誌《怪书》，为中国古代著名文学家。

祖昌：祖冲之祖父，为刘宋政权的大匠卿，主管朝廷皇室的土木工程营造。

祖朔之：祖冲之父亲，在宋任奉朝清。

祖冲之：在宋、齐两朝任职，官至谒者仆射、长水校尉等。

祖暅之：祖冲之子，为萧梁太府卿，出为南康太守。

祖　皓：祖冲之孙，为萧梁江都令、广陵太守。

据考证，公元550年祖皓被害时，子侄16人并没有全部被杀，逃脱屠戮的后人迁回了祖籍涞水。从祖逖南渡到祖皓后辈回原籍，祖氏在江南经历东晋、宋、齐、梁4个朝代，前后约200年。

这个世系表说明：祖氏作为世代为官的高门大族，在讲究门第出身的南朝，有很高的政治地位和声望，他们从政经历对江南的经济开发和文化发展作出重要贡献。祖氏家族有很深的文化素养。以志怪小说闻名于世的曾祖父祖台之、当大匠卿的祖父祖昌对祖冲之都有直接影响。祖暅之曾说过，从晋代以来，祖氏世居天文历法之职，说明祖冲之取得的成就并不是一蹴而就的。祖氏家族的贡献在数学和历法两方面尤其突出。从祖暅之继承父业，提出“祖氏原理”、完成《缀术》、促成《大明历》颁行始，史书对祖皓及其后人也多有“少传家业，善算历”等等的描述。祖冲之代表着中国乃至世界古代数学的高峰，诚如院士吴文俊所说，他深奥的学问，使后代有的大数学家感到“不通”“不懂”，留下一些“谜”，至今值得我们去研究和探索。

二、祖冲之生平

祖冲之的生平活动，粗略地分为3个时期：刘宋元嘉六年（429）到大明五年（461），祖冲之32岁前在京城度过。受恩荫少年时进国子监读书，博览群书，好学深思，为日后学术研究打下坚实基础。宋孝武帝刘俊（454—464）在位时，任命他主持华林学省工作，从事文史撰述和历算研究工作。大明六年（462）到八年（464），祖冲之33岁到35岁，他解褐入仕；开始在南徐州（今镇江市）任迎从史，后又兼任司徒府公府参军。镇江离南京很近，祖冲之的两项重大科学成就，编制《大明历》和圆周率计算，都是在南徐州任上完成的。大明八年（646）底到升明三年（479）春季，祖冲之35岁到50岁，前后约15年，出任娄县（今江苏昆山市）令。宋升明三年（479）到南齐永明十一年（493），祖冲之50岁到64岁。他根据萧道成的指令，开始在京城仿造指南车、欹器，试制木牛流马、千里船、水碓磨等奇巧机械，同时，在政治上被委以重任，起先任谒者仆射，后来兼任长水校尉。隆昌元年（494）到永元二年（500），祖冲之65岁到71岁，为晚年时期。齐武帝萧赜（483—493年在位）死到齐亡，短短8年换5个皇帝，是南朝中政局最不稳定的时期，祖冲之在政治上已不可能有所作为，他便以著述自娱。在齐梁文学风气的影响下，他的兴趣转到人文学科方面来，研究哲学、文学、音乐，写下《易老庄义释》《论语

祖冲之

孝经注》和志怪小说《述异记》等，连同数学著作《缀术》《九章术义注》，汇编成《长水校尉祖冲之集》51卷。

《长水校尉祖冲之集》已亡佚，是由他的儿子祖暅之最后编定，包括祖冲之的所有著作，也包括祖暅之的研究成果。作为一名正统的中国封建文人，祖冲之追求的最高目标是“究天人之际，通古今之变，立一家之言”。祖冲之既通晓数理天文，又擅长经史文章，把天、人、古、今集于一身，可谓古今全才。

祖冲之一生担任过六个职务：

入值华林学省。华林学省为南北朝时设置，主要掌文史撰述和研究工作，与后来的翰林院相似。

南徐州从事史。祖冲之担任这个官职，与皇室刘子鸾有关，刘子鸾出任南徐州刺史，他被任命为从事—分掌州某些行政事务的属官。不入品流。

公府参军。大明七年（645）秋皇朝加封刘子鸾为司徒，刘子鸾任命他兼司徒府参军这个职务。

娄县令。秦汉以后，人口万户以上的县称“县令”，万户以下的称“长”。又分大县、小县，品秩六、七两级。当时的娄县超过万户，但是小县，仅7品、秩600石。

谒者仆射。祖冲之调回京城后，被委任这个职务。谒者台机构汉朝设置，南北朝沿置，专掌朝见、宾飨等礼仪之事。

长水校尉。是汉置的八校尉之一。掌宿卫，4品，2000石。

《昆山县志》载：祖冲之离世600年以后，北宋大观三年（1109）他被封为“范阳子”。《宋史》载：大观三年十一月丁末，诏算学以黄帝为先师，风后等8人配飨，巫咸等70人从祀。祖冲之是从祀的70人之一。

第四节　祖氏家族名人

由清乾隆太子太保、大学士刘统勋作序的《莲湖祖氏族谱》（又称范阳祖氏族谱）说：“祖氏久远，北州大姓，代出伟人。”

科学史家严敦杰说：“史传所引祖氏名人多为遒（涞水）人”。

根据《二十五史》《资治通鉴》《世说新语》《元和姓纂》《畿辅通志》《涞水县志》<光绪版>和《祖氏家谱》等史料挖掘、整理出以祖冲之为代表的祖氏家族名人98人，均是在政治、军事、科技、文化等方面有成就或历任太守以上官职的。其中史书有传的17人，均为涞水人，其中女性2名；范阳一脉78人，西安一脉15人，始祖7人。名人众多，贯穿整个中华民族的5000年文明史，影响深远。

关于籍贯问题有下面五种情况：史书明确记载为涞水人者，如祖冲之、祖逖、祖莹等；祖上由涞水迁往外地的，如祖无择、祖士衡、祖大寿等；与涞水祖姓同宗同族的，如祖平、祖咏等；原史料记载有误，经考证确认祖籍为涞水人的，如祖洪勋、祖孝孙等。为祖姓始祖，如祖乙、祖甲等。

除祖冲之外，祖籍涞水、在中国历史上有重要影响的祖氏家族名人还包括：

祖逖（266—321）字士稚，汉族，范阳遒县（今河北涞水）人，东晋名将。西晋末年，率亲朋党友避乱于江淮。313年，以奋威将军、豫州刺史的身份进行北伐。祖逖所部纪律严明，得到各地人民的响应，数年间收复黄河以南全部土地，使得石勒不敢南侵，进封镇西将军。后因势力强盛，受到朝廷的忌惮，派戴渊相牵制。321年，祖逖因朝廷内明争暗斗，国事日非，忧愤而死，追赠车骑将军，部众被弟弟祖约接掌。死后，北伐功败垂成。祖逖"闻鸡起舞""中流击楫""竟著先鞭""枕戈待旦""南塘一击"的著名成语典故，厉行北伐的英雄气概和不计个人得失为国献身的精神，却彪炳千古，长留青史。

毛泽东1965年写了一首七律《到洪都》（南昌市）。诗中写到："到得洪都又一年，祖生击楫至今传。闻鸡久听南天雨，立马曾挥北地鞭。"诗中引用"闻鸡起舞""中流击楫""竟著先鞭"三个成语典故。

祖纳（一为讷）字士言，祖逖之兄，生卒年不详。西晋时作过尚书三公郎、太子中庶子、中护军、太子詹事、廷尉卿、秘书监等，封晋昌公。东晋元帝（317—322年在位）时为军咨祭酒、光禄大夫。性至孝，自炊以养母，清廉，有操守，疾恶如仇，品行贤达。

祖纳文才出众，尤其重视文史。经常向皇帝进言，举荐贤才。他建议晋元帝设立史官说："自古小国，犹有史官，况于大国，为何不置?"史官之立，是从祖纳开始的。积极推荐著名文学家王稳担任史官。王稳编撰《晋书》等多部著作。东晋的文史工作非常繁荣，与祖纳的努力是分不开的。

祖约（？—330年）字士少。范阳遒县（今河北涞水）人。兄为东晋名将、镇西将军祖逖。祖约亦是东晋官员和将领，在祖逖死后接掌其部众和豫州刺史职位，但不仅不能延续兄长北伐事业，更无法抵抗后赵君主石勒的进攻，失去早前祖逖北伐所收复的失地。祖约后来亦与苏峻联手发动苏峻之乱，但期间先被后赵军击败，后又被起义勤王的东晋讨伐军所攻，被逼投奔后赵。最终被杀。

祖道重　又名羡、羡之，字玄舒，小字休秃。祖逖之子，生于东晋大兴三年（320）。任州治中。祖逖亡故后，道重随母在叔父祖约处居住。祖约于咸和四年（330）兵败，率亲属、部下几百人投靠后赵主石勒。石勒听从程遐的建议，在祖约携宗室部下老幼百余人前往赴宴过程中全部被杀。祖逖十岁的庶子祖道重原应被杀，但被曾受恩于祖逖的左卫将军王安所救，逃过一劫，在后赵亡后回东晋。据《邓粲晋纪》记载：后来东晋安排祖道重担任州治中的职务。生子名肇，任员外常侍。肇孙茂之、法开、猷之等。

祖台之（约308—403）　字元辰，祖籍河北涞水人，祖冲之曾祖父。曾任东晋侍中、光禄大夫、尚书左丞、御史中丞等。"善撰志怪书"，写神话小说很有成就。有《祖光禄大夫台之集》二十卷问世，《志怪》二卷行于世。《中国文学家大辞典》称祖台之为中国古代著名文学家。

祖台之

祖暅之（456—536）（又称祖暅），字景烁，祖冲之之子。南北朝梁武帝时任司马、员外散骑侍郎、材官将军、太舟卿（一为太府卿）南康太守等。祖暅之博学多才，自幼"究极精微，有巧思入神之妙，当其诣微之时，雷霆不能入"。他承秉家学源渊，深得其父祖冲之的学术精髓，也是造诣极深的著名数学家。在祖冲之去世后，祖暅之继承父亲的遗愿，于梁天监三年（504）八年（509）九年（510）3次上书梁武帝奏请采用其父祖冲之编制的《大明历》，梁武帝诏太史考查新旧二历，新历密，旧历疏。是岁，始行冲之编制的《大明历》，最终实现父亲的遗愿。他本人曾搜集古代星占记录，撰《天文录》三十卷。

祖暅之在继承和发扬其父祖冲之的数学研究成果方面不遗余力，特别是在研究球体积公式方面取得巨大成果，被世界称为"祖氏公理"。这一公式比意大利数学家卡瓦列里至少要早

祖暅之

1100年。现在人们认为，祖冲之撰缀术五卷，后祖暅之修改，增补一卷。《缀术》是祖冲之、祖暅之父子对从公元3世纪开始的数学理论研究的继续与发展。祖暅之对土木工程建筑和兴修水利等方面也很有研究。在机器制造方面，祖暅之也深得父亲真传，亦有很深的造诣。在梁普通六年（525）五月，梁武帝之子豫章王肖综北伐时投降北魏，时任综司马的祖暅之亦同时"为魏所虏"。魏安丰王延明闻其才名"厚遇之"，使祖暅之做《欹器》《漏刻铭》。此外，他还"制成了铜日圭、漏壶等精密观测仪器多种，为后世取法。"

祖皓（494—550） 暅之子。志节慷慨，有文武才。少传家业，善历算。大同中，为江都令。拜广陵太守。侯景陷台城，皓间行走江西，百姓感遗惠，匿之。广陵人来嶷，告皓曰："逆竖滔天，王室如毁，正义夫发愤之秋，君世荷国恩，逃窜草间，危如累綦。董绍虽景腹心，轻而无谋，况新克此州，人情不附，袭而破之，一壮士力耳，如其克捷，百代之下，犹为梁室忠臣。"皓曰："仆所愿也。"乃起兵广陵，纠勇士耿光等，于简文帝大宝元年诛绍，先结东魏为援，驰檄讨景。景惧，即日率侯子鉴等攻之。城破，见执被缚，箭射遍体，车裂以殉。城中无少长皆埋而射之。

祖 浩

祖莹 字元珍，生于约北魏孝文帝元宏（471—499）年间，卒于约东魏孝静帝元善见（534—550年）年间。北魏范阳遒（涞水县）人，祖莹自幼喜欢读书，八岁的时候能够背诵《诗》《书》，12岁时能背《尚书》，因才能超出一般人，被魏孝文帝召见并对诗。《三字经》中"莹八岁，能咏诗"，就是指祖莹。《魏书》《北史》称祖莹"性爽侠，有气节，士有穷厄，以命归之，必见存拯，时亦以此多之"。祖莹以其才华出众被孝文帝赏识，任北魏太学博士、散骑侍郎；元颢帝殿中尚书；孝庄帝秘书监、护军将军、车骑大将军；孝武帝太常行礼（太常卿），封文安县子；东魏孝静帝以功进爵为伯，薨赠尚书左仆射，司徒公。祖莹"以文学见重"，有文集行于世。据《魏书志十四·乐五》记载：于永熙二年（533）春，和尚书长孙稚一起上书朝廷。当年夏，朝廷集众大臣讨论音乐事宜，祖莹发表长篇议论，全面阐述音乐的发展和今后的意见，这些论点为北朝的音乐发展起到承前启后的作用，这就是有名的祖莹《论乐舞》。

祖莹的儿子祖珽亦精于音乐，在《大成乐》的基础上，为北齐朝廷典造《广成乐》。从此北朝称祖氏父子的音乐为"正声"，成为北朝宫廷音乐和民间音乐的经典之作。祖莹族侄祖孝孙任唐高宗太常少卿时，奉旨在《大成乐》和《广成乐》的基础上，制成《大唐雅乐》，长期流传在宫廷和民间，成为隋唐时期的一代音律宗师。鉴于祖莹在音乐方面承前启后的贡献，《中国音乐词典》称祖莹为中国历史上著名音乐家。

祖珽（？—575） 字孝徵，范阳遒县（今河北涞水县）人。祖珽自幼天资过人，事无难学，凡诸才艺，莫不关心，好读书，工文章，词藻刚健飘逸。于文章之外，又工音律，善弹琵琶，能作新曲。识懂四夷之语，擅阴阳占侯之术，而医术尤为所长，为当时名医。其人之博学多才冠绝当时，为南北朝时的一大奇才，人又神情机警能断事，故少有美名，为时人所推崇。因与皇帝直谏抗争被薰瞎双眼。武平三年（572）被北齐后主高纬任命为尚书左仆射，改革政治，“官人称职，内外称美”。祖珽生活放纵淫乱，与陈元康时常作声色游。除有盗窃癖外，受贿，卖官鬻爵。善于阿谀投机而又有强项之举，历史上很难再举出第二人来。后遭贬为北徐州刺史。后又以瞎眼刺史上阵杀敌，智摆空城计大败陈军成为美谈。祖珽卒于北徐州任上。

祖君彦（？—618） 北齐尚书祖珽之子。容貌短小，言辞讷涩。以才学著名海内。隋大业十三年（617），官至东平郡书佐，陷于翟让，为李密所得，遂入瓦岗军中，密甚敬重他，署为记室。军书羽檄，皆出他手。为李密写《川文》，列举隋炀帝十大罪状，有“罄南山之竹书罪无穷，决东海之波流恶难尽”之语，成为千古佳句，流传后世。及密败，为王世充所杀。据《新唐书》记载，祖君彦死后，还被戮尸示众。

祖鸿勋 祖慎之子，祖莹族弟。祖籍涞水县。生年不详。鸿勋弱冠，与同郡卢文符并为州主簿。仆射、临淮王彧表荐其文学，将他推荐到朝中为官。有人说：“临淮举卿，竟不相谢，恐非其宜。”鸿勋回答：“为国举才，临淮之务，祖鸿勋何事从而识之。”彧闻而喜曰：“吾得其人矣。”后城阳王徽奏鸿勋为司徒法曹参军事。及赴洛，徽谓曰：“临淮相举，竟不到门，今来何也？”鸿勋曰：“今来赴职，非为谢恩。”转廷尉正，去官归乡里。齐神武尝征至并州，作《晋祠记》，好事者玩其文。位至高阳太守。在官清素，妻子不免寒馁。转任廷尉正后，辞官归故里。在家乡他给老朋友阳休之（北齐时曾任中山太守、鸿卢少卿、中书监等）写了一封信，名曰《与阳休之书》。这是中国文学史上的一篇著名佳作，被收入《中国古文鉴赏辞典》。《中国文学大辞典》，称祖鸿勋为中国古代著名文学家。

祖孝孙 范阳遒县（涞水）人。隋初开皇（581—600年）间任协律郎，参定雅乐，奉命向陈山阳太守毛爽学习“京房律法”，建言用“三百六十律”，未被采纳。入唐后，历任著作郎、吏部郎、太常少卿等职。武德九年（626）唐高祖“诏太常少卿祖孝孙，秘书监窦琏等定乐”，贞观二年（628）乐成，是为《大唐雅乐》。按隋代宫廷中钟乐的十二律，“其五钟设而不击，谓之哑钟”。经祖氏家学的律学理论与张文收的“耳决之明”相结合，才在实践中真正解决了调律和十二律旋宫的问题，自此成为唐以后历代乐律志中的千古美谈。贞观十四年（640），协律郎张文收继祖孝孙业绩，再次定乐而受颁赐之时，孝孙已故，除有关《音乐志》《礼乐志》载有他的学说之大要外，他的所有律学著述都没能传下来。《中国音乐辞典》称祖孝孙为中国历史著名的音律学家。唐初，祖孝孙亦参加《大唐新历》的制定。

祖孝孙

第二章　平西抗日根据地研究

平西，当时是指北平以西，北岳恒山东北的宛平，百花山，涿县，涞水以西、以北的小五台山一带，地跨河北、察哈尔两省，包括昌平、宛平（今北京市丰台区、门头沟区），良乡、房山、涿县、涞水、怀来、涿鹿、蔚县、宣化、阳原、怀安等12县。大小1100个村庄，面积约4万平方千米。平西人口最多时约30万（巩固区20万人，游击区10万人），这个地方万山重叠，千水奔流，东南临平汉路及涞（水）易（县）支线，北界平绥路，南到紫荆关易水边，纵横一、二百千米。东南方向，还是一块人烟稠密，粮产较丰的小平原。从战略地位讲，这里既是逼近平、津的战略要地，又是向冀东和平北发展的前进阵地。

第一节　建立和发展

1937年8月22日，八路军第115师由陕西的三原地区东进，开赴敌后抗日。取得平型关大捷后，聂荣臻奉中共中央命令，以五台山为中心，开辟晋察冀抗日根据地。11月7日，晋察冀军区成立，统一晋察冀军区的军事指挥。

1937年7月7日，卢沟桥事变之后，中共河北省委、北平市委和东北特支，即与平西地区党的地下组织相配合，开展抗日活动。1938年春，晋察冀军区根据党中央和毛泽东创建冀热察边区抗日根据地的指示，先后派出邓华支队、宋时轮支队进入平西，建立抗日政权，组织抗日武装。

1938年2月，晋察冀军区独立第1师（一分区）政委邓华奉命率第3团（称邓支队），从涞源出发，开赴平西。地方干部王巍、郭永明、杨春圃、刘慎之、韩光等带工作队，随军来到平西。3月，在涞水县马水村（今属涿鹿）成立房（山）涞（水）涿（县）联合县政府，在涿鹿县谢家堡村成立宣（化）涿（鹿）怀（来）联合县政府，在宛平县东斋堂村，成立宛平县政府，分别任命县工委书记、县长和游击支队长。一分区部队在游击队的配合下，逐步开辟房山，涿县，涞水，良乡（今属房山）昌平、宛平为依托的平西抗日根据地。向平汉、平绥铁路沿线和察南地区发展。

1938年4月底，晋察冀军区派第5支队接防平西，整顿、建平西地方政权，第5支队分别向三县配备了干部，在房山县长操村建立房（山）良（乡）联合县政府。根据晋察冀区党委指示，成立宛平中心县委。期间发生房涞涿联合县政府（驻紫石口村）被民团袭击事件，即：紫石口事件，关键时刻，第5支队司令员赵侗动摇，离队投靠国民党。

1938年5月，在晋西北活动的第120师雁北支队支队长宋时轮，奉中共中央、八路军总部命令，率支队进入平西，与邓华支队合并，组成八路军第4纵队，总兵力5000余人，宋时轮任司令员，邓华任政治委员，李钟奇任参谋长。第4纵队建立后，立即进行整训。是年6月，3县干部随第四纵队赴冀东，领导参加冀东抗日武装起义。

1938年8月，晋察冀军区派第1支队司令员杨成武率部到平西，不幸发生“王家台惨案”。之后第5支队与第4支队合编，各县游击支队改编，调往晋察冀第一军分区。

1938年9月28日，侵华日军大举进攻平西，地方党委、政府随部队转移到涞源地区。

1938年10月，第4纵队由冀东回师平西，恢复平西根据地。消灭紫石口、王家台反动民团，4个联合县政府恢复工作，区、村党组织和抗日政权组织相继建立，主力部队和地方武装扩编。

第4纵队回师平西的同时，中共河北省委书记马辉之和秘书长、宣传部长姚依林随主力部队由冀东来到平西。

1939年1月，八路军120师副师长萧克率部开赴平西，随行人员有程世才和地方干部20余人，还有一批抗大学员，是月下旬到达平西的三坡地区。

1939年1月，遵照中共中央指示，成立中共冀热察区委员会，马辉之任书记，辖平西、平北、冀东三个地区。

1939年2月7日，在三坡的山南村，组建冀热察挺进军，成立冀热察军政委员会，萧克任司令员和军政委员会书记。

1939年3月7日，建立冀西第四区行政督察专员公署，简称“平西专署”。5月，建立中共冀热察区平西委员会，简称“平西地委”。

1939年9月，萧克在冀热察区党委和冀热察军政委员会联席会议上，提出“三位一体”的战略任务，即：巩固平西抗日根据地，坚持冀东游击战争，开辟平北新的游击根据地。是年11月，整顿主力部队，组建冀热察挺进军第六、第七、第九团，总兵力达到12000余人。同时，加强地方武装，建立和扩大县、区游击队，建立民兵组织和村游击小组，开展人民战争；加强地方党组织建设，建立区、村抗日民主政权，平西抗日根据地得到巩固和扩大。

1939年，日本侵略军实施“总力战”和“囚笼政策”，推行“治安强化运动”。在占领区，强化保甲制度；在游击区，制造无人区；对抗日根据地，实行经济封锁，反复进行军事“扫荡”，实行烧光，杀光、抢光的“三光”政策，妄图摧毁抗日根据地。2—6月，平西抗日根据地军民，有力回击了侵华日军对平西抗日根据地的三次“扫荡”。

1940年，日本侵略军对平西抗日根据地先后实行春季“大扫荡”和秋季“大扫荡”，一度进入平西腹地涞水县的板城、三坡；房良县的霞云岭、十渡；昌宛县的史家营，占领大片抗日根据地。

1941年，日本侵略军对平西抗日根据地实行经济和军事封锁。8—10月，日军施重兵对平西进行为期两个月的“扫荡”。平西军民虽然粉碎日伪军的“扫荡”，但由于主力部队调往外线作战，敌强我弱，根据地在人力，物力、财力上受到很大损失，面积不断缩小，如：房涞涿抗日根据地由300多个村庄，压缩到20多个村庄。

1941—1942年，连续两年干旱，粮食歉收，根据地陷入极端困难时期，严重缺粮，缺药，缺衣服，缺食盐。为巩固抗日根据地，平西地委召开“平峪会议”，提出在军事上，开展反“蚕食”、反“扫荡”、反“清乡”斗争；在根据地贯彻中央减租减息政策，开展大生产运动。经过平西党政军民艰苦卓绝的斗争，渡过了最残酷，最艰难的时期，坚持和巩固了平西抗日根据地。

1943年3月，根据地逐步扩大，新建立了怀（来）涿（鹿）蔚（县）阳（原）蔚（县）涿（鹿）宣（化）三个联合县工委和办事处。各县区游击队越过封锁沟，深入平原地区作战，严重缺粮、缺药、缺衣服、缺食盐的问题开始解决。

1944年，八路军冀热察军区和游击队转入反攻，不断攻克日伪据点，根据地不断扩大。1945年4月以后，八路军主力部队和地方武装，开始向日伪军发动大规模的进攻，先后解放了斋堂川，怀涿的将军庙等地，肃清桑干河敌军，深入到平郊作战，根据地进一步扩大。8月15日，日本宣布无条件投降，抗日战争胜利结束。

第二节　党政军机关

从1938年2月邓华率挺进军进入三坡地区之后，三坡地区逐渐发展成为平西地区政治、军事、行政中心，一直延续到新中国建立初期。

一、县团级机关

房涞涿县（山区）——涞涿县——涞水县

1938年2月，邓华率部挺进平西，到达涞水山区，开辟以三坡为中心的平西抗日根据地。3月，在涞水山区马水村（今属涿鹿县），组建房（山）涞（水）涿（县）联合县，成立县工委和县抗日民主政府。联合县辖房山、涞水的邻近山区和涿县的三坡地区。1938年11月，房涞涿联合县改涞涿县，辖涞水的山区和涿县的三坡，属平西专区领导。1940年9月，涿县的三坡划入涞水。从此，涞涿县改称涞水县。县委书记先后为杨春圃、那恕、申子谦、郝华、石尚农、李水清、车夫、李林、吕达、王漫、张廷魁，焦林义、王先、王凯等；县长先后为刘慎之、佟旭野、申子谦、郝绍尧、王天瑞、王森、李子凡、景振洋、杜恩荣等。县委、县政府先后驻桑园涧、紫石口、汤家庄、板城等村庄。1948年8月19日，涞水县城解放。1949年夏，涞水县委、县政府由山后板城村进驻涞水县城。

涞涿县（山外）——房涞涿县——涿县——涞涿县——涿县

1939年6月，八路军晋察冀军区第4纵队第11支队在涞水、涿县交界的郭各庄村建立平西专署涞涿办事处。办事处主任先后为张致祥（张季樵）魏国元。办事处先后驻郭各庄村、龙安村。所辖区域为涞水山外北部一带村庄和涿县铁路以西的村庄。1940年6月，撤销涞涿办事处，建立中共涞涿县委和抗日民主政府。1941年6月，冀北办事处决定，涞涿县和房良县合并，组建房涞涿联合县，辖区包括涞涿县原有辖区和房山县十渡一带村庄。1944年10月，房涞涿联合县分建，涿县铁路以西和涞水县城北部一带村庄划为一体称涿县。县委书记先后为李忱、王野舟、黄叶。县长为王巍（朝鲜人，原名朴一禹）卜庸、许烈。县委、县政府机关先后驻悟空寺、虎过庄、黄安、龙安、西庄（属房山）六渡、十渡（均属房山）等村庄。

1947年1月，重新建立涞涿县。县委书记先后为陈洪新、王成俊；县长为林彤、崔兆春、孙仲印。县委、县政府先后驻龙安、北庄、北龙泉、东龙泉村。1948年12月，涞涿县委（当时称涞涿支队政治处）县政府从东龙泉村出发，到达涿县城南包子铺村，12月7日涿县城解放，当日，进驻涿县城。此后，涞涿县改称涿县。

挺进军第七团

1939年2月至1945年8月，挺进军第7团是战斗在房涞涿地区的主力部队。团长先后为陈坊仁、熊奎、王茂全；政委李水清。团部先后驻涞水紫石口、木井等村庄。

1942年2月，挺进军第7团改称晋察冀军区第十一分区第7团。1944年7月，改称冀察军区第十一分区第7团。1945年8月23日，张家口解放后，第7团随冀察军区调往张家口一带驻防。1945年10月，冀察军区改称冀察纵队，第十一军分区改称第7旅，至此，第7团改称19团。

挺进军第九团

抗战期间，战斗在房涞涿一带的武装部队是挺进军第9团，团长黄光明，政委王季龙。团部驻涞水的蓬头、小峰口、福山口、龙安、沈家庵等村庄。

1943年春，第9团奉命调往陕甘宁边区，执行保卫党中央的光荣任务。

二、平西专属、地委机关

平西专署机关

1938年3月，邓华率部挺进平西后，开辟以三坡为中心的平西抗日根据地。1939年3月，设立晋察冀边区冀西第四行政督察专员公署（简称平西专署），直属晋察冀区领导。辖涞涿（山区）涞涿办事处（山外）宛平、房良、宣涿怀5县。1940年7月，边区统一调整区划，平西专署改为边区第六专署，党委为第十一地委，军分区为第十一军分区。专署辖涞涿（山区）涞涿（山外）昌宛、宣涿怀、蔚县、房良6县。1940年12月，晋察冀边区行政委员会在平西设立冀北办事处，领导平西第6专署，平北第14专署和冀中大清河北第十一专署。1942年3月，第十一专署重新划回冀中区领导）。从此，第6专署属冀北办事处领导。1941年，第6专署辖涞水（山区）房涞涿（山外）昌宛、蔚县、昌宛房五县。1942年，第六专署辖涞水（山区）房涞涿（山外）昌宛房、蔚县、昌宛房县佐公署5县。1943年2月，冀北办事处撤销，第六专署属北岳区领导，辖涞水（山区）房涞涿（山外）怀涿、蔚县、昌宛房、蔚阳宣6县。1944年6月，边区统一各专署和与之相适应的地委、军分区序列，第六专署改为第十一专署，属冀察区领导，辖涞水（山区）房涞涿（山外）昌宛、昌宛怀、宣化办事处5县。1945年8月，第十一专署辖涞水（山区）涿县（山外，包括涞水山外县城以北村庄），房山、良乡、昌宛、宛平、涿鹿7县。

第十一地委（平西地委）机关

1939年6月，平西地委在涞水三坡地区成立，属中共晋察冀区委员会领导。书记先后为郭永明、李德仲、杨春圃、刘道生、高鹏先，陆平任宣传部长，武光任组织部长。1942年2月，平西地委改为北岳区第十一地委。1944年7月，平西地委改为冀察区第十一地委，书记杜存训，涞水县属冀察区第十一地委。1946年4月，改为察哈尔省第四地委。1946年11月，改为察哈尔省第二十二地委。1947年6月，改为察哈尔省第七地委。1947年11月，察哈尔省第七地委，改为北岳区第三地委，书记孙明、副书记杜存训、阮泊生，委员肖思明、高振德、王文章、焦林义。涞水县属北岳区第三地委领导。地委先后驻涞水县峨峪、大泽、蓬头、汤家庄、李各庄、玉斗、计鹿、河东等村庄。1949年1月，改为察哈尔省平西地委，至1949年8月，划归河北省，改为通县地委。

第十一专署（平西专署）

1939年3月，晋察冀边区冀西第四专署（平西专署），在涞水峨峪村成立，专员杜伯华，涞水县属冀西4专署领导。后改冀北第六专署，专员朱其文。北岳区第六专署，专员朱其文，后为李关慈。后改称冀察区第十一专署，专员为李关慈、臧伯平等。专署驻涞水的峨峪、大泽、玉斗、计鹿等村庄。（解放战争时期资料不详）

第十一军分区（平西军分区）

平西抗日根据地为晋察冀军区第十一军分区，司令员先后为黄寿发、陈正湘、肖文玖等。政治委员先后为肖文玖、刘道生，杜存训、高鹏先等。熊奎、张防（张学思），为副司令员（兼参谋长）。司令部先后驻涞水县福山口、蓬头、计鹿、河东、玉斗、李各庄等村庄。

1947年，平西专区党政军领导机关，由涞水县山区移驻宛平县的斋堂、清水、塔河一带村庄。涿县解放后，1949年春、进驻涿县城。时任平西地委书记阮泊生，专员景振洋，军分区司令员侯正果。1949年秋，平西专区由察哈尔省划归河北省，平西党政军机关进驻通县城。从此，改称河北省通县专区。至此，平西专区所属12个县中，宛平、房山、良乡、昌平四县，划归河北省通县专区。至1952年，宛平县划归北京市，为第16区，后改名京西矿区和丰台区。涿县、涞水两县，划归河北省保定专区。怀来、涿鹿、蔚县、宣化、阳原、怀安6县划归察哈尔省。

三、省级党、政、军机关

冀热察区党委

1938年10月，邓华、宋时轮率部由冀东返回平西，中共河北省委书记马辉之和秘书长兼宣传部长姚依林，随同来到平西（涞水的三坡）。

为巩固平西抗日根据地，坚持冀东，开辟平北的游击战争，遵照中央指示，1939年1月，晋察冀边区决定创建冀热察抗日根据地。中共河北省委改为冀热察区党委。同月，冀热察区党委在涞水三坡地区成立。冀热察区党委、冀热察挺进军和军政委员会，分别受晋察冀中央分局和晋察冀军区领导。区党委由马辉之、姚依林、萧克、吴德、张明远组成，马辉之任书记，姚依林（后为张明远）任宣传部长，萧克任挺进军司令员兼政治委员，吴德任组织部长。区党委先后驻涞水的北庄、大泽、罗古台、桑园涧、峨峪、蓬头、福山口等村庄。冀热察区党委、冀热察挺进军和军政委员会，共同领导平西、冀东、平北的党政军工作。在此基础上，进一步向热河、辽宁、察哈尔推进。

在巩固平西的工作中，中共冀热察区党委作了大量工作，从抓党的组织建设入手，开办党校训练班，发展党员，仅3个月时间，就发展党员500余人，很快建立县、区党委和平西地委。到1941年底，平西5个县的党员达3900多人。同时，根据抗日民族统一战线政策，建立平西专员公署及各级政府，各种群众团体及地区性的群众武装。在反“扫荡”中，地方党、政、群众团体的领导人，带领群众同部队一起打击敌人。

抗日民主政府创办各级中小学校和夜校，普遍开展扫盲识字运动，广泛进行抗日政策的宣传教育，提高人民群众的抗日救国热情和文化水平。萧克以挺进军司令员名义颁发一些政策性的布告。这些布告和报纸、传单，不仅在根据地、游击区广泛张贴，有时散发到华北日伪统治中心的北平。对团结敌占区城市上层进步人士，打击、警告日伪反动势力发挥积极的作用。

在财政经济政策方面，区党委作了不少工作。平西人口约30万人，面积约4万平方千米。按当时平西根据地的人口和生产情况，经济负担和抗战勤务是很重的。区党委和挺进军为减轻人民的负担，认真贯彻执行《双十纲领》，发动基本群众，实行减租减息，推行合理负担，实行统筹统支，精简节约，减少脱产人员，减轻抗战勤务，整理财政，调剂贸易等，从第十一分区调运一部分粮食。同时，还对游击区、敌占区的商人，小贩开展争取团结工作，保护他们的合法利益，通过他们把平西根据地的一些土特产品贩运出去，换回根据地军需民用的布匹，食盐等急需物资。1940年8月13日，中共中央北方分局在总结这些措施和执行政策的经验后，为把各项政策固定下来，制订一个地方性的具体行动纲领——《中共中央北方分局关于晋察冀边区目前施政纲领》，这个施政纲领共20条，所以又称为《双十纲领》，对改善根据地人民生活和支援抗日游击战争起了积极作用。

冀热察挺进军和军政委员会

根据中共中央、八路军总部的决定，晋察冀军区和第120师的部署，于1939年2月7日，八路军冀热察挺进军在山南村正式成立，编制序列直属八路军总部，由晋察冀军区代管。同时，成立军政委员会。肖克任挺进军司令员兼政治委员，程世才任参谋长，伍晋南任政治部主任。设司令部、政治部、供给部、卫生部、随营学校、兵工厂、被服厂、医院等部门和单位。1939年秋，办《挺进报》。

萧克任军政委员会书记，马辉之、伍晋南、宋时轮（后为程世才）邓华为委员。挺进军司令部和军政委员会先后驻涞水的山南、马各庄、盘坡、北庄、小峰口等村庄。

挺进军的主力是宋时轮支队和邓华支队，还有到平西整训的冀东抗日联军，蓟县、遵化游击队等武装。冀东抗日联军是国共合作建立的抗日武装，干部成分较复杂。为此，将抗日联军大部和由白乙化领导的抗日先锋队进行合编。抗日先锋队的干部多数是东北的流亡学生，党员占很大比例，七七事变前在绥远屯垦，事变后，在山西敌后与八路军协同打游击，是一支军政素质较高的游击支队，由王震介绍来到平西。这两个部队的合编，使党对抗日联军的改造有了基础。

挺进军辖6个团：

第6团、第7团，由原第4纵队第11支队的31、32、33大队和房（山）涞（水）涿（县）游击队改编而成。

第9团，由原第4纵队第12支队的34、36大队及平西游击队的一部分组成。

第10团，由原已合编的抗日先锋队和冀东抗日联军及平西游击队的一部分合编组成。

第12团，由冀东临时来平西整训的800多人组编而成。

第13团，由在冀东包森支队组成。

部队经过整编后，一边战斗，一边进行了3~4个月的政治教育和军事训练，召开政治工作会议，建立各种制度，加强党的工作，从而提高军事、政治素质和组织纪律性，增强战斗力。在部队整训期间，平西党组织在群众中掀起参加子弟兵的热潮，充实部队。此时，平西全部兵力已达1.2万人。在老部队中，党员比例在30%以上。游击队普遍建立党组织。

随后，第6团调往雁北，划归北岳区第五军分区领导；10团去平北；12团去冀东；13团在冀东；平西留下第7、第9两个团。

晋察冀边区行政委员会冀北办事处

1940年12月26日，晋察冀边区行政委员会为加强对冀热察地区政权工作的领导，在平西设立冀北办事处，领导平西的第六专署（辖涞水（山区）涞涿（山外）昌宛、宣涿怀、蔚县、房良6县），平北的第十四专署（辖龙延怀、龙赤、昌延、丰滦密四县）和冀中大清河流域的第十一专署（辖新城、安次、霸县、静海、雄县、固安、永清、新镇八县），1942年3月，第十一专署重新划归冀中区领导。办事处主任由第六专署（平西专署）专员朱其文兼任。办事处先后驻涞水山区的河东、玉斗等村庄。涞水县属冀北办事处第六专署领导。

至1943年，晋察冀边区大力实行精兵简政，2月26日，边区行政委员会决定撤销冀北办事处，把第六专署（平西专署）划归北岳区领导，将第十四专署改设平北办事处，辖昌延、龙赤、龙崇赤、龙延怀等4个县政府，授权第六专署就近领导，主任张孟旭。平北东部的滦昌怀、丰滦密等地，划归冀东第十三专署领导。

冀察区党委

1944年秋，抗日战争进入局部反攻阶段，为适应这一形势的需要，晋察冀分局9月决定，晋察冀边区设立冀晋、冀察、冀中、冀热辽4个区党委、行署和二级军区。9月30日，冀察区党委在李各庄村建立，党委书记刘道生，委员郭天民（冀察军区司令员）张苏（冀察区行署主任）段苏权、牛树才、梁正美、易耀彩、阎子庆。冀察区党委驻地涞水山区李各庄村。

冀察区辖：

驻易县的第一地委，所属涞源、易县、龙华（驻大兴安村、曹各庄村）满城、徐水、定易涞（驻邢家庄村）6县。

平西第十一地委，所属涞水（山区）房涞涿（山外）昌宛、昌宛怀、宣化办事处5县。

平北第十二地委，所属龙延怀、龙赤、龙崇宣、昌延、龙崇赤、滦昌怀顺6县。

察南第十三地委，所属广灵、怀阳、阳蔚、怀涿、蔚涿宣5县。

冀察区行政公署

冀察区行政公署主任张苏，秘书长程宏毅（1945年3月后，由吕东接任），行署驻地涞水山区淮北村。

辖十一专署（驻易县），专员陈一凡。

第十一专署（平西），专员李关慈（后为臧伯平）。

第十二专署，（即原平北办事处）专员张孟旭。

后又根据需要，在察南地区设立第十三专署。

冀察军区

1944年9月，冀察军区同时成立，司令员郭天民，政治委员刘道生，副司令员韩伟，副政治委员兼政治部主任李天焕，参谋长易耀彩。司令部驻涞水山区李各庄村。

1945年8月，抗战胜利，8月23日张家口解放，冀察区党委、行署、军区，由涞水的李各庄村和淮北村出发，进驻张家口市。

察哈尔省委、省人民政府、省军区

1945年10月，晋察冀边区决定撤销冀察区，成立察哈尔省。11月15日，察哈尔省人民政府在宣化成立，选举张苏为省人民政府主席。选举张苏、郭天民、宋致和、张子光、刘仁术、黄元、孟子裕、王子美、蓝公武九人为省人民政府委员。

1946年10月11日，国民党军侵占张家口，察哈尔省党政军机关于10月10日撤离张家口，再次移驻涞水李各庄、淮北一带村庄。

察哈尔省党政军领导机关

1945年10月至1947年11月，察哈尔省委书记刘道生（后为杨耕田），省人民政府主席张苏。

1946年11月，冀察军区与张家口卫戍区合并为察哈尔军区，司令员为郑维山。

1946年12月，晋察冀边区决定，察哈尔省辖4个专区。涞水县随第十一专区划归察哈尔省所属。

北岳区党委、行署、军区

1947年11月，中共晋察冀中央局决定，冀晋区与察哈尔省合并，成立北岳区。北岳区党委书记赵振声、李葆华，副书记杨耕田、刘杰。行署主任张苏。军区司令员唐延杰，政治委员王平。北岳区党政军机关驻李各庄村和淮北村。从此，涞水县隶属北岳区第三地委领导。

1948年12月23日，张家口解放，北岳区党委、行署、军区，从李各庄和淮北村出发，进驻张家口市。

1949年1月15日，北岳区改称察哈尔省，其所辖第三地委（专区），改称平西专区，隶属察哈尔省。

1949年7月28日，华北人民政府决定撤销冀东、冀中、冀南、冀鲁豫、太行、太岳、太原等7个行政区。以旧省界为基础，划分河北、山西、察哈尔、绥远、平原5个省；北平、天津为华北直辖市。石家庄、太原为省辖市。其余市一律撤销。

第三节　作用与贡献

1940年初，萧克在《挺进军的三位一体任务》中，阐述建立平西抗日根据地的战略意义。他指出：第一，平西位于华北敌人统治中心—北平、天津、张家口的肘腋之下，直接威胁敌人占领的交通要道和大城市。第二，平西是晋察冀边区在东北方面强有力的卫星。因为它位置的重要，所以经常牵制敌人许多兵力。敌人进攻晋察冀边区和冀中时，都可以直接配合。平西加强边区的巩固。第三，平西是在华北的最前线，是华北军队向热河，察哈尔，冀东的前进阵地。第四，平西经过一年多的工作，创建了有利的正规军，培养了广泛的地方武装，为政权工作和民众运动，打下了基础，他已经具备了根据地的条件，成为坚持华北抗战的战略支点之一。第五，平西是冀东游击战争的直接支援者，平西的巩固，是直接配合冀东斗争的，平西与冀东在地域上容易联系，可以得到干部的调节，得到精神上的鼓励，得到军事上，政治上的直接援助。

原中共平西地委书记李德仲，在总结平西抗日根据地战略地位时认为：“平西的战略地位极为重要，它的存在，直接威胁着侵华日军在华北的指挥中心—北平、天津，以及伪蒙疆自治政府首府张家口。巩固的平西抗日根据地，这片绵延无尽的高山峻岭，又是后来坚持冀东，开辟平北两块根据地的前进阵地和后方，他又是冀中平原抗日根据地可靠后方基地。他是晋察冀与东北联系的重要通道。是平津爱国志士、青年学生及国际友人进入抗日根据地的必经之路。”

平西抗日根据地的作用与贡献：

平西是晋察冀抗日根据地的东北屏障。抗日战争时期，晋察冀抗日根据地是八路军总部所在地，是中国共产党建立的第一个抗日根据地。华北的北平、天津、张家口是侵华日军在华北的统治中心。是抗击华北日军侵略者的前沿阵地，是保卫晋察冀抗日根据地的第一道防线。平西抗日根据地的建立与巩固，对晋察冀抗日根据地巩固和发展起着至关重要的作用。

平西是华北敌人统治中心肘腋下的一把尖刀。1937年，平津失陷后，日本侵略者实行残暴的殖民统治，培植伪政权，镇压中国人民，进行疯狂的经济掠夺，北平、天津、张家口成为侵华日军在华北的大本营。平西抗日根据地位于统治中心周围，时刻威胁着侵华日军在华北的殖民统治，是随时刺向日军的一把钢刀。

平西是开辟冀东、平北扩大华北抗日根据地的立脚点和后盾。

平西是冀中平原抗日根据地和游击区的后方基地。冀中抗日根据地，是晋察冀抗日根据地的重要组成部分，冀中抗日根据地地处平原，平西抗日根据地是冀中部队军事休整、干部培训、武器制造和军工生产、伤病员治疗的重要后方基地。

平西是晋察冀抗日根据地和中共中央通往华北，东北的交通要道，是敌占区、游击区与根据地之间联系的枢纽。

平西抗日根据地的地理位置和战略地位，让侵华日军把平西抗日根据地视为“心腹之患”，眼中钉，肉中刺，频繁进行所谓“强化治安”，“肃正作战”和残酷的“军事扫荡”，在平西地区实行野蛮残酷的“三光政策”。

平西地区的抗日军民，坚决执行中共中央、八路军总部和聂荣臻司令员的指示，在极度困难的条件下，不断加强根据地抗日民主政权建设，发展抗日武装力量，发展抗日根据地经济，开展生产自救，开展抗日根据地文化教育，使平西抗日根据地不断巩固。

涞水人民在抗日战争和解放战争中，为创建和巩固平西革命根据地，不屈不挠，浴血奋战，在人力，物力和财力上做出巨大的贡献和牺牲，全县有1109位英烈为国捐躯。

涞水山区是平西的巩固区，是平西抗日根据地的核心腹地和战略要地，尤其是三坡地区，不仅是平西专区的政治、军事、行政中心，更是冀热察区、冀北、冀察区、察哈尔省，北岳区的政治、军事、行政、文化的领导和指挥中心。

从1938年春开始，一批批党政军领导干部，八路军战士，地方干部和文化艺术界人士，从抗日前线，从晋察冀边区，从平津等大城市来到平西抗日根据地，在这里聚集抗日干部，战士，最多时上万人，他们和平西儿女一起，共同战斗在抗日斗争的最前线，为平西抗日根据地的巩固和发展，为实现党中央、晋察冀军区的战略目标做出巨大的贡献。

第四节　干部摇篮

平西抗日根据地为中国革命和建设锻炼和培养大批优秀人才，成为中国革命、建设和改革开放伟大事业的有生力量。平西抗日根据地就是一所革命大学校。从平西抗日根据地到平西解放区前后近12年的时间里，为中国革命和建设培养的大批优秀人才，在抗日战争和解放战争中，在社会主义革命和建设，社会主义改革开放中发挥重要作用。一是前线的军队干部、地方干部抽调到平西地区，参加各种培训，提高政治、军事、文化素质。二是党组织派到平西的大批军事干部、地方干部，在领导平西政治斗争，军事斗争，生产建设实践中，领导能力和水平不断提高，一大批干部成长为党的领导人才或军政高级领导人才。三是大批平西本地干部，在党领导的平西革命斗争中，接受党的教育，参加革命斗争实践，成长为党的基层、中层和高级领导干部，一大批干部随军南下，走上各级党政军领导岗位。四是平西广大革命青年，踊跃参军上前线，在抗日战争和解放战争中，成长为坚强的革命战士，在社会主义革命和建设中，在改革开放的伟大实践中，做出了重要贡献。

新中国建立后，许多在平西战斗过的党政军干部，成为新中国栋梁之才，他们是：

姚依林，抗日战争时任冀热察区党委宣传部长。中华人民共和国成立后任中共中央政治局常委，国务院副总理。

吴德，抗日战争时任冀热察区党委组织部长。中华人民共和国成立后任中共中央政治局委员，全国人大常委会副委员长，中共吉林省委第一书记，北京市委第一书记。

刘杰，解放战争时任北岳区党委副书记，察哈尔省委书记。中华人民共和国成立后任中共河南省委第一书记，第二机械工业部部长。

杨春圃，抗日战争时任房涞涿（山区）联合县第一任县工委书记，平西地委书记。中华人民共和国成立后任中共沈阳市委第一书记，辽宁省委书记。

赵振声（李葆华），解放战争时任北岳区党委书记。中华人民共和国成立后任中共安徽省委第一书记，中国人民银行行长。

焦林义，抗日战争时任涞水（山区）县委书记，平西地委宣传部长。中华人民共和国成立后任广东省委常务书记兼广州市委第一书记，湖南省委书记，湖南省人大常委会主任。

陈漫远，抗日战争时任冀热察挺进军政治委员。中华人民共和国成立后任广西省委第一书记，农垦部副部长。

李天焕，抗日战争时任冀察军区副政治委员兼政治部主任。中华人民共和国成立后任第二炮兵政治委员。

杨耕田，解放战争时任察哈尔省委书记，北岳区党委副书记。1949年9月，以解放区农民代表身份，参加中国人民政治协商会议第一届全体会议。

张苏，抗日战争时任冀察区行署主任，解放战争时任察哈尔省人民政府主席，北岳区行署主任。中华人民共和国成立后任察哈尔省人民政府主席，最高人民法院副院长，最高人民检察院副检察长。第一届全国政协委员，第一、二、三届全国人大常委会委员。

张致祥，抗日战争时任平西专署涞涿（山外）办事处主任，冀热察《挺进报》第一任社长，平北抗日根据地专员，《晋察冀日报》副总编辑。解放战争时任晋察冀军区、华北军区政治部宣传部长。中国人民共和国成立后任文化部副部长，对外文化联络委员会副主任，中共中央对外联络部副部长。

臧伯平，抗日战争时任11（平西）专署专员。中华人民共和国成立后任教育部副部长。

牛树才，抗日战争时任冀察区委委员，解放战争时任察哈尔省委书记。中华人民共和国成立后任上海市副市长，河北省副省长。

马辉之，抗日战争时任冀热察区党委书记。中华人民共和国成立后任交通部副部长。

阮泊生，抗日战争胜利后任平西地委副书记，解放战争时任察哈尔省第22地委副书记，察哈尔省第7地委副书记，北岳区第3地委副书记，平西地委书记。中华人民共和国成立后任中共河北省通县地委书记，天津地委书记，河北省副省长，中共吉林省委书记（当时设有第一书记），中共山西省委书记（当时设有第一书记），山西省第五、第六届人大常委会主任。

李致远，抗日战争时任冀热察挺进军政治部组织部长。中华人民共和国成立后任河北省军区副政委。

陆平，抗日战争时任平西地委宣传部长。建国后任北京大学校长，全国政协副秘书长。

伍晋南，抗日战争时任冀热察挺进军政治部主任。中华人民共和国成立后任广西壮族自治区党委书记处书记，陕西省政协副主席。

刘慎之，抗日战争时任房涞涿联合县（山区）第一任县长。中华人民共和国成立后任福建省副省长。

武光，抗日战争时任平西地委组织部长，解放战争时任察哈尔省委组织部长。中华人民共和国成立后任新疆维吾尔自治区党委书记处书记，自治区人民政府第一副主席，北京市人大常委会副主任。

罗立斌，抗日战争时任冀热察挺进军政治部宣传部长。中华人民共和国成立后任广西壮族自治区人民政府副主席。

李德仲，抗日战争时任平西地委书记。中华人民共和国成立后任中国科学院副秘书长，空间科学技术中心主任，全国政协委员。

张明远，抗日战争时任冀热察区党委宣传部长。中华人民共和国成立后任解放军总后勤部副部长，国家机械委员会副主任。

熊奎，抗日战争时任11（平西）军分区参谋长，冀热察挺进军第7团团长。中华人民共和国成立后任云南省军区副司令员。

蓝公武，民主人士。抗日战争胜利后任察哈尔省人民政府教育厅长，北岳区行署民政厅长，华北人民政府副主席兼民政部长。中华人民共和国成立后任最高人民检察署副检察长，第一届全国人大常委会委员。

朴一禹，（中国名字王巍），国际主义战士，朝鲜人。抗日战争时任涞涿县（山外）第一任县长。回国后任朝鲜民主主义人民共和国内务相。

本文作者雷连成，编辑时有删改。

抗战时期在平西战斗过的开国将军名录

表18-2-4-1

姓 名	籍 贯	军衔	抗战时期职务	生卒年月
萧　克	湖南嘉禾	上将	晋察冀军区副司令员	1907—2008
邓　华	湖南郴县	上将	晋察冀军区第五军分区司令员兼政治委员	1910—1980
宋时轮	湖南醴陵	上将	八路军第四纵队司令员	1907—1991
杨成武	福建长汀	上将	晋察冀军分区第一分区司令员	1914-2004
郭天民	湖北黄安	上将	冀察军区司令员	1905-1970
王　平	湖北阳新	上将	晋察冀军区第三军分区政治委员兼政治部主任	1907-1998
刘道生	湖南茶陵	中将	晋察冀军区第四军分区政治委员	1915-1995
王道帮	江西永新	中将	独立师一团政委	1911-1959
王紫峰	湖南耒阳	中将	平西军分区政治部主任	1905-1994
袁升平	江西庐陵	中将	晋察冀军区第一军分区第一支队政委	1912-2003
唐延杰	湖南长沙	中将	北岳军区司令员	1909-1988
李天焕	湖北黄安	中将	冀察军区副政委	1912-1986
陈正湘	湖南新化	中将	晋察冀第四、第十一军分区司令员	1911-1993
程世才	湖北大悟	中将	装甲兵副司令员	1912—1990
赵　熔	云南宾川	中将	华北军区后勤部副部长	1899—1992
郑维山	河南麻城	中将	晋察冀军区军政学校教导团团长兼政委	1915-2000
董占林	河北涞水	中将	晋察冀军区某连连长	1923-
段苏权	湖南茶陵	少将	冀热察军区司令员	1916-1993
张学思	辽宁海城	少将	平西军分区参谋长	1916-1970
丁　盛	江西于都	少将	七团政委	1913-1999
马　龙	湖北大冶	少将	十一支队政委	1912-1977
王　亢	辽宁营口	少将	平西联军参谋长	1911-1992
王茂全	江西庐陵	少将	七团团长	1911-2008
史进前	山西定襄	少将	平西游击队指导员	1917-2008
孔瑞云	福建上杭	少将	平西九团政治部主任	1917-1992
叶楚屏	湖南平江	少将	十一军分区司令员	1916-2000
吕　展	湖南平江	少将	七团副参谋长	1919-1997
刘光涛	陕西三原	少将	挺进军青年科长	1920-2011
刘国辅	陕西米脂	少将	平西十二支队教导员	1914-1981
纪亭榭	黑龙江东宁	少将	第五支队一总队长	1912-2009
杜文达	江西吉安	少将	十一分区司令员	1914-1995

续表

姓 名	籍 贯	军衔	抗战时期职务	生卒年月
李布德	四川营山	少将	七团政委	1919-2017.12
李钟奇	辽宁建平	少将	四纵队参谋长	1913-2003
杨克武	安徽金寨	少将	平西挺进军作教科科长	1915-2017
杨思禄	江西雩都	少将	七团营教导员	1917-
肖思明	江西永新	少将	七团团长	1915-2007
吴　涛	辽宁沈阳	少将	十团政委	1912-1983
邱　蔚	湖南浏阳	少将	一团团长	1913-1957
张如三	内蒙包头	少将	五支队连指导员	1915-2003
陈云中	江西永新	少将	挺进军作战科长	1917-1995
陈坊仁	江西兴国	少将	挺进军参谋长	1916-1967
易耀彩	江西泰和	少将	四纵队营长	1916-1990
金振钟	辽宁海城	少将	五支队大队长	1914-1992
周家美	湖北潜江	少将	四纵骑兵大队政委	1913-1997
赵文进	湖北大悟	少将	挺进军十一支队大队长	1913-1998
钟辉琨	江西宁都	少将	四纵三十六大队政治处主任	1911-1994
侯正果	四川达县	少将	三十六团团长	1911-2000
徐德操	湖南平江	少将	挺进军参谋长	1914-1974
陶汉章	江西进贤	少将	平西军分区参谋长	1917-2010
龚兴贵	江西兴国	少将	挺进军电台队长	1914-2002
梁达三	江西瑞金	少将	大队政委	1912-1985
韩　庄	安徽宿县	少将	五支队总队长	1912-1991
彭寿生	江西萍乡	少将	挺进军作战科长	1915-1993
曾　威	江西泰和	少将	挺进军组织科长	1916-2004
曾克林	江西兴国	少将	挺进军作教科长	1913-2007
谢甫生	湖北大悟	少将	挺进军参谋主任	1902-1985
熊　奎	福建永定	少将	七团团长	1912-1994
肖文玖	江西吉水	少将	北岳军区副司令员	1915—2001
詹大南	安徽金寨	少将	晋察冀军区第十二军分区司令员	1914—?
李水清	江西吉水	少将	晋察冀军区第七团团长兼政委	1918—2007
李致远	江西雩都	少将	冀热察挺进军第7团政治委员	1907—1978
潘　峰	安徽六安	少将	晋察冀军区第十一军分区政治部主任	1915—1994
彭方复	湖北阳新	少将	冀热察挺进军卫生部部长	1911—2002

续表

姓 名	籍 贯	军衔	抗战时期职务	生卒年月
覃国翰	广西都安	少将	冀热察挺进军参谋长	1912—1996
王振东	河北饶阳	少将	冀热察挺进军九团连长	1916—1986
龚兴业	湖北荆门	少将	八路军120师385旅716团营长	1911-1993
颜金生	湖南茶陵	少将	八路军120师组织部科长，第358旅716团政治处主任、团政治委员	1918-1994
王再兴	陕西米脂	少将	八路军120师雁北支队营政治教导员、支队政治委员	1914-1965
彭寿生	江西萍乡	少将	晋察冀军区第十三军分区参谋长	1915-1993
王　屏	江西兴国	少将	晋察冀抗战建国学院军训部主任	1919-2007

第十九编　人　物

《涞水县志》（2000年版）《人物》按录、表、传进行分类。人物录中：科第，进士13人，其中金：1人、明10人、清2人；举人41人，其中：明代20人、清代21人；清代武科进士6人、举人20人；荐举7人，其中明代：4人、清代3人；恩拔岁副323人，其中明代123人，清代200人；附援例71人，其中：明代29人、清代42人；封赠38人，其中：汉代2人、元代1人、明代4人、清代31人；荫袭16人，其中：元代2人、明代14人；勋业59人：其中：周代1人、三国魏1人、晋代3人、南北朝12人、金代2人、元代8人、明代19人、清代13人；民国时期48人；中华人民共和国成立后各时期82人。革命烈士名录（表），收入抗日时期烈士609人、解放战争时期481人、新中国成立后91人。人物传中收入古代人物6位，近现代人物24位。本志分传、表二类，其中“人物传”记15人；人物录中收入人物简介6人，省级以上劳动模范名录16人，保定市级劳动模范名录19人。

第一章　人物传

《涞水县志》(2000年版) 人物传中收入古代人物6位，近现代人物24位。古代人物有：郭隗、祖逖、祖冲之、甘汝来、闫洛福、月舟；近现代人物有：卢洛树、恒海和尚（俗名阎海如）张丁洋、刘自仆、杨明普、刘凤岐、夏普、宁亚川、杨怀英、李凤林、刘祥庆、李来、王志华、刘文元、陈辉、赵堂、赵振凯、赵文哲、张桂楠、祁文卿、牛文岐、白秀亭、史雄飞、郭桂芝。本志收入近代23名、现代2名，在党、政、军、社会、文化教育、社科领域素孚众望者，以及离退休后发挥余热，老有所为，为家乡脱贫致富和下一代教育做出突出贡献者，以出生年月为序，生年不详者，以卒年为序。

第一节　近代人物

王万军（1885—1945）　字介三，王皇甫村人，自幼聪颖好学，多才多艺；少年时期考中秀才。18岁开始任教，先后就职于涞水县完全小学、涞水县师范学校。1937年全民族抗日战争爆发前，有感于家乡子弟就学困难，申请回乡办学，在邻村寺皇甫创办高等小学一所，自己担任校长，招收当地农民子弟，培养家乡人才。

日寇占领涞水县城后，王万军积极参加抗日活动，创作大量诗词歌赋，表明其抗日立场，动员子弟参加抗日斗争，积极向中国共产党靠拢。由于他在当地无人能及的威望，1938年，他被推选为涞水县东区区长，任职期间工作积极负责，深得上级和群众的信任。在平西抗日根据地物资短缺、粮食补给不续的时期，他利用各种关系，筹集大批药品、食盐、布匹等送到根据地。为保证军鞋质量，他用称重的方法对每一双鞋进行检验，其认真程度可见一斑。担任区长职务的同时，王万军仍旧兼任着自己创办的学校校长职务，他坚持以德育才，在学生中进行爱国主义教育，许多学生走出校门后参加了中国共产党，奔赴抗日前线。由于超负荷的工作，积劳成疾，1945年，他离开岗位回家休养，仍常常在病榻前与工作人员和教师们商讨工作事宜。1946年春节之后不久病逝于家中。

王万军去世后，附近村庄上万人为他送行，人流延绵十余里。

附：王万军诗词一首

满 江 红

霹雳一声，刹那间，山河破裂。看如今，几省同胞，沉沦虎穴。炸弹攻击北宁车，机枪扫射旧城阙，只落得，外口没遮拦，大搜劫。

木屐儿，心何野；亡国恨，何时雪！好男儿拼的雌雄已决。挥刀砍断大和魂，开怀痛饮倭奴血，待重新竖起新旌旗，方休歇。

康　群（1910—1997.12）　字秉文，生于辽宁省抚顺市，先后考入沈阳市高等师范、河北冀东建国学院、北京师范学院中文系学习，后留学日本，精通日语、俄语、英语。1949年9月参加工作，1950年3月分配到涞水一中任教，担任语文、体育、音乐、外语教研组组长；1971年调石亭高中任教；1977年调县体委，任体委武术专职教练。任北京市武术协会、孙氏太极拳常务理事、保定地区武术协会委员、涞水武术协会名誉会长；涞水县第一、第二届政协委员。1997年12月15日病逝。

他自幼酷爱武术，在国外留学期间就开始学武术，归国后，在沈阳拜一位和尚学通臂拳；到涞水后，在东关徐祥斋门下学习枝子腿、翻子拳、大杆子、十二趟弹腿；后又拜高碑店市田步芳，学习易筋经；投内家拳名家马礼堂学习六字诀养气功；之后又拜孙剑云（女）为师，精习孙氏形意拳、太极拳、八卦掌，成为孙剑云第一批弟子中的大徒弟。

在体委任教期间，开办拳术、气功、孙式太极拳，老年迪斯科、外语班，礼拜日骑自行车往返天津、北京、保定遍访武术名流，切磋交流，以武会友。几年间，培训学员2000余人。涞水武术代表队，历年参加市（地）武术比赛，团体、个人，均榜上有名。1984年、1985年受市体委派遣在涞源、易县培训全区武术学员。

1984年获中央军委副主席徐向前元帅题词“发扬传统武术，振奋民族精神”荣誉证书一册；1984年获河北省武术挖掘整理先进工作者称号，获得河北省体委奖励的青龙剑一把；1986年获河北省武术发掘整理雄狮二等奖；1984年获保定地区武术挖掘整理雄狮奖；1984、1986、1987年获县政府记功奖励。

王德隆（1913—2004） 易县远台村人，1921年10月在易县远台村上初小，1927年2月初小毕业后考入易县白堡高小，1929年3月升入易县城内高小，同年7月考入保定城内第二职业半工半读学校。不久，学业中断，回远台随父兄务农。1930年9月，易县城内乡村师范成立。1933年9月，再次回家务农。次年3月，经人介绍，到易县甘河林小学教书，教授国文、历史。1937年七七事变后，他积极参加抗日救亡运动，在狼牙山周边地区宣传中国共产党的抗日政策。1939年4月加入中国共产党。同年7月担任抗日根据地的西山南高小校长。1944年组织合作社，动员社会资金入社，解决部分贫苦学生的学习费用问题。任高小校长9年中，培养400多农民子弟高小毕业。1948年4月，王德隆调任易县文教法科任县级督学，两个月后，调到完县（今顺平县）省中做教员，次年调回易县，担任易县师范教导主任。1951年3月，调涞水初级师范学校，担任副校长，与校长阎晴一道，开始艰苦创业、打家底的时代。1952年涞水初级师范迁往易县，北郭下学校并入涞水初级中学，他仍担任副校长。1953年11月担任校长。次年，学校扩建成为“四轨制”初级中学，教职员工、学生人数大幅增加。当时教师来自全国各地，不乏家庭成份高的教师。王德隆用人重能力、重表现，讲政策，量才录用，保护十余名成份高的教师，使他们安心教育工作，稳定教师队伍。1958年，北郭下村初级中学增设两轨制高中，更名为河北省涞水中学，学校增加向大学输送合格人才的任务，教育教学工作更加繁重。在任校长期间，他恪尽职守，各项教育工作有声有色，被县委、政府评为“一代教育功臣”。期间有两名学生考上清华大学，3名学生到新华社担任记者，还培养出大使馆武官、海军舰长等出色人才。

王德隆为人诚恳和善，严于律己；工作勤勤恳恳，身先士卒；对家人严格要求，对同事和气友善，深受教职员工和学生的尊重和爱戴。“文化大革命”期间，学校陷入混乱状态。他先是赋闲在家，继而遭受冤屈，屡被审查。“文化大革命”结束以后，他重新回到教育岗位，任居士中学党支部书记，直至离休。

高田祥（1918.10—2002.11） 王村乡辛庄头村人。他出身贫寒，13岁就去做长工，1944年土改时任第一任农会主任。1944年秋参加晋察冀1分区马辉支队的游击队，在肖丙林队长领导下打游击。由于他参加抗日，日本宪兵队把他两个哥哥抓去吊打，逼问游击队的下落，被打得遍体鳞伤，二哥高田录背上还被刺两刀，但两个哥哥始终没透露游击队的任何消息。1945年1月23日，他在一座民房顶上掩护游击队转移，不幸身中两枪，他从房顶滚到猪窝上，又从猪窝掉进红薯窖里，后经组织救回，安排在北京市房山区、芦子水村魏永振家养伤。在此次战斗中，因作战勇敢立三等功一次，被评为三等残废。伤好后留在地方做地下工作，在一次执行任务时被日伪军抓住，打得皮开肉绽，被关押在涿州市孙家疃村的庙中，后被庙中老道偷偷放走，日伪军发觉后立即追捕，高田祥冒着枪林弹雨，利用麦地做掩护得以逃脱。

1945年组织上安排高田祥到宣化红石山铁矿开展工作，此矿有日本宪兵8人，劳工205人。1945年3月5日下午，一个日本兵无故毒打矿工张海林，为保护工友，高田祥将日本兵打下山坡。鬼子小队长用藤条抽打高的头部，但高挺立在敌人面前。鬼子小队长见高是条硬汉，停止抽打，说“你大大的好”就放了他。同年5月，又一日本兵毒打工人王庆好，高田祥为解救同胞，当场将日本兵打死，然后跑到地下联络站（茶馆）换上大褂，戴上墨镜，日本鬼子没抓到他，就向伪政府要人，伪政府将高抓捕后，囚在燕子李三的牢房，折磨半年后，被组织救出。

1947年组织上安排高田祥做伪自卫队长董庆的工作，劝他投诚，董不从，拔出手枪威胁。高大义凛然地说：“我敢来找你谈就不怕你胡来，我劝你还是给自己留条后路吧。”1949年组织安排他任京西矿务局党委书记；1951年被评为全国劳动模范；1955年调任华北地质队钻机机长；1959—1960年，煤炭部在其所在的地质队先后八次召开现场会，每次都由他作个人先进事迹报告。1961年国家精简机构，他响应党和国家号召，带头回乡务农。改革开放后，国家给他落实离休政策。

杨洪章（1920—1999）　九龙镇大泽村人。出身贫苦，1939年八路军第四纵队开辟平西抗日根据地时，他参加抗日工作，次年加入中国共产党。由于工作勤奋，战斗奋不顾身，不久被任命为涞水县抗日救国自卫队第16中心中队指导员，率领队伍战斗在百花山及野三坡一带。

1943年是平西抗日根据地最艰苦的一年，根据地缩小到纵横不过百余里，加上日军“扫荡”和连年自然灾害，粮食非常紧缺。为解决缺粮问题，上级命令杨洪章带领抗日救国队到当时属于涞涿县的石亭、山后一带运粮。当时，正逢拒马河洪水暴涨，他带领大家手拉手过河，几经生死，顺利到达对岸的石亭，在敌人的眼皮底下收粮装车。这次运粮，杨洪章带领的第16中队从7月7日出发至16日回到驻地，没伤一兵一卒，完成这次艰巨的任务。同年，杨洪章带领16中队不断对房、涞、涿地区的塔河、田寺口、杜家庄、清水等日本据点进行袭扰，埋地雷、割电线，参加围困敌人据点的战斗，成功逼退敌据点的日伪军，开辟新区。解放战争中，杨洪章积极参加地方工作，多次组织民兵支前，领导参与三坡一带的土地改革运动。“文化革命”中受到冲击。70年代平反后，就任涞水县工商局副局长，直至1982年离休。

退休后，他仍千方百计为封闭落后的家乡寻找致富门路，将全部精力投入到白草畔景区的开发工作中，先后考察蚂蚁山、风动石等景点，多次自费请来专家，对鱼骨洞的矿泉水进行成份化验，为白草畔旅游资源开发提供第一手的资料。同时收集大量反映三坡地区风貌的民俗文物。在开发过程中，他还特别注重解决乡亲生活等方面的问题。尤其是他看到北边桥村路窄峡险，孩子们上学放学很危险，就自己出资修一条带有护栏的水泥路，解决孩子们上学难的问题。

1988年8月，野三坡白草畔景区的北边桥村青年农民任正清在自家院子挖菜窖时，突然发现大量化石，他立即给居住在县城的杨洪章捎信。杨洪章早年就听说，北边桥村东北角有一个叫杏树台的地方，在动土时经常挖出化石，当地人称“龙骨”。他嘱咐乡亲们，如发现大宗化石立即通知他。接到乡亲们捎来的信后，杨洪章立即赶到北边桥察看，见到基本完好的几块下颌骨和脊柱，他觉得这些“龙骨”非同小可，便立刻嘱咐任正清保护好现场。他赶紧坐上汽车从涞水赶到北京，几经辗转，杨洪章到中国科学院考古研究所，考古研究所向他推荐北京大学考古系的专家，杨洪章又跑到北京大学，终于联系上考古系吕遵谔教授。第二天，吕教授和另一位黄教授带领3名学生与杨洪章一起到达现场。当时正赶上阴雨连天，挖掘受阻。为保证考古人员饮食和健康，他自费买来山羊，托乡亲们杀好款待。在大家的共同努力下，终于出土一具完整的侧卧古人类化石。考古专家吕遵谔判定为男性成人骨骼，定名为“涞水智人”。复原后的化石特征为成年男性人体，身长约161厘米，具有亚洲人种的特征。经美国亚利桑那大学采用放射性同位素、加速质谱仪测定，这具化石距今已有27500—28000年。北边桥村出土的“涞水智人”与周口店的“北京猿人”直线距离只有40千米。其后，国家考古部门在白草畔一带，进行更大规模的发掘，出土一批非常有价值的远古动物化石。“涞水智人”的发现，在国内、国际引起很大的反响。新华社发表消息说：……这一发现再次否定目前国际人类学界关于“中国猿人发展到‘北京人’以后已经灭绝，中国智人是由非洲迁徙而来”的说法……考古专家认为，此化石发现意义重大，对于寻找著名的北京猿人后裔以及探讨他和同一时期的山顶洞人的关系有着重要的意义。此化石现收藏于北京大学赛克勒考古与艺术博物馆。此后，杨洪章将全部精力投入白草畔景区的开发，直至病倒在北边桥村。

1999年2月，在“涞水智人”化石鉴定结果出来不久，杨洪章因病去世。

孙晶儒（1920—2003） 原籍山东人。1940年参加革命工作，1942年加入中国共产党，转业到涞水后，任居士中学校长，县地震办公室主任。1985年离休。离休后，在自家的小院里搞起了食用菌种植，先是种蘑菇，后是种灵芝。1996年中央电视台“夕阳红”栏目报道他的专题片“灵芝老人”。1997年，河北《老年世界》《山西老年》和《保定日报》先后登载他的典型事迹。曾多次被评为河北省、保定市、涞水县“老有所为”先进个人。

1990年，他从杂志上看到灵芝可以人工培植的消息后，高兴的一夜没睡好。灵芝自古被传为能治百病的“仙草”，药用价值很高。他想种灵芝既能使乡亲们致富，又能为更多的病人治病，是大好事，于是决定去外地学习种植技术。回来后，就在自家院里培植灵芝。学种灵芝不像种蘑菇那么简单。喷药、消毒、灭菌、操作、温度、湿度都要严格控制，这些问题在实验室里算不了什么，可在家庭不具备实验室条件的情况下培育，达到灵芝所需的条件，难度很大。单靠外地学的那点知识是种不出灵芝的，于是，他花2000多元购买大量灵芝种植方面的书籍进行学习研究，常常是白天搞试验，晚上针对问题查资料，废寝忘食。经过多次实验，终于人工培植成功了灵芝。年收获干灵芝150千克，收入达6万元。1994年，新华社播出“从灵芝采集的孢粉，能杀癌细胞，对治疗胃癌、肺癌、淋巴癌有特效”的消息后，他又土法上马，研制出用纸袋做罩，收孢子粉的办法。他收集的孢子粉，经国家卫生部专家鉴定，各种成份完全符合标准，给予充分肯定，因此，他成了远近闻名的种灵芝的土专家，被人们尊称“灵芝老人”。灵芝培育成功后，他的名气越来越大，前来求教的人也越来越多。对求教者，他不厌其烦地讲解，向求教者低价提供菌种，免费提供自己撰写打印的《灵芝孢子粉高产技术》等技术资料。有的人来过几次，回去后就是种不出灵芝，他想：看来光推广灵芝技术不行，还需实地指导。为此，他花7000多元钱买了一辆三轮车，年逾八旬的他东村走、西村串，进行义务指导。涞水县周家庄村距离县城10千米，村民周福春，学种灵芝技术后，种了几次都没成功，他知道后，6次到他家里，边干边讲解。在他的精心指导下，周福春终于种出灵芝。当年灵芝收入120千克，孢子粉2千克，总收入4万元。在他的指导带动下，涞水县有500多户农民种植灵芝，实现年产值2000多万元。于是人们送他一个“灵芝老人”的美称。

当各新闻媒介以《灵芝老人》为题报道他的事迹后，云南、广西、新疆、山西、台湾等地来人来信求教灵芝技术的越来越多，老俩口常常是不分昼夜地工作。饭，不能按时吃，觉，不能按时睡，无论多忙，总是有求必应。外省市种植户来信求技术，他就把菌种、资料及所有用具一股脑地全部寄出去，所有求教者都获得了很好的经济效益，他常说：“为别人做点事，心里痛快。”

台湾高雄市的戚正鹏和他的两位朋友从宣传媒介看到《灵芝老人》的报道后，辗转香港，三人到涞水学习灵芝培植技术，他热情接待，耐心指导，五天学成返台，两年后取得较高的经济效益。戚正鹏为答谢他，愿出资为他修缮陈旧的瓦房，却被他婉言谢绝。

河南某县孙景臻从电视上看《灵芝老人》的报道后，给他写信说：“我因夫妻不和，曾四次轻生，当看到您满头白发，年已八旬的老人，仍生活得这样有价值、有意义时，我知道错了。我才30岁，我也要自强、自立。”1994年4月，孙景臻来到孙晶儒学技术，老俩口非常同情他，又管吃又管住，像亲闺女一样招待。几天相处，她不仅学会技术，更懂得人生的价值，增强生活的信心。临行，她眼含热泪地说：“你们对我这样好，这样亲，真是我的再生父母！”

他在外地工作的4个儿女，每次回家探亲时都劝他们：“爸妈你们都这么大年纪了，该好好地安度晚年了，就不要再四处奔波了。我们又不能在身边照顾你们，让我们怎么放的下心呢！”1999年春节，大儿子回家探亲时，非要把老俩口接走。他却说：“这里有我的事业，也有我的生活‘乐趣’，我离不开我的乡亲们。”

邢　洲（1921—1999）　字步瀛，易县紫荆关区龙王庙村人。自幼对诗词歌赋尤为爱好，善书法、楹联。14岁时，因家庭变故辍学务农。1938年易县紫荆关一带成为晋察冀边区抗日根据地一分区的辖区。村抗日救国会请邢洲写上千幅楹联，分发各村宣传抗日，颇具名气。经区政府推荐到抗日根据地军分区参加培训，认识杨成武、马辉，建立良好的关系，经常书信来往，直到“文革”初期。

抗战胜利后，1946年土地改革，因受本族兄弟牵连被“扫地出门”；后虽经“纠偏”但也家道中落，为此出外闯荡。邢洲先到北平门头沟背煤，不到半月遭遇瓦斯爆炸险些丧命，后又到北平城里穆斯林聚集的牛街拉洋车，因此结识一位回民朋友，介绍到大栅栏清香浴池当伙计。一日，涞水商人杜增去北平入住清香浴池，不慎将进货钱夹丢失，被邢洲捡到，他分文不少物归原主，后与之交往日深。杜见邢州能写会算，就动员他到涞水给自己当店员。到涞水后，邢洲不愿寄人篱下，遂摆起水果洋糖小摊兼卖花生米，后在杜的帮助下成家立业。

1951年，邢洲举家搬至涞水县城西关大街，租赁门脸开副食杂货店，买卖发展迅速；转租西关大街路北四间铺面，涞水县城距“角儿”不到百米，是当时县城商业最繁华的地段。随后他又扩大门面，拓宽经营项目，利用后院作坊加工糕点，聘请糕点师傅；从保定槐茂请酱油、醋的师傅，自酿酱油醋，兼腌酱菜，成为当时涞水商界的佼佼者。为克服资金不足困难，邢州遵循“人无诚信不立，业无诚信不兴”的原则，凭借良好信誉，吸收民间存款，县城四乡富户纷至沓来。由于周转快，货源丰富新颖，令同行望尘莫及。

1954年初，国家私营工商业进行改造，实行公私合营，因货源短缺，邢洲改做旅店生意。在高易路（现112线）县城段北侧置地10亩，用土墙圈围，四周植树千余株，前辟停车场，后院设饭店旅馆，取名邢洲交通旅店，于1955年5月5日开业。1958年“大跃进”风潮之下，交通旅店成为县里的大炼钢铁指挥部，邢洲全家搬到西关任家店居住，邢洲被吸收参加工作，管理县供销社旅馆。但靠每月30元工资难以养活全家7人，他不得已而辞职务农。

经历三年困难时期后，1963年，邢洲全家又搬回交通大旅店，再操旧业，1965年基本上恢复以前的业务，有所发展。是年下半年“四清运动”开始，不再允许私人经营旅店。

文化大革命中，1966年10月13日，造反派给邢洲扣上“新生富农”的帽子，打入“黑五类”之列，将全家老少8口再次扫地出门，子女也被剥夺上学的权力。

十一届三中全会以后，邢洲“新生富农”的帽子被摘掉，又开始琢磨发挥自己善于经营的特长。1979年8月，他筹措资金500元，在县城西关租赁两间门脸，开办了只有40平米的小饭店，自题店名邢洲饭店，自己掌勺，忙时老伴和儿子帮忙。由于饭菜可口，价格公道，很快有了名气。

1986年，县城第一次改造，古城墙下南壕沟被填平改造为市场，邢洲贷款8万元，在黄金地段建成“邢洲饭店”，当年10月1日开业，一时成为县城里的显眼建筑。4个儿子先后在饭店从业，其中两个成为国家特级厨师。当时，有一个说法叫“玩在易县（清西陵），住在涿州（桃园宾馆），吃在涞水（邢洲饭店）”。

在人们思想还有待进一步解放之时，邢州敢为人先的举措得到社会承认，《人民日报》以《活到六十又开店》为题，在第一版报道他的事迹；1983年，他当选为第一届涞水县政协常委；1984年，又被推举为涞水县个体劳动者协会主席、保定地区劳动者协会副主席。在他反复申请下，71岁的邢洲于1991年加入中国共产党。

随着改革开放的进一步深入，1997年，邢洲又投资40万元在112线公路南侧兴建全新的邢洲酒店，是年7月1日开业，经过数年发展，成为涞水县城第一所包括回廊、宴会大厅、贵宾楼、仿古雅间、客房的多功能酒店。

他去世后，其后人2008年投资400万元，在三里铺村西、112线北侧建立天星源酒店。

曹一铁（1922—2008） 曾用名曹连琴，赵各庄镇、板城村人。出生时，家有土地96亩，大牲畜5头，房舍32间，雇工3人。其父早亡，幼年即随寡母刘焕林相依为命。1935年，在本县清泉寺完小毕业后，考入保定市培德中学，1937年七七事变后学校停课，被迫返回家乡。

中国共产党领导的八路军建立晋察冀边区敌后抗日根据地后，八路军第4纵队于1938年春夏之交挺进涞水，依托山区开辟平西抗日根据地，党的组织随之以半公开形式在山区迅速发展。在抗日部队粮秣紧张，遇到困难的时刻，曹一铁与其母将家中全部存粮献出，出卖部分土地，计折合小米5万斤，无偿捐赠八路军部队。

1938年9月，他积极投身抗日救亡运动，引起党组织注意，被房涞涿县选拔到抗日救国会担任秘书。同年，经板城村党支部书记刘振凤（建国后曾任北京市农工商联合公司党委书记、经理）4区区长曹建国（新中国成立后曾任湖北省文化厅厅长）介绍，成为中共预备党员。

1939年3月，在第一次整顿党的基层组织过程中，曹一铁遭受第一次不公正待遇：由于家庭出身问题，被取消中共预备党员资格；入党介绍人刘振凤、曹建国也因此遭到非难。随后曹一铁奉调到林清寺完全小学担任教师，此后，又到涞水县政府实业科担任科员。1940年冬因病在家休养半年。之后，回到香峰崖、板城小学担任教学工作。

1945年，他再次受到冲击，在国民党撕毁停战协议，大举向解放区进攻的形势下，根据地开展“反国特”运动；在左倾政策的高压下，曹一铁被勒令承认自己为“国民党员”。将母子一起扣押。曹一铁违心承认“曾在1930年加入国民党”。在此后一再向党组织反映要求更正，直到1953年，由保定市公安局立案调查，认为当时年仅8岁的曹一铁不可能成为“国民党员”，才正式取消其“国民党特务”嫌疑。在土地改革中，曹一铁与其母将家中仅存的13亩土地和20余间房产以及牲畜、浮财交给农会。

在此期间，曹一铁先后十多次向党组织提交入党申请。1950年4月12日，由当时的县委宣传部长王秀明、组织部长刘振凤介绍，加入中国共产党。同年，担任涞水县栗村小学校长。

新中国成立后，曹一铁参加涞水教育事业的开拓工作。1952年6月至1959年9月，在担任涞水县初级师范（后改为涞水中学）副校长、教导主任期间，与校长王德隆一起将涞水中学由初级中学升级为全县第一所高中。1957年反右运动中，一批清华大学、北京大学高材生被错误划为“右派”，下放到涞水中学任教，曹一铁在政治上关心、生活上照顾他们，使这些人成为涞水中学的教学骨干（大部分人在学校坚持了十多年后才离开）。1962年3月至1966年6月，曹一铁担任涞水中学校长，学校教学质量在保北各县中学中名列前茅。

“文化大革命”中，曹一铁及其家庭受到极大冲击，其母及二子被迫害折磨致死。曹一铁遭遇“靠边站”的待遇，直至1973年8月才恢复工作。其后，他无怨无悔，仍旧为涞水县教育事业呕心沥血；先后担任过胡家庄中学革命委员会副主任、涞水县教师进修学校校长等职务，直至1988年10月离休。

鲍友麟（1922—2006） 娄村满族乡西营房村人，自幼喜爱中医，少年起随父学习，后拜中医针灸名家牛泽华为师，研读中医经典，习其医术。1941年通过考试获得开业资格，1942年进入北平医学会中医讲习所学习，同年开始行医。1947年通过中央考试院特种中医师考核。1950年到北京市中医进修学校学习现代医学知识。1958年到北京中医医院参加工作，任主任医师。1990年被确定为北京市老中医药专家学术经验继承工作指导老师。

他擅治多种内科疑难病症，尤对消化系统疾病有较深入的研究，疗效显著，受到患者欢迎。他总结先辈经验并结合自己的实践，认为脾胃为后天之本，调理气血是中医治病的重点，在治疗时常用祛邪扶正之法，收效颇佳。他在治疗中常针药并施，相辅相成，尊古但不泥古，辨证与辨病相结合，一切以减轻病痛、提高疗效为准。他总结经验传授后人，撰写《六腑以通为顺》《对脾胃病的辨证论治体会》等多篇论文，被收录进《北京市老中医经验选编》中。

贾殿卿（1924.9—2009.5）　王村乡孔村人。1948年毕业于河北省立保定中学，同年回本县参加教育工作，历任教导主任、校长职务35年；1983年被选为县政协副主席；1989年离休，继续担任政协常委。2002年10月加入中国共产党。

他从事教育工作35年，辛勤耕耘，全面贯彻党的教育方针，培育一大批德才兼备的四有人才，据不完全统计，县处级以上就有200多人。在他的学生中有专家、学者、高级工程师，也有省部级干部、部队司令员、军长等。他的人生座右铭是“甘做园丁育桃李，吐尽珠玑育人才。”

在政协任职后，他认真学习贯彻党的统战政策，积极联系各界，广泛收集社情民意，撰写提案60余件，得到党和政府的采纳和群众好评。

1989年10月离休后，除继续担任政协委员外，还担任关心下一代工作委员会常务副主任，老年书法协会会长，老年协会会长，塔岗社区委员会主任，老年大学校长，家长学校校长，公、检、法、工商、税务、文教、卫生等单位的社会监督员计20多个不计报酬的社会职务。他在关心下一代工作方面，成绩尤为突出。十几年来他剪辑有关资料150余篇，撰写报告材料70余篇，组织各种形式的报告会、座谈会、研讨会、经验交流会205场次，受教育面达17万人次，得到各级组织的肯定，受到家长和孩子们的尊敬和爱戴。

1992年获“全国老有所为创新奖”颁发金质奖章一枚。1994—1999年受到省委、省政府及厅级四次奖励，颁发奖牌3枚，金质奖章1枚。授予省、市先进工作者、先进个人称号。1997年获得保定市劳动局、民政局等6部门颁发的“老有所为贡献奖”；2000年又获得保定市老干部局“特殊贡献奖”。1996年中央电视台夕阳红栏目组，专题采访录制他的先进事迹，在央视播放。2007年被河北省委、省政府评为“全省关心下一代工作先进个人”。

他的人生格言是：“今生今世无所求，只求奉献到尽头”。塔岗社区党支部为其赠送条幅“耄耋入党境高纯，岂为升官和奉银。热血倾注下一代，钟情老协组创人。忘我工作在社区，鞠躬尽瘁为黎民。夕阳光辉映天地，只求奉献有精神。”

陈国富（1924—2008）　王村乡、下庄村人，1949年从北京华北人民革命大学毕业后参加南下工作队，随部队到湖南湘西工作。1985年于湖南保靖县电力局离休。离休后，他放弃高薪聘请，谢绝优厚待遇，回到家乡涞水县。2008年去世。

回乡后，了解到农民缺少技术和市场信息，想富找不到致富门路，于是决定开办一个农民致富技术信息服务中心，用科学技术、信息，帮家乡人民脱贫致富。他把自己的安家费和多年的积蓄拿出来，在县城南壕沟市场建起两间门面房，用离休费订购《致富时代》《实用技术与发展》《河北农业科技》《农村新技术》等全国各省、市的科技服务报刊100余种，把这些报刊分门别类，依次挂在墙上，供人们阅览。每天多则百余人，少则几十人。后来，县科委、农业局把“服务中心”作为向农民推广新技术、新信息的一个重要窗口；省科委科学技术情报所将陈国富的服务中心作为传播信息的一个“前哨阵地”，由他负责发放实用技术信息，推广新技术、转让新技术的工作。服务中心服务对象主要是农民，面向全社会，对来寻找科技信息的顾客，不管是本地人还是外地人，他都热情接待，做到有求必应，他每天天一亮就开门迎客，没有星期天和节假日，每天为人们解答问题，提供科技信息。年均接待群众15000多人次，提供技术信息8100多条，送技术上门30多次，在养殖、种植、加工、矿产等诸多方面给群众提供了帮助，社会、经济效益显著。如易县驻军赵吉昌需要饲养绿毛龟的技术资料，他翻遍手中所有资料也未找到，最后从北京找来一套，送到赵吉昌手中；听说南关榨油厂的棉油渣堆成了小山，发愁不能利用，便主动上门给他们提供几项处理办法，送去有关技术资料，使油渣得到充分利用，变废为宝。1997年，他的事迹在中央电视台《夕阳红》栏目播放后，在全国各地引起了强烈反响，来信求要致富信息的越来越多，他都一一回信答复。如宁夏残疾青年马灵震来信说了他的遭遇，询求致富信息，陈国富马上把制作松花蛋的技术及配方邮寄给他，帮他开办松花蛋加工厂，生意红火。陈国富坚持深入农村调查研究，结合有关资料和农村的不同土质、气候、降水量等情况，寻找适合不同情况的技术信息提供给农民，确保了农民利用科技信息致富的可靠性。他还注意发挥“科技服务中心的枢纽作用”，通过信息反馈，掌握情况，发现有的农民由于信息不灵盲目生产，导致产品滞销，遭受经济损失后，就及时通告顾客引以为戒。为规避风险，引进推广新品种时，他先试种，成功后再推广，如小麦优良品种89-2，自己先试种两年，才向农民推荐。为方便群众查阅资料，他把十几年来积累的资料分别建成科技报纸、科技书、科技杂志三个资料室，分成20大类，整理资料3000多份，整理出各种信息资料30000余条。

《河北日报》《河北经济报》《河北老人世界》《保定日报》《天津科技报》先后刊载陈国富帮民致富的先进事迹，多次被省、市、县评为“老有所为先进个人”和“学雷锋标兵”，被家乡人民尊称为“科技老人”。

于克山（1925.5—1993.10） 王村乡辛庄头村人。1945年入伍，1946年入党，一直在67军服役。历任战士、班长、排长、连长、野炮营长、团长、199师副参谋长等职，1983年离休，副师职待遇。抗日战争、解放战争时期，曾参加过绥远战役，怀来保卫战，康庄阻击战，冀中、徐水、正定、沧州、子牙、阳原攻坚战，宁远堡阻击战和涞水县庄疃、北义安歼灭战，曾被授予自由勋章，解放勋章和独立功勋荣誉章。

赵　栋（1927—1997） 赵各庄镇河东村人，幼时父母双亡，家境贫寒，没上过学。1943年3月，自愿报名参军，分配到平西军分区刘家河民兵工厂做弹药。1945年他主动要求参加作战部队，经过3个月培训分配到晋察冀军区二纵五旅五九七团三营八连当战士。1949年10月1日，他所在部队作为中共中央主席毛泽东的特邀功臣部队参加中华人民共和国开国大典，接受毛泽东、朱德司令等中央领导人的检阅。是年，11月初，回家探亲，在七天假期里完婚。在此期间，中共涞水县委、县政府授予他“人民功臣”荣誉称号。县长杜恩荣给他家悬挂刻有“人民功臣”字样的牌匾，

1951年三月随志愿军赴朝参战。1952年5月，中国人民解放军第六十七军授予他“孤胆爆破英雄”称号，号召全军指战员向他学习。1953年1月，受到人民解放军一九九师通令嘉奖。1953年5月，中国人民解放军一九九师授予他五九七团“小老虎”称号。五九七团任命他为“英雄钢四连”代理连长。

他在部队期间历任战士、通信员、班长、排长、“英雄钢四连”代理连长，参加国内外战斗40余次，立战功13次，其中国内11次，国外2次，荣获解放勋章一枚，荣获朝鲜人民军总司令部授予的“国际二级、三级勋章”各一枚。

1953年11月，随部队回国，在唐山六十七军留守处速成学校学习。1955年7月复员回乡。回乡后，他积极参加农村社会主义建设，数次到部队、学校，以自己的亲身经历为官兵和师生做革命传统报告。鼓励干部战士继承和发扬战争年代和革命精神，牢记使命，刻苦训练，争取更大光荣。教育青少年勿忘历史、好好学习、奋发图强，做合格的革命事业接班人。1997年10月病逝。

翟建中（1932—2007） 原名翟满堂，无极县人，出生于涞水县北关村，家境贫苦，伯父、父亲靠打短工维持生活。他7岁入私塾学习，1943年转到城内完小，因时局动荡，曾两次中断学业；1948年高小毕业，同年11月被学校送往平西专署知识分子训练班学习；1949年4月，被分配到涞涿县二区北七山村任教员，同年加入共青团；1951年11月调到二区担任小学总校长，兼任二区基层教育工会主席；1953年1月加入中国共产党；1954年5月调县文教局任科员；1963年4月任涞水县人委办公室科员，次年4月任涞水县文教局副局长。

“文化大革命”初期，县文教局被攻击为“执行修正主义教育路线的黑山头”，翟建中因怀疑有历史问题被揪斗4个月，经上级多次审查始洗清冤屈。期间，转任县剧团支部书记、县卫生学校支部书记，1976年12月重回涞水县文教局，任副局长。

1983年3月任涞水县文教局局长，推进教学改革，转变教学思想，改革教学方法。变单纯的传授知识为注重培养学生的能力，在全县推广六课型单元教学法，开展“一节最佳课”评选活动，评选出县级优秀执教者46名；特别是在初等教育的普及方面，为实现涞水县九年义务教育奠定基础，提高全县的教学质量

任局长期间，筹集资金10万元，扩建县幼儿园，解决幼儿园入园难问题。扩建涞水县第一中学3室（理化实验室，仪器室、图书室），在教学费用不足的情况下，完成高中由2年到3年的学制改革；筹集增班费5万多元，购买桌凳；为解决全县教师紧缺问题，筹建涞水县师范学校。

1984年，他主持完成全县小学5年制向6年制改制工作，基本普及初等教育。他提出“划片招生”的理念。在充分调查研究的基础上，从1986年开始，采取“划片招生”就近入学的方法，使优差等生搭配入学，合理配置教师、学生的资源，充分调动教师、学生的教与学的积极性。

1984年，继续推进中学结构改革，将国办居士中学改为农技中学，当年录取104人，录取新生质量接近县重点中学。农技中学面向农业现代化，与县农业局林业局种子站联系，进行6个品种种植试验，推广新技术，使居士中学成为涞水县农业科技示范技术推广中心。

1986年全县幼儿园入园率达72.98%，初等教育入学率达到98.3%，巩固率达98.4%。考入中专66名，考入大专院校51名。是年，他因病离任。

赵明会（1963—2002）　赵各庄镇福山口村人。出生于烈士家庭，自小接受革命家庭的影响和熏陶。1984年9月参加工商行政管理工作。18年中，刻苦钻研业务，严格执法，甘于奉献，先后5次受到省、市、县有关部门的表彰和奖励，5次被评为优秀公务员，2001年度被河北省工商局荣记三等功一次，他所领导的镇厂工商所和石亭工商所多次被省、市、县工商局评为先进单位和三星级文明工商所。

赵明会从小养成良好的学习习惯，参加工作后，他撰写学习笔记、工作日记16本；学习心得1006篇22万多字。在各级报刊发表文章91篇。赵明会在伤重住院期间，忍受着肉体的痛苦，仍然坚持读书看报，写病榻日记，一天也不间断。他牺牲的前一刻，他都没有放松过学习。

赵明会任职的镇厂工商所，距县城200多里地，而所里多数同事的家都在县城。为更好地工作，他率先垂范，扎根山区，坚守岗位5年如一日。有一次，他的儿子患了急性肾炎尿血，妻子哭着叫他回家，正在外边执行任务的赵明会得到消息，不顾同事们的催促，直到任务完成后才在凌晨赶到医院。他仅陪了两天，就急匆匆回到工作岗位。任务最繁重的时候，他连续40多天不回家。为保证所里人员生活，他自己垫付300元建立食堂，要求大家一律在食堂就餐，宣布“禁酒令”。

邢台的投资者王成林、安连生准备到涞水投资办选矿厂，考虑到人地生疏，心存犹豫，经四次考察还迟迟难下决心。得知这一情况后，赵明会主动联系，上门做工作，既讲涞水的投资环境，又积极帮办各种手续。很快使投资30万元的选矿厂开工，为当地经济发展做很大贡献

1998年11月，随着国务院《粮食收购条例》的颁布。1998年11月25日，石亭村村民郭万成无照非法经营粮食，任镇厂工商所所长的赵明会率人查处，没收面粉8910斤，大米6243斤，处罚款。由此，郭万成怀恨在心，多次扬言报复。内蒙古自治区的李×一车10吨面粉，手续不全被查扣后，他乘没有别人在场，悄悄给赵明会塞了500元现金，以求放行。赵明会立即喊来工商所其他人员，将500元钱上交。有一次，他大哥的一个姻亲违法经营粮食被查扣，他大哥满怀信心地找到当所长的弟弟，赵明会说：“监管粮食市场是天大的事，我不能失职。”结果，那车粮食被依法没收给予罚款。他大哥也生气地拂袖而去。为此，赵明会也很伤感。于是，他就如何对待说情现象进行深入思考，撰写《“善待”说情者》的文章在报上发表。在贯彻落实国务院《粮食收购条例》的攻坚阶段，仅1998年9月至1999年9月一年中，他就带领全所人员查办违法粮食案件36起，没收粮食10.16万斤，罚没款9.4万元，被评为全省工商系统粮食市场监管先进单位。

赵明会乐于助人，在他辖区有一家永顺构件厂，外欠款长期追讨不能兑现，致使企业资金周转困难。赵明会得知后，立即协调外地工商部门，四次亲自登门做工作，协助将6万元欠款追回。构件厂老板掏出好处费表示感谢，被赵明会婉拒，提出请吃饭也被谢绝。他说："你们好好经营，照章纳税，让企业发展起来，这是我最大的愿望。"1992年5月，一名四川籍打工人员在固安县一家砖厂工伤致死，父母从家乡赶来，砖厂老板置之不理。以至死者父母流落街头。此事被赵明会得知，他主动去帮助死者家属，依据有关法律将砖厂老板告上法庭，使死者家属获赔丧葬费及经济赔偿。事后，死者父母向赵明会当街下跪，拿出3000元作为酬谢。他分文未收，连一顿饭都没吃就赶回涞水。

2002年4月25日，赵明会在石亭村检查市场，与村干部商量办庙会事宜，被他依法处理过的郭万成，纠集5名歹徒，对赵明会实施蓄谋已久的报复。他们手持铁锹柄，对赵明会进行突然袭击，5根棍子打折了4根，还用煤块向赵乱砸。在场的个体工商户和一名工商所干部，在保护赵明会时，也不同程度受伤。经检查，赵明会左小腿、头、背及右下肢等多处被钝器击伤，左小腿胫骨粉碎性骨折。住院医治14天后，不幸牺牲。

事件发生后，国内媒体进行大量的报道；国务委员吴仪在一篇报道上批示，要求严加查处。省委、国家工商总局领导也十分重视。河北省工商局，保定市委、市政府，涞水县委先后做出"向赵明会同志学习"的决定。

2002年11月12日，保定市中级人民法院公开宣判郭万成等人，伤害致死赵明会一案，罪犯郭万成被判处死刑，其余四人分别被判处无期徒刑和有期徒刑。

第二节　现代人物

王　恺（1921—2010）　龙门乡、苇家峪村人。1938年，八路军到涞水县山区开辟根据地，他积极参加抗日活动，于1939年加入中国共产党，担任村自卫队指导员。1940年，参加区"青年救国会"除奸团，先后任副团长、团长。

1940年，在"百团大战"战役中，王恺冒着生命危险搞情报、组织担架队上前线抬伤员，送水送饭、支援前线，参加攻打涿鹿县日军据点东团堡的战斗。他带领支前民工，配合挺进军主力部队连续战斗18天，终于将这个敌人的大据点拿了下来。王恺出色的工作能力和坚定的党性，得到平西地委重视，被选送到北方公安局受训（平西行政公署所辖的治安保卫机关）。1940年，在冬季大规模扩军工作中，他被派往安子沟村开展扩军工作，动员十几名青年参军，超额完成任务，受到县里的通报表扬。1941年2月，涞涿县委派他到冀察热辽区党委党校学习，马辉之、萧克等多次为他们讲课，使他较为系统的学习马列主义、毛泽东思想，从此开始识字。1941年8月底党校毕业，被分配到涞涿县四区工作（现野三坡一带）。他在这个区连续工作近三年，负责在半游击区侦察敌情，递送情报。1943年反扫荡斗争中，他带领公安、区武装部干部组成的工作小组在三坡各村开展打击汉奸特务活动，埋地雷、探情报、反击日本鬼子扫荡。发挥自己的聪明才智，制造了铁雷、石雷、木雷等各种武器。在他的指挥下，庄里村的民兵小队长张友成，在敌据点（杜家庄）附近，炸死日军中队长，成了边区民兵战斗英雄。解放战争期间，他参加在阜平召开的中共北方局土地工作会议，代表平西介绍了自己在涞水县二区搞土地复查时，放手发动群众，注意掌握政策的经验，受到与会领导和代表的热烈欢迎，他的发言，第二天整版发表在《晋察冀日报》的会刊上。

土地会议后，王恺被提拔为涞水县委书记。他带领县委一般人开展贯彻土地法大纲工作，在前段土地复查的基础上，抽肥补瘦，填平补齐，解决了复查中分配不公的问题，以及对地主不分地、分次地、远地的问题，同时开展对地主富农的挖浮财斗争，全县挖出了地主埋藏在地下的银元几万块，元宝上百个，送到上级政府支援解放战争。还及时纠正刑讯、逼供、乱打人、伤害中农利益等问题。涞水县的各项工作开展顺利，两次扩军都超额完成任务，农业生产也有很大发展，有力支援前方的解放战争，受到平西专员公署的通令嘉奖。不久，平西地委在宛平县清水村召开平西地区全体脱产干部大会，动员广大干部，积极到新解放区开辟工作，经过土改和大批干部南下，新提拔起来的贫下中农出身的脱产干部，文化程度都不高，有的没上过学，工作起来很吃力。为了推动他们学习文化，王凯专门在全县干部大会上讲了一次话，标题是："我是怎样学习文化的"。不久北岳区党委机关报《北岳日报》上刊登王恺的文章，保定地委内刊、河北省、东北以至中央的一些刊物都予以转载。读者被他勤奋学习的精神所感动，纷纷给他写信畅谈感想。

1953年夏，调任保定地区供销社副主任。1956年春，任地委常委、地委财贸部长兼专员公署副专员。1960年12月，调徐水县任县委第一书记。面对"大跃进"中浮夸风和自然灾害造成的饥荒，他亲自到火车站劝阻群众外出逃荒，把县里的严重情况报告地委。他不分昼夜工作，体重由70多千克减到不足50千克，终于带领群众闯过难关。

1961年春节后，他参加全省干部会议，会上省委肯定了"大跃进"中产生的农村食堂，作出两项规定：不许撤销"全民食堂"；不许分集体财产。在讨论会上，他把自己的调查的情况、数据实事求是的都讲出来，引起上级重视。时任中共中央书记处书记、党中央办公厅主任的杨尚昆，专门带工作组到徐水县调研。不久，他接到省委办公厅召开全省紧急电话会议的通知，省委领导点名王恺必须到会。会上，省委领导传达中央刚刚下发的关于解散全民食堂问题的文件，同时指定徐水县作为全省解散全民食堂的试点县。

1963年7月中下旬，保定地区连续降雨20多天。8月8日，保定地区的小型水库—刘家台水库决口，造成了特大洪灾。此时，他担任市区防洪指挥部的总指挥，抢险中他几次遇险，幸亏被跟随的解放军战士抢救出来……在这次抗洪抢险中，由于提前有准备、组织严密、上下齐心，保定市没有一人遇难。

1966年6月，他在河北省三级干部会上定为黑线人物，后多次受到批斗和人身侮辱，甚至遭到生命威胁。在两派数次围攻揪斗中，他坚持原则保持共产党员的高风亮节。1970年秋被"解放"，任中共保定地委委员、保定市委书记。

1978年秋，王恺被确诊为胃癌，胃部全部切除；1979年出院后，任保定地委书记兼保定市委书记，1983年6月离休。

1991年7月1日，出席全国老有所为先进个人代表大会，受到江泽民等党和国家领导人接见。

张文生（1921.9—2014）　石亭镇东龙泉村人，1944年3月加入中国共产党，同年参加革命工作。历任房涞涿县三区青抗先游击队二小队队长；涞涿县四区区委委员，涞涿县四区区委副书记、书记兼区小队政委；保定地委组织部干事；易县农林局长、副县长；定兴县副县长、县委副书记；满城县委代理书记、县革命委员会生产处副处长；清苑县委副书记；保定地区行署农办副主任、棉办室主任、农业局长。1985年9月离休。

1986年2月，他告别城市舒适的生活，同妻子一起回老家帮助乡亲脱贫致富。他同乡亲们一起打机井、修水渠，把全村80%以上的旱地变成水浇地，结束靠天收局面；他在自家庭院率先搞温室蔬菜种植试验，然后向村民推广，在调整产业结构，提高村民收入方面发挥示范带头作用；他组织带领群众上山植树，把荒山变成了花果山；他利用各种关系，引进农作物优良品种和种植、管理技术，提高产量和村民的收入。经过十几年的努力，家乡的面貌发生根本性的变化。1991年3月、1992年3月20日，河北省委书记邢崇智和青年作家铁凝，两次到东龙泉村看望他，邢崇智写下"党魂"二字。

回乡17年间，为村里和乡亲们做大量的工作，但他从未要过一分钱报酬，受到各级党政组织的褒奖和众亲们的广泛赞誉，先后获得河北省优秀共产党员、河北省老干部先进个人；保定地区帮民致富优秀离休干部、保定地区优秀共产党员、保定地区老干部先进个人；涞水县十佳共产党员、涞水县两个文明建设先进个人、涞水县精神文明的楷模、涞水县带领群众致富的先锋等荣誉称号。

年逾八旬，他又拿起了笔，撰写村史、革命斗争回忆录、整理当地流传的传说、故事，十余年间，编著《我的一生》《金山英烈》两部传记式著作。编纂《东龙泉村史》《金山院传说》两部资料性书籍。编辑了参考性资料《史料辑纂》《史料续集》，共计30余万字。

2005年，荣获中共中央、国务院、中央军委颁发的纪念中国人名抗日战争胜利60周年纪念章。

王宝义（1932.9—2015.5） 定兴县西城村人，大专文化，高级政工师。1949年4月参加工作，1997年4月加入中国共产党，历任涞水县北白堡村小学教师；县文化馆馆员；县电影放映队队长，电影管理站副站长，电影公司经理；县文化局副局长，旅游局局长，县政协副主席等职务。

1951至1962年担任电影放映队队长期间，涞水县电影放映队多次被评为河北省电影系统先进单位。特别是1958年，他创建的第一代“三姐妹”放映队，成为全国电影战线的一面红旗。1960年6月，他出席在北京召开的全国文教战线群英会，受到周恩来、刘少奇、朱德等党和国家领导人的接见。1965年3月，“三姐妹”电影放映队在天津为国务院周恩来总理、副总理李先念作专场汇报演出，受到亲切接见和充分肯定。

王宝义

1984年，王宝义任县文化局副局长，决心为山区父老乡亲探寻一条甩掉贫困、走向富裕的道路。在县委、县政府支持下，他带领8人组成的旅游资源考察组，走遍100多道山梁，攀登90多座山峰，步行上万里路，历经两年时间，梳理出开发野三坡旅游项目的六大优势，规划出野三坡的六大景区和72个景点，提出野三坡景区整体发展战略。1986年7月，野三坡百里峡景区正式对外开放，接待游客；1987年，被国家旅游局确定为“国内旅游开发试点”；1988年，被国务院评定为“国家重点风景名胜区”；1991年，被评为国家旅游扶贫先进典型，他被评为全国旅游行业劳动模范；他用心血塑造的“野三坡模式”和“正定模式”，直接推动1992年全国国内旅游现场会议的召开，成为国内旅游史上的开先河之作。使旅游业成为涞水最具优势、最富特色的支柱产业。

1997年7月王宝义离休。被县委、县政府聘为旅游工作终身顾问，继续为涞水旅游事业献计出力；被中国风景名胜区协会聘为常务理事，创办了中景旅行社；1998年，通过个人筹资、村民集资创办朝鲜民族村。2004年10月，出席全国老干部先进个人和先进离退休干部表彰大会，获“全国优秀老干部”荣誉称号。2007年担任涞水老区建设促进会会长，继续发挥余热，推动涞水的经济建设。2015年5月8日因病去世。

贺普仁（1926—2015） 字师牛，号空水，娄村满族乡石圭村人。1999年6月15日加入中国共产党，1956年公私合营在北京中医院参加工作，先后任针灸科医生，主任医师，教授。全国著名老中医、国家级非物质文化遗产传统医药项目代表性传承人。任中国针灸学会副会长、北京针灸学会会长、中国中医药学术研究促进会理事、北京针灸三通法研究会会长、国际针灸培训中心北京分部名誉主任、国际针灸考试中心委员、北京市武术协会委员、北京市八卦掌研究会副会长，中国科协委员、北京医师协会理事等职。2006年，被聘为中国中医科学院学术委员会委员。2008年入选第一批“国家级非物质文化遗产针灸项目代表性传承人”。2008年12月，被授予“首都国医名师”荣誉称号。2009年，被国家人力资源和社会保障部、卫生部和国家中医药管理局联合授予“国医大师”荣誉称号。2010年，被联合国

贺甫仁

教科文组织确认为人类非物质文化遗产代表性传承人之一。

他14岁从师于京城针灸名家牛泽华，深得老师真传。1944年结识尹氏八卦掌第二代名师曹钟升的高足张晋臣，学习八卦掌，将中华武术与医术相结合，形成自己独特、疗效显著的针刺手法。从师八年后，在北平自建诊所，悬壶应诊。1948年春天，天特别冷，他的诊所外，有位老人久久徘徊，引起他的注意，贺甫仁迎出去问，您老有事吗？老人说：我想看看病，可我……可我儿子被国军拉去当兵去了，我手头紧，你看能不能……。他打断老人的话，说：你这病不是一天两天了，养病如养虎啊，你别管了，有病来看就行了。这样的事经常发生，他同情患者的遭遇，只要来求诊，来者不拒，先治好病再说，没钱就先记个账，有钱再给。凭他的服务态度和疗效，以及诊费上的不计较，他的口碑越传越广。1956年，他响应党的号召，关闭患者盈门的诊所，参加公私合营，到北京中医院针灸科当了一名普通医生。虽然身份变了，但他还是放不下那些享受他免费治疗的穷病友，告诉他们，晚上到我家来吧，下班以后给你们看病。从1956年开始，到他家接受义务针灸治疗的患者数不胜数，他的医术医德，感动着每一位患者。一年春节，他家大门不知谁贴了一副对联，内容是：真功知吉祥，善门度众生，横批：功德无量。他看到后对子女说，把它取下来，治病救人是大夫的职责，别让路人误会是咱们自己贴的。子女去揭对联，被邻居挡住，对他的子女说，不能揭，这幅对联不过分。

在50多年的医疗实践中，他不断总结经验，博采众家之长，用全新的治疗思想，创立“病多气滞，法用三通”的中医针灸病机学学说和独具特色的针灸治疗体系贺氏三通法，在国内外产生重大影响。他运用三通法治愈人们认为中医治疗不了的一些器质性的疾病，如甲状腺肿瘤、子宫肌瘤、乳腺增生、乳腺癌、心肌梗塞、泌尿系统结石、风湿性关节炎、面部神经麻痹等，都有独到之处，创造无数个奇迹，被人们誉为“神针”、“天下第一针”。他撰著的《针治泌尿系统结石500例临床观察》或北京市卫生局科研一等奖。在新加坡获得“排石圣手”的尊号。

1987年7月，他怀着对祖国未来的责任和爱心，开办弱智门诊就诊患儿显效率达到80%以上，有效率达到95%以上。为此，新华通讯社编辑发表《为弱智儿童换回春天》的文章。1987年秋，他作为中国针灸界五位代表之一，出席在北京召开的世界针灸学会联合会学术会议。1991年当选为中国国际针灸考试中心副主任，担任首届国际针灸专业水平考试中心主考官。在北京中医院期间，他代表中国针灸界出访过十余个国家和地区，他精湛的医术，让中外医术界同仁惊叹不已，为中国针灸走向世界做出贡献。

1991年，他被国家中医药管理局、北京市卫生局指定为国家500名老中医之一，为其配备国家级徒弟、市级徒弟，先后带徒8名，带研究生3名，学生达400余人。

临床之余，他重视临床经验的总结和针灸理论的研究，先后发表论文多篇。1973年发表《针灸治疗输尿管结石》论文，获北京市科技进步成果三等奖；1998年发表《针灸治疗小儿弱智》论文，获香港中医药及中西医结合交流大会优秀论文奖；2000年贺氏针灸三通法的系列图解丛书，荣获科技专业北京市科技成果三等奖。著作有《针灸治病》《针具针法》《针灸歌赋临床应用》《火针疗法图解》《针灸三通法临床应用》《毫针疗法图解》《火针疗法图解》《三棱针疗法图解》等书。年逾八旬，仍为实现其弘扬针灸医术的夙愿收徒授业，重病在床仍笔耕不辍，亲自指导《针灸宝库—贺普仁临床点评本》的编写和出版工作。

作为国医大师的他，心系家乡，不忘乡亲。2006年，他出资帮助村里修通水泥路。2009年5月15日，他回家乡石圭村，参加石圭村“新农村建设暨普仁文化中心”奠基仪式，为村文化中心建设捐赠20万元，承诺每年春节为全村70岁以上老人发放慰问金。2009年来，他多次带领儿子、孙女及北京三通法研究会和北京三通中医门诊的专家到石圭村开展义诊活动，得到当地村民的广泛赞誉。

2015年8月22日在北京逝世。

李万恒（1923—2016.5） 娄村满族乡燕翎村人。1940年10月参加八路军，1941年3月加入中国共产党。历任199师597团参谋长、副团长、团长、199师副师长、参谋长、师长，第67军副军长、军长。1951年6月赴朝鲜作战，参加金城战役，研岩山反击战。立战功二次，三等功一次，1954年9月回国。1965年授上校军衔。1983年8月离休。1988年7月被授予独立功勋荣誉章。2016年5月6日病逝。

第二章 人 物 录

本章收入现代人物11人，其中军界4人、佛教界1人、政界3人、著名中医1人、老有所为的离休干部2人，以生年为序，用文字形式，记述他们的生平事迹。以表格形式收入全国劳动模范5名，省部级劳动模范14名，市级劳动模范19名。

第一节 在世人物

董占林 生于1923年，涞水县西水北村人，父亲董玉兴在清朝末期考中秀才，以教私塾为业。由于在家乡无法生存，只得迁往房山县张坊镇，后又迁移至镇江营村。

董占林自幼随父亲读私塾四年。1932年华北大旱，父亲求职无着，只得将次子卖给涞水县渐村农户，自己靠打零工度日。1933年，其父因病去世，次年，其母也撒手人寰，董占林和9岁的弟弟只能靠给地主放猪、打杂维系生活，时常遭受雇主虐待。

1937年“七七事变”后，董占林的家乡陷入水深火热。1938年4月初，八路军晋察冀军区一分区一团开到涞水县石亭、张坊一带开展抗日活动，不到15岁的董占林参加八路军，担任一连通讯员。9月，在一次与日军短兵相接的肉搏战中，董占林第一次亲手杀死一名日本兵，此后，又参加黄土岭战斗和百团大战。

1943年，为巩固和开辟冀东根据地，晋察冀军区和平西挺进军决定抽调一部分战斗骨干奔赴冀东，组建新的战斗部队；董占林奉命与160名战友转战千里到达冀东13分区，担任12团侦察科参谋、连长。1944年，董占林加入中国共产党。

日本投降后，董占林所在部队收复山海关，第一批进入东北。在随后的辽沈战役中，已经担任东北野战军第八纵队23师69团团长的董占林，参加攻克锦州战斗。他带领战士们一夜之间在城墙下开阔地上，挖出一条800米长的交通壕，直达敌阵地前沿，和友邻部队一起发起冲锋，攻克敌人防御据点。

1948年11月，董占林部改编为中国人民解放军第54军134师402团，参加攻克天津城防的战斗。

董占林（左）

以伤亡300余人的代价歼灭国民党军队2000余人，受到上级嘉奖。随后带领部队南下，一直攻打到广西边境，随即转入剿匪战斗。至此，董占林参加大小战斗100余次，从华北、东北转战至西南。

在抗美援朝的战斗中，董占林参加上甘岭战役，任87团见习团长。在开展小部队歼敌运动中，他参与制定为保障该团与某军的结合部安全，改善防御阵地态势的391高地潜伏反击作战计划：即在前沿阵地秘密潜伏，然后出其不意，迅速攻占该高地。按照这一作战方案，精心组织，大胆潜伏，只进行半个多小时的战斗，就攻占391高地，全歼守敌150多名。

1953年9月抗美援朝结束归国。7个月后，又率队翻越海拔5700多米的雀儿山，参加西藏平叛战斗。初战昌都东北，随后又乘胜穿过金沙江转战东南，在一举荡平昌西叛匪后，回戈横扫清宁顽敌。

1954年，从军事学院毕业后，担任130师第一副师长兼参谋长。

1962年9月，印度政府不断在中印边界挑衅，制造流血事件。是年10月10日，担任130师师长的董占林接到命令，率部再次进藏，参加中印边境反击作战。在瓦弄方向的战斗中，他负责指挥本师和西藏军区配合作战的兄弟部队。他率队从察隅出发，直取印军盘踞的据点，攻克海拔4500多米的印军盘踞高地，全歼印军精锐第11步兵旅。

中印边境自卫反击战结束后，董占林任54军副军长，1970年1月继任军长。“文化大革命”期间受到冲击，直到毛泽东主席在他的申诉信上作出批示，方才解脱。1979年3月，调任兰州军区副参谋长，1980年转任副司令员，1988年被授予中将军衔。是中共第十二、十三届中央候补委员，第八届全国人大代表、华侨委员会委员。曾获中华人民共和国三级独立自由勋章、二级解放勋章。

董占林十分关心家乡的发展，数次回祖籍看望乡亲，为涞水县的发展贡献力量。妻子张淑芳与其相识于辽沈战役战场，后结为终身伴侣，5名子女均在部队。

邓长义 生于1923年，河北涿鹿县上辛庄村人（原属涞水县，1962年划归涿鹿县），中共党员。1938年3月在上辛庄村加入抗日救国会；1939年参军，历任武装部教导员、平西军区军事教员、蔚县游击大队长等职。1952年转业到涞水，先后在法院、司法局工作，1983年5月离休。离休后，回到老家大河南乡上辛庄村。

上辛庄村地处深山，环境恶劣，十年九旱靠天收，村民吃水都困难。他连续几个晚上都没睡好，盘算如何解决吃水难题。之后他亲自从涞水请打井队寻找井位，安排吃住，整天忙个不停。40天内打出3眼井。解决村民的吃水难题，而且把300多亩旱地变成水浇地。接下来他帮村民家家户户接上自来水。

1984年，为改变家乡贫困面貌他到林业站学习果树嫁接、管理等技术，将1000多棵野生黑枣树嫁接成柿子树。初试成功，坚定了邓长义绿化荒山的信心。从此，他开始在村边的小棱子港山上植树造林、绿化荒山，一干就是25年。第一年，栽种的800多棵杏树被一场山洪冲毁。第二年，他用几个月的时间从山脚到山顶砌起了上百道堤坝，又在坝内栽上树木。不料，新栽的树木被羊群啃了，堤坝也被蹬塌。但他不灰心，树木毁了再栽，堤坝塌了再垒。年复一年，他从不言放弃，垒坝、补栽、嫁接、修剪，种植杏树、枣树、柿子、苹果1800余棵，砌堤坝500多米，用石料2000立方米，动土方2800立方米，投入资金5万多元，建设成梯田式、管网式的林果园。1991年他在山上盖起两间小平房，搬到山上吃住，与大山做伴，与果树为伍。日常所用的粮食、蔬菜和水，全靠背扛，每天都要跑几个来回。

为推进荒山绿化，造林工程，他先后到涿鹿县、涞水县、易县、北京的房山区等130多个村进行过技术指导。1992年，北京房山区司马台村干部慕名请他去帮助搞荒山绿化。从规划种植，现场测量，到果树管理、技术培训等，他都一丝不苟，严格负责。村两委计划利用5年时间，栽植大杏扁40万棵，把所有宜林荒山全部绿化。他提出建议，自己育苗，为村里省下购置苗木的钱39多万元。村干部和乡亲们深受感动。村两委坚持为邓老发一份工资，可他说什么也不要。2000年，他坐班车行程50多千米，到涞水县三坡镇北禅房村进行植树造林现场指导，帮助联系苗木。

长期的果树管理实践，他成功地摸索出大杏扁嫁接不用捆绑、40天愈合、树苗长到五六厘米后留两个杈，打尖；再长五六厘米后，留两杈打尖，第三年开花结果，这种“四五六”管理方法。

他的模范事迹在当地广为流传，被人们交口称赞，多次受到各级党委政府的奖励和表彰。先后被张家口市、涿鹿县、涞水县等有关部门评为“老有所为”“绿化造林”“文明生态建设”等先进个人。2009年，被评为“河北省首届燕赵绿化十大新闻人物”。《张家口日报》《保定晚报》、张家口电视台、涿鹿县电视台、涞水县电视台等新闻媒体也多次介绍过他的先进事迹，乡亲们亲切地称他为新时代的“绿色使者传奇老人”。

贾休奇　生于1924年2月，原名贾秀祺，其中口乡东河山村人。1940年3月参加革命，同年7月加入中国共产党。历任县武工队队员、涞水县三区抗日救国联合会主任、抗日救国联合会农民部部长、平西专署抗日救国联合会组织部长。

1940年8月百团大战后，贾休奇与抗日救国会其他人员一起，遵照平西地委抗战指示精神，深入根据地边缘，在干部群众中做深入细致的思想发动工作；到敌占区改造伪政权，变事敌的一面政权为两面政权；巩固和加强事党政组织，为敌占区的抗日工作展开打下基础。

抗战胜利后，国民党军掠夺抗战胜利果实，贾休奇再一次投身于保家卫国的战斗中。在平西独立团期间参加规模战斗十余次，足迹遍布房山、涞水、易县、涿县、良乡及昌、宛（宛平）地区。先后参加炸哑巴河大桥、拔除守桥据点；南白岱马鞍山阻击战，永阳伏击战、磁家务伏击战、上苇店伏击战；阳坊、坨里、周口店攻坚战等战斗。1947年8月平西独立1团编入晋察冀野战军3兵团，贾休奇任17团2营教导员，参加平津战役平绥线作战。

1948年12月，他所在团在大同一线与敌人作战，贾休奇左股骨负伤，在战地包扎所简单固定后送往野战医院，路上走了2天，在长途跋涉的颠簸中，他伤腿的脚后跟转到了前面，但他一路上一声不吭。在野战医院，由于大量出血和感染，医生决定高位截肢。当时营以上干部截肢要报军区批准，医院在等待报告回复的同时，在没有麻药的情况下为他做了手法复位牵引。由于军区位置不定，报告辗转20多天才批复，他伤情已见好转，终于保住左腿。他的乐观精神感染了周围的病友，被誉为休养员中奇人，医生干脆把“贾秀祺”这个名字改为“贾休奇”。自此，贾休奇这个名字一直在用。全国解放后，他被评定为“战残三等甲级”。授予三级解放勋章、独立功勋荣誉章。

新中国成立后，贾休奇历任华北军区军械部军械库副政委，解放军总后勤部基建营房部处长、设计院院长兼政委、基建营房部办公室主任、副部长，1982年被中央军委任命为中国人民解放军总后勤部基建营房部部长。

贾休奇致力于全军营房建设的改善和提高，不顾腿部残疾不便，多次深入部队基层，任职期间，足迹踏遍了全军所有边疆地区及边防部队，多次在军委会议上直言：“只有下山、出沟、靠城，进镇，才更有利于军队现代化建设，连最起码的生存、生活条件都没有解决，还奢谈什么现代化?”在他的努力下，军委领导肯定了他的建议，全军基建营房工作的重点逐步转向部队营房工程建设，军委对全军营房建设投资进行战略调整。在他任职期间，全军营房工程建设投资较10年前翻了一番，缓解和改善军队的住房问题。1987年9月离休后，按中央军委命令，他仍担任全军住房制度改革领导小组办公室主任，直至1992年8月。期间，积极进行军队住房制度改革的探索，历时三年到五个军区考察，先后撰写14篇专题论文发表于军内外刊物，从而为军委制定改革方案，对全军实施住房制度改革提供理论基础和具体的实施方案。

离开工作岗位后，先后加入了中华诗词学会、中华老年书画研究会，任解放军总后勤部老年书画研究会名誉副会长。出版了诗词集《野蒿集》《贾休奇诗词选》《贾休奇书法集》（中华军魂将军系列书法精品）。九首诗作被选入作家出版社《中华诗词史鉴》近当代卷。获2002年度全国书法精品奖，中外名人创作成就奖。

任职期间，他十分关注家乡建设，多次拿出积蓄和动员部队援建家乡。1980年与部队一起援建其中口乡东河山村混凝土结构跨河大桥一座；其中口乡农村供电线路30千米。1985年，在涞水县经济体制改革遇到较大资金缺口的关键时刻，他带领部队有关部门资助60万元，支持县水泥厂改扩建工程。

焦　兰　生于1930年，义安镇寺皇甫村人。自幼家贫，受村小学校长王万军的感召和鼓励，读完高级小学，以优异成绩考取北平成达师范学校。

北平解放后，焦兰参加共产党组织的军政干部学校培训，1949年被选送到南下干部大队6中队，随解放军部队赴西安参加新生政权工作，被分配到西北民族事务委员会民族处工作。由于学业扎实，学得王万军“双手打算盘”的绝技，被选拔调任西北民族学院财务处负责财会工作。

1957年，焦兰奉调国家民族事务委员会，仍从事财会工作。当时，正逢共和国各项建设全面展开之际，国务院从各部门抽调骨干，组成“迎接国庆十周年十大建筑工程筹备委员会”，焦兰被分配到财务管理部门，直接分管“民族文化宫建设筹委会”的财务会计管理工作。因工作成绩优异，连续被授予“模范共产党员”、“先进工作者”荣誉称号。多次单独受到国务院总理周恩来的接见，被周恩来称为“理财能手”。国庆十周年庆典活动中，焦兰应邀参加国务院举办的国庆招待会和新年招待会。之后，焦兰出色的工作引起党和国家领导人的关注，多次受到毛泽东、刘少奇、周恩来、陈毅、贺龙、乌兰夫、习仲勋、郭沫若、陆定一、沈雁冰等领导人的接见，合影留念。

1965年，焦兰随贺龙为团长的中央代表团赴新疆参加自治区成立十周年庆典活动，负责全团的总务工作，深受领导和同志们的好评。其后调任国家民族事务委员会财务处处长。他一生从事财会工作，账目清楚，无一漏错，被国家民委主任杨静仁称为“我们的红管家”。

他十分关心家乡的建设和发展，多次返乡与当地领导和村干部共商经济发展大计，做出自己尽可能的贡献。

倪　强　生于1938年4月，义安镇南义安村人。1963年毕业于河北大学中文系。曾在公安部办公厅、政治部（曾任政治部负责人）和二局（曾任二局主要负责人）工作。1983年调中国佛教协会，先后任中国佛学院、中国佛教图书文物馆、法源寺联合办公室主任，中国佛学院教务长，中国佛教协会副秘书长兼教务长，中国佛教协会副秘书长兼教务部主任和南京金陵刻经处主任。任职期间多次到国内名山大寺参加佛事活动，协助解决佛教方面的问题。为开展海外联谊，曾到日本、韩国、泰国、缅甸、新加坡、法国、卢森堡、比利时、荷兰、德国、奥地利等国家多次出访，进行佛教文化交流和弘法活动。2003年4月退休。

万宗林　生于1952年，涞水镇北关村人。1969年11月参加中国人民解放军，1971年5月加入中国共产党，研究生学历，历任中国人民解放军排长、指导员、教导员、人武部副部长、军分区后勤部副部长、人武部政委、新疆军区司令部动员处副处长、处长、新疆生产建设兵团军事部参谋长、和田军分区司令员；2007年7月任南疆军区副司令员、2008年7月授予少将军衔。

万宗林

他入伍40年来，先后3次荣立三等功，7次被表彰为“优秀共产党员”。他始终保持坚定的政治信念、顽强的革命斗志和昂扬的精神状态，忠诚使命，无私奉献。就任和田军分区司令员后，大力弘扬喀喇昆仑精神，忠于职守、舍生忘死，为边防的安宁和社会的繁荣稳定做出重要贡献。军委首长称他为“高级干部中践行当代革命军人核心价值观的突出代表”。

2004年5月，任和田军分区司令员，就带队到边防一线进行现场勘察。一次向海拔5000多米的某执勤点位开进过程中，越野车无法通行，年过半百的他带领官兵徒步行进，强烈的高原反应令人头痛欲裂，肆虐的暴风雪几次将他掀倒在地，终于到达点位。这次生死之旅，历时10天、行程3000多千米，翻越12座海拔5000米以上雪山达坂，趟过25条冰河，摸清边防一线的所有军情。他在和田军分区任职期间，前后25次奔赴喀喇昆仑山，30多次参加边防巡逻，10多次穿越高原无人区进行实地勘查。

2005年2月，和田部分地区发生30年罕见的雪灾，直接经济损失达1800多万元。他立即组织筹措抗灾物资，带领部队以及民兵迅速开赴救灾一线，连续奋战7个日夜，饿了啃苞谷馕，困了就在车上打个盹，身板不适也咬牙坚持。是年11月，和田市古江巴格乡、伊力其乡发生高致病性禽流感疫情，当时，他正患重感冒，高烧不退正在输液，医护人员担心他的身体，不让他进疫区，万宗林说：“在这种危急时刻，我当司令员的不去谁去？”说完拔掉针头就带领民兵出发。一到疫区，他不顾传染的危险，亲自钻进鸡舍捕捉疫鸡，和群众一起将死禽焚烧、掩埋，然后对现场全面消毒。

2005年2月27日，墨玉县萨依巴格乡乌鲁瓦提村党支部书记买沙力汗·阿合买提被恐怖分子残忍杀害，他闻讯后赶到90千米外的买沙力汗家，一面安排医务人员为他悲伤过度的家人检查身体，一面组织600多名民兵围追堵截，很快抓住了犯罪分子。买沙力汗牺牲后，他的遗孀阿米娜汗终日以泪洗面，他就把阿米娜汗一家看成亲戚，时常携带家人去看望她们。阿米娜汗十分感动，逢人便讲：“万司令把心都掏给我们一家人了，瞅见万司令就瞅见了共产党！”

2008年，上级安排万宗林到兰州参加授衔仪式，当时正是奥运安保的关键时期，他没去参加。8月1日，万宗林在海拔4000多米的某边防站，南疆军区司令员郭景洲为他授予少将军衔。

2009年，女儿为让父亲能参加自己的婚礼，婚期从“五一”推到“六一”又改到“八一”，正在执行任务的万宗林始终没有露面，直到第二天才用电话送去了祝福。远在河北的老母亲盼了儿子6年，过88岁生日仍未见到儿子。妻子患严重的类风湿关节炎、脑梗塞后遗症，卧病在床，是新疆军区首长派人把她送到医院救治的。

2010年，军区部队执行一项特殊任务，56岁的万宗林主动向组织请缨，要求亲自带领部队。在这次任务中，万宗林总是亲临一线。一些分裂分子十分放肆，万宗林当场定下处置决心，现场批示，协同部队4小时内筑起三道防线，日夜不停地组织巡逻潜伏。6个多月中，万宗林全程跟踪，走遍所有的执勤点位，身临每一处通道、关隘，前后45次奔赴前沿，圆满完成任务。

万宗林的事迹在全国各大媒体报道后，在全国引起巨大反响。作为家乡，中共涞水县委以及保定市委先后作出决定，号召全市向万宗林学习。市委书记宋太平、副书记李剑方安排万宗林先进事迹学习宣传。万宗林给宋太平、李剑方等市领导发来感谢信。信中说："受到组织的表彰，除了党的培养教育外，那就是咱们家乡朴实的民风，悠久的历史，特别是革命老区先烈们为了民族的解放、人民的幸福抛头颅、洒热血的业绩从孩提时对他的熏陶和教育。更有在新的历史条件下，家乡人民发扬革命传统，争取更大光荣取得的前所未有的巨大建设成就对他的鞭策和激励。"

第二节　劳动模范

一、省部级以上劳动模范

1980年以来，涞水县总工会共向省以上工会申报劳动模范19名，其中全国旅游行业劳模1名、全国教育系统劳模两名、全国煤炭工业劳模1名、全国劳动模范1名；省级劳模14名，分布在旅游、教育、煤炭、电极、林业、粮食、机械、水泥、建筑等各个行业，为各行业树立了标兵和榜样。

1979—2009年涞水县省、部及以上劳动模范一览表

表19-2-2-1

姓　名	性别	出生年月	民族	政治面貌	工作单位及职务	何时获何荣誉称号
王金铎	男	1956.10	汉	党员	河北顺天电极有限公司	2005年4月获全国劳动模范称号
王　泽	男	1933.02	汉	群众	涞水县林业局技术员	1980年获河北省劳动模范荣誉称号
胡锦祥	男	1933.11	汉	党员	涞水县粮食局直属库	1982年2月获河北省劳动模范荣誉称号
陈文香	女	1940.10	汉	党员	石亭镇大赤土小学教师	1983年9月获河北省劳动模范荣誉称号
吴中其	男	1941.02	汉	党员	涞水煤矿工人	1985年11月获全国煤炭工业劳动模范称号
孙文启	男	1937.12	汉	党员	涞水县经委副主任	1986年5月获河北省劳动模范荣誉称号
张宗林	男	1929.01	汉	党员	涞水县第一中学校长	1988年9月获河北省劳动模范荣誉称号
张　田	男	1954.10	汉	党员	涞水赵各庄学区总校副校长	1989年获国家级全国教育系统劳动模范并授予"人民教师"奖章。1989年9月获河北省劳动模范荣誉称号
王宝义	男	1933.09	汉	党员	涞水县旅游局局长	1991年2月被评为全国旅游行业劳动模范称号
郑玉才	男	1951.10	汉	党员	涞水县水泥厂厂长	1992年10月获河北省劳动模范荣誉称号
王书文	男	1946.09	汉	党员	涞水县机械厂工人	1992年获河北省劳动模范荣誉称号
秦安泽	男	1953.07	汉	党员	涞水建筑构件有限公司董事长	1995年4月获河北省劳动模范荣誉称号
刘俊萍	女	1959.08	汉	党员	涞水县文体教育局党委办主任	1995年9月获全国教育系统劳动模范称号
刘　福	男	1943.06	汉	党员	涞水福泰建筑工程有限公司	1999年4月获河北省劳动模范荣誉称号
高翔鹰	男	1956.03	汉	群众	北京北雄科技实业有限公司董事长	2004年4月获河北省劳动模范荣誉称号
杨术江	男	1960.10	满	群众	涞水活佛山科技开发有限公司	2004年4月获河北省劳动模范荣誉称号
许树海	男	1950.02	汉	党员	涞水县电力局局长	2005年8月获河北省劳动模范荣誉称号
杨海春	男	1957.04	汉	党员	河北顺天电极有限公司副经理	2009年4月获河北省劳动模范荣誉称号

二、保定市劳动模范

1989—2009年，获得保定市级劳动模范荣誉称号的有19人，其中：企业职工7名，教师2名，机关干部职工4名，医药职工2名，农民4名。

1989—2009年涞水县市级劳动模范一览表

表19-2-2-2

姓　名	性别	出生年月	民族	政治面貌	单　位	何时获何荣誉
赵秀芹	女	1934.01	汉	党员	涞水县外贸局	1989年获保定市劳动模范称号
程海友	男	1941.06	汉	群众	涞水县檀山工艺美术厂	1996年获保定市劳动模范称号
屈　喆	男	1969.05	汉	群众	涞水磁性材料厂（破产）	1996年获保定市劳动模范称号
苏　生	男	1950.12	汉	党员	涞水县涞水镇	1996年获保定市劳动模范称号
隗合环	女	1955.02	汉	党员	涞水县一中	1996年获保定市劳动模范称号
李义成	男	1959.04	汉	党员	涞水县教研室	2001年获保定市劳动模范称号
穆亚平	男	1956.08	汉	党员	涞水县医药药材公司（破产）	2001年获保定市劳动模范称号
李明水	男	1961.05	汉	党员	涞水县三坡镇北禅房村	2001年获保定市劳动模范称号
焦　义	男	1950.05	汉	群众	涞水县水泥厂	2001年获保定市劳动模范称号
侯国芳	男	1948.02	汉	群众	涞水县装饰布厂	2004年获保定市劳动模范称号
李　兴	男	1955.07	汉	党员	涞水县交通局	2004年获保定市劳动模范称号
安　水	男	1955.08	回	党员	涞水县安水建筑工程有限公司	2004年获保定市劳动模范称号
董云福	男	1942.08	汉	党员	涞水县水利局	2004年获保定市劳动模范称号
王建功	男	1965.09	汉	党员	涞水县医院	2007年获保定市劳动模范称号
张　景	男	1956.09	汉	群众	涞水县野三坡百里峡景区管理处	2007年获保定市劳动模范称号
张术红	男	1960.01	汉	党员	涞水县野三坡百里峡景区管理处	2007年获保定市劳动模范称号
庞如明	男	1956.11	汉	党员	北京北雄科技实业有限公司	2007年获保定市劳动模范称号
高悦民	男	1968.07	满	党员	河北省联社保定办事处	2007年获保定市劳动模范称号
杜志强	男	1974.02	汉	党员	涞水县农业局	2007年获保定市劳动模范称号

志 补

涿县管辖时期的三坡

抗日战争之前，三坡一带隶属涿县管辖，涉及27个村，抗日战争时期划归涞水。三坡位于涿县西北深山中，距县城100千米左右，无接壤处，属于涿县的一块飞地。从何时由涿县管辖，历时多少年，已无籍可查。1985年涞水将三坡辟为旅游区，经过二十几年的开发建设，野三坡已成为国家AAAA级旅游区，昔日的荒山野岭，已经旧貌换新颜，以崭新的面貌，迎接四面八方的游客。为让你更深入的了解三坡的过去的区划、人口、行政、教育、地理，交通、物产、风俗、民情、根据民国二十一年、二十四年《涿州志》对有关史料进行整理、考证，以飨读者。

（一）区划人口

三坡位于涿县境外西北，民国初年，为第一区的属地。东南界房山，西南界涞水，东北界宛平，西北界涿鹿，南北长约55里，东西宽约30里。北部群山环抱，以长城屏障，南部间有平原。三坡境内有鬣髻山、铁柱山、大寒岭、小寒岭，其中最高的山是抓髻山；最大的河流是拒马河支流大西河。旧志中涿鹿有八景，其中二景在三坡，即："峨峪生云、盘坡夕照"。

清朝同治年间，境内大小村庄计24个，后合并为21个村，编为7个乡。马各庄在最南，岭南台在最北，龙门村在最西，北扁雀在最东，较大村庄为岭南台、柏林城、罗古台、桑园涧、大泽、山南、龙门、马各庄村，桑园涧村居中，设立办公处所。

上坡（三坡）乡间为：管辖7个村庄，即：岭南台、高家铺、庄头村、柏林城、南庄村、上西埠、下西埠，设老人1人。

中坡，管辖5个村庄，即：桑叶涧、大泽村、北扁雀、庄里村、南湖里，设老人1人。

下坡，管辖12个村庄，即：山南村，北庄、下庄子、龙门村、大龙门、峨峪、马家庄、盘坡村、锣鼓台，清泉寺，南扁雀，菜树庵，设老人1人。清光绪年间，大龙门村划属涞水县。

里甲：上坡里八甲，中坡里十甲，下坡里六甲。

民国十八年，三坡划为涿县第六区，区公所设在桑园涧村，设区长一名，助理一名，区丁四人，共辖7个乡。全区有主村7个，附属村14个，有1268户，6828人，其中：男3727人，女3101人。

各乡主、附村及人口状况：

第一乡，主村岭南台，附村高家铺、庄头、庄里、道沟，共有240户，1353人；其中：男749人，女604人。

第二乡，主村柏林城，附村南庄，91户，538人；其中：男294人，女244人。

第三乡，主村罗锅台，附村南湖村、清泉寺，154户，799人；其中：男429人，女370人。

第四乡，主村桑园涧，附村大泽村、北边雀，有287户，1505人；其中：男837人，女668人。

第五乡，主村山南村，附村盘坡、北庄，241户，1294人；其中：男705人，女589人。

第六乡，主村马各庄，附村峨峪村，有136户，690人；其中：男364人，女326人。

第七乡，主村龙门村，附村太平庄、菜树庵，有119户，649人；其中：男349人，女300人。

民国二十二年冬季调查统计，全坡共有1005户，7028人，其中：男3727人，女3301人。

三坡人口来源，大体有4种说法：

1.晋民移屯说。

民国二十四年《涿县县志》记载：明初山西大饥，三坡地方荒凉无人，洪洞县人迁移至此，屯垦山荒。燕王兴师扫北，行至三坡境界，望见山中野兽，捧食核桃，王意以为拱手敬礼，当谓左右曰："兽且顺服，况人民乎。"随颁恩诏，免除丁粮，人民不肯，公推代表，往房山、良乡两县，自请纳粮，均被拒绝。后乃越境投涿县，地方官以三坡人民不受殊恩，愿尽义务，异常嘉奖。遂为之披红插花，以示优异。后之老人来涿交粮时，仍沿用之。其粮银数目，合今银元九百二十六元。

2.闯王遗民说

明末李闯王自成，入京未久，满清进关既被逐，所遗少数军民，未及远走，流落于三坡，以匿其迹，嗣请入房山、良乡户籍，两县均不敢登记，是以投入涿县。

3.明末遗民说

满清入关定鼎，明朝官吏不肯变节事清，因逃往三坡，隐居不仕，其后世子孙，来归涿县。

4.涿人开垦说

相传县内有上坡、中坡、下坡等三村，居民去山中开垦荒地，因以上、中、下三坡名之，故仍隶属原籍

三坡居民姓氏分布：

民国二十四年，山南村完全王姓，罗古台村完全张姓，大泽村完全杨姓，盘坡村完全晋姓，桑园涧村只杨、郑两姓，均能按字排辈。其他各村，除岭南台村吴姓，迁自涿鹿县龙门村、赵姓迁自涞水县柏林村、隗姓迁自房山县下庄子、高姓迁自本县观仙营外，其他如马各庄、峨峪、南、北边雀等村，彼此互相迁徙，姓氏较多。三坡既无矿产，又无森林，仅一片贫瘠荒山，非殖民之地。就其村多同姓，姓多同宗观察，当初不过少数人家，因贫入山，私行开垦，日久渐成村落，断非如移民所云。其隶属涿籍者，亦非良、房两县见拒，盖涿曾为直隶州，良、房均在管辖之内，三坡岂能自外乎。

（二）行政管理

起初，涿县政令不行于三坡，三坡人民除纳粮外，无其他义务。实行老人制度，按上、中、下三坡，编为上、中、下三里，每里分十甲，各设老人一人，老人任期三年，没有报酬，不准连任。期满时，另推家道殷实，品行端正，素孚众望，从未欺压乡里者接任。虽称老人，但不可能是年纪大的人。任前必须通知全坡人民认可，才可接任。老人权力较大，催缴田赋，排解纠纷，综理坡内一切事务。直辖时际十八家（催头），三年更换一次，按户轮流；司账先生十二家，司账先生无换替期限。老人承办田赋时，遇有以粮代银、死亡、逃户，老人负责易换、垫缴。老人虽有损失，但因当选时享受醵金鸣炮庆贺之尊崇、封粮时领受花红酒礼之荣耀，所以无怨。

改区制后，由县政府呈请民政厅委派区长及助理员治理，老人制度遂废，原有老人改充承征吏。民国十八年划为第六区，委任赵任权为巡官，代理区长。随后，邓宗济、叶葆恒（垣）田书楷先后接任六区区长。

自治区机构及人员设置：

区公所设区长、助理员，管理全区自治事务。按区域大小，户口多寡，编为7个乡，每乡设立乡公所，设乡长一人，副乡长若干人。每乡分置闾、邻各长，负责各闾、邻自治事项；设监察、调节各委员会，监督财政，排解纷争。

（三）治安

据民国24年（1935）《涿县志》记载：三坡居民同姓者多，团结力巩固，对内部争端，集合村众，

据理排解。即有不良分子，因公共监察，亦不敢过于妄为，恐招众怒。菜树庵有刘姓名顺者，于民国9年，勾引溃兵，在坡抢掠，全坡民众，激动公愤，将兵击退，刘顺庐舍，悉付一炬，身无完肤，仅全其命，此可证之惯例也。其对外来盗匪，因环坡皆山，势极峻险，崎岖小路，有如蜀道，又兼坡民顾全团体，习兴成性，一旦闻警，不拘县界，不分村界，每家1人，持土枪、木棒，群集前往，奋力当先，事后摊敛花费，各村欣然乐从，无怨言，无吝啬。即不幸因拒匪伤亡，亦所甘心，职是之故。匪屡犯境，不得逞此，难能可贵者也。全坡藏有大枪20余支，民国九年，与匪抵抗，众寡不敌，被匪缴去大半，仅剩11支，抬枪约5、60支，火枪各村均备。在大龙门、菜树庵，又存守长城口之旧式土炮数尊，颇足自卫。

民国18年（1929），设置公安分局；民国24年1月，设公安局，局长单学武。治安更进一步，人称之为世外桃源。

（四）教育

民国18年（1929）前，全区有私塾10余处。民国24年《涿县志》描述："坐拥皋比，忝为人师者，皆冬烘者，流以宛平籍为多数。束脩每年约银4、50元，开学时送麦面10斤，麻油1斤，盐1斤为贽敬礼。所读之书，与山外旧塾无异。闲时入学，忙则务农，家长对子弟读书不介意，应名而已，有何教育之可言哉"。

"民国18年后，循序改良，至23年（1934），全坡7编乡，立有初级小学校8处，学生10人至25人，惟无女生。私塾已改办民众学校者2处，初小毕业生有在涿县县立高小肄业者1名，在宛平清水高小学校肄业者3名，人数虽少，而教育之进步，渐有门径矣。"

民国24年三坡各学校校长及学生情况：

岭南台初级小学，校长吴元恺，学生人数42人。

柏林城初级小学，校长隗福长，学生人数51人。

大泽村初级小学，校长杨城衡，学生人数43人。

龙门村初级小学，校长赵士元，学生人数30人。

桑园涧初级小学，校长杨继泉，学生人数52人。

盘坡村初级小学，校长晋义棠，学生人数30人。

罗锅台初级小学，校长张玉朝，学生人数45人。

马各庄初级小学，校长晋国泰，学生人数35人。

（五）实业

三坡地区居民绝大多数务农，商业、手工业由于交通不便，人口居住分散等原因、很不发达。据民国24年《涿县志》记载：

农业　耕地大约有50顷（内有纳房山县粮者约6、7顷），因地形方长、大小不等，除山坡，即河底，无平坦地，清丈不易。所以，其田论天不论亩计（每头牛1天可耕田4亩，故以4亩田，即呼之为1天）。农民勤苦耐劳，所耕之田，遇山水冲毁，即于冬春在周围垒以石，等候夏季发山水时，泥淤其间，再行耕种。该地区地近西北高原，空气淡薄，较山外略寒。上坡与下坡，因山脉之障蔽，气候也有不同，寒暖相差半月左右。土质干燥，不宜种麦，每年只有一季。一遇透雨，男女均往田间播种，品种主要是玉米、黍子、高粱、杂粮等。种法与山外也有所不同，方法是先撒种后耕地，出苗后，如满天星。定苗时不分垅，内中杂种豆角、芥菜、倭瓜等。使用的农具，只有犁、锄稍有不同，扇车较短。全坡产的粮食，仅够食用，倘逢荒年，就近由口外樊山、桃花堡等处，购粮接济。各村农户有贫苦不堪者，即迁往山中，觅地开垦，渐足自给。远望山坡，俯视沟壑，三、五家的小村落，比比皆是。其地亩有粮无契者居多，移转以白字为据，以里书过割为证，典买皆不知投税，坡人恪守成约，无一伪造或诈欺者。

商业　三坡人烟稀少，僻壤穷乡，没有集市，水陆不便，运输、商业，实难发展。大村中除有一、二个小商号，售杂货以外，再有的就是庸医所设之药肆。而且赊欠多，现金交易者少，经营业务多本地人，亦有来自宛平者。但须与本地人合作，因年终始结账，届期无力偿还，即以房地折算，所以外人独立深感困难以外，糖果线绳等小商贩不乏其人。早年有酿酒烧锅两家，一是山南王化南，一是罗古台张玉书，酒味香冽，嗣经变乱歇业，无恢复能力。今沽者系由口外运来米酒，味经久而不变，亦佳酿也。山产核桃、杏仁、花椒、药材、木炭、蜂蜜等，由坡人自行运销，获利颇厚。三坡中最大临时商场为九龙庙会，每年会期在夏历3月19日，地属涿县、房山、涞水3县之交，外商云集，不仅本地摊贩，各商号多设于居民院内，无门面，因无外客购买，坡人来会者，相距匪遥，熟悉其地不难觅得，但以物交易之古风，尚见于今日云。

工业　三坡建筑物，率用木石、砖瓦，土质不适宜此等工作，均自行帮工，有少数匠人，即能兴起，仍沿用古法，窗多隔扇，登高一望，全坡村庄屋瓦栉比鳞次，有若古寺大刹者，然仙境也，洵美观也。其他工艺，如雕刻，多蔚县人，银匠多宛平人，油漆裱糊匠，多来自山外，坡人亦有学习者，至一材一艺之长，不胜枚举。

（六）交通

据民国二十四年《涿县志》描述："三坡皆山，交通不便，路人所经峭壁悬崖，有如巫峡。坡内羊肠小径，尤为艰险。由县城陆路前往，第一日宿房山县属张坊镇，第二日沿拒马河上游，宿涞水县境之八里塘岭下南石门村或过岭罗府窖村，第三日可抵三坡桑园涧。至夏季山洪暴发，改由山道，第一日宿张坊镇，第二日过大崖岭，上下各十五里，宿石板台，第三日过堂上村小合岭，上下各三十里，出入云际，下山即北边雀，距桑园涧二十里。以外有岔道2条，一由张坊沿拒马河抵十渡村，转马鞍村，过龙爪湖、蒲洼村、娘娘庙村，经黑狐岭，上下各十五里，入三坡之南边雀，距桑园涧十五里。一由张坊沿拒马河抵十渡村，转马鞍村，过龙爪湖，入南道过新盘岭，上下各十五里，至三坡之峨峪，距桑园涧八里。"

"由三坡北出大龙门（长城隘口），为通宣化县张家口要道。东出杜家庄、上、下清水、斋堂、城子，可由门斋铁路而达北平，计程二百四十里。西南过丹墀岭，经涞水县境，直通易县，计程一百八十里。"

"八里塘上下各八里，为三坡交通最险之山路，东面尤甚。虽山居土人，亦不能乘马行走，且土匪出没无常。每年夏历重阳日，为搭桥之期，系用山条编制，形如筒，立插水中，实之以石，即为桥礎，再以山条编为笆形，平铺桥面，以利行人。次年端午日，为拆桥之期，各段人民对桥工义务，无不踊跃，如期举行。"

（七）物产

1.动物

骡、羊最多，驴牛次之，因山野便于游牧，历年秋收后，相率往口外贩运骡羊，回山牧养，一、二年后，再行出售。三坡大宗特产蜂蜜，各村皆有，惟养法仍守旧规，所产山蜜，与山外普通蜜不同，因採山野之花，香甜而有力。另有野兽土豹、羚羊、狗熊、狍獐、雉鸡等。

2.植物

粮食作物以玉蜀黍、谷类、山药（即马铃薯）为主，小麦、芝麻、蔬菜甚少；另有少量线麻、胡麻、种植。果木树以核桃最多，杏树次之。用材树有杨、柳、榆、槐、枫椴、羊胡子等；并产黄芩、知母、大黄等中药材。

3.矿物

上坡北安岭有石灰矿。

(八)习俗

风俗　纯尚朴厚，注重勤俭，墨守旧制，积习相沿。但好讼之风甚炽，往往因事涉讼，虽荡产倾家，亦不之惜。近来青年弟子，以吸食毒品，嗜好赌博，竟致丧身败家者，所在恒有。

装束　男子垂辫者，尚有半数。妇女仍一律缠足，女子梳发，前面蓬起，有如日本妇女，后面用红粗绳扎成长髻，约五、六寸，形若弯弓，扁簪长约尺二，长簪银质，鑽以马兰花，皆附有蛇蝎、蜘蛛、蜈蚣、蛤蟆、壁虎等五毒式样。耳环每对重约八钱。所著弓鞋，满绣各式锦文。且不分老幼，均扎红布腿带。多袒双臂，衣背心者，装束奇异，已可概见。

丧祭　坡民亲属死后，妇女以抓脸表示哀痛之切，甚至有抓成花脸者，诚恶习也。人死时，不用床，置椅于炕，子女扶座之。死后报庙一次，送三时，亦糊驴车等纸扎。亲友来吊者，礼品极简单，不过江米条一斤，或油茶面供数块而已。殡期开吊，亲友送供时，于村外鸣炮，而丧家遣鼓手、道士往接。俗谓之迎供。发丧后，亲戚妇女走时，依然放声哭，亦特别之点也。

婚嫁　男子定亲，须纳彩礼，定礼之丰俭，即视女貌之妍媸，家道之贫富，以为衡吉期。迎娶无彩轿，只用骡驮，以鞭炮代鼓手。新娘亦覆盖头。结婚后三日始宴客。换亲及姻亲、接亲之风甚盛。霜妇再醮者亦多，但不能出村，即同族人亦不论。如遇男子先死，遗有田产子女，而女子不愿改嫁，亦可随便另招一夫，谓之招拐，与招赘不同，男子须随故夫之姓，其名亦以字排，若与故夫为兄弟然。如桑园涧人郑守玉病故，遗有二子，田二十余亩，其妻另招宛平县李子成为夫，李子成即更名为郑守宾，此其惯例也。招拐之后，其子女对被招者，依然父事之，不敢歧视，死后得与招拐者合葬，而其亲夫反另葬之。尚有一种卖妻恶风，男子家贫，价卖妻子以自活，女家概不干涉。且卖至某姓，女家与某姓依然以亲戚相往来。

信仰　全坡人民虽未能破除迷信，但对外来宗教排斥最力。仅菜树庵村，有奉天主教者，亦因颂牵入非诚心信仰也。前有天主教李司铎鉴斋率20名武装随从前往传教，终无成效，悻悻而返。惟对狐仙信仰甚深，家家供奉，并敬书“天下财源主，七十二口仙”类似联语之纸条粘贴之。遇有小疾病即云闹老仙。且每至秋后，各家均须安神，所谓安神者，即请一不解道德经，专学安神法之道士，服道家衣，手击木鱼，口中念念有词，备具香供，通宵达旦乃毕事，每次道士所得约银一元，连同各费约银五、六元。

曹宅茔地与曹雪芹

涞水县北宋各庄乡沈家庵村，位于十渡山谷入口之一渡，村西北铁固山阳，玉蟒河西有一处大坟，墓地界石上书“曹宅茔地”“五庆堂”字样，原有守墓人名叫言风林。墓地周围山盘水渡，水绿山青，晚秋时节，柿林如火，柿挂枝头，犹如一幅田园秋色胜景图。

清初，辽东五庆堂曹氏家族入关后，就看中这里的风水宝地。于是，就在这铁固山阳，玉蟒河西，勘曹宅茔地一处。

清顺治、康熙年间，五庆堂曹家在此埋葬了曹德先、曹仁先、曹义先、曹耀祖、曹封祖、曹应祖、曹兴祖七人，派一户守墓。几百年间，每值清明祭日，五庆堂曹氏后人，既前来祭扫。

据有关资料记载，辽东五庆堂曹氏，清初，随睿亲王多尔衮进关，定居北京。入关后，曹氏家族的曹德先、曹仁先、曹义先、曹光祖、曹承祖、曹盛祖，为大清王朝开国奠基，江山一统，征战南北，著立大功，最后曹德先一族四人，尽节殉难。事后，清皇朝表彰忠烈，授曹德先光禄大夫，赐归葬，因以骨殖归葬顺天府房山县张坊镇西，涞水县沈家庵村北，铁固山阳，玉蟒河西，曹宅茔地。“文革”期间平坟时，只有木匣藏骨殖，未见棺木。

据红学家冯其庸对《五庆堂辽东曹氏宗谱》考证，五庆堂曹氏始祖曹良臣，二世为曹俊（入辽之始祖）。沈家庵村北的曹宅茔地，是已发现的五庆堂辽东曹氏入关后的第一处祖茔。

当年，冯其庸考证时，在此找到“曹宅茔地”的四块界石桩，上刻“五庆堂”、“曹宅茔地”字样。1980年夏，冯其庸托人取走其中一块完整的界石桩，存于北京红楼梦研究会，在曹雪芹纪念馆展出。

考证期间，冯其庸走访守墓人言凤林（女），此时她已69岁，原籍房山县东关上村，1927年（那年发大水），来此接差守墓。据老人讲，这里是北京五庆堂曹家的坟地，有七个坟堆。冯先生为守墓人言凤林和五庆堂墓地全景及两块界石拍了照片，收入《曹雪芹家世新考》一书。

据冯其庸《曹雪芹家世新考》一书证实，曹德先、曹仁先、曹义先三人，系五庆堂曹氏十一世孙，为三世三房曹礼后人，与曹雪芹曾祖曹玺为一代。曹雪芹远祖九世曹锡远，高祖十世曹振彦，曾祖十一世曹玺，祖父十二世曹寅，父辈十三世曹颙、曹頫，十四世曹雪芹，为三世四房曹智后人。

故此，曹德先、曹仁先、曹义先，为曹雪芹的远房曾祖。

历时300年，曹家大坟这一遗迹，将涞水和曹雪芹连在了一起。

流落涞水的杨家将后裔

据山西代县枣林镇鹿蹄涧村杨忠武祠中《杨氏族谱》记载，元代中期，杨家将直系后人14世杨友（元帅）杨山（将军），在山西代县枣林镇鹿蹄涧村落户，到杨绅一代为第十八世。

杨绅生有五子，长子淮甫、次子成甫、三子震甫、四子通甫、五子庆甫。元末明初，为避战乱，向外迁徙避难。长子迁至河北定兴县留村；次子迁至河北行唐县井备村；三子留守家中；四子迁至北京市大兴县南熏房村；五子后代迁至山东枣庄市及山西应县、五台、定襄等县。

杨震甫后人后来迁到忻州市部落村，之后又迁至忻州市前郝村。康熙末年，杨喜、杨孝因参与反清复明活动，被清廷追杀。杨喜被迫逃到北京市丰台区。杨孝逃到河北省涞水县木井村，其后人又分别到周围的虎过庄、西安庄、南安庄、安阳、墩台等村落户。

杨通甫后人元末明初迁到北京市大兴县南熏房村后，生子德裕，德裕生文举，文举生成，成生善，善生宣，历时五代一百余年。明永乐年间，明成祖起兵，扬善奋起响应，后随成祖入朝为官，因功升任左都御史。后救皇帝回国有功，上赠三代诰封，下诰三代世袭，封太子太师，柱国、兴济伯，卒，赠兴济侯、谥号忠敏。

明末清初，为避官，杨宣携子杨增谱（后更名杨谱增）及家人密迁涞水县南瓦宅圈地建庄。初在十里铺村南河边高岗（老日窝），后搬至南秋兰村东河边沙子湾，再后来迁至南瓦宅村小学北面，地名北大坎。杨宣来南瓦宅后，渔猎农桑，烧砖瓦，经贸易，创私学，建寺庙，因所建房屋均为砖瓦房，称瓦宅村。

杨宣来瓦宅村后隐瞒身世，家谱第一人高祖为杨文举，后人先后搬到杨家台、沈家台、北南租、南关、淮河、庄坛、张家洼及文安县小围河村。

杨孝、杨宣两脉，自清朝以来，在涞水和文安县的十几个村庄，隐匿农桑，重视文化，秘传家风家世，谨遵祖训，有官不仕，安于民间，繁衍后代。按全国第六次人口普查统计资料，登记在册人口达四千余人。

抗日战争、解放战争期间，杨氏后裔勇于担当，投身到抗日战争和解放战争，浴血奋战中，涌现出杨林宗、杨宝地、杨金第、杨振远、杨振声五位将军；杨金绶等十几位团级校尉。新中国建立后，尤其是改革开放以来，杨氏后裔在政治界文化界、工商界人才辈出，杨家将精神在新时期正在继续发扬光大。

中华民国30年涞水地图释文

涞水县古为幽燕之地，战国至秦属上谷郡，汉时置遒县，属涿郡。晋至南北朝仍为遒县，属范阳郡。后周时改为涿县。隋文帝开皇初废范阳郡为遒县，更置范阳县于遒，时郡即县，属幽州。开皇六年改为固安县，八年废；十年置永阳县，十八年始改为涞水县。炀帝大业初，仍名涞水，属上谷郡。唐初，因之高祖武德四年改上谷郡为易州，涞水属之。天宝元年又改易州为上谷郡。肃宗乾元元年改上谷郡为涿州。五代时，涞水仍隶于涿州。至辽时改隶于南京道。宋徽宗宣和四年属遂武郡。金至元属易州。明洪武元年克元都改为北平，设行中书省，涞水县隶于保定府。清初仍隶于保定府。雍正十二年升易州为直隶州，属于直隶省，涞水广昌属焉。至中华民国废州，属直隶省保定道。民国十七年废道，又改直隶为河北省涞水县，遂直隶于省政府。民国二十七年改为河北省保定道。

地理志略：

面积：全县面积1726.073方里，划分七区。第一区二十八村，编为二十三乡；第二区二十四村，编为十九乡；第三区三十四村，编为三十三乡；第四区二十九村，编为十九乡；第五区二十六村，编为二十五乡；第六区十一村，编为十一乡；第七区一百一十五村，编为三十二乡。

人口：全县共24897户，男女共129086口。第一区3809户，19816口；第二区3851户，19609口；第三区4255户，21225口；第四区3902户，17634口；第五区3946户，31568口；第六区715户，4620口；第七区4419户，14614口。

教育：本县教育极不发达，现在有第一高级小学校一处，校址在城内；女子完全小学校一处，设在城内；全男初级小学四十三处；民众教育馆一处；第二高级小学在七区林清寺，现已停办。

物产：境内主要农产物为玉、黍、蜀、高粱、豆、麦、谷黍、棉花等，果品以桃、杏、柿、胡桃、杏仁、大枣、红果为大宗；蔬菜以葱、韭菜、萝卜、白菜等为大宗；县城西北杜家庄一带有铁矿，矿区面积约十三顷，惜未曾开采，此外杜家庄一带有瓷釉，东累子一带有陶土，檀山村石灰之产量甚富，山中所产木炭亦为每年出口大宗。

交通：本县第七、第六、第五各区层峦叠障，只能通行人畜，交通极为不便。其余各区车马俱能通行，铁路有新易支路。公路有高易汽车路、涞石、涞永、涞姜、涞高各警备路。电话由县城北通涧头，西通北秋兰，南通胡家庄，东通北义安、李皇甫。航路有拒马河可通船直达天津，但以河水太浅大船不能航行。邮务局系民国八年创立，局址设在城内。

工商：工商业极不发达，工业仍为家庭手工业。所制均属日用品，如农具、土布、砖瓦、瓷盆等；此外如木梳等则运销于北京。全县商店仅一百余家，多系小本经营，其中以粮业、杂货业较为兴盛。

山川：境内之山为恒山山脉，由飞狐口分南北二支；北支向东北行，凡清水河之南、白连涧沟之北、拒马河之西诸山皆属之，其大者为龙门山玉斗岭；南支为涞易交界之山，凡白涧沟之南、拒马河之西诸山皆属之，其大者为寒山、黑儿岭。南支更东行逾拒马河有排风岭、沙岭、铁厥山、八里塘岭、十度山、西天山、夜猫岭、六安山、三皇山、虎过庄岭、南大岭再东行结于石亭山。由虎过庄岭东南行至五区为龙宫山，为分三支，一东北行为紫凉山龙湾山；一东行为釜山，又东接石圭山；一东南行至第四区，东行者为龙光坡、沙锅顶；东南行者为二龙山、荆山、七山、车亭山、炭山、西武山、东文山、长堤山，又东北连接第一区之磨盘山。河流之大者首推拒马河，该河源出涞源，由易县流入县境；经店上黄儿庄北流至白涧村，白连沟之水自西来会，北流至上庄，清水河之水自北来会，折西东南流经罗府窖之南、前石门之北，出入涞房交界至满金峪东，分为二支，一支东流入涿县境，正支南流至县城东北二里许，迎紫河自西来会，又南流入定兴县境。其次有遒澜河源出北洛平村之龙光坡，南流经曹家庄、姜各庄入沙河。迎紫河源出车厂村西南山中，向东南流，又有紫凉山之水来汇，至县城东北入拒马河。温河自易县流入县境，折而南，经东西明义亦入沙河。沙河由易县流入县境，为涞水与定兴之界河，以上各河惟在第七区沿拒马河及清水河两岸间有稻田，然时被水冲。第五区石亭一带引拒马河灌田百余顷，获利颇厚。此外拒马河、迎紫河两岸之水，磨磨制面粉香末等获利亦厚，惜一经夏季时有山洪冲毁之虞耳。

名胜古绩：本县名胜首为釜山，山在第五区娄村之西，山上有寺曰灵泉寺。苍松翠柏，古木参天，其中有巨松二，高入云际，俗有釜山双松之称。次为石圭山，山在石圭村西南，山之南麓有水库一，水清无比，山上树木森然，夏季游人多纳凉于此。在第七区者有龙门山，为北边要塞，山上有城，背上面水，西门外悬崖峭壁中夹清水河，崖上刻有“万仞天关”“千峰拱立”“龙盘虎踞”“飞腾高磊”等字，自下望之，字大三尺，询胜景也。次为马水口，亦为西北边塞之一，有城建于山麓，居民住于城内，开窗远眺，宛如一幅书画古迹。有遒县故城，在县北里许，北汉置，今遗迹尚存。板城废县，即今县北板城村，后汉高帝征匈奴时所筑。御竹园，即今县北之金山寺，明永乐初曾种竹于此。樊家台，在樊家台村，秦将樊于期亡之燕时曾居住于此。

注：五、六、七、三区人口数因治安未恢复，数目无调查，仍按事发前人口数目填注。

中华民国三十年一月

涞水县知事高庚申监制

建设科办事员赵兴五绘

附：中华民国三十年地图（图2013年12月从民间收集，现由档案局收藏）

附　录

高洛古乐、洛平音乐花塔研究论文

高洛音乐会——后山祭祖音乐的留存

刘　阜

涞水县义安镇高洛村古名高乐。该村位于北纬39°41'，东经115°70'，在涞水县东南方向，距县城9千米，南与定兴县相邻，东与高碑店市相接，属三县交界处。这里距北燕侯国的初都——涞水县张家洼村村西4千米，距“轩辕黄帝家庙”所在地——涞水、易县交界处的“后山”20千米。

高洛村有一种村民自愿参加、义务排练、义务演出的民间器乐演奏会社——音乐会，全名“高乐蓝旗音乐圣会”，也称“音乐大善会”。经专家学者鉴定，它是古代三大宫廷音乐之一——秦、汉时期的鼓吹乐在民间的流存，是华夏音乐始祖伶伦先生4800年前所创的“黄帝家庙”祭祀音乐的变存。

后山“祭祖文化”是涞水音乐会生存的土壤

高洛音乐会既然是秦、汉民间鼓吹乐的变存，为什么它却只在京南保北一带的农村中留存呢？因为这里有一片能够让它生存的土壤，这片土壤就是洪崖山区的后山“后土祭祖文化”（简称“后山文化”）。

洪崖山，是涵盖易县北部、涞水中西部的山脉，洪崖山因洪崖先生生前长期在此处活动而得名。“洪崖先生，或曰：黄帝之近臣伶伦也”（见《列仙传·卷一》）。《文选·张衡：西京赋》说：“洪崖，三皇时伎人”。《吕氏春秋·古乐》篇也说：“伶伦即古仙人洪崖先生。”

所谓“伎人”，就是从事乐舞的人。古代的乐舞是祭祀的附庸，“伎人”就是以唱歌跳舞来占卜吉凶、祭神祀祖的“巫”。伶伦作为黄帝的乐官，是氏族内地位最高的“巫”。他的任务就是在后山管理“后土黄帝庙”，主持黄帝祭祖、后人祭祀黄帝的仪式。

后山，是洪崖山中一座集雄、秀、奇、幽为一体的小山，“后土皇帝庙”（即“轩辕黄帝庙”）就在这里。中华民国35年编《易县志稿》第298页载：“后土黄帝庙，俗称圣女庙，在县北三十五里（与涞水交界处），上山十里，山径九道十八盘。按今庙祀女神，乡民杂以神怪说。……惟既称后土皇帝庙，当为祀黄帝轩辕氏者，《史记》黄帝与蚩尤战于涿鹿，又会诸侯于釜山，……是则黄帝在易有祠理或然也。”

后山“后土黄帝庙”是华人始祖建的第一座祭祖的庙，规模较大，因此它是“中华第一大庙”。

轩辕黄帝的都城在涿鹿矾山，他的家庙为何在距都城有百里之遥且崎岖难行的后山？因为后山是黄帝部落从西北高原东迁以后曾长期居住、生产、生活、发祥的地方。

一、史料记载，黄帝部落举族东迁，是因为大约5000年前西北地区连年干旱缺水，人畜难以生存，才迫使他们不得已而为之。该部落从陕西西北部出发，沿洧水向南东渡黄河，越过中条山，然后沿太行山北上，最后在河北涿鹿的矾山建都。从其东迁线路看，涞水、易县境内的洪崖山是他们的必经之地，所以，黄帝部落曾在洪崖山居住、繁衍、发展，理论上成立。

二、洪崖山区有黄帝部落理想的水源。黄帝部落东迁过程中，一路上能够解决他们人畜用水的地区并不少，但是，只有洪崖山一带的水源情况和他们原居住地陕北的水源情况相同，甚至优于陕北，主要表现是：这里的河流不但水量充沛、水质甘洌，而且冬天基本上不冻冰不封河。因为涞水、易县和黄帝部落原驻地陕北一样，地下储存有天然气。稍浅的天然气从地层缝隙中冒出，它所携带的热量提高了地表温度，造成冬天河水不冻冰。

关于涞水、易县地下天然气的史料记载：《魏书・灵徒志》载："孝昌二年（526），幽州遒县地燃"。清・光绪年版《涞水县志・异祥》篇载："后魏孝昌二年夏，遒地热"。地燃，即天然气在地表燃火；"地热"，是说地表温度较往年偏高。

其他有关记载还有《晋书・志十九》："光熙元年（306）五月，范阳国地燃，可以煸（即燃饭）。"西晋范阳国辖境，相当于今之河北涞源以东，固安、永清以西，徐水、容城以北，北京房山以南地区。中心地带即涞水、易县。（今华北油田的一部分，见北京出版社1990年版《二十四史科学技术问题》第130页）。

史料记载，黄帝部落原居住在陕西北部，那里的地下也有天然气（即今以产天然气为主的陕北长庆油田）。《汉书・地理志》中载："高奴有洧水可燃"。高奴，汉置县名，在今陕西省北部延长县一带；洧水，即今延河的一条支流。《水经注》中也说："高奴县有洧水，肥可燃。水上有肥，可接取用之"。这里所说的"肥"，即指石油。因此，那里的许多河流也同涞水、易县一样，冬天极少冻冰封河。在这种环境下久居的黄帝部落，在选择新居时，对冬天会结一层厚厚的冰的水源很不适应，所以要继续寻找。最后来到后山才定居下来，这当是合理合情的事情。

三、黄帝部落东迁，其证据就是沿途遗留下大量黄帝姓和黄帝子姓后裔。洪崖山一带也有大量姬、任、祁、滕、召（邵）等黄帝姓和黄帝子姓的后裔存在，证明该处确实是黄帝部落东迁时所经之地。

四、文物部门通过考察发掘发现，涞水、易县一带5000年前的"仰韶文化"遗址较少，而与黄帝同一时期的"龙山文化"遗址却突然大量增加，如涞水遒澜河两岸，几乎相隔不足500米，便有一、两处与黄帝同一时期的"龙山文化"的古民居村落遗址，证明黄帝部落定居后山的说法有据。

五、洪崖山范围内关于三皇五帝在这里生产、生活、战斗有关的遗迹和传说很多。如：涞水县北20千米处有三皇山，山上有"三皇庙"，内塑伏羲氏、燧人氏和神农氏神像；永阳乡有坛山，因山顶上有古祭坛而得名，相传系舜帝祭祀黄帝的地方；山脚下的坛山村内，曾经有座规模很大的"舜帝庙"（见古《涞水县志》）；涞水平原地区广为流传着一个神奇的民间故事：古代涞水北七山村一孕妇产下一个肉球，剥开后是个男孩，认为不吉利，遂先后将他扔到树林里、扔到路中央，最后扔到北七山东南方向的一片冰地上，但男孩总是被各种动物保护不死，于是起名叫"弃"，后来做了大官。此地由此被称作"弃山"（现写作"七山"，而发音仍是"弃山"），那块冰地也被称作"冰上"（今作"兵上"）。此传说及人名、地名与《史记》中关于周祖"弃"的记载基本相同。涞水西部的东文山相传为尧让位给舜的地方（见《史记・八书第四历》："尧……羞禅舜，申诫文祖……"）；中华民国35年编《易县志稿》记载："黄帝与蚩尤战于涿鹿之野，因建都焉。故至今犹有黄帝遗迹。……今县北涞水界内亦有釜山黄帝会诸侯处。"釜山在今娄村满族乡境内，山下5千米处有村名下车亭（即祖"迷魂大阵"），但是已经衍变成类似迷宫一样的民间游艺活动；涞水境内还有一个重要的地方——乐坪川（今称洛平，属永阳镇），是黄帝与华人另一个始祖炎帝决战的地方。炎帝烈山氏是一个很有作为的部落领袖，他的氏冲之原籍，相传为黄帝会诸侯时，各路诸侯由此处下车步行上釜山会盟。野三坡所属的龙门天关距黄帝都城矾山直线距离15千米，这里山势雄险，易守难攻，历朝历代均在这里屯军驻防。民间传说此处曾有过一次大战：即黄帝战蚩尤。黄帝最初屡战屡败，后来在龙门天关前摆下“迷魂大阵”，方反败为胜。如今关前的北龙门村，百姓仍然会摆。族兴起于姜水流域，后来向中原扩展，最后在此处和黄帝决战，被黄帝打败，炎帝族人及全部属地归于黄帝，从而形成炎黄部落（见上海辞书出版社1980年版《辞海》“炎帝”条）。作为败军之将的炎帝，后人感念他曾大有作为，也在后山为其建庙，四时祭祀。

这些古遗址有一个共同的特点，就是地下水丰富，特别是三皇山、后山、伶山、釜山、乐坪川和龙门天关，即使是冬天，山腰也云飘雾绕。这与“黄帝氏族是以云为图腾的”说法相符（《左传》昭17：“昔者黄帝氏以云纪，故为云师而云名。”）

关于三皇五帝发祥于洪崖山的记载还有：《汉书》：“冀州尧所都”（洪崖山古代属冀州）。《史记·五帝本纪》：“舜，冀州之人也”。即使为治水走遍全国的夏禹，他的始发地也是洪崖山：《汉书》记载说：“禹治水自冀州始”。

通过以上史料、遗址和民间传说相互印证，可以断定，洪崖山确实是轩辕黄帝居住、生活、发祥的地方。

按照古人的习惯，氏族部落在那里长期居住地，便在那里设置家庙。黄帝部落定居后山，肯定也会在后山设置家庙。另外，从周及周以前历朝历代的皇帝、部落领袖都来后山祭祀一事看，洪崖山“后土庙”就是黄帝的家庙。

既然后山是黄帝家庙所在地，为何黄帝不把都城也建在后山附近呢？

学苑出版社1990年第10版《易县志稿》中说：“黄帝与蚩尤战于涿鹿之野，因建都焉”。说明当时的联盟部落领袖们在都城选址问题上确实存在分歧。

其实，明眼人都能看得出，“后山”绝非是个建都的理想之地，因为它极容易遭到敌人攻击。轩辕黄帝敢冒天下之大不韪，将都城选建在远离家庙、易守难攻、且有野三坡百草畔为退路的涿鹿矾山，说明他确实是一位有胆有识、极具战略眼光的军事家。

再者，矾山和洪崖山，黄帝时期同属“畿辅之地”。

野三坡地区内的峨峪村出土之金代石棺上刻有“上谷南矾山”及“天会八年二月八日”字样（天会八年即公元1011年）。这是目前所见到的关于野三坡行政隶属的最早文字。这说明，野三坡地区和它北面的矾山地区，金代以前均属同一个政区——古矾山县。而南矾山的南部（即野三坡的南部），又是洪崖山的组成部分（即洪崖山之阴）。换句话说就是：野三坡地区即是矾山之阳，也是洪崖山之阴，因此，洪崖山和矾山是你中有我，我中有你，是紧密联系在一起的一个古行政区。

黄帝部落定居洪崖山以后，他们的活动范围相当广大。史料表明，北到燕山、南到保南、西到山西应县，都是黄帝部落的控制范围。而洪崖山和矾山（包括两山共属的野三坡地区），则是该部落的“畿辅之地”。既然同在“畿辅之地”内，都城设在其中的任何地方都不足为奇。

可以证明野三坡是黄帝部落“畿辅之地”证据是：野三坡域内的九龙镇北庄村北有座山，人称万岁山（也叫黄帝山），山半腰处，有一片面积约6000平方米，东西长100米，南北宽60米，土呈黄色，地形呈阶梯状台地，暴露遗迹有灰坑、烧土房址、灰土层、陶片等。文化层厚约1.5米，考古工作者在这里采集的标本有泥质灰陶红顶碗、夹砂红陶平折沿尖圆唇小平底盆，夹细砂和云母灰褐陶敛口钵、夹砂红褐陶平折沿尖圆唇口微敛鼓腹瓮，夹云母红褐陶双耳竖扁桥形直口鼓腹罐、夹砂褐陶直口方唇鼓腹平底罐等文物。经专家鉴定，这里是与黄帝同一时期的新石器时代古文化遗址。根据山名推测，此处当与黄帝和黄帝部落有关。

华人始祖繁衍、发祥的地方，也是他们祭祖、祭神的地方。古人对祭祖看得很重，一代一代从不间断。《礼记·祭法篇》载：“有虞氏禘（大祭祀）黄帝而效喾，祖颛顼而宗尧。夏后氏亦禘黄帝而郊鲧，祖颛顼而宗禹。殷人禘喾而郊冥，祖契而宗汤。周人禘喾而效稷，祖文王而宗武王。”祭祀的地方，《史记·封禅》载明是在：“狱婿山之属，为小山川，亦皆岁祷泮涸祠，礼不必同。”文中的“狱婿山”，即指含洪崖山在内的古“常阳之山”（公李考证，笔者则认为是指涞水的坛山）。

虽然自夏开始，随着活动范围的扩大，黄帝的后人渐渐远离洪崖山去向外发展，但是他们始终不敢忘记祭祖。黄帝安排伶伦在后山守庙祀祖；舜在坛山祭祀黄帝；西周虽然远在陕西建都，但是周文王分封诸侯的时候，特意将其一子召公奭封到洪崖山麓为北燕侯燕国王，代其四时祭祖，所以“燕国”自称为“郾”，意含“祭祀”。后山隆重而持续的祭祖活动，形成延续数千年的“后山祭祖文化”。

由于洪崖山强烈的祭祖文化氛围，围绕在洪崖山西面、北面和东面几百里的拒马河，古名也被称为“涞”河，“涞”字在《说文解字》中有“祭祀”一解。

作为中华第一祖庙的首任祭祀官，伶伦还有一个重要任务，就是遵照黄帝旨意，制作祭祀用的乐器、器皿。范文澜在《中国通史简编》第90页说：“黄帝……用玉（坚石）做兵器，造舟车弓矢，染五色衣裳，嫘祖（黄帝妻）养蚕，仓颉造字，大挠作干支，伶伦制乐器，虞夏二代帝祭黄帝（尊黄帝为始祖）”。《吕氏春秋·古乐》篇说：“昔黄帝令伶伦作为五律，伶伦自大夏之西、乃及昆仑之下……听凤凰之鸣，以别十二律，黄帝又命令伶伦与荣将，铸十二钟，以合五音，以施谟诏。”至今洪崖山涞水境内有以伶伦命名的伶山，伶山上有伶伦祠，釜山北侧的山层崖有相传为伶伦铸钟的遗址“钟模坑”，坑附近至今散落着许多金属废渣；伶山西侧有一片约十亩的平台，相传是专门为伶伦铸出的钟测试音准的场地，名叫“乐坪”（该遗址今称洛平，汉代被佛教建了“庆华寺”）。

根据出土文物显示：古人祭祀用的钟在原始时代已出现，是用陶土制成的。到了殷商时代，钟均为青铜制造（见《中国音乐史略》12页）。黄帝时期是介于原始社会和夏、商奴隶社会之间的新石器时代，这时的钟应该是石制或玉制（伶山附近和毗邻的北京刁窝一带，金红石、汉白玉、大理石储量丰富，质地精美细腻）。不过，既然《史记》中有黄帝命伶伦“铸”钟记载，是否这时已经出现了早期的青铜冶炼技术？

涞水县娄村村民张玉花，曾在河南少林寺为一座两米高的巨钟拍摄了一张照片，钟上铭文为“涞阳釜山制钟”。涞阳是涞水的别称，釜山和伶山是连在一起的两座小山，不管这座钟铸于何朝何代，至少说明：伶山附近确实铸过钟。

至于伶伦到底铸没铸过钟，目前尚无相关文物证实。但是，做为公认的华人音乐始祖，他在洪崖山守庙、主持祭祀之事，是不争的事实。

令人不解的是，既然伶伦管理的是轩辕黄帝庙，为何庙内祀的是女神？而且，《史记》中也把轩辕黄帝说成是女身：“轩辕，黄龙体。前大星，女主象”（见《史记·八书第五天官》）。后山文化研究专家公李先生解释这种现象，他认为：把轩辕黄帝从男身衍说成女像是商、周时期完成的。人类经历过较长期的母系氏族社会，养成了根深蒂固的“惟女性为美”的思想观念，出于对轩辕氏的尊敬，便有意无意地把他往女性方面美化了。这种说法有一定道理，黄帝有很多杰出的大臣，如造字的仓颉、作干支的大挠等，在后山均没有祀祠，而黄帝的妻子嫘祖、黄帝的异性老师九天玄女、黄帝的女宰相海风后，则均在后山有祀庙，说明当时确实存在“惟女性为美”的倾向。洪崖山地处北方边陲，各少数民族不断南侵，当地群众为避战乱背井离乡四散逃亡；局势稳定以后，又有新的移民从外地迁到这里。这样循环若干次，知道后土黄帝真实性别的百姓便越来越少。到了秦汉时期，后土黄帝完全被民间传说成是一位佑护一方的好心肠“老太太”。

汉光武帝刘秀对轩辕黄帝“变性”一事也负有责任。王莽篡位期间，刘秀曾被王莽的部将追杀，危急时刻，被一个在后山落草为寇的北方少数民族“五丰”（人名）救护脱险（见于《水经注》）。刘秀认为自己获救是后土黄帝显灵，便在登基之后，拨巨款为其在后山敕建殿宇，再塑金身。不知是出于无知，还是为了顺从民间传说，竟将后土黄帝塑成了标准的“女帝王”（《易县志稿》第298页载：“女神为山居老妇，曾免汉光武帝于难，故祠祀至今”）。这样，以讹传讹，一直传到现在。

中国传统音乐学学者、中国音乐研究所副所长薛艺兵先生则从地方宗教民俗心理学的角度分析了

“黄帝变性”现象，他认为：“对于大部分为女性的信徒来说，向同性倾诉，亲切方便，那种只有女性对女性才能沟通的秘密和细腻感情，怎么可以与生着胡子的男性神讲得明白。后土由男性神转化为女性神，也可以与观音的转化相比拟。”（见山东文艺出版社2002年版《冀中乡村礼俗中的鼓吹乐社音乐会》第282页）。

将后土由男身改塑成妇女之像，在全国普遍存在。其中多为民间误会。但也有朝廷祀典的不察。如宋真宗就曾稀里糊涂地下诏将轩辕黄帝塑像由男身改塑女身，从而引发了全国性的给黄帝变性的风潮。（《全宋文·卷二四零》载：宋大中祥符四年（1011），宋真宗下诏，将奉祇宫改为太宁宫，内设后土圣母塑像，“选道士焚修，本庙崇奉，一如旧制”。）

不过，不管黄帝的性别准不准确，百姓对他（她）那种与生俱来的亲密情感始终如一。在百姓心中，她是一位勤劳、慈祥的“老祖母”，是一位时刻在为子孙儿女们挡风遮雨、消灾解难“老祖宗”，是一位从百姓家修炼成道的、法力无边的“家神”。人们企盼五谷丰登、六畜兴旺要向她祈求，人们渴望太平安康、无灾无厄要向她祈求，甚至连“求子嗣”、“求雨”这类本不属于她管的事情，也向她祈求。

例如，东明义音乐会求雨时唱的《请神赞》：

一柱香请动了后山老母，

二柱香请动了武圣关王，

三炷香请动了观音大士，

四柱香请动了四海龙王。

歌中请的几位神仙，传说关老爷磨刀的时候，天会降大雨；观音大士将柳枝从净瓶中取出甩几下，天会降大雨；龙王爷打个喷嚏，天会降大雨；后山老母则无论如何也不会下雨。请她出来干什么？因为百姓认为，她是自己的家神，能代表自己去向各路神仙陈情斡旋，神仙们买她的账。

千百年来，人们就是这样的信任她，尊敬她，崇拜她，不管男女老少，都称呼她“奶奶”。因地域方言的差异，这种称呼又有“奶奶儿”“老奶奶儿”“老奶奶子”的细微区别。

结论：轩辕皇帝是“华人始祖”，即使被人为“变性”以后，人们仍然视“她”为“祖”，因此，已经延续了数千年的“后山祭祀后土黄帝”的活动，实际上就是华人“祭祖活动”的缩影，而围绕后山“祭祖活动”产生的文化就是“祭祖文化”，后山“祭祖文化”中的音乐就是“祭祖音乐”，这种音乐的代表，就是涞水民间音乐会。黄帝的大臣伶伦，就是祭祀音乐的创始人和祭祀乐器的设计、制作人。

南高洛音乐会后山祭祖音乐的“传人”

马克思在《摩尔根〈古代社会〉一书摘要》中说：乐舞“是一种祭奠仪式”。恩格斯也说：乐舞“是一切宗教祭奠的主要组成部分”（见《家庭、私有制和国家的起源》）。传承于古代“乐舞”的涞水民间花会，都以祭祖祀神、自娱互娱为目的在民间流行。

受地理位置影响，涞水是一个多教多神地区，佛、道、儒、自然神、人神的庙宇遍及各村。宗教对涞水农民的思想、文化、风俗有着重大影响。但对大多数农民来说，大都不为一种宗教或某一个神所绝对统治，而往往是遇到危难才临时抱佛脚，见庙就烧香，上至玉皇大帝、西天如来、太上老君、菩萨、关公、孙行者，下到龙王、山神、城隍、土地爷；大到天地，小到山丘河井碾磨，从消灾解厄的实用目的出发，均可作为崇祀对象。只有一个神例外，那就是对后山庙的轩辕黄帝——所谓的“老奶奶子”。

在百姓潜意识中，别的神是高高在上的“天神”，而“后山老奶奶子”则是自己的“家神”，是自己嫡传“祖宗”中的开山先人。因此，无论有无所求，每年阴历正月十四、十五、十六三天，以及三月十四、十五、十六三天，各种民间花会都要为后山奶奶举行盛大的祭祀活动。百姓不分男女老少，都自动参加，焚香叩拜。

参加祭祀的各种民间花会中，音乐会的地位最高，为各会之首。因为它们是伶伦“后山祭祖音乐”

的“传人”。

关于音乐会是伶伦“传人”的说法，不是源自史料，而是将音乐会在后山祭祀中所起的作用，与伶伦在后山祭祀中所起的作用相比较之后，得出的结论。请看：

一、伶伦是黄帝委派在后山主持祭祖的乐官，作为当时的“巫”，伶伦应该能“请神”，能跟神“说话”。涞水音乐会也能“请神”，而且是京南保北唯一有“请神”功能的民间花会。说到音乐会“请神”，听起来很神秘，其实很简单，例如请后土黄帝，先悬挂“后土黄帝像”（画像或塑像），继而在黄帝像两侧悬挂“四值功曹”像，最后，音乐会“文坛”众人沐手焚香，击磬四通，和着乐器演奏的音乐唱《请神赞》（也叫《举香赞》《接引赞》或《接佛赞》等等），神就算被请到。请神过程中，“磬”和“四值功曹”尤为关键，磬在音乐会中传说能通神，四值功曹则是在天庭和人间来往传递信息的神，两个来回接力，缺一不可。其实，所谓请神，实际上就是请神的人在白说白话、故弄玄虚、自欺欺人罢了。不过，囿于当时的科技水平，古人认为那样做真能请到神；

二、“磬”在伶伦时期，只是“巫”用来“请神”的响器，商周以后才衍变成乐器。在对磬的使用上，涞水音乐会与伶伦时期相同，也是把磬当“请神”的响器（或称法器）而用〈当乐器〉。“请、送神”时各敲三通，“请、送后土黄帝”和“请、送祖宗”时，为表示虔诚，各敲四通。民间谓之“神三鬼四”。“磬”的实际用途虽然不大，但它却是音乐会“灵”之所在，不可缺少，否则就请不到“神”或送不走“神”。特殊情况下，“犁铧”可以代替磬使用，神灵认可；

三、“云锣”在伶伦时期叫作“钟”，是供神时装五谷的器皿，因为它摆在神案上，离神距离最近，所以地位最高。商周以后“钟”逐渐衍变成祭祀乐器“编钟”，最后成为云锣。它的衍变过程是“特钟——编钟——方响——云璈——云锣”。尽管云锣在音乐会中不是主奏乐器，但由于它出身高贵，音乐会仍然按照伶伦时期对待“钟”那样，把它高高的排在乐器之首；

四、现在祭祀后土黄帝仍然要供奉五谷。五谷也可以用黑豆或小米来代替，因为传说它们是伶伦祭祖时期的五谷之一。尤其是下车亭的小米，被称为后山祭祖的“贡米”。玉米、黄豆之类不能用，外来物种，黄帝不认识，不肯吃；

五、音乐会每年要携带乐器到伶伦试乐的“乐坪”（今洛平）去点笙定调，否则乐器发出的音不是“正声”，不是“正声”，便不能被“神”接受。

六、涞水音乐会中曾有一条会规：在后山举行祭祀活动时，除“请”出黄帝塑像（或悬挂“黄帝画像”）“四值功曹画像”以外，还要摆设“伶牌”，不少音乐会在解放初还保持这个规矩。至于为何要摆“伶牌”？从何时开始摆“伶牌”？“伶牌”代表谁？则无人知晓也无文字可考，只知是祖上传下来的规矩，一辈又一辈的乐人就是这样办的。史学家断言，伶牌即伶伦之牌位。乐人在演奏前供上发明乐器和乐律之祖，当在情理之中。

同涞水其他音乐会相比，南高洛音乐会与后山后土黄帝庙的关系则更近一层，原因是：

一、南高洛音乐会的规模大于其他村音乐会。相传最盛时，仅操乐器的乐手就有三百来人，奏、打、唱一应俱全。据说有一年他们去后山朝鼎，加上旗幡车马及抬“后土黄帝神像”的仪仗、服务人员共一千多人，浩浩荡荡的队伍排了三、四华里长。碰巧慈禧太后到西陵扫墓，两支队伍相遇，出于对后土黄帝的敬畏，慈禧主动给南高洛音乐会让路。

二、后山境内有南高洛音乐会一亩三分专用场地，供他们搭棚、请神、举行祭祀活动时使用。其他音乐会则没有，要想在此演奏，只能向南高洛音乐会借用。关于这块地的来源，传说古已有之，土改时期易县人民政府曾给南高洛音乐会发了《土地证》。公李先生的《后山神话》（中国民间文艺出版社1990年出版）对“南高洛在后山拥有一亩三分地”也有表述。

三、南高洛音乐会有《后土宝卷》，涞水其他音乐会则没有。因此，在一年一度的后山祭祀活动中，南高洛音乐会担负着“请神、宣宝卷”的主祀、颂神责任，其他音乐会只有祀神、娱神的任务。

《后山宝卷》分上、下两卷，全部宣完大约需用两天的时间。

据音乐会老艺人传说，音乐会在后山祭祀时，早年间宣唱的经卷是《禘祖经》(也称《禘祖宝卷》)，从金代开始，宣唱的是《后土宝卷》。《后土宝卷》共有三个版本，最初版本的作者，是金代道士刘和光，他看到后土黄帝呈女像，便杜撰了一个故事，说后土黄帝是行唐县张姓少女，苦修得道，因护佑百姓、救刘秀有功，被刘秀封为后土皇帝。故事是按照佛教“俗讲”的套路写出来的，是讲述后土的事，所以就叫《后土宝卷》。这也是后人将南高洛古乐误判为佛教音乐的原因之一。其实救刘秀的并不是张姓老太太，即使是，刘秀也不可能将其封为和自己平起平坐的“帝”。由此来看，刘秀对后土黄帝的真实身份还是清楚的。佛教界后来也搞了一个版本。音乐会使用的是介于佛、道之间的一个“儒教”版本，里面掺和着佛教和道教的一些学说。这也是中国古文化在传承中常出现的混乱现象之一。

四、南高洛和北高洛原为一个村，叫“高乐”。关于村名的起源，据南高洛民间传说：高渐离击筑刺秦王不成，被诛九族，高有一侄原为后山乐工，逃到此地避祸，靠教授音乐糊口。秦亡后，为纪念高侄，后人称此地为“高乐”，沿用至今。即使明朝移民时从山西迁来了闫姓大户，村名也没更动。

南高洛村曾有商、周时期的陶罐、陶釜等文物出土，说明那时这里已有人居住。但高渐离之侄是否在这里教过音乐，未见史料记载。不过，高洛百姓对音乐那种痴迷程度，确实令人难解：在市场经济的今天，村里除了有古老的音乐会之外，竟然还有一个比较古老的南乐会、两个吹打班和一个铜管乐会！

五、南高洛音乐会称自己的祖师是李延年。

据史料记载，李延年确实为鼓吹乐改编过二十多首乐曲，鼓吹乐是音乐会的“源”，南高洛音乐会称李延年是自己的“祖师”，理论上成立。

结论：史料中虽然没有关于“南高洛音乐会与后山之间关系”的明确记载，但是，通过以上间接的史料、文物、民间传说和现实情况相互印证，仍然可以断定：南高洛音乐会——后山“祭祖音乐”的留存。

乐平（洛平）音乐花塔考

刘 阜

涞水县城西北15千米处的龙宫山上，有座辽代建造的花塔，塔高约10米，现为国家级文物保护单位。

猛然看上去，该塔外观平平，既小又破，不会给人留下什么印象。细心看去，就会发现它的奇特之处：首先，整座塔就像一口倒扣的巨钟，钟卯、钟身俱全；塔身1.5米高处应当雕刻佛像的佛龛里，实际上雕刻的却是演奏乐器的乐工；塔由辽代僧侣建造，演奏乐器的乐工却身着汉代军人服饰；塔玄洞上方，雕刻着八对造型生动、线条流畅、栩栩如生的飞天舞伎。综观全塔，处处散发着古代音乐、舞蹈的强烈气息。

辽僧建塔不宣传佛教文化，而刻意地展示古代汉族的音乐舞蹈，这种反常举动隐喻着什么？谜底在哪里？

原来，这里是华人音乐始祖伶伦发明乐律、铸造乐器、培训乐工的地方。因此，这里古称“乐平”(今称洛平)，山下四个洛平村也由此得名。

伶伦，又名洪崖先生，是华人始祖轩辕黄帝的一位大臣。《吕氏春秋·古乐》篇载：“伶伦，古仙人洪崖先生”。《列仙传·卷一》载：“洪崖先生，或曰：黄帝之近臣伶伦也”。伶伦能歌善舞，因此《文选·张衡：西京赋》说他是“三皇时伎人”。

乐平和附近的伶山、釜山、三层崖、云溪峪等地，是伶伦当年管理洪崖山后土黄帝庙时经常活动的地方，因此，涞水的洛平山和相邻的易县后土山被统称作“伦山”或“洪崖山”，并留有大量有关伶伦的遗址、遗迹和传说。

《河北日报》2004年8月23日转载的新华社一篇文章说：据专家学者考证，洪崖山是5000年前黄帝部族由西北高原东迁后聚居、生活、发展、祭祀的根据地。史书记载的黄帝大战于涿鹿之野，就是以这里为中心，其地域范围北到涿鹿、西到太行，传说中炎黄大战、黄帝战蚩尤、釜山会盟诸侯、黄帝造车、嫘祖养蚕染五色衣、仓颉造字、伶伦制乐器作五律铸十二钟等历史上许多重大事件都发生在这一带，至今这里尚存嫘祖洞……釜山、钟模坑等传说遗址。

文中提到的釜山、钟模坑、伶伦制乐器作五律铸十二钟、仓颉造字等遗址均在涞水县洛平山境内，炎黄大战等很多事件也是在涞水县发生的，如：涞水釜山是黄帝战败炎帝烈山氏及九黎族蚩尤之后，会盟诸侯从而实现中华民族融合统一的地方，《史记·本记第一五帝》载：“黄帝……合符釜山。”《涿州志》载：“釜山在今涿之西南易之东北。”伶山是伶伦研创乐律地方，乐平是伶伦训练后山祭祀乐工、测试乐器音准的地方。三层崖北坡半山腰的“钟模坑”，是伶伦铸造祭祀乐器十二口钟的地方，该遗址附近至今散布着许多冶炼金属时的废渣。《吕氏春秋·古乐》载：“昔黄帝令伶伦作五律，……听凤凰之鸣，以别十二律，黄帝又命伶伦与荣将，铸十二钟，以合五音，以施谟诏。”涞水丘陵地区古代曾长满紫竹，相传黄帝使伶伦伐竹“斩而做笛”就在这里。伶伦当年居住的山洞被后人称作“伶洞”，并建祠奉祀；而伶伦训练乐工、测试乐器音准的乐坪，被视为诞生“天音神乐”的神圣之地而在民间口口相传，经久不断，越传越神。佛教一向有将当地民众崇拜、信服的人或事吸纳为己所用的传统（如汉将关羽被说成是佛教的护法神）。因此。晋代和辽代的僧人在建塔之时，也将演奏古乐的乐工和表演舞蹈的舞伎雕刻其上，视其为“神”。而当年鼓吹乐的传承者——如今肩负着洪崖山“后土黄帝庙”祭祀的民间音乐会，每年阴历正月初三伶伦忌日，也来这里和塔上的砖雕“乐工”点笙对调，确保丝毫不差地将老祖宗伶伦创造的祭祀祖宗的“天音神乐”继承下来，将祭祀活动中的“请祖”、“送神”的法术继承下来，传承下去，以保神韵不失。

这种风俗一直沿袭到解放初期。

其实，花塔砖雕上的乐工，并不是伶伦时代担负洪崖山后土庙祭祀活动的乐工，而是秦汉时期进入宫廷的民间鼓吹乐乐手。后山庙祭祖活动由宫廷乐工主持转换成由民间鼓吹乐主持，发生在秦、汉时期。华夏民族自母系社会起，就有强烈的“祖先崇拜”意识。所谓“祖先崇拜”，是指人死后，其后代认为死者灵魂仍在，需要活人加以照料，而死者亡灵亦会继续降祥赐福，祛厄禳灾，保佑后代子孙平安兴旺（见浙江古籍出版社1987年8月版《中国文化史词典》578页“祖先崇拜”条）。因此，华人对祭祖先看得极重，不论宫廷和民间，一代一代从不间断。

黄帝祭祀的祖先是他的外祖母“地祇”。“地祇”在母系社会时期是管理土地的官员，死后被尊为神，称“地祇”，或称“后土”。关于“地祇”与轩辕黄帝的关系，古籍《河图握枢》中有载：“黄帝名轩，……母地祇之女附宝，之郊野，大电绕门枢星耀，感附宝，生轩，胸文曰‘黄帝子’”。这句话的意思是：生轩辕黄帝者是符宝，而生符宝者则是地祇。乐平山是轩辕黄帝与炎帝、蚩尤战斗并最终取得胜利的地方，所以他将祖庙设在离他的望地乐平山不远的易县后土山上，《战国策·燕策》中有：“至易水之上，即祖”的记载。黄帝的祭祖仪式庄严而隆重，《诗经》中有一首表现黄帝乐官伶伦主持“后土庙”祭祀情景的民歌，歌名《简兮》：

简兮简兮，方将万舞。日之方中，在前上处。

硕人俣俣，公庭万舞。有力如虎，执銮如组。

左手执籥，右手秉翟。赫如渥赭，公言锡爵

译文为：

真英武啊真英武，他正指挥干戚舞，太阳正午在中天，他在前列上首站。

魁梧英俊好美男，表演万舞宗庙前，身强力壮如猛虎，手执缰鸾如织组。

六孔长笛左手拿，右手拿着山鸡羽。容光红润如赭石，主公喜将美酒赐。

黄帝后人对祖先祭祀的规模丝毫不逊于先人。据周《礼记·祭法篇》载："有虞氏禘（大祭祀）黄帝郊喾，祖颛顼而宗尧。夏后氏亦禘黄帝而郊鲧，祖颛顼而宗禹。殷人禘喾而郊冥，祖契而宗汤。周人禘喾而郊稷，祖文王而宗武王。"

易县后土庙祭祖仪式自黄帝开始直到商周时期，一直由宫廷负责举行，后土山脚下的檀山村曾出土青铜编钟就是证据，该钟现存涞水县文保所。

到了秦代，情况发生了变化，秦始皇自知不是黄帝后裔，更不愿认吕不韦家族为自己的祖先，认为自己称帝是上苍所赐，受命于天，于是改洪崖山后土庙祭祖为到山东泰山祭天。洪崖山宫廷祭祖活动至此中断。到了汉代，汉高祖刘邦也认为自己不是黄帝嫡亲后裔，只是民间一个小小的"亭长"，也未恢复洪崖山祭祖活动。

民间的"祖先崇拜"意识丝毫不比宫廷逊色。宫廷停止了洪崖山祭祖活动以后，民间在后土庙的祭祖活动仍一如既往照常举行。古代祭祀讲究礼乐，不论宫廷还是民间，祭祖一定要有相应的礼仪和音乐。洪崖山地处北方，接近少数民族地区，这里最好的音乐当属刚刚兴起民间"鼓吹乐"，因此，鼓吹乐就理所当然的成为民间举办后土庙祭祖活动的乐队。

秦灭燕以后，包括洪崖山后土庙祭祀乐工在内的燕国宫廷乐工，除一小部分被秦军抓去咸阳为秦皇服务外，其余乐工大部分散落民间，从此将宫廷祭祀中的"请祖"、"颂祖"、"娱祖"、"送祖"等礼仪完整地带到了民间。使得后土庙宫廷祭祖音乐和祭祖礼仪在民间得以传承变存，经久不衰。

进入宫廷以后的鼓吹乐，主要用作军乐。也经常代替雅乐用于皇家的祭天、祭庙、郊祭等活动，因此，在民众眼里，穿汉军服饰的鼓吹乐乐工，就同伶伦训练出的后土庙祭祀乐工一样，有半仙之体，具备"请祖"、"颂祖"、"娱祖"的本领。传到辽代，民众把他们完全与神等同看待了。

既然民众将鼓吹乐乐工当成神一样崇拜信服，辽代僧人因势利导，索性打破常规，将着汉军服饰的鼓吹乐乐工雕刻在新建的花塔上面，再编些"乐工是佛教中的某某佛"的故事，将民众对鼓吹乐乐工的崇拜信服转移成对佛教的崇拜信服，以壮佛教声威。

这就是乐坪花塔砖雕乐工、飞天舞伎的谜底。

（转自2004年河北省文化厅《河北省群众文化论文选编下篇》刘阜）

大音希声颂乐祖

——涞水县庆化寺2010年"乐祖伶伦祭典暨点笙对调仪式"侧记

银牛辞旧岁，金虎迎新春。正月初三日上午，艳阳高照，和风徐徐，素有"华夏音乐发源地"之称的涞水县永阳镇乐平山庆化寺，彩旗飘飘，花团簇簇，鼓乐喧天，歌声阵阵。人们在焦急地翘首企盼，盼望着一个已经停止了150年、今天就要重新恢复的传统文化活动的到来。

11时整，随着大锣一记悠长而沧桑的敲响，主持人宣布："'2010年乐祖伶伦祭典暨点笙对调仪式'现在开始，首先请庆化寺主持释隆发致词。"

释隆发主持走到主席台前，激动地说："龙宫山本是华夏音乐的发源地，是民众为祭典乐祖伶伦而举行点笙对调、祈福祈祥的地方。不幸的是，150年前这项文化盛事被迫停止了。今天，随着祖国的繁荣昌盛，百业兴旺，我们又把这项传统活动恢复起来，为此，特赋词如下：

龙宫山者，古名乐平，东有伶洞，北有钟坑。史有记载，民有传颂：黄帝之时，治教制度，敕命伶伦，居于乐平，夕辨溪吟，晨别凤鸣，制乐创律，造谱传声。铸钟斩竹，作管金石。乐平设坊，授艺乐工。御敌征战，鼓吹励勇；狩猎刈禾，乐舞欢庆；祭贤祀圣，弘扬族魂，华夏音乐，由此诞生。轩辕封伦，近臣为伶。自伶伦始，乐风愈兴。声永律齐，钧天九奏。雅声浸微，溺音腾沸。

和乐精妙，固其表里。八音摛文，讴吟垧野。金石云陛，韶响难追。大音希声，流播无垠。高洛古乐，启后承前，黄钟律吕，逸响至今。忆我乐祖，伟绩恢宏，乐源圣地，立塔述功，彰显盛勋，后世永铭。

隆发禅师的致词文雅隽永，如数家珍，引发与会者强烈共鸣，一时间，鼓掌声、叫好声、唏嘘声和释家弟子们“阿弥陀佛”的宣号声响成一片，引得林中丽鸟也飞离枝头，盘旋在上空探究竟。

是啊，难怪人们高兴，庆化寺所在的这块地方确实令乡人自豪，古时候这里叫作乐平，曾经是华夏音乐始祖伶伦居住和发明乐律乐器、培训乐工的地方，也是他教化民众、进行施政管理之处。他居住的地方叫“伶伦洞”，铸造乐器的地方叫“钟模坑”，此外还有他听鸟鸣叫而发明乐律的“听凤台”，研究乐律的“别律洞”，发明笛子的“折竹台”……这里处处散发着强烈的古音乐气息，因此被称作“华夏音乐的发源地”。伶祖去世后，民众在这里建祠塑像予以祭典。每年正月初三伶祖去世日，在其坟前举办“拜祖谢师”、“点笙对调”仪式，以保伶祖真传不失传，不走样。这项仪式世代相传，延续不绝，成为春节期间京南保北非常有影响的一种文化盛典。也受到历朝历代官方的重视和支持。2007年庆化寺重修时，曾在伶伦祠遗址附近发现了秦代官方使用的细绳纹方砖和汉代的“汉并天下”瓦当。即使在战乱不止的宋辽时期，辽僧特地在伶伦坟上修建了音乐花塔，为彰显伶伦功绩，还在塔身上雕刻了奏乐乐工和飞天舞伎的圣像，供后人举行拜祖谢师、点笙对调仪式时使用。

可是，这个在民众眼中被视为圣地的乐平，150年前却蒙受了一场奇耻大辱，由于晚清政府的腐败无能，外国列强蜂拥而至，瓜分中国。英、德联军更以“追剿”义和团为名，闯进庆化寺，一把火将这座千年古刹和上万亩森林烧了个净光，就连供奉乐祖伶伦圣像的祠堂也未能幸免。传承了几千年的“乐祖伶伦祭典暨点笙对调仪式”活动被迫停止了。

释隆发主持提高嗓门，用洪亮、昂扬的声调说：

今逢盛世，恢复传统。拜祖谢师，弘扬正声。正声所至，灾除厄清。福荫中华，吉惠百姓。

和谐安康，人寿年丰。普天同乐，歌舞升平。禹甸华园，蒸蒸腾腾，泱泱中国，大路天成！

人群中顿时又爆发出一阵欢呼声。

主持人宣布：“拜祖仪式开始。”

人群立刻安静下来，侧耳聆听。

来自义安镇北高洛村音乐会的全体会众敲响法器，唱起了《请佛赞》：

乐祖伶伦，恩德煌煌，舞和天地，乐平十方。金石律吕，代代传扬。

歌声中，随着幕布的揭去，华夏民族的共同始祖轩辕黄帝、乐祖伶伦的画像呈现在人们面前。大家面向始祖像，恭恭敬敬地鞠躬行礼。随后，音乐会会众又单独向伶伦像行“谢师礼”。

本次活动的重头戏“点笙对调仪式”就要开始了。仪式共含三项内容：一是“颂祖”，二是“娱祖”，三是“送祖”。首先进行的是“颂祖”。所谓“颂祖”，即宣唱《伶祖宝卷》，歌颂和赞扬伶祖的盖世功德。与高洛音乐会保存的《后土宝卷》相比，《伶祖宝卷》虽然是个小卷，仅十来页，但是从头到尾宣唱一遍也要用90分钟，颇费时间。后来改用六句《请佛赞》代替，而将更多的时间留给第二阶段——“娱祖”。当主持人宣布“点笙对调仪式”后，就听高洛音乐会的会长闫长海朗声颂道：

感谢师祖，传我衣钵，点笙对调，天祥地和！

起——乐——

一时间，鼓钹齐奏，笙管和鸣，悠扬的旋律在高山、在峡谷、在密林中回荡，妙不可言。长长的人流队伍，在祖像的前导下，踏着音乐的节拍，绕音乐花塔转一周，然后停在塔南侧小平台上，面向塔肃立。会长点燃香烛，代表全体会众，向塔身上砖雕的乐工前辈们恭恭敬敬地一揖到地，跪拜叩头。虔诚程度令人动容。

接下来进入“娱祖”阶段，这是整个仪式的高潮。高洛音乐会演奏的乐曲是《鹅卵子》，有打有奏，华彩的乐音，翻飞的铙钹，立刻把现场观众的情绪推上了高潮。

按传统习惯，仪式进行到这个阶段，其他民间社火也可以插进来一展身手，亮亮绝活儿。由于是初次恢复，出于安全考虑，最后只请了与庆化寺有渊源的北高洛音乐会。尽管这样，仍然有很多观众不请自到，其中有几位居然来自据此一百六十多里的保南清苑县！

人们为什么热衷于这项活动呢？据传说，参加祭典活动后，伶伦老祖宗的在天之灵会保佑全年风调雨顺，五谷丰登，人畜兴旺，无灾无病。山下有个村某年因故没来，结果这一年全村的庄稼被冰雹砸了个稀巴烂。而相邻的邻村庄稼地里却一颗冰雹也没落下。两相比较之后，谁敢不来？

当然，“祖宗保佑”的说法并无科学依据。真正的原因则是这天来古乐平献艺的民间花会很多，高手云集，大家各展所能，“你方唱罢我登场”，既达到了娱神娱己娱乡邻的目的，又可互相切磋，提高自己。一举数得，何乐而不为！

其实，大家愿意参加这项活动，还有更深层的原因。据老人们回忆，伶伦祠门柱上曾经有一副对联，上联是“手眼身发足舞和天地”，下联是“宫商角徵羽乐平乾坤”，横批：“乐者乐也”。对联的含义，就是要用群众喜闻乐见的“乐”、“舞”这一艺术形式，来平静、平和人们的心态，沟通人们的心灵，消除隔阂，化解矛盾，密切关系，增强团结，达到和顺、和睦、和谐人与人、人与社会、人与自然和人与天地之间的关系，创造欢乐祥和的社会环境。5000年前伶伦先生倡导的这种“和”与“平”的精神早已深入民心，成为共识。如今庆化寺恢复这项传统文化活动，自然是一呼百诺，积极参与。

不知不觉中，点笙对调仪式结束了，工作人员慢慢收起祖像，音乐会会众唱起《送佛赞》：

道场圆满，香入炉中，

千佛万祖回宫中，

为愿发虔诚。

敕诏乐平，

歌声中，主持人旁白：有着悠久历史的庆化寺“祭典乐祖伶伦暨点笙对调”仪式，既是涞水县春节期间各种文化活动中的一个组成部分，也是一项有特点、有意义、有价值的县级非物质文化遗产展演。让我们共同努力，把这项活动做好、做大、做强，使它成为涞水县传统文化中的又一个亮点，精神文明建设中的又一道靓丽风景线，千年古县又一张够分量的名片。尊敬的女士们，先生们，各位佛门弟子和信士们，明年的今日今时，让我们在这里再次相会。

仪式结束后，记者采访了北高洛村党支部书记闫润才，他说：“通过举办‘祭祀伶伦、点笙对调’仪式，来营造歌舞升平、普天同庆的欢乐气氛，对创造和谐、和睦、欢乐祥和的社会环境很有帮助。龙宫山庆化寺恢复这一传统文化盛典，是件功德无量的善事。”

河北师范大学一位大学生说：“有幸在国家级文物保护单位——伶伦音乐花塔下，欣赏国家级非物质文化遗产保护项目——高洛古乐的演奏，机会难得。余音绕梁，回味无穷。虽然是古乐，却洋溢着激情，虽然平实，却充满芳香，虽然遥远，却绽满感动。愿这项活动越办越好。”

（2010年2月15日第5期《群星文艺综刊》张梦琳/文）

获奖小说、散文

生命的绝唱（小说）

李永生

黑色的硝烟弥漫天际，太阳在这黑色烟雾的笼罩下略显浮动。鬼子为了占领这个名叫“鸡蛋坨”的高山阵地，用骡子拖来了十门山炮。敌人的炮火把阵地几乎翻了个过儿。

他们已经坚守了三天三夜。牺牲战友的尸体在七月高温的烘烤下已开始发出异味，吸引着一只饥饿的老鹰向这个方向飞来。排长举枪向鹰瞄准。鹰俯冲一下，大概是发现了危险，便又高悬天空，静止不动。瞄了瞄，排长却又把枪放下了，他犹豫着是否值得为一只鹰去浪费一颗子弹。那鹰身子稍晃一下，终究还是知趣地飞走了。除了劈劈噗噗的火苗声，战场上出现了短暂的安静。一个排的战士打得就剩了两个人。除了排长，另一个是十六岁的娃娃兵。排长人高马大。兵身材瘦小，一脸的稚气。兵念过洋学堂，读了半截，去。背着父母跑来参军。兵有文化，会写诗，都是抗战诗，很鼓劲。稍一有点闲空，兵便写诗。兜里装了好多碎纸片子，五颜六色，大部分是捡来的烟盒纸，上面密密麻麻的全是字。兵本来在宣传队，但主力部队因为打仗减员过多，被补充到了一线。刚来几天就碰到了这场硬仗。因为又瘦又小，大伙儿叫他“瘦干儿。”排长却只叫他“干儿”，而且两个字不连起来叫，他喊：“干——儿。”瘦干儿说：“排长占我便宜。”排长嘻眯一笑，说：“我这岁数，当你干爹，你不吃亏。”这片刻的宁静令排长全身放松，他解开裤带开始撒尿，刚尿了个头，却又急忙刹住，拿过干空的水壶，拧开盖子对准壶口继续猛撒。撒完，拧紧盖子，朝瘦干儿说：“没了水，这是宝贝。”瘦干儿此时正睁大眼睛紧张地盯着山下。他望眼排长，生怕错过什么似的又赶快把目光挪到山下。排长说：“别紧张，鬼子进攻，先打炮。”瘦干儿这才抹把汗水，一屁股坐到地上。

排长挖了一锅烟，斜靠坐下，袅袅起一股烟雾。吸完烟，排长开始数子弹，还有十二发。排长问：“干——儿，你，还有多少子弹？”瘦干儿说：“五发。”排长说：“都给我。”瘦干儿磨蹭着把五发子弹掏出来，又一颗一颗过了下数，递过去，却又恳求说：“排长给我留点吧。”排长想了想，就又退给他一颗，说：“我一发子弹能换一个鬼子的命。”瘦干儿咬着嘴唇说：“我也……能。”排长问：“你干死了几个？”瘦干儿说：“一个。”“瞎猫碰到了死耗子。”排长说，“笔杆子不中，打鬼子得用枪杆子。”瘦干儿小声说：“诗，也是武器。”排长“喷儿”地一笑：“什么湿啊干啊的，狗屁！”

这时炮弹呼啸而来，排长喊声卧倒，便把瘦干儿压在了身子底下。一轮炮击过后，排长从土里拱出来，从身下拉出瘦干儿，顺势摸了下他的裤裆，说：“我看是‘湿’？还是‘干’？”摸过，感觉湿漉漉的，骂道：“孬！”瘦干儿羞愧难当。

鬼子屎壳螂似的又开始向前挪动。排长瞄准射击，果真一枪一个准儿。瘦干儿看了排长几眼，捂了捂胸口，按住那狂跳的“小兔子”，举枪瞄了好半天，“叭——”一枪，一个鬼子倒栽葱。排长望眼瘦干儿，舔舔大拇指，摸出一颗子弹在手中捏了捏，撂个高儿，扔给他。瘦干儿子弹上膛，又捂了捂胸口，瞄半天，又一枪，又有一个鬼子倒栽葱。

鬼子趴在石头后面，暂时停止了进攻。而此时，正好他们的子弹打光了。他们只剩了一颗手榴弹。两人开始后撤，但没走出百步，只好停下了——前面是悬崖。鬼子从三面包抄过来。

排长说："咱今天回不去了。你这孩子也真可怜，只有十几岁。"

瘦干儿汪了两眼泪水。

排长问："怕了？

瘦干儿咬着牙说："不怕。尘土迷了眼。"

太阳渐渐暗淡了光泽，朝西天坠落下去。

排长搂住瘦干儿，感觉出他身体的轻轻颤动。

"干儿，咱爷俩一块死，我陪着你，怕啥！"排长说着拧开了手榴弹盖儿，"咱队伍里没孬种！"瘦干儿的牙齿打着颤，说："我——不孬。"排长拉出了弹弦，慢慢地在手指上缠绕。瘦干儿忽然说："排长，别浪费手榴弹，给鬼子留着……咱跳崖，兴许还能活了……"排长脸对脸望着瘦干儿说："对，咱留个囫囵身子。"

排长向鬼子甩出了那颗手榴弹。

排长搂着瘦干儿走到悬崖边。向下一望，瘦干儿闭了眼，下意识地后退了一步。排长忽然掐住了他的脖子，吼道："我说过，咱队伍里没孬种！"

瘦干儿说："排长，我不是……排长……我蒙上眼睛……行么？"

排长皱皱眉，说："行！"

瘦干儿又说："排长，我还要留首诗。"

排长迟疑片刻，说："也……行！"

瘦干儿摸出了碎纸片，又拿出了笔，坐在地上，开始写诗。此时瘦干儿似乎镇定了许多。排长那只大手一直搭在他脖子上，也斜着眼望着那支铅笔头刷刷地急速滑动。写完，瘦干儿把纸装进衣兜里，按了按。"兹拉"从衣服上撕下一块布条，蒙在眼上，说："排长，给我系上。"排长边系边哽咽地说："其实，你还是个娃娃啊！这样，也不丢脸！"

瘦干儿嗫嚅着说："真——的？"

鬼子涌到了山上，惊愕地望着两个人。

疲惫的太阳即将结束一天的旅行，西方的山峦被阳光染成一片血红。忽然起了一阵怪怪的风，风无定向，踅过来踅过去，蒙在瘦干儿眼上的布条竟被风吹得有些招展。

蒙着双眼的小战士和排长一起走向了悬崖尽头……

这是一个真实的故事。那个叫瘦干儿的兵是我的四叔。三年前，我从平西抗日战争纪念馆里看到了他那首写在烟盒上的诗。我找到馆长，把诗作复印了下来。那首诗是这样写的——

在牺牲的那一刻
我蒙上了双眼
同志们啊　别说我怯懦
我只是不忍看
不忍看属于我的最后一抹阳光
在眼前匆匆掠过

（原载2009年第5期《短小说》、第2期《荷花淀》，2009年第14期《读者》，荣获第二届"吴承恩文学艺术奖（短小说奖）"二等奖）

未出嫁的娘（散文）

杨春艳

打我记事起，我家就住在半山坡上。

清晨，一睁开眼便能望见窗外青绿的大山，还能听见附近林子里清脆的鸟叫声。几十户人家的房屋被翠绿的群山缠绕着又仿佛被大山托举着。我的祖辈们在这块土地上劳作生息，默默地汲取大山给予的营养。

一天，这里突然来了一队人，在我家坡下的河套上支起两条腿的木架，还不时轮换着用一只眼在上面瞧来瞧去。原来这里的奇山异景被开发者们发现后，本地政府决定在野三坡修建一条通往外界的公路，以此推动本县旅游经济。

九十年代中期，野三坡的旅游业刚刚兴起，当时我有五、六岁吧，家里时常迎来外地游客。游客住的房子俗称家庭旅馆，就是农民们把自家住的房间打扫干净，房间的桌子上摆放一台半旧的电视机，桌旁再立一台风扇；到了晚上，一盘土炕迎接着游客们疲惫的身躯。当时家里的多半收入就是靠接待这些散客。

那时姥爷，姥姥早已过世，娘是家中排行最大的，弟弟妹妹都依靠她生活。在我很小的时候，总见娘手脚闲不住，好似有干不完的活儿。家里的大舅每天负责去三坡下庄火车站等北京旅客。火车一停，大舅对刚下车的旅客急切的招揽：“大姐，大哥，来我家住吧！我家可以洗澡，我家窗外就是拒马河，风景可好呢！”旅客仿佛从这急切里听出了诚意，便会挪动脚步跟着大舅走。而我娘和老姨则欢喜地在家烧水做饭，耐心地等待大舅和身后的旅客。我会穿梭在院里院外尽情地玩耍。

这样的日子持续了几年，随着野三坡旅游业的升温，看好这块“风水宝地”的投资者们纷纷来此投资建宾馆，一部分家庭旅馆的业主也看出了门道，开始筹集资金准备装修改造。娘看在眼里急在心上，谁叫家里挣的钱只够这几口人吃饭呢，装修改造是需要一笔钱的，上哪去借呀？

渐渐地大舅身后很少有跟着的游客了，游客的稀少让老姨和大舅觉出了不自在，从这不自在中老姨恰恰有了自在的想法：老姨要结婚了！

记得老姨出嫁的前一天晚上，娘给老姨梳理着头发，话语漫溢在夜的漆黑里。天快亮时两人又抱着痛哭一场。

送走老姨不到半年，大舅也做了镇上一户人家的倒插门女婿。谁叫家里盖不起新房呢，娘用歉疚的手拍着大舅的肩膀，眼里浸满了泪水。

蓦然间家里只剩下娘和我，我也早到了上学的年龄，望着背着书包打我身边走过的同龄人，我真是羡慕！娘全看在了眼里。

娘一边忙地里的活儿和家务，一边私下里缝制了一个大编织袋，娘看上了街上被丢弃的废品。每到旅游旺季，一天捡拾的废品能卖几十块钱呢。看着娘辛苦，我不愿意让娘出去捡废品。娘说；“我就是再苦再累也要供你上学！”

一天，娘很晚才回来，老旧的自行车上驮着满满一袋子废品。我急忙帮娘把自行车支上。娘一屁股坐在石凳上，手捂着肚子，喘着粗气，额上大汗淋漓，泪水一下子涌上我的眼眶：“娘，娘，你怎么了？”娘用手一指，示意我去屋里给她沏一碗糖水，再把纸包里的药给她拿出来。过了一袋烟的工夫，我见喝了糖水吃了药的娘在黄昏的微风中渐渐好起来，我劝娘去诊所看看，娘却站起来说：“没事，老毛病了。走，干活了。”说完拍拍我的头。

我和娘又在黄昏中继续着，把废品分拣出来捆好，以便第二天去收购站卖掉。在以后的日子里娘又多次那么一指，我就会跑进屋子把沏好的糖水端出来。

洗刷完毕后，娘坐在风箱旁，这时天已完全黑下来，娘该做晚饭了。我娘就是这样靠着勤劳把我送进了几里以外的三坡镇小学——我上了一年级。

可是一个学期还没下来，刚进学校时的那种喜悦、新奇，就被自卑砸的荡然无存。

别的同学都是爹娘用自行车接送，我呢是靠两条腿走着回家，娘说过要接送我，我不愿意，我怕同学们看见我娘是个跛脚！自打家里剩下娘和我，娘从小落下的小儿麻痹的腿越发的凸显出来，让我感觉出了别扭。

娘也觉出自打我上学后的变化，但她依旧默默地为我洗衣做饭，只是从不去学校门口捡废品，就是偶尔在街上瞧见我也是匆匆地绕开走。我穿的衣服虽然不是班上最漂亮的，但娘总是让我穿的干干净净地去上学。

有一次，我的同桌小强一进教室，就招呼同学们。他张开嘴，我们看见几个小颗粒在他张开的嘴里一跳一跳的，同学们都看呆了不时发出“哇塞!”的好奇声。小强伸直脖子说：“这叫跳跳糖！是我家住的游客送我的!”

每当小强往嘴里倒跳跳糖时，我都会投去羡慕的目光。这时，小强突然问我：“怎么不让你爹娘给你买去？怎么从来没见你爹娘接送过你？你不会是从石头缝里蹦出来的吧？”他的话顿时引起班里同学一片嘲笑声，我的脸迅速地涨红了！

从此，我就像大山上的一颗孤松，和同学们更加疏远了。我最好的伙伴就是我家后院养的两只山羊，每到大礼拜我便会牵着它们到坡顶去吃草。今天又是大礼拜，我牵着羊来到坡顶，这里有几十颗核桃树，每年的八月份核桃成熟时，就会看到青皮核桃一串串地压满枝头。这时，娘会放下手里其他的活计，专注地站在木制的梯子上，用捆绑好的竹棍子梆树上的核桃。青皮核桃“啪，啪”地落在地上，有时躲闪不及砸在头上还真叫疼啊！我家坡下住着一位姓杨的大婶，平时说话快人快语的，见我娘腿脚不利索还带个孩子，就抓吆自己老伴一起帮娘梆核桃，被梆下的核桃会被去皮，晒干，然后送到干货收购点。要在以往，大舅和老姨会站在梯子上梆核桃，我和娘在树下捡，那种热闹场面已经定格在我幼小的记忆里。

羊在坡顶悠闲地吃着草，我顺着坡顶向远方眺望。远处河岸上骑着马的游客奔跑着，更远处翠绿的群山高低起伏，宛若手拉手的兄弟姐妹。而我的亲人又在哪里呢？打小就对爹这个词生疏。问过娘多次：“人家同学都有爹，我怎么没爹呀?”这时，娘总是抬起头望着眼前的大山，好像这山跟爹有什么关联，娘的目光是深邃的：“你爹呀，他就在山外呢，等你将来考上大学就去找他吧!”

自从老姨和大舅走后，我说话最多的便是这两只山羊。我会把其中的一只装扮成我爹，给他戴副眼镜，另一只装扮成我娘，脖子系上一条花纱巾，我对着“爹”说：“爹呀，今天放学你接我去吧?”又对着“娘”说：“娘呀，明天早上你送我去学校吧?”山羊仿佛通人性似的，冲着我，“咩，咩，咩”地叫个不停，我高兴极了！紧紧地把“爹”和“娘”搂在怀里。多少次呀，多少次梦里梦见我骑着山羊跃过大山，我们三口之家终于团聚了！

等忙完梆核桃的活儿，娘就会一屁股坐在晚饭后的空闲里，借着我写作业的亮光一针一线地纳鞋垫。灯下，娘的头发黑白分明，皱纹深刻地印在眼角上，粗糙的手上疤痕累累。穿在娘身上的这件蓝色背心已经洗的看不出了颜色，在我很小的时候就没见娘穿过新衣服，再看看我周围同学的娘，哪一个不是穿的漂漂亮亮的！望着灯下的娘我不禁潸然泪下，紧紧地把娘搂住。娘放下手里的活儿，一把把我搂在怀里：“孩子，娘不图别的就是希望你好好学习，将来考上大学过上好日子!”我把娘搂得更紧了：“娘，我一定听话，让娘穿最漂亮的衣服，让娘天天吃肉，什么活儿都不让你干!”此刻，只有窗外的星星闪着亮光。

每个礼拜天吃过晚饭，娘都往炕上罩块塑料布，把捡废品挣来的钱“哗啦”一声抖落在上面：有毛票，有钢镚。娘细心地把它们数好，放在小布袋里系好。搂着布袋的娘，目光慢慢地移向黝黑的窗外。那一刻她的脸充盈着希冀与幸福。

等布袋装满了，老姨便会从外村赶过来，从娘手里接过布袋小心地装在自己的挎包里。我就纳闷了，难道老姨急着用钱吗？可老姨家在上庄村开着小卖部呢，生活条件比一般人家要好呀。那是她们大人之间的事了，但我还是盼望娘下一个布袋的装满，因为老姨每次来都给我带好吃的：方便面，饼干，面包，还有最让我兴奋不已的跳跳糖！啊，把它往课桌上一放，同桌小强就会扭过脸来多看上几眼，这时我的头就会高高扬起！

今生今世最令我难忘的还是2004年7月的一天。

七月的天气就像小孩子的脸，说变就变，顷刻间便下起了大雨。眼见娘还不回来，雨打在窗棂上，也打在我焦急的心上。坡下杨大婶突然破门而入，拉起我的手就往外跑："快跟我走，你娘出事了！"

这天游客如织，在百里峡景区，沛然而降的大雨让游客们猝不及防，簇拥着往山下跑。慌乱中的游客们扔下手里喝的饮料瓶子，娘见了心中一喜，左捡一个，右拾一个，不多时编织袋就鼓胀起来。被雨水打湿的衣服紧紧地贴在娘的身上。这时娘的眼睛蓦然一亮，发现台阶下的小河沟里扔满了瓶瓶罐罐。也就是在那一刹那，娘感觉一阵眩晕向她袭来，便什么也不知道了。

是景区的工作人员和几个好心的游客把娘抬到山下，用游客的车把娘送到卫生院。

当我们匆匆地赶到野三坡卫生院时，娘已经说不出话来。

娘是从百米高的台阶上跌落下来的。终因失血过多——娘，走了！

处理完娘的后事，我被老姨接走了，娘的离世让我舒展不开的眉头更加紧锁。

临走时娘的那双圆睁的眼睛久久不愿闭上，仿佛有话要跟女儿说，就是这双"说不出话的"眼睛啊，永远跟随着我，让我把希望寄托在三年的高中学业上。

三年的刻苦努力，终于有了回报。当大学录取通知书在我手中抖动时，我兴奋的哭了！但兴奋的好景并不长，高昂的学杂费让我饭不下咽。老姨在一旁看在眼里，拉过我的手说："孩子，老姨就是砸锅卖铁也要供你上学！这也是你娘活着时的最大的愿望！你是俺们家也是全镇人的骄傲啊！"老姨的一席话让我不安的心安稳下来。

四年的大学生活除了老姨资助外，就是靠自己打零工维持学业。当大部分同学削尖脑袋准备钻入城市工作时，我却毅然选择了回到家乡——涞水。

当我走在三坡大街时，这里已是五A级风景区了。

我捧着鲜花站在娘的坟前时，老姨讲了几十年来的一个秘密，让我痛悔不已！让我泪流满面！

原来，我并不是娘亲生的。一天早晨，娘从地里干活回来，被一阵撕心裂肺的哭声挽留住了脚步。娘仔细地端详着襁褓里哭红了脸的我，动了怜悯之心。她把我抱回家后，打开襁褓，里面除了二百元钱，还有一张我出生日期的字条。当时家里人都反对把我留下，乡亲们也不时传出闲言碎语，娘把自己反锁在屋子里呆了整整一天，等她出来时整个人好像瘦了一圈，眼睛肿得通红。她下定决心：一定把这个孩子抚养成人！

从此，娘一直未嫁人。

老姨说着从挎包里掏出一张存折递到我手里："以前，你娘不让我说给你，为的是让你安心学习，你娘把挣来的钱攒够一个数就交给我，让我去镇上的储蓄所存起来，说是等你考上大学再拿出来。你上大学的学费都是从这张存折里支取的。"老姨说着眼泪禁不住流下来："你娘是营养不良造成的低血糖，她有胃疼的毛病，我几次催她去医院看看，她都坚持不去，她舍不得花钱！"

听了老姨的讲述，我整个人呆成了雕像！我曾经为娘自卑过，真恨当年的不懂事啊！

我手里捧着的哪是存折啊，分明是娘一颗滚烫的心！此刻，面对着青山，碧蓝的天空，语言显得多么的苍白！

我“扑通”一声跪在娘的坟前，恨不得把头撞出血来。我用手轻轻抚摸着墓碑，就像小时候抚摸娘年轻的脸。泪水再也抑制不住：“娘！娘！如果有来生的话，你还是我的亲娘！闺女永远不离开你，永远守着你！”

我娘的名字叫杨素花，出生在河北涞水县三坡镇下庄村。

（注：当年我娘跌落的地方，现如今已安装上了安全栏）

（注：抓吆：本地方言招呼的意思）

（本文获河北省第一届散文大奖赛优秀奖）

诗词、联、赋选萃

一、诗词

贾休奇古体诗二首

抗 日

切齿东条辈，屠刀染九州。
山村成火海，溪水淌红流。
枣柿空一树，谷菽枉过秋。
寻家何处有，难忍祸国仇。
国仇心切切，拒马水沧沧。
别母千重念，辞家百结肠。
救亡征路远，灭寇激情昂。
抗日硝烟起，跟旗上太行。
射雕燕赵地，复入上云村。
易水多壮志，前仆继有人。
八年犹长夜，百战换来春。
休忘亡国耻，永怀御寇心。

平津战役察绥作战纪事

平津战役过程中，贾休奇随华北第三兵团进入平绥地域作战，时任营教导员。

夜踏关山月，急行战草原。
察绥劲旅速，辽沈战犹酣。
劲师连日进，踏月近敌营。
犹如官渡战，孤立归绥城。
雁北朔风夜，平绥烽火疾。
衔枚百里逐，含月孤山圻。

铁火冷凝血，杀声惊星稀。
晨曦残敌遁，红日染征衣。
似梦绝非梦，身残志在成。
梦中返战场，双拐代肢行。
慨羡悬空寺，雄姿踞翠屏。
沉思金水谷，坚志恒山峰。

（录自作家出版社《中华诗词史鉴》近当代卷）

胡彩霞诗二首

父　亲

你的双脚扎根在坚实的大地
你用粗壮的双手耕犁那黑色的土地
你用朴实的汗水浇灌出金色的麦田
在薄雾的清晨你去收获你的麦穗
你从金黄的麦浪中挺起你累弯的脊背
敞开了你宽厚的胸膛呀
迎接那灿烂的朝阳
你苍老的皱纹里绽放出最天真的笑容
像一朵最娇美的葵花迎风开放
你放开粗犷的歌喉唱得天地豪壮
你的歌声里满载着你的快乐与忧伤

你挚爱着生活
就像草木挚爱着泥土
你承载着生活
就像大地承载着山川
你的血脉与大地的血脉相连
你的心脏与大地的心脏一起跳动
你的广博
就是天空的广博
你的厚重
就是大地的厚重
你，就是世间最动人的诗篇
你，就是世间最华美的乐章
你是一个平凡如泥土的男人
你是一个伟大如高山的英雄
我们是你手中放飞的风筝
我们是你撒向蓝天的群星
你为我们做麦田的守望
你是我们永恒的家园

你就是我们最敬爱的父亲啊
一个亘古不变的神话！

生命独白

排开一瓣瓣心香
缭绕生命的栖息地
泪水清洗来路的尘埃
双眼透明爱的声音
一叶孤舟的生命
行程幽昧
漂泊成宿命，爱延展成海

心底里流出的咸
涤洗了脏腑和灵魂
长歌当哭
抚遍岁月苍茫
独立秋的尽头
畅望春的边缘
生命之火坚韧地燃烧
烛照幽暗与光华
铺排人生的盛宴

端坐飘摇的云朵
挥手而别
生的解读，死的诠释
释然而笑的面影

（选自黄河出版社出版诗集《轻轻走过》）

满江红·涞水

雷连成

拒马奔腾，一千里，悠悠东去。
滋沃野，润泽遒邑，惠人不已。
百转千回飘秀水，赋予黎庶多灵气。
念前贤，千古降英才，谁堪比。
惟郭隗，独祖逖，祖冲之，昭天宇。
后来人指点，南极万里。
海浪接天风雪飓，纵深冰盖开天地。
看今朝，拒马涌新涛，春潮起。

满江红·三坡赞

秦秀福

京畿摄野，三坡独步。
上遗仙居古刹，翠岭云霞。
登高远眺，云腾九龙拒马。
烟雨觅人家，幽谷猿声差。

风动惊石，卧蟒丘沙。
白云丽水，君未见，天开一线奇峡。
回首观音下，天长百里，移景即画。
紫石怪泉，都门百草千花。
八月盘坡雪，燕北独一家。
醉赏烟霞，骚客吟歌去处，上天勒石夸。

以下诗、词，摘自《遒城巨变》一书，该书以涞水县三年大变样为题材征集诗、词作品，汇编成册，展现了作者对涞水深刻变化的切身体会和赞美，反映了涞水人民拼搏奋进，建设美好家园，在生产、生活，衣、食、住、行、娱等方面发生的巨大变化。收入时个别文字有变动。

遒城小吟

苗云泽

夜　舞

火树银花不夜天，街心广场舞翩跹。
何须体态多优美，享受人生一百年。

新　居

万丈高楼傲寰宇，新居迁上九重天。
开窗喜请云为伴，把酒小吟自是仙。

七绝　贺917通车

曾维新

春到遒城喜事多，天桥涞水喜通车。
涞京打造同城化，唱响风流万代歌。

七律　赞高速公路

杨启宗

蜿蜒高速一长龙，车似流星往返行。

领导有方施善政，人民受益踏宏程。
交通动脉滋涞水，经济光环罩北京。
锦绣遒城七彩路，思凡玉兔下天庭。

七律　赞遒城

杨启宗

思凡玉兔到遒城，揽胜观光踏雪腾。
速建楼房如嫩笋，新修公路似长龙。
村中小院千般美，户外大棚四季青，
笑语欢声桃李竟，党施善政惠三农。

磨盘山怀古

柳泽江

遒城巨镇磨盘山，守土卫地亿万年。
坡露陶片说岁月，岩嵌弹头道时艰。
屡闻县境鼓角响，惯看城头旗换颜。
我今登顶览故里，一片生机百业繁。

七律二首（古体）

祖景新

一

三年大变换新颜，路畅楼高百卉鲜。
莺歌燕舞张画卷，山明水秀灿尧天。
牵牛网上传佳讯，织女遒中选乐园。
喜看龙中一福地，引来天上众神仙。

二

琼楼座座入云端，月走星移上画卷。
织女眼观思下界，嫦娥心想返人间。
竹摇柳摆花如锦，燕舞莺歌境似仙。
红日一轮呈艳景，山明水秀画中天。

百 草 畔（古体）

刘卓亭

登山百草畔，身入云霄中。
放怀观宇宙，山高我为峰。

物华天宝见精神

刘兆明

三年大变遒城新，五彩纷呈满目新。
东展西延山水秀，南连北通树花深。
亭台楼榭美如画，一路华灯映彩云。
涞水人民酬壮志，物华天宝见精神。

水调歌头　涞水新变

薛　宁

南有拒马河，北邻都燕京。自古人杰地灵，三坡世人倾。百里峡，多胜景，鱼谷洞夺天工，祖率世人惊。占北国形胜，今又树新风。

喜迎宾，观美景，创新城。西关重建，百姓迁住在高层；高引连接张石，便利商贾交通，市场乐融融。更待前贤[①]返，无悔我辈行。

注：①前贤：指出生于涞水县的历史名人祖逖、祖冲之等。

忆　江　南

张敬彪

涞水好，三年变化多。层楼耸立平地起，千家万户笑开颜，人人不缺钱。
涞水美，最美是三坡，苍山耸翠白云飘，绿水潺潺林间绕，自古人称道。
涞水赞，最应赞政府，勤政为民血脉连，百姓疾苦系心田，顺风好行船。

一剪梅　涞水新貌

信亚卓

三年变样策英明，广厦高耸，阔路恒通。
银花火树夜光城，万户灯盏，府前霓虹。
休闲娱乐园林中健身怡情，歌舞升平。
城乡面貌满目葱，生态文明，经济繁荣。

万里春　涞水易容

王秀宽

三年奋斗，换来山河秀。看城乡，勃勃生机，值年华豆蔻。
位处京畿地，靠开放，振兴经济。县乡村，故景难觅，旧观新容替。

西江月 新农村

王秀宽

昔日茅檐居舍，今日夜宿楼房，庄稼汉子也张扬，行起风流倜傥。
村女红绸彩带，灶头少妇浓妆，乡音依旧吐新词，笑看山村变样。

虞美人 遒城放歌

杨俊乔

琼楼丽阁知多少，旧貌难寻找，新城今日正春风，处处景明龙凤舞长空。
千秋古塔坚犹在，惊叹容颜改，小康岁月乐优优，富裕盎然春色醉心头。

阮 郎 归

杨俊乔

城容已换旧时装，楼高坦道长，奇花似海溢奇香，莺歌燕舞狂。
施善政，业辉煌，和谐涞水沐春光，万年永盛昌。

二、楹联

（一）

2004中华世纪坛贺神舟五号载人飞船发射成功全国征联一等奖
乘神舟，抱红日为章，巡航烙龙印；
揭奥秘，撕白云作纸，驰宇译天文。

（二）

2006年中央人民广播电台“中国之声”春联优秀奖
五谷为天，三农谁造惊天句；
九州击壤，八亿人歌富壤诗。

（三）

街头漫步，沐柳下和风，喜伴鸟声游画境；
花外留题，抒眼前胜慨，愧无佳句绪遒城。

（赵训铃）

（一）

精彩中国.2008第29届全国征联大奖赛二等奖
政策归心，事业安心，生活舒心，心花尤胜百花放；
精忠报国，和谐利国，人文强国，国运常牵万运来。

（二）

《燕赵都市报》2009年“你编好春联，本报送好礼”活动，十佳春联奖。
渤海弄潮，太行播绿，情然岁月家园灿；
科学振笔，发展谋篇，业荟人文天地宽。

（苗云泽）

（一）

获1997年中央电视台春联大赛十佳
春染千畴绿
月园两岸明

（二）

获纪念毛泽东诞辰100周年一等奖
湘水腾龙匡社稷
韶山升日照全球

（李情怀）

1998年河北省楹联学会、河北省书法家协会“迎春楹联书法大赛”中获三等奖。
乐奏八方歌盛世
台归一统庆团圆

（祖景新）

1992年河北第七次迎春征联三等奖
绿竹凌霜持高节
红梅傲雪溢晚香

（边鸿志）

题野三坡
曲径通幽百里峡观崖万象
青山毓秀三坡花笑锦千重

（杨俊乔）

题涞水

青山横北郭推出涞阳万般春色
白水绕东厢引就遒城一派生机

（曾维新）

三、赋

祖冲之赋

数古今之人物，查中外之典籍，举凡成名谓家者众矣。然则集诸家之谓于一人者不多也。

南朝宋齐人冲之者，姓祖名文远，诞于太行之涯，拒马之滨，遒城人也。之自幼向学，专攻数术，搜炼古今，博采兼攻，成就斐然，卓世拔群。堪谓诸家合一也。何哉？一谓数学家。精推密率世界无双士，卓著《缀术》中华第一人。尤献大功者，当推圆周率，益世至今。二谓天文学家。之尝亲量圭尺，躬察仪漏，目尽毫厘，精测详推，首将“岁差”引进历法，传为世用。三谓农学家。之通历法，晓天文，长于积累，善于总结，究其理不违“天意”，循其规以为农桑。四谓机械专家。研物理，造诸械，盖世超群。若指南车、水碓磨、千里船、定时器者，其时独步天下，世人称绝。之博采并蓄，触类旁通，著述颇丰。《述异记》文采飞扬，《安边论》佐政安疆，《释论语》《释孝经》《易义》《老子义》《庄子义》，释义解文，曾益时人。惟惜者，憾已失传。之还通音律，擅弈棋，无所不精。此诸家者孰能媲美？亘世雄才，惟有之也！

今首建碑廊，弘扬其文化，光大其精神，刻贤人诗赋于其上，丰碑借绝唱流韵，涞水因人物增辉。呜呼，临其境当感其心，处其时当发其愤，继前贤，励后昆，与时俱进，全面发展，再辟蹊径，领跑未来！

（赵训铃撰于2008年戊子仲春）

编后记

本轮县志纂修，自2011年开始，历经7年时间，从征集资料到行成初稿，用了3年时间，其后又按照市方志办评审意见边征集资料，边补充，边修改，2015年9月形成二审稿。期间，编辑人员发生多次变动，不同程度地影响工作的进度。

本轮修志中，遇到的最大困难是资料难于收集，主要原因是：有些单位撤并频繁，档案丢失；有些单位责任心不强，怕麻烦；有些部门办公室工作人员变动大，文稿不及时归档或电子稿被删除。比如商贸饮食住宿业，工业、建筑业，文化、体育等单位，内容缺漏甚多，很难反映改革开放30年来的发展变化，是二轮县志的最大遗憾。

涞水县委、县政府对修志工作一直很关心，县长朱明新、主管副县长张晓峰等领导，亲自参加市、省评审会议，了解存在问题和修编中遇到的困难，多次过问修志进度，帮助解决工作中的难题，给编辑和工作人员以很大鼓舞和鞭策。

续志一稿形成后，为减少遗漏和错误，我们印刷了一百余册，分发给在断限内担任县级和科局级职务的老领导及在任的县级、科局级领导审阅，征求他们的意见建议。在修改补充的基础上，形成一审送审稿。在此期间，原副县长夏景源认真阅读志稿，对原主管的计划生育、教育、旅游、等方面，提出多项有价值有针对性的建议，为全面、客观的记述那段史实，付出辛勤的汗水。雷连成、刘阜两位老同志虽已年逾古稀，但对文史工作非常热心，多方搜集、整理涞水文化方面的资料，填补文化志稿的不足。涞水历史文化研究会为本志书提供大量珍贵资料，如:黄帝文化研究、历史文化研究、平西抗战文化研究、高洛古乐、非物质文化遗产等方面的材料，充实和丰富了地域文化研究的内容。张义、李占巨同志长期从事党的建设工作，熟悉涞水党建的发展历程，他俩认真阅读志稿，认真查找翻阅资料，提出不少补充和修改意见，使党建内容更加完善。刘兆明是一位长期工作在政法战线上的老同志，受邀担任特约评委后，非常热心，不但详细阅读政法方面的内容，提出自己的意见和建议，而且通读全稿，并在社区建设、人物资料、人物遴选等方面提供了珍贵的资料和建议。隗合军同志多方深入挖掘资料，丰富盘坡、峨峪两个村的村情介绍内容。杨树生同志主动帮助方志办充实质量技术监督局的有关资料，同时提供落户在涞水的杨家将后裔的相关材料，丰富了地域文化研究一节的内容。刘志宏老师受编者所约，于百忙之中走访调查，撰写涞水方言一节。

为了完整地反映30年来党的老干部政策和所做的工作，年逾70岁的原老干部局局长张联，冒着酷暑，起早贪黑，用两个多月的时间，翻阅30年来保存的大量资料，一笔一划的写出近万字的志稿材料，弥补本志的缺失。

人物部分是发挥县志教化作用的重要内容，在这次修编中，我们把上志没有收入的涞水知名历史人物的传记收入古代人物部分，作为上志的补充。在遴选当代人物时，我们选择了那些在革命战争时期有过突出贡献、在社会主义建设时期有为有位的党政干部和在教育、关心教育下一代 、帮助群众脱贫致富等方面有突出成绩和社会影响的人。

本志附录中诗、词、联、赋部分，由县诗词艺术委员会，从30年来创作的反映涞水发展变化、野三坡旅游等优秀作品中遴选、推荐。

《涞水县志》出版在即，在此谨对所有关心、帮助、参与本书编纂，省、市参与评审、指导的各位专家、老师表示深深的谢忱；对支持、帮助并为本书提供资料的各有关部门、有关领导表示衷心的感谢。

本书虽经多次征求意见，多次修改补充，但因编辑人员水平和资料匮乏等因素，存在问题和缺漏肯定不少，希望读者予以斧正，以便为今后的续志提供资料。

编 者

2018年9月